3정판 디자인보호법

노태정 · 김병진 공저

세창출판사

국립중앙도서관 출판시도서목록(CIP)

디자인보호법 / 노태정, 김병진 공저. -- 3정판. -- 서울 : 세창출판사, 2009
p. ; cm

참고문헌과 색인수록
ISBN 978-89-8411-278-0 93360 : ₩39000

디자인 보호법 및 상표법(법률)[--保護法--商標法]

502.9023-KDC4
346.0484-DDC21 CIP2009002112

3정판 머리말

2009년 디자인보호법 개정에서는 i) 특허법 준용규정의 정비, ii) 재심사청구제도의 도입, iii) 추가등록료의 차등제도의 도입, iv) 비밀누설죄 법정 형량의 상향조정 등의 개정이 이루어졌고, 이에 따라 디자인보호법 시행령, 시행규칙 등 그 하위법령에 있어서도 조문정비 등의 개정이 있었다.

이에 대응하여 이번 3정판은 개정법령의 내용을 반영하였으며, 또한 기존의 미흡한 부분에 대해서 보충하였다.

아직 미숙한 점이 많은 듯하여 송구스럽기도 하지만 한편, 이 분야의 이론적 기반이 취약할 뿐만 아니라 관련 문헌이 빈곤한 현실에서 본서가 디자인보호제도를 이해하는 데 도움이 되기를 바랄 뿐이다.

앞으로도 독자 여러분들의 많은 질책과 조언을 받아 본서의 부족한 점을 보완해 나가고자 한다.

2009년 7월

저 자

머리말

2004년에 종래의 의장법에 커다란 변화가 있었다.

2004년 법개정(2004년 12월 31일 공포, 법률 제7289호)에서는 종전의 '의장'이라는 용어를 '디자인'으로, 법제명도 '의장법'에서 '디자인보호법'으로 변경하고, 글자체를 디자인의 범위에 포함시켜 디자인권으로 설정등록된 글자체를 보호하도록 하며, 높은 수준의 디자인 창작을 유도하기 위하여 디자인등록에 대한 창작비용이성의 요건을 인상하는 것 등의 개정이 이루어졌고, 이 개정법은 2005년 7월 1일부터 시행되고 있다.

한편, 국제적으로는 최근 영국, 프랑스, 독일 등 국가에서는 EU디자인보호지침에 의거한 디자인법의 대폭적인 개정이 있었으므로 이러한 국내적, 국제적 디자인보호제도의 발전상황을 반영할 필요성이 생겼다.

이에 저자는 종전의 '의장법' 제호의 책자내용을 전면적으로 재검토하여 개정법에 의한 의장이란 용어의 변경은 물론 글자체의 보호 등 새로이 추가된 내용들과 주요 국가의 디자인법 개정내용을 반영하는 것 이외에도 각 항목별로 부족한 점을 보충하고 잘못된 점을 수정하는 등의 대폭적인 손질을 가하여 '디자인보호법'이라는 제호로 다시 발간하기로 하였다.

본서를 발간함에 있어서는 이 법과 제도 전반에 걸쳐 충분하고도 올바르게 이해될 수 있도록 노력하였으며, 또 이 법 해석의 중핵이 되는 등록의 요건이나 특징적인 제도, 유사의 문제 등에 대해서는 가급적 심도있는 설명을 하도록 노력하였다.

그러나 저자들의 역부족으로 처음 의도한 바와는 달리 많은 부분에서 부족한 점이 있어 보인다. 앞으로 더욱 노력하여 보완해 나갈 예정이다. 독자 여러분의 따뜻한 격려와 가르침을 부탁드리며 아무쪼록 본서가 실무계, 학계는 물론 디자인보호법의 전공자 및 수험생들에게 다소나마 도움이 되었으면 하는 것이 저자들의 소박한 바람이다.

본서가 발간되기까지에는 많은 분들의 도움을 받았다. 특히 자료협조와 많은 조언을 해주신 특허청 전승철 사무관, 유니테크특허법률사무소 백명자 변리사, 박소영 변리사 그리고 본서의 전반에 걸쳐 많은 오류를 정정해주신 유상배 수습변리사님께 이 기회를 빌려 진심으로 감사의 마음을 전하고 싶으며, 끝으로 본서의 발간에 많은 수고를 해주신 세창출판사 이방원 사장님 이하 관계 직원 여러분께 깊이 감사드린다.

2005년 7월

著 者 識

차 례

제 1 편 序　說

제1장 디자인제도

제2장 디자인과 그 인접분야

제3장 디자인登錄을 받을 수 있는 者

제 2 편 디자인登錄制度

제4장 디자인의 成立要件

제5장 디자인등록의 實體的 要件

제6장 디자인등록의 節次的 要件

제7장 디자인의 特有制度

제8장 디자인의 同一 · 類似

제9장 디자인등록을 받을 수 없는 디자인

제 3 편 出願·審查·登錄節次

제10장 節次상의 總則

제11장 出願節次

제12장 審査節次

제13장 登錄節次

제 4 편 디자인권·實施權

제14장 디자인권

제15장 實 施 權

제16장 디자인권의 侵害와 그 救濟

제 5 편 審判 · 再審 · 罰則 · 訴訟

제17장 審　　判

제18장 再　　審

제19장 罰　　則

제20장 訴　訟

《일러두기》

§5① i —디자인보호법 제5조 제1항 제1호
시령—디자인보호법 시행령
시규—디자인보호법 시행규칙
특—특허법
특시령—특허법 시행령
특시규—특허법 시행규칙
실—실용신안법
상—상표법
등령—디자인등록령
등시규—디자인등록령 시행규칙
특등령—특허등록령
특등시규—특허등록령 시행규칙
수수료징수규칙—특허법 · 실용신안법 · 디자인보호법 및 상표법에 관한 특허료 · 등록료와 수수료의 징수규칙
헌—헌법
저—저작권법
부정—부정경쟁방지 및 영업비밀 보호에 관한 법률
민—민법
형—형법
형소—형사소송법
민소—민사소송법
민집—민사집행법
민조—민사조정법
공장저당—공장저당법
독점—독점규제 및 공정거래에 관한 법률
대외—대외무역법
산업—산업디자인진흥법
산업령—산업디자인진흥법 시행령
발명—발명진흥법
발명시령—발명진흥법 시행령
행심—행정심판법
행소—행정소송법
파산—파산법
국세—국세기본법
중재—중재법
질서—질서위반행위규제법
WIPO 협약—세계지적소유권기구협약
파리협약—산업재산권보호를 위한 파리협약

3정판 디자인보호법

제1편 序　說

1
chapter

디자인제도

제 1 절 디자인제도의 기원

Ⅰ. 디자인제도의 기원

오늘날 세계의 많은 나라에서 창조적인 지적활동의 所産에 대하여 그 가치를 인정하고, 이를 무체의 재산으로 보호하는 법체계를 가지고 있다. 학술이나 예술 등 정신문화에 관한 활동의 소산에 관하여는 著作權(copyright)으로서, 산업상 활동에 관한 "지적소산에 관하여는 産業財産權(industrial property right)[1]으로서 知識財産權(intellectual property right)"이라는 개념하에 권리로 구성되어 그 창조의 소산을 보호한다. 최근에는 컴퓨터 프로그램, 반도체칩, 생명공학, 영업비밀(trade secret) 등에 관하여 신지식재산권이라는 새로운 개념하에 권리로 인정하여 보호하는 경향이다.

세계적으로 이러한 지적활동의 소산이나 산업상의 기술을 보호하여 권리로

---

1) 산업재산권은 프랑스어 propriété industrielle, 영어의 industrial property right를 번역한 말이다. 과거에는 한동안 공업소유권이라 번역되어 사용하여 왔으나(일본에서는 현재까지도 공업소유권으로 번역한다) 이는 적절한 번역어가 되지 못한다는 주장이 있어 1980년대 말부터 특허청에서는 산업재산권이라는 용어로 대체하여 사용하고 있으며 이후 법령상 용어로서도 산업재산권으로 변경하였다. 또한 산업재산권이란 특허법 · 실용신안법 · 디자인보호법 및 상표법(이를 총칭하여 "산업재산권법"이라 한다)에 의해 각각 발생한 특허권 · 실용신안권 · 디자인권 및 상표권을 총칭하는 용어이다.

서 인정하기 시작한 것은 15세기 베니스에서 서적인쇄에 대하여 주어진 물권 등에서 볼 수 있다고 하는데, 최선의 발명자에게 독점적 권리를 인정하는 지금의 특허제도의 原型은 1624년에 제정된 영국에서의 전매조례[2](Statute of Monopolies)에서 구할 수 있다.[3]

그러나 산업상의 디자인에 대한 보호제도는 이보다 상당히 늦은 1711년 10월 25일 프랑스의 리용시 집정관(Consulat de Lyon)이 견직물 업계의 도안을 不正使用으로부터 보호하기 위하여 발한 명령을 최초로 한다.

그러나 이 명령은 무늬직물의 무늬모양을 절취하거나 또는 타인에게 대여·매각하는 등의 행위를 금지한 것으로서, 오늘날과 같은 의미의 독점적 권리를 기본으로 하는 디자인보호제도는 그 후 1787년 7월 14일 발한 참사원의 명령[4]과 그리고 같은 해 영국에서 제정된 亞麻, 絹 등의 보호에 관한 조례가 최초가 된다.[5]

최초의 디자인보호에 관한 명령인 프랑스 리용시 집정관의 명령은 당시 견직물 공업의 중심지였으며 이탈리아제 견직물의 국제적 거래시장으로 활발하였던 리용시에 한정된 것이었다. 그리하여 1787년 7월 14일 디자인보호를 위한 획기적인 내용이 포함된 참사원의 명령이 내려진다. 이 명령은 새로운 도안을 창작한 데 대하여 그 도안을 견직물 등에 사용할 독점적 권리를 인정한 것으로서 그것을 보호하기 위한 원본 또는 견본에 의한 기탁을 규정하고, 그 효력도 프랑스 전국에 미치는 것이었다. 또 같은 해(1787년) 영국에서도 산업상의 디자인에 대한 보호법이 탄생되었다. 영국 최초의 著作權法(Copyright Act 1709)은 출판자에게 출판한 날부터 14년간 독점적으로 출판할 권리를 보장하는 것이었으나 1734년 그 보호대상이 미술품으로서의 판화에까지 확대되었고, 그 후 1787년에

2) 전매조례는 오늘날까지 계속 시행하고 있는 성문특허법의 원조로 소박하지만 특허제도의 기본적인 생각을 분명히 하고 있다[吉藤幸朔, 유미특허법률사무소 譯, 「特許法概說」, 대광서림, 2000(이하 본서에서의 인용은 "吉藤, 특허"라고 줄여서 쓰고, 제13판에 의한다)], 35면 이하 참조.

3) 齋藤瞭二, 정태련 역, 「의장법」, 세창출판사, 1993(이하 본서에서의 인용은 "齋藤, 의장"이라고 줄여서 쓴다), 24면.

4) 이 명령에 의해 소유권의 개념이 처음으로 성문화되었으나 프랑스 혁명으로 1년 정도의 단명으로 끝나는 법률이 되었다. 그러나 이 법률은 1790년 미국 특허법이나 혁명 후의 프랑스 지식재산권에 큰 영향을 가져다 준 법률이다.

5) 齋藤, 의장, 25면.

린넨 등의 디자인과 프린트에 관한 조례(Designing and Printing of Linens etc. Act 1787)가 제정됨으로써 산업상의 디자인의 보호는 저작권으로 보호받게 되어 독립된 법을 갖기에 이르렀다.

Ⅱ. 우리나라 디자인제도의 연혁

우리나라에 있어서의 디자인제도는 다른 산업재산권제도와 마찬가지로 정상적인 사회·경제제도의 한 역사적인 과정에서 생성·발전되어 온 것이라기보다는 외세에 의한, 즉 일본제국의 침략의 한 과정에서 타의적, 그리고 식민정책의 필요성에 의해 생성되었다. 이를 선의의 디자인제도사의 관점에서 볼 때 디자인제도의 효시가 된다.

우리나라는 구한말 일본의 강제에 의해 디자인제도가 탄생된 이래 그 후 일제의 암흑기를 거친 다음 1945년 8월 15일 해방을 맞이하여 또다시 미군에 의한 군정기를 겪게 되었으며 디자인제도 또한 미군정의 통치편의를 위하여 변형된 형태로 시행되었던 것이다. 이러한 과도기를 거친 다음 1961년에야 비로소 우리나라 독립의 의장법이 제정되었고, 그 후 이 법은 국내외적인 여건의 변화에 맞추어 여러 차례의 개정이 이루어졌다.

이하에서는 우리나라에서의 디자인제도의 연혁에 관해서 구한말시대, 일제시대, 미군정시대 그리고 정부수립 후의 의장법의 제정 및 개정의 순서로 설명해 나가기로 한다.

1. 구한말시대

일본은 청·일전쟁(1894~1895년)과 露·日전쟁(1904~1905년)에서 승리한 후 1905년에 우리나라에 보호정치를 강요하여 을사보호조약을 체결하고 이듬해인 1906년 2월에는 조선총독부를 개청하였다.

이와 아울러 일본은 1908년 5월 19일 미국 워싱턴에서 미·일간에 「한국에서의 발명·의장·상표 및 저작권의 보호에 관한 美日조약」을 체결하고 그 제2조1에서 "일본국정부는 발명·의장·상표 및 저작권에 관하여 현재 일본국에서 시행하는 것과 같은 제 법령이 본조약을 실시하는 동시에 한국에서 시행하게 하며, 그 제 법령은 한국에 있는 미국 국민에 대하여도 일본국신민 및 한

국신민에 대함과 같이 적용함이 가한 자로 한다"라고 규정하여 침략을 위한 사전 양해를 목적으로 하는 조약을 체결하였고, 이 조약은 구 한국정부 내각고시 제3호로써 융희 2년(1908년) 8월 13일자로 내각총리대신 이완용의 명의로 公布되었다.

이와 같은 날 내각고시 제4호로써 한국특허령, 한국의장령, 한국상표령, 한국상호령 및 한국저작권령을 공포하고, 이와 같은 令들은 모두 일본의 당시의 법을 우리나라에 그대로 적용시행하도록 하는 경과조치를 취하였다.[6)]

이와 같은 사실은 일제의 침략정책의 일환으로서 행해진 것이지만, 우리나라로서는 産業財産權制度가 도입 실시된 효시가 된다.

2. 일제시대

전술한 바와 같이 1908년 8월 13일 한국의장령이 공포되어 당시의 일본 의장령이 우리나라에 의용되다가 1910년 8월 29일 한일합방 즉일로 일본 칙령 제335호로써 일본의 특허법(明治 42년 4월 2일 공포, 법률 제23호), 실용신안법(明治 42년 4월 5일 공포, 법률 제26호), 의장법(明治 42년 4월 2일 공포, 법률 제25호) 및 저작권법을 우리나라에서도 시행하도록 공포하였으며 동일자로 일본 칙령 제336호를 공포하여 한국특허령, 한국의장령을 폐지하였다.

3. 군정시대

1945년 8월 15일 해방 후 미군정 초기에는 잠정적으로 일제시대의 의장제도가 그대로 답습되었다. 그러나 해방 이후 독립국가로서의 산업재산권제도의 필요성이 대두되자 미군정청은 과도기적 산업재산권제도의 창설·운영을 위하여 1946년 1월 4일 특허행정창설위원회를 설치하여 그 준비작업에 착수하였으며 1946년 1월 22일에는 미군정법령 제44호를 공포하여 대한민국정부 광무국(현재 산업자원부)에 '특허원'을 창설하였다. 그러나 특허원은 창설되었으나 제반 산업재산권관계법규가 제정되어 있지 않았으므로 우선 잠정적인 조치로서 보호원제도를 채택하여 새로이 산업재산권법이 제정될 때까지 신규한 발명·고안은 이 제도에 의해 보호받도록 하였다.

---

6) 윤종렴, 「의장법 해설」, 삼경당, 1984(이하 본서에서의 인용은 "윤종렴, 의장"이라고 줄여서 쓴다), 19·20면.

그 후 1946년 10월 5일 군정법령 제91호로써 12장 265개 조문에 이르는 특허법을 제정·공포하여 동일자로 시행하였으며 1946년 10월 15일에는 특허법 시행규칙을 제정·공포하여 시행하기에 이르렀다. 이 특허법이 시행되는 동안에는 별도의 디자인에 관한 독립된 입법이 없었고 특허법 제3장 제21조에 현재의 '디자인'을 '美匠'이라는 특이한 표현으로 규정하고 있었다.[7)]

미군정하에서의 특허법은 실질적인 우리나라 최초의 산업재산권법이자 해방 이후의 최초의 경제관계법령으로서 특허원의 조직과 특허에 관한 내용 이외에도 실용신안 및 디자인에 관한 내용까지 함께 규정함으로써 포괄적인 산업재산권 보호제도로서 기능할 수 있는 체제를 갖추었다. 그러나 이 법은 1950년 6월 25일 한국전쟁이 일어나고 한국경제가 붕괴되는 바람에 기대만큼의 뚜렷한 기여를 하지 못하였다.

이하에서는 특허법 속에 포함된 미분화된 디자인제도의 변천사가 아닌 우리나라 정부수립 후 독립된 의장법의 신규제정으로부터 현재의 디자인보호법에 이르기까지 수차에 걸친 법의 개정내용에 대하여 살펴본다.[8)]

4. 의장법의 신규제정(1961년 12월 31일 공포 법률 제951호 제정, 1961년 12월 31일 시행)

1961년 5월 16일 군사혁명으로 수립된 혁명정부는 사회제도의 전반적인 개혁을 위하여 1961년 국가재건최고회의의 주도하에 구법령의 정비작업계획을 수립 추진하였다. 이에 따라 구법령은 특허·실용신안 및 의장(법령상은 '미장'이라고 지칭)에 관한 사항과 함께 특허국의 설치 및 직제에 관한 사항까지 단일법에 혼합규정한 과도기적인 법률이어서 법제도상 불합리할 뿐 아니라 모순되거나 불분명한 규정이 많아 이를 별개의 법으로 정비하기로 하고, 개정작업에 착수하여 1961년 12월 31일 의장법을 제정, 공포하게 되었다. 이로써 완전하고 독립된 하나의 독립법으로 탄생하게 된 것이다.

신규제정법의 주요한 규정은 다음과 같다.

1) 산업에 이용할 수 있는 신규의 의장만을 의장등록의 대상으로 하였다(§2).

---

7) 미군정법하에서의 특허법의 기조에 있어서는 선진국 중에서 특히 미국 특허법을 모델로 하여 당시 미군정청 소속인 Oswald H. Milmore 소령과의 협력하에 1946년 5월 초에 그 초안이 완성되었다(윤종렴, 의장, 22면).

8) 특허청, 「한국특허제도사」, 1988, 204~206면 참조.

2) 의장등록을 받을 수 있는 자가 의사에 반하여 신규성을 상실한 경우에 신규성 상실의 예외가 되도록 하였다(§5).

3) 동일 또는 유사한 의장에 대하여는 선출원자에 한해 등록한다(§6).

4) 실용신안등록출원을 의장등록출원으로 변경할 수 있게 하였다(§11).

5) 한 벌의 물건에 대하여는 1의장으로 등록받을 수 있도록 하였다(§8).

6) 비밀의장제도를 도입하였다(§10).

7) 의장권의 존속기간을 8년(군정특허법에서는 10년)으로 하였다(§15).

5. 의장법(디자인보호법)의 개정

1961년 12월 31일 독립법으로 탄생하게 된 우리나라 의장법은 그 동안 국내외의 여건변화에 따라 수차례에 걸친 개정과 정비를 통해서 현대화되고, 국제화된 법제로 변모하게 되었다.

(1) 제1차 개정(1973년 2월 8일 공포 법률 제2057호 전문개정, 1974년 1월 1일 시행)

산업재산권 관계의 기본법이라 할 수 있는 특허법이 개정됨에 따라 본 의장법도 이에 맞추어 전문개정 형식으로 개정이 이루어졌다. 그 주요 개정내용은 다음과 같다.

1) 출원 전에 외국간행물에 게재된 것도 신규성이 없는 것으로 판단하는 이른바 準國際主義를 채택하였다(§5① i).

2) 수출품에 대하여는 권리침해분쟁 중에 있을지라도 통관단계에 있는 것은 압류하지 못하도록 하였다(§37→특§46②).

3) 등록의장 실시보고를 의무화하고(§44→특§79), 3년 이상 실시하지 아니한 의장권은 취소 또는 강제실시할 수 있도록 하였다(§37→특§51).

4) 의장의 성립요건으로 심미성의 개념을 도입하였다(§4).

5) 공무원의 직무고안에 대한 보상과 관리에 관한 사항을 정하였다(§17→특§18③).

(2) 제2차 개정(1973년 12월 31일 공포 법률 제2660호 일부개정, 1974년 1월 1일 시행)

종전의 법 제50조(통상실시권 허여의 심판)에서는 의장권에 대한 통상실시권 허여의 심판을 청구할 수 있는 기간을 권리설정의 등록일로부터 3년을 경과한 때로 규정하고 있었으나 본 개정법에서는 "… 이 경우 권리설정의 등록일로부터

2년을 경과하지 아니한 그 타인의 권리에 대하여는 심판을 청구할 수 없다"라고 개정하여 그 청구할 수 있는 기간을 등록일로부터 2년을 경과한 후로 하여 1년간 단축하였다(§50①).

(3) **정부조직법 중 개정법률**(1976년 12월 31일 공포 법률 제2957호, 1976년 1월 1일 시행)

날로 눈부시게 발전해 나가는 과학기술에 의한 기술혁신을 바탕으로 기술진흥이라는 시대적인 요청에 따라 특허행정과 산업재산권제도면에 있어서의 획기적인 기구개편이 불가피하게 되었고, 또 매년 누적되어 가는 심사·심판업무의 신속한 처리, 심사·심판관의 자질향상, 특허정보자료의 확보와 관리·활용체제의 확립 그리고 산업재산권제도의 국제화 등의 문제점을 타개하기 위해 정부에서는 1976년 12월 31일 정부조직법을 개정·공포하게 되었고,[9] 이어서 1977년 3월 12일 특허청직제(대통령령 제8483호)를 공포하여 特許廳이 발족하게 되었다. 이로써 의장에 관한 업무는 다른 산업재산권 3법과 더불어 종전의 특허국에서 특허청이 관장하게 되었다.

특허청에서는 청으로 발족함과 동시에 선진제국과의 인적·물적 교류를 확대하는 동시에 「특허행정 현대화 5개년 계획」(1978~1983년)을 적극 추진함으로써 산업재산권제도 및 운영에 획기적인 발전을 도모하였다.

(4) **제3차 개정**(1980년 12월 31일 공포 법률 제3327호 일부개정, 1981년 9월 1일 시행)

국제적인 교통의 발달과 경제의 국제화가 진전됨에 따라 산업재산권제도는 더 한층 국제화가 촉진되었고, 1970년대에 들어와서는 산업재산권 보호에 관한 파리협약의 가맹국을 중심으로 世界知的財産權機構(WIPO)가 설립되었다. 이러한 산업재산권제도의 국제화 추세에 부응하기 위하여 우리나라는 1979년 3월 1일 세계지적재산권기구에 가입하고, 1980년 5월 4일에는 파리협약에 가입하였다. 의장법도 이에 적응하기 위하여 파리협약의 공통규정을 채택하였고 나아가 의장제도의 개선을 도모하였는바, 그 주요 개정내용은 다음과 같다.

1) 특허청 직원은 재직 중 의장등록을 받을 수 있는 권리를 제한하였다(§2

---

9) 정부조직법 제37조(산업자원부) 중 제5항에 "특허·실용신안·의장 및 상표에 관한 사무와 이에 대한 심사·심판사무를 관장하게 하기 위하여 산업자원부장관 소속하에 특허청을 둔다"라고 규정하고, 제6항에서는 "특허청에 청장 1인과 차장 1인을 두되, 청장은 정무직으로 하고 차장은 별정직 국가공무원으로 보한다"라고 규정하였다.

①단).

2) 공지공용의 의장과 주지의 형상·모양·색채 또는 이들의 결합에 의하여 용이하게 창작할 수 있는 것은 의장등록을 받을 수 없도록 규정하였다(§5②).

3) 산업재산권제도의 국제적 추세에 부응하기 위하여 의장등록을 받을 수 있는 권리를 가진 자가 조약 또는 이에 준하는 당사국의 영역 내에서 개설하는 국제박람회에 출품함으로써 그 의장고안이 新規性을 상실하였을 때에는 그 날로부터 6월 이내에 의장등록출원을 하면 그 의장은 신규의 것으로 보도록 하였다(§7).

(5) 제4차 개정(1982년 11월 29일 공포 법률 제3568호 일부개정, 1982년 11월 29일 시행)

등록의장에 대한 심판청구에 있어서 종전에는 이해관계인 또는 심사관에 한하여 청구할 수 있도록 하되, 다만, 심사관은 제12조(선원주의)의 규정에 위반하거나 제35조(의장등록의 무효사유) 제1항 제3호에 해당하는 이유로써는 무효심판을 청구할 수 없도록 하였으나 본 개정법에서는 審査官도 이해관계인과 동일하게 무효사유가 있는 경우에는 어느 경우에나 무효심판을 청구할 수 있도록 하였다(§49② 삭제).

(6) 제5차 개정(1986년 12월 31일 공포 법률 제3894호 일부개정, 1987년 7월 1일 시행)

의장등록을 받을 수 있는 권리를 가진 자의 의장이 의사에 반하여 공지 등이 된 경우에는 출원시 취지기재 및 증명서류를 제출하지 않아도 신규성 상실의 예외규정의 적용을 받을 수 있도록 하였다(§7②).

(7) 제6차 개정(1990년 1월 13일 공포 법률 제4208호 전문개정, 1990년 9월 1일 시행)

그 동안 국제간 경제교류의 확대로 산업재산권 보호제도의 강화 및 국제화의 필요성이 증대됨에 따라 의장제도의 국제적 통일화 추세에 부응하고, 특허법의 개정에 따라 관계조문을 개정하며 운영상 나타난 미비점을 개선·보완하기 위하여 전문개정하였으며 그 주요 개정내용은 다음과 같다.

1) 국외에서 공지 또는 공연히 실시된 의장에 대하여도 신규성을 상실하도록 규정함으로써 신규성 판단에 있어 완전 국제주의(세계주의)를 채택하였다(§5①).

2) 의장의 창작비용이성은 “국내에서 널리 알려진 형상·모양·색채 또는 이들의 결합”에 의한 것으로만 판단하도록 하여 의장의 新規性과 창작비용이성 규정의 적용한계를 명확히 하였다(§5②).

3) 의장등록출원인이 출원의 보정을 할 수 있는 기간을 사정 또는 심결이 확정되기 전으로 하던 것을 사정통지서가 송달되기 전까지 또는 거절사정에 대한 심판을 청구하는 경우에는 그 심판청구일부터 30일 이내에 할 수 있도록 하여 심사 및 심판절차의 신속을 도모하도록 하였다(§18①).

4) 출원의 보정이 요지를 변경한 것이 아님에도 심사관이 요지변경이라는 이유로 채택하지 않을 때 종전에는 행정적 구제수단이 없었으나 출원의 보정에 대하여 심사관이 요지변경으로 인정하는 때에는 결정으로 그 보정을 却下하도록 하고, 동 각하처분에 대하여는 불복항고심판을 청구할 수 있도록 하여 출원인에게 불복의 구제수단을 마련하였다(§24→특§51, §72→특§169).

5) 출원의 보정이 요지를 변경한 것으로 의장권의 설정등록이 있은 후에 인정된 때에는 선의의 제3자의 불측의 손해를 방지하기 위하여 그 보정서를 제출한 때에 의장등록출원한 것으로 보도록 하였다(§18②).

6) 특허협력조약에 의한 국제출원을 의장등록출원으로 변경하는 경우에 절차적으로 확정되기 위한 요건을 규정하기 위하여 국제출원과 관련된 출원변경의 특례규정을 마련하였다(§22).

7) 등록의장이 국방상·공익상 필요한 때에는 의장권을 정부에서 제한·수용·취소 또는 실시할 수 있도록 하던 것을 국방상 필요한 때에 한하여 수용하거나 실시할 수 있도록 하였다(§61→특§106).

8) 의장등록무효심판청구의 除斥期間을 폐지하였다(§51 삭제).

9) 의장권의 효력이 종전에는 登錄의장에 한정되어 있어서 의장권의 적극적(독점적) 효력이 등록의장에 유사한 의장에도 미치는가를 둘러싸고 해석상의 논란이 있어 왔으나 본 개정법에서는 등록의장에 類似한 의장에까지 미치는 것으로 명문으로 규정하여 그 범위를 명확히 함과 동시에 논란의 소지를 없게 하였다(§41).

10) 의장권 또는 전용실시권을 침해한 자에 대하여 그 침해에 대하여 자기가 받은 손해의 배상을 청구하는 경우 권리를 침해한 자가 그 침해행위에 의하여 이익을 받은 때에는 그 이익의 액을 손해의 액으로 추정하도록 하고, 實施料 상당액을 손해액으로 하여 청구할 수 있도록 하였다(§64①,②).

(8) **제7차 개정**(1993년 12월 10일 공포 법률 제4595호 일부개정, 1994년 1월 1일 시행)

제7차 개정법은 의장절차에 관한 불합리한 규정을 개선하여 출원인의 부담을 덜어주는 한편, 조약 또는 외국의 입법례를 수용하여 의장제도의 국제화 추세에 부응하고, 기타 제도의 운영과정에서 나타난 미비점을 보완하기 위하여 개정한 것이다. 그 주요 개정내용은 다음과 같다.

1) 종전에는 의장법상 고안과 창작이라는 용어를 혼용하고 있어 법률용어의 사용에 혼동을 일으키고 있으므로 고안을 창작이라는 용어로 통일하였다(§3 · §9 · §16 · §50 등).

2) 유사의장등록출원을 단독의 의장등록출원으로 출원변경하거나 단독의 의장등록출원을 유사의장등록출원으로 출원변경을 한 경우 최초에 한 출원과 변경출원이 외견상 공존하는 것으로 보여 실무상 혼란이 있으므로 최초에 한 출원에 대하여는 취하한 것으로 보는 규정을 신설하였다(§20④).

3) 이미 납부한 의장등록료는 착오로 납부한 경우에 한하여 반환하도록 하였으나 의장등록이 심결에 의하여 무효로 된 경우에도 심결이 확정된 연도의 다음 연도부터의 등록료 해당분에 대하여는 반환하도록 하여 不當利得의 국가귀속을 방지하고, 의장권자의 재산을 보호하도록 하였다(§36).

4) 의장권의 존속기간을 우루과이라운드 지적재산권협상안에 따라 종전의 8년에서 10년으로 하여 2년간 연장하였다(§40).

(9) 제8차 개정(1995년 1월 5일 공포 법률 제4894호 일부개정, 1998년 3월 1일 시행)

종전의 특허심판제도는 특허청내에 심판소와 항고심판소에서 각각 1심과 2심을 다루고 상고심만 대법원에서 다루도록 되어 있으나 이는 쟁송절차로서 부적절하고 위헌의 소지가 있다는 논란이 있어 이를 시정하기 위해 법원조직법을 개정(1994년 7월 27일 개정, 1998년 3월 1일 시행)하여 특허법원을 설치함과 동시에 특허청내에는 심판소와 항고심판소를 통합하여 특허심판원을 설치함으로써 행정부내의 2단계 심판을 1단계로 줄여 특허심판의 독립성과 전문성을 확보하도록 하는 한편, 특허심판원의 심결에 대한 불복의 소는 특허법원의 전속관할로 하며 이에 대한 불복은 대법원에 상고할 수 있도록 하여 사실관계 및 법률관계에 대해 법원에서 충분히 심리할 수 있도록 하기 위해 개정된 것이다. 그 주요 개정내용은 다음과 같다.

1) 종전에 항고심판으로 청구하던 심사관의 거절사정 및 보정각하결정에 대한 불복은 심판으로 청구할 수 있도록 하였다(§72).

2) 심판에서의 심결, 보정각하결정 또는 심판청구서나 재심청구서의 각하결정에 대한 소는 당사자, 참가인 또는 당해 심판이나 재심에 참가를 신청하였으

나 그 신청이 거부된 자에 한하여 제기할 수 있도록 소제기에 관한 절차를 명시하였다(§75).

(10) 제9차 개정(1995년 12월 29일 공포 법률 제5082호 일부개정, 1996년 7월 1일 시행)

제품의 경쟁력 확보에 있어서 의장의 중요성이 날로 증대되고 있고 의장의 라이프 사이클이 짧아지는 추세에 부응하고, 의장권자의 권리를 조기에 보호하기 위하여 출원공개제도를 세계 최초로 채택하여 의장권의 보호를 강화하고, 의장개발을 촉진시킴으로써 산업발전에 이바지하기 위하여 개정하였다. 주요 개정 내용은 다음과 같다.

1) 의장권의 실시의 범위를 의장등록된 물품의 생산·사용·양도·대여·수입·전시 이외에 그 물품의 양도 또는 대여의 청약에까지 확대하여 의장권의 보호를 강화하였다(§2iii).

2) 出願公開制度를 신설하여 의장등록출원인이 자기의 출원의장에 대한 공개를 신청하면 그 출원의장을 공개하도록 하고, 출원공개된 의장에 대하여는 누구든지 그 의장이 등록될 수 없다는 취지의 정보를 증거와 함께 제출할 수 있도록 하여 심사의 정확성과 신속성을 높이도록 하였다(§23의2).

3) 출원공개 후 의장등록 전에 제3자가 그 출원의장을 침해할 경우에는 출원인이 침해자에 대하여 보상금청구권을 가지도록 하였다(§23의3).

4) 출원공개된 의장을 제3자가 침해할 경우에 그 출원의장에 대하여는 우선심사를 할 수 있도록 하였다(§30→특§61).

(11) 특허법 중 개정법률(1997년 4월 10일 공포 법률 제5329호, 1997년 7월 1일 시행)

1997년 4월 10일 특허법의 개정을 통해 의장에서도 전자적 매체로 의장공보를 발행할 수 있는 근거를 마련하였다(특부칙§5②).

(12) 제10차 개정(1997년 8월 22일 공포 법률 제5354호 일부개정, 1998년 3월 1일 시행)

의장법의 제10차 개정은 유행성이 강한 물품의 의장에 대하여 당해 의장등록출원이 출원방식에 적합한지와 출원된 의장이 선량한 풍속을 문란하게 할 우려가 있는지 등 형식적이고 기초적인 사항만을 심사하여 의장등록하도록 하는 의장무심사등록제도를 도입하여 이들 물품의 의장이 신속하게 권리로서 설정될 수 있도록 하고, 향후 그 운영실태를 보아 의장무심사등록 대상물품을 확대하여 전체적인 의장심사처리기간을 단축하도록 하는 한편, 의장권의 존속기간을 연장하는 등으로 의장권의 보호를 강화하고, 의장등록출원절차를 대폭 간소화함으로써 산업의장의 경쟁력을 강화하기 위한 것이다.

그 주요 개정내용은 다음과 같다.

1) 의장의 조기권리화를 실현하기 위해 직물지 등 라이프 사이클이 짧은 물품의 의장에 대하여 無審査登錄制度를 도입하였다(§2 v, §9).

2) 무심사등록제도의 도입에 따라 무심사등록된 의장권에 대하여는 누구든지 등록 후 3월 이내에 당해 의장의 등록요건 흠결을 이유로 등록취소를 구하는 異議申請制度를 도입하여 부실권리의 발생을 최소화함과 동시에 의장권의 법적 안정성을 도모하도록 하였다(§29의2, §29의5).

3) 종전에는 1출원으로서 1의장만을 등록출원하도록 하였으나 의장등록출원인의 편의를 도모하고 출원절차를 간소화하기 위하여 의장무심사등록출원을 하는 경우에는 1출원서에 20 이내의 의장을 출원할 수 있도록 하였다(§11의2).

4) 출원 전에 공개된 의장은 그 공개사유에 관계없이 6월 이내에 의장등록출원하면 모두 신규성을 인정해 주도록 하여 권리보호의 기회를 확대하였다(§8).

5) 의장권의 존속기간을 10년에서 15년으로 연장하여 의장권의 보호를 강화하였다(§40).

6) 의장권 또는 전용실시권을 침해한 자에 대한 벌금형을 2천만원 이하에서 5천만원 이하로 상향조정하였다(§82).

(13) 특허법 중 개정법률(1998년 9월 23일 공포 법률 5576호, 1999년 1월 1일 시행)

1998년 9월 23일 특허법의 개정을 통해 의장에서도 전자출원제도를 도입하여 출원서·기타서류를 전자문서화하여 전산망을 이용 제출하거나 플로피디스크에 수록 제출할 수 있도록 하였으며(§4→특§28의3①), 특허·실용신안법상 이중출원제도의 도입 및 실용신안법에서의 선등록제도의 도입에 따라 특허·실용신안등록출원을 의장등록출원으로 변경할 수 있도록 하는 의장법상의 규정을 삭제하였으며(특부칙§1, §5②), 한편 특허·실용신안법에서는 각각 의장등록출원을 특허 또는 실용신안등록출원으로 변경할 수 있는 제도를 폐지하여 1999년 1월 1일부터 시행하도록 하였다.

(14) 제11차 개정(2001년 2월 3일 공포 법률 제6413호 일부개정, 2001년 7월 1일 시행)

제11차 개정법은 의장의 보호범위를 확대하는 국제추세에 부응하여 부분의장제도를 도입하고, 한 벌 물품의 의장에 대한 등록요건을 완화하는 한편, 의장무심사등록출원에 대한 등록요건의 심사범위를 확대하고, 출원인이 공개를 신청한 것 외의 의장에 대하여도 정보를 제공할 수 있도록 함으로써 의장심사의 공정성을 도모하는 등 의장제도의 운영상 나타난 일부 미비점을 개선·보완하기 위한 것이다. 그 주요 개정내용은 다음과 같다.

1) 물품의 부분에 대한 창작적 가치를 보호하기 위해 부분의장제도를 도입하였다(§2 i).

2) 물품의 기능을 발휘하기 위하여 불가결한 形狀만으로 된 의장은 의장등록을 받을 수 없도록 하였다(§6iv 신설).

3) 시스템의장 등의 폭 넓은 보호를 위하여 한 벌 물품의장의 성립요건을 완화하고(§12①) 또한 한 벌 물품의장의 등록요건을 각 구성물품에는 부과하지 않고 한 벌 물품 전체로서 등록요건만 갖추면 의장등록 받을 수 있도록 하였다(§12③ 삭제).

4) 출원인이 공개를 신청한 것 외의 의장에 대하여서도 누구든지 당해 의장이 등록될 수 없다는 취지의 정보를 제공할 수 있도록 하여 의장심사의 공정성 및 신속성을 도모하였다(§23의5 신설).

5) 의장무심사등록출원에 대해서도 공업성 요건에 대하여는 심사를 하도록 하여 부실권리의 발생을 최소화하도록 하였다(§26②).

6) 본인이 책임질 수 없는 사유로 인하여 추가납부기간까지 등록료를 납부하지 못하여 의장등록출원 또는 의장권이 포기된 경우 그 실효된 의장권 등을 회복할 수 있는 제도를 도입하였다(§33의2 신설).

7) 의장권의 침해에 대한 손해액의 산정에 있어서 침해자가 판매한 수량에 권리자의 원가계산에 의한 이익액을 곱한 것을 권리자의 손해액으로 할 수 있도록 함으로써 판매수량만을 확인하면 손해액을 쉽게 산정할 수 있도록 하였다(§64① 신설).

8) 의장권 또는 전용실시권을 침해한 자에 대한 벌칙을 상향조정하고, 법인의 대표자나 종업원 등이 그 법인의 업무에 관하여 위반행위를 한 때에는 그 행위자보다 중하게 처벌하도록 하였다(§82, §87).

(15) 제12차 개정(2000년 12월 11일 공포 법률 제6767호 일부개정, 2003년 5월 12일 시행)

이 개정은 특허법과 공통으로 등록료의 보전제도를 도입하기 위한 것이며 그 주요 개정내용은 다음과 같다.

1) 등록료를 납부할 의사가 있음에도 등록료의 부족납부로 출원포기 또는 의장권이 소멸되는 경우를 방지하기 위하여 특허청장은 등록료의 납부기간내에 등록료의 일부를 납부하지 아니한 경우에는 등록료의 보전을 명하도록 하고, 보전명령을 받은 자는 그 보전명령을 받은 날부터 1월 이내에 보전할 수 있도록 하였다(§33의2 ①·②).

2) 본인이 책임질 수 없는 사유로 등록료의 보전기간내에 등록료를 보전하지 아니한 경우 그 사유가 종료된 날부터 14일 이내에 그 등록료를 보전할 수 있도록 하고, 등록료의 보전에 의하여 포기간주된 출원 또는 소멸된 의장권은 회복할 수 있도록 하였다(§33의3 ①·②).

3) 등록료의 추가납부기간이 경과된 날부터 보전한 날까지의 기간을 의장권의 효력제한기간에 포함되도록 하며 그 기간 중에 타인이 그 의장 또는 이와 유사한 의장을 실시한 행위에 대하여는 의장권의 효력이 미치지 않는 것으로 하였다(§33의3 ③).

(16) 제13차 개정(2004년 12월 31일 공포 법률 제7289호 일부개정, 2005년 7월 1일 시행)

이 개정법은 법령에 대한 국민의 기본적인 이해도를 제고하고 의장의 창작이 장려될 수 있도록 하기 위하여 종전의 의장이라는 용어를 국민에게 친숙한 디자인으로 변경하고, 글자체를 디자인의 범위에 포함시켜 디자인권으로 설정등록된 글자체를 보호하도록 하며, 높은 수준의 디자인창작을 유도하기 위하여 디자인등록에 대한 창작성의 요건을 강화하는 한편, 그 밖에 현행제도의 운영상 나타난 일부 미비점을 개선·보완하려는 것이다. 그 주요 개정내용은 다음과 같다.

1) '의장'이라는 용어를 '디자인'이라는 용어로 변경하고, 법률의 명칭을 '의장법'에서 '디자인보호법'[10]으로 하였다.

---

10) 종전의 법 제명 중 '의장'을 '디자인'으로 대체하여 '디자인법'이라 하지 않고 '보호'라는 용어를 추가하여 '디자인보호법'으로 하고 있다. 이와 같이 디자인보호법이라 하는 경우 디자인을 보호하는 법률이라는 법의 성격을 명확히 할 수 있는 장점이 있으나 반면 법의

2) 글자체를 디자인의 범위에 포함시켜 디자인권으로 설정등록된 글자체를 보호하되, 인쇄 등의 통상적인 과정에서의 글자체의 사용 및 그 사용으로 생산된 결과물에 대해서는 디자인권의 효력이 미치지 않도록 하였다(§2 i , §44② 신설).

3) 국내 또는 국외에서 공지 등이 된 디자인도 창작비용이성 판단의 기초자료로 할 수 있도록 하여 창작성이 높은 디자인에 대해서만 보호받을 수 있도록 하였다(§5②).

4) 출원의 변경을 출원의 보정제도에 흡수하여 디자인등록출원인은 유사디자인등록출원을 단독의 디자인등록출원으로, 단독의 디자인등록출원을 유사디자인등록출원으로 변경하는 등의 보정을 할 수 있도록 하였다(§18, §20 · §20의2 삭제).

5) 디자인무심사등록출원에 대해서도 출원공개의 청구를 할 수 있도록 하여 보상금청구권 등의 행사가 가능하도록 하였다(§23의2①).

6) 디자인무심사등록출원에 대해 공중의 정보제공이 있는 경우에는 심사관은 그 정보에 근거하여 디자인등록거절결정을 할 수 있도록 하였다(§26③).

7) 비밀디자인권이 침해된 경우에는 소정의 사항이 기재된 특허청장의 증명을 받은 서면을 제시하여 경고한 후가 아니면 침해의 금지 또는 예방을 청구할 수 없도록 하였다(§62② 신설).

(17) **제14차 개정**(2005년 5월 31일 공포 법률 제7556호 일부개정, 2005년 9월 1일 시행)

이 개정은 디자인권자가 과실로 인하여 소정의 등록료납부기간 내에 등록료를 납부하지 아니하여 디자인권이 소멸한 경우, 일정한 요건하에 그 디자인권을 회복할 수 있는 제도를 마련하기 위해 개정한 것이다(§33의3③ 신설).

(18) **제15차 개정**(2007년 1월 3일 공포 법률 제8187호 일부개정, 공포한 날부터 시행. 단 일부 개정규정 2007년 7월 1일 시행)

이 개정은 디자인심사처리기간의 단축 등 디자인심사환경의 변화에 대응하여 디자인등록출원인이 디자인을 비밀로 할 것을 청구할 수 있는 시기를 확대하고, 포기된 출원 및 거절확정출원에 대하여 선출원의 지위를 배제하며 용이창

구성이 디자인과 관련된 권리의 창설에 관한 절차, 창설된 권리의 내용이 대부분이고, 디자인의 보호에 관한 규정은 일부에 지나지 아니하여 법률의 내용과 명칭이 일치하지 않으며 또한 특허법, 상표법 등 타 산업재산권을 규정하는 법률과도 제명의 기준이 맞지 않는 문제가 있다. 외국의 입법예에서도 대부분 국가들의 디자인 관련 법률의 명칭은 "Design Law"로 되어 있다.

작할 수 있는 디자인의 경우 디자인무심사등록을 받지 못하게 하며, 기타 현행 제도운영상 나타난 일부 미비점을 개선 보완하기 위한 것이다. 그 주요 개정내용은 다음과 같다.

1) 디자인등록출원인이 디자인을 비밀로 할 것을 청구할 수 있는 시기에 관해 출원시에만 청구할 수 있도록 하던 것을 출원을 한 날부터 최초의 디자인등록료를 납부하는 날까지 청구할 수 있도록 하였다(§13②).

2) 디자인등록출원이 포기 또는 거절결정이 확정된 때에는 선후원 판단에 있어 선출원으로 취급하지 않는 것으로 하였다(§16③).

3) 디자인무심사등록출원된 디자인이 국내에서 널리 알려진 형상·모양·색채 또는 이들의 결합에 의해 용이하게 창작할 수 있는 것인 경우에는 디자인등록을 받을 수 없도록 하였다(§26②단).

4) 거절결정이 확정된 출원에 대해 선출원으로 취급하지 않는 것으로 함에 따라 디자인권을 취득할 수 있게 된 후출원권리자와 선출원 거절확정출원인과의 이해관계 조정을 위해 후출원 디자인권에 대해 선출원에 의한 통상실시권을 새로 형성하였다(§50의2).

5) 디자인등록출원 후 1월 이내에 당해 출원을 취하 또는 포기한 경우에는 출원료를 반환하도록 하였다(§36①iii).

6) 디자인무심사등록이의신청과 관련한 특허법의 준용규정을 디자인보호법의 독립규정으로 신설하였다(§29의5·6, §29의8·9 신설).

(19) 제16차 개정(2007년 5월 17일 공포 법률 제8456호 일부개정, 공포 후 6개월이 경과한 날부터 시행)

이 개정은 디자인등록료와 수수료의 반환청구기간을 1년에서 3년으로 연장하여 그 납부자에 대한 권익보호를 강화하기 위한 것이다(§36③).

(20) 제17차 개정(2009년 6월 9일 공포 법률 제9764호 일부개정, 2009년 7월 1일 시행)

이 개정은 미납된 디자인등록료의 납부방식을 개선하여 디자인권자의 비용부담을 완화하고, 디자인등록출원의 심판청구의 부담완화 및 디자인등록을. 받을 수 있는 기회를 최대한 보장하기 위하여 출원인이 디자인등록거절결정에 대한 별도의 불복심판 청구절차를 거치지 않더라도 디자인등록출원시에 첨부된 도면 등을 보정하여 제출하면 심사관으로부터 다시 심사를 받을 수 있도록 하는 한편, 비밀누설죄의 법적 형량을 상향조정하여 디자인권의 보호를 강화하고,

이 법에서 준용하고 있는 특허법의 관련조문을 이 법에 직접 규정하여 국민들이 쉽게 이해할 수 있도록 하는 등 현행 제도의 운영상 나타난 일부 미비점을 개선·보완하기 위한 것으로서 그 주요 개정내용은 다음과 같다.

1) 특허법의 준용 부분을 이 법에서 직접 정함으로써 국민들이 이 법을 쉽게 이해할 수 있도록 하였다.

2) 디자인등록출원인은 디자인등록거절결정을 받은 경우 그 디자인등록출원에 대하여 거절결정등본을 송달받은 날부터 30일 이내에 디자인등록출원서에 첨부된 도면, 도면의 기재사항 등을 보정하여 해당 디자인등록출원에 대하여 재심사를 청구할 수 있도록 하였다(§27의2 신설).

3) 디자인등록료를 추가납부할 때에 납부금액을 등록료의 2배의 범위에서 지식경제부령으로 정하는 금액에 따라 차등하여 납부할 수 있도록 하였다(§33②, §33의2③).

4) 비밀누설죄의 법정형량을 '12년 이하의 징역 또는 300만원 이하의 벌금'으로 하던 것을 '5년 이하의 징역 또는 5천만원 이하의 벌금'으로 상향조정하였다(§86).

5) 「질서위반행위규제법」의 제정으로 불필요해진 과태료의 부과·징수절차에 관한 내용을 정비하였다(§88③-⑤ 삭제).

상기에서와 같이 우리나라는 1961년 의장법이 신규제정된 이후 그 동안 국내외의 여건변화에 따라 수차례 개정되어 왔다. 디자인보호법 본법 이외의 하위법령은 다음과 같은 것이 있다<그림 1-1>.

〈그림 1-1〉 디자인보호법 본법 이외의 하위법령

디자인보호법 시행령(대통령령)
디자인보호법 시행규칙(지식경제부령)
디자인등록령(대통령령)
디자인등록령 시행규칙(지식경제부령)

제 2 절 外國의 디자인제도

Ⅰ. 디자인제도의 유형

산업재산권 보호에 관한 파리협약 제5조의5에서는 “디자인은 모든 동맹국에 있어 보호된다”라고 하여 동맹국의 디자인의 보호를 의무화하고 있다.[11] 그러나 각국에서의 디자인의 보호법제는 나라마다 상이하다. 세계의 디자인에 관한 보호법제는 크게 2가지 유형으로 분류할 수 있다<그림 1-2>.

그 하나는 특허접근이라는 법체계이고, 또다른 하나는 저작권접근이라는 법체계이다.

특허접근 법체계의 중심은 영국으로 그 시발은 18세기로 거슬러 올라간다. 한편, 저작권접근 법체계의 중심은 프랑스로서 그 시발은 역시 18세기로 모두 당시의 주산업인 직물공업에서 기원한 것이다.

여기서 特許接近 法體系란 디자인등록출원한 디자인에 대하여 법이 정하고 있는 등록요건을 구비하고 있는지 아닌지를 심사하여 등록요건을 구비한 디자인에 대하여 디자인권의 설정등록을 하는 제도이다. 특허접근 법체계하에서는 디자인권은 특허권 등 다른 산업재산권과 동일한 독점배타적인 권리를 구성한다. 이에 대하여 著作權接近 法體系는 디자인의 독창성(originality)에 권리발생의 근거를 두고, 디자인등록출원이나 기탁에 의해 바로 權利를 발생시키는 제도이다. 저작권접근 법체계하에서는 디자인권에 대하여 차단효(Sperrwirkung, blocking effect)가 없는 모방금지권만으로 권리를 구성하는 것으로 하고, 그 권리의 유효성에 대하여는 사후에 분쟁발생시 사법작용에 의하여 판단하도록 하는 것이 특징이다. 따라서 저작권접근 법체계의 국가에서는 주로 무심사등록주의를 채용하고 있다.

---

11) 본 조문은 1958년 리스본 개정회의에서 도입되었다. 리스본 개정회의에 상정된 최초의 제안은 디자인보호의 의무규정뿐만 아니라 ⅰ) 디자인의 개념정의, ⅱ) 디자인의 신규성 판단에 관한 규정, ⅲ) 최소 보호기간에 관한 규정 등을 포함하고 있었으나 이 제안은 채택되지 아니하여 각 동맹국의 국내법령에 맡겨지게 되었다.

최근에는 디자인의 보호에 관하여 새로운 접근방법이 시도되고 있다. 이를 디자인接近 法體系의 유형이라 하며 비등록디자인에 대하여 비교적 단기간 동안 모방금지 등으로 디자인을 보호하는 새로운 유형이다. 비등록디자인을 단기간 보호하는 英國의 1989년 저작권·디자인·특허법(Copyright, Designs and Patent Act) 또는 판매개시된 상품의 형태에 대해 단기간 보호하여 주는 日本의 1993년 부정경쟁방지법 등이 이 유형에 속하는 법제라고 볼 수 있다.

〈그림 1-2〉 세계의 디자인보호법제의 유형

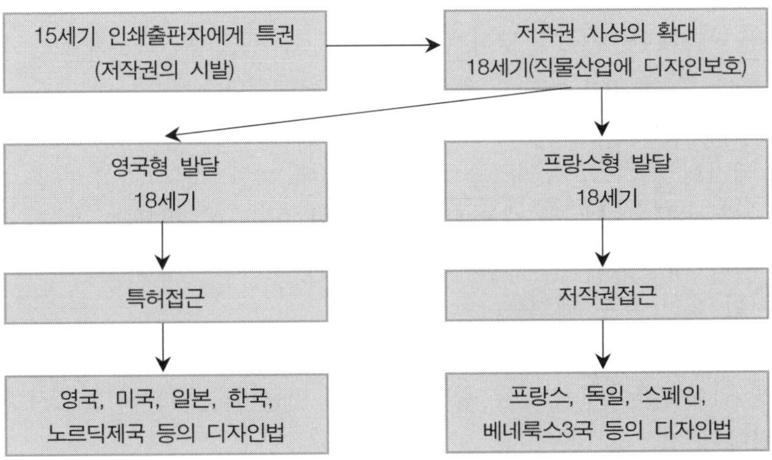

또 다른 관점에서의 분류는 디자인의 보호를 창작자(또는 그 승계인)의 권리로서 보호하는 것을 내용으로 하는 것, 즉 심사를 거치는가 아니면 무심사기탁에 의하는가를 불문하고 사유재산권으로 보호하는 것과 창작자에 대한 포상적인 제도로서의 창작자증에 의해 창작의 장려와 창작이익의 보호를 도모하려는 것이다.[12] 전자의 경우는 디자인제도가 시작된 이래 전통적인 내용을 이루는 것으로 자본주의국가에서 채택하고 있는 제도이고, 후자는 종래 사회주의국가에서 채택한 제도이다.[13]

12) 齋藤, 의장, 31·32면.

13) 구 소련의 「공업적 디자인에 관한 법률」이 이에 해당된다. 북한의 경우에는 우리나라의 디자인에 해당되는 공업도안을 상표 및 공업도안에 관한 규정에서 보호하며 발명과는 달리 공업도안이 등록되면 공업도안 신청인은 출원수리일부터 5년간 그 공업도안을 독점적으로 사

Ⅱ. 주요국의 디자인제도

1. 프 랑 스

(1) 연 혁

프랑스에서의 디자인보호는 앞에서 기술(제1절 Ⅰ. 디자인제도의 기원)한 바와 같이 1711년 리용시 집정관(Consulat de Lyon)의 명령에서 나온 후 1787년 참사원의 명령[14]에 의해 전국적인 규모의 보호제도의 기반을 가지기에 이르렀으나 그 명령도 프랑스 혁명에 의해 폐지되었다. 그 후 1793년에 제정된 저작권법은 산업상의 디자인에 대한 보호가 명확하지 않아서 그 실효성 있는 보호는 1806년의 법률(노동심판소 설치에 관한 법률)[15] 제정 후부터 비롯된다.

1806년의 법률은 염직도안을 기탁에 의해 보호하는 것으로서 이것은 혁명에 의해 폐지되었던 1787년의 참사원의 명령에 의한 것과 거의 마찬가지의 내용이었다. 당초에는 리용시 지역에만 한정되어 있던 이 법률은 그 후 프랑스전역으로 확대하게 되었다. 프랑스에서 이미 18세기초~19세기에 디자인보호가 발달하게 된 요인 혹은 배경은,

i) 프랑스는 르네상스(Renaissance)의 서광지인 이탈리아와 교역이 밀접하였기 때문에 인쇄출판이나 견직물 등의 디자인, 기술이나 이들의 보호사상을 도입하기 쉬웠다는 것,

ii) 프랑스의 디자인보호의 법적 발달을 촉진한 것은 직물길드(guild)이었다는 것, 더욱이 저작권 사상이 인쇄출판을 대상으로 하던 것을 직물로 확대되

용할 권리를 가지는 것으로 한다[법무부, 「북한법의 체계적 고찰(Ⅲ)」, 1997, 392~394면].

14) 이 명령 제1조에는 신규한 디자인을 창작한 자 또는 그 제조업자에게 그 직물디자인에 대하여 타를 배제하여 독점적으로 실시하는 권리(소유권)를 주어 실내장식용과 교회장식용의 직물디자인에 대하여는 15년, 의상용의 직물디자인에 대하여는 6년의 권리기한을 주는 취지의 규정이 있고, 제5조에는 스스로 창작하고 또는 타에 의뢰하여 창작한 디자인을 보전코자 하는 제조업자는 당해기관 사무소에 선서서를 첨부하여 디자인의 도면을 제출하여 기탁한다라는 취지의 규정이 있었다.

15) 이 법률은 리용시의 산업에 관한 법률이며, '디자인의 소유권 보호'라고 제목을 붙인 제Ⅱ편 제3조는 노동심판소 서기과에의 기탁 및 등록에 관한 공업적 디자인의 보호를 다루고 있었다[이상정, 「산업디자인과 지적소유권법」, 세창출판사, 1995(이하 본서에서의 인용은 "이상정, 산업디자인"이라고 줄여서 쓴다), 200면].

는 과정에서 길드내의 중요기밀의 하나인 무늬모양에 관한 기밀의 누설을 금지하는 수단으로서 디자인의 보호가 이루어졌다는 것,

iii) 프랑스의 견직물은 숙련도 높은 장인의 기술에 의해 제조되고, 따라서 일품제작적이고 우수한 그림과 같이 예술작품으로서의 가치도 높고 또한 그 자체 재산적 가치를 가지고 있었다는 것,

iv) 프랑스혁명에서 기본적 인격설의 확립, 즉 인간의 정신노동의 소산인 디자인은 그것을 창작한 자의 소유로 하는 소유권 개념이 빠르게 확립된 것 등을 들 수 있다.[16)]

한편, 1793년 저작권법은 1902년에 개정되어 그 대상에 장식적 조각과 도안이 추가되어 양 법에 의한 중복보호가 가능하게 되었다. 이것은 기탁에 의한 보호와 함께 오늘날에 이르기까지 변하지 않는 디자인보호제도의 기본이 되고 있다. 현행 프랑스의 디자인보호는 1925년, 1979년, 1990년에 각각 개정된 후 2001년 7월 1일 유럽연합디자인보호지침에 따라 실질적으로 개정된 「디자인 및 모델에 관한 법률」(LOI DU 14 JUILLET 1909 sur les Dessins et Modèles)에 의해 이루어진다.

(2) 개 요

1) 보호의 대상 이 법에 의해 보호되는 디자인 및 모델(dessins et modèles)은 공업제품 또는 수공제품의 선, 윤곽, 색채, 형상, 질감 또는 재질의 특징으로부터 생기는 물품의 전체 또는 부분의 외관을 말하며, 특히 컴퓨터프로그램은 제외하고, 조립물품의 부품, 포장, 한 벌의 의상(get-up), 그래픽 심볼 및 글자체(typographic characters)를 포함한다.

2) 보호의 요건 보호받기 위한 디자인 또는 모델은 신규하고 독특성(individual character)을 가져야 한다.

㈎ 신 규 성 출원일 또는 우선일 이전에 일반에게 공지, 공용된 동일한 디자인 또는 모델이 없는 경우 그 디자인은 신규한 것으로 본다. 다만, 창작자나 그 적법한 승계인, 또는 창작자나 그 적법한 승계인에 의해 제공된 정보 또는 행위로 인하여 제3자에게 의하여 디자인이 개시되거나, 창작자에 반한 부정행위의 결과로서 디자인이 개시된 경우, 상기 개시가 출원일 또는 우선일로부터 12개월 이내에 이루어진 경우 공지된 것으로 간주하지 아니한다.

---

16) 森 則雄, 특허청 역, 「日本意匠實務」, 1990(이하 본서에서의 인용은 "森 則雄, 의장실무"라고 줄여서 쓴다), 416면.

(나) 독 특 성 전체적인 시각적 인상이 선행 디자인에 의한 시각적 인상과 상이한 경우 독특성이 있는 것으로 본다.

3) 출 원 디자인 또는 모델을 나타내는 도면 또는 사진 2통을 제출해야 하며 1출원에는 복수의 디자인을 포함할 수 있다. 동시에 출원할 수 있는 디자인의 수는 100건까지로 한다. 출원된 것은 통상 디자인공보에 공고되는데 이 공고를 출원인은 3년간 연기(비밀)할 수 있으며 종래의 밀봉보관제도는 폐지되었다.

4) 보호의 효과 디자인 또는 모델의 창작자(또는 승계인)에게 그 디자인을 실시 또는 판매하는 권리를 독점한다. 이 권리는 배타적인 효력은 있으나 소위 차단효(Sperrwirkung; blocking effect)는 없다. 그러므로 디자인권은 모방으로부터 보호되는 저작권적인 것이다.

5) 보호의 기간 디자인권의 보호기간은 종전에는 출원일부터 25년간이고, 이 기간만료 전에 출원인의 청구가 있는 경우에는 다시 25년간 연장할 수 있어 최장 50년간 보호되었으나 2001년 법개정에서 출원일부터 5년이고, 5년씩 4회 연장가능하여 최장 25년간 보호받을 수 있도록 하였다.

(3) 프랑스 디자인제도의 특징

형식적 요건의 합치여부 및 디자인의 공개가 공공의 질서나 도덕에 반하는지 여부만을 심사하고, 신규성이나 독특성에 대하여는 심사하지 않는다(무심사주의 채택). 디자인권의 유효성 여부는 법률적 문제발생시 법원에서 판단한다.

2. 英 國

(1) 연 혁

영국에서의 디자인의 보호에 관한 최초의 법률은 1787년 아마포, 백목, 견 등의 모형과 날염의 저작권 보호에 관한 법(Designing and printing of Linens etc. Act 1787)이다. 이 1787년의 법률은 신규로 독창적인 아마포, 백목, 견 등에 응용하는 모형을 창작한 자, 모형의 날염자, 제조자에게 소유자의 이름을 각각의 제품에 기재하도록 하고, 최초의 공포일(발매일)로부터 2개월간 그 디자인에 관한 제품의 제조판매의 독점적 권리를 인정한 것이다. 그 후 1839년의 디자인저작권법(Copyright of Design Act 1839)에 의해 산업상의 디자인에 대하여 저작권과 다른 보호방법(디자인등록시스템의 도입)을 취하였다. 1842년에는 종래의 법률을 통합하여 신규하고 독창적인 디자인을 보호하는 디자인법(Design Act 1842)을 제정하고, 1883년에는 특허·

디자인・상표를 통합한 특허・디자인・상표법(Patents, Designs and Trade Marks Act 1883)이 성립되었고 1949년에는 특허와 디자인 각각에 대하여 독자적인 법이 제정되어 1949년 등록디자인법(Registered Designs Act 1949)이 되었으나 1989년 8월 1일부터 시행된 저작권, 디자인, 특허법(Copyright, Designs and Patents Act 1988 : CDPA)에 의해 종래 존재한 저작권법(1956년) 및 등록디자인법(1949년)이 실질적으로 개정되게 되었고 이 법률은 유럽연합디자인보호지침과 통일을 기하기 위해 2001년, 2003년의 개정을 거쳐 2006년 10월에 다시 개정되었다.

(2) 개　　요

1) 보호의 대상　　영국에서의 디자인의 보호는 i) 저작권에 의한 보호, ii) 미등록 디자인권에 의한 보호, iii) 등록디자인에 의한 보호의 3가지 제도로 나누어진다.

(가) 저작권(copyright)에 의한 보호　　본조에 있어서 '디자인'이란 물품의 표면장식 이외에 전체 또는 부분의 형상 또는 형태(내부・외부를 불문한다)의 양상에 관한 디자인을 의미한다. 물품의 표면장식을 저작권에 의한 보호에서 제외한 것은 그것이 등록디자인의 보호대상이 되기 때문이다.

(나) 디자인권(design right)에 의한 보호　　이 파트에 있어서 '디자인'이란 물품의 전체 또는 부분의 형상 또는 형태(내부・외부를 불문한다)의 양상에 관한 디자인을 의미한다. 그러나 디자인권은 다음의 것에는 존재하지 않는다.

i) 구조의 방법 또는 원리

ii) 다음과 같은 물품의 형상 또는 형태의 특징

ⓐ 그 물품을 다른 물품에 어느 물품도 각각의 기능을 다할 수 있도록 결합하거나 배치하는 물품

ⓑ 당해 물품이 디자인에 의해서 다른 물품의 중요부분을 형성하는 것을 의도한 외관에 의존하는 물품

iii) 표면적 장식

(다) 등록디자인(registered design)에 의한 보호　　1988년법에 의해 등록디자인법(1949) 제1조 제3항의 디자인에 관한 정의가 부분적으로 개정되었다. 1988년법에서는 '디자인'이란 공업적 방법 또는 수단에 의해 물품에 이용되는 외형, 형상, 모양, 장식의 특징을 말하며 그 물품에 있어서 시각에 호소하고 시각에 의해 판단되는 것을 의미하였으나 2001년법에서 또다시 디자인의 정의규정을 개정하여 '디자인'이란 물품의 선, 윤곽, 색채, 형상, 질감, 재질 또는 그 장식의

특징으로부터 얻어지는 물품 전체 또는 부분의 외관을 의미한다고 규정하고 있다. 이는 유럽연합디자인보호지침상의 디자인의 정의규정과 통일을 기하기 위해 개정한 것이다.

2) 보호의 요건

(가) 미등록디자인의 보호요건　　미등록디자인의 보호요건은 독창성(originality)이다. 창작시에 문제의 디자인 업계에서 흔한 평범한 것이면 독창적(original)이라고 말할 수 없다.

(나) 등록디자인의 보호요건

i) 신규성과 독특성　　디자인이 등록되기 위해서는 신규성(novelty)과 독특성(individual character)을 가지고 있어야 한다. 디자인은 유럽연합회원국의 영역내에서 출원일(우선권 주장이 있는 경우 우선일) 전에 동일한 디자인이 공지되지 않은 경우에 신규성이 있는 것으로 보며 이 경우 사소한 점에 있어서만 서로 다른 디자인은 동일한 것으로 간주한다. 또한 당해 디자인에 관하여 견문이 넓은 사용자(the informed user)가 그 디자인에 대해 갖는 전체적인 인상이 공지된 다른 디자인의 전체적인 인상과 다른 경우에는 독특성이 있는 것으로 본다. 디자인의 특수성을 평가할 때에는 당해 디자인을 개발할 때의 디자이너의 자유의 정도를 고려하여야 한다.

ii) 부등록사유

ⓐ 물품의 기술적 기능에만 관한 물품의 외관

ⓑ 공공정책 또는 공서양속에 반하는 디자인

3) 출원 및 등록　　등록디자인권에 의한 보호를 받기 위하여는 디자인이 적용된 물품의 도면 또는 사진 등에 의해 출원을 하여야 하며 출원은 특허청 등록관에 의해 일정요건에 대한 심사를 거친 후에 등록된다. 종전에는 신규성과 독특성 요건에 대해 심사하였으나 2006년 법개정에서 이를 삭제하여 실체심사가 폐지되었다.

4) 보호의 효과　　디자인권은 미등록디자인권(unregistered design right)으로 등록하지 않고 발생하는 소유권이다.[17] 이 권리는 차단효가 있는 독점권은 아

17) 미등록디자인권의 권리자가 될 수 있는 자는 유럽연합회원국의 국민, 거주자 또는 법인으로서 디자인을 창작한 자이다. 또한 뉴질랜드 및 영국식민지의 국민으로서 디자인을 창작한 자는 디자인권의 권리자가 될 수 있으나 우리나라 국적의 국민에 대하여는 거의 보호가 적용되지 않는다.

니며 고의적 복제를 막을 수 있는 권리이다. 등록디자인권은 등록된 소유권자에게 등록된 디자인에 대하여 실시하는 권리를 독점하는 것으로 한다. 이 권리는 독점배타권(the exclusive right)을 가지므로 등록한 소유자의 허락 없이 실시하면 침해로 된다.

5) 보호의 기간

(가) 미등록디자인권(unregistered design right)의 보호기간 미등록디자인권은 다음의 경우 중 어느 한 경우에 소멸한다.

i) 그 디자인이 디자인 문서(designs document)에 최초로 기록된 해 또는 그 디자인을 최초에 물품으로 제작한 해의 마지막 날, 이들 중 빠른 쪽부터 기산하여 15년이 경과한 때

ii) 그 디자인을 제작한 물품이 그 제작해의 마지막 날부터 5년 이내에 유통되고 있던 경우에는 최초에 그것이 유통되고 있던 해의 마지막 날부터 10년이 경과한 때

(나) 등록디자인권(registered design right)의 보호기간 등록디자인권의 보호기간은 최초는 등록일(출원일)로부터 5년이고, 소정의 갱신료를 지불하는 것을 조건으로 하여 5년씩 4회 연장하여, 최장 25년까지 보호받을 수 있다.[18)]

(3) 영국 디자인제도의 특징

영국에 있어서의 디자인제도의 가장 큰 특징은 전술한 바와 같이 i) 저작권에 의한 보호, ii) 미등록디자인권에 의한 보호, iii) 등록디자인에 의한 보호의 3가지의 제도로 나누어지는 점이다.

3. 獨　逸

(1) 연　혁

독일에서의 디자인의 보호는 프랑스, 영국보다 약 1세기가 늦은 1876년 「디자인 및 모형의 저작권에 관한 법률」[Gesetz betreffend das Urheberrecht an Musturn und Modellen(Geschmacksmustergesetz)]에 의해 시작된다(통상 디자인법이라 한다). 디자인법의 제정

---

18) 등록디자인권의 보호기간을 최장 25년으로 한 것은 저작권법의 개정에 의해 규정된 제52조와 관계된다. 이 규정은 저작권물이 후일 물품에 디자인으로서 이용되는 모든 응용미술작품에 관한 보호기간을 물품이 최초로 판매된 해의 마지막 날부터 25년간으로 한 것으로서 등록디자인권의 보호기간은 이 응용미술작품의 저작권의 보호기간과 부합한다. 이에 양산품인 응용미술작품과 디자인이 공통의 기반을 가지고 있는 것임을 이해할 수 있다.

당시에는 그 보호대상을 미적 고안에 한한다는 취지를 명확히 하고 있지 않았기 때문에 특허법이 보호대상으로 하는 발명의 수준에 미치지 않는 소발명이 디자인으로 다수 출원되었다. 그러나 1878년 법원의 판결로써 종지부를 찍고 '미적 고안'만을 대상으로 하게 되었다. 그리고 여기서 누락된 '실용적 고안'을 보호하기 위하여 1891년에 실용신안법이 제정되었다. 독일 디자인법은 1953년 및 1986년에 각각 개정되었고, 2004년 3월 12일 유럽연합디자인보호지침을 이행하기 위한 실질적인 개정이 있었다.

(2) 개　요

1) 보호의 대상　독일 디자인법상 보호의 대상이 되는 디자인은 공업제품 또는 수공제품의 선, 윤곽, 색채, 형상, 질감 또는 재질의 특징으로부터 생기는 물품의 전체 또는 부분의 외관을 말하며, 특히 컴퓨터프로그램은 제외하고, 조립물품의 부품, 포장, 한 벌의 의상(get-up), 그래픽 심볼 및 서체(typographic characters)를 포함한다.

2) 보호의 요건　디자인이 등록되기 위해서는 新規性과 독특성을 가져야 한다(신규성과 독특성에 관하여는 1. 프랑스 디자인 제도 참조).

3) 출　원　디자인등록을 받기 위하여는 특허청에 출원서를 제출하여야 하는데 동시에 당해 디자인을 나타낸 도면 또는 사진을 제출하여야 한다. 1출원에 복수의 디자인을 포함할 수 있으나 그 디자인의 수는 100건까지로 한다. 디자인공보에의 공고는 출원일부터 계산하여 30개월까지 신청에 의하여 연기할 수 있다.

4) 보호의 효과　디자인의 권리자는 제3자가 그의 동의 없이 디자인을 사용하는 것을 금지시킬 수 있으나 디자인권의 차단효는 없다.[19]

5) 보호의 기간　종전에는 출원일부터 최초 5년이고 3회의 갱신으로 최장 20년까지 보호되었으나 2004년 개정법에서는 최장 25년까지 보호받을 수 있게 하였다.

(3) 독일 디자인제도의 특징

독일 디자인제도의 특징 중의 하나는 프랑스에서와 마찬가지로 無審査登錄制이고, 또 하나의 특징은 디자인은 저작권법에 의해서도 보호될 수 있는 점이다. 1965년에 제정되고, 1990년에 개정된 현행 저작권법(Urheberrechtsgesetz) 제2조 제1

19) 독일 경제계, 특히 전기, 화학, 철강공업과 같이 디자인의 창작에 상당한 비용과 비교적 장기를 요하는 산업분야에서는 차단효를 갖는 디자인권의 창설을 바라는 요청이 있다.

항(4)에서는 저작권법이 보호하는 저작물을 '조형미술의 저작물'로서 "건축, 응용미술의 저작물 및 이들의 저작물의 도면을 포함한다"고 규정하여 중복보호를 부정하고 있지 않다. 게다가 응용미술작품에 대해서는 다른 저작물과 그 보호기간에 어떤 차이를 두고 있지 않다. 저작권의 존속기간은 작자의 사후 70년이다.

4. 日　　本

(1) 연　　혁

일본에서의 디자인제도는 明治 21년(1888년) 12월 18일 공포된 디자인條例로부터 시작된다. 이 조례는 공업상 작품에 응용할 물품의 디자인의 고안자가 등록을 받아 그 디자인을 전용할 수 있도록 규정한 것으로서 영국의 1883년 특허디자인상표조례를 모델로 한 것이라고 한다. 그 내용은 i) 새로운 디자인의 창작자(고안자)는 일정기간 그 디자인을 독점할 권리를 갖는 것, ii) 디자인이라 함은, 공업상의 물품에 응용할 형상・모양・색채인 것, iii) 권리를 얻기 위해서는 출원과 등록을 요하는 것(요식주의), iv) 신규한 디자인만이 등록되는 것(권리성립의 기초를 신규성, 즉 객관적 창작에 두었다), v) 심사관에 의한 심사를 거친 후에 등록하는 것(심사주의)이며, 이 제도의 근간, 즉 권리의 주체・객체에 관한 규정, 권리설정에 관한 절차 등은 오늘날에 있어서도 그 기본에 변함없다.[20] 그 후 明治 31년(1898년), 明治 42년(1909년), 大正 10년(1921년) 및 昭和 34년(1959년), 平成 10년(1998년), 平成 11년(1999년), 平成 15년(2003년)의 개정을 거쳐 平成 18년(2006년)에 개정된 법이 현행 디자인법(의장법)이다. 특히 平成 10년 개정법은 昭和 34년(1959년) 디자인법 개정 이후 산업구조의 질적 변화와 고도정보화, 생활문화의 변화 등에 따른 디자인 활동대상의 급속한 확대・변화에도 불구하고 근본적인 디자인법의 개정 없이 지나온 것에 대한 문제의식과 디자인제도의 국제적인 하모니제이션(harmonization)의 관점을 기조로 하여 개정되었으며 이 법은 1999년 1월 1일부터 시행되고 있다.

(2) 개　　요

1) 보호의 대상　　이 법에서 보호대상이 되는 것은 디자인이다. 디자인법 제2조에서 "디자인이라 함은 물품(물품의 부분을 포함하며, 제8조를 제외한다)의 형상・모양이나 색채 또는 이들의 결합으로서 시각을 통하여 미감을 일으키게 하

---

20) 齋藤, 의장, 25・26면.

는 것을 말한다"라고 정의한다.

2) 보호의 요건 디자인이 등록되기 위하여는 공업성, 신규성 및 창작비용이성을 요건으로 한다.

㈎ 공 업 성 디자인의 공업성은 量産性의 측면에서 해석하며 공업상 이용할 수 있는 디자인이란 구체적으로 공업적 생산과정을 거쳐 양산되는 디자인을 말한다. 여기서 공업성의 의의는 일품제작을 전제로 하는 저작물과의 준별에 있다.

㈏ 신 규 성 디자인의 신규성은 그 출원 전에 국내 또는 국외에서 공연히 알려진 디자인이나 반포된 간행물에 기재된 디자인과 동일 또는 유사하지 않은 디자인을 말한다.

㈐ 창작비용이성 선행디자인과의 관계에 있어 신규성이 있는 디자인(객관적으로 창작된 디자인)이라 하더라도 그 창작의 정도가 낮은 것에 대하여는 디자인등록을 받을 수 없도록 한다. 창작비용이성의 요건에 대하여는 종래 국내에서 널리 알려진 형상 등에 기초하여 용이하게 창작할 수 있는 디자인으로 하였으나 平成10년(1998년)법에서는 국내 또는 국외에서 공연히 알려진 형상 등에 기초하여 용이하게 창작할 수 있는 디자인도 거절, 무효의 대상이 될 수 있도록 개정하여 창작성이 높은 디자인을 적절하게 보호하도록 하고, 높은 수준의 창작활동을 유도하는 새로운 보호제도를 확립하였다.

3) 출 원 보호받고자 하는 디자인을 표현하는 도면이나 사진을 첨부한 디자인등록출원서를 제출하여야 한다. 실체심사의 적정화·신속화의 도모와 권리범위 해석에 도움이 되도록 하기 위해 디자인의 창작특징기재제도를 도입하고 있으며, 컴퓨터를 이용하여 작성한 화상을 출력한 것을 디자인을 나타내는 도면으로 용인하고 있다.

4) 보호의 효과 출원에 대하여는 등록요건에 관한 審査를 거친 후에 디자인권의 설정등록을 허여하며 디자인권은 등록디자인 또는 이와 유사한 디자인에 대하여 실시할 권리를 전유한다. 따라서 등록디자인 및 이와 유사한 디자인을 정당한 권원 없이 실시한 자는 디자인권을 침해한 것으로 된다.

5) 보호의 기간 디자인권의 존속기간은 설정등록일부터 20년간이다. 관련디자인의 디자인권의 존속기간은 그 본디자인의 디자인권의 설정등록일부터 20년간이다.

(3) 일본디자인제도의 특징

일본의 디자인제도는 우리나라 법과 비교하여 많은 부분이 유사하나 제도상 차이가 있는 몇 가지 점을 든다.

ⅰ) 창작비용이성의 판단기준은 일본국내 및 외국에서 공연히 알려진 형상·모양·색채 또는 이들의 결합에 의한 것으로 한다.

ⅱ) 모든 출원디자인에 대해 심사등록주의를 채용한다.

ⅲ) 종전의 유사디자인제도가 폐지되고, 자기의 등록디자인(본디자인)에만 유사한 디자인에 대하여 본디자인과 동등한 가치를 갖는 것으로 보호하는 관련디자인제도가 설치되어 있다.

ⅳ) 등록디자인과 그 외의 디자인의 유사여부판단은 수요자의 시각을 통하여 일으키는 미감에 의하여 행하는 것으로 한다.

ⅴ) 등록디자인의 보호범위확인을 위한 판정제도가 있다.

ⅵ) 디자인권의 침해죄가 비친고죄로 되어 있다.

5. 美 國

(1) 연 혁

미국은 1790년에 제정된 최초의 특허법에서는 디자인의 보호가 포함되지 않았다. 그 후 1942년에 제정된 특허법 중에서 처음으로 '디자인특허'(Design Patent)의 보호가 규정되었다. 그리고 실용특허에 관한 규정이 디자인특허에도 원칙적으로 적용되었다. 현재에도 미국은 독립된 디자인법이 존재하지 않는다. 1953년의 특허법 제16장에 3개조(171조~173조)의 규정을 두고 있을 뿐이다. 그러나 이 중 제172조는 우선권을 주장하여 디자인특허출원을 하는 경우의 기간을 정한 것이므로 실질적으로는 디자인특허에 관한 고유의 규정은 2개 조문밖에 없다. 제171조는 디자인특허를 위한 요건을 규정하고 있고, 제173조는 디자인특허의 존속기간에 관한 규정이다.

(2) 개 요

1) 보호의 대상　　미국 특허법 제171조에는 "공업제품에 관하여 新規하고 獨創的이며 장식적 디자인(any new, original and ornamental design for an article of manufacture)을 창작한 자는 이 법의 규정에 따라 특허를 받을 수 있다"라고 규정되어 있다. 여기에서 '공업제품'이라 함은 기계류는 물론 가옥, 기념비, 교량 등 부동산이라 하더라도 전체로서 일정한 형태적 가치를 가지는 유체물을 포함한다.

2) 보호의 요건 디자인은 공업적 제품(물품)으로 표현되며 新規性, 非自明性, 장식성이 있는 것을 요하고 절차상은 실용특허에 관한 일반규정이 모두 적용된다.

(가) 신규성(novelty) 신규성에 대한 개념은 실용특허의 요건과 마찬가지로 선행디자인과 동일한 것이 아님을 의미한다. 차이가 인정되는 것이면 유사하다 하더라도 신규한 것이라고 생각할 수 있다.

(나) 비자명성(unobviousness) 비자명성의 기준은 이를 디자인특허에 어떻게 적용해야 하는가를 두고 오랫동안 논쟁을 계속하고 있다. 즉, 디자인의 비자명성의 평가를 '통상인을 기준으로 할지, 디자이너를 기준으로 할지'라고 하는 人的 기준에 대한 논쟁이다. Nalbandian사건(661 F. 2d 1214, 211 USPQ 782, 1981 CCPA)에서 제2순회재판소는 비자명성의 판단기준은 "그 디자인분야에 숙련된 통상의 디자이너에 의한 평가이다"라고 판결하였다.

(다) 장식성(ornamentality) 이 요건은 실용특허의 유용성(utility)에 상당한다. 장식성은 모양뿐이라고 하는 좁은 범위의 것이 아니고 제품의 형상디자인에 대해서도 보호의 대상으로 하고 있기 때문에 '장식성'이란 '비기능적'(non-functional)이라고 하는 의미로 해석되고 있다.

3) 출 원 디자인특허출원에 대하여 미국법 제11조에서는 발명자에 의해 서면으로 할 것을 의무로 하고 있으며 출원서에는 명세서, 도면 및 출원인의 선서서를 첨부하도록 되어 있다.

4) 보호의 효과 출원에 대하여는 특허요건에 대한 심사를 거친 후에 특허를 받을 권리를 가지는 것이 명확하게 된 때 특허증이 발행된다. 특허증에는 타인이 미국내에서 제조, 사용 또는 판매 등을 배제하는 권리를 특허권자, 특허권자의 상속인 또는 양수인에게 부여한다는 뜻이 기재된다. 따라서 누구든지 아무 권원 없이 미국내에서 특허받은 디자인을 제조, 사용 또는 판매한 자는 특허권을 침해한 것으로 된다.

5) 보호의 기간 디자인특허의 보호기간은 특허일부터 기산하여 14년이다. 종래에는 출원인의 선택에 의해 3년 6월, 7년 또는 14년의 보호기간이 주어졌으나 1988년에 개정되었다.

(3) 미국 디자인제도의 특징

미국특허법에 있어서의 디자인제도의 특징은 最先創作者특허주의와 創作者출원주의이다. 최선창작자특허주의는 동일한 디자인에 대하여 출원이 경합된 경우, 먼저 창작한 자에게 디자인특허를 부여하는 주의이다.[21] 이 주의는 우리나라 법이나 세계 대다수의 국가에서 채택하는 선출원주의에 대립한다. 또하나의 창작자출원주의는 미국 역사에서 유래하는 것이라고 일컬어진다. 미국의 특허제도가 유럽제국의 제도를 도입하면서, 유럽제국의 특허제도가 본래의 취지에 벗어나서 발명자의 보호가 아니라 이것을 이용하는 지배계급의 도구로 되어 있던 현상에 대한 반성에서 진실로 발명자를 보호하려는 것이다.[22]

6. 유럽연합(EU)

(1) 연 혁

유럽연합(EU)[23]의 역내에서의 상품, 인력, 자본, 기술, 서비스 등의 자유로운 이동을 위한 조치의 일환으로서 EU회원국의 지적재산권제도의 조화와 통일을 위한 노력을 꾸준히 전개하여온 EU는 그 동안의 연구성과를 정리하여 1991년 6월 디자인의 법적 보호에 관한 그린페이퍼를 발표하고 이에 대한 산업계 등의 의견수렴과 공청회 등에서의 다양한 견해를 반영하여 1993년 7월 28일 EU각국의 디자인보호제도의 통일화와 조화를 목적으로 하는 「EU디자인보호지침(안)」과 EU 전역에 동일한 효력이 미치는 EU공동체디자인보호제도의 창설을 목적으로 하는 「EU디자인보호규정(안)」을 발표하였다. EU디자인보호지침(안)은 1998년 10월 28일 유럽의회의 각료이사회에서 최종적으로 채택됨에 따라 동 지침에 의거하여 EU회원국들은 2001년 10월 28일까지 동 지침상의 강행규정들을 국내법에 반영하도록 되어 있다. 또한 EU디자인보호규정(안)은 2001년 12월 12일 유럽각료이사회에서 통과되었고, 이 규정에서의 미등록디자인에 관한 규정은 2002년 3월 6일부터 시행되고 있다.

(2) EU디자인보호지침

EU디자인보호지침(Designs Directive)은 기본적으로 EU회원국의 국가단위의 디

---

21) 미국은 이 주의에 커다란 결점이 있어 1967년부터 다른 많은 국가에서 채택하고 있는 선출원주의로 바꾸려는 움직임이 있었으나 반대의 목소리에 부딪쳐 그 이행이 보류된 상태이다(吉藤, 특허, 40면 참조).

22) 齋藤, 의장, 42면.

23) 유럽연합(EU)회원국은 2009년 6월 말 현재 총 27개국이다(오스트리아, 벨기에, 덴마크, 핀란드, 프랑스, 독일, 그리스, 아일랜드, 이탈리아, 룩셈부르크, 네덜란드, 포르투갈, 스페인, 스웨덴, 영국, 폴란드, 키프로스, 체코, 에스토니아, 헝가리, 라트비아, 리투아니아, 몰타, 슬로바키아, 슬로베니아, 루마니아, 불가리아).

자인의 보호법제를 EU 전체적으로 조화, 통일시키기 위한 규정이다. 따라서 EU 회원국은 일정한 등록절차에 의하여 권리를 부여하는 디자인등록시스템을 갖고 있는 경우 이 지침에 의거하여 디자인 관련 법령을 개정하여야 하나 저작권법적 접근방식에 의해 창작된 디자인에 대해 일정한 등록절차나 방식을 요하지 않고 권리를 부여하는 법제를 갖고 있는 경우에는 동지침에 의거한 자국의 디자인 관련 규정을 개정할 필요는 없다.

1) 보호의 대상 본 지침에 의해 보호되는 디자인은 물품 자체의 선, 윤곽, 색채, 형상, 질감 및 또는 물품의 재질 및/또는 그 장식의 특징으로부터 생기는 물품의 전체 또는 부분의 외관을 말한다. 물품이란 컴퓨터프로그램을 제외한 일체의 공업제품 또는 수공제품으로 특히 조립물품의 구성부분, 포장, 한 벌의 의상(get-up), 그래픽 심벌 및 글자체를 포함하며, 조립물품이란 물품을 분해하고 재조립을 가능하게 하는 복수의 구성물의 결합을 의미한다.

2) 보호의 요건 디자인은 신규성과 독특성을 갖춘 경우 디자인권으로 보호된다. 다만, 조립물품의 부품인 경우에는 그 부품이 조립물품으로 결합될 때, 조립물품의 통상의 사용과정에서 육안으로 확인되고 부품의 시각적인 특징이 자체적으로 신규성과 독특성을 가지고 있어야 한다. 통상의 사용이란 최종사용자에 의한 사용을 의미하며 보수・수리・수선작업 등은 제외한다.

㈎ 신규성(novelty) 디자인은 동일한 디자인이 당해 디자인의 출원일(우선권 주장이 있는 경우 우선일) 이전에 공지되지 않는 경우에 신규성이 있는 것으로 본다. 이 경우 사소한 점에 있어서만 서로 다른 디자인은 동일한 디자인으로 간주한다.

㈏ 독특성(individual character) 디자인은 견문이 넓은 사용자(informed user)가 그 디자인에 대하여 갖는 전체적인 인상이 출원일(우선권 주장이 있는 경우 우선일) 이전에 공지된 디자인의 전체적인 인상과 다른 경우에는 독특성이 있는 것으로 본다. 디자인의 독특성을 평가할 때에는 당해 디자인을 개발할 때의 디자이너의 자유의 정도(degree of freedom)를 고려하여야 한다. 디자인을 개발할 때의 자유의 정도란 당해 디자인을 개발함에 있어 디자이너가 표준화, 기술적 또는 물리적 제약, 뿌리깊은 고객의 요구를 고려할 필요성, 당시의 패션이 부과되는 특징 등에 의해 제약을 받는지 여부 및 정도를 가리킨다. 디자이너가 그러한 제약 없이 디자인을 개발하는 경우에는 자유의 정도가 높음에 대하여 그러한 제약을 강하게 받는 경우에는 자유의 정도가 낮다.[24]

3) 비보호디자인 기술적 기능에 의하여 지배되는 디자인, 호환성을 확보하기 위하여 형상, 치수 등이 표준화되어 있는 물품의 외관의 특징에 대해서는 디자인권이 인정되지 않는다. 또한 공공의 질서, 또는 사회에 수용된 도덕원리에 반하는 디자인도 보호되지 못한다.

4) 보호의 기간 등록디자인은 출원일부터 5년간 디자인권으로 보호된다. 디자인권자에 의해 5년마다 갱신할 수 있으며 최장 25년간 보호받을 수 있다.

5) 보호의 내용 디자인권에 외관 보호범위는 견문이 넓은 사용자에게 전체적으로 다른 인상을 주지 않는 디자인 모두를 포함한다. 보호범위를 판단할 때에는 당해 디자인을 개발할 때의 자유의 정도를 고려하여야 한다. 디자인권은 당해 디자인을 사용하고, 권원 없는 제3자가 당해 디자인을 복제하는 것 또는 당해 디자인권의 보호범위에 포함되는 디자인권을 사용하는 것을 금지하는 배타적인 권리이다. 사용은 특히 생산, 제공, 시장에의 출하 또는 당해 디자인이 편입 또는 적용된 물품의 생산 또는 이러한 물품의 수입, 수출 및 이들 목적을 위한 보관을 포함한다.

6) 다른 법 및 저작권과의 관계 본 지침의 규정은 미등록디자인권, 상표, 그 밖의 식별표지, 특허 및 실용신안, 타이프페이스, 민사책임 및 부정경쟁에 관한 공동체법 및 회원국의 법률 중 어떤 경우에도 우월하지 않다. 본 지침을 따르는 각 회원국 내지 관련지역에서 등록된 디자인권에 의해 보호되는 디자인은 그 나라의 저작권법에 근거한 보호를 동시에 받을 수 있다. 보호되는 범위 및 요건이 되는 창작성의 정도를 포함하는 저작권보호에 관한 요건은 각 회원국에 의해 결정된다.

(3) EU디자인보호규정

EU디자인보호규정(The Regulation on the Community Designs)은 EU 25개 회원국 전역에 효력을 발생시키는 EU공동체국가 1출원1심사1등록시스템으로서 미등록디자인과 등록디자인의 보호에 관한 내용을 함께 규정하고 있다.[25)]

---

24) 이상정, 산업디자인, 335면.

25) EU 디자인보호규정에 따른 디자인제도는 EU 회원국가별 디자인제도를 대체하는 것이 아니라 병존시키는 이중 보호 시스템이므로 출원인은 선택적으로 회원국들에 대해 통상의 디자인출원을 하거나 EU 회원국 전역에 효력을 발생시키는 EU 디자인제도를 통한 보호를 선택적으로 할 수 있다.

1) 보호의 대상　　본 규정에 의해 보호되는 디자인이란 물품 자체의 선, 윤곽, 색채, 형상, 질감 및/또는 재질 및/또는 그 장식의 특징으로부터 생기는 물품의 전체 또는 부분의 외관을 의미하며 물품이란 컴퓨터프로그램을 제외한 일체의 공업제품 또는 수공제품으로 특히 조립물품의 구성부분, 포장, 한 벌의 의상(get-up), 그래픽 심벌 및 글자체를 포함한다. 조립물품은 물품을 분해하고 재조립을 가능하게 하는 복수의 구성물의 결합으로 정의한다.

2) 보호의 요건　　디자인이 보호받기 위한 기본적 요건은 당해 디자인이 새로워야 하며(신규성) 독특성을 가지고 있어야 한다. 다만, 조립물품의 부품의 경우에는 그 부품이 조립물품으로 결합될 때 조립물품의 통상의 사용과정에서 육안으로 확인되고, 부품의 시각적인 특징이 자체적으로 신규성과 독특성을 갖추어야 한다. 통상의 사용이란 최종 사용자의 사용을 의미하며 보수, 수리, 수선적업 등은 제외한다.

㈎ 신규성(novelty)　　신규성이란 동일한 디자인이 공중의 이용에 제공된 바 없는 것을 말한다. 즉 미등록공동체디자인의 경우 당해 디자인이 공중에 최초로 이용되기 전에 동일한 디자인이 공중에 이용되지 않는 것을 말하고, 등록공동체디자인의 경우에는 당해 디자인이 출원일(우선권을 주장하는 경우 우선일) 이전에 동일한 디자인이 공중에 이용가능하게 되지 않은 것을 말한다. 사소한 부분만이 다른 경우에는 두 디자인은 동일한 것으로 본다. 또한 등록 등에 의해 공보에 게재되거나 전시되거나 거래에서 이용되거나 기타의 방법으로 개시된 경우에는 공중의 이용에 제공된 것으로 본다. 그러나 비밀을 유지한다는 명시적 또는 묵시적 조건하에서 제3자에게 개시된 경우에는 공중의 이용에 제공된 것으로 보지 않는다.

㈏ 독특성(individual character)　　독특성이란 견문이 넓은 사용자(informed user)가 그 디자인에 대해 갖는 전체적인 인상이 이하와 같은 때에 공지된 디자인이 갖는 전체적인 인상과 다른 것을 말한다.

i) 미등록공동체디자인의 경우 당해 디자인이 디자이너나 그 승계인에 의해 최초로 공지된 날 이전

ii) 등록공동체디자인의 경우 당해 디자인이 출원일(우선권을 주장하는 경우 우선일) 이전

한편, 독특성을 판단하기 위해서는 원칙적으로 차이가 나는 부분보다는 공통된 특징에 보다 비중을 두며 디자인을 개발할 때의 디자이너의 자유의 정도

를 고려하여야 한다.

3) 출 원 미등록공동체디자인은 출원이 필요하지 않으나 등록공동체디자인은 출원에 의해 보호된다. 등록공동체디자인은 출원인의 선택에 따라 유럽공동체상표디자인청(ONIM)에 직접 출원하거나 회원국의 특허청 또는 베네룩스의 경우에는 베네룩스디자인청을 통하여 간접적으로 출원할 수 있다. 출원인이 간접적으로 출원하는 경우에는 회원국의 특허청 또는 베네룩스디자인청은 제출된 디자인등록출원서를 접수일부터 2주일 이내에 유럽공동체상표디자인청에 송부하여야 한다.

디자인출원서에는 i) 등록신청서의 취지, ii) 출원인의 인적 사항, iii) 디자인의 도면, iv) 디자인의 대상이 되는 물품의 표시를 하여야 하며 추가적으로 i) 도면 또는 견본에 대한 설명, ii) 공고연기신청, iii) 대리인을 지정한 경우 대리인의 인적 사항, iv) 물품의 분류, v) 디자이너 또는 디자인팀의 인용 디자이너 또는 디자인팀의 인용권을 포기한 경우에는 권리포기사실을 기재할 수 있고, 소정의 수수료를 납부하여야 한다. 또한 하나의 출원에 복수의 디자인을 포함할 수 있고 그 수에는 제한이 없다. 장식의 경우를 제외하고 복수디자인등록출원은 디자인이 표현된 물품이 모두 국제분류상 동일류에 속하는 것이어야 한다.

4) 보호의 효과 디자인의 보호범위는 견문이 넓은 사용자에게 전체적으로 다른 인상을 주지 않는 디자인 모두를 포함한다.[26] 디자인의 보호범위를 판단함에 있어서는 디자인을 개발할 때의 디자이너의 자유의 정도를 고려하여야 한다.

디자인권은 미등록공동체디자인의 경우 제3자의 무단복제를 금지할 수 있는 권리(모방금지권)를 가지며,[27] 등록공동체디자인은 당해 등록디자인을 독점적으로 사용하고, 제3자의 실시를 금지할 수 있는 배타적인 권리(독점배타권)을 가진다. 다만, 출원인의 신청에 의해 공고가 연기된 등록공동체디자인은 공개될 때까지 미등록공동체디자인의 보호와 같이 모방금지권만이 인정된다.

5) 보호의 기간 미등록공동체디자인은 공동체내에서 그 디자인을 공중의 이용에 제공한 때부터 3년간 보호된다. 등록공동체디자인은 유럽공동체상

---

26) 따라서 디자인의 보호범위는 용도 및 기능이 상이한 이종물품에 대해서도 견문이 넓은 사용자에게 전체적으로 동일한 인상을 주는 경우에는 미치게 된다.

27) 저작권법적인 보호방식이다. 따라서 제3자가 모방하지 않고 독창적으로 창작한 경우에는 비록 동일성이 인정된다 하더라도 그 디자인의 실시를 금지시킬 수 없다.

표디자인청에 등록함으로써 출원일부터 5년간 보호되며 매 5년마다 4회까지 갱신이 가능하며 최장 25년간 보호받을 수 있다.

7. 中　國

(1) 연　혁

中國에 있어서의 디자인은 1984년 3월 12일 제정되어 1985년 1월 1일부터 시행된 전리법에 의해 보호되고 있다. 이 법은 1992년 9월 14일 1차 개정되고, 2000년 8월 25일 2차 개정되었다. 현행 전리법은 부칙 포함 제8장, 69개 조문으로 구성되어 있다.

(2) 개　요

1) 보호의 대상　　이 법에서 보호의 대상은 외관설계(이하 "디자인"이라 한다)로 되어 있다. '디자인'이라 함은 제품의 형상·도안 또는 그 결합과 형상·도안·색채의 결합에 의하여 美感이 풍부하고, 공업적 응용에 적합한 새로운 설계를 말한다.

2) 보호의 요건　　디자인이 등록되기 위해서는 新規性을 요한다. 그러나 신규성의 요건에 대해서는 심사하지 않고 기초사항[28]만 심사하여 등록을 허여한다(무심사주의). 등록디자인의 무효사유에 해당되지 않기 위해서는 그 디자인이 출원 전에 국내외의 출판물에 의해 공연 발표하였거나 국내에서 공개적으로 사용한 디자인과 동일 또는 유사하지 않아야 하며 또한 타인이 먼저 취득한 합법적 권리와 충돌하지 않아야 한다. 신규성상실의 예외제도가 있다. 즉 디자인이 이하에 해당되는 경우에는 신규성이 상실되지 않는 것으로 간주된다.

i) 중국정부가 주관하거나 승인한 국제전람회에 최초로 전시한 경우

ii) 학술회의 또는 기술회의에 최초로 발표된 경우

iii) 출원인의 동의없이 타인의 디자인의 내용을 누설한 경우

3) 출　원　　디자인을 출원하기 위하여는 출원서와 디자인의 도면 또는 사진 등의 서류를 국가지식재산권국(전리국)에 제출하여야 한다. 출원서에는 그 디자인을 사용하는 제품 및 그 속하는 구분을 명기하여야 한다.

4) 보호의 효과　　디자인권자는 등록디자인을 제조, 판매할 권리를 독점한다. 어떤 기업이나 개인도 디자인권자의 허락없이 업으로서 그 등록디자인 제

---

28) 기초사항은 디자인의 성립성, 부등록사유, 외국인의 권리능력, 1디자인1출원 원칙 등이다.

품을 제조, 판매할 수 없다.[29] 디자인권의 보호범위는 도면 또는 사진에 표현된 그 디자인제품을 기준으로 한다. 또한 디자인권자는 등록디자인의 물품이나 그 포장에 디자인등록번호를 표시할 권리를 가진다.

5) 보호의 기간　　디자인권의 보호기간은 출원일로부터 10년간이다. 종전에는 보호기간이 출원일로부터 5년으로 되어 있었고, 기간만료 전에 3년간의 기간연장 신청을 할 수 있었으나 개정되었다.

(3) 중국디자인제도의 특징

중국디자인제도는 디자인보호의 관한 독립된 법이 없고 전리법에 의해 발명, 실용신안(실용신형) 및 디자인(외관설계)을 보호하며 디자인등록출원에 대해서는 신규성 등의 내용심사를 하지 않는 무심사등록제도를 채용하고 있는 것 등이 특징이다.

제 3 절 디자인의 국제적 보호

I. 디자인보호관련 국제기구

1. 세계지식재산권기구(WIPO) 설립협약

(1) 서　　언

세계지식재산권기구(World Intellectual Property Organization: WIPO)는 1967년 7월 14일 스톡홀름에서 서명된 「세계지식재산권기구설립협약」에 의하여 설립되었으며 1970년 4월 26일에 발효되었고, 1974년 12월 17일부터 국제연합(UN)전문기구로 된 국제기구이다. 통상 약칭하여 'WIPO'라고 불린다.

종래에는 산업재산권에 관한 파리협약과 저작권에 관한 베른협약을 통하여 촉진되어 온 創造的 活動에 관한 權利(산업재산권, 저작권, 저작인접권, 상호권, 노하우에 관한 권리 등)를 보다 넓게 '지식재산권'이라는 개념으로 파악하고 세계 각국간의 협

29) 디자인권에 대하여는 그 등록제품의 사용은 실시에서 제외되고 있고 또 국가계획에 의거한 실시규정은 없다.

약에 의해 이러한 지식재산권의 보호를 전세계적으로 촉진함과 아울러 각 동맹국간의 운영상의 협력을 확보하는 것을 목적으로 하고 있다. 이 협약에서의 知識財産權이라 함은 i) 문학, 예술 및 과학작품, ii) 연출예술가의 공연, 음반 및 방송, iii) 인간노력의 모든 분야에 있어서의 발명, iv) 과학적 발견, v) 디자인, vi) 등록상표, 서비스마크, 상호 및 기타 명칭, vii) 부정경쟁에 대한 보호 등에 관한 권리와 공업, 과학, 문학 또는 예술 분야의 지적활동에서 발생하는 기타 모든 권리를 포함한다(WIPO협약§2viii). WIPO는 파리협약이나 베른협약에 가입하지 아니한 나라에도 개방하여 회원자격을 부여하고 있다(WIPO설립협약§5). 우리나라는 1979년 3월 1일 가입하였으며 2009년 6월 현재 총 가입국은 184개국이다.

(2) 직　무

WIPO는 상기와 같은 지식재산권의 보호의 촉진과 제 동맹국간의 행정적 협조를 확보하기 위한 목적을 달성하기 위해 다음과 같은 사항을 직무로서 정하고 있다(WIPO설립협약§4).

i) 전세계를 통한 지식재산권의 효율적 보호를 촉진시키고 이 분야에 있어서의 국가 입법을 조화시킬 것을 목적으로 하는 제반조치의 발전을 증진시키며,

ii) 파리동맹, 이 동맹과 관련하여 설립된 특별동맹 및 베른동맹의 행정적 업무를 수행하며,

iii) 지식재산권 보호의 증진을 목적으로 하는 기타 모든 국제협정의 관리를 담당하거나 또는 이에 참여하기로 동의할 수 있으며,

iv) 지식재산권 보호의 증진을 목적으로 하는 국제협정의 체결을 장려하며,

v) 지식재산권 분야에 있어서 법률적·기술적 원조를 요청하는 국가에 협조를 제공하며,

vi) 지식재산권 보호에 관한 정보를 수집·배포하고, 이 분야의 연구를 수행·촉진하여 동 연구의 결과를 공표하며,

vii) 지식재산권의 국제적 보호를 촉진하는 역무를 유지하며, 적절한 경우에는 이 분야에 있어서 등록과 등록에 관한 자료의 공표를 위한 준비를 하며, 기타 적절한 모든 조치를 취한다.

WIPO는 현재 특허협력조약(PCT), 상표의 국제등록에 관한 마드리드 협정의 사무국 역할까지 하고 있어 지식재산권에 관한 국제적인 종합사무국의 기능을

수행하고 있다. 구체적으로 특허협력조약과 관련한 각국 특허청간의 업무조정 및 국제출원의 수리, 국제상표등록의 수리, 심사업무와 개발도상국에서의 특허등록제도의 현대화, 위조활동방지를 위한 권고, 세계 특허법의 하모니제이션(harmonization)운동, 저작권의 국제모델법 제정 추진 등의 업무를 수행하고 있다. 또한 WIPO는 현재 산업재산권 관련 18개 조약과 저작권 관련 7개 조약을 포함하여 총 25개 조약을 관장하고 있다<그림1-3>.

〈그림 1-3〉 WIPO 관장조약

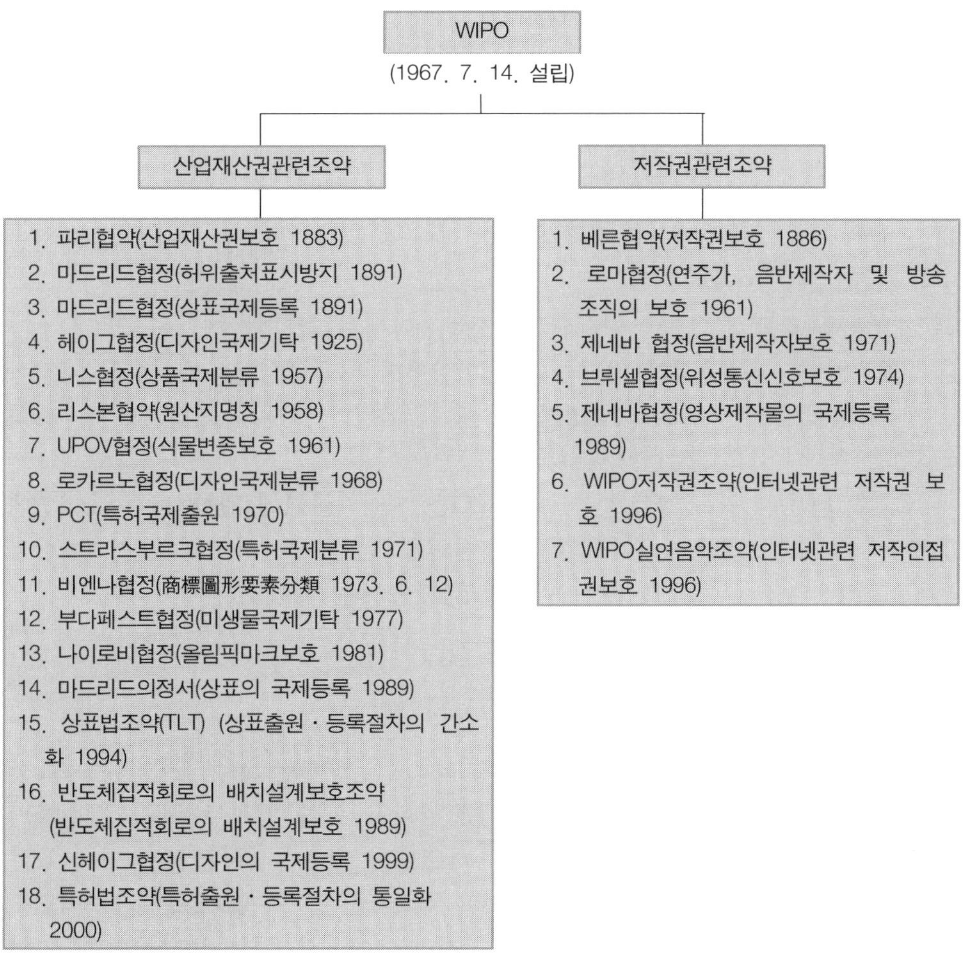

(3) 내부기관

1) 총 회 제 동맹 중 어느 한 동맹의 회원국인 이 협약의 당사국으로 구성되는 총회를 두고 사무총장의 임명, 사무총장 및 조정위원회의 보고의 검토와 이의 승인, 제 동맹의 공통경비의 매 3년간 예산의 채택 등의 사항을 행한다(WIPO협약§6).

2) 당사국회의(협의회) 어느 동맹의 회원국 여부를 불문하고 이 협약의 당사국으로 구성되는 당사국회의를 두고 지식재산권 분야에 있어서의 일반적인 관심사항의 협의, 권고의 채택, 개발도상국에 대한 법률적·기술적 원조 3개년 계획수립 등의 업무를 행한다(WIPO협약§7).

3) 조정위원회 파리협약이나 베른협약의 집행위원회 또는 이 양 위원회의 회원국인 이 협약의 당사국으로 구성되는 조정위원회를 두고 총회의 이사회로서의 역할을 담당한다. 기타 총회의 의사일정안을 작성하고, 당사국회의의 의사일정안, 사업계획안을 작성하며 제 동맹에 공통되는 비용의 3개년 예산 및 당사국회의의 3개년 예산을 기초로 하여 이에 상응하는 연간예산 및 계획을 확정한다(WIPO협약§8).

4) 국제사무국 국제사무국은 사무총장이 관리하며 2인 이상의 사무차장이 보좌한다. 사무총장의 임기는 6년 이상이며 다음 임기에 재임명될 자격이 있다. 최초의 임명과 추후의 임명의 임기뿐만 아니라 임명의 기타 조건을 총회가 정하도록 되어 있다(WIPO설립협약§9).

5) WIPO중재·조정센터 WIPO는 지식재산권에 관한 분쟁을 미연에 방지하기 위하여 1993년 WIPO총회의 승인을 받아 국제사무국에 지식재산권 중재·조정센터를 설치하고 1994년 10월부터 운영을 개시하였다.

2. 세계무역기구(WTO)

(1) 서 언

「세계무역기구」(World Trade Organization: WTO)는 1993년 우루과이라운드(UR)협정이 타결된 후 각종 무역장벽의 철폐 및 완화를 통한 자유무역화를 실현하기 위하여 1995년 1월 1일 공식적으로 발족하였으며 기존의 관세 및 무역에 관한 일반협정(The General Agreement of Traiff and Trade: GATT)을 흡수통합하여 세계무역질서를 바로 세우고, UR협정의 이행여부를 감시하는 역할을 하는 國際機構이다. 일찍이 GATT가 체결되어 자유무역의 수행에 어느 정도 공헌하여 왔으나 GATT

는 많은 예외규정을 두고 있어 국제협정으로서의 법적 구속력이 제한적이어서 경제 강대국의 不公正 행위 및 자의를 효율적으로 규제하는 데에는 부적격하였다. 이에 비해 WTO는 국제무역분쟁에 관한 중개권과 세계무역자유화를 위한 각종 권한을 갖고 있는 공식 국제기구로서 강제적 집행능력까지 보유하고 있으며 그 규율범위가 공산품은 물론 농산물, 서비스, 知的財産權 등에도 미친다. 이 중 지식재산권은 상품 및 서비스표와 함께 WTO의 주요 3분야 중 하나이다. 서비스에 관하여는 관세 및 무역에 관한 일반협정(GATT)을, 서비스에 관하여는 「서비스무역에 관한 일반협정」(The General Agreement on Trade in Services: GATS)을, 또한 지식재산권에 관하여는 무역관련지식재산권협정(Agreement on Trade-Related Aspect of Intellectual Property Right: TRIPs)을 두고 있다.[30] 우리나라는 1995년 1월 1일 가입하였으며 2009년 6월 4일 현재 총 가입국은 153개국이다.

(2) 기 능

WTO는 WTO설립협정 및 다자간무역협정의 이행, 관리 및 운영을 촉진하고 복수국가간 무역협정의 이행, 관리 및 운영을 위한 틀을 제공하며 다자간 무역협정에서 다루어지는 사안과 관련된 會員國들의 다자간 무역관계에 대하여 그들간의 협상을 위한 장을 제공하고, 각종회의에 의하여 결정되는 바에 따라 회원국간의 다자간 무역관계에 관한 추가적인 협상을 위한 토론의 장 및 이러한 협상결과의 이행을 위한 틀을 제공한다. 또한 분쟁해결 규칙 및 절차에 관한 양해를 시행하며 무역정책 검토보고를 시행한다.

(3) 조 직

WTO는 최고 의사결정기관으로서 매 2년마다 개최되는 각종회의와 각료회의 비회기 중에 각료회의의 기능을 수행하는 일반 이사회로 구성되어 있고, 일반 이사회의 산하에는 각 무역분야별 이사회로서 i) 상품교역이사회, ii) 서비스교역이사회, iii) 지식재산권이사회와 iv) 사무국으로 구성되어 있다.

---

30) 윤선희, 「지적재산권법」, 세창출판사, 1998(이하 본서에서의 인용은 "윤선희, 지적재산"이라고 줄여서 쓴다), 6면.

Ⅱ. 디자인보호관련 국제협약

1. 산업재산권 보호를 위한 파리협약

(1) 서　언

「산업재산권보호를 위한 파리협약」(Paris Convention for the Protection of Industrial Property, 1883)은 각국이 제각기 독립한 국내법제를 갖는 것을 인정하면서 가능한 한 각국의 산업재산권관계법령 등을 조정함으로써 산업재산권을 국제적으로 보호하고자 하는 목적으로 1883년 3월 20일에 파리에서 체결된 협약이다. 이를 약칭하여 파리협약(Paris Convention)이라 한다. 동 협약은 그 체결 이후 1900년 브뤼셀에서, 1911년 워싱턴에서, 1925년 헤이그에서, 1934년 런던에서, 1958년 리스본에서, 그리고 1967년 스톡홀름에서 6차례에 걸친 개정이 이루어졌으며 우리나라는 1980년 5월 4일 스톡홀름 개정협약에 가입하였다. 파리협약은 그 성립 당초부터 그 보호대상으로 하는 산업재산권의 범위에 디자인이 포함되는 것을 명기하고 있다(파리협약§1②). 따라서 파리협약상의 기본원칙은 당연히 디자인에도 적용된다. 내외국인평등의 원칙(파리협약§2, §3), 우선권제도(파리협약§4), 디자인독립의 원칙(파리협약§4의2) 등이다. 한편, 파리협약 제5조의5는 동맹국에 대하여 디자인의 보호를 의무지운 규정이지만 그 구체적인 내용에 대하여는 아무것도 규정하고 있지 않으므로 각국은 특별한 디자인보호 입법에 의한 것뿐만 아니라 저작권법이나 부정경쟁방지법에 의한 보호 기타 단순한 행정상의 취급에 의한 보호조치로도 동 규정을 이행하는 것이 된다. 우리나라는 1990년 5월 4일 가입하였으며 2009년 6월 현재 총 가맹국은 173개국이다.

(2) 파리협약상 디자인의 보호

1) 內外國人 평등의 원칙　　산업재산권의 보호에 관하여 각국은 원칙으로 외국인의 권리능력을 인정하지 않는 것이 상례이다. 그러나 산업재산권의 국제적 보호를 이룰 수 없으므로 파리협약은 동맹국의 국민은 모든 동맹국에서 권리능력에 대하여 내국민에 부과되는 조건 및 절차에 따라 내국민과 동일한 보호를 받으며 또한 자기의 권리에 대한 침해에 대하여 내국민과 동일한 법률상의 구제를 받을 수 있다고 규정하고 있다[파라협약§2(1)]. 이를 내외국인 평등의 원칙(the principle of assimilation with nationals)이라 한다. 동맹국 국민은 보호를 받고자 하는 국내에 주소 또는 영업소를 가질 필요는 없으나 사법 또는 행정상의 절

차, 재판관할권, 주소의 선정 또는 대리인의 선임에 대하여는 각 동맹국의 법령에 정하는 바에 따른다[파리협약§2(2)·(3)]. 또한 이 원칙은 비동맹국의 국민으로서 어느 동맹국 영역 내에 주소 또는 현실적인 진정한 영업소를 가진 자에 대하여도 동맹국 국민에 준하여(준동맹 국민) 적용된다(파리협약§3).

2) 優先權制度 우선권(right of priority)이란 1국에서 정규의 출원을 한 자 또는 그 승계인이 최초출원일(우선일)로부터 일정기간(우선기간)내에 타동맹국에 동일 목적물에 대하여 출원하는 경우 출원의 지위 및 신규성 판단에 있어 그 최초의 출원일을 기준으로 할 수 있는 출원에 부수되는 특별한 이익을 말한다. 파리협약상의 우선권제도는 디자인에 대하여도 특허·실용신안·상표와 동일하게 적용된다. 여기서 우선기간이란 우선출원에 의하여 발생한 우선권을 보유할 수 있는 기간을 말한다. 디자인의 우선기간은 상표와 같은 6개월이다[파리협약§4C(1)]. 우선기간에 대하여 문제가 되는 것은 최초의 출원과 제2국에서의 후출원과의 사이에 출원변경이 있을 경우 어느 것을 기준으로 하는가이다. 실용신안과 디자인은 우선기간을 달리하지만 실용신안등록출원에 의거하는 우선권을 주장하여 디자인등록출원을 한 경우의 우선기간은 디자인에 대하여 정하여진 우선기간인 6개월이다[파리협약§4E(1)]. 반대로 디자인등록출원에 의거하는 우선권을 주장하는 실용신안등록출원을 한 경우의 우선기간도 6개월이다[파리협약§4E(1)].

파리협약 규정에 의한 우선권이 성립하기 위하여는, i) 우선권의 기초가 되는 제1국출원은 최초의 정규의 출원일 것(출원의 정규성 및 우선성), ii) 제2국의 출원인은 제1국의 최초출원인 또는 그 승계인으로서 제2국에 출원한 권리를 가지는 자일 것(주체의 동일성), iii) 제2국 출원과 제1국 출원의 대상이 동일할 것(객체의 동일성), iv) 우선기간내에 출원할 것(우선기간의 준수), v) 우선권을 주장하는 취지의 신청을 할 것(우선권주장의 신청) 등의 요건이 요구된다.

우선권의 효과로서 파리협약은 "후출원은 그 기간 중에 행하여진 행위, 특허, 타출원, 당해 발명의 공표 또는 실시, 당해 디자인으로 된 물품의 판매 또는 당해 상표의 사용으로 인하여 무효로 되지 아니하며 또한 이러한 행위는 제3자의 권리 또는 여하한 개인소유의 권리를 발생시키지 아니한다"고 규정하고 있다(파리협약§4B).

3) 디자인獨立의 원칙 파리협약은 특허독립의 원칙을 규정하고 있을 뿐[파리협약§4의2(1)] 디자인독립의 원칙에 대하여는 직접 규정하고 있지 않다. 그러나 파리협약체제는 당초부터 디자인독립의 원칙을 전제로 하고 있다. 디자인

독립의 원칙이란 산업재산권제도 자체가 원래 각국의 산업보호 정신에 기해 각국이 독립된 제도로서 발전시킨 결과 자국에서 부여된 권리에 대하여만 보호하고, 타국에서 부여된 권리의 효력은 그 나라에서만 미치고 제3국에는 미치지 않는다는 원칙을 말한다. 따라서 동일디자인에 대하여 數國에서 권리보호를 받고자 하는 경우에는 각국의 법률에 따라 출원한 디자인권을 취득하지 않으면 안 된다.

4) 實施義務의 면제 디자인도 특허와 같이 유효하게 등록된 권리는 유효하게 실시되는 것이 바람직하나 디자인은 특허에 비하여 公共의 이익과 직접 관련되는 일이 적고, 독점권으로 인하여 1국의 산업정책에 큰 영향을 주는 것도 아니다. 또한 디자인은 라이프 사이클이 짧고 유행품인 것이 일반적이므로 디자인등록을 받은 모든 나라에서 실시하는 것은 불가능에 가깝다. 따라서 파리협약은 이러한 디자인의 특수성을 고려하여 디자인권자의 실시의무를 면제하여 주고 있다(파리협약§5B). 그러나 파리협약 제5조 B규정의 '상실되지 않는다'는 것은 취소나 무효 등을 의미하는 것이므로 동맹국이 不實施에 대한 제재로서 강제실시권에 대한 입법조치를 하는 것은 협약위반이 아니다. 우리나라는 3차 개정법(1980년 12월 31일 공포 법률 제3327호)에서 이 규정의 정신을 받들어 디자인권자의 실시의무 및 디자인의 불실시에 따른 강제실시권제도를 폐지하였다. 한편, 불실시의 의미·내용은 각국의 법령으로 정하여지며 일반적으로 실시란 디자인을 표현한 物의 제조를 의미하는 것으로 이해되고 있으나 우리나라 디자인보호법에서는 '실시'라 함은 디자인에 관한 물품을 생산·사용·양도·대여 또는 수입하거나 그 물품의 양도 또는 대여의 청약(양도나 대여를 위한 전시를 포함)을 하는 행위를 말한다고 규정하고 있다(파리협약§2iii).

5) 特別協定 파리협약은 동맹국이 산업재산권 보호에 관한 특별협정을 체결할 권리를 유보하고 있다(파리협약§19). 디자인에 관한 파리협약상의 특별협정은 「디자인의 국제기탁에 관한 헤이그협정」, 「디자인의 국제등록에 관한 헤이그협정」, 「디자인의 국제분류의 설정에 관한 로카르노협정」이 있다.

6) 기타 디자인의 보호 파리협약에서의 디자인의 보호에 관한 기타의 규정(공통규정)으로는 고안자 게재권(파리협약§4의3), 판매제한물에 관한 디자인의 보호(파리협약§4의4), 등록의 표시의무의 면제(파리협약§5D), 요금납부의 유예를 받을 권리(파리협약§5의2), 특정박람회 출품물의 잠정적 보호(파리협약§11), 중앙자료관의 설치(파리협약§12) 등이 있다.

2. 디자인의 국제기탁에 관한 헤이그협정

(1) 서 언

파리협약 동맹국의 일부에서는 파리협약 제19조의 규정에 의해 디자인의 보호에 관한 특별취급을 1925년 헤이그에서 체결하였다. 이것이 「디자인의 국제기탁에 관한 헤이그협정」(The Hague Agreement Concerning the International Deposit of Industrial Designs, 1925)이다. 이 헤이그협정은 국제당사국에 직접 디자인을 기탁함으로써 타의 모든 체약국에서의 보호를 받을 것을 목적으로 하는 국제협약으로서 1925년 11월 6일 調印되어 1928년 6월 1일 발효되었으며 각국의 법제의 相違를 인정하면서 출원절차를 단일로 국제적으로 행함으로써 체약국에 직접 출원한 것과 같은 동일한 효과를 생기게 하는 것이다. 2009년 6월 현재 가입국은 프랑스, 독일, 이탈리아, 스위스, 스페인 등 56개국이다. 우리나라는 이 협정에 가입되어 있지 않다.

(2) 주요내용

헤이그협정은 파리협약 동맹국 중 디자인의 보호에 관하여 특히 신규성 등 內容審査를 하지 않는 소위 무심사등록주의를 취하는 서구제국이 중심이 되어 체결한 협정이다. 이 협정은 1934년 6월 2일 런던에서, 1960년 11월 28일 헤이그에서 개정되고 1961년 11월 18일에 모나코에서, 1967년 7월 14일 스톡홀름에서 각기 추가협정 및 보완협정이 작성되었으며 1999년 7월 2일에는 제네바에서 신헤이그협정인 제네바법이 채택되었다.

1) 런던법(1934년) 1934년 런던에서 헤이그협정의 1934년법이 채택되었으며 런던법은 디자인의 보호에 대하여 '저작권접근방식'의 사고방식이 지배적이다. 헤이그협정의 1934년법의 특징은 국제사무국에 디자인의 기탁에 의해 즉시 지정국에 있어서의 권리의 효력이 발생하는 것이다. 즉, 국제기탁은 그 디자인의 소유자로서의 일방적인 선언이다. 각 지정국에 있어서는 독자의 내용심사 등은 행하지 않는다.

2) 헤이그법(1960년) 1960년 11월 28일 헤이그에서 헤이그협정의 1960년법이 채택되었다. 이 헤이그법은 런던법과는 다른 사고방식을 하고 있다. 즉, 디자인의 보호를 '저작권접근방식'에서 '특허접근방식'으로 변화시킨 것이 특징이다. 헤이그법은 체약국에 신규성 등의 내용심사를 하는 나라를 포함하여 디자인의 창작자에 대하여 국제기탁에 따라 효과적인 보호를 획득할 기능을 주고자 하여 각국의 희망을 조정하면서 개정되었다. 이 헤이그법은 1984년 8월 1일부

터 발효되었다. 1960년법의 주요내용은 국제사무국으로의 기탁에 따라 지정국에서 일체의 출원절차가 이루어진 것과 동일한 효과를 가지는데 그 후에 있어서는 지정국의 국내법을 따른다. 심사 또는 이의신청제도가 있는 국내법을 가지는 지정국에서는 국내기탁에 의한 등록을 공표한 정기공보를 지정국 정부가 접수한 날로부터 6월 이내에 거부통지(거절통지)를 국제사무국으로 하게 되어 있다. 즉, 신규성 등의 내용심사를 하는 국내법을 가지는 국가에 대하여는 디자인보호의 拒否權을 인정하고 있다.

3. 디자인의 국제등록에 관한 헤이그협정

(1) 서　언

WIPO는 헤이그협정을 미국, 일본, 우리나라, 호주 영국 등 신규성 등의 엄격한 내용심사를 하는 심사주의 국가에서 가맹하도록 확대하는 것을 목적으로 1991년 4월 이래 매년 전문가회의를 개최하여 왔으며 드디어 1999년 7월 2일 제네바에서 개최된 WIPO회원국의 대표로 구성된 외교회담에서 「디자인의 국제등록에 관한 헤이그협정」(The Hague Agreement Concerning the International Registration of Industrial Designs, 이하 "신헤이그협정"이라 한다)이 채택되었다. 이 신헤이그협정은 심사주의를 채용하고 있는 미국이나 일본의 각 국내법으로부터의 요구를 거의 받아들여 실질적으로 심사주의 국가의 가입에 장애가 되는 규정을 개정하여 심사주의 국가의 가입을 유도하고, 협정가입국의 증대를 통한 동 협정의 지역적 규율범위를 확대하며, 심사주의 국가의 다양한 법제를 수용함으로써 출원절차의 국제적 통일화를 도모하고, 대리인 선임을 강제하지 않고 단일어로 출원할 수 있도록 하며 번역문 제출을 의무화할 수 없도록 하는 등 출원절차의 간소화 및 국제출원 비용의 경제성을 추구하며 또한 디자인권의 존속기간을 종래의 10년에서 15년으로 연장함으로써 창작자와 디자인의 국제적 보호를 강화한 것이다. 1999년 7월 2일 채택된 신헤이그협정은 채택 직후 24개국이 서명하였고, 2003년 10월 15일 현재 11개국이 비준서 또는 가입승인서를 WIPO에 기탁함으로써 협정의 발효조건이 충족되어 2003년 12월 23일에 발효되었다. 우리나라를 포함 미국, 일본 등의 국가는 아직 이 협정에 가입하고 있지 않으나 디자인의 광역보호를 위한 국제화의 추세에 따라 향후 가입이 전망되고 있다. 2009년 6월 현재 스위스, 크로아티아, 이집트, 헝가리, 스페인 등 35개국이 가입되어 있다.

(2) 주요내용[31)]

1) 국제출원인 국제출원을 할 수 있는 자는 체약당사국의 국민과 정부간 기구가 체약당사국인 경우에는 그 정부간 기구의 회원국 국민 또는 체약당사국 영역내에 주소를 두고 있거나 진정하고 실효적인 공업상 또는 상업상의 영업소를 가지고 있는 자이다(신헤이그협정§3).

2) 국제출원절차 국제출원인은 대리인의 선임 없이 WIPO국제사무국이 직접출원을 하거나 자국의 관청에 간접출원을 할 수 있다(신헤이그협정§4). 국제출원서는 영어 또는 불어로 작성하여야 하며, 체약당사국은 번역문 제출을 강제할 수 없다.[32)] 디자인 도면은 원칙적으로 그래픽 도면 또는 사진으로 제출하여야 하며 체약당사국의 관청은 평면디자인은 1개 도면, 입체디자인은 6개 도면 이상 제출을 요구할 수 없다. 또 출원인은 선택적으로 요구도면 이외에 단면도, 내부 도면, 기타 도면 등을 추가로 제출할 수 있다. 신헤이그협정에서는 1출원으로 제한 없이 복수디자인출원이 가능하나 국제디자인 분류인 로카르노분류에 의한 동일 유(Class)에 해당하여야 한다. 또한 국제출원인은 부분디자인에 대하여도 출원할 수 있다.

3) 국제등록 국제사무국은 국제출원서를 접수함으로써 즉시 등록하여야 한다(신헤이그협정§10). 공고연기신청여부에 관계없이 국제등록부에 등록을 하며 등록의 효력은 공고연기신청이 있더라도 발생하며, 국제사무국은 등록효력 인정여부, 효력거절여부와 관계없이 출원되면 등록원부에 등록한다. 국제등록은 국제등록일[33)]부터 지정된 체약당사국의 법률에 의한 정규출원과 동일한 효력을 지닌다(신헤이그협정§14). 신헤이그협정은 국제출원이 요건을 구비하고 있는 경우 국제사무국은 국제등록부에 그 디자인을 등록하고 등록인에게 증명서를 송부하

31) 조국현, "의장의 국제등록에 관한 신헤이그협정의 연구," 지식재산21, 2000년 1월호, 특허청, 193면.

32) 1960년법에 의한 기탁도 출원서를 영어 또는 불어로 작성이 가능하나, 체약당사국이 자국법에 의하여 창작자 신원, 디자인의 설명 등의 기재를 요구하면 출원인은 관청의 요구통지서 발송일로부터 60일 이내에 출원서의 작성언어로 국제사무국에 제출하여야 한다.

33) 국제등록일은 원칙적으로 국제출원일이 되며 출원일이 연기되는 하자가 있는 경우 보정서가 국제사무국에 접수된 날이 출원일이 되므로 실질적으로 보정서가 국제사무국에 접수된 날이 등록일이 된다. 또한 체약당사국의 관청이 심사관청이고 창작자, 디자인의 설명, 권리청구범위 등의 기재를 요구한 경우에 이들 사항에 하자가 있으면 하자보정서가 국제사무국에 접수된 날이 등록일이 된다.

도록 하고 있다. 국제사무국은 국제등록을 공고하며 공고가 있는 경우 모든 체약당사국에서 공고가 된 것으로 간주된다(신헤이그협정§10③). 공고시기는 원칙적으로 국제등록일로부터 6월이 경과한 이후이나 예외적으로 출원인의 신청이 있으며 등록 후 즉시(조기공고)하며, 출원일로부터(우선권을 주장하는 경우에는 우선일로부터) 30일까지 공고를 연기할 수 있는데(신헤이그협정§11), 이 공고연기신청이 있으면 그 연기기간이 만료되거나 만료된 것으로 간주되는 날 이후에 즉시 공고한다. 국제사무국은 공고 전까지 국제출원 및 국제등록을 비밀로 유지하며, 국제등록 및 국제출원에 첨부된 서류 또는 견본의 사본을 송부받은 관청에서는 국제사무국에서 공고할 때까지 비밀로 유지해야 한다.

4) 거절통지　　국제출원서 사본을 송달받은 지정국의 관청은 국제등록의 대상이 되는 디자인의 일부 또는 전체가 당해 체약당사국의 국내법 등록요건을 충족하지 못하는 경우로서 체약당사국의 관청이 무심사주의 관청인 경우에는 국제사무국의 등록공보 발송일부터 6월 이내에 거절통지서를 WIPO 국제사무국에 발송하여야 한다. 다만, 심사주의 관청이거나 이의신청제도가 있는 관청은 동 협정에 가입할 때, 선언을 통하여 6개월을 연장할 수 있으므로 국제사무국의 등록공보 발송일부터 12월 이내에 거절통지를 하면 된다. 이 기간 내에 거절통지를 하지 않은 경우에는 그 기간이 경과된 이후부터 디자인권의 효력이 자동적으로 발생한다. 출원서에 대한 방식심사는 국제사무국이 하고 지정된 체약당사국에는 방식심사를 하지 않으며 수수료 납부에 대한 확인도 국제사무국이 하므로 체약당사국은 수수료 불납을 이유로 거절을 할 수 없다. 한편, 거절통지를 송달받은 국내출원인은 거절통지서를 발송한 지정국의 국내법에 대한 구제절차를 받을 수 있다. 국내출원인이 거절통지에 대한 구제절차를 밟는 때부터는 국내단계에 해당되므로 우리나라의 경우, 국제출원인이 재외자인 경우에는 국내법(디자인보호법)의 규정에 의해 디자인관리인을 선임하여야 한다. 국제출원의 구제절차에 의하여 거절이유가 치유된 경우에는 당해 관청은 WIPO국제사무국에 거절취소통지를 하여야 하며 통지기간에 대하여는 제한이 없다. 이때 등록결정서의 형태로 거절을 취소할 수 있다.

5) 보호기간　　국제등록의 최초등록기간은 국제등록일부터 5년이고, 등록기간은 5년씩 갱신되며 15년까지 갱신이 가능하다(최저 보호기간 15년). 그러나 지정된 체약당사국 법에 의하여 15년 이상 보호되는 경우, 등록인이 계속 갱신한다면 체약당사국법에 규정된 기간까지 보호가 가능하다(신헤이그협정§17). 이 경

우 체약당사국은 최장 보호기간을 사무총장에게 통지하여야 한다. 등록인은 일부디자인에 한하여 갱신을 할 수 있으며 국제사무국은 갱신사항을 등록부에 기록하고 공보를 발간하여 해당관청에 송부한다.

6) 대리인 선임 　　복수의 대리인을 선임할 수 있으나, 신헤이그협정은 국제출원인이 국제사무국에서 밟은 절차에 대해서 대리인 선임을 강제하지 않으며, 만약 선임하는 경우에도 단독 대리인의 선임만 가능하다. 그러나 체약당사국 관청에서 거절을 받는 경우 그 이후 체약당사국 관청에서 밟는 절차에 관해서는 각 체약당사국의 국내법에 따른다.

7) 체약당사국의 국내법 및 다른 국제조약과의 관계 　　체약당사국법에 의하여 신헤이그협정보다 강한 보호를 받을 수 있는 출원에는 영향을 미치지 않으며 국제 저작권조약과 협약에 의하여 미술작품과 응용미술저작물에 부여된 보호 또는 WTO/TRIPs 협정에 의한 디자인의 보호에는 영향을 미치지 않는다(신헤이그협정§2). 따라서 동 협정은 국내출원과 출원디자인에 대한 최소한의 국제적 보호를 규정한 것이므로 디자인권의 존속기간을 15년 이상으로 하는 등 동 협정의 보호보다 더 강한 보호를 각 체약당사국이 두는 것은 자유이다.

4. 디자인의 국제분류의 설정에 관한 로카르노협정

디자인에 관한 통일적인 국제분류의 확립을 목적으로 하는 「디자인의 국제분류의 설정에 관한 로카르노협정」(The Locarno Agreement Establishing an International Classification for Industrial Design, 1968)은 1968년 10월 8일 조인되어, 1971년 4월 27일에 7개국(체코슬로바키아, 덴마크, 서독, 아일랜드, 노르웨이, 스웨덴, 스위스)의 비준에 의하여 발효되었으며 그 동안 전문가회의에 의해 수차례 개정되었고, 현재는 제7개정판이 1999년 1월 1일부터 시행되고 있다.

로카르노협정은 디자인이 표현되는 물품에 관한 국제분류를 정한 것으로 그를 위한 단일분류를 채용하고 있다. 국제분류는 32개류(class)로 분류되고 그 하위분류인 세류(subclass)로서 223종이 채용되어 있으며, 알파벳순 물품목록에는 약 6,600개의 구체적인 물품이 예시되어 있다. 類와 세류 및 알파벳순 물품목록의 분류번호의 부여방법은 다음 예시와 같이 부여된다.[34)]

ⅰ) 類(class): 1류에서 31류까지 그리고 99류 모두 32개류(99류는 각 類마다에

34) 윤종렴, 의장, 741면.

속하는 잡류를 분류)

ii) 細類(subclass): 보통 5개 내지 10개류 이내의 세류로 분류되나 '12류 차량' 같은 데에서는 14개 세류로 분류된 것도 있다.

iii) 알파벳순 물품목록: 類 및 細類番號에 이어 알파벳순으로 물품목록을 작성한다.

"예시"

類	細類	알파벳順	物品名
02 -	02	J0002	재킷

이 국제분류의 적용범위에 있어서 이 협정에 규정한 요건을 제외하고는 국제분류표는 단순히 행정적 성격만을 가진다. 다만, 각국은 국제분류표에 대하여 적당하다고 인정하는 적용범위를 부여할 수 있다. 그리고 이 분류표는 체약국의 디자인법에 따라 부여되는 보호의 범위를 구속하는 것은 아니다(로카르노협정§2①). 국제분류의 사용에 있어서는 각 동맹국은 주분류체계로서 사용하여도 되고 보조적인 것으로 사용하여도 되나 디자인의 기탁 또는 등록에 관한 공식서류에는 국제분류를 사용할 것이 요구된다. 디자인의 국제기탁에 관한 헤이그협정은 이 국제분류에 의하여 등록되고 있다. 이 특별협정에 대한 행정업무는 WIPO가 대행하는 국제사무국이 수행한다(로카르노협정§15). 이 협정은 파리협약과 동일한 효력과 존속기간을 가지도록 규정(로카르노협정§10)하고 있어 파리협약 제21조(1)의 규정내용과 같이 무기한 존속한다. 2009년 6월 현재 아일랜드, 이탈리아, 네덜란드, 스위스, 스웨덴, 프랑스 등 51개국이 가입하고 있다. 우리나라는 아직 이 협정에 가입하고 있지 않다.

5. WTO 무역관련 지식재산권 협정

(1) 서　언

GATT의 우루과이라운드에 의거한 교섭(108개국)으로부터 「WTO무역관련지식재산권 협정」(WTO/ The Agreement on Trade-Related Aspects of Intellectual Property Rights: WTO/TRIPs협정)이라 불리는 별개의 협정이 1993년 12월 15일 체결되고, 1995년 1월 1일 발효되었다.

WTO의 모든 회원국은 이 협정에 당연히 가입함으로써 지식재산권의 범세계적인 보호가 가능하게 되었고 또 이 협정의 목적은 1883년 발효된 파리협약의 강화에 있다. 주요실체 규정으로는 i) 저작권과 관련된 권리, ii) 상표, iii) 지리적 표시, iv) 디자인, v) 특허, vi) 집적회로의 배치설계, vii) 미공개정보의 보호, viii) 계약상의 반경쟁적 관행의 규제 등으로 나누어져 있고, 지적재산 전반에 걸치는 높은 수준의 보호와 권리의 실현수단을 준비하는 것이 체약국에 의무지워졌다.

(2) 디자인보호의 內容

WTO/TRIPs 협정의 파트Ⅱ 제4절에 디자인에 관하여 2개조에 걸치는 규정이 있다(§25, §26). 제25조는 디자인의 보호요건(제1항) 및 직물디자인에 대한 특별보호(제2항)를, 제26조는 권리의 내용(제1항), 권리의 제한(제2항), 보호의 기간(제3항)에 관하여 규정하고 있다.

1) 디자인의 보호요건 WTO/TRIPs협정 제25조 제1항은 "회원국은 새롭거나 獨創性 있는 독립적으로 창작된 디자인의 보호를 규정한다. 공지된 디자인 또는 공지된 디자인의 형태의 결합과 현저하게 다르지 않을 경우 그 디자인은 새롭지 않거나 독창성이 없는 디자인이라고 규정할 수 있다"라고 규정한다. 이 규정은 디자인으로 보호받기 위하여는 모방이 아니어야 하고 당해 디자인이 신규성(new) 또는 독창성(originality)이 있어야 함을 요구하고 있다.

협상 과정에서 新規性과 獨創性에 관해서는 국가마다 그 해석이 다르기 때문에 '신규성과 독창성'으로 할 것인지 또는 '신규성 또는 독창성'으로 할 것인지에 대해 논란이 있었다.[35] 결국 신규성 또는 독창성을 요건으로 하고 독창성에 관한 요건을 각국에서 규정할 수 있도록 하는 선에서 타협이 이루어지게 되었다. 따라서 디자인의 보호요건으로 '신규성 또는 독창성'이라고 규정되어 있으므로 두 가지 요건 모두를 만족시킬 필요는 없다. 또한 이 규정에서 "독립적으로 창작된(independently created)"이라는 표현은 신규성 또는 독창성이라는 표현과 동일한 의미 이외에 다른 뜻은 없는 것으로 해석되고 있다. 또한 동 규정에서는 독창성에 관한 내용을 부연적으로 설명하고 있고 각국에서 보호요건으로 요

35) 독창성(originality)의 기준을 영국 등 EC국가에서는 신규성(new) 이상의 다른 의미를 갖고 있지 않은 것으로 해석하기 때문에 "신규성 또는 독창성"으로 해야 한다고 주장하였고, 일본 및 ASEAN, 중남미 등에서는 독창성의 개념이 창작성이 개입되어 주지디자인과는 현저하게 달라야 한다는 것으로 해석되므로 "신규성과 독창성"으로 주장하였다(특허청, 「무역관계지적재산권협정해설」, 지산연구소, 1994년, 110면 이하).

구할 수 있는 가능성을 열어놓고 있다.

동 규정 후반부에서는 "회원국은 이러한 보호가 본질적으로 기술적 또는 기능적 고려에 의해 요구되는 디자인에는 보호가 미치지 아니한다고 규정할 수 있다"고 규정하고 있다. 이 규정은 機能性만 갖는 디자인에 관한 규정으로 보호요건과 밀접한 관련을 갖고 있는 것으로는 볼 수 없다. 기능성만 갖는 디자인이란 기계부품과 같이 부품의 형태가 그 기계의 효율에 영향을 미칠 경우 그 형태에 관한 디자인을 말하는 것으로 이러한 물품의 외관 형태의 보호를 통해 기술을 독점하는 폐해를 막기 위한 규정이며 기술보호법과의 관계를 고려한 조치이다.

2) 織物디자인의 특별한 보호 WTO/TRIPs협정 제25조 제2항은 "각 회원국은 직물디자인(textile design)의 보호요건 특히 비용·심사 또는 공고상의 요건들이 직물디자인의 보호를 받을 기회를 부당하게 저해하는 것이 아니라는 것을 보장한다. 회원국이 이 의무를 디자인보호법 또는 저작권법에 의해 이행할 것인지는 자유이다"라고 규정한다.

TRIPs 협상에서 직물디자인에 대한 특별한 보호문제를 최초로 주장한 국가는 스위스 등이었으나 i) 직물디자인에 대해서만 특별한 보호를 해야 할 필요성이 부족하며, ii) 관련 잡지 등에 게재되면 저작권으로 보호 가능하다는 반론에 부딪혀 현재와 같이 비용·심사 또는 공고상의 요건들이 직물디자인의 보호를 받을 기회를 부당하게 저해하지 않아야 한다는 정도로 규정되었다. 이 규정과 관련하여 우리나라에서는 1997년에 디자인보호법을 개정하여 직물디자인 등의 조기보호를 위한 디자인무심사등록제도를 채용하게 되었다(§2 v, §9⑥).

3) 권리내용 및 제한 WTO/TRIPs협정 제26조 제1항은 "보호되는 디자인의 권리자는 제3자가 권리자의 동의 없이 보호디자인을 복제하였거나 실질적으로 복제한 디자인을 지니거나 형체화한 물품을 상업적 목적으로 제조, 판매 또는 수입하는 행위를 금지할 권리를 갖는다"고 하여 디자인권의 내용이 보호되는 디자인의 형체화된 물품의 제조, 판매 또는 수입행위에 대해 배타권을 인정한다. 또한 동조 제2항에서는 "회원국은 디자인의 보호에 제한적인 예외를 인정할 수 있다. 다만, 이러한 예외는 제3자의 정당한 이익을 고려하여 보호되는 디자인의 통상적인 이용에 불합리하게 저촉되지 아니하여야 하며 보호되는 디자인의 권리자의 정당한 이익을 불합리하게 저해하지 아니하여야 한다"고 규정한다. 이 규정은 제1항의 배타권의 예외를 제한하는 범위내에서 규정할 수 있

는 가능성을 열어놓고 있다.

4) 디자인의 보호기간 WTO/TRIPs협정 제26조 제3항에서는 "디자인은 적어도 10년간 보호되어야 한다"고 규정한다. 우리나라 디자인보호법은 현재 디자인의 보호기간을 15년으로 하고 있으므로 이 규정을 충분히 이행하는 것이 된다.

6. 문학적 및 예술적 저작물의 보호에 관한 베른협약

(1) 서 언

「문학적 및 예술적 저작물의 보호에 관한 베른협약」(The Berne Convention for the Protection of Literary and Artistic Works)은 1886년 9월 9일에 체결된 협약이다. 베른협약은 성립된 후 지금까지 1세기가 넘는 기간동안 일관되게 세계에서 가장 큰 영향력을 가진 저작권협약으로 인정되어 왔다.[36] 동 협약은 그 체결 이후 1896년 파리에서, 1908년 베를린에서, 1987년 스톡홀름에서, 그리고 1971년 파리에서 2회의 추가와 개정을 거쳐 현재의 파리규정에 이르고 있는데 이와 같은 추가와 개정은 주로 새로운 저작물 또는 권리의 인정이나 보호수준의 제고를 위해 행하여진 것이며 현재 규정은 파리협약 개정규정이다. 우리나라는 1996년 6월 21일 가입하였으며 2009년 6월 현재 총가입국은 164개국이다.

(2) 디자인보호 규정

베른협약(파리개정 규정, 1971년) 제2조 제2항은 "문학적 및 예술적 저작물이란 그 표현의 형태나 방식이 어떠하든 간에 문학·과학 및 예술의 범위에 속하는 모든 저작물을 말하며, 여기에는 서적, 소책자 및 기타문서, 강의·강연·설교 및 기타 같은 성격의 저작물, 연극 또는 악극저작물, 무용저작물과 무언극, 가사가 있거나 또는 없는 작곡, 영화와 유사한 과정에 의하여 표현된 저작물을 포함하는 영상저작물, 소묘·회화·건축·조각·판화 및 석판화, 사진과 유사한 과정에 의하여 표현된 저작물을 포함하는 사진저작물, 응용미술저작물, 도해·지도설계도·스케치 및 지리학·지형학·건축학 또는 과학에 관한 3차원 저작물과 같은 문학·학술 및 예술의 범위에 속하는 모든 저작물이 포함된다." 제2조 제7항은 "응용미술저작물 및 디자인에 관한 법령의 적용범위 및 이들 저작

36) 오승종·이해완 「저작권법」, 박영사, 2000(이하 본서에서의 인용은 "오승종 외, 저작권"이라 한다), 518면.

물 및 디자인의 보호요건은 제7조 제4항의 규정에 의한 것을 조건으로 하여 동맹국의 법령이 정하는 바에 따른다. 본국에 있어서 오직 디자인으로서 보호되는 저작물에 대해서는 타 동맹국에 있어서 그 나라에 있어서 디자인에 부여되는 특별보호밖에 요구할 수 없다. 다만, 그 나라에 있어서 그와 같은 특별한 보호가 부여되지 않는 경우에는 미술적 저작물로서 보호된다"고 규정한다. 베른협약 제2조 제7항의 규정에 의하면, 응용미술저작물과 디자인을 동렬로 생각하여 보호하는 것을 원칙으로 하고 세부적인 조건은 각 동맹국의 법령에 유보하고 있는데, 그 보호기간은 일률적으로 "이들 저작물의 제작시부터 25년보다 짧아서는 안 된다"고 규정한다(베른협약§7④).

여기에서의 응용미술저작물도 디자인도 어느 쪽도 모두 동렬로 미술적 저작물로 간주하는 것이 전체가 되는데 이것은 최저 25년간은 보호해야만 하도록 되어 있다. 또한 일반 저작물의 보호기간은 저작자의 생존시기 및 그 사후 50년간이다[37)](베른협약§7①).

7. 세계저작권협약

(1) 서 언

「세계저작권협약」(Universal Copyright Convention : UCC)은 1952년 제네바에서 개최된 유네스코(UNESCO) 회의에서 체결된 협약이다. 이 협약은 베른협약(Berne Convention)과 미주협약[38)](Pan American Convention, 1912)과의 조정을 도모하기 위해 체결된 협약이며 1971년 파리에서 개정되었다. 우리나라는 1987년 10월 1일 파리 Act에 가입하고 있다. 이 협약의 체결에는 2개의 상반되는 저작물 협약간을 어

---

37) 저작권법 제39조 제1항: 저작재산권은 이 절에 특별한 규정이 있는 경우를 제외하고는 저작자의 생존하는 동안과 사망 후 50년간 존속한다. 다만, 저작자가 사망 후 40년이 경과하고 50년이 되기 전에 공표된 저작물의 저작재산권은 공표된 때부터 10년간 존속한다.

38) 이 협약은 1902년 멕시코에서 체결된 동맹조직의 저작권 협약이다. 그 후 1906년 리오데자네이로, 1910년 부에노스아이레스, 1928년 하바나, 1946년 워싱턴에서 개정이 이루어졌다. 이 조약에 가입하고 있는 국가는 미국, 과테말라, 혼두라스, 엘살바도르, 코스타리카, 파나마, 도미니카 등이다. 이 조약의 특징은 저작물을 정부에 기탁하고 등록을 받을 것을 필요로 하는 방식주의, 등록주의이다. 또한 이 조약은 저작권의 보호기간을 최초로 보호를 얻어낸 체약국의 법률에 따른다고 규정하고 있다. 이것은 베른협약이 단순히 사후 50년 주의를 취하고 있는 것과 다르다. 이 조약의 워싱턴 Act에 의하면 공업적으로 이용되는 미술적 저작물(응용미술저작물)의 보호를 규정하고 있다.

떻게 조화시키는가 하는 사명이 있다. 그러나 이미 성립된 각 협약에 영향을 주는 것을 피하고 있어 양 협약간에 모순, 충돌은 일어나지 않는다.

즉 이 협약은 각 체약국의 "모든 국가에 있어서 문학적·학술적 및 미술적 저작물의 저작권의 보호를 확보하는 것을 희망하며, 세계 모든 국민들에게 적당하며 또 세계협약에 의해 표현되는 저작권보호제도가 현행의 국제제도를 침해하는 일 없이 이에 추가되며 개인의 권리의 존중을 확보하고 또한 문학·학술 및 미술의 발전을 조장하는 것임을 확신하며 이와 같은 세계저작권 보호제도가 인간정신의 소산의 보급을 일층 용이하게 하고 또한 국제의 이해를 증진하는 것임을 양해해서"(전문) 체결된 것이다. 우리나라는 1987년 7월 1일 가입하였으며 2006년 10월 말 현재 총 가입국은 99개국이다.

(2) 디자인 보호규정

UCC에서는 보호받는 저작물로서 어문저작물·음악·연극·영화저작물·회화·판화·조각 등을 포함하는 "문학적·과학적 및 예술적 저작물"을 규정하고 있다(UCC§1). 그러나 위 7가지 항목은 예시적인 것이므로 그 외의 다른 저작물을 보호하는 것을 배제하는 것은 아니다. UCC도 베른협약과 마찬가지로 내국민대우의 원칙을 채택하고 있다(UCC§2①). 보호기간은 저작자의 생존기간 및 사후 25년을 원칙으로 한다(UCC§4②). 그러나 이 보호기간은 사진저작물이나 응용미술저작물에는 적용되지 않는다. 사진저작물이나 응용미술저작물을 예술적 저작물로서 보호하는 체약국에서는 이들에 대한 보호기간은 10년 이상이어야 한다(UCC§4③). 베른협약의 가맹국의 저작자가 미주협약의 가입국에 대하여 저작권의 보호를 요청하고 싶을 때에는 ⓒ표시와 저작재산권자의 성명[39] 및 최초 발행연도의 3가지가 표시되어 있으면 방식요구를 만족하고 있는 것으로 인정된다(UCC§3①).

39) 여기에서 '저작자'의 성명이 아니라 '저작재산권자'의 성명을 표시하도록 한 것은 저작물을 이용하려는 자가 누구에게 허락을 얻어야 하는지를 알 수 있도록 하기 위한 취지이다(오승종 외, 저작권, 550면).

제 4 절 디자인보호의 이념

디자인보호법 개개의 실체에 들어가기에 앞서 그 내용을 높은 차원에서 기초짓는 디자인보호의 이념에 대해 살펴보는 것은 디자인제도의 과거 및 현재를 이해하는 데 필요할 뿐만 아니라 법의 올바른 해석을 이끌어내는 데 유리하다. 여기에서는 디자인제도의 본질과 우리나라 디자인보호법에 있어서의 보호의 이념에 대해 간단히 살펴보고자 한다.

Ⅰ. 디자인제도의 본질

디자인제도의 본질에 관하여는 산업재산권 제도를 대표하는 특허제도의 본질을 살펴본다. 특허제도의 존립에 기초를 두는 이론은 크게 자연법이론과 산업정책설이 있다.

1. 自然法理論(基本權說)

자연법이론은 기본권설(Naturrechtstheorie)이라고도 하며 그 발명의 완성과 동시에 자신의 발명에 대하여 독점권을 가진다는 것으로 특허권의 인정 양태에 따라 다음의 둘로 나누어진다.

1) 기본적 재산권설(Eigentumstheorie)　이 설은 1791년 프랑스 특허법 전문에서 채택한 설로서 모든 신규한 사상에 의하여 초래된 이익은 이것을 최초로 생각해 낸 자의 소유에 속하는 것이므로 사회는 이를 재산권으로 인정하여야 한다는 것으로서 자연법상의 권리로 한다.

2) 기본적 수익권설(Belohnungstheorie)　이 설은 사람은 사회에 대하여 유익한 공헌의 정도에 따라 본래 사회로부터 보수를 받을 권리가 있으며 사회는 이를 위한 최적의 방법으로 독점권을 부여해야 한다는 것이다.

상기한 이들 자연법상의 권리는 아무것에도 제한되지 않는 절대적인 것으로서 생각되어 왔으나 그것도 역사적으로 수정되어 절대적 권리로부터 개인의 권리와 전체의 이익의 조화, 더욱이 개인의 권리보다는 전체의 이익을 우선시켜야 하는 것으로 변화되고 있다.[40)]

2. 産業政策說

산업정책설은 산업의 진보 발전은 사회의 향상 발전, 즉 전체이익에 필요하다는 것을 전제로 발명과 그 이용은 산업의 진보발전을 위하여 필요하다는 인식에서 발명을 보호하려는 것이다. 산업정책설은 다시 i) 공개대상설, ii) 발명장려설, iii) 경업질서유지설로 나누어진다.

1) 公開代償說(비밀공개설)　　이 설은 법적 보호가 없는 상태에 있어서는 자기의 이익을 위하여 개발된 기술을 자진하여 공개하는 자가 없으며 또한 실시하였을 경우에는 타인에 의하여 모방당하게 되어 발명자는 그 발명을 비밀상태에 두게 되어 사회이익으로 되지 않으므로 발명의 公開에 대한 代償으로 산업정책상 獨占權을 부여하는 것이 특허제도라는 것이다.[41)]

2) 發明奬勵說(자극설)　　신기술의 개발, 발명을 위하여서는 많은 인적·물적 자원과 시간을 요하는 것이 보통이며 또한 실시에는 그 성공 여부에 대한 위험도 수반한다. 이와 같은 개발절차와 위험을 굳이 부담시키는 환경을 정비하여 주는 것이 산업발전을 위하여 필요하다고 한다. 오늘날 자본주의 경제는 자유로운 경쟁을 기본으로 하지만 만약 자유로운 경쟁에 맡기는 경우에는 개발결과가 용이하게 타인에 의하여 모방당하게 되어 발명의욕이 현저히 저하되고 창조적 기업활동이 저하될 것이므로 發明者에게 發明을 奬勵·자극하고 발명의 실시와 기업화를 장려하기 위한 산업정책상의 견지에서 일정기간 동안 그 발명을 독점하는 것을 보장하는 것이 특허제도라는 것이다.

3) 競業秩序維持說(과당경쟁방지설)　　이 설은 특허제도가 주요국에서 채택된 당시는 별도로 하고, 오늘날 의의는 평등한 사인간에 있어서 자유로운 경쟁을 전제로 하는 자본주의 사회에 있어서 그 경쟁에 질서를 부여하는 데 있다

40) 齋藤, 의장, 83면.

41) 그러나 공개대상설은 주요국의 일부에서 채용하는 기탁제도, 우리나라 법제에서의 비밀디자인제도 및 형태의 주지성(특별현저성)에 의해 부정경쟁방지 및 영업비밀보호에 관한 법률에 의한 보호가 가능한 점 등이 설명될 수 없으므로 디자인보호의 이론으로서 타당하지 않다(齋藤, 의장, 84면 참조).

고 한다. 이 설에 의하면 산업발전의 필요에 의하여 발명자에게 독점을 보장하는 이론적 근거로서 제창된 공개대상설과 발명장려설은 현재의 산업, 기술적 환경의 변화에 따라 그 의의를 상실하고 있다. 즉, 고도로 발달한 자본제사회는 기업간의 경쟁을 심화시켜 그 경쟁이 기술개발을 초래하고 발명을 낳는 것으로 여기에는 특허제도가 할 역할이나 관여할 여지가 거의 없다. 현재 특허제도가 존재하는 의의는 자기노력에 의하여 획득한 이익을 사회적으로 보장함으로써 公正한 社會秩序를 유지하는 데 있다. 이것이 부정·불공평한 경쟁을 배제하고 자연적인 자유로운 경쟁을 기반으로 하는 산업을 발전시키는 작용이 된다.[42]

4) 整 理 상기의 자연법이론은 개인적 정의에 입각한 것으로 18·19세기에 가장 유력한 설이었다. 그러나 이 설은 이론상 i) 특허권이 最先 발명자나 최선 출원인에게만 부여되고, ii) 발명을 하여도 출원하지 않으면 권리가 발생되지 않으며, iii) 한 나라에서 부여된 특허는 그 나라에서만 유효하다는 원칙(속지주의)을 설명할 수 없다는 결함이 있어 이를 제창하는 자가 적어지고 있다. 반면에 산업정책설은 20세기 산업화 과정에서 시대에 부응하는 특허제도를 주장한 데 그 특징을 찾을 수 있는 것으로서 오늘날 유력한 설(통설이라 하여도 무방하다)이라 할 수 있으나 이것들은 각기 한 가지의 면을 강조한 것으로 그 중의 한 가지 설만으로는 이론적으로 부족하므로 오히려 세 가지 설을 일체로 하여 다목적적으로 파악하는 것이 합리적일 것이라고 생각된다.

Ⅱ. 디자인보호법에 있어서의 보호의 이념

1. 디자인보호법에 있어서의 보호의 基調

우리나라 디자인보호법에 있어서의 디자인의 성립과정을 살펴보면, 크게 이하와 같은 네 가지의 기조를 발견할 수 있다. 즉, 권리주의, 심사주의와 무심사주의의 병행, 선출원주의, 등록주의가 그것이다.

1) 權利主義 권리주의라 함은 국가(또는 통치자)가 재량에 의하여 은혜적으로 독점권을 부여하는 것을 내용으로 하는 은혜주의에 대립하는 개념으로서 디자인독점의 근거는 디자인의 창작에 의하여 창작자가 원시적으로 취득하

42) 齋藤, 의장, 85면.

는 권리에 기초를 두는 주의를 말한다. 이 주의하에서의 창작자는 디자인의 창작에 의하여 원시적으로 디자인등록을 받을 수 있는 권리를 취득하고, 그 디자인이 법에 규정하고 있는 요건을 충족시킨 것인 한 당연히 디자인등록을 받을 수 있으며 여기에 국가에 의한 권리설정을 할 것인가 안 할 것인가의 재량의 여지는 존재하지 않는다. 디자인보호법 제3조에서의 "디자인을 창작한 자 또는 그 승계인은 이 법에서 정하는 바에 의하여 디자인등록을 받을 수 있다"는 규정에 이어 동법 제5조 제1항 본문에서의 "공업상 이용할 수 있는 디자인으로서 다음 각호의 1에 해당하는 것을 제외하고는 그 디자인에 대하여 디자인등록을 받을 수 있다"는 규정 등은 모두 국가에 대한 청구권의 행사를 보장한 것으로서 권리주의에 입각한 것이다.

2) 심사주의와 무심사주의의 倂行　　우리나라 디자인보호법은 디자인권 발생의 전제조건으로서 그 디자인이 등록될 수 있는 일정한 법적 요건을 구비하고 있는지의 여부에 대하여 실질적인 심사를 거쳐야 하는 심사주의[43]를 원칙으로 하되 유행성이 강한 일부 물품의 디자인에 대하여는 방식요건과 실질적 등록요건의 일부사항만을 심리하는 무심사주의[44]를 병존시키고 있다. 심사주의 원칙하에서의 디자인등록출원에 대하여 일정한 심사의 권한을 가지는 특허청의 심사관이 행하는 심사는 그 법에 의한 기속의 정도에서 볼 때 행정법학상의 '기속행위'[45]에 해당되고, 그 內容에 있어서는 준법률행위적 행정행위에 속하는 확인행위[46]에 해당된다. 행정행위는 모두 법에 근거하여 법에 따라 행하는 것이지만 심사는 그 내용에 대하여 법에 엄격하게 기속된다. 심사관에 의한 심사는 이 행정행위에 있어서 판단·확인의 실정법상의 호칭이다. 등록할 것으로 한다는 취지의 디자인등록결정은 행정기관인 특허청장이 행하는 디자인권 설정등록의 요건이 되고, 거절한다는 취지

43) 심사주의 채용국가: 미국, 영국, 일본, 스웨덴 등이 있다. 디자인권은 차단효가 있다.

44) 무심사주의 채용국가: 독일, 프랑스, 이탈리아, 베네룩스 3국 등이 있다. 디자인권은 차단효가 인정되지 않는 모방금지권이다.

45) 기속행위란 법규에 엄격히 기속되어 그 법규의 구체화 또는 집행으로서 하는 행위를 말한다[이상규, 「신행정법론(상)」, 법문사, 1997, 336면].

46) 준법률행위적 행정행위에 속하는 확인행위란 특정한 법률사실이나 법률관계의 존부 또는 정부에 관하여 의문이나 분쟁이 있는 경우에, 행정청이 이를 공권적으로 판단·확정하는 행정행위를 말한다. 실정법은 확인에 해당하는 행정행위로 특허(발명특허 등), 결정(선거에 있어서의 당선인 결정, 시험합격자의 결정 등), 재결(행정심판청구에 대한 재결), 준공허가 등의 용어로 표현하고 있는 경우가 많다(이상규, 상게서, 374면).

의 디자인등록거절결정은 직접적으로 행정상의 처분을 구성하게 된다. 원래 심사주의에 대응하는 무심사주의는 권리의 존재를 전제로 하여 미리 그 권리의 유효성에 대한 실질적인 심사는 하지 않고, 그 확인은 침해에 대한 대처와 동시에 사후적으로 사법작용에 의해 이루어지는 것이 보통이지만, 우리나라 디자인보호법에서 倂存시키고 있는 무심사주의는 출원된 디자인에 대하여 방식요건 외에 실질적인 등록요건의 일부 사항에 대해 심사한 후 등록을 허여하며 등록된 권리의 유효성에 대하여는 일차적으로 행정기관인 특허청 또는 특허심판원이 일정기간 내에 제기된 이의신청 또는 무효심판청구에 의해 그 유효성을 심리하도록 하는 점이 특징이다.

3) 先出願主義　　선출원주의라 함은 경합하는 디자인등록출원에 대한 조정을 선출원우위에 의하여 행하는 주의를 말한다. 즉, 동일 또는 유사한 디자인이 2 이상의 출원이 있는 경우에는 최선출원자만이 디자인등록을 받을 수가 있도록 하는 것으로서 최선의 창작자를 우위로 하는 선창작자주의에 대립한다.[47)]

디자인권은 디자인의 창작을 근거로 하여 발생하는 권리이므로 본래적으로는 그 창작의 선후를 기본으로 하여야 할 것이지만 우리나라 디자인보호법은 선출원우위의 원칙에 의하여 결정하고 있다(§16①). 이것은 창작의 선후를 확정짓는 어려움에 비하여 출원의 선후는 一見하여 명백하다는 것에 의한 절차상의 요건에 의한 것이다. 선출원주의는 동일 또는 유사한 디자인 위에는 설사 그것이 별개의 창작과정에 의한 것이라 하더라도 하나의 권리만을 발생시켜야 한다는 사상(1디자인1디자인권사상이라고 한다)을 배경으로 하며 이 점은 저작권법과 현저히 상이하다.

4) 登錄主義　　등록주의라 함은 디자인권은 등록이라는 행정처분에 의해 발생하는 주의를 말한다. 디자인의 창작에 의해 원시적으로 디자인등록을 받을 수 있는 권리를 취득하지만 이 권리만에 의해서는 타인의 실시를 배제할 수 없다. 대부분의 국가에서는 부동산등기제도와 같이 디자인권 기타 디자인에 관한 권리를 둘러싼 법적, 사실적 상태를 일반에 公示하여 권리관계의 명확화로 거래의 안전을 도모하고, 제3자의 불측의 손해를 방지하려는 취지에서 등록주의를 채용하고 있다. 우리나라 디자인보호법에서도 디자인권은 설정의 등록에 의하여 발생한다는 등록주의를 명확히 하고(§39①) 또한 디자인권의 내용을 게재하

47) 선출원주의와 선창작주의는 모두 동일 또는 유사한 디자인상에서는 비록 그것이 별개의 창작과정에 의한 것이라 하더라도 하나의 권리만을 발생하게 하여야 한다는 1객체1권리사상을 기초로 한다.

여 공시하도록 하고 있다(§39②). 이 디자인권의 공시에 따라 제3자에게는 불가침 의무가 부과되고 권리침해에 대해서는 과실이 있는 것으로 추정된다(§65①).

2. 디자인獨占 權原成立의 根據

디자인보호법은 디자인을 창작한 자(또는 승계인)에게 디자인등록을 받을 수 있는 권리를 원시적으로 취득하는 것으로 하고(§3①), 이 권리의 연속으로서 디자인권을 발생시키는 것으로 한다. 디자인보호법은 디자인권 성립의 실질적 기본적인 요건에 대하여는 제5조에서 정하고 있다. 디자인등록의 요건으로 정해진 제5조의 규정, 즉 신규성,[48] 창작비용이성의 요건은 이 법에서 실시를 독점할 권원을 설정하는 것으로 보호되는 디자인의 실질적 기본요건이며 본질적 요건으로서 이것이 디자인독점의 권원성립의 근거이다. 좀더 구체적으로 살펴보면, 법 제5조 제1항은 "공업상 이용할 수 있는 디자인으로서 다음 각호의 1에 해당하는 것을 제외하고는 그 디자인에 대하여 디자인등록을 받을 수 있다"고 하고, 다음 각호에서는 i) 공지되었거나 공연히 실시된 디자인, ii) 반포된 간행물에 게재된 디자인 또는 전기통신회선을 통하여 공중이 이용가능하게 된 디자인, iii) 이들에 유사한 디자인을 정하고 있다. 즉, 디자인이 등록되기 위하여는 주관적인 창작(주관적 창작성)만으로는 아니 되고 객관적으로 창작된 신규한 것(객관적 창작성)임을 필요로 하는 것이다. 즉, 이 법하에서 디자인을 獨占하는 권리성립의 기초는 客觀的인 創作性이다. 또 법 제5조 제2항에서는 "출원 전에 그 디자인이 속하는 분야에서 통상의 지식을 가진 자가 제1항 제1호 또는 제2호에 해당하는 디자인의 결합에 의하거나 국내에서 널리 알려진 형상·모양·색채 또는 이들의 결합에 의하여 용이하게 창작될 수 있는 디자인은 제1항의 규정에 불구하고 디자인등록을 받을 수 없다"라고 하여 객관적으로 창작된 신규한 것이라 하더라도 그것이 공지된 디자인 또는 널리 알려진 형상 등에 의해 용이하게 창작할 수 있는 것에 대하여는 디자인등록을 받을 수 없도록 하고 있다. 이것을 창작비용이성이라고 한다. 이상과 같이 디자인보호법에서 디자인을 독점적으로 지배할 권원성립의 근거는 디자인의 창작이 선행디자인에 동일 또는 유사하지 않다고 하는 것(신규성)과 일정 수준(창작비용이성) 이상의 것에서 구해진다.

48) 현행법은 디자인등록의 요건에서 '신규성'이라는 용어를 직접 사용하고 있지 않다. 법 제5조 제1항의 공지·공연히 실시된 디자인, 간행물에 게재된 디자인 및 이들 디자인에 유사한 디자인을 규정한 이 요건에 대해 신규성이라는 호칭이 관용된다.

제 5 절 디자인보호법의 목적

Ⅰ. 서 설

디자인보호법 제1조는 “이 법은 디자인의 보호 및 이용을 도모함으로써 디자인의 창작을 장려하여 산업발전에 이바지함을 목적으로 한다”라고 하여 이 법의 목적을 규정하고 있다. 이 규정은 법의 내용과 법의 작용을 통하여 궁극적으로 실현하고자 하는 바를 선명한 것이다. 즉 출원·심사·등록을 행함으로써 디자인의 실시에 대하여 일정한 권원을 승인한다고 하는 법의 내용에 근거한 제도기능, 효과와 그에 의해 실현하려고 하는 궁극의 목적을 선명한 것으로서 말하자면 법자신이 하는 존재이유의 선언이다.[49)]

이에 의하면 디자인보호법은 디자인의 창작자에게 디자인의 보호에 관한 이익을 주고, 공중에게는 디자인의 이용에 관한 이익을 줌으로써 디자인의 창작을 장려하고, 이로써 산업발전에 이바지하려는 두 가지의 정책목표를 함께 가지는 산업입법으로 성격지어지고 있다. 즉 디자인보호법은 사권을 기초로 하여 경업상의 질서의 형성을 직접 내용으로 하고, 이에 따라 국가의 발전이라는 전체의 이익을 실현함을 목적으로 한다. 이 목적규정은 이 법률을 보는 국민에 대하여 법률의 이해를 용이하게 하는 동시에 이 법 전반에 걸친 각 규정의 해석지침을 주는 중요한 의의를 가진다.

Ⅱ. 디자인보호법 목적의 내용

디자인보호법의 목적을 규정한 제1조에서 해석에 주의해야 할 용어를 나누어 보면, 디자인의 보호, 디자인의 이용, 디자인의 창작 장려, 그리고 산업발전이다.

---

49) 齋藤, 의장, 91면.

1. 디자인의 保護

디자인보호법상 디자인을 보호하는 규정은 디자인보호법 전반에 걸쳐 존재한다. 디자인의 보호에는 실체적 보호와 절차적 보호가 있고 또한 디자인보호법 특유제도에 의해 디자인의 보호를 도모하고 있다.

(1) 實體的 保護

1) 디자인권의 부여　　디자인등록에 의해 디자인권이 발생하고(§39①), 디자인권자는 업으로서 등록디자인 또는 이와 유사한 디자인을 실시할 권리를 독점한다(§41). 이 獨占權에 의하여 제3자에게는 불가침의무가 부과되고, 타인이 정당한 권원 없이 등록디자인 또는 이와 유사한 디자인을 업으로서 실시하면 디자인권의 침해가 되어 디자인권자는 침해금지청구권(§62), 손해배상청구권(民§750, §64), 신용회복조치청구권(§66) 등 민사상의 구제조치와 침해죄(§82)로 고소하여 형사상의 책임을 추궁할 수 있다. 이 디자인권의 부여에 의한 독점권은 디자인의 강력한 보호수단이 되고, 이로 인해 새로운 디자인의 창작을 유도하며 이를 통해 産業發展에 이바지코자 하는 디자인보호법의 목적을 달성할 수 있게 된다.

2) 디자인등록을 받을 수 있는 권리　　디자인의 창작자에게는 디자인권의 발생 전에 디자인등록을 받을 수 있는 권리를 부여하여 디자인을 보호한다(§3). 이 권리는 국가에 대하여 디자인권의 부여를 청구할 수 있는 양도성이 있는 財産權으로서 창작자는 디자인등록출원 여부에 관계없이 사용, 수익 또는 처분을 할 수 있고, 또한 이 권리에 기초하여 디자인등록출원을 할 수 있다.

3) 선출원의 지위　　최선의 출원자에게는 그가 출원한 디자인과 동일·유사한 후출원디자인의 디자인등록을 배척하는 先出願의 地位를 인정한다(§16①).

(2) 節次的 保護

디자인보호법은 타산업재산권법과 마찬가지로 이하와 같은 절차적 보호규정을 두어 디자인을 보호한다.

1) 신규성상실의 예외　　디자인이 그 출원 전에 공지되었다 하더라도 6개월 이내에 일정한 절차에 따라 디자인등록출원을 하면 그 디자인은 신규성이 상실되지 않는 것으로 보는 신규성상실의 예외를 규정하여 디자인을 보호한다(§8).

2) 출원의 보정　　최초 출원한 사항에 흠결이 있거나 불비한 경우에 이를 명료하게 정정·보충하거나 출원형식의 과오에 대해 이를 변경할 수 있는 기회를 부여하여 디자인을 보호한다(§17, §18).

3) 출원의 분할 1디자인1출원 원칙 또는 복수디자인등록출원 요건에 위반되는 출원의 구제를 위하여 출원을 분할하는 것을 인정하고 있다(§19).

4) 조약에 의한 우선권 파리협약 동맹국에서의 1국출원일부터 6월 이내에 출원한 경우 그 1국출원일에 출원한 것과 동일한 효과를 부여하는 우선권 제도를 설치하여 디자인을 보호한다(§23).

5) 거절이유의 한정열거 디자인등록출원에 대한 심사관의 자의적 판단을 배제하여 디자인의 적정한 보호를 도모하기 위하여 법정 거절이유 이외에는 거절할 수 없도록 하고 있다(§26).

6) 의견서의 제출 거절이유에 해당하는 디자인등록출원에 대하여 디자인등록거절결정을 하기 전에 출원인에게 변명의 기회를 부여하기 위하여 거절이유를 통지하고, 기간을 정하여 의견서를 제출할 수 있는 기회를 주도록 하고 있다(§27①).

7) 심판・재심・소송 행정처분의 하자 시정을 위하여 심판・재심・소송 등에 관한 절차규정을 두어 디자인의 적정한 보호를 도모하고 있다(§67의2・§67의3・§68・§73, §75).

(3) 特有制度에 의한 保護

디자인보호법은 그 보호객체로 하는 디자인의 특성에 따라 타 산업재산권법에서는 존재하지 않는 다음과 같은 특유제도를 설치하여 디자인을 보호하고 있다.

1) 부분디자인제도 물품의 부분에 관하여 독창성이 높은 특징 있는 창작을 한 경우 부분디자인으로 보호받을 수 있도록 한다(§2 i). 부분디자인은 물품의 부분의 형상・모양・색채 또는 이들의 결합(물품의 부분의 형태)이라고 정의되며, 물품의 전체 중에서 일정한 범위를 차지하는 부분의 형태로서 다른 디자인과의 대비의 대상이 되는 부분이다.

2) 유사디자인제도 디자인권의 효력이 미치는 등록디자인에 유사한 디자인의 범위를 명확하게 하기 위하여 유사디자인제도를 설치하여 디자인을 보호한다(§7). 자기의 기본디자인에 대하여 유사디자인으로 디자인등록을 받아두면 기본디자인의 침해를 예방하고 권리가 침해된 경우 그 구제를 용이하게 할 수 있다.

3) 한 벌 물품의 디자인제도 2 이상의 물품이 한 벌의 물품으로 동시에 사용되고 한 벌 전체로서 통일성이 있는 때에는 1디자인으로 디자인등록출

원을 할 수 있는 한 벌 물품의 디자인제도를 설치하여 출원인의 편의를 도모하고 있다(§12).

4) 비밀디자인제도 디자인은 물품의 미적 외관이므로 타인의 모방이 용이하고, 유행성이 강한 점을 고려하여 디자인권의 설정등록 후 일정기간 디자인의 내용을 비밀로 할 수 있는 비밀디자인제도를 설치하여 디자인권자를 보호한다(§13).

5) 동적 디자인제도 물품의 정형성(또는 일정성)을 결한 것이라 하더라도 그 물품의 특별한 기능에 의하여 형상 등이 변화하는 소위 동적 디자인에 대하여 1출원으로 완전한 권리취득을 가능하게 하여 출원인의 편의를 도모하고 있다.

2. 디자인의 利用

디자인의 이용이라 함은 무체의 재산인 디자인을 실시하는 것을 의미한다. 실시란 디자인에 관한 물품을 생산·사용·양도·대여 또는 수입하거나 양도나 대여의 청약(양도나 대여를 위한 전시를 포함한다)을 하는 행위를 말한다(§2vi). 특허·실용신안법상 발명·고안의 이용은 실시에 의한 이용 이외에도 창작물의 공개에 의한 문헌적·연구적인 이용[50]이 중요한 비중을 차지하고 있으나 디자인은 外在的인 목적을 달성하기 위한 수단적 가치인 기술과는 달리 그 자체가 목적을 위한 목적가치이므로 실시에 의한 이용이 일반적이다. 디자인을 이용할 수 있는 자는 디자인권자 또는 실시권자이지만 디자인권이 소멸된 경우에는 누구든지 자유로운 이용이 가능하다.

(1) 디자인권자

디자인을 이용할 수 있는 자는 1차적으로 디자인권자이다. 디자인권자는 자기의 등록디자인 또는 이와 유사한 디자인을 독점적으로 실시하는 것에 의하여 가치 있는 物을 구하는 사회의 수요를 충족시키는 한편 자신의 경제적 이익을 얻게 된다. 이렇게 하여 物의 가치를 증대시키는 것을 기대할 수 있는 새로운 디자인의 창작을 자극하여 物의 생산활동 그 자체를 활발화시키고 나아가서 국가전체의 산업발전에 이바지하게 된다. 그러나 디자인은 그 성질상 공중의 이

---

50) 특허·실용신안법은 기술인 발명·고안의 문헌적·연구적 이용을 유도하기 위해 발명·고안을 공개하고 그 공개의 의해 중복연구, 중복투자방지와 그 공개된 발명·고안을 자유롭게 이용토록 하여 더욱 진보된 발명·고안의 탄생을 촉진할 수 있도록 한다.

익과 직접 관련되는 일이 적고, 불실시로 인한 폐해도 적으므로 특허·실용신안법에서와 같은 실시의무가 강제되어 있지 않다.[51)]

(2) 실시권자

디자인의 이용은 디자인권자뿐만 아니라 제3자도 이용할 수 있도록 함으로써 산업발전을 가져올 수 있다. 따라서 디자인보호법은 제3자에게 등록디자인의 실시를 허락하여 줄 수 있는 허락실시권제도(§47,§49)와 공평의 견지에서 또는 기존의 사업보호를 위한 법정실시권제도(발명 §8, §33의3⑤·§50·§50의2·§51·§52·§58 등)을 두고 있으며 또한 현실적인 실시를 확보하기 위한 강제실시권제도(§70)를 설치하여 이들 실시권자가 정당하게 등록디자인 또는 이와 유사한 디자인을 이용할 수 있도록 하고 있다.

(3) 자유이용

디자인권은 동산·부동산 등의 소유권[52)]과는 달리 有限한 권리로 하고 있으므로 그 존속기간 만료 후는 물론 존속기간 중이라 하더라도 등록료의 불납·포기 등에 의해 디자인권이 소멸된 경우에는 누구든지 그와 동일 또는 유사한 디자인에 대해 자유로이 이용할 수 있다.

3. 디자인의 創作奬勵

디자인의 적절한 보호와 이용을 법적으로 보장함으로써 디자인의 창작을 장려하는 것에 의해 디자인의 창작활동을 활성화해서 디자인으로 우수한 공업제품의 생산을 촉진함으로써 결국에는 산업발전에 이바지하게 된다. 여기에서 디자인의 창작이라 함은 자연법칙을 이용한 기술적 사상의 창작인 발명·고안과는 달리 시각을 통하여 미감을 일으키는 물품의 외관을 案出하는 것을 말하며, 또 장려는 디자인의 창작장려뿐만 아니라 창작된 디자인의 실시·육성·개발·기업화 등의 장려까지 포함하는 넓은 의미로 해석되고 있다.

4. 디자인과 産業發展

디자인보호법은 산업입법이고, 디자인을 보호하는 것에 의해 산업발전에 이

51) 특허·실용신안법은 산업계의 요청 또는 공익상의 요청에 따라 적당한 실시가 이루어지도록 특허권자(실용신안권자)에게 실시의무를 부과하고, 이를 위반하는 경우에는 일정한 제재를 가하는 규정을 두고 있다(특§107, §116).

52) 소유권은 목적물의 멸실이 없는 한 항구적으로 존속하는 권리이다.

바지하는 것으로 되어 있다. 그러나 산업발전의 의미 내용과 디자인의 보호가 왜 산업발전에 이바지하게 되는가에 대하여는 명확하지 않지만 다음과 같이 견해가 나누어진다.

(1) 積 極 說

이 설은 산업발전 그 자체의 의의보다는 디자인의 보호와 산업발전과의 관계를 중심으로 하는 입장으로서 디자인의 보호가 산업발전에 이바지하게 되는 측면을 다음 4가지로 본다.[53]

1) 부정경쟁방지　　디자인은 외관이기 때문에 일견하여 모방된다. 애써 디자인을 창작하였다 하더라도 곧 타인이 모방한다. 모방자는 대개 조악품을 만들어 싸게 팔아서 부정경쟁을 하게 된다. 그로 인해 그 상품은 신용을 잃게 되며 팔리지 않게 되는 일도 흔히 있다. 디자인보호법은 신규한 디자인을 등록하여 이것을 모방자로부터 보호하고 모방으로 인하여 생기는 부정경쟁을 방지함으로써 산업의 건전한 발전에 이바지하게 되는 것이다.

2) 수요의 증대　　디자인보호법은 신규한 디자인을 등록하여 이것을 침해로부터 보호하고 그 상품화를 촉진하여 내외의 수요를 증대시켜 산업의 건전한 발전에 이바지하게 되는 것이다.

3) 우수한 기술 및 디자인의 발생　　장식적인 디자인은 차치하더라도 기능적인 디자인으로서 우수한 것은 동시에 기술적으로도 우수하여 그것이 기초가 되어 다음의 새로운 기술과 디자인을 생산하게 되어 결국 산업발전에 이바지하게 되는 것이다.

4) 생산능률의 향상　　공작기계 기타 생산재로 불리는 것에 관한 우수한 디자인은 그 사용에 의하여 생산능률을 높이게 되고 결과적으로 산업발전에 이바지하게 되는 것이다.

(2) 消 極 說

이 설은 기술적 사상의 창작인 발명·고안과 디자인의 창작을 동일차원으로 파악하여 디자인의 창작을 장려하는 것이 곧바로 산업발전에 이바지한다고 보는 입장이다. 이 견해에 따르면 디자인보호법상의 독자적인 의미가 존재하지 않는다.[54]

---

53) 윤종렴, 의장, 2·3면.

54) 蕚 優美, 「改訂 工業所有權法解說」, ぎょうせい, 1982(이하 본서에서의 인용은 "蕚 優美, 공업소유권"이라 줄여서 쓴다), 545면에서는 "디자인법 제1조는 … 특허법 제1조, 실용신안

(3) 整 理

이상에서의 소극설은 기술적 사상의 창작인 발명·고안과 물품의 미적 외관에 관한 창작인 디자인에 궁극적인 차이를 인정하지 않고 있으므로 설득력이 약하다. 이에 비해 적극설은 산업발전 그 자체의 의의에 관해서는 명확하게 설명하고 있지 않지만, 디자인 특징의 가치를 인정하고 있으므로 설득력을 가진다. 그러나 적극설은 디자인의 보호가 ⅰ) 부정경쟁방지, ⅱ) 수요의 증대, ⅲ) 우수한 기술 및 디자인의 발생, ⅳ) 생산능률의 향상에 의해 산업발전에 이바지하게 된다고 하고 있다.

문제는 이들의 각 관계가 모두 균등한 중요성을 가지고 있는가 하는 점이다. ⅲ)은 산업발전과의 관계에 속한다기보다는 디자인 창작의 장려와의 관계가 강하여 이것에 의해 산업발전에 이바지하는 중요성이 약하고 또한 ⅳ)는 본래적으로 디자인보호법이 이것까지 의도한 것이라고 생각하기 어렵다. 그렇다면, 디자인의 보호가 산업발전에 이바지하게 되는 직접적인 관계는 ⅰ)과ⅱ)라고 보아야 할 것이다. 그러나 ⅰ)과 ⅱ) 중 어느 쪽이 보다 직접적인 제1의적인 관계인가 하는 점에 대해서는 ⅰ)은 직접적으로는 부정경쟁방지법의 목적으로 하는 것이므로 ⅱ)에 비해 디자인보호법의 주된 목적으로 할 필요성이 약하다. 디자인은 물품의 미적 외관이고, 수요자의 시각에 호소하여 구매 의욕을 환기시켜 수요를 증대시키는 기능을 가진다.

이러한 수요의 증대기능을 가지는 디자인을 보호하여 그 상품화를 촉진하게 되면 관련산업의 발전에 이바지할 수 있게 된다. 따라서 디자인의 보호가 산업발전에 이바지하게 되는 관계는 ⅱ)의 수요의 증대가 가장 직접적이고 제1의적인 관계라고 보아야 할 것이다. 생각건대, 디자인보호법은 디자인의 창작자에게 디자인권이라고 하는 독점적인 권리를 부여하는 등 디자인을 보호하는 것에 의해 경업상의 우위를 보장하여 주고, 디자인을 사회에 공급하도록 함에 따라서 '가치 있는 物'을 구하는 사회적 수요에 대하여 그 수요를 충족시켜 한편으로는 경제적 이익을 얻도록 한다. 이렇게 함으로써 '物의 가치'를 증대시키는 것을 기대할 수 있는 다음의 새로운 디자인의 창작을 자극하며 아울러 物의 생산활동 그 자체를 활발화시키고 나아가서 국가산업 전체의 산업을 발전시키고

법 제1조의 표현에 맞춰서 작문된 것이라 생각되지만, 발명이나 실용신안이라는 것과 동일 차원에서 디자인의 창작을 장려하는 것이 곧바로 산업의 발달에 기여하는 것이라고 하는 생각에는 의문이 생긴다"라고 기술하고 있다.

자 하는 것이 디자인보호법의 목적이다.

Ⅲ. 디자인보호법의 목적에 관한 해석론

디자인보호법의 목적에 관한 해석은 디자인의 본질가치에 대하여 서로 다른 관점에서 파악하여 발전시킨 이론으로서 다음과 같은 설이 대립하고 있다.[55)]

(1) 創 作 說

창작을 디자인의 본질로 파악하고 디자인보호법의 주목적은 디자인의 창작적 가d치를 보호하는 것이라고 하는 견해이다. 다만, 디자인 보호의 목적이 창작에 기인한다는 이 견해는 기본적으로 디자인의 본질가치를 美에 두고, 디자인보호법은 그 미적 가치의 창작을 보호하는 것이기 때문에 디자인의 본질이 美 내지 미적 가치에 있고, 디자인보호법에서의 디자인의 보호는 그 미적 가치의 결실인 창작의 所産을 보호하는 것으로 수정하여 이해하여야 한다.[56)]

이와 같은 견해는 디자인의 유사여부판단에 있어서 후술하는 창작동일설(창작설)로 발전된다(제8장 제2절 Ⅲ. 1. 유사여부판단기준에 관한 學說 참조).

(2) 競 業 說

식별성을 디자인의 본질로 파악하고 디자인보호법의 주목적은 부정한 경쟁의 방지, 즉 경업질서의 형성에 있다고 하는 견해이다. 여기에서의 경업질서는 지적 소산에 관한 公正한 경쟁질서(상표법이나 부정경쟁방지법과 다르다), 즉 사람의 두뇌에서 유출된 무체의 財에 관한 부분의 공정한 경쟁질서를 의미한다. 그 내용이 직접적으로는 經濟的 이익의 확보에 있다고 해도 그것은 지적 소산의 활용에 의해서 경업상의 우위를 점하는 것을 공정으로 하는 관념에 의지된 것이기 때문에 이 법에서 경업질서란 단순히 상품이 시장에 있을 때만을 의미하는 것이 아니고 상품의 개발(창작)에서 시장에서의 경쟁에 이르기까지의 산업활동 전반에 걸쳐 공정한 경쟁질서를 의미하는 것이다.

또한 이 설은 부정경쟁행위의 방지, 즉 경업질서의 형성을 제1의의로 하는 것이기 때문에 이 학설에서 유사여부판단은 물품혼동설(혼동설)로 발전된다.

---

55) 齋藤瞭二, 「意匠法概說」, 有斐閣, 1991(이하 본서에서의 인용은 "齋藤, 의장개설"이라고 줄여서 쓴다), 35면 이하.

56) 齋藤, 의장개설, 36면.

(3) 需 要 說

디자인의 본질가치는 시장에서 발휘되는 수요증대기능에 기초한 시장가치 내지 경제가치에 있는 것으로 파악하고 디자인보호법이 주목적은 경제발전에 의한 산업발전에 있다고 하는 견해이다. 즉 디자인은 수요증대에 기여한 결과 경제발전을 도모하고 나아가 이것이 디자인보호법 제1조에서 규정한 산업발전의 실질적인 내용이 된다는 것이다.

(4) 정 리

생각건대, 위와 같은 각 설의 입장은 나름대로의 논리적 정당성을 가지고 있으나 다른 한편으로 창작설은 디자인보호의 목적을 창작적 가치에 대한 보호로 해석하므로 저작물의 창작적 가치와 동일시하고 있고, 또 이 설에서 디자인이 보호가 창작적 가치의 보호라면 디자인의 유사여부도 창작의 동일성(또는 창작내용의 공통성)을 기준으로 판단해야 할 것인데, 그렇게 되면 비유사물품 간에도 창작의 모티브가 같으면 보호범위에 속하게 되어 디자인권의 보호범위가 지나치게 확대될 우려가 있다. 경업설은 부정경쟁방지의 측면이 강하므로 수요자의 보호에는 유리하나 디자인의 본질을 식별성에 두고 있으므로 상표법과의 구별이 모호하다.

수요설은 디자인의 독자적인 시장가치 내지 경제가치를 인정하고 있는 점에서는 평가할 수 있으나 디자인의 창작 그 자체에 대한 가치를 인정치 않고 있으며 또 이 설은 디자인의 유부론에 대한 명확한 기준제시가 없다는 문제점이 있다.

상기의 3가지 학설·견해 중에서 지금까지는 디자인보호의 목적은 부정한 경쟁의 방지, 즉 경업질서의 형성이라고 하는 측면에 비중을 두고 있었기 때문에 경업설이 우위에 서 있었지만, 2004년 법개정에서는 국내외의 경제상황 등의 변화에 대응하여 창작성이 높은 디자인을 적절하게 보호하고 창작성이 높은 디자인의 창작을 촉구하는 새로운 디자인보호제도를 확립(§5②)하여 수준높은 디자인 창작의 보호강화라는 측면에 큰 비중을 두고 있기 때문에 2004년 법개정 이후에는 경업질서의 형성(경업설)이라는 측면이 약해지고, 창작의 보호(창작설)라는 측면으로 중점이 이행되고 있다고 보아야 할 것이다.

2
chapter

디자인과 그 인접분야

제 1 절 디자인의 인접개념

Ⅰ. 디자인이란

1. 디자인의 개념

디자인이라는 말은 영어의 design을 그대로 쓰고 있는 것으로 프랑스어의 데생(dessin: 素描), 이탈리아어의 디세노오(desegno: 디자인, 原案)과 같이 라틴어의 데시네레(designare: 디자인, 表示하다, 계획한다, 지시한다)라고 하는 말에서 유래하고 그 의미하는 바는 내면적인 계획이나 설계 또는 계획하는 행위 그 자체, 보다 특수하게는 도면이나 모델에 표출된 계획이나 구상을 말하고, 다시 바꾸어서 계획이나 구상을 표출한 도면이나 모델을 말하는 경우도 있다.[1)]

현대 영어의 design(디자인)은 동사로서 ⅰ) 밑그림(도안)을 그리다, ⅱ) 설계하다, 계획하다, 안을 세우다, (어떤 목적으로) 예정하다 등의 의미로 주로 사용하고 있으나 명사로서는 ⅰ) 디자인, 도안, 밑그림, 소묘, 무늬, 본(pattern), ⅱ) 설계, 구성, 줄거리, ⅲ) 계획, 기도, 의도, 음모, 모략 등의 의미로 쓰인다. 이 중 조형의 용어로서는 디자인이라는 개념은 인간의 조형활동 발생 당시부터 존재하는 것이나 용어로서 디자인이라는 말을 사용하기 시작한 것은 르네상스(Renaissance) 때부터이다.

1) 齋藤, 의장, 56・57면.

디자인학에서 논의되는 디자인(design)이라는 개념은 그 대상이나 생산기술이 시대와 함께 변천함에 따라서 변화되어 왔음은 말할 나위도 없다. 우리나라에서는 디자인(design)을 종래 도안이나 의장으로 번역하여 써왔다. 도안의 圖는 '예측하다, 상상하다', 案은 '생각해내다'의 의미인데 디자인 개념의 역어로서는 아주 적합한 것이었다. 19세기 후반의 서구제국에서의 디자인의 대상은 일품제작의 미술공예를 주로 하고 그 양산품일지라도 제품의 외면에 대한 장식을 부여하는 고안을 디자인이라 하였으므로 우리나라의 도안도 장식문양의 고안을 형성한다는 의미로 사용되어 오늘날까지 미치고 있다. 그리하여 현재에는 도안이라고 하면 평면적인 패턴(pattern)을 생각하게 하여 근대적인 조형계획으로서의 디자인(design)의 개념을 표현하는 말로서는 적당하지 않게 되었다. 또한 의장이라는 말은 오늘날 도안을 대신하여 디자인의 역어로서 사용되는 일이 많으나 원래 의장이란 말은 '마음의 궁리연구'라는 의미로 디자인의 전제가 되는 아이디어(idea)에 해당하는 것을 구체적으로 표시되기 이전의 발상이며 장식의 모티브(motif)나 題材의 선택 및 그 취급을 어떻게 하는가 하는 것을 의미하였다. 그러나 오늘날 의장이란 말은 조형을 위한 계획이라는 의미로 아이디어 이상으로 확대되어 디자인과 동의어로 쓰일 때가 많으나 종래의 개념이 붙어 따라다니는 것을 부정할 수 없다.

이와 같은 관점에서 세계 제2차대전 후의 우리나라에서는 현대적인 디자인의 개념을 나타내는 말로서는 종래의 도안이나 의장의 역어를 피하고 아예 영어의 디자인(design)을 그대로 사용하게 된 것이다.

일반적으로 디자인이라 함은 넓은 의미로는 모든 造形活動에 대한 계획을 가리키며 기계의 설계에서부터 회화의 밑그림까지 포함되며, 좁은 의미로는 재래의 도안이나 의장과 거의 동의어로서 사용되어 왔으나 오늘의 디자인이란 말은 이보다 새로운 개념으로 변화되었다. 즉, 이제까지의 장식이나 문양을 디자인이라 하던 시대는 과거의 것이고, 현대의 디자인은 大量生産에 의한 제품의 機能이나 構造 등의 종합적인 造形計劃을 의미하게 되었고, 근대적 조형정신과 미의식에 의하여 합목적적 조형을 목표로 하는 곳에 오늘날의 디자인의 意義가 존재한다고 할 수 있다.[2)]

2) 李又性, 「디자인개론」, 대광서림, 1986(이하 본서에서의 인용은 "이우성, 디자인"이라고 줄여서 쓴다), 14 · 15면.

2. 디자인의 분류

디자인의 분야를 어떻게 분류할 것인가 하는 것은 여러 각도로 보아 분류할 수 있다.[3] 그러나 어떤 분류법을 택하더라도 그것을 명확하게 구분하기는 곤란하다. 그것은 디자인 분야가 대단히 넓게 인간생활의 발전과 함께 복잡하여 가기 때문이다. 여기에서는 인간, 자연, 사회의 대응관계를 전제로 i) 인간과 자연을 맺는 도구적 장비로서의 제품디자인, ii) 인간과 사회를 맺는 정신적 장비의 시각전달디자인, iii) 사회와 자연을 맺는 환경디자인으로 분류하여 좀더 살펴보기로 한다.

(1) 製品디자인

製品디자인(product design)이란 생활에 필요한 도구나 기기의 디자인을 말한다. 제품디자인은 생산수단과 만들어내는 도구적 장비의 성격에 의해 두 가지의 분류방법이 있다. 전자, 즉 생산수단에 의하면 공예(craft)와 공업디자인 또는 산업디자인(industrial design)으로 구별되고 후자, 즉 도구적 장비의 성격에 의한 분류(가구, 의복, 액세서리 등)와 재료 및 산업별 분류(도자기, 직물, 木工, 철공 등)로 구별된다.

(2) 시각전달디자인

시각전달디자인(visual communication design)이란 시각적 기호에 의한 情報傳達을 위한 디자인을 말한다. 시각전달디자인은 그 정보매체에 의하여 인쇄디자인(紙上매체)과 영상디자인(영상매체) 등으로 나누어지고, 전자는 타이포그라피(typography), 그래픽디자인(graphic design), 에디토리얼(editorial) 디자인 등이 포함된다. 또 정보의

---

3) 디자인의 분류는 논자에 따라 여러 가지 각도에서 보아 분류되고 있다.

i) 신학수・우홍룡, 「디자인론」, 경기공업전문대학, 1985, 189면 이하는 ⓐ 시각전달디자인, ⓑ 제품디자인, ⓒ 환경디자인으로 분류한다.

ii) 임연웅, 「현대디자인원론」, 학문사, 1999(이하 "임연웅, 디자인"이라고 줄여서 쓴다), 25면 이하 및 정시화, 「現代디자인硏究」, 미진사, 1987, 41면 이하에서는 ⓐ 제품디자인, ⓑ 시각디자인, ⓒ 환경디자인으로 분류하고 있으나 기본적으로 i)의 분류와 동일하다.

iii) 이우성, 「디자인」, 20면 이하에서는 ⓐ 건축디자인, ⓑ 산업디자인(광의의 산업디자인을 다시 공업디자인과 산업디자인으로 나눈다), ⓒ 공예디자인, ⓓ 복식디자인으로 분류하고 있다.

iv) 齋藤, 의장, 59면 이하는 ⓐ 의지나 정보전달을 목적으로 한 디자인, ⓑ 物에 관한 디자인, ⓒ 인간의 사적 또는 사회적 생활공간이나 환경에 관한 디자인으로 나눈다.

v) 이 밖에도 生産活動을 중심으로 하는 분류, 인간생활을 중심으로 하는 용도나 목적에서 본 분류, 생산수단을 중심으로 하는 분류, 사용자층을 대상으로 하는 분류 등 수많은 분류법이 있다.

내용에서 상업디자인, 工業디자인 등으로 구분된다.

(3) 環境디자인

환경디자인(environmental design)에 대하여는 아직 개념정의가 명확하지 않다. 환경디자인은 타운플래닝(town planning), 도시계획(city planning), 조경디자인(landscape design), 실내디자인(interior design; 건축의 일부 또는 그 자체이지만 별개로 취급하는 것이 보통이다), 건축디자인(architectural design) 등으로 구별된다.

이 외에 이들 디자인의 境界영역에 위치하는 디자인도 존재한다. 예를 들면 산업디자인의 영역에 존재하는 포장디자인(package design)은 제품디자인과 시각전달디자인 사이에 위치하며 광고탑은 시각전달디자인과 환경디자인 사이의 경계영역에 존재하는 것이다.

3. 디자인의 條件

인간에 있어서의 좋은 디자인(good design)은 인간이 요구하고 필요로 하는 다음 4가지의 조건을 충족시키는 것이어야 한다.[4] 이들의 조건은 디자인 활동을 이끄는 지도이념이며 실제 디자인할 때에 충분히 고려하지 않으면 안 되는 조건이다.

(1) 合目的性

디자인의 대상이 되는 것은 모두가 실용적으로 사용할 수 있는 것이다. 따라서 디자인은 그 목적 자체가 합목적적으로 설정되어야 하고, 실용과 요구되는 기능을 충족시키는 것이어야 한다. 예를 들면 건축물은 인간이 편안하고, 안락하게 생활할 수 있어야 한다는 목적에 합치되어야 하고, 의자는 인체공학적으로 인간에게 가장 기능적인 것이 되어야 한다는 기본 목적에 합치되어야 하며 찻잔은 차를 담고 그것을 마시기 위한 필요성과 시각적인 아름다움을 주어야 하는 목적에 합치되어야 하고, 포스터는 커뮤니케이션을 수행할 수 있어야 한다는 목적에 합치되어야 한다는 것이다.

(2) 審 美 性

디자인에는 제품의 실용성과 함께 아름다움(美)을 필요로 한다. 아름답다는 느낌, 즉 미의식인 審美性은 각각 개인의 미의식에 의한 것이어서 주관적인 것이므로 개인차가 있으나 디자인에서의 美는 개인차보다는 대중에 의하여 공감되는 미의식에 적합하도록 하는 것으로 시대성, 국제성, 민족성, 사회성, 개인성

4) 임연웅, 디자인, 27 · 28면.

등의 복합된 것 중에서 생긴 공약수적인 美이다. 따라서 디자인하는 경우에는 그것을 본다든지 사용하는 상대가 어떠한 미의식을 가진 사람인가 하는 것을 고려하여 그것에 대처한 가장 적합한 美的 表現이 이루어지지 않으면 안 된다.

(3) 獨 創 性

디자인은 디자이너에 의해 새롭게 創造되는 것이며 독창적이어야 한다. 즉, 디자인이 다른 것을 모방하거나 옛것을 되풀이하여서는 무의미할 것이다.

디자인의 독창성은 합목적성의 면에서도 심미성의 면에서도 존재하며 디자이너는 독창성을 위해 항상 폭넓은 사고로써 기존의 틀에 얽매이지 않도록 해야 한다.

(4) 經 濟 性

최소의 비용으로 최대의 효과를 얻어야 한다는 經濟의 원칙이 디자인에도 적용된다. 최소의 비용이라 함은 허용된 경비로 가장 우수한 디자인을 한다고 하는 것이다. 그러므로 재료의 선택을 비롯하여 加工이 용이한 점을 충분히 고려하여 형태나 구조의 디자인이 시도되지 않으면 안 된다.

Ⅱ. 디자인의 법적 개념

1. 법적 용어의 변경

우리나라 디자인보호제도 창설시의 법에서는 그 보호대상에 대해 의장이라고 하였다. 이 의장이란 용어는 일본 의장조례(1888년 12월 18일 공포)에서 처음 법적 용어로 사용하기 시작한 것으로서 영국의 1883년 특허디자인상표조례의 "Design"이란 용어를 일본어로 번역한 용어이다. 우리나라는 구한말 한국의장령(1908년 8월 13일 공포)에서 의장이란 용어를 처음 법적 용어로 사용하였고 1910년 8월 29일 한일합병 즉일 한국의장령이 폐지되어 일본국 의장법이 우리나라에서도 시행됨으로써 이 의장이란 용어는 해방되기까지 사용되어 왔다. 8·15 해방 후 미 군정시대에는 미군정법 제91호(1946.10.5.)로 공포된 특허법에서 "미장특허"라고 하여 '의장'을 '미장'이라는 용어로 15년간 사용하였고, 1961년 12월 31일 신규제정 공포된 우리나라 독립의 의장법에서는 종전 한국의장령에서 사용한 의장이라는 용어를 다시 사용하여 2004년 법개정에서 디자인이라는 용어로 변경되기까지 계속 사용하여 왔다. 이와 같이 우리나라에서 의장이란 용어는 구한

말시대부터 오늘날까지 사용되어온 법적 용어이지만, 그동안 의장이란 법적 용어의 의미내용에 대해 일반 국민이 쉽게 이해하지 못하여 의미전달에 어려움이 있었고, 또한 디자인업계에서는 물론 매스컴, 기업체, 대학 등 교육기관에서도 의장이란 용어를 사용하는 경우가 드물고 영어의 디자인(design)이란 용어를 사용하는 것이 일반적이고 또한 의장과 디자인은 모두 같은 의미내용을 가리키는 것으로 사용하는 경우도 많았다. 이것은 의장이란 용어 자체가 일본 의장법에서 도입한 어려운 용어 때문이기도 하지만, 한편으로 디자인이란 용어가 여러 분야에서 널리 사용되고 있어서 법상의 의장에 대해 그대로 의장이란 용어를 사용하기보다는 디자인이란 용어로 사용하는 것이 훨씬 의미전달이 용이한 것이기 때문이다. 특허청에서 다출원기업, 디자인전문회사, 변리사, 심사관 등을 대상으로 실시한 설문조사(2002.7.15.~8.15.) 결과에 의하면 응답자의 80.2%가 의장이란 용어의 변경에 찬성하는 것으로 나타난 것은 이와 같은 그간의 실태를 반영하고 있는 것이다. 이와 같은 실태를 배경으로 하여 디자인산업의 활성화와 일반 국민의 디자인에 대한 이해와 관심을 증진시키고 디자인등록 및 보호에 대한 인식을 제고하기 위해서는 국민들이 이해하기 쉽고 사회적으로도 이미 널리 통용되고 있는 적절한 용어로 법률용어를 변경하고 법의 제명도 변경하는 것이 타당하다는 견해가 제기되었다. 이에 따라 2004년 법개정에서는 지금까지 사용하여온 의장이란 법적 용어를 국민에게 친숙한 용어인 디자인이라는 용어로 변경하고, 법률의 명칭도 의장법에서 디자인보호법으로 하였다.

2. 법에서의 디자인 개념

디자인이란 말은 여러 분야에서 광범위하게 사용되고 있어서 그 의미하는 바도 다의적이기는 하지만, 앞서 설명한 바를 반복하면, 일반적으로 디자인이라 함은 넓은 의미로는 모든 조형활동에 대한 계획을 가리키며 기계의 설계에서 회화의 밑그림까지 포함되며 또 좁은 의미로는 재래의 도안이나 의장과 거의 동의어로서 사용되어 왔다. 그러나 오늘날에 있어서 디자인이란 말은 새로운 개념으로 변화되어 현대의 디자인은 대량생산에 의한 제품의 기능이나 구조 등의 종합적인 조형계획을 의미하고 있다. 그런데 디자인보호법 제2조 제1호에서는 디자인을 한정적으로 정의하여 디자인이라 함은 "물품(물품의 부분 및 글자체를 포함)의 형상·모양·색채 또는 이들을 결합한 것으로서 시각을 통하여 미감을 일으키게 하는 것"이라고 하고 있다. 따라서 법상의 디자인 개념은 디자인학에서 일반적으로 말하는 디자인 개념과 동일한 개념은 아니다. 그러나 디자인의 카테고리 중에서 제품디자인의 경우에는 모두 '物'에 관계되는 것이고 또한 그것이 '物'의 형태로서 시각을 통하여 인식되어지는 것이기 때문에 법상의 디자인의 개념과 일치하는 것이라고 할 수 있다. 나아가 시각전달디자인과 환경디자인에 포함되는 디자인의 일부에서도 '物'에 관한 것을 대상으로 하는 경우에는 법상의 디자인과 일치할 수 있다. 이들 디자인은 주로 산업에 입각하는 것이기 때문에 포괄적으로 산업디자인[5](industrial design)이라고 하며 디자인의 국제적 보호에 관한 헤이그협정이나 로카르노협정에서 사용하는 'Industrial Design'은 산업(좁게는 공업)과 결부된 의미로 한정되어 여기에서 말하는 산업디자인과 같은 의미로 이해되고 있다.

Ⅲ. 디자인과 발명·고안

1. 서 언

디자인과 발명·고안은 산업재산권을 이루는 권리의 대상으로 양자는 인간의 정신적 활동의 창작이라는 점에서 공통의 기반을 가지나, 디자인은 심미적 가치를 가지는 미적 창작인 데 비해 발명·고안은 기술적 가치를 가지는 기술적 사상의 창작이다. 이러한 대상의 차이로부터 양자는 여러 가지 면에서 그 법적 취급을 달리하고 있다.

---

5) 산업디자인은 수공예적 생산단계에서 기계에 의한 대량생산을 처음으로 보여준 18세기 영국의 산업혁명으로부터 출발하였으며 인간의 생활욕구를 해결하기 위하여 대량으로 생산되는 제품에 관련되는 모든 요소와 과정을 종합적으로 다루는 활동의 의미를 가지고 있다(김홍명·배운호·전성복·김돈한 공저, 「디자인의 이해」, 울산대 출판부, 2003, 11면). 산업디자인진흥법 제2조에서는 "이 법에서 산업디자인이라 함은 제품 등의 미·기능 및 경제적 가치를 최적화함으로써 생산자 및 소비자의 물질적·심리적 욕구를 충족시키기 위한 창작 및 개선행위를 말하며, 이에는 제품디자인, 환경디자인, 시각디자인을 포함한다"라고 규정하고 있어 이 법에서 말하는 산업디자인은 일반적으로 말하는 산업디자인에 한정하지 않고 디자인 일반을 의미하는 것으로 생각된다.

2. 현행법상의 구별기준

(1) 제도적 목적

디자인제도는 디자인의 보호 및 이용을 도모함으로써 디자인의 창작을 장려하여 산업발전에 이바지함을 목적으로 한다(§1). 즉, 디자인제도는 물품의 상품가치를 높여 당해 물품에 대한 需要를 증대시킴으로써 산업발전에 이바지하고자 하는 것이다. 이것에 대하여 발명·고안을 보호객체로 하는 특허·실용신안제도는 발명이나 실용적인 고안을 보호·장려하고 그 이용을 도모함으로써 기술의 발전을 촉진하여 산업발전에 이바지함을 목적으로 한다(특§1, 실§1). 즉, 특허·실용신안제도는 산업기술발전에 이바지코자 하는 것으로서 이러한 의미에서 디자인제도에 비해 公共的 性格이 강하게 작용한다.

(2) 보호의 객체

디자인보호법상 디자인이란 물품(물품의 부분 및 글자체를 포함한다)의 형상·모양·색채 또는 이들을 결합한 것으로서 시각을 통하여 미감을 일으키게 하는 것을 말한다(§2 i). 이것에 대하여 특허법상 發明이라 함은 자연법칙을 이용한 기술적 사상의 창작으로서 고도한 것을 말하며(특§2 i), 실용신안법상 考案이라 함은 자연법칙을 이용한 기술적 사상의 창작을 말한다(실§2 i). 발명과 고안은 기술적 사상에 대한 창작이라는 점에서는 동일하지만 그 창작의 고도성의 유무에 차이가 있다. 즉, 고안은 기술적 사상의 창작으로서 족하며 고도성까지를 필요로 하는 것은 아니다. 그렇다고 고안이 발명에 비해 반드시 낮은 정도의 기술이어야 함을 의미하는 것은 아니다.

(3) 대상물품

1) 대상물품의 정의　　디자인은 물품과 결합되어 있다는 점이 발명과 다른 가장 중요한 점이다. 디자인은 물품과 不可分의 관계에 있으므로 물품을 떠나서는 존재하지 않는다.[6] 여기에서 물품이란 통상의 상태에서 독립거래의 대상이 되는 有體動産을 말한다. 그러나 발명은 기술적 사상의 창작이므로 반드시 물품과 결합되는 것은 아니며 방법의 발명도 특허법상 보호대상이 된다. 실용신안법상의 물품은 산업발전에 기여할 수 있는 물품으로서 일정한 형태성을 가지는 物이면 족하며 물품의 구성부분으로서 독립물품으로 취급되지 않는 物

6) 2001년 법개정에서 부분디자인이 도입되었다 하더라도 디자인의 개념을 물품과는 별개로 독립된 추상적 디자인으로 보아 물품과 디자인의 가분성을 인정하는 것은 아니다. 부분디자인제도하에서도 디자인의 개념에 있어 물품은 본질적인 요소이다.

을 배제하지 않는다.[7)]

2) 권리범위 　　디자인은 물품의 미적 외관으로서 도면 등에 의하여 구체적·명시적으로 나타나는 것이므로 동일성 범위만으로는 디자인보호의 목적을 달성할 수 없기 때문에 동일성 관념 외에 유사의 관념을 도입하고 있으며 또 그 권리범위는 디자인이 표현된 물품과 동일 또는 유사한 물품에 한정되나 발명·고안은 기술적 사상의 창작이라는 무형의 소산이므로 발명·고안의 동일성 관념만이 존재하며 그 권리범위는 물품에 대한 제한이 없다.

3. 제도상의 차이점

(1) 실 체 면

1) 등록요건(狹義) 　　특허·실용신안법은 권리객체인 발명·고안의 적극적 등록요건으로 산업상 이용가능성·신규성 및 진보성이 있어야 하는 데(특§29, 실§4) 비해 디자인은 공업상 이용가능성·신규성 및 창작비용이성을 등록요건으로 하고 있다(§5).

2) 부등록요건 　　디자인은 발명·고안과는 달리 부등록요건에서 공중의 衛生을 해할 염려가 있는 것이 제외되어 있다(특§32, 실§6, 의§6). 이것은 물품의 미적 외관인 디자인의 특질에서 그와 같은 디자인은 상정할 수 없기 때문이라고 설명되고 있으나 의문이 있다.

3) 권리의 존속기간 　　디자인권의 존속기간은 설정등록이 있는 날부터 15년간이다(§40①). 특허권·실용신안권의 경우에는 설정등록이 있는 날부터 출원일 후 각각 20년, 10년이 되는 날까지이다(특§88①, 실§22①).[8)] 한편, 특허법의 경우에는 특정발명에 대하여 존속기간을 연장하여 주는 존속기간연장제도가 있으나(특§89) 디자인보호법에는 이러한 제도가 존재하지 않는다.

4) 디자인보호법 특유제도 　　디자인보호법은 그 보호객체인 디자인의 특성에 따라 부분디자인제도(§2 i), 유사디자인제도(§7), 한 벌 물품의 디자인제도(§12), 비밀디자인제도(§13) 등이 존재하지만 특허·실용신안법에서는 이러한 제도

---

7) 실용신안고안과 디자인은 모두 물품에 관한 고안 또는 창작이므로 양자 모두가 물품과 불가분의 관계에 있다는 점에서는 공통된다.

8) 디자인권은 존속기간과 보호기간이 같기 때문에 양자는 동일개념이나 특허권·실용신안권의 경우에는 설정등록에 의해 보호되고 존속기간은 출원일부터 계산되므로 존속기간과 보호기간이 상이한 개념이다.

가 없다.

(2) 절 차 면

1) 심사청구제도의 유무 디자인보호법에는 특허·실용신안법에서 채용한 심사청구제도(특§59, 실§12)가 존재하지 않는다. 특허·실용신안법상의 심사청구제도는 권리의 취득까지는 원하지 않는 출원의 존재를 고려하여 심사부담의 경감을 목적으로 한 것이지만 디자인의 경우에는 기술의 고도화에 수반하는 출원건수의 비약적인 증가라는 사정이 인정되지 않기 때문에 이러한 제도가 채용되어 있지 않은 것이다.

2) 우선권 주장기간 발명·고안의 우선권 주장기간은 1년인 데(특§54, 실§11→특§54) 비해 디자인의 우선권 주장기간은 6개월로 되어 있다(§23②). 디자인은 출원서류의 작성·기타절차에 있어 보다 용이하기 때문이다.

3) 국내우선권제도의 유무 특허·실용신안법에는 국내에 출원을 한 자 또는 그 승계인이 자기가 먼저 한 특허출원·실용신안등록출원을 한 날로부터 일정기간(우선기간)내에 한 선출원에 대하여 통상의 타출원과는 다른 특별한 이익을 가지는 소위 국내우선권제도를 두고 있다(특§55, 실§11→특§55). 이것은 기본발명(고안)을 출원한 출원인이 그 후 기본발명(고안)에 대한 개량 또는 이용발명(고안)을 한 경우에 양자를 포함하여 하나의 권리를 취득할 수 있도록 함으로써 발명자(고안자) 및 출원인의 이익을 보호하기 위한 제도이다. 그러나 디자인은 그 성질상 이러한 제도의 필요성이 인정되지 않으므로 이와 같은 제도가 존재하지 않는다.

4) 정정심판제도 및 정정무효심판제도의 유무 특허·실용신안법에는 등록 후 명세서나 도면에 不完全한 것이 있을 때에는 이를 정정하는 정정심판제도가 있고[9](특§136, 실§33→특§136) 또한 정정한 명세서나 도면을 무효시키는 정정무효심판제도가 있으나(특§137, 실§33→특§137) 디자인은 권리범위가 주로 도면에 의하여 정하여지므로 이러한 제도의 필요성이 인정되지 않으므로 이와 같은 제도가 존재하지 않는다.

5) 재정실시권제도 및 불실시에 대한 취소제도의 유무 특허발명 및 등록실용신안에 대하여는 公共의 이익을 위하여 정당한 이유 없이 불실시하거나 불충분한 실시, 비상업적으로 실시할 필요가 있을 경우 또는 불공정거래행위의 시

---

9) 정정심판제도는 권리범위가 주로 文字에 의해 정하여지는 것에 필요한 제도이다.

정을 위하여 필요한 경우에는 통상실시권 설정에 관한 재정을 청구할 수 있는 제도가 있고(특§107③, 실§28→특§107③) 또한 통상실시권 재정이 있은 날부터 계속하여 2년 이상 불실시의 경우에는 그 특허권 및 실용신안권을 取消할 수 있는 제도가 존재하지만(특§116, 실§28→특§116) 디자인은 그 성질상 공공의 이익과 직접 관련되는 점이 적고, 또한 대체성이 강하므로 이러한 제도가 존재하지 않는다.

6) 특허협력조약(PCT)에 의한 국제출원제도의 유무 특허・실용신안법에는 특허협력조약에 의한 국제출원을 할 수 있는 제도가 존재하지만(특§193, 실§34) 디자인보호법은 이러한 제도가 존재하지 않는다. 특허협력조약은 조약 당사국의 발명이나 실용신안의 보호를 위한 조약이기 때문이다.

7) 출원서류 작성상의 특이성 발명・고안의 경우 출원서에는 명세서와 도면을 첨부하여야 하나(특§42②, 실§8②) 디자인은 그 외관이 중요한 점에서 도면이 필수적이며 명세서의 작성이 필요 없다. 다만, 발명은 방법발명이 있으므로 도면으로 표현할 수 없는 경우도 있다.

8) 기 타 디자인에는 동적 디자인의 등록이 인정되고 있으며 또한 디자인은 미술적 저작물과 중복되는 부분이 있으므로 디자인보호법에는 디자인등록출원일 전에 발생한 타인의 저작물과 이용・저촉되는 경우에는 디자인권의 효력이 제한되는 것을 규정하고 있다(§45③). 이 점도 특허・실용신안법과 다른 점이다.

4. 권리의 利用・抵觸

디자인보호법상 디자인은 미적 창작이고, 특허・실용신안법상의 발명・고안은 기술적 사상의 창작이지만 기술적 사상의 창작이 물품의 형상에 관한 것일 때에는 디자인의 미적 창작과 동일하게 되어 특허권 또는 실용신안권과 디자인권이 각각 별개로 설정되어 저촉되는 경우가 있다. 또한 발명・고안과 디자인 간에 그 내용을 본질적으로 바꾸지 않고 그 요지를 그대로 도입하여 각각 별개의 권리로 설정되는 경우도 있다. 이러한 경우의 권리조정은 선출원을 우위로 하고 후출원의 권리실시를 제한하는 것으로 조정한다.

(1) 디자인권과 특허권・실용신안권이 別人에 속하는 경우

디자인권자는 자기의 등록디자인 또는 이와 유사한 디자인이 그 출원일 전에 출원된 타인의 특허발명 또는 등록실용신안을 이용하거나 또는 타인의 특허권・실용신안권과 저촉되는 경우 그 특허권자 또는 실용신안권자의 허락을 얻지 않거나 통상실시권 허여의 심판에 의하지 않고는 자기의 등록디자인 또는 이와 유사한 디자인을 업으로서 실시할 수 없다(§45①,②). 한편 특허권자, 실용신안권자는 그 특허발명, 등록실용신안이 그 출원일 전에 출원된 타인의 등록디자인이나 이와 유사한 디자인을 이용하거나 타인의 디자인권과 저촉되는 경우에는 그 디자인권자의 허락을 얻지 않고는 자기의 특허발명·등록실용신안을 업으로서 실시할 수 없도록 한다(특§98, 실§25).

(2) 디자인권과 특허권·실용신안권이 동일인에 속하는 경우

디자인권과 특허권 및 실용신안권이 동일인에 속하는 경우에는 상기의 이용·저촉관계 규정의 調整을 받지 않고 자유로운 실시가 가능함은 물론이다.

Ⅳ. 디자인과 상표

1. 서　언

디자인과 상표는 모두 산업재산권을 이루는 권리의 대상이다. 그러나 디자인은 인간의 정신적 창작활동의 성과라는 점에서 발명·고안과 동일하지만 상표는 다른 산업활동상의 식별표지와 마찬가지로 자타상품을 구별하기 위하여 사용하는 식별표지로서 일반적으로 인간의 정신적 창작활동의 성과라고 보기는 힘들다.

그러나 디자인과 상표는 양자 모두 물품이나 상품을 전제로 할 뿐만 아니라 대상이 유사한 점이 있기 때문에 여러 가지 밀접한 관계가 있다. 이하에서 양자간의 제도상의 차이점과 유사점, 그리고 권리의 이용·저촉의 경우에 대해 살펴보기로 한다.

2. 제도상의 차이점

(1) 제도적 목적

디자인은 물품의 상품가치를 높여 당해 물품에 대한 需要를 증대시킴으로써 산업발전에 이바지하는 것이다. 이에 대하여 상표는 그 식별작용을 통하여 산업질서유지에 공헌하고 나아가 산업발전에 이바지하는 것이다(상§1).

(2) 보호의 객체

디자인은 물품(물품의 부분 및 글자체를 포함한다)의 형상·모양·색채 또는 이들

을 결합한 것으로서 시각을 통하여 미감을 일으키는 것으로 물품의 외형상 나타나는 美的 창작물이다(§2 i). 이에 대하여 상표는 상품을 생산·가공·증명 또는 판매하는 것을 업으로 영위하는 자가 자기의 업무에 관련된 상품을 타인의 상품과 식별하기 위하여 사용하는 기호·문자·도형·입체적 형상·색채·홀로그램·동작 또는 이들을 결합한 것, 그 밖에 시각적으로 인식할 수 있는 것으로 자타상품과 구별하기 위하여 사용하는 식별표지이다(상§2 i).

(3) 구성요소

디자인은 물품(물품의 부분 및 글자체를 포함한다)의 형상·모양·색채 또는 이들을 결합한 것으로서 오로지 정보전달만을 위한 문자·표지에 대해서는 디자인을 구성하는 요소로 인정되지 않으나 상표는 기호·문자·도형·입체적 형상·색채·홀로그램·동작 또는 이들을 결합한 것, 그 밖에 시각적으로 인식할 수 있는 것으로서 문자는 어떠한 문자 및 그 배열, 도안화가 포함된다.

(4) 창작성 여부 및 기능

디자인은 정신적 창작활동의 성과로서 그 디자인이 실시된 물품의 개성화와 시각을 통한 미감을 일으키게 하여 내외의 수요를 증대시키는 기능과 타인의 모방으로부터 발생하는 부정경쟁방지기능을 가진다. 이것에 대하여 상표는 정신적 창작활동의 성과라고 보기는 힘들며 상표의 사용이 자타상품을 식별시킴으로써 상품의 출처표시기능, 품질보증기능, 광고선전기능을 가진다.

(5) 물품 및 상품과의 관계

디자인은 물품 자체의 外觀이므로 물품에 구체화된 것인 데 비해 상표는 상품에 부착하여 사용하는 것이므로 상품 그 자체를 구성하는 것은 아니라는 점에서 디자인과 상표는 근본적으로 다르다.

(6) 등록요건(협의)

디자인이 등록받기 위하여는 공업상 이용가능성, 신규성 및 창작비용이성을 요건으로 하는 데(§5①, ②) 비해 상표는 특별현저성(자타상품식별력)을 필요로 하고, 공업상 이용가능성, 신규성 등은 하등 문제로 하지 않는다(상§6).

(7) 권리의 존속기간

디자인권의 존속기간은 설정등록이 있는 날부터 15년으로 되어 있다(§40①). 이것은 디자인 창작자의 개인적 이익과 그 독점권에 의하여 제한되는 公共의 이익과의 조화의 견지에서 정하여진 것이다. 이에 대하여 상표권은 무한하게 존속될 성질을 가지나 불사용등록상표의 정리적 의미에서 설정등록이 있는 날부터 10년으로 되어 있다(상§42①). 한편, 계속하여 사용하는 자에 대하여는 10년간씩 갱신등록출원을 인정하고 있다(상§42②,§43).

(8) 권리의 효력

디자인권의 적극적 효력은 등록디자인 및 이와 유사한 디자인에 미치지만(§41) 상표권의 적극적 효력은 등록상표에 한정되어 있다(상§50). 따라서 상표권에 있어서는 등록상표에 유사한 범위에 걸쳐 使用許諾 등을 할 수 없으나 그 소극적 효력은 등록상표에 유사한 상표 및 지정상품에 유사한 상품에까지 확대되어 있다(상§66).

(9) 권리의 취소제도

디자인은 일반공중의 이익과 관련이 적고 불실시에 의한 폐해도 비교적 적으므로 이를 이유로 한 권리의 취소제도가 존재하지 않는다. 이에 대하여 상표는 産業秩序維持를 목적으로 하므로 일반공중의 이익과 관련이 많고, 또한 불사용에 대한 보호를 인정할 필요가 없으므로 상표권의 취소심판제도를 두고 있다(상§73).

(10) 출원공고제도 및 이의신청제도

디자인은 물품의 외관에 표현된 미감이므로 流行性이 강하여 조기 권리부여의 필요성이 크고 또한 타인의 모방이 용이하므로 출원공고에 의한 폐해가 크다고 생각되기 때문에 심사계속 중에 출원공고제도 및 이의신청제도를 채용하고 있지 않으나 상표는 심사과정에 일반공중을 참가시킬 목적으로 이들 제도를 채용하고 있다(상§24,§25).

(11) 양자의 특유제도

디자인보호법에는 그 보호객체로 하는 디자인의 특성에 따라 部分디자인制度(§2 i), 유사디자인제도(§7), 한 벌 물품의 디자인제도(§12), 비밀디자인제도(§13) 및 동적 디자인제도가 존재하나 상표법에서는 서비스표제도(상§2 ii), 단체표장제도(상§2 iii) 및 업무표장제도(상§2 iv)가 존재한다.

(12) 기　　타

디자인과 상표 모두 권리의 유지를 위하여 登錄料의 납부의무(§31, 상§34)가 있으나 디자인은 설정등록료(1~3년분)와 연차등록료(4년분 이후)로 구분되며 연차등록료는 매년 분납제를 인정하고 있는 데 반하여 상표는 연속적인 것이므로 일시불로 되어 있다. 또한 디자인권 침해죄는 친고죄로 되어 있는 데(§82) 비해 상표권 침해죄는 비친고죄로 되어 있다(상§93). 이것은 상표제도가 산업질서유지를 목적으로 하기 때문이다.

3. 유 사 점

1) 디자인과 상표는 모두 물품이나 상품을 전제로 하고 있으며 양자 모두 시각에 호소하는 점에서는 공통된다. 또한 디자인과 상표는 타인의 모방이 용이한 데서 기인하여 동일성 관념 외에 유사성 관념을 도입하고 있는 점에서도 동일하다.

2) 디자인의 대상이 되는 물품에 표딱지(letter)라는 것이 있다. 표딱지는 라벨(label)이라고도 하며 상품에 무엇인가의 표지로서 붙이는 작은 종이, 헝겊 조각에 관한 것을 말하며 이는 독립된 물품으로서 디자인의 대상이 된다. 그러나 상표가 표딱지의 일부에 사용되거나 그 전체에 상표가 표시된 경우에는 상표로서도 등록이 가능하다. 그러나 이것은 엄밀하게는 상표가 아니라 디자인으로 보아야 한다. 왜냐하면 상표는 물품이 아니기 때문이다.

3) 종이로 된 용기가 용기로서 디자인등록의 대상이 되는 경우가 있다. 그러나 동일한 종이용기가 전개된 상태로서 상표가 되는 경우 상표로서도 등록받을 수 있다. 이때 상표등록은 전개된 상태이나 사용할 때에는 조립되어 입체적인 종이 용기가 된다(담뱃갑 등). 또한 포장지는 디자인의 대상이 되는 물품이나 상표의 표지가 포장지에 연속모양으로 표시되어 있을 때에 이 연속모양은 상표적 사용태양으로 사용되고 있는 것이 아니기 때문에 상표라고는 할 수 없다.

4) 이 밖에 機能에 있어서 디자인의 상표화 기능, 상표의 디자인화 기능이 존재할 수 있다. 여기서 디자인의 상표화 기능이란 디자인의 장기간 실시에 의해 식별력을 갖게 되는 경우를 말하며, 상표의 디자인화 기능이란 상표의 구성요소가 시각을 통해 미감을 일으키는 경우를 말한다. 그러나 아무리 디자인이 식별력을 갖게 되고, 또 상표가 미감을 일으킨다 하더라도 양자의 본질이 변경되는 것은 아니다.

4. 권리의 利用·抵觸

물품의 형상이 미적 가치에 착안하게 되면 디자인이 되고, 기술적 가치에 착안하게 되면 발명·고안이 되는 것과 마찬가지로 물품에 나타난 도형을 장식적 효과면에서 보면 디자인(모양)이며 상품의 식별기능면에서 보면 상표가 되어 결국 동일물에 대하여 디자인권과 상표권이 각각 설정되는 경우가 있다. 이런 경우 상호간의 권리의 조정도 선출원우위의 원칙에 의해 후출원의 권리실시 또는 사용이 제한된다.

(1) 디자인권과 상표권이 別人에 속하는 경우

디자인권자는 자기의 등록디자인 또는 이와 유사한 디자인이 그 출원일 전에 출원된 타인의 등록상표를 이용하거나 또는 타인의 상표권과 저촉되는 경우에는 상표권자의 허락을 얻지 않거나 통상실시권 허여의 심판에 의하여 통상실시권을 얻지 않고는 그 등록디자인 또는 이와 유사한 디자인을 업으로서 실시할 수 없다(§45①②). 한편, 상표권자는 그 등록상표를 사용할 경우에 그 사용 상태에 따라 그 출원일 전에 출원된 타인의 디자인권과 저촉되는 경우에는 디자인권자의 허락 없이 그 등록상표를 사용할 수 없다고 규정되어 있다(상§53).

(2) 디자인권과 상표권이 同一人에 속하는 경우

디자인권과 상표권이 동일인에 속하는 경우에는 出處混同의 염려가 없으므로 양 권리의 실시 또는 사용이 가능하다.

제 2 절 디자인 보호에 관한 주변법

우리나라에 있어서의 디자인의 보호를 넓게 보면 디자인보호법 이외에도 각자의 관점에서 그 역할을 담당하는 법이 있다. 디자인의 보호를 넓게 보는 경우 그 시스템은 크게 두 가지로 나누어진다. 그 하나는 창작자를 중심에 두고 그 디자인을 지배하는 권리를 창작자의 것으로서 보호하는 것이고, 다른 하나는 제3자의 디자인의 모방을 허용하지 않는, 즉 규제작용을 중심으로 하여 디자인을 소극적으로 보호하는 것이다. 전자에는 산업상의 디자인을 보호하는 디자인보호법과 건축, 미술공예품 등을 보호하는 저작권법이 있고, 후자에는 부정경쟁방지 및 영업비밀보호에 관한 법률, 독점규제 및 공정거래에 관한 법률, 대외무역법 등이 있다. 그 외에도 우리나라는 산업디자인의 개발을 촉진하고 진흥을 위한 산업디자인진흥법이 제정되어 있다. 본 절에서는 이들 디자인 보호에 관한 주변법에 대하여 살펴보기로 한다.

Ⅰ. 저작권법

1. 서 언

저작권법은 1957년 1월 28일 법률 제432호로 제정되어 그동안 여러 차례 개정을 거쳐 현재에 이른다. 현행법은 2009년 3월 25일 법률 제9529호로 일부 개정(2009년 9월 26일 시행)된 법이다. 저작권법 제1조는 "이 법은 저작자의 권리와 이에 인접하는 권리를 보호하고 저작물의 공정한 이용을 도모함으로써 문화의 향상발전에 이바지함을 목적으로 한다"라고 규정한다. 그러므로 저작권법은 1차적으로 저작자를 보호하는 법이다. 저작자라 함은 저작물을 창작한 자를 말하며(저§2 ii) 著作物이란 인간의 사상 또는 감정을 표현한 창작물을 말한다(저§2 i). 저작자에게 인정되는 권리는 크게 인격적 이익에 관한 권리와 재산적 이익에 관한 권리의 두 가지로 나누어진다. 인격적 이익에 관한 권리는 저작인격권(moral right, droit moral)이라 하며 미공표저작물에 저작자의 실명 또는 이명을 표시하는 것을 내용으로 하는 성명표시권, 저작물의 내용, 형식 및 제호의 동일성을 유지하는 동일성 유지권이 있다. 이들 권리는 후술하는 저작재산권과는 달리 그 성질상 양도할 수 없는 일신전속권이다. 재산적 이익에 관한 권리는 저작재산권이라 부르고 이에는 저작물을 복제할 권리인 복제권 이외에 공연권, 방송권, 전송권, 전시권, 배포권, 2차적 저작물 등의 작성권 등이 포함된다(저§16 ~§22).

저작권은 이와 같이 여러 가지 권리의 집합이기 때문에 권리의 다발(bundle of rights)이라고 불린다. 디자인보호법과의 관계에서 저작권이라 할 때에는 통상 여기서 말하는 복제권(저§16)을 말한다. 저작권법상의 복제권을 디자인권과 비교할 때 특징적인 점은 권리의 청구(출원)나 설정 등과 같은 요식행위를 필요로 하지 않는 데 있고, 또한 창작에 객관성을 요하지 않는 데 있다. 이하에서 저작권법상의 복제권과 디자인권을 중심으로 그 법적 취급의 상이, 저작물과 디자인의 경계, 권리의 이용·저촉에 관하여 간단히 기술한다.

2. 법적 취급의 상이

(1) 제도적 목적

디자인권은 디자인의 창작에 의하여 물품의 상품가치를 높여 그 물품에 대한 수요를 증대시킴으로써 산업발전에 이바지하는 것이다. 즉, 디자인권은 물질

문화의 발전에 이바지하는 점에서 특허권·실용신안권 등 다른 산업재산권과 그 목적을 같이한다. 이에 대하여 저작권은 저작자의 인격적 이익과 밀접하게 관련하여 주로 정신문화의 발전에 기여하는 것이다.

(2) 보호의 객체

디자인보호법의 보호객체인 디자인은 물품의 형상·모양·색채 또는 이들을 결합한 것으로서 시각을 통하여 미감을 일으키게 하는 것을 말하므로 디자인은 물품과 不可分의 관계에 있고 시각을 통하여 인식할 수 있는 美的 창작물이다(§2). 이에 대해 저작권의 대상이 되는 저작물은 인간의 사상 또는 감정을 표현한 창작물로서 사상이나 감정의 표현을 보호의 객체로 하므로(저§2ⅰ) 저작물은 반드시 물품에 한정되지 않을 뿐만 아니라 시각 이외에 청각 등에 의해서도 인식되는 경우가 있다.

(3) 권리의 발생

디자인은 창작만으로 권리가 발생하지 않고 출원 및 심사절차에 의하여 등록요건을 구비한 최선의 출원자만이 등록되며 등록(국가의 행정처분)에 의해 권리가 발생한다(§39). 이에 대해 저작권은 저작물을 창작한 때부터 발생하며 어떠한 절차나 형식을 필요로 하지 않는 무방식주의(심사·등록은 불요)에 의한다(저§10②). 이것은 저작권에 관한 국제조약인 베른협약상[10]의 원칙이며 WTO무역관련지적재산권 협정도 베른협약을 준수하도록 하고 있다(WTO/TRIPs협정§9①).

(4) 신규성 여부

디자인의 등록에는 신규성(객관적 창작)이 요구된다. 신규성(novelty)이란 출원전에 그것과 동일 또는 유사한 디자인이 국내외에서 공지·공용 또는 반포된 간행물에 게재되어 있지 않은 것을 말한다(§5①). 이 공지·공용 또는 간행물 게재는 타인에 의한 것뿐만 아니라 자기에 의한 것이라도 포함된다. 그러나 저작권은 저작물의 창작 그 자체에서 발생하는 권리이다. 따라서 결과로서 외견상으로는 동일하게 보이는 저작물[11]이라 하더라도 그것이 각각 별개로 창작되어진 것이면 저작권은 별개로 발생한다. 디자인보호법에서 선행디자인의 존재를 모르

10) 베른협약의 정식명칭은 문학 및 예술저작물 보호에 관한 베른협약(Berne Convention for the Protection of Literary and Artistic Works)으로서 1986년 9월 9일 체결된 이래 오늘에 이른다. 우리나라는 1996년 5월 21일 가입서를 세계지적소유권기구(WIPO)에 제출, 3개월 후에 발효되었다.

11) 현실적으로는 모두 동일하다는 것은 생각하기 어렵다.

고 한 창작이라 하더라도 그것이 先行디자인과 동일 또는 유사한 것인 때에는 객관적 창작이 아닌 것으로서 등록되지 않는 것에 대비하여 말할 때 이것을 주관적 창작이라고 한다.[12] 저작권이 주관적 창작(독창성)을 근거로 하는 경우에는 권리의 병립이 있을 수 있게 되고,[13] 객관적 창작(신규성)을 근거로 하는 경우에는 실질적으로 독점을 가능하게 한다.

(5) 보호의 기간

디자인권은 설정등록이 있는 날부터 15년으로 되어 있다(§40). 이것은 디자인의 창작자의 個人的 이익과 그 독점권에 의해 제한되는 公共의 이익과의 조화의 견지에서 정해진 것이다. 창작자의 측면에서는 권리는 길면 길수록 좋은 것이나 공업제품의 디자인에 있어서는 지나치게 장기간의 권리는 불필요할 뿐만 아니라 공공의 이익을 저해하게 되기 때문이다. 그러나 저작권은 저작자의 개인적 이익과 文化의 발전이라는 공공적 이익과의 조화를 도모하기 위하여 비교적 장기로 되어 있으며 원칙적으로 창작시부터 저작자의 사후 50년으로 되어 있다(저§39①). 디자인권의 보호기간이 저작권에 비해 단기로 된 것은 디자인은 물품과 관련되는 유행적인 요소와 비교법적 견지에서라고 설명된다.

(6) 권리의 효력

디자인권은 등록디자인 또는 이와 유사한 디자인을 독점적으로 실시할 수 있는 권리이다(§41). 디자인은 물품의 외관에 표현된 미적 창작이므로 디자인권의 독점배타성은 디자인의 창작 그 자체에 인정된다. 따라서 그 효력은 창작의 冒認뿐만 아니라 별개의 독립으로 한 창작에도 미친다. 이러한 의미에서 동일 또는 유사한 디자인의 창작에는 하나의 디자인권만이 존재하게 되는데 이를 절대적 獨占排他性이라고 한다. 저작권은 저작물을 독점적으로 이용할 수 있는 권리이다. 저작권은 사상·감정의 외부적 표현형태에서의 당해 독창성(originality)을 대상으로 하므로 저작권의 독점배타성은 당해 독창성의 도용에 대하여서만 미

---

12) 디자인보호법상의 신규성이 절대적인 개념이라고 한다면, 저작법상의 창작성은 상대적인 개념, 즉 그것이 실질적으로 모방되지 않고 독자적으로 창작된 것(not substantially copied, and independently created)을 요구하는 개념이다.

13) 외견상으로는 동일 내지 근사한 것이라도 개별의 경과에 의해 창작된 저작물을 객체로 하여 복제할 권리가 있는 것이므로 하나의 객체 위에 권리가 중첩하는 것은 아니다. 그러나 그 객체의 동일성 내지 근사성에 의해 그 실질적 효력에서 중첩하게 된다(齋藤, 의장, 97면).

치게 되며 별개의 독립으로 창작된 저작물에는 비록 外見上으로 동일하게 보인다 하더라도 미치지 않는데 이를 상대적 독점배타성이라고 한다. 이러한 의미에서 저작권은 외견적으로 동일 내지 근사한 것이더라도 복수로서 존재할 수 있다.

(7) 권리의 유지

디자인권은 절대적 독점배타성을 가진 권리이므로 함부로 권리를 얻어서 일반공중의 이익을 희생하는 폐해를 방지하기 위하여 권리의 존속기간 중에 소정의 등록료를 납부할 의무를 부과하고 있다(§31①). 그러나 저작권은 상대적 독점배타성을 가진 권리이고, 그 존속으로 인한 일반공중의 폐해도 크지 않으므로 권리의 유지를 위한 등록료의 납부의무를 부과하지 않는다.

3. 저작물과 디자인의 境界

저작물은 인간의 사상 또는 감정을 표현한 창작물(저§2 i)로서 소설·시 등의 어문저작물, 음악저작물, 회화·서예·도안·조각·공예·응용미술저작물 그 밖의 미술저작물 등을 말하므로(저§2,§4①) 이 중에서 특히 미술의 범위에 속하는 저작물은 디자인의 범위와 유사하다. 이하에서는 디자인보호법과 저작권법과의 사이에서 중첩적인 보호가 이루어질 수 있는 대상물을 구체적으로 살펴본다.

(1) 디자인을 기재한 도면 등

디자인등록을 받고자 하는 자는 디자인등록출원서에 디자인을 기재한 도면을 첨부하여 제출하여야 한다(§9①,②). 또한 도면에 갈음하여 디자인의 사진 또는 견본을 제출할 수 있다(§9③). 여기에서 말하는 도면 내지 사진 또는 견본은 저작권법상의 미술 내지 사진저작물로 보호될 수 있으며 또한 이것이 학술적인 성질을 가지는 것이면 도형저작물로서 저작권이 발생한다(저§4①iv,vi,viii).

(2) 應用美術

응용미술(applied arts)이라 함은 순수미술에 대립하는 개념으로서 널리 실용품에 응용된 미술을 가리키는 말로 쓰인다.[14] 구체적으로는 i) 미술공예품, 장신구 등 실용품 자체인 미적 창작물, ii) 가구의 조각 등 실용품과 결합된 미적 창작물, iii) 양산되는 실용품의 모형으로 사용하는 것을 목적으로 하는 미적 창작물, iv) 염색도안 등 실용품의 모양으로 이용되는 것을 목적으로 하는 미적

14) 베른협약 로마규정에는 응용미술을 "산업에 응용된 미술적 저작물"이라고 규정하고 있고, WIPO용어사전에서는 "수공예품이건 공업적 생산품이건 묻지 않고 실용품에 응용된 미술저작물"이라고 정의하고 있다.

창작물 등을 말하는 것으로 해석되고 있다. 응용미술의 저작물성 여부에 대해서는 학설의 대립이 있다.[15)]

종전의 대법원 판결에서는 원칙적으로 부정설을 취하되, 다만, 미적인 요소와 실용적인 요소의 분리가능성이라는 요건을 부가하여 한정적으로만 저작물성을 인정하는 입장을 취하였다(대법원 1996.2.23.선고 94도3266판결).[16)] 그러나 2000년 개정 저작권법(2000년 7월 1일 시행)에서는 응용미술저작물을 "물품에 동일한 형상으로 복제될 수 있는 미술저작물로서 그 이용된 물품과 구분되어 독자성을 인정할 수 있는 것을 말하며, 디자인 등을 포함한다"라는 규정을 신설하여(저§2 xv) 응용미술저작물이 저작권의 보호대상이 됨을 명백히 하였다. 이후에 선고된 대법원 판결에서는 이른바 '히딩크넥타이' 사건으로 불리는 넥타이 도안에 대하여 "우리 민족 전래의 태극문양 및 팔괘문양을 상하좌우 연속 반복한 넥타이 도안으로서 응용미술작품의 일종이라면 위 도안은 물품에 동일한 형상으로 복제될 수 있는 미술저작물에 해당한다고 할 것이며, 또한 그 이용된 물품(이 사건의 경우에는 넥타이)과 구분되어 독자성을 인정할 수 있는 것이라면 저작권법 제2조 제11

---

15) ⅰ) 저작권법 제4조 제1항에서는 저작물의 예시 중에 응용미술저작물을 명시하고 있으므로 법규정상으로는 응용미술작품은 디자인보호법과 저작권법에 의한 중첩적인 보호가 가능한 것으로 되어 있다. 그러나 저작권법이 응용미술작품을 저작물로 별도로 예시하고 있음에도 산업상 이용할 것을 목적으로 창작된 응용미술작품에 대하여 저작물성이 인정되는지 여부에 대하여는 해석이 나뉘어져 있었다(이에 대한 자세한 사항은 오승종 외, 저작권, 165면 이하 참조).

16) 이 판결은 응용미술의 저작물성과 관련된 최초의 대법원 판결이다.
"저작권법 제4조 제1항 제4호에 의하여 저작물의 예시로서 '응용미술작품'을 들고 있으나 저작권법에 의하여 보호되는 저작물이기 위하여는 어디까지나 문학·학술 또는 예술의 범위에 속하는 저작물이어야 하고(동법§2 ⅰ), 본래 산업상의 대량생산에의 이용을 목적으로 하여 창작되는 응용미술품 등에 대하여 디자인보호법 외에 저작권법에 의한 중첩적 보호가 일반적으로 인정되게 되면 신규성 요건이나 등록요건, 단기의 존속기간 등 디자인보호법의 여러 가지 제한규정의 취지가 몰각되고 기본적으로 디자인보호법의 보호에 익숙한 산업계에 많은 혼란이 우려되는 점 등을 고려하면, 이러한 응용미술작품에 대하여는 원칙적으로 디자인보호법에 의한 보호로써 충분하고 예외적으로 저작권법에 의한 보호가 중첩적으로 주어진다고 보는 것이 디자인보호법 및 저작권법의 입법취지라 할 것이므로 산업상의 대량생산에의 이용을 목적으로 하여 창작되는 모든 응용미술작품이 곧바로 저작물로 보호된다고 할 수는 없고, 그 중에서도 그 자체가 하나의 독립적인 예술적 특성이나 가치를 가지고 있어 위에서 말하는 예술의 범위에 속하는 창작물에 해당하여야만 저작물로서 보호된다고 할 것이다.

의2호(현행 조문 제2조 제15호)에서 정하는 응용미술저작물에 해당한다 할 것이다"라고 판시하였다(대법원 2004.7.22.선고 2003도7572판결).

따라서 실용품에 이용될 것을 목적으로 하는 응용미술저작물은 그 이용된 물품과 구분되어 독자성이 인정되는 경우에는 저작권법에 의해 보호받을 수 있고 또한 디자인보호법에 의해서도 보호받을 수 있으므로 양 법역에 의한 중첩적인 보호가 가능하다.

(3) 문자 및 어문저작물

꽃문자 또는 장식문자는 미술저작물로서 저작권법에 의해 보호되는 경우가 있다. 디자인보호법에서는 문자는 오로지 정보전달만을 위해 사용되고 있는 경우를 제외하고는 디자인을 구성하는 모양에 해당된다. 따라서 꽃문자나 장식문자는 그 장식화에 따라서 물품과 결합하여 디자인보호법상의 보호가 가능하다. 이러한 의미에서 어문저작물[17]도 오로지 정보전달만을 위해 사용하는 것이 아닌 경우에는 모양으로서 디자인보호법상의 보호가 가능하다.

(4) 상품화권

상품화권(merchandising right)이란 만화 · TV · 영화 · 동화 등에 등장하는 인물이나 동물 등의 캐릭터(character)를 상품의 모양 또는 도안으로 사용하거나 상품광고 등에 사용하여 경제적 이익을 얻는 권리를 말한다. 상품화권에 대하여는 우리나라 현행 법제상 명확한 권리로서 규정하고 있는 법률이 없으나[18] 이것을 특정물품에 표현한 경우에는 디자인보호법상의 디자인이 될 수 있고, 또한 저작권법상으로는 만화 · 동화 그 자체는 미술저작물에 해당되어 보호받을 수 있다.

4. 權利의 利用 · 抵觸

미술의 저작물과 디자인과는 일품제작을 목적으로 하고 있는가 다량생산을

---

17) 어문저작물은 크게 유형의 문서에 대한 저작물과 무형의 구술에 의한 저작물로 분류된다. 문서에 의한 저작물은 소설 · 시 · 논문 · 각본 등 문자를 매체로 하여 작성된 것 외에도 암호 · 점자 · 속기기호 · 전산기호 등에 의하여 작성된 것들로 그러한 기호들이 일반적인 언어와 치환될 수 있는 것이라면 문서에 의한 저작물이라고 말할 수 있다. 구술에 의한 저작물은 강연 외에 강의 · 설교 · 축사 · 테이블 스피치(table speech) 등 구두의 진술에 의한 저작물이다(오승종 외, 저작권, 58 · 59면).

18) 상품화권은 디자인권 · 저작권 등과 같이 독자적인 권리는 아니며 고객흡인력을 갖는 캐릭터가 영업적으로 이용되는 경우 당해 캐릭터에 대하여 권리를 갖는 자를 보호하기 위하여 안출된 개념이다.

목적으로 하고 있는가에 따라 일응 구별되고 있으나 운용의 실제에서는 그 구별이 곤란한 경우가 있다. 예를 들면 미술공예품으로서의 꽃병과 양산품으로서의 꽃병과의 사이에는 그 한계점의 구별이 곤란할 때가 있다. 그러므로 저작물과 디자인과의 사이에 권리의 이용·저촉관계가 발생하는 경우가 있으며 그 조정규정으로서 디자인보호법은 제45조 제3항이 마련되어 있다.

(1) 디자인권과 저작권이 別人에 속하는 경우

디자인권자는 등록디자인 또는 이와 유사한 디자인이 그 출원일 전에 발생한 타인의 저작권을 이용하거나 저촉되는 경우에는 그 저작권자의 허락 없이 당해 등록디자인 또는 이와 유사한 디자인을 업으로서 실시할 수 없도록 하는 방법으로 디자인권의 효력에 제한을 가하여 먼저 발생한 저작권을 보호하도록 하고 있다(§45③). 여기에서 '저작권을 이용하거나 저촉되는 경우'란 저작권자의 저작물을 복제하거나 변형하는 경우를 말하는 것으로서 당해 저작권의 侵害로 되는 경우에 한정되는 것으로 해석되고 있다. 따라서 저작물을 복제 또는 변형하는 경우가 아니고, 독창적인 디자인의 창작에 의해 디자인권이 성립된 것이라면 그 창작과 동시에 별개 독립의 저작권이 발생하고 있기 때문에 저작권을 이용하거나 저촉되는 경우라고 할 수 없다.[19] 한편, 저작권법상에는 명문의 규정이 없으나 저작권의 발생일이 등록디자인의 출원일 이후인 경우에는 저작권자는 오히려 디자인권자의 허락 없이 당해 저작물을 이용할 수 없다고 보아야 할 것이다.

(2) 디자인권과 저작권이 동일인에 속하는 경우

한편, 디자인권자와 저작권자가 동일인인 경우에는 양 권리의 공존이 인정되며, 디자인보호법 제45조 제3항의 조정을 받지 않음은 말할 나위도 없다.

Ⅱ. 부정경쟁방지 및 영업비밀보호에 관한 법률

1. 서 언

부정경쟁방지 및 영업비밀보호에 관한 법률의 전신은 부정경쟁방지법이다. 이 법

---

19) 디자인권은 절대적 독점권이고 저작권은 상대적 독점권이므로, 별개 독립으로 창작된 디자인의 경우에는 저작권의 효력이 미치지 않기 때문이다.

은 1961년 12월 30일 법률 제911호로 제정된 이후 수차례의 개정을 거쳐 현재에 이른다. 현행법은 2009년 3월 25일 법률 제9537호로 개정(2009년 3월 25일 시행)된 법이다.

부정경쟁방지 및 영업비밀보호에 관한 법률(이하 "부정경쟁방지법"이라한다) 제1조에는 "이 법은 국내에 널리 알려진 타인의 상표·상호 등을 부정하게 사용하는 등의 부정경쟁행위와 타인의 영업비밀을 침해하는 행위를 방지하여 건전한 거래질서를 유지함을 목적으로 한다"라고 규정한다. 그리고 동법 제2조 제1호에서는 "부정경쟁행위란 다음 각목의 1에 해당하는 행위를 말한다"라고 하고, 다음 각목에서는 국내에 널리 인식된 타인의 성명·상호·상표·상품의 용기, 포장 기타 타인의 상품임을 표시한 표지와 동일 또는 유사한 것을 사용하거나 이러한 것을 사용한 상품을 판매·반포 또는 수입·수출하여 타인의 상품과 혼동을 일으키게 하는 행위 등(9가지의 행위)에 대하여 부정경쟁행위로 정하고, 이와 같은 부정경쟁행위에 대하여는 禁止請求(부정§4), 손해배상청구(부정§5)나 신용의 회복조치청구(부정§6)를 할 수 있도록 규정하고 있다.

2. 부정경쟁방지법에 의한 디자인의 보호

부정경쟁방지법 제2조 제1호 각목에서 규정한 부정경쟁행위로 금지되는 행위 중에서 디자인보호와 관련되는 금지행위는 이하의 2가지가 있다.

(1) 상품주체혼동행위

상품주체혼동행위란 국내에 널리 인식된 타인의 성명·상호·상품의 용기·포장 기타 타인의 상품임을 표시한 표지와 동일 또는 유사한 것을 사용하거나 이러한 것을 사용한 상품을 판매·반포 또는 수입·수출하여 타인의 상품과 혼동을 하게 하는 행위를 말한다(부정§2 i 가목). 이른바 주지상품표지의 모용에 대한 혼동초래 행위이다. 이는 상품출처의 혼동을 통하여 이익을 도모하려는 부정경쟁행위로부터 주지상품표지의 주체를 보호함과 아울러 일반 수요자 내지 거래자를 보호하고 나아가 公正한 경업질서를 도모코자 하는 데 그 취지가 있다. 부정경쟁방지법에서 보호되는 상품표지는 주지성을 취득하여 거래계에 공시되어 있으면 충분하고 등기 또는 등록되어 있음을 요하지 않는다. 국내에서 널리 인식된 타인의 상품표지는 디자인보호법은 물론 상표법·상법 기타 법령에 따른 등록이나 등기 등의 여부에 불문하고 부정경쟁방지법의 보호를 받으므로 등록된 상품표지가 주지로 되면 디자인보호법·상표법·상법 등과 부정경쟁방지법에 의해 중복적으로 보호받을 수 있다. 상품주체혼동행위에 해당하기 위해서는 ⅰ) 국내에서 널리 인식된(주지성), ⅱ) 타인의 상품표지와(상품표지해당성), ⅲ) 동일 또는 유사한 상품표지를 사용하며(동일·유사한 상품표지의 사용), ⅳ) 혼동을 하게 하는 행위일 것을 요한다. 또한 디자인과 관련하여 상품표지 해당성이 문제되는 것으로는 ⅰ) 용기나 포장, ⅱ) 상품의 형태가 있다.

(2) 상품형태모방행위

상품형태모방행위는 2004년 법개정으로 신설된 규정이다. 상품형태모방행위란 타인이 제작한 상품의 형태(형상·모양·색채·광택 또는 이들을 결합한 것을 말하며 시제품 또는 상품소개서상의 형태를 포함한다)를 모방한 상품을 양도·대여 또는 이를 위한 전시를 하거나 수입·수출하는 행위를 말한다(부정§2 ⅰ 자목). 다만, ⅰ) 상품의 시제품제작 등 상품의 형태가 갖추어진 날부터 3년이 경과한 상품의 형태를 모방한 상품을 양도·대여 또는 이를 위한 전시를 하거나 수입·수출하는 행위, ⅱ) 타인이 제작한 동종의 상품(동종의 상품이 없는 경우에는 그 상품과 그 기능 및 효용이 동일 또는 유사한 상품을 말한다)이 통상적으로 갖는 형태를 모방한 상품을 양도·대여 또는 이를 위한 전시를 하거나 수입·수출하는 행위를 제외한다(부정§2 ⅰ 자목 단서). 최근 상품 라이프사이클의 단축화, 유통기구의 발달, 복사·복제기술의 발전을 배경으로 하여 타인이 시장에서 상품화하기 위해 자금과 노력을 투자한 성과에 대한 모방이 용이하게 이루어지고 있다. 이를 방치할 경우 모방자는 상품화를 위한 비용이나 위험이 대폭 줄 수 있지만, 선행자의 시장선행의 이점이 현저하게 감소해서 모방자와 선행자간에 현저한 不公正이 발생하고 개성적인 상품개발이라든가 시장개척의 의욕이 저해되기 때문에 공정한 경쟁질서가 붕괴될 수 있다. 따라서 타인의 상품을 고의로 모방하여 자신의 상품으로서 시장에 제공하여 그 타인과 경쟁하는 행위에 대해서도 부정경쟁행위로 규제할 필요가 있다. 그래서 2004년 법개정에서 상품의 형태를 모방한 상품을 판매하는 등의 행위에 대해서도 부정경쟁행위의 유형으로 추가하여 상품의 형태보호를 강화하였다. 물론 종전의 부정경쟁방지법에 의해서도 상품형태의 보호는 가능하였으나 상표의 형태가 상품표지에 해당하여야 하고, 주지성을 획득할 필요가 있어야 한다는 점에서 한계가 있었다. 따라서 이 규정의 신설은 주지성이 인정되지 않는 상품의 형태에 대해서도 보호가능하게 된 것에 커다란 의의가 있다. 상품형태모방행위에 해당하기 위해서는 ⅰ) 타인이 제작한 상품의 형태(형상·모양·색채·광택 또는 이들의 결합을 말하며 시제품, 상품소개서상의 형태를 포함한다)를, ⅱ) 모방한 상품을, ⅲ) 양도·대여 또는 이를 위한 전시를 하거나 수입 또는 수출하는 행위임을 요한다. 다만, iv) 상품의 제작 등 상품의 형태가 갖추어진 날부터 3년 이내에 한하여, v) 타인이 제작한 상품과 동종의 상품(동종의 상품이 없는 경우에는 그 상품과 기능 및 효용이 동일 또는 유사한 상품)이 통상적으로 갖는 형태의 것을 제외한다. 또 본 규정에 의한 소극적인 보호기간은 상품의 시제품 제작 등 상품의 형태가 갖추어진 날부터 3년이 경과되지 아니한 상품형태의 모방이다. 3년의 기간으로 한 것은 선행자의 투자회수기간을 고려한 것이다. 3년 이상 보호받기 위해서는 디자인보호법에 의한 디자인등록이 필요하다.

이상의 부정경쟁방지법(제2조 제1호 가·자목)의 개략에 관하여 디자인보호법과의 비교를 정리하면 <표 2-1>과 같다.

〈표 2-1〉 디자인보호법과 부정경쟁방지법(제2조 제1호 가·자목)의 비교

구 분		디자인보호법	부정경쟁방지법	
			상품주체혼동행위 (§2 i 가목)	상품형태모방행위 (§2 i 자목)
등록여부		○	×	×
보호요건	신규성	○	×	×
	창작비용이성	○	×	×
	주지성	×	○	×
	모방	×	×	○
보호기간		등록일부터 15년	제한 없음	시제품제작 등 상품의 형태가 갖추어진 날부터 3년

○ - 요구, × - 불요구

Ⅲ. 독점규제 및 공정거래에 관한 법률

독점규제 및 공정거래에 관한 법률은 1980년 12월 31일 법률 제3320호로 제정되었으며 1990년 1월 13일 법률 제4198호로 전문개정되고, 이후 수 차례의 개정을 거쳐 현재에 이른다. 이 법은 자유경제체제하에서 사업자의 시장지배적 지위의 남용과 과도한 경제력의 집중을 방지하고 부당한 공동행위 및 불공정거래행위를 규제하여 공정하고 자유로운 경쟁을 촉진함으로써 창의적인 기업활동을 조장하고 소비자를 보호함과 아울러 국민경제의 균형 있는 발전을 도모함을 목적으로 한다(독점§1). 이 법 제59조(무체재산권의 행사행위)에서는 '이 법의 규정은

저작권법, 특허법, 실용신안법, 디자인보호법 또는 상표법에 의한 권리의 행사라고 인정되는 행위에 대하여는 적용하지 아니한다'는 適用排除 규정을 두고 있어 디자인에 대하여 소극적인 면에서 보호하고 있다고 해석된다.

Ⅳ. 대외무역법

對外貿易法은 1980년 12월 31일 법률 제3985호로 제정되었으며 1996년 12월 30일 법률 제5211호로 전문개정되고, 이후 여러 차례의 개정을 거쳐 오늘에 이른다. 이 법은 대외무역을 진흥하고 공정한 거래질서를 확립하여 국제수지의 균형과 통상의 확대를 도모함으로써 국민경제의 발전에 이바지함을 목적으로 하며(대외§1), 산업자원부장관은 무역의 진흥을 위하여 필요하다고 인정할 때에는 대통령령이 정하는 바에 의하여 물품의 수출·수입을 지속적으로 증대시키기 위한 조치를 할 수 있다(대외§4). 동법 제39조에서 무역거래자의 불공정한 수출입 행위를 금지하도록 하고 있는데 이를 위반한 무역거래자에게는 시정조치를 명하거나 3천만원 이하의 과징금을 부과할 수 있다(대외§39⑤).

불공정한 수출입행위란 ⅰ) 국내의 법령 또는 상대국의 법령에 의하여 보호되는 특허권·실용신안권·디자인권·상표권·저작권·저작인접권·프로그램저작권 및 반도체집적회로의 배치설계권·지리적 표시 및 영업비밀을 침해하는 물품을 수출·수입하는 행위, ⅱ) 원산지를 허위로 표시한 물품 또는 원산지의 표시를 손상하거나 변경한 물품을 수출·수입하는 행위, ⅲ) 기타 수출입질서를 저해할 우려가 있는 행위로서 대통령령이 정하는 행위이다(대외§39①). 디자인과의 관계에서 디자인권을 침해하는 물품을 수출·수입하는 행위를 불공정한 행위로서 규제하고 있으므로 디자인을 소극적으로 보호받을 수 있다.

Ⅴ. 산업디자인진흥법

산업디자인진흥법은 종전의 산업디자인·포장진흥법의 명칭이 바뀐 것이다. 현재의 산업디자인진흥법은 1977년 12월 31일 법률 제3070호로 제정된 산업디자인·포장진흥법을 모체로 하여 1996년 12월 30일 전문개정 형식으로 개정되고, 그 후 1999년 2월 5일 및 2005년 5월 26일에 개정되었다.

이 법은 산업디자인의 연구 및 개발을 촉진하고 산업디자인의 진흥을 위한 사업을 지원함으로써 산업의 경쟁력 강화에 이바지함을 목적으로 한다(산업§1). 이 법 제2조에서 '산업디자인'이라 함은 제품 등의 미적·기능적·경제적 가치를 최적화함으로써 생산자 및 소비자의 물질적·심리적 욕구를 충족시키기 위한 창작 및 개선행위를 말하며, 이에는 제품디자인·포장디자인·환경디자인·시각디자인 등을 포함한다고 하고 있다.

이 법은 그 목적규정에서 명백한 바와 같이 산업디자인의 연구·개발의 촉진 및 산업디자인의 진흥을 위해 제정된 법이라는 점에서 디자인보호법의 목적과도 일치되고 있다. 국가 또는 시·도는 산업디자인의 개발을 촉진하고 모방을 방지하기 위하여 산업디자인의 보호에 노력하여야 하며(산업§10), 산업디자인의 개발촉진 및 진흥을 위한 사업을 효율적이고 체계적으로 추진하기 위해 한국산업디자인진흥원을 설립하며(산업§11①) 한국산업디자인진흥원에서는 ⅰ) 개발지원사업, ⅱ) 전시사업, ⅲ) 출판 및 홍보산업, ⅳ) 정보화산업, ⅴ) 교육·연수사업, ⅵ) 지방의 산업디자인 진흥을 위한 사업 등을 행한다(산업§11④). 또한 산업자원부장관은 우수한 산업디자인의 개발을 촉진하기 위하여 디자인이 우수한 상품(이하 "우수산업디자인상품"이라 한다)을 선정하는 등 필요한 조치를 취할 수 있도록 규정되어 있다(산업§6①).

우수산업디자인 상품으로 선정되기 위하여는 우수산업디자인 상품의 선정신청을 하여야 하고 선정을 신청한 날의 2년 전부터 국내에서 판매되기 시작한 상품으로 한다. 다만, ⅰ) 산업디자인과 관련하여 법적 분쟁이 있는 상품, ⅱ) 다른 상품을 모방한 것으로 인정되는 상품, ⅲ) 공공질서 또는 미풍양속을 해한다고 인정되는 상품, ⅳ) 기타 산업자원부장관이 정하는 상품은 제외한다(산업령§10).

우수산업디자인 상품의 선정기준에 관하여는 ⅰ) 외관을 구성하는 형상·모양 및 색채 등의 요소가 판매를 촉진할 수 있도록 종합적으로 아름답게 구성되고 독창성이 있을 것, ⅱ) 사용목적에 적합한 기능을 갖추고 사용이 편리하며 유지관리가 쉬울 것, ⅲ) 적합한 재료를 유효하게 사용하고 있을 것, ⅳ) 산업적 생산에 적합하고 경제성이 있을 것이 요구되고 있다(산업령§11). 우수산업디자인 상품으로 선정된 상품에 대하여는 우수산업디자인표지를 붙여 판매할 수 있고, 그리고 시상을 받을 수도 있다.

3
chapter

디자인登錄을 받을 수 있는 者

제 1 절 創作者의 권리

Ⅰ. 디자인등록을 받을 수 있는 권리

1. 서 언

디자인등록을 받을 수 있는 권리는 디자인을 창작한 자가 원시적으로 취득한다(§3①). 디자인을 창작한 자에는 단독으로 디자인을 창작한 자뿐 아니라 공동으로 창작한 자도 포함된다. 2인 이상이 공동으로 디자인을 창작한 때에는 디자인등록을 받을 수 있는 권리는 공유로 한다(§3②). 또한 디자인등록을 받을 수 있는 권리는 이전이 가능하므로 그 권리의 承繼人도 디자인등록을 받을 수 있다.

한편, 디자인등록을 받을 수 있는 권리가 경합하는 경우 先出願 原則에 따라 권리가 부여되며, 종업원 등의 디자인의 창작으로 사용자 등이 디자인등록을 받을 수 있는 권리를 취득하는 경우도 있다.

2. 디자인등록을 받을 수 있는 권리의 법적 성질

디자인등록을 받을 수 있는 권리란 무엇인가. 그 성질에 대하여는 디자인보호법상 어떤 규정도 없다. 학설에 있어서는 특허를 받을 수 있는 권리가 디자인등록을 받을 수 있는 권리로 바꾸어 설명되고 있다. 여기에는 크게 공권설, 사권설, 중간설로 나누어져 있다.

(1) 公 權 說

디자인등록을 받을 수 있는 권리는 디자인의 창작자가 이 권리에 의거하여 국가에 대하여 디자인권을 부여하는 것을 청구하는 공법상의 권리로 파악하는 설이다. 이 설은 디자인등록을 받을 수 있는 권리는 국가에 대한 청구권으로서의 성격을 가지고 있으므로 사권설에서 말하는 소위 창작자권은 법률상의 근거가 없다고 하여 부정된다.

(2) 私 權 說

디자인등록을 받을 수 있는 권리는 디자인의 창작에 의한 일정한 이익상태에 관하여 존재하는 권리이므로 創作者權이라고 하는 사권이며 그 이전·행사·포기는 권리의 실현을 위한 행위로 보는 설이다. 이 설은 자연법상의 권리인 사권적 성질인 창작자권이 발생하고, 이 창작자권의 존재를 국가에 대하여 확인·청구하는 권리로 파악되고 있다. 다만, 이 권리는 디자인의 창작의 완성에 의해 원시적으로 취득하고 그 디자인을 지배하는 실체적인 권리이나 디자인권의 설정등록 이전에는 국가에 의한 확인이 없고 공시가 없는 것이므로 冒認 이외에 제3자가 침해해도 訴權이 없으므로 이런 의미에서 불완전한 창작자권(또는 창작권)이라고 한다.

(3) 中間說(兩性說, 結合說)

디자인등록을 받을 수 있는 권리는 국가에 대하여 디자인권의 부여를 청구하는 공권적 성질과 디자인의 창작에 의한 창작자권이라는 사권적 성질을 모두 지닌 것으로 해석하는 입장으로서 비교적 통설적인 지위에 있다.[1)]

그러나 이상의 어떤 설도 디자인등록을 받을 수 있는 권리가 양도성이 있는 권리인 점에서는 차이가 없으며 디자인의 창작이라는 사실행위에 발생원인이 있다는 데에는 이론이 없다.

---

1) 齋藤, 의장, 112·113면에는 私權說 내지 中間說이 적합하나, 그 중에서도 중간설이 가장 적합하다고 하는 이유를 상술하고 있다. 황종환, 「의장법」, 한빛지적소유권센터, 1997(이하 본서에서의 인용은 "황종환, 의장"이라고 줄여서 쓴다), 162면; 천효남, 「특허법」, 법경사, 1997(이하 본서에서의 인용은 "천효남, 특허"라고 줄여서 쓴다), 218면; 이종일, 「특허법」, 한빛지적소유권센터, 1999(이하 본서에서의 인용은 "이종일, 특허"라고 줄여서 쓴다), 98면도 각각 중간설의 입장을 지지하고 있다.

3. 디자인등록을 받을 수 있는 권리의 발생

(1) 권리의 발생

디자인등록을 받을 수 있는 권리는 디자인의 창작의 완성에 의하여 발생한다. 즉, 어떤 특정한 물품에 관한 형태(형상・모양・색채 또는 이들의 결합)가 본체로부터 분리되어 외부에 나타났을 때 디자인의 창작이 완성되고 디자인등록을 받을 수 있는 권리가 발생한다.[2)] 이 권리는 사실행위인 디자인의 창작에 의해 발생하는 권리이므로 창작에 의해 원시적으로 그 디자인의 창작자에게 취득되고 귀속된다.

그러나 2인 이상이 동일 또는 유사한 디자인에 대하여 디자인의 창작을 완성하여 경합하는 경우에는 누구에게 디자인등록을 받을 수 있는 권리가 취득되고 귀속되는지 문제가 된다. 이에 대하여는 디자인의 창작을 완성하였을 때를 디자인보호의 요건으로 하는 先創作主義를 채용하는 외국의 입법례(미국 등)도 있으나 디자인의 창작을 완성한 시점, 그 내용의 확정 등에 대하여 입증의 곤란성이 있으므로 우리나라 디자인보호법은 最先의 출원인에게 디자인등록을 허여하는 先出願主義를 채용하고 있다(§16①).

(2) 디자인창작의 내용

1) 디자인등록을 받을 수 있는 디자인의 창작 전술한 바와 같이 디자인등록을 받을 수 있는 권리는 디자인의 창작의 완성에 의해 발생하는 것이지만, 디자인보호법에 의한 디자인의 보호를 받고자 할 때에는 디자인보호법의 제규

---

2) 이와 다른 각도에서 보는 견해 등이 있다.

i) 齋藤, 의장, 114면은 디자인등록을 받을 수 있는 권리의 발생요건에 관하여 "발명에 있어서의 특허를 받을 수 있는 것과는 다르게 해석할 필요가 있는 것처럼 생각된다. 즉, 특허를 받을 수 있는 권리의 발생요건에 대하여 통설은 법정의 특허요건을 충족시키는 발명의 완성에 의하여 특허를 받을 수 있는 권리가 발생하는 것으로(특허요건이 결여되었다고 해서 거절당했을 때는 소급적으로 권리를 잃는 등) 해석되는 것 같지만, 디자인법에 있어서는 이와 동일하게 해석할 수 없다. 디자인법에 있어서는 유사디자인의 등록을 받을 수 있는 권리는 자기의 등록디자인과의 관계에 그친다고는 하지만, 新規性의 요건이 결여된 디자인에 대해서도 등록을 받을 수 있는 권리의 발생을 예정하고 있다"고 기술한다.

ii) 천효남, 특허, 220・221면과 이종일, 특허, 99면은 특허를 받을 수 있는 권리의 발생에 관하여 주관설과 객관설로 나누고, 발명을 완성한 그 상태에서 이 권리가 발생한다고 하는 객관설의 입장을 지지한다.

iii) 황종환, 의장, 163면에서는 디자인창작의 완성시기에 관해서 주관설과 객관설을 기술하고, 창작의 완성시기는 창작이 객관적인 형태로 표현된 때를 표준으로 삼는 것이 타당하다고 설명한다.

정이 결부되므로 디자인보호법상의 법정요건을 구비한 디자인의 창작이 완성되었을 때 비로소 디자인등록을 받을 수가 있다. 따라서 디자인보호법상의 디자인을 구성하는 것이라 하더라도 아직 구체성을 결하거나 통상의 지식을 가진 자가 그 디자인에 기초한 物品을 실시할 수 있도록 표현되어 있지 않은 경우 등은 디자인등록을 받을 수 없다. 디자인등록을 받을 수 있는 디자인이어야 하는 법정요건에 대하여는 제3장 내지 제9장에서 자세히 설명한다.

2) 發明·考案을 포함한 디자인의 창작　　특허법은 발명에 대하여, 실용신안법은 고안에 대하여, 디자인보호법은 디자인에 대하여 정의를 설정하여 발명·고안·디자인을 각 법으로 보호하고 있다. 그런데 물품을 대상으로 하는 創作物은 발명·고안 또는 디자인적 내용을 포함하는 경우가 있다. 따라서 발명의 완성에 따라 特許를 받을 수 있는 권리가 발생하지만, 이 발명 중에 디자인적 내용이 포함되어 있다면 디자인등록을 받을 수 있는 권리를 내포한다.

반대로 디자인의 創作의 완성에 따라서 디자인등록을 받을 수 있는 권리가 발생하나 이 디자인 중에 발명 또는 고안의 내용이 포함되어 있다면 당연히 특허 또는 실용신안등록을 받을 수 있는 권리를 내포하게 된다. 이 경우 디자인의 창작자는 그 창작물에 대하여 어느 법에 의해 보호받아야 할 것인지의 판단은 자유로운 결정에 속하게 되며 각 법에 의한 중복보호도 가능하다.

3) 2 이상의 디자인을 포함한 디자인의 創作　　2 이상의 디자인이 일체적으로 創作된 것일 때에는 디자인보호법상 다음 2가지의 경우가 있다.

㈎ 한 벌 物品의 디자인의 창작　　디자인보호법 제12조 및 디자인보호법 시행규칙 제9조 제2항에서 규정한 한 벌 물품의 디자인은 디자인보호법의 구성요건 기타의 법정요건을 구비한 것인 때에는 그 한 벌 물품 전체를 1디자인으로서 디자인등록을 받을 수 있는 권리가 발생함과 동시에 한 벌 물품을 구성하는 1디자인마다 디자인등록을 받을 수 있는 권리가 발생한다.

㈏ 한 벌 物品의 디자인 이외의 디자인의 창작　　이 경우에는 원칙적으로 2 이상의 物品을 구성하는 디자인의 전체에 대하여 디자인등록을 받을 수 있는 권리가 발생하지 않고, 각 개개의 물품에 대하여 디자인등록을 받을 수 있는 권리가 발생한다.

4) 類似디자인의 創作　　디자인보호법은 제7조에서 "디자인권자 또는 디자인등록출원인은 자기의 등록디자인 또는 디자인등록출원한 디자인에만 유

사한 디자인에 대하여는 유사디자인만으로 디자인등록을 받을 수 있다"고 규정하여, 유사디자인의 창작에 대하여는 유사디자인의 디자인등록을 받을 수 있는 권리를 인정하고 있다. 유사디자인등록을 받을 수 있는 권리의 발생에 대하여는 ⅰ) 기본디자인의 창작에 의하여 발생한다는 설과 ⅱ) 유사디자인의 창작에 의하여 발생한다는 설로 나누어지고 있으나 특허청의 실무는 ⅱ)설을 기초로 하고 있다(자세한 것은 본편 제7장 제2절 유사디자인제도에서 설명하기로 한다). 따라서 유사디자인의 등록에 있어서는 그 創作의 主體를 문제로 하지 않는다.

4. 디자인등록을 받을 수 있는 권리의 移轉

디자인등록을 받을 수 있는 권리는 財産權으로서 私權的 측면을 가지므로 디자인등록출원 전은 물론 디자인등록출원 후에 있어서도 移轉이 가능하다(§23의4①). 다만, 기본디자인등록을 받을 수 있는 권리와 유사디자인등록을 받을 수 있는 권리는 함께 이전하도록 되어 있다(§23의4①단). 그러나 이 권리는 등록하여 줄 것을 국가에 청구하는 출원에 의해 행사된다고 하는 그 권리의 성격에 의해 그 행위가 對抗力을 갖기 위해서는 일정한 제약을 받는다. 이하 권리의 제약에 관해서 출원 전, 출원 후로 나누어 설명한다.

(1) 디자인등록출원 전의 이전

디자인등록을 받을 수 있는 권리는 디자인등록출원 전에도 이전이 인정되지만 客觀的인 公示方法이 없으므로 그 承繼人이 디자인등록출원하지 않으면 제3자에게 대항할 수 없다(§24①). 조문상 일반승계와 특정승계를 구별하지 않고 있으므로 양자를 포함하는 것으로 해석된다. 또한 동일인으로부터 승계한 동일한 디자인등록을 받을 수 있는 권리에 대하여 같은 날에 2 이상의 디자인등록출원이 있을 때에는 출원인의 協議에 의하여 정한 자 이외의 자의 승계는 그 효력이 발생하지 않는다고 규정되어 있다(§24②). 이 경우 특허청장은 출원인에게 기간을 정하여 협의할 것을 명하여야 하며, 그 기간 내에 申告가 없는 때에는 협의는 성립되지 아니한 것으로 본다고 되어 있다(§16⑤).

(2) 디자인등록출원 후의 이전

디자인등록을 받을 수 있는 권리는 디자인등록출원 후에 있어서는 相續 기타 一般承繼의 경우를 제외하고는 디자인등록출원인변경신고를 하지 않으면 그 효력이 발생하지 않는다(§24④). 즉, 특정승계는 디자인등록출원인변경신고가 權利移轉의 효력발생요건이다. 이것은 디자인권의 이전과 마찬가지로 권리의 귀속관계를 명확히 하기 위한 것이다. 디자인등록을 받을 수 있는 권리의 상속 기타 일반승계가 있는 경우에는 승계인은 지체 없이 그 취지를 특허청장에게 신고하여야 한다(§24⑤). 그러나 이 신고는 대항요건도, 효력발생요건도 아니므로 신고가 없어도 이전의 효력에는 영향이 없다.

디자인등록출원 전 또는 디자인등록출원 후에 디자인등록을 받을 수 있는 권리가 2인 이상에게 이전되고 이들이 같은 날에 디자인등록출원을 하거나 디자인등록출원인변경신고가 있는 때에는 관계자의 協議에 의하여 정한 자만이 효력이 발생하고 협의가 성립하지 않거나 협의를 할 수 없는 때에는 모두 그 효력이 발생하지 않게 된다(§24②,⑥).

5. 디자인등록을 받을 수 있는 권리의 制限

(1) 擔保權의 制限

디자인등록을 받을 수 있는 권리는 質權[3]의 目的으로 할 수 없다(§23의4②). 이 권리는 창작된 디자인을 지배한다는 내용에 있어 재산적 가치가 있으므로 민법상의 규정에 의해서는 당연히 질권의 목적으로 할 수 있으나(민법 제331조는 '양도할 수 없는 물건'을 목적으로 하지 못한다라고만 규정되어 있다) 이 권리의 성격에 의해 디자인보호법에서는 특별규정을 둔 것이다.

디자인보호법이 디자인등록을 받을 수 있는 權利의 移轉을 인정하면서 擔保權을 제한하는 이유에 대하여는 다음과 같은 說이 있다.

1) 제3자保護說　디자인등록을 받을 수 있는 권리는 재산적 가치가 있는 것이기는 하나 그 실질적인 가치는 行政處分을 거친 후에 발생하는 디자인권을 전제로 하므로 디자인권의 발생 전 재산적 가치가 불확정한 상태에서 담보의 목적물로 제공하면 善意의 제3자에게 불측의 손해를 입힐 염려가 있기 때문이라는 설이다.

2) 創作者保護說　디자인등록을 받을 수 있는 권리는 디자인권에 비해 저렴한 것이 보통이므로 이를 擔保로 하는 경우 資本家에게 탈취당할 우려가 있기 때문이라는 說이다.

3) 權利性質說　디자인등록을 받을 수 있는 권리 자체의 성질에 의해

---

3) 質權이란 채무가 변제되기 전까지 목적물의 占有를 이전하고 변제가 없을 때에는 그 목적물에 의해 우선변제를 받을 것을 目的으로 하는 擔保物權을 말한다(민§329).

강제집행을 허용하는 경우 권리가 公知(채무불이행으로 경매되는 등)되어 新規性을 상실하게 되므로 담보의 대상이 될 수 없다는 설이다.

4) 公示方法缺如說　　디자인등록을 받을 수 있는 권리의 담보는 公示方法이 없으므로 去來의 安全을 도모할 수 없다는 설이다.

이상의 어느 說도 일면 타당성이 있는 반면 이론적 모순이 지적[4]되고 있으므로 결국 위 견해 모두를 종합적으로 고려하여 담보권의 제한이유로 보아야 할 것이다.

(2) 共有에 의한 制限

디자인등록을 받을 수 있는 권리가 공유인 경우에는 각 共有者가 다른 공유자의 同意를 얻지 않으면 그 持分을 譲渡할 수 없다(§23의4③). 所有權 일반의 공동소유 형태를 의미하는 공유에 있어서는 각 共有者가 그 持分을 자유로이 處分할 수 있는 데(민§263) 비해 디자인보호법이 이와 같이 주체의 변동에 대해 일정한 제한을 둔 것은 디자인등록을 받을 수 있는 권리의 共有關係에 있어서는 일반의 공유와는 달리 공유자 상호간에 밀접한 신뢰관계가 있고 또한 다른 共有者와 경쟁관계에 있는 제3자에게 지분이 양도되는 경우 다른 공유자는 현저한 불이익을 입게 되므로 이러한 法的 紛爭을 방지하기 위한 것이다. 그러나 이러한 제한은 상속 기타 일반승계의 경우에는 해당하지 않는다. 따라서 상속 기타 일반승계에 있어서는 타 공유자의 동의는 불필요하다.

6. 디자인등록을 받을 수 있는 권리의 消滅

登錄請求權으로서의 디자인등록을 받을 수 있는 권리는 디자인등록여부결정의 確定에 의하여 소멸한다. 또한 상속인의 부존재, 권리능력의 상실, 포기, 신규성의 상실 등에 의하여도 소멸한다.

(1) 디자인등록여부결정의 確定

디자인등록여부결정은 디자인등록거절결정과 디자인등록결정이 있다. 디자인등록출원에 대하여 디자인등록거절결정 또는 디자인등록거절결정에 대한 심판에서 거절할 것이라는 취지의 審決이 確定되면 디자인등록을 받을 수 있는

4) '제3자 保護說'은 民法 제149조의 조건부권리의 처분 등을 허용하는 취지와 모순되며, '創作者 保護說'은 양도담보가 허용되고 있는 점을 설명하기 어려우며, '權利性質說'은 디자인등록출원 전의 경우에는 타당할 수 있으나 디자인등록출원 후에 있어서는 질권설정을 금지하는 이유가 명확하게 설명되지 않는다는 것 등이다.

권리는 소멸한다. 그러나 디자인등록거절결정이 확정되어도 디자인의 創作에 의해 원시적으로 취득되는 創作者權까지 소멸되는 것은 아니다. 반면에 디자인등록결정되어 디자인권의 설정등록이 이루어진 경우에는 이 권리는 디자인권으로 흡수되어 발전적으로 소멸하게 된다.

(2) 相續人의 不存在

디자인등록을 받을 수 있는 권리는 相續에 의해 移轉될 수 있으나 相續人이 없을 경우에는 소멸한다. 디자인보호법에는 이 경우에 대한 명문의 규정이 없으나 법 제59조를 유추적용할 수 있다.

(3) 權利能力의 喪失

디자인등록출원인이 권리능력을 상실한 때에는 디자인등록을 받을 수 있는 권리는 당연히 소멸하게 된다.

(4) 拋　棄

디자인등록을 받을 수 있는 권리는 財産權的인 성질이 강하므로 포기할 수 있는 것으로 해석된다. 따라서 포기는 이 權利의 소멸원인이 된다.[5] 디자인등록을 받을 수 있는 권리의 포기방법으로는 出願 전에는 權利의 不行使로 하며, 출원 후에는 포기서를 제출하여야 한다.

(5) 新規性의 喪失

디자인의 창작이 완성되어 디자인등록요건을 구비한 경우에는 디자인등록을 받을 수 있는 권리가 발생하지만 그 디자인의 디자인등록출원 전에 국내외에서 공지·공용되거나 반포된 간행물에 게재된 디자인과 동일 또는 유사한 경우에는 新規性이 상실되어 이 권리는 소멸한다.

Ⅱ. 디자인등록증에 기재될 권리

디자인의 創作者는 앞에서 설명한 디자인등록을 받을 수 있는 권리를 가지는 외에 디자인登錄證에 창작자로서 표시 기재될 권리가 있다. 우리나라가 가맹

---

5) 출원 후에 포기가 있으면 출원의 계속은 없어지나 출원한 사실은 남게 된다. 또 포기는 디자인등록을 받을 수 있는 權利를 포기할 의사를 표시하는 절차이므로 同一디자인에 대하여 재출원을 할 수 없다. 한편 출원서류의 반려, 출원의 取下에 의해서는 디자인등록을 받을 수 있는 권리는 소멸하지 않는다. 따라서 이 경우는 재출원이 인정된다.

하고 있는 산업재산권의 보호에 관한 파리 協約 제4조의3에 "發明者는 特許證에 발명자로서 명시될 권리를 갖는다"는 규정을 두고 있다. 파리協約 동맹국에서 자기의 발명에 대해 특허에 發明者로서 명시될 것을 요구하는 소위 발명자의 '人格權'(moral right)에 관한 이 규정은 1934년 런던 개정회의에서 協約에 도입되었으며 디자인에도 그대로 적용된다. 우리나라 디자인보호법은 출원시에 디자인등록출원서의 기재사항 중의 하나로서 창작자의 성명 및 주소를 기재하도록 하고 있고(§9① v), 디자인보호법 시행규칙 제21조에서 규정한 디자인등록증의 각 서식에는 디자인을 창작한 자의 성명 등을 기재하도록 하고 있다. 특히 디자인 登錄證에 기재될 이 권리는 이 법에 의해 보장받는 유일한 人格的 利益에 관한 것이다.

Ⅲ. 職務디자인

1. 서 언

종업원이 한 디자인의 창작은 사용자의 업무와의 관계, 종업원의 직무와의 관계 등에 따라 분류하게 되면 자유디자인, 업무디자인, 직무디자인[6]으로 나눌 수 있다. 自由디자인이란 사용자의 업무 및 종업원의 직무와는 무관한 디자인의 창작을 말하며, 業務디자인이란 사용자의 업무와는 관계 있지만 종업원의 직무와는 무관한 디자인의 창작을 말한다. 그러면 여기에서 주로 설명하고자 하는 職務디자인이란 무엇인가. 이에 대하여 발명진흥법에서 정의한 바에 따르면, 직무디자인이란 종업원 등이 그 직무에 관하여 디자인을 창작한 것이 그 성질상 사용자 등의 業務範圍에 속하고, 그 디자인의 창작을 하게 된 행위가 종업원 등의 현재 또는 과거의 직무에 속하는 디자인의 창작을 말한다고 되어 있다(발명§2 i).

오늘날 企業은 사업을 실시하기 위한 자본에 여러 가지 設備와 전문인력을 組織化하고 생산·판매 등의 활동을 한다. 기업에서 디자이너 등의 종업원이

6) 齋藤, 의장, 121면에서는 '디자인' 그 자체에는 '發明'에서처럼 創作이라는 행위에 관한 개념이 도입되어 있지 않은 점을 들어 창작의 개념을 더하여 '職務創作디자인'이라고 한다. 그러나 대개는 종업원 등이 직무와 관련하여 창작한 디자인에 대하여 특허법에서의 '職務發明'처럼 '職務디자인'이라고 부르고 있다(윤종렴, 의장, 137면; 황종환, 의장, 179면).

창작한 디자인에 대하여 기업과의 관계에서 이것을 어떻게 보호하는가는 한 기업의 이해문제로서뿐만 아니라 국가의 産業政策상의 문제로서도 중요하다. 따라서 산업정책상 적당하다고 인정되는 기준을 마련하고, 이것을 일정한 제도로서 법제화하는 것이 필요하다. 이와 같은 견지에서 직무상 창작된 디자인에 대하여 사용자 등과 종업원 등이 수행한 역할, 공헌 등을 비교 고려하여 산업발전이라는 공익적 관점에서 양자의 利害를 조화시키려고 규정한 것이 職務디자인의 규정이며, 직무디자인에 관하여는 발명진흥법(2007년 4월 11일 공포, 법률 제8357호 전문개정)에 상세히 규정되어 있다.

2. 직무디자인의 要件

직무디자인의 요건에 대하여 법상 정의하고 있는 바에 따라 다음의 세 가지로 나누어 설명한다.

(1) 使用者 등의 業務範圍에 속하는 디자인

직무디자인이기 위하여는 첫째로 종업원 등이 創作한 디자인이 사용자 등의 업무범위에 속하는 디자인임을 요건으로 한다. 여기서 사용자 등이라 함은 다른 사람을 고용하는 자로서 自然人인 사용자 이외에 기업 등의 法人 또는 국가나 지방자치단체를 말하며, 業務範圍란 그 사업주체가 그 목적에 따라 실시하는 사업으로서 기업 등 法人에 있어서는 定款에 정하여진 목적의 범위를 말한다. 정관에 구체적으로 열거한 사업 이외에 그 사업에 부대하거나 또는 사업수행상 필요한 업무까지도 포함한다.[7] 국가나 지방자치단체의 업무범위는 국가 또는 지방자치단체 公務員이 소속하는 기관의 업무범위에 한하는 것이다.

(2) 디자인의 創作을 하게 된 행위가 從業員 등의 職務範圍에 속하는 디자인

직무디자인이기 위한 두 번째의 요건은 그 디자인의 창작을 하게 된 행위가 종업원 등의 직무범위에 속하는 디자인이어야 한다.

여기에서 '디자인의 창작을 하게 된 행위'란 디자인의 창작을 하는 것이 직무인 경우는 물론이고, 널리 디자인의 창작을 완성하기까지의 행위를 말한다. 따라서 디자인의 창작을 의도하였는가의 여부는 관계없이 직무수행의 결과 생긴 디자인의 창작은 職務디자인이다. 또 종업원 등이란 종업원 이외에 法人의

---

7) 大法院 判例(1974.11.26.선고 74다310 판결)에서는 "정관에서 정한 목적의 범위 내라 함은 이를 광의로 해석하며 정관에 열거된 목적과 그 외에 法人의 목적을 달성함에 필요한 범위를 지칭하는 것으로 해석함이 타당하다"라고 판시하고 있다.

任員 또는 국가나 지방자치단체 公務員을 말한다. 촉탁이나 임시고용자도 종업원에 해당되며 상근·비상근을 불문한다. 그리고 職務란 사용자 등의 업무목적을 달성하기 위하여 종업원 등이 담당하는 사무 기타 업무목적을 수행하는 행위를 말하며, 디자인에 있어서는 企業에서의 디자이너의 디자인 행위가 여기에 해당한다. 따라서 계약에 의한 디자인, 즉 일반 직업디자이너 또는 디자인사무소와 생산기업 등과의 사이에 체결되는 디자인계약에 의한 디자인의 경우에는 이에 해당하지 않는다.

(3) 現在 또는 過去의 職務

職務디자인이기 위한 세 번째의 요건은 그 創作에 이른 행위가 현재 또는 과거의 직무에 속하는 것이어야 한다. 과거에 대해서도 직무에 속하는 것은 직무디자인이라 하지만, 이 과거의 직무란 현재는 管理者로 되어 있지만 과거에는 디자인을 직무로 하고 있었던 경우를 말하며, 현재 그 신분이나 관계를 상실한 자, 퇴직자 등에 대하여 그 과거의 직무에 대하여까지 말하는 것은 아니다. 즉, 과거에 종업원이었던 자가 그 지위를 떠난 뒤에 창작한 디자인에 대하여까지 미치는 것은 아니다. 그러나 과거 근무시에 디자인의 創作을 완성하고 퇴직 후에 그 디자인에 대하여 출원한 경우는 어떤가. 이것은 종업원의 지위가 디자인의 창작완성시에 존재한 것이므로 직무디자인으로 보아야 할 것이다.

3. 직무디자인의 취급

(1) 使用者 등의 權利 및 의무

1) 사용자 등의 권리　　디자인의 창작자인 종업원 등은 원시적으로 디자인등록을 받을 수 있는 권리를 취득하지만, 사용자 등에게는 다음과 같은 권리가 주어진다.

㈎ 통상실시권(법정실시권)　　직무디자인에 대하여 종업원 등이 디자인등록을 받았거나 디자인등록을 받을 수 있는 권리를 承繼한 자가 디자인등록을 받았을 때에는 사용자 등은 그 디자인권에 대하여 通常實施權을 가진다(발명§10①). 이 실시권은 법률의 규정에 의하여 당연히 발생하는 것으로 무상으로 자유로이 실시할 수 있는 권리이다. 또한 이 實施權은 등록을 하지 않아도 그 디자인권 또는 전용실시권을 후에 취득한 자에 대하여도 그 효력이 발생한다(§52의2①,②).

㈏ 豫約承繼에 의한 디자인권 및 전용실시권　　발명진흥법 제8조 제3항에서는 "직무발명을 제외한 종업원 등의 발명에 대하여 미리 사용자 등에게

특허 등을 받을 수 있는 권리 또는 특허권을 승계시키거나 사용자 등을 위하여 전용실시권을 설정하도록 하는 계약이나 근무규정의 조항은 이를 무효로 한다" 라고 하여 이른바 예약승계에 대하여 규정하고 있다. 이것은 직무발명(직무디자인) 이외의 것에 대한 규정은 무효로 할 것을 규정한 것이나, 반대로는 직무디자인에 대해서는 자유임을 전제로 예약승계가 인정됨을 밝힌 것에 지나지 아니한다. 따라서 사용자 등은 디자인등록을 받을 수 있는 권리 또는 디자인권을 승계시키거나 사용자 등을 위하여 전용실시권을 설정하는 취지의 계약이나 근무규정을 두어 디자인권의 승계 또는 전용실시권을 취득할 수 있다.

㈐ 同 意 權　　종업원 등이 직무디자인의 디자인권자인 경우 당해 디자인권을 포기하고자 할 때에는 사용자 등의 동의를 얻어야 한다(§54①). 직무디자인에 관한 디자인권의 존속여부는 사용자 등의 등록디자인의 실시에 직·간접적인 영향을 미치는 등 이해관계가 있으므로 사용자 등의 동의를 받도록 한 것이다.

2) 사용자 등의 의무

㈎ 직무디자인의 승계여부 통지의무　　종업원 등으로부터 직무디자인의 완성사실의 통지를 받은 사용자 등(국가 또는 지방자치단체는 제외)은 대통령령으로 정하는 기간 이내에 그 디자인에 대한 권리를 승계할 것인지 여부를 종업원 등에게 문서로 통지하여야 한다(발명§13①). 이것은 사용자 등에게 그 승계여부에 관한 통지의무를 부과하여 직무디자인에 대한 권리의 귀속관계를 조속히 확정시키기 위한 것이다. 여기서 대통령령이 정하는 기간은 직무디자인의 완성사실의 통지를 받은 날부터 4월 이내이다(발명시령§5).

사용자 등이 위 기간 이내에 직무디자인에 대한 권리의 승계의사를 통지한 때에는 그때부터 그 디자인에 관한 권리는 사용자 등에게 승계된 것으로 간주되고(발명§13②), 사용자 등이 불승계의사를 통지한 때에는 그 디자인에 대한 권리는 종업원 등에게 귀속되고 사용자 등은 무상의 통상실시권을 가진다. 그러나 사용자 등이 상기 기간 이내에 승계여부를 통지하지 아니한 경우에는 사용자 등은 그 디자인에 대한 권리의 승계를 포기한 것으로 간주되고, 이 경우 사용자 등은 종업원 등의 동의 없이는 통상실시권을 가질 수 없고, 그 디자인은 자유디자인으로 간주된다(발명§13③).

또한 직무디자인에 대한 예약승계의 규정이 없는 경우에는 사용자 등은 종업원 등의 의사에 반하여 그 직무디자인에 대한 권리의 승계를 주장할 수 없다

(발명§13①단). 따라서 예약승계의 규정이 없는 경우의 종업원 등의 직무디자인의 완성사실의 통지는 단순한 통지에 불과하며 사용자 등에게 그 직무디자인에 대한 권리를 승계할 것인지의 여부를 묻는 통지가 아니다. 따라서 사용자 등은 통지받은 직무디자인에 대한 승계여부의 결정권이 없고 종업원 등이 그 디자인을 자신이나 제3자의 명의로 출원하여 디자인권을 취득한 경우 사용자 등은 단지 무상의 통상실시권을 가질 뿐이다.

㈏ 정당한 보상의무 사용자 등은 직무디자인에 대한 디자인등록을 받을 수 있는 권리 또는 디자인권을 승계하거나 전용실시권을 설정한 경우에는 종업원 등에게 정당한 보상을 해야 할 의무가 있다(발명§15). 보상[8]에 대하여는 계약 또는 근무규정에서 정하고 있는 경우에 그에 따른 보상이 다음 각호의 사항을 고려하여 합리적이라고 인정되는 때에는 이를 정당한 보상으로 간주한다(발명§15②).

ⅰ) 보상형태 및 보상액을 결정하기 위한 기준을 정함에 있어서 사용자 등과 종업원 등 사이에 행하여진 협의의 상황

ⅱ) 책정된 보상기준의 공표·게시 등 종업원 등에 대한 보상기준의 제시상황

ⅲ) 보상형태 및 보상액의 결정시 종업원 등으로부터의 의견청취의 상황

그러나 보상에 대하여 계약 또는 근무규정에서 정하고 있지 않거나 정당한 보상으로 볼 수 없는 경우 그 보상액을 결정함에 있어서는 그 디자인에 의하여 사용자 등이 얻을 이익과 그 디자인의 완성에 사용자 등 및 종업원 등이 공헌한 정도를 고려하여야 한다(발명§15③).

또한 사용자 등이 직무디자인에 대한 권리를 승계한 후 출원하지 않거나 출원을 포기 또는 취하하는 경우에는 발명진흥법 제13조의 규정에 따라 정당한 보상을 하여야 한다. 이 경우 그 디자인에 대한 보상액을 결정함에 있어서는

---

8) 직무디자인에 대한 보상종류는 ⅰ) 디자인권이 설정등록된 때 지급되는 등록보상(등록디자인의 실시여부와는 관계없이 지급되므로 그 액은 일정한 것이 보통이다), ⅱ) 등록보상과는 달리 등록디자인이 실시되어 이익이 생긴 경우에 지급되는 실적보상(대표적인 예로서는 국가공무원에 대한 디자인 등의 보상방식이 있다), ⅲ) 직무디자인을 서류에 의해 제안한 경우에 지급되는 제안보상, ⅳ) 출원되는 경우에 지급되는 출원보상 등이 있고, 보상금액의 결정방식으로는 ⅰ) 디자인의 가치여부에 불구하고 일정액을 지급하는 정액법, ⅱ) 디자인의 창작·효과·노력 등을 평가하여 지급액을 결정하는 채점법, ⅲ) 이익에 따라 일정비율의 액을 지급하는 슬라이드법 등이 있다(吉藤, 특허, 278면 이하).

그 디자인이 산업재산권으로 보호되었더라면 종업원 등이 받을 수 있었던 경제적 이익을 고려해야 한다(발명§16).

(2) 從業員 등의 權利 및 義務

1) 종업원 등의 권리

(가) 디자인登錄을 받을 수 있는 權利　　디자인등록을 받을 수 있는 권리는 원시적으로 디자인의 창작자인 종업원 등에게 귀속된다. 그러나 이 권리는 사용자 등과의 예약승계 등의 約定이 있는 경우에는 사용자 등에게 이전된다.

(나) 보상을 받을 권리　　종업원 등은 職務디자인에 대하여 디자인등록을 받을 수 있는 권리 또는 직무디자인에 대한 디자인권을 契約 또는 勤務規程에 의하여 사용자 등으로 하여금 承繼하게 하거나 전용실시권을 설정한 경우에는 정당한 補償을 받을 권리를 가진다(발명§15①).

2) 종업원 등의 의무

(가) 직무디자인의 완성사실 통지의무　　종업원 등이 직무디자인을 완성한 경우에는 지체 없이 그 사실을 사용자 등에게 통지하여야 한다. 2인 이상의 종업원 등이 공동으로 직무디자인을 완성한 경우에는 공동으로 통지하여야 한다(발명§12). 발명진흥법은 직무디자인에 대하여 미리 사용자 등에게 디자인등록을 받을 수 있는 권리 또는 디자인권을 승계시키거나 사용자 등을 위하여 전용실시권을 설정하도록 하는 계약이나 근무규정의 유무에 관계없이 종업원 등에게 직무디자인 완성사실의 통지의무를 부여함으로써 사용자 등의 권리확보의 용이화와 기술(디자인) 유출방지를 위한 관리비용의 경감화를 도모하고 있다. 그러나 이 의무위반에 대한 제재규정은 없으므로 의무위반의 경우 당사자간의 고용계약에 따라 민사적으로 해결해야 할 것이다.

(나) 비밀유지 의무　　종업원 등은 사용자 등이 직무디자인을 출원할 때까지 그 디자인에 관한 비밀을 유지하여야 한다. 다만, 사용자 등이 승계하지 않기로 확정한 때에는 그러하지 아니하다(발명§19). 종업원 등이 이를 위반하여 부정한 이익을 얻거나 사용자 등에게 손해를 가할 목적으로 직무디자인의 내용을 공개한 자에 대하여는 3년 이하의 징역 또는 3천만원 이하의 벌금에 처해진다(발명§58①). 또한 본죄는 사용자 등의 고소를 필요로 하는 친고죄로 되어 있다(발명§58②).

(3) 公務員의 직무디자인

공무원의 직무디자인에 대한 권리는 국가 또는 지방자치단체가 승계하며 국가 또는 지방자치단체가 승계한 공무원의 직무디자인에 대한 디자인권은 국유 또는 공유로 한다(발명§10②). 다만, 고등교육법 제3조의 규정에 의한 국·공립학교 교직원의 직무디자인에 대한 권리는 기술이전촉진법 제9조 제1항 후단의 규정에 의한 전담조직이 승계하며 전담조직이 승계한 국·공립학교 교직원의 직무디자인에 대한 디자인권은 그 전담조직의 소유로 한다(발명§10②단). 국유로 된 디자인권의 처분 및 관리는 국유재산법 제6조의 규정에 불구하고 특허청장이 이를 관장하며 그 처분 및 관리에 관한 사항은 대통령령으로 정한다(발명§10④). 또한 공무원의 직무디자인에 대하여 국가 또는 지방자치단체가 그 권리를 승계한 경우에는 정당한 보상을 하여야 하며 이 경우 보상금의 지급에 관한 필요한 사항은 대통령령 또는 조례로 정한다(발명§15④).

4. 직무디자인과 관련된 사항

(1) 직무디자인 이외의 디자인창작에 대한 豫約承繼의 無效

종업원 등이 사용자 등의 업무범위에 속하는 디자인의 창작이기는 하지만 종업원 등의 직무범위에 속하지 않는 디자인의 창작을 한 경우(業務디자인이라 한다) 또는 종업원 등이 사용자 등의 업무범위에 속하지 않는 디자인의 창작을 한 경우(自由디자인이라 한다)에는 계약자유의 원칙에 의하여 처리되어야 한다. 이러한 의미에서 발명진흥법은 직무디자인을 제외한 종업원 등의 디자인의 창작에 대하여 미리 사용자 등에게 디자인등록을 받을 수 있는 권리 또는 디자인권을 繼承시키거나 사용자 등을 위하여 전용실시권을 설정하도록 한 계약이나 勤務規程의 조항은 이를 무효로 한다라고 하여 종업원이기 때문에 받아야 하는 사용자 등으로부터의 구속을 금하고 있다(발명§10③).

(2) 共同職務디자인의 承繼

사용자 등은 종업원 등의 職務디자인이 제3자와 공동으로 행하여진 경우 계약이나 근무규정에 의하여 그 디자인에 대한 권리를 承繼한 때에는 그 디자인에 대하여 종업원 등이 가지는 권리의 持分을 갖는다(발명§14). 따라서 이 경우 직무디자인의 實施 또는 處分에 관하여는 공유관계의 일반원칙이 그대로 적용된다.

(3) 직무디자인에 관한 분쟁조정

직무디자인과 관련하여 분쟁이 발생한 경우 사용자 등 또는 종업원 등은 발명진흥법 제41조에 따른 산업재산권분쟁조정위원회에 조정을 신청할 수 있다

(발명§18). 조정은 당사지간에 합의된 사항을 조서에 기재함으로써 성립되고, 조서는 재판상 화해와 동일한 효력이 있다(발명§46①,②).

제 2 절 디자인登錄을 받을 수 있는 者

Ⅰ. 서 설

디자인등록을 받을 수 있는 者란 디자인등록을 받을 수 있는 권리를 가진 자를 말하며 구체적으로는 디자인을 創作한 者 또는 그 承繼人이다. 디자인보호법은 "디자인의 保護 및 利用을 도모함으로써 디자인의 창작을 장려하여 産業發展에 이바지함을 목적으로 한다"라고 하고 있다(§1). 또한 이 법의 목적을 달성하기 위한 수단으로서 디자인등록을 받을 수 있는 권리를 인정하고 있다(§3①). 이 권리는 디자인을 창작함으로써 생기는 것으로서 국가에 대하여 디자인등록을 청구하는 권리이므로 公權임과 동시에 請求權이고 또한 財産權의 일종이므로 이전할 수 있다.

따라서 디자인등록을 받을 수 있는 권리의 주체로 될 수 있는 자는 먼저 우리나라의 법률상 權利能力을 가진 자이고, 다음은 디자인을 창작함으로써 디자인등록을 받을 수 있는 권리를 인정하고 보호하는 것이므로 디자인등록을 받을 수 있는 자는 이 권리를 가진 자이어야 한다. 또한 디자인권은 독점권인 이상 동일 또는 유사한 디자인에 대하여 중복등록은 허용할 수 없기 때문에 선출원자일 것이 요구된다.

Ⅱ. 디자인등록을 받을 수 있는 자의 요건

1. 權利能力을 가진 者

권리능력이란 法律상의 권리·의무를 享有할 수 있는 資格 또는 地位를 말한다.[9)] 디자인보호법상 권리능력에 관하여는 별도의 규정을 두고 있지 아니하므로 민법상의 규정에 따를 것으로 해석되고 있다. 민법상 모든 자연인과 법인은 평등한 權利能力(권리능력평등의 원칙)을 가진다. 외국 체류자는 우리나라 국적을 가지는 한 권리능력을 가진다.

(1) 自 然 人

민법 제3조는 "사람은 生存하는 동안 權利와 義務의 主體가 된다"라고 규정하고 있으므로 우리나라의 국적을 가지는 自然人은 출생한 때부터 사망할 때까지 권리능력을 가진다.

(2) 法 人

우리나라의 법률에 의하여 법인격을 인정받은 법인은 權利能力을 가진다(민§34). 이 권리능력의 범위는 정관으로 정한 목적의 범위 안에서 제한을 받는다. 著作權法에서는 法人이 아닌 社團 또는 財團[10]으로서 대표자 또는 관리인이 정하여져 있는 경우에는 법인과 동일하게 취급되어 권리능력을 인정하지만 디자인보호법에서는 이와 같은 團體는 審判의 청구 또는 再審의 청구 등을 할 수 있는 절차능력에 한정되며(§4의2) 디자인등록출원하여 권리를 향유하는 것은 인정하지 않는다.

(3) 外 國 人

外國人이라 함은 대한민국의 국적을 가지지 아니한 자로서 外國의 국적을 가진 자 이외에 무국적자를 포함한다. 외국인은 法令 또는 條約에 제한이 없는 한 權利能力을 가지는 것이 일반적이다. 그러나 디자인보호법은 산업상의 이유에서 외국인에 대하여는 다음의 경우에 한하여 권리능력을 인정하고 있다(§24의24).

i) 國內에 주소 또는 영업소를 가지는 경우

ii) 국내에 주소 또는 영업소를 가지지 않는 경우에는 그 자가 속하는 국가에서 대한민국 국민에 대하여 그 국민과 동일한 조건으로 權利能力을 인정

9) 디자인등록을 받을 수 있는 자에 권리능력이 요구되는 것은 그것이 디자인등록을 받을 수 있는 권리의 주체가 되기 위한 전제조건이기 때문이다.

10) 法人이 아닌 社團이라 함은 사단의 실질을 갖추고 있으나 法人登記를 하지 아니하여 권리능력을 가지지 않는 단체(예를 들면 宗中과 교회 및 洞·里 등이 있다)를 말하며, 法人이 아닌 財團이라 함은 재단법인의 실질, 즉 目的財産이 존재하되 아직 登記를 하지 아니하여 法人格을 취득하지 못한 재단(예컨대 유치원, 한정승인을 한 상속재산, 상속인이 없는 상속재산, 기타 특별법에 의한 특수재단 등이다)을 말한다(이영준, 「민법총칙」, 박영사, 1997, 841면 이하).

하는 경우(相對國의 平等主義)

iii) 대한민국이 그 외국인에 대하여 권리능력을 인정하는 경우에는 그 자가 속하는 국가에서 대한민국 국민에 대하여 그 국민과 동일한 조건으로 權利能力을 인정하는 경우(相對國의 相互主義)

iv) 條約 및 이에 준하는 것에 의하여 권리능력을 인정하는 경우. 이에는 파리협약 및 WTO/TRIPs협정이 있으며 또 우리나라와 개별조약을 체결하고 있는 국가(미국, 일본 등)도 있다. 파리협약은 동맹국 국민에 대한 내국민 대우에 관한 규정과(PC§2) 동맹국에 속하지 않는 나라의 국민이라도 어느 동맹국의 영역 내에 住所 또는 진정한 工業상 또는 商業상의 영업소를 가진 자는 동맹국의 국민과 같이 취급되는 준동맹국민에 관한 규정을 두고 있다(PC§3). 또 파리협약에 가입하고 있지 않더라도 WTO에 가입한 국가의 국민에 대하여는 파리협약에 의한 내국민 대우를 받는다.[11)]

2. 디자인登錄을 받을 수 있는 權利를 가진 者

(1) 創 作 者

디자인등록을 받을 수 있는 권리는 디자인의 創作의 완성에 의하여 발생하며 이 권리의 원시적 취득자는 自然人인 창작자이다. 디자인의 창작행위는 법률행위가 아니고 인간의 두뇌의 創造的 活動인 사실행위이므로 자연인만이 창작자가 되고 또한 민법상의 法律行爲能力을 갖는 것을 필요로 하는 것은 아니기 때문에 법률행위능력이 없는 未成年者 등도 창작자가 될 수 있다.

(2) 共同創作者

법은 디자인의 創作이 複數人에 의해 공동으로 된 경우에는 共有者 전원이 창작자이므로 디자인등록을 받을 수 있는 권리는 공동창작자 전원에게 있다고 하며(§3②), 2인 이상이 공동으로 디자인을 창작한 때에는 共有者 전원이 共同으로 디자인등록출원하도록 한다(§10). 이것은 공동창작에 의한 경우에 디자인등록을 받을 수 있는 권리가 각자에게 발생하는 것이 아니라 共同으로 하나의 권리가 발생하는 것으로 관념하는 데 기인한다. 이에 반하여 공유자 중의 일부의 자만이 출원하였을 때에는 거절이유가 된다(§26①). 공동창작자인지의 여부는 디

---

11) WTO/TRIPs 협정 제1조 제3항: 회원국은 다른 회원국의 국민에 대하여 이 협정에 규정된 대우를 제공한다(이하 생략).

자인의 창작으로서 실질적인 협동공유관계의 유무에 따라 결정되고 단순한 관리자, 보조자, 후원자 또는 위탁자 등은 공동창작자가 아니다.

(3) 承繼人

디자인등록을 받을 수 있는 권리는 財産權이므로 자유롭게 移轉할 수 있다(§23의4①). 따라서 상기의 創作者 이외의 法律상 권리능력이 있는 자(自然人이나 法人)이면 모두 承繼人으로서 디자인등록을 받을 수 있는 권리의 주체가 될 수 있다.[12) 승계는 계약 이외에 상속 기타 일반승계에 의해서도 이루어진다. 디자인등록을 받을 수 있는 권리가 공유에 관한 것일 때에는 각 共有者는 타 공유자의 同意를 얻지 않으면 그 持分을 讓渡할 수 없다(§23의4③). 공유자의 변경에 의해 타 공유자의 지분의 가치가 변동될 수 있기 때문이다. 그리고 이 승계는 디자인등록출원 전 또는 출원 후 모두 가능하고, 출원 전의 승계는 承繼人이 디자인등록출원하지 않으면 제3자에게 대항할 수 없다(§24①). 디자인등록출원 후에 있어서는 상속 기타 일반승계의 경우를 제외하고는 디자인등록출원인변경신고를 하지 않으면 그 效力이 발생하지 않는 것은 이미 앞에서 설명(본장 제1절Ⅰ. 4. 디자인등록을 받을 수 있는 권리의 이전 참조)한 바와 같다.

(4) 직무디자인에 대하여 디자인등록을 받을 수 있는 자

職務디자인이란 종업원 등이 그 직무에 관하여 디자인을 창작한 것이 그 성질상 사용자 등의 業務範圍에 속하고 그 디자인의 창작을 하게 된 행위가 종업원 등의 현재 또는 과거의 직무에 속하는 디자인을 말한다(발명§2ⅱ). 직무디자인은 사용자 및 종업원이 수행하는 각각의 역할・공헌도 등을 공평하게 비교형량하여 産業의 발전이라는 공익적 입장에서 양자의 이해의 조화를 도모하려고 한 것이다. 디자인등록을 받을 수 있는 권리의 원시적 취득자는 종업원 등이지만 職務디자인에 대해서는 豫約承繼가 인정되고 있으므로 사용자 등은 당해 권리의 취득자로 될 수 있다(발명§15①). (직무디자인에 관한 상세한 설명은 제1절 Ⅲ. 직무디자인 참조.)

3. 先出願者

우리나라는 先出願主義를 채용하고 있으므로 동일 또는 유사한 디자인에 대

12) 美國 特許法은 창작자출원주의를 채용하고 있다. 따라서 특별한 사정(§118, §119)이 없는 한 출원 전의 양도는 인정되지 않는다. 따라서 창작자 本人이 일단 출원을 한 후에 출원 중에 있는 디자인등록(특허)을 받을 수 있는 권리를 양도받는 形式을 취하여야 한다.

하여 다른 날에 2 이상의 디자인등록출원이 있는 때에는 最先의 출원인만이 디자인등록을 받을 수 있다(§16①). 선출원의 판단은 출원일을 기준으로 한다. 시각증명의 곤란함과 동일 또는 유사한 디자인에 대해 동일출원이 희박하기 때문이다. 동일 또는 유사한 디자인에 대하여 같은 날에 2 이상의 디자인등록출원이 있는 때에는 출원인의 協議에 의하여 정하여진 하나의 출원인만이 디자인등록을 받을 수 있다. 또한 디자인보호법은 디자인권의 獨占權을 담보하기 위하여 重複登錄排除의 원칙이 채용되어 있다(상세한 것은 제6장 제2절 先出願主義 참조).

Ⅲ. 디자인등록을 받을 수 없는 자

1. 特許廳 및 特許審判院 職員

特許廳 및 特許審判院 직원은 相續 및 遺贈의 경우를 제외하고는 재직 중 디자인등록을 받을 수 없도록 제한하고 있다(§3①단). 이들은 직무상 타인의 출원을 冒認할 가능성이 있을 뿐만 아니라 審査官으로서의 직무를 수행하고 있는 직원은 자기가 출원을 하여 디자인등록을 허여할 가능성도 있으므로 이러한 폐해를 방지하기 위한 취지이다. 그러나 이 규정은 헌법상의 기본권과 관련하여 전혀 문제가 없다고 할 수 없을 것이다.

2. 無權利者

(1) 意　　義

무권리자란 디자인의 창작자가 아닌 자로서 디자인등록을 받을 수 있는 권리의 承繼人이 아닌 者를 말한다. 무권리자는 디자인등록을 받을 수 있는 권리를 가지고 있지 않은 자이므로 디자인등록을 받을 수 없다(§14,§15). 따라서 그 출원은 등록이 거절되고(§26①iii) 잘못 등록된 경우에는 그 등록은 무효심판청구에 의하여 무효가 된다(§68①ii).

(2) 正當權利者의 保護

디자인보호법은 無權利者의 출원 후에 된 정당권리자의 출원을 보호하기 위한 특별규정(§14,§15,§16④)을 두고 있다.

즉, 법 제14조는 무권리자의 출원이 출원 중에 있을 때 그 후에 한 정당권리자의 출원을 보호하는 규정이고, 법 제15조는 무권리자의 출원이 디자인등록된 경우 그 후에 한 정당권리자의 출원을 보호하는 규정이다. 또 법 제16조 제4항에서는 무권리자가 한 출원은 先出願의 地位를 가지지 않는다고 규정되어 있다.

1) 無權利者의 출원과 정당한 권리자의 보호 무권리자가 한 출원으로 인하여 디자인등록을 받지 못하게 된 경우에는 그 무권리자의 출원 이후에 한 정당한 권리자의 출원은 그 출원일이 무권리자의 출원일로 소급된다. 그러나 절차의 신속을 기하기 위하여 출원일을 소급해 줄 수 있는 기간을 제한하고 있다. 즉, 무권리자가 디자인등록을 받지 못하게 된 날부터 30일을 경과한 후에 출원을 한 경우에는 무권리자의 출원일로 소급되지 않는다(§14).

2) 無權利者의 디자인登錄과 정당한 權利者의 보호 무권리자의 출원이 디자인등록된 때에는 그 디자인등록에 대한 取消決定 또는 無效로 한다는 심결이 확정된 경우, 그 출원 후에 한 정당한 권리자의 출원은 취소 또는 무효로 된 그 등록디자인의 출원일로 소급된다. 그러나 이 경우에도 절차의 신속을 기하기 위하여 제한을 두고 있다. 즉, 취소결정 또는 심결이 확정된 날부터 30일을 경과한 후에 한 출원은 무권리자의 출원일로 소급받지 못한다(§15).

제2편 디자인登錄制度

4
chapter

디자인의 成立要件

제1절 서 설

디자인보호법은 디자인이 등록되기 위한 客體的 要件에 관하여 제5조에서 규정하고 있다. 즉, 제5조 제1항에서 "工業상 이용할 수 있는 디자인으로서 다음 각호의 1에 해당하는 것을 제외하고는 그 디자인에 대하여 디자인등록을 받을 수 있다"고 규정하여 등록받을 수 없는 것으로 제외하는 디자인을 각호에 열거해 놓고 있다. 이 규정은 등록의 대상이 되는 디자인이 본질적으로 구비하고 있지 않으면 안 되는 요건으로서 '工業상 이용할 수 있는 디자인일 것', '新規性을 가진 디자인일 것'의 두 가지 요건을 들고 있으나 제1의적 요건인 "工業상 이용할 수 있는 디자인 …"은 그 전제로서 디자인의 성립성, 즉 디자인의 성립요건으로서의 구비를 조건으로 하고 있다고 생각해야 할 것이다. 일반적으로 디자인이란 영어의 design의 번역어로서 광의로 사용되고 있지만, 디자인보호법에서는 디자인의 개념을 한정적으로 定義하고 있다. 즉 디자인보호법상의 디자인이라 함은 "물품[물품의 부분(제12조를 제외한다) 및 글자체를 포함한다. 이하 같다]의 形狀·模樣·色彩 또는 이들을 결합한 것으로서 視覺을 통하여 美感을 일으키게 하는 것을 말한다"고 규정하고 있다.[1)]

---

1) 우리나라 디자인보호법에서는 보호대상을 '디자인'이라고 규정하고 있으나 그 보호대상으로 하는 것에 대한 용어는 국가마다 다르게 규정한다. 프랑스는 'dessins et modèles'(디자인 및 모형)이라 하고 독일은 'gewerbliches Muster order Modell'(산업상의 도안 및 모형)이라 하며, 영국·미국·베네룩스 3국·노르딕 제국 등은 'design'(디자인)이라 한다. 일본은 '意

이 규정은 디자인보호법의 해석 및 운용에 관하여 기본적인 개념이 되는 '디자인'에 관하여 정의한 것이다. 2004년 법개정에서는 물품(물품의 부분 포함) 이외에 글자체를 디자인의 구성요소로서 새롭게 첨가함으로써 이제까지의 물품에 관한 디자인(물품 또는 물품의 부분의 형상・모양・색채 또는 이들의 결합) 이외에 글자체(글자체의 형상・모양・색채 또는 이들의 결합)에 대하여도 디자인등록의 대상이 되는 디자인으로 성립하게 되었다.

상기의 디자인의 정의규정에 대하여 이해를 용이하게 하기 위해 나누어 보면,

첫째, 물품과 불가분이며 물품을 떠나서는 존재하지 않는다(物品性). 둘째, 形狀・模樣・色彩 또는 이들을 결합한 것, 즉 구체적인 형태를 가지는 것이어야 한다(形態性). 셋째, 시각을 통하는 것일 것, 즉 시각 이외의 감각으로 感知할 수 있는 것은 디자인이 아니고 肉眼으로 인식할 수 있는 것이어야 한다(視覺性). 넷째, 美感을 일으키게 하는 것, 즉 美的인 處理가 되어 있는 것이어야 하는 것이다(審美性).

이상의 네 가지의 요건을 모두 구비함으로써 비로소 이 法에서 말하는 디자인이 성립하며, 이것이 디자인보호법의 객체가 될 수 있는 디자인이다. 또한 2004년 법개정에서 글자체를 물품으로 의제하여 디자인보호법의 보호대상이 되도록 하였기 때문에 글자체에 대해서도 상기의 형태성, 시각성 및 심미성의 요건을 구비하면 글자체디자인으로 성립한다.

제2절 물 품 성

Ⅰ. 서 설

디자인보호법에서 物品性이라 함은 디자인의 본질적인 성립요소의 하나이고, 물품이란 독립성이 있는 구체적인 유체동산을 말한다.

디자인보호법 제2조에서는 디자인이라 함은 "物品(물품의 부분 및 글자체를 포함

匠', 중국・대만은 '外觀設計', 북한은 '工業圖案'이라고 한다.

한다)의 形狀・模樣・色彩 또는 이들을 結合한 것으로서 視覺을 통하여 美感을 일으키게 하는 것을 말한다"라고 규정하여 물품성을 디자인의 본질적인 성립요소의 하나로 하고 있다.

이와 같이 디자인은 물품과 불가분이며 물품을 떠나서는 존재하지 않는다는 것이 특허법의 발명과 다른 가장 중요한 점이다.

일반적으로 디자인이라 함은 물품에 표현되지 아니한 디자인까지도 포함하지만, 디자인보호법상의 디자인은 반드시 물품에 표현된 것을 말한다. 이것은 디자인보호법의 목적이 物品의 需要增大를 통하여 산업발전에 이바지하는 데 있으므로 이 법의 원활한 목적을 달성하기 위하여서이다. 또한 이와 관련하여 工業상 利用可能性을 디자인의 등록요건으로 하고 있다(§5①본).

Ⅱ. 디자인과 物品

1. 디자인과 물품의 不可分性

디자인은 物品과 불가분의 관계에 있으므로 물품에 표현 또는 化體되지 아니한 추상적인 모티브(motif)[2]만으로는 디자인의 대상이 되지 못하고, 물품에 구체적으로 표현 또는 화체되어야 비로소 디자인의 대상이 된다. 産業界의 일반적인 디자인 활동 중에는 단지 형상이나 모양만을 창작하여 특정한 물품에 부가하는 경우가 있으나 이것만으로는 디자인보호법상의 디자인의 창작이라 할 수 없고 특정한 물품의 어떤 부분에 어떻게 부가하는가 하는 구체적인 데까지 디자인되어야 비로소 디자인보호법상의 디자인을 창작한 것이 된다.

이상과 같이 디자인을 물품과 불가분의 관계에 있는 것으로 해석한다면, 이것을 바꾸어 말하면 '물품이 다르면 디자인은 별개의 것'이라고 말할 수 있다.

---

2) 모티브(motif)란 어원적으로는 행동을 일으키게 하는 원동력, 동기이다. 음악에 있어서는 선율구성의 최소단위를 말하며 조형예술에 있어서는 표현의 동기가 되는 테마(主題) 또는 부분적 요소를 가리키며, 특히 장식미술에서는 반복해서 나타내는 기본단위를 말한다(박대순, 「디자인용어사전」, 미진사, 1986, 76・77면). 여기서는 주로 조형예술에서 사용하는 의미와 같다.

2. 물품의 특정성

보통 物品이라는 의미는 추상적·관념적인 물품을 지칭하는 경우와 視覺을 통하여 인식되는 일정한 형상을 지닌 구체적 물품을 지칭하는 경우가 있다.[3] 디자인보호법 제2조의 물품은 시각을 통하여 구체적으로 인식되는 一定한 形狀을 지니는 구체적인 물품을 의미하며 이러한 디자인보호법상의 물품의 특성을 물품의 特定性이라고 한다. 디자인보호법은 디자인등록출원서에 '디자인의 대상이 되는 물품'의 기재 항목을 두어 디자인등록을 받고자 하는 디자인이 첨부도면에 나타난 디자인과 같은 물품으로 구체적으로 특정되는 것을 명백히 하고 있다(§9①, ②). 한편 디자인보호법 시행규칙 제9조 제1항 「별표4」에 게기된 물품은 用途 및 기능이 동일하다는 의미로써 모아진 물품명으로서 추상적·관념적인 물품에 불과하다.

Ⅲ. 디자인권의 대상이 되는 물품

디자인은 상기한 바와 같이 이것을 化體시키고자 하는 物品과 不可分의 관계에 있어야 하며 추상적인 모티브만으로는 디자인의 대상이 되지 못하고 물품에 구체적으로 표현 또는 화체되어야 비로소 디자인권의 대상이 되는 것으로 한다.

이 경우 디자인이 화체되는 물품은 어떤 범위의 물품을 말하는 것일까.

법률상 物은 有體物과 無體物로 나누어지고, 유체물은 다시 동산과 부동산으로 나누어진다. 물품이라는 용어는 상법, 실용신안법 등 다른 법률에서도 사용하고 있으나 모두 같은 범위를 가리키는 것으로 해석되지 않는다.[4] 디자인보

---

3) 예를 들면 재떨이라고 하면 ⅰ) 담뱃재를 떠는 그릇이라고 하듯이 아직은 一定한 형상을 形成하기에 이르지 못한 모호한 觀念的인 재떨이와 ⅱ) 특정한 형상, 재질 등을 구체적으로 생각하게 하는 재떨이가 있다. 그러나 디자인보호법 제2조에서 말하는 물품은 ⅱ)의 의미를 가리킨다.

4) 상법, 민법 등에서는 '물건'이라는 용어를 사용한다. 민법상 물건(sachem)이라 함은 유체물 및 전기 기타 관리할 수 있는 自然力을 말한다고 정의한다(민§98). 실용신안법상의 物品은 기술적 사상이 구현된 것으로서 그에 구현된 기술적 사상을 보호함이 목적이므로 物品의 수요증대를 통한 産業發展이 목적인 디자인보호법상의 물품과 본질적인 차이가 있다. 따라서 실용신안법상의 물품은 一定한 形態性을 갖는 物로서 유체성·동산성 등을 요구하지 않고 산업상 이용 가능한 物이면 족하며 따라서 물품의 일부는 물론 다리, 입체교차로,

호법은 물품에 관한 정의규정을 두고 있지 않기 때문에 법의 목적, 사회통념, 등록요건 등으로부터 合目的的으로 해석할 필요가 있다. 이러한 이유에서 디자인보호법상의 물품이라 함은 독립성이 있는 구체적인 유체동산을 말하는 것이라고 해석한다. 따라서 법상의 물품이기 위해서는 ⅰ) 독립성이 있을 것(독립성), ⅱ) 유체물일 것(유체성), ⅲ) 동산일 것(동산성)이 필요하다.

1. 獨 立 性

(1) 완성품과 부품

디자인보호호상의 물품은 물리적인 性狀에 있어서 한 개의 독립된 존재이며 독립된 교환가치가 요구되기 때문에 經濟的으로 한 개의 물품으로 독립하여 거래의 대상이 되는 것이어야 한다.[5] 完成品은 통상의 상태에서 독립된 교환가치를 가지고 독립거래의 대상이 되므로 독립성을 가진다. 그러나 양말의 뒷굽모양, 병주둥이 등과 같이 그 물품을 파괴하지 않으면 분리되지 않는 것은 그것만으로는 통상의 거래상태에서 독립된 물품으로 거래되는 것은 아니기 때문에 물품으로 인정되지 않는다. 合成物에 있어서 그 구성각편은 특정한 형상을 가지고 있으나 그것만으로는 물품의 본래 기능을 수행하지 못하고 또 독립된 물품으로서 거래되는 것도 아니기 때문에 물품으로 인정되지 않는다.

그러나 물품의 부분과는 달리 부품(부분품)은 전체를 구성하는 일부이지만, 그것만을 떼어낼 수 있고 게다가 그것만으로 독립된 교환가치를 갖는 것이므로 법상의 물품을 구성한다.

그런데 현실적으로 물품은 다수의 구성부재에 의해 성립하는 것이 보통이며, 그러한 구성부재의 어디까지가 독립된 교환가치를 갖는 부품(부분품)이며 어디부터가 물품의 부분인가의 구별이 곤란한 경우가 많다.

이에 대해 통설은 부품이 법상의 물품이라고 하기 위해서는 이하의 요건이

경기장의 형상 등 부동산과 전기회로 등도 物品性이 인정된다. 또한 상표법에서는 商品이라는 용어를 쓴다. 상표법상의 상품은 상표를 붙여 상거래의 대상이 되는 것으로서 상표의 識別機能과의 관계상 양산가능성이 있는 有體物을 의미하며 디자인보호법상의 물품처럼 일정성, 유체성이 요구되지 않으므로 기체, 액체, 분상물, 집합물 등도 商品으로 인정된다.

5) 독립하여 교환가치를 갖는 것에 의 객체가 될 수 있다고 관념되는 것은 현재의 사법질서를 성립시키고 있는 사회가 상품교환을 전제로 성립하는 것이라는 데서 유래한다(齋藤, 의장, 137면).

필요하다고 한다.

㈎ 호환성이 있을 것(또는 호환성이 있는 단일물일 것)

호환성이 있다는 것은 그 부품이 일정한 規格을 구비하고 있어서 일정범위의 완성품에 대해 자유로이 교체가 가능하다는 것을 말한다. 작금의 산업계에서는 分業化가 진행되고 부품전문공장에서 일정한 규격을 기본으로 그 범위내에서 자유로이 부품이 디자인되고 제조된다. 완성품제조업체에서는 그 부품 중에서 원하는 것을 선택하여 조립하는 경향이 있다. 이 경우 호환성의 범위에 대해서는 학설은 이하와 같이 해석이 나누어지고 있다.

i) 동일회사내 제품간의 호환성만으로는 호환성이 있다고 할 수 없고, 타사제품과도 호환성을 가지는 것이어야 한다(협의의 해석).

ii) 동일회사내 동일기종에 관하여 호환성을 가지는 것이면 족하다(광의의 해석).

iii) 동일회사내의 제품에 관하여는 적어도 2종 이상의 제품에 대하여 호환성을 가지는 것이어야 한다(중간적 해석). 한편, 호환성과 관련하여 대법원 판례에서는 부품의 경우에는 호환성을 가져야 하나 이는 반드시 실제 거래사회에서 현실적으로 거래되고 다른 물품과 호환될 것을 요하는 것이 아니고, 독립된 거래의 대상 및 호환의 가능성만 있으면 디자인등록의 대상이 된다고 하고 있다.[6)]

심사실무에 있어서는 개개의 물품의 성격, 생산공정, 업계의 실정 등에 따라 유동적으로 해석한다.

㈏ 통상의 상태에서 독립거래의 대상이 되고 있을 것

통상의 상태에서 독립하여 거래의 대상이 되고 있는 것이란 동종류의 부품이 그 업계에서 독립된 물품으로 거래되고 있는 상태에 있는 것을 말한다. 이를테면, 주전자나 냄비의 뚜껑은 여기에서 말하는 통상의 상태에서 독립거래의 대상이 되지 않으므로 법상의 물품을 구성하지 못하지만, 주전자나 냄비뚜껑의 손잡이는 교체의 필요성이 있고 또한 호환성이 있으므로 독립거래의 대상이 되며 물품을 구성한다.

부품이 통상의 상태에서 독립거래의 대상이 되는 것인지 여부에 대하여는 고정관념이 아니고 시대, 산업구조, 재질, 판매형태 등에 따라 판단되는 유동적인 개념이다.

---

6) 대법원 2001.4.27.선고 98후2900 판결.

또, 부품과 비슷한 것에 부속품이라는 것이 있다. 부속품이란 그것만으로는 독립된 경제적 용도를 달성할 수 없고, 다른 주체가 되는 물품에 부가되어서 그 주된 물품의 용도를 확장·변형 또는 편리하게 하는 것을 말한다. 이러한 부속품에 대하여는 각각의 성격에 따라 취급범위를 달리한다. 예를 들면 카메라 케이스, 카메라용 후드 등은 그 본체인 물품과는 별개의 물품으로 거래의 대상이 되고 있기 때문에 법상 독립된 물품으로 인정되지만, 전기마사지기, 진공청소기 등의 부속품은 타사제품과는 호환성이 없고 또 사용할 때 모든 부속품을 동시에 사용하는 것은 아니지만 거래시에는 본체에 부속하는 것으로서 본체와 일괄하여 거래되는 것이므로 그 자체만에 대해서는 독립된 물품으로 인정되지 않는다.

(2) 물품의 부분

종래에는 디자인의 정의를 "물품의 형상·모양·색채"로 규정하고 있었기 때문에 디자인을 기능으로 보면 물품이고, 美感으로 보면 디자인이 되어 디자인은 물품과 일체불가분으로서 디자인=물품이라는 해석운용이 이루어지고 있었다. 또 법논리상으로도 디자인은 곧 물품이므로 물품의 부분은 디자인의 부분이라고 할 수밖에 없고 따라서 물품의 부분, 즉 디자인의 부분은 법상의 보호대상이 되는 디자인으로 볼 수 없다는 사고방식이었다. 또한 디자인의 보호목적은 美感을 통하여 구매의욕을 높이는 데 있으므로 그 보호대상은 물품 전체의 디자인에 한정하면 충분하다고 하여 물품의 부분의 디자인까지 보호할 필요가 없다고 하였던 것이다.

그러나 2001년 법개정에서는 디자인의 정의를 개정하여 "물품의 부분의 형상·모양·색채"에 대하여도 디자인으로 성립하도록 하였기 때문에 물품의 부분에 관한 독창적인 창작에 대해서도 부분디자인으로 보호되게 되었다. 그러나 부분디자인이 도입되었다고 하더라도 디자인의 개념을 물품과는 별개로 독립된 추상적 디자인으로 보아 물품과 디자인의 可分性을 인정하는 것은 아니다. 부분디자인제도하에서도 디자인의 개념에 있어서 물품은 본질적인 요소이며 부분디자인의 단위도 수요자의 구매의욕을 환기시킬 수 있는 것, 즉 독립성이 있는 구체적인 물품으로 유체동산에 관한 것이어야 한다(부분디자인에 관해서는 제7장 제1절 부분디자인 참조).

2. 有 體 性

(1) 有 體 物

디자인보호법상의 物品은 종래부터 형체를 가지는 유체물에 한하고 있다. 즉, 디자인성립의 전제조건인 物品은 有體的 존재의 物을 말하는 것이다. 법률상 권리의 객체가 되는 물은 유체물과 무체물로 나누어지며 여기서 유체물이라 할 때에는 고체뿐만 아니라 공간의 일부를 차지하여 존재하는 外界的 物로서 액체나 기체도 포함하는 것이지만, 디자인보호법에서 말하는 물품은 공간상의 위치, 양의 관계에 있어서 어떤 일정한 形狀을 나타내는 것만을 의미한다.

따라서 널리 법적 개념에 있어서는 유체물로 여겨지는 액체와 분상물 또는 입상물의 집합 등 그 자체가 공간상에 일정한 形狀을 가지고 존재하지 않는 物은 물품의 성립이 부정된다. 이러한 의미에서 여기서의 요건은 有形的으로 존재할 수 없는 無體物과 그리고 유체물이라 할 수 있는 物에 있어서도 그것 자체의 독자적인 존재형식이 없는 것을 배제한다는 데에 실질적인 의미를 가지는 것이다.

(2) 無 體 物

전기, 열, 빛 등과 같이 有形的으로 존재할 수 없는 무체물은 디자인보호법상의 물품이 되지 않는다. 따라서 공간상에 어떤 일정한 위치를 가지는 것처럼 나타나는 形狀과 模樣이라도 그것이 무체물일 때에는 물품의 성립이 부정되어 물품의 형상·모양·색채가 되지 않는다. 네온 사인(neon sign)이거나 밤하늘을 수놓는 불꽃(불꽃놀이 용품 그 자체는 디자인등록의 대상이 되는 物品이 되는 것은 물론이다), 근래에 많이 시도되고 있는 레이저광선을 응용한 立體像 홀로그램(hologram)이라고 하는 빛의 色(light source color)을 엮은 造形에 관한 것 등은 視覺에 호소하며 여러가지 心理作用을 일으키는 것이나 이것들은 유체물이라고 할 수 없으므로 디자인보호법상의 물품의 형상·모양·색채를 구성하지 못하게 되어 物品性의 요건을 결여하게 된다. 그러나 無體物이 디자인의 대상이 되지 않는다고 하는 것은 무체물은 보통의 방법으로는 유형적인 형상·모양·색채로서 파악하기 힘든 것이기 때문이고, 만일 이것이 어떠한 방법으로 일정한 형상·모양·색채로 파악될 수 있다면 디자인의 대상이 되는 것은 물론이다. 따라서 빛 등에 의해 표현되는 형상·모양·색채는 無體物이기는 하지만 이것을 표현하는 매개물인 네온관 등은 有形的인 것으로서 디자인보호법상의 物品이 된다.

3. 動 産 性

(1) 動　　産

디자인보호법상의 物品은 有體物 중에서도 동산에 한한다는 것이 통설로 되어 있다.[7] 민법상 토지와 그의 定着物은 부동산으로 하고(민§99①), 부동산 이외의 物件은 모두 동산이다(민§99②)라고 하듯이 動産性은 土地에서의 定着性에 의해 관념되고 있다. 그러나 디자인보호법에서는 동산이라고 하여 모든 동산이 디자인등록의 대상이 되는 것은 아니다. 동산이라 하더라도 공간적으로 일정한 형체를 갖추지 못하거나 통상의 방법으로 그 형상을 파악할 수 없는 것은 디자인보호법상의 물품에 해당되지 않는다. 동산이기는 하나 일정기간 일정의 형상(定形性 또는 一定性이라고 한다)을 가지지 못해 법상의 물품으로 인정되지 않는 것은 이하의 것이 있다.

1) 液體·氣體·流動體·半流動體　　액체·기체·유동체·반유동체 등은 동산이기는 하나 고체가 아니기 때문에 디자인등록의 대상이 되는 물품이 아니다. 이것들은 모두 定形的인 形을 지니지 않기 때문이다. 액체에 관해서는 五色의 술 같은 것이 문제가 되곤 한다. 그러나 이것은 용기에 담지 않고서는 일정한 형상이나 모양을 유지할 수가 없다. 용기와 술은 분명 2물품으로서 1디자인으로 인정할 수 없다는 것이 통설이다. 이 경우 五色의 술을 투명 용기에 封入하여 흔들면 모양이 없어지고 정지하면 항상 일정한 모양이 나타나는 완구 또는 장식물이 있다고 가정할 때 이것은 병에 담은 五色 술과는 다른 것으로서 완구 또는 장식물로서는 디자인보호법상의 물품이라고 할 수 있다. 여기서 氣體는 연기와 같은 것이고 流動體는 물엿과 같은 것이며 半流動體란 화장용 크림, 잼 같은 것이다. 다만, 아이스크림 등은 잠시이긴 하지만 거래시에 정형적인 形을 유지하는 것이기 때문에 디자인등록의 대상이 되는 물품으로 인정한다.

2) 粉狀物·粒狀物의 集合[8]　　시멘트가루, 밀가루, 가루 약제와 같은

---

7) 황종환, 의장, 194면; 윤종렴, 의장, 50면; 齋藤, 의장, 131면.

8) 분상물 또는 입상물의 집합으로 된 것에 대해 디자인의 성립을 부정하는 근거는 두 가지로 나뉜다. 하나는 법에서의 규정은 그 법이 목적으로 하는 바에 따라 합목적적으로 이해해야 하는 것이므로 디자인보호법에서 말하는 '물품'을 공간상의 위치관계에 있어서 어떤 일정한 성상을 나타내지 않는 분상물·입상물의 집합은 그 성질, 형상 등을 변화시키지 않고 이전할 수 있는 유체물이라고 할 수 없다고 하며 그 물품의 성립을 부정하는 입장(디자인심사기준 제2조 제2항 제1호 다목)과 다른 하나는 물품의 해석에 있어서 말하는 동산은 부동산 이외의 물을 말하는 것이라는 데서 이것들에 대해서도 물품의 성립은 인정하나 특

분상물 또는 설탕가루 등의 입상물의 집합은 有體物이고 동산이기는 하나 육안으로 식별할 수 있는 상태에서의 특정한 형상을 지니지 않고(후술하는 시각성의 결여로도 된다) 미세한 粒子狀의 집합체로서 양적으로 취급되는 것이어서 디자인보호법상의 物品으로 인정되지 않는다. 그러나 각사탕과 같이 사탕의 結晶을 특정한 형상으로 고형화한 것이나 고형약품 등의 경우에는 특정한 형상을 지니는 것이므로 물품으로 인정한다. 다만 固形을 하기 위해 樹脂 등에 의한 皮膜을 이룬 것이나 특정한 용기에 채워진 것은 그 자체의 物品의 형상이 아니므로 디자인을 구성하는 물품으로 인정되지 않는다.

3) 물품 자체의 形態가 아닌 것 　　상품판매에 있어서는 판매방법의 서비스 또는 선전활동이 중요하다. 손수건이나 타월을 접어서 이루어진 꽃모양, 디자인의 특징을 파악할 수 있는 면을 표면으로 하여 접어서 포장한 내의 등과 같이 商業的 과정으로 만들어지는 것으로서 그 物品 자체의 형태로 볼 수 없는 것은 디자인을 구성하는 물품으로 인정되지 않는다. 따라서 접은 상태의 손수건, 타월 또는 내의라는 물품으로서는 디자인등록이 되지 않는 것이다. 이런 것들은 공업상 이용할 수 있는 형태라고 할 수 없고, 또 수요자의 구매의욕을 촉진하기 위한 서비스의 동기에서 이루어진 것뿐이기 때문이다.

위의 손수건, 타월 또는 내의 등의 예는 서비스적 變形임에 대하여 손수건이나 양말 등에 리본을 붙이거나 혹은 포장지에 싸거나 하여 물품 자체에 어떤 附加物을 첨가함으로써 된 형태도 판매상의 효과를 의도한 형태로서 물품 자체의 형태로는 인정되지 않는다. 또한 이와 같은 물품 자체의 형태로 인정되지 않는 것 가운데 판매시의 상품배열에 관한 것도 있다. 특히 증정품 등의 세트(set)상품에는 수개의 동종물품 또는 관련물품을 세트로 하여 배열한 것이 있다. 이 경우 배열방법에 創意가 있는 새로운 표현이 되었다 하더라도 그것은 상업상의 이용에 관한 형태일 뿐 物品 자체의 형태라고는 인정되지 않는다.

(2) 不 動 産

토지와 그의 정착물인 부동산은 원칙적으로 디자인보호법상의 物品으로 인

정한 형상의 용기에 따라 그 형상이 바뀌어지므로 물품 자체의 자율적인 특정 정형성을 가지지 못함을 이유로 디자인의 성립을 부정하고자 하는 생각이다(森 則雄, 의장실무, 117～118면). 그러나 어떤 견해에 의해서도 분상물 또는 입상물의 집합으로 된 것은 디자인의 성립요건이 결여된 것이 되므로 양자 견해의 실제상의 이익은 희박하다(齋藤, 의장, 147～148면).

정되지 않는다. 따라서 토지와 토지 그 자체에 의해 형태를 성립시키는 정원이나 도로 또는 그 토지 위에 있어서만 형태를 갖출 수 있는 일반적 건축물, 건조물은 디자인보호법에서 말하는 物品을 구성하지 않는다. 여기서 문제는 건축물, 건조물에 있다. 근래에는 건축물, 건조물은 工業的 資質을 가지는 산업상의 生産物이 되어 있다. 하나의 건축설계도에 따라 현지에서 建材 등을 재단하여 하나의 건축물, 건조물로 마무리 짓는 종래의 工法으로부터 하나의 건축설계도면에 따라 그 단위 유닛, 部材 등을 미리 工場에서 생산하여 현지에서 조립하는 工法, 즉 프리패브(prefabricated) 건축이 출현하여 같은 형태의 건축물, 건조물을 양산하게 되었다.

문제는 이러한 것들이 디자인보호법에서 말하는 물품이냐 아니냐에 있다. 이 점에 대해 법령은 디자인보호법 시행규칙 「별표4」의 물품구분표 중 L3류에 조립가옥, 옥외장비품 등에 전망탑, 관측탑, 조립화장실, 공중전화박스, 조립방갈로, 이동식당, 조립축사, 조립가옥, 조립차고, 조립온실 등에 대하여 법이 예정하는 物品임을 밝히고 있다. 즉. 이러한 것들은 量産이 가능하며 조립되어 설치되면 건물 또는 토지의 정착물로서 不動産이 되는 것이지만 그 전에 이동이 가능한 것이고, 동산적 태양으로 거래의 대상이 되는 시기가 있으므로 디자인보호법상의 물품으로 취급하는 것이다<그림 2-1>. 따라서 여기서 말하는 動産性도 그 전체로부터 관념되는 것을 말하는 것으로 이런 것들을 구성하는 部材로 분해한 상태에 대해서까지 말하는 것은 아니다.

〈그림 2-1〉 조립화장실(디자인등록 180963)

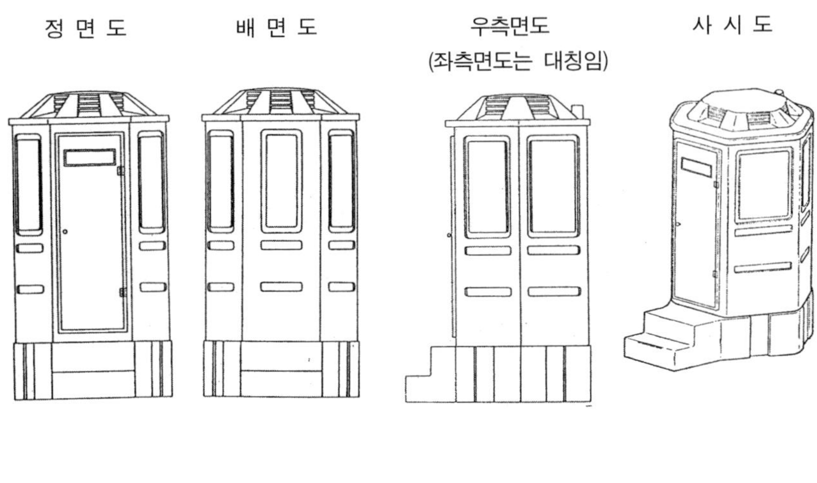

Ⅳ. 물품성에서 문제로 되는 대상

1. 自 然 物

디자인보호법상 자연물에 관하여는 크게 두 가지 해석으로 나뉜다.

그 하나는 디자인보호법은 인간의 정신적 활동의 소산을 보호하는 법이므로 정신적 활동의 소산이 아닌 천연자연력에 의해 생성된 자연물은 당연히 디자인보호법에서 말하는 물품이 아니라고 하여 디자인의 성립을 부정하는 설(디자인의 성립부정설)[9]이고, 다른 하나는 디자인보호법에서 말하는 물품은 단순히 유체동산을 가리키는 것에 불과하므로 이것에는 천연자연의 산물도 당연히 포함되므로 디자인의 성립을 인정하되 자연물은 동일물품이 공업적 생산방법에 의해 양산될 수 없으므로 공업상 이용가능성의 요건을 결여한 것(공업성요건 결여설)[10]이라고 한다. 이상의 어떠한 해석에 의한다 하더라도 결국 자연물은 디자인등록의 요건이 결여된 디자인으로 보는 결론에는 다름이 없지만 그 논거로 하는 바는 달리하는 것이다.

생각건대, 디자인보호법은 지적 노동의 소산에 대해 그 가치를 인정하고 無體의 권리를 부여하는 데 있고, 그러한 연유로 이 법에서 말하는 물품도 인위에 의해 生成된 물품을 말하는 것으로 이해하는 것이 가장 자연적·합리적일 것이다. 따라서 인위와 관계없는 천연자연력에 의해 生成된 자연물은 당초부터 이 법에서 말하는 물품에 해당되지 않는다고 하지 않으면 안 된다.[11] 그러나 자연물이라 하더라도 그 加工의 비율이 높은 것은 자연물이 하나의 材料로서 消化되어 있으므로 이때에는 자연물이라고 볼 수 없고 동일물이 공업적 생산방법에 의해 양산될 수 있는 것이라면 디자인등록의 대상이 되는 것이다.

2. 型·轉寫紙

디자인보호법상의 物品은 전술한 바와 같이 有體物로서 고체이고, 動産인

---

9) 蕚 優美, 공업소유권, 549면.

10) 윤종렴, 의장, 110면.

11) 자연물은 人工으로 된 것이 아닌 자연계에 존재하는 유형물을 말하지만, 여기에서 말하는 자연물은 동식물의 변종이나 개량종 등도 포함하는 것으로 한다. 이를테면 튤립이나 장미꽃의 개량종은 人工的인 면도 있으나 여기서 말하는 자연물로 본다.

것으로서 이론상으로는 당연히 디자인등록의 대상이 되어야 할 물품임에도 불구하고, 종래 논란이 되었던 것에 型과 轉寫紙가 있다.

(1) 型

형이라는 것은 물건을 만들어 내는 기구로서 鑄型, 押型, 프레서인쇄틀, 捺染用틀, 블록 성형기, 아이스크림 성형기, 과자型 등으로서 이들이 디자인등록의 대상이 되는 物品인가에 대해 논쟁이 있었다. 그 이유로는 첫째, 型과 型으로부터 만들어져 나오는 物品과의 유사관계를 어떻게 볼 것인가, 둘째, 審査에 있어서 검색이 매우 복잡하지 않은지, 셋째, 型과 型으로부터 만들어져 나오는 物品과의 권리의 경합을 어떻게 판단할 것인가, 넷째, 型의 디자인상의 요부는 外觀에 있는가 내부의 凹部에 있는가 하는 등의 문제로 논란되어 왔던 것이다. 그러나 디자인보호법 시행규칙 「별표4」의 物品의 구분표가 개정되어 C6-20류에 조리용 성형기(과자 성형기, 튀김 성형기, 아이스캔디 성형기, 주먹밥 성형기, 초밥 성형기), K1-60류에 금형(콘돔제조용 형틀, 암테스트성형용 금형, 콘크리트 블록용 금형), D4-90류에 식품가공용 성형기(식품냉동용 틀, 식품가공용 성형기, 어육연제품가공 성형기, 어묵 성형기용 금형, 초콜릿 과자제조기용 성형금틀), K4-0류에 어묵 성형기 등이 디자인권의 대상이 되는 물품으로 명기되어 있으므로 종래 型이 디자인등록의 대상이 되는 物品인가에 대한 논란의 소지는 없어지게 되었다.

〈그림 2-2〉 전사지(디자인등록 187747)

(2) 轉寫紙

전사지란 주로 도기나 양철 등에 인쇄할 때에 쓰이는 인쇄 화지를 말하는 것으로서 도자기용 전사지, 자동차의 차체 등에 마크나 모양을 붙이기 위한 전사지, 어린이의 유희구로서의 전사지 등이 있으나 型의 경우처럼 역시 디자인등록의 대상이 되는 물품인가에 대해 종래에는 오랫동안 논쟁되어 왔었다. 그러나 이 전사지 역시 디자인보호법 시행규칙 「별표4」의 物品의 區分表가 改正되어 F3-40류에 도자기용 전사지가 明記되고 있으므로 디자인등록의 대상이 되는 물품임에는 의문이 사라지게 되었다<그림 2-2>.

(3) 반 제 품

반제품이란 완성 전의 생산과정 중의 형태에 관한 것이다. 물품의 생산이 여러 사람(회사)의 손을 거쳐 이루어지는 경우 그 경제적 가치에 착안하면 그 독자의 경제적 가치를 갖는 것이지만 디자인보호법상의 물품은 그 자체로 용도가 있는, 즉 일정한 기능을 갖는 것이므로 그 자체가 物로서의 기능을 갖지 못하는 반제품은 물품을 구성하지 못한다.

제3절 형 태 성

Ⅰ. 서 설

1. 의 의

형태성이라 함은 디자인의 성립요소의 하나이고, 형태란 형상・모양・색채 또는 이들의 결합을 말한다.[12] 이것은 디자인이라 함은 "物品(物品의 部分 및 글자

12) 發明은 자연법칙을 이용한 기술적 사상의 창작이므로 發明의 成立에서 반드시 物品이 요구되지 않고, 따라서 形態性도 요구되지 않는다(특§2 ⅰ). 실용신안등록을 받을 수 있는 考案은 자연법칙을 이용한 기술적 사상의 창작으로서 物品의 형상・구조・조합에 관한 것을 말하므로(실§2 ⅰ,§4) 실용신안법상의 형태성은 物品의 外觀뿐만 아니라 內部構造도 포함되어 디자인의 형태성보다 그 범위가 넓다. 商標는 기호・문자・도형・立體的 形狀・색채・홀로그램・동작 또는 이들을 結合한 것, 그 밖에 시각적으로 인식할 수 있는 것이므로 문

체를 포함한다)의 형상·모양·색채 또는 이들을 結合한 것으로서 시각을 통하여 미감을 일으키게 하는 것"이라고 하는 디자인보호법상의 디자인의 정의규정에서 필연적으로 도출된 것이다. 디자인보호법에서 말하는 디자인의 동일·유사에 대하여는 물품성 및 형태성의 동일·유사 여부로 판단하므로 디자인의 형태성은 디자인의 등록요건인 신규성, 창작비용이성 및 선후원 판단에 있어 중요한 요소로 작용한다.

2. 물품과 형태

디자인보호법에 있어 형태는 물품과 不可分으로 융합하여 성립한다. 디자인보호법에서 '물품의 형상·모양·색채 또는 이들의 결합'을 말할 때에는 無性格의 물체의 外形을 말하는 것이 아니고 어떤 개념에 포섭되는 목적, 기능과 형태를 지닌 물품에 대한 형상·모양·색채 또는 이들의 결합을 의미하는 것이며 추상적 개념으로서의 형태(예를 들면 기하학상의 형태)를 말하는 것이 아니다. 바꾸어 말하면 물품에 기초하여 의미가 부여된 형태인 것이다.

Ⅱ. 형태성의 내용

1. 形　　狀

(1) 意　　義

형상(shape, form)이라 함은 有形的 존재인 物品이 공간을 占有하는 윤곽을 말한다. 기하학적인 형상은 이념적인 것으로서 점·선·면·입체를 기본형식으로 하나[13] 디자인보호법상의 형상은 이념적이 아닌 현실적인 것으로 다루어지므로 위치만 있고 크기가 없는 점과 같은 것은 의미가 없다. 모든 물품은 반드시 형상을 지니는 것이기 때문에 형상이 없는 디자인은 존재할 수 없다.

디자인보호법에서 '물품의 형상'이라고 할 때 그것은 그 물품 자체의 형상,

자가 상표의 주요한 구성요소로 되나 디자인에서는 문자는 오로지 정보전달을 위해 사용되고 있는 것은 디자인을 구성하는 모양으로 인정되지 않는다. 또한 디자인보호법은 도면 등에 의해 객관적으로 특정할 수 없는 질감, 광택 등에 대해서는 형태구성요소에 포함하지 않는다.

13) 이우성, 디자인, 49·50면.

그 물품 자체가 속성으로서 갖추고 있는 형상을 말하는 것이며, 그 물품에 의하여 2차적으로 만들어낸 형상을 말하는 것이 아니다.[14] 예컨대 마네킹에 의해 여러 가지로 나타낸 의류의 形이나 특별한 포장방법에 의해 생기는 形 등은 물품 자체의 형상에 해당되지 않는다.

(2) 種 類

物品의 形狀은 3차원의 공간적 부피를 가지는 입체적 형상과 2차원의 넓이만을 가지는 평면적 형상으로 대별된다. 물론 디자인성립의 전제요건이 되는 物品은 有形的인 外界的 존재로서 평면적으로 보이는 손수건, 비닐지, 직물지 등도 이념적으로는 3차원의 공간적 부피를 가지는 입체이나 이들 물품들은 권리의 내용면에서 볼 때 그 두께가 디자인상의 요점이 되지 않으므로 평면적 형상으로 취급한다.[15] 디자인보호법상 입체적 형상과 평면적 형상으로 구별하는 실질적인 의의는 주로 디자인등록출원절차, 즉 도면의 표현방법에서 나타난다.

2. 模 樣

(1) 意 義

모양(pattern, ornament)이라 함은 물품을 장식하기 위하여 형상의 표면에 나타내는 선도, 색구분 또는 색흐림을 말한다. 線圖란 선으로 그린 도형을 말하며,[16] 色區分이란 색과 색을 線으로써 구획하는 것이 아니고 색칠로써 구분하는 것을 말한다. 색흐림이란 渲染이라고도 하며 색과 색의 경계를 흐리게 하여 色이 자연스럽게 옮아가는 것같이 보이게 한 것을 말한다. 模樣은 形狀과 달리 모든 물품이 반드시 갖추어야 하는 요소는 아니므로 물품에 따라서는 모양이 없는 디자인도 존재한다.

과거에는 디자인은 物品을 장식하는 것, 즉 모양을 붙이는 것으로 생각(장식주의)하였던 시대도 있었으나 20세기에 들어와서 디자인은 물품의 機能으로부터

---

14) 齋藤, 의장, 142면.

15) 디자인보호법상 평면적 형상으로 취급하는 물품으로는 상기의 손수건, 직물지 이외에도 비닐지, 벽지, 타월, 보자기, 표딱지(레테르), 포장지, 상장, 책받침, 毛布 등이 있다. 다만, 植毛地와 같이 두께가 있거나 包裝用 包袋와 같이 重合部가 있어 사용시에 입체적인 것은 立體的 形狀으로 본다.

16) 도면작도상 선은 형상을 나타내는 선이나 모양을 나타내는 선 모두 동일한 굵기의 선으로 표현하여야 하는데 보통 0.3mm 내지 0.8mm의 굵기로 작도한다.

우러나오는 것으로서 기능상 필요하지 않는 것은 제거하여야 한다는 사상(기능주의)이 생겨났다. 그러나 디자인에서 평면적이고 넓은 면적을 지니는 것, 화려한 것이 요구되는 것, 예컨대, 직물지, 커튼지, 벽지 등과 같은 물품에 있어서는 모양이 불가결한 것인 반면, 입체적이고 좁은 표면적을 지니는 기능본위의 용도를 갖는 것, 예컨대, 산업용 기계기구류 등에는 모양이 사용되는 예가 드물다고 할 수 있다.

(2) 形狀과의 관계

모양은 그 자체가 독립하여 존재하는 것이 아니고 항상 形狀상에 나타난다. 즉, 형상은 형태의 본질적인 요소이므로 이것 없이는 형태 그 자체가 존재하지 않는 데 비해, 모양은 형태구성요소로서는 2次的・附加的인 존재이므로 그 자체만으로써는 디자인을 구성하지 못한다. 2색 이상의 조합에 의하여 구성되는 色區分 模樣에 대하여는 디자인의 구성요소로서 색채가 따로 규정되는 데 따라 形狀・模樣 및 色彩의 結合으로 관념된다.

모양은 대개의 경우에는 형상의 표면에 나타나지만 투명체의 경우에는 내부에 존재하는 경우도 있다.

3. 色　彩

(1) 色彩의 意義

우리나라 디자인보호법은 디자인의 정의 개념 속에 색채에 관하여도 형상・모양과 동등하게 규정하고 있다.[17] 그러나 디자인의 정의 규정을 두고 있는 국가 중에서도 디자인보호법상의 디자인의 개념 속에 특별히 색채를 다루지 않는 국가가 많다. 이것은 1色은 어떠한 색이라도 新規性이나 創作性이 없고 또 2색 이상의 조합이 이루어지면 모양으로 되는 것이기 때문에 색채는 모양 개념 속에 포함시켜 생각하기 때문일 것이다. 디자인보호법에서 말하는 색채(color)란 시각을 통하여 식별할 수 있도록 물품에 채색된 빛깔을 말한다. 우리가 분간할 수 있는 색의 가짓수는 몇백만이 된다고 하지만, 색채학상 색채는 크게 무채색과 유채색으로 나누어진다. 無彩色(achromatic color)은 흰색, 회색, 검정색 계통에 속하는 색으로 이른바 색채가 없는 색이다. 有彩色(chromatic color)은 무채색

17) 디자인의 定義 규정을 두고 있는 국가 중 색채에 대해서도 디자인의 形態構成要素로 채용한 국가는 우리나라와 日本뿐이다.

이외의 모든 색으로 빨강, 주황, 노랑, 녹색, 파랑, 보라 등 明色, 暗色, 淸色, 濁色 전부가 포함된다. 디자인보호법상의 색채는 색채학상의 색채와 근본적으로 다른 것이 아니다. 그러나 디자인보호법은 도면대용 사진·견본에 의한 출원이 가능하므로 색채학상의 색채는 아니지만, 금속색과 투명을 색채로서 취급하고 있다. 금속색이란 金·銀·銅色 등을 말하며 투명이란 빛을 투과하는 물체의 성질에 있어 투과율이 100%에 가까운 색을 말한다. 투명은 그 투명정도에 따라 無色透明, 半透明, 有色透明 등으로 구별되고 있다.

(2) 色彩의 性質

색채의 성질은 물리적으로는 색상·명도·채도 등 색채의 3속성으로 설명되고 있다. 色相(hue)이라 함은 하나의 색을 다른 색이 구별하여 有彩色을 종류별로 나누는 色味를 말한다. 明度(lightness, value, luminosity)라 함은 명암의 상황, 즉 밝기의 정도를 말한다. 밝은 색은 명도가 높아 明色(light color)이라고 하며 어두운 색은 명도가 낮아 暗色(dark color)이라고 한다. 무채색 및 유채색을 통틀어 중간 정도로 밝은 색을 中明色(middle light color)이라고 말한다.

彩度(satruation, chroma)라 함은 색의 선명도, 즉 색의 鮮明度와 濁度의 비율을 말한다. 선명한 색은 채도가 높아 淸色(clean color)이라고 하고 탁한 색은 채도가 낮아 濁色(dull color)이라고 한다. 무채색은 명도만을 지닌다.

(3) 디자인보호법上 白色·灰色·黑色의 性格

디자인보호법상 백색·회색·흑색에 대하여는 다음과 같이 세 가지의 性格을 지니는 것으로 다루어지고 있다.[18)]

첫째, 색채학상으로는 무채색이라 하여 색채의 일종으로 다루어지고 있다. 디자인보호법 시행규칙(제7조 제1항 별표2)에서는 도면 중 디자인의 설명란에 도면 등에 色彩를 가하는 경우 백색·회색 또는 흑색 중의 어느 하나를 생략할 수 있으며, 이러한 경우에는 그에 관한 설명을 하도록 하고 있어, 백색·회색 또는 흑색도 색채로 인정한다.

둘째, 도면을 그리기 위하여는 농묵으로 圖示하여야 하나 이것은 도면작도상의 규칙으로서 농묵으로 도시한 흑색선은 흑색을 나타내는 것이 아니고 形狀을 도시하는 윤곽에 불과한 것이다.

셋째, 형상과 모양의 結合디자인에 있어서는 백색·회색 또는 흑색은 색채

---

18) 윤종렴, 의장, 65·66면.

로서의 백색·회색 또는 흑색을 표현하는 것이 아니고 색채의 明度를 중심으로 한 톤(tone)을 나타내는 것이다.

이와 같이 백색·회색·흑색은 경우에 따라 구분하여 사용되고 있으나 디자인의 도면에서 形狀을 표현하는 선 또는 면이 흑색이나 회색으로 그려지거나 칠해져 있는 경우, 이것을 흑색 또는 회색을 나타내는 것으로 해석해야 할 것인지 아니면 明度를 중심으로 한 톤(tone)차를 표현하고 있는 것으로 해석해야 할 것인지 문제로 된다. 전자로 해석하면, 그 디자인은 형상·모양 및 색채의 결합디자인 또는 형상 및 색채의 결합디자인이 되고 후자로 해석하면, 그 디자인은 색채가 없는 형상 및 모양의 결합디자인이 된다.

우리나라 디자인보호법에서는 상기한 바와 같이 도면 중 색채를 가하는 경우에 백색·회색 또는 흑색 중의 어느 하나를 생략할 수 있으며 이러한 경우에는 그에 관한 설명을 하도록 의무화하고 있으므로 디자인의 설명란의 기재 내용에 의해 판단할 수밖에 없을 것이다. 구체적으로 도면의 경우 흑색 또는 회색으로 그려져 있는 것 또는 도면에 흑색의 채색은 하지 않았으나 흑색을 생략한 것이라는 취지의 뜻이 도면의 디자인의 설명란에 기재되어 있으면 그 디자인은 형상·모양 및 색채의 결합디자인 또는 형상 및 색채의 결합디자인이고, 그러하지 아니하면 형상 및 모양의 결합디자인이다. 흑백사진의 경우에는 디자인의 설명란에 특별한 설명이 없는 한 형상 및 모양의 결합디자인으로 취급한다.

4. 형상·모양·색채의 한계

(1) 形狀과 模樣

형상·모양·색채의 개념은 이상에서 설명한 바와 같이 일응 명백하지만 개개의 구체적인 경우에 접하게 되면 형상으로 볼 것인지 아니면 모양으로 볼 것인지 판단이 곤란한 경우가 있다. 도자기의 표면에 浮刻시켜 그려진 꽃모양이라든가 또는 단면이 물결型인 哨子板의 물결型 등은 형상으로 볼 것인지, 모양으로 볼 것인지 애매하다. 이들은 物體가 공간으로부터 스스로를 구획하는 윤곽이기 때문에 이론적으로는 형상이라 할 것이나 동시에 표면 장식적인 효과도 갖추고 있어 상식적으로는 모양이라고 할 것이다. 模樣이란 원래 形狀의 표면에 나타나는 선도, 색구분 등을 말하는 것이지만 그것이 어느 정도 두께나 깊이를 가져온다 하더라도 표면장식적인 효과가 강한 때에는 모양으로 보아야 하는 생

각이 들기 때문이다. 이 경우 결국 法律的 解釋으로는 형상 및 모양의 결합으로 볼 수밖에 없다.[19]

(2) 模樣과 色彩

근래 보는 방향에 따라 색이 달라지는 物品들이 많이 출현되고 있다. 특히 직물지, 벽지, 비닐지 같은 물품에서는 보는 방향에 따라 붉은 빛을 보이다가 다시 푸른 빛으로 보이는 등의 물품들이 있다. 이와 같은 물품의 표면은 모양으로 보아야 할 것인지, 색채로 보아야 할 것인지 애매하다. 그러나 2색 이상의 색구분 모양을 이루는 것은 이 限界의 하나로서 모양과 색채의 결합으로 보아야 할 것이다.

5. 形態 構成要素(형상 · 모양 · 색채)의 結合에 의한 디자인의 구분

형상 · 모양 · 색채는 각각 디자인을 구성하는 형태상의 요소이다. 디자인이 물품에 관한 형상 · 모양 · 색채 또는 이들의 結合이라고 말하려면 이 세 가지의 요소 중 어느 하나만이라도 되고 또는 그 자유로운 결합이라도 된다. 그래서 디자인은 그 형태의 구성요소에 의해 i) 형상 · 모양 및 색채의 결합디자인, ii) 형상 및 색채의 결합디자인, iii) 형상디자인, iv) 형상 및 모양의 결합디자인, v) 모양디자인, vi) 색채디자인, vii) 모양 및 색채의 결합디자인이라는 7가지의 조합이 가능하게 된다. 이러한 조합에 대해 각각 디자인이 성립하는지 여부에 관해 살펴보기로 한다.

(1) 形狀 · 模樣 및 色彩의 結合디자인

모든 物品은 반드시 材質에 의하여 만들어진다. 재질은 자연재질과 인공재질이 있으며 대개의 경우에는 그 자체에 모양과 색채가 있으므로 디자인은 보통의 경우 형상 · 모양 및 색채의 결합이라는 상태로 파악된다. 이 경우 법에서 예정된 형태 구성요소의 모든 것을 포함한 디자인이다.

(2) 形狀 및 色彩의 結合디자인

디자인은 보통의 경우에는 형상 · 모양 및 색채의 결합이라는 상태로 파악되나, 만약 모양이 없는 경우에는 형상 및 색채의 결합디자인으로 된다.

(3) 形狀 디자인

物品은 반드시 材質에 의하여 만들어지므로 色彩가 없는 形狀만의 디자인

19) 윤종렴, 의장, 60면.

이 성립할 수 있는가에 논란이 있다. 그러나 디자인보호법은 종래부터 형상만의 디자인을 인정하고 있다. 즉, 디자인에 따라서는 형상·모양·색채가 一體不可分으로 만들어지는 경우도 있으나 어떤 것은 形狀이 먼저 정하여지고, 그것에 모양이나 색채가 부가되는 경우가 있고, 또한 관념적으로는 형상만을 추상하는 것이 가능하기 때문이다. 그렇지만 形狀만의 디자인은 현실적으로 실시하였을 경우에는 존재하지 않는 상태의 추상적인 디자인을 權利로 인정하는 것이 되어 권리의 범위를 매우 불명확하게 하는 것이 된다.[20] 그래서 이 형상만의 디자인을 어떻게 이해하여야 하는가에 대하여 여러 가지 說로 설명되고 있다. 여기서는 문제를 단순화하기 위해 형상을 나타내는 도면 중 용지의 色만으로 남겨진 부분에 대하여 디자인의 설명이 없는 경우를 想定하여 보기로 한다.

제1설은 도면의 여백부분의 색채를 用紙의 色으로 해석하여 형상과 색채의 결합디자인이라고 하는 설이다(용지색설). 등록디자인의 범위는 출원서의 기재사항 및 그 출원서에 첨부한 도면과 도면의 기재사항 등에 표현된 디자인에 의해 정하도록 되어 있으므로(§43) 첨부도면 중에 용지의 색대로 남겨진 부분은 당연히 용지의 色으로 해석할 수밖에 없다는 것이다.

제2설은 통상 사용되는 材質의 색채라고 해석하여 형상과 색채의 결합디자인이라고 하는 설이다(재질색설). 예를 들면 책상의 디자인일 때에는 대개 木材로 만들어지는 경우가 많으므로 나무의 색을 상정하는 것이고, 찻잔의 디자인이라면 흔히 도자기로 만들어지는 것이므로 도자기의 일반적인 색을 상정한다는 것이다.

제3설은 형상만을 추상적으로 상정한 것이어서 用紙의 색대로 남겨진 여백부분은 아무것도 정하고 있지 않다는 것이다(無色說). 이 說은 다만, 형상만을 추상적으로 등록하고 여백부분은 아무것도 상정하고 있지 않은 디자인이 되기 때문에 그 형상을 지니고 있는 한 어떠한 모양과 색채가 부가되는 디자인에 대하여도 權利의 利用 관계를 발생케 한다. 즉, 이 說에 따르면 형상만의 디자인이 가장 넓은 權利가 되고 형상·모양의 결합디자인은 그 다음이 되고, 형상·모양 및 색채의 결합디자인이 가장 좁은 권리로 된다.

제4설은 도면의 여백부분은 도면용지의 색과 동일해도 用紙의 色도 공백도 아니고 無模樣, 一色이라고 하는 설이다(無模樣說). 즉 형상디자인이란 무모양이고

20) 윤종렬, 의장, 62면.

일색인 것을 적극적으로 표명하고 있는 디자인이라는 것이다.

생각건대, 용지색설은 매우 소박하기는 하나 출원당시의 도면 정본과 그것이 登錄되어 디자인공보에 게재된 색이 다르고, 또 도면 정본의 용지의 색으로 해석한다 하더라도 그 디자인을 실시하였을 경우에는 용지의 색으로 실시되는 일이 거의 없게 될 것이므로 실정에 맞지 않는다. 또한 현실적으로는 대다수의 국가는 디자인공보를 전자적 매체(CD/ROM 등)에 의해 발행하고 있기 때문에 종전에 종이에 의한 공보발행시의 용지개념 자체가 존재하지 않는다. 재질색설의 경우 재질(재료)의 다양화가 현저한 현재에는 무엇이 통상적으로 사용되는 材質인가를 상정할 수가 없으므로 비현실적이라는 지적을 면하기 어렵다. 또한 무모양설은 등록디자인의 보호범위는 출원서의 기재사항 및 도면 등에 의해 정해진다고 하는 디자인보호법 제43조의 취지를 고려하면, 도면의 여백부분에 색채가 존재하고 그것이 1색이라고 하는 합리적인 근거가 부족하다. 이에 비해 무색설은 형상만을 추상적으로 상정한 것으로 해석하기 때문에 형상만의 디자인이 가장 넓은 권리로 되는 데 문제가 있다. 그러나 형상만의 디자인이 법상 인정되고 있고 또한 등록디자인의 보호범위에 관한 법 제43조의 취지를 고려하면, 도면에는 문자 그대로 물품의 형상만이 그 윤곽을 나타내는 선에 의해 그려져 있고 여백부분에는 모양도 색채도 존재하지 않는다고 해석하는 것이 객관적, 합리적이다. 따라서 형상만의 디자인이란 형상만이 디자인의 구성요소이고 모양이나 색채의 한정이 없는 디자인이라고 해석함이 타당할 것이다(형상만의 디자인과 형상 및 모양의 결합디자인과의 이용관계에 대해서는 제14장 제9절 Ⅲ. 2. 이용관계의 태양 참조).

(4) 形狀 및 模樣의 결합디자인

형상만의 디자인의 경우와 마찬가지로 현실적으로는 반드시 色이 존재하지만 무착색 디자인을 인정하고 있다. 이 경우 형상 및 모양의 결합디자인으로 파악된다.

(5) 模樣디자인

디자인 창작과정에는 形狀을 떠난 모양 그 자체만의 창작이 있을 수 있으나 그것이 놓여지는 형상이 정하여지지 않으면 物品이 특정화되지 않는다. 따라서 종래부터 모양은 형상과 결부되어서만이 디자인보호법상의 디자인을 구성하는 것으로 하며, 형상이 결부되지 아니한 모양만의 디자인은 인정하지 않는다. 다만, 직물지, 포장지, 벽지 등과 같은 평면디자인에 대해서는 몇 가지의 정해진 規格의 평면에 놓여지는 것이 상식으로 정하여 있으므로 편의상 형상을 생략하고 단순히 모양만의 디자인이라고 취급되는 경우가 있다.

(6) 色彩디자인

색채 그 자체는 디자인의 構成要素 중의 하나이다. 그러나 색채만의 디자인이라 함은 無彩色 이외의 1색만으로 채색된 경우이다. 1색만으로 채색된 것은 흔한 통상의 것이고 또한 公知·公用된 것으로서 獨創性이나 창작성이 없다. 뿐만 아니라 디자인의 전제조건이 되는 물품은 반드시 형상이 있고 그것에 색채가 채색되면 필연적으로 형상 및 색채의 결합디자인이 되므로 형상을 수반하지 않는 것은 物品이 特定되지 않은 것을 말하므로 형상을 수반하지 아니한 색채만은 디자인보호법상의 디자인으로 취급되지 않는다. 만약 2색 이상이 채색된 경우에는 色區分이 되므로 색이 붙은 모양이 되어 模様 및 色彩의 결합디자인이 된다.

(7) 模樣 및 色彩의 結合디자인

모양 및 색채의 결합디자인도 모양만의 디자인이나 색채만의 디자인과 같이 形狀과 결부되지 않는 한 物品이 特定化되지 않으므로 디자인보호법상의 디자인으로 취급되지 않는다. 다만, 직물지, 포장지 등 平面디자인의 경우에는 (5)에서 기술한 바와 같이 形狀이 정형화되어 있는 것이 상식으로 정하여져 있으므로 편의상 형상을 생략하여 단순히 모양 및 색채의 결합디자인이라고 취급되는 경우가 있다.

Ⅲ. 형태성에서 문제로 되는 대상

1. 문　　자

(1) 서　　언

문자란 말의 音과 뜻을 표시하는 시각적 기호이다. 문자는 그 서체(typeface)와 함께 현실의 디자인에 있어서는 그 배치·구성 또는 표현태양에 따라 커다란 구성요소의 하나로 취급된다.[21] 이것은 시각에 의한 정보전달을 목적으로 하는 비주얼디자인(visual design)뿐만 아니라 제품의 출처나 제품명을 나타내는 포장에 있어

21) 齋藤, 의장, 150면.

서는 디자인상의 무시할 수 없는 요소가 되기 때문이다.

이러한 문자가 디자인보호법상의 디자인의 구성요소, 즉 모양이라고 할 수 있느냐의 여부에 대하여는 종래 실무상의 해석은 모양을 구성하지 않는다고 하였다.

그 이유로는 i) 원래 의미전달기호인 문자는 공공성이 있으므로 특정인에게 독점권을 주어서는 안 되고, ii) 상품의 식별로서 기능하는 문자는 상표로 오인될 수 있으며, iii) 문자를 포함한 디자인을 등록하면 문자가 가지는 의미관념에도 독점권을 부여한 결과를 낳을 염려가 있다는 것 등이다.

그래서 디자인을 구성하는 문자는 이하의 것으로 한정하여 왔다.

i) 연속모양의 모티브(motif)로 쓰이는 문자

ii) 장식되어 있는 문자

iii) 물품의 사용상 불가결한 문자

(2) 문자에 대한 취급

2003년 디자인심사기준 개정에서는 물품에 표시된 문자에 대하여 오로지 정보전달을 위해 사용되고 있는 경우를 제외하고 디자인을 구성하는 것으로 취급한다고 하고 있다.[22] 이것은 디자인보호법에서 문자에 대해 특별히 배제하는 취지의 규정이 없다는 것, 문자는 모양을 구성하는 도형과 불가결한 관계에 있고 또한 형상이나 도형에 있어서도 의미전달기능을 가지고 있는데 문자에 대해서만 디자인의 구성요소에서 제외한다는 것은 실정에 맞지 않기 때문이다. 여기서 '오로지 정보전달을 위해 사용되고 있는 경우'란 신문·서적의 문장부분이나 성분표시, 사용설명 등을 보통의 형태로 나타낸 문자를 말한다.

이러한 문자는 물품을 장식하는 문자가 아니고 또한 물품에 관한 디자인이라 할 수 없기 때문에 디자인을 구성하는 모양으로 인정하지 않는 것이다.

따라서 물품에 표시된 문자가 i) 물품의 장식을 위해 사용되고 있는 경우, ii) 정보전달과 물품의 장식을 위해 사용되고 있는 경우에는 모양으로 인정되고 디자인을 구성하는 것으로 취급한다. 이러한 문자는 그 문자가 가지고 있는 물품의 장식기능을 평가할 필요가 있기 때문이다<그림 2-3>.

---

22) 디자인심사기준 제3조 제3호 사목.

〈그림 2-3〉 물품에 표시된 문자의 등록 예: 포장용 상자(디자인등록 364388)

2. 표　　지

표지란 시각을 통하여 특정의 관념을 일으키기 위한 도형으로서 그 중 사업자가 자기의 업무에 관련된 상품을 타인의 상품과 식별되도록 하기 위해 사용하는 것을 상표라고 하며 상표는 표지 중에서 가장 중요한 것이지만, 그 외에도 심볼마크, 국공립단체의 문장, 학교 및 단체의 기장, 도로교통 표지 등 일반적으로 마크라고 불리는 것들이 이에 속한다. 이들에 대해서도 종래 실무상은 문자와 거의 같게 해석되어 왔다. 즉 상표, 심볼마크, 문장, 기장 등을 나타내는 도형은 특정의 관념 또는 특정인을 관념케 하는 것이고(특히 상표) 그들이 관념하는 바를 독점시킬 염려가 있다고 하여 문자의 경우처럼 모양을 구성하지 않는다고 한 것이다. 그러나 2003년 디자인심사기준개정에 의해 물품에 표시된 표지에 대해서도 문자의 취급과 동일하게 오로지 정보전달을 위해 사용되고 있는 것을 제외하고 디자인을 구성하는 것으로 취급하고 있다.

3. 화상디자인

(1) 서　　언

화상디자인이란 물품의 액정화면 등 표시부에 표시하는 도형 등이라고 말해지고 있다.[23)]

23) 화상디자인이란 용어는 근래 사용되기 시작한 용어로서 아직 그 개념이 명확하지 않은 듯하다. 일부문헌에서는 화상디자인이라 함은 "물리적 표시화면상의 일시적인 발광현상에 의해 시각을 통하여 인식되는 이차원적으로 형성되는 형상 및 색채를 구성하는 화상으로 정의되는 창작물"이라고 정의한다(한국 과학기술원 디지털연구실, 「화상디자인의 보호범위 및 유사성 판단기준 등에 관한 연구」, 특허청, 2003, 1면). 그러나 디자인보호법상 디자인

최근 정보통신기술의 급속한 발전에 따라 정보통신기기 등의 분야를 중심으로 다양한 기능을 갖는 제품이 시장에 다수 등장하고 있고, 특히 사용자와 기기와의 중요한 인터페이스(interface) 부분인 액정화면 등의 표시부에 여러 가지 독창적이고 특징 있는 도형 등이 표시되어 있는 기기가 많이 출현되고 있다.

이러한 물품의 액정화면 등 표시부에 표시되는 도형 등(실무상은 이를 '화상디자인'이라고 부른다[24])이 디자인의 구성요소인 모양이라고 할 수 있느냐의 여부에 대해 실무상은 물품에 일시적으로 나타나는 모양에 해당된다고 해석한다. 따라서 화상디자인이 물품에 일시적으로 구현되는 것이라 하더라도 그 물품은 화상디자인을 표시한 상태에서 공업상 이용할 수 있는 디자인으로 취급하고 있다<그림 2-4>.

〈그림 2-4〉 화상디자인의 등록 예: 화상디자인이 표시된 모니터(디자인등록 372086)

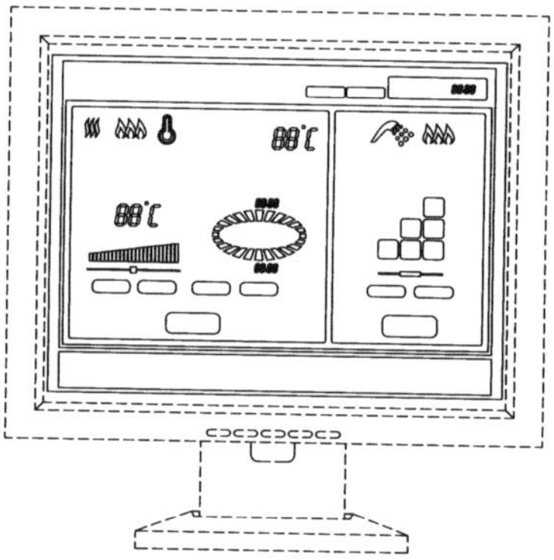

(2) 화상디자인의 보호요건

1) 물품상에 구현되어 있을 것 화상디자인은 물품과 결합하지 않고서는 2차원적 이미지에 지나지 않는다. 따라서 화상디자인이 디자인을 구성하기 위해서는 물품상에 구현되어 있을 것이 필요하고 화상디자인이 물품의 내부적 기능 또는 외부적 요인에 의하여 일시적으로 구현되는 경우에는 디자인등록을 받을 수 있다.

은 "물품의 형상 … 으로서 시각을 통해 미감을 일으키게 하는 것"을 말하므로 디자인보호법상의 해석으로는 "물품의 액정화면 등 표시부에 표시되는 도형 등"에 대해 디자인의 성립을 전제로 화상디자인이라고 하는 것은 타당하지 않다고 생각된다.

24) 디자인심사기준 제3조 제1호 다목.

예를 들면 모니터상의 아이콘 등이 컴퓨터의 중앙처리장치와 컴퓨터프로그램에 의존해서 통전상태에서 일시적으로 구현되는 것으로서 당해 화상디자인을 모니터 화면에 구현시키는 경우에는 디자인의 구성요소가 된다.

2) 변화하는 경우에 있어서 그 변화하는 태양이 특정한 것일 것　　일반적으로 디자인이 변화하는 경우(동적 디자인)라 함은 디자인의 대상이 되는 물품의 형상·모양·색채 또는 이들의 결합이 그 물품이 가지는 기능에 의해 변화하는 경우를 말하지만, 화상디자인이 변화하는 경우란 예를 들면 i) 표시되는 도형 등의 형태 그 자체가 변화하는 경우, ii) 표시되는 도형 등의 위치가 이동하는 경우 등이다. 화상디자인은 이와 같이 변화하는 경우에 있어서 그 변화하는 태양이 특정한 것이어야 하며 또한 당해 화상디자인의 변화 전후의 도형에 형태적 관련성이 인정되어야 한다[화상디자인의 유사여부 판단기준, 출원절차에 관해서는 각각 제8장 제2절 Ⅲ. 2 (5) 특수한 디자인의 유사여부 판단, 제10장 제2절 Ⅳ. 5. 화상디자인등록출원 참조].

(3) 화상디자인의 범위

디자인보호법상 디자인의 구성요소로서 인정될 수 있는 화상디자인의 범위에는 그래픽사용자인터페이스(Graphical User Interface / GUI), 아이콘(Icon), 그래픽 이미지(Graphic Image) 등이 있다.[25)]

1) 그래픽사용자인터페이스(GUI)

i) 홈페이지 등의 웹사이트 GUI

ii) 휴대용 전화기, PDA, 웹 패드(Web pad) 등에 구현되는 모바일(Mobile) GUI

iii) 네비게이터(Navigator) 인터넷냉장고, MP3, CDP, 디지털 TV 등에 구현되는 정보가전 GUI

2) 아이콘(Icon)

i) 문서편집프로그램, 동영상 실행응용프로그램 등의 S/W GUI

ii) 단품이나 세트(Set)로서의 도구 아이콘

3) 그래픽 이미지

i) 컨텐츠(Contents)로서의 그래픽

ii) 컴퓨터 모니터의 화면보호기

iii) 캐릭터

---

25) 특허청, 「개정의장심사기준에 의한 화상디자인에 관한 출원요령」, 2003, 8면.

ⅳ) 아바타(Avata)를 구성하는 아이템 세트

ⅴ) 이모티콘(Emoticon)

ⅵ) 3D 애니메이션

ⅶ) 각종 기능의 상태를 표시하기 위한 것(배터리의 잔량표시, 수신상태 표시, 각종 레벨게이지 표시) 등

제 4 절 시 각 성

Ⅰ. 서 설

1. 의 의

시각성이라 함은 디자인의 성립요소의 하나이고, 시각 이외의 오감을 제외하고 육안으로 식별할 수 있고 外部에서 파악할 수 있는 것을 말한다. 여기서 '시각 이외'란 청각(소리), 미각(맛), 후각(냄새), 촉각(촉감)의 감각은 제외된 것을 말한다. 사람은 통상 外界에 존재하는 물리적인 양 및 성질을 생리학상의 눈이라는 감각기관을 통하여 인식하는데 디자인보호법 제2조 제1호는 디자인이란 "시각을 통하여 미감을 일으키게 하는 것"이라고 하여 디자인보호법상의 디자인은 사람의 시각효과를 불가결한 요소로 하고 있다.

2. 심미성과의 관계

디자인의 시각성은 그 다음에서 말하는 美感成立의 전제적·본질적 요건에 관한 것이다. '美感'이란 美를 느끼는 것 또는 미적 가치의 체험을 의미하는 것으로서 이것에는 넓게는 시각 이외의 감각기관을 통하여 감지되는 것도 포함되지만, 디자인의 시각성 요구는 이들 감성적 인식의 대상 전체에 대한 것이 아니고 시각을 통하여 感知되는 것에 한한다는 것을 명확히 하는 데 의의가 있다.

Ⅱ. 시각성의 내용

1. 視覺으로 파악되는 것

물품의 형상 등은 시각으로 인식되기 때문에 디자인은 視覺만으로 감지하여 파악할 수 있는 것이어야 한다. 따라서 시각 이외의 다른 감지방법으로 파악되는 소리나 촉감 등은 디자인을 구성하지 않는다. 예를 들면 장구의 형상이나 모양은 시각으로 파악되는 것이기 때문에 디자인이 되나 音色은 청각으로 파악되는 것이기 때문에 디자인을 구성하지 못한다. 또한 여기서 시각이라 하는 경우 이것은 물품의 외관을 통상적으로 인식하는 상태를 말한다. 시각을 통하여 파악되는 대상이라 하더라도 육안에 의한 것과 광학기기의 이용에 의한 것과는 인식에 커다란 차이가 있기 때문이다.

2. 肉眼으로 識別할 수 있는 것

디자인은 시각을 통하여 미감을 일으키는 것을 말하므로 육안[26]으로 식별할 수 있는 것이어야 한다. 物品의 形態에 있어서 形狀은 일정한 크기를 전제로 하여 성립하므로 無限의 크기는 있을 수 없으며 또한 粉狀物 또는 粒狀物의 일단위 形狀 등은 물질의 덩어리이지만 지나치게 작아 육안으로 그 형태를 판별하기 어려우므로 디자인의 성립이 부정된다.

또한 육안은 확대경이나 현미경 등으로 그 형태를 판별하는 것이 아님을 의미하므로 가느다란 수술용 실과 같은 線狀物의 형태 또는 극소부품의 형태 등도 육안으로 그 형태를 판별하기 어려우므로 디자인을 구성하지 않는다. 디자인보호법 시행규칙 「별표4」의 물품구분상 육안으로 그 형상 등을 인식할 수 있는 크기의 한도로서 예시한 바에 의하면 눈깔사탕, 캐러멜, 드롭스, 껌, 건빵 등이 예거되어 있다(시규§9① 별표4 A군).

---

26) 육안이란 육신에 갖추어 있는 눈, 안경이나 현미경 등을 이용하지 않고 직접 보는 눈을 의미하지만, 안경이나 콘택트렌즈는 시력을 일상적으로 보조하는 도구이며 대상물을 확대하기 위한 것은 아니기 때문에 안경 등을 이용하는 경우도 포함하여 육안으로 해석함이 타당하다.

3. 外部에서 보이는 곳

디자인은 物品의 外觀을 보호하는 것이므로 외부에서 보이는 곳만이 디자인의 대상이 된다. 따라서 분해하거나 파괴하지 않으면 볼 수 없는 기계의 내부구조 등은 디자인이라고 할 수 없다. 그러나 사용상 뚜껑이나 문을 여는 것과 같은 구조로 된 것은 그 뚜껑이나 문을 열면 보이는 부분, 예를 들면 피아노, 오르간의 건반이나 냉장고 등은 뚜껑이나 문을 열면 그 내부도 당연히 보이는 곳이기 때문에 디자인의 대상이 된다.

Ⅲ. 內部에 디자인의 대상이 있는 경우의 유의사항

디자인보호법상 디자인은 원칙으로 外部로부터 보이는 곳을 대상으로 하므로 디자인등록출원시에는 그 보이는 곳의 도면을 명백하게 표현하여야 한다. 그러나 사용상 뚜껑이나 문을 여는 것과 같은 구조로 된 물품은 그 내부도 디자인의 대상이 되기 때문에 내부의 형상, 모양 등에 대해서도 디자인권으로 보호받기 위해서는 출원당초부터 내부의 形狀·模樣 등을 명확히 표현하는 도면을 부가할 필요가 있다. 만약 뚜껑이나 문을 닫은 상태의 도면만을 첨부하여 출원하였다면 그 디자인은 외부만을 심사받아 등록받을 수 있게 되므로 디자인권의 범위도 자연 외부에 한한다.

Ⅳ. 시각성에 관한 문제

디자인의 시각성은 육안으로 식별할 수 있는 범위 내를 전제로 한 개념이다. 따라서 육안으로 식별할 수 없는 물품의 형상 등은 시각성이 부정된다. 그러나 최근 고정밀의 성형기술, 가공기술이 발달하여 물품이 극소화되고 있는 현재의 상황에서 디자인보호법 제2조 제1호에서 말하는 '시각'이 반드시 육안에 의해 식별될 수 있는 것에 한정되어 육안으로 식별할 수 없는 크기의 물품의 형상 등은 동법에 의해 보호되지 않는 것인가 혹은 대상물을 확대하는 도구(확대경, 현미경 등)를 이용하여 형상 등을 식별할 수 있는 것이면 족한 것인가 하는 점에 대하여 새로운 문제로서 제기되고 있다. 이에 대하여는 디자인보호법 제2

조 제1호의 '시각을 통하여'라 함은 육안에 의하여라는 의미이고, 그것은 관찰대상물과 육안 사이에 확대경 등의 도구를 사용하지 않고 육안에 의해 관찰하는 것뿐이다. 사람의 시각에는 확대기능이 없으므로 시각을 통하여 미감을 일으키게 하는 것을 인식할 때에는 육안으로 보이는 범위의 형태의 시각적 효과에 의해 인식하는 것이 자연스럽고, 육안으로 인식할 수 없는 것에까지 시각적 효과가 발생한다고 해석하는 데에는 무리가 있다는 견해,

디자인보호법 제2조 제1호에서는 '시각'이라고 하고 있을 뿐 '육안'에 의하는 것이라고 요구하고 있지 않다. 또한 고정밀의 성형기술, 가공기술이 진보하여 물품이 극소화하고 있는 현재의 상황에서 디자인보호법의 보호대상을 육안관찰로 형태를 인식할 수 있는 물품에만 한정하는 것은 산업이나 사회실정으로부터 유리됨과 동시에 디자인의 창작을 장려하여 산업발전에 이바지한다고 하는 디자인보호법의 목적에 반한다. 따라서 그 물품분야에서 확대경 등을 사용하여 형상 등을 인식한 다음 거래를 하는 것이 일반적인 물품인 경우에는 당해 물품의 형상 등을 육안에 의해 식별할 수 없다 하더라도 '시각을 통하여'에 해당하는 것으로 보아야 한다는 견해,

물품이 극소화하고 있는 오늘날 물품을 육안으로 파악할 수 없다는 이유로만 등록을 허여하지 않는 것은 지나친 형식논리에 의한 불합리로 보인다. 보석세공과 같이 그 산업분야의 분석이 필요한 때에는 현미경이나 확대경이 통상 사용되고 있는바, 이러한 경우에는 그러한 관습을 존중하여 예외적으로 시각성을 인정해 주어야 한다는 견해[27] 등이 있다.

우리나라에서 이 문제를 정면에서 다룬 판례는 아직 없는 것 같고 일본에서는 지적재산고등재판소 2005.7.25.선고 2005년(행게)제10679호 판결이 있다. 그 내용을 소개하면 다음과 같다.

"디자인법의 목적은 디자인의 보호 및 이용을 도모함으로써 디자인의 창작을 장려하여 산업발전에 기여하는 것에 있다(동법§1). 이 목적에 한하여 보면, 미소한 물품에 있어서도 공업적으로 동일한 형상 등을 갖춘 물품으로 설계 및 제작하는 것이 가능한 경우에는 그 디자인에 대해 보호를 해주어야 할 것이며, 특히 미소한 물품에 대한 성형기술, 가공기술이 발달하여 정교한 물품이 제작되어 거래되고 있는 현대사회의 실정에 비추어 보면, 디자인보호법에 의한 보호를

27) 송영식 외 2인, 「지적소유권법(상)」, 육법사, 1998, 714면.

미치게 할 필요성은 더욱 높다고 할 수 있다.

한편, 디자인에 관한 물품의 형상 등이 당해 물품이 거래되는 통상의 상태에서 시각에 의해 인식할 수 없을 때에는 디자인을 이용하는 것이라고 말하기 어렵기 때문에 디자인보호법의 상기 목적에 비추어 동법의 보호는 미치지 않는다고 생각할 수 있다. 그렇다면 디자인에 관한 물품의 거래에서 당해 물품의 형상 등을 육안에 의해 관찰하는 것이 통상인 경우에는 육안에 의해 인식할 수 없는 물품의 형상 등은 '시각을 통하여 미감을 일으키게 하는 것'에 해당하지 않고 디자인등록을 받을 수 없다고 해야 한다. 그러나 디자인에 관한 물품의 거래에서 현물 또는 샘플을 확대경 등에 의해 관찰하는 확대사진이나 확대도를 카탈로그, 시방서 등에 게재하는 등 방법에 따라 당해 물품의 형상을 확대해 관찰하는 것이 통상인 경우에는 당해 물품의 형상 등은 육안에 의해 인식할 수 없다고 하여도 '시각을 통하여 미감을 일으키게 하는 것'에 해당되는 것으로 해석하는 것이 상당하다.

본원디자인에 관한 물품 '커넥터 접속단자'에 대해서는 거래시 물품의 형상을 확대하여 관찰하고 있다고 할 수 없기 때문에 그 형상은 육안에 의해 인식할 수 있다고 인정받지 못하는 한 디자인보호법에 의해 보호되는 디자인에는 해당하지 않는다고 해석해야 하는 것이다.

이상에 의하면 본원디자인은 디자인등록을 받을 수 없다고 한 심결의 판단은 결론에 있어서 시인할 수 있다. 따라서 원고의 주장을 기각하고 주문과 같이 판결한다."

이 판결은 '커넥터 접속단자'에 관한 디자인의 실치수가 정면도에 있어 가로 1.21㎜, 세로 1.35㎜, 우측면도에 있어 최대 가로폭 0.28㎜인 것에 대해 그 형태의 구체적인 태양이 육안에 의해 인식할 수 없을 만큼 미소하기 때문에 시각을 통하여 미감을 일으키게 하는 것은 아니므로 디자인법 제3조 제1항(우리나라 디자인보호법§5①) 본문에서 규정하는 공업상 이용할 수 있는 디자인에 해당하지 않는다는 이유로 원고의 청구를 기각한다는 특허청의 심결에 대한 불복의 소송에 관한 사항이다.

제 5 절 심 미 성

Ⅰ. 서 설

1. 의 의

심미성이라 함은 디자인의 성립요소의 하나이고, 미감을 일으키게 하는 것을 말한다.[28] 디자인보호법 제2조 제1호에서는 물품의 형태요소를 형상·모양·색채로 추상하고 이들이 '시각을 통하여 美感을 일으키게 하는 것'을 디자인이라고 정의한다. 즉 디자인보호법은 물품이 형태요소에 의해 구성된 것이어도 그것이 시각을 통하여 미감을 일으키게 하지 않으면 이 법에서 보호대상으로 하는 디자인이 성립하지 않는 것으로 하고 있다. 여기서 美感의 일반적인 語義는 아름다움에 대한 감각 또는 아름다움을 느끼는 감각을 말하므로[29] '미감을 일으키게 하는 것'이란 아름다움에 대한 감각을 일으키게 하는 것 또는 아름다움을 느끼는 감각을 일으키게 하는 것이다. 그러나 인간의 아름다움(美)에 대한 의식은 시대, 민족, 지역에 따라 다르고 또 동일시대, 동일지역에 속하는 사람이라 하더라도 그 사람이 속하는 환경, 관습 등에 따라 개인차가 있다.

따라서 디자인보호법상 요구되는 美感이란 美學상에서 말하는 순수미, 즉 미술품과 같은 고상한 것을 요구하는 것이 아니라 시대, 민족, 지역을 초월하여 개인을 떠나서 공통점을 넘지 않는 범위 내에서의 美感을 일으킬 수 있으면 족한 것이라고 해석되고 있다.

2. 審美性 규정의 취지

디자인보호제도는 물품의 상품가치를 높여 당해 물품에 대한 수요의 증대를 통해 산업발전에 이바지함을 목적으로 한다. 디자인 성립의 객체적 요건으로서의 심미성 요구는 이러한 디자인보호제도의 목적을 달성하기 위한 것이다. 만

28) 주요 각국의 디자인보호법에서 디자인의 정의규정을 두고 명문으로 美感을 규정하고 있는 立法例는 우리나라와 일본뿐이다.

29) 남영선, 「국어사전」, 성안당, 2000, 851면.

약 디자인의 성립에 심미성을 요하지 않는 것으로 한다면 물품의 외관을 구성하는 형태 모두가 디자인보호법상의 디자인으로 성립하게 되어 사회통념상 디자인이라고 할 수 없는 기능적, 기술적인 작용효과만을 목적으로 하여 창작된 물품의 형태(형상) 모두가 법의 보호대상이 되어 결국 하등 미적 가치가 없거나 수요의 창출에 기여하지 못하는 것에까지 독점배타권을 인정하는 것이 되어 부당하게 되며 또 타 법역의 보호객체와도 준별할 수 없게 된다. 이 점에서 디자인의 심미성은 디자인의 본질, 성격과 디자인보호법의 존재의의를 명확히 한 개념인 것이다.

Ⅱ. 美感에 관한 제설

디자인보호법에 있어서의 미감문제는 법상 명문규정을 갖지 않았던 구법시대[30]부터 디자인은 "美感을 일으키게 하는 것"이라고 明定된 현행법에 있어서도 여러 가지 견해로 논의되어 왔다. 즉, 주의환기성설, 취미성설, 심미성설, 미적 처리설 등으로 불리는 것이 그것이다.[31]

1. 注意喚起性說(자극설)

디자인은 신규한 것으로서 視覺을 통하여 사람의 주의를 환기하는 것 또는 사람의 注意를 끌기 위하여 자극을 주는 것이면 미감을 일으키게 한다는 설로서 자극설이라고도 한다.[32] 즉 이 설은 인간이 창작한 것에는 어쩔 수 없이 미감이 표현되는 것이 당연하기 때문에 양산수단에 의해 생산되는 디자인에 굳이 미감의 필요성을 운운할 필요가 없고, 따라서 디자인이라는 것에는 적극적인 미감을 필요로 하지 않는다는 사고방식이다.[33] 이것은 美의 觀念은 주관적인 것

30) 우리나라는 1961년 신규제정 디자인보호법(당시에는 의장법)에서는 디자인의 정의규정을 두지 않고 사회통념에 맡기고 있었으나 1973년 법개정에서 비로소 디자인의 정의규정을 신설하였다.

31) 齋藤, 의장, 162면; 蕚 優美, 공업소유권, 553면에서는 ⅰ) 刺戟說, ⅱ) 취미감설, ⅲ) 미적 처리설 3가지로 분류하여 설명하고 있다.

32) 蕚 優美, 공업소유권, 553면.

33) 디자인등록예를 보면 무의식적이라고는 하여도 이 설에 근거하였다고 볼 수 있는 것이 적지 않다.

으로서 누구에게나 공통하는 일반적인 관념의 확정이 불가능(또는 곤란)하다는 생각에서 유래한다.[34]

2. 趣味性說

이 說은 디자인이 성립하기 위해서는 視覺을 통하여 형태를 지각하는 경우에 거기에 어떠한 특수한 감정, 즉 趣味感을 생기게 하는 것이 필요하다는 것이다. 즉, 디자인은 주의를 환기하는 것뿐만 아니라 사람의 취미적 감정에 비추어지는 것이 필요하며 그것으로 족하고 반드시 미적 감각에 접할 정도의 것이어야 할 필요는 없는 것으로 한다. 예를 들면 사람은 시각을 통해 대상에 존재하는 조화, 통일 또는 리듬 등을 감각할 때 특수한 감정을 일으키기에 이르는 것으로서 이러한 대상에 있는 요소에 의해 생기는 특수한 감정을 취미감이라고 하며 이러한 취미감을 생기게 하는 대상을 이른바 미감을 일으키게 하는 것이라고 한다.

3. 審美性說

이 說은 디자인이 성립하기 위하여는 그것에 審美的 價値가 있어야 한다는 입장이다. 審美란 일반적 語義는 美와 醜를 인식하는 것, 즉 감성적 인식의 대상으로 하는 경우에 있어서 그 대상을 분별하는 것이지만 디자인보호법상의 해석은 美를 느끼는 것 또는 미적 가치를 갖는 것의 뜻으로 사용하는 것이 일반적이다.[35] 이 說은 디자인의 미감에 대한 여러 학설 중 通說의 입장에 있다.

4. 美的 處理說

이 說에 있어서 美感이란 미를 느낄 수 있도록 形態的 處理가 되어 있는 것을 말한다. 즉, 번잡한 감정을 주지 않게끔 형태상에 一定한 目標나 秩序가 존재한다면 그것이 디자인에 있어서의 미감이라고 하는 것이다.[36] 특허청 심사

34) 이와 같은 생각에 프랑스의 푸이에(Pouillet)가 주장한 美의 單一性이론(Unity of Art)이 있다. 美의 單一性이론이란 美의 해석 또는 가치의 기준이 主觀的 性格을 가지는 것이므로 재판관이 순수미술성을 判定하는 것은 불가능하다는 이론이다(이상정, 산업디자인, 198면).

35) 齋藤, 의장, 164면.

36) 이 설은 요건의 구체적 적용면에서 보면, 심미성설과 기본적으로 다르지 않다. 심미성설

실무상의 해석은 이 설의 입장에 있는 것으로 보인다.[37)]

5. 정 리

이상의 설에서 주의환기성설은 디자인이라는 것에는 적극적인 미감이 필요하지 않다는 사고방식이기 때문에 실용신안과 같은 내용의 출원에 대해서도 미감이 없다는 이유로 거절할 수 없게 되어 결국 단순한 구조나 기능만의 고안에 대해서도 디자인권을 부여하지 않으면 안 되는 위구를 일면에 가지고 있는 결점이 있다. 취미성설은 주의환기성설에 비해 보다 적극적으로 미감을 공유할 필요성을 인정하고 있으나 취미감이라는 것이 시대, 민족, 지역 또는 개인에 따라 차이가 있기 때문에 일정한 수준을 정하기가 어렵다는 데 문제가 있다. 미적처리설은 미감을 설명하는 데 있어 미적 처리라고 하는 것은 순환론이 되어 바람직하지 않고 또 이 설에 천착하게 되면 하등 미적 의도를 가지지 아니한 설계로부터 발생되는 미감은 미감에 포함되지 않는다는 모순이 있다. 이에 비해 심미성설은 다른 설에 비해 좀더 고도의 미감을 요구하고 있으나 미감의 폭과 정도를 정하는 것이 그리 쉬운 일이 아니라는 데 문제가 있다.

생각건대, 디자인보호법에서 디자인이란 "物品의 形狀 … 으로서 시각을 통하여 美感을 일으키게 하는 것"이라고 하는 한, 미감의 폭과 정도의 문제는 디자인이 미감을 필요로 하느냐와는 별개의 문제로서 디자인이 성립하기 위하여는 物品의 형태상에 美를 느끼는 것 또는 美的 價値가 실현되어 있음이 필요하다고 하는 심미성설이 가장 合理的인 해석이라고 생각된다. 그러나 우리나라 대법원 1966.5.3.선고 63후30판결은 "의장의 본체는 이를 보는 사람의 마음에 어떤 취미감을 환기시키는 것에 있는 것"이라고 하여 취미성설의 입장을 취하고 있고, 이후의 많은 판결도 이와 일관되어 있다.[38)]

은 물품의 형태로 결실된 가치면에서 미감의 성립성을 포착하는 데 대하여 이 설은 그것을 실현하는 행위와 그 결과로서 현상적으로 포착하여 말하는 것이다.

37) 디자인심사기준에서는 '미감을 일으키게 하는 것'이란 미적 처리가 되어 있는 것, 즉 당해 물품으로부터 미를 느낄 수 있도록 처리되어 있는 것을 말한다고 규정하고 있다(디자인심사기준§2②ⅳ).

38) 대법원 1982.6.8.선고 81후7판결, 1984.9.11.선고 83후56판결, 1991.6.11.선고 90후1024판결, 1992.5.8.선고 89후2041판결, 1995.11.21.선고 94후920판결, 1996.6.28.선고 95후1449판결 등.

Ⅲ. 디자인의 미감의 성립

1. 미학상의 미의 개념과 형식원리

(1) 미의 개념

인간은 항상 아름다움(美)을 추구한다. 美란 무엇인가 하는 문제는 고대로부터 무수한 철학자에 의해 탐구되어 왔고, 근대에는 미학[39]이라는 학문체계가 성립되어 있다. 미학에서 논의되는 바가 디자인보호법의 해석을 직접 규정하는 것은 아니지만, 미감에 대한 해석의 기저가 이 학문에 있는 이상 이를 다루지 않을 수 없다. 미학상 美의 개념은 광의로는 '美的'인 것을 의미하고 영어의 aesthetic, 독어의 ästhetisch, 불어의 esthétique 등이 이에 해당된다. 협의로는 '아름답다'에 대해서 말하는 영어의 beautiful, 독어의 schön, 불어의 beau 등이 이에 해당된다. '美的'은 어원으로부터 말하면 감성적, 직관적이라는 것과 같고, 감성에 의해 포착되고 이성과의 조화로 성립하는 가치의 모든 것을 표시하는 개념이다. 한편, 협의의 美는 감성적 직관에 의해 체험되는 가치의 가장 순수하고 기축을 이루는 것이며 통상 숭고, 비장, 유머(humor) 등과 함께 미적 범주의 하나로 될 때는 순수미와 같은 뜻이고 이성과 감성의 교섭의 가장 완전한 조화로 말하는 우미에 가까운 개념이다.[40]

美라는 것은 쾌감을 느끼게 하고 즐거움을 주는 것이지만, 인간에게 쾌감을 주고 즐거움을 주는 것에는 여러 가지 범주가 있다. 미학상 일반적으로 그 중심을 이루는 것으로서는 순수미를 말할 수 있다. 이것은 조화적 성격이 강하며 시각에 의하여 주어지는 美로서 추에 대응하는 개념이다. 미학상 美에는 그 외에도 우미(경쾌한 것, 사랑스러운 것, 잘 조화된 것), 숭고미(엄숙한 가치를 집중적으로 표현한 것), 비애미(인간의 고뇌나 멸망이라고 하는 부정적 계기에 의하여 보는 사람의 가치감정을 고양시키는 것), 골계미(미적인 규준과 모순되는 형태나 행위에 따라 보는 사람의 우월적인 자기감정을 자극하여 긴장을 풀고 웃음을 유인하는 것) 등이 있다.

(2) 미의 형식원리(미의 법칙)

미학상 미의 형식원리라는 것이 있다. 이 미의 형식원리는 인류가 오랜동

---

39) 미학은 가치로서의 미, 현상으로서의 미, 미의 체험 등을 대상으로 하는 학문이다.

40) 齋藤, 의장, 167・168면.

안에 자연이나 예술로부터 얻어진 것으로서 미의 대상이 되는 形이나 色 등의 구성요소 상호의 관계, 전체에 대하여 부분이 연관되는 관계에 대한 법칙성을 말하는 것이다. 조형상의 미란 질서를 전제로 하는 것이며 무질서란 추함을 나타내는 것이다. 질서를 갖는 미적 형식원리(미의 법칙)에는 밸런스(balance), 하모니(harmony: 조화), 리듬(rhythm : 율동) 등이 있다.[41]

---

41) 美的 形式原理(美의 법칙)

(1) 밸런스(balance, 균형)

㈎ 시머트리(symmetry, 대칭): 對稱의 밸런스라고도 하며, 두 개로 꺾어서 맞겹쳐지는 것 같은 形으로서, 좌우대칭, 방사대칭으로 구분된다.

㈏ 밸런스(balance, 균형): 不對稱의 밸런스라고도 하며, 주로 두 개의 重力的인 균형을 말한다. 좌우 不對稱의 구성이기는 하나 균형이 잡힌 구성을 말한다. 언밸런스란 일방이 극단적으로 과중하거나 안정을 잃는 경우를 말한다.

㈐ 프로포션(proportion, 비례, 비율): 한 개의 것의 部分과 全體와의 관계를 말하는 것이다. 비례미는 길이나 면적의 규형으로부터 생긴다. 극단적으로 크기가 다른 것은 균형을 잃고, 同一한 크기의 것은 단조로워진다. 八等身美人, 黃金分割比(1:1.618 約 3:5 또는 5:8) 등은 이러한 예인 것이다.

(2) 하 모 니

㈎ 하모니(harmony, 조화): 線이나 形, 色이나 質 등 여러 가지 조합된 것 중 부분과 부분, 部分과 全體 등에 유사적 요소가 강하고 그것이 서로 공조되어 쾌감을 느끼게 하는 美를 말한다. 조용하고 溫和한 感을 주는 室內 配色, 가구조도품의 조합 등에는 이 법칙이 이용된다.

㈏ 액센트(accent, 강조): 全體의 構成 중에서 어떤 一點, 또는 어떤 部分에 대비적인 것을 늘여 세워 놓고 변화를 주어 전체를 강조하려고 하는 구성을 말한다.

㈐ 콘트라스트(contrast, 대비·대조·대립): 두 개의 대립관계를 말한다. 전체적으로 대조적인 것을 늘어놓고, 긴장 속에 조화를 꾀하는 것을 말한다. 두 개가 가지는 性質이 相反될수록 콘트라스트는 강조되어진다. 콘트라스트는 이것만으로써는 美의 요소가 되기는 어려운 것으로서 다른 요소와의 관련에 의하여 美를 발휘하는 예가 많다.

(3) 리 듬

㈎ 리듬(rhyhm, 율동): 유사한 것의 반복이며, 세 개 이상의 것이 동등 또는 유사한 성질을 지니는 구성이다. 이것은 進行, 發展, 流動의 感을 낳는 것이다.

㈏ 리피티션(repetition, 반복의 리듬): 같은 形이나 色의 반복으로써 단조로운 리듬감을 준다. 이를테면, 연속 모양과 같다.

㈐ 그라데이션(gradation, 漸增): 단계적으로 形이나 色이 증감해가는 구성이며, 발전이나 진행의 리듬감을 준다. 특히 色에 관한 그라데이션을 階調리고 한다.

㈑ 무브먼트(movenment, 動勢): 어느 방향에의 움직임과 다른 움직임을 예상하게 하는 구성이다(윤종렴, 의장, 96·97면).

2. 미감의 성립

디자인보호법 제2조 제1호는 디자인의 정의로서 "물품의 형상…으로서 시각을 통하여 미감을 일으키게 하는 것"이라고 하고 있다. 이와 같이 디자인은 어떠한 미감을 필요로 한다라고 되어 있지만, 어느 정도의 미감이 있어야 하는가라는 점에 대하여는 앞에서 설명한 바와 같이 여러 가지 설로 나누어지고 있으나 심미성설이 보다 적극적으로 미감을 요구하는 것으로 하고 있다. 종래 학설의 대부분은 디자인은 심미적 가치가 있어야 한다는 점에서 일치한다(심미성설). 그래서 여기서 심미성설에서 말하는 요건을 다시 살펴보면, 디자인이 성립하기 위해서는 물품의 형태상에 미를 느끼는 것 또는 미적 가치가 실현되어 있음이 필요하다고 하는 것이었다. 그리고 이것은 현상면에서 말하면 물품의 형태가 어떤 질서를 가지고 있는 것이었다.

결국 디자인 성립의 객체적 요건에 있어서 '미감을 일으키게 하는 것'이란 물품의 형태로서 미를 느끼게 하는 것, 바꾸어 말하면 주관에 어떤 미적 가치를 생기게 하는 것이며 따라서 그 물품의 형태 자체에 미적 가치가 내포되어 있는 것이라고 할 수 있다.[42)]

여기에서 말하는 미적 가치는 미학상의 협의의 美, 즉 아름답다(beautiful)를 의미하는 바의 미에 한정되지 않고, 아름답다를 기축으로 하는 개념이기는 하지만, 나아가 널리 미적(aesthetic)인 것의 모든 범주를 포함하는 개념이다. 디자인보호법상의 디자인은 그것이 수요의 증대를 통하여 산업발전에 이바지할 수 있는 제도적 목적에 부응할 수 있는 것이어야 하고, 또 이를 위해 공업상 이용할 수 있는 디자인이어야 하는 것이므로 이와 같은 디자인에 대해 미학에서 말하는 협의의 美의 관념을 적용하는 것은 디자인보호법 본래의 취지에 반하는 것이 된다.

디자인보호법이 구체적인 물품의 구분결정을 위임한 디자인보호법 시행규칙 「별표4」의 물품에 구분을 보면 일상적인 어감에 있어서는 미감을 거의 또는 문제로 하고 있지 않는 것처럼 보이는 물품, 예를 들면 나사 · 나사못 · 볼트 · 너트 · 못(M3-10류), 원형톱날 · 실톱(K1-40류), 재봉기침(K5-20류) 등에 대해서도 디자인권의 대상이 되는 물품으로 예거되어 있어 법이 예정하는 디자인은 일상적인 어감에서 말하는 美, 즉 아름답다를 내용으로 하는 美에 의해 성립하는 것에 그치지 않음을 보여주고 있다. 따라서 디자인보호법에서 말하는 미감은 미학에

---

42) 齋藤, 의장, 170면.

서 말하는 순수미술이나 일품생산적인 공예품에서 보여주는 것처럼 고상하고 아름다운 고도의 미감일 필요는 없다고 해석된다.

다음으로 미감을 불러일으키는 요소에 대해서는 미감을 일으키게 하는 것이 디자인이기 때문에 그 디자인의 외관 전체에서 시각에 의해 판단되고 느껴져야 하는 것이다. 물품의 형상·모양·색채 또는 이들의 결합 중 어느 것에 의해 느껴져도 되는 것이다.

Ⅳ. 디자인의 본질

1. 장식주의와 기능주의

디자인의 본질을 어떻게 이해하느냐에 따라 디자인의 審美性에 대한 운용도 달라질 수 있다. 여기에는 크게 장식주의와 기능주의의 사상이 對立되고 있다.

(1) 장식주의

종래, 美術(fine arts)이라는 개념에 소위 장식예술(decorative arts)이라는 개념을 대립시켜서 공예나 디자인 등의 실용품의 외관은 이에 속하는 것으로 보아 왔다. 이것을 디자인에 있어서 장식주의라고 한다. 회화, 조각 등의 미술은 사상이나 감정의 표백, 즉 개성의 표현을 목적으로 하고 있고 마음속에 일어난 기쁨이나 슬픔을 그대로 표현하는 것이다. 그러므로 그 자체가 목적인 것으로서 그 밖의 목적이나 용도가 없다. 그러나 책상이나 의자 등 실용품은 단순히 사상, 감정이 닫는 대로 조형되어진 것이면 곤란하고 그 용도나 기능에 맞는 것이어야 한다. 용도를 도외시하여 사상, 감정이 닫는 대로, 그 사상이나 감정을 표백한 것이어서는 오히려 용도를 손상시킬 우려가 있다. 실용품을 아름답고 멋있게 하는 것은 사상, 감정의 표백이 아니고 장식이라고 생각되어 왔다. 이와 같이 실용품의 외관인 디자인은 사상, 감정의 표백이 아니기 때문에 미술보다 낮은 것으로 본다. 여기서 장식이라는 것은 물품에 복잡한 모양이나 손재간에 의한 장식을 붙여 아름답게 보이도록 꾸미는 것을 말하며 장식주의에서는 이것을 디자인이라고 생각하는 것이다. 따라서 이 주의에서는 디자인의 심미성을 장식의 심미성에서 찾게 된다. 이러한 사고방식은 中世 이후 현재에 이르기까지 디자인이나 공예의 세계를 지배해온 사상이며 특히 수공예에 있어서는 오늘날에 있어서도 변함없이 이어지고 있는 것이다.

(2) 기능주의

18세기 후반부터 19세기 초에 걸쳐 일어난 산업혁명에 의한 기계·기술의 발달로 기계에 의해 재래의 생산방법이 변하게 되었으며 종래의 장식주의적인 디자인을 기계에 의해 만들면 획일적이고 냉냉한 것만이 생산되었으므로 이에 반발하여 1919년 독일의 그로피우스(Walter Gropius, 1883~1969)가 주창자가 되어 조형학교인 바우하우스(Bauhaus)를 중심으로 새로운 디자인 운동이 일어났다. 이것이 機能主義 사상이다.

기능주의란 상품의 外形은 그 용도나 기능에 합치되어야 하며 디자인에서 필요한 것은 그 기능으로부터 우러나오는 외형인 것이며 무용한 裝飾은 오히려 기능을 해치게 되므로 될 수 있는 한 제거되어야 한다는 입장이다. 이 주의는 工業製品의 외관에 관한 산업디자인(industrial design)의 理念이며 이 주의에서 추구하는 미는 기능미이다. 여기서 '기능미'란 物品의 용도나 기능에 부합되도록 물품의 외형을 변화시킨 외형미를 의미한다.

2. 우리나라 디자인보호법의 입장

디자인을 장식으로 생각하느냐, 기능으로부터 우러나오는 외관으로 생각하느냐는 디자인의 본질에 관한 대립되는 두 가지 사상이다. 양 사상 중 디자인의 본질을 어떤 것으로 이해하느냐에 따라 디자인보호법의 적용을 받는 물품의 범위, 유사판단의 기준, 審美性의 내용 등에 커다란 영향을 미치게 된다. 즉, 디자인을 장식으로 생각하게 되면 무장식의 美는 인정되지 않으므로 산업용기계, 공작기계, 농기구, 내연기관, 공구, 나사못 등의 기초재료에는 디자인이 없다는 것이 되고, 한편 디자인을 기능으로부터 우러나오는 外觀으로 생각하게 되면 기능에 맞는 外形일수록 아름다운 것이 되고, 기능상 필요 없는 장식은 오히려 디자인을 해치는 것이 된다. 그러나 양 사상이 대립하면서도 양립하고 있는 현재에 있어서 우리나라 디자인보호법이 그 어느 쪽에 입각하고 있음을 명확히 규정하고 있지 않으므로[43] 디자인의 審美性에 대한 운용은 이 양방을 포함한 절충적인 태도를 취하

43) 디자인보호법 시행규칙 「별표4」의 物品의 區分에 의하면 장식주의적인 물품이 많이 열거되어 있으나 일반적 관념으로는 하등의 장식을 필요로 하지 않는 것 같은 물품, 예를 들면 M3-10류에 나사, 못, 너트와 볼트 등도 디자인권의 대상이 되는 物品으로 열거되어 있음을 볼 때 우리나라 디자인보호법은 장식주의적인 것 외에 기능주의적인 것도 포함하고 있는 것으로 해석된다.

여야 한다고 본다. 디자인제도의 당초 목적은 주로 장식적인 디자인의 보호에 있었다고 생각되나 산업기술의 발달과 함께 공업제품의 외관에 관한 産業디자인의 이념이 지배하는 오늘날에 있어서는 기계류나 그 부품과 같이 실용성을 높이기 위한 외관상의 변화 등 기능미적 요소를 무시할 수 없게 되었다. 따라서 디자인의 성립요건으로서 요구되는 '美感을 일으키게 하는 것'에서의 美는 장식적인 美이거나 기능적인 美이거나를 막론하고 이에 해당하는 것으로 생각하여야 한다. 그러나 여기에서 기능미라고 하는 것은 어디까지나 외관에 변화가 있고, 그 변화에 따라 물품의 기능을 좋게 하는 경우를 말하는 것이지 아무리 기능을 좋게 하는 것이라도 외관상의 변화가 없는 것이거나 그 변화가 극히 미미하여 인식하기 어려운 경우에는 美感을 일으키게 하는 것이라고 할 수 없다.

Ⅴ. 審美性의 심사기준

디자인의 심미성에 대하여 적극적으로 해석하는 경우에는 주관적 판단에 빠져들어 객관성이 결여될 우려가 있고, 반면 소극설에 치우치면 기계의 구성요소 그 자체 등 기능을 주목적으로 한 형태에 관한 출원을 조장할 우려가 있다. 그래서 특허청의 심사실무상은 디자인의 심미성에 관하여 '미감을 일으키게 하는 것'이라 함은 미적 처리가 되어 있는 것, 즉 해당 물품으로부터 美를 느낄 수 있도록 처리되어 있는 것을 말한다고 해석하고 미감을 일으키게 하지 않는 것으로 보는 구체적인 기준으로서 다음과 같이 두 가지를 정하고 있다.

(1) 기능, 작용효과를 주목적으로 한 것으로서 美感을 거의 일으키게 하지 않는 것

물품의 형상·모양·색채 또는 이들의 결합인 것이라 하더라도 시각효과라는 관점이 아니고 기능, 작용효과를 주목적으로 한 것이라면 디자인의 창작을 의도한 것도 아니고 美感도 거의 일으키지 않는 것이기 때문에 디자인을 구성하지 않는 것으로 취급한다.

(2) 디자인으로서 짜임새가 없고 조잡감만 주는 것으로서 美感을 거의 일으키게 하지 않는 것

디자인으로서 짜임새가 없고 조잡감만 주는 것은 보는 사람에게 적극적인 인상을 줄 수 없어 거의 미감을 일으키지 않기 때문에 디자인을 구성하지 않는 것으로 취급하는 것이다.

Ⅵ. 관련문제

종전에는 기술적인 기능을 주목적으로 창작된 디자인이라 하더라도 그것이 美感을 가지고 있으면 등록받을 수 있었다. 그러나 2001년 법개정에서는 부분디자인제도를 도입함과 동시에 물품의 기능을 확보하는 데 불가결한 형상만으로 된 디자인에 대하여는 그것이 디자인으로 성립되고, 일반적인 등록요건을 구비하는 것이라 하더라도 디자인등록을 받을 수 없도록 하였다(§6iv). 이것은 기술적·기능적 관점으로부터 필연적으로 유도되는 형상으로서 실질적으로 美的인 창작이 이루어지고 있지 않는 창작이 디자인보호법에 의해 보호되게 되면 디자인보호법이 보호를 예정하지 않은 기술적 사상의 창작에 대하여 독점배타권을 부여하는 것과 마찬가지의 결과를 초래할 가능성이 있고, 또 물품의 호환성 확보를 위해 표준화된 규격에 의해 결정되는 형상으로 이루어지는 디자인에 디자인권이 설정되면 제3자가 그 기능을 갖는 물품을 실시하려는 경우 디자인권의 侵害가 되기 때문에 경제활동을 부당하게 제한하고, 오히려 산업발전을 저해할 요인이 되므로 이러한 폐해를 방지하기 위한 것이다(자세한 것은 제9장 제2절 Ⅳ.물품의 기능을 확보하는 데 불가결한 형상만으로 된 디자인 참조).

제 6 절 글자체 디자인

Ⅰ. 서 설

1. 글자체의 의의

디자인보호법상 글자체(typeface)라 함은 기록이나 표시 또는 인쇄 등에 사용하기 위하여 공통적인 특징을 가진 형태로 만들어진 한 벌의 글자꼴(숫자, 문장부호 및 기호 등의 형태를 포함한다)을 말한다[44](§2 i 의2). 종전에 디자인은 "물품(물품의 부분을 포함한다)의 형상 …"이라고 정의하고 있었기 때문에 글자체는 물품의 형태에 해당되지 않아 디자인 보호법의 보호대상이 되지 못하였다.

그러나 2004년 법개정에서 디자인의 정의규정을 개정하여 디자인이라 함은 "물품[물품의 부분(제12조를 제외한다) 및 글자체를 포함한다. 이하 같다]의 형상 …"이라고 하여(§2 i) 물품의 개념 속에 글자체를 포함하도록 함으로써 글자체에 대해서도 법상의 디자인으로 성립되고 따라서 디자인보호법의 보호대상이 되었다.

이에 따라 디자인보호법상 디자인의 개념이 변경되고, 디자인의 유사여부판단, 보호범위의 해석 등에 상당한 영향을 주게 될 것이지만, 금후 글자체디자인 제도의 운영과정에서 미지의 제문제가 심결례, 판례 등을 통해 해결될 수 있을 것이다.

2. 글자체 보호의 취지

최근 사무자동화기기 등의 급속한 보급과 문자처리의 전자화가 진전됨에 따라 고품위 또는 각종 글자체에 대한 요구가 크게 증대되고 이에 따라 각종 글자체에 대한 디자인 개발이 활발하게 이루어지고 있다. 일반적으로 글자체의 개발을 위하여는 많은 연구와 시간 및 실험, 즉 견본원도의 제작·평가·수정·인자실험 등을 각 전문인을 통하여 행하는 등의 노력과 자본이 투하되고 있고, 또한 글자체 디자이너의 창작성, 독창성이 크게 발휘되고 있는 데 비해 특히 컴퓨터와 접목된 전산사식기에 의해 어떤 대가의 지급 없이 용이하게 모방 내지 복사되어 이용할 수 있다. 그러나 종전의 제도상으로는 글자체에 대하여는 디자인보호법이나 저작권법 등 어떠한 법제에 의해서도 보호대상이 되지 못하고 있어[45] 글자체 창작자는 개발에 투하된 노력이나 자본을 보상받을 수

---

44) 1973년의 글자체의 보호 및 국제기탁에 관한 빈협정 제2조(i)에서는 글자체에 대해 다음과 같이 정의하고 있다.

ⓐ 악센트 부호 및 구두점과 같은 부속물을 수반한 문자 및 알파벳 자체

ⓑ 숫자의 정식기호, 부호 및 화학기호와 같은 그 이외의 도형적 기호

ⓒ 테두리장식, 꽃무늬장식 및 당초 문양과 같은 장식, 이것들은 방법의 여하를 묻지 않고 인쇄기술에 의해 문장을 구성하기 위한 수단의 제공을 의도하는 것이다. 다만, 그 형상이 순수한 기술적 필요에 기인하는 형태의 글자체는 글자체란 용어에 해당되지 않는다.

45) 글자체의 저작물성에 대하여는 학설이 대립하고 있으나 대법원 1996.8.23.선고 94누5632 판결은 아래와 같이 부정설에 입각하고 있다.

"저작권법에 의하여 보호되는 저작물이라 함은 학문과 예술에 관하여 사람의 정신적 노

있는 길이 없었다. 이와 같은 사정을 배경으로 지적 창작물에 대한 적절한 보호와 이용을 도모함으로써 창작의욕을 진작시키고자 하는 지적재산권제도의 취지에 비추어 독창적인 창작이 행해진 글자체에 대해서도 다른 지적창작물과 동일하게 보호되어야 할 필요성이 높아지게 되었다.

또한 외국의 경우에는 미국, 영국, 프랑스, 독일, 유럽연합 등 많은 국가들이 글자체에 대해 디자인법 등에 의한 보호를 도모하고 있으므로 국제적 조화의 관점에서 디자인보호법에 의한 보호가능성의 검토가 요망되었다.

그래서 글자체의 창작보호방향은 디자인보호법의 개정에 의한 대응이 가장 적당하다고 하여 2004년 법개정에서 디자인의 정의에 글자체를 포함하도록 하여 지금까지 보호대상이 되지 못하였던 글자체에 대해서 디자인보호법에 의해

력에 의하여 얻어진 사상 또는 감정의 창작적 표현물이라 할 것인데, 서체는 문자·글자가 의사전달수단 내지 언어·사상 등의 표현수단으로 사용되어지는 것에 부수하여 그 기본적인 형태는 그대로 유지하면서 다만, 문자 등의 표시에 시각적 효과 등을 첨가하거나 강화함으로써 보다 효과적으로 의사 등의 표현·전달함에 사용되어질 것을 예상하고, 그러한 의도하에 만들어지는 것이라 할 것이다. 그리고 원고들이 제작한 서체도안도 그 자체가 미적 감상의 대상으로 할 것을 주된 의도로 하여 작성되었다고 보기는 어렵다(미적 감상을 주된 의도로 하여 작성되는 서체, 예컨대 서예와 같은 것은 달리 취급하여야 한다).

서체도안은 일부 창작성이 포함되어 있고 문자의 실용성에 부수하여 미감을 불러일으킬 수 있는 점은 인정되나 그 미적 요소 내지 창작성이 문자의 본래의 기능으로부터 분리·독립되어 별도로 감상의 대상이 될 정도의 독자적 존재를 인정하기는 어렵다 할 것이어서 그 자체가 예술에 관한 사상 또는 감정의 창작적 표현물이라고 인정하기에는 미흡하다고 보여지므로 이를 저작권법상 보호의 대상인 저작물 내지 미술저작물로 인정하기는 어렵다고 할 것이다.

서체도안의 창작자에게 저작권법상의 모든 권리(저작인격권·저작재산권 등)를 인정할 경우 종래의 문화유산으로서 만인공유의 대상이 되고, 의사·사상·감정 등의 전달·표현 등의 기본적 수단이 글자 내지 문자의 사용에 관하여 지나친 제약을 가하는 결과가 될 것이 명백하고, 결과적으로는 서체도안의 창작자에게 일종의 문자에 대한 독점권을 부여하는 효과를 가져올 우려가 있어 이는 문화의 향상·발전에 이바지함을 목적으로 하는 저작권법의 입법취지에 오히려 반하게 될 것이다.

이 사건의 경우와 같은 서체도안의 경우 그 창작에 드는 창작자의 시간과 노력, 비용 등에 어떠한 형태로든 적절한 보상이 있어야 함은 물론이고, 그러한 보상이 이러한 서체도안 등의 창작에 대한 의욕을 보다 활발하게 불러일으켜 이러한 분야의 발전을 가져올 것은 명백하다. 그러나 서체도안에 관하여 별도로 특별법 등의 제정을 통하여 창작자의 권리 등을 구체적으로 규정하여 이를 보호함은 별론으로 하고, 이를 저작물의 범주에 포함된다고 보기는 어렵다."

보호받을 수 있도록 하였다.

3. 글자체 보호에 관한 외국의 입법례

(1) 글자체의 보호 및 그 국제기탁에 관한 빈협정

일찍부터 글자체의 창작을 장려하고, 그 효과적 보호의 필요성을 느끼고 있던 유럽의 10개국[46]이 모여 1973년에 "글자체의 보호 및 그 국제기탁에 관한 빈협정"(The Vienna Agreement for the protection of Typefaces and Their International Deposit)을 체결하였다. 이 협정의 주요내용은 ⅰ) 체약국은 각국에서 디자인법, 저작권법 또는 특별입법에 의하여 글자체디자인을 보호하며, ⅱ) 보호조건으로서 신규성 또는 독창성, 혹은 양자를 요구하며, ⅲ) 보호기간은 최저 15년으로 하고, ⅳ) 권리자는 자기의 글자체를 복제할 권리를 가짐은 물론, 이러한 복제권은 타인이 그 글자체를 사용하여 텍스트를 꾸며 출판물로서 인쇄하는 행위에도 미치며, ⅴ) 국제기탁제도를 두고, ⅵ) 분쟁해결절차를 정하고 있는 것 등이다.

그러나 위 협정은 현재까지 프랑스와 독일만이 비준하고 있어 5개국의 비준이라는 발효조건을 충족시키지 못하여 아직 발효되지 못하고 있다.

(2) 미 국

미국 특허법에서는 디자인특허의 대상이 되는 물품을 제조물품(on article of manufacture)으로 한정하고 있으나 1842년부터 글자체에 대해 디자인특허로 보호하기 시작하였으며, 1995년의 아이콘의 보호에 관한 가이드라인(1995년 10월 5일)에 의해 타입폰트(type font)에 대해서도 디자인특허를 인정하는 것을 규정하여 신규로 독창적이고 장식적인 타입폰트에 대해 컴퓨터화면을 실선으로 표시하여 그 화면상에 표시된 상태이면 권리를 취득할 수 있도록 하였다.[47]

---

46) 프랑스, 독일, 헝가리, 이탈리아, 룩셈부르크, 네덜란드, 산마리노, 스위스, 영국, 유고슬라비아 10개국.

47) 미국 저작권법 제101조에 의하면, 회화·도면 및 조각저작물에는 순수미술저작물뿐만 아니라 응용미술저작물이 포함되어 있다. 다만, 실용품의 디자인은 물품의 실용적인 면과 구별될 수 있고, 그와 독립해서 존재하는 범위에 한해 회화·도면 및 조각저작물로 보고 있다. 따라서 저작물로서 보호를 받는 응용미술은 물품의 실용적인 면으로부터 분리가능성(separability)과 독립성(independence)의 두 요건을 충족시켜야 한다. 이러한 법규정에 따라 미국 저작권청의 실무 및 판례의 일반적인 경향은 글자체에 대해 미술저작물로서의 저작권의 보호를 인정하지 않는다.

(3) 영　　국

영국의 등록디자인법은 종전에는 물품을 "Article"이라고 규정하여 공업적 과정에 의한 완제품(finished article)의 경우에만 디자인등록의 대상으로 하였으나 EU디자인보호지침을 수용하기 위한 2001년 법개정에서는 물품을 "product"로 변경하고 product란 '일체의 공업제품 또는 수공예품으로 특히 완성품의 구성부분, 포장, 한 벌의 의상(get-up), 그래픽 심볼 및 글자체(type face)를 포함한다.'라고 하여 글자체를 디자인법에 의해 보호하고 있다. 또한 영국에서는 글자체가 미술저작물임을 전제로 하여 저작권의 제한을 규정하고 있다. 영국 저작권·디자인·특허법(CDPA)에 의하면 글자체의 저작권에 대한 제한으로 통상의 인쇄과정(타이핑 또는 프린팅)에서 글자체를 사용하는 것은 일반 소비자들이 컴퓨터나 프린터 또는 인쇄기기를 이용하는 과정에서 통상적으로 하는 행위이므로 저작권의 침해가 되지 않는다. 또한 이러한 인쇄과정을 통해 제작된 자료물에 관한 어떠한 판매 또는 대여 등의 행위에 대해서도 저작권의 제한을 인정하고 있다.

(3) 프 랑 스

1985년에 개정된 1957년 3월 11일의 "문화적 및 미술적 소유권에 관한 법률"(저작권법) 제3조의 저작물의 예시에서 글자체저작물을 규정하고 있다. 저작권법에서 글자체를 추가한 것은 프랑스가 1973년에 비준한 1973년 6월 12일이빈협정에 따른 것이다. 또한 프랑스는 유럽연합국가 내 디자인의 법적 보호를 위한 EU디자인보호지침에 따라 2001년 7월 25일 실질적으로 개정된 디자인법에서 글자체를 디자인의 개념에 포함하고 있어 글자체는 저작권법 및 디자인법에 의한 중첩적인 보호가 이루어지고 있다.

(4) 독　　일

EU디자인보호지침을 수용하기 위한 2004년의 디자인법 개정에서 디자인을 구성하는 물품의 정의에 글자체를 포함시켜 디자인법에 의해 글자체를 보호하며 지금까지 존속하였던 글자체 보호에 관한 특별법인 1981년의 "글자체보호와 그 국제기탁을 위한 협정에 관한 법률"은 폐지되었다.

(5) 유럽연합(EU)

EU디자인보호지침 및 EU디자인보호규정에서 디자인은 "물품 자체의 선, 윤곽, 색채, 형상, 질감 및/또는 물품의 재질 및/또는 그 장식의 특징으로 생기는 물품의 전체 또는 부분의 외관"이라고 정의하고 물품이란 "일체의 공업제품 또는 수공제품으로 특히 조립물품의 구성부분, 포장, 한 벌의 의상(get up), 그래픽 심볼 및 글자체 등을 포함하나 컴퓨터 프로그램은 제외한다"라고 규정하여 글자체에 대해 디자인으로 보호하도록 하고 있다.

(6) 일 본

일본은 종래부터 글자체에 대해서는 물품의 형태에 해당하지 않는다고 하여 디자인법의 보호대상에서 제외하여 왔고, 또한 저작권법상으로는 우리나라의 저작권법과는 달리 응용미술저작물을 저작물의 예시로 들고 있지 않은데, 글자체는 저작권법상의 보호대상이 되지 않는다는 것이 다수의 견해이다. 최근 일본의 최고재판소에서는 "인쇄용서체가 저작권법 제2조 제1호에서 말하는 저작물에 해당하기 위하여는 종래의 인쇄용서체와 비교하여 현저한 특징을 갖는 독창성 및 그 자체가 미술감상의 대상이 될 수 있는 미적 특성을 갖추고 있지 않으면 안 된다"라고 판시하여 글자체에 대한 저작물성을 실질적으로 부정하였다.[48] 따라서 일본은 기본적으로 일품 제작의 공예품에 대해서는 저작권법으로 보호하고 있으나 응용미술저작물은 저작권법으로 보호하지 않으며 그 당연한 결과로서 글자체도 저작권법으로 보호하지 않는다.

Ⅱ. 글자체 디자인의 성립요건

글자체의 정의규정(§2 i 의2)에 따라 글자체가 법상의 디자인으로 성립되기 위해서는 이하의 요건을 만족시키는 것이어야 한다.

1. 글자체를 구성하는 것일 것

(1) 기록이나 표시 또는 인쇄 등에 사용하기 위한 것일 것

글자체디자인의 보호취지에서 글자체는 기록이나 표시 또는 인쇄 등에 사용하기 위한 목적으로 개발된 것이어야 한다. 따라서 글자체가 독특한 형태로 디자인되었다 하더라도 정보전달이라고 하는 실용적 기능을 수행하는 것이 아니라 미적 감상의 대상으로 할 의도로써 작성된 서예(calligraphy)나 회사 또는 상품의 이름 등을 표상하는 조립문자인 로고타입(logotype) 등은 여기서 말하는 글자체를 구성하지 않는다. 글자꼴을 기록, 표시 또는 인쇄 등의 구체적인 표현에

48) 일본 최고재판소, 2000.9.7.선고 2000(수)322호 판결.

이용할 수 있도록 같은 크기의 글자의 형상, 표현의 집합으로서 기억모체에 기록한 정보를 폰트(font)라고 한다.[49]

(2) 공통적인 특징을 가진 형태로 만들어진 것일 것

공통적인 특징을 가진 형태란 글자꼴이 지니는 형태, 규모, 색채, 질감 등이 서로 비슷하여 시각적으로 서로 닮아 있거나 같은 그룹으로 보이는 형태를 말한다. 현재 한글 글자꼴의 분류방법에는 글자꼴이 지니는 형태적 유사성을 통한 분류방법과 글자꼴이 사용되는 용도에 따른 분류방법, 창작의도(concept)에 의한 분류방법 등이 있다.[50]

위의 분류방법 중 글자꼴의 유사성 판단기준으로는 형태별 분류가 가장 타당하며 선행연구 중 비교적 형태적 유사성을 강조한 분류법의 사례에는 다음과 같은 것이 있다.[51]

1) 김홍련의 분류 붓글씨체, 전각, 명조체, 고딕체(각고딕체, 둥근고딕체), 장식체, 그래픽체, 공작체, 컴퓨터그래픽체의 8가지로 나눈다.

2) 김진평의 분류 명조체, 고딕체, 그래픽체, 둥근고딕체, 공작체, 궁서체, 굴림체의 7가지로 나눈다.

3) 조무광의 분류 명조체, 고딕체, 그래픽체, 둥근고딕체, 변형체, 궁서체, 그림문자의 7가지로 나눈다.

4) 한국글꼴개발원의 분류 바탕체류,[52] 돋움체류,[53] 그래픽류, 굴림체류, 필사체류, 상징체류, 고전체류, 탈네모꼴류, 기타체류의 9가지 카테고리로

---

49) 한글 폰트 한 벌은 일반적인 문장을 무난히 쓸 수 있는 한글 문자 종류 수로 보아 대체로 2,350종류의 문자를 기본으로 삼고, 여기에 같이 쓰이는 숫자, 영자, 약물 [기호]를 포함시킨 것을 지칭한다(박병천, "현대한국대표서예가 한글서체의 컴퓨터 글자체 개발실태와 조형적 고찰," 글꼴 2004, 한국글꼴개발원, 387·388면).

50) 홍익대학교 미술디자인공학연구소, 「한글활자꼴 보호범위와 유사성 판단기준에 관한 연구」, 2003(이하 본서에서의 인용은 "홍익대, 한글활자꼴 보호범위"라고 줄인다), 40면, 다만, 동 연구보고서에서는 "글자꼴"이란 용어를 쓰지 않고 "활자꼴"이란 용어를 쓰고 있다.

51) 홍익대, 한글활자꼴 보호범위, 41면.

52) 바탕체류는 중국 명나라 때의 書風을 따른 것으로 붓의 필력이 다듬어진 한글꼴의 대표적인 활자체들인 명조체들을 1992년 12월에 문화부에서 바탕체라는 이름으로 순화한 글꼴들의 모임이다. 서적이나 신문의 본문에 주로 쓰인다.

53) 돋움체류는 1920년대 초에 등장하여 1930년대에 이르러 광범위하게 사용되기 시작한 고딕체라고 불리던 활자꼴로 1991년 문화부에서 돋움체라고 하는 우리말 이름으로 지정한 글꼴이다. 서적이나 신문의 문장제목, 각종 표지판 등을 위해 가장 많이 쓰이는 글꼴이다.

나누고 있다.

(3) 한 벌의 글자꼴(숫자, 문장부호 및 기호 등의 형태를 포함)일 것

한 벌의 글자꼴이란 개개의 글자꼴이 모인 그 전체로서의 조합을 의미한다. 따라서 디자인보호법상의 글자체란 글자 하나하나를 가리키는 것이 아니라 글자들간에 공통적인 특징을 가진 형태로 만들어진 한 벌의 글자꼴을 말한다.

한 벌의 글자꼴이 성립하기 위해서는 문자 이외에 숫자, 기호 등이 반드시 포함되어야 하는지에 대하여는 디자인보호법 시행규칙 제9조 제1항 「별표 4」의 물품의 구분에서 한글글자체, 영문자글자체, 숫자글자체, 특수기호글자체 등으로 구분하고 있어 디자인보호법은 문자, 숫자, 기호의 각각에 대하여 독자적으로 한 벌의 글자꼴의 성립을 예정하고 있다. 이것은 한글과 영문 또는 숫자 등이 모두 갖추어져야 한 벌의 글자체가 되는 것이 아니며 한글이나 영문 또는 숫자 각각만이 있어도 한 벌의 글자꼴을 구성할 수 있다고 보기 때문이다.

또한 한 벌은 일반적인 문장을 무난히 쓸 수 있는 문자의 수를 필요로 하는 것이지만,[54] 디자인보호법 시행규칙 제5조 제5항 「별표 6」에서는 등록용 지정글자에 대해 한글글자체 500자, 영문자글자체 52자(A~Z, a~z), 숫자글자체 10자(0~9), 특수기호글자체 120자, 한문글자체 900자의 낱글자를 정하고 있다.[55] 따라서 글자체의 구분에 따라 상기의 지정글자(지정된 낱글자)를 구비하면 글자체 디자인으로 디자인 등록을 받을 수 있다. 디자인보호법 시행규칙에서 글자체의 구분에 따라 지정글자를 정하고 있는 것은 지정글자만으로 글자체의 전체적인

54) 한국산업규격, 정보교환용부호계(한글 및 한자)의 KSX1001(변경 전 KSC5601) 코드에 의하면 한글글자마다는 사용빈도에 의하여 선정된 2,350자, 기본로마문자는 A, B, C~Z의 대문자 26문자와 a, b, c~z의 소문자 26문자 총 52자 문자, 숫자는 아라비아숫자 0~9의 10문자, 로마숫자 Ⅰ~Ⅹ의 대문자 10문자와 ⅰ~ⅹ의 소문자 10문자 총 30문자, 특수문자는 간격 1문자, 기술기호 37문자, 괄호기호 23문자, 학술기호 48문자, 단위기호 34문자, 일반기호 232문자, 총 435문자로 한다고 되어 있다. 또한 한자문자는 사용빈도에 의하여 선정된 4,888자, 가나문자(일본문자)는 히라카나 83문자(촉음, 탁음 및 반탁음 포함)와 가다카나 86문자(촉음, 탁음 및 반탁음 포함) 86문자 총 169문자로 되어 있다.

55) 이와 같이 정한 것은 한글글자체의 경우 출현빈도의 중복회수가 최하 2회 이상인 문자 464자와 비교적 빈도수가 높은 글자 중 조합구조의 특성, 글자조형의 특성, 제작난이도의 수준 등을 감안한 36자를 추가하여 최종 500문자로 선정한 것이고, 특수기호글자체의 경우 기본이 되는 100~150문자 정도의 특수기호만을 새로이 디자인하는 개발실태를 고려한 것이다. 또한 한자글자체의 경우 중등교육용한자 900자에 근거한 것이라고 한다(특허청, 개정 디자인보호법, 상표법설명회 및 하위법령 개정안 공청회 자료, 2005, 71~74면).

인상과 구조 및 특징을 파악할 수 있고 또한 한 벌성 요건의 판단의 곤란성을 회피하여 신속한 처리를 도모하기 위해서이다.

2. 글자체의 형상·모양·색채 또는 이들의 결합일 것

디자인이란 "물품[물품의 부분(제12조를 제외한다) 및 글자체를 포함한다]의 형상·모양·색채 또는 이들을 결합한 것…"을 말하므로 글자체디자인에 있어서도 글자체의 형상·모양·색채 또는 이들을 결합한 것이어야 한다.

그러나 글자체는 기록이나 표시 또는 인쇄 등에 사용하기 위한 것으로서 유체물의 표면에 字形으로 나타내어지는 것이므로 디자인보호법상의 형태구성요소 중에서는 주로 모양에 해당한다고 할 수 있다.

3. 시각을 통하여 미감을 일으키게 하는 것일 것

일반적인 디자인의 성립요건과 마찬가지로 글자체에 있어서도 시각을 통하여 미감을 일으키게 하는 것이어야 한다.

5
chapter

디자인등록의 實體的 要件

제1절 서 설

창작된 디자인이 디자인보호법에서 말하는 디자인으로 성립되고 있는 것이라 하더라도 실질적으로 법에 의해 登錄되기 위하여는 어떤 또 다른 요건을 구비하여야 하는가. 이에 대해 디자인보호법 제5조는 디자인등록의 요건에 대해 규정하고 있다. 우리나라 디자인보호법은 법에서 정한 실질적인 요건을 충족한 것을 등록한다는 審査主義를 기본으로 유지하면서 일부의 디자인에 대하여는 이 요건(제5조 제1항 본문의 공업성 요건을 제외)에 대한 심사 없이 등록을 허여하는 無審査主義를 병존시키고 있다.

디자인이 등록되기 위한 실질적인 요건으로는 廣義로 볼 때, 절차적인 요건 등도 포함되는 것이지만 법 제5조 제1항 및 제2항에서는 등록의 대상이 되는 디자인이 本質的으로 구비하고 있지 않으면 안 되는 요건(이를 狹義의 등록요건이라고 부른다)으로서 '工業상 이용할 수 있는 디자인일 것'(제1항 본문), '新規性을 가진 디자인일 것'(제1항 각호), '創作이 용이하지 않은 디자인일 것'(제2항)의 세 가지 요건을 들고 있다. 이것을 디자인등록의 實體的 要件이라고 한다.[1)]

1) 法 제5조 제1항 및 제2항에서 규정하고 있는 디자인등록의 실체적 요건은 디자인등록을 받을 수 없는 디자인을 규정하고 있는 法 제6조를 消極的 要件이라고 부르는 것에 대응하여 이를 積極的 要件이라고 부르기도 한다.

제 2 절 공업상 이용가능성(공업성)

Ⅰ. 서 설

디자인보호법 제5조 제1항 본문에는 "工業상 이용할 수 있는 디자인으로서 … 그 디자인에 대하여 디자인등록을 받을 수 있다"라고 규정하여 디자인이 등록되기 위하여는 제1의적으로 공업상 이용할 수 있는 디자인임을 요구하고 있다. 이것을 디자인의 工業上 利用可能性 또는 간단히 말하여 공업성이라고 한다. 디자인의 工業性에 관하여는 종래 이것이 디자인의 本質인가 아니면 등록요건인가 등 異論[2)]이 있었으나 현재 대개는 실정법상의 규정한 바에 따라 登錄要件으로 해석한다.[3)]

1. 공업성의 의의

工業性이 있는 디자인이란 공업적 생산과정에 의해 동일물이 量産가능한 디자인을 말한다. 과거 공업성에 대한 해석은 두 가지로 나누어지고 있었다. 디자인의 용도가 공업적인 것으로 해석하는 것[4)]과 資質面에서 공업적이라는 해석[5)]이 그것이다. 디자인의 用途가 工業的이라고 생각하는 說에서는 농업, 광업,

2) 윤종렴, 의장, 105·106면은 공업상 이용할 수 있는 디자인이라는 것은 실질적인 의미의 디자인의 定義라고 하며, 공업성을 디자인의 본질로 파악한다. 이 견해에 서게 되면 工業性이 없는 것은 디자인이 아니라는 것이 된다. 그러나 공업성을 디자인의 등록요건으로 생각하면, 디자인에는 공업성이 있는 것과 공업성이 없는 것이 있는데, 공업성이 있는 것만이 디자인등록을 받을 수 있는 것이 된다.

3) 황종환, 의장, 240면 이하; 齋藤, 의장, 174면 이하; 萼 優美, 공업소유권, 562면; 이수웅, 「의장법」, 한국공업소유권법학원, 1992(이하 본서에서의 인용은 "이수웅, 의장"이라고 줄여서 쓴다), 176면 이하.

4) 萼 優美, 공업소유권, 562면은 "農具 그 자체는 工業的으로 대량생산되는 것이지만 그 利用은 농업에서 이루어지는 것이므로 … "와 같이 利用을 디자인이 표현된 물품이 사용되는 곳에서 포착한다. 다만, 이 책에서는 工業을 産業과 같은 뜻으로 넓게 해석하여 이들도 工業性이 있는 것으로 한다.

5) 윤종렴, 의장, 108면; 이수웅, 의장, 179면; 日本 特許廳, 「工業所有權法逐條解說(제10판)」

수산업 등에 이용할 수 있는 것은 포함하지 않는 것으로 되기 때문에 그 모순을 없애기 위하여 工業을 협의의 공업뿐만 아니라 산업일반으로 넓게 해석한다. 그러나 공업을 널리 산업전반에까지 확대하여 해석한다 하여도 産業이라고 함은 일반 소비생활은 여기에 포함되지 않는 것이기 때문에 여전히 문제가 남게 된다. 그리하여 현재 대부분은 資質面에서 공업성을 포착하고 있다.

디자인의 자질이 工業的이라는 것은 공업적으로 만들 수 있다는 것으로서, 환언하면 양산이 된다는 의미이기 때문에 공업성이 있다는 것은 공업적 생산과정을 거쳐 同一物이 양산 가능한 것을 말한다.

工業은 원자재(素材)에 物理的·化學的 또는 電氣的 등의 변화를 가하여 유용한 물품을 생산하는 산업의 한 분야이다. 이 법이 예정하는 디자인은 공업적 생산과정을 거쳐 산출되는 물품에 관한 것이고, 이러한 과정에 의해 실현되는 디자인이어야 한다. 다만, 여기서 말하는 공업적 생산과정이란 공업적 생산과정을 거치는 것으로 충분하다고 하며 그 생산방법에 대해서까지 묻는 것은 아니다. 따라서 그 생산과정에서의 생산방법은 반드시 기계적 생산임을 필요로 하는 것이 아니라 手工業的으로 생산되는 것이라도 공업성의 요건이 충족된다.

同一物이 양산가능하다는 것은 일품제작을 목적으로 하는 회화, 조각 등 저작물이 공업성이 없다는 것을 명백히 하는 의미이다. 이 점은 공업성의 가장 큰 意義라 할 수 있다. 여기에서 동일물은 物理的으로 전적으로 동일한 것을 의미하는 것이 아니고 一見하여 동일하게 보이는 정도의 동일성으로 족하다.

또한 공업적 생산과정에 의해 同一物이 양산가능하다는 것은 공업적 생산과정에 의해 동일물을 양산할 수 있는 가능성이 있으면 되는 것으로서 양산이 어려운 형상 또는 양산에 오히려 생산비용이 높아질 우려가 있는 것이라 하더라도 양산할 수 있는 가능성만 있으면 된다는 의미이다. 또한 "공업상 이용할 수 있는 디자인"에서의 '利用'이란, 예를 들면 특허에서 발명을 이용한 결과물이 어디에 이용되는가를 말하는 것이 아니라 기술적 사상으로서의 발명 그 자체가 이용되는 것을 의미하는 것과 같이 디자인에서도 물품의 형태인 무형재 '디자인' 그 자체를 이용함을 말한다. 즉, 디자인에서 이용이란 觀念的 存在인 물품의 형태를 개개의 물품에 體現하여 실재의 物로 하는 것을 의미한다.[6]

發明協會, 1991(이하 本書에서의 인용은 "日本, 逐條解說"이라고 줄여서 쓴다), 682·683면.

6) 齋藤, 의장, 175면.

2. 산업상 이용가능성과의 비교

디자인의 공업성은 발명·고안의 산업상 이용가능성(산업성)과 대비된다. 특허·실용신안법에서는 발명·고안의 특허(등록)요건으로서 산업상 이용가능성을 규정하고 있다(특§29①, 실§5①). 여기에서 産業은 통상 생산업을 의미하기 때문에 공업뿐만 아니라 광업·농업·어업·수산업·목축업 등의 1차산업 부문부터 상업·서비스업 등의 3차산업 부문에 이르기까지 모든 산업을 뜻한다[PC§1(3)]. 특허나 실용신안법상 발명·고안의 보호목적은 技術의 進步를 통하여 산업발전을 도모하고자 함에 있으므로 반드시 量産性이 필요하지 않고, 널리 산업에 이용할 수 있으면 그것으로 족한 것이나, 디자인의 보호목적은 물품의 수요증대를 통하여 산업발전을 도모하고자 하는 데 있으므로 공업적 생산과정에 의해 양산될 수 없는 것은 관련산업의 발전을 도모할 수 없기 때문이다.

Ⅱ. 공업성이 없는 디자인

1. 공업성의 요건

工業性은 공업적 생산과정에 의해 同一物이 양산가능한 것을 말하는 것이지만, 이를 다시 엄밀하게 말하면 다음과 같은 세 가지의 요건을 만족시키는 것이어야 한다.[7)]

(1) 반복생산성

공업성이 있는 디자인은 디자인을 기재한 圖面 등에 의해 同一한 形狀의 物品을 반복생산할 수 있는 것이어야 한다. 반복생산성이라는 점에서는 自然物을 이용한 것이 때때로 문제가 된다. 예를 들면 자연계에 서식하는 거북 등의 자연동물을 박제로 하여 그대로 장식물로 한 경우, 대모갑(거북이의 한 종류인 대모의 등과 배를 싸고 있는 껍데기)의 세공이나 회양목의 세공 등 자연물을 단순히 소재(재료)로 사용한 장신구의 경우에 반복생산성이 있는지 없는지가 문제로 된다.

(2) 양 산 성

공업성이 있는 디자인은 量産을 의도한 것으로 게다가 생산기술적으로도 양산이 가능한 것이어야 한다. 이 점에서 문제가 되는 것은 일품제작된 美術的

---

7) 森 則雄, 의장실무, 120～123면.

著作物 등이 있다.8)

(3) 기술적 달성가능성

공업성이 있는 디자인은 상기한 반복생산성과 양산성 이외에도 기술적으로도 달성가능한 것이어야 한다. 디자인의 창작은 기술개발상의 성과에 의해 자극되는 경우가 많으나 반대로 디자인개발의 성과가 기술개발의 동기가 되기도 한다.

기술적 달성가능성이라는 관점에서는 시대의 앞을 예견한 進步的 디자인(advanced design)의 경우에 단순한 그림의 떡에 불과하거나 기술적으로 충분히 달성가능한 것인지 아닌지의 판단이 곤란한 경우가 있다.

2. 공업성이 없는 디자인의 구체 예

(1) 自然物을 디자인의 主體(또는 주된 구성요소)로 사용한 것

自然物 그 자체가 디자인등록의 대상이 되지 않는 것에 대하여는 의문의 여지가 없다(자연물 그 자체에 대하여는 제4장 제2절 Ⅳ. 1. 자연물 참조). 그러나 디자인의 形態를 구성하는 주요부분이 자연물에 의해 구성된 경우는 어떠한가. 物品의 형태 그 자체가 자연에 의해 생성된 형태를 근거로 하는 것은 特定된 디자인 그 자체가 양산 불가능한 것이므로 공업성의 요건을 결여한 것이 된다.9) 예를 들어 自然石을 사용한 장식물, 새·조수의 박제, 나무·대나무를 사용한 장식물 등 그 하나 하나가 자연히 생성된 造形美라고도 할 수 있는 것은 공업적 생산과정에 의해 반복생산성이 불가능한 것이 많다.

여기서 공업성이 인정되지 않는다는 것은 물품의 형태 그 자체가 크게 자연적 형태에 의거하는 것을 말하는 것이며 素材로서의 자연물 전부를 부정하는 것은 아니다. 예컨대 대나무의 표피를 이용한 바구니, 갈대를 이용한 돗자리, 오동나무의 樹皮를 이용한 장식장 등은 그 형태요소에 자연의 要素를 집어넣어 성립한 것이지만, 이들은 자연적 요소를 종으로 하고 여기에 다시 人爲에 의해 創造的 형태를 가하여 물품의 형태를 만든 것이며 물품의 형태 그 자체는 자연적 요소보다는 인위적 요소를 주로 하여 성립된 것이므로 자연물을 디자인의

---

8) 상게서 122면에서는 일품제작된 美術的 著作物 외에도 건조물, 人工庭園 등을 들고, 이들 중 거대한 것, 거액의 제조비용을 요하는 것(예를 들어 생산기술적으로 충분히 양산이 가능하다 해도)은 量産을 의도하는 것이 어려운 경우가 많다고 설명한다.

9) 이와는 달리 자연물의 형태를 거의 그대로 모방한 것은 창작비용이성(§5②) 판단의 대상이 된다.

主體(또는 주된 구성요소)로 사용하였다고는 하지 않는다.

이 밖에도 악어가죽을 이용한 핸드백 등도 자연물을 이용한 것이지만 자연물이 하나의 材料로서 消化되어 있으므로 이때에는 자연물이라 볼 수 없고, 그것이 공업적 생산과정에 의해 양산될 수 있는 경우에는 물론 디자인등록의 대상이 되는 것이다.

(2) 美術著作物

물품의 형태에 관한 것이라 하더라도 본래 일품제작을 목적으로 하는 미술저작물은 工業性이 인정되지 않는다. 일품제작을 목적으로 만들어지는 대표적인 예는 회화, 조각 등 순수미술저작물이라고 불리는 것이 있다. 회화, 조각 등은 자기의 사상이나 감정을 외부에 표현한 것으로서 그 목적의 전부가 끝나는 것이고, 그 자체에만 가치가 있는 것이다. 이것을 다수 복제하는 경우가 있다 하더라도 그것은 화가나 조각가가 처음부터 목적으로 하는 것이 아니고 목적 이외의 별도의 행위에 불과하다<그림 5-1>.

조각 등도 저작자의 양해를 얻어 양산화되어 商品化되는 경우가 있어 실제로는 미술품과 양산품의 구별이 곤란하게 되는 경우가 있다. 회화와 그림엽서, 캘린더 및 포스터간 또는 조각과 장식물간에 있어 구별이 곤란한 경우이다. 이

〈그림 5-1〉 순수미술분야에 속하는 著作物로 인정되어 등록이 거절된 예(여인상 작품)

사 시 사 진

경우 사회통념에 비추어 미술품의 형상 등이라 하더라도 디자인보호법상의 물품의 형상 등에 관한 것이라고 생각된다면 공업성이 있다고 하여야 할 것이다. 실제면에서 볼 때 회화 또는 조각이라고 불리어지면 공업성이 없는 것이 되고, 그림엽서 또는 장식물 등이라고 불리어지게 되면 공업성이 있다 하여 登錄되어 질 것으로 생각된다(디자인과 저작물과의 관계에 대해서는 제2장 제2절 Ⅰ. 3. 저작물과 디자인의 경계 참조).

이러한 연유로 디자인과 저작물 사이에서는 權利의 이용·저촉문제가 생길 수 있다. 이와 같은 문제의 해결을 위해 디자인보호법에서는 등록디자인 또는 이와 유사한 디자인이 그 디자인등록출원일 전에 발생한 타인의 著作權을 이용하거나 저촉되는 경우에는 著作權者의 허락 없이 자기의 등록디자인 또는 이와 유사한 디자인을 業으로서 실시할 수 없도록 하는 취지의 규정이 설정되어 있다(§45③).

(3) 商業的 과정으로 만들어지는 서비스디자인

物品은 공업적 생산과정에 의해 만들어지므로 물품의 형상·모양·색채인 디자인 또한 工業的 生産過程으로 완성되고, 도매상 또는 소매상 같은 商業部門을 거쳐 최종 수요자의 손에 들어가게 된다.

그런데 상업부문에서는 그 물품의 형태에 부가적으로 또는 그것을 變形시켜 어떤 형태를 만드는 경우가 있다. 이것을 통상 서비스디자인이라 하며 서비스디자인은 物品 자체의 형태가 아니므로 디자인의 구성요건을 갖추지 못한 것이 되어 디자인보호법에서 말하는 디자인이 성립되지 않는다. 또 이것을 상업적 과정에 의해 만들어지는 형태로 볼 때에는 工業性도 없는 것이 되어 2중으로 디자인보호의 대상에 해당하지 않는다. 서비스디자인에서 문제로 되는 것은 i) 포장, ii) 완성된 물품의 통상의 사용상태를 변형시켜 고객의 주의를 끌고자 하는 디자인, iii) 배열·결합 등이 있다.

이하 이들에 대해 설명한다.

1) 包 裝 포장은 商行爲의 과정에서 商品에 부가적으로 따라다니는 것이기 때문에 상업적 과정으로 만들어지는 서비스디자인의 대표적인 것이다. 넥타이 포장, 양말 포장, 와이셔츠 포장 등의 경우 그 상자나 포장 속에 물품이 들어 있으나 이 경우 그 속에 들어 있는 물품의 디자인으로 부를 수도 없는 것이고, 그렇다고 포장이라는 물품도 존재하지 않는다. 따라서 디자인보호법은 종래부터 이들에 대해 디자인등록의 대상으로 인정하지 않는다. 그러나 포장

지, 포장용상자, 포장용용기 등은 디자인등록의 대상이 됨은 물론이다.

2) 完成된 물품의 통상의 사용상태를 變形시켜 고객의 주의를 끌고자 하는 디자인 상업부분에서 고객의 주의를 끌기 위해 손수건이나 타월 등을 3각이나 6각으로 접어놓거나 또는 동물형상으로 나타낸 경우가 많다. 이런 것들은 통상으로 展開된 상태에서 사용하는 것이며 디자인도 그러한 상태로 보는 것이 상식이기 때문에 그와 같이 변형된 형태로는 등록의 대상이 되지 않는다.[10] 따라서 이들은 그 통상의 사용상태, 즉 전개한 상태로서 등록하여야 하는 것이다.

3) 配列・結合 상업부문에서 고객의 주의를 끌기 위해 동일물품 또는 관련물품을 세트하여 배열하거나 결합하여 진열하는 경우가 있다. 꽃잎 모양으로 배열한 과자, 비누의 포개넣기, 비누와 치약・치솔의 결합 등의 경우이다. 이 경우도 단지 고객의 주의를 끌고자 하는 서비스디자인의 일종으로서 그 상태로는 디자인등록이 인정되지 않는다.[11] 이것은 그 개개의 完成된 물품의 디자인으로서 등록받으면 되는 것이다.

(4) 土地・建物 등의 不動產

토지, 건물 등의 부동산은 원칙적으로 디자인보호법상의 물품을 구성하지 않으므로 디자인의 범위 내가 아니다. 그러나 토지 위에 설치하면 부동산이 되는 것이라 하더라도 유통단계에서는 충분히 動產으로 인정되는 물품도 있다. 이를테면 조립가옥, 방갈로, 이동판매대 등인데 여기에서는 통상 토지, 건물 등의 부동산이라고 칭하는 것 중에서 디자인의 구성요건을 充足하고 있는 것, 즉 물품으로 인정하는 것이라 하더라도 양산성의 측면에서 양산화가 불가능한 것을 말한다. 예를 들면 문, 울타리, 베란다 등의 건축물의 부속물로서 그것이 현장

---

10) 그러나 손수건이나 타월 등을 동물의 형상으로 나타낸 것이지만, 손수건이나 타월이 아니고, 완구로서라면 등록이 가능하다. 또한 손수건, 타월 등에 장식을 달고 꽃모양으로 만들어진 장식손수건, 장식타월의 경우에도 그러한 상태로 판매되고 사용되는 것이므로 서비스디자인이라고 하지 않는다.

11) 이수웅, 의장, 190면에서는 배열된 物品의 경우 디자인으로 등록이 안 되는 것은 아니지만, 實益이 존재하지 않는다고 설명하고 있으나, 배열의 경우에는 그 배열방법에 창의가 있고 새로운 표현이 되었다 하더라도 이것은 상업상의 이용에 관한 형태일 뿐 물품 자체의 형태라고 할 수 없으므로 물품성, 공업성 모두 부정된다고 보는 것이 타당하다. 또 2 이상의 물품을 조합한 단순한 서비스의 배열, 단일물품을 2 이상 배열한 것은 공업성으로도 부정될 뿐만 아니라 1디자인1출원 원칙에도 반하므로 디자인등록을 받을 수 없다고 생각된다.

시행이 아니고서는 제작할 수 없는 경우에는 공업상 이용할 수 있는 디자인에는 해당하지 않는다.12)

Ⅲ. 디자인의 구체성과 공업성

1. 서 언

등록디자인의 보호범위는 출원서의 기재사항, 첨부도면(또는 사진·견본)과 도면에 기재된 디자인의 설명에 의하여 정하여지는 것이므로(§43) 이들 사항의 기재가 애매한 것이 등록되면 權利範圍解釋과 審査에 있어서 혼란을 초래하게 된다.

따라서 디자인심사에 있어서 출원서의 기재사항 및 圖面 등으로 판단하여 디자인을 特定할 수 없는 것에 대하여는 아직 구체적인 디자인을 표현한 것이라고 인정할 수 없기 때문에 디자인보호법 제5조 제1항 본문에서 규정한 工業상 利用할 수 있는 디자인에 해당하지 않아 디자인등록요건을 구비하지 않았다 하여 디자인등록거절결정의 대상이 되는 것으로 한다.13)

다만, 디자인을 특정하지 못한 것 중에는 원래 디자인이 아직 구체화되어 있지 않아 補正에 의해 그 흠결을 보충하는 것이 불가능한 것과 그 디자인이 속하는 분야에서 通常의 知識을 가진 자라면 출원 당시의 출원서의 기재 및 도면 등에서 당연하다고 생각되는 디자인과 推定할 수 있는 범위 내에서의 절차상의 경미한 하자에 의해 디자인이 特定되지 않은 것 등이 있다. 후자의 경우에는 그 기재사항의 불비를 補完함으로써 정확하게 그 디자인을 인식할 수 있

12) 이 사건 등록디자인의 대상물품인 '한증막'은 그 재질과 구조 및 형상과 모양 등에 비추어 볼 때, 현장시공을 통해 건축되는 부동산에 해당되는 것으로 판단되며 공업적인 생산방법에 의하여 동일한 형태로 양산되고 운반될 수 있는 유체동산이라고 보기 어렵다(특허법원 2007.10.4.선고 2007허5260 판결).

13) 특허청 실무운영에서는 디자인의 圖面은 創作된 디자인을 그대로 표현한 것이라는 생각에서 圖面의 不一致 또는 不備 등의 경우에 그 도면에 의거하여 디자인을 실시할 수 없게 되기 때문에 디자인보호법 제5조 제1항 본문에서 규정한 工業性이 있는 디자인이 아닌 것으로 판단하고 있다. 그러나 이와 같은 획일적인 法解釋 운영은 전혀 문제가 없는 것이라고 생각되지 않는다. 예를 들면 도면 등에 오기나 불명료한 부분에 대한 기재 불비를 갖고 있어도 그 디자인이 속하는 분야에서 통상의 지식에 기초하여 종합적으로 판단할 때 합리적으로 선해할 수 있는 경우나 디자인의 요지에 영향을 미치지 않는 정도의 미세한 부분에 대한 기재불비의 경우에는 구체적인 디자인으로 인정하는 것이 옳을 것이다.

도록 하게 되면 拒絶理由는 해소된다.

이하에서 특허청의 운영상 디자인의 표현이 具體的이지 아니하여 工業性이 없는 디자인으로 취급하는 경우에 대해 자세히 설명한다.

2. 디자인이 구체적이 아닌 것

(1) 使用目的, 方法, 狀態 등이 不分明한 경우

디자인보호법상 物品으로 인정되는 것에 대해서도 종래 일반적으로 잘 알려진 물품의 경우에는 사용목적, 방법 등이 확실하기 때문에 문제가 없으나 새로 개발된 물품이라든가 물품의 명칭으로서는 종래 존재하였던 것이라 하더라도 새로운 使用方法을 갖는 것이어서 外觀으로 판단하여 어떤 사용목적, 방법인지 不明한 경우에는 디자인이 구체적이 아닌 것으로 취급된다.

(2) 圖面이 상호 일치되지 않는 경우

디자인등록을 받고자 하는 디자인을 기재한 도면은 디자인의 客體를 나타내는 것이어서 엄밀하게 특정될 것이 요구된다. 디자인보호법은 그 표현방법으로 입체를 표현하는 도면은 정투상도법과 사시도에 의할 것을 규정하고 있다. 출원서에 첨부된 도면이 서로 불일치한 경우에는 아직 구체적인 디자인을 창작한 것이라 인정할 수 없기 때문에 거절결정의 대상이 된다.

(3) 圖面 등이 不鮮明한 경우

도면, 사진, 또는 견본 등이 지나치게 작거나 또는 선명하지 아니하여 디자인을 정확히 알 수 없는 것은 디자인의 형태를 표현하는 방법이 불충분하여 구체적인 디자인을 창작한 것이라 인정하지 않아 거절이유의 대상이 된다. 조잡한 도면은 불선명한 것으로 취급한다. 도면대용 사진이 선명한 것이라 하더라도 배경에 모양이 있는 종이 또는 천 등이 놓여져 있어 어디까지가 디자인에 관한 형태이고 어디까지가 배경인지 특정할 수 없는 경우, 재질이 금속판이라든가 광택이 있는 것으로 촬영용 라이트 등의 반사가 混入되어 디자인을 특정할 수 없는 경우 또는 음영이 많이 現出되어 있어 形狀 등을 特定할 수 없는 경우에는 모두 디자인을 정확하게 알 수 없어 구체적이 아닌 것으로 취급된다.

(4) 디자인이 抽象的으로 설명된 것

출원서 또는 도면 중에 文字나 부호 등을 사용하여 형상·모양 및 색채를 추상적으로 설명한 것은 디자인이 아직 구체적이 아닌 것으로 취급된다. 디자인의 형태를 설명에 의하여 보완할 수 있는 것은 백색·흑색 또는 회색의 생략,

투명상태, 동일 또는 대칭으로 표현되는 도형의 생략, 평면디자인의 표면도의 무모양, 연속상태, 중간생략의 경우로서 이들 이외의 것에 대하여 추상적인 말로 설명하는 것은 인정되지 않는다. 디자인에 대하여 서로 상이한 해석이 나오지 않도록 디자인의 특정을 요구하고 있는 것이다.

(5) 材質 또는 크기의 설명이 필요한 경우에 그에 관한 설명이 없는 것

디자인에 관한 물품의 재질 또는 크기는 원칙적으로 디자인의 형태 구성요소(형상・모양・색채 등)에 들어가지 않는다. 그러나 디자인은 물품으로 표현된 것이므로 물품의 이해는 당연하고 그 물품의 재질 또는 크기에 대한 설명도 포함하고 있는 경우가 많다. 디자인보호법 시행규칙 별표4의 '물품의 구분'표에 기재된 것으로부터 재질에 관련하는 표현을 가진 물품을 살펴보면 담배, 안경의 렌즈, 포장용 병, 합성수지지, 고무지, 유리관 등이 있고 또 크기에 관련한 표현을 가진 물품을 살펴보면 꽃병, 송곳, 탁상용시계, 포켓나이프, 신장계, 35mm카메라 등이 있다. 이들은 재질이나 크기에 관한 표현이 보통명칭화한 것으로 그 명칭에서 당연히 추정되는 재질 또는 크기를 파악할 수 있는 것이다. 그러나 이러한 명칭에도 불구하고 도면에 표현된 것이 물품의 명칭으로부터 당연히 추정할 수 없는 것일 경우 또는 그러한 재질 또는 크기에 대한 기재가 필요함에도 기재가 없는 경우에는 그 디자인을 충분히 인식할 수 없기 때문에 그대로 등록을 인정하지 않는다.

(6) 圖面着色이 不充分한 경우

색채도면의 일부에 착색하지 않는 부분이 있는 경우에는 디자인이 구체적이 아닌 것으로 취급한다. 색채는 디자인의 구성요건이고, 物品에 표현된 색채에 대하여 등록받고자 할 때에는 첨부도면에 구체적으로 그 색채로 착색한 것을 제출하여야 한다. 다만, 디자인보호법에서는 이 색채 중 백색, 회색 또는 흑색 중의 어느 하나를 생략할 수 있으며 이 경우에는 그에 관한 설명을 하도록 한다. 이것은 색채에 관한 디자인의 도면은 形狀을 표현하는 선을 농묵으로 그리도록 되어 있으며 색채에 관한 디자인이 색채에 흑색이 표현되어 있다고 하면 형상을 나타내는 선과 색채를 나타내는 흑색이 혼동하여 형상을 포착할 수 없게 되는 것을 防止하기 위한 것과 또 흑색에 대하여는 채색을 생략하여 설명으로 표시한다 하여도 색채를 특정할 수 있어 권리내용에 혼란을 야기하지는 않기 때문이다(이 점은 회색의 경우도 거의 동일하다).

또한 백색과 투명에 대하여도 도면을 표현하는 用紙가 백색이므로 백색 위

에 백색을 표현하는 것은 하등 의미가 없는 것이고, 또 백색용지에 투명을 표현하는 것은 불가능한 것이므로 백색이나 투명을 표현하는 것을 생략하여 설명에 의해 표시한다 하더라도 색채를 특정할 수 있기 때문이다.

(7) 圖面 중에 불필요한 기재가 있는 경우

도형내에 중심선·기선·수평선·음영 등을 표시하기 위한 세선 또는 농담, 내용의 설명을 하기 위한 지시선·부호 또는 그 밖의 디자인을 구성하지 않는 선, 부호 또는 文字 등을 표시한 경우에는 디자인이 구체적이 아닌 것으로 취급한다. 즉, 도면 안에 디자인을 구성하지 않는 음영, 지시선, 부호, 文字 등을 표시한 때에는 정확히 그 디자인을 인식하는 것이 곤란하여 아직 구체적인 디자인을 創作하였다고 인정할 수 없어 거절이유의 대상이 된다(물품에 표시된 문자, 표지에 대하여는 제4장 제2절 Ⅲ. 1. 문자, 2. 표지 참조).

(8) 立體物品의 표현이 不充分한 경우

立體的인 物品을 표현하는 도면이 다음에 해당되는 경우에는 디자인이 구체적이 아닌 것으로 취급된다.

1) 사시도가 없는 경우　　입체적인 물품을 표현하는 도면에는 사시도를 먼저 도시하며, 정투상도법에 의한 6면도와 그 외 필요한 도면을 도시하도록 되어 있다(시규§5⑤). 따라서 사시도가 없는 경우에는 디자인이 구체적이 아닌 것으로 취급된다. 다만, 사시도를 생략하여 출원하는 화상디자인은 예외로 한다.

2) 정투상도법에 의하지 않은 경우　　디자인을 표현하는 도면의 작성방법에 대하여는 각국에서 그 보호의 형태에 따라 여러 가지가 있으나 우리나라는 디자인보호법 제2조의 디자인의 정의에서 말하는 "물품의 형상, 모양, 색채 또는 이들의 결합 …"을 표현하는 도면은 정투상도법에 의해 표현하는 것이 가장 엄밀하게 그 디자인을 특정할 수 있다는 생각에서 그 작도방법을 채용하고 있다. 여기서 중요한 것은 작도방법의 엄밀성보다는 디자인을 특정할 수 있는지 아닌지이다. 立體를 표현하는 도면에 있어서는 정투상도가 디자인을 특정하는데 적절한 도법이지만 平面的인 것을 표현하는 데 있어서는 오히려 부적절하므로 표면도 및 이면도를 하나의 디자인도로 한 작도방법을 취하고 있다.

그러나 여기에는 다음과 같은 예외가 있다.

㈎ 도면대용 사진의 경우에는 正確한 정투상도법에 의한 촬영이 불가능하므로 6면도에 준할 수 있는 사진이면 된다. 특히 대형기계나 자동차 등을 촬영할 때는 카메라의 구조상 어떻게 해도 투시도적으로 표현될 수밖에 없는 등 문

제가 발생하는 이 경우는 예외적으로 정투상도법에 준할 수 있는 정도이면 인정한다는 것이다.

㈏ 모양을 표현한 컵과 같이 모양을 展開面에 표현하는 것이 디자인을 정확히 알 수 있고, 또한 그 형상을 정확히 전개할 수 있는 경우에 그 모양부분의 전개도와 모양을 생략한 형상을 표현하는 도면을 함께 도시한 경우. 이것은 컵의 周側部에 표현한 모양과 같은 경우 정투상도에 의한 투영적인 표현보다는 모양을 전개도로 표현한 것이 보다 정확하게 디자인을 알 수 있을 때는 모양부분의 전개도와 모양을 생략한 형상을 표현한 도면 등을 병용한 도면으로 작성하여도 된다는 것이다. 다만, 이 경우는 형상이 직선적으로 구성되어 있는 경우에 한한다. 형상이 곡선적으로 구성된 것에 표현된 모양은 바르게 전개도에 전개하는 것이 곤란하기 때문이다.

3) 각 도면의 축척이 상이한 경우 디자인을 표현하는 도면이 정투상도로 작도되어 있어도 각 도면의 축척이 상이할 때에는 디자인이 구체적이 아니다. 도면 상호간의 동일성 여부는 육안을 기준으로 판단하도록 한다.

4) 6면도가 표현되지 아니한 경우 디자인을 표현하는 도면이 정투상도법에 의해 작도되었으나 6면도가 없는 경우에는 디자인이 구체적이 아니다. 다만, 일정한 경우에는 1면 이상의 도면을 생략할 수 있으나 이 경우에는 도시한 도면의 명칭을 기재한 우측에 괄호를 하고 그 사실을 기재하여야 하도록 한다(자세한 것은 제3편 제11장 제2절 Ⅱ. 도면 참조).

입체를 표현하는 도면은 사시도와 6면도를 하나의 디자인도로 하나 상기와 같이 예외적으로 도면의 생략을 인정하는 경우가 있다. 그러나 생략하는 경우 단지 생략만 하여서는 디자인이 구체적이 아니라고 하게 된다. 생략하는 경우에는 그 취지를 도면의 디자인의 설명란에 정확히 기재하여야 한다(시규§7 별표2).

(9) 平面物品의 표현이 不充分한 경우

디자인보호법의 보호대상은 物品으로 표현된 것이므로 모두 有體物이다. 다만, 직물지, 벽지 등과 같이 거의 두께가 없고 오직 그 표면과 이면이 보는 者의 주의를 끄는 것은 有體物이라 하여도 입체라기보다는 평면적인 것이다. 따라서 이러한 物品에 대해서는 6면도로 표현하는 것이 아니고 표면도 및 이면도를 하나의 디자인도로 하도록 하고 있다(시규§5⑤). 平面的인 물품을 표현하는 도면이 다음에 해당하는 경우에는 디자인이 구체적이 아닌 것으로 취급한다.

1) 각 도면의 축척이 상이한 것 표면도와 이면도의 축척이 서로 다르

면 아직 디자인이 구체적이 아니다.

2) 2면도(표면도 및 이면도)가 없는 경우 이것은 2면도가 모두 없는 것은 당연히 포함하지만 그보다는 표면도 또는 이면도 중 어느 하나가 부족한 경우를 말하는 데 의미가 있다. 다만, 표면도와 이면도가 동일 또는 대칭이거나 이면도가 무모양인 경우에 이면도를 생략하고 도시한 도면의 명칭을 기재한 우측에 생략되었다는 사실을 기재한 경우는 예외이다.

(10) 連續狀態의 표현이 不充分한 경우

立體的인 物品으로서 形狀이 연속하는 것 또는 平面的인 物品으로서 模樣이 연속 또는 반복되어 연속하는 것은 도면에 그 연속상태를 알 수 있도록 도시하지 아니하였거나(연속상태의 일부를 반복하여 도시하여야 함) 디자인의 설명란에 형상이나 모양이 一方向 또는 四方向으로 연속하는 상태에 대한 설명이 없는 경우에는 디자인이 구체적이 아닌 것으로 취급한다.

形狀 또는 模樣이 연속하고 또는 반복되어 연속하는 것이란 창틀골재, 건축용장식판, 벽지, 직물지, 합성수지지, 레이스지, 호스 등과 같은 물품이다. 이들 중에는 형상만이 연속한 것, 모양만이 연속한 것 또는 그 결합으로 연속하는 것이 있다. 더욱이 長尺物과 같이 二方에만 연속한 것과 직물지와 같이 四方으로 연속한 것이 있으며 이들에 대하여는 그 연속상태가 확실하게 표현되어 있으면 그 부분만을 도면에 표현해도 무방하다.

이것들 중 長尺物로 二方(또는 一方)으로 연속한 것에 대해서는 이 연속상태에 대해 도면의 디자인의 설명란에 기재해야 한다. 이 경우 창틀골재와 같은 것으로 무모양의 것은 도면의 표시와 디자인의 설명에 의하여 디자인을 특정할 수 있는 경우가 많으나 레이스지와 같이 형상·모양이 결합한 것에 대하여는 그 연속상태의 표현방법에 주의하여야 한다.

혹시 모양의 1단위만을 표현한 경우에는 그 모양의 端部가 어떻게 연속하는지, 혹은 어떤 간격으로 반복하는 것인지 특정할 수 없고 여러 가지로 디자인을 想定하게 되므로 모양의 연속상태를 확실하게 표현하기 위해서는 적어도 모양의 단위는 1단위반 또는 2단위를 표현하는 것이 올바르다.

직물지와 같이 사방으로 연속한 것의 일부를 도면에 표현하는 경우에 대하여도 위와 같이 그 모양의 연속상태를 특정할 수 있도록 표현하여야 한다. 모양의 1단위만 표시하여서는 사방으로 연속한다고 해도 여러 가지의 연속상태를 상정할 수 있기 때문에 직물지의 디자인을 特定할 수 없기 때문이다.

(11) 省略部分의 表現이 不充分한 경우

길이가 限定된 物品의 중간을 생략한 도면으로서 다음에 해당하는 것은 디자인의 구체성이 없는 것으로 취급된다.

1) 생략한 곳에 두 줄의 平行한 1점 쇄선으로 절단되어 있지 아니한 것

전기제품의 코드 등과 같이 일부에 장척의 것이 부속하고 있고, 그대로 연장하여 표현하게 되면 全體의 구성비율상 제품의 主要部를 표현하는 도형이 작아지고 디자인이 불확실해질 염려가 있는 것에 대하여는 코드의 중간부분을 생략하여 표현하는 것이 인정된다. 이 경우 생략은 어디까지나 코드의 중간부와 같이 同一狀態에서 연속하는 디자인의 중간부이므로 端部의 디자인은 확실하게 표현해야 한다. 또 이러한 것은 물품의 보조적인 부분이 아니고 디자인의 주요부의 일부, 예를 들면 긴 의자와 같은 물품은 중간부를 생략하는 것은 인정되지 않는다. 상기의 중간부를 생략하는 경우에 그 생략된 부분은 두줄의 평행한 1점 쇄선을 표현하여야 한다.

2) 생략된 길이가 도면상 몇 cm 생략되었다는 취지가 디자인의 설명란에 기재되지 아니한 경우 　　중간부를 생략한 경우 그 생략된 부분은 도면상의 생략된 길이를 기재하여야 함에 유의할 필요가 있다.

(12) 斷面圖 등이 不備한 경우

사시도 및 6면도(입체적인 물품의 경우) 또는 2면도(평면적인 물품의 경우)만으로는 디자인을 충분히 표현할 수 없는 경우에 있어서 다음에 해당하는 것은 디자인이 구체적이 아닌 것으로 취급된다.

1) 전개도, 단면도, 확대도, 절단부단면도, 사용상태도 등이 없는 경우 　　디자인등록을 받고자 하는 디자인을 표현하기 위하여는 6면도(입체적인 것)로 표현하는 경우와 2면도(평면적인 것)로 표현하는 경우가 있으나 이것은 모두 일반적으로 정해진 것이고, 모든 디자인이 반드시 이것만으로 충분히 표현되는 것은 아니다. 따라서 기본도면만으로 디자인을 충분히 표현할 수 없는 경우에는 전개도, 단면도 등의 부가도면을 첨가하여야 한다(부가도면에 관한 상세한 설명은 제3편 제11장 제2절 Ⅱ. 도면 참조).

2) 完成形態가 단일한 조립완구로서 구성각편의 사시도 및 6면도의 도면만으로는 사용상태를 충분히 표현할 수 없는 것으로서 그 만들어지는 상태 또는 수장되는 상태를 표시하는 사시도가 없는 경우

3) 열리고 닫히는 物品의 디자인으로서 열리기 전후의 상태를 도시하지 아

니하면 그 디자인을 충분히 표현할 수 없는 경우에 열리기 전과 후의 상태를 알 수 있는 각각의 사시도 및 6면도가 없는 경우

4) 움직이는 物品의 디자인(動的 디자인)으로서 그 움직이는 상태를 표시하지 아니하면 그 디자인을 충분히 표현할 수 없는 경우에 靜止狀態의 도면(사시도 및 정투상도법에 의한 6면도)과 그 動作狀態를 알 수 있는 참고도면(동작 중의 기본적 자세, 동작 내용을 나타내는 궤적 등)이 없거나 디자인의 설명란에 그에 관한 설명이 없는 경우

(13) 斷面圖 등의 표현이 不充分한 경우

단면도 등의 절단면 및 절단한 곳의 표시가 다음에 해당하는 경우 디자인이 구체적이 아닌 것으로 취급된다.

1) 절단면에 평행사선이 不完全하게 표시되었거나 표시가 없는 것 　　평행사선이 不完全한 경우란 평행사선이 모든 절단면에 완전히 표현되어 있지 않은 경우와 평행사선 그 자체의 표현이 완전한 평행사선으로 되어 있지 않거나 동일한 실선에 의한 등간격으로 평행한 사선에 의하여 표현되어 있지 않은 경우 등이다.

2) 절단한 곳의 표시(절단쇄선, 부호 및 화살표)가 不完全하게 표시되었거나 표시가 없는 것 　　단면도 등이 어느 부분의 단면을 나타내는지에 대하여 절단된 부분을 나타내는 表示가 바르게 표현되어 있지 않은 경우, 즉 절단점선에 의해 절단개소가 특정되어 부호 및 화살표가 바르게 표현되어 있지 않거나 또는 그 표시가 전혀 없는 경우이다. 다만, 단면된 부분을 나타낸 표시가 없어도 一定한 도면을 지정하고 그 도면의 중앙종단면도 또는 중앙횡단면도라고 기재한 것은 디자인이 구체적이 아니라 할 수 없다.

(14) 부분확대도의 확대한 곳의 표시가 없는 경우

부분확대도를 부가하는 경우에 그 부분의 표시절단점선, 부호, 화살표시 등이 없거나 이들이 불완전하게 표시된 경우에는 부분확대도가 첨부되어 있어도 아직 디자인이 구체적이 아닌 것으로 취급된다.

(15) 分離할 수 있는 物品의 표현이 不充分한 경우

디자인등록의 대상이 되는 物品 중에서 사회통념상 獨立한 1物品으로 취급되고 있는 것이라 해도 냄비와 같이 뚜껑과 본체에 의해 구성된 것이나 커피잔과 접시 등에 의해 구성된 것이 있다. 이러한 물품의 디자인에 대하여는 조합된 상태 그대로는 충분히 디자인을 표현할 수 없는 경우가 있으므로 이러한 경우에는 그 조합된 상태의 6면도와 구성품마다의 6면도가 없는 경우 디자인이

구체적이지 않은 것으로 취급된다.

(16) 透明한 디자인의 표현이 不充分한 경우

물품의 전부 또는 일부가 透明한 디자인으로서 그 도면이 다음에 의해 作成되지 아니한 것은 디자인이 具體的이 아닌 것으로 취급된다.

1) 外周面에 색채가 없고 모양이 없는 경우에는 透明으로 보이는 부분을 보이는 대로 표현하고 그 취지를 도면의 '디자인의 설명'란에 기재한다(예: 전구, 시계 등).

2) 外周의 外面, 內面 또는 그 두께 속의 어느 쪽의 한 곳에 모양 또는 색채가 표현되어 있는 경우에는 透明으로 보이는 부분을 보이는 대로 표현하는 사시도 및 6면도 이외에 모양 또는 색채를 명확히 알 수 있는 도면(뒷면의 모양이나 색채가 透影되지 않아 앞면, 밑면의 模樣이나 色彩가 透影되지 않은 윗면, 또는 모양부분의 전개도 등)을 첨부하고 그 취지를 도면의 '디자인의 설명'란에 기재하여야 한다(예: 모양이 들어 있는 컵, 병 등).

3) 外周의 외면, 내면 또는 그 두께 속이나 外周에 둘러싸인 내부의 어느 곳에 2 이상의 형상, 모양 또는 색채가 표현되어 있는 경우에는 투명으로 보이는 부분을 보이는 대로 표현하는 사시도 및 6면도 이외에 그 형상, 모양 또는 색채가 표현되어 있는 各面別(외주의 외면, 내면 또는 그 두께 속, 외주에 둘러싸인 내부)로 도시한 도면을 첨부하고 그 취지를 도면의 '디자인의 설명'란에 기재하여야 한다(예: 외주의 외면과 내면에 모양이 있는 컵 등).

4) 透明立體로서 그 일면에만 모양 또는 색채가 있는 경우에는 그 면에만 모양 또는 색채를 표현(다른 면에서 透影되어 보이더라도 표현하지 아니한다)하고 그 취지를 圖面의 '디자인의 설명'란에 기재하여야 한다(예: 文鎭 등).

5) 투명한 부분의 두께를 표현하지 아니하면 디자인의 내용을 명확하게 알 수 없는 경우에는 透明部分의 두께의 형상을 알 수 있는 斷面圖를 첨가하여야 한다.

(예)

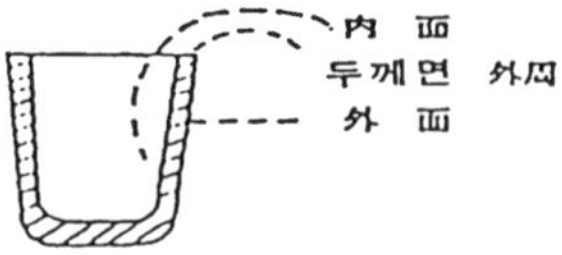

(17) 부분디자인의 경우

1) 부분디자인으로서 디자인등록을 받고자 하는 부분이 명확하지 않은 경우

부분디자인의 도면 등의 표현은 부분디자인으로서 디자인등록을 받고자 하

는 부분이 특정될 수 있도록 명확히 나타내야 한다. 도면 등에 있어서 부분디자인으로서 디자인등록을 받고자 하는 부분이 어떻게 특정되어 있는가에 대한 설명이 도면의 '디자인의 설명'란에 기재되어 있지 않으면 디자인이 구체적이 아닌 것으로 취급된다.

2) 부분디자인으로서 디자인등록을 받고자 하는 부분의 全面이 나타나 있지 않은 경우 　　부분디자인에 관한 도면 등에 있어서 부분디자인으로서 디자인등록을 받고자 하는 부분 이외의 부분은 그 물품 중에서 부분디자인으로서 디자인등록을 받고자 하는 부분의 위치, 크기, 범위를 특정하기 위한 불가결한 요소이므로 부분디자인으로서 디자인등록을 받고자 하는 부분의 전면이 나타나 있지 않은 경우에는 디자인이 구체적이 아닌 것으로 취급된다. 따라서 어떤 투영면에 대해서 부분디자인으로서 디자인등록을 받고자 하는 부분 이외의 내용이 나타나는 경우도 있을 수 있으나 그 투영면에 대해서는 생략할 수 없다. 다만, 화상디자인을 출원하는 경우에는 정면도만 제출가능하다.

(18) 글자체디자인의 경우

글자체디자인을 표현하는 도면이 다음에 해당하는 것은 디자인이 구체적이 아닌 것으로 취급된다.

1) 지정글자도면, 보기문장도면 및 대표글자도면이 디자인보호법 시행규칙 제5조 제2항에 의한 별지 제6호서식 및 「별표6」에서 정하는 대로 도시되지 아니한 경우

2) 지정글자도면, 보기문장도면 및 대표글자도면 중 일부가 없는 경우

Ⅳ. 공업성의 흠결의 효과

1. 거절이유·무효사유

디자인의 工業性은 공업적 생산과정에 의해 동일물이 양산 가능한 디자인을 말하는 것이지만, 여기에 더하여 출원서의 기재사항 및 圖面 등으로 판단하여 디자인을 特定할 수 없는 것에 대하여도 아직 具體的인 디자인을 표현한 것이라고 인정할 수 없기 때문에 工業性이 없다고 하여 거절의 대상으로 한다. 따라서 工業性을 흠결한 디자인이란 이 두 가지의 요건 모두 또는 어느 하나를 결한 디자인을 말하는 것이다.

工業性을 흠결한 디자인은 디자인보호법 제5조 제1항 본문의 요건을 구비하지 않았다 하여 거절결정의 대상이 된다(§26①). 그러나 착오로 登錄이 허여된 경우에는 디자인무심사등록출원되어 등록된 경우와 디자인심사등록출원되어 등록된 경우로 나누어 생각할 수 있다.

전자의 경우에는 디자인무심사등록이의신청이유 및 무효사유 양자 모두에 해당되어 그 디자인권의 설정등록이 있는 날부터 무심사등록공고일 후 일정기간(3월) 내에 있는 경우에는 이의신청에 의해 그 등록이 취소될 수 있을 뿐만 아니라 또 무효사유에도 해당되므로 무효심판에 의해서도 그 등록이 무효가 될 수 있다.

후자의 경우에는 이의신청이 인정되지 않으므로 오직 무효심판에 의해서만 그 등록이 무효로 될 수 있다. 반면에 工業性의 요건을 만족하는 디자인은 다른 등록요건의 만족을 전제로 디자인등록을 받을 수 있음은 물론이다. 그리고 공업성의 요건을 결여한 것으로 하여 디자인등록거절결정이 확정된 당해 출원디자인은 디자인이 성립되지 않는 것으로 하여 거절결정이 확정된 것과는 달리 先出願의 地位를 가진다.

2. 구체성을 결한 디자인의 효과

전술한 바와 같이 출원서의 기재사항 및 圖面 등으로 판단하여 디자인을 특정할 수 없는 것에 대하여는 具體性을 缺한 디자인이 되고, 그러한 구체성을 결한 디자인은 工業的 생산과정에 의해 실시할 수 없기 때문에 工業性이 없는 디자인으로 판단하고 있다.

이러한 경우에는 출원단계에서는 審査官의 거절이유통지에 대하여 補正書를 제출하여 그 기재사항의 불비를 보완하거나 圖面을 정확하게 일치시키면 디자인등록결정이 될 것이지만 그렇지 않고 應答이 없을 때에는 디자인등록거절결정의 處分이 이루어지고 또 디자인등록거절결정이 確定된 출원은 先出願의 地位를 가진다. 반면에 그 디자인등록거절결정에 대해 불복의 審判을 청구하고 일정한 기간내에 흠결을 보정하게 되면 審査前置(심사전치에 대한 자세한 내용은 후술하는 제17장 제3절Ⅰ.6. 심사전치 참조)로 넘어가게 되어 다시 심사받아 구제받을 수 있게 된다.

그런데 특히 圖面의 불일치의 경우에 디자인보호법에서 말하는 공업상 이용할 수 있는 디자인에 해당하지 않는다는 이유의 디자인등록거절결정에 대하여 그 흠결의 補正 없이 審判이 제기된 경우는 어떻게 될까. 나아가서 圖面이 불일치한 것이 디자인의 具體化나 工業性의 면에서 장애가 되지 않는다고 등록이 허여된 경우 그 등록디자인이나 디자인권은 어떤 취급을 받을 것인가.

우리나라에서는 이에 관한 해석이나 심결예, 判例 등을 찾아보기 어려운 실정이지만, 日本에서는 많은 審決에서 圖面이 作圖상의 실수에 의해 각 도면이 일치하지 아니한 불비성은 인정되지만 이것으로 디자인이 불명확하고 구체화되어 있지 않으므로 공업상 이용할 수 없는 디자인이라고 할 수 없다 하여 원 디자인등록거절결정을 취소시킨 사례가 있다.

또한 日本 재판소에서는 디자인권의 侵害사건을 둘러싸고 도면을 善解하여 디자인권자에게 유리하게 판단한 판례가 있는가 하면, 도면을 嚴解하여 디자인권자에게 불리하게 판단한 판례가 있다.

먼저 도면을 선해하여 디자인권자에게 유리하게 판단한 判例를 살펴본다.[14](독자의 편의를 위해 판결문에 나오는 법조문과 '의장'이라는 용어는 그에 대응하는 우리나라 법조문과 '디자인'이라는 용어로 바꾸었다.)

【學習책상사건】

(大阪지방재판소 1969년 3847호 · 3848호 · 3849호, 1971년 12월 22일 판결 = 청구인용)

원고는 등록디자인 제284355호(1966년 10월 25일 출원, 1968년 5월 11일 등록)의 디자인권자이기는 하나 이 등록디자인의 도면에 작도상 미스가 일부 있었음에도 불구하고 디자인권의 침해중지를 구하는 소송을 제기한 사건이다.

이 사건에서 원고는 6면도 중의 저면도와 좌측면도가 기타 4면도와 부합하지 않으나 이는 작도상의 오기에 의한 것으로 그 하자의 정도가 경미하여 디자인의 특정에 흠결이 없는 것이라고 주장하였다.

이에 대하여 피고는 디자인보호법 시행규칙에 의하면 立體를 표현하는 도면은 정투상도법에 의해 작성됨을 요구하고 있는데 6면도 중 4면이 서로 다른 형상을 표현하고 있을 때에는 단지 작도상의 오기라고 해석하는 것은 허용되지 않고, 이미 디자인에 관한 물품의 형상은 인식불가능하다고 판단하여야 하기 때문에 디자인보호법 제5조 제1항에서 말하는 '공업상 이용할 수 있는 디자인'에 해당되지 않으므로 처음부터 ㈎호 物品의 디자인과 대비하여 유부를 논할 수 없는 것이라

---

14) 牛木理一, 「意匠法の硏究」, 발명협회, 1985(이하 본서에서의 인용은 "牛木, 의장"이라고 줄여서 쓴다), 88면 이하.

고 주장하였다. 이 문제에 대해 재판소는 다음과 같이 判示하였다.

"과연 디자인公報에 표시된 6면도 중에 부합되지 않는 부분이 있을 경우 그 모든 것을 바른 것으로 할 때에는 곧 모순이 발생, 해당도면에 의한 立體的 디자인을 표현하는 물품은 실재하기 힘들다. 그러나 이 경우에 부합되지 않는 부분이 디자인의 본질적인 점이며 그 때문에 디자인의 불특정을 초래하고 創作者가 의도한 立體的 디자인을 객관적으로 상정함에 적합한 경우에는 각별히 상기 부합하지 않는 부분이 당업자의 상식으로써 합리적으로 善解할 수 있는 여지가 있는가, 상기 불일치의 부분 중 어느 것이 바른 것인가를 미결정한 채 보류하여도 그것이 전체의 디자인의 파악에 큰 영향을 주지 않을 정도의 미세한 점일 경우에는 가능한 한 상기 도면의 기재를 統一的·綜合的으로 판단하여 창작자가 의도한 디자인의 구체적 구성의 究明에 임하는 것이 條理上 자연스러운 해석태도이다."

그리고 일치하지 않는 각 도면의 각 부분에 대한 오기 부분에 대하여 이를 推測 善解하여 "디자인공보의 도면으로부터 1개로 모아진 立體形狀을 상정하는 것은 불가능이 아니다"라고 하였다. 그 결과 재판소는 "본건 디자인공보는 이에 표현된 6면도를 克明으로 대조 검토할 때에는 몇 개의 불비오류 등이 발견되므로 부정확함은 면치 못할 것이나 이에 불구하고 본건 등록디자인은 공보도면에 의거 그 구성을 이해할 수 없고, 그 디자인이 구성상 불특정이라고는 인정하기 어려우므로 이것이 서로 양립할 수 없다는 피고의 주장은 도저히 채용할 수 없다"라고 判示하였다.

반면에 도면의 기재불비를 善解하지 않고 그 불비를 모두 원고(디자인권자)에게 불리하게 해석하여 패소시킨 판례가 있다.

【차량용너트 사건】

(東京지방재판소 1974년 3436호, 1977년 2월 16일 판결 = 청구기각)[15]

이 사건에서 원고는 본건 등록디자인에 관한 물품이 '차량용너트'이고 그 취부사용상태를 표현한 디자인공보의 참고도에서 그 너트는 그 본체부의 내주면과 외주면 등에 나사홈을 구비하고 있음은 자명하며 본건디자인에 관한 도면에는 그 나사홈이 기재가 당연한 것으로 생략되어 있다고 주장하였다. 이에 대

15) 牛木, 의장, 90면 이하.

하여 상기의 재판소는 다음과 같이 判示하고 있다.

"物品이 너트인 것으로는 보통 중공부(내주면)에 나사홈을 갖는 것이라 할지라도 당연히 그 외주면에도 나사홈을 갖는 것이라고는 말할 수 없다. 또 등록디자인의 범위는 출원서의 기재 및 출원서에 첨부한 도면에 기재된 디자인에 의해 정해지지 않으면 안 되는 것으로… 도면 전체에 대하여 일체 나사홈의 기재가 없는 것이 인정되며 또 갑 각증에서 인정되는 첨부도면 중에 참고도에 도시된 본건 등록디자인에 관한 너트의 사용상태에 의하여도 너트는 본체의 내외주면에 나사홈이 있는 것이 생략된 것이라 인정하기 곤란하므로 본건 등록디자인은 본체부의 내외주면에 나사홈을 갖는 너트에 관한 것이라고는 할 수 없다. 또 나사홈이라 하여도 그 形狀·치수 등이 다양할 수도 있음은 물론이려니와 가령 원고가 주장하는 바와 같이 본건 등록디자인이 너트 본체의 내외주면에 나사홈을 구비한 형상의 것이라 할지라도 바른 나사홈의 형상·치수 등은 特定할 수 없게 되어 본건 등록디자인은 不特定의 부분을 포함한다는 부당한 결과가 된다.

따라서 원고의 주장은 아무 이유가 될 수 없으며 본건 등록디자인은 본건 디자인공보의 도면과 같이 너트 본체부의 내외주면에 나사홈을 갖지 않는 형상의 것이라 할 것이다.

상술한 것을 전제로 하여 본건 등록디자인과 ㈎호 물품의 디자인을 대비하여 보면 양 디자인은 차량용 너트로서 基本的 形狀에 있어서는 대체로 동일하다 하겠으나 반면 전자는 너트 본체부의 내주면 및 외주면에 나사홈이 없음에 대하여 후자는 이를 구비하고 있는 차이가 있으며 이 차이는 전자로 하여금 너트의 디자인에 대하여 현저하게 다른 인상을 주는 것으로 도저히 경미한 차이라고 말할 수 없는 것이므로 양 디자인은 全體로서 類似하지 않다라고 하지 않을 수 없다. 따라서 ㈎호 물품의 디자인은 본건 등록디자인의 범위에 포함함을 전제로 한 원고의 主位的 請求는 이유가 없다."

이상에서와 같이 도면에 불비한 점이 있거나 각 도면에 불일치가 있다는 것으로 디자인의 구성이 불명확하다거나 구체적이 아니라고 생각하는 것에 대한 日本에서의 판례를 살펴보았다. 전기한 學習책상의 도면의 경우는 누가 보아도 작도상 착오를 알 수 있는 극단적인 예외이고, 또 차량용 너트의 경우는 그 물품의 기능이나 성질로 보아 도면 작도상 나사홈을 생략하고 있는 것으로 선해할 수 있다. 따라서 차량용 너트에 대해 나사홈이 생략된 것이라 인정하기 곤란하다고 판단한 것은 지나치게 형식 논리이다. 그런데 디자인의 구체성을 결한 것에는 i) 원래 디자인이 구체화되어 있지 아니하여 그 디자인이 속하는 분야에서 통상의 지식을 가진 자가 경험칙에 의해서도 디자인을 특정할 수 없는 것과 ii) 그 디자인이 속하는 분야에서 통상의 지식을 가진 자라면 당연하다고 생각되는 디자인과 추정할 수 있는 범위내에서의 절차상의 경미한 하자에 의하여 특정되지 않은 것 등이 있다.

생각건대, 디자인보호법에서는 특허·실용신안법에서와 같은 정정심판제도가 존재하지 않기 때문에 사후에 그 하자를 치유할 수 있는 길이 없으며 또한 경미한 하자에 대해서까지 이를 이유로 무효로 하는 것은 권리의 안정성을 저해하며 디자인권자에게 가혹하기 때문에 적어도 ii)에 해당하는 경우에는 무효사유에 해당하지 않는다고 해석함이 타당할 것이다.

제 3 절 신 규 성

I. 서 설

디자인이 권리로서 보호되는 것은 그것이 創作性[16]이 있기 때문이지만, 디자인

16) 윤종렴, 의장, 128·129면은 디자인의 창작성을 주관적 창작성과 객관적 창작성으로 나누고, 이것에 대해 다음과 같이 설명한다. "주관적 창작성이란 그것을 만드는 자의 자유로운 창조적 활동의 성과로서 생겨난 것을 말하며 창작적 활동이 있다고 하려면 자유로운 의사결정의 존재가 필요하다. 자유로운 의사결정이 존재하려면 一定한 기존의 또는 소정의 출발점에서 다음의 창조적 단계에의 이행, 즉 대상의 선택, 내면적 관조 또는 재현의 방법이 任意的인 경우가 아니면 아니 된다 …." 또 "객관적 창작성이란 하나의 디자인이 分明하게 다른 디자인으로부터 구별되는 것임을 의미한다. 분명하게 다른 디자인과 구별된다 하더라도 물리적인 의미에 있어서의 엄격한 구별이 아니고 디자인이 공업제품에 관하는 것인 한, 그 업계의 전문가의 눈으로 보아서 다른 디자인으로부터 구별되어야 하는 것이고 또한 디자인이 그 제조·판매 등의 독점권으로서 보호되는 한, 그 고객의 눈으로 보아서 分明하게 다른 디자인으로부터 구별되는 것이 아니고서는 객관적 창작성이 있다고 말할 수 없다 …."

제도의 原理상 獨占的인 권리로서 보호하는 것은 그것이 객관적 창작일 때에만 타당하다. 그러나 객관적 창작유무의 판단은 매우 어려운 문제이므로 디자인보호법은 디자인의 창작에 대해 객관적으로 인정하기 위한 자료로서 이미 公開된 디자인을 시간적·지역적 및 내용적으로 한정하고, 이 한정된 디자인과 동일 또는 유사한 디자인은 客觀的 創作性(新規性)이 없는 디자인이라고 의제한다.[17)]

1. 신규성의 의의

신규성이라 함은 디자인이 객관적인 창작성이 있는 것, 즉 디자인보호법 제5조 제1항 각호의 1에 해당하지 않는 것을 말한다.[18)] 디자인보호법 제5조 제1항은 "공업상 이용할 수 있는 디자인으로서 다음 각호의 1에 해당하는 것을 제외하고는 디자인등록을 받을 수 있다"라고 하여 디자인등록을 받을 수 있는 디자인은 공업상 이용할 수 있는 디자인임을 전제로 하여 다음 각호에 해당하지 않는 것이어야 한다고 규정하고 있다(§5①).[19)]

이어서 다음 각호에서는

ⅰ) 디자인등록출원 전에 국내 또는 국외에서 공지되었거나 공연히 실시된 디자인

ⅱ) 디자인등록출원 전에 국내 또는 국외에서 반포된 간행물에 게재된 디자인 또는 전기통신회선을 통하여 공중이 이용가능하게 된 디자인

ⅲ) 상기의 ⅰ) 및 ⅱ)에 게기한 디자인에 유사한 디자인을 들고 있다.

이 규정은 디자인보호법하에서의 權利成立의 가장 기본을 이루는 실질적

---

17) 창작자가 선행디자인의 존재를 모르고 창작한 경우 그것은 주관적으로는 창작한 것이라 할 수 있어도 객관적으로 보면 그 디자인은 처음으로 창작(창출)된 것은 아니다.

18) 현행법의 등록요건에서 '신규성'이라는 문언은 사용되고 있지 않다. 그러나 1961년 제정법 제4조(신규성의 의의) 제1항에서 "본 법에서 의장의 신규라 함은 의장이 다음 각호의 1에 해당하지 아니한 것을 말한다"고 하여 다음 각호에서 "의장등록출원 전에 국내에서 공지되었거나 공연히 사용된 것과 이와 유사한 것", "의장등록출원 전에 국내에서 반포된 간행물에 용이하게 실시할 수 있을 정도로 기재된 것과 이에 유사한 것"이라고 규정하였던 것에 있어서의 법제의 연속성에 의해 현행법에 있어서도 제5조 제1항 각호에 정하고 있는 이 요건에 대해 '신규성'이라는 호칭이 관용되고 있다.

19) 디자인보호법은 객관적 창작성의 이 요건에 대해 적극적으로 규정하지 않고 소극적인 면에서 新規性을 상실한 경우를 열거하고 있다. 신규성을 상실한 디자인에 대하여 등록을 받을 수 없다고 한 점에서 신규성은 객관적 창작성의 법적 의제라고 할 수 있다(齋藤, 의장, 180면).

요건을 정한 규정으로서 특허법 제29조 제1항에 대비되며, 심사 · 심판 등에 있어서 판단의 중심을 이루는 중핵적 요건규정이다.

2. 신규성 규정의 취지

디자인제도는 특허 · 실용신안제도와 마찬가지로 새로운 디자인의 창작을 公開한 者에게 그 공개의 대가로 일정기간 獨占權을 부여하는 것이므로 공업상 이용가능성이 있어도 이미 사회일반에 알려져 公有財産(public domain)으로 되어 있는 것에 대하여 特定人에게 독점배타적인 권리를 부여하는 것은 디자인 본래의 제도적 목적에 반하게 되며 산업발전에도 저해요인이 된다. 따라서 디자인보호법은 디자인이 객관적으로 창작되어 그것이 신규성이 있다고 하는 디자인에 대하여만 보호대상으로 하는 것이다. 그러나 新規性을 판단하는 기준에 대하여는 디자인제도를 운영하는 국가의 산업정책과 관련되는 사항이므로 나라마다 다르게 규정되어 있다.[20)]

Ⅱ. 신규성의 판단기준

디자인의 신규성 판단은 출원디자인(그 출원서의 기재사항 및 첨부도면 등에 표현된 디자인)에 대하여 일정한 시간, 공간에서 공지 · 공연히 실시된 디자인 또는 반포된 간행물에 게재된 디자인 등과 동일 · 유사성이 있는지의 여부를 가리는 것을 의미한다.

1. 時間的 基準

출원디자인에 대한 신규성의 판단은 당해 디자인등록출원의 '時'를 기준으

---

20) 예컨대, 베네룩스 통일디자인법은 디자인이 ⅰ) 기탁일 또는 파리협약의 우선권 발생일 전 50년간에 베네룩스 영토내의 상공업계에 있어서 알려져 있는 디자인과 동일 또는 미소한 점에서 상위한 것, ⅱ) 이미 본법에 의한 기탁이 되어 있거나 헤이그 협정에 의한 국제기탁이 되어 있는 디자인과 동일 또는 미소한 점에서 상위한 것이 아니면 신규성이 없는 것으로 하여 신규성의 범위를 공간적, 시간적으로 한정하고 있다. 반면에 스웨덴 등 노르딕 디자인법은 신규성의 범위를 공간적, 시간적으로 한정하지 않고 등록출원일 전에 알려져 있는 것과 실질적으로 상이한 것을 말한다. 여기서 '실질적으로 상이한 것'은 우리나라 디자인보호법에서의 유사에 상당한 개념이다.

로 한다. 창작시를 기준으로 하면 그 결정이 곤란하고 권리가 불안정해질 우려가 있기 때문이다. 법 제5조 제1항 제1호 및 제2호에서 '디자인등록출원 전'이란 그 출원이 출원시보다 전이라는 의미이고, 사실상의 행위에 있어서 출원이 된 時를 의미한다. 여기서 '출원이 된 시'란 민법상의 도달주의 원칙에 의해 디자인등록출원서가 특허청에 도달한 시를 말한다. 다만, 지리적 불평등의 시정을 위해 우편에 의한 경우에는 발신주의가 채용되어 있다(§4의26②).

파리協約에 의한 우선권을 주장하는 출원의 경우에는 제1국의 출원시이다(§23①). 여기서 모두 말하는 출원시의 개념은 시, 분, 초를 고려한 개념으로 '日'을 기준으로 하는 선출원주의(§16), 이용·저촉관계(§45)의 판단기준과는 다르다. 그러나 특허청 실무운영에서는 출원 그 자체를 日을 기준으로 접수하고 있고, 간행물의 반포나 公知가 시간까지 명백하지 않은 일이 많으므로 신규성 판단의 시간적 기준을 日을 기준으로 취급하는 것이 상례로 되어 있다.

여기서 주의해야 할 것은 자기 디자인의 공표도 결과적으로 신규성의 문제로 귀착하게 되는 점이다. 신규성 판단에 있어 그 대상자료가 되는 디자인은 누구의 창작에 의한 것인가를 묻지 않고 단순히 공개적으로 존재하느냐의 여부의 문제로 해석되는 것이다. 따라서 이론상으로는 가령 출원 1분 전이라도 공개되면 그 디자인은 이미 신규성을 상실한 것이 된다. 이 의미에서 여기에서의 신규성은 절대성이 요구되고 있는 것이다.

2. 地域的 基準

신규성 판단의 지역적 기준은 국내 또는 국외를 기준으로 하는 세계공지주의를 채용한다.[21] 이같이 디자인보호법이 세계공지주의를 채용한 것은 1990년 개정법부터이다. 디자인은 물품의 미적 외관이기 때문에 간행물 등에 게재되어 공개되기보다는 현실적으로 시장에 출하되어 공개되는 편이 빠르다는 사정에 의한 것이다.[22] 또 하나의 이유는 등록이 된 디자인의 도면이나 사진 등을 게재한 디

21) 신규성 판단의 지역적 기준에 관하여는 지역한정의 관점에서 볼 때 ⅰ) 모든 나라에서 공지 등이 된 경우 신규성을 부정하는 세계공지주의(국제주의), ⅱ) 외국에서 공지 등이 되었으나 자국에서는 공지 등이 아닌 경우 신규성을 인정하는 국내공지주의(국내주의), ⅲ) 신규성 상실사유의 대상에 따라 세계공지주의와 국내공지주의를 병용하는 절충주의 등 세 가지 유형으로 나누어진다.

22) 특허·실용신안법의 경우 종전에는 공지되었거나 공연히 실시된 발명·고안의 경우는 국

자인공보를 발행하지 않는 국가가 많다는 것을 들 수 있다(영국, 프랑스, 독일 등). 즉, 이들 국가에서 등록이 된 디자인을 표현한 도면·사진 등은 국내에서는 입수할 수가 없기 때문에 국내공지에 한정하게 되면 이것을 모방한 디자인이 등록을 받게 되어 외국에서 公知·公開된 디자인의 盜用을 인정하는 것이 될 뿐만 아니라 이러한 디자인의 도용을 장려하는 것이 되어 그 결과 디자인의 창작을 장려하는 디자인제도의 목적을 달성할 수 없기 때문이다.

Ⅲ. 신규성의 상실사유

디자인보호법 제5조 제1항 각호에서 규정한 신규성의 상실사유는 이하와 같다. 디자인등록출원에 관한 디자인이 법 제5조 제1항 각호의 디자인에 해당하면 신규성이 부정되고, 해당하지 않으면 신규성이 긍정된다.

1. 공지되었거나 공연히 실시된 디자인

(1) 공지된 디자인

공지된 디자인(공지디자인이라고 줄여서 말하는 경우가 많다)[23]이란 비밀의 상태가 아니라 디자인의 내용이 불특정 다수인이 알 수 있는 상태에 놓여 있는 것을 말한다.[24][25] 이와 달리 현실적으로 알려져 있음을 필요로 한다는 법 해석이 있

내공지주의를 채용하고 간행물 등에 게재된 발명·고안은 세계공지주의를 채용하여 소위 절충주의를 취하였으나 2006년 법개정에서는 공지·공용의 경우에도 세계공지주의를 채용하였다. 이것은 교통수단 및 정보통신수단의 발달에 따라 외국에서 공지, 공용된 사실의 조사가 용이하게 된 점, 외국에서 자유롭게 이용되는 기술이 국내의 특정인에게 독점되어 국내산업의 국제경쟁력을 저하시키고 있는 점, 유럽, 일본 등 선진 대부분의 국가에서는 이미 선행기술의 세계공지주의를 채택하고 있다는 점 등을 고려한 것이다.

23) 일반적으로 공지디자인은 공지된 디자인을 줄여서 말하는 것이 보통이지만, 공연히 실시된 디자인, 간행물에 게재된 디자인 등까지를 포함하여 공개적으로 존재하는 모든 디자인에 대해서 말하는 경우도 있다.

24) 公知를 알 수 있는 상태에 있으면 충분하다고 해석하는 것은 윤종렴, 의장, 152면; 황종환, 의장, 255면; 이수웅, 의장, 192면; 특허법에 대하여 이종일, 특허, 158면; 法院行政處, 「特許訴訟實務」, 1998(이하 본서에서의 인용은 "法院, 訴訟實務"라고 줄여 쓴다), 299면이 있고, 이 說에 의한 판례로는 대법원 1992.10.27.선고 92후377 판결(공지된 디자인이라 함은 적어도 불특정다수인이 인식할 수 있는 상태에 놓여져 있는 디자인을 의미한다)이 있다.

다.[26] 전자는 불특정 다수인에게 알려질 수 있는 상태에 있으면 그것은 사회적으로 이미 존재했던 것이 되며 그와 같은 형태의 것은 등록이 되지 않아야 할 것이라고 하는 것으로서 이와 같은 해석은 산업재산권이 새로운 기술적 소산이나 디자인에 대하여 성립하여야 한다는 이념하에 있다는 것, 따라서 권리성립의 기초는 마땅히 그 권리를 성립시키는 기반인 사회에 새로운 가치를 창출한 데서 찾을 수 있음을 기본에 두고 그 요건이 당해 출원인이 진실로 창작한 것이냐의 여부(주관적 창작)라는 사실문제에 있는 것이 아니고 사회적으로 이미 존재하고 있었다는 논리필연성, 즉 지득의 논리적 가능성으로써 충분하다고 하는 생각에 근거를 두고 있다. 우리나라에서의 통설이고, 반대설은 찾아볼 수 없다. 여기서 불특정인이란 창작자를 위하여 그 디자인의 내용을 비밀로 할 의무가 없는 자, 즉 비밀유지의무가 없는 자를 지칭한다. 따라서 디자인의 내용을 아는 자가 설령 다수라 하더라도 그 디자인의 창작자를 위해 이를 비밀로 해야 할 관계에 있는 자(이 자를 '특정인'[27]이라고 한다)뿐이라면 그 디자인은 비밀기간 내에 있는 것이므로 公知된 디자인이 아니다.

그러나 디자인의 창작자를 위해 비밀로 해야 할 관계가 없는 자(불특정인)[28]

---

25) 디자인은 그 등록일 이후에는 불특정 다수인이 당해 디자인의 내용을 인식할 수 있는 상태에 놓이게 되어 공지되었다고 봄이 상당하고 디자인공보가 발행되어야만 비로소 그 디자인이 공지되었다고 볼 수는 없다(대법원 2001.7.27.선고 99후2020판결).

26) 公知를 알려져 있음을 필요로 한다고 해석하는 說은 齋藤, 의장, 183·184면; 특허법에 대해서 吉藤, 특허, 69면; 判例로는 日本 동경고재 1979.4.23.언도, 1977년(행게) 제72호(공연히 알려진 디자인이란 동항 제2호에서 제1호와는 달리 반포간행물을 규정하고 있는 취지를 감안하면 그 디자인이 일반 제3자인 불특정인 또는 다수자에게 단순히 알 수 있는 상태에 있는 것만으로는 부족하고 文字의 뜻에서와 같이 현실로 알려져 있는 상태에 있음을 요한다고 해석된다. 그리고 또 불특정인이라 하는 이상 그 디자인과 특수한 관계에 있는 자나 극히 우연적인 사정을 이용한 자만이 알고 있는 것만으로는 아직 공연히 알려진 상태에 있다고는 할 수 없다라고 해석함이 타당하다)가 있다.

27) 특정인이란 구체적으로는 비밀유지의무가 법률상 인정되는 자(변리사, 변호사, 특허청 직원 등), 계약상 비밀유지의무가 있는 자(종업원, 용역계약자, 자금공여 등의 후원자 등)를 말한다.

28) 불특정인은 비밀유지의무가 없는 자를 가리키나 여기서의 불특정인은 일반인이 아니고 디자인의 내용을 알고 있는 자로서 비밀유지의무가 없는 자를 지칭하는 것이다. 특정인으로서 디자인의 내용을 알고 있었던 경우에 있어서도 그 후 비밀을 유지할 의무가 해제된 때에는 그는 그때부터 불특정인이 되어서 그가 알고 있는 디자인은 公知디자인이 되고, 그가 그것을 사용하면 공연히 실시한 디자인이 된다. 특정인에서 불특정인으로의 전환이라

가 이를 알고 있다면 가령 1인이어도 그 디자인은 이미 베일이 벗겨진 것이므로 公知된 디자인이 된다. 또한 후자의 해석은 직접적으로 신규성에 대한 다른 규정과의 해석상의 정합성에서 나온 해석이다. 즉 법은 신규성에 대해 간행물 게재 디자인을 따로 규정하고 있지만, 여기서 공지를 '알 수 있는 상태'라는 가능성에 두고 해석할 때에는 법 제5조 제1항 제2호는 제1호와 중복된 규정이 되며 별도 규정할 의미가 없다고 하여, 이 규정은 알려져 있음을 필요로 하는 것이라고 해석하는 것이다.[29] 이러한 해석은 창작이 이루어졌느냐의 여부는 사실문제이며(등록을 받을 수 있는 권리의 발생은 사실문제로서의 창작에 있다) 이 규정은 그 객관성을 법적 의제에 의해 담보한 것이므로 논리적으로 알 수 있는 것이 가능하다고 하여도 현실적으로 불특정인이 그 디자인을 알지 못하면 거기에 신규성을 인정하는 데 아무런 불합리점이 없다고 하는 것에 근거한다. 이와 같은 해석은 일본에서 통설이고 일본에서의 행정상의 해석운용도 이 입장에 의하고 있다.[30]

(2) 公然히 實施된 디자인

公然히 實施된 디자인이라 함은 그 디자인이 불특정 다수인이 알 수 있는 상태에서 실시된 것을 말하며 公用이라고도 한다. 그러나 디자인은 물품의 미적 外觀이기 때문에 공연히 실시(公開)된 것은 또한 당연히 公知가 되는 것이기 때문에 이 규정을 설정한 적극적인 의의는 없다고 생각된다.[31]

2. 刊行物에 게재된 디자인 또는 전기통신회선을 통하여 공중이 이용 가능하게 된 디자인

(1) 刊行物에 게재된 디자인

간행물에 게재된 디자인이란 불특정 다수인에게 반포할 것을 목적으로 한 정보전달매체에 게재된 디자인을 말한다.

1) 간 행 물 刊行物이란 公開를 목적으로 복제된 문서, 도면, 사진

할 수 있다(吉藤, 특허, 103면).

29) 齋藤, 의장, 182면.

30) 따라서 일본에서는 등록디자인공보의 발행일 전의 등록디자인에 대해서는 디자인권의 설정등록이 되어 있어도 공지디자인으로 취급하지 않는다.

31) 특허법은 디자인과 달리 '公知'와 '公然히 실시'를 구분하여 규정하고 있는 적극적인 의의를 가지고 있는데, 이것은 公然히 실시된 발명이라 하더라도 그것이 반드시 공지발명에 해당한다고 할 수 없는 경우(내부에 발명이 있는 신제품을 공중 앞에서 사용하는 때라도 그 내용이 제3자에 의해 알려질 수 없는 상태에 있는 경우)가 있을 수 있다는 생각에 기초한다.

등의 정보전달매체를 말한다.32) 인쇄물은 간행물의 대표적인 예이나 그 외 기계적·화학적·전기적 등의 어떠한 복제수단에 의한 것도 포함된다. 간행물이 되기 위하여는 公開性과 情報性을 아울러 가지고 있어야 한다. 따라서 공개를 목적으로 하지 않는 비밀출판물이나 정보로서 유통될 수 없는 소송기록물 등은 여기서 말하는 간행물이 아니다. 또 간행물은 공개성과 정보성을 가지므로 필연적으로 불특정인에게 배포, 반포되는 성질을 지닌다(반포성).

최근 뉴미디어나 복제기술의 발달에 따라 간행물성의 여부에 대하여는 탄력적인 해석이 요구되고 있다. 따라서 마이크로필름, CD-ROM, 광디스크, 플로피디스크 등 전자화된 모든 정보전달매체를 포함시켜야 할 것이다.

실무상으로는 국내외의 특허행정기관이 발행한 디자인공보가 주종을 이룰 것이지만 그 외에도 도서, 잡지, 신문 및 상품카탈로그 등이 이에 해당되며 그 형식은 여러 가지가 있을 수 있다.

2) 頒　布　　頒布란 配布와 같은 뜻으로 간행물이 불특정 다수인이 볼 수 있는 상태에 놓여져 있는 것을 말한다. 즉, 公開的으로 배포된 간행물은 여기에서 말하는 간행물이 되며 이것에 기재된 디자인은 현실적으로 누군가가 열람하여 그 내용을 알고 있을 것을 요하지 아니하며, 따라서 간행물이 특허청 자료실이나 도서관에 비치되어 있으면 이미 공중이 열람할 수 있는 상태에 놓여져 있으므로 그러한 사실만으로도 반포되었다고 볼 것이다.33) 그러나 간행물이 도서관 등에 입수된 사실만으로는 반포라고 할 수 없다. 간행물이 반포되는 지역은 외국이든 국내이든 상관없다.

간행물의 반포와 관련하여 반포 자체의 의미와 함께 그 반포시기를 확정하

---

32) ⅰ) 구 실용신안법 제4조 제1항 제2호의 '간행물'이라 함은 반포에 의하여 공개됨을 목적으로 하여 복제된 문서·도화·사진 등의 정보전달매체를 의미한다(대법원 1998.9.18.선고 98후1945 판결).

ⅱ) 구 의장법(1990.1.13. 법률 제4208호로 개정되기 전의 것) 제5조 제1항 제2호의 소정의 "국내 또는 국외에서 반포된 간행물에 기재된 디자인"에서 간행물이라 함은 인쇄, 기타의 기계적, 화학적 방법에 의하여 공개의 목적으로 복제된 문서, 도화·사진 등을 말하고, 간행물의 반포라 함은 간행물을 불특정 다수인이 볼 수 있는 상태에 두는 것을 말한다고 할 것이다(대법원 1992.10.27.선고 92후377 판결).

33) 카탈로그는 제작되었으면 배부·반포되는 것이 사회통념이라 하겠으며, 제작한 카탈로그를 배부·반포하지 아니하고 사장하고 있다는 것은 경험칙상 수긍할 수 없는 것이므로 카탈로그의 배부범위, 비치장소 등에 관하여 구체적인 증거가 없더라도 그 카탈로그가 배부·반포되었음을 부인할 수 없는 것이다(대법원 1985.12.24.선고 85후47 판결).

는 것도 중요하다. 디자인의 신규성 상실요건으로서 간행물이 사용되기 위하여서는 그 간행물이 당해 디자인의 출원 전에 반포되어 있어야 하기 때문이다.

배포가 가장 빠른 것은 통상 간행물의 발행국이므로 그 나라에서의 발행일을 문제로 하면 충분하다. 잡지와 같은 정기간행물의 경우에는 대개 그 발행일이 기재되어 있으나 상품카탈로그 등의 경우에는 그 발행일이 특정되지 않은 경우가 많아 발행일자를 특정하기 곤란한 경우가 있다. 특허청은 간행물의 발행연월일이 명확히 표기되지 않은 간행물의 반포시기를 추정하는 기준을 다음과 같이 제시하고 있다(심사편람 42·04, 42·06).

㈎ 간행물에 발행시기가 기재되어 있는 경우

i) 발행의 연도만이 기재되어 있는 때에는 그 연의 말일에 반포된 것으로 추정한다.

ii) 발행의 연·월이 기재되어 있는 때에는 그 연·월의 말일에 반포된 것으로 추정한다.

iii) 발행연·월·일까지 기재되어 있는 때에는 그 연·월·일에 반포된 것으로 추정한다.

㈏ 간행물에 발행시기가 기재되어 있지 않은 경우

i) 외국간행물로서 국내에 입수된 시기가 분명한 때에는 그 입수된 시기에서 발행국으로부터 국내에 입수되는 데 소요되는 통상의 기간을 소급한 시기에 반포된 것으로 추정한다.

ii) 당해 간행물에 관하여 서평·발췌·카탈로그 등을 게재한 간행물이 있는 때에는 그 발행시기로부터 당해 간행물의 반포시기를 추정한다.

iii) 당해 간행물에 관하여 중판 또는 재판 등이 있고, 여기에 초판 발행시기가 기재되어 있는 때에는 그것을 반포시기로 추정한다.

iv) 기타 적당한 근거가 있을 때에는 그것으로부터 반포시기를 추정한다.

그러나 위와 같은 추정이 반증에 의하여 얼마든지 번복될 수 있음은 물론이다.

3) 揭載된 디자인　　간행물에 게재되었다고 할 수 있기 위하여는 그 디자인이 속하는 분야에서 통상의 지식을 가진 자(흔히 '당업자'라고 부른다)가 그 게재를 보고 용이하게 디자인의 창작을 할 수 있을 정도로 게재되어 있어야 한다. 간행물에 게재되어 있으면 족하고 그 게재된 디자인이 현실적으로 實施되었어야 하는 것은 아니다. 출원디자인은 통상 도면이나 사진에 의해 정투상도법에

의한 6면도와 사시도로 표현되어 있고, 경우에 따라서는 단면도, 확대도, 사용상태도 등을 부가하여 그 형태를 명확하게 표현하고 있으나 간행물에 게재된 디자인은 대개 정면이나 어느 한 곳에서 보고 촬영한 사진인 경우가 많다. 이 경우 출원디자인과의 대비에 있어서 디자인이 간행물에 게재되어 있다고 할 수 있는가의 문제가 발생한다. 특허청의 실무(심사, 심판)관행에서 보면 간행물에 게재된 디자인이 반드시 출원절차에서 요구되는 바와 같이 정투상도법에 의한 6면도와 사시도로 게재되어 있는 것이 아니라 하더라도 도학상의 법칙, 그 디자인이 속하는 분야에서 통상의 지식이나 經驗則 등에 의해 보충하면서 그 형태가 상정가능한 정도로 게재되어 있으면 간행물에 게재된 디자인으로 해석운용하고 있다.[34)]

(2) 전기통신회선을 통하여 공중이 이용가능하게 된 디자인

1) 의 의 최근 정보통신기술의 비약적인 발전에 따라 디자인정보는 잡지나 카탈로그 등의 간행물 이외에도 인터넷과 같은 전기통신회선을 통하여 공개되는 경우가 많다. 이들 정보는 간행물에 게재된 디자인정보와 동등한 내용을 가지고 또 그 정보전달의 신속성, 염가성 등의 편리성 때문에 기업 등에서 신제품의 발표를 간행물이나 전시회뿐만 아니라 인터넷을 통한 제품정보를 발표하는 경우가 증대되고 있다. 그러나 인터넷 등을 통하여 개시되는 디자인은 종전의 법에 있어서는 일반적인 공지디자인으로 취급함으로써 법 제5조 제1항 제1호 또는 제3호에 의하여 신규성상실의 사유가 된다고 할 수 있지만, 공지 또는 공연히 실시된 디자인이라는 점을 입증하는 것이 어렵기 때문에 구법에 있어서는 인터넷 등에서 개시된 것을 가지고 신규성상실의 사유로 하는 것이 곤란했었다. 이에 따라 2004년 법개정에서는 공중이 쉽게 접근할 수 있는 전기통신회선매체에 의해 공지된 디자인에 대해서도 간행물에 게재된 디자인과 마찬가지로 신규성의 상실사유로 추가하였다.

여기서 '회선'이란 왕복통신로로 구성된 쌍방향으로 통신이 가능한 전송로를 말한다. 따라서 일방향으로밖에 정보를 송신할 수 없는 방송(쌍방향에서의 통신을 전송하는 케이블 TV 등은 제외한다)의 경우에는 쌍방향으로 통신이 가능한 전송로

---

34) 대법원 1994.10.14.선고 94후1206 판결: 간행물에 기재된 의장에 있어서의 기재의 정도는 그 의장고안이 속하는 분야에서 통상의 지식을 가진 자가 그것을 보고 용이하게 의장고안을 할 수 있을 정도로 표현되어 있으면 충분하고 반드시 6면도, 참고사시도 등으로 그 형상, 모양의 모든 것이 기재되어 있어야 하는 것은 아니라 할 것이다.

가 아니기 때문에 여기서의 회선에 포함되지 않는다.

'공중'이란 사회일반의 불특정인을 말하고, 공중이 이용가능하다는 것은 사회일반의 불특정인이 볼 수 있는 상태에 놓여 있는 것을 말하며 현실적으로 누군가가 엑세스(access)하였다는 사실은 필요로 하지 않는다.

예를 들면 인터넷에 있어서 링크(link)가 걸려 서치엔진[35]에 등록되고 또는 어드레스[36]가 공중에의 정보전달수단(예를 들면 널리 일반에 알려진 신문, 잡지 등)에 실려 있으며 또한 공중으로부터 엑세스제한이 되어 있지 않은 경우에는 공중이 이용가능하다. 따라서 전기통신회선을 통하여 공중이 이용가능하게 된 디자인이란 왕복통신로로 구성된 쌍방향으로 통신이 가능한 전송로를 통하여 일반 불특정인이 볼 수 있는 상태에 놓여 있는 디자인을 말한다.

2) 인터넷을 통하여 얻어지는 디자인정보의 취급 　　인터넷을 통하여 얻어지는 디자인정보(이하 "전자적 디자인정보"라고 한다)가 전기통신회선을 통하여 공중이 이용가능하게 된 디자인으로서 인용되기 위해서는 이하의 모든 요건을 만족시키는 것이어야 한다.

㈎ 디자인등록출원 전에 인용하는 전자적 디자인정보가 공중에게 이용가능한 정보일 것

인터넷에 실린 정보는 불특정인이 엑세스 가능한 정보로서 반포된 간행물에 게재된 정보와 마찬가지의 정보전파력을 갖기 때문에 통상 공중이 이용가능한 정보이다. 홈페이지에의 엑세스에 패스워드가 필요하거나 엑세스가 유료인 경우라도 그 정보가 인터넷에 실려 있는 그 정보의 존재 및 존재장소를 공중이 알 수 있으며 또한 불특정인이 엑세스 가능하면 공중이 이용가능한 정보라고 할 수 있다.

㈏ 디자인등록출원 전에 인용하는 전자적 디자인정보가 그 내용대로 기재되어 있을 것

인터넷에 실린 정보는 개변이 용이하므로 전자적 디자인정보가 표시되어 있는 게재일시에 그 내용 그대로 게재되어 있었는지가 문제된다. 전자적 디자인정보의 게재일시의 표시가 디자인등록출원 전이었다고 하더라도 그 표시 자체

35) 검색엔진이라고도 하며 인터넷상에서 목적으로 하는 사이트를 찾기 위하여 데이터베이스적인 역할을 하는 사이트를 말한다.

36) URL(Uniform Resource Locator)이라는 표기방법으로 표기된 인터넷 서비스의 소재지를 말한다. 일반적으로 http://www.○○○.co.kr와 같이 표기되고 있다.

가 개변되어 있는 가능성을 완전히 배제할 수 없다. 따라서 심사실무상은 전자적 디자인정보가 표시되어 있는 게재일시에 그 내용 그대로 게재되어 있었던 것에 대해 의의가 매우 낮다고 판단되는 홈페이지에 대해서는 심사관이 엑세스했을 때에 실린 내용이 홈페이지에 나타나 있는 게재일시와 표시의 시점에 실려 있었던 것으로 추정 인정하여 인용하나, 반대로 의의가 있다고 판단되는 경우에는 문의처 등으로 표시되어 있는 연락처에 개변되어 있는지의 여부를 조회하여 해당 의의에 대해 검토하고 그 검토결과 의의가 해소되지 않는 것에 관해서는 인용하지 않는 것으로 한다.

3. 공지 등의 디자인에 類似한 디자인

디자인보호법은 공지·공연히 실시된 디자인, 반포된 간행물에 게재된 디자인 또는 전기통신회선을 통하여 공중이 이용가능하게 된 디자인에 유사한 디자인에 대해서도 신규성의 상실사유로 규정하고 있다[37](§5①iii).

특허·실용신안법상의 발명·고안은 추상적인 기술적 사상이고, 同一性 범위는 넓기 때문에 동일발명·동일고안에 대해서 신규성을 부정하면 충분한 데 대해 디자인은 그 객체가 발명·고안과 같은 개념적으로서의 創作이 아니라 하나의 특정한 형태로 도면 등에 의해 구체적·명시적으로 나타나는 것이므로 신규성 판단의 대상자료로 동일디자인에만 한정하게 되면 실질적으로 디자인의 객관적 창작을 담보하지 않는다는 사실 때문에 공개적으로 존재하는 디자인에 유사한 디자인에 대해서도 신규성의 상실사유로 한 것이다. 여기에서 유사한 디자인이란 어떤 것인가, 나아가 동일한 디자인이란 어떤 것인가가 문제된다.

동일한 디자인이라는 것은 동일한 물품에 동일한 형상, 모양, 색채 또는 이들의 결합이 化體된 경우이다. 또한 유사한 디자인이란 ⅰ) 동일한 물품에 유사한 형상·모양·색채 또는 이들의 결합이 化體한 경우, ⅱ) 유사한 물품에 동일한 형상·모양·색채 또는 이들의 결합이 화체한 경우, ⅲ) 유사한 물품에 유사한 형상·모양·색채 또는 이들의 결합이 화체한 경우이다.

그러나 비유사한 물품에 동일 또는 유사한 형상·모양·색채 또는 이들의

---

37) 디자인보호법은 유사개념을 도입하고 있으므로 출원디자인에 대해 동일성 범위로 규정한 법 제5조 제1항 제1호·제2호를 적용하여 거절하는 예는 드물다. 대개의 경우에는 이보다 확대개념인 법 제5조 제1항 제3호를 적용하여 거절한다. 이때 공개적으로 존재하는 디자인에 유사하다고 판단한 이유에 대해서는 기재하지 않고 있다.

결합이 화체한 경우나 동일물품, 유사물품 또는 비유사한 물품에 비유사한 형상・모양・색채 또는 이들의 결합이 화체한 경우에는 비유사한 디자인이 된다.

이와 같은 해석은 디자인은 물품과 불가분의 관계로 하고 있는 디자인의 定義로부터 必然的으로 이끌어져 나오는 論理的 解釋이다(디자인의 동일, 유사에 대해서는 제8장에서 다시 상세히 설명하기로 한다).

Ⅳ. 신규성상실의 예외(新規性의 擬制)

1. 서 언

신규성상실의 예외라 함은 디자인보호법 제5조 제1항 제1호 또는 제2호에 해당하여 신규성을 상실한 디자인에 대하여 一定要件하에서 신규성을 상실하지 않는 것으로 취급하여 신규성이 있는 것으로 보아주는 것을 말한다(§8). 이것을 신규성의 의제라고 말하기도 한다.

디자인보호법은 신규성에 대하여 출원시를 기준으로 하므로 그 출원 전에 공개적으로 존재하는 디자인과 동일 또는 유사한 경우에는 디자인등록을 받을 수 없으며, 또 公開的으로 존재하는 원인에 대하여는 그것이 출원인 자신에 의한 것인가 또는 타인에 의한 것인가를 불문한다. 이것이 新規性의 원칙이나 이 원칙을 엄격하게 관철하면 출원인에게 가혹한 경우가 생기고, 디자인창작의 보호・장려라는 法目的에도 반하게 된다.

그래서 디자인보호법은 디자인이 그 출원 전에 公開된 경우라 하더라도 그 공개된 날부터 6개월 이내에 일정한 절차에 따라 그 자가 디자인등록출원을 하면 그 디자인은 신규성을 상실하지 않는 것으로 취급하는 예외규정을 두고 있다(§8①).

2. 신규성의 의제사유

종전에는 신규성의 의제사유에 대하여 디자인등록을 받을 수 있는 권리를 가진 자의 디자인이 i) 시험 및 연구발표에 의한 공개, ii) 意思에 反한 공개, iii) 정부 등이 개최하는 박람회 출품으로 인한 공개 등으로 제한하고 있었으나 1997년 법개정에 의해 공개의 원인에 관계없이 신규성상실의 예외를 인정하여 창작자의 권리확보의 기회를 확대하였다(§8①).

그러나 디자인보호법 제8조 제1항은 新規性의 의제사유에 관하여 명시적으로 규정하고 있지 않으므로 디자인등록을 받을 수 있는 디자인이 그 출원 전에 공개된 원인에 대하여는 자기의 행위에 기인한 것인가 또는 의사에 반한 것인가를 불문하는 것으로 解釋되고 있으나 양자는 출원시 취지의 기재와 증명서류의 제출 유무에 차이가 있으므로 신규성의 의제사유에 관하여 다음과 같이 두 가지의 경우로 나누어 설명한다.

(1) 자기의 행위에 기인한 公知 등

디자인등록을 받을 수 있는 디자인이 디자인등록을 받을 수 있는 權利를 가진 자의 행위에 기인하여 법 제5조 제1항 제1호 또는 제2호(이하 본절에서는 '공지 등'이라고 한다)에 해당하게 된 경우에는 신규성상실의 예외로 된다. 디자인등록을 받을 수 있는 권리를 가진 자의 행위에 기인하여 公知 등이 된 경우로는 시험·간행물게재·연구발표·박람회 출품 등에 의한 공개는 물론이고, 販賣·展示 등에 의하여 公開된 경우를 포함한다. 여기에서 의사에 반하여 공지 등이 된 경우와의 실질적인 意義의 차이는 自己의 행위에 기인한 공지 등의 경우에는 의사에 반해 공지 등이 된 경우와는 달리 취지의 기재 및 증명서류를 사후적으로 제출함으로써는 구제받지 못한다는 데 있다.

(2) 意思에 反한 公知 등

디자인등록을 받을 수 있는 권리를 가진 者의 의사에 반하여 그 디자인이 공지 등이 된 경우에는 本人의 救濟를 위하여 신규성상실의 예외로 인정하는 것은 당연하다. 意思에 反하여 公知 등이 된 경우란 디자인등록을 받을 수 있는 권리를 가진 자의 자기 의지가 미치지 않는 상황에서 공지 등이 된 경우이다. 예를 들면 사기나 협박 또는 산업스파이 등 범죄적 행위에 의하여 公知되었거나 디자인등록을 받을 수 있는 權利를 양도받은 자가 출원하기 전에 창작자에 의해 公表되거나 또는 비밀로 하여 두려고 하였으나 부주의 등으로 公表되는 경우가 이에 해당된다. 法人 등의 출원에 있어서 법인 등의 의사결정권한이 있는 자의 意思에 反하여 직원 등에 의해 公知 등이 된 경우에도 의사에 반한 공지에 해당한다. 그러나 디자인등록출원 전에 공지 등이 되어도 디자인등록을 받을 수 있는 것으로 잘못 알고 공지로 한 경우라면 여기에서 말하는 의사에 반한 공지 등이라고는 할 수 없다.

3. 신규성 의제의 적용요건

(1) 主體的 要件

신규성을 상실한 디자인에 대하여 디자인등록을 받을 수 있는 권리를 가진 자이어야 한다(§8①). 신규성상실의 예외는 이 자를 보호하는 것이기 때문이다. 디자인등록을 받을 수 있는 권리를 가지는 자에는 당해 디자인의 創作者 외에 당해 權利의 承繼人도 포함된다.[38] 또한 신규성상실 후의 승계 또는 승계 후의 상실, 어느 경우에도 신규성 의제규정이 적용될 수 있다고 해석된다. 보호의 필요성에 하등 차이가 없기 때문이다. 이 경우 디자인의 공개 전에 디자인의 창작자가 디자인등록을 받을 수 있는 권리를 제3자에게 승계해서 공개시의 디자인등록을 받을 수 있는 권리를 가진 자가 창작자와 달라질 때에는 그 사실을 명시함과 함께 증명할 필요가 있다. 또한 디자인등록을 받을 수 있는 권리가 공유인 경우에는 그 공유자 중 1인이 신규성상실의 행위를 한 때에도 타 공유자의 보호를 위해 신규성상실의 예외규정의 적용을 받을 수 있다고 해석된다.

(2) 客體的 要件

종전에는 신규성을 상실한 디자인과 출원에 관한 디자인과의 관계에 대하여 양 디자인이 동일 또는 유사해야 하는 것으로 해석되고 있었다. 그러나 2007년 법개정 하에서는 양 디자인의 관계에 대해 어떤 규정도 하고 있지 않기 때문에 양 디자인이 동일·유사 또는 비유사한지의 여부 등 양 디자인의 관계가 어떠한 것인지에 관계없이 신규성을 상실한 디자인 및 해당 디자인등록출원이 소정의 요건을 만족하면 신규성상실의 예외규정의 적용을 받을 수 있다.

예를 들면 갑이 디자인 A와 디자인 B를 창작한 이후 갑의 행위에 의해 디자인 A가 공개된 경우 갑이 디자인 A가 공개된 날부터 6개월 이내에 본조의 적용을 받아 디자인 B에 대해 디자인등록출원을 한 때에는 디자인 B에 대해 디자인보호법 제5조 제1항 및 제2항의 규정 적용 판단시 공개된 디자인 A에 대해서는 디자인 B의 디자인등록출원 전에 공개된 디자인으로 보지 않기 때문에 디자인 B에 대해 디자인 A를 인용하여 디자인보호법 제5조 제1항 제3호의 규정에 의해 거절되지 않는다.

---

38) 디자인보호법 제8조 제1항에서의 "그 자"란 규정의 취지상 창작자와 출원인의 동일성을 요구하는 것이 아니고 '디자인등록을 받을 수 있는 권리를 가진 자'의 약어에 지나지 않는다.

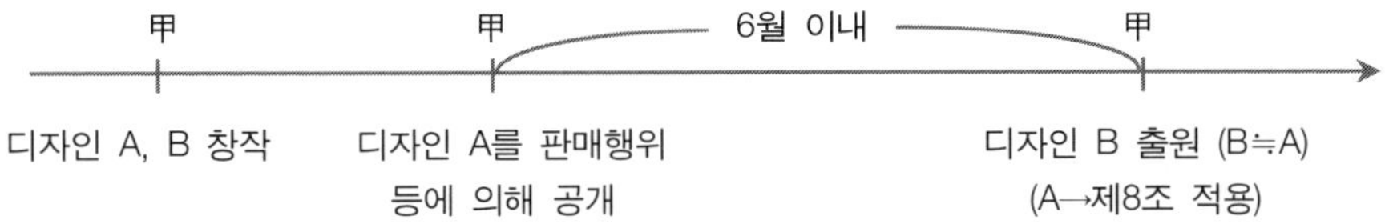

또한 디자인보호법 제8조 제1항의 규정해석으로부터 신규성을 상실한 것은 어디까지나 디자인이어야 한다. 그러므로 창작자가 창작한 디자인의 일부로서 모양만을 공개한 경우에는 당해 모양은 "디자인등록을 받을 수 있는 권리를 가진 자의 디자인이 법 제5조 제1항 제1호 또는 제2호에 해당하게 된 경우"에 해당하지 않는다.

본조는 디자인등록을 받을 수 있는 권리를 가진 자의 디자인의 구제를 목적으로 하므로 디자인등록을 받을 수 있는 디자인이 아닌 모양만을 공개한 경우에까지 본조의 규정을 적용하는 것은 창작한 디자인을 보호하는 디자인보호법 본래의 목적에 비추어 타당하지 않기 때문이다.

(3) 節次的 要件

1) 6개월 이내의 출원　　公知 등으로 인해 신규성을 상실하게 된 날부터 6개월 이내에 출원하지 않으면 아니 된다. 6개월 이내라고 하는 것은 몇 번이고 公知 또는 刊行物에 게재되어 있는 경우는 그 최초로부터의 계산이다.[39] 6개월의 기간으로 제한하는 것은 제3자의 利益을 고려하여 정한 것이다. 의사에 반한 公知 등의 경우에도 6개월 이내의 출원이어야 한다. 또한 디자인보호법은 公知 등에 대해 내·외국을 불문하는 것이므로 외국에서 공지 등이 된 경우에도 동일하게 취급된다. 따라서 외국인에 의한 출원도 공지 등이 된 장소를 불문하고 공지 등이 된 날부터 6개월 이내의 출원이 아니면 신규성 의제규정의 적용을 받을 수 없다.

2) 趣旨의 記載 및 證明書類의 提出

㈎ 자기의 행위에 기인하여 公知 등이 되었을 경우에 신규성 의제규정의 적용을 받기 위하여는 디자인등록출원시 출원서에 그 취지를 기재하여 특허청

39) 중간에 몇 번이고 반복된 행위에 대해서는 특허·실용신안법처럼 어떤 시점의 원인행위(시험, 간행물 발표 또는 박람회출품 등 일정기간이지만 어떤 시점의 한정적 행위에 대한 것이다)를 예정하는 것이 아니라 디자인에 있어서는 주로 판매의 경우처럼 계속적 상태를 포함한 것이므로 특허·실용신안법의 경우와는 달리 그들에 의해 등록을 거절당하는 일이 없다고 해석된다(齋藤, 의장, 269면).

장에게 제출하고, 이를 증명할 수 있는 서류를 출원일부터 30일 이내에 제출하여야 한다. 이것은 의사표시 및 절차의 확실을 기하고, 實體의 동일·유사성을 확인하기 위한 취지이다. 이 경우 취지의 기재에 대하여는 디자인등록출원서의 서식에 '신규성 주장'란을 만들어 신규성을 인정받고자 하는 디자인의 공개형태 및 공개일자를 기재하는 것으로 족하다. 또한 신규성 상실의 예외를 증명하는 서류는 적어도 i) 신규성을 상실하게 된 일자, ii) 신규성을 상실하게 된 장소 또는 刊行物名, iii) 신규성을 상실하게 된 디자인의 도면 또는 사진, iv) 제3자의 기재사항을 증명하는 뜻의 기재 및 날인이 필요하다.[40] 한편, 신규성을 상실하게 된 때부터 출원시까지에 몇 번이고 신규성을 상실하는 원인을 반복하였을 때에는 그때마다 증명을 필요로 한다는 설도 있으나 다수설은 가장 최초의 것의 증명이 필요한 것이며 그것으로 족한 것으로 해석한다. 특허청의 실무상도 이와 같이 해석 운용하고 있다.

㈏ 디자인이 신규성을 상실하게 되는 여러 가지 태양이 있다. 즉, 판매행위에 의한 경우, 디자인을 기재한 도면이나 디자인을 나타낸 사진 등의 전시행위 또는 그것을 간행물에 게재한 경우 등이 있으며 각 경우에 맞춰서 증명할 서면에 있어서 필요한 기재사항(증명할 필요가 있는 사실)도 달라지므로 이하에서 각 경우마다 기재사항에 대해 설명한다.

i) 판매행위에 의한 경우 판매일, 판매장소, 판매자명, 판매된 것의 각 사항의 기재와 제3자의 이들 사항을 증명하는 취지의 기재 및 날인이 필요하다.

ii) 전시행위에 의한 경우 전시회, 박람회 등에서 디자인을 공표한 경우는 전시회명, 주최자명, 개최일, 개최장소, 출품자(공표자명), 출품(공표)된 것의 각 사항의 기재와 제3자의 이들 사항을 증명하는 취지의 기재 및 날인이 필요하다.

iii) 간행물에 게재된 경우 잡지, 신문, 카탈로그 등의 간행물에 디자인을 게재한 경우는 간행물명, 권수, 호수, 발행연월일, 발행기관, 해당면, 발표자(공표자)명, 게재(공표)한 디자인의 각 사항의 기재와 제3자의 이들 사항을 증명하는 취지의 기재 및 날인이 필요하다. 그러나 상기 사실을 증명하기 위해 필요한 각 사항이 명확하게 게재되어 있는 간행물의 경우에는 간행물 자체 또

40) 디자인심사기준 제9조.

는 그 복사본으로 증명할 서면을 대신할 수 있다. 만약 간행물의 반포에 앞서 개최한 전시회나 발표회 등의 취재기사에 의해 간행물에 게재되는 경우에는 전시행위 등에 의해 신규성을 상실하고 있기 때문에 전시회 등에서의 공표사실에 대해 증명하는 것이 필요하다.

iv) 방영행위에 의한 경우　　텔레비전 방송 등에서 디자인을 공표한 경우는 방영프로그램명, 방영자명, 방영일, 방송국명, 발표자(공표자)명, 방영된 것의 각 사항에 대한 기재와 제3자의 이들 사항을 증명하는 취지의 기재 및 날인이 필요하다.

v) 인터넷을 통하여 공개된 경우　　디자인등록출원 전에 국내 또는 국외에서 전기통신회선을 통하여 공중이 이용가능하게 된 디자인에 해당하게 된 인터넷을 통하여 공개된 디자인일 경우에는 최저한 ⓐ 증명할 서면에 기재된 디자인의 인터넷상에서의 공개가 공개시에 그 디자인에 대해 디자인등록을 받을 수 있는 권리를 가진 자의 행위에 기인한 사실, ⓑ 증명할 서면에 기재된 디자인이 공중이 이용가능한 디자인이라는 사실, ⓒ 증명할 서면에 기재된 디자인이 게재되어 있는 홈페이지의 존재사실, ⓓ 증명할 서면에 기재된 디자인이 게재되어 있는 페이지의 존재사실(예를 들어 해당 페이지의 어드레스 및 해당 페이지의 인쇄물 등), ⓔ 증명할 서면에 기재된 디자인의 게재일시(해당 디자인에 공중이 액세스가 가능하게 된 일시, 예를 들어 해당 디자인의 게재일시가 표시된 해당 페이지의 인쇄물 등)가 명시됨과 동시에 이를 증명할 필요가 있다. 또한 출원인은 그 정보에 관해서 게재, 보전 등으로 권한 또는 책임을 가진 자에 의한 증명서류 등에 대해서도 증명할 서면으로서 제출하는 것이 바람직하다.

㈐ 신규성 의제규정의 적용을 받기 위한 증명서류로서 내·외국의 특허공보 등이 제출된 경우　　우리나라에서는 이에 관한 해석이나 취급기준을 찾아볼 수 없으나[41] 일본에서는 이하와 같은 판례에 따라 이들 공보에의 그 디자인의 게재는 디자인등록을 받을 수 있는 권리를 가진 자의 행위에 기인한 것이라고는 인정되지 않으므로 그 디자인에 대해서는 신규성 의제규정의 적용을 인

41) 다만, 특허법에 있어서는 2006년 법개정에서 특허를 받을 수 있는 권리를 가진 자에 의하여 신규성이 상실된 경우 “조약 또는 법률에 따라 국내 또는 국외에서 출원공개되거나 등록공고된 경우를 제외한다”는 단서 규정을 신설하여(특§30① i 단서) 내외국의 특허공보 등은 신규성의제규정의 적용서류로서 인정되지 아니함을 명문으로 규정하여 입법적으로 해결하고 있다.

정하지 않는다는 취급기준을 두고 있어[42] 이를 소개한다(판결문에 나오는 법조문과 '의장'이란 용어는 그에 대응하는 우리나라 법조문과 '디자인'이라는 용어로 바꾸었다).

"내·외국에서 디자인의 등록출원을 한 결과 디자인공보 등에 게재되었다고 하는 것은 그 출원의 시점에서 이미 출원의 준비가 완료되어 있다는 것이므로 이러한 경우에 신규성을 상실한 것으로 취급하더라도 디자인의 고안자에게 가혹하다고 할 수 없고, 디자인법 제8조 제1항에 의해 이것을 구제할 실질적인 필요는 인정할 수 없다. 또한 외국에서 출원의 경우에는 파리협약 제4조 A(1), B, C (1)·(2)가 적용되어 출원일부터 6월간은 당해 디자인의 공표에 기초하여 불이익 취급이 금지되어 있으므로 이 기간을 도과한 자에게 또한 디자인법 제8조 제1항을 적용하여 그 후에도 일정기간 신규성을 상실하지 않는다고 하여 마찬가지의 보호를 부여하는 것은 파리협약의 취지에 반하여 권리자에게 과분한 이익을 부여하는 것이 되고 나아가 상기 기간이 도과하였다고 믿고 행동한 제3자에게 불측의 손해를 초래하는 일이 있을 수 있기 때문에 허용되지 않는다고 해야 할 것이다. … 이상 살펴본 바와 같이 내·외국 특허공보 등에의 게재는 … '디자인등록을 받을 수 있는 자의 행위에 기인하는' 경우에는 해당하지 않는다고 해석하는 것이 상당하다. 또한 신규성 상실사유의 예외를 정한 특허법 제30조에 대해서도 마찬가지의 이유로 국내외의 특허공보에의 게재는 '간행물에 발표'하는 것에 포함되지 않는다고 해석되어 있다(최고재 제2소법정 1989.11.20.판결). 디자인법의 해석에 관해서도 특허법과 같이 해석해야 하는 것은 상기 설시한 부분으로부터 분명하고, 규정문언의 차이를 포착하여 디자인법에 있어서는 다른 해석을 해야 한다는 원고의 주장은 채용할 수 없다"(동경고재 행게 제331호 1990.11.28.판결).

3) 意思에 反한 公知 등의 경우　디자인등록을 받을 수 있는 權利를 가진 자의 의사에 반하여 公知 등이 된 출원은 의사에 반하여 공지가 된 사실을 알고 출원한 경우와 출원을 하였는바, 공지가 된 사실이 거절이유통지 등으로 인해 사후적으로 알게 되는 경우의 두 가지 경우로 생각할 수 있다. 양자 모두 당해 사실이 있던 때부터 6월 이내의 출원인 경우에 신규성 의제규정의 적용을 받을 수 있지만, 그 취지의 기재 및 증명서류의 제출에 대하여는 예외로 하고 있다(§8②단). 이 규정은 특히 후자의 경우를 구제하기 위한 취지라고 생각되나 상기의 어느 경우에나 후일 신규성 상실을 이유로 거절되거나 무효화되려고 하는 단계에서 그 취

42) 日本 특허청, 의장심사편람 10.30.01.

지를 주장하면서 意見書 등으로 立證하면 충분할 것이다.

4. 新規性 擬制의 效果

(1) 要件具備의 경우

디자인심사등록출원디자인의 경우 당해 디자인은 新規性이 상실되지 않는 것으로 보아서 다른 登錄要件을 구비하면 등록이 된다. 이러한 效果에 의해 본 규정의 意義가 있는 것이다. 그러나 디자인무심사등록출원디자인의 경우에는 그 등록 전에 신규성 요건에 대한 심사를 하지 않으므로(§26②) 요건구비 여부에 불문하고 디자인등록을 받을 수 있으나 디자인등록 후 그 권리의 유효성이 문제로 될 것이다.

(2) 要件不備의 경우

디자인심사등록출원디자인의 경우 당해 디자인은 신규성을 상실하였다 하여 디자인보호법 제5조 제1항의 위반을 이유로 거절이유가 되고(§26①), 착오로 등록된 경우에는 無效事由가 된다(§68①). 그러나 디자인무심사등록출원디자인이 등록 후 요건미비로 신규성을 상실한 것으로 인정되는 경우에는 디자인무심사등록이의신청의 대상(§29의2①) 또는 무효사유가 된다(§68①).

5. 新規性 擬制規定을 둘러싼 문제

(1) 他人의 中間公表와의 관계

디자인등록을 받을 수 있는 권리를 가진 자의 디자인이 최초 공개된 날부터 출원일까지의 사이에 타인에 의해 그 디자인과 동일 또는 유사한 디자인이 공개된 경우의 취급이 문제된다. 이에 대하여는 디자인의 創作者가 신규성 의제규정의 적용을 받을 수 있는 행위가 전제된 경우, 즉 디자인 창작자가 공표한 것에 기인하여 타인(공표자)이 디자인창작자의 의도와 관계없이(무단으로) 타간행물 등에 공표한 경우에는 그 公表가 디자인 創作者의 의사에 반하는지 관계없이 신규성 의제규정의 적용을 받을 수 있다. 그러나 공표가 디자인의 창작자의 행위에 의하지 않는 경우, 즉 디자인 創作者의 공표와 그 出願日 사이에 타인이 제3자의 디자인 창작에 관한 디자인을 판매한 경우 등은 신규성 의제규정의 적용을 받을 수 없고, 따라서 그 디자인은 신규성이 상실된다.

(2) 조약에 의한 優先權 主張과의 관계

외국인의 디자인등록출원에 대해 조약에 의한 우선권이 인정되는 경우 신규성상실에 관한 예외가 인정된다. 즉, 조약에 의한 우선권이 인정되는 국가에 정규의 디자인등록출원을 한 날부터 6개월 이내에 동일디자인을 우리나라에 디자인등록출원을 하면서 우선권을 주장하는 때에는 법 제5조 및 제16조의 규정을 적용함에 있어서 그 외국에 출원한 날이 우리나라에 디자인등록출원한 날로 간주되므로(§23①) 결과적으로 출원일이 소급되어 신규성상실의 예외로 된다.

그러나 파리협약상의 優先權은 동맹 제1국의 출원과 동맹 제2국의 출원 사이에만 인정되는 절차상의 예외규정이므로 동맹 제1국 출원일 이전의 행위나 동맹 제2국 출원일 이후의 행위에는 영향을 미치지 않는다. 따라서 創作者가 소정의 공개행위를 한 후 동맹 제1국에 출원하여 그 출원에 의하여 동맹 제2국에 優先權主張을 하는 경우 소정의 공개행위로 인한 新規性 擬制의 기준일부터 6개월 내에서만 優先權의 利益과 신규성상실의 예외규정의 적용을 받을 수 있다.

(3) 한 벌 物品을 구성하는 物品에 대한 적용문제

한 벌 物品의 디자인등록출원에 있어 그 구성물품에 대하여도 신규성 의제규정의 적용을 받을 수 있는지가 문제로 된다. 종전에는 한 벌 물품의 디자인등록출원에 대한 등록요건 판단시 그 구성물품별로 新規性을 판단하도록 되어 있었으며, 또한 보호의 필요성에 차이가 없다고 하여 한 벌 물품을 구성하는 物品에 대하여도 이 규정의 적용을 받을 수 있는 것으로 해석하였다. 그러나 2001년 법개정에서는 제12조 제3항[43]을 삭제하여 각 구성물품의 디자인에는 등록요건을 부과하지 않고, 한 벌 물품의 디자인 전체로써 新規性을 판단하도록 하고 있으므로 한 벌 물품을 구성하는 물품에 대하여는 이 규정의 적용을 받을 수 없는 것으로 해석함이 타당하다.

Ⅴ. 특수한 물품 등의 신규성 판단

1. 완성품과 부품

완성품과 부품과는 원칙적으로 비유사물품간이다. 이를테면 자전거와 자전

---

43) 구 의장법(2001.2.3. 법률 제6413호로 개정되기 이전의 법) 제12조 제3항: 제1항의 규정에 의한 의장등록출원은 한 벌을 구성하는 물품의 의장이 제5조·제6조·제16조 제1항 및 제2항에서 규정한 요건에 해당하는 경우에 한하여 의장등록을 받을 수 있다.

거용 핸들, 벽시계와 시계침, 카메라와 카메라렌즈 등과 같은 경우이다. 비유사물품이라는 것은 비록 그 형상・모양・색채 또는 이들의 결합이 동일 또는 유사한 것이라도 동일 또는 유사한 디자인으로 보지 않는다는 것이다. 완성품이 공지・공용 또는 간행물에 게재된 후 그와 같은 종류의 완성품이 출원된 경우 또는 부품이 공지・공용 또는 간행물에 게재된 후 그와 같은 부품이 출원된 경우에 신규성의 판단은 일반원칙에 의하는 것으로서 하등의 설명을 요하지 않으나 여기에서 특별히 설명코자 하는 것은 완성품이 공지・공용 또는 간행물에 게재되어 있고 그 후에 그 부품이 출원된 경우 또는 부품이 공지・공용 또는 간행물에 게재되어 있고 그 후에 완성품이 출원된 경우에 신규성 판단에 관한 것이다.

(1) 완성품이 공지・공용 또는 간행물에 게재된 경우

완성품, 이를테면 자전거가 공지・공용 또는 간행물에 게재되어 있는 경우에는 그 자전거 자체가 공지・공용 또는 간행물에 게재되어 있음은 물론 그 부품인 자전거용 핸들이나 페달 등도 도면이나 사진으로 명확하게 이해할 수 있을 정도로 표현되어 있는 한 똑같이 공지・공용 또는 간행물에 게재된 것이 된다. 따라서 그 후에 자전거용 핸들이 출원되는 경우에는 그 핸들만이 단독으로 공지・공용 또는 간행물에 게재되어 있지 않더라도 자전거용 핸들은 공지・공용 또는 간행물에 게재되어 존재하는 것으로 되어 신규성을 상실한다.[44]

(2) 부품이 공지・공용 또는 간행물에 게재된 경우

반대로 부품, 이를테면 자전거용 핸들이 공지・공용 또는 간행물에 게재되어 있고 그 후에 완성품인 자전거가 출원된 경우라면 그 완성품인 자전거는 등록될 수 있을 것인가. 이 경우 완성품인 자전거에는 이미 공지・공용 또는 간행물에 게재되어 있는 자전거용 핸들이 부착되어 있더라도 그 출원된 자전거는 자전거로서 출원된 것이지 핸들이라는 물품으로 출원된 것은 아니므로 공지가 된 핸들과 자전거를 비교하여 심사하게 된다. 핸들과 자전거는 비유사물품이기 때문에 그 출원된 자전거에 대하여 핸들의 공지를 이유로 하여 거절할 수는 없다. 따라서 다른 거절이유가 없는 한 그 자전거는 등록될 수 있는 것이다. 만일 그 핸들이 등록되어 있는 것이라면 그 등록된 두 개의 권리에는

44) 이 점에서 선출원주의(§16①)와 취급이 다르다. 즉, 선출원규정에서는 완성품과 부품간은 비유사물품이므로 선후원관계가 성립되지 않는 것이다.

핸들이라는 점에서 중복하게 되지만 이 경우에는 후출원권리, 즉 자전거를 실시하게 되면 핸들을 전부 실시하게 되며 핸들의 실시는 자전거의 전부실시로는 되지 않는 관계가 되므로 디자인보호법 제45조 제1항 및 제2항에서 규정하는 이용관계가 성립되어 權利調整을 받게 된다[후술하는 제14장 제8절 타 권리와의 조정(이용·저촉) 참조].

(3) 부품의 구성이 완성품에 가까운 경우

부품의 구성이 완성품에 가까운 경우에는 상호 유사물품으로 보아 어느 하나의 공지 등에 의해 다른 하나도 공지로 된다. 이를테면 사진틀테와 사진틀, 안경테와 안경과의 관계 등이다. 부품의 구성이 완성품에 가까운 경우에 있어 양자 별개의 디자인이라는 사고방식은 곤란하다. 만약 양자를 비유사물품, 비유사디자인으로 보아 별개의 디자인권으로 존립을 인정하게 되면 오히려 경직된 법운영의 결과를 가져와 경제사회에 혼란을 초래할 우려가 있다. 따라서 이 경우에는 양자 유사물품으로 취급하는 것이다.

2. 型틀과 型틀로부터 만들어지는 물품, 전사지와 그것을 전사한 모양이 붙어 있는 물품

형틀 또는 전사지에 대하여 디자인등록의 대상이 되는 물품이냐 아니냐에 대하여는 이미 설명(제4장 제2절 Ⅳ. 2. 형·전사지)한 바 있으나 여기서는 형틀과 형틀로부터 만들어지는 물품과의 사이, 전사지와 그것을 사용하여 전사한 모양이 붙어 있는 물품과의 사이에서의 신규성 판단에 관해 설명한다.

(1) 형틀과 형틀로부터 만들어지는 물품

형틀과 형틀로부터 만들어지는 물품, 예컨대 과자성형기와 과자에 있어서 과자성형기는 과자를 만드는 것을 목적으로 하고, 과자로서 보면 과자성형기는 수단이라는 점에서 밀접한 관련이 있으나 양자는 용도 및 기능에서 볼 때 전혀 이질적인 것이므로 비유사물품이라 하지 않을 수 없다. 따라서 어느 쪽이 먼저 공지·공용 또는 간행물에 게재되어 있고 어느 쪽이 후에 출원된 것이라도 양자는 아무런 관계없이 다른 거절이유가 없다면 등록될 수 있다.[45)]

---

45) 윤종렴, 의장, 233면에는 이 경우 이용관계가 발생한다면 디자인보호법 제19조(현행법 제45조)의 규정에 의해 조정되어진다고 설명하고 있으나 디자인 상호간의 이용관계란 후출원 등록디자인의 실시는 선출원 등록디자인의 전부실시로 되는 관계를 말하는 것이므로 어느

다만, 과자성형기가 널리 알려진 형상에 해당되고 그것에 의해 만들어지는 과자가 形狀을 같이하는 것과 같은 경우에는 법 제5조 제2항의 創作容易의 문제가 발생할 수 있을 것이다.

(2) 전사지와 그것을 전사한 모양이 붙어 있는 물품

전사지와 그것을 전사한 모양이 붙어 있는 물품(이를테면 찻잔)과의 관계는 비유사물품이므로 신규성 판단의 대상이 되지 않지만 역시 창작용이의 문제는 발생할 수 있을 것이다. 만일 쌍방에 디자인권이 발생하였을 경우에는 전사한 모양이 붙어 있는 물품의 권리가 후에 출원된 경우에는 법 제45조 제1항 및 제2항에서 규정하는 이용관계가 성립되어 권리조정을 받게 될 것이다.

3. 합성물과 그 구성 각편

합성물이란 수개의 구성물로 이루어지고 그 구성물은 개성을 갖지 않는 것으로서 장기쪽, 트럼프, 화투, 적목완구 등을 말한다. 합성물의 디자인은 그 구성 각편이 모아진 전체를 하나의 디자인으로 보아 신규성을 판단한다. 다만, 적목완구와 같이 구성 각편의 하나가 디자인등록의 대상이 되는 경우에는 완성품과 부품에 준하여 판단한다(신규성 판단에 관한 앞의 1. 완성품과 부품 참조).

4. 한 벌 물품과 그 구성물품

한 벌 물품이 공지·공용 또는 간행물에 게재된 경우, 당해 한 벌 물품을 구성하는 물품의 디자인의 출원은 신규성이 상실된 것으로 판단한다. 그러나 한 벌 물품을 구성하는 물품의 디자인이 공지 등이 된 경우에는 한 벌 물품의 디자인은 신규성을 상실하지 않는다. 한 벌 물품을 구성하는 물품은 2 이상의 것이지만 한 벌 물품의 디자인 전체를 1디자인으로 보아 신규성을 판단하기 때문이다. 이 경우에는 구성물품의 디자인과 한 벌 물품의 디자인 사이에 이용관계가 성립되어 법 제45조의 권리조정을 받는다.

쪽의 권리를 실시한다 하더라도 타방의 권리의 전부를 실시하는 관계는 성립될 여지가 없으므로 양자간에는 이용관계가 발생하는 경우는 없다고 생각된다.

5. 부분디자인과 전체디자인

1) 부분디자인의 디자인등록출원 전에 다음의 사항이 공지·공용 또는 간행물에 게재된 경우, 당해 부분디자인의 출원은 신규성이 상실된 것으로 판단한다.

㈎ 당해 부분디자인과 동일·유사한 부분을 가지는 전체디자인

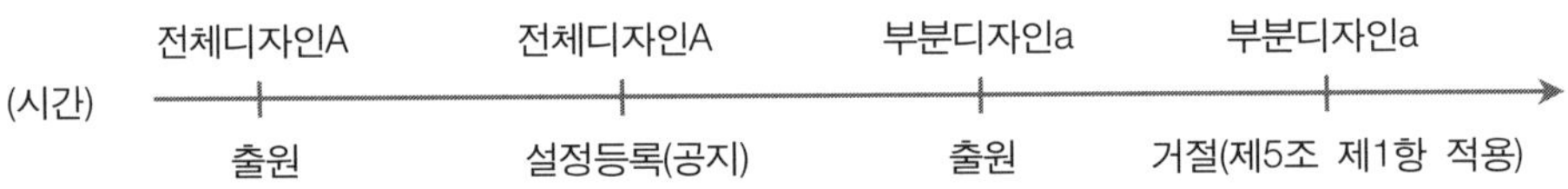

㈏ 당해 부분디자인과 동일·유사한 부분을 가지는 부분디자인

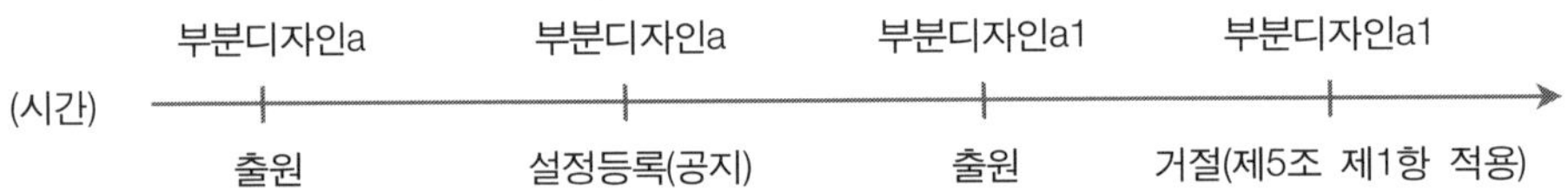

2) 부분디자인이 공지 등이 된 경우에는 전체디자인은 신규성을 상실하지 않는다. 부품이 공지 등이 된 경우 그 부품을 구성하는 완성품이 신규성을 상실하지 않는 것으로 보는 것과 같은 이유이다. 이 경우에는 부분디자인과 전체디자인 사이에 이용관계가 성립되어 법 제45조의 권리조정을 받게 됨도 부품과 완성품간의 경우와 같다.

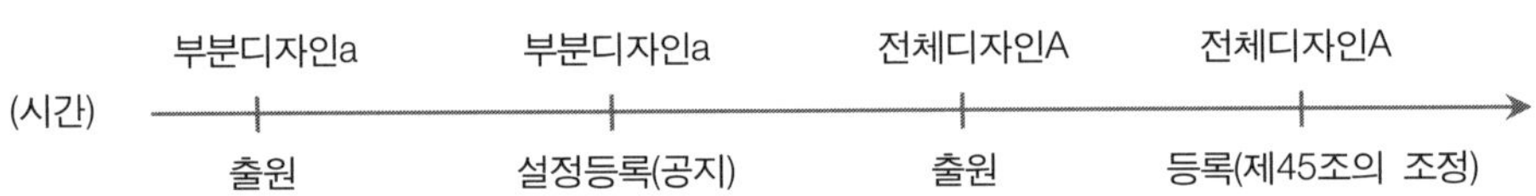

Ⅵ. 신규성상실의 효과

1. 디자인심사등록출원된 디자인의 경우

디자인심사등록출원된 디자인이 신규성을 상실하면 디자인등록의 요건을 충족시키지 못하므로 거절결정의 대상이 되며(§26①), 착오로 등록이 허여된 경우에는 디자인등록의 무효사유가 된다(§68①).

2. 디자인무심사등록출원된 디자인의 경우

디자인무심사등록출원된 디자인에 대하여는 원칙적으로 그 등록 전에 신규성 요건에 관하여 심사하지 않으므로 신규성을 결한 무심사등록출원디자인이 등록된 경우에는 디자인무심사등록이의신청의 대상이 되거나(§29의2①), 디자인등록의 무효사유가 된다(§68①).

제 4 절 창작비용이성

Ⅰ. 서 설

디자인보호법은 디자인등록의 요건으로서 工業性, 新規性에 이어서 창작비용이성에 대하여 규정하고 있다. 즉, 공업성과 신규성이 있는 디자인이라 하더라도 그 創作이 容易한 것에 대하여는 獨占排他的인 권리를 발생시키지 않는 것으로 한다.

1. 창작비용이성의 의의

창작비용이성이라 함은 디자인등록출원 전에 그 디자인이 속하는 분야에서 통상의 지식을 가진 자가 국내 또는 국외에서 공지 등이 된 디자인의 결합 또는 국내에서 널리 알려진 형상 등의 결합에 의하여 용이하게 創作할 수 있는 디자인은 디자인등록을 받을 수 없다는 것을 말한다(§5②). 즉 디자인보호법 제5조 제2항은 先行디자인과의 관계에서 新規性이 있는 디자인(客觀的으로 창작된 디자인)이라 하더라도 소위 당업자가 용이하게 創作할 수 있는 디자인에 대하여는 등록을 받을 수 없는 것으로 한다. 이 규정은 창작이 용이하면 등록받을 수 없다는 뜻이기 때문에 디자인의 등록요건으로서는 '창작이 용이하지 아니한 것'이 되므로 창작비용이성이라고 하는 것이다.[46)]

46) 디자인보호법 제5조 제2항의 호칭에 대하여는 아직 통일되어 있지는 않다. 송영식 · 이상정 · 황종환, 「지적소유권법(상)」, 육법사, 1998(이하 본서에서의 인용은 "송영식 외, 지적소유권법"이라고 줄여서 쓴다), 726 · 727면에서는 '創作非容易性'과 '創作性'에 대해 설명하고

2. 창작비용이성 규정의 취지

디자인등록출원한 디자인이 객관적 창작성의 요건을 갖추어 그것이 신규성이 있는 디자인으로 인정되는 것이라 하더라도 그 디자인이 속하는 분야의 통상의 지식수준에서 쉽게 創作할 수 있는 것은 보호할 가치가 없다. 또한 그러한 디자인에 대해 獨占排他的인 성격을 갖는 디자인권으로 보호하게 되면 무수한 권리의 난립으로 인해 오히려 産業界의 자유로운 활동을 저지하게 되어 法의 목적인 산업발전을 저해할 우려가 있다. 창작비용이성 규정은 이와 같은 폐해를 防止하고, 아울러 높은 수준의 창작을 유도하기 위한 취지이다.[47)]

Ⅱ. 창작비용이성의 판단기준

1. 時間的 基準

신규성 판단과 마찬가지로 출원시를 기준으로 판단한다. 그 디자인이 속하는 분야에서 통상의 지식을 가진 자, 소위 당업자가 용이하게 창작할 수 있는지 아닌지의 판단도 출원시가 기준이 된다. 이 점은 日을 기준으로 하는 先出願主義의 판단기준과는 다르다. 여기서 '출원시'란 시각단위인 시·분·초를 고려한 개념으로서 민법상의 도달주의 원칙에 의해 출원서가 특허청에 도달한 시를 말한다. 다만, 지리적 불평등의 시정을 위해 우편에 의한 경우에는 발신주의가 채용되어 있다(§4의26②).

있으나 양자를 동일한 의미내용으로 사용하고 있는 듯하다. 윤선희, 지적재산, 200·201면에서는 '創作非容易性'에 대해 설명한다. 윤종렴, 의장, 241면 이하; 齋藤, 의장, 274면 이하에서는 '創作容易性'이라 표현하고, 이에 대해 상술하고 있으며, 황종환, 의장, 274면 이하에서는 표현을 약간 달리하여 '容易創作性'이라 하여 이에 대해 설명하고 있다. 牛木, 의장, 150면 이하는 '디자인의 創作力'에 대해 상술하고 있다. 정태련, 「공업소유권지식」, EM문고, 1987, 173면 및 대법원 1988.10.24.선고 86후191 판결 등에서는 '진보성'이라는 용어를 사용하고 있으나 근래에는 이러한 용어를 쓰는 경우가 드물다.

47) 구 의장법(1997.8.22. 법률 제5534호로 개정되기 전의 것) 제5조 제2항의 취지는 주지의 형상이나 모양을 거의 그대로 이용하거나 전용하여 물품에 표현하였거나 이들을 물품에 이용 또는 전용함에 있어서 당업자(당해 디자인이 속하는 분야에서 통상의 지식을 가진 자)라면 누구나 그 디자인이 물품에 맞도록 하기 위하여 가할 수 있는 정도의 변화에 지나지 아니하는 것은 디자인등록을 받을 수 없다는 데에 있다(대법원 2001.4.10.선고 98후591 판결).

2. 地域的 基準

창작비용이성 판단의 지역적 범위에 대하여는 판단의 기초가 되는 자료에 따라 다르다. 공지 등이 된 디자인의 경우에는 국내는 물론 국외에서 공지된 것도 포함하지만, 널리 알려진 형상 등은 國內로 한정하고 있다. 널리 알려진 형상 등에 대해 국내로 한정하는 것은 外國에서 널리 알려진 형상 등인지 아닌지는 그 나라의 역사적으로 形成되는 문화·관습에까지 미치게 되어 그 立證이 곤란하다는 입법정책상의 판단에 기인한다. 또 국내에서 널리 알려진 형상 등에는 국내에서 널리 알려져 있으면 그 형상 등이 外國에 존재하는 것도 포함되지만 외국에서 널리 알려진 형상 등이라 하더라도 국내에서 널리 알려져 있지 아니하면 여기에 포함되지 않는다. 따라서 外國人에 의한 출원의 경우 自國에서 널리 알려진 형상 등에 기초하여 창작된 것이라 하더라도 그 기초가 된 형상 등이 국내에서 널리 알려진 것이 아니면 창작이 용이하다 하여 거절될 수는 없다.

3. 主體的 基準

창작비용이성 판단의 주체적 기준에 대하여는 法 제5조 제2항에서 "그 디자인이 속하는 분야에서 통상의 지식을 가진 자"를 기준으로 하여야 함을 정하고 있다.

여기에서 '그 디자인이 속하는 분야'란 그 디자인의 實施에 관련되는 분야를 말한다. 즉, 그 디자인이 표현된 물품의 제조, 판매 또는 수입하는 업계를 말하는 것이다.[48] 이를 當業界라 하며 이 분야의 사람을 當業者라고 한다.

예를 들면 디자인의 대상이 되는 물품이 장난감이면 완구업계, 선풍기이면 가전업계를 말하는 것이다. 또 '통상의 지식을 가진 자'라 함은 디자인에 관한 통상의 지식을 가진 자를 말한다. 통상의 지식을 가진 자는 당업계의 최고의 전문가일 필요는 없고 平均的인 지식을 가진 자를 말하는 것으로서 그 지식은 디자인에 관한 지식이다. 따라서 '그 디자인이 속하는 분야에서 통상의 지식을 가진 자'란 當業界에서 디자인에 관한 평균적인 지식을 가진 자라는 뜻이다.[49]

---

48) 그 디자인이 표현된 물품이라 하여도 전혀 限定的으로 당해 물품에 관계되는 분야를 의미하는 것이 아니고, 그것이 간접적으로라도 사용되는 분야까지도 포함한 범위에 대해 말한다(齋藤, 의장, 277면 참조).

49) 윤종렴, 의장, 246면; 황종환, 의장, 277면. 그러나 단순히 디자인에 관한 평균적인 지식

출원디자인에 대하여 등록허부를 決定하는 디자인심사관은 그 디자인물품과 관련된 디자인에 관한 지식을 보유하고 있게 마련이므로 여기에서 말하는 통상의 지식을 가진 자의 범주에 속한다고 할 수 있을 것이다.

4. 客體的 基準

창작비용이성은 법 제5조 제1항 제1호 또는 제2호에 해당하는 디자인의 결합[50] 또는 국내에서 널리 알려진 형상·모양·색채 또는 이들의 결합에 의하여 용이하게 디자인의 창작을 할 수 있는가 아닌가를 기준으로 판단한다(§5②).[51][52]

이 아니고 디자인의 창작에 관한 평균적인 지식이라고 하는 설이 있다(齋藤, 의장, 277면). 이 설에서는 디자인의 창작의 전제가 되는 물품의 기능, 그것을 구성하는 재료와 구조, 형태를 이루는 데 필요한 생산기술 등에 대한 평균적인 지식을 말하는 것이라고 한다.

50) 법 제5조 제1항 또는 제2호에 해당하는 디자인의 결합이라고 하는 문언에서 '디자인의 결합'이란 자구를 둘러싸고 해석상 논란의 소지가 있을 수 있다. 규정상으로는 창작비용이성 판단의 기초자료로 인정되기 위해서는 법 제5조 제1항 제1호 또는 제2호에 해당하는 디자인의 결합, 즉 공지디자인 또는 간행물 게재 등의 디자인의 결합인 것을 요한다.

그러나 이와 같이 문언대로 엄격하게 해석하는 경우에는 공지디자인 또는 간행물 게재 등의 디자인 그 자체는 창작비용이성 판단의 기초자료로 되지 못하기 때문에 이 규정의 개정 취지와 맞지 않게 되고 또 본조의 개정 목적을 충분히 달성할 수 없게 된다.

2004년 법개정은 이 법에 의해 보호되는 디자인의 창작비용이성 요건을 강화하는 것을 목적으로 하고, 당업자의 입장에서 본 디자인 착상의 참신성이나 독창성을 관점으로 하는 법 제5조 제2항의 규정을 개정함에 있어서 종전에 국내에서 널리 알려진 형상·모양·색채 또는 이들의 결합으로 되어 있던 창작비용이성 판단의 기초자료에 대해 그 범위를 넓혀, 국내외에서 공지된 디자인 또는 간행물 게재 등의 디자인도 창작비용이성 판단의 기초자료로 하려는 것이므로 여기서 '제1항 제1호 또는 제2호에 해당하는 디자인의 결합'이란 '제1항 제1호 또는 제2호에 해당하는 디자인'이라고 해석되어야 할 것이다.

그렇다면 법 제5조 제2항에서 제1항 제1호 또는 제2호에 해당하는 디자인의 결합이라고 표현한 것은 입법상의 과오이거나 법리오해에 의한 착오가 아닌가 생각된다.

51) 이 점은 특허·실용신안법이 신규성이 없는 발명·고안(특§29①각호, 실§4①각호)에 의하여 용이하게 발명·고안을 할 수 있는가 아닌가를 기준으로 발명·고안의 진보성을 판단하는 특허법 제29조 제2항, 실용신안법 제4조 제2항과 다르다. 이것은 특허·실용신안법에서는 기술의 비약적 진보를 통해서 산업발전에 이바지함을 목적으로 하고 있기 때문에(특§1, 실§1), 신규성이 없는 발명·고안과의 관계에서 발명·고안의 곤란성이 요구되어지는데 대하여 디자인은 물품에 의하지 않은 추상적인 모티브에 의해서도 용이하게 창작할 수 있으므로 물품의 동일, 유사를 전제로 하는 신규성이 없는 디자인(§5①각호)을 기준으로 한 것에서는 창작가치가 없는 디자인에 독점권이 부여된다고 하는 불합리가 발생하기 때문이다.

2004년 법개정에서 종전의 "국내에서 널리 알려진"을 현행의 "제1항 제1호 또는 제2호에 해당하는 디자인의 결합에 의하거나 국내에서 널리 알려진"으로 개정되었다. 이것은 창작성이 낮은 디자인의 등록을 사전에 차단함으로써 창작성이 높은 디자인만을 적절하게 보호하고 보다 높은 수준의 디자인 창작에 힘을 기울이게 하는 새로운 고도의 경쟁환경을 조성하여 세계시장에서의 제품경쟁력의 우위성을 확보할 필요가 있기 때문에 창작비용이성의 요건을 강화한 것이다. 여기서 '제1항 제1호 또는 제2호에 해당하는 디자인'이란 공지디자인, 반포된 간행물에 게재된 디자인 등(이하 '공지디자인'이라 한다)을 말하며 이에는 주지디자인도 포함된다.

'널리 알려진'이란 국내의 일반대중 사이에서 널리 알려진 경우는 물론이고 당업자 사이에 널리 알려져 있으면 그것으로 충분하다. 반드시 현실적으로 널리 알려져 있는 것이 필요하며 알려질 수 있는 상태에 놓여져 있는 것만으로는 부족하다.

또한 형상·모양·색채 또는 이들의 결합은 물품과 분리된 형상·모양·색채 또는 이들의 결합에 한하지 않고, 물품의 형상 등이어도 되고 자연물, 건조물, 저작물 등을 묻지 않고 어떠한 형상 등이어도 좋다는 것을 의미한다. 디자인의 창작은 형상 등의 소위 모티브에 의하여 이루어지기 때문이다.

Ⅲ. 창작용이의 구체적 기준

앞에서 설명한 창작비용이성의 판단기준에 따라 실제 창작용이로 인정되어야 할 구체적 기준으로서는 다음과 같이 ⅰ) 공지디자인의 결합에 의한 창작, ⅱ) 널리 알려진 형상 등의 결합에 의한 창작이 두 가지 경우로 나누어 생각할 수 있다.[53]

---

52) 창작용이의 근거가 되는 판단자료를 디자인(물품의 형상·모양·색채 또는 이들의 결합) 및 형상·모양·색채 또는 이들의 결합과의 차이, 공지와 주지와의 차이에 대해 구분하면 ⅰ) 공지디자인, ⅱ) 주지디자인, ⅲ) 주지의 형상·모양·색채 또는 이들의 결합의 3종류로 나누어진다.

53) 심사실무상 출원디자인이 공지디자인에 의해 창작용이 하다고 판단하는 경우에는 의견제출통지시 디자인등록출원인에게 그 공지디자인에 관한 증거(간행물의 서지사항, 웹사이트의 주소·화면 등)를 제시하도록 하나 주지디자인 또는 주지의 형상·모양 등에 의해 창작용이 하다고 판단하는 경우에는 증거의 제시를 요하지 않는 것으로 한다(디자인심사기준 제5

1. 공지디자인의 결합에 의한 창작

(1) 치환디자인

치환이란 디자인의 구성요소의 일부를 다른 디자인으로 바꾸어 놓은 것을 말한다. 공지디자인(주지디자인에 관한 경우도 같다. 이하 같다)의 특정의 구성요소를 당업자에 있어서 흔한 수법에 의해 다른 공지디자인에 바꾸어 구성한 것에 지나지 않는 디자인이 이에 해당한다. 예를 들면 그 디자인이 속하는 분야에서 공지된 디자인의 장식판 부분을 단순히 다른 장식판으로 바꾸어 구성한 울타리 등은 치환디자인에 해당한다<그림 5-2>.

〈그림 5-2〉 치환디자인의 예[54)]

출원디자인 '도로용 울타리'

공지디자인 '울타리용 장식판'

공지디자인 '도로용 울타리'

(2) 조합디자인

조합이란 복수의 디자인을 합하여 하나의 디자인을 구성하는 것을 말한다. 복수의 공지디자인을 당업자에 있어서 흔한 수법에 의해 조합한 것에 지나지

조 제3항 제2호 마목).

54) 日本 特許廳, 「意匠審査の運用基準」(平成10년), 1999(이하 본서에서의 인용은 "日本, 審査運用基準"이라고 줄여서 쓴다), 4면.

않는 디자인이 이에 해당한다. 예를 들면 공지된 다양한 구체물의 일부에 공지의 시계를 끼워 넣는 것은 당업자에 있어 흔한 수법이고 조합디자인에 해당한다<그림 5-3>.

〈그림 5-3〉 조합디자인의 예

출원디자인 '벽시계'

공지디자인 1 '자동차용 휠커버'

공지디자인 2 '벽시계'

공지디자인의 정면 중앙에 끼워 넣은 시계는 주지디자인이다,

(3) 배치변경디자인

배치변경디자인이란 공지디자인의 구성요소의 배치를 당업자에 있어서 흔한 수법에 의해 변경한 것에 지나지 아니한 디자인을 말한다. 예를 들면 공지디자인의 통상의 사용상태에서 이퀄라이저(equalizer)용 표시부와 조작부의 배치를 변경하는 것은 당업자에 있어서 흔한 수법이고 배치변경디자인에 해당한다<그림 5-4>.

〈그림 5-4〉 배치변경디자인의 예[55]

출원디자인 '이퀄라이저가 부착된 증폭기'

사 시 도

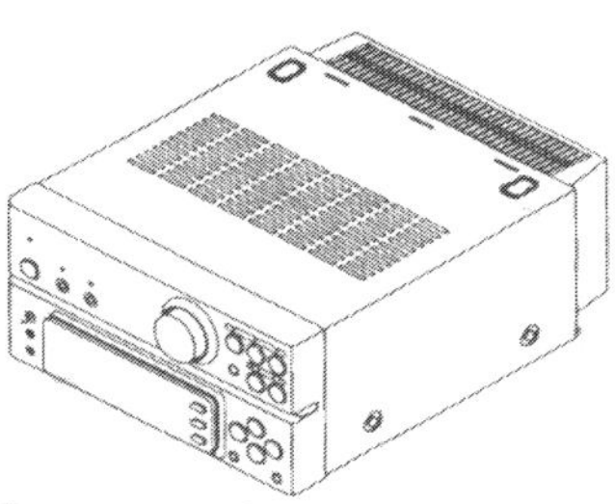

정 면 도

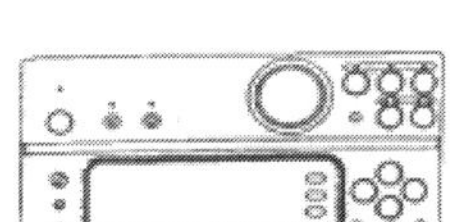

55) 日本, 審査運用基準, 10면.

공지디자인 '이퀄라이저가 부착된 증폭기'

사 시 도

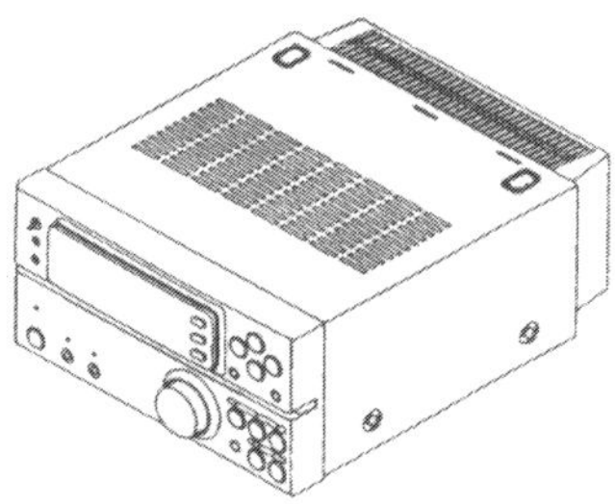

정 면 도

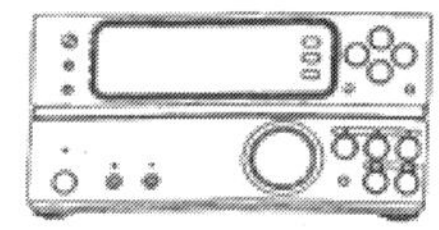

(4) 구성비율의 변경 또는 연속하는 단위 수의 증감에 의한 디자인

〈그림 5-5〉 연속하는 단위 수의 증감에 의한 디자인의 예[56)]

출원디자인 '회전경고등'

정면도

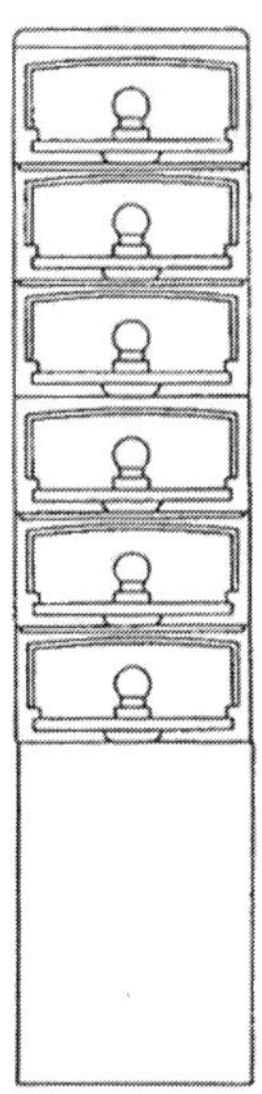

좌측면도

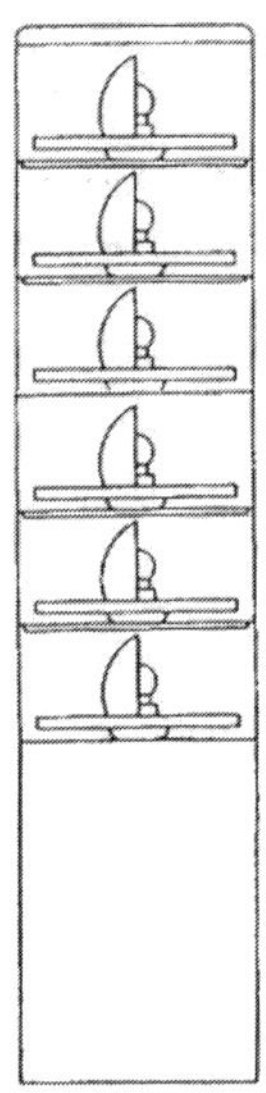

평면도

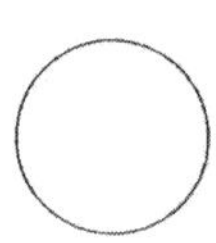

공지디자인 '회전경고등'

정면도

좌측면도

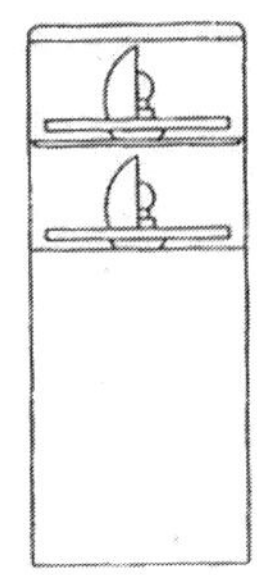

평면도

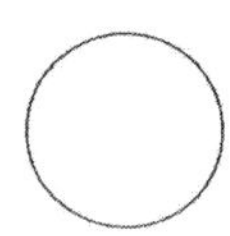

56) 日本, 審査運用基準, 12면.

구성비율의 변경이란 공지디자인의 전부 또는 일부의 구성비율을 변경한 것을 말하고 연속하는 단위수의 증감이란 공지디자인의 연속반복하는 단위 수를 당업자에 있어서 흔한 수법에 의해 증감시킨 것에 지나지 않은 디자인을 말한다. 예를 들면 공지디자인인 회전경고등 단위체의 여러 겹으로 쌓아올린 수를 적의 증감시킨 것은 당업자에 있어서 흔한 수법이고 연속하는 단위 수의 증감에 의한 디자인에 해당한다<그림 5-5>.

2. 널리 알려진 형상 등의 결합에 의한 창작

(1) 주지형상, 주지모양 등에 기초한 창작

국내에서 널리 알려진 형상·모양·색채 또는 이들의 결합을 거의 그대로 利用한 것 또는 그 이용에 있어서 가하여진 變形이 단순한 商業的 變形에 지나지 않는 것은 용이하게 창작할 수 있는 디자인에 해당된다.[57] 여기에서 상업적 변형이란 당업계에서 통상의 지식을 가진 자라면 누구나 그 物品에 디자인이 맞도록 하기 위하여 가할 수 있는 정도의 변형을 의미한다.

널리 알려진 형상·모양에 대하여는 흔히 周知의 形狀·模樣이라 한다. 주지라고 하는 것은 알려질 수 있는 상태에 있는 公知와는 달리 현실적으로 국내에서 일반인에 또는 당업자 사이에 널리 알려지고 또는 여러 가지 물품에 널리 化體되어 그 형태가 특정되는 형상·모양을 말한다.

주지형상의 예로서 기하학적 평면형상으로서의 삼각형, 사각형, 육각형, 원, 매화형, 누에고치형 등이 있고, 입체형상으로서의 정삼각기둥, 정사각기둥, 원기둥, 삼각통, 사각통, 원통, 삼각뿔, 사각뿔, 삼각뿔대, 사각뿔대, 원뿔대, 각종 정다면체, 공, 오뚜기형 등이 있다<그림 5-6>. 주지모양의 예로서는 봉황모양, 거북등모양, 마엽모양, 물방울모양, 비늘모양, 완자모양, 뇌문모양 등이 있다<그림 5-7>.

색채인 경우 형상이 흔한 것이라면 색채가 모양을 구성하지 않고 있는 이상, 즉 1색만으로 채색되어 있는 경우에는 종래로부터 新規性도 없고 創作性도 없는 것으로 인정되어 왔다.

---

57) 널리 알려진 수많은 형상·모양·색채 또는 이들의 결합 중 어떤 것을 선택 이용하는 선택의 정신적 활동 또는 그 이용하는 물품에 맞도록 하기 위해 가하는 상업적 변형을 위한 정신적 활동도 하나의 창작임을 부정할 수 없으나 그것은 질적·양적 측면에서 볼 때 창작적 가치가 낮은 것이기 때문에 창작이 용이한 것으로 취급된다.

〈그림 5-6〉 주지형상의 예

① 평면적 형상의 예

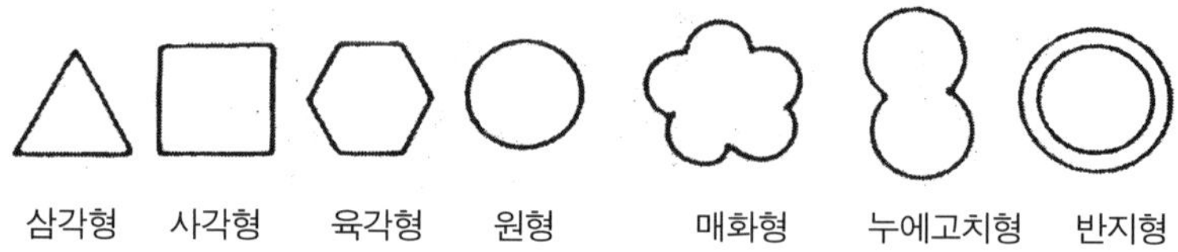

② 입체적 형상의 예

[기둥]

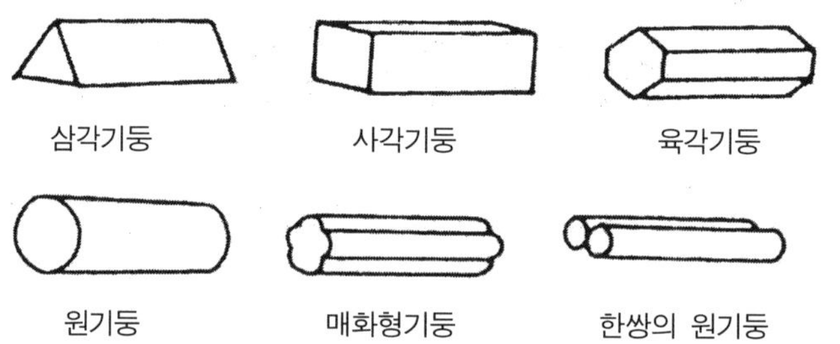

[통]

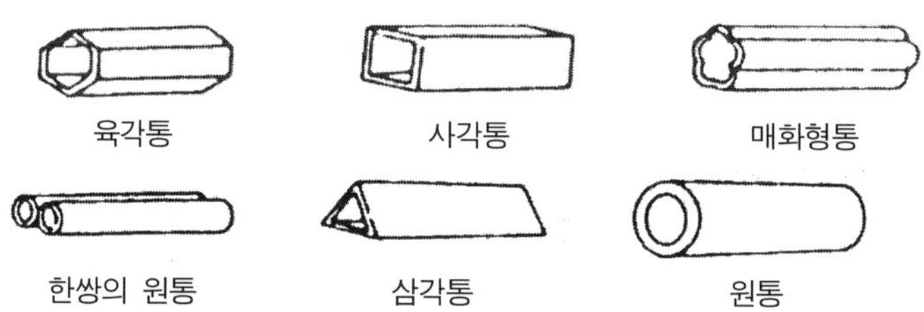

[홈]

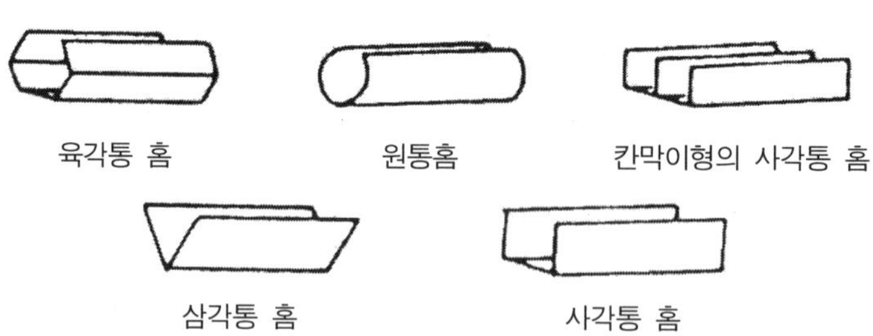

[뿔]

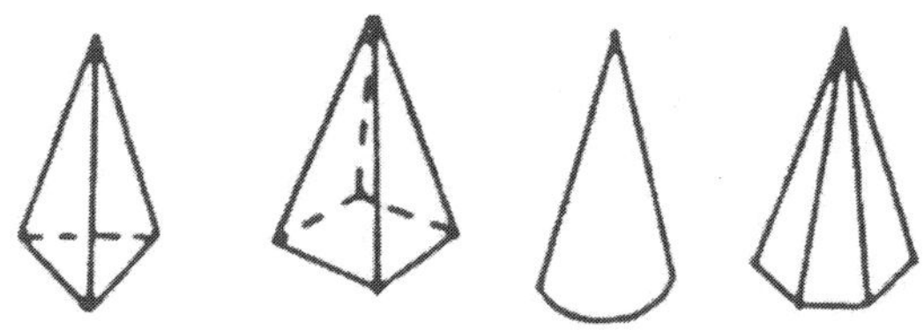

삼각뿔 사각뿔 원뿔 육각뿔

[뿔대]

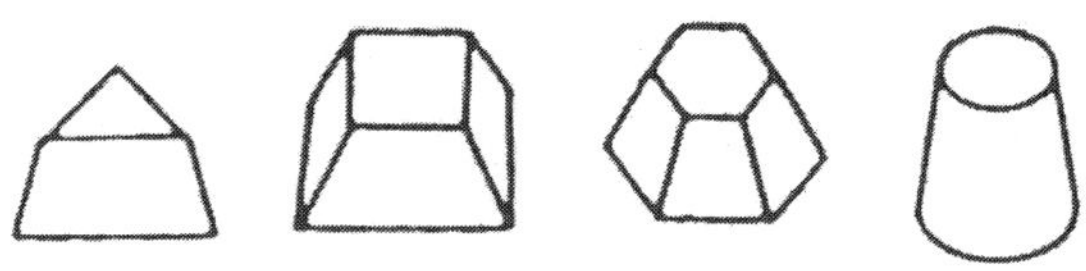

삼각뿔대 사각뿔대 육각뿔대 원뿔대

[뿔대통]

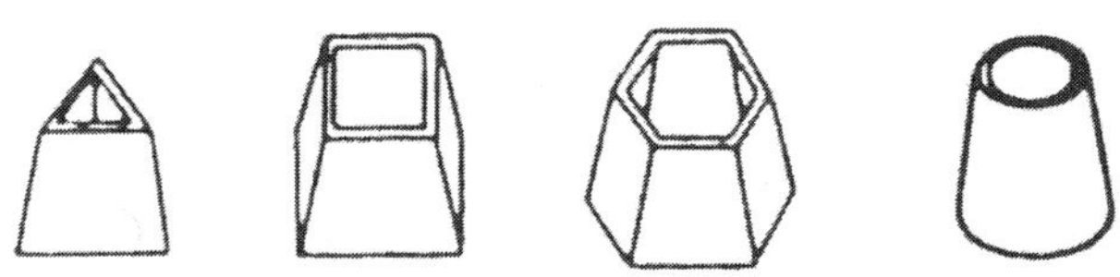

삼각뿔대통 사각뿔대통 육각뿔대통 원뿔대통

[정다면체]

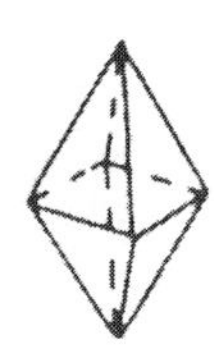

삼각형 정다면체

[기 타]

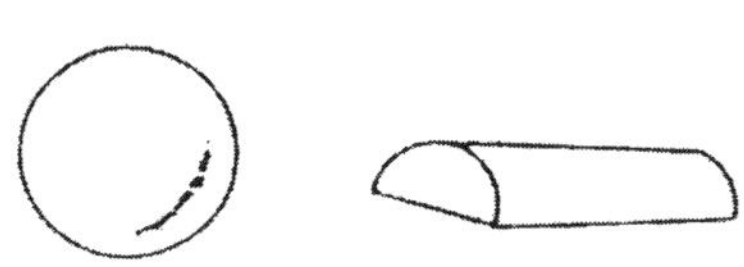

원구 반원기둥

〈그림 5-7〉 주지모양의 예

봉황모양

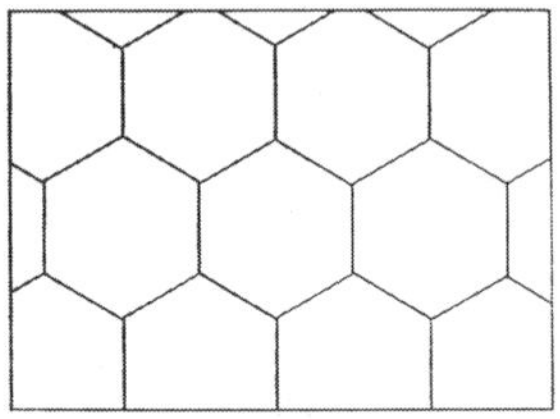

거북등모양

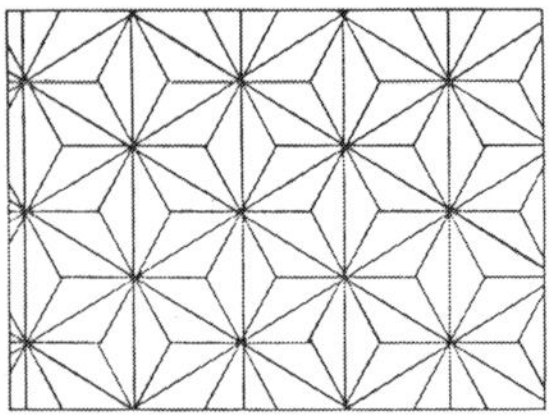

마엽(삼의 잎)모양

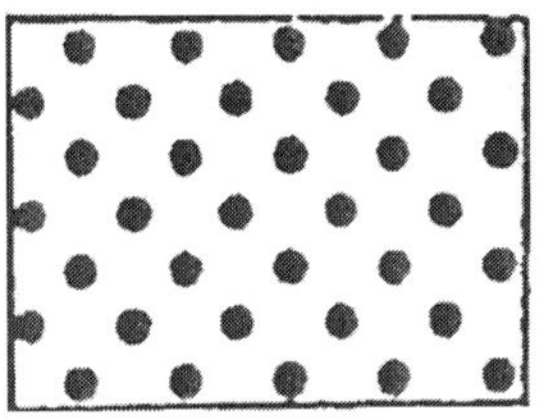

물방울모양

비늘모양

빗완자모양

바닷물결

연속된 뇌문

완자모양

뇌문

하트형

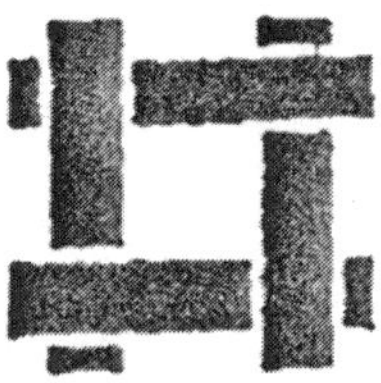

井자 모양

(2) 自然物 · 有名한 著作物과 建造物 등을 기초로 한 創作

自然物(동물, 식물 또는 광물 등)의 形狀이나 模樣, 유명한 著作物, 建造物 또는 유명한 경치 등을 극히 흔한 수법으로 그대로 모방하거나 寫實的으로 표현한 것은 용이하게 창작할 수 있는 디자인에 해당된다.

여기에서 말하는 자연물의 모방은 자연물을 디자인의 구성주체로 하거나 그대로 응용한 것을 말하는 것이 아니라 공업적 생산방법에 의해 양산이 가능한 자연물의 형태를 거의 그대로 물품에 표현한 경우를 말한다. 예를 들면 물고기의 자태를 거의 그대로 나타낸 과자, 自然木의 나뭇결을 본뜬 벽지, 돌이나 바위 등의 광물을 그대로 표현한 장식물 등이 이에 해당된다. 그러나 자연물을 모방한 것이라도 그 표현하는 방법이 특이한 경우에는 창작용이가 아니다. 꽃잎, 곤충의 발 등 자연물의 일부를 특이한 각도에서 현미경으로 확대하여 본 확대사진 등은 여기에서 말하는 자연물을 흔한 수법으로 모방한 것이라고 할 수 없다. 여기에서 자연물을 흔한 수법으로 그대로 모방하거나 사실적으로 표현한 것이 용이창작이라고 하는 것은 옛부터 사람들에게 친근해졌고 누구라도 모방할 것이라고 생각되는 자연물에 한하는 것이다. 따라서 자연물의 모방이라 하더라도 그 자연물의 극히 흔히 있는 자태의 모방에 한하는 것으로 해석되어야 할 것이다.[58]

또한 여기에서 말하는 유명한 著作物은 널리 알려진 것을 말하며 모든 저작물을 말하는 것이 아니다. 어디까지나 물품에 표현될 가능성이 있는 저작물을 의미하는 것이므로 그림, 조각, 만화, 영화 등을 말하는 것이다. 예를 들면 김홍도의 풍속도, 로댕의 조각 같은 것, 만화주인공 뽀빠이, 미키마우스와 같은 영화의 주인공 등을 기초로 물품의 형태를 구성하고 또는 모양으로써 나타내는 것은 많은 물품분야에서 통상적으로 이루어지고 있는 것이므로 일반적으로 그 디자인은 창작이 용이한 디자인이 된다.

건조물은 부동산으로 설치된 것은 원래 디자인보호법상의 디자인으로 성립되지 않으므로 보호대상이 될 수 없으나, 이것을 각종 물품에 표현하는 것은 얼마든지 가능하다. 이 경우 유명한 건조물을 거의 그대로 물품에 표현한 경우에는 용이창작할 수 있는 것에 해당된다. 예를 들면 남대문을 모방한 저금통, 잠실종합운동장을 모방한 재떨이, 자유의 여신상을 모방한 라이터 등이 이에 해당된다고 할 수 있다. 이와 같은 유명한 건조물은 그 유명성에 의존하여 많은 물품에 化體시켜 만들어지는 것이 보통으로 특별한 創作性을 요하는 것이 아니다. 따라서 이러한 것에 기초하는 디자인은 거기에 어떤 知的 勞動도 없는 것이라고 말하지 않을 수 없다. 백두산천지, 금강산 등 유명한 경치를 거의 그대로 물품에 표현한 경우에도 동일하게 해석한다.

심사실무상에 있어서는 운동경기 또는 각종 행사장면과 이들의 관람풍경의 형상이나 모양을 그대로 모방하거나 사실적으로 표현한 것도 용이하게 창작할

58) 윤종렴, 의장, 267면.

수 있는 디자인에 해당되는 것으로 한다. 이것들은 그 업계에서 디자인의 전용의 관행이 없는 경우에도 흔한 것이기 때문에 각종의 물품에 이용 또는 전용되고 있고, 누구나 생각할 수 있는 것으로서 특별한 創作性을 요하는 것은 아니기 때문이다.

(3) 상관행상 轉用에 의한 創作

비유사물품간에 있어서 轉用이 그 업계의 慣行으로 되어 있는 경우 그것을 전용함에 있어 가하여진 변형이 단순한 상업적 변형에 지나지 않는 것은 창작이 용이한 것에 해당된다.

전용이 그 업계의 관행으로 되어 있는 경우로는 전용이 업계의 관행 또는 상식으로 되어 있는 경우와 비유사물품간이기는 하지만 용도상의 관계가 밀접하여 그 디자인의 전용이 그 업계의 관행 또는 상식으로 되어 있는 경우가 있다. 전자의 대표적인 예로서는 자동차를 완구나 기념품으로 전용하는 것, 가구를 완구로 전용하는 것을 들 수 있다. 후자의 예로서는 나이프, 포크, 스푼의 관계가 이에 속한다. 이들은 유사물품은 아니지만 같은 식탁 위에서 동시에 사용된다고 하는 긴밀한 관련성에 의해 사용되는 물품이기 때문에 서로 디자인의 전용이 관행으로 되어 있다. 이 밖에도 과자에 과자 이외의 식료품·완구·가구 등의 디자인을 전용하는 관행, 장식물이나 저금통에 기타의 물품의 디자인을 전용하는 관행, 재떨이나 라이터에 다른 물품의 디자인을 전용하는 관행, 라디오에 시계 등의 다른 물품의 디자인을 전용하는 관행 등이 있다. 이러한 것들은 이미 존재하는 물품의 형태를 단순히 전용함에 있어서 생략, 단순화 또는 전용되는 물품으로서의 제약에 의한 改善이 이루어져 있다 하더라도 그것이 오랫동안 관행으로 되어 있어 그 모방에는 하등의 특별한 창조적 노력이 있다고 할 정도는 아니다.

그러나 이러한 생각에 문제가 전혀 없는 것은 아니다. 구체적인 적용면에 있어서 전용에 있어서의 변형의 정도, 전용되는 물품의 범위, 전용분야의 관행(전용이 통상으로 되어 있느냐의 여부) 등이 문제로 된다. 대개는 전용시에 가하여진 변형이 업계의 관행으로 이루어지는 정도의 것을 용이창작이라고 하고 또 전용되는 물품의 범위, 분야의 상태에 대해서도 통상 전용의 대상이 되는 분야이며 그것이 통상 행해지는 방법에 의한 경우에는 창작이 용이한 것에 해당하는 것이라고 해석한다.[59]

---

59) 齋藤, 의장, 285면.

Ⅳ. 창작비용이성 판단의 적용제외

디자인등록을 받을 수 있는 권리를 가진 자의 디자인이 그 출원 전에 공개된 때에는 그 공개된 날부터 6월 이내에 그 자가 디자인등록출원을 하고 신규성상실의 예외규정의 요건을 만족하는 경우에는 그 공개디자인은 신규성이 상실되지 않는 것으로 보고 창작비용이성 판단의 적용이 제외된다(§8①). 2004년 법개정에서 창작비용이성의 요건을 강화하여 공지디자인에 의하여 용이하게 창작할 수 있는 디자인에 대해서도 거절 및 무효의 대상이 될 수 있도록 함으로써 자기의 공지디자인도 창작비용이성 판단의 대상자료로 될 수 있게 되어 디자인등록을 받을 수 있는 권리를 가진 자의 소위 구제규정인 구 법 제8조의 규정은 불충분하게 되었다. 그래서 디자인등록을 받을 수 있는 디자인이 디자인보호법 제5조 제1항 제1호 또는 제2호에 해당하게 된 디자인에 의해서 그 자가 행한 후일의 디자인등록출원디자인은 법 제5조 제1항은 물론 제2항의 규정에 의하여 거절되지 않도록 하기 위해 구 법 제8조 제1항을 개정한 것이다.

Ⅴ. 창작비용이성 요건 흠결의 효과

1. 디자인심사등록출원된 디자인의 경우

디자인심사등록출원된 디자인이 용이하게 창작할 수 있는 디자인에 해당하는 경우에는 당해 디자인등록출원은 거절이유의 대상이 되며(§26①), 잘못하여 등록이 허여된 경우에는 디자인등록의 무효대상이 된다(§68①).

2. 디자인무심사등록출원된 디자인의 경우

디자인무심사등록출원된 디자인에 대해서는 원칙적으로 그 등록 전에 창작비용이성요건 중 공지디자인의 결합에 의한 용이창작여부에 관하여는 심사하지 않지만(§26②), 창작비용이성을 결한 것이 등록된 경우에는 디자인무심사등록이의 신청의 대상이 되거나(§29의2①), 디자인등록의 무효대상이 된다(§68①).

Ⅵ. 디자인의 類似와 創作容易의 관계

이전, 법 제5조 제1항 제3호에서 규정한 디자인의 유사라고 하는 것은 공지·공용디자인 또는 간행물에 게재된 디자인과의 사이에서 新規性의 유무뿐만 아니라 디자인권의 권리범위를 판단할 경우의 개념으로서 동일물품 또는 유사물품간에 있어서 일반 수요자가 혼동하느냐 아니냐에 기초를 둔다. 그러나 법 제5조 제2항에서 규정한 創作容易는 디자인의 창작성의 유무를 판단할 경우의 개념으로서 국내에서 널리 알려진 형상·모양·색채 또는 이들의 결합을 거의 그대로의 利用·轉用 또는 단순한 상업적 변형인가 아닌가에 기초를 두며(2004년 법개정에 의해 널리 알려진 형상 등 외에도 공지디자인의 결합도 판단의 대상자료로 하게 되었다) 일반 수요자의 혼동여부는 문제로 하지 않고 오직 創作의 정도를 문제로 한다. 이와 같이 양자는 그 생각하는 방법의 기초를 달리하는 것이다.

만일 동일물품 또는 유사물품 상호간에 있어서 유사하지는 않지만 창작용이인 경우가 있다면 그 경우에는 창작용이의 규정이 적용되고, 유사하기도 하고 창작용이이기도 한 경우에는 법 제5조 제1항의 규정이 우선적으로 적용된다.[60] 법 제5조 제2항에서 "국내에서 널리 알려진 형상 … 에 의하여 용이하게 창작할 수 있는 디자인" 다음에 괄호를 하여 "제1항 각호의 1에 해당하는 디자인을 제외한다"라고 기재하고 있기 때문이다.

그러나 구체적인 적용문제에 있어서 창작용이의 규정은 동일 또는 유사물품간에도 적용되는가를 둘러싸고 해석이 반드시 일치되지 않는다.

이에 대한 적절한 국내의 판례를 찾기 어려우므로 상기의 내용을 이해하는데 도움이 될 수 있는 日本의 判例를 소개하기로 한다.

다음의 판결례는 동경고등재판소의 1966년(행게) 제167호(가요신축호스)사건에 대한 판결(1970년 1월 29일 선고)과 이와 대립적인 입장을 취한 최고재판소의 판결(1974년 3월 19일 선고)이다[61](독자의 편의를 위해 상기의 판결문에 나오는 법조문과 '의장' 등의 용어는 그에 대응하는 우리나라 법조문 및 '디자인' 등의 용어로 바꾸었다).

동경고등재판소에서는 디자인의 유사판단에 관하여 "2개의 디자인의 類否

---

60) 디자인심사기준 제5조 제5항.

61) 이에 관한 상세한 설명은 牛木, 의장, 169면 이하를 참조하기 바란다.

는 디자인에 관한 물품의 제작방법이나 내부구성의 유부와는 무관계로 출원된 디자인 그것의 外觀을 전체적으로 관찰하여 그의 디자인적 효과, 즉 시각을 통하여 美感을 일으키는 태양의 유부에 의해 결정하여야 한다"는 견해를 취하고 다음으로 창작용이성의 판단에 관하여 "디자인보호법 제5조 제2항은 동일 또는 유사물품 이외의 물품과 일체를 이루고 있는 주지디자인 혹은 주지의 형상·모양·색채 또는 그들의 결합과의 관계에서 창작성이 없는 디자인, 즉 전용디자인의 등록을 방지하고자 하는 규정이다. 따라서 동일분야의 물품의 관계에 있어서 본건 등록디자인이 등록요건을 구비하였는지 아니하였는지에 대한 판단은 오직 동조 제1항에 의하여야 할 것이므로 동조 제2항의 적용은 없는 것으로 해석함이 상당하다"라는 견해를 취하고 있다.

이에 대해 최고재판소는 "동조 제2항은 그 규정에서 밝힌 바와 같이 동조 제1항이 구체적인 물품과 결합된 것으로서 디자인의 동일 또는 유사를 문제로 하고 있는 것과는 관점을 달리하고 물품과의 관계를 떠난 추상적인 모티브로서 국내에서 널리 알려진 형상·모양 혹은 색채 또는 이들의 결합을 기준으로 하여 그로부터 당업자가 용이하게 창작할 수 있는 그러한 디자인이 아닌 것을 등록요건으로 하는 것이고, 그 모티브가 결합된 물품의 異同 여부는 하등의 문제가 되지 않는다"는 견해를 취하고 있다.

이와 같은 인식하에 디자인보호법 제5조 제1항과 제5조 제2항의 관계에 대해 동경고등재판소는 "디자인은 디자인에 관한 물품에 대하여 실시되는 것으로서 물품과 일체를 이루고 있는 점에서 발명이나 고안과 다르므로 디자인보호법 제5조의 규정은 이에 대응하는 특허법 제29조 또는 실용신안법 제5조와는 약간 취지를 달리하고 제1항과 제2항은 디자인의 등록요건으로서 출원디자인에 창작성이 있을 것을 요구하는 규정으로 해석함이 상당하다. 즉, 디자인보호법 제5조 제1항은 동일 또는 유사한 물품의 공지디자인과의 관계에서 창작성이 없는 디자인, 즉 동일 또는 유사디자인의 등록을 방지하는 규정이고, 동조 제2항은 동일 또는 유사물품 이외의 물품과 일체를 이루고 있는 周知디자인 혹은 주지의 형상·모양·색채 또는 이들의 결합과의 관계에서 창작성이 없는 디자인, 즉 전용디자인(예를 들면 미국의 자유의 여신상을 모방한 라디오 수신기) 등의 등록을 방지하고자 하는 것이다"라고 한다.

이에 대하여 최고재판소에서는 "동조 제1항 제3호는 디자인권의 효력이 등록디자인에 유사한 디자인, 즉 등록디자인에 관한 물품과 동일 또는 유사물품에 대하여 일반 수요자에 대해 등록디자인과 유사한 미감을 생기게 하는 디자인에도 미치는 것으로 되어 있다(제41조). 그러므로 상기와 같은 물품의 디자인에 대하여 일반 수요자의 입장에서 본 美感의 여부를 문제로 하는 것임에 대하여 제5조 제2항은 물품의 동일 또는 유사라고 하는 제한을 벗어나 사회적으로 널리 알려진 모티브를 기준으로 하여 當業者의 입장에서 본 디자인의 착상의 新規性 내지 獨創性을 문제로 하는 것으로서 양자는 사고방식의 기초를 달리하는 규정이라고 해석된다." 그리고 그 판단결과에 대해 다음과 같이 설명한다. "따라서 동일 또는 유사물품에 관한 디자인 상호간에 있어서도 그 디자인적 효과의 유부에 의한 동조 제1항 제3호의 유사성 판단과 어느 일방의 디자인의 형상·모양·색채 등에 의하여 當業者가 용이하게 타방의 디자인을 창작할 수 있는지 없는지 하는 것은 동조 제2항의 창작용이성의 판단과는 반드시 일치하는 것은 아니고, 유사디자인에 있어서도 동조 제2항의 창작이 용이한 디자인에 해당되는 경우가 있음과 동시에 디자인적 효과가 다르기 때문에 유사디자인이라고 말할 수 없으나 동조 제2항의 창작용이성이 인정된다고 하는 경우도 있으므로, 단지 전자의 경우에는 동조 제2항 괄호에 의해 동조 제1항 제3호의 규정만을 적용하여 등록을 거절하면 족한 것이다"라는 견해를 취하고 있다. 또 이어서 최고재판소에서는 "디자인보호법 제5조 제1항 제3호에서 규정하고 있는 '類似'의 의미를 創作의 容易와 같은 뜻으로 해석하고 동조 제1항 제3호는 제1호 및 제2호에 게기된 디자인에 의하여 당업자가 용이하게 창작할 수 있는 디자인을 등록거절하기 위한 규정이라고 해석하는 것은 상기 실시한 바에 비추어 볼 때 상당하지 않다. 이렇게 보면 위와는 달리 동일 또는 유사물품의 디자인에 대하여는 동조 제2항을 적용할 여지가 없다고 한 원심의 판단에는 동조의 해석을 그르친 위법이 있다 할 것이다"라고 判示하고 있다.

상기의 양 재판소의 판결을 정리해 보면, 동경고등재판소 판결은 디자인의 유사와 창작용이는 모두 디자인으로서 등록할 가치가 있는 창작성이 있을 것을 요구하는 것이라는 점에서는 다른 점이 없으나 디자인보호법 제5조 제1항 제3호는 동일 또는 유사물품간 公知디자인으로부터의 창작용이성, 제5조 제2항은 동일 또는 유사물품 이외의 물품이나 주지의 형상으로부터 창작의 용이성을 정한 것으로 해석한다. 이에 대해 최고재판소의 판결은 디자인보호법 제5조 제1항 제3호는 동일 또는 유사물품간 일반 수요자의 입장에서 본 美感의 여부를 문제로 하는 규정이고, '유사한 디자인'이란 일반 수요자가 공지디자인과 유사한 미감을 일으키는 디자인을 말하는 것이며, 제5조 제2항은 물품과의 관계를 떠난 당업자의 입장에서 본 디자인창작의 독창성을 문제로 하는 규정이다. 이 사고방식에 서게 되면 제5조 제1항은 신규성을 규정한 것이고 제5조 제2항은 창작비용이성을 규정한 것이 된다. 이와 같은 양 재판소의 입장에 의한 법 제5조 제1항과 제5조 제2항의 적용관계를 보면 동경고등재판소는 동일 또는 유사물품의 공지디자인과의 관계에서 창작성이 없는 경우에는 법 제5조 제1항을 적용하고, 동일 또는 유사물품 이외의 물품과 일체를 이루고 있는 주지디자인 혹은 주지형상 등과의 관계에서 창작성이 없는 디자인은 법 제5조 제2항을 적용한다. 이에 대해 최고재판소는 동일 또는 유사물품간에 창작성의 일치가 있는 경우로서 유사한 디자인이라는 판단에는 법 제5조 제1항 제3호를 적용하고, 창작성이 없다는 판단에는 제5조 제2항을 적용하며 동일 또는 유사물품 이외의 물품간에 일치가 있는 경우 용이창작, 즉 창작성이 없다는 판단으로 법 제5조 제2항을 적용하고 있다.

6
chapter

디자인등록의 節次的 要件

디자인등록출원된 디자인이 工業상 이용가능성, 新規性, 創作非容易性 등 實體에 관한 요건을 충족하고 있을 때 그것은 실질적인 디자인등록요건을 갖춘 디자인이라 할 수 있다.

그러나 그러한 디자인이라 하더라도 디자인보호법의 목적을 원활히 달성하기 위한 국가의 행정정책적 이유에 의하여 요구되는 節次的 要件을 충족시키지 못하면 디자인등록을 받을 수 없다. 이 요건에는 1디자인1출원 원칙, 先出願主義,[1] 擴大된 先出願[2] 및 복수디자인등록출원 요건 등이 있다.

이하 이들에 대해 설명하기로 한다.

---

1) 선출원주의 요건은 디자인권 발생의 주체(디자인등록을 받을 수 있는 자)에 관한 것이나 디자인등록을 받을 수 있는 자(디자인의 창작자 또는 그 승계인)에 대한 본질적 요건과 달리, 함께 디자인등록을 받을 수 있는 권리를 가진 자가 밟은 절차의 선후로서 절차행위에 대한 법기술적으로 정해진 바의 요건이므로 본서에서는 절차상의 요건으로 분류하여 설명한다.

2) 확대된 선출원에 대해 디자인등록의 절차적 요건의 章에서 설명하는 것은 반드시 옳은 것은 아니다. 이 규정은 디자인등록의 요건에 관해 규정한 법 제5조에서 규정하고 있으며 또 디자인등록을 받기 위해서는 디자인공보에 게재된 선출원의 출원서의 기재사항 및 출원서에 첨부된 도면 등에 표현된 디자인의 일부와 동일 또는 유사한 디자인이 아닐 것임을 요구하는 것이므로 디자인의 소극적 등록요건으로 설명하는 것이 오히려 적당하다 하겠으나 법 제16조에서 규정한 본래의 선출원주의와 밀접한 관계에 있으므로 편의상 本章 제2절 선출원주의 다음의 제3절에서 설명하고자 한다.

제 1 절 1디자인1출원 원칙

Ⅰ. 서 설

1. 의 의

1디자인1출원 원칙이라 함은 디자인등록출원은 1디자인마다 1디자인등록출원으로 하여야 하며, 디자인등록출원을 하고자 하는 자는 지식경제부령이 정하는 物品의 區分에 따라야 한다는 원칙을 말한다(§11①,②). 즉, 디자인등록출원은 지식경제부령이 정하는 物品의 區分에 따라 1디자인마다 1디자인등록출원으로 하여야 하는데, 이를 1디자인1출원주의라고도 한다.[3)]

2. 제도적 취지

1디자인1출원 원칙, 즉 하나의 권리청구를 하나의 출원절차로 하도록 하는 요청은 하나의 디자인에 대하여는 하나의 권리만을 발생시켜야 한다는 사상에서 유래하는 절차상의 편의에 의한다. 즉, 이는 1디자인1권리주의의 전제하에 디자인심사 및 登錄을 統一하여 디자인제도의 통제를 용이하게 하자는 절차관리상의 요청에 의한 것이다. 그러나 디자인보호법은 物品과의 不可分性에 의하여 디자인의 대상이 되는 물품을 지식경제부령이 정하는 물품의 구분에 따라 1물품을 지정하여 디자인등록출원을 하도록 하는 점이 특허・실용신안법의 그것과 다르다.

Ⅱ. 1디자인1출원 원칙의 내용

법 제11조에서 규정하는 1디자인1출원 원칙은 이하 2개의 내용으로 된다.

---

3) 종전에는 1디자인마다 1디자인등록출원으로 하여야 한다(§11①)는 요청에 대하여는 심사등록출원의 경우에만 적용되고 무심사등록출원의 경우에는 적용되지 않는 것으로 되어 있었다. 그러나 이 요청이 복수디자인등록출원을 하지 않은 일반의 무심사등록출원의 경우에 적용되지 않는 것은 타당하지 않기 때문에 2004년 법개정에서는 모든 디자인등록출원에 대해서 적용되도록 하였다.

1. 1디자인마다의 출원

디자인등록출원은 1디자인마다 1디자인등록출원으로 하여야 한다(§11①). 여기에서 '1디자인마다'라는 것은 1물품 또는 1물품의 부분에 관한 1형태마다를 의미한다. 2001년 법개정에서 부분디자인제도를 도입하였기 때문에(§2 i) 하나의 일체성이 있는 1물품의 부분에 관한 1형태도 1디자인에 포함하게 되었다. 따라서 2 이상의 물품 또는 2 이상의 물품의 부분에 관한 1형태이거나 1물품 또는 1물품의 부분에 관한 2 이상의 형태에 대하여는 1디자인등록출원절차로 행하는 것은 인정되지 않는다. 이와 같이 1디자인은 1물품 또는 1물품의 부분에 1형태가 부가되어 성립하는 것이지만, 여기에서 말하는 1물품이란 무엇인가 하는 것이 문제로 된다. 디자인창작의 대상이 되는 물품은 단순한 것에서부터 복잡한 것에 이르기까지 다종 다양하기 때문에 현실적으로 어디에서 어디까지가 1물품이고, 어디에서 어디까지가 다물품인가 하는 것은 명확하게 구별하기 곤란한 경우가 적지 않다. 종래 1물품과 다물품의 구별기준으로서는 物理的으로 한 개로 보여지는 것으로 限定시키려는 생각과 社會通念上 한 개로 보여지는 것은 모두 1물품으로 보려는 생각으로 對立되고 있지만, 대법원 1994.9.9.선고 93후1247 판결에서는 1물품이란 물리적으로 한 개의 것을 의미하는 것이 아니라 물품의 용도, 구성, 거래실정 등에 따라 1물품으로 취급되는 물품을 말한다고 판시하고 있다. 생각건대, 1物品은 형태의 단일성을 기초로 관념되고, 또 그것은 특정한 用度를 위하여 일정한 機能을 다하는 것으로서 디자인창작의 대상으로서의 일단위를 구성하는 것이라고 생각된다. 그러나 디자인보호법상 지식경제부령으로 정하는 「별표4」의 '物品의 區分'에 열거하고 있는 물품을 보면 각각 獨立的인 형태로 존재하는 신사복상의, 바지와는 별도로 신사복(B1-10류)을, 스커트와 별도로 투피스(B1-10류)를, 그리고 커피잔, 찻잔과 별도로 커피잔 및 받침접시(C5-20류) 등 단일물이 集合한 경우에도 權利의 객체를 구성하는 1물품으로 열거하고 있으므로 디자인보호법이 예정하는 1물품의 성립은 반드시 형태상의 단일성이 있는 물품에 한하지 않음을 알 수 있다.[4]

---

4) 齋藤, 의장, 305 · 306면에서는 1물품1형태에 관해 물품의 기능과 형태의 일체성을 기준으로 하여 ⅰ) 기능적 · 형태적 일체성(물품의 구성부분이 고착된 것이 아니라 분리가능 내지 적의 분리하여 쓰이는 것, 예를 들면 의복용 스냅단추, 가방용 버클, 뚜껑과 본체로 구성된 냄비, 식품용 뚜껑 있는 그릇 등), ⅱ) 형태적 일체성(구성부분이 각각 개성을 잃은 것은 아니지만 형태상 단일한 일체를 이루는 물품, 예를 들면 막대가 달린 초콜릿과 캔디,

이렇게 보면 디자인보호법은 1물품의 범위 내지 수준을 반드시 단일평면이 아니라 다층적으로 관념하고 있다고 할 수 있다.

2. 物品의 區分에 따른 출원

(1) 物品區分의 의의

디자인등록출원은 지식경제부령이 정하는 물품의 구분에 따라야 한다(§11②). 지식경제부령이 정하는 물품의 구분이란 디자인보호법 시행규칙 제9조 제1항 「별표4」에 제기된 물품의 구분을 말한다. 2009년 디자인보호법 시행규칙 개정에서는 「별표4」의 각 물품의 구분에 속하는 구체적인 물품의 명칭은 특허청장이 정하여 고시한다고 하고 있다(시규§9① 후단). 또한 「별표4」의 물품의 구분은 이하의 의의가 있다.

i) 디자인등록의 대상이 되는 1물품의 크기를 예시한 것이다. 즉 하나의 출원으로 지정할 수 있는 1물품의 크기를 예시한 것이다. 디자인등록출원시에는 원칙적으로 「별표4」의 물품의 구분에 따라 물품의 구분을 출원서의 '디자인의 대상이 되는 물품'란에 기재하여야 한다.

ii) 디자인등록의 대상이 되는 물품을 지정한 것이다. 이 1물품에는 사회통념상의 부품이나 다물품이라고 생각되는 것(예: 찻잔과 받침접시, 치과용 유니트, 치과용 치료대 등)도 포함되어 있다.

iii) 동일물품의 범위를 규정한 것이다. 동일물품이란 용도 및 기능이 동일한 것을 말하지만, 현실적으로 동일물품의 판단은 곤란하기 때문에 디자인보호법 시행규칙에서 객관적으로 정한 것이다. 「별표4」의 물품의 구분은 시계에 있어서는 손목시계, 탁상시계, 벽시계 등으로 나누어져 있어 태엽식 손목시계, 자동식 손목시계 등은 모두 손목시계에 포함되어 동일물품이 되고, 손목시계, 탁상시계, 벽시계간은 유사물품이 된다. 또한 이 물품의 구분은 디자인권의 대상이 되는 물품을 소비재적인 물품분야에서 생산재적인 물품분야의 순으로 알파벳 A에서 N까지 13개군(I군은 제외되어 있다)으로 대별(군별 분류)하고, 각 군별 물품에 대하여는 이를 다시 용도별로 아라비아숫자 0에서 9까지의 숫자로 각개를 대분류(75개류)하며,

---

판이 붙어 있는 어묵 등), iii) 기능적 일체성(또는 일체적 지배가능성)(각각의 구성부분이 완전히 독립한 형태로서 존재하는 것이지만 그들이 일체로서 일정한 물품의 용도를 만족시키는 것, 예를 들면 구두, 양말, 장갑, 트럼프, 적목완구, 커피잔 및 접시받침대, 신사복 상·하 등)으로 분류하고 있다.

또한 각 대분류내의 물품에 대하여는 포괄명칭별로 구분하여 이를 다시 중분류로 나누어 索引이 편리하도록 하면서 그 중분류의 하위개념으로 약 5,600여 개의 단위물품명을 열거하고 있다. 2004년 법개정에서 디자인의 정의규정에 글자체를 포함시켜 물품으로 의제하여 보호하도록 함에 따라 N군에 N1류(글자체)를 신설하여 글자체에 관한 물품의 구분을 정하고 있다.

〈표 6-1〉 물품구분의 예

군별분류	대분류	중분류	물 품 명(단위물품명)
B	B1 의복	B1-10 양복	원피스, 오버코트, 레인코트, 신사복, 투피스, 재킷, 신사복상의, 와이셔츠, 셔츠블라우스, 블라우스, 스웨터, 티셔츠, 양복조끼, 잠바, 운동복, 작업복 등
	B2 복식품	B2-40 양말 등	양말, 버선, 덧버선, 실내화, 양말커버, 버선커버 등
	B5 신발	B5-20 운동용 특수화	스키화, 스키화용 깔창, 체조화, 수영화, 축구화, 농구화, 볼링화, 골프화 등

그러나 이 물품의 구분은 앞서 설명한 바와 같이 디자인보호법이 말하는 1물품의 크기를 예시한 것에 지나지 않고 현재 시장에 나와 있는 모든 물품을 망라한 것이라고 할 수 없다. 時代나 産業의 發展에 따라 앞으로 새로운 용도나 목적을 가진 다종다양한 물품이 出現할 수 있기 때문에 디자인보호법은 이 물품의 구분에 물품의 명시가 없는 것에 대하여는 그 디자인을 인식하는 데 적합한 명칭을 기재하되, 그 물품의 용도가 명확히 이해될 수 있는 보통 사용되는 명칭이어야 한다고 규정하고 있다(시규§9① 별표4, 비고1).

(2) 物品의 種類

일반적으로 물품의 상위개념인 物에 대하여 형태상으로 하는 분류는 단일물, 합성물, 집합물로 나누어지고, 또 종합된 전체로서의 물품에 있어서는 전체를 구성하는 일부분의 단위인 부품, 부속품 등이 있다. 디자인보호법이 객체의 성립으로 예정하는 1물품은 단일물, 합성물을 기본으로 하고 다시 집합물에 대하여도 예외적으로 성립을 인정하는 경우가 있다.

1) 單一物, 合成物, 集合物 單一物이라 함은 형태상 단일한 일체를 이루고 그 구성부분이 개성을 갖지 않는 것을 말한다. 단일물에는 연필, 지우개, 가위, 재떨이 등과 같이 物理的으로 일체를 이루고 있는 것과 만년필, 뚜껑

달린 컵 등과 같이 2 이상의 부분에 의해 조합되어 있으나 각 구성부분이 개성을 지니지 않는 것이 있다. 단일물은 통상 단독으로 去來될 수 있는 물품으로서 디자인보호법상 1물품으로 취급된다.

合成物이라 함은 2 이상의 물이 서로 결합하여 하나의 物을 이루는 것으로서 그 구성물이 개성을 갖지 않는 것을 말한다.[5] 예를 들면 장기알, 화투, 트럼프, 적목완구 등과 같은 것이다, 合成物은 단일물과 같이 디자인보호법상 1물품으로 취급된다.

集合物이라 함은 2 이상의 單一物 또는 合成物이 집합하여 그 집합물 자체로서도 경제상의 가치를 가지는 동시에 그것을 구성하는 개개의 물품도 독립한 개성, 즉 경제상의 가치를 갖고 있는 것을 말한다. 예를 들면 응접세트, 디너세트, 필기구세트 등과 같은 것이다. 집합물은 디자인보호법상 특별한 규정이 없는 한[6] 單一物 또는 合成物과는 달리 1물품으로 취급되지 않는다.

2) 部品, 附屬品　　부품이란 기계단위의 전체의 한 부분이 되도록 만들어진 물품으로서 그것만의 分離가 가능하고 그 자체가 거래상 교환가치를 갖는 것을 말한다. 예를 들면 카메라의 플래시, 자동차의 타이어, 시계의 문자판 등과 같은 것이다. 部品이 디자인등록의 대상인 1물품으로 다루어지기 위하여는 i) 호환성과 ii) 통상의 상태에서 독립거래의 대상이 되는 것이어야 한다.[7](부품의 물품 성립성에 관하여는 제4장 제2절 Ⅲ.디자인권의 대상이 되는 물품 참조).

부속품이란 그 물품의 본질적인 機能에는 영향을 끼치지 않고 그 主體가 되는 물품의 용도를 확장하거나 기능을 도와주는 역할을 하는 것을 말한다(예, 카메라의 케이스, TV필터 등). 附屬品은 주로 裝飾的인 효과를 주는 역할을 하며 部品과

5) 合成物에 대해 民法상은 구성부분이 각 개성을 잃지 않고 결합하여 단일한 형체를 이루고 있는 물건을 말한다고 해석한다(이영준, 「민법총칙」, 박영사, 1997, 897면). 齋藤, 의장, 304면에서도 같은 취지로 설명하고 있으나 국내의 많은 문헌에서는 合成物은 구성부분이 개성을 상실한 물건을 말하는 것으로 해석한다(이수웅, 의장, 253면; 황종환, 의장, 195면; 윤종렴, 의장, 299면 外). 그러나 어떤 견해도 合成物에 대해서는 그 일체성을 파괴함이 없이 분리할 수 없는 것인 이상 출원의 분할의 기초로 할 수 없다는 입장에 서 있으므로 그 해석의 실제에 있어서는 큰 차이가 없다.

6) 集合物에 대해 1디자인(1물품에 관한 1형태)으로 擬制하는 특별규정으로는 한 벌 물품의 디자인제도가 있다.

7) 部品에 관련되는 디자인등록출원에 대하여 디자인심사에서 독립거래 사실의 증명을 요구하는 경우는 극히 드물다. 따라서 부품의 성립요건을 갖추지 못한 것이 잘못 등록된 경우가 있다면 그것은 無效審判에 의해 그 등록이 無效로 될 수 있을 것이다.

마찬가지로 디자인보호법상 물품을 구성하는 것으로 본다. 또 부속품은 대개 타사제품과는 호환성이 없으나 그 주체가 되는 物品과는 독립하여 판매의 대상으로 되어 있기 때문에 주체가 되는 물품과는 별개의 物品으로 취급되는 것이 대부분이지만, 전기마사지기, 진공청소기 등의 부속품과 같이 사용시에는 모든 부속품을 동시에 사용하는 것은 아니나 판매시에 본체에 부속하여 본체와 일괄하여 거래되는 것은 본체와 일괄하여 1물품으로 취급되고 있다.

3) 다용도물품 다용도물품이란 다른 용도를 지닌 물품이 물리적으로 하나의 형태 속에 들어 있는 물품을 말한다. 흔히 복합물품이라고도 하며 접시가 재떨이로 사용되는 것과 같은 물품을 말하는 것이 아니다. 다용도물품은 i) 외관상 각기 다른 물품의 형상이 같은 정도로 나타나 있는 경우, ii) 외관상 하나의 물품의 형상이 주가 되고 타방의 물품의 형상은 부가적으로 나타나 있는 경우, iii) 외관상 하나의 물품의 형상이 나타날 뿐 타방의 물품의 형상은 나타나지 않는 것 등 여러 가지로 나눌 수 있다. i) 및 ii)의 경우는 주판이 달린 전자계산기, 테이프레코드가 달린 텔레비전 수상기, 시계가 달린 라디오, 나이프가 달린 손톱깎이 등과 같은 것으로서 시계와 라디오의 경우 시계에 주체가 있는 경우 라디오가 부설된 시계, 라디오에 주체가 있는 경우에는 시계가 부설된 라디오라고 물품명을 기재해야 하고, 이 경우 1물품으로 다루어진다. iii)의 경우에는 이를테면 비닐로 된 이중주머니로서 접으면 쇼핑백이 되고, 공기를 넣으면 베개가 되는 것과 같은 것이다. 이 경우 그 주체가 되는 물품명으로 표시하고 디자인의 설명란에 공기를 주입하면 공기베개가 된다는 취지의 설명을 기재함과 동시에 공기가 주입된 상태의 도면을 부가할 것이 필요하다.

Ⅲ. 1디자인1출원 원칙에 위반된 구체 예

1. 1디자인마다 출원되어 있지 않은 경우

출원서 및 도면의 기재로 판단하여 2 이상의 디자인이 포함된 것으로 인정되는 것은 1디자인마다 출원하였다고 할 수 없어 디자인등록거절결정의 대상이 된다.

(1) 2 이상의 물품명을 '디자인의 대상이 되는 物品'의 난에 병렬하여 표시한 것

'디자인이 대상이 되는 물품'의 난에 2 이상의 물품명이 기재된 경우에는 1

디자인마다의 원칙에 위반된 것으로 본다. 2 이상의 물품명이 기재된 경우란 '병과 병마개' 등과 같이 2 이상의 물품명을 병렬한 경우 또는 '라디오겸용시계' 등과 같이 2 이상의 용도를 겸한다는 말이 이어진 경우이다. 다만, '시계가 부설된 라디오'와 같이 '○○부설(부착) ○○'은 예외로 한다. 부설된 물품이 2개 이상일 경우에는 예컨대 '볼펜 등이 부설된 라이터'와 같이 표시함을 원칙으로 한다.

(2) 2 이상의 物品을 도면에 표시한 것(수개의 物品을 配列한 것도 포함)

도면 안에 2 이상의 물품의 도면을 표현한 경우에는 1디자인마다 출원한 것으로 인정되지 않는다. 2 이상의 물품을 1디자인등록출원으로 인정하는 것은 한 벌 물품의 디자인의 경우이다. 또 2 이상의 물품이라 하더라도 각각 도면에 표현하는 것이 인정된 것으로는 合成物이 있다. 즉, 물품의 특성상 다수의 집합을 1물품으로 인정하는 合成物의 경우에는 각 구성 각편을 도면에 표현하는 것이 인정된다. 수개의 물품을 배열한 것은 판매서비스라는 관점에서 볼 때, 동종물품의 배열에 불과하고, 다물품의 판매라는 관점에서는 수개의 물품을 임의로 모아놓은 것에 불과하므로 당연히 1物品으로 인정되지 않는다.

(3) 부분디자인의 경우

하나의 물품 가운데 물리적으로 분리되어 있는 물품의 부분은 2 이상의 디자인이 포함된 것에 해당하므로 1디자인으로서 디자인등록을 받을 수 없다. 이에 해당하는 경우 법 제11조 제1항에서 규정하는 1디자인마다의 출원요건을 충족시키지 못하므로 등록거절결정된다.

그러나 디자인창작상의 일체성(형태적 일체성, 기능적 일체성)이 인정되는 경우에는 1디자인으로 간주되어 디자인등록을 받을 수 있다(이에 대하여는 제7장 제1절 부분디자인제도에서 상세히 설명한다).

2. 物品의 區分에 의하지 않은 경우

이하에 해당하는 물품의 명칭은 지식경제부령이 정하는 물품의 구분에 따라 출원한 것이 아니므로 디자인보호법 제11조 제2항에서 규정하는 요건을 구비하지 않는다는 이유로 디자인등록거절결정의 대상이 된다.

(1) 상표명, ○○식 등과 같이 고유명사를 붙인 것

디자인의 대상이 되는 물품의 특정은 그것이 어떤 물품의 디자인인가를 명확하게 하기 위한 것이므로 出處表示的 역할이나 기능적인 의미에까지 부여해야 하는 것은 아니다. 따라서 공병우타자기, 이동식장롱 등과 같은 물품명은 인정되지 않는다. 다만, 자동식○○, 절첩식○○ 등과 같이 보통명칭화된 것은 예외로 한다.

(2) 총괄명칭을 사용한 것

저고리를 한복으로 하거나 문짝을 건축용품이라고 하는 등 총괄명칭으로 사용한 것은 여러 개의 물품을 포함하게 되므로 디자인을 특정할 수 없기 때문에 인정되지 않는다. 「별표4」의 물품의 구분에는 이와 같은 총괄명칭은 사용하지 않는다.

(3) 구조, 기능 또는 作用效果를 붙인 것

디자인보호법의 보호대상은 物品의 美的 外觀으로서 그 물품의 구조, 기능 또는 그 물품을 사용하였을 때의 작용효과는 포함되지 않는다. 따라서 ○○장치, ○○방법, ○○식 등과 같이 구조, 기능 또는 사용방법에 관한 용어를 붙인 표현은 물품의 구분에 의한 것이라 할 수 없다.

(4) 생략된 물품명

관용적인 생략된 물품명은 그것을 사용하는 장소 또는 관계에서만 비로소 특정한 의미를 갖는 것이기 때문에 그 장소 또는 관계를 넘어선 생략된 물품명을 사용한 경우는 물품명으로서의 대상을 특정할 수 없는 것이 된다. 따라서 16밀리 영화촬영기를 단지 16밀리라고 표현한 것은 물품의 구분에 의한 것이라고 보지 않는다.

(5) 外國文字를 사용한 것

특허청에 제출하는 서류는 원칙적으로 국어로 기재하여야 한다. 디자인의 대상이 되는 물품도 동일하게 적용되어 X선 촬영대, TV 등 外國文字로 표현한 것은 의료용 엑스선 촬영대, 텔레비전 수상기 등으로 표현하는 것이 정확하다.

(6) 우리나라 말로 보통명칭화되어 있지 아니한 外國語를 사용한 것

「별표4」의 물품의 구분에는 물품명으로 외국어로 표현된 것이 많다. 그러나 우리나라 말로 표현한 것이 있음에도 일부러 외국어를 사용하는 것은 같은 물품에 대하여 수종의 표현을 쓰게 되어 혼란을 초래할 우려가 있다. 따라서 아직 우리말화되어 있지 않거나 우리나라에서 보통명칭화하여 사용하고 있지 않은 표현에 대하여는 인정되지 않는다.

(7) 用途를 명확히 표시하지 아니한 것

「별표4」의 물품의 구분은 용도개념에 의해 분류되고 있으므로 용도가 명확하지 않은 경우에는 물품이 특정되지 않는다. 예컨대 경첩이라는 표현은 「별표

4」의 물품의 구분에서 정한 안경용 경첩을 가리키는지 건구용 경첩을 지칭하는지 또는 기타의 것을 가리키는지 不明하다. 블록의 경우에도 용도에 따라 개발되어 있어 호안용 블록, 옹벽용 블록, 경사면용 블록, 수로용 블록, 수로용측관블록, 수로용 자판블록 등이 있으므로 블록만으로써 이 중 특정한 물품을 지칭한 것으로 되지 않는다. 따라서 용도를 명확히 표시하지 아니한 것은 물품의 구분에 따르지 않는 것에 해당된다.

(8) 한 벌(디자인보호법 시행규칙 별표5에 의하지 아니한 것), 한 세트, 유니트(치과용 유니트 제외), 한 짝, 한 켤레, 1족 등의 명칭을 사용한 것

통상적으로 한 벌 또는 한 세트의 상태에서 디자인의 창작이 이루어지고, 또한 사용・판매되는 것에 대하여는 한 벌 물품의 디자인으로 1출원이 인정된다. 이에 대하여는 디자인보호법 시행규칙 제9조 제2항 「별표5」에서 규정하고 있는 한 벌의 물품으로 한정하고 있다. 따라서 「별표5」에서 규정하고 있는 한 벌 물품 이외의 집합물적인 것을 1출원으로 한 경우에는 1디자인1출원이라고 인정하지 않는다. 한 세트, 유니트, 한 짝, 한 켤레, 1족 등의 명칭을 사용한 경우에도 동일하다.

(9) 형상, 모양, 색채에 관한 명칭을 붙인 것

물품의 형상, 모양 또는 색채에 관한 명칭을 붙인 것은 원칙적으로 정당한 물품의 명칭으로 인정되지 않는다. 이러한 명칭은 물품의 속성을 표현한 것이므로 디자인의 대상이 되는 물품의 표현으로서는 적합하지 않기 때문이다. 예컨대 짤록한 꽃별+장미꽃 직물지 등의 표현에 대해 등록을 인정하게 되면 물품명만으로는 거기에 표현된 형상, 모양 또는 색채에 대하여 넓은 범위의 것을 등록한 것으로 오해하게 되어 권리범위 해석상의 혼란을 초래할 우려가 있다.

그러나 한편으로는 형상, 모양 또는 색채에 관한 명칭을 붙인 물품이 현실적으로 존재하고 있다. 예를 들면 형상에 대하여는 장화, 손바구니 등이 있고 모양에 대하여는 꽃자리 등이 있으며 색채에 대하여는 입술연지, 눈썹 그리는 먹 등이 있다. 그러나 이들은 보통명칭화되어 있고 꽃자리라 하더라도 꽃의 모양이 한정되어 있지 않고 입술연지의 경우에도 붉은 색이 아닌 것도 많으며, 즉 이들은 물품명으로 되어 있기 때문에 이것까지 제한하게 되면 물품을 표현할 수 없게 될 수도 있다. 따라서 이러한 것들은 물론 물품의 구분에 의한 적법한 표현이라 인정한다. 또 물품의 액정화면 등 표시부에 도형 등을 디자인의 구성요소로 하고 있는 물품의 경우에도 화상디자인이 표시된 컴퓨터 모니터,

아이콘이 표시된 개인휴대정보단말기 등과 같이 표현하는 것을 인정하고 있다.

(10) 재질명을 붙인 것

목재책상, 왕골방석, 플라스틱 컵 등과 같이 재질명을 붙인 것은 물품의 구분에 의하지 않은 것으로 본다. 다만, 재질이 결합하여 물품명으로 보통명칭화된 것은 예외이다. 재질명이 보통명칭화된 물품명으로서는 고무장갑, 고무신, 고무보트, 합성수지지, 금속판, 유리판, 비닐테이프 등이 있다.

(11) 물품의 구분 후에 '○의 부분', '○의 부분디자인' 등과 같은 말을 붙인 것

부분디자인이라 하더라도 1디자인1출원 원칙에 따라야 하며 물품의 구분에서 물품의 부분에 대한 구분 내지 표시는 없으므로 전체디자인의 물품의 수준(완성품, 부품 또는 부속품)의 물품의 구분으로 출원할 것이 기준이 된다. 따라서 '○의 부분', '○의 부분디자인' 등과 같은 말을 붙이는 것은 법 제11조 제2항의 위반이 된다(자세한 것은 제7장 제1절 부분디자인 참조).

Ⅳ. 1디자인1출원 원칙의 예외

디자인권은 1물품(또는 1물품의 부분)에 관한 1디자인에 대해 성립하며 따라서 권리청구절차도 하나의 디자인등록출원서에는 하나의 디자인에 관한 물품과 하나의 물품에 관한 형태를 기재함을 원칙으로 한다(1디자인1출원 원칙). 그러나 그 예외를 이루는 것에 한 벌 물품의 디자인과 디자인무심사등록의 대상이 되는 디자인이 있다.

1. 한 벌 물품의 디자인

한 벌 물품의 디자인은 2 이상의 물품이 한 벌의 물품으로 동시에 사용되는 경우, 그 한 벌의 물품의 디자인이 한 벌 전체로서 통일성이 있는 것에 대해 이루어지는 특수예외적인 출원절차이다(§12). 그러므로 권리의 내용에 있어서도 특수한 것이 된다. 그러나 한 벌 물품의 디자인으로 출원된 디자인이 법 제12조에서 규정한 한 벌 물품의 디자인의 성립요건을 만족시키지 않는 것은 결과적으로 다디자인을 포함한 출원에 해당되고, 따라서 1디자인1출원 원칙에 위반한 태양이 된다(한 벌 물품의 디자인에 대한 자세한 것은 제7장 제3절 한 벌 물품의 디자인 제도 참조).

2. 디자인무심사등록의 대상이 되는 디자인

디자인보호법은 디자인무심사등록출원은 제11조 제1항의 규정에 불구하고 20 이내의 디자인을 1디자인등록출원(이를 복수디자인등록출원이라고 한다)으로 할 수 있도록 하고 있으므로(§11의2①) 디자인무심사등록출원의 대상이 되는 디자인에 대하여 복수디자인등록출원하는 경우에는 출원절차상 1디자인1출원 원칙의 예외가 된다.

디자인무심사등록출원할 수 있는 디자인은 디자인보호법 제11조 제2항의 규정에 의한 물품의 구분 중 지식경제부령이 정하는 물품에 한한다고 되어 있다(§9⑥). 지식경제부령(디자인보호법 시행규칙)은 디자인무심사등록출원할 수 있는 물품은 ⅰ) 「별표4」의 물품의 구분 중 A1류(제조식품, 기호품), B1류(의복), C1류(침구, 마루깔개, 커튼 등), F3류(사무용지제품, 인쇄물 등), F4류(포장지, 포장용용기 등) 및 M1류(직물지, 판, 끈 등)에 속하는 물품, ⅱ) 액정화면 등 표시부에 일시적으로 도형 등이 표시되는 화상디자인에 관한 물품으로 하며(시규§9③), 여기에 게기된 물품은 디자인무심사등록출원으로만 출원하도록 되어 있다(§9⑥후단).

Ⅴ. 1디자인1출원 원칙 위반의 효과

1. 設定登錄 전

1디자인1출원 원칙에 반하지 않은 경우에는 타 등록요건(§5 등)을 구비하면 등록에 의해 1디자인권이 발생하나(§39①) 이 원칙에 반하는 경우에는 디자인등록거절결정의 대상이 된다(§26①). 그러나 이 경우 출원의 보정을 할 수 있는 기간 내에 출원의 분할을 통하여 구제받을 수 있고 분할된 디자인등록출원은 최초에 디자인등록출원한 때에 출원한 것으로 출원일시의 소급효과가 인정된다(§19①,②).

디자인등록출원서상 디자인의 대상이 되는 물품이 디자인보호법 시행규칙 「별표4」에서 정하는 물품의 구분에 적합하지 아니한 경우에는 법 제11조 제2항을 위반하게 되어 거절이유의 대상이 되지만 이 경우 물품의 구분에 의한 정당한 물품의 명칭으로 보정하게 되면 구제받을 수 있다. 그러나 여기에는 하나의 문제가 있다. 이를테면 디자인의 대상이 되는 물품이 신발, 건축용품 등과 같이 총괄명칭으로 기재되어 있는 경우에 그 하위개념의 정당한 여러 개의 물품으로 분할이 가능한가이다. 즉, 신발이라고 하면 단화, 운동화, 작업화, 등산화, 잡화,

우화, 스키화, 축구화, 볼링화 등 여러 수십개의 물품이 여기에 속하고, 건축용품의 경우에도 여러 수백, 수천 개의 물품이 이에 속하는데 극론으로 이러한 모두의 물품으로 분할이 가능한가이다. 보통으로는 가령 운동화로 출원할 목적이었으나 착오로 신발이라고 기재한 경우가 많으므로 도면과 도면 중 디자인의 설명란에 기재된 바에 따라 추정되는 어느 하나의 물품으로 보정하는 것이 정상일 것이다. 그러나 2 이상의 물품으로 출원하려는 의도가 명백하게 인정되는 경우에는 2 이상의 물품으로 出願의 分割을 인정하지 않을 수 없는 경우도 있을 것이다.

2. 設定登錄 후

1디자인1출원 원칙에 위반된 디자인등록출원이 잘못하여 등록된 경우에는 디자인登錄의 무효사유가 되지 아니하므로 無效審判에 의하여 그 등록이 무효로 되는 일은 없다(§68①). 왜냐하면 1디자인1출원 원칙은 法技術上의 요청으로서 권리의 성립에 결함이 있다고 할 수 있는 實體的 요건과는 상이하기 때문이다.

제 2 절 先出願主義

Ⅰ. 서 설

1. 선출원주의와 선창작주의

디자인의 창작자는 그 창작에 의해 디자인등록을 받을 수 있는 권리를 원시적으로 취득하고 이 권리에 기초하여 디자인등록출원을 한다.

출원된 디자인이 공업성, 신규성, 창작비용이성 등 실체에 관한 요건을 충족시킨 것일 때 그 디자인은 실질적인 등록요건을 갖춘 디자인이라 할 수 있고 이러한 등록요건을 충족하는 디자인이 2 이상 출원되어 경합하는 경우가 있다.

그런데 디자인권은 등록디자인 또는 이와 유사한 디자인의 실시를 독점하는 권리이므로 이들 디자인이 동일 또는 유사한 것일 때 이들 각각에 대해 권리를 발생시킨다면 권리의 내용과 모순을 초래하게 된다.

따라서 이 중복되는 권리의 발생을 배제시킬 필요가 있다.

세계적으로 볼 때, 이 권리의 중복발생을 배제하는 수단으로서는 선출원주의와 선창작주의가 있다.[8)]

선출원주의라 함은 동일 또는 유사한 디자인에 대하여 2 이상의 출원이 경합할 경우 실정법상의 디자인권의 부여를 청구하는 행위에 주목하여 창작의 선후에 관계없이 最先의 출원인에게 디자인등록을 허여하는 주의를 말하며, 선창작주의라 함은 디자인등록을 받을 수 있는 권리를 發生시키는 事實的 行爲에 주목하여 最先의 창작자에게 디자인등록을 허여하는 주의를 말한다.

선출원주의는 디자인의 公開를 촉진시켜 산업발전에 이바지할 수 있는 디자인제도 제1의 목적에 잘 합치되며 선창작자의 확인에 대한 곤란이 없으므로 심사절차상 편리할 뿐만 아니라 심사의 촉진이라는 行政目的에도 부합된다는 장점이 있으나 진정한 창작자의 保護가 미흡하고 권리화의 필요성이 적거나 創作的價値가 낮은 것 등의 출원으로 실제 권리화를 필요로 하는 出願의 審査를 지연시킨다는 결점이 있다. 이에 대하여 선창작주의는 진실하고 最先의 창작자를 보호하려는 취지로서 디자인창작의 장려를 목적으로 하는 디자인제도에 잘 합치되나 디자인의 창작에 대한 先後를 확인할 필요가 불가피하며 디자인을 빨리 出願하기보다는 이것을 비밀로 하려는 경향을 조장하는 결점이 있다. 현재는 미국만이 선창작주의를 채택하고 있다. 미국법은 선후원관계에 있는 2 이상의 출원이 있는 경우 저촉심사절차[9)]에 의하여 어느 출원이 先發明(創作)者의 출원인가가 결정된다. 만약 先出願에 권리가 설정되어 있어도 권리설정 후 1년 이내에 先發明(創作)者가 출원하여 입증하면 디자인특허를 받을 수 있다.

2. 우리나라 법의 선출원주의

우리나라는 디자인보호제도 창설시부터 선출원주의를 채용해 오고 있다. 즉

8) 선출원주의와 선창작주의는 모두 디자인보호법이 독점배타권을 부여하는 것을 기본원칙으로 하고, 디자인권 소멸 후는 일반 공중은 그 디자인을 자유롭게 이용할 수 있는 권리(공유재산권)를 갖는 이상, 1개의 디자인에 대해서는 하나의 디자인권만을 부여해야 하는 1디자인1권리의 원칙 또는 중복등록배제(금지)의 원칙에 의거한 주의이다.

9) 저촉심사절차(interference proceeding)에서는 창작(완성)의 선후결정은 창작의 착상(conception)일 뿐만이 아니고, 실시화(reduction to practice)일 및 그 동안의 실시화에 대한 열심도(reasonable diligence)를 고려해서 이루어진다(吉藤, 특허, 228면 참조).

디자인보호법 제16조 제1항은 "동일 또는 유사한 디자인에 대하여 다른 날에 2 이상의 디자인등록출원이 있는 때에는 먼저 디자인등록출원한 자만이 그 디자인에 관하여 디자인등록을 받을 수 있다"라고 규정하며 또한 법 제16조 제2항은 "동일 또는 유사한 디자인에 대하여 같은 날에 2 이상의 디자인등록출원이 있는 때에는 디자인등록출원인의 협의에 의하여 정하여진 하나의 디자인등록출원인만이 그 디자인에 대하여 디자인등록을 받을 수 있다"라고 규정하여 선출원주의를 명문화하고 있다. 그러나 정당한 권리자가 아닌 者의 출원은 선출원주의의 적용에 있어 처음부터 없었던 것으로 본다는 규정(§16④)과 무권리자의 출원·등록에 대한 정당한 권리자의 보호규정(§14,§15) 및 선사용에 의한 통상실시권 규정(§50)을 두어 선출원주의의 단점을 어느 정도 보완하고 있다.

Ⅱ. 선후원 판단기준

1. 時間的 基準

(1) 曆日主義

2 이상 경합하는 출원의 선후는 新規性의 경우 출원시를 기준으로 하는 것과는 달리 출원일을 기준으로 한다(§16①). 이 출원일은 현실의 출원일 또는 法에 의해 간주되는 출원일이다. 선후원 판단에 있어 日을 기준으로 판단하는 것은 시각증명의 번잡성과 同日出願이 희박하다는 것을 고려한 것이다. 先出願主義가 日을 기준으로 하므로 동일 또는 유사한 디자인에 대한 2 이상의 출원이 同日에 출원된 경우에는 出願의 時는 서로 달라도 제16조 제2항의 同日出願 競合규정에 의하여 처리된다(§16②). 파리협약에 의한 우선권주장을 수반하는 출원의 선후출원 판단의 기준일은 1국출원일이 된다.

(2) 到達主義

특허청에 제출하는 출원서 등은 특허청에 도달된 날부터 그 효력이 발생한다(§4의26①). 전자문서로 제출된 서류에 대하여는 특허청 전산망을 통하여 접수번호를 확인한 때에 특허청에 도달된 것으로 본다(§4의26③). 이것이 도달주의의 원칙이나 여기에는 예외가 있다. 즉, 출원서 등을 우편으로 特許廳에 제출한 날을 우편물의 受領證에 의하여 증명한 경우 그 날에 특허청에 도달한 것으로 본다(§4의26②). 이것은 도달주의 원칙의 예외이다.

2. 客體的 基準

선출원주의는 후출원디자인이 선출원디자인과 동일 또는 유사한 경우에 적용된다(§16①,②).[10] 디자인권의 독점배타적인 효력이 유사한 디자인에까지 미치도록 한 것(§41)과의 균형에서 선출원디자인에 유사한 경우에도 적용되도록 한 것이다. 그러나 선출원주의는 후출원디자인의 유사범위에 대해서는 선후원을 판단하지 않는다. 심사의 곤란과 저촉하는 권리가 발생한 경우에는 선출원우위의 원칙에 의해 법 제45조로 조정할 수 있기 때문이다. 또한 디자인등록출원의 선후원판단의 기초가 되는 자료는 ⅰ) 출원서의 기재사항, ⅱ) 그 출원서에 첨부한 도면·사진 또는 견본, ⅲ) 도면에 기재된 디자인의 설명에 의한다. 이들이 독점배타권으로 보호받고자 하는 범위를 정한 것이기 때문이다(§43).

Ⅲ. 선출원주의의 내용

동일 또는 유사한 디자인등록출원이 2 이상 경합된 경우 그 출원의 선후에 의해 디자인등록을 결정하고자 하는 것이 선출원주의이지만, 이 경우 다른 날에 출원되어 경합하는 경우와 同日에 출원되어 경합하는 경우가 있으므로 이를 구분하여 설명하기로 한다.

1. 異日出願

동일 또는 유사한 디자인에 대하여 다른 날에 2 이상의 디자인등록출원이 있는 때에는 먼저 디자인등록출원한 자만이 그 디자인에 대하여 디자인등록을 받을 수 있다(§16①). 즉 동일 또는 유사한 디자인에 대하여 先出願과 後出願이 있다면 먼저 출원한 자만이 다른 등록요건을 충족시키는 한 등록이 되며 후출원은 다른 등록요건을 모두 충족시킨다 하더라도 이미 선출원이 존재하고 있다는 이유만으로 등록이 拒絶된다. 이것은 하루라도 빨리 출원한 자를 보호하기 위한 것이다.

---

10) 특허법상의 선출원주의는 동일성 범위로만 판단하며 또한 특허출원과 실용신안등록출원 상호간에도 적용되나, 디자인보호법상의 선출원 규정은 유사한 범위에 대해서도 판단하며 타법역의 출원과는 선후원을 판단하지 않는다. 또한 디자인등록출원과 특허·실용신안등록출원 사이에는 적용되지 않는다. 보호대상이 본질적으로 상위하여 독점권의 병존이 없기 때문이다. 그러나 이용·저촉의 경우에는 법 제45조로 조정된다.

이 경우 문제가 되는 것은 i) 동일 또는 유사한 디자인이 경합되어 있어야 하는데 동일 또는 유사한 디자인이란 어떤 것인가, ii) 먼저 디자인등록출원한 자만이 등록받을 수 있다고 하는데 먼저 디자인등록출원한 자란 어떤 자인가, 특히 同一人에 의해 출원되어 경합되는 경우에 어떻게 해석하여야 할 것인가 등이다. 이하 이에 대해 살펴보기로 한다.

(1) 同一 또는 類似한 디자인

선후원관계가 발생하는 것은 동일 또는 유사한 디자인간에 출원일을 달리하는 출원이 2 이상 경합하는 경우이지만, 여기에서 동일 또는 유사한 디자인이란 법 제5조 제1항의 新規性에서 말하는 동일 또는 유사한 디자인과 같은 의미이다. 즉, 동일디자인이란 물품 및 형태가 모두 동일한 디자인을 말하고, 유사한 디자인이란 대비되는 디자인이 공통적인 동질성을 가지고 있어서 외관상 서로 유사한 미감을 일으키는 것을 말한다. 유사의 태양에는 i) 물품동일, 형태유사, ii) 물품유사, 형태동일, iii) 물품유사, 형태유사의 3가지 태양이 있다. 또한 동일물품이란 그 用途 및 機能이 동일한 물품을 말하며 유사물품이란 그 用途가 동일하지만 機能이 다른 물품을 말한다.

(2) 먼저 디자인등록출원 한 자

먼저 디자인등록출원 한 자(이하에서는 "선출원자"라 한다)의 의의에 대하여는 해석이 크게 두 가지로 나누어진다. 하나는 선출원자를 당해 출원에 관한 한 출원인으로 이해하고 同一人格에 의한 출원이라 하더라도 출원이 다르면 그들 사이에 선후원의 관계가 成立하는 것으로 하는 것이고, 다른 하나는 당해 출원에 限定되지 않는 '人'을 中心으로 해석하여 동일인격간에 선후원관계가 성립되지 않는 것으로 하는 것이다. 특허법과 실용신안법에서는 전자의 해석을 취하며,[11] 디자인보호법에서는 후자의 해석을 취하고 있다. 이러한 법역에 의한 해석의 차이는 각각의 법이 예정하는 권리의 내용과 권리설정방법의 차이에 기인한다.[12] 즉, 특허·실용신안법의 선출원규정은 동일성의 범주에 있는 특허를 받을 수 있는 출원 사이의 문제이며, 만일 디자인보호법에서와 같이 '人'을 중심으로 해석하게 되면 후의 출원에 의해 權利의 존속기간이 실질적으로 연장되는 등의 不合理가 초래되므로 선출원자는 당해 출원에 관한 한 출원인으로 해석하는 것이다. 그러나 디자인보호

11) 吉藤, 특허, 233면.

12) 齋藤, 의장, 290면.

법은 특허 · 실용신안법에는 없는 유사디자인제도가 존재하며 유사디자인제도는 자기의 기본디자인과의 관계에서 신규성, 선출원의 예외로서 유사디자인등록을 인정하는 제도이므로 만일 동일인격간에 대해서도 선후원관계가 성립한다고 하면 자기의 선출원과 충돌하게 되어 유사디자인등록은 할 수 없게 된다. 따라서 이들 규정과의 整合的 해석으로서 디자인보호법에서는 동일인격에 대해서는 선후원의 관계는 성립하지 않는 것이라고 해석하는 것이다.[13]

(3) 同一人의 동일 · 유사한 디자인의 취급

2 이상의 동일 또는 유사한 디자인이 동일인에 의하여 출원되어 경합되는 경우 앞에서 설명한 바와 같이 디자인보호법은 동일인격에 대해서는 선후원관계가 성립되지 않으므로 법 제16조 제1항을 적용할 수는 없는 것이고, 그렇다고 모두 등록을 허여하게 되면 異日出願된 경우에는 복수의 디자인권을 발생시키게 되어 사실상의 디자인권의 기간연장이라는 효과를 가져오게 되어 디자인보호법의 정신에 어긋나게 된다. 또한 같은 날에 2 이상 출원한 것에 각각 디자인권을 발생시켰다 하여도 실질적인 이익이 없다고 해야 할 것이기 때문에 심사실무에서는 이일출원한 것에 대하여는 선출원이 등록될 수 있는 것이라면 디자인등록결정하고, 후출원에 대하여는 취하를 권고한다는 취급을 한다.[14] 또 동일출원에 대하여는 그 디자인이 등록될 수 있는 경우에는 일방은 디자인등록결정하고, 타방에 대하여는 취하를 권고하는 것으로 한다.

동일인의 유사한 디자인등록출원에 대하여는 그것이 同日의 출원이든 異日출원이든 간에 법 제7조 제1항의 "자기의 등록디자인이나 디자인등록출원한 디자인에만 유사한 디자인에 대하여는 유사디자인만으로 디자인등록을 받을 수

13) 구 디자인보호법 제12조 제1항(현행법 제16조 제1항)은 동일 또는 유사한 디자인에 대하여는 최선출원자에 한하여 디자인등록을 받을 수 있다고 규정하고 있는바, 같은 법 제6조 제1항(현행법 제7조 제1항)에서 디자인권자 또는 디자인등록출원인은 자기의 등록디자인이나 디자인등록출원한 디자인에만 유사한 디자인에 대하여는 유사디자인으로서 디자인등록을 받을 수 있도록 규정하고 이에 위반된 경우에는 법 제35조 제1항 제1호(현행법 제68조 제1항 제1호)에서 디자인등록의 무효사유로 규정하고 있는 점을 고려하면, 위 선원주의 규정은 선출원과 후출원에 있어서 출원인이 서로 다른 경우에만 적용되고 동일인의 경우에는 적용되지 않는다고 해석함이 상당하다 할 것이다(특허법원 1998.6.11.선고 98허447 판결).

14) 取下를 권고하는 통지문 예: "이 출원디자인은 동일인의 출원에 관한 ○년 디자인등록출원 제○호 디자인과 동일하여 2 이상의 동일한 디자인에 권리를 설정하는 것은 법 정신에 위배되므로 취하하시기 바랍니다. 그러나 양자의 디자인이 동일하지 않은 경우에는 그 취지의 설명서를 제출하시기 바랍니다."

있다"라는 규정에 의해 그것이 단독의 디자인등록출원일 때에는 유사디자인의 디자인등록출원으로 변경하는 보정을 하도록 하여 유사디자인으로 디자인등록을 받을 수 있도록 한다.

2. 同日出願

선출원주의는 출원일을 기준으로 하므로 同日에 2 이상 출원이 경합된 경우에는 선출원우위의 원칙이 적용될 수 없다. 法은 제16조 제2항에서 동일 또는 유사한 디자인에 대해 같은 날에 2 이상의 출원이 있는 때에는 디자인등록출원인 간의 협의에 의하여 정하여진 하나의 디자인등록출원인[15]만이 그 디자인에 대하여 디자인등록을 받을 수 있다. 다만, 협의가 성립하지 아니하거나 협의를 할 수 없는 때에는 어느 디자인등록출원인도 디자인등록을 받을 수 없다라는 취지를 규정한다.

(1) 協議命令과 申告

동일 또는 유사한 디자인에 대하여 2 이상의 출원인으로부터 동일자에 출원된 것은 심사과정에서 발견하게 된다. 그 출원들이 모두 거절되어야 할 경우에는 거절하면 될 것이지만, 만약 등록되어야 할 것이라면 이들 출원인에게 대하여 기간을 정하여 協議의 결과를 신고할 것을 명하여야 한다(§16⑤). 協議의 내용은 하나의 디자인등록출원인만이 등록받을 수 있는 것이므로 출원인을 하나로 정하는 내용이 되며, 또한 그것은 디자인등록을 받을 수 있는 權利에 대한 處分의 自由를 전제로 하는 것이므로 그 태양은 여러 가지가 있을 수 있다.

1) 동일디자인의 경우에는 다른 출원을 取下하면 하나의 디자인등록출원인이 그 디자인에 대해 디자인등록을 받을 수 있다.

2) 유사한 디자인의 경우에는 다른 출원에 관한 디자인등록을 받을 수 있는 權利를 양도하고, 또 유사디자인의 디자인등록출원으로 출원변경하거나 또는 다른 출원을 取下하면 하나의 디자인등록출원인은 그 디자인에 대해 디자인등록을 받을 수 있다. 이 경우 당사자간에 체결한 내부계약 등은 특허청에 제출할 필요는 없다.

(2) 協議不成立・協議不能

협의가 성립되지 않거나 협의를 할 수 없는 때에는 어느 디자인등록출원인도 그 디자인에 대해 디자인등록을 받을 수 없다. 이 점은 상표법이 협의불성

---

15) 여기에서 '하나의 디자인등록출원인'이란 權利의 主體를 하나로 하는 것이며 1人의 출원인이라는 뜻이 아니다.

립・협의불능의 경우 추첨에 의하도록 하는 것과 다르다(상§8②). 상표법에서는 상표등록여부결정(거절결정)이 확정된 경우 선출원의 지위가 소멸되므로 그 직후에 동일 또는 유사한 상표를 출원한 자가 등록받을 수 있게 되어 선출원주의의 원칙이 깨지는 경우가 생기기 때문이다.

1) 協議不成立 협의를 진행한 결과 협의가 성립되지 않는 경우이며, 특허청장이 지정한 기간내에 申告가 없는 때에는 협의가 성립되지 않는 것으로 보고(§16⑤), 양자 모두 디자인등록거절결정된다.

2) 協議不能 협의를 할 수 없는 때란 상대방의 不在, 소재불명 등에 의한 것 이외에 어느 한쪽의 출원이 디자인등록결정되었거나 디자인등록거절결정이 확정된 경우 또는 한쪽 출원의 포기가 있은 경우이다.

협의의 내용은 당해 출원에 관한 出願人의 지위에 관한 것이므로 이미 처분이 확정된 출원에 관해서는 사실상 協議를 할 수 없게 되는 것이므로 결국 다른 한쪽의 출원은 등록을 받을 수 없게 된다.

이 경우 어느 한쪽을 등록하도록 하면 이익균형을 상실하거나 이중등록이 되지만 거절하게 되면 이익균형이 유지되고, 이중등록도 되지 않는다. 만약 어느 한쪽의 출원에 대해 이미 디자인등록이 되어 있는 경우라면 그 등록은 제16조 제2항의 규정에 위반하여 등록된 것이므로 거절된 다른 한쪽에서는 등록무효심판을 청구할 수 있어 양자 사이에도 균형을 유지할 수 있게 된다.

Ⅳ. 先出願의 地位를 가지는 出願과 가지지 않는 出願

1. 先出願의 地位

선출원 또는 동일출원이라 하더라도 선출원의 지위를 가지는 출원과 그렇지 않은 출원이 있다. 선출원의 地位란 법 제16조 제1항에서 규정하는 "동일 또는 유사한 디자인에 대하여 다른 날에 2 이상의 출원이 있는 때에는 먼저 출원한 자만이 그 디자인에 관하여 디자인등록을 받을 수 있다"라고 법률상의 效果를 부여한 선출원의 地位를 말한다. 즉, 후일출원에 관한 디자인의 등록을 排除하는 힘을 선출원의 地位라고 한다.[16)]

---

16) 齋藤, 의장, 292면.

2. 先出願의 地位를 가지는 出願

구법에서는 i) 설정등록된 출원(출원이 선후 경합관계에 있으며, 그 후 선출원으로서 설정등록된 출원을 말한다), ii) 거절결정이 확정된 출원, iii) 포기된 출원에 대하여 선출원의 지위가 인정되고 있었다. 그러나 상기 ii)의 거절결정이 확정된 출원은 그것이 등록되어 디자인공보에 게재되는 일이 없고, iii)의 포기된 출원도 영구히 등록되는 일이 없으므로 제도상 공개되지 않은 상태에 있음에도 선출원의 지위를 가지는 것으로 취급되고 있기 때문에 이와 동일 또는 유사한 후출원의 디자인이 이 선출원에 의해 거절되게 되어 중복투자·중복개발을 반복하는 폐해가 있다. 또한 출원 전의 공지디자인과 비교하여 충분한 창작성을 가지고 있고 이와 유사하지 아니한 디자인을 출원하여도 거절결정이 확정된 출원 및 포기된 출원에 유사한 경우에는 거절되고, 이 출원은 또 거절결정이 확정되어 연쇄적으로 후출원의 거절이유가 되어 거절의 연쇄가 발생하고 있다.

한편, 특허법에서는 발명의 유사개념이 존재하지 않기 때문에 선출원주의의 위반으로 거절되는 것은 동일발명뿐이지만, 디자인보호법에서는 유사개념이 존재하기 때문에 후출원디자인이 선출원디자인과 동일한 경우뿐만 아니라 유사한 경우에도 거절되어 서로 유사한 디자인이 서로 얽혀 나중에는 최초의 출원디자인과 유사하지 아니하여도 계속하여 연쇄적으로 거절되는 불합리한 현상이 발생하고 있다. 또한 심사주의를 채택하고 있는 제외국의 디자인보호법제에서 거절결정이 확정된 출원에 의해 후출원을 거절하는 법제의 국가는 찾아보기 힘들다.

그래서 이와 같은 문제해소와 디자인보호제도의 국제적 조화의 관점에서 2007년 법개정에서는 상기 ii) 및 iii)의 출원에 대하여는 선후원 판단에 있어 선출원의 지위를 인정하지 않는 것으로 하고, 그 대신 같은 날 출원된 동일 또는 유사한 디자인에 대해서 디자인보호법 제16조 제2항 후단의 규정에 의한 협의불성립 또는 협의불능에 의해 거절결정이나 거절한다는 취지의 심결이 확정된 출원에 대해서는 선출원의 지위를 인정하는 것으로 하였다(§16③단).

따라서 2007년 법개정에 의해 선출원의 지위를 가지는 출원은 이하의 출원이다.

(1) 설정등록된 출원

설정등록된 출원(출원이 선후 경합관계에 있으며 그 후 선출원으로서 설정등록된 출원을 말한다)에 대하여 선출원의 지위를 인정하는 것은 동일 또는 유사한 객체에 대하여 중복등록을 배제하기 위한 것이다.

(2) 법 제16조 제2항 후단을 이유로 거절결정이 확정된 출원

같은 날에 디자인등록출원된 동일 또는 유사한 디자인에 대하여 디자인보호법 제16조 제2항 후단의 규정에 의한 협의불성립 또는 협의불능에 해당하여 거절결정이나 거절한다는 취지의 심결이 확정된 출원에 대하여 선출원의 지위를 가지지 않는 것으로 하면 동일인에 의한 그 후의 재출원 또는 제3자의 후출원이 등록되는 일이 생기게 되어 선출원자와의 간에 불공평한 문제가 발생한다. 그래서 이와 같은 불공평을 방지하기 위해 법 제16조 제2항 후단을 이유로 거절결정확정된 출원에 대하여는 선출원의 지위를 가지는 것으로 한다(§16③단). 이 경우 선행디자인의 조사를 용이하게 하고, 중복개발·중복투자를 방지하기 위해 그 출원에 관한 사항을 디자인공보에 게재하도록 한다. 다만, 그 출원된 디자인이 공서양속에 반하거나 국방상 비밀취급을 요하는 경우에는 이를 게재하지 않을 수 있다(§23의6).

3. 先出願의 地位를 가지지 않는 出願

디자인등록출원에 대해 선출원의 지위를 가지지 않는 것에 대해 디자인보호법 제16조에서 규정한 바에 의하면 i) 무효·취하·포기 또는 거절결정이나 거절한다는 취지의 심결이 확정된 때(동조 제3항), ii) 디자인을 창작한 자가 아닌 자로서 디자인등록을 받을 수 있는 권리의 승계인이 아닌 자가 한 출원(모인출원이라 한다)(동조 제4항)을 들고 있다. 이하 이들에 대해 나누어 설명한다.

(1) 무효 또는 취하된 출원

디자인등록출원이 무효 또는 취하된 때에는 당해 출원은 선후원을 판단함에 있어 처음부터 없었던 것으로 간주되므로 선출원의 지위를 가지지 않는다.

(2) 포기된 출원

디자인등록출원이 포기되면 영구히 등록되는 일이 없어 비공개상태로 되는데, 이처럼 공개되지 않는 출원에 의해 후출원이 거절되는 문제를 해소하고, 중복투자·중복개발을 회피하기 위해 2007년 법개정에서 포기된 출원에 대해 선출원의 지위를 가지지 않는 것으로 하였다.[17][18]

---

17) 출원의 포기는 출원인의 자의에 의하여 포기행위가 수반되는 적극적인 포기와 포기행위가 수반되지 않고 법률의 규정에 의해 포기한 것으로 간주되는 소극적 포기(법 제33조 제3항의 규정에 의해 설정등록료의 불납으로 당해 출원에 대해 포기한 것으로 간주되는 경

(3) 거절결정이 확정된 출원

포기된 출원과 마찬가지로 거절결정이나 거절한다는 취지의 심결이 확정된 출원(거절결정이 확정된 출원이라 한다)은 그것이 등록되어 디자인공보에 게재 공시되는 일이 없다. 이와 같이 공시되지 아니한 출원에 의해 후출원이 거절되는 문제를 해소하고 중복투자·중복개발을 회피하기 위해 2007년 법개정에서 거절결정이 확정된 출원에 대하여도 선후원판단에 있어 처음부터 없었던 것으로 간주하여 선출원으로 취급하지 않는 것으로 하였다.

(4) 무권리자의 출원

디자인을 창작한 자가 아닌 자로서 디자인등록을 받을 수 있는 權利의 承繼人이 아닌 자가 한 디자인등록출원(무권리자의 출원)은 선출원의 지위를 갖지 않는다. 이것은 진정한 권리자의 관계에서뿐만 아니라 제3자와의 관계에서도 마찬가지이다. 디자인보호법은 특히 무권리자의 출원에 대해서는 출원일의 소급을 인정하여 정당한 權利者를 보호하는 규정을 두고 있다(§14, §15).

(5) 디자인으로 成立되지 않는 出願

법에는 규정되어 있지 않지만 디자인이 성립되어 있지 않음을 이유로 거절된 출원도 선출원의 지위를 가질 수 없다. 왜냐하면 제16조 제1항 및 제2항의 규정은 모두 동일 또는 유사한 디자인의 출원에 대해 규정하는 것이지만, 디자인의 성립이 부정된 출원은 디자인으로 인정할 수 없는 것이므로 그와 동일 또는 유사한가에 대한 判斷의 작용이 미치지 않기 때문이다. 무권리자의 출원이 디자인으로 성립되지 않음을 이유로 거절결정이 확정된 출원은 이중으로 선출원의 지위를 갖지 않는 것으로 해석된다.

Ⅴ. 先出願主義의 例外

선출원이냐 후출원이냐는 現實의 출원일, 즉 출원서가 특허청에 도달된 날

우)가 있다. 그러나 디자인보호법 제16조 제3항은 양자에 대한 구별이 없으므로 어느 것도 선출원의 지위를 갖지 않는 것으로 해석된다. 또한 출원의 포기는 취하와는 달리 디자인등록을 받을 수 있는 권리를 포기한 것이므로 동일인이 재차 동일한 디자인을 재출원하여 디자인등록을 받을 수 없다.

18) 포기된 출원에 대해 선출원의 지위를 가지지 않는 것으로 함에 따라 포기에 의한 소위 방어출원의 의미는 없어지게 되었다.

(도달주의)을 기준으로 판단한다. 그러나 여기에는 예외가 있다. 선출원주의의 예외란 선후원 판단의 시간적 기준이 되는 출원일이 실제의 출원일보다 소급되거나 늦추어지는 경우를 말한다.

1. 출원일이 실제의 출원일보다 소급되는 경우

(1) 出願의 分割

1디자인1출원 원칙에 위반하여 2 이상의 디자인을 1디자인등록출원으로 한 자 또는 복수디자인등록출원한 자가 이를 1 이상의 새로운 디자인등록출원으로 분할하여 출원한 경우에는 그 분할출원은 最初에 디자인등록출원한 때에 출원한 것으로 보는 遡及效가 인정되므로(§19①,②) 先出願主義의 예외가 된다.

(2) 無權利者의 出願

無權利者의 出願은 선출원주의 규정의 적용에 있어 처음부터 없었던 것으로 보며(§16④) 무권리자의 출원으로 정당한 권리자가 디자인등록을 받지 못하게 된 경우 그 무권리자의 출원 후에 한 정당한 권리자의 출원은 그 무권리자가 출원한 때에 출원한 것으로 보는 遡及效가 인정되므로(§14,§15) 先出願主義의 예외가 된다.

(3) 조약에 의한 優先權의 主張

조약에 의한 우선권을 주장한 出願은 출원일 그 자체가 소급되는 것은 아니지만 先出願主義의 규정을 적용함에 있어서 그 당사국에 출원한 날을 대한민국에 출원한 날로 보아주므로 선출원주의의 예외가 된다(§23①).

(4) 기　타

동일출원 경합시 出願人의 協議에 의하여 후출원자가 출원자로 되는 경우(§16②)에는 결과적으로 선출원주의의 예외가 된다고 할 수 있다. 또 디자인등록출원 후에는 그 디자인의 내용이 요지변경이 되지 않는 범위내에서 보정을 할 수 있다(§18①). 적법한 보정이 이루어진 경우에는 그 보정의 내용으로 최초의 출원이 그대로 승계되고 출원의 지위, 신규성 및 선후원의 판단기준시점이 최초의 출원시(일)를 기준으로 그대로 보장되는 효과가 발생되므로 적법한 출원보정의 경우에도 선출원주의의 예외가 될 수 있다.

그러나 이 경우는 직접적인 예외가 된다고 하기보다는 간접적인 예외가 된다고 할 수 있다. 그리고 출원에 대한 주의인 선출원주의와는 性格을 달리하는 것이지만 先使用에 의한 通常實施權(§50)도 先出願主義의 예외의 하나라고 할 수 있다.

2. 출원일이 실제의 출원일보다 늦추어지는 경우

출원의 보정이 要旨를 變更하는 것으로 디자인권의 設定登錄이 있은 후에 인정된 때에는 그 디자인등록출원은 요지변경에 관계된 그 보정서를 제출한 때로 출원일이 늦추어지므로(§18⑥) 이것 또한 선출원주의의 예외가 된다.

Ⅵ. 先出願主義 위반의 效果

디자인심사등록출원디자인이 선출원주의(§16①, ②)에 위반한 경우에는 디자인등록거절결정의 대상이 되며(§26①) 착오로 등록이 허여된 경우에는 디자인등록의 無效事由가 된다(§68①).

디자인무심사등록출원에 대하여는 원칙적으로 그 등록 전에 선출원주의에 관하여 심사하지 않으므로(§26②) 이에 위반한 것이 등록된 경우에는 이의신청의 대상이 되거나(§29의2①) 디자인등록의 무효사유가 된다(§68①).

그러나 디자인보호법상 선출원주의는 동일인격간에는 적용되지 않으므로 동일인격간 법 제16조 제1항 및 제2항을 위반하게 된 경우에는 무효사유가 되지 않는다.

Ⅶ. 선출원주의에 관한 문제

1. 조약에 의한 優先權主張 문제

파리協約 제4조의 규정에 의해 동맹국에 한 출원을 기초로 하는 우선기간 내의 디자인등록출원은 先後願의 관계에 대하여는 그 최초의 1국 출원일에 우리나라에 출원한 것과 동일한 지위를 가진다. 이러한 우선권을 주장한 출원이 있는 경우에는 그 1국 출원일부터 후출원인 다른 디자인등록출원이 이미 登錄되어 버린 사례가 발생할 수 있다.[19]

---

19) 디자인무심사등록출원의 경우에는 실제상 그 출원일부터 2~3개월 이내에 심사가 이루어

이 경우 일단 우선권 주장이 정당한 것으로서 그것이 先出願이 된 이상 後出願이 이미 등록된 경우라 하더라도 그것은 결과적으로 착오에 의한 등록이 되기 때문에 우선권을 주장하여 先出願이 된 디자인을 바로잡아 등록허여 하여야 할 것이다. 따라서 二重登錄이 불가피하게 발생하게 되며, 이러한 사태는 不可抗力的인 것이긴 하지만 먼저 등록된 디자인은 하자가 있는 것으로서 디자인등록의 無效事由가 된다.

2. 出願抛棄로 인한 문제

출원의 포기에 관해 디자인보호법상 明文의 규정은 없지만, 일반적 개념으로서 출원계속 중에는 출원의 포기가 가능하다고 해석된다. 그리고 출원의 포기는 출원의 取下와는 달리 디자인등록의 청구절차는 그대로 두고 登錄請求權을 포기하는 것이므로 출원으로서의 지위는 남는다. 이런 출원인의 일방적인 의사표시에 의해 생기는 문제는 同日出願에서의 협의이다. 이미 등록청구권을 포기한 자에 대해 권리청구행위인 출원에 대해 출원인을 하나로 정하도록 하는 협의명령은 불가능하여 결국 다른 출원도 협의불능에 귀착하게 되어 디자인등록을 받을 수 없게 된다. 따라서 등록청구권을 일방적으로 포기한 자에 의해 디자인등록을 받고자 하는 다른 자의 權利設定의 길이 막히게 되는 것은 문제가 있다고 생각된다.[20)]

3. 무권리자의 출원 문제

디자인을 창작한 자가 아닌 자로서 디자인등록을 받을 수 있는 권리의 承繼人이 아닌 자(무권리자)가 한 디자인등록출원은 선출원의 지위를 가지지 않으며 또 무권리자의 출원에 대하여는 심사에서 디자인등록거절결정이 이루어지게 된다. 그러나 실제상의 문제로서 심사계속 중 출원공고제도를 채용하고 있지 아니한 디자인에서 그러한 출원에 대하여 심사단계에서 무권리자의 출원출원임을 탐지하기란 거의 불가능하다. 따라서 무권리자의 출원출원에 대해서도 디자인등록이 허여되는 경우가 있고, 여기에 곤란한 문제가 발생한다.

先出願의 존재를 이유로 디자인등록거절결정을 받은 정당한 권리자는 그

져 등록이 허여되므로 이러한 사례가 발생할 여지가 많게 된다.

20) 齋藤, 의장, 299면.

선출원이 무권리자의 출원인 경우에는 그 결정에 不服하여 심판을 청구하여야 하겠지만, 이때 그 결정의 원인이 되는 先出願이 무권리자의 출원임을 자기의 디자인등록거절결정에 대한 불복의 심판에서 인정받을 수 있을 것인가.

디자인등록거절결정에 대한 불복의 심판에서는 그 심판의 대상은 오로지 당해출원에 관한 디자인등록여부결정처분이므로 그 심판에서 그 거절의 원인이 되는 등록디자인(무권리자의 출원출원에 의한 등록)의 출원인의 正當性에 관하여는 심리할 수 없는 것이다. 따라서 정당한 권리자는 디자인등록거절결정에 대한 불복의 심판과 병행하여 선출원의 디자인등록무효심판을 청구하여 그 審決을 얻은 다음에 비로소 디자인등록거절결정에 대한 불복의 심판청구가 성립하게 되는 문제가 있다.[21]

4. 特殊한 物品 등의 先後願 판단문제

(1) 完成品과 部品

부품(이를테면 자동차용 핸들)이 선출원이고, 완성품(자동차)이 후출원으로 출원계속 중인 경우 그 후출원인 완성품을 구성하는 부품이 선출원의 부품과 동일 또는 유사하다 하더라도 선후원관계가 성립되지 않으므로 디자인보호법 제16조 제1항은 적용되지 않는다. 법 제16조 제1항은 동일 또는 유사한 디자인이 競合되는 경우에 대한 것이므로 서로 유사하지 아니한 디자인, 즉 물품이 비유사하고 또 형태가 다른 경우에는 적용되지 않는 것이다. 따라서 양자의 출원은 다른 거절이유가 없는 한 모두 등록될 수 있다.

반대로 완성품(자동차)이 선출원이고, 부품(자동차용 핸들)이 후출원으로 된 경우에도 위의 경우와 마찬가지로 선후원 관계규정이 적용되지 않는다. 그러나 이 경우 2001년 법개정에서 신설된 제5조 제3항의 소위 확대된 선출원 규정에 의하여 부품에 관한 디자인은 디자인등록될 수 없다. 전자의 경우 등록 후의 권리조정은 후출원 권리자의 등록디자인의 실시는 선출원 권리자의 등록디자인을 전부 실시하는 것이 되고, 선출원권리자의 실시는 후출원에 관한 등록디자인을 전부 실시하는 것이 아닌 관계가 되므로 법 제45조의 利用관계 규정의 적용을 받게 되어 완성품에 관한 디자인권자는 부품에 관한 디자인권자의 허락을 받지 않고는 자기의 등록디자인 또는 이와 유사한 디자인을 업으로서 실시할 수 없다.

---

21) 齋藤, 의장, 299면.

그러나 부품의 구성이 완성품에 가까운 경우에는 양자 유사물품으로 취급하여 선출원관계가 성립되는 것으로 한다. 또 완성품과 부품이 동일자에 출원된 경우 양자는 비유사물품이기 때문에 법 제16조 제2항 규정의 적용이 없고, 다른 거절이유가 없는 한 모두 등록된다. 또 동일자의 출원이므로 법 제45조의 이용관계 규정에 의한 조정도 받지 않는다.

(2) 型틀과 型틀로 만들어지는 物品

형틀과 형틀로부터 만들어지는 물품과의 선후원관계는 어떠한가. 예컨대 어묵성형기가 선출원이고 생선묵이 후출원으로 출원계속 중인 경우 또는 생선묵이 선출원이고 어묵성형기가 후출원으로 계속 중인 경우이다. 양자는 목적과 수단이라는 관점에서는 밀접한 관련을 갖고 있으나 물품 분류의 관점에서 볼 때, 비유사물품이기 때문에 법 제16조의 선후원관계 또는 동일자 출원경합관계 규정이 적용되지 않는다. 따라서 양자는 다른 거절이유가 없는 한 모두 등록될 수 있다. 이 경우 법 제45조의 이용관계 규정의 조정도 받지 않는 것으로 해석된다.[22)]

(3) 한 벌 物品과 그 구성물품

한 벌 물품의 디자인은 한 벌 물품 전체로써 선후원을 판단하므로 한 벌 물품과 구성물품 상호간에는 선후원관계가 성립되지 않는다. 그러나 선출원이 한 벌 물품의 디자인이고 후출원이 그 한 벌 물품을 구성하는 물품인 경우에는 법 제5조 제3항의 소위 확대된 선출원 규정에 의하여 그 구성물품의 디자인은 디자인등록될 수 없다. 반대로 선출원이 한 벌 물품을 구성하는 물품의 디자인이고, 후출원이 그 구성물품을 포함하는 한 벌 물품의 디자인으로 디자인등록된 경우에는 후출원 한 벌 물품의 디자인은 법 제45조의 이용관계 규정의 적용을 받는다.

(4) 合成物과 그 구성각편

합성물에 관한 디자인은 그 구성각편이 모아진 전체와 전체를 기준으로 유사 여부를 판단한다. 다만, 적목완구의 구성각편과 같이 독립거래의 대상이 되는 경우 적목완구와 그 구성각편의 선후원은 완성품과 부품관계에 준하여 판단한다.

(5) 全體디자인과 部分디자인

전체디자인과 부분디자인은 디자인등록을 받고자 하는 방법·대상이 다르므로

---

22) 윤종렴, 의장, 340면에서는 이 경우 이용관계의 조정을 받는 것이라고 설명하고 있으나 디자인보호법 제45조에서의 등록디자인의 이용관계란 후출원 등록디자인의 실시는 선출원 등록디자인의 본질적 특징을 손상시키지 않고, 그대로 채용한 관계를 말하는 것이므로 양자 간에는 이러한 관계가 성립될 수 없음이 분명하여 이용관계의 성립을 긍정하기는 어렵다.

선후원관계가 성립되지 않는다. 그러나 선출원이 전체디자인이고, 후출원이 부분디자인인 경우에는 완성품이 선출원이고, 부품이 후출원인 경우와 마찬가지로 법 제5조 제3항의 소위 확대된 선출원 규정에 의하여 부분디자인은 디자인등록될 수 없다. 반대로 선출원이 부분디자인이고, 후출원이 그 부분디자인을 포함하는 전체디자인으로 디자인등록된 경우에는 후출원 전체디자인은 법 제45조의 이용관계 규정의 적용을 받게 된다.

제 3 절 擴大된 先出願

Ⅰ. 서 설

1. 의 의

디자인보호법 제5조 제3항은 "디자인등록출원한 디자인이 당해 디자인등록출원을 한 날 전에 디자인등록출원을 하여 당해 디자인등록출원을 한 후에 出願公開·登錄公告 또는 제23조의6에 따라 디자인공보에 게재된 타디자인등록출원의 출원서의 기재사항 및 출원서에 첨부된 도면·사진·견본에 표현된 디자인의 일부와 동일 또는 유사한 경우에 그 디자인에 대하여는 제1항의 규정에 불구하고 디자인등록을 받을 수 없다"고 규정한다.

즉 디자인등록출원한 디자인이 법 제5조 제1항의 신규성 규정에 위반되지 않고, 또 법 제16조의 先出願의 규정에도 위반되지 않는다 하더라도 선출원디자인의 일부와 동일 또는 유사한 후출원의 디자인은 디자인등록을 받을 수 없도록 하고 있다. 이와 같이 선출원디자인이 公表되기 이전에 그 디자인의 일부와 동일 또는 유사한 경우에는 선출원에 의하여 후출원이 거절되는 것으로 한다. 이것을 擴大된 先出願 규정의 적용이라 한다.[23)]

---

23) 제5조 제3항의 호칭: 제5조 제3항을 '확대된 선출원', '선원권의 확대', '확대된 선원범위', '準公知' 또는 '선출원디자인의 일부와 동일 또는 유사한 후출원 디자인의 보호제외' 등 여러 가지 용어로 호칭하는 경우가 있어 아직까지 통일된 호칭이 없는 것 같다. 그러나 본서에서는 '확대된 선출원'이라는 표현을 사용하기로 한다.

2. 제도적 취지

선출원의 출원인이 創作한 디자인의 일부와 동일 또는 유사한 디자인은 선출원디자인이 설정등록되어 公開되기 전에 출원한 경우라도 새로운 디자인의 창작으로 인정될 수 없다. 따라서 이러한 디자인에 대하여 디자인권을 부여하는 것은 새로운 디자인의 창작을 보호하고자 하는 디자인제도의 취지에서 보면 타당하지 않다.

그러나 종전에는 선출원으로서 完成品에 관한 디자인이 출원된 후에 선출원디자인이 설정등록 또는 디자인公報에 게재되어서 公知되기까지 그 완성품을 구성하는 部品에 관한 디자인이 출원된 경우 양자는 비유사한 디자인이므로 법 제5조 제1항 또는 제16조 제1항을 적용하여 거절하는 것이 불가능하고,[24] 어느 출원도 다른 등록요건을 만족시키면 登錄되어 디자인권이 발생하게 되어 權利가 복잡하게 되고 있었다.[25]

더군다나 2001년 법개정에 의해 부분디자인제도가 도입된 것 및 한 벌 물품 디자인의 등록요건이 완화되고, 아울러 한 벌 물품의 디자인으로 등록되는 대상이 擴大됨에 의해 선출원디자인의 일부와 동일 또는 유사한 디자인이 후출원으로서 출원되는 경우가 증대할 것으로 예상되고 있으나 이와 같은 사태에 대해 어떤 규정도 마련하지 않고 그대로 둔다면 선출원디자인의 등록 후에 그 디자인의 일부와 동일 또는 유사한 후출원디자인이 등록되게 되어 새로운 디자인의 창작을 보호하는 디자인제도의 취지에 반하게 되고, 經濟活動을 저해할 폐해가 증대할 우려가 있다. 그래서 2001년 법개정에서는 후출원디자인이 그 후에 출원공개 또는 등록공보에 게재된 선출원디자인의 일부와 동일 또는 유사한 경우에는 디자인등록을 받을 수 없도록 한 것이다.[26] 또한 2007년 법개정에서는 법 제16조 제2항 후단의 규정에 의해 거절되고, 예외적으로 후출원 판단에 있어 선출원으로 취급된 출원에 대해 선행디자인의 조사를 용이하게 하고

24) 선출원의 지위는 출원된 디자인을 목적으로 하기 때문에 출원서 및 도면에 기재된 디자인의 일부와 후출원디자인 전체가 동일 또는 유사한 경우에는 선출원주의의 원칙으로는 처리할 수 없다. 그러나 선출원디자인이 설정등록되면 선출원의 지위는 없어지고, 그 일부가 후출원디자인과 동일 또는 유사하다면 신규성 없음으로 처리할 수 있지만 설정등록에 의해서 공지로 될 때까지는 다른 거절이유가 없는 한 거절할 수 없다.

25) 따라서 구법하에서는 양 권리가 병존되고, 후출원 부품에 관한 등록디자인은 선출원 완성품에 관한 등록디자인과 법 제45조의 이용관계의 적용도 받지 않기 때문에 쌍방을 자유롭게 실시할 수 있었다.

26) 특허법은 이미 1980년 개정법에서 같은 취지의 규정이 도입되어 있다(특§29③).

중복투자·중복개발을 방지하기 위해 그 출원에 관한 사항을 디자인공보에 게재하도록 함에 따라(§23의6) 후출원디자인이 그 후에 디자인공보에 게재된 거절확정출원된 디자인의 일부와 동일 또는 유사한 경우에도 디자인등록을 받을 수 없도록 하였다.

Ⅱ. 적용요건

1. 당해 디자인등록출원을 한 날 전에 타 디자인등록출원이 존재할 것

디자인등록출원한 디자인이 당해 디자인등록출원을 한 날 전에 타디자인등록출원이 존재하고 있어야 한다. 이것은 선출원우위의 원칙에 의해 디자인등록출원을 한 날을 기준으로 출원의 선후를 판단하기 때문이다. 따라서 출원의 선후를 가릴 수 없는 동일출원의 경우에는 적용하지 않는다. 파리협약에 의한 우선권주장을 수반한 출원에 대하여는 제1국에 출원한 날을 기준으로 판단한다.

타디자인등록출원에 있어서의 '타'는 출원인이 동일한 경우에도 적용된다.[27] 선출원으로서 디자인등록을 받은 디자인의 일부와 동일 또는 유사한 디자인에 관해 동일인이 다시 출원하여 권리화하는 것은 실질적인 권리기간의 연장을 초래할 우려가 있어 적당하지 않기 때문이다.

2. 선출원의 타 디자인등록출원이 당해 디자인등록출원을 한 후에 디자인공보에 게재될 것

법 제5조 제3항은 선출원에 관한 타디자인등록출원이 당해 디자인등록출원을 한 후에 출원공개·등록공고 또는 제23조의6에 따라 디자인공보에 게재된 경우에 적용된다. 후출원의 출원시에는 아직 선출원에 관한 타디자인등록출원의 디자인 내용은 비밀상태이지만, 후출원의 출원을 한 후에 선출원이 디자인공보에 게재되면 비밀상태가 해제되고, 그 디자인의 내용이 공표되기 때문이다.

---

27) 이 점은 특허법 제29조 제3항이 출원인이 동일한 경우에는 적용되지 않는 것과 다르다. 한편, 일본은 독자성이 높은 자기의 제품 디자인에 관한 부품이나 부분디자인이 충분히 보호되지 않는다는 지적에 따라 평성 18년(2006년) 법개정에서 동일 출원인에 대해서는 본조를 적용하지 않는 것으로 하여 문제의 해결을 도모하였다(일§3의2단서 추가).

또한 디자인공보에 게재된 선출원을 조건으로 하는 것이기 때문에 취하·무효·포기 또는 법 제16조 제2항 후단 이외의 이유로 거절결정 또는 심결이 확정된 신출원디자인은 디자인공보에 게재되지 않으므로 이 규정의 적용을 받지 않는다.

여기서 출원공개란 디자인등록출원인이 공개신청에 의해 그 출원에 관하여 디자인공보에 게재하여 공개하는 것을 말하고(§23의2), 등록공고란 디자인권의 설정등록이 있는 때 디자인공보에 게재하여 공고하는 것을 말한다(§39).

또한 제23조의6에 따라 디자인공보란 법 제16조 제2항 후단규정에 해당하여 협의불성립·협의불능인 경우의 거절확정출원에 관하여 공시하는 디자인공보를 말한다(§23의6).

3. 당해 디자인등록출원한 디자인이 타 디자인등록출원의 출원서의 기재사항 및 첨부도면 등에 표현된 디자인의 일부와 동일 또는 유사할 것

선출원디자인이 디자인공보에 의해 공표되면 그 일부와 동일 또는 유사한 디자인은 이미 새로운 디자인의 창작이라고 할 수 없으므로 새로운 디자인의 창작을 보호하고자 하는 디자인보호제도의 취지에서 타당하지 않기 때문이다.

(1) 출원서의 기재사항 및 첨부도면 등에 표현된 디자인

타디자인등록출원의 출원서의 기재사항 및 첨부도면 등에 표현된 디자인은 구체적으로 디자인공보에 게재된 것 중 선출원 디자인등록출원인이 창작한 디자인, 즉 선출원의 출원인에 의해 출원서의 디자인의 대상이 되는 물품의 형태로서 표현된 디자인이다. 따라서 디자인의 이해를 돕기 위해 필요한 경우에 부가하는 사용상태를 나타내는 도면(사용상태도), 기타의 참고도면(분해도 등)에 기재되어 있는 선출원디자인으로서 표현된 이외의 것은 법 제5조 제3항 규정 적용의 기초가 되는 자료가 되지 않는다.

사용상태도나 분해도 등은 선출원디자인의 이해를 돕기 위해 설명적으로 가해진 것에 불과한데 이것에까지 창작가치를 인정하여 후출원의 등록을 배제하는 것은 디자인보호법 제5조 제3항 규정의 취지에 반하기 때문이다.

(2) 선출원디자인을 특정하기 위한 도면

선출원디자인이 전체디자인에 관한 출원으로서 입체디자인의 경우에는 사시도와 정투상도법에 의한 6면도, 평면디자인의 경우에는 표면도와 이면도, 글자체디자인의 경우에는 지정글자 도면, 보기문장도면 및 대표글자도면(이를 각 일조의 기본도면이라 한다)가 각각 선출원 디자인을 특정하기 위한 도면이 된다. 상기의 각 기본도면만으로 디자인을 충분히 표현할 수 없는 경우에 부가하는 전개도, 단면도, 절단부단면도, 확대도 등(이를 부가도면이라 한다)도 선출원디자인을 특정하기 위한 도면이 된다.

부분디자인에 관한 출원의 경우에는 부분디자인으로 등록받고자 하는 부분(실선으로 표현된다)과 그 외의 부분(파선이나 점선으로 표현된다)을 포함하는 부분디자인에 관한 물품 전체를 나타내는 일조의 기본도면과 기타 필요한 부가도면이 선출원디자인을 특정하기 위한 도면이 된다. 또 한 벌 물품의 디자인등록출원의 경우에는 한 벌 물품의 구성물품의 디자인에 대한 각각의 일조의 기본도면과 구성물품을 조합한 상태의 일조의 기본도면 및 기타 필요한 부가도면에 대해서도 선출원디자인을 특정하기 위한 도면이 된다.

(3) 디자인의 일부

디자인의 일부란 선출원디자인의 외관 중에 포함된 하나의 폐쇄된 영역을 말하며 디자인의 구성요소인 형상・모양・색채를 관념적으로 분리한 것에 대해서는 디자인의 일부에 해당하지 않는다.[28)] 예를 들면 선출원디자인이 물품의 형상 및 모양의 결합디자인인 경우에는 그 결합한 상태의 디자인 전체에서의 일부를 가리키고, 모양을 제외한 형상만은 디자인의 일부에 해당하는 것이 아니다. 또한 후출원의 전체디자인이 선출원 부분디자인의 '디자인등록을 받고자 하는 부분'과 '그 밖의 부분'을 포함하는 부분디자인의 디자인에 관한 물품 전체의 형태를 표현한 것인 경우에는 후출원디자인은 선출원디자인의 일부에 해당하는 것으로는 되지 않는다.

(4) 동일 또는 유사한 디자인의 판단

선출원디자인과 후출원디자인이 다음의 어느 것에도 해당하는 경우에는 디자인보호법 제5조 제3항이 적용된다.

ⅰ) 후출원디자인이 선출원디자인 중 후출원디자인에 상당하는 부분과 기능 및 용도에 공통성이 있고 형상・모양・색채 또는 이들의 결합이 동일 또

---

28) 여기서 '디자인의 일부'라고 한 것은 디자인의 전부와 동일・유사한 디자인이라면 디자인보호법 제16조 제1항이 적용될 수 있기 때문이다.

는 유사한 경우

ii) 선출원디자인 중에 후출원디자인에 상당하는 부분이 대비가능한 정도로 충분히 표현되어 있는 경우

4. 적용에 관한 시기적 요건

법 제5조 제3항은 선출원에 관한 디자인등록출원의 출원일 다음 날부터 그 선출원에 관한 디자인공보(공개디자인공보·디자인등록공보 또는 협의불성립·협의불능인 경우의 거절확정출원을 공시하는 디자인공보)의 발행일(동일을 포함한다)까지 출원된 디자인등록출원에 대하여 적용한다. 다만, 선출원의 디자인등록출원에 따른 디자인공보의 발행시간 이후에 디자인등록출원된 것이 분명한 디자인등록출원에 대해서는 디자인보호법 제5조 제1항 제2호 또는 제3호의 규정을 적용한다. 디자인공보의 발행시 이후에 출원된 디자인등록출원에 대하여는 동 규정을 적용하지 않고, 법 제5조 제1항을 적용한다.

비밀디자인에 관한 디자인등록공보의 발행일은 디자인보호법 시행령 제1조의2 제2항 및 제3항의 규정에 의하여 디자인의 도면 등이 게재된 공보의 발행일을 말한다. 또한 파리협약에 의한 우선권주장을 수반하는 디자인등록출원에 대한 본조의 적용에 있어서는 제1국출원일을 기준으로 판단한다. 심사에 있어서는 법 제5조 제3항의 규정에 의한 거절이유통지는 선출원에 관한 디자인공보가 발행된 이후에 행하는 것으로 한다. 디자인공보가 발행되기 전에는 본조의 인용예로서 부적격하기 때문이다.

Ⅲ. 적용대상이 되는 선후출원 디자인의 구체적 유형

1. 선출원이 완성품의 디자인이고, 후출원이 그 완성품에 포함되는 부분디자인, 부품디자인 또는 부품의 부분디자인인 경우

선출원이 완성품의 디자인이고, 후출원이 그 완성품에 포함되는 부분디자인 또는 부품의 부분디자인인 경우에는 양자는 디자인등록을 받고자 하는 방법, 대상이 상이한 출원이고, 또한 후출원이 부품디자인인 경우에는 완성품과 부품은 용도 및 기능이 상이한 비유사물품간이므로 이들 모두 법 제16조의 선후원 관계가 성립되지 않는다. 그러나 후출원의 부분디자인, 부품디자인 또는 부품의

부분디자인이 선출원 완성품디자인의 일부와 형태 및 용도, 기능이 동일 또는 유사한 경우에는 법 제5조 제3항에 해당한다.[29)]

2. 선출원이 부품디자인이고, 후출원이 그 부품에 포함되는 부분디자인인 경우

후출원 부분디자인과 동일 또는 유사한 디자인을 포함하는 선출원 부품디자인은 상기1에서와 같이 양자 디자인등록을 받고자 하는 방법, 대상이 상이한 출원이므로 법 제16조의 선후원관계가 성립되지 않는다. 그러나 후출원 부분디자인이 선출원 부품디자인의 일부와 형태 및 용도, 기능이 동일 또는 유사한 경우에는 법 제5조 제3항의 규정에 해당한다.

3. 선출원이 부분디자인이고, 후출원이 그 부분에 포함되는 부분디자인 또는 부품디자인인 경우

선출원과 후출원이 같은 부분디자인의 출원이라 하더라도 후출원디자인이 선출원디자인의 일부와 동일 또는 유사한 경우에는 법 제16조가 적용되지 않고 또 선출원이 부분디자인이고 후출원이 부품디자인인 경우에도 양자 디자인등록을 받고자 하는 방법, 대상이 다르기 때문에 법 제16조가 적용되지 않는다. 그러나 후출원의 부분디자인 또는 부품디자인이 선출원의 부분디자인의 일부와 형태 및 용도, 기능이 동일 또는 유사한 경우에는 법 제5조 제3항에 해당한다.

4. 선출원이 한 벌 물품의 디자인이고, 후출원이 그 한 벌 물품에 포함되는 구성물품, 구성물품의 부분 또는 구성물품의 부품디자인인 경우

한 벌 물품과 구성물품간은 원래 법 제16조의 선후원 판단의 대상이 되지 않는다. 그러나 후출원의 한 벌 물품의 구성물품, 구성물품의 부분 또는 구성물품의 부품디자인이 선출원 한 벌 물품 디자인의 일부와 형태 및 용도, 기능이 동일 또는 유사한 경우에는 법 제5조 제3항에 해당한다.

상기의 선후출원 디자인의 구체적 유형에 관해 법 제5조 제3항(확대된 선출원)과 법 제16조(선출원)의 적용관계를 정리하여 보면 <표 6-2>와 같다.

---

29) 이 경우 후출원디자인의 전체가 대비가능할 정도로 선출원디자인 중에 나타나 있지 아니하면 디자인보호법 제5조 제3항이 적용되지 않는다.

〈표 6-2〉 제5조 제3항(확대된 선출원)과 제16조(선출원)의 적용관계

선 출 원	후 출 원	적용조문
완성품의 전체	완성품의 전체	제16조
	완성품의 부분	제5조 제3항
	부품 전체 또는 부분	
부품의 전체	부품의 전체	제16조
	부품의 부분	제5조 제3항
물품의 부분 (범위A) A>a	물품의 부분(범위A)	제16조
	물품의 부분 또는 부품(범위a)	제5조 제3항
한 벌 물품의 전체	한 벌 물품의 전체	제16조
	구성물품의 전체	제5조 제3항
	구성물품의 부분	
	구성물품의 부품	

Ⅳ. 확대된 선출원요건 위반의 효과

디자인심사등록출원디자인이 확대된 선출원(§5③)규정에 위반한 경우에는 디자인등록거절결정의 대상이 되며(§26①), 착오로 등록이 허여된 경우에는 디자인등록의 무효사유가 된다. 그러나 디자인무심사등록출원에 대하여는 원칙적으로 그 등록 전에 확대된 선출원 규정에 관하여 심사하지 않으므로(§26②) 이에 위반한 것이 잘못 등록된 경우에는 이의신청의 대상이 되거나(§29의2①) 디자인등록의 무효사유가 된다(§68①).

Ⅴ. 제5조 제3항과 제16조와의 관계

법 제5조 제3항(擴大된 先出願)과 제16조(先出願)의 규정은 모두 중복등록배제의 원칙에 의해 신규한 디자인을 최선으로 출원한 자에게 독점권을 부여하기 위한 취지면에서 공통점이 있으나 양자는 각각 그 적용요건을 달리하므로 다음과 같은 점에서 차이가 있다.

1. 同日 출원의 경우

법 제5조 제3항에서의 선출원은 당해 출원이 선출원의 출원일 이후에 출원된 경우에만 적용되고, 同日에 출원된 경우에는 적용되지 않는다. 그러나 법 제16조에서의 선출원은 同日 출원의 경우에도 적용되며 協議制에 의한다. 따라서 동일 출원간에 대한 디자인등록허여 여부는 법 제16조 제2항의 규정에 의해서만 처리될 수 있다.

2. 선출원의 出願公開 등의 효과

선출원의 출원공개 또는 登錄公告의 유무에 대한 적용상의 차이가 있다. 법 제5조 제3항은 선출원이 出願公開 또는 登錄公告가 되어 있어야 적용되지만, 법 제16조는 선출원의 출원공개 또는 등록공고의 유무와는 관계없이 적용된다.

3. 선출원의 取下·無效의 효과

선출원 지위의 유지에 차이가 있다. 즉, 선출원이 取下 또는 無效된 때에 그 선출원이 선출원의 지위를 어떠한 형태로 유지할 수 있느냐 하는 점이다. 법 제5조 제3항은 선출원이 출원공개 또는 등록공고가 되어 있으면 그 선출원이 후에 取下되거나 無效로 되어도 후출원에 대하여 선출원으로서의 擴大된 先出願의 地位를 유지한다. 그러나 法 제16조는 선출원이 취하 또는 무효로 된 경우에는 적용되지 않는다(§16③).

4. 出願人이 同一한 경우

法 제5조 제3항은 출원인이 동일한 경우에도 적용되지만, 法 제16조의 경우에는 동일 출원인의 경우 적용되지 않는다.[30] 이 점은 특허법상의 擴大된 선출원(특§29③)의 규정은 선출원의 발명자 또는 출원인이 동일한 경우에는 적용되지 않으나[31] 선출원(특§36)의 규정은 출원인이 동일한 경우에도 적용되는 것과

---

30) 디자인보호법에서 同一人格간에 법 제16조의 선출원주의가 적용되지 않는다고 하는 것은 유사디자인제도의 존재 때문이다.

31) 특허법상 확대된 선출원(§29③) 규정은 출원인이 동일한 경우에 적용되지 않는 것으로 한 이유에 대해 선출원자가 발명의 상세한 설명 또는 도면에 기재하면서 특허청구범위에 기재하지 않은 발명은 일반적으로 공공을 위해 제공(포기)한 것으로 해석할 수 있으나 모두가 그런 것이 아니고, 후일 발명의 상세한 설명 등에 기재한 발명에 대해 별도로 출원하

다르다.

5. 선출원이 모인출원인 경우

선출원이 모인출원인 경우에는 그 모인출원은 정당권리자의 출원에 대해 선출원으로 될 수 없다는 것이 분명하므로 이 점에서 법 제5조 제3항과 제16조는 다를 바가 없다. 그러나 제3자의 출원에 대한 관계에서는 모인출원은 제5조 제3항에서는 선출원이 될 수 있지만, 제16조에서는 선출원이 될 수 없다.

제 4 절 복수디자인등록출원

Ⅰ. 서 설

1. 의 의

복수디자인등록출원이란 디자인무심사등록출원은 법 제11조 제1항의 규정에 불구하고 20 이내의 디자인을 1디자인등록출원으로 하는 것을 말한다(§11의2). 복수디자인등록출원은 1디자인1출원 원칙의 예외로서 디자인무심사등록출원할 수 있는 디자인에 대하여만 적용되는 제도이다.[32)]

2. 제도적 취지

디자인의 개발과정에서는 하나의 디자인 컨셉(concept)에서 다양한 형태의 디자인 또는 변형디자인이 동시에 창작된다는 창작실태가 있다. 그러나 종전의 1

여 특허를 받고 싶은 경우도 생기기 때문이라고 설명되고 있다(吉藤, 개설, 254면).

32) 디자인무심사등록출원에 대하여 적용되는 복수디자인1출원제도는 전통적으로 디자인무심사주의를 채용하고 있는 프랑스, 독일 등의 입법례에서 도입한 제도이기 때문에 제도도입시 디자인무심사등록출원할 수 있는 디자인으로 한정한 것이 아닌가 생각된다. 그러나 이 제도가 반드시 디자인무심사등록의 대상이 되는 디자인에만 적용되어야 할 필연성이나 근거가 부족하다. 더욱이 디자인의 국제적 보호시스템인 헤이그협정의 가입을 고려한다면 국제적 하모니제이션을 시도하는 데 장애가 되므로 현행 복수디자인 1출원 제도는 디자인심사등록출원디자인으로 확대할 필요성이 있을 것이다.

디자인1출원 원칙하에서는 디자인마다 출원절차 및 출원비용을 부담해야 하므로 절차가 번잡하고 비용부담이 있었다. 그래서 출원절차의 간소화와 비용부담을 경감하고, 또한 관련디자인에 대한 통일적 관리를 도모하기 위하여 1997년 법개정에서 디자인무심사등록제도의 도입과 함께 하나의 디자인 컨셉에서 창작된 복수디자인에 대해 1출원절차에 의해 디자인등록 받을 수 있도록 하는 복수디자인등록출원제도를 도입하였다.

3. 외국의 입법례

주요 외국 중 복수디자인등록출원제도를 두고 있는 국가는 주로 디자인무심사등록주의를 취하고 있는 프랑스, 독일 등이다. 프랑스, 독일, 이탈리아에서는 1출원에 100개의 디자인까지 포함할 수 있도록 하고 있고, EU디자인보호규정 및 디자인의 국제등록에 관한 헤이그협정(신헤이그협정)에서도 디자인의 국제분류(로카르노협정)상의 동일류(class)에 속하는 물품은 1출원으로 디자인의 수에 제한 없이 복수디자인등록출원을 할 수 있다고 되어 있다. 반면에 디자인심사등록주의를 취하는 미국, 일본 등은 1디자인1출원 원칙을 채용하고 있다.

Ⅱ. 복수디자인등록출원의 요건

1. 디자인무심사등록출원일 것

複數디자인登錄出願은 디자인무심사등록출원의 경우에만 인정되는 것이므로 디자인무심사등록출원으로 출원되어야 한다(§11의2①). 디자인무심사등록출원할 수 있는 디자인은 지식경제부령이 정하는 물품에 한하며, 이 경우 지정된 물품에 대하여는 디자인무심사등록출원으로만 출원할 수 있다(§9⑥). 디자인무심사등록출원할 수 있는 물품은 「별표4」의 물품의 구분 중 ⅰ) A1류(제조식품, 기호품), B1류(의복), C1류(침구, 마루깔개, 커튼 등), F3류(사무용지제품, 인쇄물 등), F4류(포장지, 포장용용기 등) 및 M1류(직물지, 벽지, 합성수지지 등)에 속하는 물품, ⅱ) 액정화면 등 표시부에 일시적으로 도형 등이 표시되는 화상디자인에 관한 물품으로 한다(시규§9③).

따라서 그 외의 類에 속하는 물품에 대하여는 디자인심사등록출원으로 하여야 하며 디자인심사등록출원의 경우에는 1디자인1출원 원칙이 그대로 적용된다(§11①).

2. 物品의 區分상 대분류가 同一한 物品일 것

복수디자인등록출원을 할 수 있는 디자인의 범위는 법 제11조 제2항의 규정에 의한 지식경제부령이 정하는 「별표4」의 물품의 구분상 대분류가 동일한 물품이어야 한다(§11의2②, 시규§9④).[33] 화상디자인을 복수디자인등록출원하는 경우에도 동일하다. 여기서 대분류란 소비재적인 물품 분야에서 생산재적인 물품분야의 순으로 알파벳으로 배열한 群別分類의 바로 하위개념의 분류로서 각 군별분류를 用途別로 다시 아라비아숫자로 구분된 분류를 말한다(예: B1류, C1류 등). 복수디자인등록출원의 적용대상을 대분류가 동일한 물품에 한정한 것은 통상 대분류가 동일한 물품은 동일한 업계에서 생산되는 것으로 인정되기 때문이다.

3. 1출원에 20 이내의 디자인일 것

복수디자인등록출원은 2 이상 20 이내의 디자인을 1출원으로 할 수 있도록 한 것이므로(§11의2①) 1복수디자인등록출원절차로 행할 수 있는 디자인은 20개 이내이어야 한다.[34] 이 경우 1디자인마다 분리하여 표현하여야 한다(§11의2①후단). 만약 20개의 디자인을 초과하는 경우에는 그 초과하는 디자인에 대해 출원의 분할을 통해 구제받을 수 있다.[35]

---

33) 심사실무상 복수디자인등록출원된 디자인의 물품이 동일한 대분류에 속하지 아니한 경우에는 디자인보호법 제11조의2 제2항에 의하여 거절이유를 통지한 후 대분류가 상이한 물품에 대한 디자인을 출원분할하거나 출원취하하도록 한 후에 등록결정 한다(디자인심사기준§14 ii).

34) 1복수1디자인등록출원절차에 디자인의 수를 20 이내로 한 것은 입법 당시에 스웨덴 등 북구 4개국(스웨덴, 노르웨이, 덴마크, 핀란드)의 디자인법이 1출원에 디자인의 수를 20 이내로 제한하고 있는 입법례를 참고한 것이 아닌가 생각된다.

35) 심사실무상 1복수디자인등록출원된 디자인이 20개를 초과한 경우에는 디자인보호법 제11조의2 제1항의 규정에 의하여 거절이유를 통지한 후 초과하는 디자인에 대하여 출원의 분할 또는 출원취하하도록 한 후에 등록결정 한다. 또 복수디자인등록출원 중 일부의 디자인에 대한 출원취하는 삭제하는 보정으로 할 수 있도록 하며 또 출원서에 기재된 출원디자인의 수와 첨부된 도면상의 디자인의 수가 일치되지 아니할 경우에는 도면상 디자인의 수를 기준으로 출원서를 보정하도록 하고 있다(디자인 심사기준§14).

Ⅲ. 複數디자인登錄出願의 절차

1. 출원절차

(1) 出 願 書

1) 出願書의 서식 및 기재사항　　복수디자인등록출원은 디자인보호법 시행규칙 별지 제3호서식(디자인무심사등록출원서)에 의하며 디자인무심사등록출원시 요구되는 기재사항 이외에 각 디자인의 일련번호를 기재하여야 한다(§9⑤). 출원서상 '디자인의 수'란 다음 행에 '디자인의 일련번호'란을 만들고 디자인의 일련번호 순서대로 '디자인의 대상이 되는 물품'란부터 '우선권주장'란까지 디자인의 수만큼 반복하여 모두기재하여야 한다(시규§5① 별지 제3호 서식 기재요령 9).

2) 첨부서류　　출원서에는 ⅰ) 각 디자인마다 도면(사진·견본) 1통, ⅱ) 대리인에 의하여 절차를 밟는 경우에는 그 대리권을 증명하는 서류 1통, ⅲ) 기타 法令에서 정한 증명서류 1통을 첨부하여 특허청장에게 제출하여야 한다(시규§5①).

(2) 圖　　面

출원서에 첨부하는 도면은 立體디자인의 경우에는 별지 제4호서식, 平面디자인의 경우에는 별지 제5호서식에 의한다(시규§5②). 도면에는 사시도를 먼저 도시하며 정투상도법에 의한 6면도와 그 외 필요한 도면을 도시하여야 하며, 평면디자인인 경우에는 표면도와 이면도만을 도시한다.

도면에 갈음할 견본은 두께 1㎝, 가로 15㎝, 세로 22㎝ 이내이어야 하며, 엷은 천 또는 종이 등을 사용하는 경우에는 가로, 세로의 合을 200㎝ 이하로 할 수 있다(시규§5④).

(3) 복수디자인등록출원의 유사디자인등록출원

복수디자인등록출원을 하고자 하는 자는 기본디자인과 함께 그 기본디자인에 속하는 유사디자인을 출원할 수 있다(§11의2③). 하나의 출원에 여러 개의 유사디자인을 함께 출원할 수 있도록 하여 출원인의 절차상 편의를 도모하기 위한 취지이다. 그러나 선등록 또는 선출원된 기본디자인에 유사한 디자인은 기본디자인과 合體되므로 자기의 등록디자인 또는 디자인등록출원한 디자인의 유사디자인을 복수디자인등록출원하는 경우에는 1기본디자인에 속하는 유사디자인에 한하여 1복수디자인등록출원으로 할 수 있도록 제한한다(§11의2④).

(4) 복수디자인등록출원에 대한 비밀디자인의 청구

복수디자인등록출원에 대해서도 그 디자인을 비밀로 할 것을 청구할 수 있다.

복수디자인등록출원디자인에 대한 비밀청구는 출원된 디자인 전부에 대하여 청구하여야 한다(§13①단). 복수디자인등록출원은 전체를 하나의 디자인으로 취급하므로 일부의 디자인에만 예외적인 비밀관리가 곤란하기 때문이다. 한편, 복수디자인등록출원디자인에 대하여 비밀디자인으로 청구한 후 디자인보호법 제23조의2 규정에 의한 출원공개신청이 있는 경우에는 그 비밀디자인청구는 철회된 것으로 간주된다(§13⑤). 후에 이루어진 출원공개신청의사에 따라 당해 출원된 디자인은 당연히 公開되어야 하기 때문이다.

2. 복수디자인등록출원의 분할

복수디자인등록출원을 한 자는 당해 출원의 일부를 1 이상의 새로운 디자인등록출원으로 分割할 수 있다(§19①ii). 이 출원의 분할제도는 복수디자인등록출원한 디자인이 i) 20개를 초과한 경우, ii) 동일한 대분류에 속하지 않는 경우, iii) 일부디자인에만 거절이유가 있는 경우 등에 출원의 분할을 통해 구제받을 수 있도록 하기 위함이다.

출원의 분할은 보정을 할 수 있는 기간내(디자인등록여부결정의 통지서가 송달되기 전, 디자인등록거절결정에 대한 심판을 청구하는 경우 그 심판청구일로부터 30일 이내)에 이루어져야 하며(§19③, §18⑤), 적법한 분할이 이루어진 경우 분할된 디자인등록출원은 최초에 디자인등록출원을 한 때에 출원한 것으로 보는 출원일의 소급효가 인정된다. 다만, 신규성상실의 예외규정의 적용을 받기 위한 절차, 우선권주장 규정의 적용을 받기 위한 절차규정의 적용에 있어서는 예외로 한다(§19②단).

출원의 분할에 관한 서식은 디자인보호법 시행규칙 별지 3호서식의 디자인등록출원서(디자인심사등록분할출원 또는 디자인무심사등록분할출원)에 의한다(시규§11①).

3. 복수디자인등록출원의 변경에 관한 보정

복수디자인등록출원은 디자인무심사등록의 대상이 되는 物品에 한하여 할 수 있으나 출원인이 착오로 그 전부 또는 일부에 대해 디자인심사등록의 대상이 되는 물품을 디자인무심사등록출원으로 하여 복수디자인등록출원한 경우에는 이를 디자인심사등록출원으로 변경하는 보정을 할 수 있다(§18④). 이 경우 디자인심사등록출원은 1디자인1출원 원칙이 적용되므로 각 디자인마다 1디자인등록출원으로 분할 및 변경하는 보정을 하여야 한다(§11①, §19①ⅱ). 디자인무심사등록출원을 디자인심사등록출원으로 변경하는 보정(그 역의 경우도 동일하다)은 디자인등록여부결정의 통지서가 송달되기 전까지 할 수 있다. 다만, 제27조의2에 따른 재심사를 청구하는 경우에는 재심사를 청구하는 때에 보정할 수 있다(§18⑤).

Ⅳ. 복수디자인등록출원의 심사절차

1. 거절이유 및 거절이유통지

복수디자인등록출원은 디자인무심사등록출원절차에 의하여 이루어지는 것이므로 디자인심사등록출원에 적용되는 디자인보호법 제26조 제1항 각호에서 규정한 거절이유 중 제5조, 제7조(유사디자인), 제16조(선출원) 제1항 및 제2항의 해당여부에 대하여는 원칙적으로 심사하지 않는다(§26②). 다만, 제5조 제1항 본문의 규정에 의한 공업상 이용할 수 없는 것이거나 제5조 제2항의 규정 중 국내에서 널리 알려진 형상·모양·색채 또는 이들의 결합에 의하여 용이하게 창작할 수 있는 것인 경우에는 디자인등록거절결정을 하도록 되어 있다(§26②단).

심사관은 디자인등록출원에 대하여 디자인등록거절결정을 하고자 할 때에는 그 출원인에게 거절이유를 통지하고, 기간을 정하여 意見書를 제출할 수 있는 기회를 주어야 한다(§27①). 복수디자인등록출원된 디자인 중 일부디자인에 거절이유가 있는 경우에는 그 해당 디자인의 일련번호·디자인의 대상이 되는 물품 및 거절이유를 明示하여야 한다(§27②). 복수디자인등록출원된 디자인 중 어느 하나의 디자인이라도 거절이유가 해소되지 아니하면 복수디자인등록출원디자인 전체가 디자인등록거절결정 된다.[36]

2. 디자인등록결정

심사관은 디자인등록출원에 대하여 거절이유를 발견할 수 없을 때에는 디자인등록결정을 하며(§28) 디자인등록결정은 서면으로 하고, 그 이유를 붙여야 한다(§29①). 특허청장은 디자인등록결정이 있는 경우에는 그 디자인등록결정의 등본을 출원인에게 송달하여야 한다(§29②).

---

36) 디자인심사기준 제25조 제2항.

Ⅴ. 복수디자인등록출원요건 위반의 효과

1. 設定登錄 전

디자인무심사등록출원을 통한 복수디자인등록출원이 그 요건을 위반한 경우에는 거절이유가 되며 그 출원에 대해 디자인등록거절결정이 이루어지게 된다(§26②). 이 경우 출원의 분할이나 출원의 보정을 통하여 구제받을 수 있음은 앞에서 설명한 바와 같다.

2. 設定登錄 후

복수디자인등록출원요건에 위반된 출원이 잘못하여 登錄된 경우 디자인등록의 무효사유가 되지 않으므로 無效審判에 의하여 그 등록이 무효로 되는 일은 없다(§68①). 이 요건의 위반은 權利의 成立에 결함이 있다고 할 수 있는 實體的 要件과는 다르기 때문이다. 즉, 이 요건의 위반은 권리내용에 실질적 하자를 가지는 것과는 달리 절차상의 흠이 있음에 불과하기 때문이다.

Ⅵ. 복수디자인등록 디자인권

1. 디자인권의 설정등록시 디자인별 포기

복수디자인등록출원에 대한 디자인등록결정을 받은 자가 등록료(설정등록료)를 납부하는 때에는 디자인별로 이를 포기할 수 있다고 되어 있다(§31의2①). 이는 복수디자인등록출원인이 디자인등록결정을 받은 이후 출원의 목적이나 출원디자인의 경제적 가치 등을 고려하여 굳이 디자인권화할 필요가 없다라고 판단하는 디자인에 대해서는 이를 포기하고 나머지 디자인에 대해서만 등록료를 납부하여 설정등록을 받을 수 있다는 뜻을 명백히 하기 위한 취지이다. 디자인의 포기에 관한 절차는 지식경제부령에서 정해지고 있다(§31의2②, 시규§20의2).

2. 디자인권의 내용

복수디자인등록출원제도는 하나의 권리청구는 하나의 출원절차로 하도록 하는 1디자인1출원 원칙에 대한 절차상의 예외로서 20 이내의 디자인을 1디자인등록출원절차로 하는 것을 인정하는 것뿐이므로 복수디자인등록출원된 디자인이 설정등록이 되면 각 디자인마다 獨立된 디자인권이 발생하며, 法 제41조의 效力을 가진다. 이 점 2 이상의 구성물품에 대하여 성립된 권리이지만 권리일체의 원칙에 의해 하나의 디자인권만 발생하는 한 벌 물품의 디자인권과 다르다. 따라서 복수디자인등록출원된 디자인등록에 대하여는 각 디자인마다 디자인무심사등록이의신청 또는 무효심판청구의 대상으로 된다(§29의2①, §68①후단).

3. 디자인권의 이전

복수디자인등록된 디자인권은 각 디자인권마다 분리하여 이전할 수 있다(§46⑤). 복수디자인등록된 디자인권의 분할이전등록 방법에 관하여는 디자인등록령 시행규칙에서 정해지고 있다(등시§28).

4. 過失의 推定

디자인무심사등록디자인의 디자인권자·전용실시권자 또는 통상실시권자가 타인의 디자인권 또는 전용실시권을 침해한 경우에는 과실이 있는 것으로 추정한다고 되어 있으므로(§65②) 복수디자인등록을 받은 자가 타인의 디자인권 또는 전용실시권을 侵害한 경우에도 그 침해행위에 대하여 과실이 있는 것으로 推定한다(§65②). 복수디자인등록된 디자인권은 디자인무심사등록을 전제로 한 권리로서 디자인등록의 實體的 要件의 전부에 대한 심사 없이 등록된 권리이므로 단지 디자인등록을 받았음을 이유로 하여 과실책임의 경감을 주장할 수 없도록 한 것이다.[37)]

---

37) 그러나 디자인무심사등록디자인의 디자인권자 등에게만 적용되는 디자인보호법 제65조 제2항(1997년 법개정에서 신설)이 타당한 것인가에 대해서는 의문이 있다. 과실의 추정에 관한 법 제65조 제1항은 디자인심사등록디자인의 디자인권자와 디자인무심사등록디자인의 디자인권자에 대해 구별하지 아니하고 타인의 디자인권 또는 전용실시권을 침해한 자에 대해 과실추정의 효과를 부여하고 있으므로 동조에 제2항을 별도로 규정하지 않더라도 디자인무심사등록디자인의 디자인권자 등이 타인의 디자인권 또는 전용실시권을 침해한 경우에도 과실추정의 효과가 발생하는 것으로 해석되고 있다. 따라서 1997년 법개정에서 제2항의 신설은 자칫 그 반대해석에 의해 디자인심사등록디자인의 디자인권자가 타인의 디자인권 등을 침해한 경우(그것이 디자인의 오인등록에 의한 것이거나 타인의 선출원 디자인권과 이용·저촉관계에 있다 하더라도)에는 그 침해행위에 대해 과실이 있는 것으로 추정되지 않는다는 해석이 가능하게 되어 결국 법 제65조 제2항의 신설은 당초의 입법의도와는 전혀 다른 결과를 초래할 수 있기 때문이다.

7 chapter

디자인의 特有制度

디자인보호법은 그 보호대상으로 하는 디자인의 특성과 그 기능하는 바에 따라 다른 産業財産權法에는 존재하지 않는 여러 가지 특유한 제도가 설정되어 있다. 즉, i) 물품의 부분에 관하여 디자인보호법의 보호대상으로 하는 부분디자인제도(§2 i), ii) 디자인권의 효력이 미치는 유사한 디자인의 범위를 명확하게 하여 타인의 侵害를 방지하기 위한 유사디자인제도(§7), iii) 2 이상의 물품이 한 벌의 물품으로 동시에 사용되는 경우 그 한 벌 물품의 디자인 전체로서 통일성이 있는 때 그 통일감을 보호하기 위한 한 벌 物品의 디자인제도(§12), iv) 디자인권의 설정등록 후 판매개시 전에 디자인의 내용을 비밀로 하여 타인의 모방에 의한 侵害를 방지하기 위한 비밀디자인제도(§13), v) 물품이 가지는 기능에 의하여 형태가 변화하는 디자인을 보호하는 동적 디자인제도가 그것이다.

제 1 절 부분디자인제도

Ⅰ. 서　　설

1. 의　　의

부분디자인제도라 함은 물품의 부분에 관한 형상 등의 창작에 대하여 디자인으로 보호하는 제도를 말한다(§2 i). 여기서 부분디자인이란 物品의 部分의 형상・모양・색채 또는 이들의 결합으로서 시각을 통하여 美感을 일으키게 하는 것을 말한다.

또한 물품이란 디자인보호법의 대상이 되는 물품, 즉 생산되어 시장에서 유통되는 有體物로서 그 자체가 독립하여 거래의 대상이 되는 것을 말한다(디자인보호법 시행규칙 별표4에 게기된 물품). 또 물품의 부분이란 물품 전체 가운데서 일정한 범위를 점하는 부분의 형태로서, 당해 물품에 있어서 다른 디자인과 대비하였을 때 대비대상이 될 수 있는 부분을 말한다. 부분디자인은 물품의 부분의 형상・모양 등을 말하는 것이므로 물품과 분리된 모양만으로는 디자인보호법상 부분디자인의 보호대상이 되지 않는다.

부분디자인이 통상의 디자인과 다른 점은 물품의 부분에 대해 디자인이 성립한다는 것이다. 物品은 독립거래의 대상이 되는 有體動産을 말하며 물품의 부분은 그 자체는 독립거래의 대상이 될 수 없고, 물품내에 차지하는 部位이다. 部品은 물품의 일부이고 그것이 完成品과 일체가 된 상태에서는 그 자체로는 去來의 대상이 되지 않지만, 분리하면 그 자체 거래의 대상이 될 수 있기 때문에 통상의 물품이 된다. 따라서 完成品에 조립된 상태에서는 部分디자인이 되고, 분리하면 部品디자인이 된다.

2. 제도적 취지

종래에는 디자인보호법 제2조 제1호의 물품이라 함은 獨立性이 있는 구체적인 有體動産이라고 해석되어 왔기 때문에 獨立된 물품으로서 去來의 대상이 되지 못하였던 물품의 部分은 디자인보호법상 보호대상이 되지 못하였다. 그 때문에 하나의 디자인에서 獨創的이고 특징이 있는 창작부분이 복수 포함되어 있는 경우라도 물품 전체로서 하나의 디자인권밖에 취득할 수 없으므로 당해 디자인의 한 부분이 모방되어도 디자인 전체로서 모방을 회피할 수 있다면 당해 디자인의 디자인권의 效力이 미치지 못하는 상황이었다.

이러한 문제점 등을 해결하기 위해서는 물품의 부분에 관한 디자인에 대해서도 디자인보호법의 보호대상으로 할 필요가 있다. 그래서 2001년 법개정에서는 제2조 제1호의 디자인을 구성하는 물품의 정의에 물품의 부분이 포함되는 것을 明示하고 물품의 부분에 관하여 獨創性이 높은 특징 있는 창작을 했을 경우, 당해 부분을 部分디자인으로 보호받을 수 있도록 하였다.[1] 이러한 부분디자인제도는 물품의 전체에서 물리적으로 분리할 수 없는 부분에 대하여 디자인등록을 받고 싶은 경우에 유효하다. 물리적으로 분리하여 통상의 상태에서 독립거래의 대상이 되는 것이라면 부품이나 부속품으로 이미 보호대상이 된다.

또한 그 외의 경우에도 예를 들면 디자인등록을 받고자 하는 부분에 대하여 구체적으로 창작하였으나 그 외의 부분에 대하여는 아직 구체적으로 창작되어 있지 않은 경우 또는 부분적으로 특징이 있다 하더라도 물품 전체로서 출원하면 그 특징부분의 평가가 매몰되어 버리는 경우에도 도움이 되는 제도라고 생각된다. 부분디자인제도의 도입에 의해 디자인등록출원 전략이 바뀌게 된다. 디자인 전체가 신규인 경우에는 일반적으로 부분디자인, 부품디자인, 전체디자인 순으로 출원내용을 고려해야 할 것이라고 생각된다.

Ⅱ. 부분디자인의 성립요건

1. 물품은 통상의 물품과 동일할 것

部分디자인에서의 디자인의 대상이 되는 물품은 獨立性이 있는 구체적인 물품으로서 去來의 대상이 되는 유체동산이어야 한다.[2] 구체적으로는 디자인보호법 시행규칙 「별표4」에 예거되어 있는 물품이다. 즉, 부분디자인은 「별표4」에 게기된 물품의 부분에 대한 형상·모양·색채 또는 이들의 결합일 것을 요한다<그림 7-1>.

---

1) 2001년 법개정에서 도입한 부분디자인제도는 일본의 부분디자인제도를 모델로 한 것이다. 일본에서의 부분디자인제도는 平成 10년(1998년) 법개정에서 도입한 것이며 物品의 부분에 관계되는 형상 등에 대해 디자인 수준이 높은 특징이 있는 創作을 한 경우에 그 부분만을 보호하기 위한 것이다. 또한 日本은 디자인의 국제등록에 관한 헤이그協定에 가입할 것을 검토하고 있는데 이미 同 協定 가맹국의 대부분이 부분디자인을 채용하고 있으며, 비가맹국인 미국도 이미 부분디자인을 채용하고 있으므로 이들 국가와의 조화를 위해서도 부분디자인제도의 도입이 불가결하다고 생각하였던 것 같다.

2) 部分디자인이 도입되었다 하더라도 디자인의 개념을 물품과는 별개로 獨立된 추상적 디자인으로 보아 물품과 디자인의 可分性을 인정하는 것은 아니다. 부분디자인제도하에서도 디자인의 개념에 있어 물품은 본질적인 요소이며, 부분디자인의 단위도 수요자의 구매욕을 환기시킬 수 있는 것이어야 한다.

〈그림 7-1〉 부분디자인의 구체 예[3]

전기청소기

건물용 문손잡이

티 셔 츠
(모양을 가진 부분디자인의 예)

2. 물품의 부분의 형태일 것

부분디자인은 물품의 전체 중에서 일정의 범위를 차지하는 부분의 형상·모양·색채 또는 이들을 결합한 것이어야 한다. 部品의 경우는 물품의 일부이면서도 完成品과 일체가 된 상태에서는 그 자체가 去來의 대상이 될 수 없으며 分離되면 거래의 대상이 되므로 통상의 물품으로 볼 수 있으므로 部分디자인으로는 되지 않는다. 그러나 상태적으로는 部品이 완성품에 일체화된 상태에서는 부분디자인이 된다. 물품의 부분의 형태라고 인정되지 않는 것으로는 다음과 같은 것이 있다.

(1) 모양 또는 색채만 표현한 것

물품과 분리되어 모양 또는 색채만 표현한 것은 물품이라는 有體物의 형상을 수반하지 않는 것으로서 디자인보호법상 물품의 부분의 형태라고 인정되지 않는다. 예컨대 티셔츠의 모양만을 표현한 것은 부분디자인을 구성하지 않는 것으로 판단한다.[4]

(2) 물품형태의 실루엣(silhouette)만 표현한 것

물품형태의 실루엣만 표현한 것은 물품의 일정범위를 점하는 部分의 구체적인 형태가 아니므로 물품의 부분의 형태로 인정되지 않는다. 예컨대 승용자동차의 측면을 투영시킨 실루엣만으로는 부분디자인으로 인정되지 않는다.

---

3) 일본, 심사운용기준, 54면.

4) 만약 티셔츠의 모양만을 표현한 것을 디자인으로 인정하여 디자인권의 효력을 미치게 한다면 디자인 창작자가 상정한 시장을 초월하여 창작의 목적이 없는 부분에까지 보호의 효력이 미치게 되어 제3자와의 이익균형이 유지되지 않는다. 그래서 모양 또는 색채에 대해서는 반드시 형상에 결합된 것으로 하여 보호하는 것이 적절하다. 따라서 모양을 부분디자인으로 출원할 경우에는 물품의 부분에 관련된 형상과 모양의 결합으로서 출원하여야 한다.

3. 다른 디자인과 대비대상이 될 수 있는 물품의 부분일 것

부분디자인은 다른 디자인과 대비대상이 될 수 있는 물품의 부분이어야 한다. 따라서 디자인등록을 받고자 하는 부분이 당해 물품 전체의 형태 중에서 일정범위를 차지하는 부분이더라도 다른 디자인과 대비할 때 대비의 대상이 될 수 있는 창작단위가 나타나 있지 않은 것은 부분디자인으로 성립하지 않는다. 물품의 부분은 특정부위를 한정하는 것은 아니며 물품 가운데 特定의 형태가 明示되어 있으면 족하다.

4. 한 벌 물품의 디자인에 관련되는 部分디자인이 아닐 것

디자인보호법 제2조 제1호는 한 벌 물품에 대해서는 물품의 부분을 제외하고 있다. 한 벌 물품의 디자인은 그 한 벌 물품 전체의 조합의 미감에 가치가 있기 때문에 이러한 한 벌 물품 디자인제도의 취지상 그 구성물품의 부분디자인이 인정되지 않는다.[5)]

5. 시각을 통하여 美感을 일으키게 하는 것

일반적 디자인의 성립요건과 마찬가지로 시각을 통하여 미감을 일으키게 하는 것이어야 한다. 부분디자인도 시각을 통하여 미감을 일으키게 하는 물품의 외관이기 때문이다.

Ⅲ. 부분디자인의 등록요건

1. 일반의 등록요건

부분디자인으로서 디자인등록출원된 디자인이 디자인등록을 받기 위하여는 이하와 같은 요건을 충족할 필요가 있다.

---

5) 한 벌 물품의 디자인제도는 2 이상의 物品을 조합시킨 시스템의 제품에 관계된 디자인 전체의 統一感을 보호하기 위한 제도이고, 그 제도의 취지에 비추어 보면 한 벌 물품의 디자인에 관한 부분디자인은 디자인 전체의 통일감의 보호를 요하는 것이 아니기 때문이다. 한 벌 물품의 부분에 관하여 디자인권을 취득할 경우에는 통일감의 보호를 요하는 것이 아니라 해당 물품의 디자인의 보호를 요하고 있는 것이므로 한 벌 물품을 구성하는 물품의 디자인 또는 그 부분디자인의 출원에 의해 보호받아야만 하는 것이다.

(1) 공 업 성

공업성의 요건의 일반적인 사항은 전체디자인의 공업성 요건에 준한다. 즉 부분디자인에 관한 물품도 공업적 생산과정에 의해 동일물이 양산가능한 것이어야 한다. 또한 부분디자인은 도면 등으로 표현할 때 등록받고자 하는 부위와 그렇지 아니한 부분을 명확히 구분하여 특정하여야 한다. 부분디자인은 전체 물품 가운데서 임의로 표현되어서는 안 되며 특정한 표현방식(예컨대 등록받고자 하는 부분은 실선, 그 밖의 부분은 파선)으로 표시되어야 한다.[6] 따라서 ⅰ) 부분디자인으로서 디자인등록을 받고자 하는 부분이 명확하지 않은 경우, ⅱ) 부분디자인으로서 디자인등록을 받고자 하는 부분의 全面이 나타나 있지 않은 경우에는 디자인등록을 받고자 하는 디자인이 구체적으로 나타나 있지 않으므로 디자인이 구체적이지 않은 것으로 취급되어 법 제5조 제1항 본문 규정에 의하여 등록을 받을 수 없다(제5장 제1절 Ⅲ. 디자인의 구체성과 공업성 참조).

(2) 新 規 性

부분디자인의 디자인등록출원 전에 ⅰ) 당해 부분디자인과 동일 또는 유사한 부분을 가지는 전체디자인, ⅱ) 당해 부분디자인과 동일 또는 유사한 부분을 가지는 부분디자인이 公知 등이 된 경우에는 당해 부분디자인의 출원은 신규성을 상실하게 된다(§5①).

(3) 창작비용이성

디자인등록을 받고자 하는 부분의 전체의 형태가 당해 디자인등록출원 전에 공지된 디자인 등에 의하여 당업자라면 용이하게 창작할 수 있는지 아닌지를 판단함과 동시에 당해 부분의 용도 및 기능을 고려하여 디자인등록을 받고자 하는 부분을 당해 물품 전체의 형태 중에 있어서 그 위치・크기・범위로 하는 것이 당업자에 있어 흔한 수법인 경우에는 창작비용이성에 해당하지 않는다.

(4) 확대된 선출원

부분디자인이 선출원 디자인의 일부와 동일 또는 유사한 경우에는 디자인등록을 받을 수 없다(§5③). 선출원으로 전체디자인이 있고 그 일요소로서 부분디자인의 후출원이 있는 경우 후출원은 이미 실질적으로 존재하는 선출원디자인에 관해서 부분디자인으로 청구의 태양을 바꾼 것에 불과하고, 새로운 창작으

---

6) 부분디자인으로 등록받고자 하는 부분 이외의 부위는 디자인에서 구체적인 형상 등을 표현하는 것으로 인정받는 것은 아니지만, 물품 가운데서 당해 부분디자인이 차지하는 위치, 크기, 범위 등을 나타내는 데 매우 중요한 것으로서 디자인을 해석하는 요소로 취급된다.

로서의 가치를 지니지 않으므로 후출원의 부분디자인을 포함한 선출원이 있는 경우, 후출원디자인은 등록받지 못하도록 한 것이다. 또 선출원의 전체 디자인과 후출원의 부분디자인에 대하여 출원인이 同一人이라 하더라도 이 규정이 적용된다.

(5) 先 出 願

부분디자인에 대한 선출원규정은 부분디자인출원간에만 적용되며 동일 또는 유사한 부분디자인에 대하여 다른 날에 2 이상의 디자인등록출원이 있는 때에는 먼저 디자인등록출원한 자만이 그 부분디자인에 관하여 디자인등록을 받을 수 있다(§16①). 또한 동일 또는 유사한 디자인에 대하여 같은 날에 2 이상의 디자인등록출원이 있는 때에는 디자인등록출원인의 협의에 의하여 정하여진 하나의 디자인등록출원인만이 그 부분디자인에 대하여 디자인등록을 받을 수 있다. 協議가 성립하지 못하거나 협의를 할 수 없는 때에는 어느 디자인등록출원인도 디자인등록을 받을 수 없다(§16②).

(6) 디자인등록을 받을 수 없는 디자인

디자인보호법 제6조 제1호 내지 제3호 규정의 적용에 대해서는 디자인등록을 받고자 하는 부분과 그 외의 부분을 포함하여 부분디자인의 디자인에 관한 물품 전체의 형태를 판단의 대상으로 한다. 다만, 디자인보호법 제6조 제4호 규정의 적용에 대하여는 디자인등록을 받고자 하는 부분의 형상만을 판단의 대상으로 한다.

2. 특수한 요건

(1) 1디자인1출원

부분디자인의 등록요건 중에서 특수한 것에 디자인보호법 제11조 제1항에서 규정하는 1디자인1출원 요건에 있어서의 1디자인의 개념이다. 디자인, 즉 물품이라는 점에서 보면, 양자는 대응관계에 서 있으므로 物品의 부분에 하나의 디자인이 성립하는 것은 없을 것이다. 그러나 2001년 개정법은 디자인의 정의 규정을 바꾸어 물품의 부분에 디자인이 성립하는 것을 인정하고 있으므로 그런 의미에서 디자인의 개념은 물품의 구속에서 약간 풀린 것이라 할 수 있다. 그러나 부분디자인의 근거로서 디자인의 개념은 물품과 분리된 형상 등의 디자인 형태가 獨立하여 존재하는 것으로 생각되는 것은 아니다. 디자인은 물품의 수요 중대 기능을 갖는 점에서 보호의 근거가 있기 때문에 디자인의 개념에 있어서 물품은 本質的인 성립요소이고 部分디자인의 단위도 수요자의 구매심이 1회적으로 작용하는 것인지 아닌지로 판단해야 한다. 따라서 어떤 물품에 있어서 物理的으로 분리된 부분의 형상 등의 형태에 있어서도 그것이 정리되어 1회적으로 구매심을 작용한다고 할 수 있는 것이면 1디자인이 성립한다고 할 수 있다.[7]

그러므로 하나의 물품 중에 物理的으로 분리되어 있는 2 이상의 物品의 부분은 2 이상의 디자인이 포함된 것에 해당되므로 1디자인으로서 디자인등록을 받을 수 없다. 그러나 디자인창작상의 일체성이 인정되는 경우에는 1디자인으로 간주되어 디자인등록을 받을 수 있다. 이러한 경우로는 다음과 같은 것이 있다.[8]

1) 形態的 일체성이 인정되는 것 형태적 일체성이라 함은 物理的으로 분리된 부분으로서 대칭이 되거나 한 조가 되는 등의 관련성을 가지고 創作된 것을 말한다. 모양에 있어서는 실선에 둘러싸여진 모양이 복수 표현되어 있는 경우라 할지라도 전체로서 한 조의 모양을 구성하는 경우에는 일체성이 인정된다<그림 7-2>.

〈그림 7-2〉 형태적 일체성이 인정되는 구체 예[9][10]

손목시계테 티 셔 츠

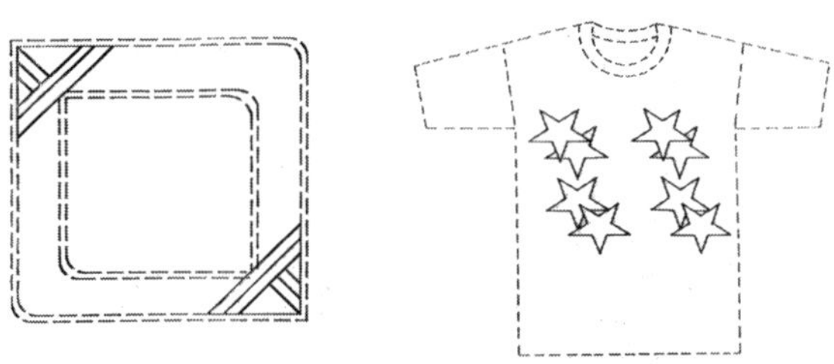

2) 機能的 일체성이 인정되는 것 기능적 일체성이라 함은 물리적으로 분리된 부분으로서 전체로서 하나의 기능을 다하기 때문에 일체적으로 創作된 관계에 있는 것을 말한다<그림 7-3>.

---

7) 加藤恒久, 「改正意匠法のすべこ」, 日本法令, 2000(이하 본서에서의 인용은 "加藤, 개정의장"이라고 줄여서 쓴다), 31면.

8) 일본, 심사운용기준, 64 · 65면.

9) 加藤, 개정의장, 32 · 33면.

10) 손목시계테의 실선부분은 대각으로 분리되어 있으나 거래상 일회적으로 시각에 호소하므로 1디자인으로 인정된다. 또한 티셔츠의 실선부분은 복수의 별모양이지만 전체적으로 한 조의 모양으로 수요자에 작용하는 것이므로 1디자인이 된다.

〈그림 7-3〉 기능적 일체성이 인정되는 것의 구체 예 11)12)

이발용 가위 휴대용 전화기

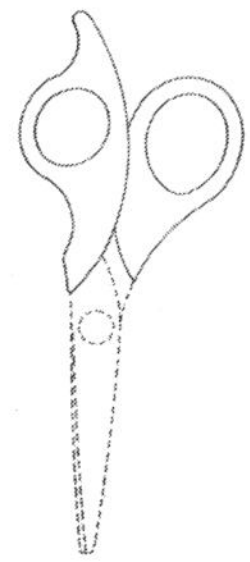

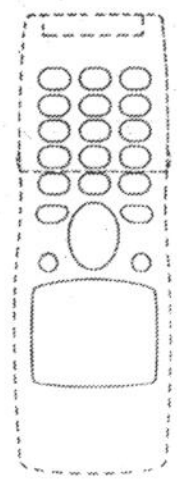

(2) 物品의 구분

디자인보호법 제11조의 규정은 제1항에서 디자인등록출원은 1디자인마다 1출원하는 것을 요구함과 동시에 동조 제2항에서는 지식경제부령이 정하는 물품의 구분에 따라야 한다라고 정하고 있다. 지식경제부령이 정하는 물품의 구분이란 디자인보호법 시행규칙 「별표4」의 것이고, 이 물품의 구분에서 物品의 부분에 대한 구분 내지 표시는 없으므로 종래대로 完成品(또는 部品 · 부속품) 수준의 물품의 구분으로 출원하여야 할 것이 기준이 되고 있다. 따라서 물품의 구분 다음에 '○의 부분', '○의 부분디자인' 등과 같은 말을 붙이는 것은 디자인보호법 제11조 제2항의 위반이 된다. 예를 들면 '컵'의 창작에 있어서 해당 손잡이 부분을 부분디자인으로서 디자인등록을 받고자 하는 경우에는 '컵'이라고 기재하여야 하지 '컵의 부분', '컵의 부분디자인', '컵의 손잡이' 등이라고 기재하여서는 아니 된다.[13]

---

11) 加藤, 개정의장, 34 · 35면.

12) 이발용가위의 실선으로 표현된 손잡이부분은 2개로 분리되어 있으나 구매시에 1회적으로 작용하므로 1디자인으로 인정되고, 휴대용전화기의 실선으로 표현된 버튼부분은 복수개이지만 전체적으로 하나의 기능을 하기 때문에 1디자인으로 인정된다.

13) 美國은 이 점의 취급이 다르다. 미국은 디자인등록출원이 특허출원의 일종이 되고, 특허출원에서 발명의 명칭을 엄격하게 취급하지 않는 것처럼 디자인등록출원에서도 마찬가지로 취급하고 있기 때문일 것이다.

Ⅳ. 부분디자인의 출원절차

1. 출원절차

부분디자인을 출원할 때에는 디자인등록출원서의 '부분디자인'란에 부분디자인임을 나타내는 취지를 명확히 하고, 도면에 부분디자인으로서 디자인등록을 받고자 하는 부분을 특정하여야 하며, 그 특정하는 방법에 대하여는 '디자인의 설명'란에 이를 기재할 것이 필요하다.[14] 부분디자인과 부분디자인에 있어서도 유사디자인등록출원이 가능하다. (부분디자인 출원서의 기재사항, 도면 등의 표현방법에 관하여는 제3편 제11장 제2절 Ⅳ. 특수한 디자인등록출원에서 상세히 설명키로 한다.)

2. 出願의 分割

부분디자인의 출원에 있어서도 출원의 분할이 가능하다. 디자인등록출원서 및 도면 등의 기재로부터 판단하여 디자인창작상의 일체성이 인정되지 않고 物理的으로 분리된 물품의 부분이 2 이상 포함되어 있다고 인정되는 것은 1디자인마다 출원되어 있지 않은 것으로서 법 제11조 제1항의 요건을 충족하지 않는 것이므로 거절이유통지의 대상이 된다. 이 경우 법 제19조 제1항의 규정에 의한 출원의 분할을 할 수 있고, 새로운 디자인등록출원은 최초의 디자인등록출원시에 출원한 것으로 본다. 또 하나의 부분디자인으로 인정되는 디자인등록출원을 1 또는 2 이상의 새로운 부분디자인출원으로 분할할 수 있는지에 대하여는 의문이 있다. 이에 대하여는 1디자인1출원 원칙에 위반되는 출원의 구제를 목적으로 하는 출원분할제도의 취지로 보아 분할을 할 수 없는 것이라고 해석된다.[15]

3. 출원의 보정과 요지변경

부분디자인에 관한 디자인등록출원에서도 출원의 보정과 요지변경에 관한 일반적인 원칙이 적용된다. 부분디자인의 인정은 디자인등록출원서의 '디자인의 대상이 되는 물품'과 출원서에 첨부된 도면(디자인등록을 받고자 하는 부분 이외의 부분

---

14) 이것에 의해 물품의 부분에 대해 디자인등록을 받고자 하는 사실이 명확해진다.

15) 日本 특허청의 심사실무상은 하나의 디자인으로 인정되는 디자인등록출원을 하나 또는 둘 이상의 새로운 부분디자인으로 분할하는 것을 인정하며, 이 경우 그 분할된 때를 디자인등록출원의 출원일로 취급한다(日本 의장심사편람 17・16).

의 기재를 포함) 및 도면의 '디자인의 설명' 기재의 전체로부터 i) 디자인의 대상이 되는 물품, ii) 부분디자인으로서 디자인등록을 받고자 하는 부분의 용도·기능, iii) 그 물품 전체 중에서 차지하는 부분디자인으로서 디자인등록을 받고자 하는 부분의 위치·크기·범위, iv) 부분디자인으로서 디자인등록을 받고자 하는 부분 자체의 형태요소에 기초하여 인정하는 것이므로 이들을 변경하는 補正이 그 기재요지를 그 디자인이 속하는 분야에서 통상의 지식을 기초로 하여 당연히 추정할 수 있는 同一性의 범위를 넘어서 인정되는 경우, 요지를 변경한 것으로 인정되며 따라서 그 보정은 却下의 대상이 된다(§18의2). 한편, 당초 출원서에 '부분디자인 여부'란을 설정하지 않고 또 '부분디자인'이라는 기재 없이 출원한 후에 '부분디자인 여부'란을 추가하는 보정을 한 경우 그 보정은 도면의 디자인의 설명란의 기재 및 도면 등의 구체적인 표현에 의해 당해 출원이 부분디자인에 관한 것임을 명확히 알 수 있는 경우에는 要旨를 변경하지 않은 것으로 본다(부분디자인과 관련한 보정과 요지변경에 대하여는 제3편 제11장 제5절 Ⅲ. 요지변경의 기준 참조).

Ⅴ. 부분디자인의 유사여부판단

1. 부분디자인의 인정

부분디자인도 通常의 디자인과 마찬가지로 i) 출원서의 디자인에 관한 물품, ii) 출원서에 첨부된 도면 등의 기재(디자인등록을 받고자 하는 부분 이외의 부분의 기재를 포함한다)의 전체로부터 이하의 각 요소들에 기초하여 인정한다.

1) 디자인의 대상이 되는 물품

2) 부분디자인으로서 디자인등록을 받고자 하는 부분의 용도·기능

3) 그 물품 전체 중에 차지하는 부분디자인으로서 디자인등록을 받고자 하는 부분의 위치, 크기, 범위

4) 부분디자인으로서 디자인등록을 받고자 하는 부분 자체의 형태

2. 부분디자인의 유사여부판단기준

부분디자인의 유사여부판단은 기본적으로 통상의 디자인의 유사여부판단과 다르지 않다. 부분디자인의 구체적인 유사여부판단에 관하여는 후술한다(제8장 제

2절 Ⅳ. 디자인의 유사여부판단의 구체적 기준 참조).

3. 부분디자인과 전체디자인과의 관계

부분디자인(완성품의 부분디자인, 부품의 부분디자인)과 전체디자인(완성품의 전체디자인, 부품의 전체디자인)의 디자인등록출원은 출원서 중 디자인의 대상이 되는 물품이 동일한 경우라 하더라도 디자인등록을 받고자 하는 방법·대상이 상이한 출원이다. 따라서 디자인등록을 받을 수 있는 출원간에서의 조정을 위한 법 제16조(선출원) 및 그 예외인 법 제7조(유사디자인) 규정의 적용에 있어서는 동일 또는 유사한 디자인은 되지 않는다. 이에 대해 법 제5조 제1항·제3항의 적용에 있어서는 공지디자인·공개디자인 사이에서의 판단을 하기 때문에 부분디자인의 디자인등록출원과 전체디자인의 디자인등록출원간에도 유사여부 등의 판단을 한다.

Ⅵ. 부분디자인의 등록과 관련한 문제

1. 部分디자인에 대한 신규성상실의 예외규정의 적용문제

部分디자인에 대하여도 당해 부분디자인과 ⅰ) 디자인의 대상이 되는 물품, ⅱ) 부분디자인으로서 디자인등록을 받고자 하는 부분의 용도·기능, ⅲ) 그 물품 전체 가운데 부분디자인으로서 디자인등록을 받고자 하는 부분의 위치·크기·범위, ⅳ) 부분디자인으로서 디자인등록을 받고자 하는 부분 자체의 형태 등 각각의 요소가 동일한 部分디자인이 표현된 디자인의 공지사실을 가지고 당해 부분디자인에 대한 디자인등록출원에 있어서 법 제8조에서 규정하는 신규성상실의 예외규정의 적용을 받을 수 있다.

2. 條約에 의한 우선권주장 인정문제

우리나라에 디자인등록출원의 부분디자인과 그에 대응하는 우선권주장의 기초가 되는 제1국 출원의 부분디자인이 동일한 경우 우선권주장이 인정된다. 이 경우 디자인의 同一이라 함은 일반의 경우와 마찬가지로 출원서의 기재사항 및 도면 등으로부터 그 디자인에 속하는 분야의 통상의 지식을 기초로 판단하여 상기 1항의 ⅰ) 내지 ⅳ)에서 기술한 각각의 요소가 동일한 것을 말한다.

그러나 다음에 해당하는 경우에는 우선권주장이 인정되지 않는다.

1) 제1국 출원이 전체디자인에 관한 것이며 우리나라에서의 출원이 그 전체디자인의 일부로서 부분디자인에 관련되는 경우

2) 제1국 출원이 부분디자인에 관한 것이며 우리나라에서의 출원이 부분디자인으로 디자인등록을 받고자 하는 부분이 제1국 출원에 없는 내용이 부가된 경우

3) 제1국 출원이 복수의 부분디자인에 관한 것이며 우리나라에서의 출원이 그들을 조합한 디자인등록출원인 경우

3. 部分디자인에 대한 디자인등록출원의 심사자료로서의 취급

部分디자인에 대한 디자인등록출원의 심사자료로서의 취급은 어떻게 하는가. 이에 대하여는 다음과 같은 3가지의 경우로 나누어 볼 수 있다.

1) 법 제5조 제1항에서의 취급 　부분디자인으로서 디자인등록을 받고자 하는 부분 이외의 부분(예를 들면 도면에 있어서는 파선부분)을 포함하여 설정등록된 출원디자인의 기재 전체에 대하여 통상의 공지자료와 동일하게 취급하게 된다. 디자인등록을 받고자 하는 부분 이외의 부분에 대해서도 설정등록에 의해 공지로 되기 때문이다.

2) 법 제5조 제3항에서의 취급 　디자인공보에 기재된 출원디자인에 대하여 부분디자인으로서 디자인등록을 받고자 하는 부분 이외의 부분을 포함한 출원디자인의 기재 전체를 법 제5조 제1항에서의 취급과 동일하게 취급한다.

3) 법 제16조에서의 취급 　디자인보호법 제16조는 디자인등록을 받고자 하는 디자인 간에 대비하는 것이므로 부분디자인에 대한 디자인등록출원에 있어서의 도면 등의 기재에 관하여 부분디자인으로서 디자인등록을 받고자 하는 부분 이외의 부분을 포함하여 타 디자인과 대비하는 것은 타당하지 않다. 따라서 법 제16조의 선후원판단에 있어서는 부분 이외의 부분은 제외하고 타 디자인과 대비한다.

Ⅶ. 부분디자인의 디자인권

1. 부분디자인의 디자인권의 효력

부분디자인의 디자인권자는 業으로서 디자인등록을 받는 부분디자인 또는

이와 유사한 디자인을 실시할 權利를 獨占한다(§41). 따라서 부분디자인의 디자인권의 效力은 부분디자인에 관한 물품과 동일 또는 유사한 물품에 있어서 그 부분디자인을 포함하는 전체디자인(완성품 또는 부품)에도 미친다. 종전법에서도 獨立的으로 거래의 대상이 되어 디자인으로서 보호대상이 되는 部品에 관해서는 그 부품을 포함한 完成品에도 效力이 미치게 되어 있으므로 부분디자인도 部品과 같게 취급되는 것이다. 예를 들면 나이프 손잡이 부분에 관한 부분디자인은 디자인의 대상이 되는 물품은 나이프 전체의 물품으로 등록되고, 권리가 발생된 것이므로 부분디자인에 있어서도 그 효력이 미치는 범위는 나이프 전체로서의 물품과 동일 또는 유사한 것에 한한다. 또 디자인의 대상이 되는 물품이 냉장고로서 그 손잡이 부분이 부분디자인으로 등록된 경우라면 동일 또는 유사한 형태의 현관도어 손잡이에는 효력이 미치지 않는 것이다.

2. 이용관계

선출원이 부분디자인이고, 후출원이 그 부분디자인을 포함하는 완성품 또는 부품에 관한 디자인으로 등록된 경우 권리의 이용관계가 성립된다. 따라서 후출원 권리자는 선출원 권리자의 허락 없이 자기의 등록디자인 또는 이와 유사한 디자인을 업으로서 실시할 수 없다(§45①,②)(자세한 것은 제14장 제8절 Ⅲ.2. 이용관계의 태양 참조).

제 2 절 유사디자인제도

Ⅰ. 서 설

디자인보호법에서 유사한 디자인 또는 유사디자인이라는 용어는 여러 조문에서 사용되고 있다. 하나의 디자인을 중심으로 하여 생각하면, 그와 동일한 디자인, 유사한 디자인, 비유사한 디자인이 있다. 디자인의 본질적 요소인 物品의 동일·유사에 대한 구별 없이 어떤 디자인을 중심으로 하여 그 주위에 있는 비슷한 디자인을 총칭하여 유사한 디자인 또는 유사디자인이라고 부르는 경우가 있다. 이것은 유사한 디자인 또는 유사디자인의 최광의의 표현방법이다. 법 제6

조 제1호에서 디자인등록을 받을 수 없는 디자인으로 규정한 "국기 · 국장 … 또는 국제기관 등의 文字나 標識와 동일 또는 유사한 디자인"에서의 '유사한 디자인'은 여기에 해당한다. 이보다 조금 좁은 범위로서 동일 또는 유사물품간에 있어서 하나의 디자인이 다른 디자인과 비슷한 것을 말하는 경우가 있다. 이것은 상기 최광의의 다음으로 광의로 사용되는 경우이다. 법 제5조 제1항 제3호에서 新規性의 상실사유로 규정한 "제1호 또는 제2호에 해당하는 디자인에 유사한 디자인", 선출원주의에 관한 법 제16조 제1항 및 제2항에서 규정한 "유사한 디자인", 디자인권의 效力에 관한 법 제41조에서의 "유사한 디자인" 등은 모두 여기에 해당한다.

또한 디자인등록에는 통상의 디자인등록출원(유사디자인등록출원에 대응하여 말할 때는 단독의 디자인등록출원이라고 한다)에 의한 디자인등록과 유사디자인등록출원에 의한 유사디자인등록이 있는데 이때 사용되는 유사디자인이라는 용어는 협의의 유사디자인이다. 법 제7조 제1항 및 제2항, 제42조에서 규정한 유사디자인이란 이러한 뜻이다.[16] 디자인등록출원에 대한 실체심사과정에서는 출원디자인과 그 이외의 디자인과의 사이에서 광의의 유사한 디자인과 협의의 유사디자인의 판단이 중심을 이룬다.

1. 의　　의

유사디자인제도라 함은 디자인권자 또는 디자인등록출원인이 자기의 등록디자인 또는 디자인등록출원한 디자인에만 유사한 디자인에 대하여 유사디자인만으로 디자인등록을 받을 수 있도록 하는 제도를 말한다(§7①). 이때 자기의 등록디자인 또는 디자인등록출원한 디자인을 기본디자인이라 하며, 그 기본디자인에만 유사한 디자인에 대해 유사디자인이라고 한다. 이러한 유사디자인은 자기의 기본디자인에만 유사한 것이기 때문에 기본디자인의 權利範圍 내에 속하며, 기본디자인이 소멸하게 되면 그 유사디자인도 함께 소멸하게 된다.

2. 제도적 취지

우리나라 디자인보호법에 있어 가장 큰 특징의 하나라고 하는 유사디자인제도는 法이 예정하는 權利의 객체인 디자인의 특성에 따라 1973년 법개정에서 도입된

16) 윤종렴, 의장, 401면 참조.

제도이다. 디자인은 物品의 미적 외관이므로 타인의 모방이 용이할 뿐만 아니라 디자인은 물품에 한정되기 때문에 발명·고안 등에 비해 권리범위가 협소하다. 따라서 디자인보호법은 디자인권의 효력을 등록디자인뿐 아니라 이와 유사한 디자인에까지 미치도록 하고 있지만(§41), 그 유사범위는 추상적이고 불명확하여 디자인권이 侵害되면 그 권리구제에 상당한 시간과 비용이 소요되므로 결국 디자인登錄의 존재가치를 상실하게 된다. 따라서 자기의 기본디자인에만 유사한 디자인에 대하여 新規性, 先出願 규정의 예외로서 등록하는 것에 의해 기본디자인의 效力이 미치는 범위를 사전에 명확하게 하여 기본디자인의 침해를 예방하고 또 디자인권이 침해된 경우 그 救濟를 용이하게 하기 위한 것이다.

이와 같은 편의의 도모는 디자인권자에게뿐만 아니라 제3자에게도 유익하게 된다. 가령, 甲이 A디자인과 A에 유사한 a디자인을 창작한 후에 A디자인에 대하여만 디자인등록을 받았는데, 乙이 a디자인을 무단으로 실시하는 경우, 甲은 乙에 대하여 乙이 실시하는 a디자인은 자기가 등록을 받은 A디자인의 효력범위 내에 있으므로 침해행위의 中止를 청구할 수 있다.

이때 乙이 甲이 등록받은 A디자인과 자기가 실시하는 a디자인이 서로 다르다고 반론하게 되면, 甲은 매우 난처하게 된다. 결국 甲은 분쟁해결을 위하여는 審判을 청구하거나 訴訟을 제기할 수밖에 없다. 그러나 심판 또는 소송절차에는 많은 시간과 비용이 소요된다. 만약 甲이 처음부터 a디자인에 대하여 A디자인의 유사디자인으로 디자인등록을 받아 두었더라면 乙은 a디자인을 實施하지 않았을 것이고, 설령 乙이 a디자인을 실시한다 하더라도 동일디자인에 대하여는 侵害여부를 구체적으로 판단할 필요가 없고, 또 침해여부에 대한 異論이 있을 수 없으므로 侵害의 救濟가 훨씬 용이하게 될 수 있다. 여기에 유사디자인제도의 설치원인이 발생하게 된다.

3. 外國의 立法例

주요 外國 중에서 우리나라의 유사디자인제도와 유사한 제도는 日本의 구 디자인법에서의 유사디자인제도이다.

日本 구법 하에서의 유사디자인제도는 자기의 등록디자인(본디자인이라 한다)에만 유사한 디자인에 대하여 新規性, 先出願 규정의 예외로서 登錄에 의해 본디자인의 유사범위를 明確하게 함과 동시에 원래의 디자인권의 보호범위를 확장하는 것에 의해 보호강화를 도모한 것이다. 그러나 실제로는 각 재판소에서의 디자인권 侵害

訴訟에 있어서 유사디자인에 기인한 침해의 여부는 訴訟의 대상으로 되지 않고, 본디자인의 디자인권 침해여부만으로 소송이 진행되어 유사디자인 독자의 디자인권의 효력범위에 대하여는 거의 인정되지 않는 문제가 있었다. 日本은 이러한 문제를 개선하기 위해 1998년 법개정에서 종전의 유사디자인제도를 폐지하고, 자기의 출원디자인 또는 등록디자인(본디자인)에만 유사한 디자인에 대해 본디자인과 동등한 가치를 갖는 것으로 보호하는 관련디자인제도를 창설하게 된 것이다(日§10).[17)]

Ⅱ. 유사디자인제도에 관한 해석

디자인보호법 제7조의 유사디자인제도에 관하여는 주로 登錄되어야 할 유사디자인의 登錄要件(다른 디자인과의 관계)과 등록된 유사디자인의 디자인권 效力

17) 일본의 관련디자인제도에 관해 약간의 설명을 하고 싶다(加藤, 개정의장, 89~100면에 상세하다).

ⅰ) 관련디자인제도란 자기의 출원디자인 또는 등록디자인 중 선택한 하나의 디자인(본디자인이라 한다)에 유사한 디자인(관련디자인이라 한다)에 대해 디자인등록을 받을 수 있는 제도이다(日§10①). 동일인에 의해 본디자인의 공보발행일 전까지 출원된 디자인을 본디자인과 동등한 가치를 갖는 것으로 하기 위해 관련디자인의 디자인권을 통상의 디자인권과 같은 형태로 하고, 구법의 유사디자인의 출원·등록에만 적용되는 절차는 폐지되었다. 또한 평성18년(2006년) 법개정에서 종전의 同日출원의 경우에만 등록을 인정한 관련디자인에 대해 본디자인의 공보발행일 전까지의 기간이면 후일출원에 관한 관련디자인의 디자인등록을 받을 수 있도록 하였다.

ⅱ) 관련디자인의 디자인권의 존속기간은 그 기본디자인의 디자인권의 설정등록일로부터 20년간으로 하며, 관련디자인의 디자인권은 本디자인의 디자인권의 존속기간이 만료된 경우에는 함께 소멸되지만 존속기간만료 이외의 이유로 本디자인의 디자인권이 소멸한 경우에는 관련디자인의 디자인권은 존속된다(日§21). 이것은 관련디자인의 디자인권은 本디자인의 디자인권의 존속기간이 만료된 경우 權利期間의 부당한 연장을 防止하기 위해 본디자인의 디자인권과 함께 소멸하도록 하나 기타의 경우에는 각각의 디자인이 동등한 가치를 지니고 있으며 권리주장의 기초로 하고 있기 때문에 관련디자인의 디자인권을 존속시키도록 한 것이다.

ⅲ) 관련디자인의 디자인권의 이전, 전용실시권의 설정에 대하여는 本디자인과 함께 하여야 한다(日§22①, §27). 이것은 관련디자인의 디자인권만의 이전을 인정할 경우 權利의 중복부분에 관해서 獨占權에 기초한 物權的 請求權이 2 이상의 자에게 성립하게 될 뿐만 아니라 이를 조정하기가 不可能하므로 제3자에게 혼란을 초래할 염려가 있으므로 이러한 폐단을 방지하기 위한 것이다. 전용실시권의 경우에도 同一한 문제가 발생할 우려가 있기 때문이다.

에 대한 견해를 중심으로 하여 다음과 같이 解釋이 나누어지고 있다.

1. 確 認 說

유사디자인제도는 관념적으로 존재하는 기본디자인의 권리가 미치는 범위를 유사디자인의 등록에 의하여 구체적으로 명시, 顯在化시켜 그 범위를 명확하게 하려는 것에 있다고 하며, 따라서 유사디자인의 登錄도 일반의 디자인등록과는 다른 특수한 요건하에 등록되며 유사디자인이 등록되더라도 그 권리범위는 기본디자인의 權利範圍를 초과하지 않는다는 것이다.[18)]

이 설은 유사디자인의 등록과 효력을 이 제도의 취지를 중심축에 놓고 이해함으로써 파악하며 이 설의 입장에 서면 유사디자인의 등록은 자기의 기본디자인과 유사하기 때문에 이루어지게 되며, 반대로 기본디자인과 유사디자인의 출원 사이에 다른 디자인이 존재했다고 하여도 그 등록이 거절되는 일이 없게 된다. 또 그 등록요건의 특수성에 의해 등록을 받은 유사디자인의 디자인권의 효력은 필연적으로 기본디자인의 디자인권 범위내에 그친다. 즉 유사디자인 그 자체가 독자의 효력을 지니는 것이라고 해석되지 않는다.

2. 擴 張 說

유사디자인도 디자인의 하나로서 新規性, 선출원 등의 등록요건은 기본디자인과의 관계를 除外하고는 어떤 다른 디자인과 다를 바가 없다고 해석하고, 따라서 일단 유사디자인으로 登錄이 되면 그 효력은 다른 디자인과 다를 바가 없이 등록디자인 또는 이와 유사한 디자인에 미치는 것이므로 기본디자인을 基本으로 하여 보면 기본디자인의 권리의 幅보다는 넓은 범위에까지 效力이 미치게 된다는 것이다.[19)]

---

18) 이 說의 입장에 서 있는 것으로 볼 수 있는 것에 牛木, 의장, 130면; 이수웅, 의장, 272면 이하 등이 있다.

19) 이와 같은 견해는 본래 디자인이 物品의 形態로서 관념되고 또 구체적으로 나타내어지는 것이므로 그 범위가 좁은 것이라는 생각을 전제로 등록디자인에 유사한 디자인을 登錄함으로써 그 범위를 확대하는 것이라고 日本의 구법(大正 10년법)하에서 주장되고 이해되고 있었던 것이나 昭和 34년(1959년)법하에서는 결과확장설로 바꾸어 주장되는 것이 보통이다. 즉, 日本 大正 10년(1921년)법하에서 디자인권의 범위(전용권)를 등록디자인에 관한 물품을 업으로서 제작, 사용, 판매 등을 하는 權利로서 규정한 결과, 이른바 금지권은 유사디자인에도 미치는 것으로 구성되며 그 때문에 디자인권이 유사디자인에 미치는 관계를 디자인

이 설은 유사디자인의 등록에 이르는 절차와 요건에 대한 법의 규정에 충실히 기초하여 이해하고자 하는 입장이다. 이 설의 입장에 서게 되면 유사디자인은 자기의 기본디자인과의 관계에 대해서는 예외를 이루며 그 한도에 있어서는 특별요건하에 등록되나 그 이외에는 일반 디자인과 다를 바가 없다. 따라서 자기의 기본디자인과의 관계를 제외하고 당해 유사디자인등록출원에 선행하는 다른 디자인(등록디자인, 출원디자인, 공지디자인)과 유사하면 비록 그 유사디자인등록출원에 관한 디자인이 자기의 기본디자인에 유사한 디자인이라 하더라도 등록을 받지 못한다.

3. 結果擴張說

유사디자인제도와 디자인의 보호에 관한 기본원칙은 별개라는 전제하에 유사디자인등록을 하면 유사디자인의 유사의 幅까지 權利範圍가 넓어지는 것을 인정하되, 이것은 기본디자인의 권리의 폭이 넓어지는 것이 아니고 기본디자인의 권리의 폭을 넘어서 유사디자인 獨自의 권리범위의 폭이 있다는 것이다.[20]

따라서 유사디자인등록을 하면 디자인권자는 결과적으로 기본디자인과 유사디자인을 합쳐서 보다 넓은 권리를 확보할 수 있게 된다. 이러한 의미에 있어서의 권리범위의 擴張을 본래적 의미의 확장(확장설)의 效果와 구별하여 結果擴張說이라고 한다.[21]

권의 효력범위라 칭하여 본래의 디자인권의 범위와 구별하는 것이 통설로 되어 있었다. 따라서 디자인권의 범위를 금지권의 범위에 합치기 위해서는 등록디자인에 유사한 디자인을 유사디자인으로 등록함으로써 본래의 디자인권의 범위를 확장한다고 하는 것이었다. 이 논리가 정당하다면 유사디자인등록의 의미는 디자인권(전용권)과 금지권의 차이를 보완해 가는 것으로서 매우 유효성을 가져오게 된다. 그러나 등록디자인 또는 이와 유사한 디자인에 대해 동일한 구성으로 디자인권의 효력을 규정하는 昭和 34년(1959년)법(우리나라 현행법도 동일하다)하에서는 본래적인 의미의 확장설은 그 논리의 기반을 상실하게 되었으며 현재는 이런 의미에서의 확장설을 주장하는 견해는 찾아볼 수 없다.

20) 디자인권의 합체에 있어 유사디자인권의 효력범위가 기본디자인의 디자인권과 일체인 것, 즉 모든 법률상 효과를 합한 하나의 권리가 되는 것으로 하면 형성적 효과를 낳게 되어(당초 기본디자인에 포함되지 않은 범위에 대해 권리의 형성을 가져올 것이다) 디자인제도의 기본에서 벗어난다. 따라서 동일주체에 귀속하는 공통된 이익을 성립시키는 객체이지만, 기본디자인의 범위를 넘는 부분에 대해서는 그 자신의 독자의 범위라고 해야 한다(齋藤, 의장, 318면).

21) 이 說의 입장이라고 볼 수 있는 것에 윤종렴, 의장, 414면; 齋藤, 의장, 312면; 황종환, 의장, 311면 등이 있다.

즉 이 설은 유사디자인이 등록되면 유사디자인의 유사한 범위까지 그 권리가 미친다는 점에서는 확장설과 같은 입장이지만, 이는 기본디자인의 권리범위가 넓어지는 것이 아니라 유사디자인의 독자적인 권리범위가 인정된다는 점에서 확장설과 차이가 있다.

4. 判 例

대법원 판결(다만, 동 판결에서의 '의장' 등의 용어는 현행법상의 용어에 맞추어 '디자인' 등의 용어로 바꾸었다)은 "유사디자인이 등록되면 그 디자인권은 최초의 등록을 받은 기본디자인권과 합체하고, 유사디자인의 권리범위는 기본디자인의 권리범위를 초과하지 아니하므로 ㈎호 디자인과 유사디자인만을 대비하여 서로 유사하다는 사정만으로 곧바로 ㈎호 디자인이 등록디자인의 권리범위에 속한다고 할 수 없다"(대법원 1995.6.30.선고 94후 1749판결)라고 판시하여 확인설의 입장을 취하고 있다.

또한 대법원 1989.8.8.선고 89후25 판결에서는 "갑디자인과 을디자인 사이에 유사여부를 판단함에 있어서 갑디자인을 기본디자인으로 하여 유사디자인등록이 되어 있다면, 갑디자인과 그 유사디자인 및 을디자인을 종합적으로 대비하여야 한다"라고 판시함으로써 결과확장설을 취하고 있는 것이 아닌가 하는 오해의 소지가 있으나 이 판결은 "유사디자인이 등록되면 그 유사디자인의 디자인권은 최초의 등록을 받은 기본디자인과 합체하고, 그 결과 적어도 기본디자인의 관념적인 유사범위를 명확히 하여 그 권리범위를 확보한 것으로 보아야 하므로"라고 하고 있으므로 이 판결도 기본적으로는 확인설의 입장에 있다.

결국 상기의 두 판결은 유사디자인이 등록되어 있는 경우에는 ㈎호 디자인이 기본디자인과 유사하지 않은 한, ㈎호 디자인이 유사디자인과 유사하다 하더라도 이러한 사정만으로 곧바로 ㈎호 디자인이 기본디자인의 권리범위에 속한다고 할 수는 없으며 다만, 유사디자인이 등록되면 그 유사디자인의 디자인권은 최초의 등록을 받은 기본디자인권과 합체하고 그 결과 적어도 기본디자인의 관념적인 유사범위를 구체적으로 명확히 하여 그 권리범위를 확보한 것으로 보아야 하므로 유사디자인이 등록되어 있다면 기본디자인과 유사디자인 및 ㈎호 디자인을 종합적으로 대비하여 기본디자인과 ㈎호 디자인의 유사여부를 판단해야 하는 것이라고 정리된다.

여기에서 주의할 점은 유사디자인도 함께 대비하여 판단한다 하더라도 ㈎호 디자인이 기본디자인과 유사하여야만 기본디자인의 권리범위에 속한다고 할 것이므로 기본디자인과 ㈎호 디자인이 유사하지 않다면, ㈎호 디자인이 유사디자인에만 유사하다는 점만으로 ㈎호 디자인이 기본디자인의 권리범위에 속한다고 할 수 없다는 점이다. 대법원의 이러한 입장은 최근의 대법원 2004.9.24.선고 2004후1748 판결에서도 재확인되고 있다.[22)]

5. 整 理

상기의 학설 중 유사디자인제도의 취지로 볼 때 유사디자인의 디자인권은 그 기본디자인의 디자인권에 합체한다(§42)고 하는 유사디자인의 종속성 문제를 가장 명확하게 설명할 수 있는 것은 확인설이다.

그러나 이 설에 의할 때는 합체는 '유사디자인의 디자인권'으로서 관념적으로는 독자적 권리의 발생을 전제하고 있는 것으로 해석되는 것(§42), 법이 '자기의 기본디자인에만 유사한 디자인'으로서 자기의 기본디자인과의 관계를 한정적으로 규정할 뿐이며 다른 디자인과의 관계를 규정하고 있지 않은 것(§7①), 유사디자인에도 유사범위의 존재를 규정한다고 해석되는 것(§7②), 유사디자인도 설정등록되면 등록디자인의 지위에 서게 되어(§2ⅱ) 그 자신 독자의 효력범위를 가지는 것으로 해석되는 것(§41), 유사디자인의 디자인권 설정과 권리의 존속유지를 위해 기본디자인과 동등한 설정등록료 및 연차등록료의 납부를 요하는 것(§31), 유사디자인도 독자적인 소멸원인(포기, 등록무효, 등록료의 불납 등)에 의해 소멸하는 것 등에 해석상의 곤란이 따른다.

그리고 사실상의 기능으로 보더라도 유사디자인의 등록이 기본디자인의 효력범위를 명확하게 하는 것이라고 말할 수 없는 것(유사디자인의 등록은 그 유사디자인이 기본디자인의 범위에 포함됨을 밝히는 한에 있어서는 확인하는 작용이 있기는 하지만, 그것이 반드시 기본디자인의 권리 외연을 나타내는 것이 아니다) 등으로 이론상 부합되지 않는 점

22) 이 판결은 '냉면반죽기' 디자인에 관한 권리범위확인(소) 사건에서 특허법원 2004.4.29.선고 2003허6036 판결이 "유사디자인의 권리범위는 기본디자인의 권리범위를 초과하지 아니하므로 확인대상디자인과 유사디자인만을 대비하여 서로 유사하다는 사정만으로 곧바로 확인대상디자인이 등록디자인(기본디자인)의 권리범위에 속한다고 할 수는 없지만, 유사디자인은 기본디자인의 관념적인 유사범위를 구체적으로 명확히 하여 그 권리범위를 확보한 것으로 보아야 할 것이므로 확인대상디자인과 기본디자인의 유사여부를 판단함에 있어서 기본디자인의 유사디자인이 등록되어 있다면 기본디자인과 유사디자인 및 확인대상디자인을 종합적으로 대비하여야 한다"라고 판결한 것에 대한 상고기각(심리불속행)판결이다.

이 지적되고 있다.[23]

반면, 실정법상의 법 규정에 충실한 것은 확장설 내지 결과확장설이다. 그러나 이 설은 유사디자인의 종속성 문제가 설명될 수 없다는 이론상의 난점이 있다. 또한 이 설에 의할 때는 다른 디자인과의 관계에 따라서는 기본디자인과 유사한 디자인이라 하더라도 유사디자인의 등록을 받을 수 없는 디자인이 있게 되어 유사디자인제도의 취지를 망각하고 그 기능을 현저히 저하시키는 것이 지적되고 있다.

그러나 어떤 견해, 어떤 학설을 취한다 하더라도 이들이 제각기 반드시 성립할 수 없다는 것은 아니다. 유사디자인제도의 취지를 완전히 이해하면 確認說에 서게 될 것이고, 法의 규정을 충실하게 해석하는 입장에 서면 擴張說 내지 結果擴張說을 택하게 될 것이다. 즉 양자는 입론의 논거가 되는 평면을 달리하는 것이다.

생각건대, 유사디자인제도의 취지가 觀念的 내지 잠재적 존재로서 파악되는 등록디자인의 效力이 미치는 범위를 이에 유사한 디자인을 등록함으로써 구체적·명시적으로 顯在化하고 그 범위를 명확하게 하여 그 권리의 有效한 작용을 확보하고자 하는 것에 있다 할 것이지만 또 다른 한편으로는 유사디자인에 있어서도 그 등록을 받을 수 있는 디자인의 출원과 그 청구의 기초를 이루는 등록을 받을 수 있는 권리는 개별적·獨自的 存在로서의 위치를 갖는 것임도 法의 규정상 부정할 수 없는 것이 사실이다. 그렇다면, 유사디자인제도는 觀念的 내지 잠재적 존재로서 파악되는 기본디자인의 효력이 미치는 범위를 이에 유사한 디자인(하나의 디자인·컨셉에 관련한 디자인, 개량한 디자인)에 대하여 신규성, 선출원 규정의 예외로서 등록하는 것에 의해 구체적·명시적으로 현재화하고 그 범위를 명확히 함을 목적으로 하는 것이지만, 한편 유사디자인도 그 자신의 등록을 받을 수 있는 권리에 기초하여 이루어지는 것이므로 그 자신의 效力範圍가 있고, 기본디자인의 디자인권의 효력범위를 넘는 부분에 유사디자인의 디자인권의 효력이 미치는 일이 있음을 인정해야 할 것이다.[24] 사견으로는 우리나라 대법원 판례가 취하

---

23) 齋藤, 의장, 312면.

24) 이상경, 「지적재산소송법」, 육법사, 1999(이하 본서에서의 인용은 '이상경, 지적재산'이라 한다), 334면에서는 이와 같은 취지에서 "유사의장의 의장권에 대한 법률적인 운명은 확인설의 입장을 취하고, 유사의장의 의장권의 독점적인 권리범위를 가지고 행사되는 면에서는 결과확장설을 취하는 절충적인 견해가 타당하다"고 설명하고 있다.

는 확인설의 입장을 견지하는 경우에는 확인설 자체가 안고 있는 디자인보호법의 조문 해석상 불합리한 점에 관해서는 차치하고라도 유사디자인제도가 기본디자인에 유사한 디자인의 등록에 의해 기본디자인의 유사범위를 명확하게 하는 것과 함께 원래의 디자인권의 보호범위를 확장하는 것에 의해 디자인권의 보호강화를 기하고자 하는 출원인의 의도와는 다르게 나타나게 되어 이 제도의 이용가치는 현저하게 감소될 것이라고 생각된다.

따라서 이에 대응하기 위해서는 현행 유사디자인제도의 권리범위확인화 등의 이점을 유지한 채, 이에 부가하여 유사디자인 각각에 대해서도 완전히 독립한 권리로서 유효하게 기능하는 방향으로 고치는 것을 검토해 볼 필요가 있다.

Ⅲ. 유사디자인의 登錄을 받을 수 있는 權利의 發生 근거

디자인등록은 디자인의 創作에 의해 취득되는 디자인등록을 받을 수 있는 권리에 기초하여 디자인등록하여 줄 것을 청구함으로써 이루어지는 것이므로 유사디자인의 출원과 등록은 기본적으로는 이 디자인등록을 받을 수 있는 권리에 기초하여 이루어진다는 점은 변함이 없다. 그러나 유사디자인의 디자인등록을 받을 수 있는 권리는 기본디자인의 창작에 의하여 발생하는 것으로 보는가, 아니면 유사디자인 그 자체의 창작에 의해 비로소 발생하는 것으로 보는가에 연원을 두고 견해가 두 가지로 나뉜다.[25)]

그 하나는 法이 디자인권이 유사디자인까지 支配하는 권리로서 규정하고 있는 바로부터 디자인의 창작에 의해 取得되는 登錄받을 수 있는 권리는 본래 유사한 디자인에까지 포함하여 하나의 권리가 발생한 것이라는 견해이다. 이 견해는 유사디자인의 등록은 기본디자인의 效力範圍에 내재하고 있는 디자인을 현재화시키는 데 지나지 않는다는 것으로서 이와 같은 생각은 確認說에 연결되게 된다.

다른 하나는 유사디자인의 등록이 기본디자인의 효력범위에 있는 것을 顯在化시키는 작용을 갖는다 하더라도 기본디자인의 창작만이 완성된 시점에서는 유사디자인의 디자인등록을 받을 수 있는 권리까지 자발적으로 발생하는 것이

---

25) 齋藤, 의장, 313・314면.

아니고 유사디자인의 창작이 완성됨에 따라 비로소 유사디자인이 현재화되고 여기서 처음으로 유사디자인의 디자인등록을 받을 수 있는 권리가 발생한다는 견해이다. 이 견해는 유사디자인의 디자인등록은 그 자신이 등록을 받을 권리에 근거를 두는 것이라고 생각하므로 擴張說 내지 結果擴張說에 연결되게 된다. 特許廳의 실무(심사)는 이 견해를 취하고 있다. 따라서 유사디자인의 등록에 있어서 그 創作의 主體는 문제삼지 않는다. 즉, 기본디자인과 유사디자인이 각기 다른 創作者(창작에 의해 등록을 받을 수 있는 권리를 원시적으로 취득하는 자)에 의한 것이었다 하더라도 결과로서 동일 권리주체에 속하면 유사디자인으로서 등록된다. 가령 甲이 A디자인을 창작한 후 이를 乙에게 양도하였고 乙이 그 후 A디자인에 유사한 a디자인을 창작한 경우, 乙이 창작한 a디자인은 甲의 A디자인과 같은 구상에 의해 창작한 사실을 추정할 수 있으나 반드시 그러한 상태로 된다는 인과관계는 설명할 수 없기 때문에 乙이 실제로 창작한 사실을 중시하여 a디자인에 대하여는 乙에게 유사디자인등록을 받을 수 있는 권리를 인정하는 것이다. 즉, 디자인등록을 받을 수 있는 권리는 그 창작한 디자인에만 발생하고, 이 권리의 승계는 그 승계한 디자인에만 발생하는 것으로 한다.

Ⅳ. 유사디자인의 登錄要件

1. 자기의 기본디자인의 존재

유사디자인은 자기의 기본디자인의 존재를 전제로 한 개념이므로 그 유사디자인의 기본이 되는 基本디자인이 유사디자인등록출원 전에 존재하여야 한다(§7①). 여기에서 말하는 '기본디자인'이란 자기의 등록디자인 또는 디자인등록출원한 디자인으로서 유사디자인이 登錄받았을 때 그 유사디자인의 디자인권이 合體하는 디자인을 말한다(§42). 기본디자인의 존재는 유사디자인등록출원 단계에서 기본디자인이 존재하면 족하다.

유사디자인등록출원서상의 '기본디자인의 표시'란에는 기본디자인이 등록되어 있는 경우에는 그 기본디자인의 등록번호를 기재하고, 기본디자인이 출원 중에 있는 경우에는 그 기본디자인의 출원번호를 기재하면 된다. 기본디자인과 유사디자인이 같은 날 출원인 경우에는 참조번호를 기재하도록 되어 있다.

한편, 기본디자인과 유사디자인에 대한 디자인등록결정이 이루어졌으나 간혹 기본디자인에 대한 설정등록료(최초 1~3년분)를 납부하지 않고 유사디자인에 대한 설정등록료만 납부되어 오는 경우가 있다. 이 경우 유사디자인의 디자인등록결정이 기본디자인의 디자인등록결정 후에 이루어진 것이라 하더라도 그 기본디자인은 설정등록료의 불납으로 출원의 포기로 간주되어 등록이 없는 것으로 되어 유사디자인으로 등록될 수 없는 것이기 때문에 반려하고, 그 유사디자인등록출원에 대하여는 디자인등록결정여부를 재심사하여 登錄要件을 구비하고 있다면 단독의 디자인으로 등록가능하도록 해야 할 것이다.

또한 기본디자인이 이미 등록되어 있고 연차등록료(4년차분 이후)의 납부기간이 도과되기 직전에 유사디자인의 디자인등록결정이 있고 유사디자인의 설정등록료가 납부되어 온 경우 그 기본디자인은 추가납부기간(배액납부기간)에 걸려 있어도 기본디자인의 등록은 아직 소멸된 것은 아니므로 유사디자인의 설정등록이 가능하다. 이 경우 기본디자인에 대한 연차등록료의 추가납부로 권리가 존속하게 되면 유사디자인도 존속하게 되지만, 기본디자인에 대한 연차등록료를 추가납부하지 않아 소멸하게 되면 그 유사디자인도 당연히 소멸하게 된다.

기본디자인의 추가납부기간내에 들어가서 유사디자인의 디자인등록결정이 이루어진 경우라 하더라도 추가납부기간내에 유사디자인에 대한 설정등록료가 납부된 때에는 전술한 바와 같으나 기본디자인에 대해 등록료가 납부되지 않으면서 추가납부기간을 도과한 후에 유사디자인의 설정등록료가 납부되었을 경우에는 이미 기본디자인이 등록료불납에 의해 권리가 소멸되었기 때문에 유사디자인의 설정등록은 할 수 없게 되며 이 경우에도 앞에서의 경우와 같이 반려하고, 재심사하여 단독의 디자인으로 등록여부를 결정하여야 할 것이라고 생각된다.

2. 자기의 기본디자인에만 類似한 디자인일 것

유사디자인의 등록요건의 두 번째는 그 유사디자인이 자기의 기본디자인에만 유사한 디자인이어야 한다.

여기에서 자기의 기본디자인에만 유사한 디자인이란 어떤 것인가. 자기의 기본디자인에만 유사하고 타인의 선행디자인에는 유사하지 아니한 것을 말하는가. 아니면 자기의 기본디자인에 유사하면서 동시에 타인의 선행디자인에도 유사한 것이라면 유사디자인으로 등록받을 수 없는 것인가. 이 점은 유사디자인제도의 본질과도 관계되어 매우 어려운 문제로서 다음과 같이 여러 가지 설로 나누어져 있다.

(1) 他人의 선행디자인과의 관계

타인의 선행디자인과의 관계에서 유사디자인등록출원에 대한 登錄要件을 확정하는 시기적 기준에 대하여는 이미 설명한 바에서 예측되듯이 確認說에 입각한 해석 및 擴張說 내지 結果擴張說에 입각한 해석 등으로 나누어지고 있다.

1) 確認說에 입각한 해석 유사디자인은 일반의 디자인등록과는 달리 특수 예외적으로 유사디자인의 디자인등록을 받는 것으로서 그 등록은 자기의 기본디자인(등록디자인 또는 디자인등록출원한 디자인)과 유사하기 때문에 이루어지는 것이므로 자기의 기본디자인과 유사디자인의 출원 사이에 다른 디자인이 존재한다고 하여도 유사디자인등록을 받을 수 있다고 해석한다. 그러나 이와 같은 해석은 다시 다음과 같이 두 가지의 설로 나누어지고 있다.

㈎ 기본디자인의 권리범위를 기준으로 하는 설 이 설은 유사디자인 제도는 기본디자인의 권리범위의 확인을 위한 것이므로 기본디자인의 권리범위에 속한 것은 모두 유사디자인으로 등록하여야 한다는 견해이다. 이 설에 의하면 기본디자인의 등록 후 유사디자인의 출원 전에 설정된 타인의 등록디자인, 공지디자인, 또는 선출원디자인은 물론이고, 기본디자인의 등록 전에 存在한 他人의 등록디자인, 공지디자인 또는 선출원디자인에 유사하다 하더라도 기본디자인에 유사한 디자인인 이상 유사디자인으로 등록하여야 한다. 그러나 이 설은 "자기의 기본디자인에만 유사한 디자인…"이라는 규정에서 '만'을 무시하고 "자기의 기본디자인에 유사한 디자인…"이라고 해석하는 데 무리가 따르고, 또한 기본디자인의 출원 전에 설정된 他人의 등록디자인, 공지디자인 또는 선출원디자인 등과 경합되는 경우에도 유사디자인등록을 하는 것은 디자인권의 效力을 너무 넓게 인정하게 되는 데 문제가 있다.

㈏ 기본디자인의 출원시를 기준으로 하는 설 이 설은 자기의 기본디자인에 유사한 디자인이란 기본디자인의 출원 후에 생긴 타인의 디자인의 존재에 의해 그 登錄이 거절되는 일이 없다는 것이다. 즉, 이 설은 기본디자인의 權利範圍는 기본디자인의 출원 전의 他人의 등록디자인, 공지디자인 또는 선출원디자인에 의하여 영향을 받으나 기본디자인의 출원 후의 타인의 등록디자인, 공지디자인 또는 선출원디자인에 의해서는 영향을 받지 않기 때문에 유사디자인등록은 기본디자인의 출원 전의 他人의 선행디자인에 유사하면 유사디자인등록을 받을 수 없으나 기본디자인의 출원 후에는 他人의 선행디자인의 유사여부에 관계없이 기본디자인에 유사한 것이면 유사디자인으로 등록할 수 있다고 해석한다.

2) 擴張說 또는 結果擴張說에 입각한 해석　　유사디자인은 자기의 기본디자인과의 관계에 대해서만 예외를 이루며 그 한도에 있어서 特別한 要件하에 등록되는 것이며 그 이외의 다른 점에서는 일반의 디자인과 다를 바가 없다고 해석한다. 따라서 법 제7조 제1항에서 규정한 “자기의 기본디자인에만 유사한 디자인”이란 자기의 기본디자인 이외의 것에 유사한 것은 모두 배제하는 취지로서 자기의 기본디자인에 유사하지만, 동시에 他人의 등록디자인, 공지디자인 또는 선출원디자인에도 유사한 경우에는 유사디자인의 등록을 하여서는 안 된다는 것이다. 이 설에 의하면 유사디자인의 출원 전에 타인의 등록디자인, 공지디자인 또는 선출원디자인의 어느 것에도 유사한 것인 한 그것이 기본디자인의 출원 전·후이건 불문하고 유사디자인등록을 하여서는 안 된다. 즉, 이 설은 유사디자인등록출원의 登錄要件을 확정하는 시기적 기준은 유사디자인의 출원시를 기준으로 하는 것이다.

3) 선택적 입장　　이 견해는 자기의 기본디자인에 유사하지만 타인의 등록디자인, 공지디자인 또는 선출원디자인에도 유사한 경우에는 그 어느 쪽에 보다 많이 유사한가를 판단하여 자기의 기본디자인에 보다 많이 유사하면 “자기의 기본디자인에만 유사한 디자인”인 것으로 하여 類似디자인의 登錄을 하고, 반대로 타인의 등록디자인, 공지디자인 또는 선출원디자인에 더 많이 유사하면 유사디자인의 등록을 할 수 없다는 입장이다.

4) 整　理　　이상에서와 같이 법 제7조 제1항에서 규정한 “자기의 기본디자인에만 유사한 디자인”에 관한 대표적인 견해를 들어보았지만, 確認說에 입각한 해석과 선택적 입장은 ‘자기의 기본디자인에만 유사’라고 하는 實定法 규정의 해석상 곤란이 따르고 더욱이 확인설에 입각한 해석 중 기본디자인의 권리범위를 기준으로 하는 설은 디자인권의 效力을 너무 넓게 해석하게 되어 무리가 있다. 또 확장설 또는 결과확장설에 입각하여 유사디자인의 출원시를 기준으로 하는 설은 유사디자인제도의 運用을 좁게 한다는 비난이 있다. 그러나 유사디자인등록출원은 별개의 유사디자인의 創作에 기초하여 출원되며, 유사디자인은 자기의 기본디자인과의 관계에서만 예외를 이루고 있으며, 기타는 일반의 디자인과 하등 다를 바 없이 등록되는 점, 유사디자인의 디자인권도 디자인권의 하나로서 법 제41조의 효력이 인정되는 점 등을 감안하여 보면, 유사디자인의 등록요건을 확정하는 시기적 기준은 당해 유사디자인의 출원시를 기준으로 하는 확장설 또는 결과확장설에 입각한 해석이 가장 타당한 것으로 생각되

며 이 설이 현재의 通說이다.[26)]

(2) 자기의 다른 등록디자인 또는 공지디자인과의 관계

1) 자기의 다른 등록디자인과의 관계　　자기의 등록디자인이 2 이상 있고, 이 2 이상의 디자인에만 유사한 디자인인 경우, 이는 同一人의 디자인으로서 자기의 기본디자인에만 유사한 디자인이라는 요건을 구비하고 있기 때문에 유사디자인등록을 받을 수 있게 됨은 의문의 여지가 없다. 그러나 이 2 이상의 등록디자인 중 어느 것을 기본디자인으로 할 것인가가 문제로 된다.

이에 관하여는 다음과 같이 세 가지 설로 나누어져 있다.

1설은 가장 먼저 등록된 디자인을 기본디자인으로 해야 한다는 것이고, 2설은 어느 쪽이건 가장 많이 유사한 디자인을 기본디자인으로 해야 한다는 것이다. 3설은 어느 쪽을 기본디자인으로 할 것인가는 출원인의 의사에 따라야 한다는 것이다. 구법(1990. 1. 13. 법률 제4208호로 개정되기 전의 법) 제42조에서는 "유사디자인의 디자인권은 최초의 디자인등록을 받은 디자인권과 合體한다"라고 규정되어 있어 이를 근거로 대부분 1설을 지지하였지만 현행법 제42조는 "유사디자인의 디자인권은 그 기본디자인의 디자인권과 合體한다"라고만 규정되어 있어 1설과 같은 해석의 근거를 찾아보기 어렵다. 또한 제2설은 사실상 어느 쪽에 더 많이 유사한가를 판단하기 곤란한 문제가 지적되고 있고, 제3설은 출원인이 고의적으로 후원을 기본디자인으로 함으로써 자칫 權利가 不當하게 연장되는 폐단이 발생할 수 있다. 결국 어느 설도 각각의 문제를 내포하고 있기는 하지만 자기의 기본디자인과의 관계에서 신규성, 선출원의 예외로서 등록을 인정하는 유사디자인제도의 취지에서 볼 때, 가장 먼저 등록된 디자인을 기본디자인으로 해야 한다는 1설이 가장 合理的이 아닌가 생각된다.

2) 자기의 기본디자인과 동일·유사한 자기의 공지디자인　　디자인권자는 그 기본디자인과 동일 또는 유사한 디자인을 실시하는 것이 보통이고, 실시에 의해 곧 公知되게 마련이다. 또 실시되지 않는다 하더라도 登錄되면 디자인공보에 게재되어 刊行物에 게재된 디자인이 된다. 이와 같이 기본디자인이 公知 또는 刊行物에 게재된 후 그 기본디자인에 유사한 디자인을 유사디자인으로 출원

26) 特許廳의 심사실무는 이 설의 입장을 취하고 있다. 디자인심사기준 제8조 제1호는 "자기의 등록디자인이나 디자인등록출원한 디자인(이하 '기본디자인'이라 한다)에만 유사한 디자인이란 기본디자인에 유사한 디자인으로서 그 출원일에 선행하는 타인의 디자인(선출원디자인, 등록디자인, 공지디자인)에 유사하지 아니한 것을 말한다"라고 정하고 있다.

한 경우 유사디자인으로 등록받을 수 있는가가 실무상 문제로 된다.

이 경우 형식적으로는 자기가 公知시키거나 刊行物에 게재된 디자인에도 유사한 것이기 때문에 자기의 기본디자인에만 유사한 디자인이라고는 할 수 없다. 그러나 유사디자인제도는 이것을 알고서도 기본디자인에 유사한 디자인을 등록하는 것이기 때문에 그 제도의 취지를 감안하여 실질적인 판단을 해야 한다. 그러나 이 경우 자기가 公知시킨 디자인이 기본디자인과 동일한 것인가, 유사한 것인가를 구별하여 판단하여야 할 것이다.

㈎ 자기의 기본디자인과 同一性이 인정되는 자기 공지디자인과의 관계

이 경우는 자기의 기본디자인에만 유사한 디자인이라는 요건을 깨는 선행디자인이라고 보지 않는 견해가 일반적이다.[27)]

㈏ 자기의 기본디자인과 同一性의 범위를 넘는 유사한 자기 공지디자인과의 관계 　　디자인보호법에서 말하는 동일디자인은 반드시 物理的으로 동일한 디자인을 의미하는 것은 아니나 도면에 표현된 디자인을 실시하게 되면 대개는 유사한 디자인이 된다. 따라서 디자인권자가 일단 디자인을 실시하여 그것이 기본디자인의 유사범위에 속하는 것이 되어 그 후에 유사디자인등록을 받을 수 없게 된다면 기본디자인의 실시 전에 유사디자인등록출원을 하지 않으면 안되게 되고, 이렇게 되면 유사디자인제도의 이용가치를 현저하게 감소시키는 결과로 된다. 따라서 자기의 기본디자인과 동일한 것으로 인정되는 자기의 공지디자인뿐만 아니라 유사한 것으로 인정되는 자기의 공지디자인과의 관계에서 자기의 기본디자인에만 유사한 디자인이라는 요건을 깨는 선행디자인으로 보지 않는 것으로 해석하여야 할 것이다.[28)]

이 경우 기본디자인의 유사디자인으로 登錄을 인정한다 하더라도 제3자의 권리와는 저촉되는 일이 발생하지 않는다.

㈐ 자기의 기본디자인에 유사하지 아니한 자기 공지디자인과의 관계

자기의 기본디자인에 유사하지 아니한 자기의 공지디자인은 그 디자인이 공지됨으로써 그 공지된 날로부터 누구든지 자유롭게 실시할 수 있는 상태에 있으므로 거기에 特定人이 새로운 권리를 설정하는 것은 타당하지 않다. 따라서

---

27) 日本 구 디자인심사기준 10-1000면은 "자기의 기본디자인과 동일하다고 인정되는 자기의 공지디자인은 선행디자인으로 보지 않는다"고 明示하고 있다.

28) 디자인심사기준 제8조 제1호에서는 "유사디자인등록출원은 그 디자인이 기본디자인과 유사한 자기의 선행디자인에 유사한 이유로 거절하지 아니한다"고 소극적인 규정을 두고 있다.

이 경우에는 유사디자인등록을 할 수 없다.

(3) 부분디자인 등과의 관계

부분디자인의 출원과 부분디자인의 출원 상호간 또는 한 벌 물품디자인의 출원과 한 벌 물품디자인의 출원 상호간에는 유사디자인등록출원이 가능하다. 그러나 전체디자인의 출원과 부분디자인의 출원 상호간 또는 한 벌 물품디자인의 출원과 구성물품디자인의 출원 상호간에는 유사디자인등록출원이 인정되지 않는다. 양자의 디자인은 비유사한 디자인이기 때문이다.

(4) 기타의 문제

첫째, 어떤 디자인등록출원에 대하여 타인의 등록디자인에 유사하다는 이유로써 거절이유통지를 한 것에 대해 그 디자인등록출원인과 인용참증으로 한 등록디자인의 權利者를 동일인으로 하는 출원인변경신고가 있고, 또 그 출원을 유사디자인등록출원으로 변경하는 보정을 하여온 경우 유사디자인으로 登錄받을 수 있는가가 문제된다. 예컨대 거절이유통지를 받은 A출원의 출원인 甲이 인용참증으로 한 B등록디자인의 권리자 乙과 동일인이 되었을 경우 또는 A출원의 출원인 甲이 B등록디자인을 양수받아 그 명의를 甲으로 하여 당초의 출원을 유사디자인등록출원으로 변경하는 보정을 한 경우이다. 이 경우 그 유사디자인등록출원에 대해 심사를 하여 유사디자인등록을 인정한 사례가 간혹 있다.

둘째, 단독의 디자인으로 출원한 것이 동일인의 등록디자인이나 디자인등록출원한 디자인에만 유사한 것으로 인정되었을 때 어떻게 처리할 것인가가 문제로 된다. 이 경우 실무상은 출원인에게 유사디자인등록출원으로 변경하는 보정을 하도록 한 후에 유사디자인으로 등록받도록 한다. 출원계속 중에 있는 동일인의 단독의 디자인등록출원이 여러 개가 있어 심사결과 그것이 상호 유사한 것일 때에도 위와 같이 처리된다. 다만, 이 경우는 출원번호가 가장 빠른 출원디자인을 기본디자인으로 하는 것이 법 제7조 제1항의 규정에 合致될 것이다.

셋째, 동일인의 두 개의 등록디자인(A 및 B) 중 A디자인을 기본디자인으로 하여 유사디자인등록출원한 것이 심사결과 B디자인에만 유사한 것으로 인정되는 경우에는 B디자인의 유사디자인등록출원으로 기본디자인의 번호를 정정시킨 후 B디자인의 유사디자인으로 등록하도록 한다.[29]

---

29) 특허청, 「디자인등록출원에 대한 의견제출통지서 작성예문」, 2005, 7-1112.

3. 主體의 同一性

유사디자인으로 등록되기 위하여는 유사디자인등록출원인이 기본디자인권자 또는 기본디자인등록출원인과 동일인이어야 한다. 이것은 디자인보호법 제7조 제1항의 규정상 당연하다. 여기서 '동일인'이란 디자인창작시점부터의 동일인임을 요구하는 것이 아니고 유사디자인등록시에 기본디자인의 디자인권자(또는 출원인)와 유사디자인등록출원의 출원인의 人格이 일치되는 조건만 갖추면 족하다.[30)]

4. 유사디자인에만 類似한 디자인이 아닐 것

유사디자인으로 등록되기 위하여는 기본디자인에만 유사하여야 하며 유사디자인등록을 받은 유사디자인 또는 디자인등록출원된 유사디자인에만 類似한 디자인에 대하여는 유사디자인으로서 디자인등록을 받을 수 없다(§7②).

만약 유사디자인에만 유사한 디자인까지 유사디자인등록을 인정하게 되면 기본디자인의 권리범위가 무한하게 확대되고, 또한 기본디자인에 유사하지 아니한 디자인을 기본디자인에 合體시키는 결과가 되어 유사디자인제도의 취지에 반하게 된다. 즉, 제7조 제2항의 규정은 자기의 기본디자인과의 관계에서 등록요건을 결여한 디자인을 예외로서 등록해 주도록 규정한 동조 제1항의 규정을 유사디자인에 유사한 디자인등록출원에는 적용하지 않기로 한 규정이므로 유사디자인에만 유사한 디자인에 대해 이루어지는 출원은 전혀 獨立의 디자인등록출원과 같은 法的 地位에 서게 된다. 따라서 이미 등록되어 공지 또는 간행물에 게재된 유사디자인에만 유사한 출원디자인은 新規性을 상실하게 되어 디자인등록을 받을 수 없다. 여기서는 자기의 등록디자인도 예외가 되지 않는다. 예외가 되는 것은 오직 제1항의 규정뿐이다. 그러나 公開가 되지 않는 출원계속중 또는 디자인등록거절결정된 자기의 출원디자인에만 유사한 경우에는 이들의 존재에 의해서는 등록을 배제받지 않는 것으로 해석되므로 이 경우에는 유사디자인에만 유사한 디자인이라도 등록(단독의 디자인으로서)이 된다. 그래서 이러한 결과의 발생을 방지하도록 한 것이다. 심사실무상 자기의 유사디자인에만 유사한 디자인에 대하여는 그 유사디자인의 설정등록 전·후로 나누어 ⅰ) 설정등록 전의 경우에는 다른 거절이유가 없는 한 단독의 디자인등록출원으로 변경하게

---

30) 따라서 창작자가 다른 디자인이라도 디자인등록을 받을 수 있는 권리 또는 디자인권의 양도 등에 의해 출원인, 디자인권자를 동일하게 하면 유사디자인등록을 받을 수 있는 것으로 운용되고 있다.

하여 등록하며, ii) 설정등록 후의 경우에는 公知로 된 자기의 유사디자인에 유사한 것으로 하여 거절하도록 한다.[31]

5. 物品의 同一 또는 類似

유사디자인으로 등록되기 위하여는 그 디자인의 대상이 되는 물품이 기본디자인의 物品과 同一物品 또는 類似物品이어야 한다.[32][33] 이것은 자기의 등록디자인 또는 디자인등록출원한 디자인에만 유사한 디자인이라는 요건을 규정한 디자인보호법 제7조 제1항 규정의 해석상 당연하다.

6. 기타의 登錄要件

유사디자인은 자기의 기본디자인과의 관계에서 新規性 및 先出願 규정의 예외에 한정되며, 기타의 등록요건은 일반의 디자인등록요건과 다를 바가 없다. 따라서 디자인의 공업상 이용가능성(§5①본), 타인의 선행 디자인과의 관계에서의 신규성(§5①), 창작비용이성(§5②),[34] 확대된 선출원(§5③), 디자인등록을 받을 수 없

---

31) 디자인심사기준 제8조 제2호.

32) 유사디자인의 대상이 되는 물품은 그 기본디자인의 물품과 동일물품이어야 하는가 아니면 유사물품까지도 포함하는가에 대해 일부문헌에서는 i) 동일물품한정설(유사디자인을 표현할 물품은 기본디자인이 표현되어 있는 물품과 동일물품이어야 한다는 설), ii) 유별구애설(유사물품이면 유별에 구애될 필요가 없다는 설) 등으로 나누고, 이 중 유별구애설이 타당하다고 설명한다(황종환, 의장, 305면 등). 이와 같이 견해가 나누어지고 있었던 것은 日本의 구법(大正 10년법)하에서 디자인등록출원에 있어 命令으로 정한 유별내에 있어(24개 類구분이 있었다) 그 디자인을 나타내는 物品을 지정하도록 되어 있었기(제5조) 때문에 디자인의 유사가 그 유별을 전제로 논의되었던 것에 기인한 것으로 생각된다. 그러나 우리나라는 1973년법에서 유사디자인제도를 도입할 당시 종전법에 있던 물품의 지정제도를 폐지하였기 때문에 日本디자인법에서와 같은 여러 가지 견해가 나올 수 있는 기반이 당초부터 존재하지 않았던 것이므로 상기와 같은 견해를 드는 것은 타당하지 않다.

33) 이와는 달리 유사디자인등록요건의 하나로서 "物品의 동일 또는 유사"를 들지 않는 견해도 있다. 齋藤, 의장, 329면은 물품의 지정제도를 폐지한 현행법하에서 물품의 동일 또는 유사를 유사디자인등록요건의 하나로서 독립하여 논의되는 적극적 의의를 상실한 것이라고 한다. 즉, '디자인의 유사'로써 '자기의 등록디자인에만 유사한 디자인'의 요건으로 포괄하여 말하는 것으로 충분하다고 해야 할 것이므로 이들 요건을 병기함은 요건을 중복하여 들게 되어 타당하지 않다고 한다. 매우 설득력이 있는 견해이다. 그러나 우리나라의 경우 물품의 동일·유사에 관해서도 유사디자인의 등록요건의 하나로서 들고 있는 견해가 주류인 듯하다.

34) 유사디자인에 대한 등록요건 판단시 법 제5조 제2항의 창작비용이성 규정은 신규성 규정

는 디자인(§6), 1디자인1출원 요건 및 기타의 일반의 디자인이 등록되기 위한 요건을 모두 구비하여야 하며 이들 요건에 대한 판단의 기준시점은 유사디자인등록출원시(일)가 된다.

Ⅴ. 유사디자인등록출원절차

디자인등록출원(디자인심사등록출원 또는 디자인무심사등록출원)을 행하고(시규 별지 제3호 서식), 출원서상의 '단독디자인, 유사디자인 여부'란에는 '유사디자인'이라고 기재하여 그 구분을 명시하고 '기본디자인의 표시'란의 '출원(등록, 참조)번호'란에 기본디자인의 출원번호 등을 기재한다. 이것은 의사표시의 명확화 및 기본디자인의 특정을 위한 것이다(자세한 사항은 제3편 제12절 Ⅳ. 2. 유사디자인등록출원 참조).

Ⅵ. 유사디자인의 登錄要件 위반의 효과

1. 설정등록 전

1) 디자인심사등록출원에 관한 유사디자인등록출원디자인이 유사디자인의 등록요건을 위반한 경우, 거절이유가 된다(§26①).

2) 디자인무심사등록출원에 관한 유사디자인등록출원디자인에 대하여는 그 등록 전에 원칙적으로 디자인보호법 제7조 제1항 및 제2항의 규정을 적용하지 아니하나(§26②), 다음 사항에 대하여는 심사의 대상으로 하고 있으므로 이에 해당되는 경우에는 거절이유가 된다(§26①Ⅴ).

㈎ 유사디자인등록출원디자인 또는 유사디자인등록된 디자인을 기본디자인으로 표시한 경우

㈏ 기본디자인의 디자인권이 소멸된 경우

과는 달리 본래 정책적 목적에서 나온 가치판단의 규정으로서 다른 사람의 디자인과의 관계를 고려하여 설치된 것이 아니며, 또 디자인의 창작비용이성 유무에 대한 판단은 기본디자인의 등록요건에 대한 심사시에 이미 이루어진 것이므로 기본디자인과의 유사성을 확인하는 것이 목적인 법 제7조의 규정에 의한 유사디자인은 창작비용이성의 유무판단은 필요한 것이 아니라는 견해가 있다.

㈐ 기본디자인에 관한 디자인등록출원이 무효·취하·포기되거나 디자인등록거절결정이 확정된 경우

㈑ 유사디자인무심사등록출원인이 기본디자인의 디자인권자 또는 기본디자인에 관한 디자인등록출원인과 다른 경우

㈒ 유사디자인무심사등록출원된 디자인이 기본디자인에 유사하지 아니한 경우

2. 설정등록 후

1) 디자인심사등록출원에 관한 유사디자인등록출원이 유사디자인의 등록요건을 위반한 것이 잘못 등록된 경우에는 디자인보호법 제7조 제1항의 규정에 위반되어 등록된 것에 한하여 무효사유가 된다(§68①). 제7조 제2항 규정의 위반은 무효사유에 해당되지 않는다. 따라서 자기의 유사디자인에만 유사한 디자인이 착오로 유사디자인으로 등록된 경우에는 무효로 할 수 없다. 유사디자인등록출원 전에 자기의 유사디자인이 공지 등이 된 경우 신규성 상실에 의한 무효사유 해당여부는 별개의 문제이다.

2) 디자인무심사등록출원에 관한 유사디자인등록출원디자인이 유사디자인의 등록요건을 위반한 것이 잘못 등록된 경우에는 디자인심사등록출원에 관한 유사디자인등록출원디자인의 경우와 마찬가지로 디자인보호법 제7조 제1항의 규정에 위반되어 등록된 경우에 한하여 디자인무심사등록이의신청의 대상(§29의2①) 또는 무효사유가 된다(§68①).

Ⅶ. 유사디자인의 디자인권

1. 유사디자인의 디자인권의 발생

유사디자인의 디자인권은 유사디자인의 創作, 유사디자인의 디자인등록출원, 審査, 유사디자인등록결정, 유사디자인등록료의 납부, 유사디자인의 디자인권의 설정등록 등 일련의 절차를 거쳐 발생한다.

2. 유사디자인의 디자인권의 효력

유사디자인의 디자인권의 효력에 관하여 디자인보호법 제42조는 “제7조 제

1항의 규정에 의한 유사디자인의 디자인권은 그 기본디자인의 디자인권과 合體한다"라고 규정하고 있다. 즉, 유사디자인의 디자인권의 효력은 기본디자인의 디자인권의 효력과 합체하는 것이다.

(1) 合體의 意義

1) 권리의 부수성 합체라는 것은 기본디자인의 디자인권과 유사디자인의 디자인권은 각각 별개의 출원절차, 등록절차에 의하여 성립하지만 유사디자인의 디자인권이 기본디자인의 디자인권과 불가분의 일체가 되어 운명을 같이한다는 의미이다. 즉, 유사디자인의 디자인권이 항상 기본디자인의 디자인권과 일체로서 존재함을 의미한다. 따라서 기본디자인에 대해 생긴 법률상의 효과, 예를 들면 기본디자인의 디자인권의 실효, 등록무효나 취소, 기본디자인권에 대해 설정된 실시권, 질권 등은 유사디자인의 디자인권에도 미친다.

2) 권리의 독자성 유사디자인의 디자인권은 그 권리를 성립시키는 요건의 특수성 때문에 기본디자인의 디자인권에 대해 종속적 지위에 있으나 기본디자인과의 관계 이외에는 다른 통상의 디자인권과 같이 전혀 다르지 아니한 요건과 절차를 거쳐 발생한 권리이므로 그 독자적인 범위에 대해서는 유사디자인 독자적으로 법률행위의 대상이 된다. 즉, 유사디자인의 디자인권은 그 독자적인 행정처분에 의해 발생하는 것이므로 그 등록에 하자가 있는 경우(또는 있게 된 경우)에는 독자적으로 디자인무심사등록이의신청 또는 디자인등록무효심판의 대상이 된다. 또 마찬가지로 그 자체도 일정한 범위를 가지므로 독자적으로 권리범위확인심판청구의 대상이 된다.[35] 한편, 유사디자인의 디자인권만을 포기할 수 있는가에 관하여 유사디자인의 디자인권만의 포기는 합체의 취지에 반하지 않으므로 가능하다고 해석된다.

(2) 合體의 效果

1) 존속기간의 부수성 유사디자인의 디자인권은 기본디자인의 디자인

35) 확인설의 입장에서는 유사디자인은 기본디자인의 범위내에서만 효력이 있는 것이므로 유사디자인 독자적으로 권리범위확인심판의 대상이 될 수 없게 되나 이미 설명한 바와 같이 유사디자인도 그 자신의 등록을 받을 수 있는 권리에 기초하여 이루어지는 것이므로 그 자신의 효력범위가 있고, 기본디자인의 디자인권의 효력범위를 넘는 부분에 유사디자인의 디자인권의 효력이 있음을 인정해야 할 것이므로 독자적으로 권리범위확인심판청구의 대상이 되는 것으로 해석된다.

권과 법률상의 지위를 같이하므로 그 존속기간은 기본디자인의 디자인권의 존속기간에 부수된다. 즉, 기본디자인의 디자인권의 존속기간이 만료된 때에는 그 유사디자인의 디자인권도 기본디자인권의 소멸에 부수하여 소멸한다.

2) 권리의 소멸　　유사디자인의 디자인권은 기본디자인의 디자인권의 소멸에 의해 소멸한다. 기본디자인의 디자인권의 소멸원인 여하에 불문하고 기본디자인의 디자인권에 부수하여 소멸한다. 기본디자인의 디자인권이 登錄料의 不納 등에 의해 소멸된 경우 유사디자인의 디자인권도 효력을 잃고, 기본디자인의 디자인등록을 無效로 한다는 심결이 확정된 때에는 그 유사디자인의 디자인등록도 無效로 된다(§68④). 그러나 유사디자인의 디자인등록을 무효로 한다는 심결이 확정된 때에는 그 유사디자인의 디자인권만이 처음부터 없었던 것으로 간주될 뿐이며(§68⑤), 기본디자인의 디자인권이 무효로 되는 것은 아니다. 이는 기본디자인의 디자인권이 유사디자인의 디자인권에 대해 종속적 지위에 서는 것은 아니기 때문이다.

3) 主體의 同一性　　유사디자인의 디자인권자는 항상 기본디자인의 디자인권자와 동일 人格임을 요한다. 유사디자인의 디자인권은 자기의 기본디자인에만 유사한 디자인으로서 그 기본디자인과의 관계에 있어서 특수적인 요건하에 성립된 權利이므로 권리의 설정 후에 있어서도 그 관계가 달라지게 할 수 없다. 따라서 유사디자인의 디자인권은 그것만 단독으로 이전할 수 없도록 되어 있고(§46①단), 또 유사디자인의 디자인권에 대하여만 質權의 설정 등 담보의 대상으로 할 수 없다. 주체가 다르게 될 가능성이 있기 때문이다.

그러나 유사디자인의 디자인권 단독으로만 實施權의 설정이 가능한가에 대하여는 견해가 나누어진다.

통상실시권의 경우에는 계약자유의 원칙에 의해 유사디자인의 디자인권 단독의 허락이 가능하다는 것에 이견이 없으나, 전용실시권에 대하여는 기본디자인의 디자인권에 전용실시권을 설정한 경우 유사디자인에까지 權利가 미치므로 유사디자인의 디자인권 단독의 전용실시권을 설정한 경우 기본디자인의 디자인권과 유사디자인의 디자인권에 대한 전용실시권이 충돌되므로 不可能하다는 견해가 있다.

그러나 법상 이에 관한 금지적 규정이 없고 또 전용실시권의 경우에도 시간적·지역적 또는 내용적인 면에서 제한을 가하여 설정할 수 있으며, 특히 내용적인 면에서의 제한은 ⅰ) 法的 범위(생산, 사용 또는 양도의 제한, 상품에 포장을 부착하는 행위 등), ii) 질적 · 제도적 범위(실시제품의 종류, 색, 원재료 등의 제한), iii) 유사디자인의 제한 등을 포함할 수 있는 것이고, 또 權利가 충돌하는 문제는 民事的으로 해결될 수 있는 것이므로 主體가 달라질 우려가 없는 실시권의 경우에는 통상실시권, 전용실시권을 불문하고 가능하다고 생각된다.[36] 나아가 유사디자인의 디자인권이 2 이상 있는 경우 그 중 하나의 유사디자인의 디자인권에만 전용실시권의 설정도 가능하다고 보아야 할 것이다.

제 3 절 한 벌 物品의 디자인제도

Ⅰ. 서 설

1. 의 의

한 벌 물품의 디자인제도라 함은 2 이상의 물품이 한 벌의 물품으로 동시에 使用되는 경우 당해 한 벌의 물품의 디자인이 한 벌 전체로서 統一性이 있는 때에는 1디자인으로 디자인등록을 받을 수 있도록 하는 제도를 말한다.[37] 한 벌 물품의 디자인은 2 이상의 集合物이 그 개개로서도 獨立하며 거래의 대상이 되고, 디자인등록출원의 客體로 할 수 있으나 디자인보호법은 그것이 한 벌의 물품으로 사용되는 경우에 이를 전체로서 1디자인으로 의제하여 1출원 절차로 할 수 있도록 한 것이다.[38] 그러나 한 벌 물품에 대하여는 출원인의 자유로운 선택에 맡기는 것은 법 제11조에서 정하는 1디자인1출원 원칙을 벗어나게 되므로 디자인보호법은 한 벌 물품의 구분은 지식경제부령에서 정하는 물품으

36) 일본은 平成 10년(1998년) 법개정에서 종래의 유사디자인제도를 폐지하고 대신 관련디자인제도를 창설하면서, 본디자인 또는 관련디자인의 디자인권에 대한 전용실시권은 동일한 자에 의해 동시에 설정하는 경우에 한해 설정하지 않으면 안 된다는 취지의 규정을 명문으로 신설하였다(日法§27).

37) 日本 디자인법 제8조는 組物디자인제도에 대해 규정하고 있는데 우리나라 法의 한 벌 물품디자인제도와 거의 같다.

38) 한 벌 물품은 集合物을 구성하는 물품의 디자인을 전체로서 1디자인으로 법적 의제한 것이라 할 수 있다.

로 한정하고 있다(§12②).

2. 제도적 취지

디자인보호법 제11조 제1항은 "디자인등록출원은 1디자인마다 1디자인등록출원으로 한다"라고 규정되어 있고, 동조 제2항에서는 "디자인등록출원을 하고자 하는 자는 지식경제부령이 정하는 물품의 구분에 따라야 한다"라고 규정되어 있다. 이것을 1디자인1출원 원칙(또는 1디자인1출원주의)이라고 한다. 따라서 1디자인1출원 원칙하에서는 2 이상의 물품은 集合物로서 1디자인등록출원을 할 수 없다. 그러나 이들 물품 중에는 서로 독립된 상태보다는 상호 보완관계에 있을 때 그 效用 및 機能面에서 완전하여지며 그 때문에 한 벌로서 동시에 使用되는 경우, 그 물품의 디자인을 한 벌로서 취급하는 것(사회관습의 존중)이 출원인의 편의를 도모하게 됨과 동시에 심사절차면에 있어서도 번잡을 피할 수 있다. 그래서 집합물 중 특별히 한 벌 물품의 디자인에 대하여는 종래부터 하나의 출원절차에 의해 권리청구하는 것을 가능하게 하고 있다. 그러나 근년에는 제품개발의 다양화, 고도화에 따라 특정한 목적으로 제공되는 복수의 물품군에 대해 그들의 자유로운 조합을 고려하면서 전체적인 統一感을 갖도록 각각의 물품을 디자인하는 이른바 시스템디자인이 디자인 창작활동의 실태로 나타나고 있는데 종전의 제도는 한 벌 物品 디자인의 확보대상이 한정적(6품목)인 것으로 되어 있어 산업활동의 실태와 괴리가 생기고, 또 시스템디자인과 같은 새로운 경향의 創作에 대하여 적절한 보호가 미치지 못하는 문제가 있었다. 이와 같은 문제에 대응하여 2001년 법개정에서는 한 벌 物品 디자인의 보호대상을 기동적으로 고치고 擴大할 수 있도록 함과 동시에 동종물품에 의해 구성되는 시스템디자인에 대해서도 한 벌 물품의 디자인으로 보호될 수 있도록 하기 위하여 종전의 한 벌 물품 디자인의 成立要件으로 요구되던 '2종 이상의 物品'을 '2 이상의 物品'으로 하고, '한 벌의 물품으로 판매되고'(관습성)라는 구절을 삭제하도록 하며, 또한 한 벌 물품디자인의 등록요건과 그 권리행사의 태양간의 부정합을 해소하기 위하여 디자인 전체로서만 신규성이나 창작비용이성 등이 있는 경우에는 등록요건을 만족시키는 것으로 하여 등록되도록 하고(등록요건의 완화), 각 구성물품의 디자인에는 등록요건을 부과하지 않는 것으로 하였다.

Ⅱ. 한 벌 物品 디자인의 成立要件

1. 동시사용 관계에 있을 것

한 벌 物品의 디자인으로 성립되기 위하여는 2 이상의 물품이 동시에 사용되는 관계에 있는 것이어야 한다. 여기서 동시사용은 시간적 의미에 있어서 언제나 동시에 사용되는 것이 아니라 한 벌의 물품을 구성하는 물품 상호간에 하나의 사용이 다른 것의 사용을 觀念的으로 연상하게 하는 관계에 있는 것을 의미한다.39)

2. 지식경제부령으로 정하는 물품일 것

한 벌 물품의 디자인에 관한 물품은 지식경제부령이 정하는 한 벌 물품이어야 한다. 지식경제부령에서 정하도록 한 것은 한 벌 물품인가 아닌가의 판단의 곤란함을 회피하여 신속한 처리를 도모하기 위한 것이다. 한 벌 물품의 구분은 디자인보호법 시행규칙 「별표5」에서 정해지고 있다(시규§9②). 구법하에서는 한 벌 물품의 구분을 ⅰ) 한 벌의 끽연용구세트, ⅱ) 한 벌의 차세트, ⅲ) 한 벌의 화채용세트, ⅳ) 한 벌의 숟가락과 젓가락, ⅴ) 한 벌의 나이프·포크 및 스푼, ⅵ) 한 벌의 반상기 세트 등 6品目으로 한정하고 있었으나 2001년 법개정에서 복수의 유니트로 디자인되는 소위 시스템디자인 등에 대한 實質的인 보호를 도모하기 위하여 한 벌 물품으로 인정되는 대상물품을 31品目으로 擴大하였다(본절 말미의 「한 벌의 물품 및 구성물품」 참조).

3. 구성물품이 적당할 것

한 벌 물품을 구성하는 물품은 디자인보호법 시행규칙 「별표5」에 게기된 한 벌 물품마다 별도로 정해진 구성물품의 각 물품에 대해서 적어도 각 1물품

---

39) 동시사용의 요건은 사실상의 사용이 동시에 이루어지는 것까지 엄밀히 요청되는 것은 아니다. 예컨대 한 벌의 숟가락과 젓가락은 한 벌의 物品으로 인정되지만 숟가락을 사용할 때 젓가락을 동시에 사용하는 것이라고는 할 수 없다. 또한 이 요건은 실제운용에 있어서는 지식경제부령으로 정하는 31가지의 한 벌 물품에 한정하고 있으므로 이 요건의 실질적인 의의는 그 한 벌 물품을 구성하는 물품의 조합이 동시에 사용되는 관계에 있는 것이냐의 여부에 그친다고 할 수 있다.

을 포함하는 것이어야 한다. 별도로 정해진 구성물품이란 한 벌의 물품 및 구성물품표(디자인심사기준 별표1)에서 한 벌 물품마다 정하고 있다. 예컨대 한 벌의 끽연용구세트의 경우 그 구성물품으로 정해진 탁상용 라이터, 재떨이, 담배함, 받침대 중 2종 이상의 구성물품을 포함하고 있어야 한다. 그러나 그 이외의 물품을 포함하는 것에 대하여는 그 부가된 물품이 동시에 사용되는 것이며 또한 정하여진 중심적인 구성물품에 부수되는 범위 내의 물품으로 인정되는 경우에 구성물품이 적당한 한 벌 물품인 것으로 인정된다.

4. 한 벌 物品 전체로서 統一性이 있을 것

한 벌 물품의 디자인이 성립하기 위한 가장 본질적인 요건은 한 벌 物品 전체로서 統一性이 있는 데 있다. 여기에서 통일이라는 것은 디자인상의 통일을 말한다. 디자인상의 통일은 순수한 디자인상의 통일을 말하는 형상, 모양, 색채 또는 이들의 결합상에 있어서의 통일은 물론 특정관념에 기초를 둔 디자인상의 통일이라도 된다. 한 벌 물품 전체로서 統一性이 인정되는 유형은 다음과 같다.

(1) 形狀상의 통일

구성물품의 전체형상 또는 주요부를 일정한 질서와 기조에 의해 구성하는 경우 또는 구성물품의 각 형상이 集合하여 하나의 통합된 형상을 나타내는 경우에는 한 벌 물품 전체로서 통일성이 있는 것이라 할 수 있다<그림 7-3, 7-4>.

〈그림 7-3〉 구성물품 전체의 형상이 일정한 질서, 기조에 의해 구성되어 있거나 구성물품의 각각에 같은 특징을 갖고 있는 형상[40)]

한 벌의 양념용기세트 | 한 벌의 나이프, 포크 및 스푼 | 한 벌의 오디오세트

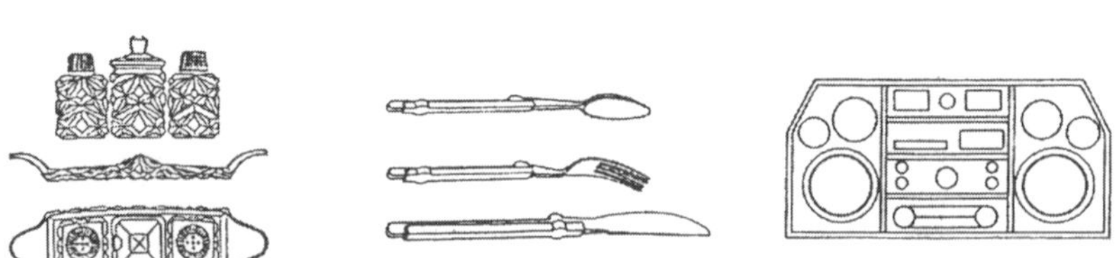

40) 加藤, 개정의장, 58・59면.

〈그림 7-4〉 구성물품이 집합하여 하나의 통합된 형상을 나타낸 경우[41]

한 벌의 테이블세트

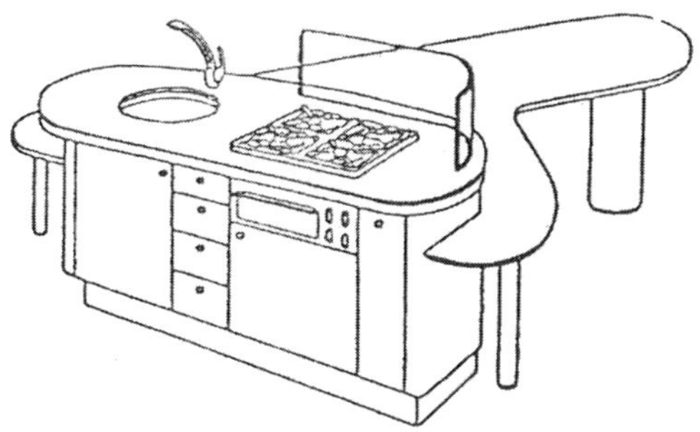

한 벌의 양념용기세트

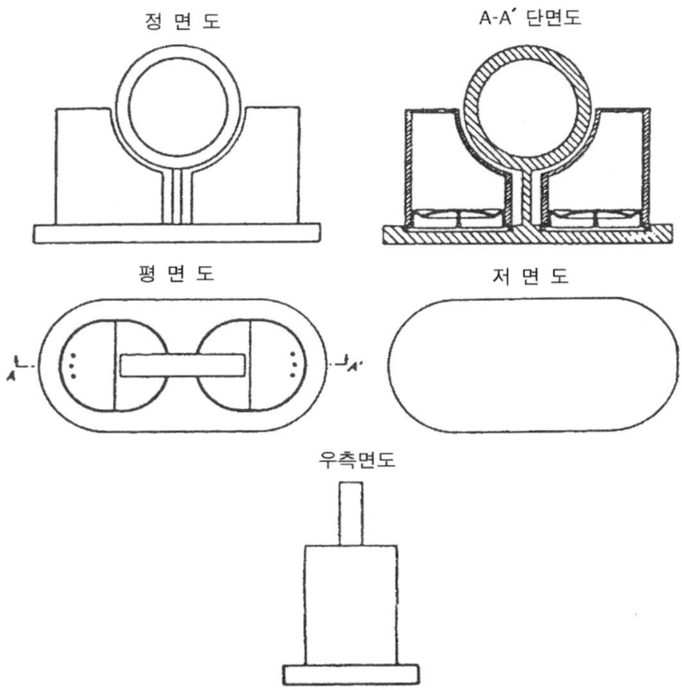

41) 加藤, 개정의장, 61면.

(2) 模樣상의 통일

같은 모티브에 의한 모양이 구성물품의 각각에 동일한 구성으로서 나타나는 경우 또는 구성물품에 나타낸 모양이 集合하여 하나의 統合된 모양을 이루는 경우에는 全體로서 통일성이 있는 것이 된다<그림 7-5, 7-6>.

〈그림 7-5〉 동일한 모티브에 의한 모양이 구성물품의 각각에 동일한 구성을 나타내는 경우

한 벌의 부엌가구세트[42)]

사시도

〈그림 7-6〉 구성물품에 나타난 모양이 집합하여 하나의 통합된 모양을 이루는 경우

한 벌의 양념용기세트[43)]

평면도

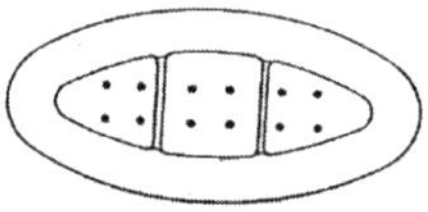

정면도

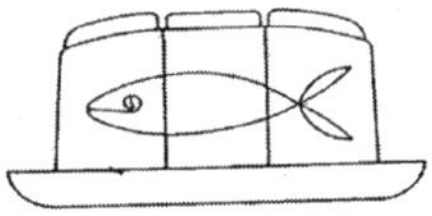

(3) 色彩상의 통일

한 벌 물품을 구성하는 物品에 각기 채색된 색채가 統一되어 있는 경우이다. 그러나 색채는 獨自的으로는 한 벌 물품 전체의 통일성을 실현하는 것은 곤란하지만 통일성이 있는 형상, 통일성이 있는 모양과 결부된 일정한 색채에

42) 加藤, 개정의장, 60면.

43) 加藤, 개정의장, 63면.

의해 통일성이 실현된다. 따라서 색채는 통일성을 성립시키는 요소에 있어 從이 되는 것이다.

(4) 觀念的 統一

한 벌 物品을 구성하는 각 구성물품의 형상·모양·색채 또는 이들의 결합에 의하여 한 벌 물품 전체로서 볼 때 전설이나 관념적으로 관련이 있는 인상을 주는 경우에는 한 벌 물품 전체로서 통일성이 있는 것이 된다. 예를 들면 토끼와 거북이의 동화를 그림으로 각 구성물품에 관련 있게 표현한 것 또는 춘향전이나 홍길동전에 나오는 人物이나 풍치를 분해하여 각 구성물품에 따로따로 표현하여 전체로서 볼 때에 춘향전이나 홍길동전으로 되어 있는 것 같은 경우이다. 그러나 이 경우의 예로서 3개의 술잔에 송, 죽, 매를 표현한 것 등은 한 벌 물품이 아니므로 적용되지 않는다.

Ⅲ. 한 벌 物品 디자인의 登錄要件

법 제12조의 요건을 만족시킨 한 벌 물품의 디자인등록출원은 한 벌 物品 全體로서 통상의 1디자인이 등록되기 위한 일반적 등록요건을 구비하여야 한다. 즉, 한 벌 물품 전체로서 공업성(§5①본문), 신규성(§5①각호), 창작비용이성(§5②), 확대된 선출원(§5③), 디자인등록을 받을 수 없는 디자인(§6), 유사디자인(§7), 선출원(§16) 등의 요건을 구비하면 한 벌 물품의 디자인으로 등록받을 수 있다. 이것은 한 벌 물품의 디자인은 1디자인으로서 출원 및 등록을 인정하는 것이기 때문이다.

종전에는 한 벌 물품의 디자인이 등록되려면 한 벌 물품으로서도 일반적인 등록요건을 구비함과 동시에 그 구성물품도 각각 독립하여 신규성(§5①각호), 창작비용이성(§5②), 선출원(§16) 등의 등록요건을 만족시키는 것이 요구되고 있었다. 그러나 權利行使시에는 한 벌 물품 디자인 전체로서만 권리행사가 가능하고, 해당 한 벌 물품을 구성하는 물품마다는 행사할 수 없는 것으로 되어 있어 한 벌 물품 디자인의 登錄要件과 그 권리행사 태양과의 不整合이 있었다. 그래서 2001년 법개정에서 이와 같은 부정합을 해소하고, 한 벌 물품의 디자인 전체의 창작에 신규성, 창작비용이성 등이 있는 경우에는 보호요건을 만족시키는 것으로 하여 등록되도록 하기 위해 법 제12조 제3항을 삭제하여 각 구성물품의 디자인에는 등록요건을 부과하지 않는 것으로 하였다. 그러나 한 벌 물품을 구성하는 일부의 물품에 관한 디자인만이 디자인보호법 제6조(디자인등록을 받을 수 없는 디자인) 제1호 내지 제4호에서 규정하는 디자인에 해당하는 경우 한 번 물품의 디자인으로 등록받을 수 있는지에 대하여는 의문이 있다. 법 제6조 제1호 내지 제3호는 公益的 見地 등을 이유로 등록받을 수 없는 것을 규정한 것이므로 한 벌 물품의 디자인 전체로서뿐만 아니라 그 일부의 구성물품에 관한 디자인만이 i) 국기·국장 등과 동일 또는 유사한 디자인에 해당되는 경우, ii) 공공의 질서 또는 善良한 풍속을 문란하게 할 염려가 있는 디자인에 해당되는 경우, iii) 타인의 업무에 관계되는 물품과 혼동을 일으킬 염려가 있는 디자인에 해당되는 경우에는 한 벌 물품의 디자인 전체로서 여기에 해당되어 디자인등록을 받을 수 없는 것이라고 해석되고 심사실무상 취급도 동일하다.[44] 그러나 법 제6조 제4호(물품의 기능을 확보하는 데 불가결한 형상만으로 된 디자인)의 해당여부에 대하여는 한 벌 물품 전체의 통일감을 보호하는 한 벌 물품의 디자인제도의 취지에서 볼 때, 한 벌 물품의 디자인 전체로써 판단함이 타당할 것이다.

Ⅳ. 한 벌 物品의 디자인등록출원절차

1. 출원절차

(1) 출원서의 기재사항

한 번 물품 디자인의 디자인등록출원 또는 한 벌 물품 디자인의 유사디자인등록출원에 있어 그 출원서의 작성은 통상의 디자인등록출원 또는 유사디자인등록출원의 출원서 작성과 동일하다. 디자인등록출원서상 '디자인의 대상이 되는 물품'란의 기재는 디자인보호법 시행규칙 「별표5」의 한 벌 물품의 구분에서 정한 한 벌 물품의 명칭에 해당하는 것을 기재한다.

(2) 圖面 등의 표현방법

1) 도면 등에 의한 한 벌 물품 디자인의 표현　　한 벌 물품의 각 구성물품의 도면만으로 그 한 벌 물품의 디자인을 충분히 표현할 수 있는 것은 각 구성물품마다 그 디자인을 충분히 표현할 수 있는 정투상도법에 의한 6면도 및

44) 디자인심사기준 제15조 2. 마. (2).

사시도 등 하나의 디자인도면을 작성한다. 또한 한 벌 물품의 디자인으로 성립되는 요건 중 통일을 나타내기 위해 조합된 상태의 도면이 필요한 한 벌 물품에 대하여는 그 한 벌 물품의 각 구성물품마다 그 디자인을 충분히 표현할 수 있는 하나의 디자인도면을 각각 작성하는 동시에 전 구성물품이 조합된 상태에 있어서 디자인을 충분히 표현할 수 있는 도면에 대해서도 작성할 필요가 있다.

2) 도면 등에 있어서의 표시　한 벌 물품의 도면의 표시는 각 도면의 표시에 각 구성물품의 명칭(이 구성물품의 명칭은 디자인보호법 시행규칙 제9조 제1항 별표4에서 정하는 물품의 구분 또는 물품의 구분과 같은 정도의 구분에 의한 물품의 구분을 기재한다)을 붙이는 것으로 하며 도면의 표시가 중복되지 않도록 하여야 한다. 예를 들면 '한 벌의 의자세트'와 같이 구성물품으로서 동일물품을 복수 포함하는 것에 대해서도 '의자1의 정면도', '의자2의 정면도'와 같이 기재하여 도면의 표시가 중복되지 않도록 하여야 한다. 또한 한 벌 물품의 디자인으로 인정되는 요건 중 통일을 나타내는 도면을 제출하는 경우에는 구성물품의 명칭을 부가하지 않고 정면도, 배면도, 좌측면도, 우측면도, 평면도, 저면도 등의 표시로 한다(한 벌 물품 디자인등록출원시 도면작성 등에 관한 자세한 사항은 제3편 제11장 제2절 Ⅳ. 3. 한 벌 물품 디자인등록출원 참조).

2. 한 벌 物品 디자인의 出願分割 가부

2 이상의 물품에 의해 구성되는 디자인이 법 제12조에 규정된 한 벌 물품 디자인의 성립요건을 만족시키고 있는 경우, 그 디자인은 全體로서 1디자인으로 인정되는 것이므로 법 제19조 제1항에 기초하는 적법한 분할이 인정되지 않는다. 종전에는 한 벌 물품 디자인이 등록되기 위하여는 한 벌 물품 전체로서의 등록요건 이외에 한 벌을 구성하는 물품에 대하여도 일정한 등록요건을 충족할 것이 요구되었으므로 한 벌 물품을 구성하는 물품의 디자인 중 하나라도 이들 요건을 결여한 경우 그 한 벌 물품의 디자인은 디자인등록을 받을 수 없게 되었다. 이 경우에 등록요건이 결여되지 아니한 한 벌 물품을 구성하는 물품의 디자인에 대하여 분할하는 것을 인정하여 구제가능한 물품에 대하여 구제받을 수 있도록 하였다. 그러나 2001년 개정법은 구성물품별의 등록요건을 부과하지 않는 것으로 함으로써 구성물품별의 등록요건을 심사할 필요가 없게 되었으며 또한 개정법하의 새로운 한 벌 물품 디자인제도는 한 벌 물품의 디자인 전체로서의 美感을 평가하는 것이기 때문에 각각의 구성물품의 미감을 주장하기 위해서 한 벌 물품 디자인의 분할을 인정하는 것은 제도의 취지에 맞지 않게 되어

한 벌 물품 디자인에 대한 출원분할은 인정하지 않는 것으로 하고 있다. 그러나 한 벌 물품 디자인의 성립요건을 만족시키지 않는 것은 결과적으로 다디자인을 포함하는 출원에 해당하는 것이 되고, 이 경우 출원인은 법 제19조 제1항 제1호의 규정에 의해 출원의 분할을 할 수 있음은 물론이다.

3. 部分디자인과의 관계

한 벌 물품 디자인의 부분(각 구성물품의 부분을 포함한다)에 관한 부분디자인의 디자인등록출원은 인정되지 않는다(§2 i). 한 벌 물품의 디자인에 대하여는 그 보호의 취지, 목적이 한 벌 물품 전체로서의 통일성 있는 美感에 있는 것이므로 물품의 부분에 관계된 창작을 평가하는 부분디자인을 한 벌 물품 디자인의 디자인등록출원으로 인정하는 것은 타당하지 않기 때문이다.

Ⅴ. 한 벌 物品 디자인에 관한 요건위반의 효과

1. 한 벌 物品 디자인의 성립요건을 결한 경우

(1) 설정등록 전

한 벌 물품의 디자인으로 디자인등록출원된 디자인이 ⅰ) 동시사용의 요건에 적합하지 않은 경우, ⅱ) 한 벌 물품의 구성물품이 적당하지 않은 경우, ⅲ) 지식경제부령이 정하는 한 벌 물품의 구분에 게기한 물품에 해당하지 않은 경우, ⅳ) 한 벌 물품 전체로서 統一性이 없는 경우에는 디자인보호법 제12조 제1항 및 제2항에서 규정하는 한 벌 물품 디자인의 成立要件을 충족하지 못하므로 한 벌 물품의 디자인으로 디자인등록을 받을 수 없다(§12①, ②).[45)]

(2) 설정등록 후

한 벌 물품 디자인의 성립요건을 결여한 것이 잘못 등록된 경우에는 無效事由가 되지 않으므로 無效審判에 의하여 무효로 할 수 없다(§68①). 한 벌 물품 디자인의 성립요건을 결여한 것이 잘못 등록된 경우에는 결과적으로 법 제11조

---

45) 2 이상의 디자인에 의해 구성되는 디자인등록출원으로서 '디자인의 대상이 되는 물품'란에 한 벌 물품의 출원과 같은 기재[예를 들면 '한 벌의 ○○세트'로 되어 있으나 그 기재가 지식경제부령(디자인보호법 시행규칙 제9조 제2항 별표5)]에 정해진 한 벌 물품에 해당하지 않는 경우는 디자인보호법 제11조의 규정에 기초하여 거절이유를 통지하게 된다.

에서 규정하는 1디자인1출원 원칙에 위반된 디자인이 잘못 등록된 것이라 할 수 있고, 또 1디자인1출원 원칙에 위반된 것은 무효사유에 해당되지 않기 때문이다(§68①).

2. 한 벌 物品 디자인의 등록요건 위반의 효과

한 벌 물품 디자인 전체로서 일반적인 등록요건을 위반한 출원은 거절이유가 되고(§26① i) 잘못하여 등록된 경우에는 無效事由가 된다(§68①). 한 벌 물품 디자인의 유사디자인등록출원의 경우에는 그 한 벌을 구성하는 물품이 기본디자인을 구성하는 물품과 각각 유사하다 하더라도 한 벌 물품 전체로서 기본디자인과 유사하지 아니하면 법 제7조 제1항의 규정에 의한 유사디자인의 등록요건을 결여한 것이 되어 거절이유가 되고(§26①), 잘못 등록된 경우에는 무효사유가 된다(§68①). 또한 한 벌 物品에 있어서도 디자인무심사등록의 대상이 되는 물품이 있다. 예를 들면 한 벌의 여성용 한복세트, 한 벌의 남성용 한복세트, 한 벌의 여성용 속옷세트 등인데 이들 한 벌의 물품은 디자인무심사등록대상이므로 그 등록 전에 법 제5조 제1항 각호(신규성), 제5조 제2항(창작비용이성), 제5조 제3항(확대된 선출원), 제16조(선출원)의 규정 등에 대해서는 심사하지 않으므로 이들 요건에 위반된 것이 등록된 경우에는 디자인무심사등록이의신청의 대상이 되고(§29의2①) 또 무효사유에도 해당된다(§68①).

Ⅵ. 한 벌 物品 디자인의 디자인권

1. 權利의 발생, 이전, 소멸 등

한 벌 물품 디자인의 디자인권의 발생, 이전, 소멸 등은 일반의 디자인권의 경우와 하등 다르지 않다. 즉, 한 벌 물품의 디자인은 한 벌을 구성하는 물품은 2 이상의 것이지만 한 벌의 물품의 디자인으로 출원되면 하나의 디자인권만 발생한다(권리일체의 원칙). 따라서 한 벌 물품의 디자인권의 존속기간도 한 벌 물품의 디자인 전체로서 진행되며, 각 구성물품의 디자인별로 이전하거나 소멸시킬 수 없다. 또한 한 벌 물품의 디자인권에 대한 무효심판, 권리범위확인심판청구 등도 한 벌 물품의 디자인 전체에 대하여 하여야 하고 각 구성물품의 디자인에 대하여는 할 수 없다. 전용실시권이나 질권의 경우에도 한 벌 물품을 구성하는 물품에 대하여만 설정할 수 없다.

2. 한 벌 物品의 디자인권의 효력

한 벌 물품 디자인의 디자인권자는 일반의 디자인권자와 같이 업으로서 한 벌 물품에 관한 등록디자인 또는 이와 유사한 디자인을 實施할 權利를 獨占한다(§41).

3. 한 벌 물품 디자인권의 일부 侵害 문제

한 벌 물품의 디자인권은 전술한 바와 같이 한 벌의 물품을 일체로 하여 발생한 권리로서 한 벌의 물품을 구성하는 개개의 물품상에 이루어지는 權利의 集合이 아니다. 그렇다면 한 벌의 물품을 구성하는 물품의 하나를 他人이 실시하는 경우 이를 한 벌 물품의 디자인권에 대한 侵害로 보고 이를 배제할 수 있을 것인가. 종전에는 한 벌 물품의 디자인이 등록되기 위하여는 한 벌 물품 전체에 추가하여 한 벌 물품을 구성하는 물품의 디자인에 대하여도 특별한 등록요건을 부과하고 있었기 때문에 이를 근거로 한 벌 물품 디자인권의 침해를 긍정하는 견해도 있었으나, 통설은 한 벌 물품의 디자인권은 그 구성물품 개개의 독립한 권리가 존재하는 것이 아니고 한 벌 물품 디자인 전체가 하나의 권리로 되는 데 불과하므로 한 벌 물품을 구성하는 물품에 대한 타인의 실시는 권리침해가 될 수 없다고 하였다. 이러한 생각은 예컨대 자동차에 관한 디자인에 있어서 타인이 그 자동차를 구성하는 핸들을 실시한 경우, 자동차 디자인 자체에 대한 권리침해가 될 수 없다는 것과 해석을 같이한 것이다. 이와 같은 견해에 서게 되면 한 벌 물품을 구성하는 물품의 대부분을 侵害한 경우에 권리침해가 성립하게 된다. 그러나 2001년 법개정에서는 한 벌 물품의 디자인에 대한 등록요건을 고쳐 각 구성물품에는 신규성, 선출원 등의 등록요건을 부과하지 않고 한 벌 물품의 디자인 전체에만 요구하는 것으로 하고 있으므로 종전의 개개의 구성물품에 관한 디자인에도 디자인권이 인정되어야 한다는 견해는 그 성립의 기반을 상실하게 되었다.

한편, 이에 대하여 간접침해의 규정은 적용할 수 없는가 하는 의문이 있다. 법 제63조에는 “등록디자인이나 이와 유사한 디자인에 관한 물품의 생산에만 사용하는 물품을 업으로서 생산·양도·대여 또는 수입하거나 그 물품의 양도 또는 대여의 청약을 하는 행위는 당해 디자인권 또는 전용실시권을 침해한 것으로 본다"라고 규정되어 있다. 여기에서 '등록디자인이나 이와 유사한 디자인에 관한 물품의 생산에만 사용하는 물품'이란 부품, 재료, 형틀, 장치, 공작기계 기타의 설비 등이라고 해석되고 있지만, 한 벌 물품의 디자인에 대하여 그 개개의 등록디자인 또는 이와 유사한 디자인에 관한 구성물품이 그 한 벌 물품의 생산에만 사용되는 물품이라고 할 수 있을 것인가. 이론상 타인의 한 벌 물품을 구성하는 물품의 실시가 디자인등록을 받은 한 벌 물품의 생산에만 사용하는 물품이라는 조건을 충족시키는 것이라면 간접침해의 규정이 적용될 수 있는 것이라고 생각될 수 있으나, 실제로는 한 벌 물품의 구성물품은 각각 독립된 個性을 가지고 있기 때문에 그 한 벌 물품의 생산에만 사용하는 물품이라는 조건을 충족시키는 경우는 거의 없을 것이므로 간접침해규정이 적용될 여지는 희박하다고 생각된다.[46]

VII. 관련문제

1. 한 벌 물품 디자인의 부분디자인의 인정여부

한 벌 물품의 디자인제도는 2 이상의 물품을 조합시킨 시스템제품에 관계된 디자인 전체의 통일감을 보호하기 위한 것이므로 이와 같은 한 벌 물품 디자인제도의 취지에서 볼 때, 한 벌 물품의 디자인의 부분디자인 또는 한 벌 물품의 구성물품에 부분디자인을 포함하는 한 벌 물품의 디자인은 디자인등록을 받을 수 없다(§2 i).

따라서 한 벌 물품의 디자인의 부분에 대하여 디자인등록을 받고자 하는 경우에는 한 벌 물품을 구성하는 각 물품의 디자인별의 출원에 의해서만 보호받을 수 있다.

2. 한 벌 물품의 디자인등록출원에 대한 신규성상실의 예외규정의 적용문제

한 벌 물품의 디자인이 新規性을 상실하여 법 제8조에서 규정한 신규성 상실의 예외규정의 적용을 받고자 하는 취지의 주장을 한 경우에 신규성 상실의 예외규정의 적용을 받을 수 있음은 당연하다. 그러나 한 벌 물품디자인등록출원

46) 윤종렴, 의장, 430면; 이수웅, 의장, 288면에서는 모두 간접침해의 성립을 부정한다.

에 있어 그 구성물품에 대하여도 이 규정의 적용을 받을 수 있는지가 문제된다. 한 벌 물품 디자인등록출원에 있어 新規性 등의 판단은 한 벌 물품 전체로서 판단하도록 되어 있으므로 한 벌 물품을 구성하는 물품에 대하여는 이 규정의 적용을 받을 수 없는 것으로 보아야 할 것이다. 예를 들면 응접탁자와 소파에 관한 디자인을 자신이 창작한 후 그 응접탁자의 디자인만을 판매함에 따라 공지된 경우 그 공지 후 6개월 이내에 그 응접탁자와 소파를 구성물품으로 한 한 벌의 응접세트를 출원하였을 때 응접탁자에 대하여 신규성상실의 예외규정의 적용을 받기 위한 절차를 취하지 않아도 그 한 벌의 응접세트는 신규성이 상실되지 않는다.

3. 파리協約에 의한 優先權主張 인정문제

한 벌 물품의 디자인등록출원에 관한 디자인이 우선권의 기초가 되는 1국의 최초 출원된 한 벌 물품의 디자인과 동일성이 인정되는 경우에는 당연히 우선권주장이 인정된다. 또한 한 벌 물품 디자인의 디자인등록출원에 대해서 제1국에 있어서 그 구성물품이 우리나라의 한 벌 물품과 마찬가지로 1출원으로 출원되어 그 출원을 근거로 하여 한 벌 물품 디자인의 전체로서 유효한 우선권주장을 수반하고 있는 경우에도 우선권주장이 인정되어야 할 것이다.

(예)

〈한 벌의 물품 및 구성물품〉

	한 벌 물품명	구성 물품	적합성	중분류
1	한 벌의 여성용 한복 세트	저고리 치마 두루마기 버선	2종 이상의 구성물품을 포함할 것	B1-10
2	한 벌의 남성용 한복 세트	저고리 바지	2종 이상의 구성물품을 포함할 것	B1-10

	한 벌 물품명	구성 물품	적합성	중분류
		마고자 두루마기 버선 대님		
3	한 벌의 여성용 속옷 세트	브래지어 팬티 거들 슬립	2종 이상의 구성물품을 포함할 것	B1-60
4	한 벌의 장신구 세트	반지 목걸이 귀걸이 팔찌	2종 이상의 구성물품을 포함할 것	B3-00
5	한 벌의 커프스버튼 및 넥타이 핀	커프스버튼 넥타이 핀	모든 물품을 포함할 것	B3-00
6	한 벌의 끽연용구 세트	탁상용 라이터 재떨이 담배함 받침대	2종 이상의 구성물품을 포함할 것	B6-6
7	한 벌의 침장 세트	이불 요 베개 매트리스커버 패드	2종 이상의 구성물품을 포함할 것	C1-10
8	한 벌의 커피 세트	커피잔 및 받침접시 커피주전자 프림따르개 커피통 설탕통 프림통 통받침대	2종 이상의 구성물품을 포함할 것	C5-10
9	한 벌의 화채용 세트	화채볼 화채볼컵 화채주걱 화채주전자	2종 이상의 구성물품을 포함할 것	C5-10
10	한 벌의 반상기	밥그릇 대접	모든 물품을 포함할 것	C5-10

	한 벌 물품명	구성 물품	적합성	중분류
		탕기 조치 보시기 종지 쟁첩		
11	한 벌의 다기 세트	차주전자 숙우 찻잔 및 받침접시	받침접시가 없는 경우도 가능	C5-10
12	한 벌의 양념용기 세트	간장통 소금통 후추통 소스통 통받침대	2종 이상의 구성물품을 포함할 것	C5-10
13	한 벌의 밥그릇과 국그릇	밥그릇 국그릇	모든 물품을 포함할 것	C5-10
14	한 벌의 주기 세트	술병 술주전자 술잔	2종 이상의 구성물품을 포함할 것	C5-0
15	한 벌의 나이프, 포크 및 스푼	나이프 포크 스푼	모든 물품을 포함할 것	C6-10
16	한 벌의 숟가락 및 젓가락	숟가락 젓가락	모든 물품을 포함할 것	C6-10
17	한 벌의 제기 세트	향로 지방틀 촛대 편틀 어틀 술잔 잔대 제사용 그릇 밥그릇 국그릇	5종 이상의 구성물품을 포함할 것	C7-10
18	한 벌의 세면화장대 세트	세면화장대 화장거울 수납장	모든 물품을 포함할 것	D0-0

	한 벌 물품명	구성 물품	적합성	중분류
19	한 벌의 책상과 책꽂이	책상 책꽂이 서랍통	2종 이상의 구성물품을 포함할 것	D2-30
20	한 벌의 거실용 가구 세트	거실용 수납장 장식장	모든 물품을 포함할 것	D2-50
21	한 벌의 테이블 세트	테이블(2개 이상)	모든 물품을 포함할 것	D2-00
22	한 벌의 사무용가구 세트	사무용 테이블 파티션 서랍통	모든 물품을 포함할 것	D2-00
23	한 벌의 응접 세트	응접탁자 소파	모든 물품을 포함할 것	D2-00
24	한 벌의 탁자와 의자	탁자 의자(2개 이상)	모든 물품을 포함할 것	D2-00
25	한 벌의 부엌가구 세트	싱크대 조리대 가스레인지대 수납선반	모든 물품을 포함할 것	F0-0
26	한 벌의 서도용구 세트	먹 벼루 연적 벼루함	벼루함이 없는 경우도 가능	F2-10
27	한 벌의 필기구 세트	샤프펜슬 볼펜 만년필	모든 물품을 포함할 것	H0-0
28	한 벌의 오디오 세트	튜너 앰프 데크 스피커 이퀄라이저 장식장	장식장이 없는 경우도 가능	H0-0
29	한 벌의 개인용 컴퓨터 세트	PC 본체 모니터 키보드 스피커 마우스 PC형 카메라	마우스 또는 PC형 카메라, 마우스 및 PC형 카메라가 없는 경우도 가능	H0-0

	한 벌 물품명	구성 물품	적합성	중분류
30	한 벌의 텔레비전수상기와 받침대	텔레비전수상기 받침대	모든 물품을 포함할 것	H4-30
31	한 벌의 문짝과 문설주	문짝 문설주	모든 물품을 포함할 것	L3-50

제 4 절 비밀디자인제도

Ⅰ. 서 설

1. 의 의

비밀디자인제도란 디자인등록출원인이 청구에 의하여 디자인권의 설정등록일부터 일정기간 동안 그 등록디자인의 내용을 公開하지 않고 비밀로 하여두는 제도를 말한다(§13①). 이 제도는 디자인등록출원인의 자유의사에 의해 등록된 권리를 비밀로 할 수 있다는 점에서 다른 산업재산권법에는 존재하지 않는 디자인보호법 특유의 제도이다. 그러나 디자인보호법은 비밀디자인의 기간을 3년 이내로 하고 또한 일정한 경우에는 열람할 수 있도록 함으로써 디자인의 秘密化에 따른 부작용을 조정하고 있다.

2. 제도적 취지

디자인권의 설정등록이 있는 때에는 그 권리의 주체 및 객체에 대하여 公示하는 것이 제도상의 원칙이다(§39③). 그러나 디자인은 발명·고안과는 달리 그 客體가 물품의 미적 외관에 관한 것이므로 타인의 模倣이 용이하고, 또한 流行에 좌우되기 쉽다는 특질을 가지고 있다. 따라서 디자인권이 설정등록된 후 자기가 판매개시 전에 그 권리의 公示에 의하여 타인의 模倣品이 먼저 유통되면 사실상 권리보호를 받지 못하는 경우가 있다. 또한 기업활동에서는 장래의 디자인경향을 예측한 디자인을 개발하여 중장기적 전략에서 또는 디자인 실시의 시기적인 필요성 때문에 권리의 내용을 비밀로 해두고 싶은 경우가 있다. 비밀디자인제도는 이러한 실정과 요청에 의해 디자인권자 및 利害關係人을 보호하기 위하여 설정한 제도이다. 이와 같은 비밀디자인제도는 심사처리기간이 짧을수록 그 효용성이 커진다고 할 수 있다.

Ⅱ. 비밀디자인의 請求要件

1. 請求權者

디자인을 秘密로 할 것을 청구하거나 청구에 의하여 지정한 기간의 短縮 또는 延長을 청구할 수 있는 者는 디자인등록출원인(디자인권의 설정등록 후에는 디자인권자)에 한한다. 즉, 비밀디자인의 청구권한은 출원시에는 디자인등록출원인, 설정등록 후에는 디자인권자에게만 있고 전용실시권자 또는 통상실시권자에게는 인정되지 않는다. 디자인등록을 받을 수 있는 권리가 공유인 경우에는 공유자 전원의 보호를 위해 공유자 전원이 청구하여야 한다고 해석된다. 비밀디자인에 관한 서면은 디자인등록출원시에 제출해야 하며 디자인등록을 받을 수 있는 권리가 공유인 경우에는 공유자 전원이 디자인등록출원을 하여야 하므로 결과적으로 공유자 전원이 청구하는 것이 된다.

2. 청구의 대상

비밀디자인 청구의 대상이 되는 것은 등록디자인이다. 이 등록디자인에는 부분디자인(§2 i), 글자체디자인(§2 i), 유사디자인(§7), 한 벌 물품의 디자인(§12), 동적디자인도 포함된다. 기본디자인에 대하여 비밀청구를 하지 않은 경우에도 그 유사디자인에 대해서만 비밀청구를 할 수 있다고 해석된다. 이를 금지하는 규정이 없고 또 유사디자인은 독자의 창작적 가치를 가지는 것이므로 기본디자인과는 별도로 비밀로 하는 이익(디자인 경향의 은폐 등)이 인정되기 때문이다. 또한 기본디자인에 대해서만 비밀로 할 것을 청구하고 유사디자인에 대해서는 비밀청구를 하지 아니한 경우에는 그 유사디자인은 설정등록되면 디자인공보에 게재된다.

출원의 분할에 대해서는 원출원에 비밀청구가 되어 있으면 분할에 의한 새로운 디자인등록출원에 대해서도 비밀청구를 할 수 있다고 해석된다. 원출원에 의해 받은 이익은 분할된 새로운 출원에 있어서도 인정되어야 하기 때문이다. 또한 비밀디자인의 청구는 신규성상실의 예외규정의 적용을 받고자 하는 디자인에 대해서도 가능하다고 해석된다. 금지적 규정이 없기 때문이다.

3. 秘密로 할 것을 청구할 수 있는 期間

디자인등록출원인이 디자인을 비밀로 할 것을 청구할 수 있는 기간은 디자인권의 설정등록일부터 3년 이내의 기간이다(§13①). 3년 이내의 기간으로 한 것은 너무 장기간을 인정하면 權利者에게 과도한 이익을 부여하는 것이 되기 때문이다. 또 3년을 넘지 않는 범위에서 기간의 연장 또는 단축을 할 수 있다(§13③). 연장 또는 단축을 인정하는 것은 등록디자인의 공표시기와 실시개시시기를 재조정하는 편의를 도모하기 위한 것이다.

디자인등록출원 중에는 출원인이, 디자인권의 설정등록 후는 디자인권자가 연장 또는 단축을 할 수 있다. 디자인권의 설정등록 후에도 연장·단축을 인정하는 것은 디자인권의 발생 후에도 등록디자인의 실시를 개시하는 시기의 변동이 있을 수 있기 때문이다.

4. 비밀디자인의 청구시기

비밀디자인의 청구는 디자인등록출원을 한 날부터 최초의 디자인등록료를 납부하는 날까지 할 수 있다. 다만, 등록료가 면제된 때에는 특허청장이 디자인권을 설정하기 위한 등록을 하는 때까지 할 수 있다(§13②). 종전에는 비밀디자인의 청구는 디자인등록출원시에만 할 수 있었으나 2007년 법개정에서 디자인등록출원을 한 날부터 최초의 디자인등록료를 납부하는 날까지 할 수 있도록 하였다. 이것은 디자인등록출원 이후 디자인비밀청구의 필요성이 있는 경우를 구제하기 위한 것이다.

5. 비밀디자인의 청구절차

비밀디자인을 청구하고자 하는 자는 디자인등록출원시 디자인등록출원서에 그 기간을 기재하여 특허청장에게 제출하거나 비밀디자인청구서(시규 별지 제8호 서식)를 특허청장에게 제출하여야 한다(§13②). 이미 청구된 비밀보장기간의 연장, 단축의 경우에는 디자인비밀보장연장(단축)청구서를 제출하여야 한다.

이 경우 대리인에 의하여 절차를 밟는 경우에는 그 대리권을 증명하는 서류를 첨부하여야 한다(시규§17③). 또한 비밀디자인의 청구에는 소정의 수수료의 납부를 요한다(수수료징수규칙§6 xiv).

특허청장은 비밀보장의 청구를 받은 때에는 디자인등록결정서에 그 비밀보장기간을 기재하여야 한다(시규§17②).

복수디자인등록출원디자인에 대한 비밀디자인의 청구는 그 출원된 디자인 전부에 대하여 청구하여야 한다(§13①단). 복수디자인등록출원은 그 전체를 하나의 출원으로 취급하므로 일부디자인에만 예외적인 비밀관리가 어렵기 때문이다.

6. 비밀디자인의 청구 후 출원공개신청의 효과

디자인을 비밀로 할 것을 청구한 후 법 제23조의2의 규정에 의한 出願公開申請이 있는 경우에는 그 비밀디자인청구는 철회된 것으로 간주된다(§13⑤). 출원공개제도는 출원디자인의 내용을 디자인공보에 게재하여 공개하는 대신, 여기에 일정한 법률적 보호(확대된 선출원, 보상금 청구권 등)를 부여하는 것이므로 굳이 비밀로 유지할 의의가 없게 되기 때문이다.

Ⅲ. 비밀디자인등록의 效果

1. 비밀보장기간 동안 공보 불게재

디자인권은 설정등록에 의해 발생하며 이 등록이 있은 때에는 디자인공보에 ⅰ) 디자인권자의 성명 및 주소, ⅱ) 디자인의 대상이 되는 물품 및 그 분류기호, ⅲ) 창작자의 성명 및 주소, ⅳ) 출원번호 및 출원연월일, ⅴ) 등록번호 및 등록연월일, ⅵ) 도면 또는 사진, ⅶ) 창작내용의 요점, ⅷ) 디자인의 설명 등의 내용이 게재된다(§39, 시령§1의2②, ③). 權利의 主體 및 客體에 관한 公示이다. 그러나 비밀디자인에 있어서는 그 디자인의 실체적 내용[ⅵ) 내지 ⅷ)의 내용]을 게재하지 않고 형식적 사항[ⅰ) 내지 ⅴ)의 사항]만이 게재된다(시령§9②단, ③단).

즉, 비밀로 할 것을 청구한 출원에 대하여는 설정등록이 되어도 그 디자인의 실체적인 내용은 公報에 게재되지 않는다.

이 점이 비밀디자인제도의 실질적인 내용을 이룬다. 따라서 특허청장은 법률에서 정하고 있는 예외적인 열람이 인정되는 경우를 제외하고 비밀디자인으로 등록된 디자인에 대한 비밀유지의무를 부담하게 되며 비록 비밀디자인권자가 비밀보장기간 중에 공공연히 실시하고 있다 하더라도 이 비밀유지의무는 그대로 존속하게 된다. 이를 위반한 경우에는 비밀누설죄(§86)에 해당하게 될 것이다.

그러나 디자인등록출원인이 청구한 秘密期間이 경과한 후에는 그 디자인의 실체적 내용이 디자인공보에 게재된다(시령§9②단, ③단).

〈비밀디자인공보〉

디자인등록 210832 1/1

대한민국특허청(KR)

디자인 공보(S)

분류 H2-61

출원일자 1996. 12. 11

등록일자 1997. 12. 4

발행일 98. 4. 10

제1639호

출원번호 96-26389

등록번호

210832(비밀디자인)

담당심사관 ○ ○ ○

등 록 권 자 현대자동차 주식회사 대표이사 ○ ○ ○
서울특별시 종로구 계동 140의 2번지
현대자동차써비스 주식회사 대표이사 ○ ○ ○
서울특별시 용산구 원효로 4가 113-25

창 작 자 ○ ○ ○ 경기도 화성군 마도면 두곡리 402-7 성도빌라 303호

대리인 변리사 ○ ○ ○

자동차용 헤드램프 조절스위치

2. 侵害行爲에 대한 過失推定 규정의 적용배제

일반적으로 디자인권이 발생하면 권리의 公示가 이루어지며 그 때문에 권리를 침해한 자는 그 침해행위에 대하여 過失이 있는 것으로 推定한다(§65①). 그러나 비밀디자인으로 설정등록된 디자인권 또는 전용실시권의 침해에 있어서는 권리의 실체적인 내용이 公示되어 있지 않으므로 그 침해행위에 대해 과실이 있는 것으로 推定함은 선의의 실시자에게 가혹하기 때문에 過失의 推定규정의 적용이 배제된다(§65①단). 따라서 손해배상청구시에는 일반원칙에 따라 비밀디자인의 디자인권자 또는 전용실시권자 측에서 침해자의 故意·過失의 존재를 立證하여야 한다.

3. 금지청구권 행사상의 제약

비밀디자인권의 침해에 대한 禁止請求權 행사시 통상의 디자인권의 침해의 경우와는 달리 소정의 경고행위가 선행되어야 한다(§62②).

종전에는 비밀디자인권의 침해에 대한 금지청구권 행사에 관한 明文의 규정이 없었기 때문에 곧바로 금지청구가 가능한지 여부를 둘러싸고 논란이 있었다.

그러나 비밀디자인권의 경우 그 비밀기간 중에는 예외적인 열람이 인정되는 경우를 제외하고는 그 실체적인 내용이 公開되지 않으므로 제3자는 그 내용을 알 수 없는데, 그러한 상태에서의 금지청구권의 행사는 선의의 실시자에게 가혹하게 된다. 그래서 2004년 법개정에서는 비밀디자인권자가 금지청구권을 행사하는 경우 통상의 디자인이라면 게재되어야 할 公報게재사항을 모두 기재한 서면으로 특허청장의 증명을 받은 것을 제시하여 경고한 후가 아니면 이를 할 수 없다는 규정을 신설하였다(§62②). 이 경고를 받은 자가 그 후에도 계속하여 실시할 때에는 이는 善意의 실시로는 볼 수 없기 때문에 금지청구권을 행사할 수 있다.

4. 기타 사항은 일반의 디자인권과 동일

비밀디자인은 상기사항 이외에는 일반의 디자인권과 동일하며 존속기간도 秘密解除日이 아니고 디자인권의 설정등록이 있는 날부터 계산된다.

Ⅳ. 비밀디자인의 예외적 열람 및 공개

1. 비밀디자인의 예외적 열람

비밀디자인으로 등록되면 원칙으로 디자인권자 이외의 자에게는 디자인의 실체적 내용에 대하여는 공개하지 아니하나 다음과 같이 디자인권자의 意思에 反하지 않는 경우나 공익적 견지에서 필요한 경우 등에는 특허청장은 디자인권자 이외의 者의 열람에 응하여야 한다(§13④).

(1) 디자인권자의 동의를 받은 자의 청구가 있는 경우

비밀디자인제도는 디자인권자의 이익보호를 위한 제도인데 권리의 이전 또는 實施權의 허여 등을 위해서 디자인권자의 동의가 있는 경우에는 본인의 의사를 존중하여 예외적 열람이 인정된다.

(2) 비밀디자인과 同一 또는 類似한 디자인에 관한 심사·디자인무심사등록 이의신청·심판·재심 또는 소송의 당사자나 참가인의 청구가 있는 경우

디자인심사과정에서 디자인이 비밀디자인으로 등록된 후 다른 사람이 이와 동일 또는 유사한 디자인을 후출원하여 거절이유통지를 받게 되면 후출원인은 이에 대응하기 위해서는 意見書를 작성 제출하여야 하며 또 의견서의 작성을 위하여는 선출원된 비밀디자인의 내용을 확인할 필요가 있기 때문에 이들의 청구가 있는 경우 열람이 인정되도록 한다.

또한 디자인무심사등록이의신청, 심판·재심 또는 소송의 당사자나 참가인의 경우 비밀디자인과 동일·유사한 디자인을 실시하는 자는 그 비밀디자인권에 대해 이의신청이나 無效審判을 청구할 수 있으며 또 비밀디자인권자가 侵害者를 상대로 法院에 금지청구, 손해배상청구 등의 권리를 行使하는 경우 피고는 그 비밀디자인의 내용을 확인하여야 적절한 대응이 가능한 것이므로 이들 당사자에 대하여도 비밀디자인의 예외적 열람이 인정되도록 한다. 상기의 경우 비밀디자인권자의 승낙을 요하지 않으며 또한 특허청장은 비밀디자인권자에게 통지할 필요도 없다.

(3) 디자인권 侵害의 警告를 받은 사실을 疏明한 者의 청구가 있는 경우

디자인권 침해의 경고를 받은 자는 비밀디자인권의 존부에 상당한 利害關係가 있는 자이므로 예외적 열람이 인정된다.

(4) 法院 또는 特許審判院으로부터 청구가 있는 경우

법원 또는 특허심판원은 소송 또는 심판이 제기된 경우 사건 審理를 위해 당해 비밀디자인의 내용을 확인할 필요성이 있으므로 열람이 인정된다.

2. 비밀디자인의 공개

産業財産權의 하나인 디자인권은 그 基本的 理念에 따라 비밀디자인의 비밀기간이 경과한 후에는 디자인권의 실체적 내용을 디자인공보에 게재하여야 한다. 또 비밀디자인이라도 디자인권의 실체적 내용(도면·사진 또는 견본의 사진, 창작내용의 요점,[47] 디자인의 설명)을 제외한 형식적 사항은 디자인공보에 게재하여 公示하여야 한다(시령§9②, ③).

---

47) 창작내용의 요점기재사항이 등록디자인의 보호범위를 정하는 기준으로 되지 않는 현행법(제43조) 하에서 창작내용의 요점을 디자인권의 실질적 내용을 이루는 것이라고 할 수 있는지는 의문이다.

Ⅴ. 秘密디자인청구의 利害得失

1. 이 점

(1) 侵害의 예방

비밀디자인은 설정등록이 있어도 비밀청구기간 중에는 등록디자인의 실체적 내용에 대하여는 디자인공보에 게재되지 않기 때문에 제3자에게 알려지지 않아 模倣品이 生産·販賣될 위험이 없으므로 침해를 예방할 수 있다.

(2) 장래의 디자인경향 비밀유지 및 유사디자인의 디자인권 확보 용이

등록디자인의 실체적 내용이 비밀로 유지되면 장래의 디자인경향을 예측한 디자인을 저장해 둘 수 있는 이점이 있다. 또한 同種傾向의 디자인이 타인에 의하여 모방출원되거나 판매되는 일이 없기 때문에 유사디자인의 디자인권 확보가 용이하게 된다.

(3) 실시시기의 변경에 적절한 대응

秘密期間은 디자인권의 설정등록일부터 3년의 범위 내에서 단축 또는 연장할 수 있으므로 실시시기의 변경에 적절하게 대응할 수 있다. 즉, 장래에 있어서 실시예정인 디자인을 출원에서 설정등록까지의 기간에 부가하여 비밀기간 중까지 등록디자인의 實施化를 위한 기술적 문제의 해결, 판매체제 등의 준비를 할 수 있다.[48] 또 예외적 열람이 인정되고 있으므로 權利의 利用·處分 등에는 하등의 지장이 없다.

2. 불리한 점

(1) 침해행위에 대한 過失의 立證부담

비밀디자인은 일반의 디자인권 또는 전용실시권 침해시 적용되는 過失의 推定 규정이 적용되지 않으므로(§65①단) 損害賠償請求(민§750)시 비밀디자인권자 또는 전용실시권자 스스로가 侵害者의 過失을 입증하여야 하는 부담이 있다.

---

48) 비밀디자인등록출원은 디자인의 창작시점부터 디자인을 제품화하고 판매하는 데까지의 기간이 디자인등록출원에서 설정등록되는 기간보다 장기인 경우에는 유익하나 그 반대의 경우에는 디자인의 제품이 판매되어 일반에게 알려진 상태로 되어도 디자인등록출원이 심사계속 중의 미등록이므로 디자인의 모방 방지에는 도움이 되지 못한다고 할 수 있다.

(2) 권리행사상의 제약

비밀디자인은 그 秘密期間 중 디자인권 또는 전용실시권을 침해한 자 또는 침해할 우려가 있는 자에 대하여 侵害禁止請求權을 행사하려면 비밀디자인의 형식적·실체적 내용을 제시한 警告를 先行하여야 하는 권리행사상의 제약이 있다(§62②).

(3) 절차 및 비용부담

디자인의 비밀보장청구에 소정의 수수료를 부담해야 하며, 비밀보장기간의 연장 또는 단축에 별도의 절차가 요구되는 번거로움이 있다.

제 5 절 동적 디자인제도

Ⅰ. 서 설

1. 의 의

동적 디자인제도라 함은 디자인에 관한 물품 또는 그 부분의 형상·모양·색채 또는 이들의 결합이 그 물품이 가지는 기능에 기초하여 변화하는 디자인에 대해서도 전체로서 하나의 창작적 가치를 인정하여 보호하는 제도를 말한다.[49)]

디자인은 물품의 형태로서 대개의 경우에는 정적인 상태(정적 디자인)에서 포착되고 있으나 완구원숭이에 태엽을 감아 드럼을 치는 자태나 손발을 움직이는 형상과 같이 그 물품 자체의 기능에 기초하여 형상·모양·색채가 변화하도록 조립되어 있어서 정지한 상태만으로는 그 변화하는 상태가 파악되지 않는 디자인이 있다. 이러한 디자인을 동적 디자인이라고 말한다. 따라서 단순히 도면상의 표현(기재되는 도형)이 변하는 것 또는 자동차가 움직이는 것과 같이 단순히 위치적 변화에 불과한 것은 동적 디자인이라고 하지 않는다.

49) 우리나라 디자인보호법에서는 동적 디자인에 관한 명문의 규정이 없으나 디자인보호법 시행규칙 별지 제4호 서식에 움직이는 디자인의 도면작성에 관한 규정이 있다. 日本의 경우에는 법에 동적 디자인에 관한 규정이 있다(일§6⑤).

2. 제도적 취지

디자인에 관한 물품 또는 그 부분의 형상 등은 반드시 정지한 것(정적 디자인)에 한정되지 않고 움직이는 형상 등도 포함된다고 해석되고, 그 형상 등이 意外性이 있으면 전체로서 하나의 창작적인 가치가 인정된다. 그러나 그 변화하는 각 형상마다 각각의 디자인을 구성한다고 하면 다른 형상 등마다 출원 및 등록을 하지 않으면 안 되고 그렇게 되면 절차가 번잡하게 된다. 그래서 디자인보호법에서는 이러한 동적 디자인에 대해서는 1출원절차에 의해 완전한 권리취득을 가능하게 하여 디자인의 보호 및 이용을 도모함으로써 디자인의 창작을 장려, 산업발전에 이바지코자 하는 법의 목적을 달성하도록 한다.

Ⅱ. 동적 디자인의 성립요건

1. 디자인에 관한 물품의 형태가 그 물품의 기능에 기초하여 변화할 것

동적 디자인이 성립되기 위해서는 디자인에 관한 물품 또는 그 부분이 형상・모양・색채 또는 이들의 결합이 그 물품의 기능에 기초하여 변화하는 것이어야 한다. 물품의 기능이란 물품의 구조적 변화를 의미하고 화학변화는 포함하지 않는다. 또한 물품 자체가 움직이는 것, 물품의 일부를 바꾸는 것에 의해 변화하는 것은 해당되지 않는다. 전자는 자동차의 차륜과 같이 변화가 상식적이기 때문에 통상의 디자인으로써 보호하면 충분하고 후자는 다물품이며 1디자인으로 파악할 수 없기 때문이다.

여기서 동적 디자인이 변화하는 태양은 형태구성요소에 따라 ⅰ) 형상의 변화(코가 상하 또는 좌우로 움직이는 코끼리 완구), ⅱ) 모양의 변화(회전하는 팽이의 모양), ⅲ) 색채의 변화(온도의 차이에 따라 색이 변하는 물건), ⅳ) 형상・모양 및 색채의 변화 등이 있다.

2. 변화에 예측성이 없을 것

동적 디자인이 성립되기 위하여는 변화에 예측성이 없는 것이어야 한다. 정지한 상태에서 변화 후의 상태가 용이하게 예상할 수 있는 디자인이라면 그것은 변화상태에 창작적인 가치가 없기 때문에 동적 디자인으로까지 보호할 가치가 없다. 이들은 통상의 디자인으로써 보호하면 충분한 것이다. 예를 들면 자동차의 핸들이나 라이터의 점화부분은 변화 후의 상태가 예상가능하기 때문에 동적 디자인에 해당되지 않는다.

3. 변화가 시각에 호소하는 것일 것

디자인보호법상의 디자인이란 시각을 통하여 미감을 일으키게 하는 것을 말하므로 동적 디자인에 있어서도 변화가 시각에 호소하는 것이어야 한다.

4. 변화에 定形性(一定性)이 있을 것

변화하는 상태에 정형성을 가질 것이 필요하다. 디자인보호법상 보호되는 디자인은 1디자인으로서 파악할 수 있을 필요가 있기 때문이다.

Ⅲ. 동적 디자인의 구체 예

동적 디자인의 구체 예로서는 이하의 것이 있다.[50)]

(1) 움직이는 디자인

뚜껑을 열면 고양이가 튀어나오는 요술상자, 코가 상하좌우로 움직이는 코끼리완구, 말려 있는 피리 등.

(2) 열리는 디자인

렌즈덮개가 열리는 카메라, 열고 닫는 헤어컬러가열기, 문이 개폐되는 냉장고 등.

(3) 펼치는 디자인

펼친 상태에서 접힌 상태가 예측이 불가능한 우산 등.

(4) 모양, 색채가 변화하는 디자인

회전하면 모양, 색채가 변하는 팽이, 온도의 차이에 따라 색이 변하는 물건 등.

---

50) 荒木好文, 「圖解意匠法」, 발명협회, 2004(이하 본서에서의 인용은 "荒木, 의장"이라 한다), 76면.

Ⅳ. 동적 디자인의 출원 및 심사절차

1. 출원절차

동적 디자인은 그 변화하는 형태 자체가 디자인의 주요부를 구성하고 또한 이것이 디자인창작의 요지이므로 이들이 변화하는 태양에 대해 충분히 표현할 것이 요청된다. 따라서 동적 디자인에 관해 디자인등록출원을 할 때에는 그 변화의 전후에 걸친 물품의 형상·모양·색채 또는 이들의 결합에 관한 설명을 기재하고(시규§7①별표2), 기본적인 정지상태에 관한 사시도와 6면도를 도시하는 것 외에 디자인의 변화태양에 대하여는 변화 전 상태의 도면, 변화 후 상태의 도면(동작 중의 기본적 자세, 동작내용을 나타내는 궤적 등)을 각각 도시하여야 한다(시규§5④별지 제3호서식 기재요령2, 도면작성방법 다호).

2. 심사절차

동적 디자인의 심사에 있어서는 동적 디자인으로서 그 움직이는 상태를 표현하지 아니하면 그 디자인을 충분히 표현할 수 없는 경우에 정지상태의 도면(사시도 및 6면도)과 그 동작상태를 알 수 있는 도면(동작 중의 기본적 자세, 동작내용을 나타내는 궤적 등)이 없거나 도면의 디자인의 설명란에 물품이 가지는 기능의 변화에 관한 설명이 기재되어 있지 않은 경우에는 디자인 표현이 구체적이 아니므로 디자인보호법 제5조 제1항 본문의 공업상 이용가능성 요건의 위반에 해당되어 거절의 대상이 되고[51](§26①), 또한 무효의 대상이 된다(§68①).

이 경우 변화의 전후를 알 수 있는 도면을 추가하는 보정이 디자인의 동일성을 해치는 때에는 요지변경으로서 각하의 대상이 된다(§18의2①). 또한 도면의 디자인의 설명란에 동적 디자인에 관한 설명이 기재되어 있지 않고, 도면에 변화의 전후의 상태가 기재되어 있는 경우에는 복수의 디자인이 기재되어 있는 것이 되기 때문에 원칙적으로 1디자인1출원 원칙에 위반되어 거절의 대상이 된다(§26①→§11①). 그러나 이것은 형식적 하자에 지나지 않기 때문에 무효사유로는

51) 동적 디자인에 대하여 그 변화하는 태양에 대한 설명이 불충분한 경우 그 디자인을 정확히 파악할 수 없게 되고 또한 형태가 크게 변화하는 디자인으로서 그 변화 전후에서는 형태가 비유사한 것으로 되는 경우 그 변화 전후의 태양의 일부가 별도로 출원되면 중복보호가 될 우려가 있기 때문이다.

되지 않는다(§68①).

Ⅴ. 동적 디자인의 유사여부판단

1. 동적 디자인과 정적 디자인간

동적 디자인의 정지 상태와 동작 중의 기본적인 주체를 이루는 자태가 정적 디자인과 유사한 경우에는 동적 디자인의 동작의 내용이 특이하지 않은 한 유사한 디자인으로 판단된다. 동적 디자인의 동작은 그 동적 디자인의 기본적인 자태로부터 대개 추측할 수 있는 것과 같은 동작, 이를테면 토끼완구라고 하면 깡충깡충 뛰는 동작, 코끼리의 완구라고 하면 코를 상하좌우로 움직이는 것과 같은 동작을 하는 경우가 많고 또 그러한 동작이라면 그 기본적인 자태를 보면 누구든지 그것을 이미지로서 관념할 수 있기 때문이다.

2. 동적 디자인 상호간

동적 디자인 상호간에 있어서는 그 정지상태, 동작의 내용 및 동작 중의 기본적인 주체를 이루는 자태 등을 전체로써 비교하여 유사여부를 판단한다. 동적 디자인 상호간에 그 기본적인 주체를 이루는 자태가 유사하다면 다소 동작에 차이가 있다 하더라도 그 동작이 특이하지 않은 한 유사하다는 경향이 강해질 것이다.

Ⅵ. 동적 디자인의 디자인권

동적 디자인이 등록된 때에는 변화 전후의 일련의 형태를 가지는 디자인의 전체를 하나의 디자인으로서 디자인권이 부여되고, 동적 디자인의 디자인권은 등록된 동적 디자인과 동일 또는 유사한 디자인에 그 효력이 미친다(§41).

8
chapter

디자인의 同一·類似

제 1 절 디자인의 同一

Ⅰ. 서 설

1. 의 의

디자인보호법상의 디자인은 물품(물품의 부분 및 글자체를 포함한다)의 미적 외관에 관한 創作으로서 물품과는 불가분의 관계에 있기 때문에 디자인의 同一性 범위는 자연법칙을 이용한 기술적 사상의 창작처럼 抽象的 개념인 발명·고안의 同一性 범위보다 좁다. 디자인의 同一이라 함은 2개의 디자인을 상호 비교할 때 그 디자인을 구성하고 있는 물품의 形狀·模樣·色彩 또는 이들이 결합한 것이 시각을 통하여 同一한 美感을 일으키는 것을 말한다. 여기서 디자인의 동일은 물리적인 동일을 의미하는 것은 아니다. 도면으로 출원된 디자인은 그것을 실시하면 동일하게 되는 경우는 거의 없기 때문이다.[1)]

디자인보호법에서는 디자인의 同一개념 이외에 類似의 개념을 도입하고 있으므로(§5, §16, §41 등) 특허·실용신안에서와 같이 그것이 항상 權利의 異同에 직접 결부된다는 실제상의 효과는 적지만,[2)] 출원의 보정에 있어서의 要旨變更 문

---

1) 물품의 형태에 대해 그 구성요소를 형상·모양·색채로 추상 정립하여 관념되는 무체재·디자인과 질량을 수반해서 나타나는 실물과는 동일하지 않게 되는 것이 대부분이다.

2) 발명(고안)의 동일성이란 2개의 발명(고안)의 기술적 사상, 구조, 작용효과 등을 비교하여 이들이 동일한 것을 말한다. 특허법에서의 동일성 개념은 중복특허방지를 위한 선후원, 신

제 등과 디자인보호법에서 가장 중요한 개념인 디자인의 유사에 대한 견해의 기본이 된다는 점에서 중요하다.

2. 디자인의 동일개념을 문제로 하는 규정

(1) 디자인의 동일 또는 유사가 문제가 되는 규정

1) 신규성　　공지·공용 또는 간행물에 게재된 디자인 등과 동일 또는 유사한 디자인은 신규성을 상실하여 디자인등록을 받을 수 없다(§5①). 종전에는 신규성상실의 예외규정(§8①)의 적용을 받기 위해서는 공지 등이 된 디자인과 출원에 관한 디자인이 동일 또는 유사할 것이 요건이었으나, 2007년 개정법에서는 양 디자인의 관계에 대해 어떤 규정을 하고 있지 않기 때문에 공지 등이 된 디자인과 출원에 관한 디자인이 동일·유사 또는 비유사한가의 여부에 대해서는 판단하지 않는다.

2) 선출원, 확대된 선출원　　동일 또는 유사한 디자인에 대하여 다른 날에 2 이상의 디자인등록출원이 있는 때에는 먼저 출원한 자만이 그 디자인에 대하여 디자인등록을 받을 수 있다(§16①). 같은 날에 2 이상의 디자인등록출원이 있는 때에는 협의에 의해 정해진 하나의 출원인만이 디자인등록을 받을 수 있다(§16②). 또 선출원디자인의 일부와 동일 또는 유사한 후출원디자인은 디자인등록을 받을 수 없다(§5③).

3) 디자인권의 효력 등　　디자인권의 효력은 등록디자인과 동일 또는 이와 유사한 디자인에 미친다(§41). 또한 등록디자인과 동일 또는 이와 유사한 디자인이 타인의 권리의 내용을 이용하게 되는 경우 디자인권의 효력이 제한받게 되고(§45), 그 외에도 등록디자인과 동일 또는 유사한 디자인에 관하여 실시권(§47, §49, §50, §50의2, §51, §52 등) 등 여러 가지 규정이 디자인보호법에 마련되어 있다.

규성, 진보성 판단과 확대된 선출원 범위의 판단, 등록된 권리의 보호범위 판단에 있어 중심적인 개념이 된다. 그러나 디자인의 동일개념은 디자인의 등록요건이나 디자인권의 효력에 직접 영향을 미치는 일은 거의 없다. 즉 디자인의 신규성에 대하여 출원에 관한 디자인이 공지디자인 등과 동일한가 유사한가를 엄밀히 구별해서 판단하는 실익이 적고 디자인권의 효력에 대해서도 제3자가 실시하고 있는 디자인이 등록디자인과 동일한가 유사한가를 엄밀히 구별해서 판단하는 실익도 적다.

(2) 디자인의 동일만이 문제가 되는 규정

1) 출원의 보정과 요지변경　　디자인등록출원서의 기재사항, 도면 및 도면의 기재사항에 대하여 한 보정이 동일성을 상실한 경우에는 요지변경으로서 심사계속 중에는 각하의 대상이 되고(§18의2①), 디자인권의 설정등록 후에 요지변경으로 인정된 때에는 그 출원은 그 보정서를 제출한 때에 디자인등록출원한 것으로 간주(출원일의 늦춤효과 발생)된다(§18⑥). 이것은 보정의 소급효에 의한 제3자의 예측할 수 없는 不利益을 방지하기 위한 것이다.

2) 출원의 분할, 조약에 의한 우선권주장　　적법한 출원의 분할이 이루어진 경우에는 출원일시의 소급효가 있기 때문에 제3자의 예측할 수 없는 불이익 방지의 관점에서 원출원과 분할출원 간에 객체의 동일성을 유지하는 것이 필요하다(§19①). 또한 조약에 의한 우선권주장의 경우에도 우선권주장의 기초가 되는 1국출원과 2국출원간의 출원내용의 동일성(객체의 동일성)이 요구된다(§23).

Ⅱ. 同一性 判斷의 기준

1. 동일성 판단의 대상

디자인의 동일성 판단은 당연히 판단의 대상이 되는 디자인 상호간을 서로 대비하여 판단하는 것이지만, 대비되는 디자인은 어느 일방 또는 쌍방이 출원 중의 디자인이거나 등록디자인이다.

2. 동일성 판단의 기초자료

디자인보호법상 등록디자인의 보호범위는 디자인등록출원서의 기재사항 및 그 출원서에 첨부된 도면·사진 또는 見本과 도면에 기재된 디자인의 설명에 표현된 디자인에 의하여 정하여지는 것으로 되어 있다[3](§43). 이 규정은 등록디자인의 보호범위를 정하는 경우의 판단자료에 관하여 규정한 것이지만 디자인등록출원 중에 있는 디자인에 관하여도 동일하게 적용될 수 있는 것이라고 생

3) 특허법상 특허발명의 보호범위는 발명의 기술적 사상이라는 추상성으로 인해 보호를 요구할 범위를 명시하도록 하여 특허청구범위에 기재된 사항으로 하고 있으나 디자인은 물품의 형태로서 도면 그 자체가 권리의 객체를 구체적으로 나타낸 것이므로 도면 등에 기재된 디자인에 의하여 보호범위가 정하여지는 것으로 한다.

각된다. 디자인의 동일성은 이러한 등록디자인의 보호범위를 정하는 자료를 기준으로 판단하는 것이며 이 중에서 디자인등록출원서에 기재된 디자인의 대상이 되는 물품과 도면(사진 · 견본)이 중심적인 지위를 점하는 것이며 도면에 기재된 디자인의 설명은 이들을 보충하는 것이다.

(1) 디자인등록출원서의 기재사항

디자인등록출원서에는 출원인의 성명 · 주소, 창작자의 성명 · 주소기재 이외에 디자인의 대상이 되는 물품, 부분디자인의 표시 등을 기재하도록 되어 있다(§9①). 이 중에서 디자인의 동일성 판단과 직접 관계되는 것은 디자인의 대상이 되는 물품과 부분디자인의 표시이다. 디자인에서 동일성 판단은 물품의 동일성이 전제가 되므로 디자인의 대상이 되는 물품의 기재는 디자인의 동일성 판단에서 중요한 위치를 차지한다. 디자인등록출원절차상 디자인의 대상이 되는 물품의 기재는 디자인보호법 제11조에 의한 것과 제12조에 의한 것이 있다.

1) 법 제11조(1디자인1출원)의 규정에 의한 경우 디자인의 대상이 되는 物品은 디자인보호법 시행규칙 「별표4」의 물품구분에 의하여 1개의 물품을 지정하여야 하며 동 물품구분에 明示가 없는 것에 대하여는 그 디자인을 인식하는 데 적합한 명칭을 기재하되, 그 物品의 用途가 명확히 이해되고 보통 사용하는 명칭을 기재하여야 한다(시규§9① 별표4 비고1). 디자인의 대상이 되는 물품이 어떤 것인지는 디자인의 설명란에 기재된 물품의 설명 및 디자인을 기재한 도면 등에 의하여 확실하게 판단되어진다. 복수디자인등록출원(§11의2)의 경우에는 「별표4」의 물품의 구분에 의하여 디자인의 수만큼 디자인의 대상이 되는 물품을 기재하도록 되어 있다(시규§5②별지 제3호 서식).

2) 법 제12조(한 벌 物品의 디자인)의 규정에 의한 경우 디자인보호법 제12조 규정에 의한 한 벌 물품 디자인등록출원의 경우에는 「별표5」의 한 벌 물품의 구분에 의한 한 벌 물품을 기재하여야 한다. 한 벌 물품에 대하여는 디자인보호법 시행규칙 「별표5」에서 31품목을 정하고 있으며 이것 이외에는 한 벌 물품으로 인정되지 않는다.

3) 부분디자인의 경우 부분디자인을 출원하는 경우에는 '디자인의 부분이 되는 물품'란 위에 '부분디자인 여부'란을 만들어 '부분디자인'이라고 기재하도록 되어 있다(시규§5② 별지 제3호 서식). 이 기재에 의해 부분디자인에 관한 출원인지의 여부가 명확하게 된다.

(2) 圖 面(대용 寫眞·見本)

디자인등록출원서에 첨부하여 제출하는 도면은 디자인의 本體로서 디자인의 동일성 판단의 가장 중심적인 내용이다. 디자인의 도면은 일정한 圖法에 의하여 도시하도록 되어 있다. 도면은 디자인의 대상이 되는 물품이 입체인 경우에는 사시도와 正投象圖法에 의하여 각 도면을 동일축척으로 작성한 정면도·배면도·좌측면도·우측면도·평면도 및 저면도를 하나의 디자인도로 한 도면과 그 외 전개도·단면도·절단부단면도·확대도 등 필요한 도면을 부가하여야 한다. 디자인의 대상이 되는 물품이 평면인 경우에는 동일 축척으로 작성한 표면도와 이면도를 하나의 디자인도로 한다. 도면에 代用하는 사진 또는 見本에 있어서도 상기 도면의 역할과 동일하다.

(3) 圖面에 기재된 디자인의 설명

'디자인의 설명'란에는 i) 디자인등록출원서에 첨부된 도면·사진 또는 견본만으로 그 물품의 사용목적·사용방법·재질 또는 크기 등을 이해하기 어려울 경우 그에 관한 설명, ii) 動的 디자인에 관한 설명, iii) 투명디자인에 관한 설명, iv) 도면 중 생략색채 또는 생략길이에 대한 설명, v) 부분디자인에 관한 설명 등을 기재하도록 되어 있다(시규§7① 별표2). 이들 기재사항도 디자인의 동일성 판단에 있어서 중요한 자료가 된다.

Ⅲ. 同一性 判斷의 요소

디자인보호법에 있어서 디자인은 물품의 형태로서 시각을 통하여 美感을 일으키게 하는 것을 말하므로 抽象的 존재로서의 형태(모티브)가 아니라 물품과 관련하여 성립하는 형태이다. 따라서 디자인의 동일성 판단의 기본적 요소는 물품의 동일성과 형태의 동일성 두 가지이다.

부분디자인의 경우에는 부분디자인의 대상이 되는 물품의 동일성과 디자인등록을 받고자 하는 부분 자체의 형태의 동일성 이외에도 부분디자인으로서 디자인등록을 받고자 하는 부분의 용도·기능, 그 물품 전체 중에서 차지하는 부분으로서 디자인등록을 받고자 하는 부분의 위치·크기·범위에 대하여도 동일성 판단의 요소가 된다. 따라서 부분디자인에서 동일이라고 함은 상기의 각각의 요소가 동일한 것을 말한다.

1. 物品의 同一性

디자인의 동일성이 성립하기 위한 제1의 요소는 물품의 동일성이다.[4] 디자인의 동일성의 요소로서 물품의 동일성을 드는 것은 디자인은 물품의 형상・모양・색채 또는 이들을 결합한 것으로 관념되는바, 물품이 디자인 성립의 기초로 되는 것에 기인한다. 디자인에서 물품의 동일이란 디자인에 관계되는 물품의 용도 및 기능이 동일한 것을 말하며 디자인보호법 시행규칙 제9조 제1항 「별표 4」의 물품의 구분에는 동일물품의 범위가 예거되어 있다. 이와 관련 대법원 判例는 물품의 동일성 여부는 물품의 용도・기능 등에 비추어 去來通念상 동일 종류의 物品으로 인정할 수 있는지의 여부에 따라야 한다고 判示(대법원 1992.4.24. 선고 91후1144 판결)하여 물품의 용도・기능을 원칙으로 하되 去來通念을 보조수단으로 고려한 절충적인 입장을 취하고 있다.[5]

물품의 동일을 용도 및 기능에 두는 것은 그것이 物品의 본질에 관한 것이기 때문이다. 따라서 동일물품 이외의 유사물품, 비유사물품간에서는 비록 형상・모양・색채 또는 이들의 결합이 동일하다 하더라도 별개의 디자인이고 동일성을 갖지 않는다. 예를 들면 자동차와 자동차완구간에 있어서는 비록 형상・모양・색채 또는 이들의 결합이 동일하다 하더라도 물품의 용도 및 기능이 다르므로 별개의 디자인이다.

물품의 동일성 판단에 있어 문제가 되는 것이 있다. 즉, 디자인을 표현하는 물품의 명칭이 총괄명칭으로 되어 있는 경우이다. 디자인보호법은 1디자인1출원 원칙을 채용하고 있으므로 디자인등록출원서상 디자인의 대상이 되는 물품이

---

4) 디자인의 동일성 판단의 요소인 물품의 인정은 출원 또는 등록디자인이면 그 출원서에 기재된 디자인의 대상이 되는 물품, 도면 및 디자인의 설명에 의하고, 간행물에 기재된 디자인이면 간행물에 기재된 상품명, 상품의 설명, 도면이나 사진 등에 의해 인정한다.

5) 디자인은 물품을 떠나서는 존재할 수 없고 물품과 일체불가분의 관계에 있으므로 디자인이 동일 유사하다고 하려면 디자인이 표현된 물품과 디자인의 형태가 동일 유사하여야 할 것인바, 물품의 동일성 여부는 물품의 용도, 기능 등에 비추어 거래통념상 동일 종류의 물품으로 인정할 수 있는지 여부에 따라 결정하여야 할 것이고(대법원 1985.5.14.선고 84후110 판결; 1987.3.24.선고 86후84 판결 등 참조), 디자인보호법 시행규칙(현행규칙 제9조, 1990.8.28. 개정 전 규칙 제5조) 소정의 물품구분표는 디자인등록사무의 편의를 위한 것으로서 동종의 물품을 법정한 것은 아니라고 할 것이므로 물품구분표상 같은 유별에 속하는 물품이라도 동일성이 없는 물품이 있을 수 있고 서로 다른 유별에 속하는 물품이라도 동일성이 인정되는 경우가 있다고 할 것이다(대법원 1992.4.24.선고 91후1144 판결).

총괄명칭으로 표현된 경우에는 등록받을 수 없는 것이 원칙이다. 총괄명칭이란 한복, 시계, 필기용구 등으로 표현한 경우를 말한다. 한복에 관해 말하면 한복(B1-10류)에는 한복저고리, 한복바지, 한복조끼, 한복치마, 두루마기, 마고자 등이 각각 1물품이고, 시계에 관해 말하면 시계(J2류)에는 손목시계, 탁상시계, 벽시계 등이 각각 1물품이다. 또한 필기용구(F2-10)에는 죽펜, 철필, 골필, 연필, 볼펜, 만년필 등이 각각 1물품으로서 필기용구라는 것은 총괄명칭이다. 이러한 총괄명칭으로 등록이 허여된 경우에는 무효사유로 되지 아니하여 결국 2 이상의 물품을 하나의 디자인으로 등록한 결과가 되어 그 등록디자인의 權利範圍의 해석에 혼란을 초래하게 된다. 이런 경우에는 첨부도면 등에 의하여 正當한 하나의 물품을 추측하여 판단할 수밖에 없을 것이다.

完成品과 部品간의 경우에는 원칙적으로 비유사물품간이므로 디자인의 동일성 판단의 대상이 되지 않는다. 부품의 구성이 완성품에 가까운 경우에는 서로 유사물품으로 취급될 뿐이므로 역시 동일성 판단의 대상이 되지 아니한다.

2. 形態의 同一性

디자인의 동일성이 성립하기 위한 제2의 요소는 형태의 동일성이다. 디자인의 형태는 출원서에 첨부된 도면, 사진 또는 견본에 표현되어 있다. 첨부도면에 기재된 디자인의 설명은 이것을 보충하는 것이다.

디자인은 형태구성요소, 즉 객체구성자료를 기초로 하여 분류하면, i) 형상디자인, ii) 형상 및 모양의 결합디자인, iii) 형상 및 색채의 결합디자인, iv) 형상·모양 및 색채의 결합디자인 등 4가지로 나뉘어진다.

위의 각각의 경우 각각의 형상·모양·색채가 동일하여야 동일성이 있다고 할 수 있다. 형상·모양 및 색채의 결합디자인에 있어서는 형상·모양 및 색채가 각각 모두 동일하여야 비로소 디자인이 동일하다고 말할 수 있다. 따라서 형상만이 동일하다거나 모양만이 동일, 색채만이 동일 또는 형상 및 모양만이 동일하다고 하여 디자인이 동일하다고 할 수 없다.[6)]

---

6) 이와 다른 견해가 있다. 齋藤, 의장, 192면에서는 디자인의 동일성은 "디자인이 실현되는 實體로서의 물품의 形態表象 그 자체(그것은 형상, 모양, 색채뿐만 아니라 크기, 질감 등 여러 가지의 형태구성요소에 의해 표상된다)의 동일성에 대해 말하는 것과는 달리, 형태 창조행위의 소산·디자인을 無體財로서 관념한 디자인에 대한 동일성을 말하는 것이다"라고 설명한다. 이 견해에 의하면 디자인의 동일성은 觀念(현실의 물품의 형태구성요소, 자료

그러나 디자인을 실시하려면 재료를 사용하여야 하고 또 재료에는 반드시 색채가 수반된다. 따라서 형상만의 디자인을 실시한 결과 색채를 수반하게 되어(대개의 경우에는 모양도 붙는다) 同一性이 없어지는가의 의문이 생기게 된다.

이에 대해서는 형상만의 디자인을 어떻게 이해하는가에 따라 해석이 나뉜다. 즉 형상만의 디자인은 무모양, 1색 디자인을 말한다고 하는 무모양설의 입장에서는 형상만의 디자인을 실시한 결과 무모양, 1색이면 동일성이 있다고 해석하며 반면 형상만의 디자인이란 형상만이 구성요소이고 모양만이 아니라 색채의 한정이 없는 것이라고 하는 무색설의 입장에서는 형상만의 디자인은 형상 및 무모양 1색의 결합디자인과는 동일하다고는 할 수 없다고 한다(따라서 이 설에 의하면 형상의 디자인에 색채1색을 부가하는 보정은 요지의 변경으로서 각하되어야 한다고 해석하게 된다).

생각건대, 등록디자인의 보호범위는 출원서 및 도면의 기재사항에 의해 정해진다고 하는 디자인보호법 제43조의 취지를 고려하면 형상만의 디자인은 형상만이 디자인의 구성요소이고, 모양이나 색채의 한정이 없는 디자인을 말한다고 해석되고 따라서 후자의 해석이 타당하다.

3. 기타의 판단요소

(1) 材質・크기

디자인을 구성하고 있는 物品의 材質이나 크기는 디자인의 구성요소가 아니기 때문에 원칙적으로 디자인의 동일성 판단의 요소가 되지 않는다. 유리로 만든 컵, 플라스틱으로 만든 컵의 경우 재질이 다르다고 하여 그것만으로는 디자인의 동일성을 상실하는 것이 아니다. 다만, 材質이 달라짐에 따라 모양(나무의 나이테 등)이나 색채가 달라지는 경우에는 디자인의 동일성을 상실할 수도 있다. 또한 크기는 디자인상으로는 중요한 요소로 작용되는 경우가 있으나 디자인보호법상에 있어서는 그 物品에 대해 상식적인 크기인 이상 그것이 크게 되거나 작게 되거나 디자인으로서는 동일한 것으로 본다. 예컨대 컵의 경우 한손으로 쥘 수 있는 정도의 크기이고 또 한손으로 쥘 수 있는 정도의 크기라면 그것이 다소 크거나 작다 하더라도 동일성을 상실하지 않는다. 이와 같은 이유로 디자

와 출원 또는 등록디자인의 구성자료에서 시각을 통하여 얻은 정보에 의해 디자인을 머릿속에서 재구성하는 것)에 의해 판단하게 된다.

인등록출원서에 첨부된 도면·사진 또는 견본만으로는 그 물품의 재질 또는 크기 등을 이해하기 어려울 경우에는 그에 관한 설명을 기재하도록 요구되고 있다(시규§7①별표2).

(2) 構造·機能

물품의 구조나 기능은 특허·실용신안의 대상은 되나 디자인에 있어서는 원칙적으로 동일성 판단의 요소로 되지 않는다. 손목시계의 경우 전자식 손목시계든 태엽식 손목시계이든 外觀이 동일하면 구조나 기능에 관계없이 형상·모양 또는 색채는 同一한 것이 된다. 그러나 構造나 機能이 물품의 外觀에 표현되는 경우에는 이를 전혀 무시할 수 없게 된다.[7] 따라서 디자인에 관한 물품의 형상·모양 또는 색채가 물품이 가지는 기능에 의하여 변화하는 경우에 있어서 그 변화의 전후에 걸친 그 물품의 형상·모양·색채 또는 이들의 結合에 관하여 디자인등록을 받고자 할 때에는 그에 관한 설명을 도면의 디자인의 설명란에 기재하여야 한다(시규§7①별표2).

(3) 透　　明

투명은 엄밀히 말해 형상·모양·색채는 아니지만 디자인보호법상으로는 색채에 준하여 취급하고 있으므로 디자인의 同一性을 판단하는 요소가 된다. 따라서 디자인을 표현하는 물품에 투명부분이 있는 경우에는 그에 관하여 디자인의 설명란에 기재하여야 한다(시규§7①별표2).

(4) 질감·광택

질감이라 함은 재료가 가지고 있는 감각적인 느낌(texture)을 말한다. 디자인을 표현하는 도면으로는 질감을 표현하는 것이 곤란하지만 도면대용 사진 또는 견본은 질감이 표현될 수 있다. 그러나 질감은 디자인의 구성요소가 아니므로 디자인의 동일성을 판단하는 요소가 되지 않는다. 따라서 도면대용 사진 등에 의해 질감이 표현되어 있다 하더라도 이를 제거하여 디자인의 구성요소만으로 판단하게 된다. 그 결과 형상·모양·색채 또는 이들의 결합으로서 동일성이 유지될 정도이면 도면으로 제출되었던 디자인을 사진으로 보정하는 것도 허용되고 있다. 그러나 질감의 차이가 시각으로 인식되고 그것이 형상, 모양, 색채에 영향을 주는 경우에는 예외가 될 것이다. 또한 광택이란 빛의 반사에 의하여 물질 표면이 번쩍이는 현상을 말하며, 디자인을 실시한 물품에 있어서는 선

---

7) 윤종렴, 의장, 172면.

악을 결정하는 것으로 중요시할 때가 있다. 광택의 차이에 따라 물품의 형태가 같아도 시각적 인상이 달라 보이는 것이나 디자인보호법상 도면에 의해 광택을 표현하는 것은 한계가 있고, 또한 광택은 디자인의 구성요소가 아니므로 디자인의 동일의 판단요소가 되지 않는다.

(5) 보이는 부분

디자인은 원칙으로 물품의 外觀을 동일성 판단의 대상으로 하나 사용상 문짝이나 뚜껑을 열어서 보이는 부분은 그 내부의 형상 등도 디자인을 구성하는 요소가 되기 때문에 동일성 판단의 요소가 된다. 냉장고, 담배케이스 등에 있어서 문짝이나 뚜껑을 연 상태의 도면이 요구되는 것은 이 때문이다.

제 2 절 디자인의 類似

Ⅰ. 서 설

類似라는 개념은 여러 가지 의미내용, 여러 가지 관계로 쓰여진다. 예를 들면 'A씨와 B씨는 비슷하다'라고 하는 것처럼 감각상의 막연한 의미내용에 있어서 유사라는 개념을 쓰는 경우가 있다. 이 경우 'A씨와 B씨는 비슷하다'라는 것은 A씨와 B씨 사이에서만 성립되므로 개별적 관계에 지나지 않는다. 또 '人間과 고래는 포유류에 속한다'라는 실증적, 과학적 사실에 의거한 哲學上의 '유개념, 종개념'의 의미내용에 있어서도 類似라는 개념을 쓴다. 이 경우는 개개의 인간과 개개의 고래의 개별적 관계를 넘은 인간과 고래의 보편적인 관계이다.[8)]

이와 같이 일반적인 類似라는 개념은 개별적인 관계에서 또는 보편적인 관계에 대하여까지 成立한다. 그러나 디자인보호법상의 디자인의 유사의 개념은 상기의 일반적인 유사의 개념 중 보편적인 관계는 제외되고, 디자인 A와 디자인 B와의 개별적인 관계에서만 성립하는 개념이다. 따라서 디자인의 유사관계가 성립하기 위하여는 반드시 대비되는 구체적 디자인의 존재가 필요하다.

---

8) 森 則雄, 의장실무, 257면.

1. 디자인의 類似의 의의

디자인보호법은 디자인등록출원한 디자인은 그와 동일한 디자인이 이미 公知・公用 또는 刊行物 게재 등에 의해 존재하는 경우뿐만 아니라 그것이 이미 존재하는 디자인에 유사한 경우에도 登錄要件을 결여하는 것으로 한다(§5①). 또한 동일 또는 유사한 디자인에 대하여 다른 날에 2 이상의 디자인등록출원이 있는 때에는 먼저 디자인등록출원한 자만이 그 디자인에 대해 디자인등록을 받을 수 있고(§16①), 동일 또는 유사한 디자인에 대하여 같은 날에 2 이상의 출원이 있는 때에는 디자인등록출원인의 협의에 의하여 정하여진 하나의 디자인등록출원인만이 그 디자인에 대하여 디자인등록을 받을 수 있다고 규정한다(§16②). 그리고 법 제41조는 "디자인권자는 業으로서 등록디자인 또는 이와 유사한 디자인을 실시할 權利를 獨占한다"라고 규정하고 있다. 이와 같이 디자인보호법은 類似라는 개념을 전제로 하여 이것을 기초로 출원디자인의 新規性 및 先出願 판단, 그리고 디자인권의 효력범위를 정하는 것으로 하고 있다. 따라서 디자인보호법에 있어서 디자인의 유사는 권리의 성립에 있어서뿐만 아니라 성립된 권리의 效力에 있어서도 매우 중요한 개념이다.[9)]

그러면 디자인의 類似란 어떤 개념인가.

디자인보호법은 디자인의 유사에 관해서 정의규정을 두지 않고, 사실문제로 하고 있어 디자인제도의 목적, 취지에 입각하여 여러 가지 견해로 주장되고 있으나[10)] 일반적으로 디자인의 유사라 함은 2개의 디자인을 비교할 때, 그 디자

---

9) 권리의 성립과 관계되는 법 제5조 제1항 제3호, 제16조 제1항・제2항 등에서의 유사한 디자인과 권리의 효력과 관계되는 법 제41조의 유사한 디자인에서의 이들 유사개념은 이론상으로는 서로 동일한 연장선상에 있는 개념이지만 실제적으로는 각기 별개의 필요성 때문에 인정된 개념이므로 법 취지와 목적에 따라 합목적적으로 해석되어야 한다는 견해가 있다(송영식 외, 지적소유권법, 739면). 그러나 이 견해에 따르게 되면 등록요건을 결한 디자인에 디자인권의 효력이 발생한다거나 디자인권의 효력이 있는 디자인이 등록요건을 결하게 되는 모순이 생기게 되고, 또한 디자인보호법의 명문의 문언에 반할 뿐만 아니라 통일적 해석에 기한 법적 안정성을 해치는 결과를 가져오기 때문에 타당하지 않다.

10) 牛木, 의장, 108면에서는 "물품의 형상이나 모양 등의 외관에 대하여 동일한 미적 특징을 발하고 있는 것으로 보여지는 경우를 동일 창작체의 범위에 속한다고 말할 때 이것을 디자인법에서는 유사한 디자인이다"라고 설명하며, 齋藤, 의장, 180면에서는 "디자인의 유사란 대비되는 디자인에 있어서 물품이 동일 또는 유사한 관계에 있고 또한 당업자가 보았을 때 디자인 창작의 요부가 일치하여 물품의 외관으로부터 나타내는 미적 사상이 동일한 것을 말하는 것으로 해석된다"라고 설명하고 있다. 또한 森 則雄, 의장실무, 133면에서

인을 구성하는 물품의 형상·모양·색채 또는 이들의 결합이 표현된 디자인이 공통적인 同質性을 가지고 있어서 외관상 서로 유사한 美感을 일으키게 하는 것을 말한다.[11] 여기에서 공통적인 동질성은 디자인의 본질(물품적 본질, 형태적 본질)에 관한 것이고, 또한 그 중의 중요한 내용에 관한 것임을 의미한다.

2. 유사개념 도입의 취지

디자인은 물품(물품의 부분 및 글자체를 포함한다)의 미적 외관에 관한 창작이므로 自然法則을 이용한 기술적 사상의 창작인 발명·고안에 비해 타인의 模倣이 용이하고, 또한 디자인은 물품과의 不可分性에 따라 물품에 한정되기 때문에 同一性 개념만으로는 권리의 幅이 협소하여 디자인의 保護에 만전을 기할 수 없으므로 類似라는 개념을 도입하여 권리의 폭의 확장을 도모하려는 것이다.

Ⅱ. 디자인의 本質的 요소와 디자인의 유사·비유사

디자인 A와 디자인 B 사이에 類似라는 관계가 성립하기 위하여는 디자인의 본질적 요소, 즉 물품적 본질과 형태적 본질이 동일하거나 유사하여야 한다. 이들 요소와의 관계에서 디자인의 동일·유사·비유사 관계를 나타내면 <표 8-1>과 같이 된다. 즉 디자인의 유사에는 ⅰ) 동일물품에 유사한 형상·모양·색채 또는 이들의 결합이 화체된 경우, ⅱ) 유사물품에 동일한 형상·모양·색채 또는 이들의 결합이 화체된 경우, ⅲ) 유사물품에 유사한 형상·모양·색채 또는 이들의 결합이 화체된 경우의 3가지 태양이 있다. 이것을 형식적 의미에 있어서의 유사한 디자인이라고도 한다.

는 유사한 디자인이란 출원디자인이 공지디자인 또는 간행물 기재의 디자인과 비슷한 시각적 인상(시각적 효과)을 주는 디자인인 경우를 말한다는 견해와 출원디자인이 공지 또는 간행물 기재의 디자인으로부터 당업자가 용이하게 창작할 수 있는 범위내에 있는 디자인의 경우를 말한다는 견해의 두 가지에 대해 기술하고, 전자를 외관유사설, 후자를 창작유사설이라고 한다고 설명한다.

11) 황종환, 의장, 664면; 이수웅, 의장, 251면; 대법원 1992.3.31.선고 91후1595 판결.

〈표 8-1〉 물품적 본질과 형태적 본질의 관계에서 디자인의 동일・유사・비유사

물품적 본질(물품) / 형태적 본질(형상·모양·색채)	동 일	유 사	비 유 사
동 일	동일디자인 ┌ 合 同 └ 동일성의 범위에 속하는 디자인	② 유사한 디자인	비유사한 디자인
유 사	① 유사한 디자인	③ 유사한 디자인	비유사한 디자인
비 유 사	비유사한 디자인	비유사한 디자인	비유사한 디자인

1. 物品的 本質에서의 유사・비유사

디자인의 類似관계가 成立하기 위하여는 물품적 본질(물품)이 동일하거나 유사하여야 한다. 디자인의 형태는 항상 물품과 관련하여 그 가치가 포착되는 것이기 때문이다. 디자인의 구성요소인 물품의 인정은 디자인등록출원된 디자인이면 출원서 및 첨부도면 등에 기재된 '디자인의 대상이 되는 물품', '디자인의 설명', '디자인을 표현한 도면(또는 사진, 견본)'에 의하며, 또 간행물에 게재된 디자인이면 간행물에 게재된 상품명(물품의 명칭), 상품(물품)에 관한 설명, 도면・사진 등에 의하여 인정한다. 이것에 의해 물품의 용도, 기능을 특정하고 이들의 공통점과 차이점에 따른 물품의 유사, 비유사에 대하여 판단한다. 통설은 물품의 용도 및 기능을 기준으로 용도 및 기능이 동일한 경우에는 동일물품, 용도가 동일하고 기능이 다를 경우에는 유사물품이라고 해석한다(본장 제1절 Ⅲ. 1. 물품의 동일성 참조).[12] 심사실무상 물품의 동일 또는 유사를 판단하는 수단의 하나는 디자인보호법 시행규칙 「별표4」의 물품구분표와 디자인공보이다. 예를 들면 시계의 경우 「별표4」의 물품구분표에는 손목시계, 탁상시계, 벽시계 등으로 구분되어 있는데 이 손목시계, 탁상시계, 벽시계 등을 단위로 하여 동일물품으로 보고, 이들 물품간은 유사물품으로 본다. 그러나 근래에는 전기・전자제품 등에서 다용도, 복합기능을 가진 물품이 많이 출현되고 있어 물품의 동일・유사판단에 새로운 문제를 제기하고 있어 획일적으로 결정하기 어렵게 하고 있다.

12) 대법원 1985.5.14.선고 84후110 판결; 1987.3.24.선고 86후84 판결; 1992.4.24.선고 91후1144 판결.

2. 形態的 本質에서의 유사 · 비유사

디자인 A와 디자인 B 사이에 유사한 디자인이라는 관계가 성립하기 위하여는 형태적 본질(형상 · 모양 · 색채)이 동일하거나 유사하여야 한다. 형태적 본질의 동일 또는 유사는 객관적으로 확인되는 디자인 창작의 요부가 공통되는가 아닌가의 확인에 의해 이루어진다. 형상 · 모양 · 색채가 어떤 때에 유사 또는 비유사라고 하는가에 대하여 형상 · 모양 · 색채의 구성, 형상 · 모양 · 색채를 보는 방법에 관한 기초적 이론을 살펴보기로 한다.[13)]

(1) 형상 · 모양 · 색채의 구성

형상 · 모양 · 색채의 유사 · 비유사에 대하여는 형상 등의 구성(형상 등의 조립방법)이란 관점으로도 판단한다. 형상 등의 구성은 질적 측면과 양적 측면으로도 된다. 형상 등의 質이란 둥근, 모난 것이라는 형상 등의 성질을 말한다. 구체적으로는 삼각형(2등변 삼각형, 정삼각형), 사각형(정방형, 장방형), 구상적인 草花 · 동물의 형 등의 도형의 성질, 삼각기둥, 사각기둥, 원기둥, 草花, 동물 등의 형상 등의 입체적인 것의 형상의 성질을 말한다.

색채에 대하여는 먼셀(Albert H. Munsell, 1858~1918)의 表色系(color system)에 의하여 HV/C(색채 · 명도 · 채도)로 표시된다.[14)] 이상의 형상, 모양(도형을 물의 표면에 나타낸 것), 색채를 어떻게 구성배치한 것인가 등에 의하여 형상 · 모양 · 색채의 전체로서의 성질이 결정된다. 형상 등의 量이란 長短 등의 일방향으로 벌어짐(크기), 넓고 좁고 등의 평면적인 넓음(면적), 굵다 가늘다 등의 공간적인 벌어짐(체적)으로써 표현된 것을 말한다. 실재한 물품의 형상 등의 양(크기, 면적, 체적)은 절대량으로서 표현되나 도면 등의 종이 위에 그려진 그것과 전혀 같은 물품의 형상 등의 양은 절대량으로 표현되지 않는다. 상대량일 뿐이다. 그러나 디자인보호법상은 동일한 형상이라고 판단한다. 이와 같이 종이 위에 그려진 형상 등의 양은 상대적인 양의 의미밖에 가지지 않으므로 형상 각부 상호의 구성비율을 쪼개냄으로써 형상 등의 양(크기, 면적, 체적)과 형상 등의 질과의 관계를 파악한다.

---

13) 森 則雄, 의장실무, 제5장 제3절 2. 형상적 본질에서의 유사 · 비유사에 의한다.

14) 먼셀의 표색계는 1905년 Munsell에 의해 창안된 이래 발전된 색표에 기본을 둔 표색계이다. 먼셀 표색계의 원리는 물체 표면의 색지각을 색상 · 명도 · 채도의 색의 3속성에 따라 3차원 공간(원통좌표제를 사용함)의 1점에 대응시켜 결국 공간의 세 개에 좌표방향에 있어서 지각적인 等步度(지각적으로 같은 간격)가 되도록 색상 표축도를 정하여 만든 표색계이다(박대순, 디자인용어사전, 56 · 57면).

모양, 색채에 대해서도 같이 하여 양적 측면(전체에 대한 모양의 대소, 점유면적)을 파악한다. 이와 같이 하여 형상·모양·색채의 결합된 상태에서의 전체형상 등과 각 부의 형상 등의 성질, 둘레 표면적과 면적, 각 부의 위치관계, 모양·색채의 성질을 그 점유면적, 그 표현된 위치 등에 의해 전체로서의 형상 등 구성을 파악하며 형상 등의 유사·비유사를 판단한다.

(2) 형상·모양·색채를 보는 방법

(1)의 형상 등의 구성은 주로 사고의 논리성을 중심으로 판단한다. 한편, 형상 등의 유사·비유사에 대하여는 형상 등이 실제로 어떻게 보이는가, 즉 시각상의 작용효과라는 관점으로도 판단한다. 형상 등을 보는 방법에 대한 기초이론은 심사예, 심판예 등의 경험칙에 의해 유도된 것 외에도 사회심리학에서 확립된 몇 개의 과학적 이론에 의한 것도 있다. 조형미술분야에서는 다음과 같은 게슈탈트 심리학(Gestalt Psychology)의 제법칙이 응용되고 있다. 게슈탈트란 형태(지각의 대상을 형성하는 통일적 구조)를 의미한다.

이하에서는 디자인의 유사, 비유사에 관계한다고 생각되는 게슈탈트 심리학상의 형상을 보는 법칙에 대하여 설명한다.

1) 전체는 부분에 우선하고, 부분은 전체에 종속한다　　하나로 모아진 형상 등은 점·선·면의 요소, 단위도형, 단위형상을 쌓아 올라감에 따라 모아진다. 이리하여 모아진 하나의 형상 등의 전체와 부분의 관계가 문제로 된다. 전체와 부분에 대하여 보는 방법에 대하여는 두 가지 사고방식이 있다. 그 하나는 하나로 모아진 전체는 점·선·면의 요소, 단위도형, 단위형상 등의 부분이 가산되어 종합한 것에 지나지 않는 결과이다라는 설이고, 이것은 요소주의(심리학)의 입장이다. 이에 대해 다른 하나는 하나로 모아진 형상 등의 전체는 그 자체가 체제화된 총체(체제화의 법칙)이며 점·선·면의 요소, 단위도형, 단위형상 등의 부분이 가산되어 종합된 결과 이상의 것이라고 해석한다. 그리고 전체는 부분에 우선하는 것이고, 부분은 전체에 종속하는 것이라고 풀이한다. 이것은 게슈탈트 심리학의 입장이다. 디자인은 이러한 전체와 부분의 관계에서 형상 등의 유사·비유사를 판단하게 된다.

2) 형상·모양·색채의 간결화의 법칙　　하나로 모아진 복잡한 형상을 보았을 때 우리들은 되도록 단순화하고 규칙화하고, 간소화하여 그 기본적 특징을 파악하고자 한다. 형상 등의 기억에 대하여 생각하면, 복잡하고 불규칙적인 형상 등을 모두 기억하는 것은 불가능에 가깝다고 할 수 있으나 지각된 형상을

단순화(직방형, 구체, 삼각형, 사각형, 원형 등)하고, 규칙화(단위형상, 단위도형의 조합 규칙성, 대칭, 반복 등)하고 특징이 없는 부분은 버리고 특징적인 부분을 강조화하면 복잡한 형상이라도 기억할 수가 있다. 형상 등의 유사·비유사의 판단은 복잡한 형상 등을 언어로 설명할 수 있을 정도로 간결화하여 기본이 되는 형상, 특징 있는 형상, 주의를 끄는 형상 등을 객관적으로 파악하는 것을 통하여 이루어진다.

3) 통합의 원리　　하나로 합쳐진 형상 등으로 보이는 것은 어떤 요인에 의해 야기되는 것인가. 게슈탈트 심리학은 이것을 역학적 체제의 법칙(알맞은 형태)으로서 종합하여 7가지 요인(게슈탈트 요인)을 들고 있다. 즉, ⅰ) 근접의 요인(거리가 가까운 것은 하나로 보인다), ⅱ) 類同의 요인(비슷한 것은 하나로 보인다), ⅲ) 공동운명의 요인(비슷하게 배열한 것, 같이 변화하고 같이 움직이는 것은 하나로 보인다), ⅳ) 객관적 조정의 요인(규칙성이 있는 것은 하나로 보인다), ⅴ) 폐합의 요인(닫힌 영역은 하나로 보인다), ⅵ) 쉬운 연속의 요인(거침없이 연속성이 있는 것은 하나로 보인다), ⅶ) 경험의 요인(경험적으로 본다)이다. 이러한 원리에 따라서 형상 등의 유사·비유사를 판단한다. 이 통합의 원리는 주로 도형을 대상으로 한 것이나 평면적인 것뿐만 아니라 입체적인 것의 면(예를 들어 텔레비전 수상기의 전면), 어느 부분(예를 들면 조작부의 형상)에 대하여도 적용할 수가 있다. 디자인에서 하나로 보이고, 사람의 주의를 끄는 형상·모양은 디자인의 요부로 되기 쉽다.

Ⅲ. 디자인의 유사여부판단기준

디자인보호법에 있어서의 디자인의 유사개념은 사실적 상태에 대한 認識作用, 예컨대 과학적 인식작용에 있어서의 物처럼 유일하고 절대적인 해석을 구하기가 어려운 분야이다. 이것은 물품의 형태에 대해 말하는 디자인의 유사여부판단의 방법이 感性에 기초한 直觀의 작용에 의한 것임에서 대상의 인식과 그에 대한 개념작용을 언어로써 행함에 곤란이 따른다는 특수성에서 구해지고 있다. 디자인보호법에서 제도의 중핵을 이루는 권리의 성립이나 권리의 효력에 대하여 유사의 개념을 전제로 하고 있음에도 불구하고, 그것은 사실적 인식의 작용으로서가 아니라 기본적으로는 가치의 문제로서 가치론적 방법을 중축으로 하고 사실에 관한 방법의 도움을 보조로 하여 定立, 확정하게 된다.[15)]

---

15) 齋藤, 의장, 194면.

이렇게 하여 확정된 개개의 가치내용은 사회를 구성하는 전원을 구속하는 것이기 때문에 거기에는 일반 타당성이 요구되어야 하며 그 때문에 가치의 기준확립을 위해 과거부터 여러 가지로 시도되고 있다. 디자인심사실무상은 디자인의 유사여부판단의 객관화를 위해 몇 가지의 원칙적 기준을 설정하여 이 기준을 참작하여 그 외 심사에, 심결에, 판례 등에 의해 판단하도록 한다.

1. 유사여부판단에 관한 學說

디자인의 유사여부판단에 관한 學說로서는 論者에 따라 여러 가지로 분류되고 있어[16] 美感의 경우처럼 어떤 說로서 정착되었다고 보기는 어려우나 그간

---

16) i) 齋藤, 의장, 195・196면에는 디자인의 유사여부판단에 관한 견해를 다음과 같이 분류하고 있다. ⓐ 美感性基準說(양 디자인의 구성을 대비하여 全體로서 나타나는 美感과 인상의 이동을 기준으로 유사여부를 판단한다), ⓑ 混同性基準說(일반 수요자를 기준으로 하여 혼동의 염려 또는 식별가능한 정도의 특이성 여부로 유사여부를 판단한다), ⓒ 形態性要部基準說(디자인을 구성하는 형태요소에 있어 그 디자인의 본질적인 부분을 디자인상의 요부로서 파악하고, 그 요부가 공통하는가의 여부에 따라 유사여부를 판단한다. 이 설은 日本특허청의 실무상 해석에 있어 일관된 기본적 태도이고, 일본판례도 주로 이 입장에 서있다), ⓓ 創作性基準說(디자인의 유사여부는 同一한 美的 특징, 즉 창작내용의 공통성을 기준으로 하여 판단하는 思考이다).

ii) 加藤, 의장, 133면 이하에서는 디자인의 유사란 디자인의 본질적 가치를 같이하는 폭이라고 하며 디자인의 본질적 가치를 어떻게 보느냐에 따라 ⓐ 創作說(창작의 동일성을 기준으로 한다), ⓑ 競業說(혼동을 기준으로 한다), ⓒ 需要說(물품거래를 증대시키는 기능을 기본으로 구매욕구에의 자극내용을 기준으로 한다)로 분류한다.

iii) 牛木, 의장, 91면은 創作을 기본(상위)개념으로 하고, 다시 이것을 美感說, 印象說, 注意說로 나누고 이것과는 별도로 디자인이 상품으로 유통되는 단계에서의 2차적 판단으로서의 混同說로 분류한다.

iv) 윤종렴, 의장, 175면은 부정경쟁방지라는 면에서 보아 일반 수요자를 기준으로 하는 혼동에 대해서만 기술한다.

v) 황종환, 의장, 666면 및 이수웅, 의장, 253면에서는 ⓐ 創作同一說, ⓑ 注意喚起說, ⓒ 物品混同說로 분류하며, 송영식 외, 지적소유권법, 740・741면은 ⓐ 創作說, ⓑ 注意喚起說 내지 審美性說, ⓒ 混同說로 분류하고 있으나 기본적으로는 본서의 태도와 크게 다르지 않다.

vi) 李相京, 知的財産, 340・341면은 ⓐ 創作(同一)說, ⓑ (物品)混同說, ⓒ 審美性說로 분류하고 이 중 (物品)混同說을 지지하고 있다.

vii) 末吉 瓦 「의장법」, 중앙경제사, 2003, 52면에서는 ⓐ 혼동할 우려의 유무를 기준으로 하는 혼동설, ⓑ 디자인의 창작용이성을 기준으로 하는 창작설, ⓒ 미감이나 인상의 이동을 중심으로 판단하는 미감설, ⓓ 디자인을 구성하는 형태요소의 본질적인 부분을 디자인상의 요부로서, 그 요부의 공통성을 기준으로 하는 설, ⓔ 창작내용의 공통성을 기준으로 하는

우리나라에서 論議되고 있는 대표적인 설을 보면 다음과 같다.

(1) 創作同一說(創作說)

이 설은 디자인보호법은 創作的 가치에 대하여 보호하는 法이므로 디자인의 유사여부는 同一한 美的 특징, 즉 창작내용의 공통성을 기준으로 하여 판단하여야 한다는 견해로서 그 판단의 주체는 창작자 내지 당업자를 기준으로 한다. 그러나 이 설은 디자인의 유사여부판단을 創作者 내지 當業者의 수준에서 판단하게 되므로 지나치게 주관에 흐를 염려가 있다는 비판을 받고 있다.

(2) 物品混同說(混同說)

이 설은 디자인보호법은 不正한 競爭의 방지, 즉 경업질서를 형성하기 위한 法이므로 디자인과 不可分의 관계에 있는 물품이 다른 물품과 混同을 야기할 우려가 있으면 유사한 디자인으로 보는 견해이다. 이 설에서는 디자인의 유사를 물품의 혼동여부에서 구하므로 그 판단의 주체는 일반 수요자를 기준으로 하게 된다. 그러나 이 설에 대한 비판은 디자인의 보호는 創作보호의 면과 不正競爭防止라는 양면을 가지고 있으므로 상표법과 같이 상품출처의 오인·혼동을 防止하는 것만이 아니라는 것이다.

(3) 注意喚起說(美感說)

이 설은 2개의 디자인을 상호 비교하여 주의를 환기시키는 部分 또는 보는 사람에게 주는 미적 인상이 동일 내지 유사하면 유사한 디자인으로 보는 견해이다. 우리나라 많은 判例들이 주로 이 입장을 취하고 있다.[17] 그러나 이 설은

설 등 5가지로 나누고, 기본적으로 창작설은 최고재판소 소화 49년(1974.3.19.선고 1970년 제45호 판결 "가요신축호스")에 부정되었고, 혼동설의 입장이 유력하다고 해석되고 있다고 설명한다.

17) ⅰ) 디자인의 유사여부는 디자인을 구성하는 요소들을 전체적으로 대비관찰하여 그 각 디자인이 보는 사람으로 하여금 서로 상이한 미감을 느끼게 하는 것인지의 여부를 가려서 판단하여야 하고, 이 경우 그 구체적인 판단기준으로서는 보는 사람의 주의를 가장 끌기 쉬운 부분을 요부로서 파악하고 그 각 요부를 대비 관찰할 때 일반 수요자들이 느끼는 미감에 차이가 생길 수 있는지의 관점에서 그 유사성 여부를 결정하여야 한다 할 것이다(대법원 1987.2.24.선고 85후101 판결; 1990.5.8.선고 89후2014 판결; 1991.9.10.선고 90후2072·2089 판결).

ⅱ) 디자인의 유사성 여부는 이를 구성하는 각 요소를 부분적으로 볼 것이 아니라 오로지 디자인출원의 기재사항과 서류에 첨부한 도면의 기재사항에 표현된 디자인에 의하여 전체와 전체와의 관계에 있어 보는 사람의 눈을 자극하고 주의를 환기시키는 결과여하에 따라 결정하여야 한다(대법원 1975.7.22.선고 74후57 판결).

注意를 환기시키는 部分 또는 미적 인상이라는 것이 지식이나 경험 등에 의하여 사람마다 제각기이고, 또한 인간의 생리적 상태나 심리적 상태에 영향을 받으므로 객관적으로 설득력 있는 근거가 될 수 없다는 비판을 받고 있다.

(4) 整　理

상기 각 설의 입장은 나름대로의 논리적 근거를 가지고 있으나 다른 한편, 결점이 지적되고 있기 때문에 그 어느 설도 一般 妥當性을 갖는 설이라고 하기 어렵다. 따라서 어느 한 설만을 취하여 디자인의 유사여부를 판단하는 것은 객관적인 판단이 곤란하므로 결국 위 3가지의 설을 綜合的으로 고려하며, 또 디자인이 가지고 있는 형태구성요소(형상, 모양, 색채 또는 이들의 결합)를 상호 비교하여 具體的·全體的으로 판단하여야 할 것이다. 특허청 디자인심사기준에 있어서는 "디자인의 유사여부판단은 디자인의 대상이 되는 물품이 유통과정에서 일반 수요자를 기준으로 관찰하여 다른 物品과 混同할 우려가 있는 경우에는 유사한 디자인으로 보며"라고 하여 기본적으로는 물품혼동설의 입장을 취하면서, 이어서 "또한 혼동할 우려가 있을 정도로 유사하지는 않더라도 그 디자인분야의 형태적 흐름을 기초로 두 디자인을 관찰하여 창작의 공통성이 인정되는 경우에도 유사디자인으로 본다"라고 하여 창작동일설의 입장도 고려하여 판단하도록 하고 있다. 또한 디자인 또는 물품에 따른 구체적인 기준으로서 "참신한 디자인일수록 유사의 폭은 넓고 동종류의 것이 많이 나올수록 유사의 폭은 좁게 본다"라고 하여 유사의 폭에 관하여 創作同一說의 입장을, 또 "物品의 잘 보이는 면에 비중을 둔다"라고 하여 要部 판단에 있어서는 注意喚起說의 입장을 각각 반영하여 디자인의 유사여부를 판단하도록 하고 있다.

---

iii) 디자인의 유사여부를 판단함에 있어서는 디자인을 구성하는 각 요소를 부분적으로 분리하여 대비할 것이 아니라 전체와 전체를 대비 관찰하여 보는 사람의 마음에 환기될 미감과 인상이 유사한 것인지의 여부에 따라 판단하여야 하고, 이 경우 디자인을 보는 사람의 주의를 가장 끌기 쉬운 부분을 要部로서 파악하고 이것을 관찰하여 일반 수요자의 심미감에 차이가 생기게 하는지 여부의 관점에서 그 유사여부를 결정하여야 한다(대법원 1991.6.11.선고 90후1024 판결; 1996.1.26.선고 95후1135 판결).

iv) 디자인이라 함은 물품의 형상·모양이나 색채 또는 이들을 결합한 것으로서 시각을 통하여 미감을 일으키게 하는 것을 말하므로 디자인이 유사한 것인지의 여부는 디자인을 구성하는 각 요소를 분리하여 개별적으로 대비할 것이 아니라 외관을 전체적으로 대비 관찰하여 보는 사람의 시각을 통하여 일으키게 하는 심미감과 보는 사람에게 주는 시각적 인상이 유사한 것인지의 여부에 따라 판단하여야 할 것이다(대법원 1989.7.11.선고 86후3 판결).

2. 유사여부판단의 主體

디자인보호법상 디자인의 유사개념에 관해 定義규정을 두지 않고 그 판단기준에 있어 主體에 관하여도 明文化하고 있지 않아 法의 目的, 趣旨에 입각하여 여러 가지 견해로 나누어진다. 즉, 유사여부판단의 주체적 기준에 대하여는 i) 당업자를 기준으로 해야 한다는 설, ii) 일반 수요자를 기준으로 해야 한다는 설, iii) 당업자 또는 일반 수요자라는 특수적 입장을 초월한 보편적 주체를 기준으로 해야 한다는 설 등이다.

당업자를 기준으로 하는 설은 디자인보호법의 목적은 창작적 가치에 대한 보호에 있으므로 유사한 디자인의 범위에 포함되지 않는 것은 그 디자인이 속하는 분야에서 통상의 지식을 가진 자, 즉 당업자가 용이하게 창작할 수 없다고 인정되는 것이면 족하고, 일반 수요자는 전혀 관계가 없다고 하는 입장이다.[18] 이와 같은 생각은 창작된 단계의 디자인(디자인의 대상이 되는 물품은 문장으로, 디자인에 관한 형태는 도면 등으로 표현)은 상품화하고 있지 않으므로 그 디자인에 대하여 실시하고자 하는 자(당업자)는 존재해도 실시물을 이용할 일반 수요자는 아직 존재하지 않는다는 것을 전제로 한다. 이에 대하여 일반 수요자를 기준으로 하는 설은 원래 디자인의 보호는 創作保護의 면과 不正競爭防止라는 면 등을 가지고 있는 것이고, 창작보호의 면에서 보면 동일한 창작인지 아닌지를 정면을 기준으로 하면 되지만, 부정경쟁방지라는 면에서 보면 甲물품인 것처럼 보이게 하고 乙물품을 수요자에게 구입하게 할 정도로 유사한 것인가 아닌가가 문제가 되는 것이고, 혼동하느냐 않느냐는 수요자가 혼동하는가 않는가의 문제이다. 따라서 디자인이 유사한가 아닌가는 일반 수요자가 혼동하는가 않는가를 기준으로 하여야 한다는 것이다. 현재의 통설과 판례의 입장이라고 할 수 있다.[19]

그러나 일반 수요자의 판단이라 하더라도 그것은 고저광협 등 각양각색으로서 현실적으로 개개의 수요자는 일정한 수준이 있는 것이 아니다. 따라서 여

---

18) 牛木, 의장, 145면.

19) 윤종렴, 의장, 173면; 이수웅, 의장, 254면; 황종환, 의장, 668면; 송영식 외, 지적소유권법, 741면. 대법원 1982.6.8.선고 81후7 판결; 대법원 1986.2.25.선고 85후85 판결; 대법원 1992.3.31.선고 91후1014 판결; 대법원 1994.10.14.선고 94후1206 판결. 한편, 일본의 경우에는 평성 18년(2006년) 법개정에서 디자인의 유사여부 판단은 수요자(소비자, 거래업자)의 시각에 의한 미감에 의거하여 행하는 것을 명문으로 규정하였다(日§24 ii 신설). 이 규정에 의해 종래 창작설에서 주장되던 창작자 내지 당업자의 관점에서 유사여부를 판단하는 것은 부정되었다.

기에서 일반 수요자라는 것은 개개의 현실적 수요자가 아니고 객관적으로 상정된 평균의 또는 이상의 수요자인 것이다. 평균의(이상의) 수요자의 발견은 경험과 숙련에 의하지 않으면 안 되는 것으로서 디자인심사관 등은 직업적인 입장에서 부단히 물품의 보통 상황을 조사하여 그 파악에 노력하고 있는 것이다. 한편, 보편적 주체라고 하는 설은 디자인의 유사여부판단은 가치적 판단으로서 일반적으로 타당한 것으로 행해지는 한에 있어서 그 판단에 主體的인 한정을 둘 필요가 없는 것이나, 굳이 판단주체라고 할 때 그것은 當業者 또는 一般需要者라는 특수적 입장을 초월한 보편적 주체(사회 전체의 구성원)라고 해야 한다는 입장이다.[20)]

또 이와 다른 관점에서 주장되는 견해가 있다. 디자인의 유사여부판단에서 혼동의 주체는 일반 수요자 또는 당업자에게 한정하여 해석할 것이 아니라 당업자 사이에 거래되는 물품의 경우에는 당업자가 기준이 되고, 일반 수요자가 거래의 주체가 되는 경우에는 일반 수요자를 기준으로 혼동을 판단해야 한다는 것이다. 이와 같은 견해는 구체적인 거래의 장에서 혼동이 발생할 정도로 비슷한지 아닌지를 판단해야 한다고 하는 것이다. 그런데 당업자는 디자인을 창작하고 디자인을 실시할 수 있는 능력을 가지고 있어 디자인을 실시한 제품에서 그 디자인의 창작내용을 읽을 수 있는 능력도 있다. 따라서 당업자를 기준으로 판단한다는 것은 원인인 디자인의 창작내용(디자인의 구성)과 결과인 디자인의 외관, 인상 등(디자인의 형태)의 관련을 파악하여 판단한다는 것을 의미한다. 이 경우 당업자는 미세한 차이점을 관찰할 능력을 일반 수요자보다는 갖추고 있으므로 판단에 그러한 경향을 반영하기 쉽다. 또 일반 수요자를 기준으로 판단한다는 것은 결과인 디자인의 외관, 인상 등(디자인의 형태)만을 오로지 파악 판단하면 된다는 것을 의미한다. 원인인 디자인의 창작내용(디자인의 구성)은 대개의 경우 문제로 삼지 않는다. 이 경우 일반 수요자는 전체적으로 주는 인상에서 감각적으로 어떤 물품인가에 좌우되기 쉽고 주의를 끄는 특정한 부위에만 눈을 돌리기 쉽다.[21)] 이에 대해 심사실무상은 디자인의 유사여부판단에 있어 단순히 외관상 서로 유사한 미감을 일으키게 하는지 아닌지의 일반 수요자의 입장이라는 관점만이 아니라, 디자인분야의 형태적 흐름을 기초로 두 개의 의장을 관찰하여 창

---

20) 齋藤, 의장, 261면.

21) 森 則雄, 의장실무, 287·288면.

작의 공통성이 인정되는지 아닌지 등 창작자(당업자)의 입장에서의 관점도 고려한 판단이 통상적으로 행해지고 있다.[22)]

생각건대, 디자인보호법 제1조의 목적이 "디자인의 보호 및 이용을 도모함으로써 디자인의 창작을 장려하여…"라고 되어 있어 직접적인 이익을 받을 수 있는 것은 當業者임이 분명하나 그런 관점에 비중을 두어 디자인을 판단한 결과 일반 수요자에게 不利益을 주거나 생산, 유통, 소비의 산업상의 각 과정이 원활하지 못하여 산업질서가 유지되지 않는 사태에 이르게 되면 산업발전에 이바지한다는 디자인보호법의 목적을 달성할 수 없게 된다. 따라서 디자인의 유사여부는 당업자와 일반 수요자의 양 관점, 또 원인인 '디자인의 창작내용 = 디자인의 구성'과 결과인 '디자인의 외관·인상 등 = 디자인의 형태'의 양 관점에서 대비 관찰하여 그 결과를 종합적으로 고찰한 다음 디자인의 유사여부판단을 하여야 하는 것이 가장 합리적이라고 생각한다.

3. 유사여부판단의 대상

디자인의 유사여부판단에 있어서 대비되는 일방의 디자인은 일반적으로는 출원디자인 또는 등록디자인이고, 그 디자인의 인정은 출원서의 기재사항, 도면 및 도면의 기재사항 중 디자인의 설명에 기초하여 행하여진다. 이들이 디자인의 보호범위를 정하는 자료가 되기 때문이다(§43).

대비되는 타방의 디자인(인용디자인이라 한다)은 사안에 따라 다르다. 등록요건을 판단하는 경우에는 신규성을 상실한 디자인, 선출원디자인 등이 판단의 대상이 되고, 디자인권의 효력을 판단하는 경우에는 제3자가 실시하고 있는 디자인 등이 판단의 대상이 된다. 디자인의 유사여부판단에 있어 판단의 대상이 되는 디자인은 반드시 형태 전체를 모두 명확히 한 디자인뿐만 아니라 그 자료의 표현부족을 경험칙에 의하여 보충하여 그 디자인의 요지파악이 가능한 한 그 대비판단의 대상이 될 수 있다 할 것이나 인용디자인만으로는 요지파악이 불가능한 경우에는 그 대비판단을 할 수 없다.[23)] 신규성 판단의 자료는 선행하여 존재하는 디자인 그 자체 전체를 명확히 하려는 데 그 목적, 의의가 있는 것이 아니라(출원절차의 도면처럼) 출원디자인에 객관적·실질적인 창작성이 있느냐의 여

22) 디자인심사기준 제4조 제4항.

23) 대법원 1994.10.14.선고 94후1206 판결; 1998.4.27.선고 97후1955 판결; 1999.11.26.선고 98후706 판결; 2001.3.23.선고 98다7209 판결 등.

부를 확인할 수 있는 한 자료로서의 존재가치를 갖기 때문이다.

Ⅳ. 디자인의 유사여부판단의 구체적 기준

1. 類似여부판단의 觀察方法

(1) 육안에 의한 관찰

디자인은 物品의 外觀에 표현된 美的 創作이므로 디자인의 유사여부판단은 시각에 의한 판단으로서 육안에 의해 관찰한다. 육안에 의한 관찰이란 시각에 의한 관찰로서 현미경, 확대경 또는 化學分析 등에 의한 관찰은 배제한다는 의미이다. 피부 또는 손의 감촉은 육안에 의한 관찰을 보조하지만 시각을 통하지 않는 한, 유사여부판단의 요소가 되지 않는다. 직물지의 미세한 모양을 확대한 사진이나 선상물 등에 관한 형상을 크게 擴大한 도면이나 사진으로 등록받는 경우가 있다. 이 경우 그 권리는 확대한 것에 인정된 것이므로 육안으로 보아서 파악되지 않는 세밀한 직조의 모양이나 선상물의 형상에는 權利가 미치지 않는 것이다.

(2) 간접적 대비관찰

관찰은 일반적으로 대비관찰과 격리관찰(이격적 관찰)로 나누어진다. 대비관찰이란 2개의 디자인을 서로 비교하면서 디자인의 유사·비유사에 관계하는 객관적 사실을 파악하는 것이다. 여기에는 간접적 대비관찰과 직접적 대비관찰이 있다.

간접적 대비관찰이란 출원도면에 표현된 디자인과 공지·공용디자인 또는 간행물에 게재된 디자인과를 대비관찰하는 것인데, 이것은 도면 또는 사진에 의한 표현의 가능성이라든가 미감의 일치, 생략 또는 작도상의 차이를 간과해도 디자인의 동일성에 변화가 없는가 등을 판단해서 실체의 디자인을 상상해서 대비관찰을 하는 것이다. 직접적으로 대비관찰하면 디자인의 세부에까지 그 차이가 식별된다. 또 격리관찰 또는 이격적 관찰이란 시간과 공간을 달리하여 비교관찰하는 방법이다.[24] 이를테면 A백화점에 가서 甲물품을 보고 그 길로 다시 B

---

24) 이격적 관찰은 상표법에서 상표의 유사여부판단에 주로 사용하는 방법이다. 상품을 구입할 경우 상품에 표시된 상표와 다른 상품에 표시된 상표를 서로 비교해보고 나서 구입여부를 결정하는 것이 아니라, 지난날 다른 장소에서 구입하였거나 광고 등으로 알게 된 기

백화점에 가서 乙물품을 본다든가, 오늘 甲물품을 보고 내일 乙물품을 본다든지 하는 것과 같이 시간을 두고 혼동하는 것을 실험하기도 하고, 거리를 두고 혼동이 생길 수 있는지 등의 관찰을 하는 것을 말한다. 직접적 대비관찰은 누구나 세밀한 차이를 식별해 낼 수 있고, 격리관찰은 관념적인 것으로 되어 적당하지 않다. 따라서 디자인의 유사판단에 있어서 관찰은 간접적 대비관찰이라 할 것이다.[25) 26)]

(3) 全體觀察과 要部觀察

디자인이 유사한지의 여부는 전체로서 유사한가의 문제이므로 부분적으로 분석하여 유사한 점이 있다 하더라도 전체적으로 상이한 느낌을 주게 되면 유사하지 않은 디자인으로 판단되고 반대로 부분적으로 상이한 점이 있다 하더라도 전체적으로 비슷한 경우에는 유사한 디자인이 된다. 즉, 디자인의 유사여부 판단은 개개의 요소에 국한되지 않고, 개개의 요소를 결합하여 전체 대 전체로써 대비 관찰하여 판단하며 이것을 디자인의 전체관찰이라고 한다. 그러나 여기에서 말하는 전체관찰은 반드시 디자인 전체를 같은 비중을 두고 대비관찰하여야 하는 것을 의미하는 것은 아니다. 디자인을 구성하는 각 요소, 각 부분은 협동하여 전체로서의 유기적 통일에 의해 형태를 형성하는 것이므로 이 전체적 통일로서의 형태인 디자인에 대한 유사여부판단은 필연적으로 형태 전체와 관련하여 지배적인 특징 또는 요부가 파악, 고찰되며 평가되는 것이다. 따라서 디자인의 유사여부판단에 있어 전체관찰은 전체를 통해서 하는 지배적 특징 또는 요부평가이며 지배적 특징 또는 요부를 통해서 하는 전체적 종합평가인 것이다.[27)]

억과 이미지를 실마리로 거래하게 되기 때문이다.

25) 윤종렴, 의장, 179면.

26) 특허청 심사실무에서는 디자인등록출원에 대하여 1건마다 심사하는 것이 아니고, 출원순서에 따라 적당한 범위의 디자인도면을 동종물품별, 형태별로 분류하여 출원디자인 전체를 한눈에 볼 수 있는 디자인지도(관찰자료)를 작성한 후에 그 위치에서 각종 선행디자인자료(디자인공보, 카탈로그 등)와 동일, 유사한지의 여부를 관찰하는 方式을 취하고 있으므로 간접적 대비관찰에 의한 것이라 할 수 있다.

27) ⅰ) 디자인의 동일 또는 유사여부는 디자인을 구성하는 각 요소를 부분적으로 분리하여 대비할 것이 아니라 전체와 전체를 대비관찰하여 보는 사람이 느끼는 심미감 여하에 따라 판단하여야 한다(대법원 1983.7.26.선고 81후46 판결).

ⅱ) 디자인의 유사성여부판단은 이를 구성하는 각 요소를 부분적으로 볼 것이 아니라 전체 대 전체의 관계에서 지배적 특징이 서로 유사하다면 세부적인 특징에 있어서 다소

여기에서 디자인의 지배적 특징 또는 요부에 대해 좀더 알아보자.

디자인에 있어서 지배적 특징 또는 요부란 디자인의 본질적 특징을 표출하는 創作性이 있는 곳을 말하며, 그것은 객관적인 것임을 요한다. 대개는 물품의 특징을 표출하는 데 창작의 노력이 집중되는 결과 그것은 물품의 지배적 특징 또는 요부와 중첩하게 된다. 두 디자인이 표현된 물품에 있어서 흔한 형상이 아니어서 보는 사람의 주의를 가장 끌기 쉬운 부분[28] 또는 물품의 사용상태와 용도를 고려할 때, 수요자에게 잘 보이는 부분 내지 디자인의 구조적 특징을 가장 잘 나타내는 부분은 그것이 물품의 지배적 특징 또는 요부인 것이 많고, 그 결과 디자인의 요부로도 된다. 형상과 모양의 결합디자인에 있어서 형상이 공지된 경우에는 모양부분이 디자인으로서의 지배적 특징 또는 요부가 되고 그 차이가 전체에 미치는 영향에 의해서 유사여부가 결정된다.

또 디자인의 유사여부판단에 있어 기본적 형태, 기능적 형태에 대해서는 어떻게 판단되어야 하는가가 논의된다. 디자인에 있어서 '기본적 형태'라고 할 때 그것은 두 가지 의미로 쓰인다. 하나는 그 디자인에 관한 물품 전체의 공통된 기본적 형태(물품의 기본형태)이며 다른 하나는 당해 디자인의 골격이 되는 기본적 형태이다(이 경우 '기본적 구성태양'처럼 말하는 경우가 많다). 물품의 기본형태란 물품의 기능 등 속성에 의해 규정되어 저절로 형성된 형태이다. 즉 그 형태를 갖추므로 그 물품이라고 인식되는 것으로 그것 없이는 그 명칭에 의해 인식될 수 없다. 따라서 개별 디자인이 그것(기본형태)을 초월하지 않게 된다. 기능적 형태란

차이가 있더라도 양 디자인은 유사하다고 보아야 할 것이다(대법원 1991.12.24.선고 91후981 판결).

iii) 디자인의 유사여부를 판단함에 있어서는 디자인을 구성하는 각 요소를 분리하여 개별적으로 대비할 것이 아니라 전체적으로 대비 관찰하여 보는 사람의 시각을 통하여 일으키게 하는 심미감과 인상의 유사성에 따라 판단하여야 하는 것이고, 이와 같이 전체를 비교함에 있어서 보는 사람의 주의를 가장 끌기 쉬운 부분을 지배적인 특징 또는 요부로 파악하여 그 지배적인 특징 또는 요부가 서로 유사하다면 세부적인 특징에 있어서 다소 차이가 있고, 부분적으로는 진보성이 인정된다 하여도 전체적으로 보아서 과거 및 현존의 고안들과 다른 미감적 가치가 인정되지 아니하면 그 신규성과 창작성을 인정할 수 없다 할 것이다(대법원 1992.3.31.선고 91후1595 판결).

28) 다만, 여기에서 주의해 두고 싶은 것은 디자인의 유사여부판단에서 디자인의 전체로부터 '주의를 가장 끌기 쉬운 부분'을 디자인의 요부라고 인정하고 있지만, 이때 그 물품으로서는 당연히 가지는 기본적 형태, 기능적 형태를 포함하여 인정해 버리는 일이 많다. 물품의 기본적 형태, 기능적 형태는 디자인의 요부가 될 만한 형태는 아니라고 보아야 할 것이다.

그 물품의 기능적 필연에 의해 생기는 형태, 즉 물품의 목적, 기능을 달성하는 데 최대의 기술적 효과를 빚어내는 형태를 말한다. 따라서 그 형태는 그 물품의 목적, 기능이 특정되는 한, 유일 절대적인 것이고, 적어도 그것에 가까운 것이 되지 않을 수 없으며, 이 형태결정요소로서의 목적, 기능은 '물품' 그 자체를 성립시키는 본질이기도 하므로 물품의 기본적 형태를 규정하는 가장 큰 한 가지 요소가 된다.

이들 물품의 기본적 형태, 기능적 형태는 사람들의 끊임없는 노동의 중첩, 경험의 집적의 결과로서 현실적으로 존재하는 것이며 말하자면 역사적·사회적 필연의 형태로서 생겨난 것이다. 이들은 그 자체가 존재하는 그 사회의 재산이며 그 구성원의 입장에서 보면 공유재산이다. 따라서 디자인이 이들 형태의 범주에 그치는 한 거기에 독점적 권리가 생길 수 없음은 자명할 것이다.[29] 분명 디자인보호법이 보호하는 것은 물품 그 자체는 아닌 것이다. 물품의 외관에 표현된 형태 부분의 신규하고 또한 창작성을 가진다고 인정되는 경우에 특별히 보호를 인정하고 일정기간 독점배타적 권리를 주는 것이므로 물품의 기본적 형태, 기능적 형태부분에 대해서는 보호의 범위로부터 벗어나는 것은 당연하다 할 것이다.[30] 그러나 심사는 물론 심결예와 판례를 보면, 간혹 물품의 기술적 기능의 실현을 위해 구성된 외관인가, 순수하게 광의의 장식성을 실현하기 위해 구성된 외관인가를 구별하려는 노력이 부족한 경우를 볼 수 있다. 즉 디자인을 구성하는 외관이 디자인보호법 제2조 제1호의 디자인의 정의에서 말하는 '시각을 통하여 미감을 일으키게 하는 형태인가', '물품 자체의 기본적 형태, 기능적 형태인가'라는 분석이 필요함에도 이를 게을리하고 있는 경우가 있는 것이다.

(4) 외관관찰

디자인은 물품의 미적 외관이기 때문에 디자인의 유사여부판단도 시각을 통하여 대비관찰하여 외관이 유사한가 아닌가에 따라 판단한다. 이것을 외관유사라고 한다. 物品에 따라서는 외관이 다소 상이하더라도 그 디자인에 표현된 의미내용 등이 공통성이 있는 경우는 類似하다고 판단하는 방식이 있다. 이를테면 모난 것을 둥글게 한 삼각형과 사각형은 둥근, 여성적인 인상을 느끼게 한

29) 齋藤, 의장, 246~247면.

30) 물품의 기능적 필연에 의해 생기는 기능적 형태를 디자인보호법의 보호에서 제외하지 않는다면 특허법이나 실용신안법에 의해 보호되어야 할 발명이나 고안이 기술적 진보성이 낮다 하여 디자인보호법에 의해 보호를 받게 되는 문제를 발생시킬 수 있다.

다. 앉아 있는 강아지와 뛰고 있는 강아지 형상의 동물완구에 있어서는 양자로부터 귀엽다, 순진하다 등의 인상을 느낄 뿐 아니라 동물 강아지라는 공통적인 관념을 가진다. 이것을 보통 관념유사라고 한다. 관념적으로 유사하다고 하는 것은 전혀 다른 종류의 것보다는 어느 정도 유사하다는 감을 주는 것에는 도움이 되기 때문에 전연 무시할 수는 없지만, 디자인의 유사판단은 어디까지나 외관유사에 주체를 두는 것이고, 관념적으로 유사하다고 하여 디자인이 유사하다고 단언할 수는 없다. 같은 동물이나 꽃의 형상, 모양에 있어서도 그 표현태양에 따라 얼마든지 변화가 풍부한 것이기 때문이다.[31]

2. 형태구성요소와 유사여부판단

디자인은 物品의 형상, 모양, 색채 또는 이들을 結合한 것으로서 그 통일적 전체로서 관념된다. 디자인은 형태구성요소에 의해 구분하면 i) 형상의 디자인, ii) 형상 및 모양의 결합디자인, iii) 형상 및 색채의 결합디자인, iv) 형상, 모양 및 색채의 결합디자인으로 나누어지는바(제4장 제3절 Ⅱ. 5. 형태구성요소의 결합에 의한 디자인의 구분 참조), 이들 각각의 디자인 사이에 類似가 성립하느냐의 여부의 문제가 제기된다.

(1) 形狀디자인과 結合디자인

형상만의 디자인과 형상 및 모양의 결합디자인에 있어 형상이나 모양 중 어느 하나가 유사하지 않으면 원칙적으로 유사하지 않은 디자인으로 보되, 형상이나 모양이 디자인의 美感에 미친 영향의 정도 등을 종합적으로 고려하여 디자인 전체로써 판단한다. 이때 형상의 디자인에 모양을 부가함으로써 그 전체로서 형상디자인과 별개의 고유의 새로운 자질을 形成하는 경우에는 비유사한 디자인으로 판단될 것이나 모양이 독자적인 가치를 발휘하지 않는 경우에는 유사한 디자인으로 판단된다(대개는 모양요소 등은 형상개념에 포섭하여 가치의 공통성을 보고 양자를 유사하다고 하고 있다).

예를 들어 形狀만의 찻잔디자인이 선행디자인으로 있고, 그 형상에 꽃무늬 모양을 부가한 후원의 찻잔디자인이 있을 경우 후원의 디자인이 모양의 부가로 두드러진 특징을 표출하는 등 독자적인 가치를 발휘하고 있는 경우에는 양자 비유사한 디자인으로 판단되지만, 모양이 부가되어 있다 하더라도 독자적인 가

---

31) 윤종렴, 의장, 179면.

치를 발휘하지 않는 경우에는 모양요소가 형상의 개념에 포섭되어 형상가치의 공통성을 중심으로 보고 유사한 디자인이라고 판단되는 것이다. 형상 및 모양의 결합디자인과 형상·모양 및 색채의 결합디자인, 형상 및 색채의 결합디자인과 형상·모양 및 색채의 결합디자인, 형상 및 모양의 결합디자인과 형상 및 색채의 결합디자인의 각각의 관계에 대해서도 기본적으로는 동일하다.

(2) 模　　樣

物品의 형상, 모양, 색채를 말하는 디자인에서 형상이 존재하지 않는 디자인은 있을 수 없으나 형상요소가 매우 희석된 디자인이 있다. 벽지, 직물지, 포장지 등 平面形狀으로 취급하는 디자인이 이에 해당된다. 이들 디자인은 모양이 디자인 창작의 요부로 된다. 따라서 디자인의 유사여부판단은 대개 그 모양을 주된 대상으로 하여 이루어지게 된다. 즉, 이들 디자인은 형상을 중심으로 하는 것과는 달리 물품과의 관련에 대해서는 거의 고려하지 않고 모양 그 자체의 주제, 표현방법, 배열, 무늬의 크기, 색채 등을 중심으로 하여 판단하게 된다.

(3) 色　　彩

색채 그 자체는 신규성, 창작성이 없다. 따라서 색채의 경우에는 그것이 모양을 구성하지 않는 한 유사여부판단의 요소로 고려하지 않는다.[32)]색채가 유사여부판단의 요소로 作用하는 것은 색구분 모양이나 모양과 일체적으로 결합된 경우이다.[33)]

---

32) ⅰ) 인용디자인 1은 색채가 아닌 형상과 모양의 결합으로 이루어진 것으로서 어떠한 색채도 모두 취할 수 있는 것이고, 그와 형상과 모양이 유사한 디자인은 색채가 어떠한지를 불문하고 모두 유사한 디자인으로 볼 수 있는 것이다(특허법원 1999.5.13.선고 99허178 판결).

ⅱ) 일반적으로 단색으로만 채색된 경우에 그 색채만을 변경하는 것은 신규성, 독창성을 인정할 수 없고 2색의 조합으로 이루어진 경우에도 그것이 모양과 결합되지 않는 한, 단색의 경우와 마찬가지로 신규성과 독창성을 인정하기 어렵다고 할 것이다(서울고법 2003.10.1. 선고 2003타276 판결).

33) 실제로 存在하는 물품은 모두 색채가 있음에도 權利의 청구에 있어서는 색채를 포함하여 청구하는 경우는 드물다. 색채를 포함하여 청구함은 權利의 내용을 限定하는 방향으로 作用하여 디자인에서 색채를 한정하는 이익이 적기 때문이다. 그러나 예외적으로 색채가 창작의 中心을 차지하는 디자인의 경우가 있다. 특히 도형이나 구도라는 모양요소가 디자인의 주요부(주로 벽지, 직물지, 포장지 등 평면디자인에서 많이 나타난다)가 될 때에는 특정된 색채 그 자체에 의의가 있으므로 색채를 한정하는 이익이 있고, 따라서 색채를 포함하여 청구하는 출원이 된다.

3. 物品의 속성에 의한 유사여부판단

(1) 참신한 디자인일수록 類似의 幅은 넓게 판단한다

디자인의 유사여부를 판단함에 있어서는 그 디자인의 유사의 폭을 어느 정도 보아야 할 것인가도 참작하여야 한다. 기존에 없던 참신한 디자인일수록 유사의 폭은 넓고, 동종류의 것이 많이 나올수록 유사의 폭은 좁게 된다. 디자인의 유사여부판단은 앞서 본 바와 같이 통상 일반 수요자의 혼동여부를 기준으로 하므로 유사의 폭은 물품의 종류에 따라, 또 同一한 物品이라도 특이성 여하에 따라 달라진다.

1) 유사의 폭이 비교적 좁은 것[34]

i) 옛날부터 흔히 사용되고 여러 가지 디자인에 많이 創作되었던 것, 이를테면 직물지, 칼, 식기 등과 같은 것이다.

ii) 단순한 형태의 것으로서 옛날부터 사용되어 오던 것, 이를테면 젓가락, 편지지와 같은 물품이다.

iii) 構造的으로 그 디자인을 크게 변화시킬 수 없는 것, 이를테면 자전거, 쌍안경, 운동화와 같은 것이다.

iv) 流行의 변화에 한도가 있는 것, 이를테면 신사복, 한복 등과 같은 것이다.

2) 유사의 폭이 비교적 넓은 것

i) 새로운 물품

ii) 동종류의 물품에서 지금까지보다 특히 새로운 부분

iii) 특이한 形狀에 첨가되는 모양 등이 있다.

그러나 상기한 것이라 하더라도 그 디자인에 관한 물품의 수가 많아지고 같은 구상의 것이 많이 나오게 되거나 일반 수요자의 수준이 높아지면 높아질수록 유사의 폭은 점점 좁아지게 된다. 이러한 의미에서 유사의 폭은 살아 있는 생명체와 같이 시대에 따라 변하는 것이다. 따라서 디자인의 유사여부판단은 그 디자인이 創作된 배경에 서서 이루어지는 것이다.

---

34) 판례에서 유사의 폭이 비교적 좁은 것이라고 판단한 물품에는 창문틀고정구를 비롯한 창문틀 골재(대법원 1997.10.14.선고 96후2342 판결), 병 등의 용기뚜껑(대법원 1993.6.28.선고 95후1449 판결), 손목시계(대법원 1995.12.22.선고 95후873 판결), 커넥터(특허법원 2000. 9.22.선고 2000허2569 판결) 등이 있다.

(2) 物品의 잘 보이는 면에 비중을 두고 판단한다

디자인의 유사여부는 물품에 있어서 여러 부분 중 가장 잘 보이는 면(이들 면은 당연히 물품의 요부인 것이 많고, 또 그렇게 성격지어지는 것이므로 창작의 노력도 집중되며 그 결과 디자인의 요부로도 된다)에 비중을 두고 판단한다. 立體의 디자인은 정면, 배면, 평면, 저면, 좌측면, 우측면의 6면으로 구성되어 있다. 디자인의 유사판단이 전체관찰에 의한다 하더라도 그 6면이 항상 同一한 가치로써 판단된다고 단언할 수 없다. 각기의 물품에는 잘 보이는 면이 있고, 잘 보이지 않는 면이 있는데 잘 보이는 면은 비교적 큰 비중을 갖고 판단되며, 반대로 잘 보이지 않는 면 또는 그리 중요시되지 않는 면은 비교적 작은 비중을 갖고 판단된다. 일반적으로 6면 중에서 디자인의 유사여부판단에 가장 기본이 되는 면은 正面이며 이를 正面性이라 한다. 텔레비전 수상기, 냉장고, 벽시계 등과 같은 物品의 경우 전체의 표면적으로 보면 정면은 6분의 1밖에 되지 않으나 정면이 전체디자인에 決定的인 영향을 주게 되므로 배면, 저면, 측면은 거의가 무시된다.[35] 반면에 전화기, 인형 등과 같은 물품의 디자인은 저면이 무시되는 것이 보통이고, 벽면에 묻혀서 사용되는 쿨러(cooler)의 경우에는 배면, 평면, 저면, 측면은 거의가 무시된다. 그러나 보통으로는 잘 보이지 않는 곳이라 하더라도 수요자의 關心이 변화하는 현상이 생기면 그곳에 비중을 두게 된다. 등산화, 운동화 같은 물품의 경우에는 근래 수요자의 관심이 저면에 나타나는 경향이 강하다.

(3) 물품에 있어서 당연히 있어야 할 부분은 작게 평가되고, 특징이 있는 부분은 크게 평가한다

디자인을 구성하는 요소 중 그 물품으로서는 극히 당연히 있어야 할 부분(주로 기본적 형태, 기능적 형태 부분이 된다)과 매우 특징이 있는 부분(이 부분은 주로 다양한 변화가 가능한 부분이 된다)이 있는 경우에는 당연히 있어야 하는 부분은 그것이 점하는 표면적의 비율을 비교적 작게 평가하고, 특징을 가진 부분은 그것이 점하는 표면적의 비율보다도 비교적 크게 평가한다.[36]

---

35) ⅰ) 텔레비전은 일반적으로 전면에서 시청하게 되는 것이므로 그 지배적인 요부는 정면에서 바라본 형상, 모양에 있다(대법원 1990.3.27.선고 89후506 판결).

ⅱ) 도로용 소음방지 흡음판의 경우 관찰자는 주로 정면을 관찰하게 되고 측면이나 배면은 거의 관찰대상이 되지 아니하므로 정면이 요부로 된다(특허법원 1999.1.28.선고 98허8069 판결).

36) ⅰ) 디자인에 일반적으로 흔히 있는 주지의 형상이 존재하고 있는 경우에는 이 부분은

물품이라는 것은 반드시 어떠한 용도에 봉사하는 기능을 갖고 있으므로 디자인은 그 기능에 지배된다. 기능에 지배되는 한 종래의 것과 전혀 다른 디자인으로 비약할 수 없고, 종래의 디자인의 잔재를 그 일부에 간직하고 있는 것이다. 수저의 경우 용도 및 기능상 다양한 변화가 가능하고 특징을 나타낼 수 있는 부분은 손잡이 부분이므로 그곳의 형상, 모양에 비중을 두고 판단하는 것이다.

(4) 物品의 大小의 차이는 상식적인 범위 내에서 판단한다

물품의 大小의 차이는 상식적인 범위 내에서 유사여부를 판단한다. 크기가 어느 정도 차이가 있다 하더라도 그것만으로 직접적으로 디자인이 유사하지 않다고 판단되는 것은 아니다. 물품의 대소의 차이는 창작적 가치와는 직접적인 관계가 없기 때문이다. 따라서 큰 것을 그대로 축소하여 작은 것과 같은 크기로 한 경우에 유사하면 그 디자인은 유사한 것으로 판단된다. 물품에는 반드시 용도가 있고 용도상으로는 크기는 어느 정도 제한된다. 물컵을 예로 든다면 상식적인 크기는 한손에 쥐어지는 크기이지 직경이 1m나 되는 컵은 상식적인 범위가 아니다. 여기서 물품의 大小에 관한 기준은 상식적인 크기의 범위 내에서 대소에 약간의 차이가 있다 하더라도 그것만으로 유사하지 않다고 판단되지 않는다는 것뿐이다. 따라서 그 물품에 있어서 상식적이 아닌 크기가 되면 그것을 무시할 수 없는 것이다. 이를테면 가로 2m, 세로 1m 크기의 합판과 가로, 세로 각각 10㎝의 타일에서는 대소를 무시할 수 없을 것이다.

(5) 機能·構造·材質·精度·耐久力·製造方法은 그것이 外觀에 나타나지 않는 한 유사판단의 요소가 되지 않는다

디자인의 유사여부판단은 시각을 통한 외관유사여부로 판단하는 것이기 때문에 기능·구조·재질·精度·耐久力 등은 그것이 外觀에 나타나지 않는 한 직접 디자인의 유사여부판단의 요소가 되지 않는다.[37] 직물지의 조직구조 등은

일반 수요자의 주의를 환기시키는 것은 아니므로 요부로는 될 수 없다 할 것이다(대법원 1982.6.8.선고 81후7 판결; 1983.6.28.선고 82후76 판결).

ii) 디자인의 동일·유사 여부는 디자인을 구성하는 각 요소를 부분적으로 분리하여 대비할 것이 아니라 전체와 전체를 대비 관찰하여 보는 사람이 느끼는 심미감 여하에 따라 판단하여야 할 것이지만, 양 디자인의 공통되는 부분이 그 물품으로서 당연히 있어야 할 부분 내지 디자인의 기본적 또는 기능적 형태인 경우에는 그 중요도를 낮게 평가하여야 하므로, 이러한 부분들이 동일·유사하다는 사정만으로는 곧바로 양 디자인이 서로 동일·유사하다고 할 수는 없다(대법원 2005.10.14.선고 2003후1666 판결).

37) 재질이나 제조방법 등은 그것이 外觀에 나타나지 않는 한 유부판단의 자료는 되지 아니

어느 정도 外觀에 나타나는 것으로서 外觀에 나타나는 한 그 외관은 엄밀히 말하여 디자인의 내용을 구성하는 것이지만 그것에 模樣이 붙여지면 모양에 의한 자극이 크고 다소의 조직구조에서 오는 외관이 차이가 있다 하더라도 거의 문제가 되지 않는다. 따라서 그 디자인은 유사한 디자인으로 된다. 材質의 경우에도 분석하여 보지 않는 한 알 수 없는 것 같은 재질의 차이, 확대경으로 확대하여 보지 않으면 안 되는 것과 같은 재질의 차이는 거의 유사판단의 요소로 되지 않는다. 동일 또는 유사한 형상, 모양을 지닌 유리컵과 플라스틱컵의 경우 손의 감촉이나 피부의 감촉으로는 어느 정도 판별되지만 그 정도의 차이는 디자인이 유사여부판단을 決定할 정도의 비중을 갖지 않는다.

제조방법에 있어서도 마찬가지이다. 비록 제조방법이 다르다 하더라도 物品에 나타난 형상이나 모양이 유사하면 그 디자인은 유사한 디자인이 된다.

4. 공지형태와 유사여부판단

(1) 권리성립과정에 있어서의 유사여부판단

디자인의 신규성 판단에서 그 디자인이 하나의 공지디자인에 의해 전부 공지된 경우에는 디자인보호법 제5조 제1항 각호에 의해 신규성이 부정된다. 그러나 디자인의 일부에 공지부분이 있는 경우에는 그 공지부분은 창조적 가치가 인정되지 않기 때문에 디자인의 구성요소애서 그 비중을 낮게 평가한다. 즉 권리성립과정에 있어서의 신규성 판단(선후원 판단도 동일하다)을 위한 디자인의 유사여부판단의 평면에 있어서는 공지부분은 형태구성요소·부분의 모두를 포함하는 통일적 전체에 있어서 가치가 낮은 것으로 평가되는 것이다.[38] 디자인은 이와 같이 공지부분도 포함한 형태 전체의 통일적 전체로서 파악되고 고찰의 대상이 되며 공지부분을 제외한 잔여부분만을 판단의 대상으로 하는 것이 아니다. 즉 권리성립 과정에 있어서의 디자인의 유사여부판단은 어디까지나 형태를 구성하는 전체를 통일적으로 파악하고 그 위에서 이루어지는 종합판단이다.[39]

한다(대법원 1993.4.9.선고 92후2342 판결).

38) 이와 달리 공지부분이라 해도 당연히 그 부분이 보는 자의 주의를 끌지 않는다고 할 수 없으므로 당해 디자인을 전체적으로 관찰했을 경우에 그것이 디자인 전체의 지배적 부분을 점하고, 디자인적 통합을 형성하고 보는 자의 주의를 강하게 끌 경우에는 그 부분도 디자인상의 요부로 인정해야 한다고 하는 설이 있다.

39) 齋藤, 의장, 241면.

이와 관련하여 대법원 판례는 "디자인의 동일 또는 유사여부를 판단함에 있어서는 디자인을 구성하는 각 요소를 부분적으로 분리하여 대비할 것이 아니라 전체와 전체를 대비관찰하여 보는 사람이 느끼는 심미감 여하에 따라 판단하여야 하고, 그 구성요소 중 공지형상부분이 있다고 하여도 그것이 특별한 심미감을 불러 일으키는 요소가 되지 못하는 것이 아닌 한 이것까지 포함하여 전체로서 관찰하여 느껴지는 장식적 심미감에 따라 판단해야 할 것"이라고 판시하고 있다.[40]

상기 판결의 입장은 디자인의 등록요건 판단시에는 출원디자인과 대비의 대상인 인용디자인과의 사이에 동일 또는 유사한 구성요소가 이미 공지된 경우에는 이것이 특별한 심미감을 불러 일으키는 것이 아닌 한 이를 제외하여서는 안 된다고 하는 것이다.

이는 출원디자인과 인용디자인에 공통된 공지부분을 요부에서 제외한다고 하면, 인용디자인의 권리범위가 좁아지게 되어 공지부분을 포함하고 있는 출원디자인이 오히려 신규성을 쉽게 인정받아 등록되는 모순이 생길 수 있기 때문이다.

이 점은 침해소송에서 대법원이 취하고 있는 공지사항제외설의 입장과는 다르다.

(2) 권리범위판단에 있어서의 유사여부판단

우리나라 대법원은 권리성립과정에 있어서의 디자인의 유사여부판단과는 달리 등록디자인의 권리범위의 판단시에는 "디자인권은 신규성이 있는 디자인적 고안에 부여되는 것이므로 공지공용의 사유를 포함한 출원에 의하여 디자인등록이 되었다 하더라도 공지공용의 부분까지 독점적이고 배타적인 권리를 인정할 수 없는 것"이라고 하여 등록디자인과 ㈎호 디자인이 유사한 부분이 있다고 하더라도 이는 요부가 될 수 없다고 판단하고 있다.[41]

따라서 권리범위확인 사건에서는 양 디자인을 공지부분까지 포함하여 전체적으로 대비 관찰한 결과 서로 유사하다고 판단되더라도 그 공지부분에 대하여는 독점적인 권리를 인정할 수 없으므로 권리범위에 속하지 않는 경우가 생기게 된다. 이것은 특허발명에 있어서의 공지사항제외설과 같은 맥락에 서 있는 것이다.

---

40) 대법원 1991.6.14.선고 90후663 판결, 1995.11.24.선고 93후114 판결, 1995.11.21.선고 95후965 판결, 1995.5.12.선고 94후1343 판결, 1994.6.24.선고 93후1315 판결, 1991.8.13.선고 90후1611 판결; 2005.6.10.선고 2004후2987 판결 등.

41) 대법원 1987.9.8.선고 85후114 판결, 1991.6.28.선고 90후1123 판결.

대법원의 이러한 입장은 행정처분을 거쳐 발생하는 권리의 공정력(행정행위는 그것이 권한있는 행정청 또는 사법기관에 의해 취소되기까지는 일단 효력이 있는 것으로 취급된다. 따라서 디자인등록도 설사 무효원인을 내포하는 것이라 해도 심판에 의해 그 등록이 무효되기까지는 일단 유효한 것으로 취급된다)과 현실적으로 하자 있는 권리에 관한 제3자의 이익과의 형평의 관점에서 권리의 유효성은 그대로 두되 사실상 효력을 제한하는 것으로 하여 실질적인 해결을 도모한 것이다.

이와 같이 권리의 형식적 유효성을 전제로 하면서 제3자의 이익과의 형평을 확보하고자 하는 공지사항제외설은 각 침해사건에 있어 각각의 사정에 따라 법적 정의를 실현하고자 하는 특수적 해석으로 보아야 할 것이다. 따라서 여기서의 유사여부판단방법은 그 전단계인 권리성립과정에 있어서의 디자인유사여부판단과는 구별하여 생각해야 한다(제17장 제3절 Ⅴ. 9⑵ 공지디자인을 포함한 등록디자인의 권리범위 참조).

상기 대법원 판결은 판례로서 확립되어 있으며 디자인권 침해를 둘러싼 많은 하급심 판결에서도 일관되게 적용되고 있다.

5. 특수한 디자인의 유사여부판단

(1) 動的 디자인

㈎ 동적 디자인과 정적 디자인　　동적 디자인의 정지상태 및 동작 중의 기본적 주체를 이루는 자태가 정적 디자인과 유사하면 유사한 디자인으로 본다. 다만, 동작의 내용이 특이하면 유사하지 아니한 디자인으로 본다. 반대로 정적 디자인이 동적 디자인의 정지상태 및 동작 중의 기본적 주체를 이루는 자태와 유사하면 유사한 디자인으로 본다.

㈏ 동적 디자인 상호간　　동적 디자인 상호간에 있어서는 그 정지상태, 동작의 내용 및 동작 중의 기본적인 주체를 이루는 자태 등을 전체로써 비교하여 유사여부를 판단한다.

(2) 完成品과 部品

완성품과 부품은 원칙적으로 비유사 물품으로 취급한다. 이를테면 자동차와 자동차용 핸들, 손목시계와 시계침, (뚜껑 있는)포장용 용기와 용기 뚜껑과의 관계이다. 다만, 부품의 구성이 완성품에 가까운 경우 예컨대 안경과 안경테, 손목시계와 손목시계 본체, 사진틀과 사진틀테의 경우에는 양자 유사물품으로 취급된다. 여기서 비유사물품이라는 것은 비록 그 형상, 모양, 색채 또는 이들의 결합이 동일 또는 유사한 것이라 하더라도(실제에는 완성품과 부품간에 형태가 동일 또는 유사한 경우는 드물 것이다) 동일 또는 유사한 디자인으로 보지 않는다는 것이다. 이것은 디자인의 유사여부판단에 관한 일반원칙이다. 그러나 完成品이 공지 또는 간행물에 게재되어 있고 그 완성품을 구성하는 부품이 출원된 경우의 유사판단은 이 원칙과 다르게 판단되는 것이다. 이하 여러 가지 경우로 나누어서 설명한다.

㈎ 完成品과 部品이 선후원관계에 있는 경우 양 물품은 비유사물품간이므로 유사판단의 대상이 되지 않고 따라서 법 제16조의 선후원 관계도 성립하지 않는다. 다만, 선출원에 관한 完成品이 출원공개 또는 등록공고 전에 후출원된 部品은 법 제5조 제3항의 확대된 선출원규정에 의해 거절된다.

㈏ 部品이 공지 또는 간행물에 게재되어 있고 공지된 부품을 이용한 完成品이 출원된 경우 상기와 같이 양 물품은 비유사물품간이므로 유사판단의 대상이 되지 않는다. 따라서 완성품은 그 부품이 공지된 것을 이유로 거절되지 않는다.[42)]

㈐ 完成品이 공지 또는 간행물에 게재되어 있는 경우 공지 또는 간행물에 게재된 완성품에 부착된 부품과 동일 또는 유사한 부품은 그 완성품에 의하여 공지된 디자인으로 본다. 완성품에 부착된 부품이 완성품에서 분리되어 따로 獨立으로 공지 또는 간행물에 게재되어 있지 않더라도 공지 또는 간행물에 게재된 완성품에 부착되어 있는 부품이라면 완성품은 물론 그 부품도 마찬가지로 공지 또는 간행물에 게재되어 존재하는 것으로 된다.[43)] 물론 이 경우는 부품이 도면이나 사진 등에 명확하게 이해할 수 있을 정도로 표현되어 있는 것이 전제로 된다.[44)]

---

42) 완성품이 등록된 경우 후출원 권리자의 등록디자인(완성품)의 실시는 선출원 권리자의 등록디자인(부품)을 전부실시하는 것이 되고, 선출원 권리자의 실시는 후출원에 관한 등록디자인을 전부실시하는 것이 아닌 관계가 되므로 법 제45조의 이용관계 규정의 적용을 받게 된다. 따라서 완성품에 관한 디자인권자는 부품에 관한 디자인권자의 허락을 받지 않고는 자기의 등록디자인 또는 이와 유사한 디자인을 업으로서 실시할 수 없다.

43) 이 사건 등록디자인은 뚜껑이 없는 용기이고, 인용디자인은 용기와 뚜껑이 결합된 것이나 뚜껑은 용기본체에 불가분적으로 결합되어 있는 것이 아닌만큼 인용디자인에 뚜껑을 제외하고, 양 디자인의 대응되는 형상·모양만을 대상으로 하여 그 유사여부를 대비하여야 할 것이다(대법원 1990.7.10.선고 89후902 판결).

44) 완성품이 공지이거나 간행물에 기재되어 있는 경우 그 일부물품이 도면이나 사진으로 명

㈑ 부품의 구성이 완성품에 가까운 경우 양 물품에 대해 비유사물품이라는 사고방식은 법운영의 지나친 경직화와 별개의 디자인권으로 存立하게 되면 경제사회에 혼란을 가져올 우려가 있으므로 양자 유사물품으로 보아 디자인의 유사여부를 판단한다.

⑶ 型틀과 型틀로부터 만들어지는 物品

형틀과 형틀로부터 만들어지는 물품은 양자가 목적과 수단이라는 점에서는 밀접한 관련을 갖고 있으나 물품 분류의 관점에서는 용도 및 기능을 달리하는 비유사물품간이므로 디자인의 동일 또는 유사여부판단의 대상이 되지 아니한다. 따라서 어느 쪽이 먼저 공지 또는 선출원되어 있다 하더라도 양자는 아무런 관계없이 심사가 이루어지기 때문에 다른 거절이유가 없는 한 등록될 수 있다.[45)]

다만, 형틀과 형틀로 만들어지는 물품이 거의 형상을 같이 하는 경우가 있다면 법 제5조 제2항(창작비용이성)의 적용을 받을 수 있을 것이다.

⑷ 合成物 디자인

合成物 디자인은 그 구성각편이 모아진 전체를 하나의 디자인으로 보아 대비 판단한다. 그러나 積木玩具와 같이 구성각편의 하나가 독립거래의 대상이 되는 물품의 유사여부판단은 완성품과 부품의 유사여부판단에 준하여 판단한다.

⑸ 部分디자인

부분디자인의 유사여부판단은 물품에 있어서 당해 부분디자인으로 디자인등록을 받고자 하는 부분에 대하여 i) 디자인의 대상이 되는 물품, ii) 부분디자인으로서 디자인등록을 받고자 하는 부분의 용도·기능, iii) 그 물품 전체 중에서 점하는 부분디자인으로서 디자인등록을 받고자 하는 부분의 위치·크기·범위, iv) 부분디자인으로서 디자인등록을 받고자 하는 부분 자체의 형태 등의 요소에 기초하여 종합적으로 판단한다. 이하에서 부분디자인의 구체적 유부판단에 관해 설명한다.

㈎ 법 제5조 제1항 제3호(신규성)에 있어서 유사여부판단

확하게 이해할 수 있을 정도로 표현되어 있는 한 그 부품도 공지이거나 간행물에 기재되어 있다고 할 수 있다(특허법원 1999.2.25.선고 98허11096 판결).

45) 윤종렴, 의장, 340면에서는 이 경우 후출원등록디자인은 이용관계의 조정을 받는다고 설명하고 있으나 디자인보호법 제45조의 이용관계란 후출원등록디자인의 실시는 선출원등록디자인의 본질적 특징을 손상시키지 않고 거의 그대로 채용한 관계를 말하는 것이므로 양자간에는 이와 같은 관계가 성립된다고 보기 어렵다.

i) 公知디자인이 全體디자인 또는 部分디자인이며, 당해 부분디자인에 해당하는 부분을 포함하고 있는 경우 　　당해 부분디자인과 공지디자인 가운데 "당해 부분디자인에 해당하는 부분"을 대비한다. 공지디자인 가운데 당해 부분디자인에 해당하는 부분 이외의 형태에 대해서는 대비할 때 구체적인 형태를 나타내지 않는 것으로 취급하고, 차이점이 있는 부분에 있어 新規性을 인정할 만한 구성요소가 없을 경우, 부분디자인은 공지디자인의 일부와 유사하다고 보아 당해 부분디자인에 관한 디자인등록출원은 디자인등록을 받을 수 없다.

ii) 公知로 된 部分디자인이 당해 부분디자인과 동등한 경우 　　당해 부분디자인과 공지디자인 가운데 당해 부분디자인에 해당하는 부분을 직접 대비하여 차이점이라고 인정할 만한 구성요소가 없는 경우에는 양 디자인은 유사한 디자인으로 판단한다.

(나) 법 제5조 제3항(확대된 선출원)에 있어서 유사여부판단 　　이 조항에 있어서의 유부판단은 앞에서 설명한 부분디자인의 유사여부판단의 요소에 기초하여 당해 부분디자인과 선출원의 공개디자인과를 대비하여 판단하는 것이다. 구체적으로는 법 제5조 제1항 제3호의 유사여부판단의 경우에 준하여 판단한다.

(다) 법 제16조(선출원) 및 제7조(유사디자인)에 있어서 부분디자인 상호간의 유사여부판단 　　법 제16조 및 제7조에 있어서 유사여부판단은 부분디자인 상호간을 대비하는 것이다. 양 부분디자인을 대비하여 차이점이 있는 부분으로 인정할 만한 구성요소가 없는 경우에는 양 디자인은 유사한 디자인으로 판단한다.

(6) 화상디자인

디자인은 물품과 일체불가분의 관계에 있으므로 화상디자인의 유사여부판단에 있어서도 화상디자인이 구현된 물품이 동일 또는 유사한 경우에 있어서만 판단의 대상으로 한다. 또한 화상디자인은 물품의 액정화면 등 표시부에 표시하는 도형 등이므로 일반의 디자인에 있어서의 모양의 유사여부판단과 동일하게 판단한다. 즉 모양 그 자체의 주제, 표현방법, 배열, 무늬의 크기, 색채 등을 종합하여 판단한다.

(7) 글자체디자인

글자체디자인의 유사여부판단은 일반의 디자인의 유사여부판단과는 다르게 판단한다. 디자인심사기준에서는 글자체디자인의 유사여부판단기준과 관련하여 글자체디자인이 다음 각호의 1에 해당되는 경우에는 기존 글자체디자인과 동

일・유사하다고 판단한다고 되어 있다.[46)]

i) 기존 글자체의 복제나 기계적 복제에 해당되는 경우

ii) 기존 글자체의 부분적 변경에 해당되는 경우

iii) 기존 글자체의 字族(패밀리글자체)[47)]에 해당되는 경우

현재 글자체디자인을 법적으로 보호하는 국가는 미국, 영국, 프랑스, 독일 등이 있고, 이들 국가의 문자는 알파벳 a에서 z까지 나열하여 사용하는 문자의 특성에 의해 한글에 비해 글자꼴간의 유사성을 판단하는 방법이 비교적 간단하다 할 수 있으나 우리나라, 일본, 중국의 문자와 같이 음절단위로 사용하는 문자는 알파벳과는 달리 문자의 특성을 고려한 판단이 행해져야 하고 또한 이를 위한 구체적인 기준이 필요하다. 이와 관련 한글글자체의 유사성판단을 위한 방법이 제시되고 있다.[48)]

즉, 한글의 글자특성과 구조에 따라 네단계로 구분하여 i) 낱글자의 구조, ii) 낱글자의 표현, iii) 낱글자의 형태구성요소, iv) 글자의 전체적인 인상(판짜기 표정) 등의 요소에 기초하여 종합적으로 판단해야 한다는 것이다. 그러나 이러한 요소들에 대한 판단은 글자체의 전반에 관한 전문적인 지식과 경험 없이는 곤란할 것이므로 이 점에 관해서는 외부전문기관의 도움을 받아 객관적이고 공정한 판단이 이루어져야 할 것이다.

Ⅴ. 디자인심사에 있어서의 유사여부판단과정

1. 서 언

디자인의 유사여부판단의 일반적 기준에 대하여는 이미 설명하였으나 디자인은 매우 복잡한 요소로 구성되어 있고, 더욱이 그 판단은 사람이 하는 것이므로 심사에서 유사한 디자인이라고 판단된 것이 심판 또는 판결에서 유사하지 않은 디자인이라고 판단되는 등 실제의 유사판단에는 일정한 폭이 존재한다. 이 판단의 폭이 생기는 요인에 대하여 알아보기 위해 심사에 있어서의 유사여부판

46) 디자인심사기준 제4조 제7항.

47) 字族(패밀리글자체)이란 원작 글자체에 대해 웨이트가 다른 글자체를 제작하는 것을 말한다.

48) 홍익대, 한글활자꼴 보호범위, 53면 이하에 자세하다.

단과정을 좇아가 본다.

2. 디자인의 유사여부판단과정

디자인심사에 있어서의 유사여부판단은 유사여부판단기준을 참작하여 심사예, 심결예, 판례 등의 경험의 集積에 의거하여 행하여지는 것이다. 그 판단의 구체적 과정은 i) 양 디자인의 요지의 인정, ii) 양 디자인의 공통점과 차이점의 비교, iii) 공통점과 차이점의 종합평가, iv) 판단의 순이다. 이하 이들에 대해 간단히 설명한다.

(1) 양 디자인의 요지의 인정

먼저 출원디자인의 요지인정을 한다. 아울러 타인의 선행디자인, 유사디자인등록출원일 경우에는 그 기본디자인에 대하여도 요지의 인정을 한다. 요지의 인정을 오인하게 되면 결론이 틀리게 된다. 여기서 요지의 인정이란 세부에 걸친 그 디자인의 본질적 요소(물품적 본질, 형태적 본질)에 대한 상세한 내용 중에서 그 디자인 전체로서의 중심적 내용, 특징적인 내용이 무엇인가를 인정하는 것이다. 구체적으로는 물품의 기본적인 용도・기능, 기본이 되는 형상・모양・색채의 특징, 형상이 주는 인상 등의 기본적 구성(조립형태)・형태(모습)에 대해 인정하는 것이다.[49]

(2) 양 디자인의 공통점과 차이점의 비교

출원디자인과 타인의 선행디자인의 요지의 인정에 이어 출원디자인과 그에 가장 가까운 위치에 존재한다고 생각되는 타인의 선행디자인(혹은 자기의 기본디자인) 등의 공통점과 차이점을 비교한다. 이 단계는 대비관찰의 단계이다. 대비관찰을 하는 자, 나아가서 디자인의 유사・비유사의 판단을 하는 자의 기준에 대하여는 여러 가지 설이 있으나 실무상 해석은 부정경쟁방지의 면에서 일반 수요자의 오인・혼동의 관점에서 비교한다.

(3) 공통점과 차이점의 종합평가

디자인의 유사여부판단 과정 중에서 가장 중요한 것이 종합평가이다. 이 종합평가는 그 디자인에 속하는 분야에 있어서 통상의 지식, 심사예(등록예, 거절예), 심결예, 판례 등의 경험칙에 따라 고찰・평가하는 것이지만 결국 종합평가의 판단은 디자인보호법의 목적, 즉 이 법은 디자인의 보호 및 이용을 도모함

---

49) 森 則雄, 의장실무, 276면.

으로써 디자인의 창작을 장려하여 산업발전에 이바지함을 목적으로 한다(§1)는 규정에 따라 행하여진다.[50)]

(4) 판 단

출원디자인과 타인의 선행디자인(혹은 자기의 기본디자인)의 서로의 공통점이 질적 조건에서 디자인의 본질을 구성하는 중요한 내용에 관한 것이고, 또 양적 조건에서 공통점이 차이점보다도 많다고 평가되는 경우에는 그 출원디자인은 타인의 선행디자인에 유사하다고 판단하고, 그 반대의 경우에는 유사하지 않다고 판단하게 된다.

Ⅵ. 判決에서 보는 디자인의 유사여부판단 사례

1. 서 언

디자인의 유사에 관하여 판례는 구체적 사실관계에서 어떻게 법을 적용하였는가를 살펴보는 것은 매우 의미 있는 일일 것이다.

그러나 하나의 판례 그 자체는 개별적 사건의 해결을 목적으로 하는 司法作用이므로 거기에 표명된 의미내용이 일반 선례로서의 가치가 있고, 또 그것이 규범화될 수 있는지의 여부는 주의깊게 확인하여야 함은 말할 것도 없다. 이하에서는 구체적 사실관계에서 우리나라 법원이 어떤 판결을 내렸는지, 몇 가지 사례를 중심으로 살펴본다(다만, 판결문에서의 '의장' 등의 용어는 현행법상의 용어에 맞추어 '디자인' 등의 용어로 바꾸었다).

2. 判決에서 보는 디자인의 유사여부판단 사례

(1) 운동화 디자인등록무효사건(대법원 1984.4.10.선고 83후59 판결) <그림 8-1>

이 판결은 운동화 디자인등록무효심판에서 특허청이 내린, 심결에 대한 상

---

50) 실무상 종합평가에 이르러서는 디자인의 대상이 되는 물품이 유통과정에서 일반 수요자를 기준으로 관찰하여 다른 물품과 혼동할 우려가 있는 경우에는 유사한 디자인으로 판단하며, 또한 혼동할 우려가 있을 정도로 유사하지는 않더라도 그 디자인분야의 형태적 흐름을 기초로 두 디자인을 관찰하여 창작의 공통성이 인정되는 경우에도 유사한 디자인으로 판단하고 있다. 즉, 디자인보호법의 목적에 대하여 물품거래계의 질서유지를 도모하는 점을 중시하면서 디자인창작의 장려라는 관점도 고려하고 있는 것이다(디자인심사기준§3④).

고사건에 관한 것이다. 대법원은 "디자인을 구성하는 개개의 형상·모양이 공지 공용에 속한 것이라고 하여도 이것들이 결합하여 새로운 장식적 심미감을 불러 일으키고 그것이 용이하게 창작할 수 없는 정도의 지능적 고안이라고 보여질 때에는 그 디자인은 신규성과 창작성이 있는 고안이라고 보아야 하는 것이지만, 이와 달리 개개의 형상·모양을 결합한 것이 새로운 장식적 심미감을 불러일으키지 아니하거나 기술적 창작으로서의 가치도 없을 때에는 신규성과 창작성을 결여하여 디자인등록의 대상이 될 수 없는 것이다. … 이 사건 등록디자인은 원심결이 판시한 바와 같이 운동화의 정면중간 부위에 경사지게 세로로 포켓용 화스너를 붙인 형상·모양에다가 운동화의 뒤꿈치 상단 보강편 및 정·배면에 달리는 그레이하운드 모양을 표시한 형상·모양을 결합한 디자인인바, 이 사건 등록디자인을 인용디자인과 대비하여 볼 때 부분적으로는 운동화 뒤꿈치의 보강편과 정·배면에 표시한 동물의 모양이 인용디자인과 다른 등 약간의 차이가 없지 않으나 전체적으로 시각을 통하여 느끼는 장식적 심미감에 있어서 신규성 있는 고안이라 볼 수 없고 또 창작성도 인정하기 어려우므로 같은 취지로 판단한 원심결은 정당하다"라고 판시하였다.

〈그림 8-1〉 운 동 화

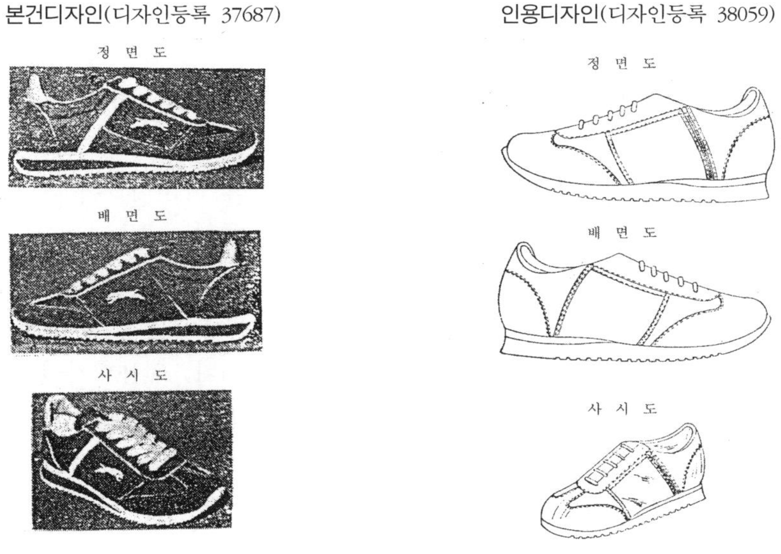

(2) 석쇠 디자인등록무효사건(대법원 1993.9.24.선고 92후1936 판결) <그림 8-2>

이것은 석쇠의 디자인에 관한 것으로 특허청 심결이 "등록디자인이 표현된 물품과 인용디자인이 표현된 물품은 다같이 고기를 굽는 데 사용되는 것으로서 그 용도, 기능이 동일하다 할 것이므로 양 디자인의 물품은 동일 또는 유사한 물품이라 인정되고 양 디자인은 지배적인 요부인 몸체내에 형성된 요철조(석쇠실) 및 몸체를 둘러싼 테두리의 형상모양이 극히 유사하여 전체적으로 볼 때 그 감득되는 심미감이 극히 유사한 것이라 할 것이며 등록디자인은 인용디자인으로부터 필요에 따라 상업적으로 변형할 수 있는 디자인에 불과한 것이라 할 것이므로 등록디자인은 인용디자인에서 용이하게 창작될 수 있는 디자인에 불과하다"고 한 데 대하여 대법원은 "디자인은 물품을 떠나서는 존재할 수 없고 물품과 일체 불가분의 관계에 있으므로 디자인이 동일유사하다고 하려면 디자인이 표현된 물품과 디자인의 형태가 동일유사하여야 할 것인바, 물품의 동일성 여부는 물품의 용도, 기능 등에 비추어 거래 통념상 동일종류의 물품으로 인정할 수 있는지 여부에 따라 결정하여야 할 것이고, 디자인보호법 시행규칙(현행규칙 제9조, 1990.8.28. 개정전 규칙 제5조) 소정의 물품구분표는 디자인등록사무의 편의를 위한 것으로서 동종의 물품을 법정한 것은 아니라고 할 것이므로 물품구분표상 같은 유별에 속하는 물품이라도 동일성이 없는 물품이 있을 수 있고 서로 다른 유별에 속하는 물품이라도 동일성이 인정되는 경우가 있다고 할 것이다(당원 1992.4.24.선고 91후1144 판결 참조).

또 디자인은 물품의 형상·모양·색채 또는 이들의 결합으로서 시각을 통하여 미감을 불러일으키는 것을 말하므로 이러한 물품의 외관에 관한 디자인이 시각을 통하여 다른 디자인과 구별되는 새로운 미감을 불러일으키는 정도의 것이면 디자인의 창작성을 갖춘 것으로 볼 수 있다(당원 1992.6.23.선고 92후56 판결 등 참조). 인용디자인이 표현된 물품은 냄비로 사용되는 것이어서 국물을 넣어 끓일 수 있는 것이고, 등록디자인이 표현된 물품은 석쇠여서 국물을 넣어 끓일 것이 전제되지 않는 것이어서 그 용도가 다른 것처럼 보이나, 인용디자인의 물품이 냄비라고 하면서도 몸체부분을 우둘투둘하도록 만들고 있는 것은 단순히 끓이기 위한 냄비가 아니라 고기 등을 굽는 데 사용할 용도도 있다 할 것이고 나아가 고기를 굽든 끓이든 고기를 조리하기 위하여 담거나 얹는 용기라는 점에서 본다면 그 용도와 기능이 동일 또는 유사하다고 보아야 할 것이므로 양자는 사회통념상 동종의 물품에 해당한다 할 것이다.

〈그림 8-2〉 석　　쇠

이 건 등록디자인(디자인등록 67709)　　　인용디자인(일본디자인등록 457308의 유사1)

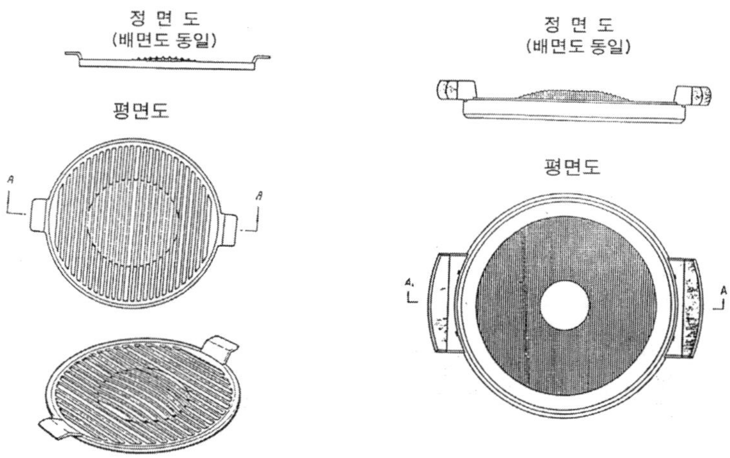

그러나 등록디자인을 인용디자인과 비교하여 보면, 양 디자인은 전체적으로 보아 원형이고 그 몸체내의 둥근 원부분이 볼록하게 솟은 모양이며 몸체의 항목에 손잡이가 부착되어 있는 점이 같으나 등록디자인은 둥근 원반형임에 비하여 인용디자인이 표현된 물품은 냄비이므로 원형의 몸체 바깥에 냄비의 운두가 둥근 관체상으로 형성되어 있어 전체적인 모양이 다르고, 등록디자인은 석쇠살이 일정한 간격으로 형성되어 있고 중앙부분이 약간 위로 튀어나와서 그 표면에도 석쇠살의 형상·모양이 표현되어 있음에 비하여 인용디자인이 표현된 물품은 바닥의 대부분이 볼록하게 튀어나와 있고 중앙의 정부(頂部)는 오히려 편평하여 오목한 느낌이고 석쇠살이 아닌 요철조의 형상·모양이며, 등록디자인이 표현된 물품은 비교적 폭이 좁은 손잡이가 테두리에서 바깥쪽을 향하여 경사지게 구부러져 있음에 비하여 인용디자인이 표현된 물품은 냄비이므로 테두리가 아닌 운두를 갖추고 있어서 손잡이가 운두에 부착되어 있고 그 폭이 넓을 뿐 아니라 모양 및 형상도 상이하여 양 디자인에서 감득되는 심미감은 다르게 느껴지고 등록디자인은 인용디자인으로부터 용이하게 창작할 수 없는 것으로 보이므로 양 디자인이 동일·유사한 디자인이거나 등록디자인이 창작성이 없는 디자인이라고 할 수 없다"라고 판시하였다.

(3) 화장품용기 디자인등록무효사건(특허법원 1998.9.10.선고 98허1860 판결) <그림 8-3>

이 판결은 화장품용기 디자인등록무효심판에서 특허청이 내린, 이 건 등록디자인과 인용디자인은 유사하다는 취지의 심결에 대한 심결취소청구사건에 관한 것이다. 원고는 이 건 등록디자인과 같이 뚜껑을 상단부에서 하단부로 향하면서 좁아지도록 구배지게 형성한 형상 및 몸체를 하단부에서 상단부로 향하면서 좁아지게 형성한 형상은 화장품용기 업계에서 공지된 형상임에도 이러한 공지된 형상을 이 건 등록디자인 및 인용디자인에 있어서 수요자의 주의를 끄는 주요부로 파악하여 양 디자인이 유사하다고 판단한 것은 위법하다고 주장하면서 심결의 취소를 구한 것이다. 이에 대하여 특허법원은 "디자인이라 함은 물품의 형상・모양・색채 또는 이들을 결합한 것으로서 시각을 통하여 미감을 일으키게 하는 것을 말하므로, 디자인이 유사한 것인지의 여부는 디자인을 구성하는 각 요소를 분리하여 개별적으로 대비할 것이 아니라 외관을 전체적으로 대비관찰하여 보는 사람의 시각을 통하여 일으키게 하는 심미감과 보는 사람에게 주는 시각적 인상이 유사한 것인지의 여부에 따라 판단하여야 할 것이고, 따라서 전체와 전체의 관계에 있어서 지배적인 특징이 유사하다면 세부적인 특징에 있어서는 다소 차이가 있다 하더라도 양 디자인은 유사하다고 보아야 한다. 이와 같은 관점에서 이 건 등록디자인과 인용디자인을 대비하여 보면 양 디자인은 모두 뚜껑과 몸체로 나누어 볼 수 있는데, 상부의 4분의 1 정도는 뚜껑이고 나머지 4분의 3 정도가 몸체이며, 뚜껑은 위에서 아래로 향하면서 좁아지도록 구배지게 형성되어 있고 몸체는 아래에서 위로 향하면서 좁아지도록 구배지게 형성되어 있는 형상, 즉 화장품용기의 상부와 하부로부터 뚜껑과 몸체가 만나는 4분의 1 지점을 향하여 대향으로 점점 좁아지게 구배진 형상이므로 이 건 등록디자인과 인용디자인은 그 지배적인 형상이 거의 동일하다 할 것이다"라고 판시하면서, 원고 주장 사실만으로는 "인용디자인의 등록출원 당시 그 지배적인 형상이 공지의 형상이었다고 할 수 없을 뿐만 아니라 …, 이 건 등록디자인이나 인용디자인의 위와 같은 지배적인 형상과는 뚜껑 및 몸체의 각 형상, 뚜껑과 몸체의 비율, 뚜껑 및 몸체의 옆면의 구배진 정도 등에 있어서 많은 차이가 있으므로 유사하다고도 할 수 없어서 … 이 건 등록디자인이나 인용디자인의 위와 같은 지배적인 형상이 공지의 형상이라고 할 수 없다. 그러므로 이 건 등록디자인과 인용디자인의 유사여부를 판단함에 있어서 위와 같은 지배적인 형

〈그림 8-3〉 화장품용기

이 건 등록디자인(디자인등록 169819) 인용디자인(디자인등록 162846)

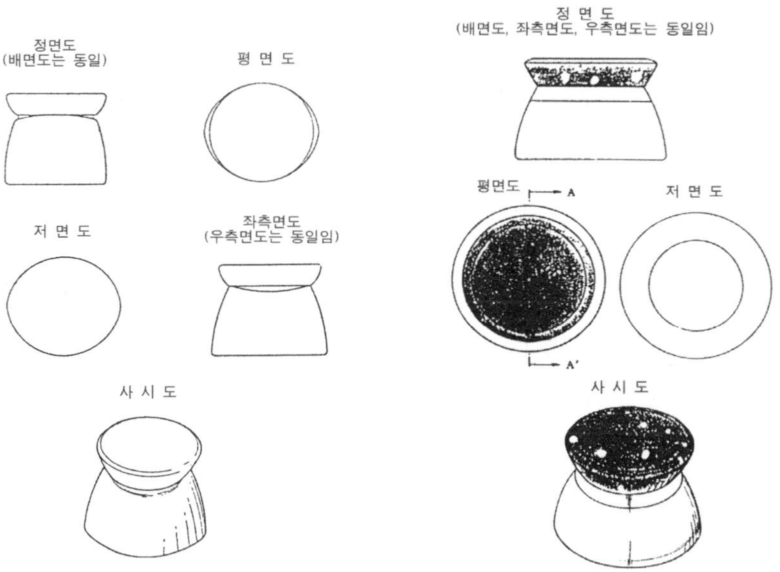

상은 공지의 형상이므로 판단대상에서 제외하여야 한다는 원고의 주장은 이유 없다"라고 하고, 따라서 "이 건 등록디자인과 인용디자인을 전체적으로 관찰하면 위와 같이 세부적인 면에서의 약간의 차이에도 불구하고 수요자에게 주는 미감의 지배적인 특징이 서로 유사하므로, 옛날부터 흔히 사용되어 왔고 단순하며 여러 디자인이 다양하게 고안되었던 디자인이나 구조적으로 그 디자인을 크게 변화시킬 수 없는 것 등 디자인의 유사범위를 비교적 좁게 보아야 한다는 점을 감안한다 하더라도, 이 건 등록디자인은 먼저 등록출원된 타인의 인용디자인과 유사한 디자인이라 할 것"이라고 판시하여 원고청구를 기각하는 판결을 내렸다.

(4) **창틀골재 디자인등록거절사정사건**(대법원 1997.10.14.선고 96후2418 판결) <그림 8-4>

이것은 디자인등록거절사정에 대한 불복심판사건에서 특허청 심결이 본원 디자인과 인용디자인을 대비하여, "양 디자인의 모양·형상을 가장 잘 나타내고 있는 좌측면도는 같은 모양·형상이고, 중공부(中空部)의 형상·모양에 다소 차이가 있고, 큰 중공부 내에 미세한 보강돌기가 2개 형성되어 있고 없는 점 등의 미세한 차이를 제외하고는 전체적인 형상·모양에 있어서 이를 보는 사람에게 주는 심미감이 매우 유사하므로 양 디자인은 전체적으로 유사한 디자인이라고 하여 디자인보호법 제26조, 제5조 제1항 제3호의 규정에 따라 이 사건 출원디자인의 등록을 거절한 원사정은 정당하다"고 한 데 대하여 대법원은 "디자인의 유사여부를 판단함에 있어서 이를 구성하는 각 요소를 부분적으로 분리하여 대비할 것이 아니라 전체와 전체를 대비·관찰하여 보는 사람의 마음에 환기될 미감과 인상이 유사한 것인지의 여부에 따라 판단하여야 하고, 이 경우 디자인을 보는 사람의 주의를 가장 끌기 쉬운 부분을 요부로서 파악하고 이것을 관찰하여 일반 수요자의 심미감에 차이가 생기게 하는지 여부의 관점에서 그 유사여부를 결정하여야 하며, 옛날부터 흔히 사용되어 왔고 단순하며 여러 디자인이 다양하게 고안되었던 디자인이나, 구조적으로 그 디자인을 크게 변화시킬 수 없는 것 등은 디자인의 유사범위를 비교적 좁게 보아야 한다.

살피건대, 창문틀골재에 관하여는 수많은 다양한 디자인들이 창작되었고 또한

〈그림 8-4〉 창틀골재

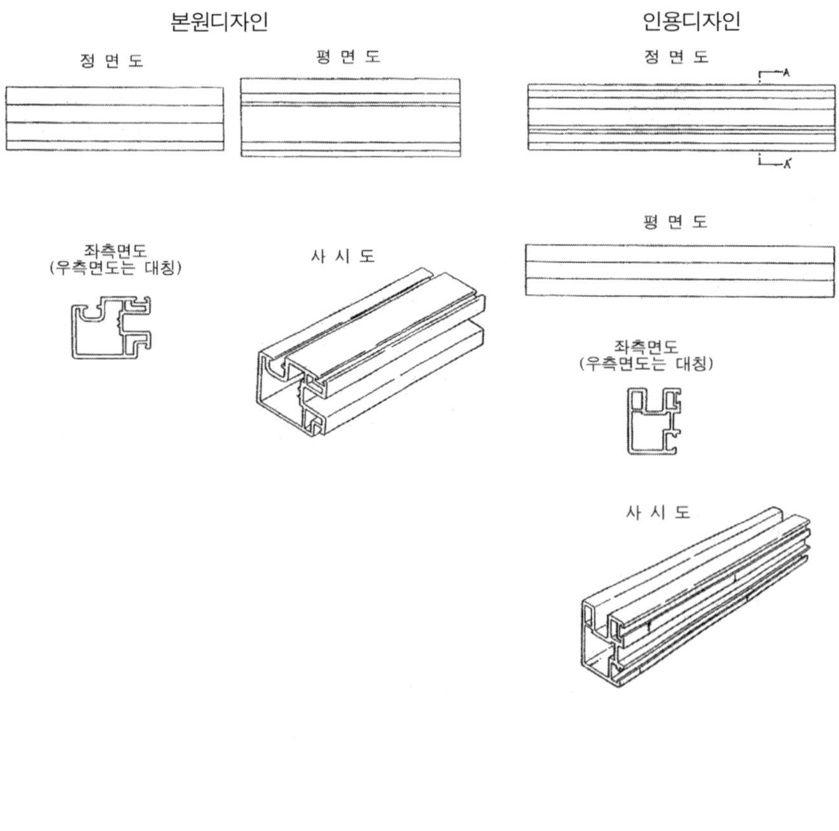

등록된 바 있으므로 이 사건 양 디자인의 유사범위는 좁아질 수밖에 없는바, 레일 삽입구를 좌우에서 지지해주는 하부격실에 있어서 이 사건 출원디자인은 꺾쇠형인 데 반하여 인용디자인은 사각형에 가까우므로 서로 다르고, 창틀골재의 몸체부분에 해당하는 상부격실의 형상이 상당히 다르며, 측부고정테가 이 사건 출원디자인에서는 곡선형인 데 반하여 인용디자인에서는 직선형으로 차이가 있으며, 이 사건 출원디자인에서는 상부격실 하측에 돌기가 있으나, 인용디자인에서는 이러한 돌기가 없고, 이 사건 출원디자인에서는 하부격실 바닥부분에 인출턱이 형성되어 있으나 인용디자인에서는 이러한 인출턱이 없으며, 오른쪽 측면의 모양·형상이 명확히 서로 달라 보이고, 전체적인 모양·형상에 있어서도 인용디자인이 더 길쭉해 보이는 등 양 디자인을 일반 수요자의 입장에서 전체적으로 관찰할 경우 양 디자인이 주는 미감과 인상은 서로 다르다 할 것이므로, 결국 이 사건 출원디자인에는 창작성이 있다"고 하여 원심심결을 파기한 것이다.

9 chapter

디자인등록을 받을 수 없는 디자인

제 1 절 서 설

物品性 등 디자인의 성립요건을 충족하고, 또 공업상 이용가능성, 신규성 및 창작비용이성 등 디자인등록의 적극적 요건을 구비한 디자인이라 하더라도 디자인보호법 제6조 각호에서 규정하고 있는 디자인에 해당하는 경우에는 디자인등록을 받을 수 없다. 이 규정은 공업상 이용가능성, 신규성 및 창작비용이성 요건과 함께 객체에 관한 요건의 하나인데 앞의 등록을 받을 수 있는 적극적 요건에 대응하여 디자인등록의 소극적 요건이라고 하며 또 공익적 견지 또는 산업정책적 견지에서 디자인등록을 받을 수 없는 것을 규정한 것이므로 부등록요건 또는 부등록사유라고도 한다.

제 2 절 디자인등록을 받을 수 없는 디자인

Ⅰ. 國旗·國章 등과 동일 또는 유사한 디자인

1. 의 의

국기·국장·군기·훈장·褒章·記章 기타 公共機關 등의 標章과 外國의

國旗·國章 또는 국제기관 등의 文字나 標識와 동일 또는 유사한 디자인은 디자인등록을 받을 수 없다(§6 i).[1]

'국기'라 함은 國家의 상징을 표상하는 旗로서 국기제작법 제1조의 태극기를 말한다. '국장'이란 국가의 권위를 표창하는 휘장을 말한다. '군기'란 육·해·공군기를 말하며 '훈장'이란 국가 또는 공익에 공로가 있는 者에게 국가에서 수여하는 상을 말한다. '포장'이란 훈장보다 격이 낮은 것으로 상훈법 제19조에 규정되어 있는 것을 말한다. '記章'이란 記念章의 약칭으로 기념할 만한 일에 관계된 사람에게 주는 상을 말한다. '외국의 국기·국장'이란 외국의 국기와 행정부, 입법부, 사법부의 旗를 말한다. '국제기관 등의 文字나 標識'란 국제기구에서 사용하는 문자나 마크 등을 말한다.

2. 登錄을 인정하지 않는 이유

국기·국장 등과 동일 또는 유사한 디자인에 대하여 디자인등록을 인정하지 않는 것은 내외국을 막론하고 그 國家의 尊嚴性을 유지하고 공공기관 등이 지향하는 理念과 目的을 존중한다는 공익적인 견지에서 특정인에게 獨占權의 부여를 배제함과 동시에 그 濫用을 막기 위한 것이다.

3. 구체적 판단 및 판단시점

(1) 구체적 판단

국기·국장 등과 동일 또는 유사한 디자인은 이것들이 단독으로 표현되었을 경우는 물론이고 이러한 형태에 다른 형상이나 모양 등이 결합하여 표현된 경우에도 그 자체의 디자인으로 登錄될 수 없다. 이 경우 物品의 동일·유사여부는 문제로 하지 않는다.

(2) 판단시점

국기·국장 등과 동일 또는 유사한 디자인의 판단시점은 이 규정이 公益的 사유에 의해 登錄을 배제하는 것이므로 디자인등록여부결정시를 기준으로 한다.

---

1) 日本 디자인법 제3조는 부등록사유로서 우리나라 디자인보호법 제6조 제1호에서 규정하는 국기·국장 등에 대해 獨立된 규정을 두지 않고 있어 국기·국장 등과 동일 또는 유사한 디자인이 不登錄事由에 해당되지 않는다고 할 수 있는 여지가 있으나 이는 제3조 제1호에서 규정하는 公序良俗에 포함하여 해석·운용하고 있으므로 실제에는 우리나라 法과 차이가 없다.

Ⅱ. 善良한 風俗에 어긋나거나 공공질서를 해칠 우려가 있는 디자인

1. 의 의

디자인이 주는 의미나 내용 등이 일반인의 통상적인 도덕관념인 선량한 풍속에 어긋나거나 공공질서를 해칠 우려가 있는 디자인에 대하여는 디자인등록을 받을 수 없다(§6 ii). '善良한 風俗'이란 사회의 일반적 도덕관념, 즉 모든 국민에게 지킬 것이 요구되는 최소한도의 도덕률을 말한다. 선량한 풍속에 어긋나는 경우로는 ⅰ) 物品에 표현된 디자인이 너무 야하거나 조잡스러운 것, ⅱ) 순수한 나체의 도형, ⅲ) 타인의 인격을 모독하는 표현, ⅳ) 동물을 무자비하게 다루는 표현, ⅴ) 노예를 혹사시키는 표현 등 저속, 혐오 기타 사회일반적인 미풍양속에 반하는 것을 말한다. '공공질서'라 함은 국가나 사회의 公共的 秩序 내지 일반적 이익을 말하며 공공질서에 위반된 경우라 함은 ⅰ) 물품에 표현된 디자인이 정의관념이나 국민감정에 현저하게 反하는 것, ⅱ) 국가원수의 초상 및 이에 준한 것, ⅲ) 특정국가 또는 그 국민을 모욕하는 것, ⅳ) 商去來를 문란하게 하는 표현 등을 들 수 있다. '해칠 우려'란 해칠 가능성이 있으면 본호를 적용하는 취지이다. 또한 디자인보호법은 특허법이나 실용신안법과 달리 공중의 위생을 해할 염려가 있는 디자인에 대해서는 규정되어 있지 않다. 이것은 물품의 미적 외관인 디자인의 특질에서 그와 같은 디자인은 상정될 수 없기 때문이다.

2. 등록을 인정하지 않는 이유

디자인이 주는 의미나 내용 등이 일반인의 통상적인 도덕관념인 선량한 풍속에 어긋나거나 공공질서를 해칠 우려가 있는 디자인에 대하여 법률로 보호하지 않는 것은 당연하다. 이러한 것들에 대하여 디자인등록을 허여한다면 法의 자기부정을 의미하게 되기 때문이다. 민법 제103조는 "善良한 風俗 기타 社會秩序에 위반한 사항을 내용으로 하는 法律行爲는 無效로 한다"라고 규정하고 있으며 디자인보호법 제6조 제2호는 이와 같은 맥락의 규정이다.

3. 구체적 판단 및 판단시점

(1) 구체적 판단

디자인 전체로서 신규성과 창작비용이성을 구비한 것이라 하더라도 디자인을 구성하고 있는 전부 또는 일부에 일반인의 통상적인 도덕관념인 선량한 풍속에 어긋나거나 공공질서를 해칠 우려가 있는 것이 포함된 경우에는 디자인등록을 받을 수 없다.

(2) 판단시점

善良한 風俗 또는 공공질서에 관한 관념은 시대와 社會的 배경에 따라 상당한 변천을 하게 되므로 觀念의 변천에 따라 새로운 관념에 따르게 된다. 따라서 선량한 풍속에 어긋나거나 공공질서를 해칠 우려가 있는 디자인인가의 구체적 판단시점은 디자인등록여부결정시로 한다.

Ⅲ. 타인의 業務에 관계되는 物品과 混同을 가져올 염려가 있는 디자인

1. 의　　의

타인의 업무에 관계되는 물품과 혼동을 가져올 염려가 있는 디자인은 디자인등록을 받을 수 없다(§6iii). 타인의 업무라 함은 다른 사람이 계속적으로 하는 업무일반에 관한 것이라는 의미이다. 디자인보호법은 그 범위에 대하여 명백히 한정하고 있지 않으나 통상 營業과는 달리 보다 넓은 범위로 해석되고 있다. 즉, 타인의 업무는 타인의 제조·판매 등의 營利的 業務뿐만이 아니라 타인의 증명·취급 또는 선택 등의 비영리적 업무도 일반인에게 오인·혼동될 염려가 있는 경우에는 여기에 포함된다고 본다.

물품은 抽象的·觀念的인 物品이면 족하고 반드시 구체적인 물품의 존재를 필요로 하지 않는 것으로 해석된다. 왜냐하면 본 규정은 業務主體의 混同을 방지하기 위한 규정이기 때문이다. 혼동은 물품 상호간에 있어서의 혼동과 出處에 대한 혼동으로 나누어 생각할 수 있으나 이 규정에서의 혼동은 주로 出處의 혼동에 관한 것이다. 물품 상호간의 혼동은 그 形態의 유사성에 의해 혼동을 일으키게 되지만 혼동할 정도로 유사한 상호간의 형태는 당연히 유사한 디자인이 된다. 이 경우는 제5조의 규정에 불구하고 디자인등록을 받을 수 없는 것으로 규정하는 본조의 적용대상이 아니다. 예를 들면 수요자간에 널리 알려진 코카콜라 병의 특징적인 형태를 다른 포장용 용기 또는 포장용 병에 나타낸 것으로는 그것은 당연히 유사한 것이 되며 따라서 新規性에 관한 규정이 적용되는 것이다. 본조의 규정은 物品의 형태 전체로서는 유사하지 않은 것이라도 혼동을 가져올 염려가 있는 경우를 말한다.

물품에 관한 出處의 표시는 첫째 상표가 그 기능을 맡는다. 따라서 디자인의 타인의 업무에 관한 물품과의 混同에 있어서도 상표적 도형, 색채, 기호, 立體的 形狀, 나아가 상표적 태양의 형태에 관한 디자인이 문제가 된다.

디자인에서 상표적 도형 등이 나타내어지는 태양은 i) 標章 그 자체를 나타내는 경우, ii) 표장을 변형하여 나타내는 경우, iii) 물품의 전체에 나타내는 경우 등이 있으며 特定되지 않는다.

출처에 대한 혼동은 동일 또는 유사물품 사이에서는 물론이고, 물품의 관계를 넘어서도 성립한다. 또 混同의 염려는 혼동의 사실이 아니고 그 염려가 있음으로써 등록을 받을 수 없다. 혼동은 출처표시기능을 가지는 도형이나 색채 또는 형상 등을 매체로 하여 그 主體와의 관련성에 의해 일어난다.[2)]

2. 등록을 인정하지 않는 이유

타인의 업무에 관계되는 물품과 혼동을 가져올 염려가 있는 디자인은 需要者에게 불측의 損害를 끼치게 되며 이러한 것들에 대하여 獨占排他的인 권리를 인정하게 되면 오히려 부정경쟁을 조장하게 되고 산업활동상의 유통질서를 유지할 수 없게 된다. 따라서 디자인보호법은 영업상의 不正競爭行爲를 방지하고 건전한 流通秩序를 확립하고자 하는 취지에서 이러한 것들에 대하여는 디자인 등록을 배제하고 있다.

3. 구체적인 태양

(1) 타인의 著名한 商標・서비스표 및 단체표장을 디자인으로 표현한 것

상표・서비스표 및 단체표장 등은 출처표시를 목적으로 하므로 타인의 저명한 상표・서비스표・단체표장 등을 디자인으로 표현한 것은 타인의 業務에 관계되는 물품으로 오인할 우려가 있기 때문이다. 그러나 저명하지 아니한 상표・서비스표・단체표장 등은 출처표시기능이 약하므로 오인・혼동의 우려가 적다. 따라서 본 규정의 적용이 배제된다. 만약 저명하지 않은 타인의 등록상표・서비스표・단체표장 등을 표현한 디자인이 등록된 경우에는 디자인보호법

---

2) 齋藤, 의장, 338・339면.

第45조 규정의 利用·抵觸 문제가 발생한다.

(2) 非營利法人의 標章을 디자인으로 표현한 경우

타인의 업무는 비영리적인 것까지 포함하는 개념이므로 비영리법인의 표장을 디자인으로 표현한 경우에도 이 규정이 적용된다. 비영리법인이라 함은 학술·종교·자선·기예·사교 기타 영리 아닌 사업을 목적으로 하는 사단법인 또는 재단법인을 말한다(민§32). 따라서 종교단체의 마크나 라이온즈클럽의 마크를 디자인으로 표현한 경우에는 이에 해당한다.

(3) 타인의 商標的 성격을 구현한 著名한 디자인을 이용한 경우

디자인은 근본적으로 상표와는 그 성격이 상이하나 장기간 사용에 따라 그 製造者를 연상하게 되는 경우가 있다. 타인의 상표적 성격을 구현한 著名한 디자인을 이용한 경우에는 不正競爭을 방지하고 건전한 流通秩序를 유지하기 위하여 부등록사유로 한 것이다. 예를 들어 특정의 형태를 나타내는 파카 만년필의 클립이 주지인 경우, 만년필 디자인 전체로서는 신규성, 창작비용이성의 요건을 충족시키는 것이라도 만년필의 클립부분이 타인의 周知의 형태를 나타낸 경우에는 디자인등록을 받을 수 없다.

4. 판단의 주체적 기준 및 판단시점

(1) 판단의 주체적 기준

이 규정에서의 혼동은 사실상 流通市場에서의 混同을 의미하므로(이 점은 不正競爭防止法과 동일하다) 판단의 주체적 기준은 需要者가 된다. 또 主體와의 관련에서의 판단은 이것이 사실상의 混同을 의미하기 때문에 시장 또는 산업에서의 業種的 관련의 실태를 기초로 판단된다. 따라서 과거 1사1업의 업태가 다각적인 것으로 되어 가고 있어 出處 혼동의 염려도 그만큼 확대되어 가고 있다.

(2) 판단시점

타인의 業務에 관계되는 物品과 혼동을 가져올 염려가 있는 디자인의 판단시점은 디자인등록출원시로 하고 있다. 이것은 본호가 출원된 디자인의 기대권과 출원 전에 존재하는 타인의 이익과의 조정에 관한 사항이기 때문에 다른 부등록사유와는 그 성격을 달리하기 때문이다. 따라서 디자인등록출원 후 디자인등록여부결정시에 혼동의 염려가 있어도 디자인등록출원시에 혼동의 염려가 없으면 이 규정이 적용되지 않는다.

5. 混同의 염려가 있으나 이 규정이 적용되지 않는 경우

(1) 이용 · 저촉문제

이 규정은 그 판단시점이 디자인등록출원시를 기준으로 하는 데 비해 利用·抵觸 관계 규정인 디자인보호법 제45조는 디자인권의 설정등록 후 발생하는 권리 대 권리의 利害調整을 위한 것으로서 선출원권리자의 허락을 얻은 경우에는 사용이 가능하다. 따라서 혼동의 염려가 있어도 이 규정의 적용이 排除되는 것으로 본다.

(2) 자기의 商標를 자기의 디자인에 사용하는 경우

이 규정은 타인의 業務에 관계되는 物品과 混同을 가져올 염려가 있는 디자인이라 하였으므로 자기의 상표를 자기의 디자인에 사용하는 경우는 타인의 업무와 혼동의 염려가 없으므로 당연히 포함되지 않는다.

(3) 기타 실제 사용상 混同을 일으킬 염려가 없는 경우

상표가 디자인의 構成要素인 模樣의 일부로 사용된 경우에는 이미 상표적 사용태양을 떠난 것이므로 실제사용상 혼동을 일으킬 염려가 없는 것으로 보아 이 규정이 적용되지 않는다. 이를테면 상표가 완전하게 디자인에 융합되어 상표로서의 기능이 없어진 경우에는 출처의 혼동을 일으킬 염려가 없어 이에 해당되지 않는다.

Ⅳ. 物品의 機能을 확보하는 데 불가결한 形狀만으로 된 디자인

1. 의　　의

物品의 機能을 확보하는 데 불가결한 形狀만으로 된 디자인은 디자인등록을 받을 수 없다(§6iv). '物品의 기능'이라 함은 그 물품이 발휘되는 기술적인 作用, 效果, 즉 물품의 기술적 기능을 말하며, 형상·모양·색채 또는 이들의 결합이 발휘하는 美的 效果와 같이 심리적·시각적 기능은 포함하지 않는다. '물품의 기능을 확보하는 데 불가결한 形狀'이란 물품의 기술적 기능을 확보하기 위해 필연적으로 결정되어 버린 형상(필연적 형상)을 말한다. 또한 '불가결한 形狀만으로 된 디자인'이란 그 디자인의 형상이 오직 필연적 형상만으로 구성되어 있는 것을 말한다. 여기에서 '형상만'이라는 것은 물품의 기술적 기능은 오로지 형상에 의해서 體現되는 것에서 디자인의 구성요소인 모양, 색채의 유무를 불문

하고 그 디자인의 형상에만 주목한다는 취지이다. 따라서 그 디자인의 形狀이 必然的 형상에 의해 구성되어 있는 경우에는 모양, 색채 또는 이들의 결합의 유무를 불문하고 이 규정이 적용된다. 이 점은 상품 또는 그 상품의 포장의 기능을 확보하는 데 불가결한 형상만으로 된 상표라 하더라도 식별력이 있는 문자·도형 등이 결합되어 있는 상표의 경우에는 보호의 여지가 있는 상표법 제7조 제1항 제13호의 취지와는 다르다.

2. 등록을 인정하지 않는 이유

종전에는 기술적 기능을 주목적으로 하여 창작된 디자인이라 하더라도 美感을 가지고 있으면 등록받을 수 있었다. 그러나 그 물품의 기능을 확보하는 데 불가결한 形狀은 기술적 사상의 창작으로서 본래 특허법 또는 실용신안법에 의해 보호되어야 할 것이다. 따라서 그와 같은 形狀이 디자인보호법에 의해 보호되게 되면 디자인보호법이 보호를 예정하지 않는 기술적 사상의 창작에 대하여 獨占排他權을 부여하는 것과 같은 결과를 초래하게 된다. 또 물품의 호환성의 확보를 위해 표준화된 규격에 의해 결정되는 형상으로 이루어지는 디자인이 디자인보호법에 의해 보호되면 제3자가 그 규격 등에 의해 기초하는 물품을 실시하고자 하는 경우 디자인권의 침해가 되기 때문에 經濟活動을 제한하고 오히려 산업발전을 저해할 요인이 된다. 이와 같은 폐해는 2001년 법개정에서 物品의 部分에 관한 디자인을 보호대상으로 함으로써 더욱 顯在化될 가능성이 있다. 또 제외국에 있어서도 이미 다수의 국가(영국, 프랑스, 독일, 베네룩스, 일본, WTO/TRIPs 등)에서 기술적 기능에만 기초하는 디자인에 대해서는 디자인보호법의 보호대상에서 제외하는 등의 규정을 두고 있다. 이러한 것들을 감안하여 2001년 법개정에 의해 물품의 기능을 확보하기 위해 불가결한 형상만으로 된 디자인은 디자인보호법의 보호대상에서 제외하는 것을 명확하게 한 것이다.

3. 구체적 판단 및 판단시점

(1) 구체적 판단

물품의 기능을 확보하는 데 불가결한 形狀만으로 된 디자인으로서 디자인등록을 받을 수 없는 구체적 태양은 다음과 같은 경우이다.

1) 물품의 기술적 기능을 확보하기 위해 필연적으로 정해진 형상(필연적 형상)으로 이루어진 디자인 　　디자인등록출원된 디자인이 필연적 형상에 해당하는지의

〈그림 9-1〉 위성방송수신안테나용 반사경

〈그림 9-2〉 필연적 형상이라고 생각되는 디자인[3)]

전자회로용 코일
(전체가 기능적이다)

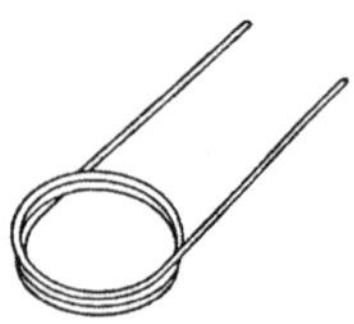

다삽착소켓
(실선부분은 소켓부분으로서 단지 상대가 끼워지는 기능적 형상이다)

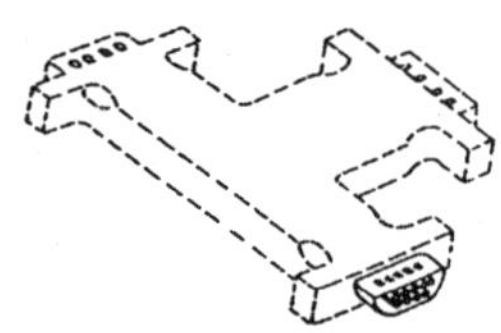

형광램프
(실선부분은 플러그로서 끼워지는 상대에 의존하고 있다)

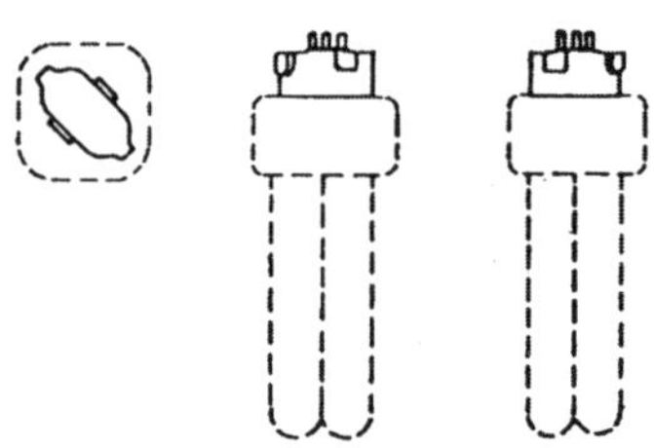

여부는 물품의 기술적 기능을 體現하고 있는 형상에만 주목하여 판단하는 것으로 하지만, 이때에는 특히 ⅰ) 그 기능을 확보할 수 있는 대체적인 형상이 그 외에 존재하는지의 여부, ⅱ) 필연적 형상 이외의 디자인 평가상 고려되어야 할 형상을 포함하는지의 여부를 고려하는 것으로 한다. 필연적 형상의 구체 예로서는 위성방송수신안테나용 반사경에 관한 디자인이 있다. 위성방송수신안테나용 반사경은 일정의 원형개구를 갖는 회전포물면($x^2 \times y^2 = 4fz$에 의해 특정된다)을 반사경면으로 사용한 형상이다<그림 9-1>. 이 밖에도 필연적 형상이라고 생각되는 디자

3) 加藤, 개정의장, 105면.

인은 다음과 같은 것을 들 수 있다<그림 9-2>.

② 물품의 호환성 확보 등을 위해 표준화된 규격에 의해 정해진 형상(준필연적 형상)으로 이루어진 디자인 물품의 호환성의 확보 등(기술적 기능의 확보를 포함한다)을 위하여 물품의 형상 및 치수 등의 각 요소가 규격화 또는 표준화되어 있는 것으로서 그 규격화 또는 표준화된 형상 및 치수 등에 의해 정확하게 再製하지 않을 수 없는 형상으로 이루어진 디자인에 대하여도 상기의 필연적 형상에 준하여 취급한다.[4] 다만, 이 경우 형상에 의거한 기능의 발휘가 주된 사용의 목적이 되고 있는 물품에 한하는 것으로 한다. 따라서 예를 들면, 일용지(봉투 KSG2501), 기록매체(컴팩트디스크 KSX5801)는 공적인 표준규격 혹은 사실상의 표준규격에 의해 정해지는 형상을 가지고 있어도 본 규정의 적용대상이 되지 않는다. 디자인등록출원된 디자인이 준필연적 형상에 해당되는지의 여부는 형상에만 주목하여 판단하며 이때에는 특히 ⅰ) 그 형상이 표준화된 규격에 의해 정해진 것인지의 여부, ⅱ) 표준화된 규격에 의해 정해진 형상 이외의 디자인평가상 고려해야 될 형상을 포함하는지의 여부를 고려하는 것으로 한다.

(2) 판단시점

物品의 기능을 확보하는 데 不可缺한 形狀만으로 된 디자인의 판단시점은 공익적 사유에 의한 등록배제이므로 디자인등록여부결정시로 한다.[5]

Ⅴ. 법 제6조의 적용 및 제5조 등과의 관계

1. 법 제6조의 적용

디자인등록출원한 디자인이 법 제6조의 각호의 1에 해당하는 경우에는 거

---

4) 물품의 호환성 확보 등을 위해 표준화된 規格에 해당하는 것으로는 다음과 같은 것을 들 수 있다.

ⅰ) 공적인 표준: 산업자원부 기술표준원에서 책정하는 한국산업규격(KS규격), ISO(국제표준화기구)가 책정하는 ISO규격 등 공적인 표준화기관에 의해 책정된 표준규격.

ⅱ) 사실상의 표준: 공적인 규격은 되고 있지 않으나 그 규격이 해당 물품분야에 있어서 업계의 표준으로서 인지되어 있고, 해당 표준규격에 의거한 제품이 그 물품의 시장을 사실상 지배하고 있는 것으로 규격으로서의 명칭, 번호 등에 의해 그 표준이 되고 있는 형상, 치수 등의 상세를 특정할 수 있는 것.

5) 디자인심사기준 제7조 제5호.

절이유의 대상이 되며(§26①), 착오로 등록이 허여된 경우에는 디자인등록의 無效事由가 된다(§68①). 디자인무심사등록출원디자인이 법 제6조 각호의 1에 위반하여 잘못 등록이 된 경우에는 일정기간 내에 이의신청의 대상이 된다(§29의2①).

2. 법 제5조와의 관계

법 제6조는 '제5조의 규정에 불구하고'라고 규정하고 있으므로 출원디자인에 대하여는 제5조의 디자인의 登錄要件을 먼저 판단하고, 그 후 제6조 각호의 해당여부를 판단한다.

3. 한 벌 물품 디자인과의 관계

한 벌 물품의 디자인에 관한 디자인등록출원이 그 한 벌 물품을 구성하는 일부의 구성물품에 관한 디자인만이 법 제6조 제1호 내지 제3호에 해당하는 경우에는 한 벌 물품의 디자인 전체로서 법 제6조 제1호 내지 제3호에 해당하는 것으로 취급한다. 그러나 법 제6조의 제4호의 해당여부에 관하여는 한 벌 물품 전체로써 판단한다.[6] 한 벌 물품의 디자인은 한 벌 물품 전체의 통일감을 보호하는 것이므로 일부의 구성물품이 그 기능을 확보하는 데 불가결한 형상만으로 된 디자인에 해당된다 하더라도 한 벌 물품 전체로서 보호하는 것이 타당하기 때문이다.

6) 디자인심사기준 제15조 제2호 마(2).

제3편 出願·審査·登錄節次

10 chapter

節次상의 總則

제 1 절 기간 · 기일

Ⅰ. 기　　간

1. 의　　의

기간이라 함은 어느 시점부터 다른 시점까지 계속되는 시간의 구분으로서 일정한 법률적 효과를 발생시키는 행위를 할 수 있는 시간의 길이를 말한다. 디자인보호법상의 기간은 법정기간과 지정기간으로 구별된다. 法定期間이라 함은 시간의 길이를 법 또는 법에 의거한 명령(시행령, 시행규칙)에서 정하고 있는 기간을 말하고, 신규성상실의 예외규정의 적용을 받기 위한 증명서 제출기간(§8②), 디자인권의 존속기간(§40), 디자인무심사등록이의신청기간(§29의2①), 심판청구기간(§67의2,§67의3) 등이 이에 속한다. 指定期間이라 함은 특허청장, 특허심판원장, 심판장 또는 심사관이 법령에 근거하여 구체적인 사안에 따라 지정하는 기간을 말한다. 절차의 보정기간(§17), 의견서 제출기간(§27①), 심판청구서 보정기간(§72의4①) 등이 이에 속한다.

2. 기간의 계산

기간의 계산방법은 특별한 경우를 제외하고는 보통 민법규정이 정하는 바에 의하나 디자인보호법은 기간의 계산에 대한 특허법상의 규정을 준용한다고 되어 있다(§4의13).[1)]

(1) 초일 불산입의 원칙

기간의 계산에 대하여는 기간의 초일은 산입하지 아니한다. 단수를 절사하는 취지에 의해 초일불산입 원칙을 정한 것이다. 다만, 그 기간이 오전 영시부터 시작되는 때에는 초일도 산입한다(§4의13 i). 예를 들면 신규성상실의 예외규정의 적용을 받기 위하여 제출하는 증명서류는 '디자인등록출원일부터 30일 이내'라든가 디자인권의 존속기간은 '디자인권의 설정등록이 있는 날부터 15년'이라 한 경우 그 초일에 해당하는 '출원일 또는 설정등록일'은 기간계산시 산입되지 아니하고 그 다음 날이 기산일이 된다. 그러나 법정기간 또는 지정기간의 연장기간 등은 처음의 기간과 연장되는 기간이 연속적으로 이어지는 기간이므로 초일(오전 0시)부터 연장되는 기간은 기산된다.

(2) 曆法的 계산방법

기간의 계산방법에는 自然的 계산방법과 曆法的 계산방법의 두 가지가 있다. 전자는 순간에서 순간까지 계산하는 방법으로서 정확하지만 불편하며, 후자는 역에 따라 계산하는 방법으로 편리하지만 부정확하다.

디자인보호법 제4조의13 제2호에서는 "기간을 월 또는 年으로 정한 때에는 역에 따라 계산한다"라고 규정하고 있으므로 후자의 계산방법을 택하고 있다(§4의13 ii).

(3) 기간의 만료일

기간을 월 또는 年의 처음부터 기산하지 아니한 때에는 최후의 월 또는 연에서 그 기산일에 해당하는 날의 전일로 기간이 만료한다. 다만, 월 또는 연으로 정한 경우에 최종의 월에 해당일이 없는 때에는 그 월의 말일로 기간이 만료한다. 기간의 기산일이란 기간의 계산을 실제로 시작하는 날을 말하고, 기간의 만료일이란 기간이 끝나는 날을 말한다.

디자인등록에 관한 절차에 있어서 기간의 말일이 토요일이나 공휴일(「근로자의 날 제정에 관한 법률」에 의한 근로자의 날을 포함한다)에 해당하면 기간은 그 다음 날로 만료한다(§4의13iv). 따라서 절차에 관한 기간 이외의 기간, 즉 디자인권의 존속기간 등의 경우에는 이 적용이 없고, 그 기간의 말일이 공휴일이라 하더라도 그 날에 종료한다.

---

1) 기간의 계산에 관하여는 민법총칙의 일반원칙이 있으나 디자인보호법 제4조 준용 특허법 제14조에서는 "이 법 또는 이 법에 의한 명령에 의한 기간의 계산은 다음 각호에 의한다"고 규정하고 있으므로 특허법의 이 규정은 민법상의 일반원칙의 예외를 이룬다. 여기서 '이 법에 의한 명령'이란 디자인보호법 시행령, 디자인보호법 시행규칙을 말한다.

또한 절차기간에 있어서도 연장되는 기간의 계산에는 이 규정이 적용되지 않는다.

3. 기간의 연장

(1) 법정기간의 연장

특허청장 또는 특허심판원장은 교통이 불편한 지역에 있는 자를 위하여 청구에 의하여 또는 직권으로 심판의 청구기간(§67의2,§67의3)을 연장할 수 있다(§4의14①). 여기서 '교통이 불편한 지역에 있는 자'란 외국의 지역, 도서, 벽지 등에 있는 자를 말한다.

(2) 지정기간의 연장

특허청장·특허심판원장·심판장 또는 심사관은 법의 규정에 의한 절차를 밟을 기간을 정한 때에는 청구 또는 직권으로 그 기간을 연장할 수 있다(§4의15②). 지정기간은 절차의 보정기간의 경우 1개월 이내, 의견서 제출기간의 경우 2개월 이내로 한다(시규§10의5①).

(3) 연장절차

법정기간 또는 지정기간의 연장을 받고자 하는 자는 본래의 기간이 만료되기 이전에 기간의 연장신청서를 제출하여야 한다(시규§10의5②). 따라서 기간만료후의 기간의 연장신청은 인정되지 않는다.

4. 기간의 懈怠

(1) 기간의 해태

기간의 해태라 함은 당사자가 기간 내에 절차를 밟지 아니하고 기간을 경과한 것을 말한다. 특허청장 또는 특허심판원장은 보정명령을 받은 자가 지정된 기간내에 그 보정을 하지 아니한 경우에는 그 디자인등록에 관한 절차를 무효로 할 수 있다(§4의15①).

(2) 무효처분의 취소 및 절차의 추후보완

상기와 같이 절차가 무효로 된 경우에도 그 기간을 지키지 못한 것이 본인이 책임질 수 없는 사유에 의한 것으로 인정되는 때에는 그 사유가 소멸한 날부터 14일 이내에, 그 기간의 만료일부터 1년 이내에 한 청구에 의하여 특허청장 또는 심판원장은 그 無效處分을 취소할 수 있다(§4의15②).

또 디자인등록에 관한 절차를 밟은 자가 책임질 수 없는 사유로 인해 심판청구기간, 재심청구기간을 준수할 수 없을 때에는 그 사유가 소멸한 날부터 14

일 이내에, 그 기간의 만료일로부터 1년 이내에 한하여 지키지 못한 절차를 추후보완할 수 있다(§4의16). 이 규정은 본인 불책사유로 인해 기간을 준수하지 못한 경우에 그 구제책이 없이 그대로 방치한다면 가혹하기 때문에 이를 구제하기 위한 취지이다.

Ⅱ. 기 일

1. 의 의

기일이라 함은 시간의 경과에 있어서의 어느 특정의 시점을 가리키는 것으로 산업재산권법상에서는 당사자 또는 대리인이 심사관 또는 심판관의 면전에서 심사절차 또는 심판절차를 밟거나 관여하는 시기를 말한다.

2. 기일의 지정 및 변경

기일을 지정할 수 있는 자는 심사관 또는 심판장이다. 심판장 또는 심사관은 디자인보호법의 규정에 의한 기일을 정한 때에는 청구에 의하여 또는 직권으로 그 기일을 변경할 수 있다(§4의14③). 디자인관계에 있어서 기일지정을 하게 되는 경우는 심판에 있어서 구두심리를 행하는 기일의 지정, 증거조사 또는 증거보전을 행할 경우의 기일지정 등이 있다.

제 2 절 절차의 효력과 停止

Ⅰ. 절차의 효력

1. 출원서 등 제출의 효력발생시기

출원서 등을 특허청에 제출하는 경우에는 그 제출의 효력발생은 도달주의를 원칙으로 한다(§4의26①). 그러나 도달주의를 엄격하게 관철하면 특허청과 당사자의 지리적 원근에 따라 불공평한 경우가 발생하므로 서류 등을 우편에 의해 제출하는 경우에는 예외적으로 發信主義를 채택하고 있다.

즉, 출원서 등 서류를 우편으로 특허청 또는 특허심판원에 제출하는 경우에 우편물의 통신일부인에서 표시된 날이 분명한 경우에는 그 표시된 날, 그 표시된 날이 불분명한 경우에는 우체국에 제출한 날을 우편물의 수령증에 의하여 증명한 날에 특허청 또는 특허심판원에 도달된 것으로 간주한다. 다만, 디자인권 및 디자인에 관한 권리의 등록신청서류에 대하여는 예외로 한다(§4의26②).

2. 절차효력의 승계

디자인권 또는 디자인에 관한 권리[2)]에 관하여 밟은 절차의 효력은 그 디자인권 또는 디자인에 관한 권리의 승계인에게도 미친다(§4의17). 예컨대 전 권리자에게 통지한 거절이유통지(의견제출통지) 등의 효과는 그 권리의 승계인에 대해서도 효력이 미치는 것이다. 따라서 승계인은 승계하기 전에 전 권리자에게 통지된 거절이유 등에 대해 지정기간 내에 의견서를 제출하여야 한다. 이것은 디자인권 등에 관한 절차를 거치는 중에 권리의 양도나 이전 등의 사실이 있다 하더라도 이미 밟은 동일 절차를 다시 반복되게 밟지 않도록 함으로써 절차의 낭비와 번잡을 피하기 위한 것이다.

3. 절차의 속행

특허청장 또는 심판장은 디자인에 관한 절차가 특허청 또는 특허심판원에 계속 중에 디자인권 또는 디자인에 관한 권리의 이전이 있는 때에는 그 승계인에 대하여 절차를 속행하게 할 수 있다(§4의18).

이 경우도 권리의 이전에 따라 같은 절차를 다시 반복되게 하는 번잡을 피하기 위한 것이며 원권리자에 대하여 절차의 속행을 금하려는 취지는 아니므로 어느 누구에 대하여도 절차를 속행하게 할 수 있다. 특허청장 또는 심판장이 위와 같은 승계인에 대하여 디자인에 관한 절차를 속행하게 하고자 할 때에는 그 취지를 당사자에게 서면으로 통지하여야 한다(시규§10의7).

---

2) 디자인에 관한 권리란 전용실시권, 통상실시권, 디자인등록을 받을 수 있는 권리, 질권은 물론 무효심판청구인의 지위 등을 포함한다.

Ⅱ. 절차의 停止

1. 의 의

디자인에 관한 출원·청구 기타 절차가 특허청 또는 특허심판원에 계속 중 그 절차가 종료되기 전에 당해 절차가 진행되지 않는 상태를 절차의 정지라 한다. 절차의 정지를 인정하는 이유는 특허청 또는 당사자가 절차를 밟을 수 없거나 현저히 곤란한 사정이 있는 경우에도 절차를 밟을 것을 강제하면 권리보호의 정신에 위배되고, 쌍방심리주의에도 반하게 되기 때문이다. 절차의 정지에는 민사소송법상의 소송절차의 정지제도와 마찬가지로 절차의 중단과 중지가 있다.

2. 절차의 중단

(1) 중단의 개념

절차의 중단이라 함은 당사자 또는 절차수행자에게 절차수행의 불능사유가 발생하였을 경우에 새로운 절차수행능력을 갖춘 자가 나타나서 절차를 수행할 수 있을 때까지 법률상 당연히 절차의 진행이 停止되는 것을 말한다. 이는 절차대행권능을 상실한 당사자의 이익을 보호하기 위한 제도이다.

(2) 중단사유

디자인에 관한 절차가 다음에 해당하는 경우에는 특허청 또는 특허심판원에 계속 중인 절차는 중단된다(§4의19).

i) 당사자가 사망한 경우

ii) 당사자인 법인이 합병에 의하여 소멸한 경우

iii) 당사자가 절차를 밟을 능력을 상실한 경우

iv) 당사자의 법정대리인이 사망하거나 그 대리권을 상실한 경우

v) 당사자의 신탁에 의한 수탁자의 임무가 종료한 경우[3]

vi) 디자인보호법 제4조의10 제1항 단서에 따른 대표자가 사망하거나 그 자격을 상실한 경우

3) 수탁자의 임무가 종료한 경우란 신탁법 제11조 내지 제15조에서 정한 사유가 발생한 경우의 의미이다.

vii) 파산관재인 등 일정한 자격에 의하여 자기 이름으로 남을 위하여 당사자가 된 자가 그 자격을 잃거나 사망한 경우

다만, 상기와 같은 법정사유가 발생하여도 절차를 밟을 것을 위임받은 대리인이 있는 경우에는 절차가 중단되지 아니한다(§4의19단). 이것은 당사자 등이 사망하더라도 그 자들이 선임한 임의대리인의 대리권이 소멸되지 않도록 규정하고 있는 것(§4의7)과 같은 취지로서 절차진행의 계속을 통한 수계자의 이익보호에 있다.

(3) 중단의 해소(절차의 수계)

특허청에 계속 중인 절차가 중단된 경우에는 당사자로부터의 수계신청 또는 특허청의 속행명령에 의하여 해소된다.

절차의 수계는 중단원인이 있는 당사자측의 신수행자 또는 상대방의 신청에 의해 수계된다(§4의21①). 상대방도 수계신청을 할 수 있다고 한 것은 수계 적격자가 정당한 이유 없이 수계신청을 하지 않는 경우에 수계신청권을 주기 위한 것이다. 특허청장 또는 심판장은 中斷된 절차에 관한 수계신청이 있는 때에는 이를 상대방에게 통지하여야 한다(§4의21②). 또한 특허청장 또는 심판관은 중단된 절차에 관한 수계신청에 대하여 직권으로 조사하여 이유 없다고 인정한 때에는 결정으로 기각하여야 한다(§4의21③).

특허청장 또는 심판관은 중단된 절차를 수계하지 아니하는 경우에는 직권으로 기간을 정하여 수계를 명하여야 하고 지정기간 내에 수계가 없는 경우에는 그 기간이 만료되는 날의 다음 날에 수계가 있는 것으로 간주하며, 수계가 있는 것으로 간주한 경우에는 이를 당사자에게 통지하여야 한다(§4의21⑤,⑥,⑦).

3. 절차의 中止

(1) 중지의 개념

절차의 중지라 함은 특허청 또는 당사자에게 절차를 진행할 수 없는 장애가 발생함으로써 절차수행이 불가능하거나 부적당하여 절차가 중지되는 것을 말한다. 이 절차의 중지는 당사자를 보호하기 위한 것이다.

(2) 중지사유

1) 특허청장 또는 심판관이 천재·지변 기타 불가피한 사유로 인하여 그 직무수행을 할 수 없는 경우 　천재 · 지변 기타 불가피한 사유로 특허청장 또는 심판관이 직무를 행할 수 없을 때에는 절차는 그 사유가 소멸될 때까지 당연히

중지된다(§4의22①).

2) 당사자에게 부정기간의 장애가 생긴 경우　　당사자에게 不定期間의 장애로 특허청 또는 특허심판원에 계속 중인 절차를 속행할 수 없는 때에는 결정으로 그 중지를 명할 수 있다. 부정기간의 장애라 함은 예컨대 출정, 사변에 의하여 교통이 두절된 지역에 있는 경우와 같다. 이 중지는 특허청장 또는 심판장의 재량에 의한 것이므로 그 결정은 필요에 따라 취소할 수 있다(§4의22②,③).

3) 타 절차와의 관계에서 진행이 부적당한 때　　다른 절차와의 관계에서 절차의 진행이 부적당하기 때문에 절차가 中止되는 경우가 있다. 심사절차에서 심판 또는 소송절차의 완결을 기다릴 필요가 있는 경우 또는 심판에서 다른 심판이나 소송절차의 완결을 기다릴 필요가 있는 경우 그 절차를 중지할 수 있다(§30의2①, §72의28①).

4. 절차의 중단·중지의 효과

디자인에 관한 절차가 중단 또는 중지된 경우에는 그 기간의 진행은 정지되고, 그 절차의 수계통지를 하거나 그 절차를 속행한 때부터 다시 모든 기간이 진행된다(§4의23).

제 3 절 서류의 송달

Ⅰ. 의　　의

송달이라 함은 절차상의 서류를 일정한 방식에 따라 당사자 또는 이해관계인에게 알림을 목적으로 하는 행정권의 작용을 말한다.

디자인보호법에서 송달에 관한 규정을 둔 이유는 특허청 또는 특허심판원의 처분이 특히 상대방의 권리·의무의 형성에 현저히 영향을 미칠 수 있는 내용이거나 또는 일정한 고지사항에 대해 상대방에게 그 내용을 알릴 필요가 있는 경우에 행정기관의 행위가 기재된 서류를 수령할 자에게 확실히 교부함으로써 후일의 분쟁발생을 가능한 한 방지하기 위하여 송부사실을 명확히 하고자 하는 데 있다.

Ⅱ. 송달할 서류

디자인등록출원 등의 절차에 관해 특허청 또는 특허심판원이 송달하는 서류는 법령에 의해 정해진다. 송달되는 서류로는 ⅰ) 디자인등록여부결정의 등본(§29②), ⅱ) 보정각하결정의 등본(§18의2②), ⅲ) 디자인무심사등록이의신청서 부본(디자인권자에게, §29의2③), ⅳ) 심판청구서의 부본(피청구인에게, §72의10①), ⅴ) 심판청구에 대한 답변서의 부본(청구인에게, §72의10②), ⅵ) 심판의 구술심리 통지(§72의18④), ⅶ) 참가신청서의 부본(§72의20②), ⅷ) 심결 또는 결정의 등본(§72의26⑥) 등이 있다.

Ⅲ. 송달의 방식

1. 교부송달

交付送達이라 함은 송달할 서류를 송달 수령자에게 직접 교부하는 송달방식을 말한다. 民事訴訟法이 취하는 서류송달의 원칙이다(민소§178).

2. 우편송달

디자인보호법상의 서류송달은 민사소송법상의 교부송달의 원칙과는 달리 우편송달방식을 채용하고 있다.

디자인보호법 또는 디자인보호법 시행령에 규정된 송달대상서류는 특허청 또는 특허심판원에서 당사자 또는 그 대리인이 이를 수령하는 경우를 제외하고는 등기우편으로 발송하여야 한다(시령§8①).

특허청 또는 특허심판원에서 당사자 또는 그 대리인이 서류를 수령하는 경우에는 수령자로부터 수령일자 및 성명을 기재한 수령증을 받아 비치하고, 등기우편으로 발송하는 경우에는 우체국의 등기우편물 수령증을 비치하여야 한다(시령§8②).

3. 공시송달

公示送達이라 함은 서류의 송달을 받을 자의 주소나 영업소가 불분명하여 그 서류를 통상적인 송달방법에 의해서는 송달할 수 없는 경우에 행하는 특수한 송달방법을 말한다(§77의4①).

공시송달은 송달할 서류를 받을 자에게 어느 때라도 교부한다는 뜻을 디자인공보에 게재함으로써 행하여진다(§77의4②).

최초의 공시송달은 디자인공보에 게재한 날부터 2주일을 경과하면 그 효력이 발생한다. 다만, 동일 당사자에 대한 이후의 공시송달은 디자인공보에 게재한 날의 다음 날부터 그 효력이 발생한다(§77의4③).

4. 재외자에 대한 송달

在外者로서 디자인관리인이 있는 때에는 그 재외자에게 송달할 서류는 디자인관리인에게 송달하여야 한다. 그러나 디자인管理人이 없는 때에는 그 재외자에게 송달할 서류는 항공등기우편으로 발송할 수 있다. 이 경우 그 발송을 한 날에 송달된 것으로 본다(§77의5①,②,③).

이와 같이 재외자로서 디자인관리인이 없는 때의 우편송달에는 발신주의가 채택되어 있음에 주의하여야 한다.

11
chapter

出願節次

제 1 절 디자인등록출원절차 일반

Ⅰ. 서 언

1. 디자인등록출원의 의의

디자인등록출원이라 함은 디자인등록을 받고자 하는 자가 소정의 방식에 의하여 디자인등록출원서 등을 특허청장에게 제출하는 행위를 말한다. 디자인등록을 받고자 하는 자의 이 행위는 창작한 디자인에 대하여 法定要件을 구비하였는지의 여부를 심사하여 디자인권의 설정등록을 행하는 행정행위를 요구하는 것을 내용으로 한다. 디자인등록을 받고자 하는 자는 디자인을 창작한 자 또는 그 승계인이다.

2인 이상이 共同으로 디자인을 창작한 경우에는 디자인등록을 받을 수 있는 권리는 공유로 하며 공유자 전원이 공동으로 디자인등록출원을 하여야 한다(§3②, §10).

2. 출원절차의 원칙

(1) 書面主義

디자인등록출원은 서면에 의하여 소정의 사항을 기재한 디자인등록출원서 및 도면을 특허청장에게 제출하여야 한다(§9①,②).

디자인은 물품의 미적 외관에 관한 추상적인 것이므로 權利化를 위하여 그 내용을 구두에 의하여 특정시키는 것은 정확성을 결할 뿐만 아니라 심사 등의 절차에 있어서도 불편하다. 따라서 디자인보호법은 디자인을 정확하게 또한 객관적으로 파악할 수 있고 제 절차상에 있어서도 편리한 서면주의를 채용하여 디자인등록출원서 및 도면의 제출을 의무화하고 있다.

이 서면주의는 디자인등록출원에서부터 그 후의 특허청에 대한 제 절차에 그대로 적용된다.

(2) 양식주의

양식주의라 함은 특허청 또는 특허심판원에 제출하는 서류는 일정한 양식에 따라 기재하여 제출하는 것을 말한다. 디자인에 관한 출원・청구 기타의 절차에 따른 서류제출은 모두 법령이 정하는 서식에 의하여 기재하여 제출하지 않으면 아니 된다.

(3) 국어주의

특허청 또는 특허심판원에 제출하는 서류는 특별히 정한 경우를 제외하고 國語로 기재하여야 한다(시규§1의8①). 그리고 위임장・국적증명서・우선권주장에 관한 서류 등 외국어로 기재한 서류에는 그 서류의 제출시에 국어로 번역한 번역문을 첨부하여야 한다(시규1의8②). 법령이 특별히 정한 경우가 아닌 특허청에 제출하는 서류를 국어로 기재하지 아니한 경우에는 반려처분을 받게 된다(시규§2①,②).

3. 출원인 고유번호의 부여신청

디자인에 관한 출원서류 등의 전자화에 따라 디자인등록출원절차를 밟는 자는 먼저 특허청에 자신의 고유번호의 부여를 신청하도록 되어 있다(§4의27①).

특허청장은 상기의 신청이 있는 경우에는 신청인의 고유번호를 부여하고 이를 통지하여야 한다(§4의27②). 만일 절차를 밟는 자가 고유번호의 부여신청을 하지 않는 경우에는 특허청장이 직권으로 고유번호를 부여하고 이를 통지하도록 되어 있다(§4의27③). 이 고유번호를 부여받은 자가 절차를 밟는 경우에는 지식경제부령이 정하는 서류에 자신의 고유번호를 기재하여야 한다(§4의27④). 그리고 고유번호의 부여신청, 고유번호의 부여 및 통지 기타 고유번호에 관한 필요한 사항은 지식경제부령에서 정하여지고 있다(§4의27⑥, 시규§4의8).

Ⅱ. 출원의 종류

디자인등록출원은 청구에 관한 권리의 내용, 출원절차, 심사절차 및 권리청구의 주체에 의해 다음과 같이 구분될 수 있다.

1. 권리의 내용에 의한 구분

(1) 단독의 디자인등록출원

디자인보호법에 아무런 전제가 붙지 않은 경우의 디자인등록출원으로서 유사디자인의 디자인등록출원 이외의 출원을 유사디자인의 디자인등록출원에 대응해서 말할 때 단독의 디자인등록출원이라고 부른다(§18②).

(2) 유사디자인등록출원

자기의 등록디자인 또는 디자인등록출원한 디자인에만 유사한 디자인에 대하여 디자인등록을 받고자 할 때 하는 출원을 말한다(§7①). 유사디자인의 디자인권은 그 기본이 되는 디자인의 디자인권에 합체한다(§42).

(3) 한 벌 물품의 디자인등록출원

2 이상의 물품이 한 벌의 물품으로 동시에 사용되는 경우 당해 한 벌의 물품의 디자인이 한 벌 전체로서 통일성이 있는 때에 1디자인으로서 하는 디자인등록출원이다(§12). 한 벌 물품의 디자인출원은 한 벌을 구성하는 물품의 디자인 전체로서 하나의 디자인권이 발생한다.

(4) 비밀디자인등록출원

디자인권의 설정의 등록일부터 3년 이내의 기간을 정하여 그 디자인을 비밀로 할 것을 청구한 출원을 말한다(§13). 秘密디자인은 권리내용 그 자체는 통상의 디자인권과 다를 바 없지만 권리의 행사에 있어서는 일정한 제약을 받는다(§62②).

(5) 전체디자인등록출원

부분디자인등록출원 이외의 디자인등록출원을 부분디자인등록출원에 대응하여 말할 때 전체디자인등록출원이라고 한다. 전체디자인등록출원은 정확히 말하여 물품(완성품 또는 부품)의 전체의 형상, 모양, 색채 또는 이들의 결합에 대하여 디자인등록을 받고자 하는 출원이다.

(6) 부분디자인등록출원

부분디자인등록출원이란 물품의 전체 중에서 일정한 범위를 차지하는 물품의 부분의 형상, 모양, 색채 또는 이들의 결합에 대하여 디자인등록을 받고자 하는 출원을 말한다(§2 i).

(7) 글자체디자인등록출원

글자체디자인등록출원이란 글자체의 형상・모양・색채 또는 이들의 결합에 대하여 디자인등록을 받고자 하는 출원을 말한다(§2 i). 글자체란 기록이나 표시 또는 인쇄 등에 사용하기 위하여 공통적인 특징을 가진 형태로 만들어진 한 벌의 글자꼴(숫자, 문장부호 및 기호 등의 형태를 포함한다)을 말한다고 정의된다(§2 i 의2).

2. 출원절차에 의한 구분

(1) 통상의 디자인등록출원

디자인보호법에서 말하는 디자인등록출원으로서 특별한 요건하에 특별한 절차를 거쳐 행하는 출원에 대응하여 말할 때 편의상 통상의 디자인등록출원이라 한다. 통상의 디자인등록출원은 간단히 디자인등록출원이라 한다.

(2) 복수디자인등록출원

복수디자인등록출원이란 디자인무심사등록출원의 대상이 되는 디자인으로서 20 이내의 디자인을 1디자인등록출원으로 하는 출원을 말한다(§11의2①). 디자인무심사등록 출원할 수 있는 디자인의 범위는 법 제11조 제2항에 의한 물품의 구분상 지식경제부령이 정하는 분류가 동일한 것으로 하도록 되어 있다(§11의2②). 지식경제부령인 디자인보호법 시행규칙에서는 디자인무심사등록출원을 할 수 있는 물품에 대하여 i) 「별표4」의 물품의 구분 중 A1류・B1류・C1류・F3류・F4류 및 M1류에 속하는 물품, ii) 액정화면 등 표시부에 일시적으로 도형 등이 표시되는 화상디자인에 관한 물품으로 한정하며(시규§9③), 법 제11조의2 제2항의 규정에 의한 복수디자인등록출원을 할 수 있는 물품은 위 「별표4」의 물품의 구분상 대분류가 동일한 물품으로 하도록 되어 있다(시규§9④).

(3) 분할출원

분할출원이란 2 이상의 디자인을 포함하는 출원의 일부를 1 이상의 새로운 디자인등록출원으로 하는 것을 말한다. 分割出願은 i) 2 이상의 디자인을 1출원으로 한 자가 이를 1 이상의 새로운 디자인등록출원으로 하는 경우, ii) 복수디자인등록출원을 한 자가 이를 1 이상의 새로운 디자인등록출원으로 하는 경우가 있다(§19①). 분할된 새로운 디자인등록출원은 최초에 디자인등록출원한 때에 출원한 것으로 간주된다(§19②).

(4) 우선권주장을 수반한 출원

조약에 의하여 우리나라 국민에게 출원에 대한 優先權을 인정하는 당사국 국민이 그 당사국 또는 다른 당사국에 출원을 한 후 동일한 출원을 6월 이내에 우리나라에 디자인등록출원하여 우선권을 주장하는 출원을 말한다. 우선권주장을 수반한 출원은 신규성 및 선출원주의 규정 등의 적용에 있어 불리한 취급을 받지 않는다(§23①,②).

(5) 신규성상실의 예외규정의 적용을 받고자 하는 출원

디자인등록을 받을 수 있는 권리를 가진 자가 법 제8조에서 규정한 신규성상실의 예외규정의 적용을 받고자 디자인등록출원시 출원서에 그 취지를 기재하여 제출하고, 그 증명서류를 출원일부터 30일 이내에 제출하여 행해지는 출원이다(§8②). 이 경우 공지·공용 또는 刊行物 게재에 의해 신규성을 상실하게 된 날부터 6개월 이내에 출원을 한 때에는 그 디자인 또는 그와 유사한 디자인은 공지·공용 또는 간행물에 게재된 디자인에 해당하지 아니한 것으로 간주된다(§8①).

3. 심사절차에 의한 구분

(1) 디자인심사등록출원

디자인심사등록출원이란 디자인등록출원이 디자인등록 요건의 전부를 갖추고 있는지를 심사의 대상으로 하는 출원이다.

(2) 디자인무심사등록출원

디자인무심사등록출원이란 디자인등록출원이 디자인등록 요건의 일부 사항만을 심사의 대상으로 하는 출원이다. 디자인무심사등록출원 할 수 있는 디자인은 지식경제부령이 정하는 물품에 한한다. 이 경우 지정된 물품에 대하여는 디자인무심사등록출원으로만 출원할 수 있다(§9⑥).

4. 권리주체에 의한 구분

(1) 단독출원

디자인등록출원인이 單獨으로 된 경우 공동출원에 대응하여 편의상 단독출원이라 한다.

(2) 공동출원

디자인등록출원인이 2인 이상 복수로 된 출원을 말한다. 2인 이상이 共同으로 디자인을 創作한 때에는 디자인등록을 받을 수 있는 권리는 공유로 한다(§3②). 또한 디자인등록을 받을 수 있는 권리가 공유인 경우에는 공유자 전원이 공동으로 디자인등록출원을 하여야 한다(§10).

Ⅲ. 전자문서에 의한 출원절차

특허청은 1999년 1월 1일부터 電子出願制度를 도입하여 디자인등록출원서 등의 서류에 대하여는 정보통신망을 이용하여 제출할 수 있도록 하고 또한 전자문서 이용신고를 한 자에게 서류의 통지 및 송달을 하고자 하는 경우에는 정보통신망을 이용하여 이를 행할 수 있도록 하였다. 이하에서는 전자문서에 의한 절차에 관해 설명한다.

1. 전자문서에 의한 절차의 수행

디자인에 관한 절차를 밟는 자는 디자인등록출원서, 기타 서류를 전자문서화하고 이를 정보통신망을 이용하여 제출하거나 플로피디스크 또는 광디스크 등 전자적 기록매체에 수록하여 제출할 수 있다(§4의28①). 이 전자문서는 이 법에 의하여 제출된 서류와 동일한 효력을 갖는다(§4의28②). 정보통신망을 이용하여 제출된 서류는 당해 문서의 제출인이 정보통신망을 통하여 접수번호를 확인한 때에 특허청에서 사용하는 접수용 전산정보처리조직의 파일에 기록된 내용으로 접수된 것으로 간주된다(§4의28③). 전자문서로 제출할 수 있는 서류는 디자인등록출원서 이외에도 보정서, 의견서, 분할출원서 등이 있다(시규§1의3①).

(1) 정보통신망(온라인)을 이용하여 출원하는 경우

디자인에 관한 절차를 밟는 자는 정보통신망(온라인)을 이용하여 디자인등록출원하는 경우 이에 첨부되는 서류 중 정보통신망을 이용하여 제출할 수 없는 서류, 예컨대 위임장, 우선권주장증명서류 등은 온라인 제출 접수번호를 확인한 날부터 3일 이내에 전자문서첨부서류 등 물건제출서(특시규 별지 제7호서식)에 첨부하여 서면으로 제출하도록 되어 있다(시규§4의11①).

(2) 전자적 기록매체에 의하여 출원하는 경우

전자문서를 전자적 기록매체(플로피디스크 또는 광디스크)에 수록하여 제출하는 경우에는 전자문서첨부서류 등 물건제출서(특시규 별지 제7호서식)를 함께 제출하여야 하며, 이 경우 전자적 기록매체에 수록하여 제출할 수 없는 서류는 전자문서첨부서류 등 물건제출서에 첨부하여 제출하여야 한다(시규§4의10②).

2. 전자문서 이용신고 및 전자서명

전자문서에 의하여 디자인에 관한 절차를 밟고자 하는 자는 미리 특허청장에게 전자문서 이용신고를 해야 하며, 특허청에 제출하는 전자문서에 제출인을 식별할 수 있도록 전자서명을 하도록 되어 있다(§4의29①). 정보통신망의 이용 또는 플로피디스크에 수록하여 제출된 전자문서는 전자서명을 한 자가 제출한 것으로 간주된다(§4의29②). 전자문서이용신고절차 · 전자서명방법 등에 관한 필요한 사항은 지식경제부령에서 정하여지고 있다(§4의29③, 시규§4의9). 또한 특허청장(심판관 · 심사관 등 포함)은 전자문서 이용신고를 한 자에게 서류의 통지 및 송달을 하고자 하는 경우에는 정보통신망을 이용하여 이를 행할 수 있고 이에 따라 행한 서류의 통지 등은 서면으로 행한 것과 동일한 효력을 가진다(§4의30①,②).

제 2 절 디자인등록출원

Ⅰ. 출 원 서

1. 출원서의 의의

출원서란 디자인등록을 받고자 하는 자가 특허청에 디자인등록출원의 의사표시를 하기 위한 서면을 말한다.[1] 출원서에는 ⅰ) 도면(사진 · 견본) 1통(복수디자인등록출원인 경우 각 디자인마다 1통), ⅱ) 대리인에 의하여 절차를 밟는 경우 그 대리

1) 출원서는 디자인권의 부여를 구하는 의사표시의 명확화와 심사대상의 특정 등을 하는 역할을 한다.

권을 증명하는 서류 1통, iii) 기타 법령에서 정한 증명서류 1통을 첨부하여 특허청장에게 제출하여야 한다(시규§5①).

2. 출원서의 양식

출원서는 디자인심사등록출원 또는 유사디자인심사등록출원 혹은 디자인무심사등록출원 또는 유사디자인무심사등록출원 모두 별지 제3호서식에 따라 작성하여야 한다고 정한다(시규§5①). 그리고 이들 양식에서는 그 형식, 용지의 크기(210㎜×297㎜) 및 그 사용법(세로 길이로 사용), 기재사항 등에 대한 상세한 규정을 두고 있다.

3. 출원서의 기재사항

1) 출원구분 디자인심사등록출원, 디자인무심사등록출원 등 출원구분 중 하나를 선택하여 □안에 표시(예: ☒)한다.

2) 참조번호 동일한 제출인(출원인 또는 대리인)이 동시(동일자)에 2 이상의 디자인등록출원을 하는 경우에 각 출원서를 구분하기 위하여 '참조번호'란에 일련번호를 기재한다.

3) 출 원 인 디자인등록출원인은 디자인을 창작하거나 승계하여 그 디자인에 대해 디자인등록을 받을 수 있는 권리를 가지는 자로서 자연인, 법인을 불문한다. 출원인이 자연인인 경우 '출원인'란의 '성명'란에 출원인 등록시 기재한 국문성명을 기재하고, '출원인 코드'란에는 출원인 등록 후 부여된 출원인 코드를 기재하여야 한다. 출원인이 법인인 경우에는 '성명'란을 '명칭'란으로 바꾸어 기재한다.

4) 代 理 人 대리인에 의하여 절차를 밟는 경우에만 '대리인'란의 대리인의 '성명', '대리인 코드'란에 대리인의 성명과 코드를 기재하며 포괄위임을 받은 대리인의 경우에는 '포괄위임등록번호'란에 그 포괄위임등록번호를 기재하여야 한다. 대리인이 특허법인인 경우에는 '성명'란을 '명칭'란으로 바꾸어 특허법인의 명칭을 기재하고, 그 아래에 '지정된 변리사'란을 만들어 지정된 변리사의 성명을 기재하며 '대리인 코드'란에는 특허법인의 대리인 코드를 기재해야 한다.

5) 원출원(무권리자의 출원)의 출원번호 분할출원을 하는 경우 '원출원의 번호'란에는 분할출원의 기초가 된 선출원의 출원번호(예: 30-1999-1234567)를 기재하며, 정당한 권리자의 출원을 하는 경우 '무권리자의 출원번호'란에는 이 출원

과 관련되는 무권리자의 출원번호를 기재한다.

6) 단독디자인, 유사디자인 여부 '단독디자인, 유사디자인 여부'란에는 단독디자인 또는 유사디자인과 같이 그 구분을 명시한다.

7) 기본디자인의 표시 '기본디자인의 표시'란의 '출원(등록 · 참조)번호'란에는 유사디자인등록출원의 경우에만 기재하며 기본디자인의 출원번호, 등록번호, 참조번호 중 하나를 기재하여야 한다. 또한 기본디자인이 복수디자인등록출원된 디자인 중의 하나인 경우에는 추가로 '디자인일련번호'란에 해당 디자인일련번호를 기재하여야 한다.

8) 디자인의 수 '디자인의 수'란에는 디자인의 개수를 기재한다. 복수디자인등록출원의 경우(디자인의 개수가 2이상인 경우)에는 '디자인의 수'란의 다음에 디자인의 일련번호 M△△'식별항목을 표제로 추가하여 디자인의 일련번호순으로 '디자인의 대상이 되는 물품'부터 '우선권 주장'(우선권주장이 없는 경우에는 '창작자')란까지 디자인의 수를 반복하여 기재하여야 한다.

9) 디자인의 대상이 되는 물품 '디자인의 대상이 되는 물품'란은 디자인등록을 받고자 하는 디자인이 어떤 디자인인가를 명확히 하기 위하여 그 물품의 명칭을 기재하는 난이다. 디자인은 물품의 미적 외관이기 때문에 디자인을 구성하는 물품을 특정할 필요가 있기 때문이다.

디자인보호법 시행규칙 「별표4」의 물품의 구분에 게기된 물품은 1물품 단위로 된 것이므로 이 물품의 구분에 따라 기재한다. 이는 출원인의 자의를 배제하여 보호범위의 적정화를 도모하기 위해서이다. 그러나 이 물품의 구분에 게기된 물품명은 例示的인 것이므로 이 물품의 구분에 열거되지 않은 물품이 있는 경우 이 물품의 구분에 게기된 물품의 구분과 같은 정도의 물품구분을 물품명으로 하되 그 물품의 용도가 명확히 이해되고 보통 사용하는 명칭이어야 한다. 한 벌 물품의 디자인은 디자인보호법 시행규칙 「별표5」의 물품구분에 의한 한 벌 물품의 명칭으로 기재하여야 한다.

10) 부분디자인 여부 부분디자인을 출원하는 경우에는 '디자인의 대상이 되는 물품'란의 바로 위에 '부분디자인 여부'란을 만들어 '부분디자인'이라고 기재한다.

11) 창 작 자 디자인의 창작은 法律行爲가 아니고 사실행위이므로 창작자는 自然人에 한한다. '창작자'란의 '창작자의 성명(국문 · 영문)', '주민등록번호', '우편번호', '주소', '국적'란에 이들 각각을 기재하여야 한다. 공동창작의

경우에는 그 전원에 대한 해당사항을 기재하여야 한다.

12) 우선권 주장 '우선권 주장'란은 외국에 출원한 것으로서 최초에 출원한 '출원국명', '출원종류', '출원번호', '출원일자'를 각각 기재하여야 하며, '증명서류'란에는 우선권 주장 서류를 출원과 동시에 제출하는 경우에는 '증명서류'란에 '첨부'라 기재하고 추후에 제출하는 경우에는 '미첨부'라고 기재하여야 한다. 2 이상의 우선권 주장을 하는 경우에는 해당 항목을 증설하여 기재하여야 한다.

13) 기타 사항 '기타 사항'란에는 디자인등록출원공개신청, 디자인비밀보장청구, 신규성상실의 예외주장 등 해당하는 사항의 □안에 표시(예: ☒)한다.

㈎ 디자인비밀보장청구 디자인비밀보장을 청구하고자 하는 자는 '디자인비밀보장청구'란을 만들어 청구이유와 청구기간을 기재하여야 하며 청구기간은 디자인권의 설정등록일부터 3년(36개월) 이내의 기간으로 정하되 그 연수와 월을 '등록일부터 ○월' 형태로 기재한다.

㈏ 신규성상실의 예외 주장 출원과 동시에 디자인보호법 제8조의 신규성상실의 예외규정의 적용을 받고자 하는 자는 '우선권주장'란 다음 행(우선권 주장이 없는 경우에는 '창작자'란의 '주소'란 다음 행에 또는 창작자가 출원인 코드가 있는 경우에는 '출원인 코드'란 다음 행에) '신규성 의제주장'란을 만들어 신규성을 인정받고자 하는 디자인의 공개형태 및 공개일자를 '공개형태', '공개일자'란에 기재하여야 한다.

14) 수 수 료 '수수료'란은 출원시에 납부하는 수수료의 내역 및 금액을 기재하여야 한다. '수수료'란의 '출원료'란에는 1디자인등록출원에 해당하는 출원료 금액을 기재하며 출원공개를 신청한 경우에는 '디자인등록출원공개신청료'란에, 비밀디자인을 청구한 경우에는 '디자인비밀보장청구료'란에, 우선권 주장을 하는 경우에는 '우선권주장료'란에 각 해당금액을 기재하고, 그 모든 합계액을 '합계'란에 기재하여야 한다. 이 경우 감면(면제)사유, 감면(면제) 후 수수료를 기재하고, 감면 또는 면제사유에 해당하는 증빙서류를 출원서에 첨부한다. 수수료는 접수번호를 부여받은 후에 납부자 번호로 하여 익일까지 납부하여야 한다. 또 수수료 감면 및 면제대상자인 경우에는 '수수료'란의 '합계'란 다음 행의 '감면(면제)사유' 및 '감면(면제) 후 수수료'란을 만들어 기재하여야 한다.

15) 첨부서류 목록 이 난에는 출원서에 첨부하는 서류의 목록을 기재한다. 출원서에는 디자인등록을 받고자 하는 디자인을 기재한 도면을 첨부하도

[별지 제3호서식]

디자인등록출원서

【출원구분】	□디자인심사등록출원	□디자인무심사등록출원
	□디자인심사등록분할출원	□디자인무심사등록분할출원
	□정당한 관리자의 디자인심사등록출원	□정당한 관리자의 디자인무심사등록출원

(【참조번호】)
【출원인】
【성명(명칭)】
【출원인코드】
【대리인】
【성명(명칭)】
【대리인코드】
(【포괄위임등록번호】)
(【원출원(무권리자 출원)의 출원번호】)
【단독디자인, 유사디자인 여부】
(【기본디자인의 표시】)
【출원번호(등록번호, 참조번호)】
(【디자인일련번호】)
(【디자인의 수】)
【디자인의 대상이 되는 물품】
【부분디자인 여부】
【창작자】
【성명】
【출원인코드】
(【우선권주장】
【출원국명】
【출원번호】
【출원일자】
【증명서류】 □ 첨부 □ 미첨부)
(【기타사항】) □디자인등록출원공개신청 □디자인비밀보장청구 □신규성상실의 예외주장)

위와 같이 특허청장에게 제출합니다.

출원인(대리인) (인)

【수수료】(기재요령 제15호 참조)
【출원료】 개디자인 원

【첨부서류】 1. 도면(사진, 견본) 1통 (복수디자인등록출원인 경우에는 각 디자인마다 1통)
2. 법령에서 정한 서류 각 1통 (기재요령 제16호 참조)

210mm×297mm(보존용지(2)종 70g/㎡)

록 규정되어 있으므로 도면(사진 · 견본) 1통이라고 기재한다. 또 대리인에 의하여 절차를 밟는 경우 그 대리권을 증명하는 서류 1통이라고 기재하며 기타 법령에서 정한 증명서류(우선권증명서류, 신규성상실의 예외 증명서류 등)를 첨부하는 경우에는 그 증명서류의 목록을 기재한다.

Ⅱ. 圖　　面

1. 圖面의 의의

圖面이라 함은 디자인등록출원에 관한 디자인의 내용을 명확히 하기 위하여 디자인등록출원서에 첨부하여 제출하는 것으로 일정한 圖法에 따라 디자인등록을 받고자 하는 디자인을 표현한 서면을 말한다.[2] 도면은 출원서에 첨부하는 필수서류이므로 도면을 첨부하지 않은 디자인등록출원은 부적법한 출원으로서 반려처분을 받게 됨(시규§2①ⅳ)은 물론 디자인등록출원 후의 도면의 보정은 원칙적으로 요지변경의 보정으로서 허용되지 않는다. 또한 더욱이 디자인보호법은 訂正審判制度가 채용되어 있지 않으므로 디자인권이 설정등록된 후에 도면의 불비사항이 발견되어도 이를 정정할 수 있는 길이 없다. 따라서 도면은 처음부터 완전하게 작성할 것이 필요하다.

2. 도면의 역할

(1) 출원에 관한 디자인을 특정하는 역할

도면은 디자인등록을 받고자 하는 디자인의 내용을 구체적으로 표현한 것으로서 디자인등록출원서상의 추상적, 관념적인 물품을 도면에 표현된 디자인으로 특정하는 역할을 한다. 다만, 일정조건하에서는 도면에 갈음하여 사진 또는 견본을 제출할 수 있다(§9③). 이 경우 사진 등은 도면과 마찬가지의 역할을 한다.

---

2) 창작된 디자인에 대하여 도면에 의한 표현은 견본을 만들지 않아도 되므로 시간적 · 경제적인 면에서 편리하며 특히 선출원주의하에서 디자인 계획단계에서도 출원이 가능한 이점이 있으나 사진 또는 견본에 의한 표현방법보다는 실체적이 아니고 일정한 도법에 따라 구성하지 않으면 그 형태를 파악할 수 없으므로 도법을 모르는 사람에게는 전달이 충분하지 않다는 결점이 있다.

(2) 심사의 대상을 특정하는 역할

심사의 대상이 되는 것은 디자인 등록을 받고자 하는 디자인, 즉 출원서 및 도면에 기재된 디자인이다(§9,§43). 도면은 이 심사의 대상을 형태면에서 특정하는 역할을 한다. 심사에서는 형태면은 주로 도면에 기초하여 신규성(§5①), 창작비용이성(§5②), 선출원(§16), 확대된 선출원(§5③) 등의 등록요건을 판단한다.

(3) 출원의 보정, 출원의 분할의 대상이 되는 역할

도면은 출원의 보정(§18), 출원의 분할(§19)의 대상이 되는 역할을 한다. 즉 출원의 보정, 분할의 대상은 출원서 및 도면에 기재된 디자인이다. 따라서 도면은 출원의 보정, 출원의 분할의 대상을 주로 형태면에서 특정하는 역할을 한다.

(4) 권리범위를 특정하는 역할

등록요건을 구비한 경우에는 설정의 등록에 의해 디자인권이 발생하고(§39①) 등록을 받은 디자인의 도면은 디자인등록원부의 일부로 되며(등령§9②) 등록디자인의 보호범위는 출원서의 기재사항 및 그 출원서에 첨부한 도면 등과 도면에 기재된 디자인의 설명에 표현된 디자인에 의해 정하여진다(§43). 따라서 도면은 등록디자인의 보호범위를 형태면에서 특정하는 역할을 한다. 또한 디자인권의 효력은 등록디자인 또는 이와 유사한 디자인에까지 미치는데(§41), 이 유사한 디자인의 범위에 대해서는 도면에 의해 특정된 형태를 중심으로 하여 정하여지고, 등록디자인의 보호범위를 확인하기 위한 권리범위확인심판(§69)에 있어서도 도면은 등록디자인을 형태면에서 특정하는 역할을 한다.

(5) 디자인 문헌으로서의 역할

도면은 그 디자인이 속하는 분야에서 통상의 지식을 가진 자가 용이하게 실시할 수 있을 정도로 구체적으로 기재되어 있으며 특허청장은 디자인권을 설정하기 위한 등록을 한 경우에는 등록디자인을 공중에 대해 공시하기 위하여 도면의 내용을 디자인공보에 게재하여 등록공고를 하여야 한다(§39③). 따라서 도면은 디자인 문헌으로서의 역할을 한다. 또한 비밀디자인의 경우에는 그 제도의 취지에서 비밀취급기간이 경과된 후에 도면의 내용을 공시한다(시령§9②, ③).

3. 도면의 작성방법

(1) 도면의 양식

디자인등록출원서에 첨부되는 도면은 법령이 정하는 바에 따라 작성되어야 하며 그것은 디자인보호법 시행규칙 제5조 제2항에 의해 立體디자인의 경우에는 별지 제4호서식, 平面디자인의 경우에는 별지 제5호서식, 글자체디자인의 경우에는 별지 제6호서식에 정한 바에 따른다.

(2) 도면 기재상의 일반적 규정

1) 용 지 도면의 용지는 가로 210㎜, 세로 297㎜(A4 용지) 크기의 인쇄용지(2종)70g/㎡ 이상을 세로길이로 하여 사용한다.

2) 여 백 여백은 적어도 상단 40㎜, 좌단 25㎜, 하단 및 우단 20㎜를 남긴다. 출원서 및 출원서에의 첨부를 상단에 철하는 것으로 함에 대응한 것이다.

3) 그리는 재료 도면은 진한 먹물 또는 제도용 흑색잉크로 선명하게(300dpi 이상의 해상도) 도시하여야 하며, 연필, 잉크(제도용 흑색 제외), 크레파스 또는 그림물감을 사용하여서는 아니 된다. 단 컴퓨터프로그램을 이용하여 생산된 이미지 파일일 경우에는 상기에 준하여 표시하여야 한다.

이는 디자인공보 발행에 관계된 기술적·실제적 요청과 디자인등록을 받고 디자인을 기재한 도면(또는 사진 등)은 디자인등록원부의 일부로 간주되며(등령§2②) 디자인권의 소멸 후에도 장기보존 요청에 대응한 것이다.

4) 도형과 지시선 도형 내에서는 중심선, 기선, 수평선, 음영을 나타내기 위한 세선, 농담, 내용을 설명하기 위한 지시선, 부호, 문자를 기입하여서는 아니 된다. 도면의 기재가 직접적으로 디자인 인정의 자료를 구성하는 것이므로 도형 중에 디자인 구성요소 이외의 것을 기입하여서는 안 되는 것으로 한 것이다. 다만, 사시도에 음영을 가할 경우에는 모양과 혼동되지 아니하는 범위 안에서 세선, 점 또는 농담을 제한적으로 사용하는 것은 용인된다.

(3) 도면의 기본적 규정

1) 도면의 기재사항 입체디자인 도면에는 '디자인의 대상이 되는 물품', '디자인의 설명', '디자인창작내용의 요점', '사시도', '정면도', '배면도', '좌측면도', '우측면도', '평면도' 및 '저면도'의 기재란을 두고 각각 해당란에 기재하도록 하고 있다(별지 제4호서식).

평면디자인 도면에는 '디자인의 대상이 되는 물품', '디자인의 설명', '디자인창작내용의 요점', '표면도' 및 '이면도'의 기재란을 두고 각각 해당란에 기재하도록 하고 있다(별지 제5호서식). 또한 글자체디자인 도면에는 '디자인의 대상이 되는 물품', '디자인의 설명', '디자인창작내용의 요점', '지정글자도면', '보기문

[별지 제4호서식]

【입체디자인 도면】

(【디자인 일련번호】)

【디자인의 대상이 되는 물품】

【디자인의 설명】

【디자인창작내용의 요점】

【사시도】

【정면도】

【배면도】

【좌측면도】

【우측면도】

【평면도】

【저면도】

210mm×297mm

(보존용지(2)종 70g/㎡)

[별지 제5호서식]

【평면디자인 도면】

(【디자인 일련번호】)

【디자인의 대상이 되는 물품】

【디자인의 설명】

【디자인창작내용의 요점】

【표면도】

【이면도】

210mm×297mm

(보존용지(2)종 70g/㎡)

[별지 제6호서식]

【글자체디자인 도면】

【디자인의 대상이 되는 물품】

【디자인의 설명】

【디자인창작내용의 요점】

【지정글자 도면】

【보기문장 도면】

【대표글자 도면】

210mm×297mm

(보존용지(2)종 70g/㎡)

장도면' 및 '대표글자도면'의 기재란을 두고 각각 해당란에 기재하도록 하고 있다[별지 제6호서식](이에 관한 자세한 설명은 후술하는 Ⅳ. 6. 글자체디자인등록출원 참조).

㈎ 디자인의 대상이 되는 물품 '디자인의 대상이 되는 물품'란에는 출원서상의 디자인의 대상이 되는 물품과 일치하여야 한다.

㈏ 디자인의 설명 '디자인의 설명'란에 기재하여야 할 내용은 디자인보호법 시행규칙 「별표2」에서 다음과 같이 정하고 있다. 이들에 관한 설명이 없으면 디자인을 구체적으로 특정할 수 없기 때문이다.

i) 디자인등록출원서에 첨부된 도면 · 사진 또는 견본만으로는 그 물품의 사용목적 · 사용방법 · 재질 또는 크기 등을 이해하기 어려울 경우에는 그에 관한 설명

ii) 물품이 가지는 機能에 의하여 변화하는 디자인에 있어서 그 변화의 전후에 걸친 물품의 형상 · 모양 · 색채 또는 이들의 결합에 관하여 등록을 받고자 하는 경우에는 그에 관한 설명

iii) 출원서에 첨부된 도면 또는 사진에 색채를 가하는 경우에 백색 · 회색 또는 흑색 중의 어느 하나를 생략할 수 있으며 이러한 경우에는 그에 관한 설명

iv) 디자인의 대상이 되는 물품의 전부 또는 일부가 투명한 경우에는 그에 관한 설명

v) 도면에서 길이가 생략된 경우에는 생략한 길이가 도면상 몇 ㎝ 생략하였음을 표시

vi) 물품의 부분에 관한 디자인을 디자인등록출원하는 경우에는 디자인등록을 받고자 하는 부분을 도면 · 사진 또는 견본에서 특정하고 있는 방법에 대한 설명(이에 관한 자세한 설명은 후술하는 Ⅳ. 1.부분디자인등록출원 참조)

상기 ii)의 경우 이러한 설명이 없으면 동작을 이해할 수 없기 때문이고, iii)의 경우 색채의 설명이 없으면 색채의 특정을 할 수 없기 때문이다. 또한 iv)의 경우 투명은 도면으로 표현할 수 없기 때문이다.

㈐ 디자인창작내용의 요점[3] '디자인창작내용의 요점'란의 기재방식에

---

3) 실체심사에 있어서 심사관은 디자인등록출원서의 기재사항 및 그 출원서에 첨부한 도면 등에 의해 출원디자인의 요지를 파악하고 관련된 선행디자인자료 등을 참작하여 디자인의 요지를 인정하는데, 출원서 및 첨부도면만으로는 디자인의 정확한 파악이 곤란한 경우가 있다. 이와 같은 사정을 배경으로 하여 1973년 개정법부터 창작내용의 요점기재제도가 도

관하여는 디자인보호법 시행규칙 「별표3」에서 다음과 같이 정하고 있다.

i) 디자인등록출원하는 디자인의 창작내용의 요점을 쉽고 간결하며 명확하게 기재한다.

ii) 가능한 공지된 디자인과 비교하여 독창적으로 창작된 내용을 중점적으로 기재한다.

iii) 국내에 널리 알려진 형상·모양·자연물·유명한 저작물 및 건조물 등을 모티브로 하여 창작한 경우에는 가능한 이들 형태로부터 독창적으로 창작한 내용을 중점적으로 기재한다.

iv) 문자수는 가능한 한 300자 이내로 작성한다.

[디자인창작내용의 요점 작성예문]

가. 디자인등록출원한 디자인이 디자인보호법 제5조 제1항 각호의 1에 해당하지 않음을 주장하는 예문

1) 입체디자인의 경우

[예문 1] 본원 장롱디자인은 창작된 송학문양을 손잡이를 포함한 전면부에 양각하여 한국적인 미와 병풍의 미적 효과를 느낄 수 있도록 하였으며, 기존의 장롱디자인이 정면과 좌·우측으로 연결되는 상부 모서리를 직각형으로 처리하고 있는 것과는 달리 본원 디자인은 국화문양을 배치한 라운드형으로 처리하여 전체적으로 한국의 전통미와 곡선미가 창출되도록 한 것을 창작내용의 요점으로 함.

[예문 2] 본원 주전자디자인은 종래 주전자몸체의 형상인 직선면의 몸체 또는 곡면의 몸체의 단순한 형상을 탈피하여 상협하광의 안정된 형태를 취하면서 토출구를 제외한 주전자몸체 외주면에 동심원상으로 삼각돌조를 형성하여 안정감과 입체감을 부각시킨 것을 창작내용의 요점으로 함.

[예문 3] 본원 향수병디자인은 액체향수가 담겨진 원뿔대 형상의 용기의 상측에 투명한 유리재질로 만들어진 원구형상의 커버가 결합되어 있고 그 내부에 여인 형상의 소형인형을 수장하

입, 운영되고 있으나, 그 실효성에 대해서는 의문이 있다. 그것은 이 제도가 심사관이나 제3자의 관점에 의거한 것이며 출원인에게는 메리트가 없기 때문이다. 현행 창작내용의 요점 기재방법이 가능한 공지디자인과 비교하여 독창적이고 창작된 내용을 중심적으로 기재하도록 되어 있으나(시규 별표3), 창작내용의 요점기재내용이 에스토펠(estoppel)(금반언)의 원인이 될 수 있으며 추상적으로 기재하는 편이 오히려 권리범위가 넓게 해석될 수도 있기 때문에 창작내용의 요점기재제도가 출원인에게 메리트가 있다고 생각되지 않는다. 그러므로 출원인으로서는 메리트, 디메리트를 감안하여 창작내용의 요점을 기재하도록 하여야 할 것이다.

여 여인 형상이 투과되어 보이게 한 것으로 용기와 완구의 결합을 통하여 기존의 공지디자인과는 다른 미감을 느끼도록 창작한 것을 창작내용의 요점으로 함.

2) 평면디자인인 경우

[예문 1] 본원 벽지디자인은 하늘색 바탕에 연녹색의 추상적인 나무 모양을 배치하여 자연미를 느끼도록 창작한 것을 창작내용의 요점으로 함.

[예문 2] 본원 직물지디자인은 독창적인 모양을 창작내용의 요점으로 함.

나. 디자인등록출원한 디자인이 디자인보호법 제5조 제2항에 해당하지 않음을 주장하는 예문

1) 입체디자인인 경우

[예문 1] 본원 호랑이완구의 디자인은 호랑이의 형상을 모티브로 하여 창작하였으나 호랑이형상을 그대로 이용한 것이 아니고 머리와 몸체를 일체형으로 하고 다리를 짧게 표현하는 등 호랑이의 형상을 독특하게 변형하였고, 쿠션으로도 사용할 수 있도록 전체적인 형상을 둥글넓적하게 창작한 것을 창작내용의 요점으로 함.

[예문 2] 본원 재떨이디자인은 소화기의 형상을 모티브로 하여 창작하였으나 재떨이 뚜껑은 소화기의 상단부분의 형상을 심플하게 변형하고, 재떨이의 전체적인 비율의 구성에 있어서도 실물 소화기와는 다르게 구성하는 등 소화기 형상의 변형에 창작내용의 요점이 있음.

2) 평면디자인인 경우

[예문 1] 본원 포장지디자인은 물고기의 모양을 모양으로 표현하였으나 사실적으로 표현한 것이 아니고 독특하게 물고기의 모양을 변형한 것에 창작내용의 요점이 있음.

[예문 2] 본원 손수건디자인은 사각형의 형상이나 추상적인 도형과 대나무잎 모양의 결합을 모양으로 배치하여 전체적으로 새로운 미감을 일으키도록 한 것을 창작내용의 요점으로 함.

2) 基本圖面

㈎ 立體를 표현하는 도면 　　사시도와 정투상도법에 의하여 각도를 동일축척으로 작성한 정면도, 배면도, 좌측면도, 우측면도, 평면도 및 저면도(이하 "6면도"라 한다)를 하나의 디자인으로 하고, 사시도의 디자인과 6면도의 디자인을 동일하게 도시하여야 한다<그림 11-1>. 다만 다음 <표 11-1>의 경우에 해당하는 때에는 일부 도면을 생략할 수 있다(시규§5③).

이때에는 해당 도면란에 '○○도와 동일' 또는 '○○도와 대칭'이라는 뜻을 기재하거나 또는 해당 내용을 설명하여야 한다.

〈표 11-1〉 도면의 일부생략이 가능한 경우와 그 뜻의 기재방법

도면생략이 가능한 경우	생략가능한 도면	그 뜻의 기재방법
가. 정면도와 배면도가 동일 또는 대칭인 경우	【배면도】	“정면도와 동일(대칭)”
나. 좌측면도와 우측면도가 동일 또는 대칭인 경우	【일방의 측면도】	“좌측(우측)면도와 동일(대칭)”
다. 평면도와 저면도가 동일 또는 대칭인 경우	【평면도】 또는 【저면도】	“저면도와 동일(대칭)” 또는 “평면도와 동일(대칭)”
라. 가.-다. 외에 6면도 중 동일한 도면이 여러 개인 경우	같은 도면 중 1개를 제외한 나머지 도면	해당 내용을 설명
마. 대형의 기계 등으로 설치 또는 정치되어 있어서 상시 저면을 볼 수 없는 경우	【저면도】	해당 내용을 설명
바. 화상디자인의 경우	【사시도】 【배면도】 【좌측면도】 【우측면도】 【평면도】 【저면도】	해당 내용을 설명

〈그림 11-1〉 하나의 디자인도(입체): 헤드폰 스테레오카세트(디자인등록 134468)

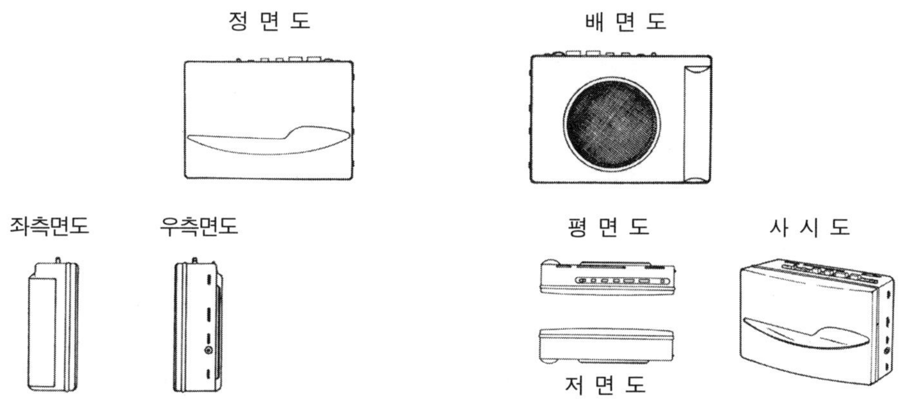

(나) 平面을 표현하는 도면　　　평면적인 것을 표현하는 도면은 동일축척에 의하여 작성한 표면도와 이면도를 하나의 디자인도로 한다<그림 11-2>. 다만, 다음과 같이 표면도가 이면도와 동일 또는 대칭이거나 모양이 없는 경우에는 이면도를 생략할 수 있으며 이 경우에는 해당도면란에 “표면도와 동일”, “표면도와 대칭” 또는 “모양이 없음”이라는 뜻을 기재하여야 한다.

〈그림 11-2〉 하나의 디자인도(평면): 레이스지(디자인등록 155699)

표 면 도	이 면 도
	표면도와 대칭임

〈그림 11-3〉 정투상도법(제3각투상도법)

(윤종렴, 의장, 366면에서)

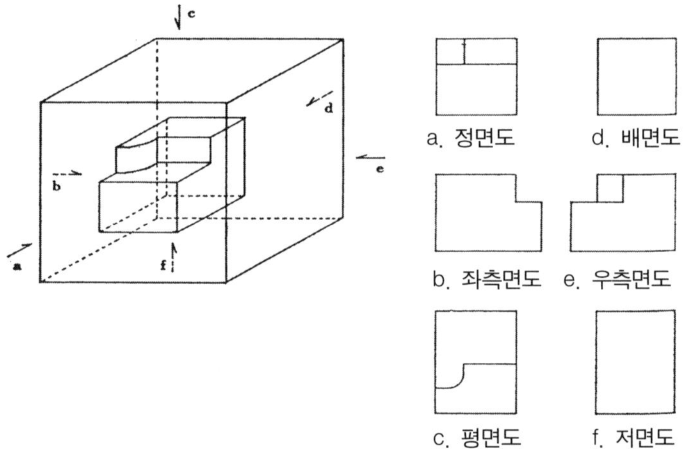

[주] 우도의 a, b, c, d, e, f의 각 기호는 좌도에 있어서 물체를 보는 방향을 나타낸 것이며 도면작성의 경우에는 이러한 기호를 나타낼 필요가 없다.

㈐ 正投象圖法 정투상도법 중에서 가장 일반적이며 많이 사용되고 있는 제3각 투상도법은 <그림 11-3>에 나타나는 바와 같이 서로 직각으로 교차하는 6면으로 둘러싸인 공간, 즉 입방체 형상의 투명한 상자 속에 물체를 놓고 6각 각각의 수직방향에서 보이는 대로의 도형을 나타낸 것이다. 물체의 정면을 표현한 것을 정면도, 정면의 반대측을 표현한 것을 배면도, 정면을 향하여 그 좌측면을 표현한 것을 좌측면도, 그 반대측을 표현한 것을 우측면도, 상면을 표현한 것을 평면도, 그 반대측의 하면을 표현한 것을 저면도로 하는 것이다. 6

면도 중에서 가장 기본이 되는 정면도는 디자인적인 특징이 있는 곳을 정면으로 하여야 한다.

그러나 정면도의 결정에 있어 물품에 따라서는 정면이 뚜렷하지 않고 어디를 정면으로 하여 작도해야 할지 명확하지 않은 경우가 있다. 이 경우에는 어느 쪽이건 1면을 正面으로 하는 길밖에 없을 것이다.

〈그림 11-4〉 전개도: 포장용캔(디자인등록 122169)

모양을 생략한 정면도
(배면도 및 좌우측면도는 동일)

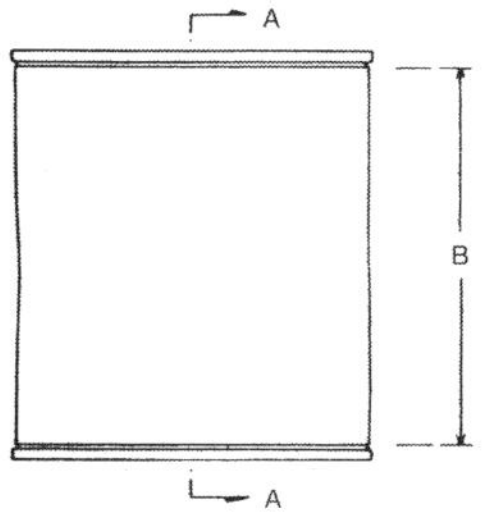

모양을 생략한 배면도

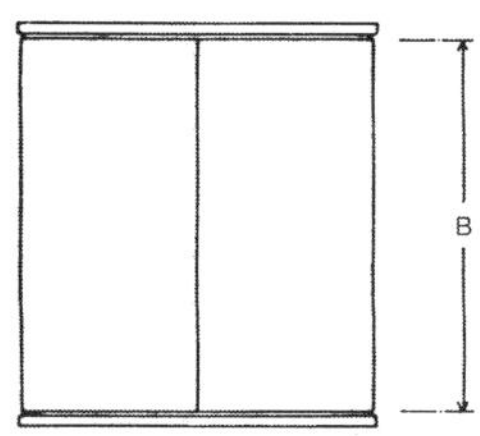

평 면 도
(저면도는 동일)

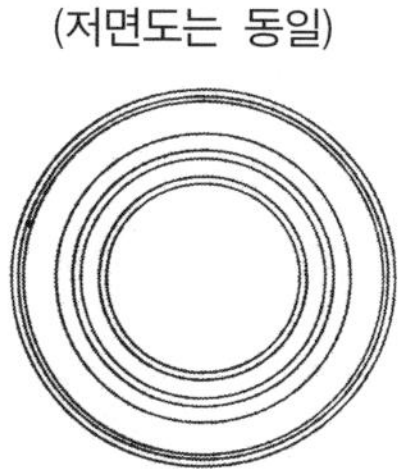

사 시 도

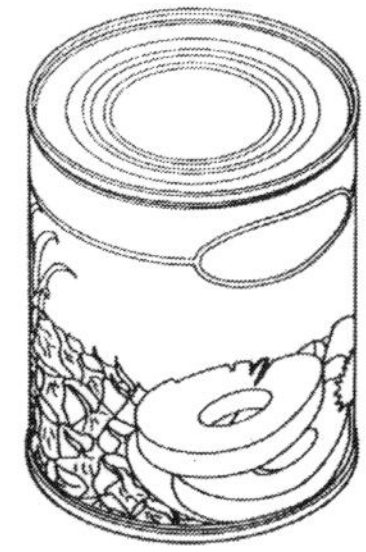

B부 모양부분 전개도

3) 附加圖面 전기한 기본도면(하나의 디자인도)만으로는 그 디자인을 충분히 표현할 수 없는 때에는 전개도, 단면도, 절단부단면도, 확대도 및 그 밖에 필요한 도면을 '참고도'란에 추가하여야 한다[시규 별지제4호서식 기재요령 2-나-(3)].

㈎ 展 開 圖 전개도는 기본도면으로는 외주면에 표현된 모양 등이 명확하지 아니할 경우 그 표현을 명확하게 하기 위한 도면으로서 대개는 형상보다도 모양이 그 디자인의 주요한 구성요소 또는 창작요소로 되어 있는 경우에 그 모양 부분(모양이 표현되어 있는 면)을 전개하여 표현하게 된다<그림 11-4>.

㈏ 斷面圖 및 切斷部 端面圖 단면도는 기본도면만으로는 그 디자인의 형태를 충분히 표현할 수 없을 때 보충하는 것으로서 입체디자인에서는 중요한 도면이다.

외면에 요철이 있거나 투공부가 있어 형태의 어느 부분이 평탄한 것인지, 돌기하고 있는 것인지 측정할 수 없는 경우 또는 조립가옥 등 내부의 형상도 물품의 외관이며 디자인보호법상 중요한 경우에 도시한다<그림 11-5>.

〈그림 11-5〉 단면도: 구이판(디자인등록 187217의 유사1)

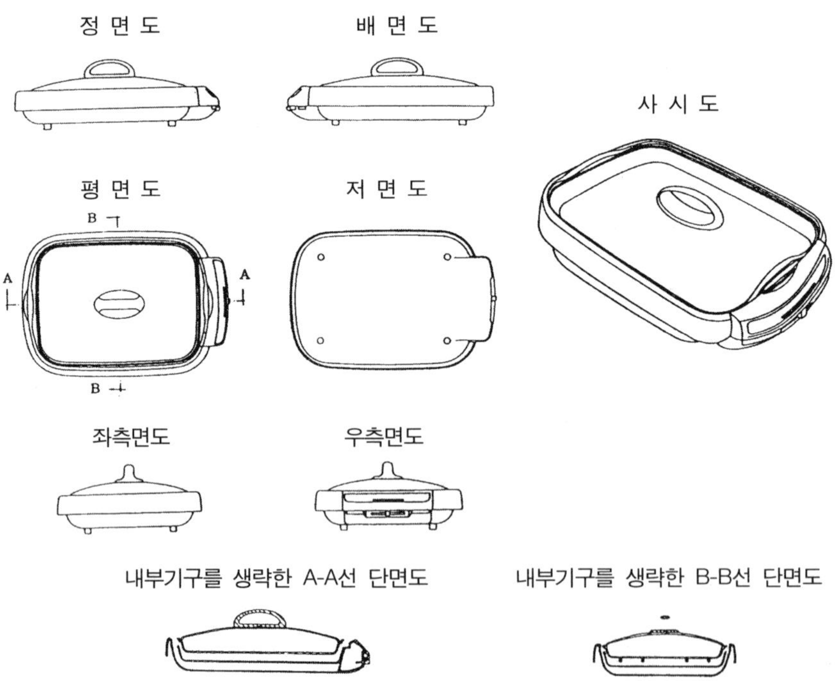

〈그림 11-6〉 절단부 단면도: 안경(디자인등록 191285)

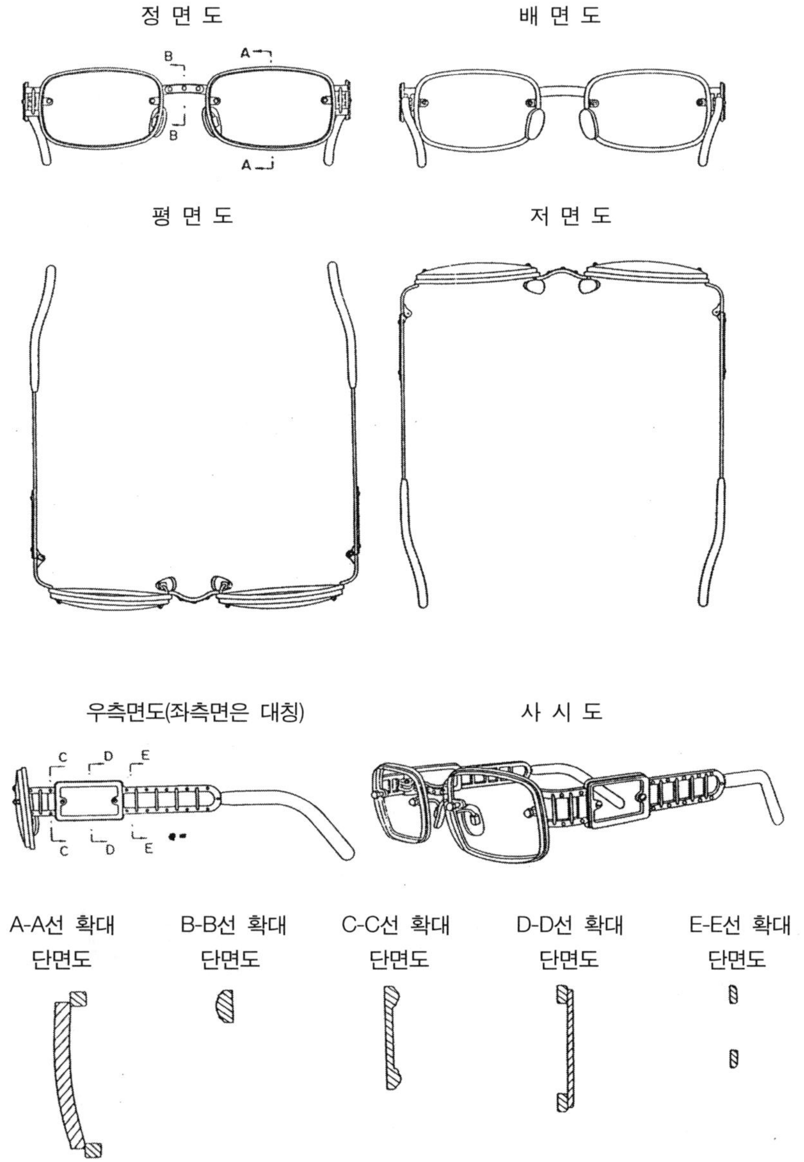

또한 절단면만을 나타내는 것이 형태를 보다 명확히 표현할 수 있을 때에는 절단부 단면도에 의해 표현한다<그림 11-6>. 단면도 또는 절단부 단면도의 절단면에는 평행사선을 긋고 그 절단된 곳을 다른 도면에 쇄선으로 표시하여야 한다. 이 경우 쇄선의 양끝에는 A-A′, B-B′ 등의 부호를 붙이고 화살표로써 절단면을 보는 방향을 표시하여야 한다.

일반적으로 단면은 기본 중심선에서 절단한 면에 나타나는 것이 원칙이지만 디자인도면에서는 이에 구애받지 않는다.

㈐ 擴大圖 및 부분확대도 　디자인을 나타내는 도면은 A4용지 1장에

〈그림 11-7〉 확대도: 티셔츠(디자인등록 190645)

하나의 디자인도를 기재하도록 규정되므로 그 크기로는 형태를 충분히 표현할 수 없는 경우가 있다. 그런 경우에는 하나의 디자인도 외에 확대도를 추가한다 <그림 11-7>.

확대도는 도면 전체를 확대하는 것과 도면의 일부를 확대하는 부분확대가 있다. 부분확대도를 그릴 경우에는 그 확대한 곳을 당해 부분확대도의 원래의 도에 쇄선으로 표시해야 한다.

이 경우에 쇄선은 도형 안에 들어가도록 표시하여서는 아니 되며 그 쇄선의 양단에는 부호를 표시하고 화살표로 부분확대도를 그린 방향을 표시할 경우에는 그 표시를 하여야 한다.

㈑ 參 考 圖 상기 도면 외에 디자인의 이해를 도울 필요가 있을 때에는 기타 필요한 참고도를 추가하도록 규정되어 있다[시규 별지 제4호서식 기재요령 2-나-(3)].[4)]

참고도에는 사용상태를 나타낸 도면(사용상태도), 분해도 등이 있으며 디자인의 이해를 돕기 위해 기재하는 도면일 뿐 물품의 형태를 직접 규정하는 도면은 아니다. 따라서 여기서 말하는 참고도는 디자인의 형태상의 요지를 인정하는 직접적 자료가 되는 것은 아니다. 디자인의 형태를 표현하는 자료는 모두 하나의 디자인도면 또는 전기한 전개도, 단면도 등 필요한 도면에 의해 구성되는

---

4) 디자인보호법 시행규칙 별지 제4호 서식 중 도면의 작성방법에 의하면, 사용상태도, 전개도, 단면도, 절단부단면도, 확대도 등에 대해 "참고도"라고 하고, 이들 도면에 대해서는 모두 [참고도]란에 도시하도록 하고 있다[기재요령 1-마-(4), 2-나-(3)].

그러나 디자인등록출원 도면은 하나의 디자인도면(사시도와 6면도), 단면도, 절단부단면도, 확대도, 부분확대도, 전개도 등의 필요도와 참고도의 2가지로 대별된다. 주로 필요도는 디자인을 표현한 형태를 명확히 하기 위한 도면인 데 비해 참고도는 디자인을 표현한 물품이 새로운 물품이거나 부품 등으로 어떻게 사용되는지 어떠한 장소에서 사용하는지가 불명확한 경우에 디자인의 대상이 되는 물품의 사용목적 · 사용방법 · 사용상태 등을 명확하게 하기 위한 보충도면이다.

참고도에는 사용방법, 사용상태를 나타내는 사용상태도와 구조를 나타내는 분해도 등이 있고, 디자인을 표현할 물품이 어떤 것인가를 명확히 알 수 있는 도면이라면 어떠한 도법에 따라 작도해도 무방하다.

그런데 현행 디자인보호법 시행규칙 별지 제4호 서식 중 도면작성방법에 관한 사항에서 하나의 디자인도면만으로 그 디자인을 충분히 표현할 수 없는 때에 추가하여야 하는 도면에 대하여 필요도(단면도 등)와 참고도(사용상태도, 분해도)에 대한 명확한 구별 없이 이에 대해 모두 참고도라고 하여 [참고도]란에 도시하도록 규정함은 타당성이 결여되고 또한 등록디자인의 보호범위 해석에 있어서 혼란을 초래할 우려가 있다고 생각된다.

것이다.

4) 생략도법 라디오 수신기의 코드 중간부분과 같이 물품의 일부분의 도시를 생략하여도 디자인을 명백히 알 수 있는 경우 또는 도면 작성상 생략하지 아니할 수 없을 경우에는 일부분의 도시를 생략할 수 있다<그림 11-8>. 이 경우 그 생략한 곳은 두 선의 평행한 1점 쇄선으로 절단한 것같이 표시하고 그

〈그림 11-8〉 생략도법(생략한 곳은 1점 쇄선으로 표시): 경혈자극기(디자인등록 183433)

디자인의 설명: 중간 생략부분은 도면상 약 50㎝임

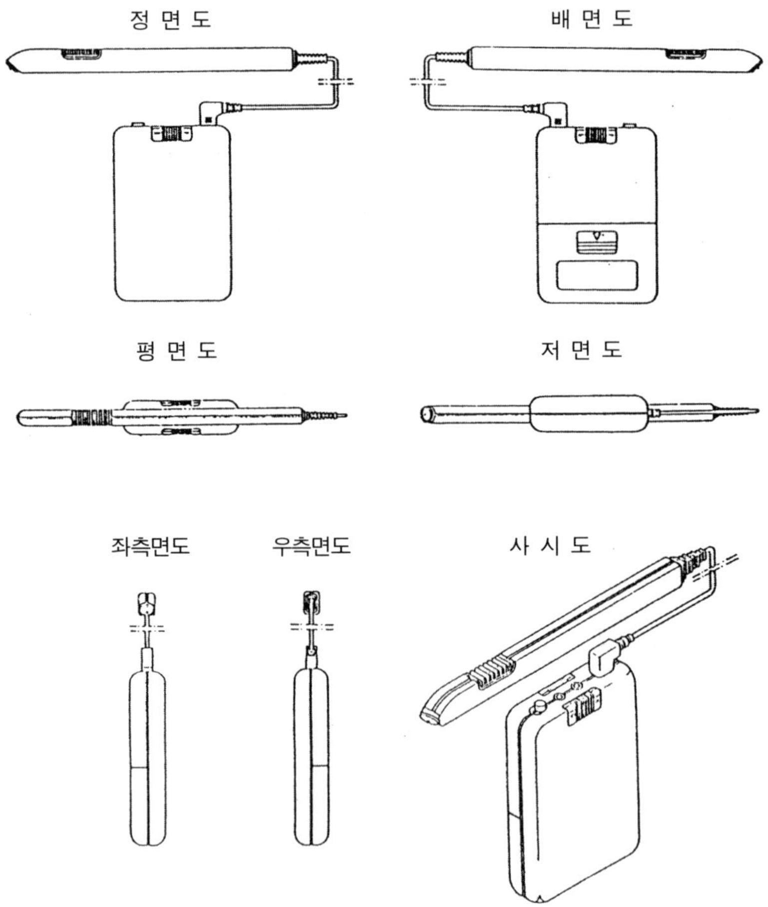

〈그림 11-9〉 생략도법(형상 연속): 창틀용 골재(디자인등록 133023)

디자인의 설명: 이 디자인은 정면도에 있어 좌우연속하는 것이다.

정 면 도

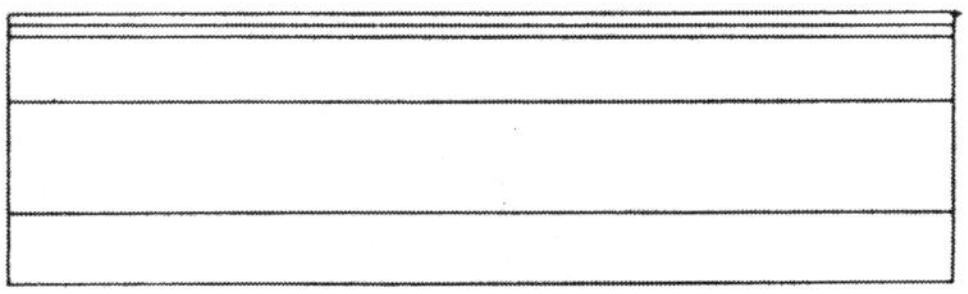

좌측면도

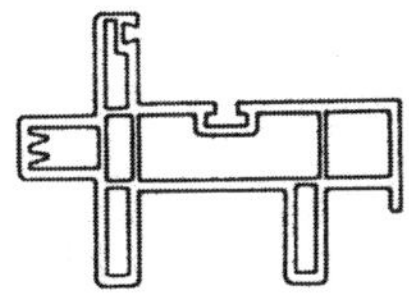

사 시 도

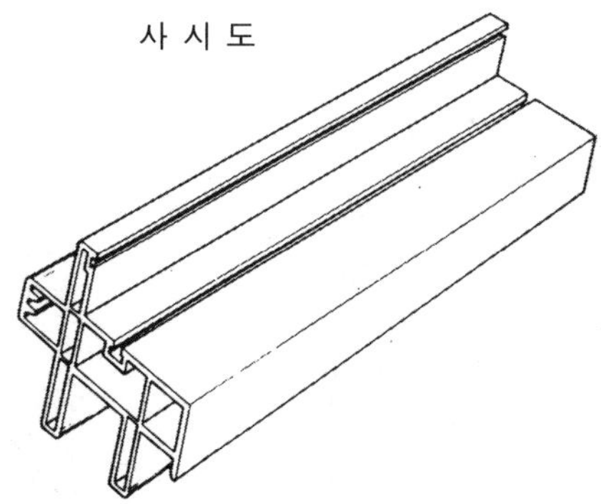

취지 및 그 생략한 곳의 도면상 길이를 '디자인의 설명'란에 기재하여야 한다[시규 별지 제4호서식 기재요령 2-나-(4)].

또 봉재, 선재, 판재, 관재 등으로서 형상이 연속하는 것 또는 지물로서 모양이 연속 또는 반복되어 연속하는 것을 표시하는 도면은 그 연속 또는 반복되어 연속하는 상태를 알 수 있는 부분만에 대해 작성하는 것이 인정되고 있다 <그림 11-9, 그림 11-10>. 이 경우 '디자인의 설명'란에 형상이나 모양이 1방향 또는 상하좌우로 연속 또는 반복하는 것인지를 기재하여야 한다[시규 별지 제4호서식 기재요령 2-나-(5)].

5) 도면의 전자문서 이용시 유의사항　　도면내용의 이미지 포맷은 해상도 300 내지 400dpi(권장 300dpi)의 흑백 TIFF(Tagged Image File Formet)이어야 된다. 또 디자인의 내용을 표현하기 위하여 반드시 필요한 경우에는 그레이스케일 또는 컬러이미지의 입력이 허용되며 이들의 이미지 포멧은 300 내지 400dpi(권장 300dpi)의 JPEG(Joint Photographic Experts Group)이어야 한다. 그리고 '도면' 내용의 이

미지는 '삽입그림' 형태로 완전히 삽입저장되어야 하며, '객체 연결 및 삽입'(OLE) 또는 '동적 자료교환'(DDE) 형태로 연결되어서는 아니 된다(시규§5④ 별지 제4호서식 4-나).

〈그림 11-10〉 생략도법

모양의 4방향 연속 레이스지(디자인등록 155693)
디자인의 설명: 이 디자인은 상하, 좌우로 연속반복 되는 것이다.

표면도(이면은 대칭임)

모양의 한방향 연속 레이스지(디자인등록 153575)
디자인의 설명: 이 디자인은 상하로만 연속반복 되는 것이다.

표면도(이면은 대칭임)

(4) 특수한 디자인의 표현방법

1) 分離할 수 있는 물품 　뚜껑과 본체, 찻잔과 접시와 같이 분리할 수 있는 물품으로서 그 결합한 것만으로는 충분하게 디자인을 표현할 수 없는 경우에는 그 결합한 상태의 도면 이외에 그 개개의 구성물품에 대해서도 도면을 제출하여야 한다.

이 경우 구성물품 각각에 대한 도면은 전항까지에 설명한 독립된 물품을 표현하는 도면과 같다<그림 11-11>.

〈그림 11-11〉 분리할 수 있는 물품: 위생세정기(디자인등록 190820)

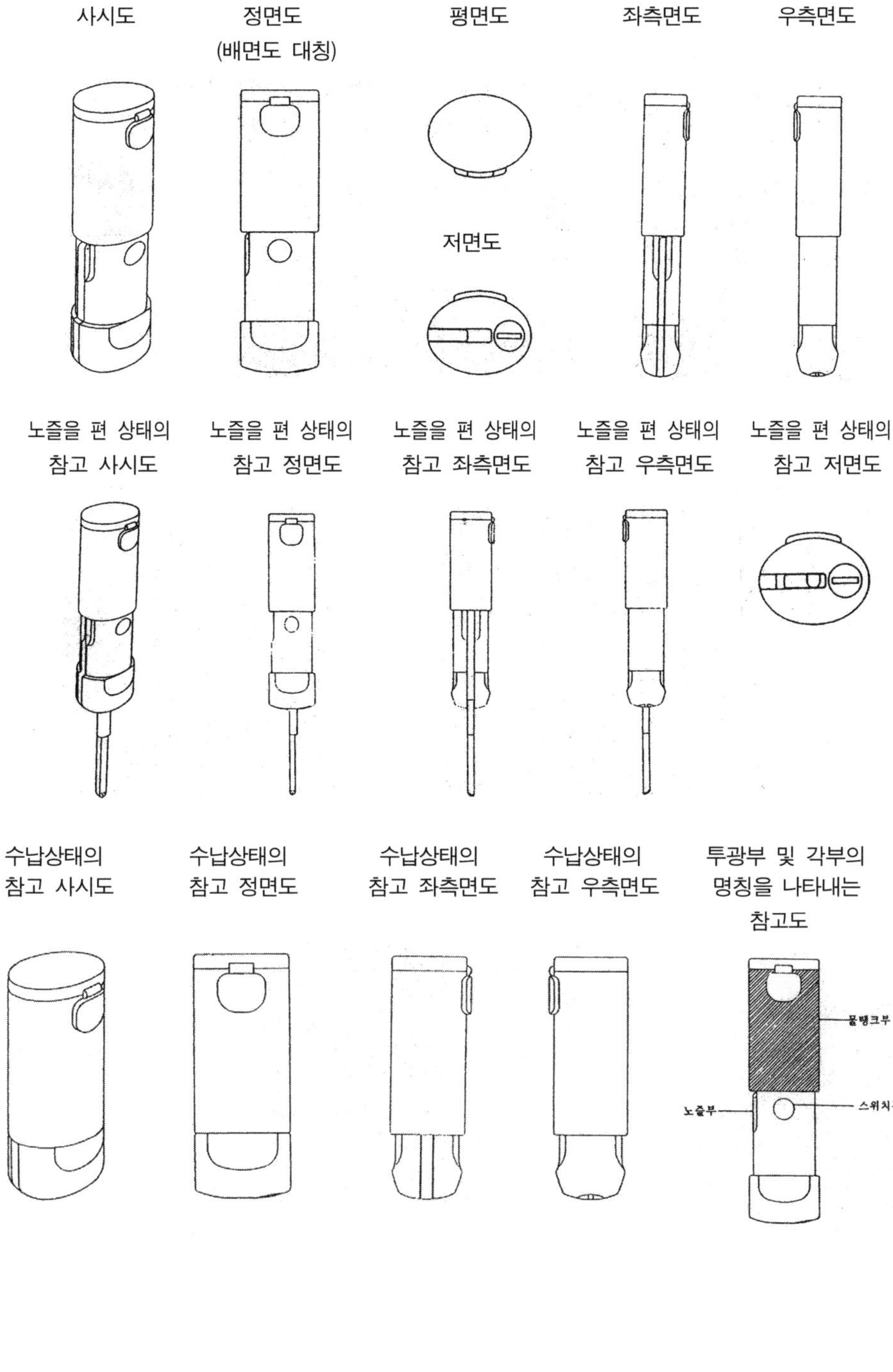

〈그림 11-12〉 적목유희구(디자인등록 185033)

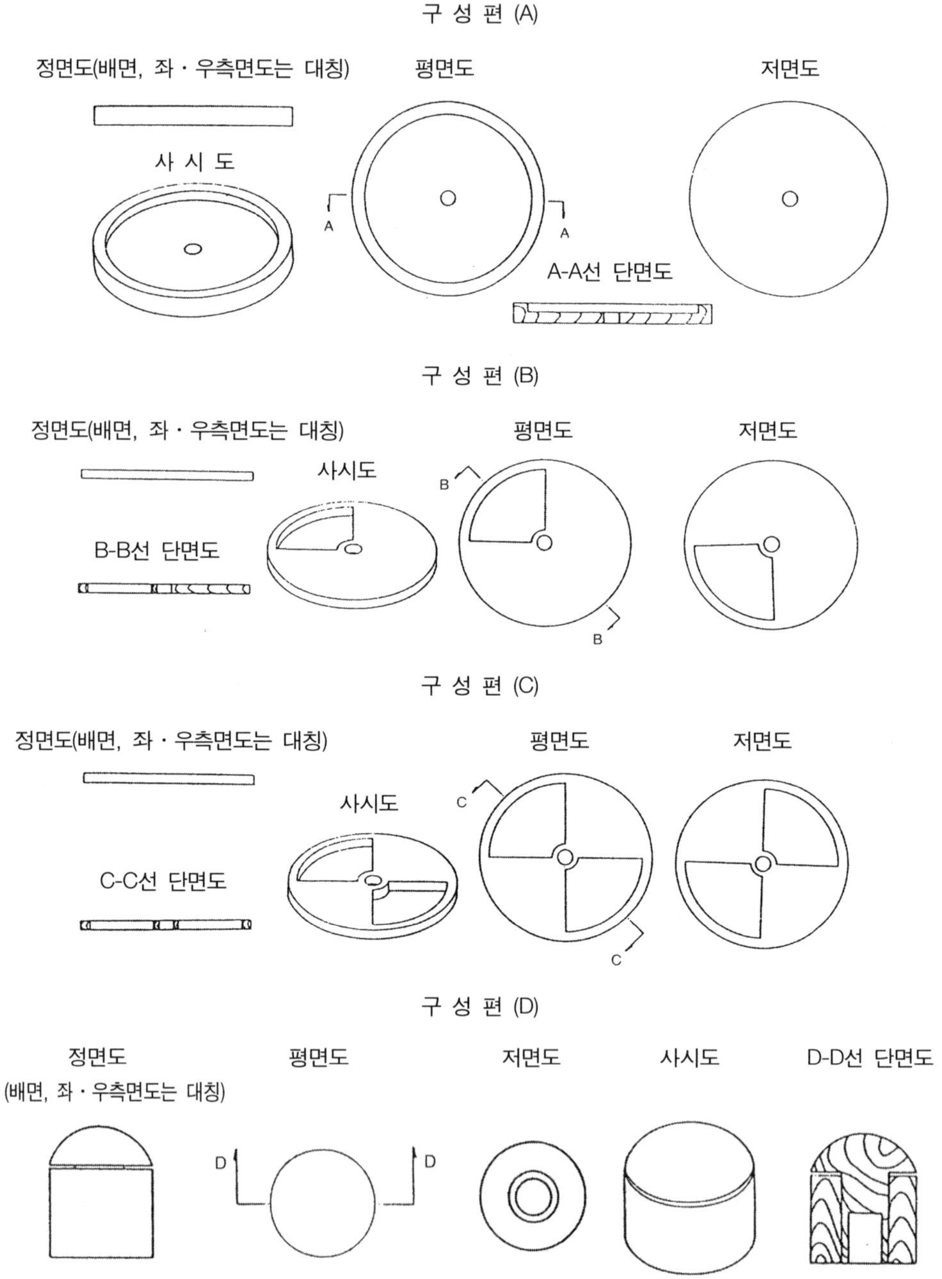

구 성 편 (E, F, G, H, I, J, K에 대한 도면은 생략하였음)

적목 사용상태 사시도(1)

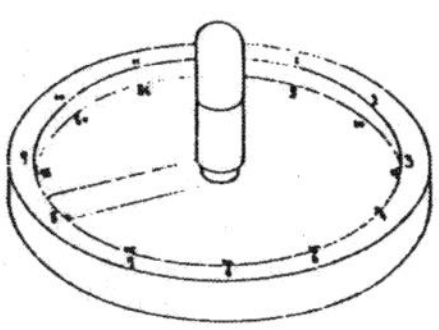

적목 사용상태 사시도(2)

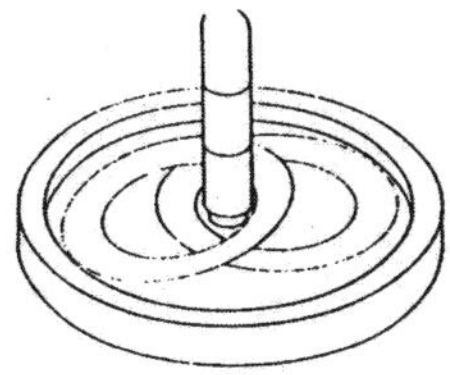

적목 사용상태 사시도(3)

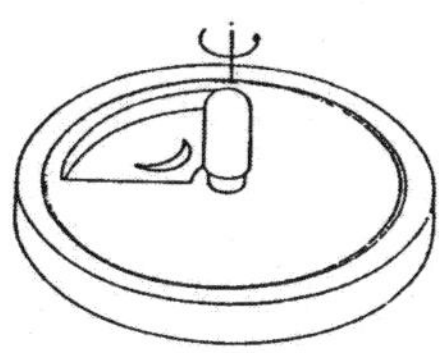

적목 사용상태 사시도(4)

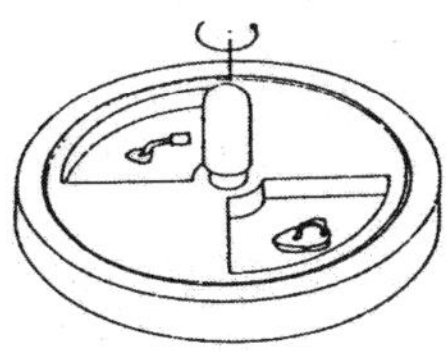

적목 사용상태 사시도(5)

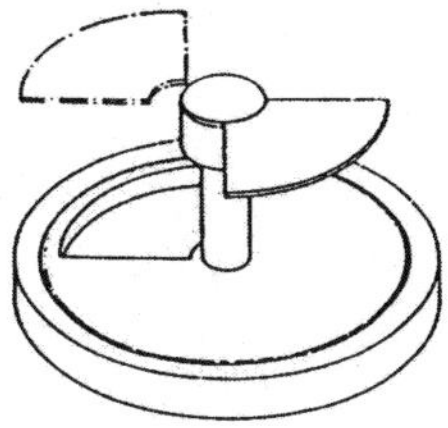

적목 사용상태 사시도(6)

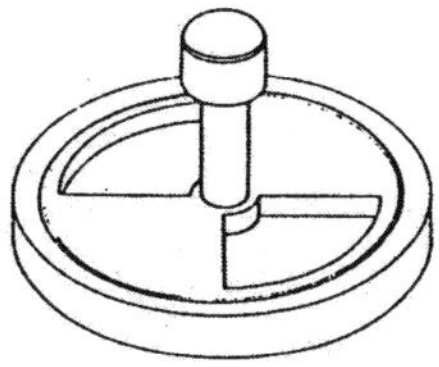

사용상태 사시도

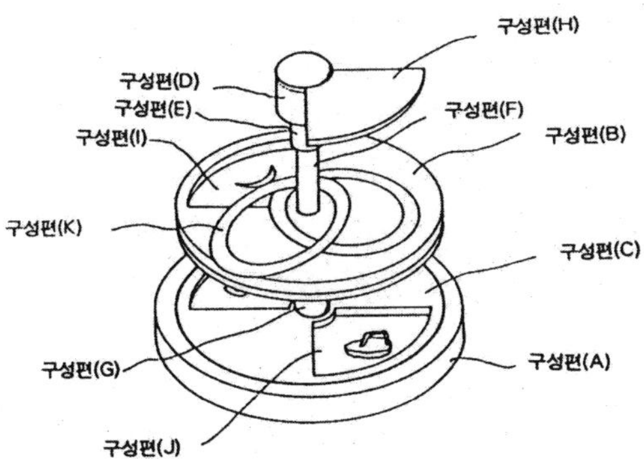

〈그림 11-13〉 조목 완구(박사룡 외, 디자인도면, 215면에서)

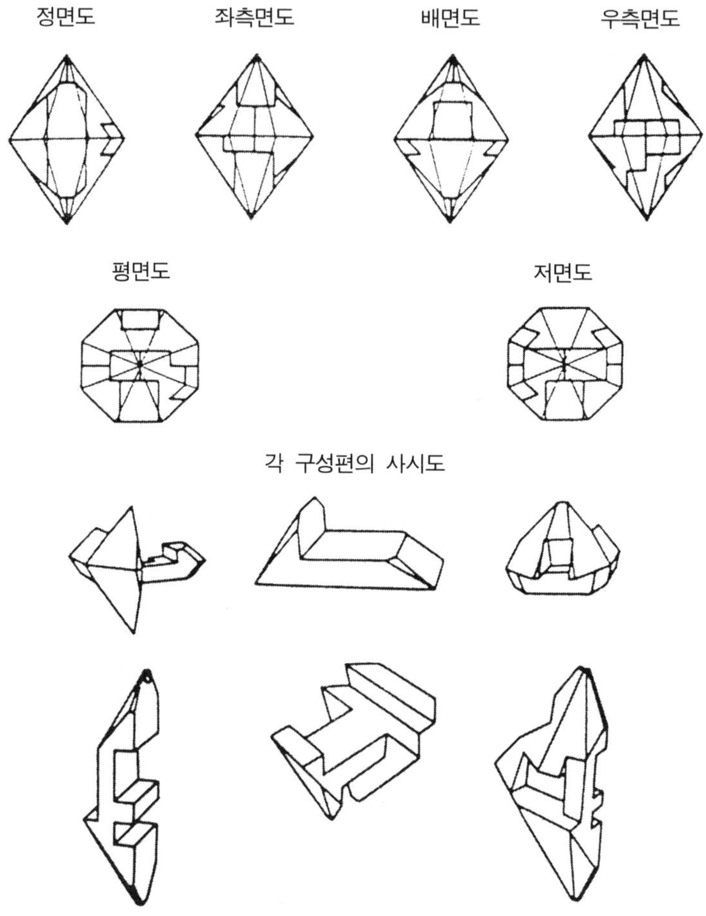

2) 적목과 조목 적목완구와 같이 그 구성각편의 도면만으로 사용상태를 충분히 표현할 수 없는 것은 그 만들어지는 상태 또는 완성된 상태를 표시하는 사시도를 첨부하고, 조목과 같이 組立한 후 분해하는 것으로서 조립한 상태의 도면만으로 분해된 상태를 충분히 표현할 수 없는 것에 대하여는 그 구성각편의 사시도를 첨가하여야 한다[시규§5④ 별지 제4호서식 기재요령 2-다(1)] <그림 11-12, 그림 11-13>.

3) 動的 디자인 움직이는 것, 열리는 것 등의 디자인으로서 그 움직임 또는 열림에 대한 디자인의 변화에 대하여는 변화 전 상태의 도면과 변화 후 상태

〈그림 11-14〉 움직이는 것, 열리는 것: 라이터(디자인등록 185806)

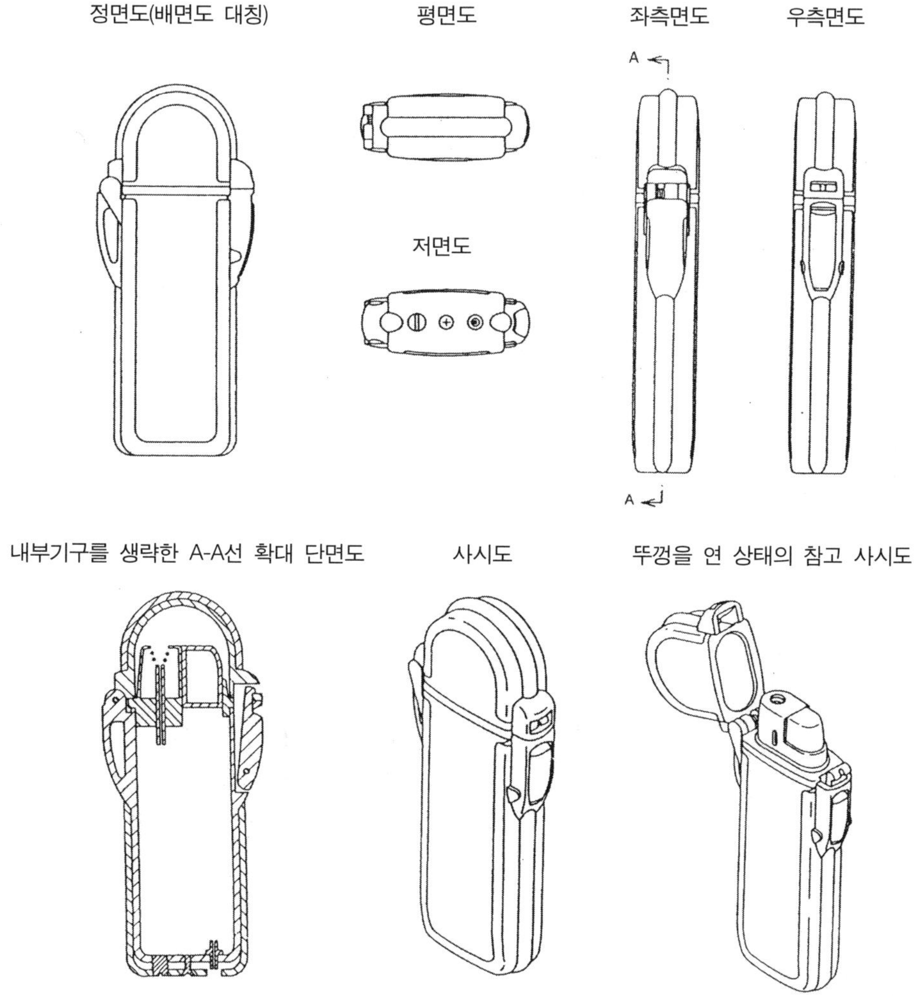

의 도면을 각각 도시한다[시규§5④ 별지 제4호서식 기재요령 2-다-(2)] <그림 11-14>.

4) 투명디자인 물품의 전부 또는 일부가 투명인 디자인의 도면은 다음 요령에 의하여 작성하여야 한다[시규§5④ 별지 제4호서식 기재요령2-다-(3)].

㈎ 바깥쪽 둘레가 무색하여 모양이 없는 경우에는 투명으로 보이는 부분은 보이는 대로 표시한다<그림 11-15>.

〈그림 11-15〉 투명디자인: 전구(디자인등록 130979)

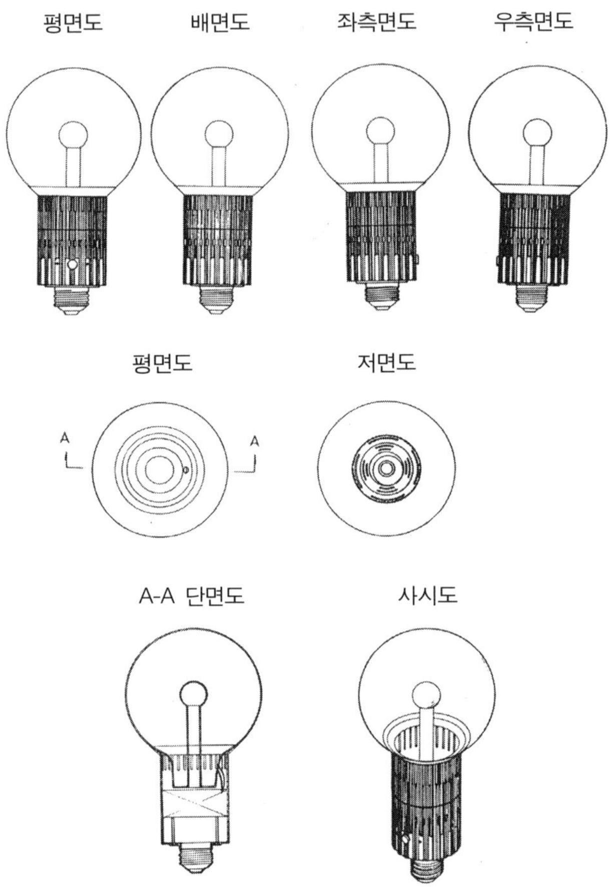

㈏ 바깥쪽 둘레의 외면, 내면 또는 그 두께면의 어느 쪽의 한 부분에 모양 또는 색채가 표시되어 있는 경우 뒷면 또는 밑바닥의 모양 또는 색채를 나타내지 않고 겉으로 나타나는 모양 또는 색채만을 나타낸다.

㈐ 바깥쪽 둘레의 외면, 내면 또는 그 두께면이나 바깥쪽에 둘러싸인 내부의 어느 곳에 2 이상의 형상·모양 또는 색채가 표현되어 있는 경우에는 각각 그 형상·모양 또는 색채를 각면에 표시한다.

5) 기타 慣用되는 표현방법

㈎ 자웅 한 쌍의 물품　　자웅이 한 쌍을 이루어 하나의 물품을 구성하

는 것은 여러 가지가 있으나 대개 조합되어 사용되는 물품이므로 조합된 상태를 기본으로 한 도면을 작성하고, 그 외에 자웅 각각의 구성부분에 대해서도 도면을 제출해야 하지만<그림 11-16> 실무상 자웅 각각의 구성부분에 대한 도면만을 표현하는 것도 관용되고 있다.

〈그림 11-16〉 자웅 한쌍 버클(디자인등록 194443의 유사1)

디자인의 설명 : (가)는 결함상태이고, (나)는 암부재, (다)는 숫부재임.

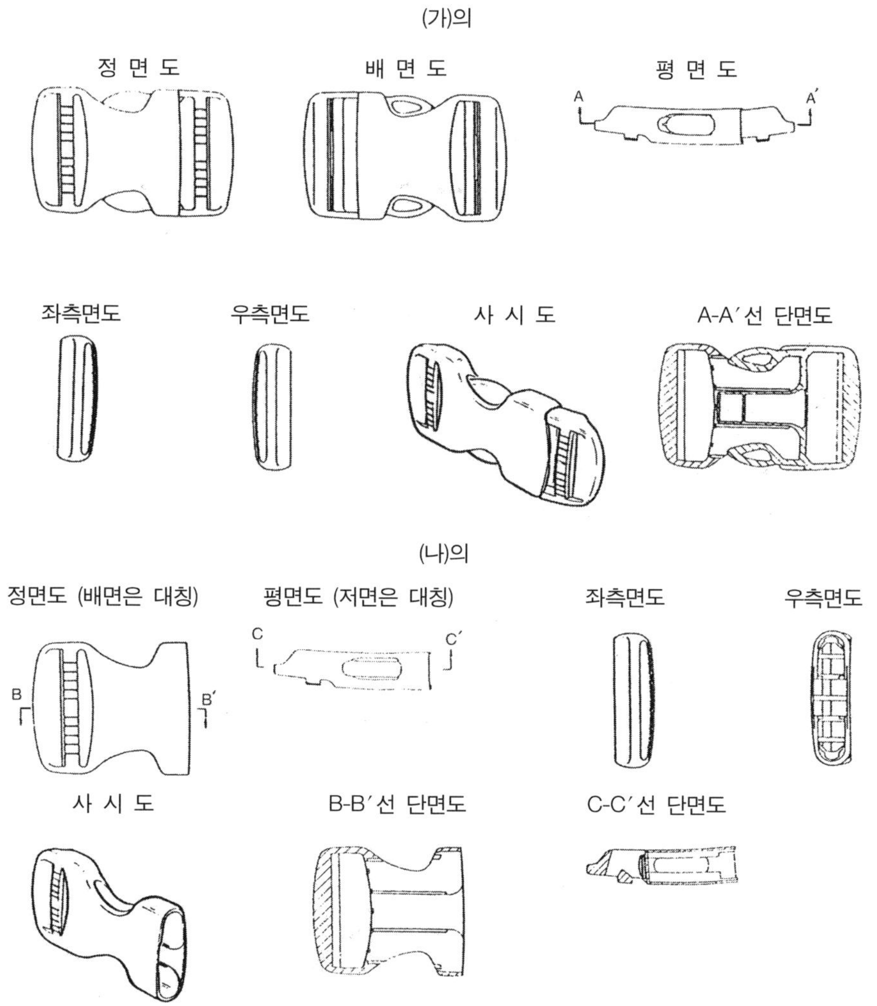

(다)의

정 면 도

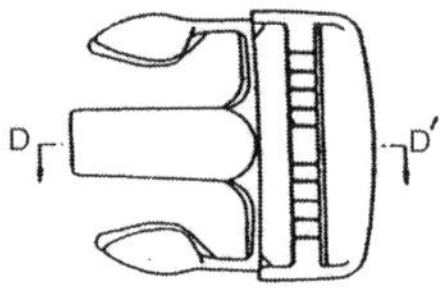

배 면 도

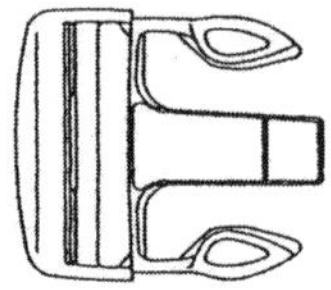

평면도(저면은 대칭)

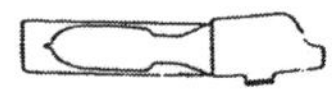

좌측면도

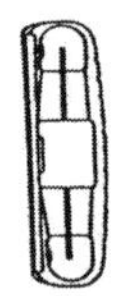

우측면도

사 시 도

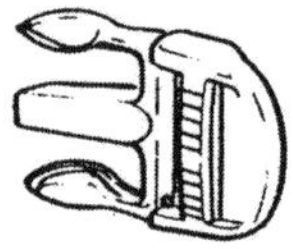

D-D′선 단면도

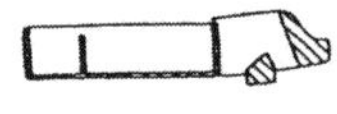

〈그림 11-17〉 좌우 한 쌍 운동화(디자인등록 187357)

디자인의 설명: 이 디자인은 좌우대칭의 것으로 왼쪽만을 나타낸 것임.

정 면 도

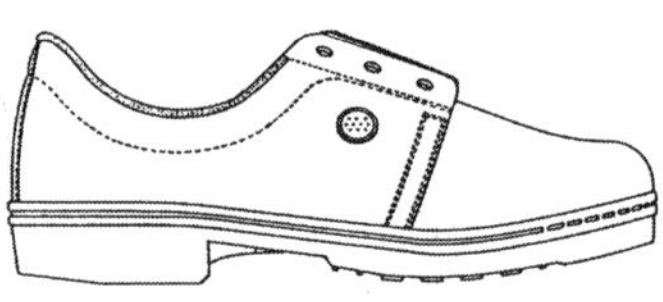

배 면 도

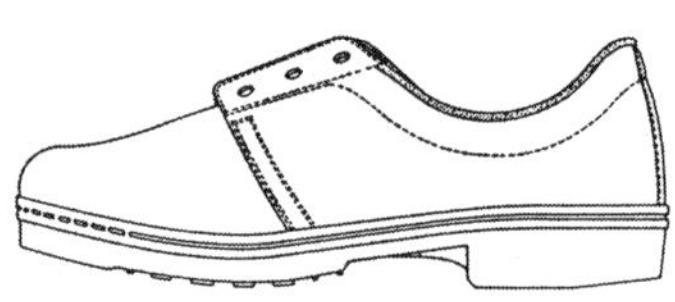

평 면 도

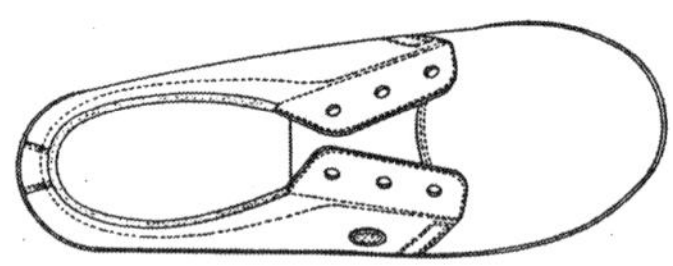

저 면 도

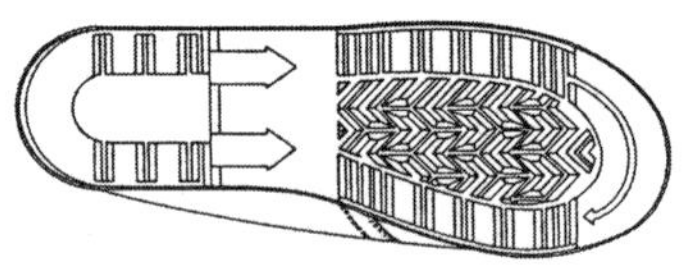

좌측면도

우측면도

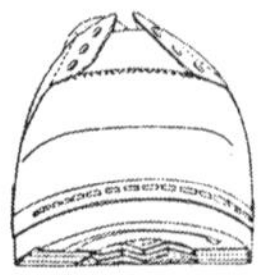

사 시 도

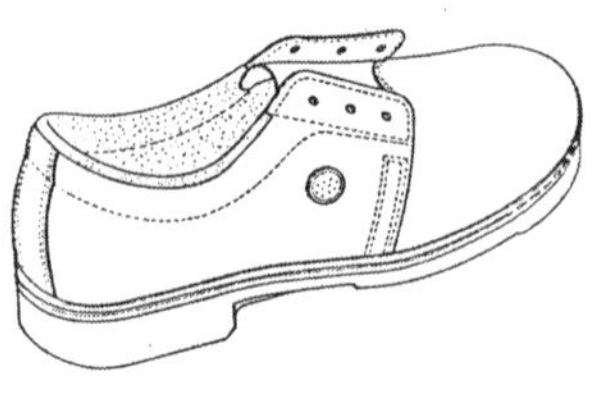

㈏ 좌우 한 쌍의 물품 구두, 양말, 장갑 등 左右로써 하나의 물품이 되는 것은 1디자인을 구성하는 것이지만, 좌우 각각이 대칭 또는 동일한 형태로 되는 경우에는 어느 한쪽의 형태에 대해서만 표현하고 다른 쪽에 대해서는 도시를 생략하고 디자인의 설명란에 "이 디자인은 좌우대칭(또는 동일)의 것 한 쌍 중 오른쪽(또는 왼쪽)만을 나타내었다"라는 취지를 기재하는 것이 관용되고 있다<그림 11-17>.

㈐ 트럼프 등 트럼프, 장기짝, 화투 등은 각각 일정한 개수의 구성물품으로 되는 것이지만, 그 형태는 공통되는 것이므로 그 구성품 모두에 대해 도면을 작성하지 않고, 공통되는 부분에 대해서는 생략하고, '디자인의 설명'란에 그 취지를 기재하는 것이 관용되고 있다.

예를 들면 트럼프의 경우 '디자인의 설명'란에 "트럼프 1조 53매 중 킹, 퀸, 잭, 에이스, 조커를 제외한 기타 수매의 표면모양은 종래 일반적으로 사용되고 있는 모양이며, 이면의 모양은 1조 공통의 모양이다"라고 기재하여 도면에 의한 표현을 생략할 수 있다<그림 11-18>.

㈑ 망지와 식모부의 표현 평면적인 디자인의 경우는 표면도와 이면도

〈그림 11-18〉 트럼프(일본 디자인등록 392701)

(齋藤, 디자인, 368면에서)

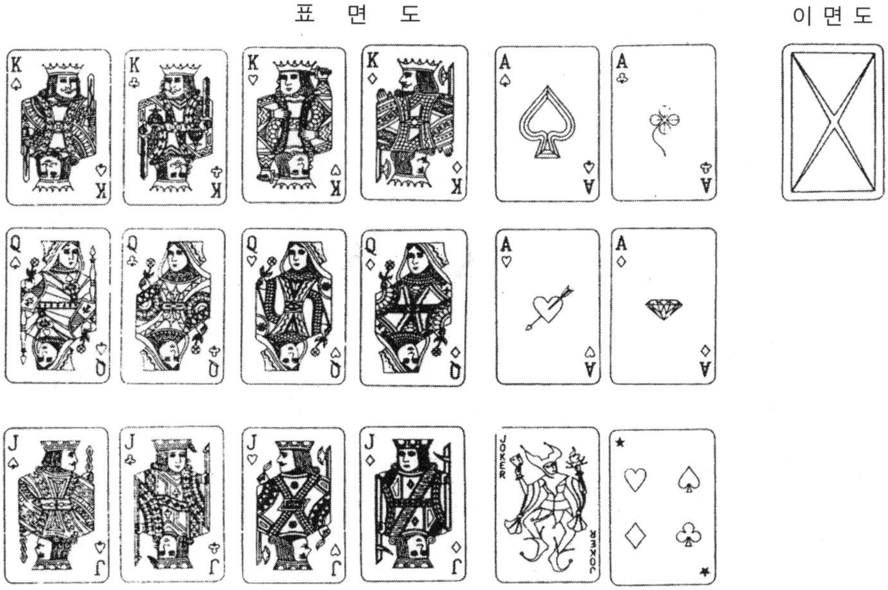

만으로 표현이 인정되고 있으므로 두께를 작도할 필요가 없다. 그러나 입체를 나내는 디자인의 경우는 아무리 얇은 종이나 가는 실이라도 반드시 두께를 선으로 표현하는 것이 도면의 원칙이며 따라서 두께를 두 줄의 선으로 표현하여야 한다.

그러나 물품 가운데 가는 망 등을 사용하였을 경우에는 두 줄의 선으로 표현하는 것은 작도상 대단히 곤란하며 망을 단선으로 표현하는 것이 예외적으로 인정되고 있다<그림 11-19>. 다만, 망이 특수한 형태이거나 망목(망의 선)의 형태가 디자인 창작상의 주요부일 경우에는 부분확대도를 부가하여 세부의 형태까지 표현하지 않으면 아니 된다.

〈그림 11-19〉 일부에 망 등을 사용한 디자인: 텐트(디자인등록 187544)

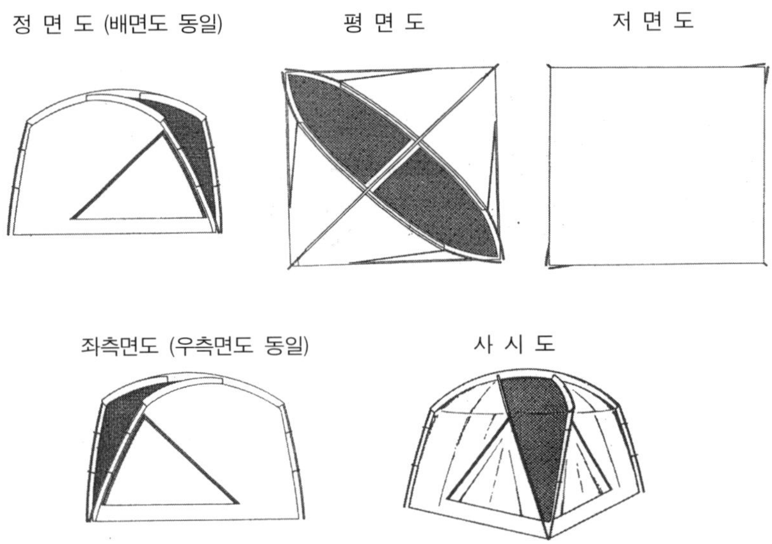

식모부 등에 있어서도 그 한올 한올에 대해 형상선으로 표현하는 것이 곤란하며 디자인의 특정에 있어서 사실상 필요도 없으므로 단선에 의한 표현이 관용되고 있다<그림 11-20>.

㈒ 重合部의 표현　　그물, 새장, 쥐덫, 바구니 등에서 重合하는 부분이 있을 경우 각각의 빈틈을 통해 보이는 곳을 나타내면 전면부와 후면부의 형태가 겹쳐져서 디자인이 불명확하게 되므로 전반의 정면도, 후반의 배면도 등의

〈그림 11-20〉 식모부가 있는 디자인: 자동차용 먼지털이개(디자인등록 188104)

정 면 도

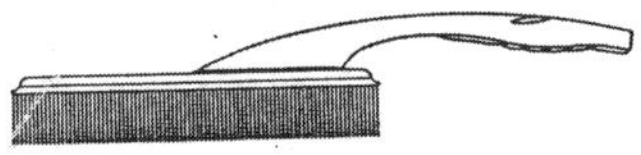

배 면 도

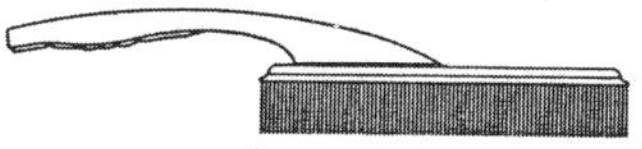

평 면 도

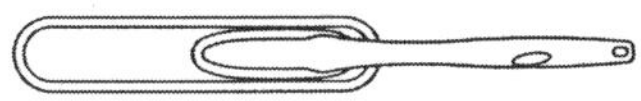

저 면 도

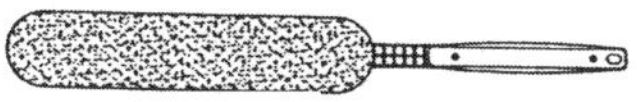

좌측면도

우측면도

참고 사시도

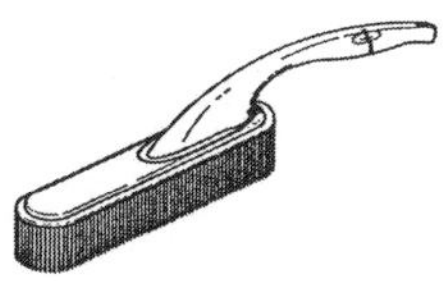

칫솔(디자인등록 191328의 유사1)

정 면 도 (배면도 대칭)

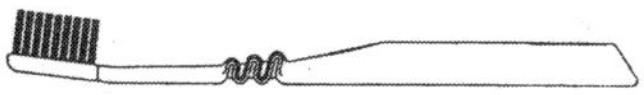

평 면 도

저 면 도

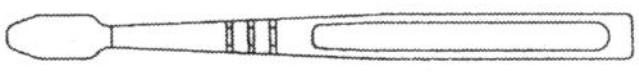

A-A선 단면도

좌측면도

우측면도

사 시 도

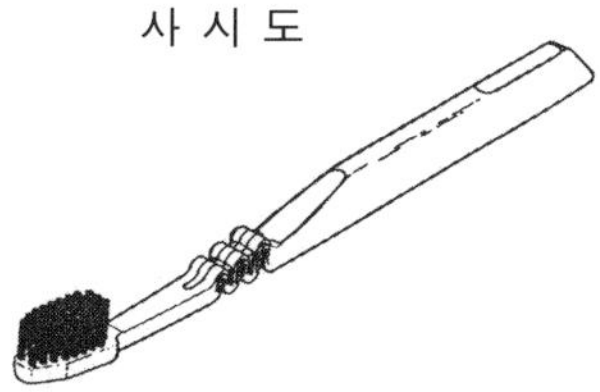

표현방법을 사용하는 편이 명확하게 표현할 수 있으므로 앞 또는 위의 형태만을 나타내어 각 도면을 작성하는 것이 관용되고 있다<그림 11-21>.

도면대용 사진에 의하는 경우에도 사이에 종이 같은 것을 넣고 전반, 후반을 나누어서 표현하는 편이 디자인이 명확하게 된다.

〈그림 11-21〉 중합부: 벌레통(일본 디자인등록 350485)

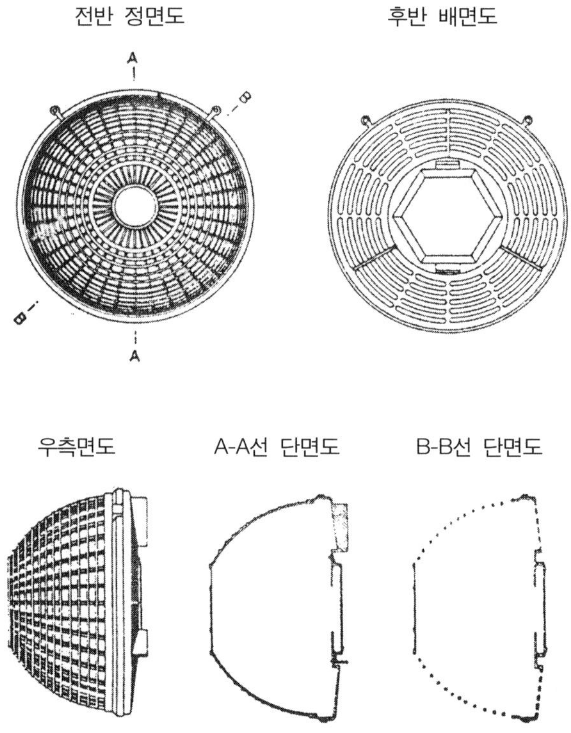

Ⅲ. 도면대용 사진・견본

출원서에는 도면으로 디자인을 표현하는 것이 원칙이지만 도면 대신에 사진 또는 견본을 제출할 수 있다[5](§9③). 종전에는 도면에 갈음하여 사진 또는 견본뿐

5) 도면대용 사진은 도면보다 훨씬 구체적이며 일견하여 그 형태를 파악할 수 있으므로 심

만 아니라 모형의 제출을 용인하였으나 모형의 제출을 용인하는 것은 취급 또는 보존상에 불편이 따르고 실제적으로 모형으로 제출하는 사례가 희박한 점을 감안하여 2001년 법개정에서 모형으로 제출하는 것을 폐지하였다.

1. 사 진

사진은 도면보다 훨씬 객관적으로 그 형태를 파악할 수 있으므로 實物이 만들어져 있으면 편리하다. 도면에 갈음하여 사진을 제출하는 경우에는 사진의 규격은 최대 10㎝×15㎝, 최소 7㎝×10㎝ 크기로 하고 사진에는 디자인이 명료하게 표현되도록 하여야 하며 배경・음영 등이 나타나서는 아니 된다. 이 경우 사진은 도면규격에 의한 보조용지에서 떨어지지 아니하도록 부착하여야 하며, 사진의 설명을 해당 도면의 명칭에 갈음하여 "도면 대용 ○○면 사진"이라고 기재한다(시규§5②, 별지 제4호서식, 기재요령 3-나)<그림 11-22, 그림 11-23>.

컬러사진을 제출시는 모든 면의 사진색조가 동일하게 나타나도록 주의해야 한다.

〈그림 11-22〉 도면대용 사진(입체): 오토바이(디자인등록 190316)

도면대용 정면사진

도면대용 좌측면사진

도면대용 평면사진

사하는 측에서나 출원하는 측에서도 실물이 있으면 도면을 작성하기보다 비교적 간단하나 도면으로 출원하는 경우보다 실물을 만들지 않으면 안 되므로 선출원주의를 채택하고 있는 디자인보호법에 있어서 반드시 유리한 방법이라 할 수 없다. 견본은 취급 또는 보존에 불편이 없는 것 등 일정한 조건을 충족시킬 것이 요구되며 역시 도면대용 사진의 경우와 동일한 장・단점이 있다.

도면대용 배면사진

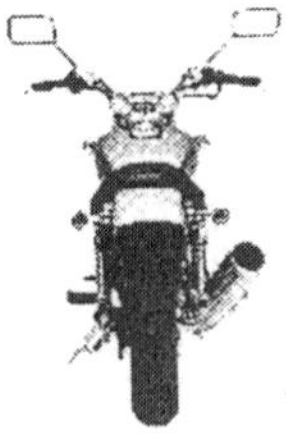

도면대용 우측면사진

도면대용 저면사진

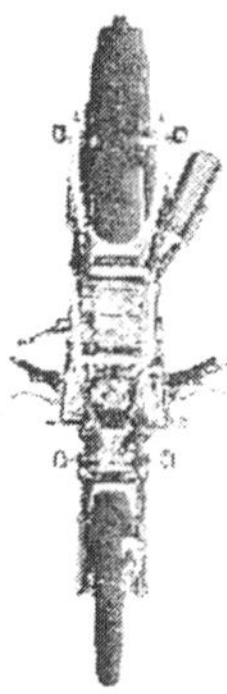

도면대용 사시사진(1)

도면대용 사시사진(2)

도면대용 사시사진(3)

도면대용 사시사진(4)

〈그림 11-23〉 도면대용 사진(평면): 직물지(디자인등록 185563)

도면대용 표면사진(이면은 모양이 없음)

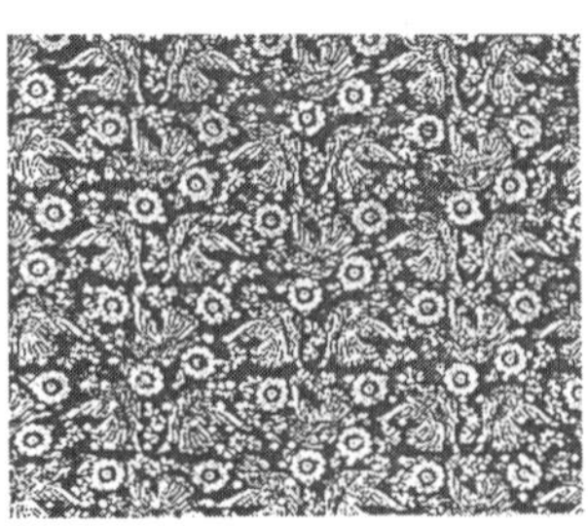

도면대용 표면무늬 일부확대 사진

2. 견　　본

見本을 만들어 그것을 실제로 사용하여 보이는 것이 창작한 디자인을 표현제시하는 방법으로서는 가장 구체적이고 이해하기 쉬운 방법이라 할 수 있으나 운반, 보관 등의 관리상 불편한 점이 있다. 따라서 견본의 제출에는 다음과 같은 요건을 충족하여야 한다(시규§7④).

i) 파손·변형 또는 변질되지 아니하는 것

ii) 취급 또는 보존이 용이한 것

iii) 용지에 붙이는 경우에는 쉽게 떨어져 나갈 염려가 없는 것.

또한 견본은 두께 1㎝, 가로 15㎝, 세로 22㎝ 이하의 것이어야 하며 엷은 천 또는 종이 등을 사용한 것에 대하여는 가로와 세로의 합이 200㎝ 이내이어야 한다(시규§5④). 도면대용 견본으로 인정될 수 있는 물품을 열거하여 보면, 직물지, 레이스지, 벽지, 장갑, 양말, 이쑤시개, 성냥개비, 끈, 보자기, 손수건, 타월, 포장지, 표딱지, 포장대 등과 같은 경우이다. 물론 이러한 것들도 상기한 바와 같은 요건 범위내의 것이어야 한다.

견본으로 도면에 갈음할 때에는 견본 1개와 그 견본을 촬영한 사진 1통을 제출하여야 한다(시규§5④).

Ⅳ. 특수한 디자인등록출원

1. 부분디자인등록출원

(1) 출원서의 작성

1) 部分디자인　　부분디자인에 대한 디자인등록출원을 할 때에는 출원서의 '부분디자인'란에 물품의 부분에 관한 디자인등록출원임을 나타내는 취지를 명확히 하고 도면에 부분디자인으로서 디자인등록을 받고자 하는 부분을 특정하여야 하며 그 특정하는 방법에 대하여는 도면의 '디자인의 설명'란에 이를 기재할 것이 필요하다.

2) 디자인의 대상이 되는 물품란의 기재내용　　디자인등록을 받고자 하는 부분과 그 이외의 부분으로 이루어지는 물품에 대하여 디자인보호법 제11조 제2항의 지식경제부령에서 정하는 물품의 구분(시규§9① 별표 4)에 의거하여 기재한다. 예를 들어 컵의 창작에 있어서 해당 손잡이 부분을 부분디자인으로서 디자인등록

을 받고 싶은 경우는 '컵'이라고 기재하여야 한다. '컵의 부분', '컵의 손잡이', '손잡이 부분' 등 물품의 부분디자인의 명칭을 기재하지 않도록 주의해야 한다.

3) 디자인의 설명란의 기재내용 　 부분디자인으로서 디자인등록을 받고자 하는 부분이 도면에 있어서 어떠한 방법에 의해서 특정되어 있는가에 대하여 기재한다(시규§7① 별표 2). 예를 들어 디자인등록을 받고자 하는 부분을 특정한 경우는 "실선으로 표현한 부분이 부분디자인으로서 디자인등록을 받고자 하는 부분이다"라고 기재한다.

(2) 도면의 작성

1) 필요도면 　 입체를 나타내는 경우에는 디자인등록을 받고자 하는 부분과 그 이외의 부분을 포함하는 창작의 기초가 된 물품 전체에 대하여 정투상도법에 의한 6면도와 사시도가 필요하다. 평면적인 것을 나타내는 경우에는 표면도 및 이면도가 필요하다. 또한 創作의 기초가 된 물품 전체에 대하여 표현할 필요가 있어 부분디자인으로서 디자인등록을 받고자 하는 부분이 나타나지 않은 면에 대해서도 생략은 인정되지 않으므로 반드시 기재하여야 한다.

2) 부분디자인으로서 디자인등록을 받고자 하는 부분의 특정방법 　 하나의 디자인도에 있어서 부분디자인으로서 디자인등록을 받고자 하는 부분은 실선으로, 그 외의 부분에 관하여는 파선(broken line)으로 표현하여 부분디자인으로서 디자인등록을 받고자 하는 부분을 특정한다.[6]

㈎ 하나의 디자인도에 있어서 부분디자인으로서 디자인등록을 받고자 하는 부분을 특정할 수 있는 경우 　 다음 <그림 11-24>와 같은 입체에 있어서 상부 직방체 부분에 대하여 부분디자인으로서 디자인등록을 받고자 하는 경우 아

〈그림 11-24〉

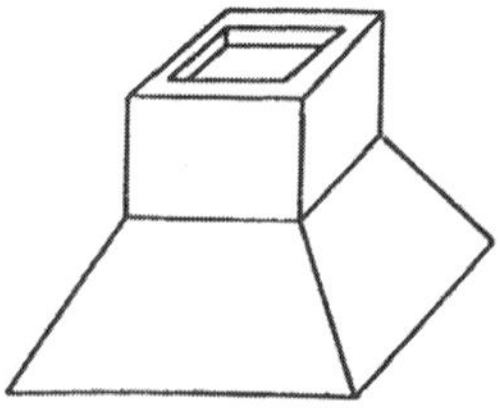

6) 파선부분은 부분디자인이 표현된 물품과 부분디자인의 위치, 태양을 표시하는 것으로서 창작으로서의 의미는 없고 구체적 형상을 표시하는 것이 아니다.

래와 같이 기재함으로써 해당부분을 특정할 수 있다<그림 11-25>. 또 여기에 기재한 정면도 중앙종단면도는 입체의 요철을 표현하기 위하여 부가되어 있는 것이다.

㈏ 하나의 디자인도만으로는 부분디자인으로서 디자인등록을 받고자 하는 부분을 특정할 수 없는 경우　부분디자인으로서 디자인등록을 받고자 하는 부분을 특정함에 있어서 '하나의 디자인도'에서 특정하는 것이 원칙이지만 '하나의 디자인도'만으로는 특정할 수 없는 경우도 있다. 이 경우는 예외로서 斷面圖를 부가하여 특정할 수 있는 것으로 한다. 또 이때에는 출원서의 디자인의 설명란에 예를 들어 "단면도를 포함하여 디자인등록을 받고자 하는 부분을 특정하고 있다"라고 기재한다<그림 11-26>.

〈그림 11-25〉

(일본 平成 10년 개정의장법,「의장등록출원의 가이드라인」, 23면에서)

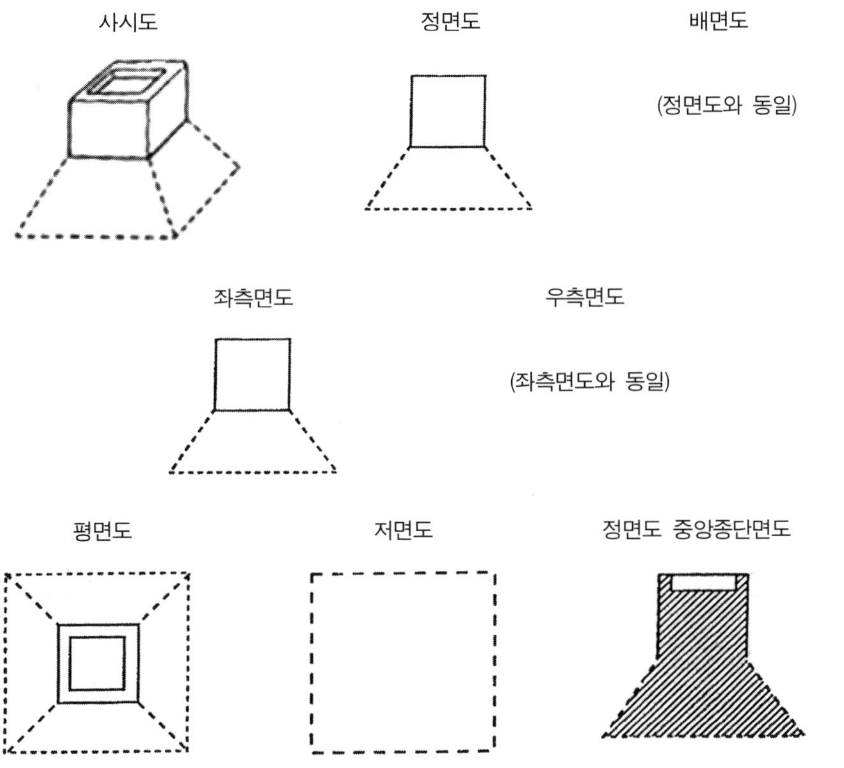

디자인의 설명: 실선으로 표현된 부분이 부분디자인으로서 디자인등록을 받고자 하는 부분이다.

〈그림 11-26〉

(일본 平成 10년 개정의장법, 「의장등록출원의 가이드라인」, 24면에서)

사시도

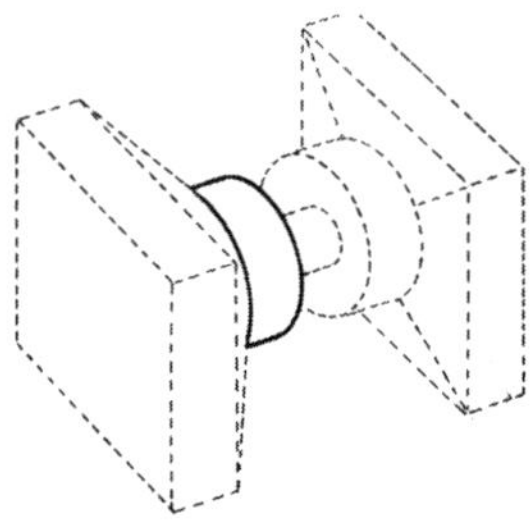

정면도

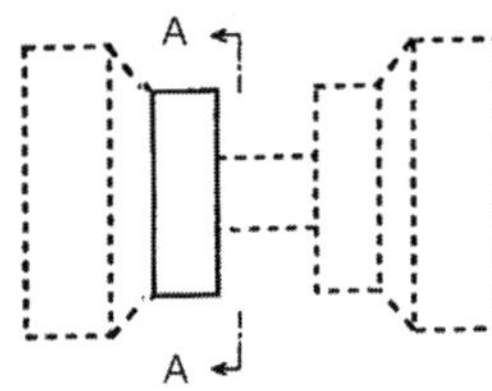

배면도 (정면도와 동일) 좌측면도 우측면도(좌측면도와 동일)

평면도 저면도 (평면도와 동일)

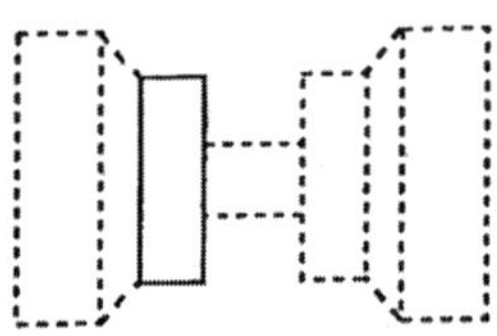

정면도 중앙횡단면도

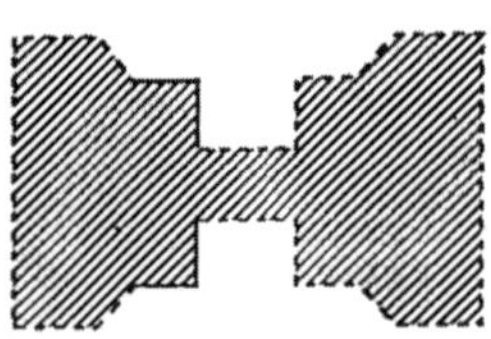

A-A선 단면도

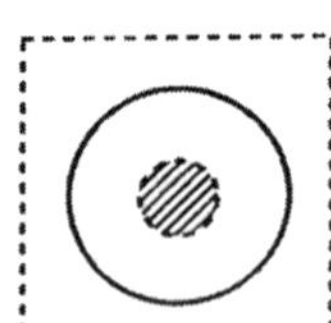

디자인의 설명 : 실선으로 표현된 부분이 부분디자인으로서 디자인등록을 받고자 하는 부분이다. 정면도 중앙종단면도 및 A-A선 단면도를 포함하여 부분디자인으로서 디자인등록을 받고자 하는 부분을 특정하고 있다.

이러한 취지의 기재가 없는 경우에는 형상 등을 충분하게 표현하기 위한 통상의 단면도로 판단되어 그 결과 디자인등록을 받고자 하는 부분을 특정하기 위한 도면이라고는 인정되지 않아 디자인등록을 받고자 하는 부분이 특정되지 않는 것으로 인정될 염려가 있다.

(3) 도면대용 견본 · 사진을 제출하는 경우

1) 도면대용 견본을 제출하는 경우　　　견본에 대하여 부분디자인으로서 디자인등록을 받고자 하는 부분과 그 이외의 부분을 명확하게 나타내야 한다. 예를 들어 디자인등록을 받고자 하는 부분 이외의 부분을 흑색 또는(본체가 흑색인 경우에는 백색) 회색으로 빈틈없이 칠함으로써 부분디자인으로서 디자인등록을 받고자 하는 부분과 그 외의 부분을 명확하게 나타내야 한다. 그때에는 색이 쉽게 탈색되지 않도록 주의해야 한다.

또한 '디자인의 설명'란에 흑색 또는 회색(본체가 흑색인 경우에는 백색)으로 칠한 부분이 디자인등록을 받고자 하는 부분 이외의 부분이라는 취지를 기재하여야 한다. 색을 칠하는 등에 의해 부분디자인으로서 디자인등록을 받고자 하는 부분을 특정할 수 없을 때에는 도면에 의해 출원하는 것이 바람직하다.

2) 도면대용 사진을 제출하는 경우　　　상기와 같은 견본의 표현방법에 의해 부분디자인으로서 디자인등록을 받고자 하는 부분을 明確하게 한 것을 사진으로 촬영하여 표현함으로써 부분디자인으로서 디자인등록을 받고자 하는 부분과 그 외의 부분을 명확하게 나타낼 수 있다. 도면에 대신하여 사진을 제출하는 경우는 사진에 의하여 디자인이 명료하게 표현되는 경우이다.

2. 유사디자인등록출원

유사디자인등록출원의 경우 출원서에 관한 독립된 서식이 없으며 디자인보호법 시행규칙 별지 제3호 서식에 의한 디자인등록출원서를 작성하여야 한다.

출원서상의 '단독디자인, 유사디자인여부'란에는 '유사디자인'이라고 기재하여 그 구분을 명시하고 '기본디자인의 표시'란의 '출원(등록 · 참조)번호'란은 기본디자인이 어느 것인가를 표시하는 난으로서 이것에는 다음의 3가지가 있다.

i) 기본디자인등록출원과 동시에 유사디자인등록출원을 하는 경우에는 '기본디자인의 표시'란의 '참조번호'란에 동일자로 제출된 '디자인등록출원 (1)' 또는 '디자인등록출원 (2)'의 (1) 또는 (2)의 부호를 '1' 또는 '2'라고 기재한다.

ii) 기본디자인등록출원 이후 유사디자인등록출원을 하는 경우에는 '기본디자인의 표시'란의 '출원번호'란에 그 기본디자인의 출원번호를 기재한다.

iii) 기본디자인의 설정등록 이후 유사디자인등록출원을 하는 경우에는 '기본디자인의 표시'란의 '등록번호'란에 그 기본디자인의 등록번호를 기재한다.

3. 한 벌 물품의 디자인등록출원

(1) 출원서의 작성

한 벌 물품 디자인의 디자인등록출원의 출원서 작성은 '디자인의 대상이 되는 물품'란의 기재내용을 제외하고 통상의 디자인등록출원의 출원서 작성과 달라지는 점은 없다. '디자인의 대상이 되는 물품'란에는 디자인보호법 시행규칙 제9조 제2항 「별표 5」에 게기하는 한 벌의 물품에 해당하는 것을 기재하여야 한다. 예를 들어 나이프, 포크 및 스푼을 구성물품으로 하는 한 벌의 물품을 출원할 때에는 '한 벌의 나이프, 포크 및 스푼'이라고 기재한다.

(2) 도면의 작성

1) 필요도면

㈎ 통상의 디자인등록출원의 도면 작성과 같이 사시도와 정투상도법에 의

〈그림 11-27〉 한 벌의 숟가락 및 젓가락(디자인등록 182801)

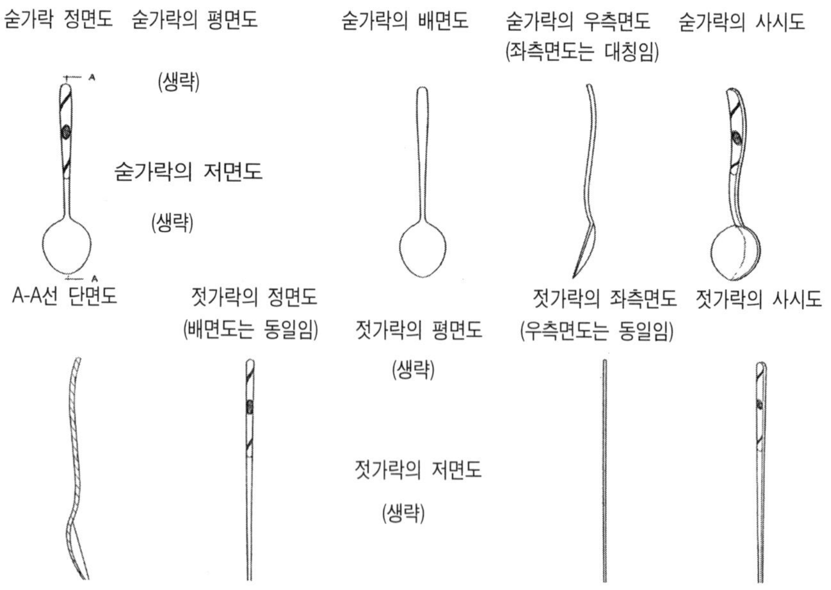

〈그림 11-28〉 한 벌의 양념그릇 세트(일본 디자인심사운용기준 76면에서)

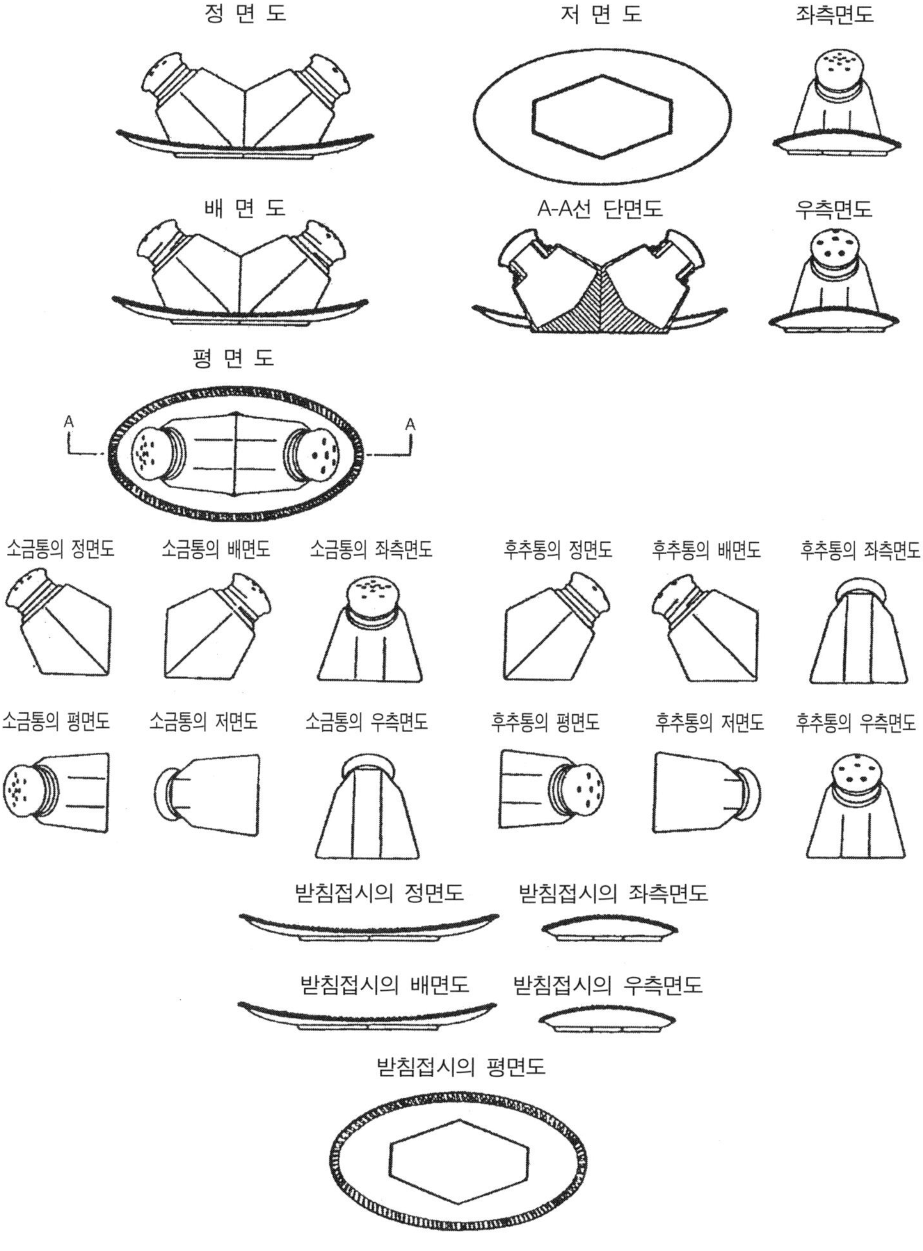

해 작성한 정면도, 배면도, 좌측면도, 우측면도, 평면도 및 저면도가 필요하다. 한 벌 물품의 각 구성물품의 도면만으로 그 한 벌 물품의 디자인을 충분히 표현할 수 있는 것은 각 구성물품마다 그 디자인을 충분히 표현할 수 있는 하나의 디자인도면을 작성해야 한다<그림11-27>.

(나) 한 벌 물품의 디자인으로 인정되는 요건 중 統一性을 나타내기 위해 조합된 상태의 도면이 필요한 한 벌 물품에 대해서는 그 한 벌 물품의 각 구성물품마다 그 디자인을 충분히 표현할 수 있는 하나의 디자인도를 각각 작성함과 동시에 전 구성물품이 조합된 상태에 있어서 디자인을 충분히 표현할 수 있는 도면에 대해서도 작성하여야 한다<그림 11-28>.

2) 도면의 표시 한 벌 물품의 도면의 표시는 각 도면의 표시에 각 구성물품의 명칭[이 구성물품의 명칭은 지식경제부령(디자인보호법 시행규칙 제9조 제1항 별표 4)에서 정하는 물품의 구분 또는 물품의 구분과 같은 정도의 구분에 의한 물품의 구분을 기재하는 것으로 한다. 이하 같다]을 부여하는 것으로 하며 도면의 표시가 중복되지 않도록 하여야 한다.

예를 들어 '한 벌의 의자세트'와 같이 구성물품으로서 동일물품을 복수 포함한 것에 대하여도 '의자 1의 정면도', '의자 2의 정면도'와 같이 기재하여 도면의 표시가 중복되지 않도록 하여야 한다. 또한 한 벌 물품의 디자인으로 인정되는 요건 중 통일을 나타내는 도면을 제출하는 경우에는 구성물품의 명칭을 부여하지 않고 사시도, 정면도, 배면도, 좌측면도, 우측면도, 평면도, 저면도 등의 표시를 한다.

3) 도면대용 사진·견본을 제출하는 경우 도면대용 사진을 제출하는 경우에는 도면의 경우와 동일하다. 도면대용 견본을 제출하는 경우는 디자인보호법 시행규칙 제5조 제6항의 규정에 의하는 외에 다음의 요령으로 출원한다.

(가) 한 벌 물품의 구성물품마다 1장의 두꺼운 종이에 붙여야 한다.

(나) 한 벌 물품의 구성물품을 붙인 두꺼운 종이의 상부에 그 구성물품의 명칭을 기재하여야 한다. 또한 도면 및 도면대용 사진의 도면표시와 마찬가지로 구성물품으로서 동일물품을 복수 포함하는 것에 대해서는 예를 들면 '포크 1', '포크 2'와 같이 기재하여 구성물품의 명칭이 중복되지 않도록 하여야 한다.

4. 비밀디자인등록출원

디자인등록출원인은 디자인권의 설정등록일부터 3년 이내의 기간을 정하여 그 디자인을 비밀로 할 것을 청구할 수 있다(§13①). 秘密디자인의 청구는 디자인등록출원을 한 날부터 최초의 디자인등록료를 납부하는 날까지 할 수 있으며(§13②), 비밀디자인을 청구하고자 하는 디자인등록출원서에 그 기간을 기재하여 특허청장에게 제출하거나 디자인보호법 시행규칙 별지 제8호서식의 비밀디자인 청구서를 특허청장에게 제출하여야 한다(시규§17①).

비밀디자인의 청구 후 비밀기간의 단축 또는 연장의 청구를 하고자 하는 자는 디자인비밀기간연장(단축)청구서[「특허법 시행규칙」 별지 제10호서식의 기간연장(단축) 신청서를 준용]를 특허청장에게 제출하여야 한다(시규§17③).

5. 화상디자인등록출원

부분디자인으로서 디자인등록을 받고자 하는 부분(실선 부분) 안에 화상디자인이 포함되는 경우의 디자인등록출원서 및 도면의 기재방법은 기본적으로는 일반적인 부분디자인의 디자인등록출원과 동일하지만 다음 사항에 유의할 필요가 있다.

(1) 출원서의 작성

화상디자인을 포함하는 부분디자인의 디자인등록출원을 할 때 출원서의 작성은 '디자인의 대상이 되는 물품'란에는 그 창작의 베이스가 되는 물품이 디자인보호법상의 보호대상으로 인정되는 물품을 기재하여야 한다(§11②). 예를 들면 아이콘이 표시된 컴퓨터모니터, 그래픽사용자인터페이스(GUI)가 표시된 컴퓨터 모니터 등은 디자인으로서 인정되는 물품의 명칭이다. 그러나 모니터 아이콘, 아이콘 이미지, 그래픽사용자인터페이스(GUI)와 같이 기재된 것은 디자인으로 인정되지 않는 물품의 명칭이다.

(2) 도면의 작성

1) 필요도면 화상디자인이 표시된 상태에서 부분디자인의 디자인등록을 받고자 할 경우에는 물품의 액정화면 등 표시부에 당해 도형 등이 통전 등에 의해 표시되고 있는 상태를 나타내고 있는 사시도 및 6면도가 필요하다. 다만, 2007년 디자인보호법 시행규칙 개정에서 액정화면 등의 표시부에 일시적으로 도형 등이 표시되는 화상디자인의 경우에는 정면도를 제외한 도면에 대해서는 생략할 수 있도록 하고 있다(시규§5③ ii).[7]

---

7) 부분디자인을 도면에 도시하는 경우에는 해당 디자인의 대상이 되는 물품의 전체디자인

2) 화상디자인으로서 디자인등록을 받고자 하는 부분의 특정방법 화상디자인의 대상이 되는 물품의 전체디자인 중 부분디자인으로 디자인등록을 받고

〈그림 11-29〉 화상디자인이 표시된 컴퓨터 모니터

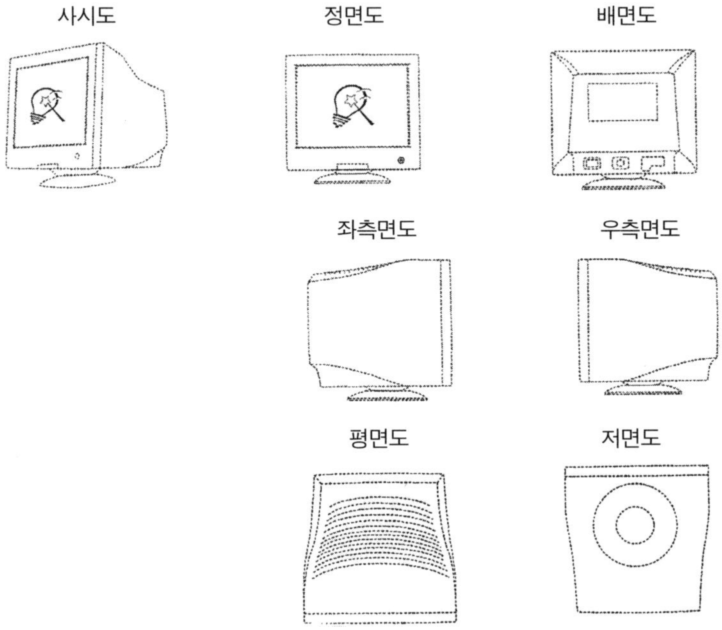

디자인의 설명: 실선으로 표현된 부분이 부분디자인으로서 디자인등록을 받고자 하는 부분이다.
디자인 창작내용의 요점: 본원 화상디자인에 관한 부분디자인은 디자인의 대상인 컴퓨터 모니터 상에서 ○○○ 프로그램을 사용하기 위한 실행 아이콘으로서, 별 막대와 전구의 형상을 모티브로 하여 독창적인 도안을 한 것을 창작내용의 요점으로 함.

중 부분디자인으로 디자인등록을 받고자 하는 부분을 실선으로 표현하고, 그 외의 면에 관한 형상은 파선으로 표현하여 부분디자인으로 등록받고자 하는 부분을 명확히 특정하도록 되어 있다[시규§5②별지 제4호 서식 2. 도면작성방법 라. (1)]. 부분디자인등록출원의 경우에 상기와 같이 부분디자인으로 디자인등록을 받고자 하는 부분이 나타나지 않은 면에 대해서도 생략을 인정하지 않는 것은 창작의 기초가 된 물품 전체에 대해 표현할 필요가 있고, 또한 부분디자인으로 디자인등록을 받고자 하는 부분의 위치, 크기, 범위를 특정하기 위해 불가결한 요소이기 때문이다[제5장 제2절 Ⅲ.2.(17) 부분디자인의 경우 참조].

따라서 본 규정과 같이 화상디자인의 경우에는 정면도를 제외한 도면을 생략할 수 있다고 하는 것이 타당한 것인가는 의문이다. 더욱이 화상디자인은 물품의 정면에만 표현된다고도 할 수 없으므로(물품에 따라서는 물품의 평면에 화상디자인이 나타나는 경우도 적지 않다) 상기 규정은 수긍하기 어려운 노릇이다.

자 하는 부분은 실선으로, 그 외의 부분은 파선으로 표현하여 부분디자인으로서 디자인등록을 받고자 하는 부분을 명확히 특정한다(그림 11-29).

㈎ 부분디자인으로서 디자인등록을 받고자 하는 액정화면 등 표시부 안에 디자인등록을 받고자 하지 아니하는 도형 등이 포함된 경우 부분디자인으로서 디자인등록을 받고자 하는 액정화면 등 표시부 안에 디자인등록을 받고자 하지 않는 도형 등이 포함되어 있는 경우라 하더라도 도형 등이 부분디자인으로서 디자인등록을 받고자 하는 도형 등의 위치·크기·범위의 인정에 영향을 미친다고 인정된 때에는 파선 등에 의해 도면을 기재할 필요가 있다. 또한 부분디자인으로 등록받고자 하는 부분과 등록받고자 하지 않는 부분과의 경계가 불명확한 경우에는 그 경계를 명확히 하기 위하여 그 경계선을 1점 쇄선(—·—·—) 으로 도시하여야 한다.

㈏ 표시부에 인쇄된 도형 등을 가지는 경우 표시부에 인쇄된 도형 등을 가지는 경우로서 하나의 디자인도(사시도 및 6면도)만으로는 표시된 도형 등이 액정화면 등 표시부에 표시된 도형인지, 인쇄된 도형인지 여부가 불명확한 때에는 비통전시의 상태도, 인쇄된 도형 등만을 표시하는 참고도 등에 의해 당해 인쇄된 도형 등을 명확히 하여야 한다(그림 11-30).

㈐ 변화하는 화상디자인에 관한 부분디자인의 경우 변화하는 화상디자인에 관하여 디자인등록을 받고자 할 때에는 출원서의 기재 및 출원서에 첨부한 사시도 및 6면도만으로는 그 변화전후의 도형을 충분히 표현할 수 없는 경우에는 사시도 및 6면도 이외에 변화전후의 상태를 알 수 있도록 참고도면(변화후의 정면도1, 변화후의 정면도2 … 순)을 제출하여야 한다.

3) 디자인의 설명란의 기재내용 화상디자인을 부분디자인으로 디자인등록출원하는 경우에는 도면 중의 '디자인의 설명'란에 디자인등록을 받고자 하는 부분을 도면에서 특정하고 있는 방법에 대해 기재하여야 한다. 예를 들면 "실선으로 표현된 부분이 부분디자인으로서 디자인등록을 받고자 하는 부분이다", "1점 쇄선은 부분디자인으로 등록받고자 하는 부분과 등록받고자 하지 않는 부분과의 경계만을 나타내는 선이다" 등과 같이 기재한다. 또한 화상디자인이 변화하는 디자인에 관하여 디자인등록을 받고자 하는 경우에는 '디자인의 설명'란에 변화한다는 취지 및 당해 기능의 설명을 기재하여야 한다. 디자인의 설명란의 기재는 심사, 심판의 신속화와 디자인공보에 게재하는 것에 의해 제3자에게 등록디자인의 창작에 관한 출원인의 주관적 의도를 알린다는 목적에서 유효한 것이다.

〈그림 11-30〉 표시부에 인쇄된 도형 등을 가지는 경우의 도면기재 예: 작업자용 조작기

정면도

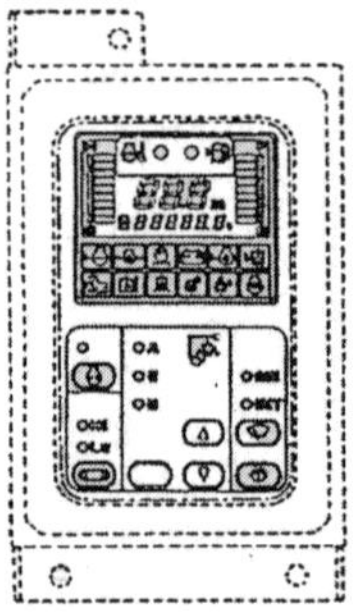

인쇄된 도형 등만을
나타내는 참고정면도

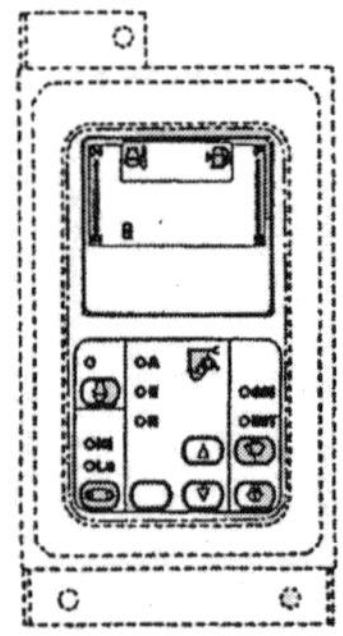

액정표시부분의 확대도

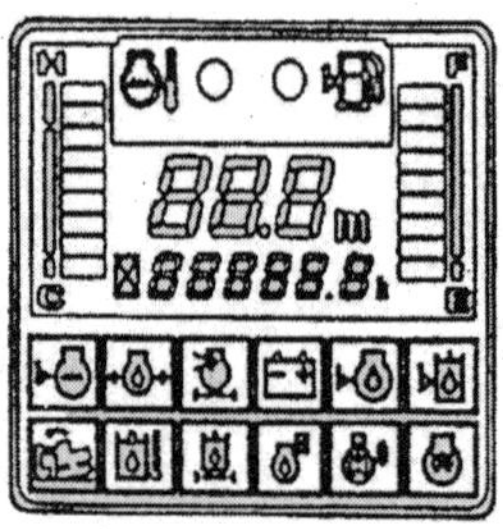

인쇄된 도형 등만을 나타내는
액정표시부분의 참고확대도

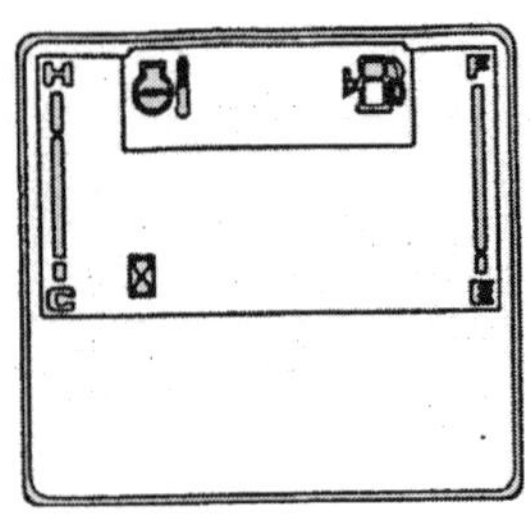

6. 글자체디자인등록출원

(1) 출원서의 작성

글자체디자인등록출원의 출원서 작성은 '디자인의 대상이 되는 물품'란의 기재내용을 제외하고 통상의 디자인등록출원의 출원서 작성과 다른 점이 없다. '디자인의 대상이 되는 물품'란에는 디자인보호법 시행규칙 제9조 제1항 「별표 4」의 물품의 구분에 게재된 해당 글자체의 명칭을 기재한다. 예를 들면 '한글글자체', '영문자글자체' 등으로 기재한다.

(2) 도면의 작성

1) 필요도면 　　글자체디자인의 디자인등록을 받고자 할 때에는 디자인보호법 시행규칙 「별표 6」에서 정하는 지정글자, 보기문장 및 대표글자의 디자

인도면을 도시하여야 한다(시규§5② 별지 제6호서식).

② 작성방법

㈎ 지정글자 도면 글자체의 이미자가 표시되는 영역의 네 모서리에 5mm×5mm의 영역표시 보조선(선의 굵기 0.25pt)을 두고 글자의 이미지가 표시되는 영역을 침범하지 않는 범위 내에서 가로 12줄×세로 9줄로 최대한 크게 작성하고, 글자사이 및 글줄사이는 적정하게 조정한다.

㈏ 보기문장 도면 글자체의 이미지가 표시되는 영역의 네 모서리에 5mm×5mm의 영역표시 보조선(선의 굵기 0.25pt)을 두고 다음과 같이 작성한다.

i) 한글·영문자·한자의【보기문장 도면】은 큰 보기문장과 작은 보기문장을 1장으로 구성하며, 큰 보기문장과 작은 보기문장 사이는 최소한 10mm 이상의 간격을 둔다. 큰 보기문장은 작은 보기문장을 침범하지 않는 범위 내에서 최대한 크게 작성하고, 글자 사이는 기본값을 0%로 하며, 글줄 사이는 적정하게 조절한다. 작은 보기문장의 글자의 크기는 20pt를 기준으로 하되 글줄이 3줄 이상으로 길어지는 경우에는 글자크기를 임의로 조절할 수 있으며, 글자 사이는 기본값 0%로, 글줄 사이는 적정하게 조절한다.

ii) 숫자·특수기호의【보기문장 도면】은 글자의 이미지가 표시되는 영역을 침범하지 않는 범위 내에서 최대한 크게 작성하고, 글자 사이 및 글줄 사이는 적정하게 조절한다.

㈐ 대표글자 도면 한글 및 한자의【대표글자 도면】은 가로 4줄×세로 3줄의 영역표시 보조선(선의 굵기 0.25pt)을, 영문·숫자·특수기호의【대표글자 도면】은 가로 3줄×세로 2줄의 영역표시 보조선(선의 굵기 0.25pt)을 둔다. 각 대표글자는 영역표시 보조선 내의 각 사각형의 한가운데 위치하도록 하고, 각 사각형으로부터 2mm의 여백을 둔 상태에서 최대크기로 표기하되, 모든 글자의 크기는 동일하여야 한다.

상기의【지정글자 도면】,【보기문장 도면】,【대표글자 도면】은 특허청이 제공하는 이미지 파일(.ai)을 수정하여 작성한 후 200dpi 이상의 JPEG(Joint Photographic Experts Group) 이미지 포맷으로 변환하여 제출하여야 한다. 예를 들면 한글글자체의 【지정글자 도면】,【보기문장 도면】,【대표글자 도면】의 작성방법은 <그림 11-31>과 같다(시규「별표6」).

〈그림 11-31〉 한글 글자체 도면(등록용 500자, 보기문장, 대표글자)

[지정글자 도면1]

가각간갈감갔강갖같
개갯거건걸겁것게겠
겨격겪견결겼경계고
골곳공과관교구국군
굴궁귀그극근글금급
기길김깁깃까깎깔깡
깨꾸꾼꿈꿔뀌끄끗끝
끼낀낌나난날남났낭
낮낯낱내낸낼냄냅냇
냈너넌널넘넛넣네녀
년녕노논놀놓누눈눌
느는늘니닌님닙다닭

[지정글자 도면2]

단달닮담답닷당대댁
더던덩데도독돈돋돌
동돼되된될됩두둑둘
둥뒤뒷드득든들듭등
디따땀때떤떨떻또똑
뚝뛰뜨뜻라란랄람랑
래러럭런럼럽럿렀렇
레력련렴렸례로록롱
루류르른를리린림릿
마막만많말맑맙망맞
매맺머먹먼멍며면명
몇모목몸못묘무묶문

[지정글자 도면3]

묻물뭐미민믿밀바박
밖반받발밝밤밥방배
뱀버번벌법병베벽변
별병보복본볼봄봅봉
부분불붕붙비빈빠빨
뿐쁘쁜쁨사산살상새
색생서석선설섬섰성
세셔셨소속손솔송수
숙순술숨숲쉬쉽스슨
슬슴습슷승시식신실
싫심십싱싶싹써쎄쓰
씀씨씩씬아안앉않알

[지정글자 도면4]

았앞애야약양어억언
얻얼엄업없엇었엉에
엣여연열엽였영예옛
오옥온올옴와완왜외
요욕용우욱운울움웃
원월위유으은을음읍
의읜이익인일읽임입
있잊자작잔잘잠잡장
재저적전절점정제조
족좀종좋죄죠주죽준
줄줌중즐지직진짐집
짓짜짝째쪽찡차착찬

[지정글자 도면5]

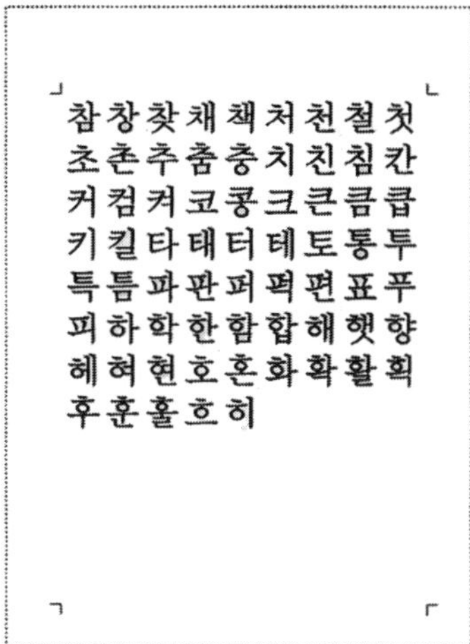

[보기문장 도면]

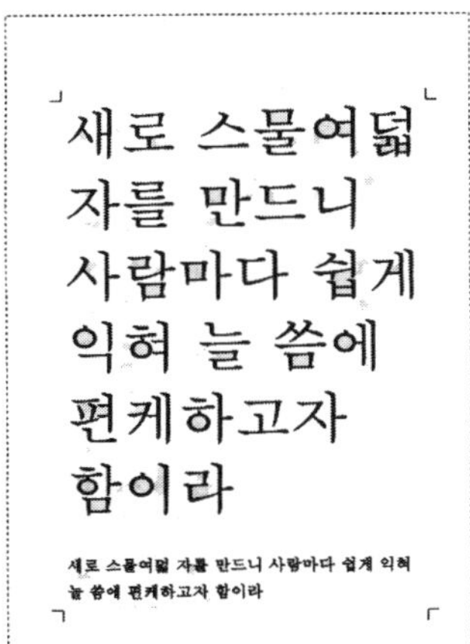

[대표글자 도면]

Ⅴ. 기타의 첨부서류

디자인등록출원에 있어 출원인이 제출해야 할 서면은 기본적으로 권리청구의 서면인 출원서와 첨부도면이다. 그러나 이 밖에도 일정한 사유에 해당하는 경우에는 출원시에 반드시 제출해야 하는 서류(의무적 필요서류)와 특허청장의 요구에 의해 제출하는 서류가 있다.

1. 의무적 제출서류

(1) 공동출원인 경우

공동출원인 경우에 공유자의 지분을 정하고 있는 때 또는 지분적 분할에 관한 계약이 있을 때(민§268①)에는 디자인등록출원서에 그 취지를 기재하고 이를 증명하는 서류를 제출해야 한다(시규§10의13①). 또한 공동출원의 출원인 사이에 대표자를 선정한 경우에는 대표자선임신고서에 대표자임을 증명하는 서류를 첨부하여 제출하여야 한다(시규§4의5①).

(2) 대리인에 의해 절차를 밟는 경우

디자인등록출원에 관한 절차는 위임에 의해 대리인이 이를 행할 수 있고(단, 출원의 포기・취하, 신청의 취하, 청구의 취하, 디자인등록거절결정 또는 디자인등록취소결정에 대한 심판, 복대리인의 선임에 대해서는 특별수권을 요한다) 또는 법에 의해 대리인에 의해 하도록 하는 경우가 있다(미성년자, 한정치산자, 금치산자 등의 법정대리인, 재외자의 디자인 관리인), 이들의 경우에는 대리권을 증명하는 서류를 제출하여야 한다(§4의4).

(3) 우선권을 주장하는 경우

파리협약 제4조 D(1)의 규정에 의해 디자인등록출원에 대하여 우선권을 주장하고자 하는 자는 디자인등록출원시 출원서에 그 취지, 최초로 출원한 국명 및 출원의 연월일을 기재하여야 하며(§23③), 출원일부터 3월 이내에 최초로 출원한 국가의 정부가 인정하는 출원의 연월일을 기재한 서면 및 도면의 등본(우선권증명서류라 한다)을 제출하여야 한다(§23④).

(4) 신규성상실의 예외에 관한 규정의 적용을 받는 경우

디자인등록을 받을 수 있는 권리를 가진 자의 행위에 기인하여[8] 제5조 제

8) 디자인보호법 제8조 제2항 단서규정의 반대해석에 의한 것이다.

1항 각호의 1에 해당하게 된 디자인(신규성상실 디자인)에 대하여 신규성상실의 예외에 관한 법 제8조 제1항의 규정의 적용을 받고자 하는 자는 디자인등록출원시 출원서에 그 취지를 기재하여 제출하고, 이를 증명할 수 있는 서류를 출원일부터 30일 이내에 제출하여야 한다(§8②).

2. 요구에 의해 제출하는 서류

(1) 승계인임을 증명하는 서류

특허청장은 디자인등록을 받을 수 있는 권리를 승계한 자의 절차에 대하여 필요하다고 인정하는 때에는 그 승계인임을 증명하는 서류(양도증 등)를 제출하게 할 수 있다(시규§4의6①).

(2) 내국인의 절차에 관한 서류

특허청장은 디자인등록에 관한 절차를 밟는 자에 대하여 구체적인 확인이 필요하다고 인정되는 때에는 i) 호적등·초본, 주민등록표 등·초본 등 당사자를 확인할 수 있는 서류, ii) 인감증명서(작성 후 6월 이내의 것)를 제출하게 할 수 있다(시규§4의7①).

(3) 외국인의 절차에 관한 서류

특허청장은 외국인이 디자인등록에 관한 절차에 대하여 확인이 필요하다고 인정되는 때에는 i) 국적증명서, 그 밖에 당사자를 확인할 수 있는 서류, ii) 인감증명서(인감증명제도가 없는 외국인의 경우에는 이에 준하는 증명서)를 제출하게 할 수 있으며(시규§4의7①), 또한 그 외국인이 속하는 국가가 파리협약의 당사국 또는 대한민국과 디자인에 관하여 상호 보호할 것을 약속한 국가가 아닌 경우에는 i) 동맹국 중 1국의 영역 안에 주소 또는 영업소가 있음을 증명하는 서류, ii) 그 외국인이 속하는 국가에서 대한민국 국민에 대하여 그 국민과 동일한 조건으로 디자인권 또는 디자인에 관한 권리의 향유를 인정하는 국가(평등주의 국가)임을 증명하는 서면, iii) 대한민국이 그 외국인에 대하여 디자인권 또는 디자인에 관한 권리의 향유를 인정하는 경우에는 그 외국인이 속하는 국가에서 대한민국 국민에 대하여 그 국민과 동일한 조건으로 권리의 향유를 인정하는 국가(상호주의 국가)임을 증명하는 서류 중 어느 하나를 제출하게 할 수 있다(시규§4의7②).

Ⅵ. 디자인등록출원의 효과

1. 서 언

디자인등록출원은 디자인등록을 받고자 하는 자가 소정의 방식에 따라 출원서 등을 특허청에 제출하는 행위이다. 디자인등록출원서가 하자 없이 적법한 경우에는 특허청장은 출원서류를 受理하고 그 출원번호 및 출원일자를 기재한 디자인등록출원 번호통지서를 디자인등록출원인에게 통지하여야 한다(시규§10의11).

이 출원번호가 출원인에게 통지됨으로써 디자인등록출원절차는 종료되고 그 출원은 특허청에 계속하며 그 후부터 디자인등록출원인은 출원의 분할 또는 출원의 보정 등의 절차를 취할 수 있다. 디자인등록출원이 특허청에 계속되면 實體上의 효과로서 출원일을 기준으로 선출원의 지위가 발생함과 동시에 절차상의 효과로서 출원에 대한 심사가 개시된다.

2. 디자인등록출원의 효과

(1) 실체상의 효과

1) 선출원의 지위 　우리나라는 先出願主義를 채용하고 있으므로 가장 먼저 출원한 자에게 디자인등록을 허여한다. 따라서 디자인등록출원이 수리되면 그 후의 동일·유사한 디자인의 출원을 배척하는 효과를 가진다.

㈎ 異日出願 　동일 또는 유사한 디자인에 대하여 다른 날에 2 이상의 디자인등록출원이 있는 때에는 먼저 디자인등록출원한 자만이 그 디자인에 관하여 디자인등록을 받을 수 있다(§16①). 따라서 선출원디자인과 동일 또는 유사한 디자인의 후출원자는 선출원이 존재한다는 것만으로써 디자인등록을 받을 수 없다.

㈏ 同日出願

i) 동일 또는 유사한 디자인에 대하여 같은 날에 2 이상의 디자인등록출원이 있을 때에는 디자인등록출원인의 協議에 의하여 정하여진 하나의 디자인등록출원인만이 그 디자인에 대하여 디자인등록을 받을 수 있다(§16②). 따라서 같은 날에 2 이상의 디자인등록출원이 있을 때에는 후출원 배척의 효과는 선출원주의가 시각을 기준으로 하고 있지 않으므로 발생하지 않는다.

ii) 특허청장은 같은 날에 동일 또는 유사한 디자인의 출원이 경합한 경우에는 디자인등록출원인에게 기간을 정하여 협의의 결과를 신고할 것을 명하고 협의가 성립되지 않거나 협의를 할 수 없는 때에는 어느 디자인등록출원인도 그 디자인에 대하여 디자인등록을 받을 수 없다. 또한 지정한 기간내에 신고가 없는 때에도 협의가 성립되지 아니한 것으로 보며 이 경우 모두 디자인등록을 받을 수 없다(§16②,⑤).

2) 확대된 선출원의 지위　　후출원디자인이 그 후에 디자인공보(등록공보, 공개공보)에 게재된 선출원의 전체디자인의 일부와 동일 또는 유사한 경우에는 디자인등록을 받을 수 없다(§5③).

(2) 절차상의 효과

1) 심사의 開始　　디자인등록출원서가 특허청에 제출되면 부적합한 출원서류로서 반려처분이 없는 한 그 출원은 특허청에 계속하며 제출일시에 출원하였다는 효과가 발생한다. 디자인보호법은 특허법에서 채용하고 있는 審査請求制度가 존재하지 않으므로 수리된 출원서류는 심사청구를 기다릴 필요 없이 소정의 방식심사를 거쳐 담당심사관에게 이송되어 실체심사가 개시된다. 디자인등록출원은 이와 같은 일련의 심사절차를 개시시키는 절차상의 효과를 가져온다.

2) 등록요건의 판단기준시점

㈎ 신규성 및 창작비용이성의 판단기준시점　　디자인의 등록요건인 신규성과 창작비용이성은 출원시를 기준으로 판단한다(§5①,②). 이 점에서 선출원관계 및 권리의 이용·저촉관계가 일을 기준으로 하고 있는 것과 상이하다. 그러나 실무운영상은 디자인등록출원서를 일단위로 접수하고 있고 공지 또는 간행물 반포가 일시까지는 명확하지 않다는 이유에서 일을 기준으로 運用되고 있는 것이 상례로 되어 있다.

㈏ 신규성 판단시점의 예외　　신규성의 판단은 원칙적으로 출원시를 기준으로 행하여지나 이것에는 예외가 있다. 즉, 의사에 반한 공지 또는 판매, 전시 등 자기의 행위에 의한 공지라 하더라도 그 공지된 날부터 6개월 이내에 출원한 경우에는 예외적으로 新規性을 상실하지 않는 것으로 본다(§8①).

3) 권리의 이용·저촉관계의 판단기준시점　　디자인등록출원 전에 타인의 등록디자인 또는 이와 유사한 디자인·특허발명·등록실용신안·등록상표 또는 저작권과의 이용관계 또는 타인의 디자인권·특허권·실용신안권·상표권 또는 저작권과의 저촉관계에 대하여는 출원일을 기준으로 판단한다(§45).

4) 각 기간의 기산시

㈎ 우선권주장 및 그 증명서류의 제출기간　　디자인권에 대한 優先權

은 그 우선권주장의 기초가 되는 최초의 출원일부터 6월의 기간 동안 존속하며(§23②) 우선권을 주장한 자는 최초로 출원한 국가의 정부가 인정하는 출원의 연월일을 기재한 서면 및 도면의 등본을 디자인등록출원일부터 3월 이내에 특허청장에게 제출하여야 한다(§23④).

㈏ 신규성 의제규정을 적용받기 위한 증명서류의 제출기간　　신규성 의제규정을 적용받고자 하는 자의 意思에 반하여 신규성을 상실하게 된 경우를 제외하고 그 취지를 기재한 서면을 디자인등록출원과 동시에 특허청장에게 제출하고 이를 증명할 수 있는 서류를 디자인등록출원일부터 30일 이내에 특허청장에게 제출하여야 한다(§8②).

㈐ 출원의 분할기간　　디자인등록출원에 의하여 출원의 분할이 가능하다. 디자인등록출원의 분할은 디자인등록출원시로부터 보정을 할 수 있는 기간까지 할 수 있다(§19③).

㈑ 출원의 보정기간　　디자인등록출원의 보정은 출원직후부터 최초의 디자인등록출원의 요지를 변경하지 않는 범위 안에서 디자인등록여부결정의 통지서가 송달되기 전까지 가능하다. 다만, 제27조의2에 따른 재심사를 청구하는 경우에는 재심사를 청구하는 때에 보정할 수 있다(§18⑤).

3. 출원효과의 소멸

(1) 디자인등록거절결정의 확정과 디자인권의 설정등록

디자인등록출원에 대하여 디자인등록거절결정 또는 거절할 것이라는 심결이 확정되거나 디자인권의 설정등록이 있으면 출원계속의 효과는 소멸한다. 다만, 출원한 사실은 그대로 남는다.

(2) 출원의 포기·취하·무효

1) 디자인등록출원에 대한 포기·취하 또는 무효가 있으면 출원계속의 효과가 소멸한다. 출원포기의 경우에는 디자인등록을 받을 수 있는 권리를 포기한 것이므로 再出願하여 디자인등록을 받을 수 없는 것으로 해석되고 있다.

2) 취하·무효의 경우에는 디자인등록출원이 처음부터 없었던 것으로 보는 효과가 발생하므로(§16③) 그와 동일·유사한 디자인에 대하여 재출원하여 디자인등록을 받을 수 있다.

제 3 절 출원의 분할

Ⅰ. 서 언

1. 출원분할의 의의

出願의 分割(devision of application)이라 함은 하나의 디자인등록출원 중에 2 이상의 디자인이 포함되어 있는 경우에 그 디자인등록출원의 일부를 분리하여 별개의 새로운 디자인등록출원으로 하는 것을 말한다(§19). 이 경우 최초의 디자인등록출원을 '원출원'이라 하며 새로이 분할된 출원을 '분할출원'이라고 한다.[9)]

출원의 분할은 2 이상의 디자인을 포함하는 디자인등록출원의 일부를 1 이상의 새로운 디자인등록출원으로 하는 절차를 밟음으로써 분할된 새로운 디자인등록출원의 출원일을 분할 전의 원래의 디자인등록출원의 출원일까지 소급시키는 효과를 가져오는 것이다. 디자인등록출원의 분할절차가 인정되기 위하여는 일정한 요건을 충족시켜야 한다.

2. 출원분할제도의 취지

디자인등록출원은 지식경제부령이 정하는 물품의 구분에 따라 1디자인마다 1디자인등록출원하도록 되어 있고(§11), 또 디자인무심사등록출원을 하는 경우에는 20 이내의 디자인을 1디자인등록출원으로 할 수 있도록 되어 있다(§11의2). 그러나 현실의 디자인등록출원 중에는 1디자인등록출원으로 해야 할 디자인創作의 범위를 확인하기가 곤란한 경우가 있어 때로는 2 이상의 디자인이 1디자인등록출원절차로 행해지는 경우도 있게 되므로 이 경우 1디자인1출원 원칙의 위반으로 등록을 인정하지 않게 되면 출원인에게 지나치게 가혹하게 된다. 또 복수디자인등록출원이 복수디자인등록출원 요건을 위반하거나 그 일부의 디자인에 거절이유가 있는 경우 그 전체로서 디자인등록을 받지 못하게 되는 것은

9) 디자인보호법은 2007년 법개정에서 제19조 제1항에 따라 분할된 새로운 디자인등록출원에 대하여 '분할출원'이라고 정의하였다.

부당하다.

출원분할제도는 이러한 문제를 해결하기 위하여 절차상의 요건이 결여된 출원이나 구제할 수 있는 디자인에 대하여 이를 구제하고, 원출원에 포함된 디자인을 기초로 한 새로운 출원에 대한 實體的 요건(신규성, 창작비용이성 등) 유무의 판단이나 선출원 판단, 선사용권 발생 등 다른 권리와의 관계에 대해 원래의 출원시를 기준으로 하는 이익을 보장하는 데 그 취지가 있다.

이와 같이 디자인보호법상의 出願分割制度는 출원의 디자인등록거절결정에 대한 구제의 수단으로서 중요한 지위를 가지고 있음은 특허법상의 분할출원제도와 같다.

Ⅱ. 출원분할의 태양

1. 통상의 디자인등록출원의 분할

디자인등록출원은 1디자인마다 1디자인등록출원하는 것을 원칙(§11①)으로 하고 있으므로 2 이상의 디자인을 포함하는 출원은 법 제11조의 요건을 만족시키지 않는 것으로 하여 디자인등록거절결정의 대상이 된다. 이와 같은 경우에 그 디자인등록출원의 일부를 1 또는 2 이상의 새로운 디자인등록출원으로 분할하여 출원할 수 있다(§19① i). 또 한 벌 물품의 디자인등록출원으로 출원된 디자인이 디자인보호법 제12조의 한 벌 물품 디자인의 성립요건을 만족시키지 않는 경우에는 결과적으로 多디자인을 포함하는 출원에 해당되고, 따라서 법 제19조 제1항 제1호의 규정에 의해 출원의 분할을 할 수 있다. 이 경우는 물론 통상의 디자인등록출원의 분할태양에 해당되는 것이다.

2. 복수디자인등록출원의 분할

복수디자인등록출원은 20 이내의 디자인을 1디자인등록출원으로 하여야 하며 복수디자인등록출원을 할 수 있는 디자인의 범위는 법 제11조 제2항의 규정에 의한 물품의 구분상 지식경제부령이 정하는 분류가 동일한 것으로 한다고 규정한다(§11의2①,②). 또한 복수디자인등록출원은 디자인무심사등록출원을 할 수 있는 디자인에 한하지만, 디자인무심등록출원에 대하여도 방식요건과 실체적 요건의 일부에 대하여는 심사를 하는 것이므로 그 일부의 디자인이 이들 요건을 결여하는 경우에는 그 복수디자인등록출원된 디자인 전체가 디자인등록을 받을 수 없게 된다(§27②). 이 경우 그 복수디자인등록출원의 일부를 1 이상의 새로운 디자인등록출원으로 分割하여 출원할 수 있다(§19① ii).

Ⅲ. 출원분할의 요건

출원분할의 요건이란 분할된 새로운 출원에 대하여 그 출원이 원출원시에 출원한 것으로 간주되는 효과를 생기게 하는 데 필요한 요건을 말한다. 출원분할이 성립되기 위하여는 출원분할의 태양에 따라 다음과 같은 요건을 만족시켜야 한다.

1. 통상의 디자인등록출원의 분할요건

(1) 주체적 요건

출원분할에 원디자인등록출원의 출원인과 분할에 의한 새로운 디자인등록출원의 출원인이 동일하여야 한다. 출원분할은 원출원의 출원인을 절차면에서 보호하는 것이기 때문이다. 원출원인으로부터 새로운 디자인등록출원인에게 디자인등록을 받을 수 있는 권리의 승계가 적법하게 이루어진 경우에는 동일하다고 인정된다. 원출원이 공동출원의 경우에는 공유자 전원이 분할출원을 할 필요가 있다. 공유자 전원의 이익을 보호해야 하기 때문이다.

(2) 객체적 요건

1) 원출원이 출원 계속 중일 것　　출원분할은 원출원의 일부를 분할하는 것이므로 분할을 할 때에 원출원이 특허청에 유효한 출원으로 계속 중이어야 한다. 원출원이 취하되거나 포기 또는 무효로 된 경우에는 출원분할을 할 수 없다. 그러나 적법한 분할출원으로 된 후 원출원이 취하·포기 또는 무효가 되더라도 분할출원의 適法性에는 영향이 없다.

2) 원출원에 2 이상의 디자인이 포함되어 있을 것　　출원분할의 대상이 되고, 분할할 수 있는 출원은 그 출원 중에 2 이상의 디자인을 포함하는 출원이어야 한다. 구체적으로는 이하의 경우가 해당된다.

(가) 2 이상의 물품에 관한 출원(다물품)　　출원서의 디자인의 대상이 되는 물품란에 2 이상의 물품의 구분을 기재한 출원이다. 디자인등록출원에 있어서 디

자인보호법 시행규칙 「별표4」에 규정된 물품의 구분 또는 그와 같은 정도의 구분을 출원서의 '디자인의 대상이 되는 물품'란에 기재하고 그 출원에 관한 디자인의 물품을 특정할 것이 요청되고 있으나 이 '디자인의 대상이 되는 물품'란에 2 이상의 물품구분이 기재되어 있는 경우 또는 한 벌 물품이 아닌 물품을 한 벌 물품의 명칭으로 기재되어 있는 경우 그것은 거기에 기재된 각각의 물품별로 도면에 기재된 형태를 나타낸 것이라고 이해되고 따라서 多物品을 포함하는 출원이 된다. 이를테면 디자인의 대상이 되는 물품에 '재떨이와 접시', '자동차와 자동차 완구', '한 벌의 수동공구 세트' 등으로 표현되어 있는 경우이다.

㈏ 2 이상의 형태를 나타낸 출원(1물품 다디자인) 출원서의 디자인의 대상이 되는 물품란에는 하나의 물품의 구분을 기재한 출원이라 하더라도 그 첨부도면에 물품의 형태가 2 이상 기재되어 있는 경우 그것은 1출원에 2 이상의 디자인을 포함하는 것이 된다. 이를테면 하나의 물품구분 '타월'에 관한 것으로서 관동팔경의 각각의 경치를 표현하여 8매의 타월을 구성하는 경우이다. 이 경우 물품은 타월로서 1물품이지만 디자인은 모두 다른 것이어서 8개의 디자인으로 보아야 하는 것이다.

㈐ 2 이상의 물품의 2 이상의 형태를 나타낸 출원(다물품 다디자인) 2 이상의 물품 각각에 대한 형태를 나타내어 하나의 출원에 포함시킨 경우는 당연히 여기서 말하는 2 이상의 디자인을 포함하는 출원이 된다. 이를테면 '책상과 독서대', '식탁과 의자' 등 형태상의 기조를 같게 하거나 조합하여 사용함을 고려한 것 등에 있어서도 그들을 하나의 출원에 포함하는 것은 다디자인에 관한 출원이 된다.

㈑ 한 벌 물품의 디자인을 구성하지 않는 출원 디자인보호법 시행규칙 「별표5」에 게기한 한 벌의 물품에 관한 출원이라 하더라도 i) 당해 한 벌의 물품을 구성하는 물품의 일부가 결여되었거나 적당하지 아니한 경우, ii) 한 벌 물품 전체로서 통일성이 없는 경우에는 법 제12조에 규정하는 한 벌의 물품의 디자인으로 성립되지 않는다. 이 경우는 법 제12조의 규정에 의한 디자인의 출원으로 인정되지 않는 것이므로 결과적으로 다디자인을 포함하는 출원이 된다.

그러나 복수의 물품에 의해 구성되는 디자인이 한 벌 물품의 디자인의 성립요건을 만족시키고 있는 경우에는 그 디자인은 전체로서 1디자인으로 인정되어 법 제19조 제1항 제1호에 기초하는 적법한 분할을 할 수 없다.[10)]

㈒ 물품의 부분이 2 이상 포함된 출원 디자인등록출원서 및 도면 등

의 기재로부터 판단하여 디자인創作上의 일체성이 인정되지 않고, 物理的으로 분리된 물품의 부분이 2 이상 포함된 경우에는 1디자인마다 출원되어 있지 않는 것이 된다. 이 경우는 법 제11조 제1항의 요건을 충족하지 않는 것이므로 법 제19조 제1항 제1호의 규정에 의한 출원의 분할을 할 수 있다.

3) 객체의 동일성이 있을 것　　분할출원에 기재된 디자인은 원출원에 포함된 디자인 중 하나로서 분할출원의 기초가 된 디자인과 실질적으로 동일성이 유지되어 있을 것이 필요하다. 동일하지 않은 디자인에 소급효를 인정하게 되면 선출원주의에 반해서 제3자에게 불측의 불이익을 주기 때문이다. 객체의 동일성 요건과 관련하여 다음과 같은 두 가지 문제가 제기되고 있다.

첫째, 적법한 1디자인으로 인정되는 디자인등록출원을 1 또는 2 이상의 새로운 출원으로 분할할 수 있느냐의 여부이다. 이를테면 완성품인 자전거에 관한 디자인을 출원한 자가 이를 그 부품인 자전거용 안장, 자전거용 페달 등의 새로운 출원으로 분할할 수 있느냐이다.

이에 대하여는 크게 두 가지 견해로 나누어지고 있다. 제1설은 적법한 물품에 관한 디자인등록출원은 그 부품의 디자인으로 분할할 수 없다는 설이다.[11)]

제2설은 集合物처럼 분리할 수 있는 물품에 관한 디자인등록출원에 대하여는 적법한 출원으로부터 분할할 수 있다는 설이다.[12)] 전자는 본질적으로 적법

10) 종전의 법하에서는 한 벌의 물품의 디자인에 대한 출원분할제도가 설치되어 있었으나 2001년 법개정에서 폐지되었다. 2001년 개정법이 한 벌의 물품의 디자인에 대한 등록요건을 완화하기 위해 구 디자인보호법 제12조 제3항을 삭제함에 따라 i) 각 구성물품의 디자인에는 등록요건을 부과하지 않는 것으로 됨으로써 각 구성물품의 디자인에 대한 등록요건을 심사할 필요가 없게 되어 한 벌의 물품의 디자인에 대한 출원분할 규정을 적극적으로 존치시킬 필요가 없게 되었으며, ii) 또 이 개정법에 의한 새로운 한 벌의 물품의 디자인제도는 한 벌의 물품의 디자인 전체로서의 미감을 평가하는 것이기 때문에 각각의 구성물품의 미감을 주장하기 위해 한 벌의 물품의 디자인의 분할을 인정하는 것은 출원의 분할제도의 취지에 맞지 않기 때문이다.

11) 윤종렴, 의장, 442면; 蕚 優美, 공업소유권, 634면.

12) 齋藤, 의장, 456·457면에서는 기본적으로 제2설의 입장에 서 있으나 '출원분할 규정은 절차적 요건이 결여되게 된 출원의 구제를 제1의로 하는 것이라고 해도 그것에 한하지 않고, 기초가 되고 포함된 디자인이 권리청구행위(창작→디자인등록을 받을 수 있는 권리의 발생→출원)의 연속성에서 파악되는 것, 즉 1개의 독립된 권리의 객체로서 그것과 준별할 수 있는 형태로 출원의 당초에 나타나 있는바, 일체성을 파괴하지 않고 떼어낼 수 있는 것임을 요건으로 하여 분할할 수 있는 것이라고 이해해야 할 것이다'라고 설명하고 있다. 그러나 우리나라 디자인보호법상의 출원분할 규정은 일본법과는 달리 법 제11조의 규정에

하게는 2 이상의 디자인이 1출원에 포함될 수 없음을 전제로 하고 권리청구절차의 내용의 不變性을 주장하는 것이며 후자의 설은 출원분할규정이 제한적 취지를 갖지 않는다는 것, 따라서 제11조(1디자인1출원 원칙)의 규정에 반하는 경우에만 한하는 것이 아님에 근거를 두고 있다.

생각건대, 디자인등록출원은 지식경제부령이 정한 물품의 구분에 의하여야 하며 물품의 구분에는 완성품뿐만 아니고 그 구성부품에 대하여도 독립된 물품으로 규정하고 있으므로 완성품 디자인에 관한 출원을 한 경우에는 그 완성품 디자인 전체로서 하나의 디자인이며 완성품 디자인 중에 그 완성품을 구성하는 물품의 디자인이 독립하여 포함되어 있다고는 볼 수 없다.

또한 完成品 디자인에 대한 디자인등록출원에 있어 완성품 디자인으로부터 그 구성부품 디자인을 떼어내는 것은 이미 완성품 디자인으로는 볼 수 없고, 또한 하나의 물품으로도 볼 수 없는 것이다. 따라서 완성품에 관한 디자인으로부터 그 구성부품에 관한 디자인의 분할을 인정하는 것은 법 제11조의 규정에 위반하여 2 이상의 디자인을 1디자인등록출원으로 출원한 자가 그 출원의 일부를 1 이상의 새로운 디자인등록출원으로 분할할 수 있다고 하는 법 제19조 제1항 제1호의 규정에 맞지 않는다. 또한 완성품 디자인에 대해 디자인등록출원을 한 경우에 있어 완성품의 디자인을 그 구성부품의 디자인으로 보정하는 것은 최초 출원한 디자인과 동일성을 유지할 수 없게 되므로 요지를 변경한 것으로 된다. 이와 같이 요지변경인 것으로 하며 보정이 인정되지 않는 것에 대해 분할을 인정하는 것은 불합리하게 된다.

특허법은 제45조에서 1발명1출원주의를 채택하고 있으나 하나의 총괄적 발명의 개념을 형성하는 1군의 발명에 대하여도 1출원으로 할 수 있고 또 특허무효심판에 관한 동법 제133조 제1항 후단에서 무효심판의 청구는 “특허청구범위의 청구항이 2 이상인 때에는 청구항마다 청구할 수 있다”라고 규정되어 있어 1출원에 2 이상의 발명이 존재하고 있음을 예정하고 있으나 디자인보호법은 특허법과 같이 1디자인1出願主義를 채용하고 있지만 디자인보호법 제11조에서는 지식경제부령이 정한 물품의 구분에 의해 1디자인마다 1출원으로 하도록 규정되어 있고 물품의 구분(디자인보호법 시행규칙 별표 4)에는 완성품과 부품이 각각 동

위반된 출원에 대해서 분할의 대상으로 함을 명문으로 규정하고 있으므로 상기 제2설에 대한 어떤 논거도 설득력을 가진다고 보기 어렵다.

일한 독립된 1물품으로 열거되어 있다. 또한 디자인등록의 무효심판에 관한 법 제68조의 규정에는 특허법 제133조 제1항 후단에 대응하는 규정이 존재하지 않는다.

따라서 상기의 예와 같이 자전거라는 물품으로 출원하면 자전거가 1디자인이고 자전거를 출원한 디자인에 자전거용 안장 또는 자전거용 페달의 디자인이 독립된 디자인으로 포함되어 있다고 볼 수 없는 것이다.

이상에서와 같은 이유에 의해 적법한 1디자인으로 인정되는 디자인등록출원에 대해서는 분할이 인정되지 않는다고 해석함이 타당할 것이다.

둘째, 1디자인1출원 원칙에 적합한 하나의 디자인등록출원을 1 또는 2 이상의 部分디자인에 관한 디자인등록출원으로 분할할 수 있는지에 대하여 의문이 생긴다. 역시 1디자인1출원 원칙에 위반되는 출원의 구제를 목적으로 하는 출원분할제도의 취지에서 볼 때 적법한 1디자인으로 인정되는 디자인등록출원에 대하여는 그 부분을 분리하여 부분디자인에 관한 디자인등록출원으로 분할할 수 없는 것으로 생각된다.[13)]

(3) 시기적 요건

출원의 분할은 디자인등록출원에 대해 보정을 할 수 있는 기간내에 한하여 할 수 있다(§19③). 출원의 분할도 어떤 의미에서는 보정이며 보정과 비슷한 효과를 가지기 때문이다. 보정을 할 수 있는 기간은 디자인등록여부결정의 통지서가 송달되기 전까지 가능하다. 다만, 법 제27조의2에 따른 재심사를 청구하는 경우에는 재심사를 청구하는 때에 보정할 수 있다(§18⑤).[14)]

2. 복수디자인등록출원의 분할요건

(1) 주체적 요건

출원분할시 원출원인과 분할출원인이 同一人이거나 적법한 승계인이어야

---

13) 일본 특허청의 심사실무상은 하나의 디자인으로 인정되는 디자인등록출원을 1 또는 2 이상의 새로운 부분디자인으로 분할하는 것을 인정한다. 이 경우 그 분할된 때를 디자인등록출원의 출원일로 취급하도록 한다(일본디자인심사편람 17・16).

14) 상표법에서는 상표법조약의 요청으로 거절결정취소 소송이 법원에 계속되어 있는 경우에도 출원의 분할이 가능하게 되어 있지만(상§80의20), 디자인보호법은 상표법조약의 제약을 받지 않고, 또한 소송계속 중에 분할을 인정하는 것은 실익도 부족하기 때문에 소송계속 중에는 분할이 인정되지 않는다.

한다. 원출원이 공동출원인 경우 공유자 전원이 출원분할을 하여야 한다.

(2) 객체적 요건

1) 복수디자인등록출원에 2 이상의 디자인이 포함되어 있을 것 복수디자인등록출원은 20 이내의 디자인을 1출원으로 하는 것이므로 하나의 복수디자인등록출원에는 적어도 2 이상의 디자인이 포함되어 있어야 한다. 또한 하나의 복수디자인등록출원에 디자인의 수가 20을 초과하는 경우에도 분할이 가능하다. 만약 무심사등록대상이 되는 물품이 아닌 것을 복수디자인등록출원한 경우에는 이를 심사등록출원으로 변경함과 동시에 1디자인1출원 원칙에 따라 분할을 하여야 할 것이지만 이 경우는 통상의 디자인등록출원의 분할태양에 해당된다.

2) 기 타 원출원이 계속 중이어야 하고 객체의 同一性이 요구되는 것은 통상의 디자인등록출원 분할의 경우와 동일하다.

(3) 시기적 요건

출원의 분할은 디자인등록출원에 대해 보정을 할 수 있는 기간 내에 한하여 할 수 있다(§19③).

Ⅳ. 출원분할의 절차

1. 통상의 디자인등록출원분할의 절차

1) 2 이상의 디자인을 1디자인등록출원으로 한 자가 당해 디자인등록출원의 일부를 1 이상의 새로운 디자인등록출원으로 분할하고자 하는 경우에는 원출원의 내용을 하나의 디자인등록출원으로 補正함과 동시에 분할되는 디자인에 대하여 디자인보호법 시행규칙 별지 제3호서식의 디자인등록출원서(분할출원)에 ⅰ) 도면(사진·견본) 1통, ⅱ) 대리인에 의하여 절차를 밟는 경우 그 대리권을 증명하는 서류 1통, ⅲ) 기타 법령에서 정한 증명서류 1통을 첨부하여 특허청장에게 제출하여야 한다(시규§11①).[15] 이는 의사표시와 절차의 확실을 기하기 위함이다.

---

15) 출원의 분할을 하는 경우 원출원에 대하여 보정을 필요로 하는 것은 분할출원 절차는 2 이상의 디자인을 포함하는 디자인등록출원의 일부에 대해 별도의 새로운 디자인등록출원으로 하는 것으로서 분할출원절차에 의하여 원출원 그 자체에 포함되어 있던 새로운 출원의 기초가 된 디자인을 자동적으로 분리하여 소멸시키는 효과가 있는 것은 아니기 때문이다. 따라서 출원의 분할이 행해져도 원출원에 대한 보정이 행해지지 않는 경우는 원출원은 당

그러나 2 이상의 디자인이 1디자인등록출원으로 되어 있는 것을 하나의 디자인만을 등록받고자 하는 경우에는 원출원을 하나의 디자인에 대한 출원으로 보정하는 것으로 족하다.[16)]

2) 원래의 디자인등록출원에 대하여 신규성상실의 예외규정의 적용을 받거나 또는 우선권을 주장한 경우라도 새로운 분할출원에 대하여도 그 적용을 받고자 하거나 또는 그 주장을 하고자 할 때에는 새로이 필요한 절차를 취하여야 한다.[17)] 이 경우 원출원시에 제출한 증명서류에 변경이 없는 경우에는 이를 원용한다는 취지를 명기함으로써 그 증명서에 갈음할 수 있다(시규§4의14②). 그러나 원출원에 있어서 신규성상실의 예외규정의 적용 또는 우선권을 주장하지 아니한 경우에는 분할되는 새로운 출원에 대해서는 이들 규정의 적용을 받을 수 없는 것으로 해석된다. 분할출원은 원출원 이상의 이익을 받을 수 없는 것이기 때문이다.

2. 복수디자인등록출원분할의 절차

1) 복수디자인등록출원으로 한 자가 당해 디자인등록출원의 일부를 1 이상의 새로운 디자인등록출원으로 분할하고자 하는 경우에는 원출원의 내용을 하나 또는 2 이상의 디자인등록출원으로 보정함과 동시에 분할되는 디자인에 대하여 디자인보호법 시행규칙 별지 제3호서식의 디자인등록출원서(분할출원)에 ⅰ) 각 디자인마다 도면(사진·견본) 1통, ⅱ) 대리인에 의하여 절차를 밟는 경우 그 대리권을 증명하는 서류, ⅲ) 기타 법령에서 정한 증명서류 1통을 첨부하여 특허청장에게 제출하여야 한다(시규§11①).

연히 1출원에 2 이상의 디자인이 포함된 상태로 존재하게 되므로 원출원을 1디자인1출원 규정에 적합한 출원으로 하기 위해서는 보정이 필요하게 된다.

16) 2 이상의 디자인을 포함하여 법 제11조에 규정하는 요건을 만족하지 않는 디자인등록출원은 법 제19조 제1항의 출원의 분할규정에 의거하여 1 이상의 새로운 디자인등록출원으로 하는 것이 원칙이지만, 이 분할절차에 의하지 않고 보정에 의하여 1디자인1출원의 원칙에 적합한 출원으로 하는 것에 대해서도 적법하게 행해진 것으로 하고 있다. 이 보정은 디자인등록출원에 포함되어 있는 2 이상의 디자인 중의 불필요한 디자인을 출원서 및 첨부도면의 기재에서 삭제하여 하나의 디자인으로 정정하는 것이다.

17) 일본 디자인법은 평성 11년(1999년) 법개정에서 절차의 간소화와 출원인의 편의를 도모하기 위해 원출원시에 제출된 신규성상실의 예외증명서, 우선권증명서는 분할출원과 동시에 제출된 것으로 간주하는 규정을 신설하였다(§10의2③). 따라서 출원의 분할시에 신규성상실의 예의 규정 등의 적용을 받기 위해 새로운 절차를 취할 필요는 없게 되었다.

2) 신규성상실의 예외규정의 적용 또는 우선권을 주장할 때의 절차와 기타는 통상의 디자인등록출원의 분할절차와 동일하다.

Ⅴ. 출원분할의 효과

1. 적법한 분할

(1) 원 칙

출원의 분할에 의한 새로운 출원은 최초에 디자인등록출원을 한 때에 출원한 것으로 간주된다(§19②).

출원일시의 소급효인정은 출원의 분할규정에 의한 디자인등록출원이 최초에 한 디자인등록출원에 포함된 디자인으로서 새로이 디자인을 창작한 것이 아니므로 제3자에게 하등 불이익이 없고, 또한 소급효의 인정이 출원인의 보호를 위해 필요하다고 보기 때문이다. 따라서 신규성 및 선후출원 등의 판단은 원출원의 출원시를 기준으로 한다.

(2) 예 외

신규성상실의 예외규정의 적용을 받고자 하는 절차(§8②), 우선권주장에 대한 절차(§23③,④)에 관한 규정의 적용에 있어서는 예외로 하여 출원시의 소급효가 인정되지 않는다(§19②단). 이것에 대하여도 소급효를 인정하게 되면 기간 경과로 절차를 수행할 수 없는 경우가 발생하므로 출원인의 이익을 보호하기 위함이다.

2. 부적법한 분할

1) 부적법한 출원분할은 소급효가 인정되지 않고 실제 분할출원한 때에 출원한 것으로 보아 심사가 진행된다. 여기서 '부적합한 출원분할'이란 ⅰ) 분할출원이 원출원의 도면 등에 기재된 사항과 동일성이 상실된 것, ⅱ) 출원분할시 원출원이 계속 중이 아닌 것 등을 말한다. ⅰ)의 경우에는 그 후의 보정에 의하여 동일성을 유지하는 등 적법한 출원분할이라고 인정되는 경우에는 다시 출원일시의 소급이 인정된다. 이와 같은 보정이 있을 경우에 출원일의 소급을 인정하는 것은 디자인등록출원의 분할시에는 새로운 출원서 및 도면의 제출이 필요하게 되며 또한 분할에 의한 새로운 디자인등록출원에 관한 디자인과 원디자인등록출원에 나타난 디자인과의 동일성 판단은 엄격하게 이루어지기 때문에 도

면의 기재 등에 다소 하자가 있는 경우의 보정은 분할출원의 취지에 비추어 인정함으로써 출원인을 구제하고자 하는 것이다.

2) 출원분할을 할 수 있는 기간을 경과한 분할출원은 반려처분된다(시규§2①vii).

제 4 절 출원의 보정

Ⅰ. 서 언

1. 출원보정의 의의

출원의 보정이라 함은 출원에 관한 서류 등에 대하여 법률 또는 소정의 양식에 비추어 흠결이 있거나 불비한 경우에 이를 명료하게 정정·보충하는 것을 말한다. 간단히 말하여 보정이라고도 한다. 출원의 보정은 先出願主義下에서 절차의 원활한 진행을 도모하기 위해 일정한 제한범위내에서 출원인에게 법률상 인정되는 절차행위로서 출원인이 적합한 보정서를 제출함으로써 특허청에 제출된 서류 등은 처음 제출한 때부터 보정 후의 상태로 제출된 것으로 취급하게 된다.

2. 補正制度의 필요성

디자인등록출원에 관한 서류(출원서 및 첨부도면 등)는 권리청구의 주체와 내용이 표시되어 신규성 등 등록요건 판단은 이를 기초로 하여 이루어지며 또 이렇게 이루어진 절차가 디자인권의 설정등록이 이루어지게 되면 등록디자인의 보호범위를 정하는 기준이 되므로 처음부터 완전하게 작성될 것이 요구된다. 그러나 선출원주의하에서 출원을 서둘거나 착오에 의하여 흠결을 가진 채 출원되는 경우가 많고 또한 출원시에는 완전한 것으로 생각되던 출원서류 등도 그 후 심사관에 의한 심사결과 보정의 필요가 생기는 경우도 적지 않다. 이러한 경우에 그 흠결을 정정·보충할 수 있는 기회를 주지 아니하고 거절한다면 출원인에게 가혹하고 디자인보호의 취지에 반하게 된다. 또한 디자인보호법은 유사디자인제도 및 디자인무심사등록제도를 채용하고 있는데, 유사디자인제도는 자기의 기본디자인에만 유사한 디자인에 대하여는 유사디자인만으로서 등록받을 수 있다고 되어 있다(§7①). 그러나 창작한 디자인이 자기의 기본디자인에 유사한 디자인인지 아닌지는 출원시점에서 판단하기 곤란한 경우가 있고 또 그 등록은 객관적 요건에 의해 정해지므로 심사결과에 의해 출원인의 출원형식과 객관적 요건이 다른 경우가 발생하게 된다. 또한 디자인무심사등록출원할 수 있는 물품은 지식경제부령이 정하는 물품으로 정해져 있고, 이 경우 지정된 물품에 대하여는 디자인무심사등록출원으로만 출원하도록 되어 있다(§9⑥). 그러나 출원인의 과오에 의해 출원의 종류를 잘못 선정한 경우도 적지 않게 발생한다. 이러한 경우 모두 출원형식을 변경할 수 있는 기회를 주지 아니하고 거절한다면 출원인에게 가혹하고 절차경제면에서도 타당하지 않다. 그래서 이와 같은 문제를 해결하기 위해 출원서 및 첨부도면 등의 기재사항의 흠결을 정정·보충하거나 출원의 형식을 변경할 수 있는 補正制度를 인정할 필요가 있다. 이처럼 보정제도는 출원인에 대한 선출원의 지위확보와 절차의 간소화를 위해 필요한 것이다.

3. 보정제한주의

보정제도는 주로 출원인 보호의 견지에서라고 할 수 있으나 보정을 자유로이 인정하게 되면 출원인은 이익을 받을 수 있지만 그로 인하여 제3자는 예측할 수 없는 不利益을 받을 수 있을 뿐만 아니라 출원사무를 복잡하게 하며 또한 보정이 요지변경인 경우에는 선출원주의에도 반하게 된다. 따라서 보정은 일정한 제한하에서 인정할 필요가 있다. 이 때문에 디자인보호법은 보정의 시기 및 범위에 대하여 일정한 제한을 부과하고 있으며 이를 보정제한주의라고 한다.

Ⅱ. 보정의 유형

보정은 그것이 이루어지는 형식에 따라 명령에 의한 보정과 자진보정으로 나눌 수 있다.

1. 명령에 의한 보정

명령에 의한 보정이란 특허청장 또는 특허심판원장의 보정명령에 대응하여 이루어지는 보정을 말한다. 특허청장 또는 특허심판원장은 디자인등록에 관한 절차가 다음에 해당하는 경우에는 기간을 정하여 보정을 명할 수 있다(§17).

1) 절차가 행위능력이 없는 자에 의하여 행하여진 경우 또는 대리권이 없는 자에 의하여 이루어진 경우 　　절차가 행위능력이 없는 자에 의해 행하여진 경우란 미성년자, 금치산자 등 행위능력이 없는 자가 法定代理人에 의하지 않고 절차를 밟는 경우이다. 또한 절차가 대리권이 없는 자에 의하여 이루어진 경우란 무권대리 또는 대리권의 범위를 넘는 절차대리를 한 경우이다.

2) 절차가 법령이 정하는 方式에 위반된 경우 　　절차가 법령이 정하는 방식에 위반된 경우란 구체적으로 다음과 같은 경우이다.[18)]

(가) 법령에서 정한 필요적 기재사항(창작자의 주소·성명, 출원인의 성별·코드번호 등)의 기재가 없는 경우

(나) 외국인으로서 국적의 기재가 없는 경우

(다) 첨부서류와 출원서류의 불일치 또는 첨부서류가 미첨부된 경우

(라) '디자인창작내용의 요점'에 대한 기재가 없는 경우

3) 절차에 대하여 납부하여야 할 수수료를 납부하지 아니한 경우 　　출원료, 청구료 등 법정수수료를 납부하지 않은 경우 또는 부족납부한 경우에는 보정명령의 대상이 된다.

2. 자진보정(자발적 보정)

자진보정이란 특허청장 또는 특허심판원장의 보정명령에 의하지 않고 출원인의 자발적 의사에 의하여 행하는 보정을 말하며 自發的 補正이라고도 한다. 자진보정은 디자인등록에 관한 절차 이후 방식상의 불비나 흠결사항을 스스로 발견하고 또는 절차를 보다 더 완전한 것으로 하기 위하여 하는 전혀 자발적 의지에 의해 행하는 보정과 특허청 심사관의 거절이유에 대한 해소를 목적으로 행하는 보정이 있다.[19)]

---

18) 법령이 정하는 방식은 순수한 형식적인 것(이를테면 출원인의 성명·코드번호의 기재, 첨부서류의 유무 등)과 실체에 관계되는 것(예를 들면 도면의 기재요령 중 일반적 유의사항이나 도면 작성방법 등)이 있다. 실무상은 이 중에서 순수한 형식적인 것에 대해서만 보정명령의 대상으로 하고 실체에 관계되는 것에 대해서는 심사관에 의한 거절이유통지에 의해 자진보정을 촉구하는 것으로 하고 있다.

19) 심사관은 실체적인 요건의 흠결에 대해 거절이유통지에 의해 출원인의 의지에 의해 보정을 촉구하는 것으로 하고 있으나 그 거절이유로 하는 바가 실질적으로는 보정을 종용하는 것이라 하더라도 이는 출원인의 의지에 의할 것임을 전제로 하는 것이다.

Ⅲ. 보정의 내용

보정은 그것이 이루어지는 내용에 의해 i) 형식적 요건에 관한 보정(방식보정 또는 節次的 補正이라고 한다), ii) 실체에 관한 보정(實體的 補正), iii) 출원형식의 변경에 관한 보정(출원변경의 보정)으로 나누어 볼 수 있다.

1. 방식보정(절차적 보정)

법령이 정하는 절차를 취하여야 할 일정한 형식을 방식이라고 하며 여기에서 말하는 방식보정이란 절차에 관한 기재상의 형식적 요건에 관한 보정으로 한정하는 의미이다. 특허청장 또는 특허심판원장이 보정을 명할 수 있는 사항은 모두 여기서 말하는 方式에 해당된다.

2. 실체적 보정

실체적 보정이란 디자인등록출원된 권리내용에 직접적으로 관계되는 것의 보정, 즉 디자인등록출원의 실체에 관한 사항의 보정을 말한다. 그 주된 내용은 i) 디자인의 대상이 되는 물품, ii) 부분디자인, iii) 도면, iv) 디자인의 설명의 기재이다.

보정은 거기에 기재된 내용을 바르게 보충하고 또는 완전한 것으로 하는 절차행위이지만 실체에 관계되는 그것은 출원, 따라서 권리내용에 직접적으로 관계되는 것이므로 그 정정이나 보충은 그 출원의 내용을 實質的으로 변경하는 것(요지변경)이 되어서는 아니 된다(§18①).

3. 출원변경의 보정

출원변경의 보정이란 유사디자인등록출원을 단독의 디자인등록출원으로, 단독의 디자인등록출원을 유사디자인등록출원으로 또는 디자인무심사등록출원을 디자인심사등록출원으로, 디자인심사등록출원을 디자인무심사등록출원으로 각각 변경하는 보정을 말한다(§18②,④).

이 출원변경의 보정제도는 2004년 법개정에서 절차의 간소화와 출원인의 편의를 도모하기 위하여 종전의 출원의 변경제도를 폐지하고 이를 보정제도로 흡수한 것이다.[20]

Ⅳ. 보정의 요건

1. 주체적 요건

출원의 보정제도는 디자인등록출원인을 보호하기 위한 것이므로 보정의 주체는 디자인등록출원인이다(§18①). 대리인은 特別授權의 여부에 관계없이 보정할 수 있다(§4의4). 보정은 불이익행위에는 해당하지 않기 때문이다. 디자인에 관한 절차를 밟는 자가 2인 이상인 경우에는 각자가 전원을 대표하여 보정을 할 수 있으나(§4의8) 대표자를 선정하여 특허청 또는 특허심판원에 신고한 때에는 그 대표자 이외의 다른 공유자는 보정을 할 수 없다(§4의10①). 그러나 代表者를 선정하여 특허청 또는 특허심판원에 신고한 경우에도 전원에게 효력이 미치지 않는 본인만을 위한 행위(예컨대 주소변경신고 등)에 대하여는 그 대표자에 의하지 않고 선정자 각자가 스스로 절차를 수행할 수 있다.

2. 객체적 요건

출원보정의 대상이 되는 것은 출원서 및 첨부도면 등이다. 이들이 디자인특정의 기초가 되는 것이기 때문이다. 보정이 가능한 범위는 최초의 디자인등록 출원의 요지를 변경하지 않는 범위에 한한다(§18①). 여기서 '최초의 디자인등록출원의 요지'란 최초의 출원서 및 첨부도면 등으로부터 특정된 출원의 내용을 말하고, '요지의 변경'이란 출원 당초의 출원서 및 도면 등으로부터 특정된 디자인과 동일성을 해치는 것을 말한다. 따라서 출원서의 기재 또는 첨부도면 기재의 변경은 원칙적으로 요지의 변경이 된다. 그러나 오기의 정정, 불명료한 기재의 석명 등은 요지의 인정에 영향을 미치지 않는 정도의 미세한 부분의 기재불비라고 인정될 때에는 요지의 변경이 되지 않는다. 또한 2004년 법개정에 의해 보정에 흡수된 출원을 변경하는 보정도 요지변경에 해당하지 않는다.

3. 시기적 요건

(1) 명령에 의한 보정의 경우

특허청장 또는 특허심판원장이 디자인등록에 관한 절차에 대한 불비점을

20) 다만, 유사디자인등록출원과 단독의 디자인등록출원 상호간의 출원의 변경은 합체되는 권리가 비합체되는 권리로 또는 비합체되는 권리가 합체되는 권리로 권리내용의 변동을 수반하기 때문에(§42) 이를 보정제도를 흡수하는 것이 타당한 것인지는 의문이다.

발견하여 보정을 명한 경우에는 그 지정기간 내에 보정이 이루어져야 하며 이 경우 보정은 方式補正에 한한다(§17). 특허청장 또는 특허심판원장이 정할 수 있는 기간은 1월 이내로 한다(시규§10의5①).

(2) 자진보정의 경우

출원의 보정은 디자인등록여부결정의 통지서가 송달되기 전까지 할 수 있다.[21)]

다만, 법 제27조의2에 따른 재심사를 청구하는 경우에는 재심사를 청구하는 때에 보정할 수 있다(§18⑤).[22)] 여기서 '법 제27조의2에 따른 재심사를 청구하는 경우'란 디자인등록출원에 관하여 거절결정등본을 송달받은 날부터 30일(디자인등록거절결정에 따른 심판청구기간을 연장한 경우에는 그 연장된 기간을 말한다) 이내에 재심사를 청구하는 경우를 말한다. 出願公開制度와 審査請求制度를 채용하고 있는 특허법에서는 보정의 시기 및 범위에 대하여 엄격한 제한을 하고 있는 데(특§47) 비해 디자인보호법은 원칙적으로 디자인등록여부결정의 통지서가 송달되기 전까지는 언제라도 보정할 수 있도록 되어 있다.

Ⅴ. 보정의 절차

보정은 특허청장 또는 특허심판원장의 명령에 의한 보정이든 출원인의 자발적 의사에 의한 자진보정이든 모두 법정한 보정서에 의하여 행하여야 한다(시규§3 별지 제2호서식).

의사 표시의 명확화와 절차의 확실을 기하기 위한 것이다. 보정서의 주요 기재사항은 i) 보정구분(출원서 등 보정, 도면 등 보정, 이의신청서 등 보정), ii) 제출인(성명 또는 명칭, 출원인코드, 사건과의 관계), iii) 대리인(성명 또는 명칭, 대리인코드, 포괄위임등록번호), iv) 사건의 표시(출원번호, 심판번호), v) 제출원인이 된 서류의 접수(발송)번호, vi) 보정할 서류, vii) 보정할 사항(보정대상항목, 보정방법, 보정내용), viii) 수수료

---

21) 일본 디자인법은 보정이 심사 또는 계속 중에만 가능한 것으로 되어 있다. 따라서 사정(디자인등록여부결정) 또는 심결이 있은 후에는 보정을 할 수 없다. 이것은 사정처분이 있은 후 보정을 인정하게 되면 그 처분을 철회하지 않는 한 심리할 수 없게 되고 또 실체심사 후의 보정인정은 행정절차의 신속성을 저해하고 비경제적이기 때문이다.

22) 디자인보호법 제18조 제5항은 보정의 종기에 관해 규정한 것이나 보정은 디자인등록출원서를 특허청에 제출한 직후부터 가능하다고 해석된다.

의 금액, ix) 첨부서류명 등이 있다.

Ⅵ. 보정의 효과

1. 적법한 보정

출원의 보정으로 어떤 특별한 효과를 발생케 하는 명문의 규정은 없으나 적법한 보정이 행하여진 경우에는 그 보정내용으로 최초의 출원이 그대로 승계되고 출원의 지위 또는 신규성의 시점 등이 최초의 출원시를 기준으로 그대로 보장되는 효과가 발생한다. 이와 같은 효과의 인정에 보정의 의의가 있고 따라서 요지를 변경하는 보정은 인정되지 않는 것으로 한다. 또한 법 제18조 제2항에 의해 유사디자인등록출원을 단독의 디자인등록출원으로 보정하는 경우에 있어서는 신규성상실의 예외규정의 적용을 받기 위한 절차(§8②) 규정의 적용예외가 인정된다(§18③). 따라서 출원인은 상기 출원변경의 보정에 있어서는 법 제8조 제2항의 규정에 불구하고 그 보정을 하는 때에 신규성상실의 예외규정의 적용을 받기 위한 절차를 취할 수 있다.

2. 부적법한 보정

(1) 보정불응의 경우(절차의 무효)

절차의 형식적 요건에 관한 불비사항에 대하여 특허청장 또는 특허심판원장의 보정명령을 받은 자가 지정된 기간 내에 보정을 하지 않은 때에는 그 디자인에 관한 절차를 無效로 할 수 있다(§4의15①). 디자인에 관한 절차가 무효로 된 경우에는 그 기간을 지키지 못한 것이 보정명령을 받은 자가 책임질 수 없는 사유에 의한 것으로 인정되는 때에는 그 사유가 소멸된 날부터 14일 이내에, 그 기간의 만료일부터 1년 이내에 한 청구에 의하여 그 무효처분을 취소할 수 있다(§4의15②).

(2) 보정이 要旨變更인 경우

출원의 보정이 요지를 변경한 것인 때에는 심사관은 그 보정을 인정하지 않고 결정으로 각하하여야 한다(§18의2①). 이것을 補正却下制度라고 한다.[23)]

23) 보정각하제도는 1990년 개정법(법률 제4208호)에서 채용한 제도이다.

보정각하제도는 i) 법규에 위반된 보정을 배척하여 법적 안정성을 기하고, ii) 결정에 불복이 있는 경우 행정구제의 근거를 마련하고, iii) 각하의 형식으로 처분을 내리게 함으로써 심사관의 판단에 보다 신중을 기하도록 하기 위함이다. 그러나 출원의 보정이 요지를 변경하는 것으로 디자인권의 설정등록 후에 인정된 때에는 그 디자인등록출원은 그 보정서를 제출한 때에 출원한 것으로 본다(§18⑥). 따라서 디자인의 등록요건인 신규성, 선출원 등의 판단시기가 출원시가 아닌 보정시로 변경된다. 즉, 보정이 요지변경인 경우에는 권리의 성립요건에 관한 출원시기에 변동효과를 가져오게 된다.

(3) 보정기간을 경과한 경우

실체에 관계되는 보정이 그 보정을 할 수 있는 기간을 경과하여 제출된 경우에는 반려처분된다(시규§2①vii). 반려처분은 行政法上의 거부처분에 해당되며 이에 불복이 있는 경우에는 행정심판을 청구하거나 행정소송으로 그 취소를 구할 수 있다.

제 5 절 요지변경

Ⅰ. 서 언

1. 의 의

디자인등록출원서의 기재사항, 디자인등록출원서에 첨부한 도면, 도면의 기재사항 및 사진이나 견본의 보정은 그 요지를 변경하는 것이 되어서는 아니 된다(§18①). 디자인보호법상 요지변경에 관한 개념정의가 없으나 일반적으로 보정에 의한 요지변경이라 함은 디자인등록출원서의 디자인의 대상이 되는 물품, 디자인의 설명 또는 도면(사진, 견본 포함) 등을 종합적으로 판단하여 최초의 디자인등록출원한 디자인과의 동일성이 유지되지 않는 것을 말한다.

원래 디자인의 要旨는 디자인의 내용의 중심적 위치를 점하는 도면(사진, 모형, 견본)과 이것을 설명하기 위한 디자인의 설명 및 디자인의 대상이 되는 물품이며 이들의 변경이 곧 요지변경이 되지만 그러나 명백한 오기의 정정, 불명료한 기재의 석명 또는 디자인의 동일성이 유지되는 범위 내에서의 보정은 요지변경이 아닌 것으로 해석되고 있다.

2. 요지변경을 인정하지 않는 이유

선출원주의하에서는 최선의 출원자에게 권리를 허여하므로 만약 요지변경된 보정을 인정하게 되면 그 보정의 효과가 최초의 출원시까지 소급되는 결과가 되어 선출원주의에 반하게 되며 法的 安定을 해치게 된다. 따라서 이와 같은 폐단을 방지하고 善意의 제3자를 보호하기 위하여 요지변경된 보정은 인정하지 않는다.

Ⅱ. 요지변경의 판단

1. 요지변경의 판단주체

심사관은 법 제18조 제1항의 규정에 따른 보정이 디자인등록출원의 요지를 변경하는 것인 때에는 결정으로 그 보정을 각하하도록 규정되어 있고(§18의2①), 또 이 규정은 거절결정에 대한 심판에서 준용하도록 되어 있다(§71①). 또한 요지를 변경하는 것으로 디자인권의 설정등록이 있은 후에 인정된 때에는 그 디자인등록출원은 그 보정서를 제출한 때에 디자인등록출원한 것으로 본다고 규정되어 있다(§18⑥).

따라서 심사관은 출원계속 중에 보정이 있는 경우 그 보정이 요지를 변경하는 것으로 인정되는 때에는 각하하여야 하므로 심사계속 중에 要旨變更의 判斷主體는 심사관이 되고, 거절결정에 대한 심판계속 중에 보정이 있는 경우 심판관은 그 보정이 요지를 변경한 것으로 인정되는 때에는 각하하여야 하므로 심판계속 중에 요지변경의 판단주체는 심판관이 된다.

그러나 디자인권의 설정등록이 있은 후에는 판단주체에 관한 명문의 규정은 찾아볼 수 없으나 요지변경이 문제가 되는 것은 출원시와 보정서 제출시의 사이에 무효원인이 존재하는 등 권리에 변동을 초래하든가 또는 선사용권, 이용·저촉관계 등의 권리관계가 존재하는 등의 구체적 국면에 있어서이다. 따라서 여기서의 판단주체는 이들 권리에 대한 청구 등 당해 사건에 관하여 심리권한을 가지는 기관이라 할 것이므로 디자인권의 설정등록 후의 요지변경의 판단주체는 심판관 또는 재판관이 된다.

2. 요지변경의 판단대상

등록디자인의 보호범위는 디자인등록출원서의 기재사항 및 그 출원서에 첨부한 도면 · 사진 또는 견본과 도면에 기재된 디자인의 설명에 표현된 디자인에 의하여 정하여진다(§43).[24] 따라서 출원서의 기재사항 및 출원서에 첨부한 도면 등과 도면에 기재된 디자인의 설명으로부터 직접적으로 도출된 구체적인 디자인의 내용이 디자인의 요지가 되므로 요지변경의 판단대상은 이들에 대한 보정내용을 대상으로 하여 최초에 출원한 디자인의 요지와의 동일성 여부로 판단한다.[25]

Ⅲ. 요지변경의 기준

보정이 요지를 변경하는 것인지에 대한 판단은 출원당초와 보정 후의 각각의 출원서의 기재사항 및 출원서에 첨부한 도면 등과 도면에 기재된 디자인의 설명에 대하여 동일성 여부를 판단하는 것이나 디자인보호법상 그 구체적인 해석의 지침이 되는 기준이 존재하는 것은 아니다. 따라서 보정의 요지변경여부는 그 제도의 의의 내지 원칙적 해석으로부터 연역적으로 이루어지게 된다.

1. 출원서의 기재사항

(1) '부분디자인'란의 기재

1) '부분디자인'의 표시란을 추가하는 보정　　출원 당초의 출원서의 기재

---

24) 출원서의 기재사항에는 ⅰ) 출원인, ⅱ) 대리인, ⅲ) 부분디자인 여부, ⅳ) 디자인의 대상이 되는 물품, ⅴ) 단독디자인, 유사디자인 여부, ⅵ) 기본디자인의 표시, ⅶ) 창작자, ⅷ) 우선권주장 등이 있으나 이 중 디자인의 요지와 관계되는 것은 ⅰ) 부분디자인 여부, ⅱ) 디자인의 대상이 되는 물품란의 기재이다.

25) '직접적으로 도출된'이라는 것은 출원서의 기재 및 출원서에 첨부한 도면 등과 도면에 기재된 디자인의 설명에 의거하여 도출되는 것을 의미하고 출원서 또는 첨부도면 등에 포함되지 않는 우선권증명서, 신규성상실의 예외규정의 적용을 받기 위한 증명서, 그리고 도면의 기재사항인 창작내용의 요점 등은 판단의 기초가 되지 아니한다. 또한 '구체적인 디자인'이라는 것은 사용목적, 사용상태 등에 의거한 용도나 기능이 명확(물품이 명확)하고, 또한 형상 · 모양 · 색채가 명확한 디자인을 말한다.

및 첨부도면 등에 대하여 종합적으로 판단하여 부분디자인에 관한 것으로 인정되지 않을 때에 출원서에 '부분디자인'란을 추가하는 보정은 요지변경이 된다. 그러나 종합적으로 판단하여 부분디자인에 관한 것이라는 사실을 도출할 수 있을 때에 출원서에 '부분디자인'란을 추가하는 보정은 요지변경이 되지 아니한다.

2) '부분디자인'의 표시란을 삭제하는 보정 종합적으로 판단하여 부분디자인에 관한 것이라는 사실을 도출할 수 있을 때 출원서로부터 '부분디자인'란을 삭제하는 보정은 요지변경이 된다. 그러나 종합적으로 판단해도 해당출원이 부분디자인에 관한 것이라고 인정되지 않을 때에 출원서로부터 '부분디자인'란을 삭제하는 보정은 요지변경으로 보지 않는다.

(2) '디자인의 대상이 되는 물품'란의 기재

출원서의 '디자인의 대상이 되는 물품'란에는 그 디자인이 화체하는 물품명을 기재하도록 하고 있다. '디자인의 대상이 되는 물품'란의 기재에 대하여 행한 보정이 요지변경인지의 여부는 종합적으로 판단하였을 경우에 당초의 출원서의 기재 및 출원서에 첨부된 도면 등으로부터 도출되는 물품의 구분을 그 디자인이 속하는 분야에서의 통상의 지식에 의거하여 당연히 도출할 수 있는 동일한 범위를 넘어서 변경하는 것인지의 여부에 의해 판단한다.

1) 同一物品 디자인은 물품이 다르면 별개의 디자인이 되므로 물품이 실질적으로 다르게 되는 보정은 원칙적으로 요지변경이 된다. 따라서 그 최초의 출원서에 기재된 물품이 다른 것이 될 때에는 그 물품에 의해 의미가 부여된 형태의 가치 그 자체에 변동을 미치게 되어 동일성을 유지할 수 없게 된다. 디자인보호법에서 동일물품이란 디자인보호법 제11조 제2항의 지식경제부령으로 정하는 물품의 구분, 즉 디자인보호법 시행규칙 제9조 제1항 「별표4」에 규정된 물품을 말한다. 예를 들면 시계(J2류)에 대해 말하면 물품의 구분은 단위물품명으로 회중시계, 손목시계, 탁상시계, 벽시계 등과 같이 예거되어 있어서 손목시계 중에서도 태엽식 손목시계, 자동식 손목시계 등은 모두 손목시계 속에 포함되는 것이므로 태엽식 손목시계나 자동식 손목시계는 손목시계로서는 同一物品인 것이다. 따라서 최초의 물품명을 태엽식 손목시계라고 표현하여 출원한 것을 손목시계로 보정하는 것은 동일물품 구분 내에서 정당한 물품의 명칭으로 바로잡는 것이므로 요지변경으로 되지 않는다.

서양인형을 인형(인형이 정확한 물품구분이다)으로 보정하는 것, 또는 냉장고 포장용 상자를 포장용 상자(포장용 상자가 정확한 물품구분이다)로 보정하는 것도 마찬가지이다. 또한 상표명 또는 ○○식 등 고유명사를 붙인 것으로부터 그 불요한 고유명사를 제거하는 것, 구조·기능 또는 작용효과를 붙인 것으로부터 그 구조·기능 또는 작용효과를 제거하는 것, 형상·모양·색채에 관한 명칭을 제거하는 것, 재질명을 붙인 것으로부터 재질명을 제거하는 것, 한 벌(법 제12조에 의한 한 벌 물품의 경우는 제외한다)·한 세트·유니트·한 짝·한 켤레·1족 등의 표현을 사용한 것으로부터 그 한 벌·한 세트 등의 명칭을 제거하는 것 등 동일물품 내에서 정당한 물품의 구분으로 변경하는 것은 요지변경이 아니다.

생략된 물품명을 사용한 것, 외국문자를 사용한 것, 또는 우리나라말로 보통명칭화되어 있지 아니한 外國語를 사용한 것 등을 각각 동일물품의 범위내에서 정당한 물품의 구분으로 정정하는 경우에도 요지변경이 되지 아니한다.

또 총괄명칭을 그 하위개념의 정당한 물품의 명칭으로 보정하는 것도 요지변경이 되지 않는다. 예컨대 저고리라고 기재하여야 할 것을 한복이라고 기재하거나 문짝이라고 기재하여야 할 것을 건축용품이라고 기재한 경우에는 그 디자인이 구체적으로 표시되지 않았으므로 디자인보호법이 말하는 정당한 물품의 명칭으로 보정하여야 할 것이나 첨부도면 등으로부터 추측하여 상식적으로 납득할 만한 그 하위개념의 정당한 물품명으로 보정하는 것이면 요지변경이 되지 않는다고 할 것이다. 안경용 경첩을 단순히 경첩이라고 기재한 것과 같이 용도를 명확히 표시하지 아니한 경우에도 동일하다.

2) 類似物品·非類似物品에 관하여　　물품의 구분은 이론적으로는 명확한 한계가 지어져 있어 다른 물품과 명백히 구별되는 것이나 실제로는 인접하는 물품간에 중간영역이 왕왕 존재한다. 예컨대 포장용 접시(F4—50類)와 접시(C5—20類), 과실 바구니(C5—20類)와 포장용 바구니(F4—50類) 등과 같은 사이에서는 동일물품은 아니나 디자인에 따라서는 매우 접근해 오는 가능성이 있다. 동일물품 이외의 물품명의 보정은 원칙적으로 요지변경이 되지만 디자인이 매우 접근하여 올 때에는 요지변경으로 되지 않는 경우도 생긴다. 디자인의 내용을 결정하는 가장 중추적인 것은 첨부도면 등이기 때문에 첨부도면 등에 포함된 디자인으로부터 추측하여 그 물품명으로의 변경이 허용될 것인가의 여부를 판단하여야 할 것이다.

만약 첨부도면으로부터 추측하여 정정하는 것이 어느 모로 보나 타당한 것이라고 생각되는 정도의 것이라면 비록 동일물품의 범위를 넘어선다 하더라도 어느 정도는 예외적으로 요지변경이 아니라도 생각하여야 할 것이다. 그러나 이것을 너무 넓게 인정하게 되면 선후원 관계의 혼란이나 이중등록의 위험이 발생할 수 있다.

3) 완성품과 부품에 관하여　　완성품과 부품간에도 문제가 있다. 완성품과 부품은 원칙적으로는 비유사물품이다. 따라서 완성품으로부터 부품, 부품으로부터 완성품으로의 물품명의 변경은 원칙적으로 요지변경이 된다. 그러나 라디오수신기와 라디오수신기용케이스(H3-70類)와 같은 경우에는 디자인적 측면에서 보면 동일한 도면이 되는 일이 있으므로 이러한 경우에는 부품과 완성품간의 물품명의 변경이라 하더라도 요지변경으로 보지 않아야 한다.

2. 출원서에 첨부한 도면 등

출원서에 첨부한 도면·사진·견본은 객체의 실질적 내용을 기재하는 것으로서 디자인의 범위를 결정하는 각 요소 중 가장 중요한 요소이다. 도면 등에 관한 보정이 요지변경인지의 여부는 종합적으로 판단하였을 경우에 출원당초의 도면 등에 기재된 물품의 형상·모양·색채 또는 이들의 결합으로부터 당연히 도출될 수 있는 동일한 범위를 넘어서 물품의 형상·모양 등을 변경하는 것인지의 여부에 따라 판단한다.

(1) 도면을 정정·보충하는 보정

도면의 정정은 현재 기재되어 있는 도면에 의해 표현 제시되어 있는 디자인을 바르게 보충하는 것이다. 그 구체적인 태양은 각도 불일치의 정정, 도법의 정정 등 도면작성상의 과오에 의한 것 또는 문자 등 디자인의 구성요소 이외의 것의 기재의 삭제 등이며 이들의 정정은 대부분의 경우 이른바 오기정정의 범위에 그친다. 보충은 출원당초에 기재되지 아니한 도면을 제출하는 것으로 그 태양은 출원당초에 법령이 규정하는 하나의 도면기재가 없는 것의 보충과 하나의 도면기재는 되어 있어 일응 법령상의 형식적 요건을 만족하고 있으나 그들 도면만으로는 디자인을 충분히 표현한 것이라 할 수 없어 새로운 필요도면(단면도, 확대도 등)을 제출하는 것이 있다. 도면의 정정·보충은 구체적으로 다음과 같은 기준에 따라 요지변경 여부를 판단한다.

1) 6면도와 사시도 중 불일치한 1면을 중심으로 하여 다른 도면을 정정함으로써 최초에 제출한 도면으로부터 상기되는 것과 다른 디자인이 되는 경우에는 요지변경이 된다. 불일치한 도면을 정정하여 일치시키는 보정은 명백한 착오인 부분을 정정하는 것이므로 원칙적으로 요지변경이 되지 않는다. 예를 들면 입체디자인에 있어서 6면도 중 5면이 일치하고 있고 어느 일정한 형태의 디자

인을 상기시키는 것이지만 나머지 1면이 그들과 일치하지 않을 경우에 나머지 일치하지 아니한 1면을 다른 5면과 일치시키도록 하는 보정은 요지변경이 되지 않는 것이지만 나머지 1면을 중심으로 하여 다른 5면을 모두 정정함으로써 최초에 제출한 도면으로부터 상기되는 것과 다른 디자인이 되는 경우에는 이것은 불일치한 도면을 일치시키는 것이지만 要旨變更에 해당하게 된다.

2) 정투상도법이 아닌 도면을 정투상도법에 의한 도면으로 보정한 경우, 최초의 정투상도법에 의하지 않은 도면으로부터 상기할 수 있는 디자인과 동일성을 상실하지 않을 정도의 것이면 요지변경이 되지 않는다.

3) 도면, 사진 등이 너무 작거나 불선명한 경우에 최초에 출원한 것과 동일성을 상실하지 않은 범위내의 적당한 크기 또는 선명한 것으로 보정한 경우 요지변경이 되지 아니한다. 또 선명한 사진이더라도 배경 등 불필요한 것이 촬영되어 있어서 정확한 디자인을 알 수 없는 경우에 이 배경, 음영 등을 제거하기 위하여 보정한 경우에는 요지변경이 되지 않는다. 배경, 음영 등을 제거하는 보정은 디자인의 동일성을 해치는 것이 아니기 때문이다. 도면 중에 음영, 지시선, 기타 디자인을 구성하지 않는 선, 부호 또는 文字 등을 표현하고 있는 경우에 이것을 제거하기 위해 보정한 경우에도 동일하다.

4) 각도의 축척이 상위한 경우에 그 도면에서 추측되는 범위 내에서 축척이 합치되는 도면으로 보정하는 경우에는 요지변경이 되지 않는다.

5) 복수디자인등록출원의 출원서에 기재된 출원디자인의 수와 첨부된 도면상 디자인의 수가 불일치가 있어 출원서에 기재된 출원디자인의 수에 맞추어 도면을 추가로 제출하는 경우에는 요지변경이 된다. 예컨대 출원서에는 10개의 디자인을 출원하는 것으로 표시되었으나 도면은 9개의 디자인에 대한 것만 제출된 경우 1개 디자인에 대한 도면을 추가로 제출하는 경우이다(그러나 실무상 이와 같은 해석운용은 디자인보호법 시행규칙 제2조 제1항 제4호의 규정과 저촉되고 있다). 반면 복수디자인등록출원의 출원서에 기재된 출원디자인의 수를 첨부된 도면상 디자인의 수에 따라 보정하는 경우 또는 복수디자인등록출원된 디자인의 일부를 취하하기 위하여 출원디자인의 일부를 삭제 보정하는 경우에는 요지변경이 되지 아니한다.

(2) 형태구성요소를 변경하는 보정

1) 최초의 도면 등에 표현된 형상·모양이나 색채상의 부가, 삭감, 변경 등으로 인하여 외관에 영향을 미치는 경우에는 요지변경이 된다. 즉 형상만의 디자인에 모양이나 색채를 부가한 경우(주로 도면에 의한 출원절차를 도면대용 사진으로 보

정하는 경우에 발생한다) 또는 형상·모양 및 색채의 결합디자인에 대하여 모양이나 색채의 삭감 또는 형상·모양이나 색채의 변경 등으로 외관에 영향을 미치는 경우에는 동일성이 해쳐져서 요지변경이 되는 것이다. 그러나 그 부가, 삭감, 변경 등이 있다 하더라도 外觀에 거의 영향을 미치지 않는 경우에는 요지변경이 되지 않는다.

2) 도면으로 제출되었던 디자인을 대용사진 또는 대용견본으로 보정하거나 반대로 사진 또는 견본으로 제출되었던 디자인을 도면으로 보정한 경우에는 도면을 그대로 실시하면 그렇게 될 것이라고 추측할 수 있는 범위내의 보정인 경우에는 요지변경으로 되지 않는다. 도면으로 표현한 디자인에 있어서는 材質感 같은 것은 도저히 표현하기 곤란한 것이기 때문에 도면과 사진 또는 견본으로서는 어느 정도의 차이는 불가피한 것이기 때문이다. 그러나 도면으로 제출되었던 디자인을 사진으로 보정하는 경우에 도면으로는 형상만의 디자인이었는데 모양이나 색채의 결합으로 되는 경우가 있다. 이 경우는 물론 모양 또는 색채가 부가된 것이므로 요지변경이 된다. 심사실무상은 도면을 사진으로 보정하거나 사진을 도면으로 보정하는 경우에는 사시도 및 6면도 모두를 도면 또는 사진 등 한 가지로 統一하여 보정하여야 하도록 하고 있다.

(3) 부분디자인등록출원의 도면 등에 대한 보정

1) 부분디자인으로서 디자인등록을 받고자 하는 부분의 형상 등을 동일한 범위를 넘어서 변경하는 것이 되는 보정 또는 해당부분이 물품의 전체 중에서 차지하는 위치, 크기, 범위를 변경하는 것이 되는 보정은 요지변경이 된다.

2) 부분디자인 이외의 부분을 부분디자인으로서 디자인등록을 받고자 하는 부분으로 하는 보정 또는 부분디자인 이외의 부분의 크기, 형상을 변경함으로써 종합적으로 판단했을 경우에 부분디자인의 물품 전체 중에서 차지하는 위치, 크기, 범위를 변경하는 것이 되는 보정은 요지변경이 된다. 그러나 디자인등록을 받고자 하는 부분의 위치, 크기, 범위에 변경이 없을 때에는 동일한 범위의 보정으로서 요지변경으로 되지 않는다.

3) 2 이상의 부분디자인을 포함하는 것으로 인정되는 디자인등록출원을 하나의 디자인에 관한 부분디자인마다 분할할 때에 당초의 출원에 대해 분할한 디자인을 삭제하는 보정은 요지변경이 되지 않는다. 또 2 이상의 部分디자인을 포함한다고 인정되는 디자인등록출원에 대하여 분할을 수반하지 않고 그 일부를 삭제함으로써 하나의 부분디자인에 관한 출원으로 하는 보정도 요지변경이

되지 않는다.

(4) 2 이상의 디자인을 포함하는 것을 하나의 디자인으로 특정하는 보정 등

1) 2 이상의 물품의 도면을 나타낸 것(여러 개의 물품을 배열한 것을 포함한다)을 1 디자인마다의 출원으로 분할할 때에 당초의 출원에 대하여 분할할 디자인을 삭제하는 보정은 요지변경으로 되지 않는다.

2) 출원당초의 출원서에 첨부된 도면에 있어서 한 벌의 물품으로 인정되는 한 벌의 물품의 디자인과 한 벌의 물품의 구성물품으로 부적당하다고 인정되는 물품이 포함되어 있는 경우에 이 출원을 한 벌의 물품의 디자인등록출원과 1디자인의 디자인등록출원으로 분할할 때에 당초의 출원에 대하여 한 벌의 물품으로서 부적당한 물품을 삭제하는 보정은 요지변경이 되지 않는다.

그러나 구성물품으로서 적당하다고 인정되는 물품을 부가 또는 삭제하는 보정은 그 부가 또는 삭제된 구성물품이 포함되는 것이 필수라고 인정된 중심적인 구성물품인지의 여부에 관계없이 종합적으로 판단했을 경우에 당연히 도출할 수 있는 동일한 범위를 넘는 것으로서 요지변경이 된다.

3) 組合된 상태의 도면만의 출원에 대하여 각 구성물품마다의 도면을 기재하는 보정은 종합적으로 판단하여 도출할 수 없는 구성물품의 형상 등을 보충하는 경우라면 요지변경이 되나 구성물품마다의 형상 등을 도출할 수 있을 때에는 요지변경이 되지 않는다.

(5) 글자체디자인에 관한 도면의 보정

1) 글자체디자인에 관한 보기문장도면 또는 대표글자도면을 중심으로 하여 지정글자도면을 정정함으로써 최초에 제출된 도면으로부터 상기되는 것과 다른 디자인이 되는 경우에는 요지변경이 된다.

2) 글자체디자인에 관한 지정글자도면(지정글자도면 중 일부가 부족한 경우를 포함한다), 보기문장도면 또는 대표글자도면 중 일부가 부족한 경우에 그것을 보충하기 위한 도면이 이미 제출된 도면으로부터 상기될 수 있는 디자인과 동일성을 상실하지 않는 정도의 것으로 보정된 경우에는 요지변경이 되지 않는다. 또한 이미 제출된 도면을 기준으로 상식적으로 판단하여 동일성이 인정되는 범위내에서 글자체디자인에 관한 지정글자도면을 중심으로 하여 보기문자도면 또는 대표글자도면을 보정하는 경우에도 요지변경이 되지 않는다.

3. 디자인의 설명

1) 첨부도면으로 추측하여 상식적으로 판단되는 범위를 벗어날 정도로 디자인의 설명을 보정하는 경우에는 요지변경이 된다. '디자인의 설명'란에는 i) 물품의 사용목적·사용방법·재질 또는 크기 등에 관한 설명, ii) 동적 디자인에 관한 설명, iii) 생략색채에 관한 설명, iv) 투명부에 관한 설명, v) 생략 길이에 관한 설명, vi) 부분디자인의 특정방법에 관한 설명을 기재하도록 하고 있다(시규§7① 별표2). 그러나 물품의 사용목적·사용방법·재질 또는 크기에 관한 설명이 상식적 판단의 범위를 벗어난 경우에는 요지변경이 된다.

2) 동적 디자인에 있어서 그 변화의 전후에 걸친 물품의 형상·모양·색채 또는 이들의 결합에 관하여 등록받고자 하는 경우 그에 관한 설명이나 생략색채가 있는 경우 그에 관한 설명, 투명부가 있는 경우 그에 관한 설명, 생략길이가 있는 경우 그에 관한 설명은 반드시 기재하여야 하도록 요청되고 있기 때문에 최초의 출원시에 이들에 대하여 디자인의 설명란에 기재하여야 하며 출원 이후에 보충하는 것은 요지변경이 될 가능성이 높다. 예를 들어 "책상의 상판, 의자의 시트가 투명하다"라고 하는 것을 디자인등록출원 후에 보충하는 것은 상식적으로 판단되는 범위를 벗어난 것이므로 요지변경이 된다. 동적 디자인에 대한 설명, 생략색채에 관한 설명, 투명부에 관한 설명도 마찬가지이다. 그러나 그것이 매우 상식적인 경우, 예컨대 손목시계나 벽시계의 정면 유리면에 해당하는 부분, 안경이나 카메라 등의 렌즈에 해당하는 부분이 투명이다라고 하는 보충은 상식적인 범위 내이므로 요지변경에 해당되지 않는다.

3) 직물지나 벽지 등의 경우에 일방 또는 사방으로 연속된다는 뜻의 설명의 기재가 없는 경우에 이를 보충하는 것 또는 라디오 수신기의 코드 등 중간 생략 도면에 있어 생략길이가 몇 ㎝라는 것을 보충하는 것도 요지변경이라 할 수 없다.

4) 部分디자인의 디자인등록출원에 대하여 디자인등록을 받고자 하는 부분을 특정하는 방법에 대하여 기재를 보충하는 보정은 종합적으로 판단하여 부분디자인의 디자인등록출원이라는 것이 명확하고 부분디자인으로서 디자인등록을 받고자 하는 부분을 당연히 도출할 수 있을 때에는 요지변경으로 되지 않으나 그렇지 아니한 경우에는 요지변경이 된다. 부분디자인을 특정하는 방법에 관한 기재를 삭제하는 보정의 경우에도 종합적으로 판단하여 부분디자인의 디자인등록출원이라고 인정되지 않을 때에는 요지변경이 되지 아니하나 그렇지 않은 경

우에는 요지변경이 된다.

5) 도면에는 형상만이 그려지고 '디자인의 설명'란에 색구분 또는 색흐림이 있다고 설명되어진 것을 그 설명과 같이 도면을 보정한 것이 통상 그 물품으로서 실시되는 정도의 상식적인 표현이 아닌 경우에는 요지변경이 된다. 예컨대 도면에는 형상만이 그려지고 '디자인의 설명'란에는 '전체가 황색으로 색구분된다' 또는 '하부가 진한 청색이 색흐림이다' 등과 같이 색채, 색구분 또는 색흐림모양에 대하여 문자로 표현된 것만으로는 그 기본이 되는 디자인이 구체화되어 있지 않으므로 디자인의 설명기재와 같이 보정할 필요가 있다. '전체가 황색이다'라고 기재되어 있는 경우 황색이라 하더라도 여러 가지가 있을 수 있으며 '황색으로 색구분된다'라고 기재되어 있는 경우에도 그 황색의 색구분이 여러 가지가 있을 수 있으므로 이 경우 요지변경으로 되지 않도록 하기 위하여는 통상 그 물품으로서 실시되는 정도의 상식적인 표현을 하여야 하나 이 범위를 벗어난 경우에는 요지변경이 되는 것이다.

4. 출원변경의 보정

디자인보호법 제18조 제2항의 규정에 따른 유사디자인등록출원을 단독의 디자인등록출원으로, 단독의 디자인등록출원을 유사디자인등록출원으로 변경하는 보정 및 법 제18조 제4항의 규정에 따른 디자인무심사등록출원을 디자인심사등록출원으로, 디자인심사등록출원을 디자인무심사등록출원으로 변경하는 보정은 요지변경이 되지 않는다.

Ⅳ. 요지변경의 효과

1. 심사·심판계속 중에 요지변경으로 인정된 경우

1) 디자인등록출원서의 기재 또는 도면에 대하여 디자인등록여부결정의 통지서 송달 전에 한 보정이 요지를 변경하는 것일 때에는 審査官은 결정으로 그 보정을 각하하여야 한다(§18의2①).[26] 이것은 제3자의 불이익을 방지하기 위한 것

26) 특허법은 보정각하결정에 대한 불복의 심판을 허용하지 않는다. 보정각하결정에 대한 독립적 불복의 심판을 허용하게 되면 그 절차가 종료될 때까지 심사절차가 중지되어 신속한 권리부여를 받지 못하는 문제가 있기 때문이다. 그러나 거절결정에 대한 불복심판을 청구

이다. 디자인등록출원서 및 도면의 쌍방에 대해 보정한 경우 당해 출원서만이라든가 도면만의 일부각하는 할 수 없다고 해석된다. 법상 일부각하에 대해 규정하고 있지 않기 때문이다.

또 심판 계속 중에 한 보정이 요지를 변경하는 것일 때에도 심판관은 결정으로 그 보정을 각하하여야 한다(§71①). 즉 심사, 심판의 계속 중에 요지변경이 발견된 때에는 그 보정을 결정에 의해 却下하게 된다. 심판절차에서 하는 보정의 각하는 심사계속 중에 이루어진 보정이 요지를 변경하는 것임에도 불구하고 심사단계에서 간과된 경우에도 포함된다.

2) 보정이 각하된 때에는 그 보정은 처음부터 절차가 이루어지지 않는 것으로 귀착되므로 심사절차는 그 보정이 없는 것으로 하여 계속된다.

그러나 출원인은 이 결정에 대하여 불복의 심판을 청구할 수 있으므로 그 기간(당해 결정등본을 송달한 날부터 30일)이 경과하기 전까지는 그 출원에 대해 디자인등록여부결정을 할 수 없도록 한다(§18의2②). 특허법에서는 이러한 취지의 규정이 없다. 또한 補正却下決定에 대해 심판을 청구한 때에는 그 심판의 심결이 확정될 때까지 당해 출원의 심사를 中止하여야 한다(§18의2③). 이것은 심결결과에 따라 출원심사 대상이 달라질 수 있기 때문이다.

3) 補正却下決定은 서면으로 해야 하며 그 이유를 붙여야 한다(§18의2④). 보정각하결정을 받은 자가 그 결정에 불복하는 때에는 그 결정등본을 송달받은 날부터 30일 이내에 심판을 청구할 수 있다(§67의2). 반면, 보정각하결정에 승복하는 경우에는 보정할 수 있는 기간내에 있는 한 재보정이 가능한 것으로 해석된다. 한편, 보정각하결정에 대한 심판의 결정에 불복이 있는 경우에도 그 결정의 등본을 송달받은 날부터 30일 이내에 특허법원에 소를 제기할 수 있다(§75①③). 출원인에게 불복신청의 기회를 부여하기 위함이다.

심사실무상 보정이 요지를 변경하는 것으로 인정되어 보정을 각하하는 예문은 다음과 같이 하고 있다.

한 경우에는 그 심판절차에서 함께 보정각하결정의 적법여부에 대해 다툴 수 있다(특§51③).

[보정각하결정 예문]

○년 ○월 ○일자로 제출된 출원보정은 다음의 이유에 의하여 디자인보호법 제18조의2의 규정에 의거 각하할 것으로 결정합니다.

이 유

○년 ○월 ○일에 보정서를 제출하여 출원서 또는 첨부도면의 기재에 대하여 보정을 하였으나 그 보정은 출원당초의 기재로 보아 이 디자인이 속하는 분야에서 통상의 지식을 가진 자가 추정할 수 있는 동일성의 범위를 넘는 것으로 인정됩니다.

따라서 이 보정서에 의한 보정은 출원당초의 디자인의 요지를 변경하는 것이므로 디자인보호법 제18조의2 제1항의 규정에 의거 각하합니다.

○년 ○월 ○일

2. 디자인권의 설정등록 후에 요지변경으로 인정된 경우

디자인등록출원에 관한 보정이 최초의 디자인등록출원서의 기재사항, 디자인등록출원서에 첨부한 도면 및 도면의 기재사항의 요지를 변경하는 것으로 디자인권의 설정등록이 있는 후에 인정된 때에는 그 디자인등록출원은 그 補正書를 제출한 때에 디자인등록출원한 것으로 본다(§18⑥). 즉 이미 존재하는 권리의 성립요건에 관한 출원시기를 변동시키는 효과가 발생하게 된다. 이것은 권리자와 제3자의 이익조정을 도모하기 위함이다. 그 결과 제3자는 늦추어진 출원일을 기준으로 법 제5조, 제16조 제1항 및 제2항을 적용할 수 있는 사안이 발생한다면 등록디자인의 무효, 선사용권 등을 주장할 수 있다.

제 6 절 출원의 취하・포기

Ⅰ. 서 설

1. 취하의 의의

디자인등록출원의 취하란 출원인의 자발적 의사에 의하여 출원의 계속을

解除하는 것을 말한다. 출원의 취하는 민사소송법상의 소의 취하에 해당되는 제도로서 출원이 취하되면 그 출원은 처음부터 없었던 것으로 취급될 뿐 재출원은 가능하다.

2. 포기의 의의

디자인등록출원의 포기란 출원인의 자유의사에 의하여 또는 법률상의 의제에 의하여 디자인등록출원절차를 종료시키는 法律效果를 발생시키는 것을 말한다. 포기는 장래에 향하여 그 효력이 상실된다. 출원의 포기는 민사소송법상의 청구의 포기와 유사한 제도로서 디자인등록을 받을 수 있는 권리의 포기로 해석된다. 따라서 출원을 포기한 이상 재출원하여 등록받을 수 없다.

Ⅱ. 취하・포기를 할 수 있는 자

1. 디자인등록출원인

디자인등록출원인은 원권리자로서 당해 디자인등록출원에 대하여 취하 및 포기를 할 권리를 가진다. 디자인등록출원이 공유로 된 경우에는 디자인등록출원의 취하 및 포기에 대하여는 각자가 전원을 대표할 수 없다(§4의10①). 그러나 대표자를 선정하여 특허청에 신고한 경우 그 대표자가 공유자 전원의 동의 없이 단독으로 디자인등록출원의 취하나 포기를 할 수 있을 것인가에 대하여는 견해가 대립한다. 즉 대표자는 스스로 취하・포기를 할 수 있다고 보는 긍정설과 대표자라 하더라도 취하・포기 등과 같은 불이익행위에 대하여는 동의를 받아야만 가능하고 그렇지 않은 경우에는 할 수 없다고 보는 부정설이 있다.

그러나 디자인등록출원의 취하 및 포기는 중대한 효과를 가지는 不利益行爲이고 디자인등록출원에 관한 절차를 밟도록 대표자를 선임하는 각 공유자의 통상의 의사 중에는 이것이 포함되어 있지 않다고 생각되기 때문에 대표자 단독으로는 출원의 취하나 포기를 할 수 없다고 보는 부정설이 타당하다고 본다. 이 점에서 공유자의 대표자는 민사소송법상의 선정당사자의 지위와 다르다. 선정당사자는 선정자의 대리인이 아니고 당사자 본인이므로 일체의 소송행위(소취하, 화해, 청구의 포기 등)를 할 수 있다(민소§90②).

2. 대 리 인

(1) 디자인관리인

재외자의 디자인관리인은 수여된 범위 안에서 디자인에 관한 모든 절차 및 이 법 또는 이 법에서 한 명령에 의하여 행정청이 한 처분에 관한 소송에 대하여 본인을 대리한다고 되어 있다(§4의3②).

종전의 법에서는 재외자의 디자인관리인은 특히 수여된 권한 외에 일체의 절차 등에 대해 본인을 대리할 수 있도록 규정되어 있어 특히 수여된 권한 이외에 특별수권 여부에 관계없이 취하·포기 등의 일체의 절차 행위에 대해 본인을 대리할 수 있었으나 2001년 특허법 개정에서 재외자의 특허관리인의 대리권 범위를 국내의 통상의 위임대리인과 동일하게 하였으므로 재외자의 디자인관리인이라 하더라도 취하·포기 등과 같은 불이익행위에 대하여는 특별수권을 얻지 않으면 할 수 없다고 생각된다.

(2) 통상의 위임대리인

국내에 주소 또는 영업소를 가진 자로서 디자인등록에 관한 절차를 밟을 것을 위임받은 대리인은 특별한 授權을 얻지 않으면 디자인등록출원의 취하 또는 포기를 할 수 없다(§4의4).

(3) 법정대리인

법정대리인은 친족회의 동의 없이 상대방이 청구한 이의신청·심판 또는 재심에 대한 절차를 밟을 수 있다고 규정되어 있는 점(§4②)을 보아 그 외의 미성년자, 한정치산자, 금치산자에게 불이익행위에 해당되는 출원의 취하·포기 등의 경우에 있어서는 民法이 정하는 바에 따라야 할 것으로 해석한다.

Ⅲ. 취하·포기의 절차

1. 취하의 절차

디자인등록출원을 취하하고자 하는 자는 그 취지를 기재한 디자인등록출원취하서를 특허청장에게 제출하여야 한다(시규§10의9① 별지 제12호서식). 취하할 수 있는 시기는 디자인등록출원일부터 디자인등록여부결정이 확정되기 전까지이다.

2. 포기의 절차

디자인등록출원에 대한 포기의 절차도 취하의 절차와 동일하다. 즉, 디자인등록출원을 포기하고자 하는 자는 그 취지를 기재한 디자인등록출원포기서를 특허청장에게 제출하여야 하며(시규§10의9① 별지 제12호서식) 출원을 포기할 수 있는 시기도 취하를 할 수 있는 시기와 동일하다. 디자인등록출원의 포기는 이미 설정등록된 디자인권의 포기와는 다르다.

Ⅳ. 취하 · 포기의 태양

디자인등록출원에 있어서 취하와 포기는 자의에 의하여 적극적인 행위가 수반되는 경우와 법률상의 규정에 의하여 포기한 것으로 간주되는 경우로 나눌 수 있다.

1. 자의에 의한 취하 · 포기

디자인등록출원인은 원권리자로서 당해 디자인등록출원에 대하여 취하 및 포기를 할 권리를 가지므로 자발적 의사에 따라 디자인등록출원한 때부터 디자인등록여부결정이 확정될 때까지 취하서 또는 포기서를 제출하여 당해 출원의 계속을 소멸시킬 수 있다.

2. 법률상 의제에 의한 포기

디자인권의 설정등록을 받고자 하는 자는 지식경제부령으로 정하는 바에 의하여 디자인등록료를 납부하여야 하며(§31①) 이 납부기간이 경과한 후에도 6개월 이내에 추가납부할 수 있다(§33①). 그러나 이 추가납부기간 내에도 등록료를 납부하지 않을 때에는 디자인권의 설정등록을 받고자 하는 자의 디자인등록출원은 이를 포기한 것으로 간주된다(§33③).

Ⅴ. 취하 · 포기의 효과

1. 디자인등록출원의 계속의 소멸

디자인등록출원의 취하 또는 포기가 된 경우에는 출원의 계속이 소멸한다.

따라서 디자인등록출원이 심사의 계속 중에 취하 또는 포기되면 심사가 종료된다. 만약 취하 또는 포기된 출원에 대하여 디자인등록이 허여되어도 이는 무효이다. 또한 디자인등록거절결정에 대한 심판청구 후 디자인등록출원이 취하 또는 포기된 경우에는 그 심판은 청구의 객체를 잃고 이에 의하여 전치의 심사도 종료한다. 다만, 디자인등록출원의 취하·포기는 심판청구의 취하·포기와는 구별되며 후자는 심판청구를 철회하는 것이거나 또는 審判請求權을 포기하는 것이므로 그 심판의 계속은 소멸하지만 출원 자체에는 취하·포기의 효과가 발생하는 것은 아니다. 마찬가지로 디자인등록거절결정에 대한 심판청구 계속 중 디자인등록출원이 취하·포기된 경우에는 심판의 객체를 잃게 되어 그 심판청구는 부적법한 심판청구로서 심결각하되지만 심판청구의 취하·포기의 경우에는 디자인등록거절결정이 확정되고 디자인등록출원은 출원의 지위를 상실하지 않는다.

2. 소급효 및 선출원의 지위 문제

디자인등록출원이 취하 또는 포기된 때에는 그 디자인등록출원은 디자인보호법 제16조(선출원) 제1항 및 제2항을 적용함에 있어서는 처음부터 없었던 것으로 본다고 규정하여(§16③) 취하 또는 포기된 디자인등록출원은 先出願의 지위를 가지지 않는다. 따라서 그와 동일 또는 유사한 후출원은 취하 또는 포기된 선출원의 존재에 의해 거절되지 않는다. 포기된 출원에 대해서는 2007년 법개정에서 선출원의 지위를 가지지 않는 것으로 하였다(제6장 제2절 Ⅳ. 선출원의 지위를 가지는 출원과 가지지 않는 출원 참조). 구법하에서는 포기된 출원은 선출원의 지위를 가지는 점에서 취하된 출원과는 다르다고 하였지만 개정법하에서는 출원이라는 형식적 사실의 유무만으로 되므로 선출원에 대해 양자를 구별하는 실익이 없어지게 되었다.

3. 조약에 의한 우선권주장 가능

디자인등록출원이 취하·포기된 경우 그 취하·포기된 디자인등록출원을 조약에 의한 우선권주장의 기초로 할 수 있는가에 대하여 디자인보호법에 명문의 규정이 없기 때문에 파리협약 제4조의 규정에 의하여 해석될 수밖에 없다. 파리협약 제4조 A(3)에서는 "출원의 결과 여부에 불구하고 당해 국에 출원을 한 일부를 확정하기에 적합한 모든 출원"이라고 되어 있으므로 디자인등록출원이 취하·포기된 경우에 있어서도 우선권주장의 기초로 할 수 있다고 해석된다.

4. 보상금청구권의 소멸

디자인등록출원이 출원공개 후 취하나 포기된 경우에는 出願公開의 효과로서 인정되는 보상금청구권은 처음부터 발생하지 아니한 것으로 간주된다(§23의3⑥).

5. 확대된 선출원규정(법 제5조 제3항)의 적용문제

선출원이 출원공개 또는 등록공고되기 전에 취하·포기된 때에는 그 선출원 디자인의 일부와 동일 또는 유사한 후출원 디자인에 대하여 擴大된 先出願의 지위를 가지지 아니하나 선출원이 출원공개 또는 등록공고가 되고 난 후에 취하·포기된 때에는 그 선출원 디자인의 일부와 동일 또는 유사한 후출원 디자인에 대하여 확대된 선출원의 지위를 가진다(§5③).

제 7 절 조약에 의한 우선권

Ⅰ. 서 설

디자인보호법은 디자인등록출원이 조약의 규정에 위반된 경우에는 디자인등록거절결정을 하여야 한다고 규정한다[27](§26①iv). 이 규정은 조약 등 국제적 규범을 준수해야 함을 천명한 헌법상의 요청(헌§6①)을 근거로 한 규정이며, 조약의 우선권에 대한 포괄적 규정(§4의25)과 함께 그 구체적 적용에 대해 규정한 것이다.

우리나라가 체결한 조약에 있어 디자인에 관한 것은 산업재산권 보호를 위한 파리협약과 WTO/TRIPs 등이 있으나 조약의 규정에 의해 등록할 수 없는

27) 이 규정은 그대로 디자인보호법의 내용이 되어 효력을 발생하는 것이지만, 우리나라 디자인보호법은 파리협약 규정의 정신을 받아 제23조에서 조약에 의한 우선권규정을 설치하고 있다. 따라서 직접 조약의 규정을 적용하여 거절해야 하는 일은 없을 것으로 생각된다.

디자인에 대해서는 파리협약 제4조의 우선권 규정이 적용된다. 즉 현재는 파리협약에 의한 우선권주장을 수반하는 출원이 존재하기 때문에 디자인등록을 받을 수 없게 되는 디자인이 이에 해당한다.

1. 우선권의 의의

파리협약 동맹국의 1국에서 정규의 출원을 한 자 또는 그 승계인은 최초의 출원일부터 일정기간 내에 타동맹국에 한 출원에 대하여 특별한 이익이 보장된다. 이 이익이 보장되는 기간을 우선기간이라 하며 이 이익을 향유할 수 있는 권리를 우선권(right of priority)이라 한다(파리협약§4A).

2. 우선권제도의 취지

파리협약은 각국마다의 디자인권의 존재를 전제로 하고 있기 때문에(속지주의) 외국에서 디자인보호를 받고자 하는 경우에는 그 외국마다 각각 디자인등록출원을 하지 않으면 안 된다. 그러나 외국에의 디자인등록출원은 그 나라의 언어로 하지 않으면 안 되고 절차도 각국마다 다르기 때문에 여러 국가에 동시에 출원하는 것은 상당히 곤란하다. 또한 자국에 출원한 후에 외국에 출원할 경우 신규성이 상실되거나 타출원이 존재할 경우에는 후출원이 되어 거절되는 사태가 발생할 수 있다. 여기에서 동일디자인에 대해 다수의 국가에 동시에 출원하는 것의 곤란함을 회피하여 외국에서의 디자인권을 취득하기 쉽게 하는 것에 의해 산업재산권의 국제적 보호를 도모하려고 하는 것이 우선권제도의 취지이다.

Ⅱ. 우선권의 발생요건

1. 발생주체

최초출원의 출원인이 파리협약 동맹국 국민(파리협약§2) 또는 동맹국의 국민이라고 인정되는 자(파리협약§3)일 것이 필요하다(파리협약§4A①, §2①). 이 요건은 우선권이 파리협약상의 특별한 이익이므로 협약상의 권리능력이 요구되기 때문이다. 물론 우리나라는 파리협약의 가맹국이므로 우리나라의 국민은 동맹국 국민의 지위에 있다. 우리나라는 파리협약 동맹국의 국민 외에 세계무역기구(WTO) 가맹국의 국민 또는 파리협약의 동맹국 또는 세계무역기구의 가맹국 중 어디에도 해당하지 않는 국가(대한민국 국민에 대하여 그 국민과 동일한 조건으로 우선권을 인정하는 경우 및 대한민국이 그 외국인에 대해 우선권을 인정하는 경우 그 자가 속하는 국가에서 대한민국 국민에 대하여 그 국민과 동일한 조건으로 우선권을 인정하는 경우)의 국민에 대해서도 파리협약의 예에 의해 우선권 주장을 인정한다.

2. 발생객체

어느 동맹국에 있어서의 정규의 또한 최선의 출원이어야 할 것이 필요하다(파리협약§4A①). 이것은 출원인의 자의에 의한 우선기간의 연장을 방지하기 위한 것이다.

Ⅲ. 우선권의 주장요건

1. 주체적 요건

제1국 출원의 출원인과 우선권을 주장하는 제2국 출원의 출원인은 동일인이거나 그 정당한 승계인이어야 한다. 제1국 출원(최초출원)의 출원인 보호가 목적이기 때문이다. 이때 승계인은 디자인등록을 받을 수 있는 권리와 우선권 모두를 승계한 자이어야 한다. 우선권은 디자인등록을 받을 수 있는 권리와는 별개의 권리이기 때문이다.

2. 객체적 요건

제2국 출원의 객체는 제1국 출원의 객체와 동일성이 요구된다.[28] 이것은 제2국 출원이 이루어진 국가 국민의 불이익을 방지하기 위한 것이다. 여기에서 객체의 동일성은 형식적인 동일성이 아니고 실질상의 동일성을 요건으로 한다고 해석된다. 파리협약은 각국 디자인보호법제의 상위를 전제로 산업재산권의 국제적 보호를 도모하기 위한 것이므로 엄밀한 동일성을 요구하게 되면 디자인의 국제적 보호의 실효성을 도모할 수 없기 때문이다. 또한 우선권의 기초가 되는 제1국에서의 최초의 출원은 디자인등록출원 또는 실용신안등록출원이어야 한다(파리협약§4E①).[29]

---

28) 심사실무상 객체의 동일성이 인정되지 않는 경우에는 우선권 불인정예고통지를 하고 의견서제출기회를 부여하고 있다(디자인심사기준§20ⅴ).

29) 우리나라 디자인보호법에서는 실용신안등록출원을 디자인등록출원으로 출원의 변경을 할

3. 절차적 요건

(1) 우선기간 내의 출원일 것

디자인의 우선기간은 6개월이다(파리협약§4C①). 즉 디자인등록출원에 있어서 우선권주장은 제2국에서의 출원이 제1국에서의 출원일부터 6개월 이내이어야 한다. 특허·실용신안등록출원의 우선기간은 12개월인 데 비해 디자인은 상표와 마찬가지로 6개월로 되어 있다. 이것은 디자인·상표는 출원서류의 작성, 기타 절차에 있어 특허·실용신안의 경우보다 용이하다는 것이 그 이유의 하나이다. 이러한 우선기간은 제1국에서 한 출원의 종류에 따라 정하여지는 것이므로 제1국에서 한 디자인등록출원은 제2국에서 실용신안등록출원으로 할 경우에는 그 우선기간은 6개월이 된다. 그러나 제1국에서 한 실용신안등록출원은 제2국에서 디자인출원에 우선권을 주장하려면 그 기간은 6개월로 규정하고 있다(파리협약§4E①).

우선기간은 최초의 출원일로부터 개시되며 출원일은 기간에 산입되지 않는다(파리협약§4C③). 최초의 출원일에서의 '최초의 출원'이라는 것은 제1국에서 한 출원을 의미하며 따라서 제2국, 제3국에서 한 출원은 우선권이 발생하지 않는다. 그러나 여기에는 예외가 있다. 최초의 출원과 동일한 대상에 대하여 같은 동맹국에서 한 후출원은 다음과 같은 조건에서는 최초의 출원으로 간주되어 우선권은 발생한다(파리협약§4C④). i) 전 출원(선출원)이 공중의 열람에 제공되지 않았고 또한 여하한 권리도 존속시키지 않고 후출원일 당시에 취소·포기 또는 거절되어 있을 것, ii) 전 출원(선출원)이 우선권주장의 근거로 되지 않는 경우.

또한 우선기간은 그 말일이 보호의 청구를 할 국가에서 법정의 휴일이거나 또한 관할청이 출원을 접수할 수 없는 날인 경우에는 그 기간은 그 다음 최초의 집무일까지 연장된다(파리협약§4C③).

(2) 우선권의 주장

우선권은 제2국에 출원하는 출원인(또는 그 승계인)을 보호하기 위하여 정하여진 이익인 것이나 제1국 및 제2국에서 출원한 사실만으로 당연히 그 이익을 향유하는 것은 아니다. 즉 제2국 출원에 있어서 일정한 절차의 수행을 요한다(파리

수 있는 규정이 없지만, 파리협약은 디자인이 실용신안등록출원을 근거로 하는 우선권에 관한 규정을 두고 있고(파리협약§4E①), 또 조약에 이 법에서 규정한 것과 다른 규정이 있는 경우에는 그 규정에 따른다는 규정(§4의25)에 비추어 제1국의 실용신안등록출원에 기초하여 우리나라에 우선권을 주장하여 디자인등록출원을 하는 경우에 우선권이 인정된다고 해석된다.

협약§4D①). 우리나라에서 우선권을 주장하고자 하는 자는 디자인등록출원시 디자인등록출원서에 그 취지, 최초로 출원한 국명 및 출원의 연월일을 기재하여야 한다(§23③).[30]

(3) 우선권증명서류의 제출

우선권을 주장한 자는 그 출원일부터 3개월 이내에 최초로 출원한 국가의 정부가 인정하는 출원연월일, 출원한 디자인의 내용을 기재한 서면 및 도면의 등본을 제출하여야 한다[§23④, 파리협약§4(3)]. 이 서류를 보통 우선권증명서류라고 하며 특허청장 또는 특허심판원장은 심사·심판을 위하여 필요한 경우 우선권을 주장한 자에 대하여 1월 이상의 기간을 정하여 우선권증명서류에 대한 국어번역문의 제출을 요구할 수 있다고 되어 있다(시규§10②).

(4) 출원 후의 절차

출원 이후에는 우선권증명서 이외의 증거서류제출이 요구되는 경우가 있다(파리협약§4D⑤ 전단). 또한 최초출원에 의한 우선권을 주장하는 자는 그 출원번호를 명시하도록 한다(파리협약§4D⑤). 출원번호의 명시는 파리협약 제4조 D 제1항에서 요구하고 있는 사항의 확인을 위한 것이다. 그러나 이 위반은 제재대상이 되지 않는다(§23⑤).

Ⅳ. 우선권주장의 효과

우선권을 주장한 출원은 제1국에 출원한 후 제2국에 출원하기 전에 발생한 타인의 출원, 당해 디자인으로 된 물품의 판매로 인하여 무효로 되지 않는다(파리협약§4B전단). 우리나라 디자인보호법은 파리협약상의 이 규정을 받아 우선권을 주장한 때에는 제5조 및 제16조의 규정을 적용함에 있어서 제1국에 출원한 날을 우리나라에 디자인등록출원한 날로 보는 규정을 두고 있다(§23①). 따라서 우선권주장을 수반한 디자인등록출원에 관한 디자인에 대하여는 신규성(§5①), 창작비용이성(§5②), 확대된 선출원(§5③), 선출원(§16)에 관한 심사에 있어서는 우선권주장의 효과로서 우선권이 인정되는 최초의 제1국 출원일(시)을 그 판단기준

30) 우선권주장(취지)은 반드시 디자인등록출원시에 하여야 한다. 디자인등록출원 후에 보정 등을 통하여 주장하는 경우는 인정되지 않는다. 다만, 출원시에 우선권주장을 하였으나 출원서에 최초의 출원국명, 출원연월일 등이 잘못 기재된 경우에는 이를 정정할 수 있다.

일(시)로 한다. 그러나 제1국 출원일시로 그 출원일시 자체가 소급되는 것은 아니다. 즉, 우선권주장을 수반한 디자인등록출원디자인과 동일 또는 유사한 디자인에 관한 타디자인등록출원이 우선기간 내에 있어도 그 디자인등록출원은 우선권주장을 수반한 출원의 후출원으로 취급되고 또한 우선기간 내에 당해 디자인이 신규성을 상실한 사실이 발생하여도 거절이유의 근거가 되지 않는다.

또한 우선권주장을 한 출원에 대하여는 제1국에 출원한 후 제2국에 출원하기 전에 발생한 행위는 제3자의 권리 또는 여하한 개인소유의 권리를 발생시키지 않는다(파리협약§4B 중단). 여기서 제3자의 권리에는 디자인권, 선원권 등이 포함되고, 또 제3자의 여하한 개인소유의 권리란 어느 사실적인 행위를 하고 있는 것이 타인인 권리자로부터 소추되지 않는 지위를 말한다고 해석된다. 예를 들면 디자인보호법 제44조 제1항 제3호의 경우가 이에 해당한다.

따라서 선사용에 의한 통상실시권을 주장하기 위하여는 제1국의 최초 출원일시에 선의로 우리나라 국내에서 그 등록디자인 또는 이와 유사한 디자인의 실시사업을 하고 있든가 또는 그 사업의 준비를 하고 있어야 한다. 즉, 제1국에 출원한 후 제2국에 출원하기 전에 실시사업이나 그 사업의 준비를 한 것에 대하여는 선사용에 의한 통상실시권을 발생시키지 않는다. 또한 우선권의 기초가 되는 최초의 출원일 전에 제3자가 취득한 권리는 각 동맹국의 국내법령에 따라 유보된다(파리협약§4B 후단). 이것은 우선권의 본질로 보아 제3자에게 불이익한 영향을 미치지 않도록 하기 위한 것이다.

Ⅴ. 우선권의 실효

파리협약은 각 동맹국은 우선권주장의 절차가 행해지지 않았을 경우의 효과에 대하여 정하도록 하고 있으나 그 효과는 우선권의 상실을 초과하지 않는다고 되어 있다(파리협약§4D④). 따라서 우리나라에 우선권을 주장한 자가 소정의 기간 내에 우선권증명서를 제출하지 아니한 경우에는 그 우선권주장은 효력을 상실한다(§23⑤).

12
chapter

審查節次

제 1 절 총 설

디자인등록출원에 대하여 등록할 것인가 아닌가를 결정하는 방식은 심사주의와 무심사주의로 대별된다.[1)]

1. 심사주의

심사주의란 디자인등록을 받는 데 필요한 형식적·실체적 요건의 구비여부를 당해 행정관청에서 심리한 후 등록허부를 결정하는 주의를 말한다. 심사주의는 권리의 安定性·신뢰성을 확보하고 권리의 유·무효에 관한 분쟁을 감소시키는 장점이 있는 반면 심사에 많은 인력과 경비를 요하고 權利化가 늦어지는 등의 단점이 있다.

2. 무심사주의

무심사주의란 디자인등록을 받는 데 필요한 요건 중 형식적 또는 방식적 요건만을 심사하여 권리를 부여하며 권리의 유·무효는 등록 후에 분쟁발생시 司法作用에 의하여 심리하는 주의를 말한다. 무심사주의는 심사주의의 단점을 장점으로 하고 장점을 단점으로 하고 있어 양 주의의 이해는 표리관계에 있다.

---

1) 심사주의를 채택한 국가로는 미국, 영국(등록디자인권), 일본 등을 들 수 있고, 무심사주의를 채택한 국가는 프랑스, 독일, 이탈리아, 베네룩스 3국 등을 들 수 있다.

3. 우리나라의 디자인 심사방식

디자인보호법은 디자인등록출원에 대하여 법정요건의 구비여부를 특허청의 심사관에 의하여 심사한 후에 권리부여의 결정을 하는 심사주의를 원칙으로 하되(§26①), 일부물품의 디자인에 대하여는 형식적 또는 방식적 요건 외에 실체적 요건의 일부사항만을 심사하여 등록을 허여하는 소위 무심사주의를 병행하고 있다(§2ⅴ, §26①,②). 우리나라 디자인보호법이 병행하는 무심사주의는 유행성이 강하여 비교적 라이프사이클이 짧은 물품의 디자인에 대하여 조기보호를 도모하기 위해 1998년 법개정에서 도입한 것이다.

디자인무심사등록출원을 할 수 있는 디자인은 법 제11조 제2항의 규정에 의한 물품의 구분 중 지식경제부령이 정하는 물품에 한하며, 이 경우 지정된 물품에 대하여는 디자인무심사등록출원으로만 출원할 수 있다고 되어 있다(§9⑥). 구체적으로는 디자인보호법 시행규칙 「별표4」의 물품의 구분 중 i) A1류(제조식품, 기호품), B1류(의복), C1류(침구, 커텐 등), F3류(사무용지제품, 인쇄물 등), F4류(포장지, 포장용 용기 등), M1류(직물지, 벽지, 합성수지지 등)에 속하는 물품, ii) 물품의 액정화면 등 표시부에 일시적으로 도형 등이 표시되는 화상디자인에 관한 물품이다(시규§9③).

제 2 절 심사절차

Ⅰ. 개　　설

디자인등록출원은 법으로 정하는 등록요건에 대한 심사를 거친 후에 등록된다. 따라서 심사는 디자인등록출원에서부터 권리설정에 이르는 중핵을 이루는 행정상의 행위이다. 특허청의 디자인등록출원에 대한 심사는 방식심사와 실체심사로 나누어진다. 본절에서는 디자인등록을 받고자 하는 자(출원인)가 출원서 및 첨부도면을 특허청에 제출하고 나서 방식심사, 實體審査를 거쳐 심사관이 디자인등록여부결정을 할 때까지에 대해 기술한다[<그림 12-1> 디자인등록출원 심사개요도].

1. 출원번호통지

디자인등록출원서류가 특허청에 제출되면 출원번호가 부여되고 그 출원인에게 통지된다. 출원번호는 그 출원서류를 표시하는 번호로서 특허청 내부에 있어서의 이 서류의 취급은 모두 이 번호로써 처리되기 때문에 이 번호가 정하여진 후에는 그것이 존속하는 한 항상 그 출원번호로써 취급된다.

따라서 그 후에 행하여진 보정서, 의견서, 취하서, 디자인등록거절결정에 대한 심판청구서 등은 모두 이 출원번호를 명기하여 제출하여야 한다.

2. 방식심사

특허청에 접수된 출원서류에 대하여는 實體審査에 앞서 먼저 접수한 출원서류를 수리하는 것이 타당한지 아닌지, 이어서 수리하는 것이 타당하다고 인정되는 것에 대하여 디자인보호법령에서 정하는 방식에 위반되고 있는지 아닌지에 대한 방식심사를 한다. 디자인등록출원에 있어서는 엄격한 서면심사주의가 채용되어 출원서류는 일정한 방식에 의해 작성할 것이 요청되고 방식심사는 이러한 정해진 방식에 적합한가의 여부를 심사하는 것이다. 방식심사결과 디자인보호법 제17조에서 규정하는 방식상의 불비가 있는 경우에는 특허청장 명의로 보정이 명하여지고 또 디자인보호법 시행규칙 제2조의 규정에 해당하는 경우에는 반려처분된다. 출원서류 이외의 제출서류에 대하여도 마찬가지이다.

3. 실체심사

방식심사결과 수리된 출원서류는 물품별로 분류되어 심사관에게 배당되고 심사관은 출원된 디자인이 등록요건을 구비하고 있는지 아닌지를 출원순서에 따라 심사한다. 이것을 실체심사 또는 내용심사라고 한다. 보통 심사주의를 채택하고 있느냐 아니냐를 말할 때 심사라는 것은 이 실체심사를 말한다. 우리 나라는 전술한 바와 같이 심사주의를 원칙으로 하나 일부 물품의 디자인에 대하여는 방식적 요건 외에 실체적 요건의 일부만을 심사하여 등록을 허여하는 무심사주의를 병행하고 있다. 심사결과 거절이유를 발견한 때에는 그 디자인등록출원인에게 거절이유를 통지하고 출원인에게 의견을 받는다. 지정기간내에 의견서가 제출되지 않든가 또는 의견서가 제출되었다 하더라도 그 의견을 받아들일 수 없는 것으로 인정한 때에는 거절한다는 취지의 디자인등록거절결정을 한다(§26). 물론 심사관이 거절이유를 발견할 수 없는 때에는 디자인등록결정을 한다(§28).

〈그림 12-1〉 디자인등록출원 심사개요도

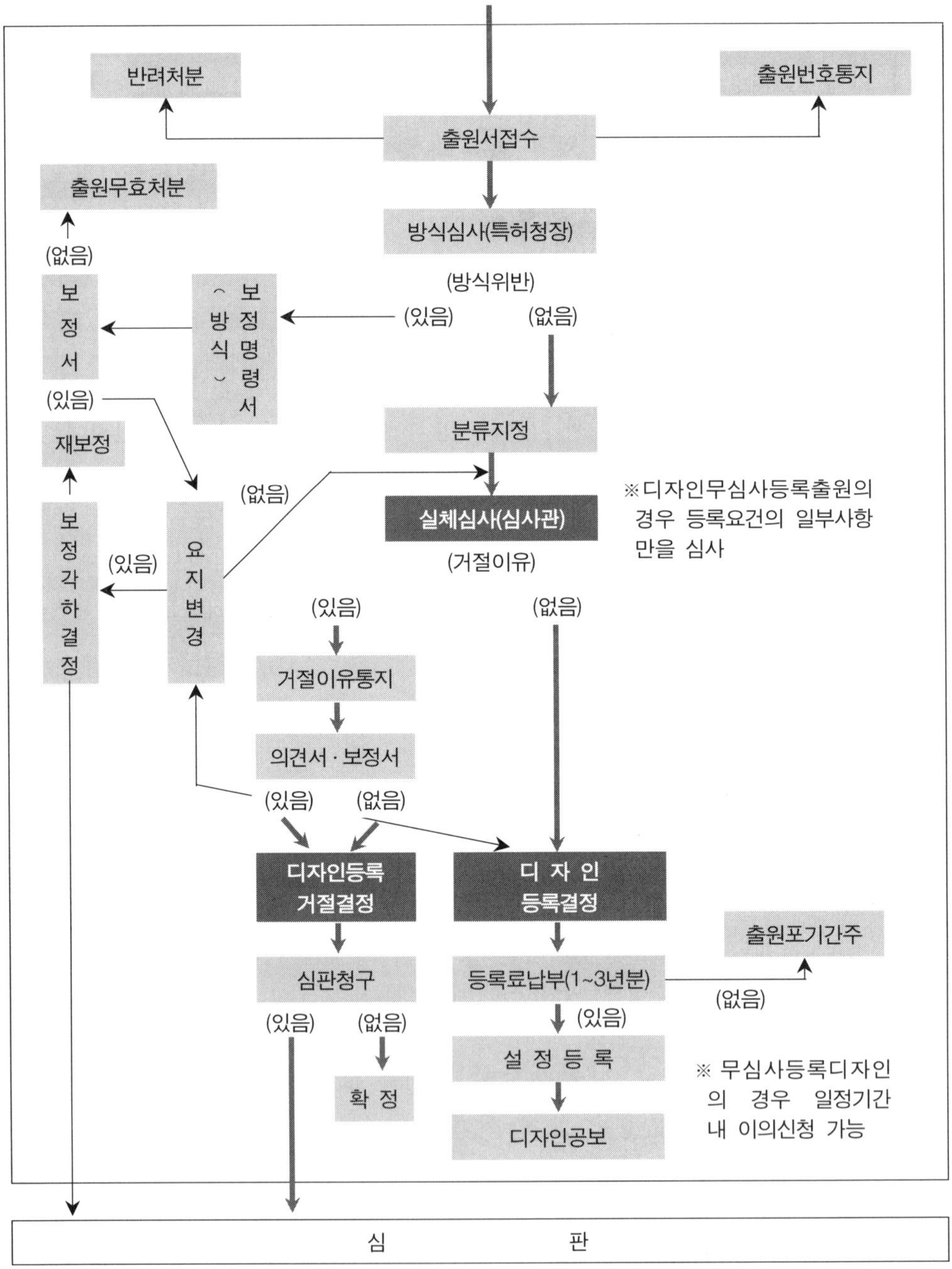

Ⅱ. 방식심사

1. 의 의

방식심사라 함은 심사관이 행하는 실체심사에 앞서서 디자인등록출원절차(또는 청구절차)가 디자인보호법령이 정한 방식이 완비되었는지 아닌지의 심사를 말한다. 방식심사에 관한 行政上의 권한은 특허청장(심판청구에 관하여는 특허심판원장)에게 있다. 특허청장의 방식심사결과 처분에는 출원서류 등의 반려와 보정명령이 있으며 또한 보정명령에 대하여 지정기간을 해태한 경우에는 절차를 무효로 할 수 있다.

2. 출원서류 등의 반려

1) 출원서류 등의 반려란 디자인등록출원서 또는 사건의 계속 중에 행하여진 절차에 대하여 방식심사의 결과에 따라 이를 수리하지 않고 반려하는 행정처분을 말한다. 디자인등록출원서류 등에 대하여 반려할 수 있는 사항은 다음과 같이 규정하고 있다(시규§2①).[2] 이것은 디자인에 관한 출원·청구 기타의 절차에 중대한 흠결이 있어 출원일(제출일)을 그대로 유지하는 것이 타당하지 않다고 인정되는 경우이다.

i) 출원 또는 서류의 종류가 불명확한 경우

ii) 디자인등록에 관한 출원·청구 기타의 절차를 밟은 자의 성명(법인의 경우에는 명칭) 또는 출원인 코드[출원인 코드가 없는 경우에는 성명 또는 주소(법인인 경우에는 그 명칭 및 영업소의 소재지)]가 기재되지 아니한 경우

iii) 국어로 기재되지 아니한 경우

iv) 도면이 첨부되지 아니한 경우(법 제11조의2에 따라 복수디자인등록출원인 경우

---

2) 구 특허법시행규칙(1980.12.31. 상공부령 제616호로 개정되기 전의 것) 제14조 제1항 제11호 소정의 '서류가 방식에 적합하지 아니한 경우'라 함은 서류의 기재사항에 흠결이 있거나 구비서류가 갖추어져 있지 아니하는 경우 등 서류가 법령상 요구되는 형식적인 방식에 적합하지 아니한 경우를 뜻하고 형식적인 문제를 벗어나서 출원인이나 발명자가 특허법 제40조에 규정된 권리능력을 가지는지 또는 출원인이 동법 제2조 제1항에 규정된 특허를 받을 수 있는 자인지 여부 등 실질적인 사항에 관한 것을 포함하지 아니하고 출원서류가 그 같은 실질적인 사항을 포함하는 경우에는 위 시행규칙 제14조 제1항 제11호에 의하여 불수리처분을 할 것이 아니라 이를 수리하여 심사관으로 하여금 실질적인 심사를 하게 하여야 함이 상당하다(대법원 1982.9.28.선고 80누414 판결).

에는 도면이 디자인의 수에 부족한 경우를 포함한다)

v) 디자인의 대상이 되는 물품이 기재되지 아니한 경우

vi) 국내에 주소나 영업소를 가지지 않은 자가 디자인관리인에 의하지 않고 디자인등록출원한 경우

vii) 법령이 정하는 기간 이내에 제출하지 아니한 서류인 경우

viii) 법령이 정하는 기간 중 연장이 허용되지 아니하는 기간에 대한 기간 연장신청서인 경우

ix) 법 제29조의3에 따라 디자인무심사등록이의신청이유 등의 보정기간, 제67조의2 또는 법 제67조의3에 따라 심판의 청구기간 또는 특허청장·특허심판원장·심사장 또는 심판관이 지정한 기간이 경과하여 제출한 기간연장신청서인 경우

x) 포괄위임등록신청서, 포괄위임등록철회서(「특허법 시행규칙」 별지 제3호서식의 포괄위임등록신청[철회]서를 준용), 포괄위임원용제한의 신고서(「특허법 시행규칙」 별지 제2호서식의 대리인[대표자]에 관한 신고서를 준용), 출원인코드 부여신청서(「특허법 시행규칙」 별지 제4호서식의 출원인코드부여신청서를 준용) 또는 직권으로 출원인 코드를 부여하여야 하는 경우로서 당해 서류가 불명확하여 수리할 수 없는 경우

xi) 정보통신망이나 플로피디스크·광디스크로 제출된 디자인등록출원서 또는 기타의 서류가 특허청에서 배포한 소프트웨어로 작성되지 않았거나 전자문서로 제출된 서류가 전산정보처리조직에서 처리가 불가능한 상태로 접수된 경우

xii) 디자인보호법 시행규칙 제1조의5를 위반하여 1건마다 서류를 작성하지 아니한 경우

xiii) 디자인보호법 시행규칙 제1조의7 제2항에 따라 제출명령을 받은 서류를 기간 내에 제출하지 아니한 경우

xiv) 디자인보호법 시행규칙 제4조의7에 따라 제출명령을 받은 서류를 정당한 소명 없이 소명기간 내에 제출하지 아니한 경우

xv) 디자인에 관한 절차가 종료된 후 그 디자인에 관한 절차와 관련하여 제출된 서류인 경우

xvi) 당해 디자인에 관한 절차를 밟을 권리가 없는 자가 그 절차와 관련하여 제출한 서류인 경우

2) 특허청장 또는 특허심판원장은 출원서류 등이 반려사유에 해당되어 당해 서류를 반려하려는 경우에는 반려취지, 반려이유 및 소명기간을 기재한 서면을 송부하여 소명기회를 주어야 하며(시규§2②), 이 서면을 송부받은 출원인 등이

소명하고자 하는 경우에는 소명서를, 소명 없이 출원서류 등을 반려받고자 하는 경우에는 반려요청서를 제출하여야 한다. 특허청장 또는 특허심판원장은 반려요청을 받은 때에는 즉시 출원서류 등을 반려해야 한다(시규§2③).

3) 출원서류 등의 반려는 특허청장(또는 특허심판원장)의 행정처분에 해당하므로 그 처분에 불복하고자 하는 자는 행정심판법의 규정에 따라 행정심판을 청구하거나 행정법원에 소를 제기할 수 있다.

3. 보정명령

方式審査 결과 수리하는 것이 타당하다고 인정되는 경우에는 이어서 디자인보호법 제17조에서 정하는 방식에 위반되는지 아닌지에 대하여 심사한다. 특허청장(또는 특허심판원장)은 디자인등록에 관한 절차가 다음에 해당하는 경우에는 기간을 정하여 보정을 명한다(§17).

i) 절차가 행위능력이 없는 자에 의하여 행하여진 경우 또는 대리권이 없는 자에 의하여 행하여진 경우

ii) 절차가 법령이 정한 방식에 위반된 경우

iii) 절차에 대하여 납부하여야 할 수수료를 납부하지 아니한 경우

이것은 절차가 디자인보호법령에서 정하는 방식에는 위반되지만 출원의 유지를 인정하여도 지장이 없는 경우이다.

4. 절차의 무효

1) 특허청장(또는 특허심판원장)의 보정명령을 받은 자가 지정된 기간내에 그 보정을 하지 아니한 경우에는 그 디자인등록에 관한 절차는 무효로 되고(§4의15①), 절차가 무효로 되면 그 디자인등록출원은 처음부터 없었던 것으로 간주된다. 특허청장(또는 특허심판원장)은 디자인등록에 관한 절차가 무효로 된 경우로서 지정된 기간을 지키지 못한 것이 보정명령을 받은 자가 책임질 수 없는 사유에 의한 것으로 인정되는 때에는 그 사유가 소멸한 날부터 14일 이내에 보정명령을 받은 자의 청구에 의하여 그 무효처분을 취소할 수 있다. 다만, 지정된 기간의 만료일부터 1년을 경과한 때에는 그러하지 아니하다(§4의15②).

2) 무효처분을 받은 자가 그 처분이 위법·부당함을 이유로 불복하고자 할 때에는 행정심판법의 규정에 따라 행정심판을 청구하거나 행정법원에 소를 제기할 수 있다.

Ⅲ. 실체심사

1. 의 의

방식심사결과 절차보정서의 제출 등에 의하여 방식이 완비되었다고 인정되는 디자인등록출원은 디자인물품의 분류가 된 다음 담당심사관에게 송부되어 실체심사가 행하여진다.[3] 實體審査란 심사관이 디자인등록출원에 대하여 실질적인 등록요건에 적합한가를 검토하는 절차이며 실질적인 등록요건의 심사사항은 디자인보호법 제26조에 규정하고 있다.

2. 심사관에 의한 심사

(1) 심사관과 심사

심사는 심사관에 의하여 행하여진다. 디자인보호법 제25조 제1항에서의 "특허청장은 심사관으로 하여금 디자인등록출원 및 디자인무심사등록이의신청을 심사하게 한다"라는 규정은 실체심사(물론 넓은 의미에서는 방식심사도 포함한다)를 말한다. 따라서 심사는 법률의 규정에 의하여 특허청장으로부터 지정받은 심사관의 권한이며 심사관의 명의로 행하는 독립된 行政處分이다.[4]

(2) 심사관의 자격

심사관이 행하는 심사는 당해 디자인등록출원의 권리 성립에 직접 작용하므로 공정한 판단력과 특수한 전문지식・경험을 필요로 하므로 그 자격에 대하여는 법률로 정하고 있다(§25②). 또한 심사주의하에서의 심사라는 行政行爲는 자유재량행위가 아니고 개개의 디자인등록출원에 대하여 조사・판단・결정하는 것으로 행정법학상의 기속행위에 해당되고, 그 내용에 있어서는 準法律的 行政行爲로 분류되는 것에 해당된다.

(3) 심사관의 제척

심사관은 집무집행에 있어서 특히 公正을 기할 필요가 있으므로 재판관・심

---

3) 디자인보호법에는 특허법에서 채용한 심사청구제도가 없으므로 방식심사결과 적합한 경우에는 실체심사에 들어간다. 또 상표법에서 채용하는 출원공고제도 및 이의신청제도가 없으므로 심사관이 거절할 이유를 발견할 수 없을 때에는 곧바로 디자인등록결정을 한다.

4) 심사관은 디자인등록출원에 대한 심사에서 등록요건에 해당하는지의 여부를 심리 판단하고 그 판단의 확인표시를 하는 점에서 독립성을 가지며 그 한도 내에서는 특허청장으로부터 독립된 행정청의 성격을 가지는 것으로 해석된다.

판관이 같이 제척으로써 당해 사건담당의 결격요건을 정하고 있다(§30→§72의11).

3. 심사방식

(1) 서면심사

디자인등록출원에 대한 심사는 書面主義에 의하여 행하여진다. 디자인등록출원절차가 모두 서면주의에 의하는 것과 마찬가지로 디자인심사도 서면주의에 의하여 행하여지는 것이다. 그러나 서면주의라고 하여 심사관과 출원인과의 면담을 일절 인정하지 않는 것은 아니다. 서면주의 원칙을 침해하지 않으면서 이것을 보조하는 것으로 행하여지는 경우에는 적정한 심사에 도움이 되는 것이므로 실무에서는 엄격한 기준을 설정하여 출원인과의 면담을 인정하고 있다(상표·디자인심사사무취급규정§61).

(2) 직권심사

디자인등록출원에 대한 심사는 職權에 의하여 거절이유를 탐지하고 절차를 진행한다.

4. 실체심사사항(거절이유)

(1) 디자인심사등록출원

심사관은 디자인등록출원이 다음에 해당하는 경우에는 디자인등록거절결정을 하여야 한다(§26①). 법 제26조에서 규정하고 있는 거절이유는 制限的 列擧라고 해석되므로 여기에서 열거하지 않은 이유로는 거절할 수 없다.

㈎ 제4조의24(외국인의 권리능력), 제5조(디자인등록의 요건), 제6조(디자인등록을 받을 수 없는 디자인), 제7조(유사디자인), 제9조 제6항(디자인무심사등록출원 할 수 있는 디자인), 제10조(공동출원), 제11조(1디자인 1디자인등록출원), 제12조(한 벌 물품의 디자인), 제16조(선출원) 제1항 및 제2항에 따라 디자인등록을 할 수 없는 경우

㈏ 제3조 제1항 본문의 규정에 의한 디자인등록을 받을 수 있는 권리를 가지지 아니하거나 동조 동항 단서의 규정에 의하여 디자인등록을 받을 수 없는 경우

㈐ 條約의 규정에 위반된 경우

(2) 디자인무심사등록출원

1) 원　　칙　　　디자인무심사등록출원에 대하여는 디자인심사등록출원인 경우에 적용되는 법 제5조·제7조·제16조 제1항 및 제2항의 규정은 이를 심사

하지 않는다(§26②본). 따라서 디자인무심사등록출원에 대한 거절이유는 다음과 같다.

㈎ 제4조의24(외국인의 권리능력), 제6조(디자인등록을 받을 수 없는 디자인), 제9조 제6항(디자인무심사등록출원 할 수 있는 디자인), 제10조(공동출원), 제11조(1디자인 1디자인등록출원), 제11조의2(복수디자인등록출원), 제12조(한 벌 물품의 디자인)에 따라 디자인등록을 받을 수 없는 경우

㈏ 제3조 제1항 본문의 규정에 의한 디자인등록을 받을 수 있는 권리를 가지지 아니하거나 동조 동항 단서의 규정에 의하여 디자인등록을 받을 수 없는 경우

㈐ 조약의 규정에 위반된 경우

㈑ 유사디자인무심사등록출원이 다음의 어느 하나에 해당하는 경우

i) 유사디자인등록된 디자인 또는 유사디자인등록출원된 디자인을 기본디자인으로 표시한 경우

ii) 기본디자인의 디자인권이 소멸된 경우

iii) 기본디자인에 관한 디자인등록출원이 무효·취하·포기되거나 디자인등록거절결정이 확정된 경우

iv) 유사디자인무심사등록출원인이 기본디자인의 디자인권자 또는 기본디자인에 관한 디자인등록출원인과 다른 경우

v) 유사디자인무심사등록출원된 디자인이 기본디자인에 유사하지 아니한 경우

2) 예 외 디자인무심사등록출원된 디자인이 법 제5조 제1항 본문의 규정에 의한 공업상 이용할 수 없는 것이거나 제5조 제2항의 규정 중 국내에서 널리 알려진 형상·모양·색채 또는 이들의 결합에 의하여 용이하게 창작할 수 있는 것인 경우에는 디지인등록거절결정을 하여야 한다(§26②단).

3) 정보제공이 있는 경우 종전에는 디자인무심사등록출원에 대하여는 신규성, 선원성 등의 요건에 대하여 심사의 대상으로 되어 있지 아니하여 디자인무심사등록출원에 대한 신규성상실 등의 정보제공이 있는 경우에도 거절결정을 할 수 없으므로 무효사유를 내포하는 디자인이 등록될 수밖에 없고 이로 인해 정보제공자의 불만과 부실권리가 발생되는 문제가 있었다. 이러한 문제를 해결하기 위해 2004년 법개정에서는 심사관은 공중의 정보제공이 있는 경우에는 디자인무심사등록출원에 대하여 그 정보 및 증거에 근거하여 디자인등록거절결

정을 할 수 있도록 하였다(§26③). 이것은 디자인무심사제도의 단점을 어느 정도 보완하여 하자 있는 권리의 발생을 최소화하기 위한 산업정책상의 이유이다.

이상의 디자인등록출원(심사 · 무심사)에 대한 실체심사사항(거절이유)의 개략에 관해 정리하면 앞의 <표 12-1>와 같다.

〈표 12-1〉 실체심사사항(거절이유)의 개략

<table>
<tr><th rowspan="2">구 분</th><th rowspan="2" colspan="2">실체심사사항(거절이유)</th><th colspan="2">심 사 여 부</th></tr>
<tr><th>심사등록출원</th><th>무심사등록출원</th></tr>
<tr><td rowspan="3">1. 주체적 요건</td><td colspan="2">디자인등록을 받을 수 없는 자(§3, §26①iii)</td><td>○</td><td>○</td></tr>
<tr><td colspan="2">공동출원(§10)</td><td>○</td><td>○</td></tr>
<tr><td colspan="2">외국인의 권리능력(§4의24)</td><td>○</td><td>○</td></tr>
<tr><td rowspan="14">2. 객체적 요건</td><td colspan="2">디자인의 성립요건(§2i→§5① 본문)</td><td>○</td><td>○</td></tr>
<tr><td rowspan="3">실체적 요건</td><td>공업상 이용가능성(§5① 본문)</td><td>○</td><td>○</td></tr>
<tr><td>신규성(§5① 각호)</td><td>○</td><td>×</td></tr>
<tr><td>창작비용이성(§5②)</td><td>○</td><td>△</td></tr>
<tr><td rowspan="5">절차적 요건</td><td>1디자인1디자인등록출원(§11)</td><td>○</td><td>○</td></tr>
<tr><td>복수디자인등록출원(§11의2)</td><td>×</td><td>○</td></tr>
<tr><td>선출원(§16)</td><td>○</td><td>×</td></tr>
<tr><td>확대된 선출원(§5③)</td><td>○</td><td>×</td></tr>
<tr><td>디자인무심사등록출원디자인(§9⑥)</td><td>○</td><td>○</td></tr>
<tr><td rowspan="3">특별 요건</td><td>유사디자인(§7)</td><td>○</td><td>×</td></tr>
<tr><td>유사디자인무심사등록출원디자인
(§26①v)</td><td>×</td><td>○</td></tr>
<tr><td>한 벌 물품의 디자인(§12)</td><td>○</td><td>○</td></tr>
<tr><td colspan="2">디자인등록을 받을 수 없는 디자인(부등록요건)(§6)</td><td>○</td><td>○</td></tr>
<tr><td colspan="2">조약규정에 의한 요건(§26①iv)</td><td>○</td><td>○</td></tr>
</table>

○ - 심사, × - 무심사, △ - 일부 심사

5. 선행디자인의 조사의뢰 등

특허청장은 디자인등록출원의 심사에 있어서 필요하다고 인정되는 경우에는 전문기관을 지정하여 선행디자인의 조사, 그 밖에 대통령령으로 정하는 업무를 의뢰할 수 있고(§25의2①), 또한 관계행정기관, 해당 디자인분야의 전문기관 또는 디자인에 관한 지식과 경험이 풍부한 자에게 협조를 요청하거나 의견을 들을 수 있다(§25의2②). 전문기관에서 조사된 자료나 전문기관의 의견 등은 디자인심사에 활용되어 디자인심사의 질적 향상과 심사처리의 원활화에 기여할 수 있다. 전문기관의 지정 및 선행디자인의 조사 등의 의뢰에 필요한 사항은 대통령령으로 정해지고 있다(§25의2③).

6. 거절이유 통지

(1) 거절이유의 통지

심사관은 거절이유에 해당하는 디자인등록출원에 대하여 디자인등록거절결정을 하고자 할 때에는 출원인에게 거절이유를 통지(실무상은 의견제출통지로 행하고 있다)하고 기간을 정하여 意見書를 제출할 수 있는 기회를 주어야 한다(§27①). 변명의 기회를 주지 않고 곧 바로 거절결정을 하는 것은 출원인에게 가혹하고, 또한 심사관도 전혀 과오가 없다고는 할 수 없기 때문이다. 거절이유에는 출원에 관한 디자인이 법 제26조에 게기한 조항의 어느 조항의 규정에 해당하게 되는 이유와 그 조항을 구체적으로 기재하여야 한다. 복수디자인등록출원된 디자인 중 일부의 디자인에 대하여 거절이유가 있는 경우에는 그 해당 디자인의 일련번호와 거절이유를 명시하여야 한다(§27②).[5]

특허청은 1999년 1월 1일부터 전자출원제도를 도입하고, 디자인등록출원서 등에 대하여 전자문서로 제출할 수 있도록 함은 물론 거절이유통지서 등 처분서류에 대하여도 정보통신망을 이용하여 통지(송달)할 수 있도록 하고 있다(§4의28 · §4의30, 시규§1의3 · §1의4).

(2) 의 견 서

출원인은 거절이유통지서에 적시된 거절이유에 대하여 승복하는 경우에는 별도의 조치를 강구할 필요가 없지만 만약 승복하기 어려운 경우에는 지정된 기간 내에 의견서를 제출할 수 있다. 이에 의해 자신의 출원에 관한 디자인이 거절되어야 할 이유에 해당되지 않음을 주장하고 또 辨明할 기회가 주어진다.

의견서는 디자인보호법 시행규칙 별지 제1호서식에 의하며 주요기재 사항으로는 ⅰ) 사건의 표시(출원번호, 등록번호 등), ⅱ) 제출인(성명 또는 명칭, 출원인코드, 사건과의 관계), ⅲ) 대리인(성명 또는 명칭, 대리인코드, 포괄위임등록번호), ⅳ) 제출원인이 된 서류의 발송번호, ⅴ) 의견내용 등이 있다. '의견내용'란에는 의견의 이유 및

---

5) 특허청 심사실무운영에서는 거절이유통지 후 다른 거절이유를 발견하거나 더욱 명백한 거절이유를 발견한 때에는 출원인의 의견서 제출의 유무에 상관없이 그 통지의 취소나 회수조치를 하지 않고 재차 거절이유의 통지를 하도록 한다(특허청, 「심사편람」 90 · 14).

그 내용을 구체적으로 기재하며, 이 난이 부족한 경우에는 "별지와 같음"이라고 기재하고 별지를 첨부해야 한다. 그리고 주장사실을 증거에 의해 입증하고자 할 때에는 '첨부서류'란에 증거내용과 그 부수를 기재한다(시규§18②).

특히 거절이유가 선행디자인과 유사하다는 이유의 것이라면 그 유사여부판단의 기준이나 심결에, 판례 등에 비추어 유사하지 않다는 이론을 전개할 필요가 있다.

또 創作이 용이하다는 이유라면 그 거절이유에 제시된 형상·모양이 주지의 것이라고 할 수 있는지 등 그에 의해 용이하게 창작할 수 있는 것인지의 여부에 대해 의견을 제시할 필요가 있다.

7. 절차의 중지

심사에 있어서 필요한 때에는 심결이 확정될 때까지 또는 소송절차가 확정 완결될 때까지 그 심사의 절차를 中止할 수 있다(§30의2①). 디자인등록을 받을 수 있는 권리의 양도에 분쟁이 생긴 경우 법원에서의 출원인변경절차 이행소송 또는 권리양도 무효확인소송의 승패결과를 기다리는 경우 등이다. 또한 소송에 있어서 법원은 등록여부결정 또는 이의신청에 대한 결정이 확정될 때까지 그 소송절차를 중지할 수 있다(§30의2②). 이 중지에 관한 규정은 재량사항이므로 불복이 인정되지 않는다(§30의2③).

8. 보정각하의 결정

디자인등록출원인이 출원서의 기재사항, 출원서에 첨부한 도면, 도면의 기재사항 및 사진이나 견본에 대해 디자인등록여부결정의 통지서가 송달되기 전에 한 보정이 이들의 요지를 변경하는 것일 때에는 심사관은 결정으로 그 보정을 却下하여야 한다(§18의2①). 보정의 효과는 그 출원을 한 시점에까지 소급되기 때문에 요지를 변경한 보정을 인정하면 선출원주의(§16)에 반해서 제3자에게 불측의 불이익을 줄 수 있기 때문이다.

각하결정은 서면으로 하며 그 이유를 붙여야 한다(§18의2④).

보정각하에 대한 상세한 내용은 이미 설명(제11장 제5절 Ⅵ. 2(2) 보정이 요지변경인 경우, 제6절 Ⅳ. 요지변경의 효과 참조)하였으므로 여기서는 그 설명을 생략한다.

Ⅳ. 디자인등록여부결정

심사관의 심사는 디자인등록여부결정으로써 종결된다. 디자인등록여부결정에는 디자인등록거절결정과 디자인등록결정이 있다. 디자인등록여부결정은 서면으로 하여야 하며 그 이유를 붙여야 한다[6](§29①). 특허청장은 디자인등록여부결정이 있는 경우에는 그 결정의 등본을 디자인등록출원인에게 송달하여야 한다.

1. 디자인등록거절결정

1) 심사관은 디자인등록출원인에게 거절이유를 통지하고 의견서를 제출할 수 있는 기회를 주었으나 i) 의견서가 제출되지 아니한 경우, ii) 의견서는 제출되었지만 디자인등록출원인의 주장이 이유가 없는 것이라고 인정되는 경우, iii) 보정적 내용을 포함한 거절이유통지에 대하여 보정이 이루어지지 않았을 경우에는 디자인등록거절결정을 한다.

2) 디자인등록거절결정을 받은 자가 불복이 있는 때에는 디자인등록거절결정의 등본을 송달받은 날부터 30일 이내에 심판을 청구할 수 있다(§67의3). 이 기간내에 디자인등록거절결정에 대한 심판의 청구가 없을 때에는 디자인등록거절결정이 확정된다. 이 경우 先出願의 지위가 남는 것으로 해석되며 특허청장의 보정명령에 따르지 않는 경우 디자인등록출원절차가 무효처분되어 선출원의 지위가 남지 않는 경우와 다르다.

2. 디자인등록결정

심사관은 디자인등록출원에 대한 심사결과 거절이유를 발견할 수 없는 때에는 디자인등록결정을 하여야 한다(§28).[7]

또한 심사관이 거절이유통지를 하였으나 디자인등록출원인이 제출한 의견서의 주장에 이유가 있다고 인정될 때 또는 의견서에 갈음하는 보정서에 의하여 거절이

6) 이유를 붙이도록 한 것은 디자인등록거절결정에 불복이 있는 자에 대하여 심판을 청구할 때의 편의를 위한 것이다.

7) 특허청 심사실무상은 디자인등록결정 후에 새로운 거절이유를 발견한 때에는 그 디자인등록결정 등본의 송달 전까지 디자인등록거절결정을 할 수 있도록 한다. 이 경우 출원인에게는 새로운 거절이유를 통지하도록 한다(특허청, 「심사편람」 90·15).

유가 해소되거나 치유되었다고 인정되는 때에는 디자인등록결정을 한다.

3. 디자인등록여부결정의 확정

디자인등록결정은 그 결정의 등본을 출원인에게 송달한 때에 확정된다.

디자인등록거절결정의 경우에는 다음과 같이 법에서 규정한 불복신청방법에 의하여 그 디자인등록거절결정을 취소할 수 없는 상태로 된 때에 확정된다.

i) 디자인등록거절결정에 대한 심판을 청구할 수 있는 기간을 경과한 때

ii) 디자인등록거절결정에 대한 심판청구가 있은 경우 그 심판에서 원결정을 지지하는 취지의 심결 또는 심판청구를 却下하는 취지의 심결이 확정된 때

V. 우선심사제도

1. 의 의

우선심사제도란 일정사유에 해당하는 디자인등록출원에 대해 다른 출원에 우선하여 심사하는 제도를 말한다(§25의4). 디자인등록출원에 대한 심사는 출원순위에 의하는 것이 원칙이다(시규§16). 그러나 출원공개에 따라 발생되는 보상금청구권의 행사여부를 조기에 확정하기 위해서는 그 출원에 대한 심사를 다른 출원에 비하여 우선적으로 처리함으로써 디자인등록여부를 속히 결정되도록 하는 것이 당사자간의 보상금청구권을 둘러싼 분쟁의 조기해결에 기여할 수 있고, 한편, 공공의 이익을 위하여 긴급처리를 필요로 하는 디자인등록출원은 다른 출원보다 우선적으로 심사하는 것이 공익상 유익하므로 디자인보호법에서도 특허법과 공통으로 우선심사제도가 설치되어 있다.

2. 우선심사의 대상

(1) 출원공개 후 제3자가 업으로서 실시하고 있는 디자인등록출원

출원공개 후 디자인권의 설정등록 이전에 디자인등록출원인이 아닌 자가 업으로서 디자인등록출원된 디자인을 실시하고 있다고 인정되는 경우 우선심사를 신청할 수 있다(§25의4 i).

(2) 긴급처리가 필요하다고 인정되는 디자인등록출원

디자인보호법 제25조의4 제2호에서는 대통령령으로 정하는 출원으로서 긴

급처리가 필요하다고 인정되는 경우에도 우선심사를 허용하고 있으며 동법 시행령 제5조는 아래에 해당하는 것으로서 특허청장이 정하는 출원을 우선심사의 대상으로 하고 있다.

1) 방위산업 분야의 디자인등록출원

2) 녹색기술[온실가스 감축기술, 에너지 이용 효율화 기술, 청정생산기술, 청정에너지 기술, 자원순환 및 친환경 기술(관련 융합기술을 포함한다) 등 사회 · 경제 활동의 전 과정에 걸쳐 에너지와 자원을 절약하고 효율적으로 사용하여 온실가스 및 오염물질의 배출을 최소화하는 기술을 말한다]과 직접 관련된 디자인등록출원

3) 수출 촉진과 직접 관련된 디자인등록출원

4) 국가 또는 지방자치단체의 직무에 관한 디자인등록출원(「고등교육법」에 따른 국공립학교의 직무에 관한 디자인등록출원으로서 「기술의 이전 및 사업화 촉진에 관한 법률」 제11조 제1항에 따라 국공립학교에 설치된 기술이전 · 사업화에 관한 업무를 전담하는 전담조직이 낸 디자인등록출원을 포함한다)

5) 「벤처기업육성에 관한 특별조치법」 제25조에 따라 벤처기업 확인을 받은 기업의 디자인등록출원

6) 「중소기업기술혁신 촉진법」 제15조에 따라 기술혁신형 중소기업으로 선정된 기업의 디자인등록출원

7) 국가의 신기술개발지원사업 또는 품질인증사업의 결과물에 관한 디자인등록출원

8) 조약에 의한 우선권주장의 기초가 되는 디자인등록출원(해당 디자인등록출원을 기초로 하는 우선권주장에 의하여 외국 특허청에서 디자인에 관한 절차가 진행 중인 것으로 한정한다)

9) 디자인등록출원인이 디자인등록출원된 디자인을 실시하고 있거나 실시를 준비 중인 디자인등록출원

10) 전자거래와 직접 관련된 디자인등록출원

11) 특허청장이 외국 특허청장과 우선심사하기로 합의한 디자인등록출원

12) 우선심사신청을 하려는 자가 디자인등록출원된 디자인에 관하여 전문기관에 선행디자인의 조사를 의뢰한 경우로서 그 조사 결과를 특허청장에게 통지하도록 그 전문기관에 요청한 디자인등록출원

3. 우선심사의 신청

(1) 신 청 인

출원공개 후 제3자가 업으로서 실시하고 있는 디자인등록출원에 대해서는 출원인 이외에 그 디자인을 실시하고 있는 제3자도 우선심사의 신청을 할 수 있다. 그러나 긴급처리가 필요하다고 인정되는 디자인등록출원에 대하여도 출원인 이외에 제3자도 신청인이 될 수 있는지에 대해 의문이 있으나, 이 점에 대해 특허청의 실무는 디자인등록출원이 있는 때에는 누구든지 특허청장에게 그 출원에 관하여 우선심사의 신청을 할 수 있다고 하고, 다만, 국가 또는 지방자치단체의 직무에 관한 출원에 관하여는 국가 또는 지방자치단체만이 우선심사의 신청을 할 수 있도록 하고 있다(우선심사의 신청에 관한 고시§3).

(2) 신청기간

출원공개 후 제3자가 업으로서 실시하고 있는 디자인등록출원에 대한 우선심사신청은 출원공개 후에만 할 수 있으나, 긴급처리가 필요하다고 인정되는 디자인등록출원에 대한 우선심사신청은 출원공개 유무와 관계없이 할 수 있다.

(3) 신청절차

우선심사를 신청하고자 하는 자는 소정 서식의 우선심사신청서에 우선심사신청설명서 및 증빙서류를 첨부하여 특허청장에게 제출하여야 한다. 우선심사신청절차를 대리인이 밟는 경우에는 그 대리권을 증명하는 서류를 첨부하여야 한다(시령§6①, 시규§15의3). 우선심사의 신청에 관한 증빙서류에 대하여는 특허청 우선심사의 신청에 관한 고시[별표]에서 정해지고 있다.

4. 우선심사여부의 결정 및 통지

특허청장은 우선심사신청이 있는 경우에는 우선심사여부를 결정하여야 한다(시령§6②). 또한 당해 출원이 우선심사의 대상에 해당하여 우선심사를 하기로 결정한 경우에는 즉시 우선심사신청인, 출원인(출원인이 우선심사신청인이 아닌 경우에 한함)에게 우선심사인정통지서를 통지하여야 한다(상표・디자인심사사무취급규정§58).

5. 우선심사결정의 효과

우선심사결정이 있으면 그 출원에 대해서는 출원의 순위에 관계없이 우선적으로 실체심사가 이루어진다. 우선심사결정된 출원에 대한 심사는 우선심사인정통지서 발송일부터 45일 이내에 착수함을 원칙으로 하고 있다(상표・디자인심사취

금규정§59).

Ⅵ. 재심사청구제도

1. 의 의

재심사청구제도라 함은 디자인등록출원에 대하여 디자인등록거절결정을 받은 자가 소정의 기간 내에 그 출원서에 첨부된 도면 등을 보정하여 재심사를 청구한 경우에 그 청구에 관한 디자인등록출원에 대하여 심사관으로 하여금 다시 심사하게 하는 제도를 말한다(§27의2①).[8)]

종전에는 디자인등록출원에 대하여 디자인등록거절결정이 있은 후에 재심사를 받고자 하는 경우에는 심사전치제도에 따라 그 디자인등록거절결정에 대한 불복의 심판을 청구하고, 소정의 기간 내에 디자인등록출원서에 첨부된 도면 등을 보정하여야 하였기 때문에 출원인은 부득이하게 심판청구 및 심판비용을 부담하여야 하는 불편이 있었다.

그래서 2009년 법개정에서는 종전의 심사전치제도를 폐지하는 대신 디자인등록거절결정에 대한 심판을 청구하지 아니하고도 도면 등을 보정하여 재심사를 청구하면 심사관이 그 청구에 관한 디자인등록출원을 다시 심사하도록 하여 절차의 간소화와 출원인이 심판비용을 절감할 수 있도록 하였다.

2. 청구요건

(1) 주체적 요건

디자인등록출원에 관하여 거절결정등본을 받은 당해 출원인이다(§27의2①). 재심사청구제도는 디자인등록거절결정을 받은 출원인을 보호하기 위한 것이기

---

8) 2009년 법개정에서 도입된 재심사청구제도는 미국 특허법에 있어서의 계속심사청구(Request for Continued Examination: RCE)제도와 유사하다. 미국 특허청에서는 특허출원에 대한 심사결과 기재불비, 신규성 및 진보성에 관련된 최초 거절이유에 대한 출원인의 답변에도 불구하고 심사관이 거절이유를 그대로 유지하는 경우 최종거절이유를 통지한다. 이에 대해서는 ⅰ) 6개월 이내에 심판원에 불복을 제기하거나, ⅱ) 계속출원, 부분계속출원, 또는 분할출원하거나, ⅲ) 계속심사청구를 상황에 따라 할 수 있다. 계속심사청구는 거절결정에 대한 불복심판청구기간 내에 제출할 수 있고, 최초 명세서 및 도면의 범위 내에서 청구범위의 감축, 확장 및 변경이 가능하며 제출서류 등의 면에서 간편한 절차이다.

때문이다. 공동출원의 경우 공유자 전원이 재심사청구를 하여야 하는 것으로 해석된다. 디자인등록을 받을 수 있는 권리가 공유인 경우에는 공유자 전원이 출원하도록 되어 있기 때문이다(§10).

(2) 객체적 요건

재심사청구의 대상이 되는 출원은 디자인등록거절결정이 이루어진 당해 디자인등록출원이다. 또한 재심사의 대상은 재심사청구에 관한 디자인등록출원서에 첨부된 도면, 도면의 기재사항 및 사진이나 견본을 보정한 출원에 한한다. 이때 도면 등에 대한 보정의 요지변경여부는 문제로 되지 아니하며 보정 등이 있다는 사실만으로 재심사의 대상이 된다.

(3) 시기적 요건

재심사청구는 디자인등록거절결정의 등본을 송달받은 날부터 30일(교통불편지역에 있는 자를 위하여 디자인등록거절결정에 대한 심판의 청구기간을 연장한 경우에는 그 연장된 기간을 말한다) 이내에 할 수 있다.

다만, 재심사에 따른 디자인등록거절결정이 있거나 디자인등록거절결정에 대한 심판청구가 있는 경우에는 재심사청구를 할 수 없다(§27의2①). 이것은 재심사에 따른 디자인등록거절결정이 있는 출원에 대해 중복하여 재심사청구를 인정하는 것은 타당하지 않기 때문이고, 또한 재심사청구제도는 디자인등록거절결정이 있은 후 그 거절결정에 대한 심판청구와 재심사청구 중에서 어느 하나를 선택하도록 하기 위한 것이기 때문이다.

(4) 절차적 요건

재심사청구는 디자인보호법 시행규칙 별지 제2호 서식의 보정서에 소정의 사항을 기재하여 특허청장에게 제출하여야 한다(시규§3).

3. 재심사청구의 효과

재심사의 청구가 있는 경우 해당 디자인등록출원에 대하여 종전에 이루어진 디자인등록거절결정은 취소된 것으로 간주된다(§27의2②). 따라서 재심사청구에 관한 디자인등록출원의 심사는 디자인등록거절결정이 없었던 상태로 돌아가 보정된 내용으로 재심사가 이루어진다.

또한 재심사의 청구는 취하할 수 없도록 되어 있다(§27의2③). 취하를 인정하지 않는 것은 거절결정에 대한 심판청구와 재심사청구 중에서 디자인등록출원인이 원하는 수단의 선택에 보다 신중을 기하도록 하기 위한 것이다.

4. 재심사에 따른 불복수단

재심사에 따른 디자인등록거절결정에 대하여는 재심사청구를 할 수 없고(§27의2①단), 이에 대해 불복이 있는 경우에는 그 결정등본을 송달받은 날부터 30일 이내에 심판을 청구할 수 있다(§67의3).

Ⅶ. 디자인심사절차에 있어서의 특징

디자인심사절차에서는 다른 산업재산권법과 비교하여 이하와 같은 특징을 가지고 있다.

1. 심사청구제도의 부존재

특허법에서 채용하고 있는 심사청구제도(특§59)는 특허출원의 비약적인 증가로 인해 심사가 지연됨에 따라 출원 후 권리의 취득까지는 원하지 않는 출원의 존재를 고려하여 심사부담의 경감을 목적으로 1980년 법개정 이래 채용한 제도이다. 그러나 디자인에서는 이와 같은 사정이 존재하지 않기 때문에 이 제도를 도입하지 않고 있다. 따라서 디자인등록출원에 대하여는 심사청구를 기다릴 필요없이 방식심사결과 법령에 적합한 경우에는 곧바로 실체심사가 개시된다.

2. 출원공고제도의 부존재

출원공고제도는 상표법에서 채용한 제도로서 심사관이 출원에 대해 거절이유를 발견할 수 없는 때에 등록결정에 앞서 출원공고에 의해 그 출원에 대해 공중이 상표등록요건에 위반됨을 이유로 이의신청할 수 있는 기회를 부여하고, 이의신청이 있는 때에는 그 이유에 대하여 다시 심사하여 상표등록여부를 결정한다(상§24, §25).

그러나 디자인보호법에서는 이러한 제도를 채택하지 않고 있다. 디자인보호법에서도 공중심사를 위하여 이 제도의 필요성이 전혀 없는 것은 아니지만, 디자인은 물품의 미적 외관이므로 유행에 좌우되기 쉬워 조기 권리부여의 필요성이 크고, 또한 타인의 모방이 용이하기 때문에 권리의 설정 전에 공고에 의한 디자인의 공개는 오히려 폐해가 크다고 생각하기 때문이다.

3. 직권에 의한 출원공개제도의 부존재

특허법에서는 출원인의 신청에 의한 출원공개 외에 특허출원일부터 1년 6월이 경과한 때에는 출원인의 의사와는 관계없이 그 특허출원에 대하여 공개하는 직권에 의한 출원공개제도를 도입하고 있다(특§64). 이 직권에 의한 출원공개제도는 심사처리기간의 장기화에 따라 출원의 공개가 늦어져 동일발명이 중복연구 또는 중복투자되는 경우를 방지하기 위해 1980년 법개정에 의해 도입한 것이나, 디자인은 이와 같은 사정이 존재하지 않기 때문에 이와 같은 제도는 도입되어 있지 않다. 다만, 디자인보호법에서는 출원계속 중의 디자인에 대한 적정한 보호를 도모하기 위하여 1995년 법개정에 의해 출원인의 신청에 의한 출원공개제도를 도입하고 있다(§23의2).

4. 디자인무심사등록이의신청제도

하자 있는 권리의 시정을 도모하기 위하여 도입된 특허·실용신안법상의 이의신청제도는 등록된 모든 특허·실용신안을 대상으로 이의를 제기할 수 있으나(특§69, 실§47), 디자인보호법에서 채용한 디자인무심사등록이의신청제도는 무심사등록디자인만을 대상으로 하고 있는 점에서 양자는 차이가 있다. 무심사등록의 대상이 되는 물품은 산업지원부령이 정하는 물품으로 되어 있으며 이 경우 디자인무심사등록출원으로만 출원하도록 되어 있다(§9⑥). 디자인무심사등록은 방식적 요건 외에 실체적 요건의 일부사항만을 심사하여 등록을 허여한 것이므로 무심사등록이의신청제도는 하자 있는 권리의 발생을 전제로 하여 등록 후 공중의 참여하에 심사의 객관성, 공정성을 담보하기 위한 것이다.

제 3 절 출원공개제도

Ⅰ. 서 설

1. 의 의

出願公開制度라 함은 디자인등록출원인의 신청에 의하여 자기의 출원디자인의 내용을 디자인공보에 게재하여 공개하고 그 효과로서 일정한 법률적 보호(경고할 권리, 보상금청구권 등)를 부여하는 제도를 말한다(§23의2,§23의3).

2. 제도적 취지

디자인보호법상의 출원공개제도는 1995년 법개정에서 당시의 특허법상의 출원공개제도를 본받아 도입한 제도이다. 디자인은 물품의 미적 외관이므로 타인의 모방이 용이하고 유행성이 강한 것이 보통인데 설정등록이 있기 전까지는 비록 디자인등록출원을 하였다 하더라도 출원 중에는 디자인 등록을 받을 수 있는 권리는 존재하지만, 이 권리에 의해 타인의 실시를 배제할 수 없다. 또한 디자인등록출원에 대한 심사처리기간의 장기화로 디자인권의 설정등록이 늦어지게 되어 출원 계속 중에 있는 디자인에 대한 적정한 보호의 필요성이 제기되었다. 그래서 출원디자인에 대한 법상의 적정한 보호를 도모하기 위하여 출원인의 신청이 있는 경우에는 당해 디자인의 내용을 일반에 공개하도록 하고, 공개의 효과로서 출원인에게는 경고할 권리, 보상금청구권 등 법률적 보호를 부여하도록 한 것이다.[9] 그러나 디자인보호법상의 출원공개제도는 특허법상의 이 제도와 비교하여 차이가 있다.

즉 특허법상의 출원공개제도는 출원일(우선권주장을 수반하는 출원에 있어서는 우선권주장의 기초가 된 최초 출원일) 후 1년 6월이 경과하면 모든 출원(단, 등록공고된 것은 제외)을 공개하는 직권에 의한 공개제도와 1년 6월이 경과되기 전이라도 출원인의 신청이 있는 경우 공개하는 신청에 의한 공개제도로 나누어진다(특§64).

특허법에서의 직권에 의한 출원공개제도는 1980년 법개정에서 전통적인 심사주의하에서 기술의 고도화에 수반한 출원건수의 비약적인 증가에 따른 심사처리의 지연 및 발명공개의 지연으로 인한 동일기술의 중복연구·중복투자 방지 등을 목적으로 출원일부터 1년 6월이 경과한 때에는 모든 출원에 대하여 그 내용을 공개하고 여기에 일정한 법률적 효과(확대된 선출원의 지위, 보상금청구권 등)를 부여하기 위하여 도입한 것이며, 또한 신청에 의한 출원공개제도는 1997년 법개정에서 출원공개의 효과인 보상금청구권은 공개 후의 실시자에 대하여 행사할 수 있으므로 출원공개 이전 모방자의 발명실시에 대하여 보상금청구권의 조

9) 출원공개제도는 심사처리기간이 장기화될수록, 그 존재의의가 있을 것이나 그 반대의 경우에는 효용성이 떨어질 것이다.

속한 행사가 가능하도록 하기 위해 도입한 것이다.

Ⅱ. 출원공개의 요건

1. 주체적 요건

디자인등록출원의 공개를 신청할 수 있는 자는 출원인이다. 출원공개에 의한 이익·불이익 유무는 출원인의 의사에 따라 판단되어야 하기 때문이다. 공동출원의 경우에는 공유자 전원이 청구하여야 한다. 공유자 전원의 보호를 위해서이다.

2. 객체적 요건

출원공개의 대상이 되는 출원은 특허청에 계속 중인 출원이다. 따라서 출원공개 전에 i) 출원의 포기·취하·무효로 된 것, ii) 거절결정이 확정된 것은 출원으로 계속되지 않는 것이기 때문에 공개의 대상에서 제외된다. 복수디자인등록출원된 디자인에 대한 공개신청은 출원된 디자인 전부에 대하여 신청하는 경우에 한한다(§23의2①단). 복수디자인등록출원은 그 전체를 하나의 출원으로 취급하므로 일부의 디자인만 예외적으로 취급하는 데 곤란이 따르기 때문이다. 또한 종전에는 디자인심사등록출원에 한해서만 출원공개의 신청이 가능하도록 되어 있었으나 2004년 법개정에서는 심사 및 무심사등록출원 모두에 대하여 출원공개신청을 할 수 있도록 하였다. Web 공보의 발행으로 신속한 출원공개가 가능해졌고 또 출원공개의 이익은 무심사등록출원인에게도 동일하게 적용함이 형평에 맞기 때문이다.

3. 시기적 요건

출원공개의 신청은 당해 디자인등록출원에 대한 최초의 디자인등록여부결정의 등본이 송달된 후에는 할 수 없다(§23의2③). 디자인등록여부결정의 등본이 송달된 후에는 출원인의 의사에 따라 곧바로 설정등록이 가능하고 디자인권의 설정등록이 이루어지면 등록공보에 게재되기 때문에 공개의 실익이 없기 때문이다. 또한 디자인등록거절결정의 등본이 송달된 후에는 거절결정이 확정되면 타인의 후출원에 대해 선출원의 지위를 가지므로 굳이 출원공개를 신청할 실익이 없다. 여기서 '최초의'란 거절결정에 대한 불복의 심판을 청구한 후 다시 거절결정을 받은 경우를 제외한다는 의미이다.

4. 절차적 요건

디자인등록출원에 대한 공개를 신청하고자 하는 자는 디자인보호법 시행규칙 별지 제7호서식의 디자인등록출원공개신청서를 특허청장에게 제출하여야 한다. 다만, 디자인등록출원과 동시에 공개를 신청하는 경우에는 출원서에 그 취지를 기재함으로써 그 신청서에 갈음할 수 있다(시규§6의2①).

또한 출원공개신청에 대하여 이를 취하하고자 하는 경우에는 디자인등록출원공개신청서를 제출한 날부터 10일 이내에 취하서(「특허법 시행규칙」 별지 제12호 서식의 취하서를 준용)를 제출하여야 한다(시규§6②).

Ⅲ. 출원공개의 방법과 예외

1. 출원공개의 방법

1) 디자인등록출원인의 공개신청이 있는 때에는 그 출원에 관하여 디자인공보(공개디자인공보)에 게재하여 공개한다(§23의2②).

2) 公開디자인公報에는 다음 사항을 게재한다(시령§9④).

ⅰ) 디자인등록출원인의 성명 및 주소(법인인 경우에는 그 명칭 · 영업소의 소재지), ⅱ) 부분디자인의 디자인등록출원이라는 취지(부분디자인인 경우에 한함), ⅲ) 디자인의 대상이 되는 물품 및 그 분류기호, ⅳ) 창작자의 성명 및 주소, ⅴ) 출원번호 및 출원연월일, ⅵ) 우선권주장의 기초가 된 출원일(우선권을 주장하는 경우에 한함), ⅶ) 기본디자인의 표시, ⅷ) 출원공개 번호 및 공개연월일, ⅸ) 도면 또는 사진, ⅹ) 창작내용의 요점, ⅹⅰ) 디자인의 설명, ⅹⅱ) 기타 특허청장이 게재할 필요가 있다고 인정하는 디자인등록출원공개에 관한 사항.

3) 공개된 디자인은 누구든지 열람이 가능하다. 秘密로 해야 하는 것은 아니기 때문이다.

2. 출원공개의 예외

디자인등록출원된 디자인이 주는 의미나 내용 등이 일반인의 통상적인 도덕관념인 선량한 풍속에 어긋나거나 공공질서를 해칠 우려가 있는 경우에는 출원공개를 하지 아니할 수 있다(§23의2②단). 이 경우 특허청장은 그 취지와 이유를 디자인등록출원인에게 통지하여야 한다(시령§2).

Ⅳ. 출원공개의 효과

출원공개제도에 의해 디자인등록출원이 공개되면 출원인 및 특허청에는 다음과 같은 法的 效果가 발생한다.[10)]

1. 경고할 권리

디자인등록출원인은 출원공개가 있은 후 그 출원된 디자인 또는 이와 유사한 디자인을 업으로서 실시한 자에게 출원된 디자인임을 경고할 수 있다(§23의3①). 이때의 경고는 디자인권 침해에 대한 경고와는 달리 출원한 디자인이 디자인등록된 후에는 경고 후의 행위에 대하여 보상금청구권을 행사한다는 취지의 통지이다. 따라서 경고는 침해예방의 효과 외에 디자인권의 설정등록 후 보상금청구권의 행사를 위한 요건을 갖추게 한다.

2. 보상금청구권의 발생

(1) 의 의

보상금청구권이라 함은 디자인등록출원인이 출원공개가 있은 후 디자인권의 설정등록 전에 업으로서 출원공개된 디자인 또는 이와 유사한 디자인을 실시한 자에게 통상 받을 수 있는 금액에 상당하는 補償金의 지급을 청구할 수 있는 권리를 말한다(§23의3②). 그러나 이 권리는 특허나 디자인제도의 존립기초

10) 종전의 디자인보호법에서는 출원공개제도에 의해 출원공개된 디자인에 한하여 누구든지 당해 디자인이 법 제5조·제6조 또는 제16조의 규정에 의한 등록요건에 맞지 않는다는 취지의 정보를 증거와 함께 제공할 수 있도록 되어 있음을 근거로 출원공개의 효과로서 정보제공을 들고 있었으나 2001년 개정법은 모든 디자인등록출원된 디자인에 대하여 출원공개 여부에 관계없이 누구든지 정보제공이 가능하도록 하고, 정보제공의 범위도 디자인보호법 제26조 제1항 각호에서 규정하는 거절이유 전체로 확대하는 취지의 규정(§23의5)을 신설하였으므로 종전법하에서와 같이 출원공개의 효과로서 정보제공을 들기는 어렵다고 생각된다.

로서 일반적으로 설명되고 있는 공개의 대상으로서의 권리는 아니다. 왜냐하면 獨占 없는 공개이기 때문이다.

(2) 법적 성격

보상금청구권은 디자인등록출원이 공개되면 공개된 그대로 타인에 의해 임의로 실시되는 상태를 구제하고, 그 타인의 실시가 없었더라면 출원인이 보다 많이 얻을 수 있는 이익의 상실을 보상하기 위한 것이다. 따라서 디자인권이 성립된 후에 인정되는 금지청구권 및 손해배상청구권 또는 디자인권과는 그 성격을 달리한다.

(3) 보상금청구권의 성립요건

1) 디자인등록출원이 공개될 것 보상금청구권은 출원공개에 따라 발생한다. 여기서 말하는 출원공개란 공개디자인공보가 발행된 날을 말한다(시규§6①).

2) 출원인이 서면으로 경고하였을 것 출원인이 보상금을 청구하기 위하여는 상대방에게 경고를 하여야 한다. 다만, 제3자가 공개된 디자인임을 알고 실시하고 있는 자에 해당하는 경우에는 경고를 하지 않아도 된다. 보상금청구권의 행사에 경고를 조건으로 하는 것은 공개디자인공보가 반포되었다는 것만으로 제3자가 그 디자인등록출원에 관계되는 디자인을 알고 있다(또는 알고 있어야 한다)고 추정하는 것은 가혹하기 때문이다.

3) 경고 후 디자인권의 설정등록 전까지 업으로서 실시하였을 것 보상금청구의 대상은 경고 후부터 디자인권의 설정등록시까지의 기간동안 업으로서의 실시에 대해서이다. 그러나 출원공개된 디자인임을 알고 실시한 경우에는 알고 실시한 때부터 보상금청구의 대상기간이 된다. 보상금청구권은 업으로서 실시한 경우에 적용대상이 되므로 업으로서의 실시가 아닌 경우는 해당되지 않는다.

(4) 보상금청구권의 행사시기

보상금청구권은 출원된 디자인이 設定登錄이 있은 후가 아니면 행사할 수 없다(§23의3③). 디자인보호법에는 출원공고제도가 존재하지 않으므로 보상금청구권의 행사는 디자인권의 설정등록이 있은 후에만 할 수 있도록 한 것이다. 이때 출원인은 경고를 한 자에게는 물론 경고를 하지 않은 자라 하더라도 그가 출원공개된 디자인임을 알고 실시한 경우에는 보상금청구권을 행사할 수 있다.

(5) 보상금액

보상금액은 그 등록디자인 또는 이와 유사한 디자인의 실시에 대하여 통상 받을 수 있는 금액에 상당하는 액(실시료 상당액)으로 되어 있다(§23의3②). 이것은 등록된 상태의 디자인이 아닌 것을 이유로 부당하게 저액으로 되는 것을 방지하기 위한 취지이다.

(6) 보상금청구권의 소멸

보상금청구권은 i) 출원공개 후 디자인등록출원이 포기·무효 또는 취하된 때, ii) 디자인등록출원의 디자인등록거절결정이 확정된 때, iii) 디자인등록취소결정이 확정된 때 또는 디자인등록을 무효로 한다는 심결이 확정된 때는 소멸한다(§23의3⑥). 또한 디자인보호법은 보상금청구권의 소멸시효에 대하여 민법 제766조의 규정을 준용하고 있으므로(§23의3⑤) 보상금청구권은 디자인권의 설정등록일부터 3년간 행사하지 않는 경우에는 시효에 의해 소멸된다. 不法行爲를 한 날부터 10년을 경과한 때에도 또한 같다(§23의3⑤→민§766).

(7) 보상금청구를 받지 않는 자

출원공개에 속하는 디자인을 실시한 자라 하더라도 先使用者(§50), 직무디자인의 경우 사용자(발명§10①) 등 장래 법정실시권자로 될 수 있는 자에 대하여는 보상금의 청구를 할 수 없다.

(8) 디자인권과의 관계

보상금청구권의 행사는 디자인권의 행사에 영향을 미치지 않는다(§23의3④). 즉, 출원 중인 타인의 디자인을 실시한 자가 보상금을 지급한 후에도 계속하여 디자인권을 침해한 경우 디자인권자는 금지청구권, 손해배상청구권 등 각각의 권리를 행사할 수 있다. 보상금청구권은 출원공개 후 일정시기부터 디자인권의 설정등록 전까지의 권리인 데 비해 디자인권은 디자인권의 설정등록 후에 발생하는 권리이므로 각각 독립된 법적 지위를 가지고 있기 때문이다.

3. 확대된 선출원의 지위

선출원의 출원서의 기재사항 및 출원서에 첨부된 도면(또는 사진·견본)에 표현된 디자인이 확대된 선출원의 지위에서 후출원 디자인을 거절할 수 있기 위하여는 선출원의 디자인이 출원공개되거나 등록공고되어야 한다(§5③). 따라서 선출원의 출원공개는 법 제5조 제3항의 적용요건을 완성시키는 효과가 발생하게 된다.

4. 우선심사의 대상

출원공개 후 디자인권의 설정등록 전에 출원인이 아닌 자가 업으로서 출원된 디자인을 실시하고 있다고 인정되는 경우에는 신청에 의하여 優先審査의 대상으로 할 수 있다(§25의4). 優先審査制度는 공개된 디자인을 타인이 침해한 경우 또는 대통령령이 정하는 디자인등록출원으로서 긴급처리가 필요하다고 인정되는 경우 출원의 순서와 관계없이 타출원에 우선하여 심사함으로써 분쟁을 조기에 해결하기 위한 취지이다.

5. 출원디자인의 공지

출원공개는 출원디자인의 내용을 공개디자인공보에 게재하여 일반에게 공표(공시)하는 것이므로 그때부터 당해 디자인은 비밀상태가 해제되어 公知디자인(정확히는 간행물에 게재된 디자인)이 된다. 따라서 누구든지 당해 디자인의 내용을 열람 또는 복사신청할 수 있다(§76①).

제 4 절 디자인무심사등록이의신청제도

Ⅰ. 서 설

1. 의 의

디자인무심사등록이의신청제도라 함은 디자인무심사등록된 디자인에 대하여 공중이 그 등록상의 흠결을 지적하여 등록의 취소를 구하는 의사표시를 할 수 있는 제도를 말한다(§29의2). 디자인무심사등록이의신청은 디자인무심사등록을 전제로 하는 것이므로 디자인무심사등록된 디자인에 대하여만 할 수 있다. 디자인심사등록된 디자인은 이의신청의 대상이 되지 아니한다.

2. 제도적 취지

디자인무심사등록이의신청제도는 실질적인 등록요건을 흠결한 무심사등록디자인에 대하여 심판이나 소송절차 이전에 행정절차에 의해 조기에 취소시킬 수 있도록 하여 不實權利의 존속을 사전에 방지하기 위한 취지이다. 이와 같은 취지로 볼 때 디자인무심사등록이의신청제도는 심사과정에서 등록요건의 전부에 대한 심리를 거치지 아니함으로써 발생할 수 있는 하자 있는 등록디자인의 색출을 공중의 협조하에 시도하는 심사의 完全性, 公正性에 대한 사후적 보완수단이라 할 수 있다. 이 제도는 1997년 법개정에서 디자인무심사등록제도와 함께 도입된 것이다.

Ⅱ. 이의신청의 요건

1. 주체적 요건

이의신청은 누구든지 할 수 있다(§29의2①). 디자인무심사등록이의신청제도는 당사자간의 분쟁해결을 목적으로 하는 것이 아니라 실질적인 등록요건의 심사를 거치지 아니하고 등록처분된 하자 있는 등록디자인의 是正을 도모하여 디자인등록에 대한 신뢰성을 높이려는 공익적 목적달성에 그 의의를 두고 있으므로 그 자격을 특히 제한하지 않는 것이다. 따라서 디자인등록의 무효심판청구인에게 요구되는 利害關係의 존부와는 상관없으며 또한 권리능력이 없는 법인이 아닌 사단이나 재단으로서 대표자 또는 관리인이 정하여져 있는 경우에는 그 이름으로 이의신청인이 될 수 있다(§4의2).

2. 시기적 요건

이의신청을 할 수 있는 기간은 당해 디자인의 디자인권의 설정등록이 있는 날부터 디자인무심사등록공고일 후 3개월이 되는 날까지이다(§29의2①). 여기에서 디자인무심사등록공고일이라 함은 디자인무심사등록공보가 발행된 날을 말한다(시규§6①).

비밀디자인의 경우에는 디자인권의 실체적인 내용이 공보에 게재되지 않으므로 이의신청기간을 최초의 디자인무심사등록공보가 발행된 날을 기준으로 3월이 되는 날까지로 하는 것은 불합리하므로 디자인무심사등록된 秘密디자인에 대한 이의신청에 있어서는 당해 디자인의 도면 또는 사진 등이 게재된 디자인무심사등록공보가 발행된 날을 디자인무심사등록공고일로 보도록 하고 있다(시규§6②).

3. 절차적 요건

(1) 이의신청서의 제출

1) 디자인무심사등록이의신청을 하고자 하는 자는 디자인무심사등록이의신청서에 i) 이의신청사항을 증명하는 서류 1통, ii) 대리인에 의하여 절차를 밟는 경우에는 그 대리권을 증명하는 서류 1통, iii) 디자인무심사등록출원인이 무권리자임을 입증하는 서류(정당한 권리자의 디자인무심사등록이의신청에 한한다)를 첨부하여 특허청장에게 제출하여야 한다(§29의2②, 시규§20①별지 제9호 서식).

2) 심사장은 디자인무심사등록이의신청이 있는 때에는 그 부본을 디자인권자에게 송달하고 기간을 정하여 答辯書를 제출할 기회를 주어야 한다(§29의2③). 또한 심사장은 그 취지를 당해 디자인권의 전용실시권자 기타 디자인에 관하여 등록을 한 권리를 가지는 자(통상실시권자, 질권자 등)에게도 통지하여야 한다(§29의2④→§68⑥). 심사장이 정할 수 있는 기간은 2개월 이내이다(시규§10의5①).

(2) 이의신청이유 등의 보정

디자인무심사등록이의신청인은 디자인무심사등록이의신청한 날부터 30일 이내에 그 이의신청서에 기재한 이유 또는 증거를 보정할 수 있다(§29의3). 이의신청기간의 임박 등으로 구체적인 이유를 충분히 기재하지 못한 경우 또는 이의신청기간 내에 필요한 증거확보가 곤란한 경우가 있으므로 그 이유 등의 보정기회를 추가로 부여한 것이다. 여기에서 '이유의 보정'이란 이의신청의 이유로 새로이 기재하거나 추가 또는 변경하는 것을 말하며 '증거의 보정'이란 증거방법(문서·검증물·증인·감정인)을 새로이 추가 또는 변경하는 것을 말한다. 특허법의 경우 이의신청서를 제출한 날에 관계없이 이의신청기간이 경과된 날부터 30일 이내에 보정할 수 있도록 되어 있으나(특§70①) 디자인은 물품의 미적 외관이고, 유행성이 강한 것이므로 조기에 권리확정의 필요성이 크고, 또 절차가 보다 용이하다는 점에서 이의신청한 날부터 30일 이내로 하고 있다.

(3) 복수디자인등록출원된 디자인등록에 대한 이의신청

복수디자인등록출원된 디자인등록에 대한 이의신청은 각 디자인마다 신청할 수 있다(§29의2①후단). 복수디자인등록출원은 그 출원 및 심사절차에 있어서는 하나의 출원으로 취급되나 일단 설정등록이 된 후에는 각 디자인마다 獨立된 권리로 존재하기 때문에 각 디자인마다 이의신청의 대상이 될 수 있도록 한 것이다.

Ⅲ. 이의신청의 이유

1. 이의신청의 이유

디자인무심사등록이의신청은 디자인등록의 무효심판과 같이 제3자의 실시를 부당하게 제한하는 하자 있는 디자인권을 소급적으로 소멸시키기 위한 것이므로 이의신청의 이유는 후발적인 무효사유를 제외하고 디자인등록의 무효사유와 동일하다(§29의 2①). 구체적으로는 이하와 같다.

1) 제4조의24(외국인의 권리능력), 제5조(디자인등록의 요건)·제6조(디자인등록을 받을 수 없는 디자인)·제7조(유사디자인) 제1항·제10조(공동출원) 및 제16조(선출원) 제1항·제2항에 위반된 경우

2) 제3조(디자인등록을 받을 수 있는 자) 제1항 본문의 규정에 의한 디자인등록을 받을 수 있는 권리를 가지지 아니하거나 동조 동항 단서의 규정에 의하여 디자인등록을 받을 수 없는 경우

3) 조약에 위반된 경우이다.

2. 거절이유 및 무효사유와의 차이

이의신청의 이유는 디자인등록출원에 대한 거절이유 중에서 제7조 제2항(유사디자인에만 유사한 디자인), 제9조 제6항(디자인무심사등록출원으로 할 수 있는 디자인), 제11조(1디자인 1디자인등록출원), 제11조의2(복수디자인등록출원) 및 제12조(한 벌 물품의 디자인) 규정의 위반에 대해서는 제외하고 있다. 이들 요건의 위반은 절차적 요건의 위반이거나 출원형식의 하자에 불과하기 때문에 이를 이유로 디자인등록을 취소하는 것은 권리자에게 가혹하기 때문이다.

또한 이의신청의 이유는 무효사유와 비교하여 후발적인 무효사유가 제외되어 있다. 즉 디자인등록된 후 그 디자인권자가 법 제4조의24 규정에 따라 디자인권을 향유할 수 없는 자로 되거나 그 디자인등록이 조약에 위반된 경우(§68① iv)에는 이의신청이유로는 되지 않는다. 이것은 디자인무심사등록이의신청제도는 디자인등록의 무효심판제도와는 달리 디자인무심사등록의 적부에 대한 판단을 하는 제도이므로 디자인등록 후의 무효사유를 이의신청이유로 하는 것은 적당하지 않기 때문이다. 또 디자인권의 설정등록이 있는 날부터 디자인무심사등록 공고일 후 3개월이 되는 날까지의 사이에 이와 같은 사유가 발생한다는 것은

사실상 매우 드물 것이다.

Ⅳ. 이의신청에 대한 심사

1. 심사의 주체

디자인무심사등록이의신청은 3인의 심사관합의체가 심사하고 결정한다(§29의4①). 디자인등록의 무효심판이나 권리범위확인심판 등 심판청구에 대한 심리는 심리의 공정성과 독립성을 담보하는 취지에서 심판관이 하지만 디자인무심사등록이의신청에 대한 심리는 그 권리의 유지 또는 취소여부를 신속히 결정토록 하기 위하여 심사관이 행하도록 한다. 특허청장은 각 디자인무심사등록이의신청에 대하여 심사관합의체를 구성할 심사관을 지정하여야 하고, 또 지정된 심사관 중 1인을 심사장으로 지정하도록 되어 있다(§29의4②,③).

2. 이의신청에 대한 심사

1) 디자인무심사등록이의신청에 대한 심사는 이의신청인이 주장한 이유에 대하여 심사를 하지만 필요에 따라서는 이의신청인 또는 디자인권자가 신청 또는 주장하지 아니한 이유에 대해서도 심사할 수 있다. 소위 職權審査가 허용된다. 이 경우 심사관이 직권으로 심사를 하는 경우에는 디자인권자 및 이의신청인에게 기간을 정하여 그 이유에 대하여 의견을 진술할 수 있는 기회를 주어야 한다(§29의5①).

2) 심사관 합의체는 디자인권에 대하여 2 이상의 이의신청이 있는 경우에는 이를 병합하거나 분리하여 심사 또는 결정을 할 수 있다(§29의6). 효율적인 심사를 기하도록 하기 위하여 이의신청의 병합 또는 분리 여부에 대한 결정권을 심사관에게 부여한 것이다.

3. 이의신청에 대한 결정

(1) 적법한 경우

1) 이의결정의 시기　　심사관합의체는 이의신청인에게 부여된 이의신청 이유 등에 대한 보정가능기간과 디자인권자에게 부여된 이의신청에 대한 답변서 제출기간이 경과한 후에 디자인무심사등록이의신청에 대한 결정을 하여야

한다(§29의7①). 이는 이의신청인과 디자인권자간에 의견진술의 기회를 공평하게 부여한 후에 이의결정을 하기 위한 것이다.

2) 이의결정의 내용 및 그 효력

㈎ 디자인등록취소결정 디자인무심사등록이의신청이 이유가 있다고 인정될 때, 즉 디자인등록이 법 제29조의2 제1항 각호의 1에 해당된다고 인정되는 때에는 그 등록디자인을 取消한다는 취지의 결정(디자인등록취소결정)을 한다(§29의7③). 이 취소결정이 확정된 때에는 그 디자인권은 처음부터 없었던 것으로 간주된다(§29의7④). 이것은 디자인등록무효심결의 확정효과와 동일하다(§68③). 따라서 취소 이전에 보상금청구권 또는 디자인권을 행사한 자는 상대방에 대하여 일정한 법적 책임을 지게 된다.

㈏ 디자인등록유지결정 디자인무심사등록이의신청이 이유 없다고 인정될 때에는 그 디자인등록을 維持한다는 취지의 결정(디자인등록유지결정)을 한다(§29의7⑤). 따라서 이 유지결정에 의하여 그 등록디자인은 일응 유효한 권리로서 존속하게 한다.

(2) 부적법한 경우

1) 심사장은 이의신청이 있었으나 디자인무심사등록이의신청인이 그 이의신청 이유 등의 보정기간 내에 그 이유 및 증거를 제출하지 아니한 경우에는 디자인권자에게 이의신청서 부본 송달에 의한 답변서 제출의 기회를 주지 않고, 이의신청이유 등의 보정기간 경과 후에 결정으로 그 이의신청을 각하할 수 있다(§29의7②).

2) 심사관합의체는 부적법한 이의신청으로서 그 흠결을 보정할 수 없는 때에는 디자인권자에게 답변서 제출의 기회를 주지 않고, 그 이의신청을 각하할 수 있다(§30의3→§72의5).

4. 이의신청에 대한 결정방식

디자인무심사등록이의신청에 대한 결정은 i) 이의신청사건의 번호, ii) 디자인권자 및 이의신청인의 성명 및 주소(법인인 경우에는 그 명칭 및 영업소의 소재지), iii) 대리인이 있는 경우에는 그 대리인의 성명 및 주소나 영업소(대리인이 특허법인인 경우에는 그 명칭 및 사무소의 소재지와 지정변리사의 성명), iv) 결정에 관련된 등록번호의 표시, v) 결정의 결론 및 이유, vi) 결정 연월일을 기재한 서면으로 하여야 하며 이 서면에는 결정을 한 심사관이 기명날인하여야 한다(§29의8①). 심사장은 디자인무심사등록이의신청에 대한 결정이 있는 때에는 그 등본을 이의신청인 및 디자인권자에게 송달하여야 한다(§29의8②).

5. 이의결정의 예외

(1) 이의신청인이 디자인권을 승계한 경우

이의신청인이 당해 디자인권을 전부 또는 일부승계함으로써 디자인권자로 된 때에는 그 이의신청의 효력을 상실하게 되어 이의결정을 할 필요가 없는 것으로 해석된다.[11)]

(2) 이의신청인이 사망, 이의신청을 한 법인이 合併된 경우

이의신청인이 사망하였거나 이의신청을 한 법인이 합병에 의해 소멸된 경우 그 자의 법적 지위가 승계의 대상이 되는지에 관하여 견해의 대립이 있으나 디자인무심사등록이의신청제도의 취지에서 볼 때 이의신청은 승계의 대상이 될 수 없다고 보는 것이 타당하며 이의신청은 그것으로써 실효되어 이의결정을 할 필요가 없다고 본다.

Ⅴ. 이의결정에 대한 불복

디자인무심사등록이의신청에 대한 각하결정 및 디자인등록유지결정에 대하여는 不服이 인정되지 않는다(§29의7⑥). 디자인무심사등록이의신청은 공중의 입장에서 디자인등록처분의 시정을 구하는 의사표시에 불과하므로 위와 같은 결정에 대하여는 굳이 불복을 허용할 필요가 없다고 보기 때문이다. 만약 이의신청인이 위와 같은 결정에 대하여 승복할 수 없는 때에는 별도로 마련된 디자인등록무효심판을 청구하여 구제받을 수 있다(§68). 그러나 디자인등록취소결정에 대해서는 불복을 할 수 있다. 디자인등록취소결정에 대하여도 불복이 허용되지 아니한다면 부당한 취소결정으로 디자인권을 상실하게 될 우려도 있으므로 불

---

11) 심사실무상 디자인무심사등록공고일 이후 3개월이 경과된 이의신청, 이의신청이 있은 후 이의신청인이 승계한 디자인권에 대한 이의신청, 사망 또는 합병으로 이의신청인이 존재하지 않은 이의신청 등 보정이 불가능한 이의신청에 대하여는 심사관합의체의 결정으로 각하하도록 한다. 또한 등록무효・등록취소된 디자인권에 대한 이의신청에 대하여도 결정으로 각하하도록 한다(상표・디자인심사사무취급규정 제37조 제1항・제2항).

복이 허용된다. 디자인등록취소결정에 대하여 불복하고자 하는 자는 그 결정등본을 송달받은 날부터 30일 이내에 審判을 청구하여야 한다(§67의3).

Ⅵ. 이의신청의 취하

1. 취하의 시기

디자인무심사등록이의신청은 그 신청에 대한 결정등본의 송달이 있기 전에는 취하할 수 있다. 다만, 당사자가 신청하지 아니한 이유에 대하여 심사관이 직권으로 심사하여 의견진술의 통지가 있은 후에는 취하할 수 없다(§29의9①). 이의신청의 취하는 보통 등록디자인의 취소 우려가 있을 때 디자인권자와의 合意에 의해 이루어지므로 취소될 등록디자인임이 이의결정에 의해 확인되어 결정등본이 송달되었거나 심사관이 직권으로 취소사유를 조사하여 당사자에게 의견진술의 통지를 한 경우에는 공익적인 입장에서 취하를 인정할 이유가 없기 때문이다. 디자인무심사등록이의신청의 취하가 있는 때에는 그 신청에 대한 심사가 진행되고 있는 중이라 하더라도 이의결정을 할 수 없으며 그것으로써 이의신청에 대한 심사를 종료하여야 한다.

2. 취하의 효과

디자인무심사등록이의신청의 取下가 있는 때에는 심판청구에 대한 취하의 효과와 같이 그 이의신청은 처음부터 없었던 것으로 간주된다(§29의9②).

Ⅶ. 디자인무심사등록이의신청제도와 무효심판제도의 관계

1. 양 제도의 병존

디자인보호법상 디자인무심사등록이의신청제도와 디자인등록의 무효심판제도는 각기 그 목적과 취지를 달리하므로 양 제도의 병존이 인정된다. 따라서 利害關係人은 디자인무심사등록이의신청을 하든 무효심판을 청구하든 또는 두 가지 다 청구하든 자유로운 선택이 가능하다. 법률상으로는 어느 한쪽의 결론이 다른 쪽의 결론에 기속력을 가지지 않는다. 그러나 특허청은 디자인무심사등록이의신청과 무효심판이 동시에 계속되는 경우에는 심리절차를 중지할 수 있어(§72의28) 상호 모순·저촉되는 결정이나 심결을 회피할 수 있다.

2. 양 제도의 異同

디자인무심사등록이의신청제도와 디자인등록의 무효심판제도는 다같이 디자인권을 소급적으로 소멸시키는 제도라는 점(§29의7④, §68③)에서는 공통하나 다음과 같은 점에서 차이가 있다.

1) 디자인무심사등록이의신청은 디자인권의 설정등록이 있는 날부터 디자인무심사등록 공고일 후 3월이 되는 날까지로 한하는 데 비해 무효심판은 디자인권의 설정등록일부터 디자인권이 소멸된 후에도 청구할 수 있다.

2) 디자인무심사등록이의신청은 이해관계를 묻지 아니하고 누구나 할 수 있는 데 비해 무효심판청구는 이해관계인 또는 심사관에 한한다.

3) 디자인무심사등록이의신청은 피청구인이 없는 데 비해 무효심판은 청구인과 피청구인 등 當事者 대립구조를 취하며 또한 참가가 인정된다.

4) 디자인무심사등록이의신청의 판단은 심사관 3인의 합의체에서, 무효심판의 판단은 심판관 3인 또는 5인의 합의체에서 심리한다.

5) 디자인무심사등록이의신청의 취소결정에 대한 불복은 특허심판원의 심판으로, 무효심판의 심결에 대한 불복은 特許法院의 소송으로 행한다.

6) 디자인무심사등록이의신청에 의해 디자인권이 소멸된 경우에는 법정통상실시권이 발생하는 경우는 없으나 디자인등록의 무효심판에 의해 디자인권이 소멸(무효)된 경우에는 일정한 요건하에서 법정통상실시권이 발생하는 경우가 있다(§51).

제 5 절 정보제공제도

Ⅰ. 서 설

1. 의 의

정보제공제도라 함은 디자인등록출원된 디자인이 디자인보호법에 규정된 거절이유(§26①)에 해당되어 등록될 수 없다는 취지의 정보를 증거와 함께 특허청장에게 제공할 수 있는 제도를 말한다. 이 정보제공제도는 1995년 법개정에서 출원공개제도와 함께 도입한 것이다.

2. 제도적 취지

디자인등록출원은 그 디자인이 등록될 수 있는 요건을 갖추었는지의 여부에 대해 심사관에 의한 심사를 거친 후에 등록여부가 결정된다. 등록요건을 결한 것이 등록되는 경우에는 일반 공중의 권리·이익을 해치게 되므로 심사는 완전하게 이루어지는 것이 바람직하지만 현실적으로는 심사해야 할 자료가 방대하여 완전한 심사를 하기가 곤란하다. 더욱이 디자인보호법에서는 권리설정 전에 출원공고제도 및 이의신청제도가 없는 점을 감안하여 볼 때, 제도상 심사과정에서 모든 디자인등록출원에 대하여 공중의 심사참여를 유도하여 심사의 촉진을 기하고,[12] 또 질적 향상을 도모할 필요가 있다.

그래서 2001년 법개정에서는 종전에 출원공개된 디자인에 한해서만 정보제공을 할 수 있도록 하던 것을 출원공개 여부에 관계없이 모든 디자인등록출원에 대해 정보공개를 할 수 있도록 하고, 또한 정보제공 사유도 거절이유 전체로 확대하는 개정을 하였다.

II. 정보제공제도의 내용

1. 정보제공을 할 수 있는 자

디자인등록출원된 디자인에 대하여 정보제공을 할 수 있는 자는 누구든지 이다(§23의5). 따라서 당해 디자인등록출원된 디자인에 관하여 이해관계 유무를 불문하고 정보제공을 할 수 있다. 정보제공제도는 당사자간의 분쟁해결을 목적으로 하는 것이 아니라 하자 있는 권리의 발생을 미연에 방지하기 위한 공익적 목적에 취지를 두고 있으므로 그 자격에 관해 특히 제한하지 않는 것이다.

12) 공중으로부터 정보제공이 있는 경우에는 심사관이 선행디자인의 검색에 소요되는 노력을 줄일 수 있기 때문에 심사의 촉진을 기할 수 있다.

2. 정보제공의 대상

정보제공의 대상이 되는 디자인은 디자인등록출원된 디자인이다(§23의5). 디자인심사등록출원이든 디자인무심사등록출원이든 모든 출원된 디자인에 대하여 정보를 제공할 수 있도록 되어 있다. 또한 당해 디자인이 출원공개된 디자인이든 공개되지 아니한 디자인이든 상관없이 정보제공을 할 수 있다.[13)]

3. 정보제공사유

정보제공사유는 디자인보호법 제26조 제1항 각호에서 규정하는 모든 거절이유로 되어 있다(§23의5). 종전에는 정보제공사유에 대하여 제공된 정보의 진위여부를 확인하기 위해 증거조사를 별도로 할 필요가 있는 사항에 대하여는 정보제공사유에서 제외하고, 제공된 자료만에 의해 확인이 용이하다고 생각되는 법 제5조·제6조 또는 제16조에 위반되어 등록될 수 없다는 사유에 한하여 정보제공을 허용하였으나 2001년 법개정에서는 법 제26조 제1항 각호에서 규정하는 거절이유 전체를 정보제공 사유로 하였다. 정보제공시에 제출하는 증거는 당해 출원한 디자인이 디자인보호법 제26조 제1항 각호에서 규정한 거절이유에 해당됨을 증명하는 서류이면 된다. 이를테면 신규성을 상실하여 등록될 수 없다는 취지라면 당해 출원된 디자인이 그 출원 전에 공지된 자료 또는 반포된 간행물 등이 된다.

4. 정보제공절차

정보제공을 하고자 하는 자는 정보제출서(「특허법 시행규칙」 별지 제23호 서식의 정보제출서를 준용한다)에 i) 간행물 등 증거서류 1통, ii) 대리인에 의하여 절차를 밟는 경우에는 그 대리권을 증명하는 서류 1통을 첨부하여 특허청장에게 제출하여야 한다(시규§6의3).

5. 정보제공자에 대한 심사처리 결과 통보

정보제공자는 특허청장에게 제공된 정보가 반영된 심사처리결과에 대하여

---

13) 그러나 출원 중인 디자인에 대하여는 출원공개신청이 없는 한, 제3자에게 공개되지 않고 비밀로 유지(비밀디자인청구 유무에 관계없이)해야 하는 것이므로 공개되지 아니한 디자인에 대해 제3자가 출원사실(출원번호, 디자인의 형태 등)을 인지하고 정보제공을 하는 경우는 드물 것이다.

법적으로 통보받을 권리는 없지만, 실무상으로는 당해 디자인등록출원에 대한 거절결정서 또는 등록결정서를 발송할 때 정보제공자에게 제출된 정보의 채택 여부, 당해 디자인등록출원의 등록여부결과를 통보하는 것으로 한다.

Ⅲ. 정보제공의 효과

1. 심사의 촉진

공중의 정보제공에 의하여 심사관은 실체심사에 필요한 자료 및 증거 등을 용이하게 확보할 수 있으므로 당해 디자인등록출원에 대한 등록여부를 판단하는 데 시간과 노력을 줄일 수 있게 되어 심사의 촉진을 기할 수 있다.

2. 심사의 질적 향상

공중이 제공하는 정보 및 증거에 기초하여 당해 출원에 대한 심사를 신속하고도 확정적으로 할 수 있게 되어 심사의 질적 향상을 도모할 수 있다.

3. 심사의 완전성

심사관은 공중이 제공하는 정보 및 증거에 기초하여 당해 디자인등록출원에 대해 보다 완전한 심사를 할 수 있다. 또한 정보 및 증거의 제공이 있는 디자인무심사등록출원에 대해서는 법 제26조 제2항(디자인무심사등록출원에 대한 심사사항의 적용제외)의 규정에 불구하고 그 제공된 정보 및 증거에 근거하여 법 제26조 제1항의 규정에 따라 디자인등록거절결정을 할 수 있으므로(§26③), 이로써 부실권리의 발생을 사전에 차단할 수 있다.

제 6 절 디자인권의 설정등록

디자인권의 설정등록을 받고자 하는 자는 소정의 등록료를 납부하여야 한다(§31①). 이 등록료(설정등록료)의 납부기간은 디자인등록결정 또는 등록심결의 등본을 받은 날부터 3월 이내이고, 최초 3년분을 일시에 납부하도록 되어 있다[14](수수료징수규칙§7④). 소정의 등록료의 납부가 있을 때 설정등록이 되고 디자인권이 발생한다(§39). 복수디자인등록출원에 대한 디자인등록결정을 받은 자가 등록료를 납부하는 때에는 디자인별로 이를 포기할 수 있다고 되어 있다(§31②). 또한 디자인권의 설정등록을 받고자 하는 자는 상기의 등록료 납부기간이 경과된 후에도 6월 이내에 추가납부할 수 있다(§33②). 등록료의 추가납부기간 내에도 등록료의 납부가 없으면 그 디자인 등록출원은 포기한 것으로 간주된다(§33③)(포기간주된 출원의 선출원 지위에 관해서는 제6장 제2절 Ⅳ. 3.선출원의 지위를 가지는 출원 참조).

또한 2001년, 2002년 법개정에서 본인이 책임질 수 없는 사유로 등록료를 납부하지 않았거나 補塡하지 아니한 경우에는 그 사유가 종료한 날부터 14일 이내에 등록료를 납부하거나 보전할 수 있도록 하였다(§33의3①). 권리자의 보호를 강화하기 위한 것이다(이에 관해서는 제14장 제5절 Ⅱ. 3.등록료의 종류와 불납의 효과 참조).

특허청장은 디자인권의 설정등록을 한 경우에는 디자인에 관한 소정의 사항을 디자인공보에 게재하여 등록공고를 하도록 되어 있다(§39③). 일종의 권리공시제도이다.

---

14) 일본의 경우에는 설정등록료의 납부는 1년분으로 되어 있다(일§20②). 디자인에는 단기간의 수명밖에 없는 것이 상당수 있기 때문에 디자인권의 설정등록시에 1년분 등록료의 납부만으로도 충분하게 한 것이라고 생각된다.

13
chapter

登錄節次

제 1 절 총　설

Ⅰ. 디자인등록의 의의

디자인등록이란 디자인권의 발생·이전·변경·소멸 기타 디자인에 관한 권리의 일정사항을 특허청에 비치한 등록원부에 기재하는 행위를 말한다. 디자인등록제도는 부동산등기제도와 같이 디자인권 및 기타 디자인에 관한 권리를 둘러싼 법적·사실적 상태를 일반에 公示하여 권리관계의 명확화로 去來의 安全을 도모하고 제3자의 불측의 손해를 방지하기 위한 것이다.

디자인등록에 관하여는 디자인보호법에 부분적인 규정(§37①)을 두고 있으나 이 법에서 규정한 것 외에 등록사항 및 등록절차 등에 관하여 필요한 사항은 대통령령으로 정하도록 되어 있어(§37③) 이 규정에 의해 제정된 것이 디자인등록령이다.

Ⅱ. 등록사항

1. 디자인보호법에 의한 등록사항

특허청장은 특허청에 디자인등록원부를 비치하고 다음 각호의 사항을 등록하도록 되어 있다(§37①).

i) 디자인권의 설정・이전・소멸 또는 처분의 제한

ii) 전용실시권 또는 통상실시권의 설정・보존・이전・변경・소멸 또는 처분의 제한

iii) 디자인권・전용실시권 또는 통상실시권을 목적으로 하는 질권의 설정・이전・변경・소멸 또는 처분의 제한

2. 디자인등록령에 의한 등록사항(등령§2)

i) 디자인무심사등록이의신청의 확정결정

ii) 심판의 확정심결

iii) 재심의 확정심결

iv) 특허법원의 확정판결

v) 대법원의 판결

Ⅲ. 디자인등록원부

디자인등록원부란 디자인권 또는 그에 관한 권리관계 등 법령이 정하는 소정의 등록사항을 기재한 공적 장부로서 특허청장이 특허청에 비치하여 관리한다.

디자인등록원부는 i) 디자인등록원부, ii) 디자인관계거절심결 재심청구원부, iii) 디자인신탁원부 등 3가지 종류가 있다(등령§9①). 디자인등록원부는 그 전부 또는 일부를 전자적 기록매체 등으로 작성할 수 있도록 되어 있다(§37②).

1. 디자인등록원부

디자인권의 설정・이전・소멸・처분의 제한, 전용(통상)실시권의 설정・보존・이전・변경・소멸 또는 처분의 제한, 전용(통상)실시권을 목적으로 하는 질권의 설정・이전・변경・소멸 또는 처분의 제한, 심판의 청구 및 확정심결, 디자인등록료 납부 등을 기록하는 기본적인 원부이다. 등록을 받은 디자인의 도면은 디자인등록원부의 일부로 본다(등령§9②).

2. 디자인관계거절심결 재심청구원부

거절결정심판의 심결이 확정된 출원에 대하여 원심결에 대한 재심의 청구가 있는 경우에 예고등록하는 원부이다.

3. 디자인신탁원부

디자인권에 대하여 신탁등록신청이 있는 경우에 이를 등록하는 원부이다.

제 2 절 등록의 유형

디자인권에 관한 등록의 유형에 대하여는 그 절차, 내용, 형식(방법) 및 효력에 의해 다음과 같이 분류할 수 있다.[1)]

Ⅰ. 절차에 의한 분류

1. 직권에 의한 등록

직권에 의한 등록이란 일정 원인이 발생한 경우 특허청장이 직권으로 행하는 등록을 말한다. 등록은 신청에 의해 이루어지는 것이 원칙이지만 디자인등록원부의 기술적 정비를 위한 등록 외에 디자인권의 수용, 실시, 심결 등 특허청의 처분에 대한 등록의 경우도 포함하여 광범위하게 직권에 의한 등록이 이루어지고 있다. 디자인등록령상의 특허청장이 직권으로 하는 등록사항은 다음과 같다(등령§15).

i) 디자인권의 설정・소멸(포기로 인한 것을 제외한다) 또는 회복
ii) 디자인무심사등록이의신청의 확정결정
iii) 심판의 확정심결
iv) 재심의 확정심결

1) 자세한 내용은 특허청, 「등록업무편람」, 2000, 8～15면 참조.

v) 특허법원의 확정판결
vi) 대법원의 판결
vii) 혼동으로 인한 전용실시권·통상실시권 또는 질권의 소멸

2. 촉탁에 의한 등록

촉탁이란 행정사무의 처리와 관련하여 등기(등록)·소송에 관한 사무처리를 위탁하는 것을 말한다. 촉탁에 의한 등록은 당사자 이외의 자인 법원 또는 관청의 의뢰에 의해 디자인권에 일정한 제한을 가하는 등록으로서 법원의 압류, 가압류, 가처분, 국세체납처분 등에 의한 압류 등 디자인권에 대한 처분의 제한 등에 관한 등록이다.

3. 신청에 의한 등록

등록은 재산권의 보호를 목적으로 행하는 當事者의 신청에 의하는 것이 원칙이며 등록의 대부분이 신청에 의한 등록이다. 신청에 의한 등록은 법령에 특별한 규정이 있는 경우를 제외하고는 등록의무자와 등록권리자가 공동으로 신청함이 원칙이다.

Ⅱ. 기록내용에 의한 분류

1. 신규(기입)등록

새로운 등록원인의 발생에 기초하여 법령에 규정한 등록사항을 새로이 등록원부로 작성하거나 기존의 등록원부에 기록하여 등록하는 것을 말한다. 디자인권, 전용(통상)실시권, 질권의 설정등록 등이 이에 해당된다.

2. 변경등록

이미 등록된 사항이 그 후의 후발적인 사유에 의하여 등록내용과 권리의 실체와의 관계가 불일치한 경우 이들 불일치를 시정하기 위해 등록내용의 일부를 변경하는 등록으로서 이에는 i) 권리의 주체변경(권리자의 주소변경, 권리의 양도로 인한 권리주체의 변경등록 등)에 관한 등록과 ii) 권리의 내용변경(실시권 범위의 변경 등)에 관한 등록이 있다.

3. 경정등록

등록된 내용과 실체관계가 불일치한 것을 시정하기 위한 것이라는 점에서는 변경등록과 같으나 등록과 실체관계의 불일치가 착오 또는 누락에 의해 원시적으로 발생한 경우라는 점에서 구별된다. 更正登錄은 등록권리자의 신청이나 특허청장의 직권에 의해 이루어진다.

4. 말소등록

이미 등록되어 있는 등록의 실체가 소멸된 경우 또는 당사자의 의사에 의하여 디자인권, 실시권 등을 법률적으로 소멸시키고자 하는 경우 그 등록상태의 말소를 목적으로 하여 행하는 등록이다. 말소등록에는 i) 디자인권의 소멸원인(존속기간의 만료, 연차등록표의 불납 등)에 의한 말소등록과 ii) 당사자의 신청에 의한 말소등록(디자인권의 포기 등)이 있다.

5. 회복등록

회복등록이란 권리의 실체관계가 존재하고 있음에도 부당하게 당해 등록이 멸실 또는 말소된 경우에 그 등록을 회복시키기 위한 등록을 말한다.

Ⅲ. 등록의 형식(방법)에 의한 분류

1. 주등록(독립등록)

등록을 디자인등록원부에 기재하는 방법 또는 형식에 따른 분류로서 부기등록에 대비되는 등록으로서 디자인등록원부 중의 권리란, 디자인권자란 등의 등록사항란의 순위번호란에 기존등록의 순위번호에 계속하여 새로운 독립의 번호를 부여하는 것으로 등록순위는 등록의 전후에 의한다.

2. 부기등록

주등록의 등록상의 원순위를 확보하면서 그 정정·보충을 위하여 하는 등록으로 부기등록사항을 앞순위 번호란에 기재된 주등록의 순위번호와 관계를 지어 번호를 부여하는 것으로 등록명의인의 표시의 변경 또는 경정이나 질권의 이전등록 또는 일부가 말소된 등록의 회복등록 등이 있다. 부기등록의 순위는 주등록의 순위에 의하고 부기등록 상호간의 순위는 그 전후에 의한다.

Ⅳ. 등록의 효력에 의한 분류

1. 본등록(종국등록)

본등록이란 권리의 보전을 목적으로 하는 가등록·예고등록 등의 예비등록에 상대되는 개념으로 디자인보호법상의 등록 본래의 효력을 완전하게 발생하게 하는 등록을 말하는 것으로 유효한 등록이기 위해서는 신청에 필요한 절차를 구비하는 것이 필수요건이며 예비등록에 대비되는 명칭으로 종국등록이라고도 한다.

2. 예비등록

예비등록이란 권리변동의 효력발생 등을 초래하지 않으며 장래의 종국등록을 예상하여 미리 하는 가등록이나 단순히 일정한 사실을 기입하는 예고등록을 말한다.

(1) 가 등 록

종국등록인 본등록의 순위를 保全하기 위한 등록으로서 후일 가등록에 기하여 본등록을 한 때에는 가등록의 순위가 바로 본등록의 순위가 된다. 가등록은 ⅰ) 등록신청에 필요한 절차상의 요건이 구비되지 아니할 경우, ⅱ) 디자인권·전용실시권 및 통상실시권과 이를 목적으로 하는 질권의 설정·이전·변경 또는 소멸에 관하여 청구권을 보전하고자 할 경우와 그 청구권이 시기부이거나 정지조건부인 경우 또는 장래에 있어서 확정될 것인 경우에 한다(등령§3).

가등록절차는 가등록처분명령의 정본 기타 정지조건부 양도예약증서·시기부 양도예약서·대물변제예약서·대물변제증서 등 등록원인을 증명하는 서류와 등록의무자의 인감증명서 등을 소정의 수수료와 함께 가등록신청서에 첨부하여 제출하면 특별한 사유가 없는 한 디자인등록원부에 등재함으로써 그 디자인권에 대한 가등록 효력이 발생한다.

(2) 예고등록

예고등록은 등록 본래의 효력발생 요건이나 제3자의 對抗要件에 직접 관계가 없는 등록으로 디자인권 등에 분쟁의 제기가 있었다는 사실을 제3자에게 公

示하여 제3자에게 경고를 주는 사실상의 효과를 가지는 것 외에는 등록의 효력이 존재하지 않는 일종의 특별한 등록이다. 예고등록은 i) 등록의 원인의 무효나 취소로 인한 등록의 말소 또는 회복의 소가 제기된 경우, ii) 디자인무심사등록 이의신청이 있는 경우, iii) 디자인권의 수용·실시의 신청이 있는 경우, iv) 심판 또는 재심의 청구가 있는 경우, v) 특허법원에의 소가 있는 경우, vi) 대법원에의 상고가 있는 경우에 한다(등령§4).

제 3 절 등록절차

Ⅰ. 등록신청방법

1. 공동신청

신청에 의한 등록은 법령에 특별한 규정이 있는 경우를 제외하고는 등록권리자와 등록의무자가 공동으로 신청하여야 한다(등령§16①).

이는 등록에 의해 직접적인 이익을 받는 자(등록권리자)와 불이익을 받는 자(등록의무자)가 共同으로 신청하게 함으로써 등록의 진정을 기하고 허위의 등록을 방지하기 위한 취지이다.

2. 단독신청

등록의 성질상 등록의무자가 존재하지 않거나 등록권리자 또는 등록명의인의 단독신청에 의해서도 등록의 진정이 보장되는 경우에는 등록권리자나 등록의무자 또는 등록명의인의 單獨으로 신청이 가능하다. 단독신청이 가능한 경우로는 다음과 같은 것이 있다.

i) 등록의무자의 승낙서를 첨부한 등록신청(등령§16②)
ii) 판결 또는 상속 기타 일반승계에 의한 등록신청(등령§18)
iii) 등록명의인의 표시변경 또는 경정등록신청(등령§19)
iv) 가처분명령의 정본을 첨부한 가등록신청(등령§20)

Ⅱ. 등록신청서

1. 등록신청서의 서식

등록신청서는 디자인등록령 시행규칙 제13조에서 정하는 신청 종류별 특허법 시행규칙 제5호서식, 특허등록령 시행규칙 별지 제7호 서식 내지 별지 제14호 서식에 의한다(등시규§13①).

2. 등록신청서의 기재사항

등록을 하고자 하는 자는 1건마다 지식경제부령이 정하는 신청서를 작성하여 특허청장에게 제출하여야 하며(등령§25①), 신청서에는 ⅰ) 디자인번호, ⅱ) 등록의 목적이 디자인권 이외의 권리에 관한 것인 경우에는 그 권리의 표시, ⅲ) 신청인의 성명(법인인 경우에는 그 명칭) 및 출원인코드(출원인코드가 없는 경우에는 신청인의 주소 또는 법인의 영업소의 소재지), ⅳ) 신청인의 대리인이 있는 경우에는 그 대리인의 성명(대리인이 특허법인인 경우에는 그 명칭), 및 대리인코드(대리인코드가 없는 경우에는 대리인의 주소 또는 법인의 영업소소재지), ⅴ) 등록의 원인, ⅵ) 등록의 목적, ⅶ) 기타 다른 규정에 의하여 기재할 사항을 기재하고 기명한 후 서명하거나 날인하여야 한다(등령§25①,②). 2 이상의 디자인권 또는 디자인에 관한 권리의 등록은 등록의 원인 및 목적이 동일한 경우에 한하여 동일한 신청서로 신청할 수 있다(등령§26).

3. 첨부서류

1) 등록의 신청서에는 다음 사항의 서류를 첨부하여 특허청장에게 제출하여야 한다(등령§27①).

ⅰ) 등록의 원인을 증명하는 서류

ⅱ) 등록의 원인에 대하여 제3자의 허가·인가·동의 또는 승낙을 필요로 할 경우에는 그 허가·인가·동의 또는 승낙을 받았음을 증명하는 서류

ⅲ) 대리인에 의하여 등록을 신청하는 경우에는 그 대리권을 증명하는 서류

ⅳ) 기타 다른 규정에 의하여 첨부할 서류

위의 ⅰ)항의 서류가 집행력 있는 판결의 경우에는 위 ⅱ)항의 서류의 첨부를 요하지 아니하며, ⅱ)항의 서류를 필요로 할 경우 그 제3자로 하여금 신청

서에 기명・날인하게 함으로써 그 서류에 갈음할 수도 있다(등령§27②,③).

2) 상기에 불구하고 등록의 원인이 디자인권 그 밖의 디자인에 관한 권리를 포기하는 것인 경우에는 디자인등록령 제25조 제1항의 규정에 의한 신청서에 다음 각호의 서류를 첨부하도록 되어 있다(등령§27④).

i) 디자인등록령 제27조 제1항 각호의 규정에 의한 서류

ii) 신청인이 외국인인 경우에는 그 국적증명서

iii) 신청인이 법인인 경우에는 그 법인임을 증명하는 서류

iv) 신청인의 인감증명서(작성 후 6월 이내의 것이어야 하며, 인감증명제도가 없는 외국인인 경우에는 이에 준하는 증명서)

Ⅲ. 신청의 不受理

1. 불수리의 의의

신청의 불수리란 등록신청행위가 부적법하거나 그 신청행위의 하자가 치유될 수 없다고 인정되는 경우 그 신청을 受理하지 않는 것을 말한다.

2. 불수리 사유

특허청장은 다음 각호의 1에 해당하는 경우에는 등록의 신청을 수리하지 아니한다. 다만, 신청의 흠결이 보정될 수 있는 경우에 신청인이 그 신청을 한 날에 이를 보정한 경우에는 수리해야 한다(등령§36①).

i) 등록을 신청한 사항이 등록할 수 있는 것이 아닌 경우

ii) 동일한 신청서를 중복 제출하여 신청한 사항이 이미 등록되어 있는 경우

iii) 신청서가 방식에 적합하지 아니한 경우

iv) 신청서에 기재한 디자인등록번호 또는 등록의 목적인 권리의 표시가 디자인등록원부와 부합하지 아니한 경우

v) 신청서에 기재한 등록의무자의 표시가 디자인원부와 부합하지 아니한 경우. 다만, 신청인이 등록권리자 또는 등록의무자의 상속인 기타 일반승계인인 경우를 제외한다.

vi) 신청인이 등록명의인인 때에는 그 표시가 디자인등록원부와 부합하

지 아니한 경우. 다만, 등록명의인의 표시의 변경 또는 경정의 등록을 신청하는 경우를 제외한다.

vii) 신청서에 기재한 사항이 등록의 원인을 증명하는 서류와 부합하지 아니한 경우

viii) 신청서에 필요한 서류를 첨부하지 아니한 경우

ix) 서류의 제출명령을 받았음에도 정당한 소명 없이 서류를 제출하지 아니한 경우

x) 등록세 및 등록료를 납부하지 아니한 경우.

3. 불수리 절차

등록신청을 수리하지 아니하고자 하는 때에는 그 신청인에게 그 이유를 통지하고 기간을 정하여 소명할 수 있는 기회를 주어야 한다(등령§36③).

제 4 절 등록의 효력

I. 권리의 創設的 效力

디자인권은 설정등록에 의하여 발생한다(§39①). 따라서 디자인등록원부에 소정의 사항을 기재하는 설정등록행위에 의하여 디자인권이 발생된다. 그러므로 이와 같은 설정등록은 권리의 창설적 효력을 부여한다고 볼 수 있다. 그러나 설정등록에 디자인권 발생의 창설적 효력을 인정함에는 그 전제로서 디자인등록결정 또는 디자인등록한다는 심결 및 디자인등록료(설정등록료)의 납부가 존재함을 조건으로 한다.

II. 권리변동의 효력발생

i) 디자인권의 이전(상속, 기타 일반승계에 의한 경우를 제외한다) · 포기에 의한 소

멸 또는 처분의 제한, ii) 전용실시권의 설정 · 이전(상속 기타 일반승계에 의한 경우를 제외한다) · 변경 · 소멸(혼동에 의한 경우를 제외한다) 또는 처분의 제한, iii) 디자인권 또는 전용실시권을 목적으로 하는 질권의 설정 · 이전(상속 기타 일반승계에 의한 경우를 제외한다) · 변경 · 소멸(혼동에 의한 경우를 제외한다) 또는 처분의 제한은 이를 등록하지 아니하면 그 효력이 발생하지 아니한다(§48①). 이와 같이 등록을 하여야만 권리변동의 효력이 발생하게 되므로 등록은 權利變動의 효력발생 요건이 된다.

물권변동의 효력을 당사자의 의사표시에 맡기는 의사주의하에서의 등록은 제3자에 대한 대항요건에 불과하지만 디자인권의 이전 등의 경우와 같이 권리변동에 있어서 등록이 있을 때에만 그 효력이 발생한다고 보는 登錄主義하에서는 등록이 권리변동의 효력발생 요건이다. 등록주의하에서도 그 등록이 유효하기 위해서는 그 전제로서 등록의 원인(양도계약 등)이 있어야 함은 당연하다.

이와 같이 등록을 권리변동의 효력발생 요건으로 한 것은 당사자간에 있어서의 효력의 발생과 제3자와의 관계에 있어서의 효력의 발생이 통상 일치하고 또 권리관계를 명확히 하기 위한 것이다. 상기한 바와 같이 디자인권 등 권리의 이전에 관하여 등록을 效力發生 요건으로 하고 있으나 상속 기타 일반승계에 의한 이전은 포함되지 않는다. 따라서 상속 기타 일반승계(회사의 합병 · 유증)의 경우는 등록이 없어도 이전의 효력이 발생하는 것이다.

이 경우 지체 없이 그 취지를 특허청장에게 신고하도록 되어 있다(§48②). 상속 기타 일반승계에 의한 이전에 대해 이와 같이 예외적으로 특별한 취급을 하는 이유는 다른 이전의 경우와는 달리 양자는 일체적인 것으로 고려되고 등록 없이 이전의 효력을 인정한다 하더라도 별다른 피해가 없기 때문이다.

Ⅲ. 제3자에 대한 대항력

디자인등록원부에의 등록은 일정사항에 대하여는 제3자에의 對抗力으로의 효력이 발생한다. 허락에 의한 통상실시권은 당사자간의 의사표시만으로 그 효력이 발생하지만 미등록의 통상실시권자는 그 후에 당해 디자인권을 취득한 자 또는 전용실시권을 취득한 자에 대하여 대항할 수가 없다. 그러나 통상실시권을 등록한 때에는 그 등록 후에 디자인권 또는 전용실시권을 취득한 자에 대하여도 그 효력이 발생한다(§52의2①).

통상실시권의 이전・변동・소멸 또는 처분의 제한, 통상실시권을 목적으로 하는 질권의 설정・이전・변경・소멸 또는 처분의 제한은 이를 등록하지 아니하면 제3자에게 대항할 수 없다(§52의2③).

Ⅳ. 등록의 공신력

등록의 公信力이란 등록의 내용과 실질적인 법률관계가 일치하지 않는 등록이라도 그 등록을 신뢰하여 거래한 자에게 권리의 취득을 인정하는 효력을 말한다. 등록의 효력에 공신력을 인정할 수 있는지가 문제된다.

만약 등록에 공신력을 인정하게 되면 등록을 신뢰하여 거래한 제3자를 보호할 수 있으나 반면에 진정한 권리자는 기득의 권리를 박탈당하게 된다. 따라서 부동산등기에 공신력을 인정하지 않은 民法과 같이 디자인보호법상의 등록에는 등록에 대한 공신력을 인정하지 않고 있다. 등록에 공신력을 인정하기 위해서는 등록공무원에게 實質的인 심사권이 부여되어야 하는데 현재 우리나라는 形式的인 심사권만 부여되어 있다. 등록과정에 위법행위(양도증의 작성 또는 인감의 위조 등)가 있는 등록에 대하여 진실한 권리자는 그 등록의 무효 또는 취소를 청구할 수 있고 민법상의 불법행위에 기한 損害賠償을 청구할 수 있다.

제4편 디자인권·實施權

14
chapter

디자인권

제 1 절 디자인권의 의의

디자인권(design right)은 인간의 정신적 활동의 산물에 관한 독점배타적인 권리로서 산업발전에 이바지코자 함을 목적으로 하는 점에서 특허권·실용신안권과 하등 차이가 없다. 그러나 특허권·실용신안권은 자연법칙을 이용한 기술적 사상의 창작에 관한 권리인 데 비해 디자인권은 물품(물품의 부분 및 글자체를 포함한다)의 형상·모양·색채 또는 이들을 결합한 것으로서 시각을 통하여 美感을 일으키게 하는 창작에 관한 권리라는 점에서 양자는 다르다.

Ⅰ. 디자인권의 발생

디자인권은 디자인창작의 완성, 디자인등록출원, 심사, 디자인등록결정, 등록료의 납부, 디자인등록원부에의 설정등록이라는 일련의 절차를 거쳐 발생한다.

디자인권은 설정등록으로 발생하게 되므로 제3자에게도 중대한 관계에 있다. 따라서 특허청에 디자인등록원부[1]를 비치하고 일정사항을 등록(§37①)하여 디자인권을 공시한다. 디자인권의 실질적인 내용을 이루는 제3자의 실시를 배제하는 권능은 이 등록에 의해 실정법상의 근거를 갖게 된다. 특허청장은 디자인

1) 특허청은 디자인등록원부에 대하여 전자적 기록매체에 의해 작성·관리하고 있다.

권의 설정등록을 한 경우에는 디자인권자의 성명·주소 및 디자인등록번호 등 대통령령이 정하는 그 디자인에 관한 사항을 디자인공보에 게재하며 등록공고를 하여야 한다(§39③, 시령§9).[2] 디자인공보에는 구체적으로 i) 디자인권자의 성명, 주소(법인의 경우 그 명칭 및 영업소의 소재지), ii) 물품의 부분에 관한 디자인이라는 표시(부분디자인의 경우), iii) 디자인의 대상이 되는 물품 및 그 분류기호, iv) 창작자의 성명, 주소, v) 출원번호, 출원연월일, vi) 우선권주장의 기초가 된 출원일(법 제23조 제1항의 규정에 의하여 출원된 디자인등록의 경우), vii) 등록번호, 등록연월일, viii) 도면 또는 사진(견본 사진 포함), ix) 창작내용의 요점, x) 디자인의 설명, xi) 디자인의 일련번호(법 제11조의2 규정에 의한 복수디자인등록출원의 경우), xii) 출원공개 및 출원연월일(출원공개된 디자인등록의 경우), xiii) 기타 법령에 의하여 게재할 사항 및 특허청장이 게재할 필요가 있다고 인정되는 디자인에 관한 사항들이 게재된다. 다만, 비밀디자인에 있어서는 상기 viii) 내지 x)의 사항은 비밀기간이 경과한 후에 게재된다(시령§1의2②,③). 디자인공보는 전자적 매체로 발행할 수 있으며(§78②), 특허청장은 전자적 매체로 디자인공보를 발행하는 경우에는 정보통신망을 활용하여 디자인공보의 발행사실·주요목록 및 공시송달에 관한 사항을 알려야 한다(§78③).

이러한 디자인권의 공시에 따라 제3자에게는 不可侵義務가 부과되며, 권리침해행위자에 대하여 과실이 있는 것으로 추정한다(§65①). 다만, 비밀디자인으로 설정등록된 디자인권의 침해에 대하여는 과실추정 규정의 적용이 배제된다(§65①단).

또한 특허청장은 디자인권의 설정등록을 한 때에는 디자인권자에게 디자인등록증을 교부하여야 한다(§38①). 이 디자인등록증은 디자인권의 설정등록이 있는 사실을 증명하는 데 그치고 그 이상의 효과는 없다.

Ⅱ. 디자인권의 성질

1. 디자인권의 법적 성질에 관한 학설

디자인권의 권리로서의 법적 성질에 대하여는 특허권의 법적 성질에 관한 이

---

2) 등록공고에 의한 디자인권의 공시는 부동산등기제도와 같이 디자인권 및 기타 디자인에 관한 권리를 둘러싼 법적, 사실적 상태를 일반에 공시하여 권리관계의 명확화로 거래의 안전을 도모하고, 제3자의 불측의 손해를 방지하기 위한 것이다.

론이 그대로 적용되며 여기에는 人格權說, 所有權說, 無體財産權說 등이 존재한다.

(1) 인격권설

인간의 정신적 활동의 산물인 이들 권리는 인간의 사고력으로부터 생겨난 것이기 때문에 人格과 분리하여 존재할 수 없다고 해석하는 설이다. 즉, 디자인권은 인격권(Personerecht)인 것이나 동시에 재산적 요소를 내포하는 것이기 때문에 이 재산적 요소가 독립하여 양도·상속 등의 대상이 된다고 하는 설로서 이 설의 발표자는 독일의 기르케(Gierke)이다. 그러나 이 설은 저작권의 설명으로서는 편리하지만 디자인권은 인격권적인 측면도 없는 것은 아니나 타인에게 이전이 가능한 재산권적 측면이 강하므로 현행법상 통용되기 어렵다.

(2) 소유권설

이 설은 17세기 유럽의 자연법론자들에 의하여 주장되어 18~19세기에 걸쳐 대륙법학을 지배하던 설로서 유체물에 있어서의 所有權과 마찬가지로 인간의 정신적 활동의 산물인 발명·고안 등에는 절대적 지배권인 所有權을 인정해야 하는 설이다. 그리하여 유체물 위에 존재하는 소유권과는 달리 정신적 활동에 의하고 있으므로 지적소유권(intellectual property right) 또는 정신적 소유권이라고 칭하고 있다. 이 설은 디자인보호의 기초가 되는 이론이기는 하나 디자인권과 소유권을 동일개념으로 본다는 결점이 있다. 즉 소유할 수 없는 개념상의 무체재화를 소유권으로 파악하는 것은 디자인권의 本質을 외면하는 것이어서 타당하지 않다는 비판을 받는다.

(3) 무체재산권설

이 설은 1875년 독일의 법학자 콜러(J. Kohler)[3]가 처음으로 주창한 설로 무체물 위에 존재하는 권리를 소유권의 일종으로 보는 종래의 설은 잘못이므로 이것과 다른 새로운 권리, 즉 무체재산권(Immaterialguterrecht, immaterial property right)으로 파악하여야 한다는 설이다. 이것이 현재의 통설이다.

콜러가 무체재산권이 소유권과 다르다고 지적한 점은 다음과 같다.

i) 디자인권은 시간적으로 유한하다.

ii) 무형의 존재이므로 占有理論의 적용이 없다.

iii) 그 발생에 있어서 국가별로 권리 부여의 행위를 필요로 한다.

---

3) 콜러(J. Kohler, 1849~1919)는 베를린대학교 교수로서 법학의 전영역에 걸쳐 수많은 업적을 남긴 분이다. 특허법상으로는 무체재산권설의 제창자이다.

iv) 그 존속기간 중 요금납부의 의무가 있다.

(4) 기타의 학설

이 밖에 권리의 본질보다는 내용에 중점을 두어야 한다는 준소유권설, 디자인권은 재산권적 성질과 인격권적 성질과 함께 가진다는 혼성권설, 디자인권의 산업적 이용가치를 중시하는 정신적 경업권설, 고객과의 관계를 중시하는 고객권설 등이 있다.

2. 디자인권의 성질(특성)

디자인권은 그 객체인 디자인을 지배할 수 있는 권리로서 다음과 같은 성질(특성)을 가진다.

(1) 私　　權

디자인권은 디자인등록을 받을 수 있는 권리와는 달리 재산적 이익을 향유하는 것을 목적으로 하는 권리이기 때문에 私權이다. 그러나 디자인권은 디자인의 창작자의 창작사실에 대한 행정청의 확인행위에 의하여 비로소 권리가 발생하는 점에서 민법상의 사권과는 구별된다.

(2) 독점배타적 권리

디자인권은 스스로 이를 지배함과 동시에 타인의 지배를 배제하는 기능을 가진다. 만약 타인이 침해한 경우에는 금지청구권, 손해배상청구권, 부당이득반환청구권 및 신용회복청구권 등 민사상의 구제와 고소에 의하여 형사상의 책임도 추궁할 수 있다.

(3) 지 배 권

디자인권자는 그 객체인 디자인을 업으로서 스스로 실시하거나 타인에게도 실시시킬 수 있으며 또한 담보의 제공, 처분 등 전면적으로 이를 지배하는 권리이다.

(4) 무체재산권

디자인권은 독립적으로 거래의 객체가 될 수 있는 무체의 재산이다. 디자인권을 無體財產權이라고 하는 것은 이 때문이다.

(5) 디자인에 관한 권리

디자인권의 객체는 디자인이다. 디자인이란 물품(물품의 부분 및 글자체를 포함한다)의 형상・모양・색채 또는 이들을 결합한 것으로 시각을 통하여 미감을 일으키게 하는 것을 말한다.

(6) 존속기간의 有限性

디자인권의 존속기간은 디자인권의 설정등록이 있는 날부터 15년이다. 이것은 디자인의 창작자의 개인적 이익과 그 독점권에 의하여 제한되는 공공의 이익과의 조화의 견지에서 정하여진 것이다. 이 점은 목적물의 멸실이 없는 한 항구적으로 존속하는 소유권의 경우와 특히 다른 점이다.

(7) 등록료 납부의무의 수반

디자인권자는 그 존속기간 중 사권 향유의 보상으로서 일정액의 등록료를 납부할 의무를 진다. 이 의무를 태만히 하면 권리는 소멸한다.[4)]

(8) 산업상·공익상의 제한

디자인권은 독점배타적인 지배권이긴 하지만 불특정다수인과의 관계에서 공익상·산업정책상의 이유에서 일반적인 제한조치가 가하여지고 또한 特定人과의 관계에서 일정한 사유의 존재 또는 발생에 의하여 개별적·상대적으로 제한조치가 가하여지고 있다. 즉 디자인권은 公共福利라는 법의 최고이념에 따라 사권의 상당부분이 제한을 받는 데 그 특성이 있다.

Ⅲ. 디자인권의 종류

1. 권리내용에 의한 구분

(1) 기본디자인권

기본디자인권이란 유사디자인권에 대응하여 유사디자인권의 기본이 되는 디자인권을 말한다.

(2) 유사디자인권

유사디자인권이란 자기의 등록디자인 또는 디자인등록출원한 디자인에만 유사한 디자인을 등록함으로써 성립하는 디자인권을 말한다(§7). 유사디자인의 디자인권은 그 기본디자인의 디자인권과 합체한다(§42).

(3) 한 벌 물품의 디자인권

2 이상의 물품이 한 벌의 물품으로 동시에 사용되는 경우 당해 한 벌 물품

4) 디자인권자에게 등록료 납부의무를 부과하는 것은 함부로 권리를 얻어서 일반공중이 입게 되는 피해를 방지하고 또 특권에 대한 보상목적이라 할 수 있다. 이것은 공공이익보호설의 근거가 되기도 한다.

의 디자인이 한 벌 전체로서 통일성이 있는 때에는 1디자인으로 디자인등록을 받을 수 있다(§12). 이 규정에 의하여 성립된 디자인권을 한 벌 물품의 디자인권이라 한다. 한 벌 물품의 디자인권은 한 벌을 구성하는 물품은 2 이상의 것이지만, 하나의 디자인권만 발생한다.

(4) 비밀디자인권

디자인권의 설정등록일로부터 3년 이내의 기간을 지정하여 그 디자인을 비밀로 할 것으로 청구된 디자인권을 말한다(§13). 비밀청구가 있는 것은 그 기간 중 디자인공보에 디자인의 실질적인 내용(도면 · 사진 · 견본의 사진, 디자인의 설명, 창작내용의 요점)을 게재하지 않는다. 비밀디자인권은 권리내용에 있어서는 통상의 디자인권과 다를 바 없지만 권리의 행사에 있어서는 일정한 제약을 받는다(§62②).

(5) 전체디자인권

전체디자인권이란 부분디자인의 디자인권에 대응하여 물품의 전체의 형상 · 모양 · 색채 또는 이들의 결합에 대하여 성립된 디자인권을 말한다. 부분디자인이 선출원으로 등록되고, 그 부분을 포함하는 전체디자인이 후출원으로 등록된 경우에는 이용관계가 발생한다.

(6) 부분디자인권

부분디자인권이란 물품의 부분의 형상 · 모양 · 색채 또는 이들의 결합에 대하여 성립된 디자인권을 말한다. 부분디자인권은 그 부분디자인을 포함하는 완성품 또는 부품에 관한 전체디자인에도 효력이 미친다.

(7) 글자체디자인권

글자체디자인권이란 기록이나 표시 또는 인쇄 등에 사용하기 위하여 공통적인 특징을 가진 형태로 만들어진 한 벌의 글자꼴(숫자, 문장부호 및 기호 등의 형태를 포함)의 형상 · 모양 · 색채 또는 이들의 결합에 대하여 성립된 디자인권을 말한다.

2. 권리주체에 의한 구분

(1) 단독디자인권

디자인권자가 단독으로 된 경우 공유디자인권에 대응하여 편의상 단독디자인권이라 한다.

(2) 공유디자인권

디자인권자가 2인 이상인 디자인권을 말한다. 디자인의 창작이 共有인 경우에는 그 디자인등록을 받을 수 있는 권리를 공유로 한다(§3②). 또한 공유디자인권은 계약으로 특별히 약정을 하지 않았을 때에는 다른 공유자의 동의 없이 그 등록디자인 또는 그와 유사한 디자인을 자신이 실시할 수 있으나 공유디자인권은 그 특수성에 따라 지분의 양도, 실시권의 설정, 심판청구 등에 있어서는 제한을 받는다(§46,§72②,③).

3. 권리형태에 의한 구분

(1) 형상의 디자인권

모양 및 색채가 없는 순수한 형상만에 한하여 디자인권이 설정된 디자인권을 말한다. 모든 물품은 재료로써 구성되어 있고 재료는 반드시 색을 수반하므로 현실에 존재하는 물품은 형상만으로 된 것은 있을 수 없다. 그러나 관념적으로는 물품으로부터 형상만을 추상할 수 있으므로 디자인보호법은 종래부터 형상만의 디자인을 인정해 오고 있다. 형상의 디자인권은 권리내용에 있어서 그 형상에 관한 물품의 생산·사용 등 실시를 독점하는 권리이다.

(2) 형상 및 모양의 결합디자인권

형상의 디자인권에 무착색 모양이 결합된 디자인권을 말한다.

(3) 형상·모양 및 색채의 결합디자인권

모든 물품은 반드시 재질에 의하여 만들어지고 재질은 모양이나 색채가 있으므로 대개의 경우에는 디자인은 형상·모양 및 색채가 결합된 디자인권으로 파악된다.

(4) 형상 및 색채의 결합디자인권

모양이 없는 순수한 형상 및 색채가 결합하여 디자인권이 설정된 디자인권을 말한다.

4. 심사절차에 의한 구분

(1) 디자인심사등록디자인권

디자인심사등록출원에 대하여 디자인보호법이 정한 등록요건의 全部를 갖추고 있는지를 심사하여 등록이 허여된 디자인권을 말한다(§2 iv).

(2) 디자인무심사등록디자인권

디자인무심사등록출원에 대하여 디자인보호법이 정한 등록요건 중에서 방식요건과 디자인의 공업성, 공서양속의 위반여부 등 실체적 요건의 일부사항만을 심사하여 등록이 허여된 디자인권을 말한다(§2 v).

디자인무심사등록출원할 수 있는 디자인은 지식경제부령이 정한 물품에 한하며 이 경우 지정된 물품에 대하여는 디자인무심사등록출원으로만 출원하여야 한다(§9⑥). 디자인무심사등록디자인권은 그 디자인권의 설정등록이 있는 날부터 디자인무심사등록공고일 후 3개월이 되는 날까지 디자인보호법 제29조의2 제1항 각호의 1에 해당하는 것을 이유로 디자인무심사등록이의신청을 할 수 있으며 이의신청이 이유가 있다고 인정될 때에는 등록디자인의 취소결정이 이루어진다(§29의2, §29의7).

그 외 권리의 효력, 존속기간에 있어서는 디자인심사등록디자인권과 동일하다.

제 2 절 디자인권의 효력

I. 서 설

디자인권은 업으로서 등록디자인 또는 이와 유사한 디자인의 실시를 하는 권리를 獨占함을 내용으로 하는 권리이다(§41). 디자인권의 효력은 등록디자인 또는 이와 유사한 디자인을 업으로서 실시할 권리를 독점하는 적극적 효력(독점적 효력)과 권한 없는 제3자의 위법한 실시를 배제할 수 있는 소극적 효력(금지적 효력)으로 나누어진다.[5)]

또한 디자인보호법은 디자인권의 효력으로서 적극적 효력과 소극적 효력 외에 디자인권의 보호를 효과적으로 하기 위하여 間接侵害規定(§63)을 두어 디자인권의 효력의 확장을 도모하고, 다른 한편으로는 공익상 · 산업정책상 또는 공평의 견지에서 디자인권의 적극적 효력 또는 소극적 효력에 대한 제한조치를 가하고 있다.

---

5) 디자인보호법은 디자인권에 대해 실시할 권리를 독점한다라고 하여 적극적 효력의 관점에서 규정하고 있다.

Ⅱ. 디자인권의 효력범위

디자인권의 효력범위란 법 제41조에서 규정하는 디자인권의 독점배타적인 효력이 어떤 내용을 기준으로, 얼마의 기간 동안, 어떤 지역에, 어떤 내용으로 미치는가 하는 범위를 말하며 디자인권의 효력은 無限한 것이 아니고 일정한 범위에서만 미친다.

1. 객체적 범위

디자인권의 보호객체는 등록디자인이다. 등록디자인이란 디자인등록을 받은 디자인을 말하고(§2ⅱ), 등록디자인의 보호범위는 디자인등록출원서의 기재사항 및 그 출원서에 첨부한 도면·사진 또는 견본과 도면에 기재된 디자인의 설명에 표현된 디자인에 의해 정하여지는 것으로 한다(§43).[6][7]

디자인의 本體는 출원서에 첨부한 도면·사진 등에 표현되어 있지만 그 출원서의 기재사항 중의 디자인의 대상이 되는 물품 및 부분디자인의 표시, 도면의 기재사항 중의 디자인의 설명이 등록디자인의 보호범위를 정하는 근거가 된다. 도면 중의 디자인의 설명란에 ⅰ) 물품의 사용목적·사용방법·재질 또는 크기, ⅱ) 동적 디자인, ⅲ) 색채 및 도면의 생략, ⅳ) 디자인에 관한 물품의 투명·불투명, ⅴ) 부분디자인 등의 기재가 있는 때에는 이러한 기재도 登錄디자인의 보호범위를 결정하는 근거가 된다.

종전의 법에서는 도면의 기재사항으로 되어 있는 창작내용의 요점(§9②ⅱ)에

6) 이 규정은 등록디자인의 보호범위를 정하는 기준을 명시하여 기준 불명료에 따른 무용한 분쟁의 방지 등 법 운영의 원활과 적정한 운영을 도모하기 위한 취지이다. 따라서 이 기준은 디자인등록의 무효심판(§68), 디자인권의 권리범위확인심판(§69), 침해나 이용·저촉에 관한 소송 등 디자인권의 실질적인 보호범위를 확정하는 기초자료가 되고 또한 출원디자인의 범위를 판단하는 데 있어서도 적용되고 있다.

7) 특허·실용실안법은 그 발명·고안이 기술적 사상으로 관념되며 그 추상성으로 인해 그 보호를 요구할 범위를 청구범위로써 명시하도록 하는 데 비해, 디자인은 청구범위의 기재를 요하지 않는 것으로 한다. 이것은 디자인은 물품의 형태로 관념되며 거기에 나타난 그 자체가 권리의 객체를 구성하는 것이므로 권리로서 청구하는 범위에 대해 중복하여 특정할 필요가 없기 때문이다. [다만, 구 의장법(1993.12.10. 법률 제45953호로 개정되기 전의 것)에서는 디자인등록출원시에 등록청구의 범위를 기재하도록 규정되어 있었다.]

대하여도 등록디자인의 보호범위를 정하는 기준으로 하고 있었다. 그러나 2001년 개정법은 창작내용의 요점기재는 출원인이 보호받고자 하는 디자인에 대해 창작의 중요한 포인트, 디자인상의 특징, 디자인의 요부 등을 스스로 주장할 수 있도록 함에 따라 창작내용의 요점에 대해서는 등록디자인의 보호범위를 정하는 기초로 하지 않는 것으로 하고 있다(§43).

2. 시간적 범위

디자인권의 존속기간은 디자인권의 설정등록이 있는 날부터 15년으로 한다(§40①). 이것은 디자인의 창작자의 개인적 이익과 그 獨占權에 의하여 제한되는 공공의 이익과의 조화의 견지에서 정하여진 것이다. 그러나 디자인권의 존속기간은 각국의 역사적·산업정책적인 고려와 밀접한 관계를 가지고 있고 나라마다 상이하게 규정되어 있다.[8] 유사디자인제도에 의한 유사디자인의 디자인권은 기본디자인의 디자인권과 合體하므로(§42) 유사디자인의 디자인권의 존속기간 만료일은 그 기본디자인의 디자인권의 존속기간 만료일로 한다(§40①단). 한편, 디자인권의 존속기간은 특허·실용신안법에서와 같이 출원일부터 일정기간(특허 20년, 실용신안 10년)을 넘길 수 없다는 뜻의 제한이 없다.

3. 지역적 범위

디자인제도를 비롯한 산업재산권제도는 원래 각국의 산업보호의 정신에 기인하여 각국별로 독립된 제도로서 발전시켜 왔고 자국에서 부여된 권리에 대하여만 보호하는 屬地主義를 채용하고 있다. 따라서 디자인권의 지역적 범위는 대한민국 영토 내에 한하며 그 성립·이전·소멸 등은 우리나라 디자인보호법이 정한 바에 따른다.

따라서 우리나라에서 부여된 디자인권의 효력은 우리나라의 영토 내에서만 미치며 외국에까지는 미치지 않는다. 파리협약상의 이른바 디자인독립의 원칙도 이 속지주의의 철저를 선언하고 있는 것이다(파리협약§4의2①).

---

8) [디자인권의 존속기간] 일본: 등록일부터 20년(2006년 법개정에서 종전의 15년에서 20년으로 연장하였다); 영국: 등록디자인권의 경우 등록일부터 최초 5년이나 5년간씩 4회 연장 가능하므로 최장 25년; 미국: 특허일부터 14년; 프랑스: 기탁일부터 5년이고 5년씩 4회 연장가능하여 최장 25년(2001년 법개정에서 종전의 최장 50년이 25년으로 단축되었다); 독일: 기탁일부터 5년이나 5년간씩 3회 연장 가능하므로 최장 20년이다.

Ⅲ. 디자인권의 효력내용(내용적 범위)

1. 적극적 효력(독점적 효력)

디자인권의 적극적 효력(독점적 효력)이란 디자인권자가 ⅰ) 업으로서, ⅱ) 등록디자인 또는 이와 유사한 디자인을, ⅲ) 실시할 권리를, ⅳ) 독점하는 효력을 말한다(§41본). 다만, 전용실시권이 설정되어 있는 경우에는 전용실시권자가 그 설정범위에 대하여 실시할 권리를 독점한다(§41후단). 디자인권의 전범위에 전용실시권이 설정된 경우에는 디자인권자에게는 i) 디자인권자라는 명예적 지위, ii) 침해에 대한 소권, iii) 전용실시권의 이전, 통상실시권의 허락, 질권설정에 대한 동의권만이 남게 된다.

(1) 業으로서의 의의

디자인권자는 업으로서 등록디자인 또는 이와 유사한 디자인을 실시할 권리를 독점한다.

'업으로서'의 해석은 반드시 영리를 목적으로 하는 것을 필요로 하는 것은 아니지만 반복계속하여 이루어지는 것을 요한다. 여기에서 말하는 '업으로서'의 '업'이란 일정한 목적하에 계속하여 하는 有機的 활동으로서의 사업의 의미이므로 이 활동의 한 표현으로서 실시되는 한 그 실시행위가 일회적이고 반복계속성의 의사가 없는 경우에도 업의 개념에 포함되는 것으로 해석된다. 반대로 개인적·가정적 실시, 즉 비사업적 실시는 공정한 경업질서를 해하는 것이 아니므로 여기에서 말하는 업으로서의 실시로는 되지 않는다.[9)]

(2) 등록디자인 또는 이와 유사한 디자인

디자인권은 등록디자인에 대해 발생하고 있지만 그 효력이 미치는 범위는 등록디자인 또는 이와 유사한 디자인이다.[10)]

---

9) 同旨: 齋藤, 의장, 345면; 吉藤, 특허, 501면; 황종환, 의장, 577면 등.

10) 이 점에서 특허발명의 동일성의 범위로 한정된 특허권(특§94)이나 유사범위에는 금지권만 인정되고 있는 상표권(상§66)과 상위하다. 또한 여기서 유사한 디자인은 디자인보호법 제7조의 규정에 의한 유사디자인의 디자인등록과는 무관하다. 디자인권의 효력이 유사한 디자인에까지 미치는 범위는 소극적 효력(금지적 효력)만이 아니고, 독점적 실시가 되는 범위이므로 디자인권자는 자기의 등록디자인에 유사한 디자인에 대한 유사디자인의 디자인등록과는 상관없이 그 등록디자인에 유사한 디자인에 대해 적극적으로 실시할 수 있는 것이다.

디자인권의 효력을 등록디자인뿐만 아니라 이와 유사한 디자인에도 미치도록 한 것은 디자인은 특허·실용신안의 기술적 사상과는 달리 물품의 형태로 구체적·명시적으로 표상되므로 동일성 개념만으로는 그 보호대상이 협소하여 실질적인 디자인의 보호가 실현되지 않고 또한 디자인제도의 목적을 달성할 수 없기 때문이다. 여기서 등록디자인이란 디자인등록을 받은 디자인을 말하며(§2ⅱ) 이것에는 단독의 디자인, 유사디자인, 한 벌 물품의 디자인, 비밀디자인, 부분디자인 또는 글자체디자인으로 디자인등록을 받은 디자인을 포함한다. 이와 유사한 디자인이란 디자인이 물품(물품의 부분 및 글자체를 포함)의 형상·모양·색채 또는 이들을 결합한 것(§2ⅰ)이므로 형식적으로는 디자인등록출원에 관한 ⅰ) 동일물품에 유사한 형상·모양·색채 또는 이들의 결합, ⅱ) 유사물품에 동일한 형상·모양·색채 또는 이들의 결합, ⅲ) 유사물품에 유사한 형상·모양·색채 또는 이들의 결합을 말한다. 실질적으로는 그 디자인을 구성하는 물품의 형상·모양·색채 또는 이들의 결합이 표현된 디자인이 공통적인 동질성을 가지고 있어서 외관상 서로 유사한 미감을 일으키는 디자인을 말한다(디자인의 유사에 대해서는 제2편 제8장 제2절 디자인의 유사 참조).

한편, 디자인보호법은 자기의 등록디자인에 유사한 범위를 명확히 하기 위한 제도로서 유사디자인제도를 두고 있다(§7①). 유사디자인의 디자인권은 그 기본디자인의 디자인권과 합체한다(§42).

(3) 실시의 의의

1) 실시의 내용　　실시라 함은 디자인에 관한 물품을 생산·사용·양도·대여 또는 수입하거나 그 물품의 양도나 대여의 청약(양도나 대여를 위한 전시를 포함)을 하는 행위를 말한다(§2ⅵ).

ⅰ) 생산이라 함은 제조라고도 하며 디자인을 표현한 물품을 만들어내는 모든 행위를 말한다.[11] 생산은 물품을 만들어내는 행위이기 때문에 하청에 의한 생산도 포함한다. 그러나 수선은 창작된 디자인을 구체화하는 부분에 관한 것인 때에는 생산에 해당되고 단지 손상부분의 회복은 생산으로 보지 않는다.

---

11) 일본 디자인법 및 실용신안법에서는 생산 대신에 제조라는 용어를 사용하고 있다. 디자인과 실용신안법상의 고안은 모두 물품에 관련된 것을 대상으로 하는 것이므로 생산이라는 용어가 부적당하다고 보기 때문이다. 그러나 특허법상은 그 대상이 되는 물건에 제조물이라고 하기에 적당하지 않은 것(예컨대 동식물)이 있으므로 제조보다 넓은 개념인 생산이라는 용어를 사용하고 있다(日§2, 실§2, 특§2).

ⅱ) 사용이라 함은 디자인등록된 물품을 그 창작의 목적에 따라 이용하는 것을 말한다. 창작자는 원칙으로 그 창작품에 관한 이용가능성을 독점하므로 사용의 목적이 창작자의 의도와 다르다 하더라도 무방하다.

ⅲ) 양도라 함은 유상(판매)이든 무상(증여)이든 불문하며 반드시 所有權의 이전이 요구되는 것은 아니다. 수출은 양도개념에 포함된다고 해석한다.

ⅳ) 대여는 유상이든 무상이든 포함하나 단지 물품을 보관하는 데 불과한 기탁의 경우에는 여기에 포함되지 않는다.

ⅴ) 수입은 외국에서 생산된 물품을 국내시장에 반입하는 국제상거래의 한 형태이다. 따라서 단지 보세지역(보세창고, 보세공장 등)내에 있는 물품은 수입물이라고 해석할 수 없다.

ⅵ) 양도나 대여의 청약이라 함은 양도나 대여하려는 의사를 표시하는 것을 말한다. 양도나 대여의 청약에는 양도나 대여를 위한 展示를 포함한다. 여기에서 말하는 전시란 디자인에 관한 물품을 공중의 공람에 제공하는 것을 의미하며 전시는 그 전시의 목적이 양도나 대여를 위한 경우에만 한하므로 박람회에서 행하는 단순한 전시는 디자인에 관한 물품의 실시에 해당되지 않는다.

2) 실시행위의 獨立性

㈎ 원 칙 디자인권의 효력상 생산·사용·양도 등의 각 행위는 각각 독립이며 한 행위가 적법하다 하여 다른 행위도 적법하다고는 할 수 없다. 이를 실시행위의 독립성 또는 실시행위 독립의 원칙이라고 한다. 예를 들어 갑이 위법하게 디자인등록품을 제조하는 행위는 그 물품의 판매여부에 관계없이 그 자체로 침해행위를 구성한다.[12] 또한 을이 갑으로부터 디자인등록품을 구입하여 이를 업으로서 사용하는 행위 또한 침해행위가 된다. 구입 그 자체는 수입의 경우를 제외하고는 위법한 것이 아니다.

㈏ 예 외 실시행위의 독립성에도 예외가 있다. 즉 디자인권자 또는 적법한 생산, 판매권을 갖는 자가 판매한 디자인등록품을 구입한 자가 스스로 사용하거나 판매하여도 권리침해가 되지 않는다. 이는 상식상 당연하다 할 수 있으나 이를 법률적으로 어떻게 설명하는가에 대해서는 다음과 같이 몇 가지 설이 있다.[13]

---

12) 예컨대 디자인권의 존속기간 만료 후에 판매할 목적으로 그 존속기간 만료 전에 제조한 행위.

13) 吉藤, 특허, 491면 참조.

i) 소유권 이전설 타인이 적법하게 디자인등록품의 소유권을 얻은 이상 디자인권자 등의 권리범위에서 이탈한 것으로 보는 설이다. 그러나 이 설은 디자인권과 소유권을 혼동하고 있으며 침해품을 적법하게 양도받아 사용하는 경우에도 침해가 됨을 설명할 수 없다. 따라서 오늘날 이 설을 지지하는 자는 없다.

ii) 소모이론(소진설) 디자인등록품의 판매가 정당하게 이루어진 후는 그 권리는 소진된 것이 되고, 다시 동일물에 대해 권리를 주장할 수 없다고 보는 설이다. 이 설은 콜러가 창도한 후 독일과 일본에서 유력하다.

iii) 묵시실시허락설 권리자가 물품을 양도할 때에는 양수자에게 묵시의 실시허락을 준 것이라고 보는 설이다. 이 설은 영국과 미국에서 유력하다.

(4) 실시할 권리의 獨占

이 규정은 디자인권자에게 등록디자인 또는 이와 유사한 디자인을 독점배타적으로 실시할 권원을 주는 실정법상의 근거이다.

실시할 권리의 독점이란 디자인권자가 디자인권의 객체인 등록디자인 또는 이와 유사한 디자인을 스스로 실시할 권능을 가짐과 함께 타인의 실시를 배제할 수 있는 권능을 갖는다는 것을 의미한다. 따라서 타인이 정당한 권원·이유 없이 등록디자인 또는 이와 유사한 디자인을 업으로서 실시하게 되면 獨占權을 침해하게 되는 것으로서 당해 디자인권의 침해를 구성하게 됨은 명백하다.[14)]

여기서의 적극적 의의 내지 이 규정의 본질적 의의는 그 디자인을 배타적으로 지배하는 힘, 즉 제3자의 실시를 배제하는 권능에 있다.

2. 소극적 효력(금지적 효력)

디자인권의 소극적 효력(금지적 효력)이란 권원 없는 제3자의 업으로서의 실시를 배제할 수 있는 디자인권의 배타적 효력을 말한다.

디자인권의 소극적 효력에 의해 디자인권이 침해된 경우에는 디자인권자는 그 실시를 중지시킬 수 있고, 침해자가 침해행위로 이득을 얻고 있을 때에는 그 침해자에게 不當利得 또는 침해로 인하여 입은 손해의 배상을 청구하는 등 법률상의 구제방법을 강구할 수 있으며 또 고소에 의해 침해자로 하여금 형사

---

14) 정당한 권원으로서는 전용실시권 또는 통상실시권이 있고, 정당한 이유로는 디자인권의 효력이 미치지 않는 범위에 해당하는 경우 등이 있다.

상의 벌을 받도록 청구하는 등 공권적 작용을 배경으로 하여 독점적 지배를 완전하게 할 수 있다. 디자인권의 소극적 효력으로 인정되는 침해구제 방법에 대한 상세한 설명은 후술한다(본편 제16장 디자인권의 침해와 그 구제 참조).

Ⅳ. 디자인권의 효력의 확장과 제한

1. 디자인권의 효력의 확장(간접침해)

디자인권의 침해는 전체침해에 의하여 성립하고 일부침해의 경우에는 성립하지 않는 것이 보통이다. 그러나 디자인권의 보호를 효과적으로 하기 위하여는 일부침해의 경우에도 디자인권의 침해로 보고 이것을 배제시킬 필요가 있다. 따라서 디자인보호법은 등록디자인이나 이와 유사한 디자인에 관한 물품의 생산에만 사용하는 물품을 업으로서 생산・양도・대여 또는 수입하거나 업으로서 그 물품의 양도 또는 대여의 청약을 하는 행위는 당해 디자인권 또는 전용실시권을 침해한 것으로 본다는 규정을 두고 있다(§63). 이것을 間接侵害라고 한다(제16장 제2절 Ⅱ. 간접침해 참조).

간접침해는 디자인권자에게 디자인권의 효력으로서 간접침해행위로 예정한 물에 대한 타인의 실시를 금지하는 권능을 부여하는 결과 타인의 권리와 경합되지 않는 한은 그 물에 대한 실시가 자유롭다 하겠으나 그 물을 독점적으로 실시할 수 있는 권능까지를 부여받은 것은 아니므로 독점배타적인 타인의 권리와 경합하게 되면 당연히 그 물에 대한 실시가 배제된다.

2. 디자인권의 효력의 제한

디자인권의 효력의 제한이란 디자인권의 효력범위 내에 있지만, 특별한 이유에 의해 그 효력(적극적 효력, 소극적 효력)이 제한받는 것을 말한다. 이것은 디자인권은 등록디자인 또는 이와 유사한 디자인을 지배하는 것을 내용으로 하는 절대권이지만 그 권리의 성질상 또는 산업정책적인 견지와 공공의 복리를 지키는 사권의 기본적 성질에 의해 제한이 부과되는 경우가 있기 때문이다.

한편, 디자인은 물품의 미적 외관이라는 審美性에 관한 것이므로 산업발전에 직접 관련되는 것이 아니고 불실시에 의한 폐해가 적으므로 권리자에게 특허・실용신안에서와 같은 실시의무를 부과하고 있지 않다.

따라서 디자인에 있어서는 불실시 또는 공공의 이익과 관련한 강제실시권 제도가 존재하지 않는다.

(1) 적극적 효력(독점적 효력)의 제한

1) 이용·저촉관계에 있는 경우 등록디자인 또는 이와 유사한 디자인이 타인의 선출원에 관계되는 등록디자인 또는 이와 유사한 디자인・특허발명・등록실용신안 또는 등록상표와 이용관계에 있을 때 또는 디자인권이 타인의 선출원에 관계되는 디자인권・특허권・실용신안권 또는 상표권과 저촉관계에 있을 때에는 후출원 디자인권자 등은 선출원 권리자의 허락을 얻지 않거나 통상실시권 허여의 심판(§70)에 의하지 않고는 자기의 등록디자인 또는 이와 유사한 디자인을 업으로서 실시할 수 없다(§45①,②).

또한 등록디자인 또는 이와 유사한 디자인이 그 디자인등록출원일 전에 발생한 타인의 저작권과 이용・저촉관계에 있을 때에는 저작권자의 허락을 얻지 아니하고는 자기의 등록디자인 또는 유사한 디자인을 업으로서 실시할 수 없다(§45③). 이와 같이 등록디자인, 이와 유사한 디자인 또는 디자인권이 타인의 선출원권리와 이용・저촉관계에 있을 때에는 그 디자인권의 효력은 제한되는 것이다. 선출원우위의 원칙하에서 선출원권리자를 보호하기 위한 것이다.

2) 전용실시권을 설정한 경우 디자인권자는 전용실시권을 설정하였을 때에는 그 전용실시권의 설정범위 내에서 디자인권의 적극적 효력이 제한받게 된다(§47). 물권적 효력을 가지는 전용실시권을 설정한 디자인권자의 의사를 존중하기 위해서이다.

3) 공유자간 특약이 있는 경우 디자인권이 공유인 경우 공유자 각자의 자유실시를 원칙으로 하지만, 계약으로 특별히 약정한 경우에는 그 디자인권의 적극적 효력이 제한받는다(§46③). 계약자유의 원칙을 존중하기 위한 것이다. 만약 이에 위반하면 채무불이행이 될 것이다.

(2) 소극적 효력(금지적 효력)의 제한

이 제한은 디자인권을 인정하는 것보다 제한하는 것이 오히려 산업발전에 기여하고 공익의 증진에도 타당하다는 이유에서 제한되는 경우로서 이하의 것이 있다.

1) 디자인권의 효력이 미치지 않는 범위(§44) 디자인권의 효력이 미치지 않는 범위란 디자인권의 효력이 원래 미치지 않는 범위를 말하는 것으로서 다음과 같은 것이 있다.

㈎ 연구 또는 시험을 하기 위한 등록디자인의 실시(§44① i) 연구소 또는 시험소 등의 실시는 디자인권자의 經濟的 이익을 해하는 것이 아니고 또한 연구 또는 시험은 산업발전에 기여하는 것이므로 비록 그 연구 또는 시험이 업으로서 행하여지는 경우라 하더라도 디자인권의 효력의 범위 외의 것으로 하고 있다. 여기서 연구 또는 시험은 디자인의 등록성 조사, 경제성 조사 또는 기능성 조사 등을 밝히기 위한 경우이다. 그러나 연구 또는 시험에 의해 생산된 물품을 판매하는 경우에는 이 규정의 범위를 벗어나는 것이므로 디자인권의 침해로 해석된다.

㈏ 국내를 통과하는 데 불과한 선박·항공기 등(§44① ii) 국내를 통과하는 데 불과한 선박·항공기·차량 또는 이에 사용되는 기계·기구·장치 기타의 물건에 해당하는 것은 일시적 국내 통과에 불과한 것이기 때문에 권리자에게 경제적 손해를 주는 것도 없고 국제간의 교통원활을 도모하기 위하여 디자인권의 효력이 미치지 않는 것으로 하고 있다. 파리협약 제5조의3 및 국제민간항공협약 제27조에도 같은 취지의 규정을 두고 있다. 여기서 말하는 선박·항공기 등은 반드시 선박·항공기 등의 운행에 필요한 것뿐만 아니라 여객의 생활에 필요한 일체의 물품도 포함하는 것이나 선박·항공기 등에 단순히 적재된 물품이 디자인권을 침해하는 것인 때에는 영토·영해·영공에 들어가면 즉시 이에 대하여는 디자인권의 효력이 미치게 된다.

㈐ 디자인등록출원시부터 국내에 있는 물건(§44 ①iii) 디자인등록출원시에 존재하는 물건에까지 디자인권의 효력을 미치게 하는 것은 너무 가혹하고 또한 법적 안정성을 현저하게 해치게 되므로 그 물건에는 디자인권의 효력이 미치지 않는 것으로 하고 있다. 여기서 말하는 물건이란 有體物의 의미이고 더욱이 現物에 한하는 의미로서 그 물건을 출원 후에 생산하는 경우에는 디자인권의 침해가 된다. 이 점에서 디자인등록출원 후에도 계속해서 등록디자인 또는 이와 유사한 디자인을 실시할 수 있는 선사용권과 다르다.

신규성 및 선사용권 제도에서 보아 본규정이 기능하는 것은 물건을 비밀로 소지하고 또 선사용권의 요건을 구비하지 않는 경우이다. 예컨대 타인이 창작한 디자인을 그 자가 출원하기 전에 도용하여 제조, 비밀로 소지한 경우이다. 비밀로 소지한 것이 아니라면 그 물건은 출원 전 공지가 되므로 디자인등록을 받을 수 없는 것이고 비록 디자인등록이 되었다 하더라도 그 등록을 무효가 될 수 있기 때문이다.

㈑ 글자체디자인권의 효력이 미치지 않는 범위(§44②) 글자체가 디자인권으로 설정등록된 경우 그 디자인권의 효력은 i) 타자 · 조판 또는 인쇄 등의 통상적인 과정에서 글자체를 사용하는 경우, ii) 이와 같은 사용으로 생산된 결과물에 대하여는 미치지 않는다. 이는 글자체의 법적인 보호가 출판 · 인쇄업계 및 일반 사용자에게 미치는 영향이 큰 점을 고려하여 글자체에 대한 디자인권의 효력은 글자체의 생산 및 생산된 글자체의 유통행위에만 미치도록 하고, 통상적인 과정에서의 글자체의 사용에는 디자인권이 효력이 미치지 않도록 하여 인쇄업체 등 최종 사용자는 등록된 글자체라 하여도 디자인권자의 허락 없이 자유롭게 글자체를 사용할 수 있도록 하기 위한 취지이다.

2) 통상실시권이 존재하는 경우 디자인권에 대해 통상실시권이 존재하는 경우에는 당연히 디자인권의 효력이 제한받게 된다.

㈎ 허락에 의한 실시권 디자인권자는 그 디자인권에 대하여 타인에게 통상실시권을 허락한 경우에는 그 실시권자의 등록디자인 또는 이와 유사한 디자인의 실시를 승인하여야 하므로(§49①,②) 디자인권의 소극적 효력이 제한받게 된다.[15)]

㈏ 法定實施權 법률의 규정에 의하여 당연히 발생하는 통상실시권, 즉 법정실시권이 존재하는 경우, 디자인권자는 이들 실시권자의 실시를 용인하여야 함은 당연하다. 따라서 이 경우 디자인권의 소극적 효력이 제한받게 되며 법정실시권은 이하의 것이 있다.

i) 직무디자인의 통상실시권(발명§10①)
ii) 선사용에 의한 통상실시권(§50)
iii) 선출원에 의한 통상실시권(§50의2)
iv) 디자인권의 회복 전의 실시에 의한 통상실시권(§33의3④)
v) 무효심판청구 등록 전의 실시에 의한 통상실시권(§51)
vi) 디자인권 등의 존속기간만료 후의 통상실시권(§52)
vii) 질권행사로 인한 디자인권의 이전에 따른 통상실시권(§58)
viii) 재심에 의하여 회복한 디자인권에 대한 선사용자의 통상실시권(§74의2)

15) 허락에 의한 실시권의 경우에는 디자인권자의 적극적 의사에 의한다는 점에서 디자인권의 효력이 제한되는 형태로 파악하지 아니하고 오히려 디자인권의 이용형태로 파악하는 견해가 있다. 특히 특허법상에서는 그러한 견해가 주류를 이루는 듯하다(吉藤, 특허, 612면; 황종환, 특허, 444면; 송영식 외, 지적소유권법, 367면 이하; 천효남, 특허, 405면).

ix) 재심에 의하여 통상실시권을 상실한 원권리자의 통상실시권(§74의3)

㈐ 强制實施權 　강제실시권이란 공평의 견지에서 통상실시권 허여의 심판에 의하여 설정되는 통상실시권을 말한다(§70). 이 경우에도 디자인권자는 실시권자의 실시를 용인하지 않을 수 없으므로 디자인권의 소극적 효력이 제한 받게 된다.

3) 등록료의 추납 등에 의하여 회복된 디자인권의 효력의 제한 　디자인권의 설정등록을 받고자 하는 자 또는 디자인권자가 책임질 수 없는 사유로 인하여 등록료의 추가납부기간 이내에 등록료를 납부하지 않았거나 보전기간 이내에 보전하지 않는 경우에는 그 사유가 없어진 날부터 14일 이내에 다시 그 등록료를 납부하거나 보전할 수 있고(§33의3①), 등록료를 납부하거나 보전한 때에는 이미 등록료의 불납에 의하여 失效되었던 권리가 회복된다(§33의3②). 그러나 그 회복된 권리의 효력은 등록료의 추가납부기간이 경과한 날부터 납부하거나 보전한 날까지의 기간(이를 효력제한 기간이라 한다) 중에 타인이 그 디자인 또는 그와 유사한 디자인을 실시한 행위에 대하여는 효력이 미치지 않는다(§33의2③). 이는 등록료를 납부하지 아니함으로써 디자인등록출원이 포기되거나 디자인권이 소멸된 줄 알고 당해 디자인 또는 이와 유사한 디자인을 실시한 행위가 소급하여 디자인권의 침해로 되는 것은 公平에 반하고 부당하기 때문에 2001년 법개정에서 신설하였다. 이 효력제한은 재심에 의하여 회복한 디자인권의 효력이 제한되는 경우와는 달리 선의로 실시할 것을 요하지 않는다.

4) 재심에 의하여 회복한 디자인권의 효력의 제한 　심결의 확정이 있은 후 재심청구가 있었을 때 다음에 해당하는 경우에는 그 재심청구등록 전에 선의로 수입 또는 국내에서 생산하거나 취득한 물품에는 디자인권의 효력이 미치지 않는다(§74①). 선의의 제3자를 보호하기 위한 것이다.

㈎ 무효로 된 디자인권(디자인등록취소결정에 의한 심판에 의하여 취소가 확정된 디자인권을 포함한다)이 재심에 의하여 회복된 경우

㈏ 디자인권의 권리범위에 속하지 아니한다는 심결이 확정된 후에 재심에 의하여 이와 상반되는 심결이 확정된 경우

㈐ 거절한다는 취지의 심결이 있었던 출원에 대하여 재심에 의하여 디자인권의 설정등록이 된 경우.

이러한 경우에는 그 사이의 적법하였던 제3자의 실시가 소급하여 디자인권의 침해로 되는 것은 공평의 이념에 반하고 不當하기 때문에 선의의 제3자를

보호하기 위한 것이다. 그러나 재심청구가 있으면 예고등록이 되기 때문에 재심청구등록 이후의 자는 악의로 간주한다는 취지이다. 따라서 선의로 사업준비 등을 갖춘 자는 법정의 통상실시권이 부여된다. 그러나 디자인보호법 제74조 제1항 제3호의 경우는 거절결정확정 후 재심청구등록 전까지의 선의의 실시자에 대해 처음부터 제재할 권능이 없는 것이므로 불필요한 규정이라 할 것이다.

5) 질권자와의 특약이 있는 경우 질권자와의 특약이 있는 경우 디자인권의 소극적 효력이 제한받는다(§56). 계약자유의 원칙에 의한 것이다.

제 3 절 디자인권의 이전

Ⅰ. 서 설

디자인권은 재산권의 하나로서 이전할 수 있다(§46). 디자인권의 이전이라 함은 디자인권이 종래의 권리주체를 떠나 신권리주체로 귀속되는 主體의 변경을 말한다. 디자인권의 이전은 양도 또는 상속 기타 일반승계에 의하여 행하여지는 것이 일반적이나 이 밖에도 담보권의 실행, 판결, 신탁, 강제집행 등에 의하여도 이전된다. 복수디자인등록된 디자인권은 각 디자인마다 독립된 권리로 존재하므로 각 디자인마다 분리하여 이전할 수 있다(§46⑤).

Ⅱ. 이전의 태양

1. 양도 등에 의한 이전

디자인권은 財産權이므로 자유로이 양도할 수 있다. 다만, 기본디자인의 디자인권과 유사디자인의 디자인권은 함께 양도하여야 한다(§46①). 양도의 일반적 형태로는 매매 · 증여 · 교환 등이 있으며 권리의 이전을 발생하게 하는 가장 일반적인 경우이다. 권리의 양도에는 그 권리의 전부를 양도하는 경우와 일부를 양도하는 경우가 있다. 권리의 일부를 양도하는 때에는 당연히 디자인권이 共有

로 된다.

또한 디자인권은 양도의 자유원칙에 대한 제한으로 디자인권이 공유인 경우에 각 공유자는 다른 공유자의 동의를 얻지 않으면 그 지분을 양도할 수 없다(§46②).

2. 상속 기타 일반승계에 의한 이전

디자인권은 무체재산권이기는 하지만 一身專屬權은 아니므로 일반의 재산권과 마찬가지로 상속 기타 일반승계에 의하여 이전한다. 일반승계라 함은 피승계인의 재산에 속한 권리의무의 이전에 수반하여 디자인권도 같이 이전되는 경우로서 상속, 포괄유증, 회사의 합병 등이 이에 속한다. 영업양도는 이에 포함되지 않는다.

3. 담보권의 실행에 의한 이전

(1) 質權의 실행

1) 디자인권은 이전성 있는 재산권이므로 민법상 질권의 목적으로 된다. 질권이라 함은 채무자가 그 채권의 담보로서 채무자 또는 제3자(물상보증인)로부터 받은 물건 또는 재산권을 채무의 변제가 있을 때까지 占有함으로써 채무의 변제를 간접적으로 강제하는 동시에 변제가 없을 때에는 그 목적물로부터 우선적으로 변제를 받는 권리를 말한다(민§329,§345). 디자인권은 무형의 디자인을 객체로 하므로 객체에 대한 점유는 있을 수 없고, 따라서 질권은 유치적 작용이 없고 우선변제가 주된 내용이 된다. 또한 질권은 당사자 사이의 합의와 질권의 설정등록에 의하여 효력이 발생한다(§48①iii).

2) 질권이 설정된 디자인권이 질권자의 질권실행에 의하여 競落되었을 경우 그 디자인권은 경락자에게 이전된다. 이 경우 디자인권자가 질권설정 전에 그 등록디자인 또는 이와 유사한 디자인을 실시하고 있는 경우에는 그 등록디자인에 대하여 통상실시권을 가지며 디자인권자는 질권자에게 상당한 대가를 지급하여야 한다(§58).

(2) 재단저당권의 실행

디자인권은 토지・기계・지상권・전세권・임차권 등과 같이 공장재단을 구성하는 분자가 되며(공장저당§11) 재단저당권의 실행에 의하여 그 일체의 재단의 운명과 함께 디자인권도 이전된다. 재단저당은 기업경영을 위한 토지・건물・기구·물적 설비나 産業財産權 등을 통일적으로 파악하여 이를 재단으로 구성하고 그 재단에 대한 저당권을 설정하는 제도이다.

(3) 양도담보권의 실행

양도담보라 함은 채권담보의 목적으로 디자인권을 채권자에게 이전하고 채무자가 이행하지 아니하는 경우에는 채권자가 그 디자인권으로부터 우선변제를 받게 되나 채무자가 이행하는 경우에는 이를 디자인권자에게 반환하는 방법에 의한 담보를 말한다. 양도담보권은 민법상 학설·판례로써 인정되고 있는 것으로 이 이론은 디자인권에서도 적용될 수 있는 것으로 본다.

4. 기타 특수한 이전

(1) 判　決

디자인권이 분쟁에 의하여 타인에게 이전하는 법원의 확정판결이 있으면 디자인권이 이전되는 것으로 보며 이 경우에도 이전등록이 없어도 그 효력이 발생하는 것으로 보아야 한다.

(2) 신　탁

디자인권은 신탁법상의 신탁의 대상이 되므로 信託에 의하여서도 이전한다. 이 경우 신탁이라 함은 타인(수탁자)으로 하여금 일정한 목적에 따라 재산의 관리 또는 처분을 시키기 위하여 그 자에게 재산을 이전시키는 것을 말한다(신탁법 §19). 디자인권의 신탁은 이를 등록하지 아니하면 효력이 발생하지 아니한다.

(3) 강제집행

디자인권은 양도할 수 있는 권리이므로 강제집행의 객체가 되고 파산재단에 포함되게 된다. 강제집행은 일반적으로 경매에 의하지만 채권자는 특별환매처분(적정가격에 의한 경매, 임의매각 또는 양도)을 신청할 수 있다. 다만, 공유인 디자인권의 양도에는 타공유자의 동의가 필요하므로 공유자의 동의서를 제출하여야 한다.

Ⅲ. 디자인권 이전의 효력발생과 실시권 등의 부수성

1. 디자인권 이전의 효력발생

디자인권의 이전은 상속 기타 일반승계의 경우를 제외하고 登錄을 하지 않으면 효력이 발생하지 않는다(§48① i). 디자인권은 무형의 것이기 때문에 이전의 의사표시 이외에 등록이라는 형식주의를 취하여 거래의 안전과 제3자를 보호하기 위한 취지이다. 따라서 양도계약이 성립했을 때에는 신속히 이전등록을 할 필요가 있다. 이와 같이 디자인권의 이전은 당사자의 의사표시 이외에 등록함을 효력발생 요건으로 하고 있지만, 상속 기타 일반 승계의 경우에는 그 개시와 동시에 이전의 효력이 발생한다. 상속 기타 일반승계의 경우에 등록을 효력발생 요건으로 하지 않은 것은 상속 기타 일반승계가 발생한 시점으로부터 등록이 행하여지는 시점까지의 사이에 권리자가 존재하지 않는 경우가 생기기 때문이다. 그러나 디자인권의 상속 기타 일반승계의 경우에는 지체 없이 그 취지를 특허청장에게 신고하도록 되어 있다(§48②). 이 신고는 효력발생요건도, 제3자 대항요건도 아니다.

2. 실시권 등의 부수성

디자인권이 이전되어도 그 이전의 효력이 발생하기 전에 이미 그 위에 존재하고 있는 법정실시권 등 등록을 요하지 않는 실시권과 등록을 요하는 실시권으로 등록이 된 실시권 및 기타 등록된 담보권은 디자인권에 부수하여 이전되며 디자인권이 누구에게 귀속하든지 대항할 수 있다(§52의2①,②).

디자인권의 이전은 디자인권의 포기의 경우와는 달리 실시권자 · 질권자 등이 있어도 이들의 동의를 요하지 않는다.

또한 통상실시권허여의 심판에 의한 통상실시권은 그 통상실시권자의 특허권 · 실용신안권 또는 디자인권과 함께 이전된다(§49③).

Ⅳ. 디자인권의 이전등록절차

디자인권의 이전은 등록권리자 및 등록의무자가 공동으로 신청하여야 하며 이 경우 신청서에 등록의무자의 승낙서를 첨부한 경우에는 등록권리자만으로 신청할 수 있다(등령§16①,②).

이전등록신청서에는 i) 등록의 원인을 증명하는 서류, ii) 등록의 원인에 대하여 제3자의 허가 · 인가 · 동의 또는 승낙을 필요로 할 경우에는 그 허가 · 인가 · 동의 또는 승낙을 받았음을 증명하는 서류, iii) 대리인에 의해 등록을 신청하는 경우에는 그 대리권을 증명하는 서류 등을 첨부하여 특허청장에게 제출하여야 한다(등령§27①). 상기 ⅰ)의 서류가 집행력 있는 판결인 경우에는 ⅱ)의 서류의 첨부를 요하지 않는다(등령§27②).

Ⅴ. 디자인등록을 받을 수 있는 권리의 이전

디자인등록을 받을 수 있는 권리는 재산권으로서 사권적 측면을 가지므로 디자인등록출원 전은 물론 디자인등록출원 후에 있어서도 이전이 가능하다(§23의4①). 디자인등록출원 전에 디자인등록을 받을 수 있는 권리의 이전은 객관적인 공시방법이 없으므로 그 승계인이 디자인등록출원을 하지 않으면 제3자에게 대항할 수 없다(§24①). 디자인등록출원 후의 이전은 상속 기타 일반승계의 경우를 제외하고는 디자인등록출원인변경신고를 하지 않으면 그 효력이 발생하지 않는다(§24④). 디자인등록을 받을 수 있는 권리의 상속 기타 일반승계가 있는 경우에는 承繼人은 지체 없이 그 취지를 특허청장에게 신고하여야 한다(§24⑤).

제 4 절 디자인권의 共有

Ⅰ. 서 설

1. 의 의

디자인권의 공유라 함은 하나의 디자인권을 2인 이상이 공동으로 소유하는 것을 말한다. 민법상 소유권 이외의 재산권을 공동으로 가지는 경우에는 準共同所有라 하고 물권편의 공유관계에 관한 규정(민§262 내지§270)이 준용된다(민§278). 디자인권의 공유는 민법상의 準共同所有와 유사하다. 그러나 다른 법률에 특별한 규정이 있으면 그에 의하기 때문에(민§278후단) 디자인보호법상 공유관계에 관한 규정(§46,§72)이 우선 적용되고, 그 밖에 보충적으로 민법의 공유관계규정이 준용된다.

2. 법적 성질

민법상 공유의 형태에는 공유·합유·총유의 3가지가 있으며 이를 디자인권의 공유와 비교하여 보면 다음과 같다.

1) 合有的 성질　디자인권이 공유인 경우에 각 공유자는 다른 공유자의 동의를 얻지 아니하면 그 지분을 양도하거나 그 지분을 목적으로 하는 질권을 설정할 수 없다. 이 점은 민법상의 합유와 같다. 또한 전용실시권 또는 통상실시권의 설정에 다른 공유자의 동의를 요하는 점도 민법상 합유와 유사하다(§46②④, 민§272).[16)]

2) 共有的 성질　디자인권이 공유인 경우에 각 공유자가 계약으로 특별히 약정을 하지 않았을 때에는 다른 공유자의 동의 없이 그 등록디자인이나 이와 유사한 디자인을 자신이 실시할 수 있다. 이 점은 민법상 공유의 성질로 볼 수 있다(§46③, 민§263).[17)]

이와 같이 볼 때 디자인권 공유의 법적 성질은 민법상의 합유와 공유를 혼합한 특유의 共同所有形態로 파악할 수 있다.

Ⅱ. 공유관계의 성립태양과 공유자의 持分

1. 공유관계의 성립태양[18)]

(1) 공동출원

1) 디자인을 공동으로 창작한 자가 공동출원하여 디자인권자로 되는 경우

2) 자본제공자와 디자인을 창작한 자가 공동출원하여 디자인권자로 되는 경우

3) 디자인을 공동으로 창작한 자가 다른 사용자에 소속하여 그 복수 사용자가 디자인권자로 되는 경우

4) 디자인등록을 받을 수 있는 권리를 일부 양도받아 공동출원하여 디자인

---

16) 민법 제272조: 합유물을 처분함에는 합유자 전원의 동의를 요한다.

17) 민법 제263조: 공유자는 그 지분을 처분할 수 있고 공유물 전부를 지분의 비율로 사용·수익할 수 있다.

18) 디자인권의 공유관계는 공동창작행위 또는 법률행위에 의해 성립하고 판결 등과 같이 다른 법률의 규정에 의해 직접 성립되지 않는다. 왜냐하면 지분의 이전에 타 공유자의 동의를 요하기 때문이다.

권자로 되는 경우.

(2) 디자인권의 일부양도

1) 디자인권의 설정등록 후 디자인권을 일부 양도받아 공유디자인권자로 되는 경우

2) 공동상속에 의하여 공유디자인권자로 되는 경우.

2. 공유자의 지분

디자인권의 공유에도 지분의 비율이 있으며 이 비율은 계약 또는 법률의 규정에 의하여 결정되지만 이러한 사정이 없는 경우에는 균등한 것으로 추정한다(민§262②). 공유디자인권의 지분에 관한 사항을 정하고 있는 때에는 등록신청서에 그 지분을 기재할 수 있다(등령§30①).

Ⅲ. 디자인권 공유의 特殊性에 따른 제한

디자인권의 공유는 그 권리의 특성에 의해 민법상 소유권 일반에 관한 규정을 적용할 수 없으므로 디자인보호법상 특별규정을 두고 있다. 그 규정은 디자인권이 무체의 객체를 지배하는 특수성 때문에 실시를 자유로 하는 것 외에는 공유자의 자유를 제한하는 것으로 되어 있다.

1. 지분양도 등의 제한

디자인권이 공유인 경우에 각 공유자는 다른 공유자의 동의를 얻지 아니하면 그 지분을 양도하거나 그 지분을 목적으로 하는 질권을 설정할 수 없다(§46②).

민법은 지분에 대하여 양도의 자유를 본질로 하는 데(민§263) 비하여 디자인보호법이 이러한 특례를 규정한 것은 디자인의 실시는 有體物의 경우와는 달리 공유자 중 1인의 실시는 다른 공유자의 실시가 방해되는 것은 아니지만 새로이 공유자가 되는 자의 자본력 · 기술력 · 경영능력 등에 따라 다른 공유자의 지분의 경제적 가치에 영향을 미칠 우려가 있기 때문이다. 이러한 이유로 판결에 의한 지분권 양도명령이 있다 하더라도 다른 공유자의 동의가 없는 한 그 판결의 효력만으로는 지분권 이전의 효과가 완성할 수 없는 것으로 생각된다. 이것

은 민사분쟁해결수단인 소송절차법상의 判決에 의한 양도명령과 디자인보호법상의 지분이전의 실질적인 효력발생요건인 공유자의 동의를 요하는 것과는 별개의 사안이 되기 때문이다.

또한 질권의 설정은 담보로 되어 있는 채무가 이행되지 않을 경우 채권자에게 지분이 이동되어 질권자가 공유자로 될 우려가 있기 때문이다. 그러나 위와 같은 제한은 양도 등의 법률행위에 관한 이전시에만 해당되고 법률의 규정에 의한 상속 기타 일반승계의 경우에는 해당되지 않으므로 동의를 요하지 아니한다.

2. 등록디자인의 자유실시와 제한

디자인권이 공유인 경우에는 각 공유자는 계약으로 특별히 약정한 경우를 제외하고는 다른 공유자의 동의를 얻지 아니하고 그 등록디자인 또는 이와 유사한 디자인을 자신이 실시할 수 있다(§46③).[19]

디자인권이 공유인 경우에도 실시는 지분의 관념을 떠나 자유실시를 원칙으로 한다. 그러나 계약으로 특별한 약정을 하였을 경우에는 이 자유실시를 제한할 수 있다. 이것은 지분양도 등의 제한에 관한 규정의 취지에 따른 자유실시 원칙의 예외이다. 여기서 특별한 약정은 공유자의 실시지역, 실시내용 등에 한계를 정하는 경우이다.

일반적으로 유체물의 이용은 반드시 占有를 수반하여 공유자 중의 1인이 점유하게 되면 다른 공유자는 이를 이용할 수 없게 된다. 따라서 유체물의 공유에서는 반드시 지분을 정하여 각 공유자는 공유물의 전부에 대하여 지분에 상응되는 사용을 할 수 있도록 하는 것이 민법상의 원칙이다(민§263). 그러나 디자인권은 무체물을 대상으로 하므로 그 이용에 있어서 占有를 필요로 하는 것이 아니기 때문에 각 공유자를 방해하지 않고 등록디자인 또는 이와 유사한 디자인을 자유로이 실시할 수 있는 것이다.

그리고 공유자의 1인이 그 등록디자인 또는 이와 유사한 디자인을 실시하지 않으면 실시할 수 없는 이용디자인에 대해 공유자의 1인이 디자인권을 취득한 경우, 그 이용디자인의 실시에 관하여 다른 동의를 요하는가. 이에 관하여는 특별히 계약

---

19) 이 규정은 디자인권이 공유인 경우에 공유자가 특별한 약정이 없는 한 각자는 등록디자인의 전 범위에 대해 자유로운 실시가 가능하다는 것을 명확히 하기 위한 취지이다. 이 경우 지분의 다소와는 관계가 없다.

에 정한 바가 없으면 다른 공유자의 동의를 요하는 일 없이 후에 취득한 디자인권의 디자인을 실시할 수 있다고 해석하여야 할 것이다.[20] 공유 등록디자인의 실시는 다른 공유자의 동의 없이 자유롭게 실시할 수 있는 것이기 때문이다.

3. 실시권 설정상의 제한

디자인권이 공유인 경우에는 각 공유자는 다른 공유자의 동의를 얻지 아니하면 그 디자인권에 대하여 전용실시권을 설정하거나 통상실시권을 허락할 수 없다(§46④). 디자인권이 공유인 경우 각 공유자 자신들의 실시는 다른 공유자의 동의를 필요로 하지 않는 것이 원칙이나 각 공유자가 그 디자인권에 대하여 전용실시권을 설정하는 경우 또는 통상실시권을 허락하는 경우에는 다른 공유자의 동의를 필요로 한다.

이러한 제한을 둔 것은 전용실시권을 설정하면 공유자를 포함한 다른 공유자도 그 디자인을 실시할 수 없게 되고 또한 통상실시권을 허락한 경우에도 그 실시권자의 자본력·기술력·경영능력·허락받는 자의 수 등에 따라 다른 공유자에게 이해관계가 생기기 때문이다.

다만, 공유자의 한 사람을 위해 그 지휘 감독하에 그 자의(공유자의 한 사람)의 사업으로서 디자인에 관한 물품의 제조, 기타의 행위를 하는 경우에는 다른 공유자의 동의를 요하지 않는다. 그 사람의 1기관(수족)에 불과하기 때문이다.

그러나 공유자가 이러한 제한을 무시하고 다른 공유자의 동의 없이 실시권의 설정 또는 허락을 한 경우 문제로 된다. 이에 관하여는 두 가지 견해가 있다. 제1설은 실시권은 無效가 되고, 따라서 그 실시는 무권리자의 실시로서 權利侵害가 된다는 견해이다. 제2설은 그 실시는 공유자의 동의권을 침해한 것이므로 상대방에게 고의 또는 과실이 있다 하여 손해배상을 청구할 수는 있으나 권리침해는 아니라는 견해이다.[21]

생각건대, 다른 공유자의 동의 없는 실시권의 설정 또는 허락은 법률상 중대한 하자가 있으므로 적어도 동의를 하지 않은 공유자와의 관계에서는 실시권 설정의 계약은 효력이 발생하지 않고, 따라서 동의를 하지 않은 공유자는 실시

---

20) 吉藤, 특허, 389면.

21) 이에 대해 논자의 대부분은 제1설의 입장을 취한다(齋藤, 의장, 356면; 吉藤, 특허, 622면: 송영식 외, 지적소유권법, 297면; 황종환, 의장, 607면. 일부 논자는 거래의 안전을 고려한 제2설을 지지한다(정인봉, 「특허법개론」, 법문사, 1986, 483면).

권자의 실시에 대해 권리침해라고 하여 금지청구를 할 수 있다고 보는 것이 옳을 것이다.[22]

4. 심판청구상의 제한

공유인 디자인권의 디자인권자에 대하여 심판을 청구하는 때에는 공유자 전원을 피청구인으로 하여 청구하여야 한다(§72②).[23] 상대방의 심판청구는 권리의 변동을 초래하는 것으로서 각 공유자의 이해관계에 중대한 영향을 미치게 되기 때문에 공유자 전원의 참가를 요구한 것이다. 또한 디자인권 또는 디자인등록을 받을 수 있는 권리의 공유자가 그 공유인 권리에 관하여 심판을 청구하는 때에도 공유자 전원이 공동으로 청구하여야 한다(§72③). 적극적 권리범위확인심판 또는 디자인등록거절결정에 대한 심판 등에 있어서 심판절차는 공유자 전원에게 合一的으로 확정되어야 할 필요에서 필수적 공동소송관계에 있도록 한 것이다.

한편, 공유디자인권에 대한 침해가 발생하였을 때 각 공유자는 독자적으로 침해금지청구 또는 손해배상청구 등을 할 수 있는가이다. 침해는 각 공유자의 지분에 균등하게 발생되고 있다고 해석되므로 각 공유자는 각각의 지분권에 근거하여 保存行爲의 성질을 가진 침해금지청구권을 행사할 수 있는 것으로 해석된다.[24]

---

22) 이 경우 공유자 중 한 사람과의 실시계약은 당사자간에는 유효하므로 실시권을 허락한 공유자는 다른 공유자의 동의를 받아 오는 등 계약을 유효하게 완성시킬 의무를 부담하나 실시계약자의 입장에서는 타공유자에 대해 계약의 유효를 주장할 수 없으므로 적법하게 실시할 수 없고 따라서 허락자에 대하여 계약해제, 손해배상청구 등에 의할 수밖에 없을 것이다.

23) 디자인의 공유관계는 민법 제273조에 규정된 '합유'에 준하는(소위 준공유관계) 것이라 할 것이다. 디자인권이 공유인 때에는 그 디자인권에 관한 심판사건에 따라서 공유인 디자인권에 관한 심판절차는 공유자 전원에게 합일적으로 확정되어야 할 경우(소위 필요적 공동소송)라 할 것이므로 이런 때에는 심판의 목적인 법률관계의 성질상 심판절차는 공동당사자의 전원에 대하여 동일하게 진행되어야 할 것이니 공동당사자의 1인의 심판절차에 관한 행위라도 그 전원에게 이익이 되는 것은 그 전원에 대하여 효력이 있다고 할 것이다(민사소송법 제63조 제1항 참조)(대법원 1982.6.22.선고 81후43 판결).

24) 민법 제265조: 공유물의 관리에 관한 사항은 공유자의 지분의 과반수로써 결정한다. 그러나 보존행위는 각자가 할 수 있다. 한편, 저작권법에서는 이러한 문제의 입법적 해결을 위하여 공동저작물의 각 저작자 또는 각 저작재산권자는 다른 저작자 또는 다른 지적재산권자의 동의 없이 침해의 정지청구권을 행사할 수 있고, 그 저작재산권의 침해에 관하여 자신의 지분에 관한 손해배상의 청구를 할 수 있다고 규정하고 있다(저§129).

그러나 손해배상청구권 또는 부당이득반환청구권의 행사는 단순한 보존행위에 그치지 않고 처분행위적 성격도 갖기 때문에 문제로 되나 민법의 불가분채권의 규정(민§409)에 준하여 해석하고 권리자의 보호를 위하여 이들 청구도 가능한 것으로 해석함이 타당하다. 부당이득반환청구권은 소멸시효가 10년이기 때문에 손해배상청구를 할 수 없는 경우에 유효하다.

Ⅳ. 공유디자인권의 관리·보존·부담

디자인보호법상 공유디자인권에 대한 관리·보존·부담에 관한 특별한 규정이 없으므로 민법의 공유에 관한 규정이 준용된다.

공유디자인권의 '관리'라 함은 디자인권을 타인이 침해하고 실시하는 경우에 이를 조치하고 또한 자기의 디자인권과 유사한 디자인권이 있는가를 조사하는 등의 디자인권을 관리하는 것을 말한다.

'보존'이라 함은 등록료의 납부 등 디자인권의 현상을 유지하는 것을 말한다. 보존행위는 공유자 각자가 단독으로 할 수 있으나 관리에 관한 사항은 공유자의 지분의 과반수로써 결정한다(민§265). 그러나 특허청에 대한 절차에서는 디자인등록출원의 포기·취하, 신청의 취하, 청구의 취하, 심판청구의 경우를 제외하고는 각자가 전원을 대표한다. 다만, 대표자를 선정하여 특허청에 신고한 때에는 예외로 한다(§4의10①단). 이 경우 대표자로 선임된 사실을 증명하여야 한다(§4의10②).

'부담'이라 함은 디자인권의 관리비용 기타 의무를 이행하는 것을 말하며 공유자는 그 지분의 비율로 공유물의 관리비용 기타 의무를 부담한다(민§266①).

Ⅴ. 지분의 포기·상속 및 분할

1. 지분의 포기·상속

공유자가 자기의 지분을 포기하였을 때에는 다른 공유자에게 각 지분의 비율로 귀속한다(민§267). 디자인권은 상속이 개시된 때 相續人이 없는 경우에는 소멸되지만(§59) 공유디자인권의 경우에는 각 지분의 비율에 따라 다른 공유자에게

귀속한다(민§267).[25)]

디자인권은 不可分性을 가지고 있으며 또 디자인권의 일부만의 소멸이란 있을 수 없으므로 디자인권 포기의 경우와 같이 다른 공유자에게 귀속되어 공유관계가 소멸되는 것이다. 또한 공유자 중 1인이 다른 공유자의 지분을 양수한 때 그 지분은 1인에게로 집중되어 역시 공유관계는 소멸된다.

2. 지분의 분할

민법상의 공유물의 분할은 자유로이 할 수 있고, 공유자는 다른 공유자에게 공유물의 분할을 청구할 수 있다. 그러나 5년 내의 기간으로 특약을 할 수 있다. 그 계약을 갱신한 때에는 그 기간은 갱신한 날로부터 5년을 넘지 못한다(민§268①,②). 민법상 공유물의 분할은 現物分割을 원칙으로 하되 현물분할을 할 수 없거나 현물분할로 인해 그 가격이 현저히 감손될 염려가 있을 때에는 그 물건의 경매(매각)에 의한 代金分割도 인정한다. 공유디자인권의 경우에도 공유관계의 해소를 위하여 공유자는 그 공유디자인권의 분할을 청구할 수 있다. 그러나 공유디자인권의 분할은 그 성질상 현물분할이 있을 수 없고 그 지분을 매각하여 그 대금을 나누어 갖는 대금분할방법에 의하거나(민§269②) 공유자 중 1인이 그 지분을 취득하고 그 가격을 배상하는 가격배상의 방법만이 가능하다. 물론 이 경우는 양도에 해당되므로 공유자 전원의 동의를 받아야 한다고 해석된다(§46②).

Ⅵ. 디자인등록을 받을 수 있는 권리의 공유

2인 이상이 공동으로 디자인을 창작한 때에는 디자인등록을 받을 수 있는 권리는 공유로 한다(§3②). 디자인등록을 받을 수 있는 권리가 공유인 경우에는 공유자 전원이 공동으로 디자인등록출원을 하여야 한다(§10). 이에 위반한 디자인등록출원은 거절이유가 되며(§26① i) 등록이 허여된 경우에는 디자인등록의 무효사유가 된다(§68① i). 또한 디자인등록을 받을 수 있는 권리가 공유인 경우에는 각 공유자는 다른 공유자의 동의를 얻지 아니하면 그 지분을 양도할 수 없다(§23의4③).

---

25) 민법 제267조: 공유자가 그 지분을 포기하거나 상속인 없이 사망한 때에는 그 지분은 다른 공유자에게 각 지분의 비율로 귀속한다.

제 5 절 디자인권자의 의무

Ⅰ. 서 설

디자인보호법은 디자인권자에게 일정기간 동안 등록디자인 또는 이와 유사한 디자인을 독점적으로 실시할 권리를 부여하는 한편, 법의 다른 목적을 달성하기 위하여 디자인권의 존속기간 중에 일정한 의무도 함께 부과하고 있다. 그러나 구체적으로 무엇이 디자인권자의 의무로 되는가에 대하여는 디자인제도의 목적, 취지, 법 전체의 체계로부터 고찰되어야 한다. 디자인보호법상 디자인권자의 의무로는 등록료의 납부의무 등이 있다.[26] 종전의 등록디자인의 실시보고의무는 2004년 법개정에서 폐지되었다.

이러한 의무를 이행하지 않는 경우에는 일정한 불이익이 부과되고 있다.

Ⅱ. 등록료의 납부의무

1. 등록료의 의의

등록료라 함은 디자인권의 설정기간 중 일정액을 국가에 납부하는 금액을 말한다. 디자인권자는 지식경제부령이 정하는 바에 의하여 디자인등록료를 납부하여야 한다(§31①). 다만, 국가에 속하는 디자인권에 관한 등록료는 이를 면제하며(§35①) 국민기초생활보장법 제5조의 규정에 의한 수급권자 및 지식경제부령이 정하는 자가 한 디자인등록출원인 경우에는 디자인권의 설정등록을 받기 위한 최초 3년분의 등록료를 감면할 수 있다(§35②).

26) 특허법상으로는 특허발명의 실시의무가 부과되어 있으나 디자인은 그 성질상 불실시가 공공의 이익과 직접 관련되는 일이 적으므로 디자인보호법에서는 실시의무가 부과되어 있지 않다. 특허법상 실시를 강제하는 수단으로서는 특허발명의 불실시 또는 불충분한 실시 등의 경우 이해관계인의 신청에 의한 재정실시권제도(특§107)가 설정되어 있고, 또 재정실시권 허여 후 일정기간(2년간) 실시되지 아니할 때에는 특허권을 취소할 수 있는 제도 등이 있다(특§116).

2. 등록료의 성질

등록료의 법적 성질을 설명하는 견해로서는 다음과 같이 조세설, 특권료설, 수수료설, 公共利益保護說 등이 있다.[27]

(1) 조 세 설

이 설은 등록료가 디자인에 대한 수익을 예상, 그에 대한 재산세의 성질을 가지는 조세라고 보는 설이다. 그러나 등록료는 강제징수 할 수 없다는 점에서 조세라고 보기는 어렵다.

(2) 특권료설

이 설은 재산상의 이득을 발생시키는 특권에 대한 보상인 특권료라고 하는 설이다. 디자인권의 존속기간이 장기화됨에 따라 연차분 등록료가 고액으로 책정되어 있는 점을 보면 이 설이 가장 설득력이 있다.

(3) 수수료설

이 설은 등록료를 국가가 일정한 행위의 대가로 징수하는 수수료(행정상의 수수료)라고 하는 설이다. 그러나 등록료는 수수료와 성격을 달리하는 것이므로 행정행위의 대가로 보기는 어렵다.

(4) 공공이익보호설

이 설은 독점권에 의하여 쓸데없이 타인의 경업을 방해하려는 데 그 의의가 있다고 하는 설이다.

3. 등록료의 종류와 불납의 효과

(1) 설정등록료

설정등록료는 디자인권을 設定하기 위하여 납부하는 등록료로서 최초 1~3년분의 등록료가 이에 해당한다. 설정등록료는 디자인등록결정 또는 등록심결의 등본을 받은 날부터 3월 이내에 최초 3년분을 일시에 납부하여야 한다(수수료징수규칙§7④). 디자인권의 설정등록을 받고자 하는 자는 당초의 정하여진 납부기간이 경과한 후에도 6개월 이내에 추가납부할 수 있다(§33①).[28] 설정등록료를 당초의

---

27) 특권료설을 지지하는 입장(천효남, 특허, 448면; 吉藤, 특허, 611면), 수수료설을 지지하는 입장(이수웅, 의장, 546면; 황종환, 의장, 613면).

28) 등록료의 추가납부제도는 파리협약 제5조의2 규정 취지에 의한 것이다. 그러나 이 규정은 권리발생시의 설정등록료에 적용의 필요는 없으나 우리나라 디자인보호법은 설정등록료에 대해서도 6개월 이내의 추가납부를 인정한다.

납부기간내에 납부하지 아니하였다고 출원절차를 포기한 것으로 간주하는 것은 너무 가혹하기 때문이다. 이 경우 당초 납부하여야 할 등록료의 2배의 범위에서 지식경제부령으로 정하는 금액을 납부하여야 한다(§33②). 만일 추가납부기간 내에도 등록료를 납부하지 아니한 때(추가납부기간이 만료되더라도 법 제33조의2 제2항의 규정에 의한 보전기간이 만료되지 아니한 경우에는 그 보전기간에 보전하지 아니한 때를 말한다. 이하 같다)에는 디자인권의 설정등록을 받으려는 자의 디자인등록출원은 포기한 것으로 본다(§33③).

(2) 연차등록료

연차등록료는 디자인등록료에 있어서 제4차년분 이후의 매년분 요금이 이에 해당되며 디자인권자는 제4차년분부터의 디자인등록료를 당해 권리의 설정등록일에 해당하는 날을 기준으로 하여 매년 1년분씩 납부하여야 하며(§31①), 또한 디자인권자는 그 다음 연도분부터의 등록료를 그 납부연차 순위에 따라 수년분 또는 모든 연차분을 함께 납부할 수 있다(§31②).

다만, 납부기간이 경과하였을 때에는 6개월 이내에 추가납부할 수 있으며 이 경우 당초의 정하여진 등록료의 2배의 범위에서 지식경제부령으로 정하는 금액을 납부하여야 한다(§33①,②). 디자인권자의 보호와 파리협약 제5조의2 규정을 이행하기 위한 취지이다. 만일 추가납부기간 내에도 등록료를 납부하지 아니한 때에는 그 디자인권은 납부할 등록료에 해당하는 기간이 만료되는 날의 다음 날로 소급하여 그 디자인권이 소멸된 것으로 본다(§33③).

디자인등록료를 원칙적으로 매년 납부하도록 한 것은 디자인권자의 납부 편의를 주기 위한 것인 한편 권리의 정리를 용이하게 하기 위함이다.

연차등록료는 해가 갈수록 고액으로 정해져 있는데(수수료징수규칙 별표3), 이것은 오랫동안 존속하는 디자인권은 디자인권자에게는 그만큼 경제적 가치를 줄 것이므로 보다 높은 등록료의 부담을 견딜 수 있을 것이라는 가정에 의한 것이다.

한편, 디자인권자는 디자인권을 유지할 필요가 없다고 판단되면 연차등록료를 납부하지 아니함으로써 디자인권을 간단히 정리(소멸)할 수 있다.

4. 등록료의 추가납부 등에 의한 디자인권의 회복

등록료(설정등록료, 연차등록료)의 추가납부기간을 도과한 후에도 디자인등록출원인 또는 디자인권자는 등록료를 추가납부 또는 보전에 의하여 디자인등록출원 또는 디자인권을 회복시킬 수 있다(§33의3).[29] 즉 디자인권의 설정등록을 받고자 하는 자 또는 디자인권자가 책임질 수 없는 사유로 인하여 추가납부기간 이내에 등록료를 납부하지 않았거나 보전기간 이내에 보전하지 않은 경우에는 그 사유가 없어진 날부터 14일 이내에 그 등록료를 납부하거나 보전할 수 있다.[30] 여기에서 '책임질 수 없는 사유'란 천재·지변 등 객관적인 사유에 의해 등록료를 추가납부할 수 없었던 경우는 물론이고, 통상의 주의력을 가진 당사자가 만전의 주의를 기울였음에도 납부기간을 도과하지 않을 수 없었던 주관적인 사유를 포함한다. 등록료의 추가납부 또는 보전은 법 제33조 제1항의 규정에 의한 추가납부기간의 만료일 또는 보전기간의 만료일 중 늦은 날부터 6개월을 한도로 한다(§33의3①).

위 기간 내에 등록료를 납부하거나 보전한 때에는 법 제33조 제3항에도 불구하고 그 디자인등록출원은 포기하지 아니한 것으로 보며 그 디자인권은 계속하여 존속하고 있던 것으로 간주된다(§33의3②).

또한 2005년 법개정에서는 디자인권자의 보호강화를 위하여 특허법과 공통으로 등록료의 추가납부기간 또는 보전기간 이내에 등록료를 납부하지 아니하였거나 보전하지 아니하여 디자인권이 소멸한 경우 그 추가납부기간 또는 보전기간만료일부터 3개월 이내에 당초의 등록료의 3배를 납부하고 그 권리의 회복을 신청하는 때에는 그 디자인권을 계속하여 존속하고 있던 것으로 보는 규정을 신설하였다(§33의3③). 따라서 이 규정의 적용을 받기 위해서는 i) 디자인권자가 과실로 인하여 등록료불납으로 권리가 소멸되었을 것, ii) 등록디자인이 실시중에 있을 것, iii) 등록료의 추가납부만료일 또는 보전기간 만료일 후 3개월 이내에 등록료의 3배를 납부할 것, iv) 소멸한 권리의 회복신청이 있을 것이 필요하다.

---

29) 등록료의 추가납부에 의한 디자인권의 회복제도는 2001년 법개정에서 파리협약 제5조의 3(2)의 "동맹국은 요금불납에 의하여 효력을 상실한 특허의 회복에 대하여 규정할 수 있다"는 규정을 받아들여 특허법과 공통으로 도입한 제도이다. 일본은 이미 平成 6년(1994년) 법개정에서 도입한 바 있으며 미국도 이미 도입하고 있는 제도이다. 또한 등록료의 보전제도는 2002년 법개정에서 도입하였다.

30) 이해관계인은 등록료를 추가납부하거나 보전할 수 없다고 해석된다. 디자인보호법 제33조의3 제1항 규정의 취지가 디자인권의 설정등록을 받고자 하는 자 또는 디자인권자가 책임질 수 없는 사유에 의해 실효된 원디자인권자 등의 구제를 목적으로 하기 때문이다.

5. 등록료의 납부의무자

등록료의 납부의무자는 디자인권의 설정등록을 받고자 하는 자 또는 디자인권자이다. 디자인권에 대한 이해관계인은 납부의무자의 의사에 불구하고 등록료를 납부할 수 있다(§32①). 이해관계인이라 함은 그 등록디자인에 관한 전용실시권자 · 통상실시권자 · 질권자 · 일반 채권자 등 당해 디자인권의 부등록 내지 소멸에 관하여 법률상 · 경제상의 이해관계를 가진 자를 말한다. 이해관계인이 등록료를 납부한 경우에는 납부하여야 할 자가 현재 이익을 받는 한도에서 그 비용의 상환을 청구할 수 있다(§32②).

6. 등록료의 감면

특허청장은 i) 국가에 속하는 디자인등록출원 또는 디자인권에 관한 수수료 또는 등록료, ii) 심사관의 무효심판청구에 대한 수수료는 면제한다(§35①). 또한 특허청장은 국민기초생활보호법 제2조 제2호의 규정에 의한 수급자 및 지식경제부령이 정하는 자가 한 디자인등록출원의 경우에는 디자인권의 설정등록을 받기 위한 최초 3년분의 등록료를 감면할 수 있다고 되어 있다(§35②). 이 경우 등록료 및 수수료를 감면받고자 하는 자는 소정의 서류를 특허청장에게 제출하여야 한다(§35③). 국가와 국가 이외의 자가 공동으로 디자인등록결정을 받았거나 이들이 공유디자인권자인 경우에는 디자인보호법 제35조 제1항 제1호의 엄격한 해석에 의해 국가 이외의 자가 등록료를 납부해야 한다고 해석된다.

7. 등록료의 반환

등록료의 납부는 前納主義이며 이미 납부된 등록료는 이를 반환하지 않는다. 이는 사무의 번잡을 피하기 위한 것이다. 다만, 잘못 납부된 등록료 및 디자인등록의 취소결정 또는 무효로 한다는 심결이 확정된 연도의 다음 연도부터의 등록료 해당분에 대하여는 그 납부한 자의 청구에 의하여 이를 반환한다(§36①). 특허청장은 등록료를 잘못 납부받은 때에는 이를 납부한 자에게 통지하여야 한다(§36②). 잘못 납부된 등록료의 반환을 위한 청구는 그 잘못 납부된 사실을 통지받은 날부터 3년을 경과한 때에는 할 수 없다(§36③). 2007년 법개정에서 종전의 1년을 3년으로 연장하였으나 채권소멸시효 3년은 국가에 대한 금전채권의 소멸시효가 5년으로 되어 있는 것에 대한 특칙이다.

Ⅲ. 디자인등록의 表示 권장

1. 디자인보호법의 규정

디자인권자, 전용실시권자 또는 통상실시권자는 등록디자인에 관한 물품 또는 그 물품의 용기나 포장 등에 디자인등록의 표시를 할 수 있다(§79).

1973년 디자인보호법에서는 디자인권자 등이 디자인등록의 표시를 하여야 한다라고 규정하여 디자인권자의 의무로 규정하고 있었으나 이 의무위반의 효과에 대하여는 특별히 규정하지 않아 訓示的 규정으로 해석되고 있었다. 그러나 1980년 법개정에서는 디자인등록의 표시를 할 수 있다고 개정하여 종전의 의무규정에서 권리규정(권장규정)으로 하였다.[31]

파리협약 제5조 D에서는 등록디자인에 관한 물품에 디자인등록의 표시를 부과하는 것을 동맹국의 재량으로 일임하고 보호받을 권리를 인정할 조건으로서 디자인등록의 표시를 요구할 수 없도록 하고 있다. 디자인등록의 표시는 물품 또는 그 물품의 용기나 포장 등에 登錄디자인이라는 문자와 그 등록번호를 표시하도록 되어 있다(시규§27).

디자인등록의 표시여부는 임의사항이지만 허위표시에 대하여는 형사처벌의 대상이 된다.

2. 허위표시의 금지 및 허위표시의 죄

1) 누구든지 다음에 해당하는 행위를 하여서는 아니 되며 이에 위반한 자는 허위표시의 죄에 해당되어 3년 이하의 징역 또는 2천만원 이하의 벌금에 처해진다(§80,§84).

i) 디자인등록된 것이 아닌 물품, 디자인등록출원 중이 아닌 물품 또는 그 물품의 용기나 포장에 디자인등록표시 또는 디자인등록출원표시를 하거나 이와 혼동하기 쉬운 표시를 하는 행위

31) 일본 디자인법 제64조는 디자인권자, 전용실시권자, 또는 통상실시권자는 등록디자인 또는 이와 유사한 디자인에 관한 물품 또는 그 물품의 포장에 그 물품이 등록디자인 또는 이와 유사한 디자인에 관한 것이라는 표시를 하도록 노력해야 한다고 디자인등록의 표시를 의무화하고 있다. 그러나 이 의무위반의 효과에 대해서는 법에 규정하고 있지 않으므로 훈시적인 것이라고 해석되고 있다.

ii) 상기의 표시를 한 것을 양도 · 대여 또는 전시하는 행위

iii) 디자인등록된 것이 아닌 물품, 디자인등록출원 중이 아닌 물품을 생산 · 사용 · 양도나 대여를 위하여 광고 · 간판 또는 표찰에 그 물품이 디자인등록 또는 디자인등록출원된 것으로 표시하거나 이와 혼동하기 쉬운 표시를 하는 행위

2) 본죄는 디자인등록된 것이 아닌 물품, 디자인등록출원 중이 아닌 물품 등에 대한 디자인등록표시를 하거나 이와 혼동하기 쉬운 표시를 하여 거래상 유리성 및 디자인에 대한 공중의 신뢰를 악용하여 공중을 오인케 하는 행위를 처벌하려는 규정으로 그 보호법익은 사회의 去來安全이라 할 수 있다. 따라서 허위표시죄는 디자인권 침해죄와는 달리 非親告罪로 되어 있다.

Ⅳ. 기타의 의무

이상의 디자인권자에게 부과되는 일반적인 의무사항 이외에도 특수한 지위에 있는 자에 대하여 부과되는 의무도 있다. 예로서 국내에 주소 또는 영업소를 가지지 아니하는 자(재외자)에 대해서는 국내에 체재하는 경우를 제외하고는 디자인관리인에 의해서만 디자인에 관한 절차를 밟도록 요구되는 것도(§4의3①), 일종의 의무사항으로 볼 수 있다.

제 6 절 디자인권의 존속기간

Ⅰ. 서 설

1. 존속기간의 의의

디자인권의 존속기간이라 함은 디자인권이 법률상 유효하게 존속되는 기간을 말한다. 동산, 부동산의 소유권은 목적물이 멸실되지 않는 한 무한하게 존속하지만, 디자인권은 특허 · 실용신안권과 마찬가지로 有限한 권리로 되어 있다. 다만, 상표권의 존속기간은 일단 유한하지만 존속기간갱신 등으로 무한하게 존

속할 수 있다. 디자인권을 유한한 권리로 하는 것은 디자인권은 디자인을 보호하고 이용함으로써 디자인의 창작을 장려하고, 그로써 산업발전에 이바지하기 위해 부여하는 것인 이상, 일정 기간을 부여하여 보호하는 것으로써 보상 목적을 달성할 수 있기 때문이다.

2. 존속기간의 결정기준

디자인의 보호 및 디자인 창작의 장려를 도모하기 위해서는 신규한 디자인을 창작한 자에게 그에 대한 보상으로서 디자인을 독점적으로 실시할 수 있는 보호기간(존속기간)이 주어져야 한다. 그러나 디자인권의 존속기간은 얼마의 기간동안 하는 것이 타당한 것인가. 디자인권의 존속기간을 지나치게 장기간으로 하면, 창작자의 측면에서는 유리하다고 할 수 있으나 한편, 공중의 이익을 저해할 우려가 있다. 따라서 디자인권의 존속기간은 디자인 창작자의 보호와 산업발전적 측면을 고려하여 일정한 한계를 둘 필요가 있다. WTO/TRIPs 협정 제26조 제3항에서는 "디자인은 적어도 10년간 보호되어야 한다"고 규정하고 있다.

Ⅱ. 디자인권의 존속기간

1. 원 칙

디자인권의 존속기간은 디자인권의 설정등록이 있는 날부터 15년으로 한다(§40①). 설정등록일의 익일은 디자인권 존속기간의 기산일이 된다(§4의13). 특허권이나 실용신안권의 경우에는 존속기간을 지나치게 길게 하면 이미 사회일반의 상식으로 되어 버린 기술이 독점권에 의해 기술의 향상을 저해하는 폐해가 발생하게 되지만, 디자인은 심미적인 관점에서 보호하는 것이기 때문에 존속기간을 길게 하여도 특별히 폐해는 없다. 또한 외국의 입법례에서도 디자인권에는 통상 15년 이상의 존속기간을 인정하고 있다.

이러한 사실로부터 종전에는 설정등록이 있는 날부터 10년이었던 디자인권의 존속기간을 2001년 법개정에서 15년으로 연장하여 권리의 보호를 강화하였다.

그러나 디자인권은 단기간의 보호로도 충분하다고 생각하는 권리자도 있기 때문에 디자인권의 존속기간을 최장 15년으로 정하고, 설정등록이 있는 날부터 3년이 경과한 후에는 연차등록료를 납부하지 않는 것에 의해 언제라도 권리를 소멸시킬 수 있는 선택도 가능하게 되어 있다. 예를 들면 디자인권의 설정등록 시에 최초 1~3년분의 설정등록료만 납부하고, 4년분 이후의 등록료를 납부하지 않으면 이 디자인권의 존속기간은 설정등록이 있는 날부터 3년으로 종료하게 된다(그림 14-1).

〈그림 14-1〉 디자인권의 존속기간

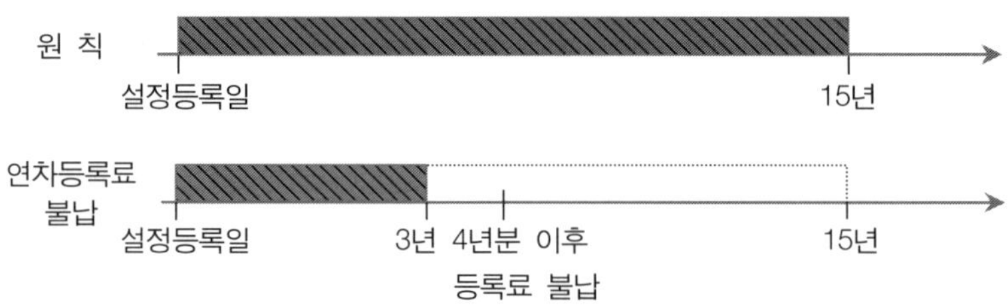

유사디자인의 디자인권의 존속기간만료일은 그 기본디자인의 디자인권의 존속기간만료일로 한다(§40① 단). 유사디자인의 디자인권은 기본디자인의 디자인권과 합체하기 때문에(§42) 기본디자인의 디자인권의 존속기간만료와 같이 소멸하도록 한 것이다(그림 14-2).

〈그림 14-2〉 유사디자인의 디자인권의 존속기간

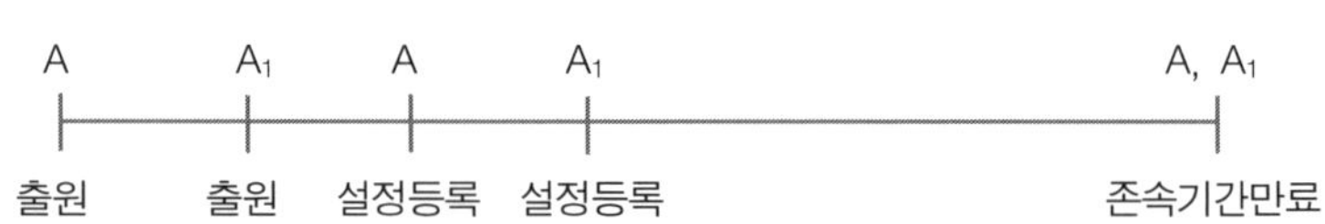

A : 기본디자인, A_1 : 유사디자인

2. 정당한 권리자의 디자인권의 존속기간

디자인등록을 받을 수 있는 권리의 승계인이 아닌 자 또는 디자인등록을 받을 수 있는 권리를 모인한 자(무권리자라 한다)의 디자인등록출원이나 디자인등록에 대하여 정당한 권리자에게 디자인등록을 허여하는 경우에는 정당한 권리자의 디자인권의 존속기간은 정당한 권리자의 출원일이 무권리자의 출원일까지 소급되는 결과 그 무권리자가 한 디자인권의 설정등록일의 다음 날부터 기산한다고 되어 있다(§40②).

제 7 절 디자인보호법상의 담보물권

Ⅰ. 디자인권과 擔保物權

디자인권도 財産權의 일종이므로 상속, 매매, 증여 등의 목적이 됨은 물론 채권의 담보로서 제공하는 목적물이 될 수 있다. 擔保物權으로서는 통상 질권, 저당권 및 양도담보가 있다.

질권은 채권자가 그 채권의 담보로서 채무자 또는 제3자로부터 수취한 목적물을 채무의 변제가 있을 때까지 유치하여 채무자의 변제를 간접으로 강제하는 동시에 변제가 없을 때에는 그 목적물에 의해 우선변제를 받는 담보물권이다.

저당권이란 질권과 같이 목적물의 인수를 행함이 없이 단순히 관념상으로 목적물을 지배하고 채무의 변제가 없는 경우 그 목적물로부터 우선변제를 받는 담보물권이다. 민법상의 質權은 목적물을 인수하여 질권설정자의 사용, 수익을 금하고 채무의 변제를 간접적으로 강제하는 힘(유치적 효력)을 가지는 데 반하여 저당권은 목적물을 저당권 설정자에게 두고 그 사용, 수익을 허용한다는 점에서 그 성질을 달리한다. 담보물권 일반에 대해서는 민법의 규정에 의하게 되지만 디자인권은 無體財産權으로서의 특수성 때문에 특히 질권에 대하여 특별규정을 두고 있다.

Ⅱ. 질권의 설정 등

1. 질권의 특수성

질권이 설정되었을 경우 디자인권의 실시의 권능은 질권자에 귀속되는 것인가 질권 설정자에 귀속되는 것인가에 대하여 종래에 학설상 논쟁이 되어 왔으나 사실상의 문제로서는 디자인권을 실시하기 위하여는 일반의 동산, 부동산이나 단순한 債權 등과는 달리 상당한 설비, 기술숙련을 요하는 것이 많기 때문에 실시의 권능은 질권 설정자에게 남겨두는 것이 소망스럽다.

이와 같은 이유로 디자인보호법에는 특별한 규정을 두어 디자인권 · 전용실시권 또는 통상실시권을 목적으로 하는 질권을 설정한 때에는 질권자는 계약으로 특별히 정한 경우를 제외하고는 당해 등록디자인을 실시할 수 없다고 규정한다(§56). 따라서 이 질권은 민법상의 權利質(민§345)의 일종이면서도 유치적 효력을 갖지 않는 것이 원칙으로 되는 것이므로 이러한 의미에서 디자인보호법상의 질권은 저당권에 가까운 일종의 특별한 질권이라고 할 수 있다. 그러나 이것을 저당권으로 하지 않고 질권으로 한 것은 채권질에는 민법이 인정한 민사집행법상의 채권의 집행방법의 적용이 있기 때문이다.

질권자는 질권의 효력으로서 이를 행하는 것이기 때문에 보통의 채권자가 강제집행을 하는 경우와 마찬가지로 확정판결 기타의 집행권원을 필요로 하지 않는다.

2. 질권의 설정 · 이전 · 변경 · 소멸 · 처분의 제한

(1) 디자인권, 전용실시권을 목적으로 하는 질권

민법상의 질권은 목적물을 인도함으로써 비로소 효력이 발생되는 것이지만 디자인권 또는 전용실시권을 목적으로 하는 질권의 설정은 이에 대한 예외를 두어 등록을 하지 않으면 그 효력이 발생하지 않는 것으로 한다(§48①iii).[32] 설정된 질권의 이전(상속 기타 일반승계에 의한 경우를 제외) · 변경 · 소멸(혼동에 의한 경우를 제외) 또는 처분의 제한에 있어서도 마찬가지이다. 이는 디자인권 · 전용실시권의 발생이 등록함으로써 효력이 발생한 것으로 보아 당연한 것이다.

상속 기타 일반승계에 의한 이전을 제외한 것은 상속 등의 사실이 발생한 시점으로부터 이전의 등록이 될 때까지의 사이에 권리자가 존재하지 않는다는 사태를 방지하기 위한 것이다. 그러므로 상속 기타 일반승계에 의한 질권의 이전은 지체 없이 특허청장에게 신고하여야 하도록 하였다(§48②). 혼동(채권 및 채무가 동일인에게 귀속되는 경우)에 의한 질권의 소멸을 제외한 것은 혼동의 경우에는 그 전제로서 이전의 등록이 있는 상태에 있기 때문이다.

---

32) 등록을 효력발생요건으로 규정하고 있다 하더라도 실질적 요건을 결한 것이 등록이라는 외형적 요건으로 효력이 발생되는 것은 아니다.

(2) 통상실시권을 목적으로 하는 질권

통상실시권을 목적으로 하는 질권의 설정·이전·변경·소멸 또는 처분의 제한은 이를 登錄하지 아니하면 제3자에게 대항할 수 없는 것으로 하고 있다(§52의2③). 통상실시권을 목적으로 하는 질권의 설정·이전·변경·소멸 또는 처분의 제한에 대하여 디자인권 또는 전용실시권을 목적으로 하는 質權과는 달리 등록을 제3자 對抗要件으로 한 것은 통상실시권의 설정이 등록을 요건으로 하고 있지 않지만 만일 등록하면 디자인권이나 전용실시권 또는 디자인권에 대한 전용실시권을 그 후에 취득한 자에 대하여도 그 효력이 발생하도록 하기 위한 것이다.

3. 物上代位

담보물권은 그 목적물의 사용가치를 목적으로 하는 것이 아니고 교환가치를 목적으로 하는 것이기 때문에 그 목적물의 담보가치에 대신하는 것에 대하여도 효력이 있다. 이것을 물상대위성이라 한다.

질권의 物上代位性에 관하여는 민법에 규정하고 있지만 디자인보호법에서는 디자인의 특수성에 따라 특별한 규정을 둔다. 즉 질권은 이 법에 의한 보상금 또는 등록디자인의 실시에 대하여 받을 대가나 물품에 대하여도 이를 행사할 수 있다고 규정한다(§57). 그리고 이 권리의 행사는 그 지급 또는 인도 전에 이를 압류하지 않으면 안 된다(§57단). 그 이유는 債務者의 일반재산에 편입되어 버린 후에는 우선권을 인정하는 것은 다른 채권자를 해칠 우려가 있기 때문이다.

4. 유사디자인권을 목적으로 하는 질권

類似디자인권을 목적으로 한 질권의 설정이 인정되는가에 대하여는 불가능하다는 것이 통설이다. 그 이유는 유사디자인권은 기본디자인권과 分離할 수 없는 것이기 때문이다(제2편 제7장 제2절 Ⅶ. 2. 유사디자인의 디자인권의 효력 참조).

Ⅲ. 저 당 권

디자인권이 저당권의 목적이 될 수 있는 것은 공장저당법에 의한 경우이다

(등령§40). 공장저당법에서는 디자인권 등 산업재산권을 공장재단으로 구성할 수 있도록 하고 공장소유자는 1개 또는 수개의 공장으로 공장재단을 설정하여 저당권의 목적으로 할 수 있다고 규정하고 있다(공장저당§11①,§15).[33)]

Ⅳ. 양도담보

양도담보란 담보에 제공하려고 하는 권리 자체를 채권자에게 양도하고 일정기간 내에 변제를 할 때에는 이를 다시 반환시키는 것으로 하는 일종의 신탁행위를 말한다. 디자인권이 신탁에 의하여 이전되는 것이 허용되고 있는 한(등령§52~§64) 양도담보도 허용될 수 있는 것으로 해석된다.

제 8 절 디자인권의 소멸

Ⅰ. 서 설

1. 디자인권의 有限性

디자인권은 국가의 설정등록에 의하여 발생하며 디자인권자가 업으로서 등록디자인 또는 이와 유사한 디자인의 실시를 독점하는 권리이다. 그러나 디자인권은 항구적으로 존속하는 유체물에 대한 소유권과는 달리 권리의 존속기간에

33) 공장저당법 제11조 제1항: 공장소유자는 1개 또는 수개의 공장으로 공장재단을 설정하여 저당권의 목적으로 할 수 있다. 수개의 공장이 각각 다른 소유자에 속하는 경우에도 또한 같다.

제15조: 공장재단은 다음에 열거하는 것의 전부 또는 일부로서 이를 구성할 수 있다.

1. 공장에 속하는 토지의 공작물
2. 기계, 기구, 전주, 전선, 배치제관, 궤조 기타의 부속물
3. 지상권 및 전세권
4. 임대인의 동의가 있는 경우에는 물건의 임차권
5. 공업소유권.

유한성을 가진 권리로 하고 있다. 이것은 디자인권은 독점배타권이며(§41), 대세적 효력을 가지기 때문에 무제한으로 존속을 인정하는 것은 산업정책상 타당하지 않기 때문이다. 또한 디자인권의 성립에 하자 있는 권리가 존속하는 것은 공익보호의 관점에서 허용될 수 없다. 또 한편으로 디자인권은 사적 재산권이기 때문에 그 처분은 본래 당사자의 자유의사에 맡겨져야 한다. 이와 같은 이유에서 일정의 원인에 해당하는 경우에는 디자인권을 소멸시켜 법의 원활한 운용을 도모하고 있다.

2. 디자인권 소멸의 의의

디자인권의 소멸이라 함은 설정등록에 의해 발생한 디자인권이 일정한 소멸원인에 의하여 그 효력이 상실되는 것을 말한다. 디자인권이 소멸하는 태양은 존속기간의 만료, 등록료의 불납, 디자인권의 포기, 상속인의 부존재를 원인으로 하며 장래에 향하여 그 효력이 상실되는 디자인권의 失效와 소급적으로 그 효력이 상실되는 디자인권의 無效 및 디자인권의 取消[34]가 있다. 디자인권은 무체물을 객체로 하므로 목적물의 멸실에 의한 권리소멸은 있을 수 없다.

Ⅱ. 디자인권의 실효

1. 존속기간의 만료

디자인권은 존속기간의 만료에 의해 장래적으로 소멸한다.

디자인권의 존속기간은 디자인권의 설정등록이 있는 날부터 15년으로 한다. 다만, 유사디자인의 디자인권의 존속기간 만료일은 그 기본디자인의 존속기간 만료일로 한다(§40①). 외국의 입법례나 저작권의 보호기간 등을 고려하여 15년으로 정한 것이다. 소유권의 경우에는 목적물이 멸실되지 않는 한 무한하게

---

34) 특허·실용신안권이 취소되는 경우는 특허발명·등록실용신안의 불실시를 사유로 특허청장이 취소처분에 의한 것과(특§116, 실§28→특§116) 등록 후 이의신청에 의해 심사관의 취소결정에 의한 것의 두 가지가 있다. 그러나 디자인권은 불실시를 사유로 특허청장의 취소처분에 의해 소멸되는 경우는 없다. 디자인은 그 성질상 공공의 이익과 직접 관계하는 일이 적고 또한 대체성이 강하여 불실시가 산업에 큰 영향을 미치는 일이 거의 없기 때문이다.

존속하는 데 비해 디자인권을 유한성을 가진 권리로 하는 것은 일정기간 독점권의 부여에 의해 디자인의 公開에 대한 보상목적을 달성하고, 또한 일정기간 경과 후는 일반공중의 공유재산으로 하여 누구나 그 디자인을 이용하게 하는 것이 産業政策上 타당하기 때문이다.

2. 등록료의 불납

1) 디자인등록료의 납부는 디자인권자에게 부과된 의무이고(§31①). 이 납부의무에 위반된 경우에는 디자인권은 장래적으로 소멸한다(§33③). 설정등록료는 최초 1~3년분을 납부하도록 되어 있으며 제4년분 이후의 등록료는 연금제로 매년 당해 권리의 설정등록일을 기준으로 하여 그 전년도에 납부하도록 되어 있다(수수료 징수규칙§7⑦). 연금제로 한 것을 단기간의 보호로 충분하다고 생각하는 권리자의 편의를 고려한 것이다. 國家에 속하는 디자인권에 대한 등록료는 면제한다(§35①). 또한 특허청장은 국민기초생활보장법 제2조 제2호의 규정에 의한 수급자 및 지식경제부령이 정하는 자가 한 디자인등록인 경우에는 최초 3년분의 등록료를 감면할 수 있도록 되어 있다(§35②).

2) 디자인권자는 납부기간이 경과한 후에도 6개월 이내에 등록료를 추가납부할 수 있다(§33①). 파리협약 제5조의2를 받아서 디자인권자를 보호하기 위해 규정된 것이다.

3) 디자인보호법은 디자인등록료 · 그 납부방법 및 납부기간 그 밖에 필요한 사항은 지식경제부령으로 정하도록 하고 있다(§31③).

3. 디자인권의 포기

1) 디자인권의 포기란 디자인권자의 의사에 의하여 디자인권을 소멸시키는 것을 말한다(§53). 디자인권을 포기한 경우에는 디자인권은 장래적으로 소멸한다. 디자인권이 공유인 경우에는 각 공유자는 타공유자의 동의 없이도 그 지분을 포기할 수 있다. 지분의 포기는 타공유자의 지분비율의 증대될 뿐, 불이익을 주는 것이 아니기 때문이다.

2) 디자인권의 포기는 디자인권을 소멸시키는 意思表示로 성립하는 單獨行爲이므로 등록을 하지 아니하면 효력이 발생하지 않는다(§48① i).

3) 디자인권의 포기는 자유로이 할 수 있음이 원칙이나 그로 인하여 다른 사람의 이익을 해쳐서는 아니 되므로 디자인보호법은 i) 전용실시권자, ii) 질권

자, iii) 허락에 의한 통상실시권자, iv) 전용실시권에 대한 통상실시권자, v) 직무디자인의 경우의 통상실시권자 등 이해관계인이 있을 때에는 이들의 동의를 얻지 아니하면 포기할 수 없는 것으로 하고 있다(§54①). 이것은 디자인권의 존부에 상당한 이해관계가 있는 자를 보호하기 위한 취지이다. 따라서 디자인권의 포기로 인해 불이익을 당하지 않는 통상실시권자(법정실시권자 등)의 동의는 불필요하다.

한편, 유사디자인의 디자인권은 기본디자인의 디자인권과는 별개 독립으로 포기할 수 있다. 유사디자인의 디자인권은 그 권리를 성립시키는 요건의 특수성 때문에 기본디자인의 디자인권에 대하서는 종속적인 지위에 있으나 기본디자인과의 관계 이외에는 다른 통상의 디자인권과 전혀 다르지 아니한 요건과 절차를 거쳐 발생한 권리이므로 그 독자적인 범위에 대해서는 유사디자인 독자적으로 법률행위의 대상이 되기 때문이다. 또한 복수디자인등록된 디자인권에 대해서도 각 디자인마다 독립된 권리로 존재하는 것이므로 각 디자인별로 포기할 수 있다.

4. 상속인의 不存在

상속인의 부존재란 상속인 수색공고기간내에 상속권을 주장하는 자가 없는 것을 말한다.

민법상 소유권의 경우 상속이 개시된 때 상속인이 없는 경우에는 그 상속재산은 국가에 귀속되나(민§1058) 디자인권은 상속이 개시된 때 상속인이 없는 경우에는 장래적으로 소멸하는 것으로 하고 있다(§59). 이것은 디자인권은 무형의 것이므로 無主先占 등이 문제가 되지 않고 또한 디자인권을 국가에 귀속시키는 것보다는 사회일반에 개방하여 자유로이 실시하게 하는 것이 산업정책상 보다 적합하기 때문이다. 디자인권이 공유인 경우로서 공유자 중 1인이 상속인이 없는 경우에는 그 지분은 타공유자에게 귀속되고 디자인권은 소멸되지 않는다(민§267). 상속인의 부존재로 인한 디자인권 소멸의 효력은 그 사유의 발생, 즉 피상속인의 死亡으로 인하여 당연히 발생하며 소멸등록이 없다 하더라도 그 효력이 발생한다. 또한 유사디자인의 디자인권의 경우 기본디자인의 디자인권이 상속인의 부존재에 의해 소멸된 경우는 권리의 주체가 동일인이기 때문에 기본디자인의 디자인권 소멸과 동시에 소멸한다.

Ⅲ. 디자인권의 무효

1. 의 의

디자인권의 무효라 함은 무효심판청구에 의해 일단 유효하게 발생한 디자인권이 법정한 무효사유에 해당되는 경우 행정관청인 특허심판원의 심판에 의해 하자 있는 디자인권의 효력을 그 성립 당초에까지 소급적으로 상실시키는 것을 말한다. 무효심판의 법적 성질에 대하여는 사권 부존재에 관한 確認的 행위로 보는 설과 디자인권이 무효사유가 있다고 모두 무효가 되는 것이 아니고 심판의 심결에 의해서만 무효가 되는 점에서 形成的 행위라고 보는 설이 있으나 후자가 통설이다. 디자인보호법은 디자인권의 무효에 대하여 그 무효사유를 한정적으로 열거하고 있다(§68①)(디자인권의 무효에 관한 자세한 내용은 제5편 제17장 제3절 Ⅳ. 디자인등록의 무효심판 참조).

2. 무효사유

디자인등록의 무효사유는 이하와 같다.

1) 제4조의24(외국인의 권리능력), 제5조(디자인등록의 요건) · 제6조(디자인등록을 받을 수 없는 디자인) · 제7조(유사디자인) 제1항 · 제10조(공동출원) · 제16조(선출원) 제1항 및 제2항에 위반된 경우

2) 제3조(디자인등록을 받을 수 있는 자) 제1항 본문의 규정에 의한 디자인등록을 받을 수 있는 권리를 가지지 아니하거나 동조 동항 단서의 규정에 의하여 디자인등록을 받을 수 없는 경우

3) 조약에 위반된 경우

4) 디자인등록된 후 그 디자인권자가 제4조의24에 따라 디자인권을 향유할 수 없는 자로 되거나 그 디자인등록이 조약에 위반된 경우.

3. 무효심판의 청구기간

디자인등록의 무효심판은 디자인권이 소멸된 후에도 이를 청구할 수 있다(§68②). 디자인권이 소멸된 후의 무효심판청구는 디자인권의 존속기간 중에 발생한 디자인권의 침해로 인한 損害賠償을 면한다는 실익이 있다.

4. 무효의 효과

1) 디자인등록(유사디자인의 디자인등록을 제외한다)을 무효로 한다는 심결이 확정된 때에는 그 디자인권은 소급적으로 소멸된다(등록처분에 하자가 있기 때문이다). 그러나 후발적 사유에 의하여 디자인등록을 무효로 한다는 심결이 확정된 때에는 디자인권은 그러한 사유에 해당하게 된 때부터 소멸한다(§68③).

2) 기본디자인의 디자인등록을 무효로 한다는 심결이 확정된 때에는 그 유사디자인의 디자인등록은 무효로 된다(§68④). 그러나 유사디자인의 디자인등록을 무효로 한다는 심결이 확정되어도 기본디자인의 디자인등록은 무효로 되지 않는다. 유사디자인의 디자인권은 기본디자인의 디자인권에 종속되지만, 기본디자인의 디자인권은 유사디자인의 디자인권에 종속되는 것은 아니기 때문이다.

Ⅳ. 디자인권의 취소

1. 의 의

디자인권의 취소라 함은 디자인무심사등록이의신청에 대하여 등록디자인이 이의신청이유에 해당되어 심사관의 디자인등록취소결정에 의하여 디자인권이 소급적으로 그 효력을 상실하게 되는 것을 말한다(§29의2,§29의7). 디자인권의 취소제도는 1997년 개정법에서 디자인무심사등록제도를 도입함에 따라 실질적인 등록요건을 결한 무심사등록디자인에 대하여 심판절차 이전에 행정절차에 의하여 조기에 권리를 취소시켜 하자 있는 권리의 존속으로 인한 폐해를 방지하기 위한 취지이다.

2. 이의신청사유(취소사유)

디자인무심사등록이의신청은 무심사등록된 디자인권의 효력의 상실을 구하는 절차이므로 이의신청사유는 디자인권의 무효사유와 거의 같다. 단 후발적 무효사유가 제외되어 있다(§29의2① i ~iii).

3. 이의신청기간

디자인무심사등록이의신청은 디자인권의 설정등록이 있는 날부터 디자인무심사등록 公告日 후 3월이 되는 날까지이다(§29의2①). 이 기간을 경과한 후의 이의신청은 이의결정의 대상이 되지 않는다. 따라서 이 기간을 경과한 경우에는 무효심판을 청구하여 권리의 有效性을 다툴 수 있다(§68①).

4. 취소의 효과

등록디자인의 취소결정이 확정된 때에는 그 디자인권은 처음부터 없었던 것으로 본다(§29의7④). 이것은 등록디자인 무효심결의 확정효과와 동일하다.

Ⅴ. 디자인권 소멸의 효과

1. 공중의 자유실시 가능

디자인권이 일정한 원인에 의하여 소멸되면 그때로부터 당해 디자인권은 존재하지 않게 되므로 누구든지 그 디자인을 자유로이 실시할 수 있다. 그리고 디자인등록의 무효심결이나 취소결정에 의한 디자인권 소멸의 경우에는 소급효가 인정되므로 마치 디자인권이 처음부터 존재하지 않았던 것과 같은 효과가 발생한다.

2. 실시권 등의 소멸

디자인권이 소멸되는 경우 그에 관한 권리, 즉 전용실시권, 통상실시권 또는 질권도 함께 소멸한다. 실시권, 질권 등은 디자인권의 존재를 전제로 하고 있기 때문이다.

3. 법정실시권의 발생

(1) 디자인권 등의 존속기간 만료 후의 통상실시권 발생

디자인권이 존속기간 만료에 의한 소멸시 그 디자인권과 저촉하는 동일출원 또는 후출원에 해당하는 타인의 디자인권·특허권·실용신안권이 존재하는 때에는 원디자인권의 범위 안에서 원디자인권자에게 법정실시권(통상실시권)이 발생한다(§52, 특§105, 실§27). 기존의 사업시설보호 및 이해당사자 등의 불측의 손해방지를 위한 취지이다.

(2) 무효심판청구 등록 전의 실시에 의한 통상실시권의 발생

디자인권이 디자인등록무효심판에 의하여 무효가 되어 소멸하여도 원디자인권자는 일정한 요건하에 법정실시권(중용권)이 인정되는 경우가 있다(§51). 이것은 자기의 권리를 신뢰하여 실시한 자를 보호하기 위한 취지이다.

4. 등록료의 반환

디자인등록의 취소결정 또는 무효로 한다는 심결이 확정된 연도의 다음 연도부터의 등록료 해당분에 대하여는 납부한 자의 청구에 의하여 이를 반환한다. 다만, 디자인등록취소결정 또는 심결이 확정된 날부터 3년을 경과한 때에는 이를 청구할 수 없다(§36①③). 국가채권관리법에 의한 채권 消滅時效가 5년으로 되어 있는 데 비해 3년으로 한 것은 불확정 상태를 조기에 확정짓기 위한 것이다.

5. 보상금청구권의 소멸

출원공개 후 디자인등록취소결정이 확정되거나 디자인등록을 무효로 한다는 심결(후발적 무효사유 제외)이 확정된 때에는 출원공개에 기한 경고를 받은 자에 대한 보상금청구권(§23의3②)은 처음부터 발생하지 아니한 것으로 간주된다(§23의3⑥).

6. 기타의 효과

디자인권이 소멸되면 권리관계를 명확히 하기 위해 디자인등록원부에 등록된다(§37①i). 또한 거래에 있어서 공익을 보호하기 위해 디자인등록표시가 금지되고(§80), 이를 위반한 경우에는 허위표시의 죄(§84)의 대상이 된다.

제 9 절 다른 권리와의 調整 ― 이용과 저촉

Ⅰ. 서 설

1. 권리조정의 필요성

특허권 · 실용신안권 · 디자인권 · 상표권 및 저작권은 각기 그 내용은 다르지만 배타적인 지배권이다. 이들은 동일 법역 내에서는 각각 선출원을 우선으로 하는 각법의 요건에 따라 권리가 발생하지만, 타 법역간에서는 독자적인 요건에 의해 각각의 권리가 발생되므로 그 중에는 대상물이 동일하거나 권리 자체가 경합되는 경우가 발생하게 된다. 또한 동일법역내에서도 그것을 성립시키는 객체에 따라서는 그것들이 중복되는 것이 발생하는 경우가 있다. 이것들은 모두 합법적으로 성립한 권리이긴 하지만 그대로 두는 경우 권리관계를 복잡하게 만들기 때문에 법은 선출원우위의 원칙에 입각하여 디자인권 기타 산업재산권에서는 그 출원일을 기준으로 하여, 著作權에서는 그 발생일을 기준으로 하여 선행되는 것을 보호하고 선행자의 허락 없이는 후행자는 자기의 권리를 실시할 수 없도록 하는 방법으로 권리의 조정을 도모하고 있다(§45).

또 특허법, 실용신안법, 상표법에도 같은 취지의 규정이 있다(특§98, 실§25, 상§53).

2. 이용 · 저촉의 적용요건

디자인보호법 제45조의 이용 · 저촉관계 규정이 적용되기 위하여는 i) 등록디자인 또는 이와 유사한 디자인이, ii) 그 디자인등록출원일 전에, iii) 타인의 권리와, iv) 이용 · 저촉관계에 있어야 한다.

1) 등록디자인 또는 이와 유사한 디자인 　후출원디자인이 등록디자인 또는 이와 유사한 디자인이어야 한다.

2) 그 등록디자인출원일 전 　후출원디자인의 디자인등록출원일 전에 출원된 것이어야 한다. 따라서 同日出願 또는 同日에 발생한 저작권에 대해서는 디자인보호법 제45조의 적용이 없다.

3) 타인의 권리 　선출원권리는 타인의 권리이어야 한다. 따라서 자기의 권리와의 사이에는 적용되지 않는다.

4) 이용·저촉관계 　후출원등록디자인 또는 이와 유사한 디자인이 선출원(선발생) 권리의 보호범위에 속하여 실시하는 경우 선출원(선발생) 권리를 침해하게 되는 관계이다.

Ⅱ. 권리의 조정방식

경합되는 권리의 조정방식은 다음 3단계로 나누어진다.

1. 디자인권의 효력제한

정당하게 설정된 디자인권이라 하더라도 그 등록디자인 또는 이와 유사한 디자인이 선출원의 등록디자인 또는 이와 유사한 디자인·특허발명·등록실용신안·등록상표 또는 먼저 발생한 저작권과 이용관계에 있거나 선출원의 디자인권·특허권·실용신안권·상표권 또는 먼저 발생한 저작권과 저촉관계에 있을 때에는 선출원권리자의 허락 없이는 자기의 등록디자인 또는 이와 유사한 디자인을 업으로서 실시할 수 없다(§45).[35][36]

2. 허락실시권에 의한 실시

선출원권리자의 허락에 의한 실시권을 얻은 경우에는 자기의 등록디자인 또는 이와 유사한 디자인을 정당하게 실시할 수 있다(§49). 그러나 타인의 상표권의 소극적 효력(상§66)과 저촉되는 경우에는 상표권자의 사용허락을 받을 수 없으므로 실시할 수 없다. 상표권의 적극적 효력은 등록상표에 한정되어 있어 등록상표에 유사한 범위에 대해서는 상표권자가 사용허락을 할 수 없기 때문이다.

3. 통상실시권 허여의 심판에 의한 실시

디자인권자·전용실시권자 또는 통상실시권자가 선출원권리자의 권리에 대하여 통상실시권의 허락을 받고자 하는 경우 그 타인이 정당한 이유 없이 실시를 허락하지 아니하거나 실시허락을 받을 수 없을 때에는 통상실시권 허여의 심판을 청구하여 실시할 수 있다(§70). 이 밖에 선출원권리의 전부 또는 일부를 양도받거나 선출원권리가 소멸하게 되면 실시할 수 있다.

---

35) 선출원 권리와 이용 또는 저촉관계가 성립하게 되는 경우 후출원디자인의 실시를 자유롭게 인정하면 선출원 권리자의 보호에 소홀하게 되므로 선출원우위의 원칙에 입각하여 후출원 디자인권의 실시에 제한을 가하고 있는 것이다.

36) 이용·저촉 모두 선출원 권리자의 허락 없이 실시하게 되면 침해를 구성하게 되는 점에서 법률상의 효과를 같이하는 것이나 이들은 동일 평면상에서 그 상태의 여하에 따라 구분하는 바와는 다른 것이다. 즉 '이용'은 타인의 디자인·발명·고안 등을 자기의 디자인에 도입한다고 하는 디자인 구성의 사실상태를 기본에 두는 개념이며 따라서 이용 자체는 권리의 존부에 관계없이 생길 수 있는 것이며 법 제45조 제1항·제2항 전단은 이 가운데 권리가 있는 경우에 대해 규정하는 한편, '저촉'은 권리의 내용에 있어 충돌하는 것, 즉 권리내용에 있어서 목적물이 중합하게 되는 상태에 대해 말하는 것으로서 서로 다른 평면의 개념이다(齋藤, 의장, 381면).

Ⅲ. 利　用

1. 의　의

利用이라 함은 자기의 등록디자인이 전체로서는 타인의 등록디자인·특허발명·등록실용신안 등과 비유사하지만, 그 타인의 권리 내용인 디자인·발명·고안 등을 거의 그대로 자기의 권리내용으로 채용하고 있는 것을 말한다. 디자인보호법상 이용의 의미 내용에 대해 법률에 정의되어 있지 않고 판례도 희소하다. 발명·고안의 이용에 있어서는 다음과 같이 여러 견해가 대립되어 있다.

ⅰ) 타인의 특허발명의 구성에 없어서는 아니 되는 사항의 전부 또는 주요부를 그 구성에 필수불가결한 사항의 主要部로 한 발명(주요부 포함설)

ⅱ) 타인의 발명을 기초로 하여 이에 改良擴張을 가함으로써 된 발명(개량확장설)

ⅲ) 선행발명의 특허요지에 새로운 기술적 요소를 가하여 선행발명의 객체요지를 전부 포함, 그것을 그대로 이용한 발명(전부설 또는 그대로설) 등이 있다.

그러나 디자인은 물품의 美的 外觀이라는 점에서 발명·고안의 경우처럼 주요부의 특정이 곤란하며 또한 개량확장의 개념을 적용하기 어려우므로 전부설 또는 그대로설이 타당할 것이다. 따라서 디자인보호법상 이용관계란 달리 말하면 자기의 권리를 실시하면 타인의 권리를 전부 실시하게 되지만 타인의 권리를 실시하여도 자기의 권리의 전부 실시로 되지 않는 관계를 말하는 것이라고 할 수 있다. 따라서 후출원의 실시가 선출원의 일부를 실시하는 관계는 이용관계가 성립되지 않는다(선출원이 완성품디자인이고, 후출원이 그 완성품에 포함되는 부품디자인인 경우). 이 경우에는 일정의 조건하에서 후출원의 등록이 배제된다.

2. 이용관계의 태양

(1) 디자인 상호간의 이용

타인의 디자인을 이용한 디자인이란 자기의 디자인 중에 타인의 등록디자인을 그 本質的 특징을 손상시키지 않고 그 디자인이라고 인식할 수 있는 태양으로 도입한 디자인을 말한다.[37][38] 여기서 말하는 타인의 디자인의 이용은 쌍

37) 齋藤, 의장, 378면.

방의 디자인이 디자인권의 대상으로 되어 있는 것을 전제로 하기 때문에 양 디자인이 서로 유사하지 않고 별개로 등록되어 있는 등록디자인 상호간의 관계를 문제로 하고 있는 점에 주의하여야 한다. 디자인간의 이용관계가 성립하는 태양은 다음의 4가지가 있다.

1) 선출원이 部品디자인이고 후출원이 그 부품을 포함한 完成品디자인인 경우

선출원의 등록디자인이 부품디자인이고 후출원의 등록디자인이 완성품디자인일 경우에는 후출원의 등록디자인의 실시는 선출원의 등록디자인을 전부 실시하는 것이 되고 반대로 선출원의 등록디자인의 실시는 후출원의 등록디자인의 전부를 실시하는 것으로는 되지 않으므로 이용관계가 발생한다. 원래 부품은 완성품과 비유사물품이므로 완성품디자인의 출원일 전에 그 완성품을 구성하는 부품이 선출원으로 등록되어 공지되고 또는 선출원의 지위에 있다 하더라도 완성품디자인은 그 부품디자인과의 관계에서 신규성 또는 선출원 규정의 적용을 받지 않으므로 결국 양자는 서로 독립된 권리로서 발생하게 된다. 이를테면 선출원의 등록디자인이 자전거 핸들에 관한 것일 때 그와 같거나 또는 유사한 핸들의 형태를 도입한 자전거 디자인을 말한다. 등록디자인의 이용관계의 규정은 이와 같이 합법적으로 발생한 권리 상호간의 문제를 조정하기 위한 것이다. 따라서 후출원에 관계된 완성품디자인의 디자인권자, 전용실시권자 또는 통상실시권자는 선출원에 관계된 부품디자인의 권리자의 허락 없이는 자기의 등록디자인 또는 이와 유사한 디자인을 업으로서 실시할 수 없게 된다(§45①,②).

2) 선출원이 部分디자인이고 후출원이 그 부분을 포함한 완성품 또는 부품디자인인 경우 2001년 법개정에 의해 부분디자인제도가 도입되어 물품의 부분의 형태에 대해서도 등록이 인정되고 있다. 완성품 또는 부품디자인의 출원 전에 그 완성품 또는 부품디자인의 일부를 구성하는 부분디자인이 선출원으로 등록되어 공지되고 또는 선출원의 지위에 있다 하더라도 전기한 완성품과 부품디자인간의 경우와 마찬가지로 신규성 또는 선출원 규정의 적용을 받지 않으므로

---

38) 디자인간의 이용개념을 간명하게 설명한 일본의 판결예를 소개한다.

"디자인의 이용이란 어떤 디자인이 그 구성요소 중에 다른 등록디자인 또는 이에 유사한 디자인의 전부를 그 특징을 파괴하지 않고 다른 구성요소와 구별할 수 있는 태양으로 포함하며 이 부분의 다른 구성요소와의 결합에 의해 전체로서는 그 등록디자인과는 비유사한 1개 디자인을 이루고 있지만, 이 디자인을 실시하면 필연적으로 그 등록디자인을 실시하는 관계에 있는 경우를 말한다"[大阪地裁 昭和 45년(와) 제507호, 昭和 46.12.22.선고].

서로 독립된 권리로서 발생하게 된다. 이러한 경우 그 부분디자인을 도입한 완성품 또는 부품디자인은 이용디자인이 된다(§45①,②).

3) 선출원이 한 벌 물품의 構成物品의 디자인이고 후출원이 그 구성물품을 포함한 한 벌 물품의 디자인인 경우 종전의 디자인보호법하에서는 한 벌의 물품의 디자인이 등록되려면 한 벌 물품의 디자인 전체로서 통상의 1디자인이 등록되기 위한 요건을 구비함과 동시에 그 구성물품에 대하여도 각각 독립하여 법 제5조, 제6조, 제16조 제1항 및 제2항의 등록요건을 만족시키는 것이 요구되고 있었으므로 선출원의 한 벌 물품의 구성물품을 포함한 후출원의 한 벌 물품의 디자인은 신규성, 선출원 규정에 의해 등록될 수 없는 것이므로 한 벌 물품의 구성물품의 디자인과 한 벌 물품의 디자인 간에는 아예 이용관계가 성립할 수 없었다. 그러나 2001년 개정법에서 한 벌 물품 디자인의 등록요건을 각 구성물품에는 부과하지 않고 한 벌의 물품 디자인 전체에만 등록요건을 부과하고 있으므로 한 벌 물품의 구성물품의 디자인이 선출원이며 그 구성물품을 포함한 한 벌 물품의 디자인이 후출원인 경우 전체적으로 유사한 디자인이 되지 않는 경우라 할지라도 그 구성물품의 디자인을 도입한 한 벌 물품의 디자인은 이용디자인이 된다(§45①,②). 예를 들면 선출원이 나이프에 관한 디자인이고, 후출원이 한 벌의 나이프, 포크 및 스푼에 관한 디자인으로 각각 등록된 경우이다.

4) 선출원이 形狀만의 디자인이고 후출원이 형상과 모양 등의 結合디자인인 경우 선출원의 등록디자인이 형상만의 디자인이고 후출원의 등록디자인이 형상 및 모양의 결합디자인 또는 형상 · 모양 및 색채의 결합디자인인 경우로서 전체로서는 별개의 디자인을 구성하는 것이지만 후출원 등록디자인의 형상이 선출원 등록디자인의 형상과 동일 또는 유사한 경우에 이용관계가 성립하는가. 이를테면 선출원의 등록디자인이 찻잔의 형상만의 디자인이고 후출원의 등록디자인이 찻잔의 형상 및 모양의 결합디자인 또는 형상 · 모양 및 색채의 결합디자인으로서 후출원의 찻잔의 형상은 선출원의 찻잔의 형상과 동일 또는 유사한 것이라고 할 때, 이 경우 이용관계가 성립될 수 있을 것인가이다. 이에 대하여는 다음과 같이 설이 나누어져 있다.[39]

㈎ 긍 정 설 후출원 등록디자인이 실시는 선출원 등록디자인을 전부

39) 윤종렴, 의장, 557면.

실시하는 것이 되고 반대로 선출원 등록디자인을 실시하더라도 후출원 등록디자인의 전부실시에는 해당하지 않기 때문에 이용관계가 성립한다는 입장이다.

㈏ 부 정 설　　이 설은 디자인이라는 것은 형상이 있고 거기에 모양이나 색채가 부가되는 것이라고 생각하는 것이 아니라 형상 및 모양 또는 형상·모양 및 색채가 혼연 융합한 일체가 되어 성립하는 것이고, 형상만의 디자인이란 모양이나 색채의 한정이 없는 디자인이 아니라 무모양이고 1색의 디자인을 의미하는 것이므로 무모양 1색인 형상만의 디자인과 형상 및 모양의 결합디자인 또는 형상·모양 및 색채의 결합디자인은 유사의 범위를 초월하는 한 별개의 디자인이고 이 경우 후출원인 형상 및 모양의 결합디자인 또는 형상·모양 및 색채의 결합디자인을 실시하더라도 선출원인 형상만의 디자인을 실시한 것으로는 되지 않기 때문에 이용관계가 성립하지 않는다는 견해이다.

㈐ 절 충 설　　이 설은 후출원의 디자인이 형상을 먼저 만들고 그 위에 모양이나 색채를 부가하는 경우와 형상 및 모양 또는 형상·모양 및 색채가 동시에 만들어지는 경우를 구분하여 전자는 이용관계가 성립하지만, 후자는 이용관계가 성립하기 어렵다는 견해이다. 예를 들면, 도자기의 찻잔형상에 모양과 색채를 부가하는 경우에는 잠시이기는 하지만 형상만의 디자인을 전부 실시한 것이 되므로 이용관계가 성립하지만, 프레스가공에 의해 섬세한 선, 모양 등이 동시에 만들어지는 경우에는 부정설과 같이 이용관계가 성립하지 않는다는 것이다.

생각건대, 형상만의 디자인이 법상 인정되고 있고 등록디자인의 보호범위는 출원서의 기재사항 및 도면 등에 표현된 디자인에 의해 정해진다고 하는 디자인보호법 제43조의 취지를 고려하여 보면, 형상만의 디자인은 형상만이 디자인의 구성요소이고 모양이나 색채의 한정이 없는 디자인이라 할 것이므로 긍정설이 타당하다고 생각된다.

한편, 선출원이 형상 및 모양의 결합디자인 또는 형상·모양 및 색채의 결합디자인이고 후출원이 형상만의 디자인인 경우 이용관계가 성립하는가. 결론적으로 이 경우에는 이용관계가 성립되지 않는 것이라고 해석된다. 왜냐하면 선출원에 관한 디자인은 형상·모양 등의 결합디자인이고 후출원에 관한 디자인은 형상만의 디자인이므로 후출원에 관한 형상디자인은 선출원에 관한 결합디자인의 本質的 특징을 완전히 그대로 포함하고 있다고 할 수 없고 후출원에 관한 디자인을 실시하더라도 선출원에 관한 디자인을 그대로 실시하는 것으로는 되지 않기 때문이다. 만약 후출원에 관한 형상만의 디자인이 선출원에 관한 형상 및 모양의 결합디자인 또는 형상 · 모양 및 색채의 결합디자인과 유사한 경우에는 디자인의 신규성 또는 선출원 규정에 의하여 등록될 수 없는 것이 잘못 등록된 것에 해당되므로 이 경우에는 등록무효심판(§68)에 의하여 권리관계가 조정되어야 할 것으로 생각된다.

(2) 특허발명 · 등록실용신안의 이용

특허발명 · 등록신용신안을 이용한 디자인이란 선출원에 관한 발명 · 고안의 내용을 본질적으로 손상시키지 않고 그대로 도입한 디자인을 말한다. 원래 디자인권과 특허권 또는 실용신안권의 대상은 이질적인 것이나 하나의 물품이 특허나 실용신안의 대상이 되고 또한 디자인의 대상이 되는 경우가 있다. 이 경우 각 법의 독자적인 견지에서 심사가 이루어지기 때문에 적법하게 성립된 디자인권과 특허권, 실용신안권 사이에 이용관계가 발생하게 된다. 여기서 말하는 이용은 디자인(물품의 형상 등) 그 자체가 직접적으로 발명 · 고안의 내용을 이용하고 있다는 것으로서 디자인의 실시에 있어서의 디자인에 관한 물품이나 또는 실시의 과정에서 이용하는 특허발명 · 등록실용신안을 포함해서 말하는 것이 아니다. 이를테면, 물품의 형상 등에 관계가 없는 내부기구로서 특허발명 · 등록실용신안을 내장하는 것 또는 특허발명의 생산방법 · 장치에 의해 제조되는 디자인, 특허발명에 재료를 이용한 디자인 등에 대해서 말하는 것이 아니다(이들은 특허법, 실용신안법 독자의 영역에 속하는 문제이다).[40] 예를 들면, 선풍기의 날개부분이 특수한 형상으로 하여 풍력을 강하게 한다거나 위험을 방지함을 내용으로 하는 특허발명을 그대로 도입한 선풍기의 디자인 또는 방향안전을 위하여 접지면에 한 줄의 홈을 형성한 스키의 형상을 내용으로 하는 등록실용신안을 그대로 도입한 스키의 형상에 모양을 결합한 디자인 등이 이에 해당한다. 이 경우 후출원자인 디자인권자는 선출원하여 등록된 특허권자 또는 실용신안권자의 허락을 얻지 않고는 자기의 등록디자인 또는 이와 유사한 디자인을 업으로서 실시할 수 없다(§45①,②).

(3) 등록상표의 이용

상표법상의 상표를 구성하는 문자 또는 圖形은 디자인보호법상의 보호대상도 되므로 등록디자인과 등록상표간에 있어서도 이용관계가 발생할 수 있다. 예

40) 齋藤, 의장, 380면.

컨대 선출원 등록상표의 문자 또는 도형을 디자인의 구성요소인 모양으로 채용하여 디자인등록 받은 경우이다. 이 경우 후출원 디자인권자는 선출원 상표권자의 허락 없이는 자기의 등록디자인 또는 이와 유사한 디자인을 실시할 수 없다(§45①,②).[41]

(4) 저작물의 이용

저작권법상의 著作物은 회화・서예・도안・조각・공예・응용미술작품 그 밖의 미술저작물과 지도・도표・설계도・약도・모형 그 밖의 도형저작물이라고 규정하고 있으므로(저§4①iv・viii) 이들의 일부는 디자인보호법상의 模樣으로 디자인권의 보호대상도 되므로 등록디자인과 저작물간에 있어서도 이용관계가 발생할 수 있다(§45③).[42]

예컨대 먼저 저작권이 발생한 회화, 조각 등을 디자인의 구성일부로 채용한 경우 등이다. 이 경우도 등록상표의 이용의 경우와 동일한 권리조정을 받는다.

Ⅳ. 저 촉

1. 의 의

저촉이란 일반적인 의미는 i) 어떤 법규범이 다른 법규범과 그 내용이 논리에 있어서 일치하지 않는 경우, ii) 어떤 법률행위가 법규범에 적합하지 아니한 경우, iii) 권리 상호간이 侵害關係에 있는 경우 등에 사용되고 있다. 그러나 디자인보호법 제45조에서 규정하고 있는 저촉이란 의미는 iii)의 경우에 해당되는 것으로 2 이상의 권리가 중복되어 있어 어느 쪽의 권리 내용을 실시하여도 타방의 권리를 전부 실시하게 되는 관계를 말한다. 이용과 구별로서 이용은 타인의 권리내용의 전부를 자기의 권리내용의 일부로 하고 있는 데 비하여 저촉은 타인의 권리내용의 전부를 자기의 권리내용의 전부로 하는 것이라 할 수 있다.[43]

---

41) 이 경우 등록디자인 또는 이와 유사한 디자인의 실시는 상표법상의 사용에 해당하게 된다.

42) 일본 디자인법에서는 등록디자인과 등록상표 사이는 물론 등록디자인과 저작물 사이에 이용관계에 관한 조정규정이 없다. 이것은 그와 같은 상태가 존재하지 않는다는 것이 아니라 일반 해석에 맡기는 취지이다. 다만, 저촉관계에 대해서는 디자인권과 상표권 및 디자인권과 저작권 사이의 경우에도 조정규정이 있다(일§26).

2. 저촉관계의 태양

(1) 선출원 디자인권과의 저촉

디자인권자(또는 전용실시권자, 통상실시권자)는 그 디자인권의 등록디자인에 유사한 디자인이 그 출원일 전에 출원된 타인의 디자인권과 저촉되는 때에는 그 등록디자인에 유사한 디자인을 업으로서 실시할 수 없다.[44] 디자인권은 공개적으로 존재하는 디자인 또는 선출원디자인과 유사하지 않음을 요건으로 하여 성립하며 그 권능은 등록디자인에 유사한 디자인에까지 미친다. 그러나 디자인등록의 각 건에 있어 그 범위 속에 있는 디자인의 모든 것에 대해 확정한 위에 설정등록이 이루어지는 것은 아니므로 그 내용을 顯在化했을 때 비로소 다른 권리의 내용과 부분적으로 중합되는 결과를 낳을 수 있다. 예컨대 선출원 디자인 A와 후출원 디자인 B와의 관계에서 양자 전체적으로 비유사한 경우 각각 디자인등록될 수 있다. 그러나 A디자인권에 유사한 범위가 a, b, c이고, B디자인권에 유사한 범위가 c, d, e라 할 경우 c부분은 중합되어 저촉관계가 발생하게 된다. 이러한 경우에 선출원우위원칙에 의해 후출원 권리내용 중 선출원 권리내용과 중합되는 부분(C부분)에 대하여는 선출원 디자인권자의 허락 없이 실시할 수 없게 한 것이다(§45②).

(2) 특허권, 실용신안권과의 저촉

특허법 · 실용신안법은 디자인보호법과는 목적을 달리하고 있지만, 동일 목적물 위에 실현되는 가치 내용에 대해 각각 특허 · 실용신안등록 또는 디자인등록되는 경우가 있다. 즉 물품의 形狀에 관한 創作이 기술적 효과를 달성하기 위하여 창작된 것이면 발명, 고안으로서 특허법, 실용신안법에 의한 보호대상이 되고 그것이 동시에 미적 효과를 발휘하고 있으면 디자인으로도 성립되어 디자인보호법에 의해 보호된다. 예를 들면 자동차용타이어의 특수한 요철이 타이어의 마모를 적게 하거나 소음을 적게 하는 점에서 특허권이 부여되고 그 요철형상이 미감을 일으키게 하는 점에서 디자인권이 부여된 경우 또는 단면을 육각형으로 하여 책상에서 굴러떨어짐을 방지하도록 한 연필에 실용신안권이 부여

---

43) 윤종렴, 의장, 555면.

44) 디자인보호법은 후출원 등록디자인이 선출원된 타인의 디자인권과 저촉되는 경우에 관해서는 규정하고 있지 않다(§45①). 이 경우라면 선출원 규정(§16)에 의해 거절되거나 하는 것이 과오등록된 것에 해당하여 본래 무효심판(§68①)에 의해 조정되어야 하는 것이기 때문이다.

되고 그 육각형의 연필이 미감을 일으키게 하는 점에서 디자인권이 부여된 경우 등이다. 이 경우 한편의 권리를 실시하게 되면 다른 편의 권리를 실시하는 결과를 필연적으로 초래한다. 또 목적물이 완전히 동일한 것이 아니라도 그 일부가 중복되고 결과적으로 일방의 권리실시가 타방의 권리의 실시로 되는 수가 있다. 이런 경우에 모두 합법적으로 성립된 권리이지만 서로 저촉되고 있으므로 선출원자의 지위를 보호하도록 하고 후출원자의 실시에 제한을 가하고 있다(§45①,②).

(3) 상표권과의 저촉

디자인권과 상표권과의 저촉관계는 등록디자인의 實施와 등록상표의 使用간의 침해가 되는 것을 말한다. 예를 들면 상품의 식별기능면에서 만년필의 화살촉형상의 입체상표에 상표권이 부여되고 장식적 효과면에서 그 화살촉형상을 만년필의 클립으로 표현한 디자인에 디자인권이 부여된 경우 등이다. 이런 경우에 후출원자인 디자인권자는 선출원자인 상표권자의 허락 없이 실시할 수 없다(§45①,②).[45] 한편, 상표법에서는 등록상표를 사용할 경우 그 사용상태에 따라 디자인권·저작권과 저촉되는 경우에 관해 규정하고 있다(상§53).

상표권이 디자인권에 저촉되는 경우란 상표를 구성하는 도형 등이 디자인의 구성과 동일 또는 유사한 경우로서 그 등록상표를 디자인을 표현하는 물품 또는 유사물품에 첨부하여 사용하는 경우를 말한다. 예컨대 넥타이를 지정상품으로 하여 말도형을 상표로서 등록받은 자가 그 말도형을 넥타이에 관한 물품의 모양으로 사용하는 것 등이다.

(4) 저작권과의 저촉

디자인권과 저작권과의 저촉관계는 등록디자인의 실시와 저작권의 복제간에 침해가 되는 것을 말한다. 저작권자는 複製權을 전유할 수 있는 권리를 가지므로 디자인권과 저작권이 저촉되는 경우 후출원디자인권자는 먼저 발생한 저작권자의 허락 없이 자기의 등록디자인 또는 이와 유사한 디자인을 업으로서 실시할 수 없다(§45③). 예를 들면 미술저작물의 조각에 저작권이 발생하고, 그 조각과 동일한 형상의 장식물 디자인에 디자인권이 부여된 경우 등이다. 그러나 여기서 주의할 것은 등록디자인 또는 이와 유사한 디자인이 타인의 저작권에

45) 여기서 상표권은 등록상표를 그 지정상품에 사용하는 것에 관한 권리이므로 디자인권의 대상이 되는 물품이 등록상표의 지정상품과 관계없으면 상표권과의 저촉문제는 발생하지 않는다.

관한 저작물과 내용적으로 일치하는 외견을 보이는 것이라 하더라도 그 디자인이 기존의 저작물에 의하지 않은 경우에는 저작권의 복제에 해당되지 않으므로 저촉관계가 발생하지 않는다. 왜냐하면 저작권의 독점배타성은 당해 저작물의 독창성에만 인정되는 것이므로 별개 독립으로 창작된 저작물에는 저작권의 효력이 미치지 않기 때문이다.

Ⅴ. 이용 · 저촉관계의 효과

1. 후출원 등록디자인의 실시의 제한

이용 · 저촉관계에 있는 후출원디자인의 디자인권자 · 전용실시권자 또는 통상실시권자는 선출원 권리자의 허락을 얻지 아니하고는 자기의 등록디자인 또는 이와 유사한 디자인을 업으로서 실시할 수 없다(§45). 선출원우위의 원칙에 의해 선출원권리자를 보호하는 취지이기 때문이다. 그러나 同日출원(저작권의 경우에는 同日에 발생한 것)의 권리 상호간의 이용 · 저촉관계가 있는 경우에는 디자인보호법 제45조의 조정을 받지 않는다. 先出願優位의 原則에 의하여 후출원 권리자의 실시를 제한하는 법 제45조의 규정이 同日出願의 경우에는 우열을 가릴 수 없으므로 등록디자인의 이용 · 저촉관계에 관하여 규정하고 있지 않기 때문이다. 따라서 이 경우 양 권리자는 각각 독립하여 자기의 권리 내용을 업으로서 실시할 수 있다.

2. 위반자의 책임

선출원권리자의 허락을 얻지 아니하고 후출원권리자(디자인권자 · 전용실시권자 또는 통상실시권자)가 자기의 등록디자인 또는 이와 유사한 디자인을 업으로서 실시하게 되면 권리침해로서 민사상 또는 형사상의 책임을 지게 된다.[46)]

그러나 선출원의 권리가 공유인 경우, 그 공유자 중 1인만의 후출원의 이용 · 저촉디자인은 선출원 타 공유자의 허락을 얻지 않고도 당해 등록디자인 또는 이와 유사한 디자인을 업으로서 실시할 수 있다고 해석된다. 왜냐하면 선출

46) 이용 · 저촉 모두 선출원권리자의 허락 없이 실시하면 침해를 구성하는 점에서 법률상의 효과를 같이한다. 그러나 침해를 구성한다 하여도 이용 · 저촉되는 디자인 자체가 무효가 되는 것은 아니다.

원 디자인권 등이 공유인 경우 실시는 지분의 관념을 떠나 각자 자유실시를 원칙으로 하기 때문이다. 다만, 계약으로 특별히 정한 경우에는 그에 따라야 할 것이다.

Ⅵ. 선출원 권리자가 실시허락을 하지 않는 경우

1. 서 언

선출원 권리와 이용・저촉관계에 있는 후출원 등록디자인의 디자인권자・전용실시권자 또는 통상실시권자는 선출원 권리를 실시하려면 이들의 허락을 얻어야 하는데 선출원 권리자가 정당한 이유 없이 허락을 하지 않을 때에는 통상실시권 허여의 심판을 청구할 수 있도록 하여 후출원 디자인권자 등을 보호하고 있다.[47]

2. 통상실시권 허여의 심판청구

(1) 디자인권자 등의 통상실시권 허여의 심판청구

디자인권자・전용실시권자 또는 통상실시권자가 이용・저촉관계 규정에 의한 통상실시권의 허락을 받고자 하는 경우에 그 타인이 正當한 이유 없이 실시허락하지 않거나 실시허락을 받을 수 없는 때에는 자기의 등록디자인의 실시에 필요한 범위 안에서 통상실시권 허여의 심판을 청구할 수 있다(§70①).

(2) 통상실시권을 허여한 자의 통상실시권 허여의 심판청구

통상실시권 허여의 심판에 의하여 통상실시권을 허여한 자가 통상실시권의 허여를 받은 자의 등록디자인의 실시를 필요로 하는 경우에 그 상대방이 실시를 허락하지 않거나 실시허락을 받을 수 없는 때에는 실시하고자 하는 상대방의 등록디자인의 범위 안에서 통상실시권 허여의 심판을 청구할 수 있다(§70②). 公平의 견지에서 교차실시(cross licence)를 청구할 수 있도록 한 것이다.

(3) 대가의 지급

통상실시권 허여의 심판에 의하여 통상실시권을 허여받은 자는 특허권자・

47) 통상실시권 허여의 심판제도는 인격권에는 맞지 않기 때문에 저작권자가 실시(이용)허락을 하지 않는 경우는 규정되어 있지 않다.

실용신안권자·디자인권자 또는 그 전용실시권자에 대가를 지급하여야 한다. 다만, 자기가 책임질 수 없는 사유에 의하여 지급할 수 없는 때에는 그 대가를 供託하여야 한다(§70③). 대가를 지급하지 않거나 공탁을 하지 않으면 그 특허발명·등록실용신안·등록디자인 또는 이와 유사한 디자인을 실시할 수 없다(§70④).

Ⅶ. 관련문제

1. 이용·저촉관계 성립여부의 판단문제

디자인보호법은 통상실시권 허여의 심판의 전제가 되는 이용·저촉관계 성립여부에 대하여 당사자간에 다툼이 있는 경우 그 여부를 어떻게 판단할 것인지에 대하여 아무런 규정을 두고 있지 않다. 그러나 디자인보호제도의 운용체계상 이용·저촉관계의 성립여부에 대한 有權的 판단은 권리범위확인심판에 의할 수밖에 없다. 이와 관련 大法院에서는 종래 권리 대 권리의 권리범위확인심판에 있어 소극적 권리범위확인심판만을 허용하고(1985.4.23.선고 84후19 판결), 적극적 권리범위확인심판에 대하여는 이를 부정하여 왔다. 그러나 이용·저촉관계 성립여부 판단을 위하여는 적극적 권리범위확인심판도 인정되어야 할 것으로 생각된다[제5편 제17장 제3절 Ⅴ. 9(4) 이용·저촉관계의 판단문제 참조].

2. 상표의 강제사용권 허여의 문제

후출원 등록디자인 또는 이와 유사한 디자인이 선출원의 등록상표를 이용하거나 선출원의 상표권과 저촉되는 경우에 디자인보호법은 선출원 상표권자의 허락을 받을 수 없을 때에는 심판절차에 의하여 통상실시권을 설정할 수 있는 것으로 되어 있다(§45①,②,§70). 그러나 상표법은 통상실시권이 아니라 통상사용권이므로 법문의 표현이 적절하지 아니하고 더욱이 상표의 출처표시적 기능에 비추어 볼 때 심판절차에 의해 강제적으로 타인에게 실시권(사용권)을 허여하는 것이 타당한 것인지는 의문이 있다.

15 chapter

實 施 權

제 1 절 서 설

Ⅰ. 실시권의 의의

실시권(license)이라 함은 디자인권자 이외의 자가 일정한 범위내에서 등록디자인 또는 이와 유사한 디자인을 업으로서 實施할 수 있는 權利를 말한다. 원래 디자인권은 디자인권자가 업으로서 등록디자인 또는 이와 유사한 디자인의 실시를 독점하는 권리이지만 디자인권자가 경제적 사정 등에 의하여 스스로의 실시가 곤란한 경우 디자인권은 그대로 보유하면서 다른 사람으로 하여금 등록디자인 또는 이와 유사한 디자인을 실시하게 하고 대가를 취득하게 하는 것이 편리한 경우가 있고 또 산업정책상 등의 견지에서 디자인권자의 의사와 관계없이 당연히 또는 강제적으로 제3자에게 등록디자인 또는 이와 유사한 디자인의 실시를 필요로 하는 경우가 있다. 이와 같은 이유에서 설치된 제도가 실시권 제도이다.

Ⅱ. 실시권의 종류

실시권은 그 효력범위에 의해 專用實施權과 通常實施權으로 구별되고, 또 그 발생원인에 따라 허락실시권, 법정실시권 및 강제실시권으로 구별된다.

1. 효력범위에 의한 구분

(1) 전용실시권

전용실시권이란 설정행위로 정한 범위 안에서 업으로서 등록디자인 또는 이와 유사한 디자인의 실시를 독점하는 권리이다(§47②). 즉, 전용실시권자는 설정행위로 정한 범위 안에서 디자인을 독점배타적으로 지배하는 권능을 가지므로 그 범위에 대하여는 디자인권자도 업으로서 실시할 수 없다.

(2) 통상실시권

통상실시권은 디자인권자(디자인권자의 동의를 얻은 경우 전용실시권자)의 허락에 의하여, 법률의 규정에 의하여 또는 심판이나 행정처분에 의하여 인정된다.

통상실시권은 일정 범위 안에서 그 등록디자인 또는 이와 유사한 디자인을 실시할 수 있는 권리이다. 이 권리는 전용실시권과는 달리 업으로서 디자인의 실시를 할 권리를 가지되 독점하는 것은 아니다(§49②).

2. 발생원인에 의한 구분

(1) 허락실시권

허락실시권은 디자인권자의 자유의사에 의하여 발생하는 실시권이다. 보통 계약의 형식으로 이루어지기 때문에 約定實施權이라고도 한다.

전용실시권은 모두 디자인권자의 설정행위에 의해 발생하는 것이므로 허락실시권뿐이며, 통상실시권은 허락 · 법정 · 강제의 어느 것에 의해서도 발생한다.

(2) 법정실시권

공익상 또는 산업정책상의 견지에서 디자인권자의 의사와는 관계없이 법률상 당연히 발생하는 통상실시권으로서 다음과 같은 종류가 있다.

i) 직무디자인의 통상실시권(발명§10①)
ii) 선사용에 의한 통상실시권(§50)
iii) 선출원에 의한 통상실시권(§50의2)
iv) 디자인권의 회복 전의 실시에 의한 통상실시권(§33의3④)
v) 무효심판청구등록 전의 실시에 의한 통상실시권(§51)
vi) 디자인권 등의 존속기간 만료 후의 통상실시권(§52)
vii) 질권행사로 인한 디자인권의 이전에 따른 통상실시권(§58)
viii) 재심에 의하여 회복한 디자인권에 대한 선사용자의 통상실시권(§74의2)
ix) 재심에 의하여 통상실시권을 상실한 원권리자의 통상실시권(§74의3)

(3) 강제실시권

디자인보호법상 강제실시권은 통상실시권 허여의 심판에 의한 통상실시권(§70)뿐이다.[1)]

제 2 절 전용실시권

Ⅰ. 서 설

1. 의 의

디자인권자는 그 디자인권에 대하여 타인에게 전용실시권을 설정할 수 있다(§47①). 전용실시권(exclusive license)이라 함은 설정행위로 정한 범위 안에서 전용실시권자가 그 등록디자인 또는 이와 유사한 디자인을 독점적으로 실시할 수 있는 권리를 말한다(§47②). 디자인권에 관한 전용실시권은 디자인권과 동일한 무형의 재산권이지만 디자인권은 등록디자인에 관하여 일반적 지배를 내용으로 하는 권리인 데 비하여 전용실시권은 일정한 범위 안에서 지배하는 것을 내용으로 하는 권리라는 점에서 다르다. 또한 專用實施權은 등록디자인을 독점배타적으로 실시할 수 있는 권리이므로 독점배타성이 없는 통상실시권과도 다르다.

2. 성 질

전용실시권은 독점배타적 성질이 있다는 것을 근거로 物權的 性質을 가진 권리라고 해석되며 또한 디자인권에 부수되는 권리이다. 디자인권과 전용실시권과의 관계는 마치 토지소유권과 지상권의 관계와 유사하다. 즉, 지상권을 설정

---

1) 종전의 법에서는 특허권의 수용에 관한 특허법규정의 준용에 따라 국방상 필요에 의한 통상실시권(강제실시권) 제도가 존재하였으나 2009년 법개정에서 디자인은 물품의 미적 외관이므로 그 성질상 국방상의 필요를 상정하기 어렵고, 또한 이 경우에까지 국방상 필요를 인정하여 재산권 제한을 하는 것은 헌법상의 재산권보장원칙에 반한다는 이유로 이에 관한 규정을 삭제하였다.

하면 지상권자가 使用 · 收益의 권리를 갖고 소유자는 그 범위 안에서 사용 · 수익을 할 수 없는 것과 유사한 것이다.

Ⅱ. 전용실시권의 범위

전용실시권의 범위는 디자인권자가 업으로서 실시할 수 있는 등록디자인의 전범위에 미치는 것이 원칙이나 일정범위에 한정할 수도 있다.

1. 전범위의 전용실시권

전용실시권이 디자인권의 전범위에 걸칠 때에는 디자인권과 거의 같은 효력을 가진다. 이 경우 디자인권자는 ⅰ) 명예적 지위, ⅱ) 침해에 대한 소권, ⅲ) 전용실시권의 이전, 통상실시권의 허락 및 질권의 설정에 대한 동의권만이 남는다.

2. 일정범위에 한정된 전용실시권

전용실시권의 범위는 기간적, 지역적, 내용적인 면에서 한정할 수 있다.

(1) 기간적 한정

이는 전용실시권의 존속기간을 정하는 경우로서 디자인권의 존속기간 내에서 일정기간을 한정할 수 있다.

(2) 지역적 한정

디자인권의 효력이 미치는 대한민국 영토 내에서 그 실시지역을 서울시라든가 경기도라든가 같이 지역을 한정하는 것을 말한다.

(3) 내용적 한정

이는 등록디자인의 실시행위에 대하여 한정하는 경우로서 ⅰ) 법적 범위(생산, 사용 또는 양도의 제한, 상품에 포장을 부착하여 판매하는 행위 등), ⅱ) 질적 · 제도적 범위(실시제품의 종류 · 색 · 원재료 등의 제한), ⅲ) 유사디자인의 제한 등이 있다.

Ⅲ. 전용실시권의 효력발생

전용실시권은 디자인권자와 전용실시권을 받고자 하는 자 사이의 설정계약에 의해 성립하지만,[2] 특허청에 비치된 디자인등록원부에 등록하지 않으면 그 효력이 발생하지 않는다(§48①ii).[3] 이것은 전용실시권은 물권적 성질을 가진 권리이기 때문에 권리관계를 명확하게 하기 위한 것이다. 이 점은 당사자간의 계약이나 허락만에 의해 바로 효력이 발생하는 통상실시권의 경우와 다르다. 디자인권이 공유인 경우에는 각 공유자는 타공유자의 동의를 얻지 아니하면 그 디자인권에 대하여 전용실시권을 설정할 수 없다(§46④). 또 전용실시권의 설정은 그 등록 전에 통상실시권(등록되어 있건 없건 불문한다)이 존재하고 있어도 할 수 있고, 통상실시권을 등록한 때에는 그 등록 후에 전용실시권을 취득한 자에 대하여도 그 효력이 발생한다(§52의3①).

Ⅳ. 전용실시권의 효력 및 효력제한

1. 전용실시권의 효력

(1) 적극적 효력

전용실시권은 설정행위로 정한 범위 안에서 업으로서 그 등록디자인 또는 이와 유사한 디자인을 독점적으로 실시할 수 있고(§47②), 그 범위 안에서는 디자인권의 효력과 동일하다. 따라서 디자인권자 자신도 그 디자인권에 대한 통상실시권의 약정 없이 자기의 등록디자인 또한 이와 유사한 디자인을 실시할 수 없다. 만일 디자인권자가 전용실시권의 범위 안에서 그 등록디자인 또는 이와 유사한 디자인을 업으로서 실시하는 경우에는 전용실시권을 침해하는 것이 된다.

(2) 소극적 효력(소권)

전용실시권은 설정행위로 정한 범위 안에서 디자인권과 동일한 독점배타적 지배권이므로 이 침해행위를 하는 자에 대하여 이를 배제하는 금지청구권(§62), 손해배상청구권(민§750, §64), 부당이득반환청구권(민§741), 신용회복청구권(§66) 등 民

---

2) 전용실시권의 설정은 디자인권자와 전용실시권을 받고자 하는 자 사이의 설정계약에 의하는 것이 대부분이지만, 유언 등의 단독행위에 의해 성립하는 경우도 있다.

3) 전용실시권은 등록이 있어야 비로소 설정되지만, 전용실시권의 설정계약 후 등록되기까지의 계약당사자의 실시는 별도의 합의가 없는 한 당사자간에 독점적 통상실시권의 설정계약이 있었던 것으로 해석해야 할 것이다(吉藤, 특허, 641면).

事上의 청구권과 형사고소권을 가진다(§82).

2. 전용실시권의 효력제한

전용실시권의 효력은 설정행위의 한계 내이지만 이것은 디자인권 자체의 한계 내이므로 기본적인 디자인권이 받는 모든 제한을 받는다.

(1) 디자인권의 효력이 미치지 않는 범위 내의 제한

1) 연구 또는 시험을 하기 위한 등록디자인의 실시(§44① i)

2) 국내를 통과하는 데 불과한 선박 · 항공기 등(§44① ii)

3) 디자인등록출원시부터 국내에 있는 물건(§44① iii)

4) 등록료의 추납 등에 의하여 회복한 디자인권의 효력의 제한(§33의3③)

5) 재심에 의하여 회복한 디자인권의 효력의 제한(§74①).

6) 글자체디자인의 경우 통상적인 사용 및 그 사용으로 생산된 결과물(§44②)

(2) 법정실시권 · 강제실시권 또는 전용실시권의 발생 이전에 등록한 통상실시권에 의한 제한

전용실시권자는 법률의 규정, 행정처분 또는 설정행위로 정한 범위 내에서 타인이 등록디자인 또는 이와 유사한 디자인의 실시를 인정하지 않을 수 없으므로 그 범위내에서는 제한을 받는다.

(3) 이용 · 저촉관계에 의한 제한

전용실시권에 관련된 등록디자인 또는 이와 유사한 디자인이 타인의 선출원 권리와 이용 · 저촉관계에 있는 경우에는 선출원권리자의 허락을 얻지 않거나 통상실시권 허여의 심판에 의하지 않고는 이를 실시할 수 없다(§45①,②).

(4) 전용실시권의 포기의 제한

전용실시권자는 질권자 또는 전용실시권자로부터 실시권 허락을 받은 통상실시권자의 동의 없이 전용실시권을 포기할 수 없다(§54②).

(5) 전용실시권의 공유관계에 의한 제한

전용실시권이 공유인 경우에는 각 공유자는 타 공유자의 동의를 얻지 않고는 지분의 양도 · 질권의 설정 또는 통상실시권을 허락할 수 없다(§47⑤).

Ⅴ. 전용실시권의 이전 및 질권의 설정 등

1. 전용실시권의 이전

(1) 원 칙

전용실시권은 원칙적으로 디자인권자의 동의를 얻은 경우에 한하여 이전할 수 있다(§47③). 전용실시권의 이전은 등록을 하지 아니하면 그 효력이 발생하지 않는다(§48① ii).

전용실시권의 이전에 디자인권자의 동의를 요하도록 하는 것은 새로이 전용실시권자가 되는 자의 자본력·기술·경영능력 등에 따라 디자인권자에게 영향을 미치게 되기 때문이다.

(2) 예 외

전용실시권은 실시사업과 같이 이전하는 경우 또는 상속 기타 일반승계의 경우에는 디자인권자의 동의를 요하지 않는다(§47③). 후자의 경우에는 지체 없이 그 취지를 특허청장에게 신고하여야 한다(§48②).

실시사업과 같이 이전하는 경우 디자인권자의 동의를 요하지 않도록 한 것은 실시사업을 이전하지 않을 수 없는 경우에 디자인권자가 동의를 하지 않을 때는 당해 설비 등이 황폐해져 국민경제상 손실이 있기 때문이다.

2. 질권의 설정, 통상실시권의 허락

전용실시권자는 디자인권자의 동의를 얻은 경우에 한하여 그 전용실시권을 목적으로 하는 질권을 설정하거나 통상실시권을 허락할 수 있다(§47④).

전용실시권을 목적으로 하는 질권의 설정은 등록이 효력발생 요건이다(§48①iii). 전용실시권자가 디자인권자의 동의를 얻어 질권을 설정한 전용실시권에 대해 질권의 실행에 의한 그 전용실시권의 이전은 디자인권자의 동의를 요하지 않는다. 질권설정의 동의시에 질권의 실행에 의한 전용실시권의 이전의 동의까지 포함된 것으로 해석되기 때문이다.

Ⅵ. 전용실시권의 소멸

1. 디자인권 자체에서 오는 소멸

전용실시권은 디자인권의 존재를 전제로 하는 것이므로 기본적인 디자인권이 소멸하면 같이 소멸한다.

2. 전용실시권 자체에서 오는 소멸

전용실시권 자체의 소멸원인을 열거하면 다음과 같다.

i) 설정행위로 기간을 정한 때에는 그 기간의 만료

ii) 계약의 해제

iii) 포기: 전용실시권을 포기하는 것은 원칙적으로 자유인 것이지만 질권자 또는 통상실시권자가 있는 때에는 이들의 동의를 요한다(§54②).

iv) 混同: 혼동이란 서로 대립되는 법률적 지위가 동일인에게 귀착되는 것을 말한다. 즉 전용실시권자가 디자인권을 취득하는 경우이다. 이 경우 2개의 권리를 존속시키는 것은 무의미하므로 한쪽은 다른 쪽에 흡수되어 소멸하는 것이 원칙이나 소멸될 권리가 제3자의 목적물인 때에는 소멸하지 않는다(민§191).

상기의 소멸사유 중 ii) 및 iii)은 등록이 전용실시권 소멸의 효력발생 요건으로 되어 있다(§48① ii). 권리관계의 명확화를 기하기 위한 것이다.

제 3 절 통상실시권

Ⅰ. 서 설

1. 의 의

통상실시권(nonexclusive license)이라 함은 디자인권자(디자인권자의 동의를 얻은 경우는 전용실시권자)의 허락에 의하여 또는 법률의 규정 등에 의하여 일정 범위 안에서 업으로서 그 등록디자인 또는 이와 유사한 디자인을 실시할 수 있는 권리를 말한다. 이 권리는 전용실시권과는 달리 단지 업으로서 실시할 수 있는 권리일 뿐 독점하는 것은 아니다.

2. 성　　질

통상실시권은 등록디자인의 전범위 또는 일정범위에 대하여 단순히 실시할 수 있는 권능뿐이므로 독점배타성이 없다는 것을 근거로 債權的인 性質을 가진 권리라고 해석되며 디자인권에 부수되는 권리이다.

이와 같이 통상실시권은 채권적인 성질을 가진 권리이므로 통상실시권의 설정 후에도 디자인권자가 스스로 실시할 수 있음은 물론 동시에 같은 내용의 통상실시권을 2인 이상에게 허락할 수 있고, 또한 전용실시권의 설정도 가능하다.

Ⅱ. 통상실시권의 종류와 내용

통상실시권은 발생원인에 의하여 ⅰ) 허락실시권, ⅱ) 법정실시권, ⅲ) 강제실시권으로 대별된다.

1. 허락실시권[4)]

디자인권자 또는 전용실시권자의 허락에 의하여 발생하는 통상실시권으로서 보통 실시계약의 형식으로 이루어지므로 約定實施權이라고도 한다.

이 허락실시권은 통상실시권 중에서 가장 많은 형태이다. 실시계약에 계약상대방 1인에게만 통상실시권을 주고 다른 사람에게는 주지 않는다는 것을 명시하는 경우가 있다. 일반적으로 이 경우의 실시권을 獨占的 實施權이라 한다. 이는 전용실시권과 비슷하기는 하지만 디자인권자가 자기의 실시를 유보할 수 있는 점에서 다르다.

또 독점적 실시권의 설정 후에 디자인권자가 제3자에게 통상실시권을 설정한 때에는 디자인권자의 계약불이행으로 그 독점적 실시권자는 디자인권자에게 계약불이행에 따른 손해배상을 청구할 수 있을 뿐이지 그 제3자와의 통상실시

4) 실시계약상 주의하여야 할 사항에 대하여는 吉藤, 특허, 643면 내지 651면에 자세히 설명되어 있다.

권 설정계약이 무효로 되는 것은 아니다. 이 점에서 전 범위에 걸친 전용실시권의 설정 후에 통상실시권을 설정하는 경우와 다르다.

2. 법정실시권

공익상 또는 공평의 견지에서 디자인권자의 의사와는 무관하게 법률의 규정에 의하여 당연히 발생하는 통상실시권으로서 다음과 같은 8가지 종류가 있다. 이들은 사용자의 보호, 공평의 견지, 사업설비의 보호 등의 이유에 의해 인정되는 것이다.

(1) 직무디자인의 통상실시권

1) 의 의　직무디자인이란 종업원 등이 그 직무에 관하여 디자인 창작한 것이 사용자 등의 업무범위에 속하고 그 디자인의 창작을 하게 된 행위가 종업원 등의 현재 또는 과거의 직무에 속하는 디자인을 말한다(발명§2ⅱ). 이 경우 디자인등록을 받을 수 있는 권리는 종업원 등에 있으며 종업원 등이 디자인등록을 받았거나 디자인등록을 받을 수 있는 권리를 승계한 자가 디자인등록을 받은 경우에 사용자 등은 그 디자인권에 대하여 통상실시권을 가진다(발명§10①)(제2편 제3장 제1절 Ⅲ. 직무디자인 참조). 그러나 공무원의 직무디자인은 국가 또는 지방자치단체가 승계하며 국가 또는 지방자치단체가 승계한 공무원의 직무디자인에 대한 디자인권은 국유 또는 공유로 한다(발명§10②). 이 직무디자인의 통상실시권은 양 당사자간에 의한 계약 등 법률행위를 필요로 하지 않고 당연히 생기는 권리이다. 따라서 등록을 요하지 않는다(§52의3②).

2) 범 위　원래 법정실시권의 범위는 법률에서 정하는 바에 따르나 권리의 범위에 대해서는 법률상 정하는 바가 없으므로 등록디자인 또는 이와 유사한 디자인의 전 범위에 대해 실시할 수 있는 권리이다. 즉 기간, 지역, 내용의 어느 것에 대해서도 아무런 제약이 없고 종업원 등이 얻은 등록디자인 및 이와 유사한 디자인을 업으로서 실시하는 것이 사용자 등에게 용인되고 있다.

3) 豫約承繼　직무디자인을 실시할 권리와의 관계에서 설명하면, 직무디자인에 대해서는 이 디자인의 창작의 특수적 조건에 의해 미리 사용자 등에게 디자인등록을 받을 수 있는 권리 또는 디자인권을 승계시키는 것 또는 전용실시권을 설정하도록 정한 계약, 근무규정의 조항을 정할 수 있다. 이른바 예약승계라는 것이다. 그러나 이것도 법률의 규정에 의하여 당연히 발생하는 통상실시권과는 달리 당사자간의 계약행위에 의한 것이다.

직무디자인 이외의 예약승계는 무효가 된다(발명§10③).

(2) 선사용에 의한 통상실시권(선사용권)

1) 의　　의　　선사용에 의한 통상실시권이란 디자인등록출원시에 선의로 그 디자인의 실시사업을 하거나 사업준비를 하고 있는 자가 그 디자인권에 대하여 사업의 목적 범위내에서 법률상 당연히 가지는 법정실시권을 말한다(§50). 간단히 선사용권 또는 先用權이라고도 한다.

2) 선사용권 성립의 근거　　선의의 선사용자에게 일정 권능을 인정하는 이 권리는 본래 특허발명과 그에 선행하는 발명의 실시자와의 관계를 중심으로 하여 생성 발달된 것이다. 특허법상 선사용권을 인정하는 이론적 근거로서는 i) 선출원주의를 관철함으로써 생기는 실질적 불합리를 시정하기 위하여 선출원주의 그 자체가 갖는 흠결을 시정하고 선발명자와 선출원자의 보호의 균형을 도모하는 것이라는 발명자보호설, ii) 출원시에 이미 실시(또는 실시의 준비)를 하고 있는 선의의 사업자가 그 후의 출원에 관한 권리 때문에 실시를 계속할 수 없음은 공평의 관념에 크게 반한다는 公平說, iii) 특허출원시 이미 실시(또는 실시의 준비)를 하고 있는 사업의 계속을 불가능하게 함은 선의의 당사자에게 가혹할 뿐만 아니라 국가경제상 또는 산업정책상 바람직하지 못하다는 經濟說, iv) 발명자는 국민의 교사라는 이론에 입각하여 선사용자는 특허권자의 발명에서 배운 것이 없으므로 특허권에 복종할 필요가 없다는 教師說 등이 있다.[5)]

이상의 설에 대하여 무리없이 지지되는 설은 공평설과 경제설이다. 그러므로 선사용권 성립의 근거는 양자를 합한 공평경제설이라고 할 것이다.

3) 성립요건　　선사용권은 법정실시권이므로 설정행위를 필요로 하지 않고 선사용의 사실에 의해 발생한다.

㈎ 디자인등록출원시 실시사업 또는 사업의 준비　　디자인등록출원시란 디자인등록출원을 한 때(조약에 의한 우선권을 주장한 출원의 경우에는 제1국에 출원을 한 때)를 의미하고 그 디자인등록출원된 디자인의 실시사업 또는 그 준비는 디자인등록출원시에 이미 하고 있을 것이 필요하다. 디자인등록출원 전에 실시한 적이 있다는 것뿐으로는 선사용권의 요건은 충족되지 않는다. 디자인의 실시사업 또는 그 준비는 디자인등록출원시에 하고 있으면 충분하지 그 후에 실시사업 또

5) 齋藤, 의장, 369면; 吉藤, 특허, 653면.

는 중지(폐지는 아니다)하였다고 해도 선사용권의 요건은 충족하는 것으로 해석된다. 한번 발생된 권리가 사업 또는 준비의 폐지(폐지는 선사용권의 포기로 해석된다)를 하지 않는 한 소멸한다고 해석하여야 할 합리적 근거가 없기 때문이다.[6]

㈏ 善意의 실시　　여기서 말하는 善意란 "디자인등록출원된 디자인의 내용을 알지 못하고 그 디자인을 창작하거나 그 디자인을 창작한 자로부터 지득하여"를 약칭한 것이다. 따라서 선의의 실시란 디자인등록출원된 디자인의 내용을 알지 못하는 상태에서 자신이 창작한 디자인의 실시 또는 준비일 것, 또는 마찬가지로 출원된 디자인의 내용을 알지 못하는 상태에서 스스로 창작한 자로부터 지득한 디자인의 실시 또는 준비일 것, 즉 그 자의 디자인 창작이 디자인권자의 디자인과는 별개로 이루어질 것이 요건이 된다. 그 창작자의 여하를 불문하고 창작 그 자체가 시간적 전후를 묻는 것이 아니지만 디자인권에 관한 디자인과의 별개의 과정에 의해 창작된 디자인의 실시이어야 한다.

㈐ 國內의 실시사업 또는 사업의 준비　　선사용권을 인정받을 수 있는 실시사업 또는 사업의 준비는 國內에서 이루어진 것임을 필요로 한다. 따라서 외국에서 실시사업 또는 사업의 준비를 하고 있다 하더라도 선사용권은 인정되지 않는다. 실시사업이란 디자인등록출원 당시에 법 제2조 제6호에 규정되고 있는 형태로서의 실시사업이 되고 있는 경우를 말하며,[7] 사업의 준비란 어느 정도의 단계까지의 것을 말하는지 반드시 명확하지는 않으나 머릿속에서 생각하고 있던 정도 또는 단지 출원했다는 단계로는 준비라고 할 것까지 못 되며 준비사업을 객관적으로 증명하는 데 충분한 증거가 필요하다. 디자인을 실시하기 위하여 공장을 건설한 경우는 물론 공장부지의 매입 단계까지 진행하고 있는 경우에는 준비라고 해석해야 할 것이다.

4) 범위 및 대가　　선사용에 의한 통상실시권은 현재 실시 또는 실시의 준비를 하고 있는 디자인 및 사업의 목적의 범위 안에서 실시할 권리를 가진다. 즉, 허락에 의한 실시권이 그 범위에 대해 전용실시권과 같이 당사자의 자유로운 법률행위에 의해 정해지는 것임에 대해 법정실시권인 이 통상실시권의 범위는 법률에 의해 직접 규정된다.

선사용권의 실시 가능범위는 선의로 실시 또는 준비를 하고 있는 자기의 디

6) 吉藤, 특허, 654면.

7) 여기서의 실시는 디자인이 공지되지 아니한 상태에서 실시사업이 진행되고 있는 경우로 보아야 할 것이고 디자인에 관한 물품의 양도 등과 같은 공지적 실시는 제외된다.

자인 및 그 사업의 목적 범위 내에 한한다.[8] 따라서 현재 실시 또는 준비하고 있는 디자인이 그 디자인권의 일부에 관한 것일 때 예컨대 등록디자인이 A이고 그 A에 유사한 디자인 A_1에 대해 실시 또는 준비하고 있는 때에는 A_1디자인에 대해서만 실시를 할 권리를 가지는 데 그친다. 사업의 범위는 디자인등록출원 당시의 사업목적의 범위에 한한다. 동일한 사업목적의 범위 내라면 공장부지의 확장, 종업원의 증원 등 사업규모의 확장은 상관없다. 선사용권에 대하여는 대가의 지급에 관하여 규정하고 있지 않다. 선사용권은 디자인권자와 선사용자간의 디자인 실시의 조정이라는 공평의 이념에 의한 것이기 때문이다.

(3) 선출원에 의한 통상실시권

1) 의 의　선출원에 의한 통상실시권이라 함은 타인의 디자인권이 설정등록되는 때에 그 디자인등록출원된 디자인의 내용을 알지 못하고, 그 디자인을 창작하거나 그 디자인을 창작한 자로부터 지득하여 국내에서 그 디자인 또는 이와 유사한 디자인의 실시사업을 하거나 사업준비를 하고 있는 자(50조에 해당하는 자를 제외한다)가 그 디자인등록출원에 관한 디자인권에 대해 가지는 통상실시권을 말한다(§50의2).

종전의 법에서는 거절확정 또는 거절한다는 취지의 심결이 확정된 출원(이하 본절에서 "거절확정출원"이라 한다)은 소위 선출원의 지위를 가지고 있고, 그와 동일 또는 유사한 디자인에 관한 후출원은 등록이 배제되기 때문에 먼저 출원한 자가 거절확정출원에 관한 디자인을 실시하는 경우에도 후출원에 관한 디자인권에 의해 권리침해되는 것은 있을 수 없었다.

그러나 2007년 법개정에서 거절확정출원에 대하여는 선후원판단에 있어서 선출원으로 취급하지 않는 것으로 함에 따라(§16③), 거절확정출원과 유사한 후출원이라도 다른 등록요건을 구비하는 디자인에 대해서 등록되는 경우가 있을 수 있기 때문에 구법에서 규정하고 있는 선사용에 의한 통상실시권(§50)이 인정되지 않는 경우에는 후출원디자인의 등록에 의해 선출원의 실시가 후발적으로 제한받게 되고 그 실시자는 뜻밖의 손해를 입을 우려가 있다.

이러한 문제에 대응하기 위해 거절확정출원에 대해 선출원의 지위를 가지

---

8) 허락실시권 또는 법정실시권 중에서 직무디자인의 통상실시권은 그 디자인권에 관한 등록디자인과 이와 유사한 디자인의 실시를 목적으로 하고 또 내용으로 하는 권리인 데 비해, 선사용권은 자기 디자인의 실시에 한하여 타인의 등록디자인 또는 이와 유사한 디자인에 대해 실시할 권리를 인정받는 것인 점에서 기본적인 차이가 있다.

지 않는 것으로 함에 따라 디자인권을 취득할 수 있게 된 후출원권리자와 선출원의 거절확정출원의 출원인과의 이해관계를 조정하기 위해 일정한 요건을 구비하는 경우에 후출원에 관한 디자인권에 대한 선출원에 의한 통상실시권을 새로 형성하였다.

2) 성립요건

㈎ 선의의 실시일 것　　여기서 선의란 "디자인등록출원된 디자인의 내용을 알지 못하고 그 디자인을 창작하거나 그 디자인을 창작한 자로부터 지득하여"를 약칭한 것이다. 즉, 선사용에 의한 통상실시권(선사용권)의 성립요건에서 요구되는 선의와 동일한 취지이다.

㈏ 후출원의 타인의 디자인권의 설정등록시에 국내에서 그 디자인 또는 이와 유사한 디자인의 실시사업을 하고 있을 것　　이 요건은 실시개시의 시기적 요건에 관한 것이다. 후출원에 관한 디자인의 출원 전부터 실시사업 등에 대해서는 이미 종전의 선사용에 의한 통상실시권에 의한 구제가 규정되어 있다(§50). 따라서 이 선출원에 의한 통상실시권은 후출원에 관한 디자인등록출원에서 후출원의 디자인권 설정등록 전까지의 사이에 개시된 실시라면 타인의 등록디자인을 알 것 없이 개시된 실시이기 때문에 구제의 대상으로 한 것이다〈그림 15-1〉.

<그림 15-1> 선사용에 의한 통상실시권(제50조)과 선출원에 의한 통상실시권(제50조의2)의 적용시기의 관계

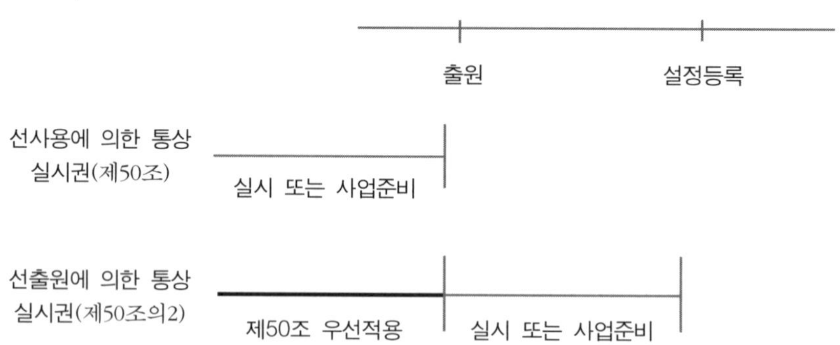

㈐ 디자인권이 설정등록된 디자인의 출원 전에 그 출원에 관한 디자인 또는 이와 유사한 디자인에 대해 출원을 하고, 그 출원에 관한 디자인의 실시사

업 등을 하고 있을 것 이 요건은 선출원의 거절확정출원과 실시디자인과의 관계에 관한 것이다. 여기서 실시사업 등을 하고 있는 디자인은 선출원에 관계되는 출원대상인 것이어야 하고, 출원디자인에 유사한 디자인은 포함되지 않는다. 예를 들면 디자인권의 설정등록시에 디자인권에 관계되는 디자인 또는 이와 유사한 디자인인 A디자인과 B디자인이 실시되고 있는 것으로서 A디자인만이 선출원의 대상으로 되어 있으면 통상실시권이 인정되는 것은 A디자인뿐이며, B디자인은 인정되지 않는다는 취지이다.

㈑ 자기의 디자인등록출원한 디자인이 법 제5조 제1항 각호의 어느 하나에 해당하고, 그 출원에 대해 거절확정되어 있지 않을 것 이 요건은 선출원의 거절확정 디자인에 관한 객관적 요건에 관한 것이다. 자기가 디자인등록출원한 디자인에 대해서 객관적으로 디자인보호법 제5조 제1항 각호의 어느 하나에 해당하고, 동시에 해당 디자인이 거절결정확정되어 있을 것이 필요하다. 따라서 거절이유가 법 제5조 제1항 각호의 어느 하나 이외의 거절이유(예컨대, 법 제5조 제1항 본문, 제5조 제2항, 제6조 등)에 해당하는 경우에는 선출원에 의한 통상실시권이 발생하지 않는다.

자기가 디자인등록출원한 디자인이 법 제5조 제1항 각호의 디자인(공지, 간행물게재 등의 디자인과 동일 또는 유사한 디자인)에 해당하는 경우로서 거절된 경우에는 자기가 디자인등록을 받을 수 없으면서도 타인의 허락 없이 실시하는 것이 가능하고 또한 그 출원한 디자인의 실시가 후출원의 등록디자인에 의해 권리침해가 되는 일은 없다고 하는 기대를 갖는 사정이 인정된다.

그래서 이 선출원에 의한 통상실시권은 자기가 출원한 디자인이 그 출원전에 공지된 디자인 또는 이와 유사한 디자인(제5조 제1항 각호의 어느 하나에 해당)이고, 동시에 거절확정된 것을 필요로 한 것이다.

㈒ 선사용에 의한 통상실시권에 해당하는 자가 아닐 것 선사용에 의한 통상실시권(§50)에도 해당하는 경우에는 제50조가 우선적용된다. 이 선출원에 의한 통상실시권은 선사용에 의한 통상실시권이 인정되지 않는 경우에 선출원에 의한 선의의 실시자를 구제하기 위한 것이기 때문이다.

3) 범위 및 대가 이 통상실시권의 범위는 실시 또는 준비를 하고 있는 디자인 및 사업의 목적의 범위 안이다. 또한 이 통상실시권이 인정되는 자는 디자인등록받은 후출원자보다도 먼저 출원한 자일 것, 동시에 후출원의 권리발생(등록) 전부터 실시사업 또는 사업준비를 하고 있는 자이고, 후출원에 관한

디자인권자의 행위(출원, 권리의 설정등록)보다도 먼저 이루어지고 있는 것이기 때문에 선사용에 의한 통상실시권(§50)의 경우와 같게 대가의 지급에 관해서는 규정하고 있지 않다(대가 불요).

(4) 디자인권의 회복 전의 실시에 의한 통상실시권

1) 의 의 디자인권의 회복 전의 실시에 의한 통상실시권이란 디자인권의 효력제한기간 중에 선의로 디자인등록출원된 디자인, 등록디자인 또는 이와 유사한 디자인의 실시 또는 준비를 하고 있는 자에 대하여 허여되는 법정실시권을 말한다(§33의3⑤). 효력제한기간이란 법 제33조 제1항의 규정에 의한 등록료의 추가납부기간(당초 정하여진 등록료의 납부기간 경과 후 6개월)이 경과한 날부터 추가납부하거나 보전한 날까지의 기간을 말한다.

종전의 디자인보호법하에서는 법 제33조 제1항의 규정에 의한 등록료의 추가납부기간까지 등록료를 납부하지 아니한 경우 디자인권의 설정등록을 받고자 하는 자의 디자인등록출원은 포기한 것으로 보며, 또 디자인권자의 디자인권은 소멸된 것으로 간주되고, 실효된 권리에 대하여는 회복할 수 없었다. 그러나 2001년 법개정에서는 등록료를 추가납부기간 내에 납부하지 못하여 디자인등록출원이 포기되거나 디자인권이 소멸된 경우, 그 등록료를 납부하지 못한 사유가 본인이 책임질 수 없는 사유로 인한 때에는 다시 6개월의 기간을 한도로 그 사유가 없어진 날부터 14일 이내에 추가납부하는 것을 인정하고(§33의3①), 이에 의해 실효된 권리가 회복되는 것으로 하였다(§33의3②). 그러나 등록료를 납부하지 않음으로써 디자인등록출원이 포기되거나 디자인권이 소멸된 줄 알고 당해 디자인 또는 이와 유사한 디자인을 실시한 행위가 소급하여 디자인권의 침해로 되는 것은 공평의 이념에 반하고, 부당하게 되므로 그 회복된 디자인등록출원 또는 디자인권의 효력은 효력제한기간 중에 다른 사람이 당해 디자인 또는 이와 유사한 디자인을 실시한 행위에 대하여는 그 효력이 미치지 않는 것으로 하며(§33의3③) 또한 효력제한기간 중에 선의의 실시사업 또는 그 사업의 준비를 하고 있는 자를 보호하고 이미 시작된 사업을 계속하게 한다는 국민경제적인 견지에서 그 실시 또는 사업준비를 하고 있는 디자인 또는 사업의 목적의 범위 안에서 그 디자인권에 당해 통상실시권을 가지는 것으로 한 것이다(§33의3④).[9]

9) 디자인권이 실효된 후 최장 6개월밖에 인정되지 않는 효력제한기간 중에 선의의 실시자에 대해 구제가 필요하게 되는 사태가 발생할 수 있을는지는 의문이다.

2) 성립요건　효력제한기간 중에 선의로 실시 또는 실시준비를 하고 있을 것이 필요하다(§33의3④). 선의란 권리자가 등록료를 납부하지 않거나 보전하지 아니함으로써 당해 디자인등록출원이 포기되거나 또는 당해 디자인권이 소멸된 줄 아는 경우라 할 것이다.

3) 범위 및 대가　이 통상실시권의 범위는 실시 또는 준비를 하고 있는 디자인 또는 사업의 목적의 범위 안에서이며, 상당한 대가의 지급을 필요로 한다(§33의3⑤).

(5) 무효심판청구등록 전의 실시에 의한 통상실시권(중용권)

1) 의　의　무효심판청구등록 전의 실시에 의한 통상실시권이라 함은 디자인등록에 대한 무효심판청구의 등록(예고등록) 전에 그 등록디자인이 무효사유에 해당되는 것을 알지 못하고 국내에서 그 디자인 또는 이와 유사한 디자인의 실시사업을 하거나 사업의 준비를 하고 있는 자에게 그 등록디자인이 무효로 된 경우 일정 범위 안에서 현존하는 디자인권(또는 디자인등록을 무효로 한 당시에 존재하는 전용실시권)에 대하여 인정되는 법정실시권을 말한다(§51①).

先使用權이 디자인권 발생 이전의 사실에 기하여 허용되는 실시권이라는 점에서 선용권이라고도 하는 데 비하여 이 실시권은 디자인권 발생 이후의 사실을 기초로 허용된다는 점에서 中用權이라고도 한다. 중용권은 일단 적법하게 성립한 기존의 사실관계를 훼손하지 않음을 취지로 한다.[10)]

2) 성립요건　중용권이 발생하기 위하여는 무효심판청구의 등록(예고등록) 전에 등록디자인이 법 제68조 제1항 각호의 무효사유에 해당됨을 알지 못하고 국내에서 당해 디자인 또는 이와 유사한 디자인의 실시사업 또는 그 사업의 준비를 하고 있을 것이 필요하다(§51①본).

3) 중용권을 가지는 자　중용권을 가지는 자는 ⅰ) 동일 또는 유사한 디자인에 대한 2 이상의 등록디자인 중 그 하나의 디자인등록을 무효로 한 경우의 원디자인권자, ⅱ) 디자인등록을 무효로 하고 동일 또는 유사한 디자인에 관하여 정당한 권리자에게 디자인등록을 한 경우의 원디자인권자, ⅲ) 예고등록 당시 그 무효로 된 디자인권에 대하여 전용실시권이나 통상실시권 또는 전용실

---

10) 그러나 디자인무심사등록디자인의 경우 실질적인 등록요건(타인의 선행디자인과의 관계를 고려한 신규성, 선출원요건 등)에 대한 심사를 거치지 않고 등록된 권리이므로 무효로 된 디자인무심사등록디자인권자 또는 그 실시권자에게 중용권을 인정하는 것은 자칫 부실권리에 대해 면죄부를 부여하는 결과로 될 우려가 있다.

시권에 대한 통상실시권을 취득하고 그 등록을 받은 자이다(§51① i 내지 iii).

상기 i)은 이미 등록이 이루어지고 그 권리가 병존하는 경우 하자가 있는 것으로서 등록이 무효되는 경우이며, ii)는 이를테면 후출원에 관한 디자인이 잘못되어 등록된 경우 아직 심사 또는 심판에 계속 중인 선출원자가 선등록을 무효로 한다는 심판을 청구하고 이것이 받아들여져 무효가 되어 선출원에 관한 디자인이 등록된 경우에 무효가 된 디자인의 디자인권자가 해당한다.

4) 범위 및 대가 중용권의 실시가능한 범위는 실시 또는 준비하고 있는 디자인 및 사업의 목적범위 내에 한한다. 중용권은 선사용권과 달리 상당한 대가의 지급을 필요로 한다(§51②).

(6) 디자인권 등의 존속기간 만료 후의 통상실시권

1) 의 의 디자인권 등의 존속기간만료 후의 통상실시권이란 디자인권과 저촉되는 디자인권이 그 존속기간의 만료로 소멸된 경우 현존하는 디자인권에 대하여 소멸된 디자인권의 실시자에게 인정되는 법정실시권을 말한다.

디자인권은 등록디자인 또는 이와 유사한 디자인을 업으로서 실시하는 것을 독점하는 권리이지만, 이 디자인권이 유사한 디자인에 관한 부분에 대해서는 두 가지 권리가 중복되는 경우가 있음을 예상하고 그 조정에 대하여는 선출원 우위의 원칙을 적용하여 출원이 앞서는 디자인권을 우선시키고 있다(제14장 제8절 다른 권리와의 조정 - 이용과 저촉 참조). 그러나 선행 디자인권의 존속기간이 만료되면 유효한 권리로 존속하는 것은 후출원 디자인권이므로 선출원 디자인권 중 중복되는 부분에 관한 디자인의 실시를 하게 되면 존속 중인 후출원 디자인권을 침해하는 것이 된다. 이 경우 선출원 디자인권이 존속기간 만료로 권리가 소멸된 경우라 하여 그 실시하던 사업을 디자인권의 침해를 이유로 중지시키는 것은 법 제45조 및 제70조의 규정과의 형평상 또는 경제상 타당하지 않게 된다. 법은 이러한 사태를 회피하기 위해 그 원디자인권자 및 그 디자인권에 대해 전용실시권이 있는 자에게 후출원의 디자인권(또는 그 디자인권에 대해 존재하는 전용실시권)에 대해 통상실시권을 인정하는 것이다. 같은 날 출원에 관한 디자인권의 존속기간이 만료된 경우(§52①) 및 디자인등록출원일 전 또는 같은 날 출원에 관한 특허권 · 실용신안권이 디자인권과 저촉되는 경우의 특허권 · 실용신안권의 존속기간이 만료하는 경우에도 동일하게 인정된다(§52③).

2) 성립요건

㈎ 등록디자인에 유사한 디자인이 그 디자인등록출원일 전 또는 같은 날

출원일 것 　소멸된 디자인권의 디자인권자 등이 존속 중인 디자인권에 대해 통상실시권을 갖기 위해서는 그 디자인등록출원일 전이거나 같은 날 출원이어야 한다.

㈏ 저촉관계에 있을 것 　디자인권과 디자인권, 특허권 또는 실용신안권이 저촉관계에 있을 때 양자간 실시상의 충돌문제가 발생하므로 통상실시권이 인정되는 경우는 양 권리가 저촉관계에 있는 중 디자인권 등이 먼저 소멸된 경우이다.

㈐ 존속기간 만료로 소멸되었을 것 　디자인권 등의 소멸사유가 존속기간의 만료인 경우에 한한다. 등록료의 불납, 포기 등에 의하여 권리가 소멸된 경우에는 인정되지 않는다. 권리를 계속 존속시킬 의사가 없었던 자에 대하여까지 굳이 실시권을 인정할 필요가 없기 때문이다.

3) 통상실시권을 갖는 자 　디자인권 또는 전용실시권에 대하여 법정통상실시권을 갖는 자는 i) 그 디자인등록출원일 전의 출원 또는 같은 날 출원으로서 존속기간이 만료된 디자인권, 특허권, 실용신안권의 원디자인권자, 원특허권자, 원실용신안권자, ii) 이들 권리의 존속기간 만료 당시에 그 권리에 대한 전용실시권 또는 전용실시권에 대해 등록된 통상실시권이 있는 자이다.

4) 범위 및 대가 　통상실시권의 범위는 원디자인권, 원특허권, 원실용신안권 또는 전용실시권자 또는 통상실시권자의 원권리에 한정되며, 그 실시에는 상당한 대가의 지급을 필요로 한다(§52④).

(7) 질권행사로 인한 디자인권의 이전에 따른 통상실시권

1) 의 　의 　질권행사로 인한 디자인권의 이전에 따른 통상실시권이라 함은 디자인권에 설정된 질권의 실행에 의하여 디자인권이 경락된 경우 경락 전의 디자인권자가 경락 후 새로운 디자인권자의 디자인권에 대해 갖게 되는 법정실시권을 말한다(§58). 이 실시권은 질권설정 이전에 그 등록디자인 또는 이와 유사한 디자인을 실시하고 있던 원디자인권자에게 실시상태를 계속 유지시키는 것이 산업발전에 타당하다는 산업정책상의 견지에서 인정되는 것이다.

2) 성립요건 　당해 디자인권에 대하여 질권설정 이전에 그 등록디자인 또는 이와 유사한 디자인의 사업의 실시를 하고 있는 경우이어야 한다. 중용권과는 달리 사업준비는 포함되어 있지 않다.

3) 범위 및 대가 　질권실행 후의 전 디자인권자의 통상실시권의 범위는 질권설정 당시의 사업목적 범위내로 한정하고 있지 않으므로 전 권리자는

등록디자인 또는 이와 유사한 디자인에 대하여 통상실시권을 가지는 것으로 해석된다. 전 디자인권자는 질권의 실행에 의하여 새로운 권리자로 되는 디자인권자에게 상당한 대가를 지급하여야 한다(§58후단).

(8) 재심에 의하여 회복한 디자인권에 대한 선사용자의 통상실시권

1) 의 의 재심에 의하여 회복한 디자인권에 대한 선사용자의 통상실시권이란 심결의 확정 후에 심결의 결과를 신뢰하여 등록디자인 또는 이와 유사한 디자인의 실시 등을 하고 있던 중 확정된 심결에 대한 재심에 의하여 상반된 심결이 된 경우 심결확정 후 재심청구등록 전에 선의로 실시하고 있던 자를 보호하기 위하여 인정되는 법정실시권을 말한다(§74의2).

이 실시권은 심결확정 후의 사실에 대하여 인정되는 권리이므로 後用權이라고도 한다.

디자인권은 무효심결의 확정에 의하여 처음부터 없었던 것으로 되기 때문에 그 디자인은 누구든지 자유로이 실시할 수 있게 된다. 그러나 재심에 의하여 디자인권이 회복하면 무효심결의 확정에서부터 회복까지의 사이에 디자인권이 존재하지 않는 것으로 믿고 한 타인의 실시는 모두 침해행위가 된다. 이렇게 되면 공평의 원칙에 반하고 거래의 안전을 현저하게 해치게 되므로 심결이 확정된 후 재심청구의 등록 전에 선의로 실시한 일정한 디자인권에 관련되는 물품 및 일정한 실시행위에 대하여는 디자인권의 효력이 미치지 않는 것으로 하여(§74) 디자인권의 소극적 효력의 한계를 둠과 동시에 나아가 그간에 있어서의 선의의 실시사업 또는 그 사업의 준비를 하고 있는 자를 보호하고 이미 시작된 사업을 계속하게 한다는 國民經濟的인 견지에서 그 실시 또는 준비를 하고 있는 디자인 및 사업의 목적의 범위 안에서 그 디자인권에 대하여 통상실시권을 가지는 것으로 한 것이다. 선사용권의 취지와 같은 취지에 의하는 것이므로 대가의 지급을 요하지 않는다.

2) 성립요건

(가) 다음의 확정된 심결이 재심에 의해 상반된 심결이 될 것

i) 무효로 된 디자인권이 재심에 의하여 회복된 경우

ii) 디자인권의 권리범위에 속하지 아니한다는 심결이 확정된 후 재심에 의하여 이와 상반되는 심결이 확정된 경우

iii) 거절할 것이라는 심결이 있었던 디자인등록출원에 대하여 재심에 의하여 디자인권의 설정등록이 있는 경우

(나) 심결확정 후 재심청구의 등록 전에 선의로 국내에서 그 등록디자인 또는 이와 유사한 디자인의 실시사업 또는 사업준비를 하고 있을 것

확정된 심결에 재심사유가 있다는 사실을 알고 실시 등을 하는 악의의 실시자에게 법정실시권을 인정할 필요는 없으므로, 실시권의 요건을 충족시키기 위해서는 선의일 것이 요구된다. 여기에서 말하는 재심청구의 등록 전이란 재심청구에 대한 예고등록을 말한다.

따라서 재심청구의 예고등록 이후의 실시자는 재심청구사실을 알고 실시한 자에 해당되므로 실시권이 인정되지 않는다.

3) 후용권을 가지는 자　　후용권을 가지는 자는 재심청구등록 당시에 등록디자인 또는 이와 유사한 디자인의 실시사업을 하고 있는 자 또는 실시사업의 준비를 하고 있는 자이다.

4) 범위 및 대가　　후용권의 범위는 실시하고 있거나 또는 실시사업의 준비를 하고 있는 디자인 및 사업의 목적범위 안에서이다.

재심청구등록 당시의 실시상태를 계속할 수 있도록 하는 것으로 제도의 목적은 달성될 수 있으므로 그 이상 범위를 확대할 필요는 없다.

후용권은 대가의 지급 없이 무상으로 등록디자인 또는 이와 유사한 디자인을 실시할 수 있다.

(9) 재심에 의하여 통상실시권을 상실한 원권리자의 통상실시권

1) 의　　의　　재심에 의하여 통상실시권을 상실한 원권리자의 통상실시권이라 함은 디자인보호법 제70조의 규정에 의하여 통상실시권을 허여한다는 심결이 확정된 후 재심에 의하여 이에 상반되는 심결의 확정이 있는 경우 재심청구등록 전에 선의로 국내에서 그 디자인의 실시사업을 하고 있는 자 또는 그 사업의 준비를 하고 있는 자를 보호하기 위하여 인정되는 법정실시권을 말한다(§74의3).

이 통상실시권은 강제실시권이 법정실시권으로 轉換되는 경우이다. 이 실시권은 산업정책상의 견지에서 인정되는 것이다.

2) 성립요건

(가) 통상실시권 허여의 심결이 확정된 후 재심에 의하여 이와 상반되는 심결이 확정될 것　　법 제70조의 규정에 의하여 통상실시권 허여의 심결이 있게 되면 양 권리간에 이용·저촉관계가 확인되고 당사자는 그 심결의 결과에 따라 실시사업 등을 하게 된다. 그런데 재심에 의하여 그 통상실시권을 인정할

수 없다는 취지의 다른 심결이 이루어지면 양 권리간에는 이용 · 저촉관계가 성립하지 않는 것이 되어 원심결에 의하여 통상실시권을 허여받은 자가 타인의 권리를 실시할 때에는 침해문제가 발생한다. 이것은 법을 신뢰한 선의의 실시자에게 예측하지 못한 피해를 주는 결과가 되므로 그 구제수단으로 원실시권자에게 일정한 조건하에 실시권을 인정할 필요가 있다.

(나) 통상실시권을 허여받은 자는 재심청구의 등록 전에 선의로 국내에서 그 디자인의 실시사업 또는 실시사업의 준비를 하고 있을 것 통상실시권을 허여한 확정심결에 대하여 재심청구의 예고등록 당시에 그 심결에 재심사유가 있음을 알지 못하고 국내에서 그 디자인의 실시사업을 하고 있거나 그 실시를 위한 사업의 준비를 하고 있어야 한다.

3) 통상실시권을 가지는 자 재심청구등록 당시에 그 디자인의 실시사업을 하고 있는 자 또는 사업의 준비를 하고 있는 자이다.

4) 범위 및 대가 원통상실시권의 사업의 목적 및 디자인의 범위 안에서 등록디자인 또는 이와 유사한 디자인을 업으로서 실시할 수 있다. 재심청구등록 당시의 사업상태를 계속 유지할 수 있도록 하면 제도의 목적을 달성할 수 있으므로 그 이상 확장 인정할 이유는 없다. 통상실시권을 갖게 되는 자는 디자인권자 또는 전용실시권자에게 상당한 대가의 지급을 필요로 한다(§74조의3②).

3. 강제실시권

등록디자인의 적극적 실시를 도모하기 위하여 심판에 의하여 강제적으로 허여되는 실시권으로서 강제실시권은 특허청의 심판에 의한 실시권이므로 법률의 규정에 의하여 발생하는 법정실시권과 상이하고 또한 당사자의 계약에 의하여 성립하는 허락실시권과도 상이하다. 디자인보호법상 강제실시권에는 통상실시권 허여의 심판에 의한 통상실시권이 있다(§70).

(1) 통상실시권 허여의 심판에 의한 통상실시권

등록디자인 또는 이와 유사한 디자인이 타인의 선출원권리와 利用 · 抵觸관계에 있을 때 후출원 디자인권자 등이 그 타인의 권리에 대하여 실시의 허락을 받고자 하는 경우에 그 타인이 정당한 이유 없이 허락하지 않거나 허락을 받을 수 없는 때에는 자기의 등록디자인 또는 등록디자인에 유사한 디자인의 실시에 필요한 범위 안에서 통상실시권 허여의 심판을 청구할 수 있고, 한편 통상실시권을 허여한 자가 통상실시권의 허여를 받은 자의 등록디자인 또는 등록디자인에 유사한 디자인의 실시를 필요로 하는 경우에 그 통상실시권을 허여받은 자가 실시를 허락하지 않거나 실시의 허락을 받을 수 없는 때에는 통상실시권의 허여를 받아 실시하고자 하는 등록디자인 또는 등록디자인에 유사한 디자인의 범위 안에서 통상실시권 허여의 심판을 청구할 수 있다(§70①,②). 이와 같은 심판절차에 의하여 허여된 실시권을 통상실시권 허여의 심판에 의한 통상실시권이라 한다.

이 실시권의 부여절차와 그 요건, 범위 및 대가에 대해서는 후술(제17장 제3절 Ⅵ.통상실시권 허여의 심판)하므로 여기서는 생략한다.

Ⅲ. 통상실시권의 효력발생 및 등록의 효력

1. 통상실시권의 효력발생

통상실시권의 효력발생요건은 그 종류에 따라 다르다.

1) 허락실시권 당사자간의 계약 등 법률행위의 완성에 의하여 발생한다. 이것은 디자인권자의 의사에 의한 것이다.

2) 법정실시권 법률에 규정하는 실시권의 발생요건이 완성한 때에 발생한다.

3) 강제실시권 심결의 등본의 송달이 있었을 때 발생한다.

2. 통상실시권 등록의 효력

1) 통상실시권은 등록이 對抗要件이므로 등록이 없어도 그 효력이 발생하나 제3자에게 대항할 수 없다.

2) 통상실시권을 등록한 때에는 그 등록 후에 디자인권 또는 전용실시권을 취득한 자에 대하여 그 효력이 발생한다(§52의2①).

3) 법정실시권은 등록이 없더라도 디자인권 또는 전용실시권을 그 후에 취득한 자에 대하여 효력이 발생한다(§52의2②).

4) 통상실시권의 이전・변경・소멸 또는 처분의 제한, 통상실시권을 목적으로 하는 질권의 설정・이전・변경・소멸 또는 처분의 제한은 이를 등록하지 않으면 제3자에게 대항할 수 없다(§52의2③).

Ⅳ. 통상실시권의 효력

1. 업으로서의 실시

통상실시권은 업으로서 그 등록디자인 또는 이와 유사한 디자인을 실시하는 권리이지만 그 효력범위는 통상실시권의 종류에 따라 다음과 같이 다르다.

(1) 허락실시권

허락실시권은 당사자간의 계약에 의하여 설정행위로 정한 범위 안에서 업으로서 그 등록디자인 또는 이와 유사한 디자인을 실시할 수 있는 권리를 가진다.

(2) 법정실시권

법정실시권은 i) 등록디자인의 전 범위에 대하여 인정되는 경우(직무디자인의 통상실시권), ii) 사업의 목적의 범위 안에서 인정되는 경우(선사용권, 디자인권의 효력 제한기간 중의 실시에 의한 통상실시권, 중용권, 질권행사로 인한 디자인권의 이전에 따른 통상실시권, 재심에 의하여 회복한 디자인권에 대한 선사용자의 통상실시권, 재심에 의하여 통상실시권을 상실한 원권리자의 통상실시권), iii) 원권리의 범위 안에서 인정되는 경우(디자인권 등의 존속기간 만료 후의 통상실시권)가 있다.

(3) 강제실시권

권리의 이용·저촉관계에 의한 통상실시권 허여의 심판에 의한 통상실시권은 자기의 등록디자인의 실시에 필요한 범위 안에서 실시할 수 있다.

2. 訴 權

통상실시권자가 그 권리침해를 이유로 소권을 행사할 수 있을 것인가에 대하여는 견해가 나누어진다. 통상실시권은 i) 채권적인 것이므로 배타성이 없고 따라서 제3자에 의한 권리침해는 있을 수 없다는 견해(부정설), ii) 통상실시권이 債權的인 것이어도 권리인 이상 不可侵性이 있다고 하여 권리침해가 있을 수 있다는 견해(긍정설), iii) 독점적 실시권으로 등록되어 있는 것에 대해서는 실시권 침해를 인정해야 한다는 견해 등이 있다.[11)]

---

11) 금지청구권·손해배상청구권 모두 부정하는 견해(천효남, 특허, 509면; 황종환, 의장, 631면), 금지청구권은 부정하고 손해배상청구권은 인정하는 견해(이수웅, 의장, 498면), 금지청구권·손해배상청구권 모두 인정하는 견해(정윤진, 공업소유권법, 273면), 독점적 실시권의

그러나 통상실시권은 디자인권자 또는 전용실시권자만을 의무자로 하고, 그 자에 대해서만 주장할 수 있는 상대권이므로 제3자가 당해 등록디자인을 무단 실시하더라도 제3자의 위법한 실시행위는 원칙으로 당해 디자인권의 침해로는 될 수 있어도 통상실시권 그 자체를 침해하는 것은 아니므로 통상실시권자는 직접 제3자를 상대로 금지청구 또는 손해배상청구 등을 할 수 없다고 생각된다.

Ⅴ. 통상실시권의 이전 및 질권의 설정

1. 통상실시권의 이전

(1) 원 칙

1) 통상실시권은 강제실시권의 경우를 제외하고 디자인권자(전용실시권에 관한 통상실시권의 경우는 디자인권자 및 전용실시권자)의 동의를 얻은 경우에 한하여 이전할 수 있다(§49④). 통상실시권의 이전은 계약에 의하여 효력이 발생하며 등록은 제3자 대항요건이다(§52의2③).[12]

2) 통상실시권 허여의 심판에 의하여 부여되는 통상실시권(강제실시권)은 그 통상실시권자의 해당 디자인권과 함께 이전된다(§49③). 통상실시권 허여의 심판에 의한 통상실시권은 이용·저촉관계의 조정을 위하여 부여된 강제실시권이므로 당해 권리가 존속하는 한 계속 실시의 필요성이 있으므로 당해 권리와 운명의 동일체로 한 것이다.

(2) 예 외

통상실시권은 실시사업과 같이 이전하는 경우 또는 상속 기타 일반승계의 경우에는 디자인권자(전용실시권에 관한 통상실시권에 있어서는 디자인권자 및 전용실시권자)

경우에는 금지청구권·손해배상청구권을 인정하는 견해(吉藤, 특허, 642면)가 있다.

12) 제3자 대항요건이라는 것은 예를 들면 甲으로부터 통상실시권을 양도받은 乙이 이전등록을 하기 전에 甲이 재차 그것을 丙에게 양도한 경우 乙이 만약 이전등록을 해두었다면 제3자 대항요건을 구비하고 있기 때문에 제3자인 丙에 대해서 자기쪽이 먼저 이전되었음을 주장할 수 있으나 乙이 이전등록되어 있지 않다면 제3자인 丙에게 자기가 먼저 양수받았음을 주장할 수 없다는 것을 말한다. 만일 丙이 이전등록을 하였을 때에는 오히려 丙은 제3자인 乙에 대해 자기가 이전받은 것임을 주장할 수 있는 결과가 된다.

의 동의를 요하지 않는다(§49④).

2. 질권의 설정

통상실시권은 강제실시권(§70, 특§138, 실§32)의 경우를 제외하고 디자인권자(전용실시권에 관한 통상실시권에 있어서는 디자인권자 및 전용실시권자)의 동의를 얻은 경우에 한하여 그 통상실시권을 목적으로 하는 질권을 설정할 수 있다(§49⑤). 질권은 그 실행에 따라 통상실시권의 이전이 생길 가능성이 있기 때문이다. 또한 통상실시권을 목적으로 하는 질권의 설정은 등록이 제3자 대항요건으로 되어 있다(§52조의2③).

Ⅵ. 통상실시권의 소멸

1. 디자인권(또는 전용실시권) 자체에서 오는 소멸

통상실시권은 디자인권(또는 전용실시권)의 존재를 전제로 하는 것이므로 그 기초가 되는 디자인권, 전용실시권의 소멸에 의해 당연히 소멸한다.

2. 통상실시권 자체에서 오는 소멸

1) 허락실시권　　허락실시권은 ⅰ) 설정기간의 만료, ⅱ) 설정계약의 해제, ⅲ) 포기(통상실시권에 질권이 설정되어 있는 경우 질권자의 동의 없이 포기할 수 없다), ⅳ) 혼동(통상실시권자가 디자인권 또는 전용실시권을 취득하는 경우)에 의하여 소멸한다.

2) 법정실시권　　법정실시권의 소멸로서 특유한 것에 실시사업의 폐지가 있다.

3) 강제실시권　　강제실시권의 소멸로서 재심에 의해 통상실시권의 허여와 상반되는 심결이 확정된 경우가 있다.

16
chapter

디자인권의 侵害와 그 救濟

제 1 절 디자인권의 침해

Ⅰ. 서　　설

1. 디자인권 침해의 의의

디자인권의 침해라 함은 권원 없는 제3자가 업으로서 등록디자인 또는 이와 유사한 디자인을 실시하는 것 또는 일정의 예비적 행위를 하는 것을 말한다(§41, §63).

디자인권은 등록디자인 또는 이와 유사한 디자인의 실시를 獨占하는 권리이며(§41) 적극적 효력(독점적 효력)과 소극적 효력(금지적 효력)[1]을 가지는 재산권이다. 따라서 제3자가 正當한 권원 없이 디자인권 내용의 실시를 하면 디자인권의 侵害가 된다. 디자인권이 침해된 경우 권리자는 민사상·형사상의 구제조치를 강구할 수 있다.

2. 디자인권 침해의 특수성

디자인권의 권리객체는 물품의 미적 외관이라는 무체물이기 때문에(§2 i) 사실상의 점유가 불가능하고 침해가 되기 쉽다는 특질이 있다. 그런 한편, 침해성

---

1) 디자인권의 소극적 효력은 디자인권의 적극적 효력의 결과로 나타난 반사적인 효력이라 할 수 있다.

부의 판단 및 침해의 입증이 곤란하고 권리행사상 여러 가지의 장애가 있다. 그래서 디자인보호법은 이와 같은 디자인권 침해의 특수성을 감안하여 민법에는 규정하고 있지 않은 여러 가지 특별한 규정(§63, §64, §65)을 설치하여 디자인권자의 보호강화를 도모하고 있다.

Ⅱ. 디자인권 침해의 성립요건

디자인권의 침해가 성립하기 위하여는 이하의 요건이 필요하다.

1. 디자인권이 유효하게 존재할 것

디자인권이 유효하게 존재하는 경우에만 침해가 성립한다. 이것은 권리침해의 전제조건이다.

2. 등록디자인의 범위내에 있을 것

타인의 실시행위가 디자인권의 효력범위 내에 있어야 한다. 디자인권의 효력범위는 디자인등록출원서의 기재사항 및 그 출원서에 첨부한 도면·사진 또는 견본과 도면에 기재된 디자인의 설명에 표현된 디자인에 의하여 정하여진다(§43).

디자인권의 실질적인 효력범위는 등록디자인 또는 이와 유사한 디자인이다.

3. 제3자에 의한 違法行爲가 있을 것

타인의 등록디자인 또는 이와 유사한 디자인의 실시는 정당한 권원이나 이유가 없는 실시이어야 한다. 디자인권의 침해는 제3자에 의한 위법행위임을 요하므로 실시권자에 의한 실시 등 정당한 권원을 가진 자에 의한 실시, 디자인권의 효력이 미치지 않는 범위내의 실시 등 정당한 이유가 있는 실시의 경우에는 위법성이 조각되어 디자인권의 침해가 성립되지 않는다. 전용실시권자 또는 통상실시권자라 하더라도 그 권리의 내용이 설정행위 등에 있어서 제한되어 있을 때 그 제한을 벗어난 실시행위는 정당한 권원 없는 행위로서 여기서 말하는 위법행위가 된다. 또한 디자인권자, 전용실시권자 또는 통상실시권자의 권리가 타인의 권리와 이용·저촉관계에 있을 때에는 그 선출원권리자의 허락 없이 실시하는 행위는 위법행위가 된다.

4. 업으로서의 실시일 것

타인의 실시는 업으로서 행하는 실시이어야 한다. 업으로서란 일정한 목적하에 반복계속적으로 행하는 有機的 활동으로서의 사업을 의미한다. 따라서 개인적·가정적인 실시 등 비사업적인 실시는 디자인권의 침해가 성립되지 않는다. 여기서 실시란 디자인에 관한 물품을 생산·사용·양도·대여 또는 수입하거나 그 물품의 양도나 대여를 위한 청약을 하는 행위를 말한다(§2vi).

5. 일정의 예비적 행위를 하는 것

일정의 예비적 행위란 등록디자인이나 이와 유사한 디자인의 물품의 생산에만 사용하는 물품을 업으로서 생산·양도·대여 또는 수입하거나 그 물품의 양도 또는 대여의 청약을 하는 행위를 말한다(§63). 이와 같은 예비적 행위는 디자인권의 직접침해에는 해당하지 않지만 디자인권자의 보호를 강화하기 위하여 침해로 의제한다.

제 2 절 디자인권 침해의 태양

디자인권 침해의 태양은 직접침해와 간접침해로 나눌 수 있다.

Ⅰ. 직접침해

디자인권자 또는 전용실시권자 이외의 자가 정당한 권원 없이 타인의 등록디자인 또는 이와 유사한 디자인을 업으로서 실시하거나 기타의 방법으로 디자인권에 대하여 직접적인 침해를 가하는 것을 말한다. 디자인보호법상 직접침해에 관한 명문규정을 두고 있지 않으나 이것은 디자인보호법 제41조(디자인권의 효력)에 규정된 디자인권 본래의 효력이 정당한 권원 없는 자의 실시행위로부터 침해된 경우 그 자체를 말하므로 별도로 직접침해에 관한 규정을 둘 필요가 없기 때문이다.

Ⅱ. 간접침해(擬制侵害)

등록디자인이나 이와 유사한 디자인에 관한 물품의 생산에만 사용하는 물품을 업으로서 생산·양도·대여 또는 수입하거나 업으로서 그 물품의 양도 또는 대여의 청약을 하는 행위는 당해 디자인권 또는 전용실시권을 침해한 것으로 본다(§63). 디자인보호법은 전기한 디자인권의 직접적인 침해행위를 규제할 뿐만 아니라 등록디자인의 범위에 관한 물품의 생산에만 사용하는 물품의 실시행위(사용행위는 제외)에 대해서도 이를 침해로 간주하여 보호의 범위를 확대하고 있다. 이를 間接侵害 또는 擬制侵害라고 한다.

예컨대 텔레비전 수상기에 디자인등록이 되어 있을 경우 타인이 그 디자인등록된 텔레비전 수상기만을 생산하기 위한 부품을 실시하는 경우 또는 그 텔레비전 수상기의 조립에 필요한 일체의 물품을 세트로 판매하는 행위 등이다.

이 규정은 직접적으로는 디자인권의 침해를 구성하지 않는 전단계에 있는 일정의 예비적 행위에 대하여도 법률상 침해행위로 의제하여 디자인권을 침해로부터 효과적으로 보호하기 위한 것이다. 등록디자인이나 이와 유사한 디자인에 관계되는 물품의 생산에만 사용하는 물품이란 일반적으로 부품, 재료, 형틀, 장치, 공작기계 기타의 설비 등이라고 해석되고 있다. 간접침해가 성립되기 위하여는 직접침해를 요하는가에 대하여는 ⅰ) 직접침해의 실행과 관계없이 성립한다는 견해(독립설)와 ⅱ) 직접침해의 실행이 있는 경우에만 성립한다는 견해(종속설)로 나누어지고 있으나 독립설이 통설적 견해이다.[2)]

---

2) 독립설은 ⅰ) 법 제63조에서 간접침해의 실시유형을 침해로 간주하도록 별도로 규정하고 있고, ⅱ) 직접침해와 간접침해의 관계를 침해성립의 주종관계로 제한하고 있지 않고 있으며, ⅲ) 디자인보호법이 중간적인 물품(다른 목적에도 사용하고 있는 물품, 예컨대 기초제품, 범용품 등)에 의한 간접침해를 인정하고 있지 않은 것 등을 이유로 한다.

제 3 절 디자인권 침해의 방어적 제도

Ⅰ. 유사디자인제도

디자인권의 효력은 등록디자인뿐만 아니라 이와 유사한 디자인에도 미친다(§41). 그러나 이와 유사한 디자인의 범위는 불명확하다. 따라서 디자인보호법은 자기의 등록디자인 또는 디자인등록출원한 디자인(기본디자인)에만 유사한 디자인에 대하여는 유사디자인의 디자인등록을 받을 수 있는 유사디자인제도를 설치하고 있다(§7). 따라서 기본디자인에 유사한 범위에 있는 디자인에 대해 유사디자인으로 등록받아 두면 그 등록된 범위내에서는 권리가 명확하여지기 때문에 권리침해를 미연에 방지할 수 있고 또한 권리가 침해된 경우에는 신속한 구제조치를 강구할 수 있다.

Ⅱ. 비밀디자인제도

디자인은 물품의 미적 외관이기 때문에 타인이 모방하기 쉽고, 유행에 좌우되는 특질이 있다. 그래서 디자인보호법은 디자인권자의 보호를 도모하기 위해 디자인등록출원인의 청구에 의해 디자인권의 설정등록일부터 일정기간(3년 이내) 등록디자인의 내용을 공개하지 않고 비밀로 하여두는 비밀디자인제도를 설치하고 있다(§13). 따라서 디자인을 비밀로 할 것을 청구하여 일정기간 등록디자인의 내용을 비밀로 하게 되면 제3자에 의한 등록디자인의 모방침해를 방지할 수 있다.

Ⅲ. 출원공개제도

출원공개제도란 출원인의 신청에 의하여 출원디자인의 내용을 공개하는 것을 말한다(§23의2). 출원공개가 있은 후에는 그 출원된 디자인 또는 이와 유사한 디자인을 업으로서 실시한 자에게 경고할 수 있고 또 경고를 받거나 출원공개된 디자인임을 알고 실시한 자에게는 보상금의 지급을 청구할 수 있도록 되어 있으므로(§23의3①,②) 이 출원공개제도도 디자인권 침해에 대한 방어적 기능을 가진다고 할 수 있다.

Ⅳ. 디자인등록표시

디자인등록의 표시는 디자인보호법에만 있는 독자의 것은 아니지만 디자인권자는 등록디자인에 관한 물품 또는 그 물품의 용기나 포장 등에 디자인등록의 표시를 할 수 있다(§79). 판매품에 디자인등록의 표시를 함으로써 침해를 미연에 방지할 수 있고 또 디자인등록의 표시는 침해행위에 과실추정(§65)을 강화하는 효과를 가진다.

제 4 절 민사상의 구제

디자인권은 행정절차에 의해 발생한 권리이지만, 그 권리는 사적 재산권이기 때문에 침해에 대한 민사상의 구제는 일반법인 민법의 규정에 의한다. 디자인권의 침해에 대한 민사상의 구제에는 i) 금지청구권, ii) 손해배상청구권, iii) 부당이득반환청구권, iv) 신용회복조치 등이 있다.

Ⅰ. 금지청구권

1. 의 의

디자인권자 또는 전용실시권자는 자기의 권리를 침해한 자 또는 침해할 우려가 있는 자에 대하여 그 침해의 금지 또는 예방을 청구할 수 있다(§62①). 이

청구권은 디자인권자 또는 전용실시권자가 가지는 등록디자인 또는 이와 유사한 디자인을 절대적으로 지배하는 권리가 침해된 때에 그 침해행위를 금지시키기 위해 인정되는 物權的 請求權이다. 이를 금지청구권이라 한다.

2. 태 양

금지청구권은 다음과 같이 침해금지·예방청구권과 폐기·제거청구권으로 나누어진다.

(1) 침해금지·예방청구권

침해금지·예방청구권은 침해행위의 금지 또는 예방을 청구하는 것으로서 통상적으로는 상대방의 不作爲를 청구하는 것이다. 이 청구권은 침해행위에 대처하는 가장 유효한 수단이 된다.

(2) 폐기·제거청구권

폐기·제거청구권은 침해행위를 조성한 물품의 폐기, 침해행위에 제공된 설비의 제거 기타 침해의 예방에 필요한 행위를 청구하는 것으로서 상대방의 作爲를 청구하는 것이다(§62③). 원래 침해행위의 조성물 또는 침해행위에 제공된 설비를 가지고 있는 그 자체만으로는 디자인권의 침해를 구성하는 것은 아니지만 침해가 긍정되어 금지청구소송이 받아들여지는 경우 이들 물품을 피고의 손에 그대로 맡겨둔다면 또다시 침해행위를 할 우려가 있기 때문에 금지청구의 실효를 거두기 위하여 인정하는 청구권이다. 그러나 이 청구권은 독립으로 청구할 수 있는 것으로 되지 않고 금지청구에 부대하여서만 청구할 수 있다.

3. 성립요건

(1) 청구할 수 있는 자

금지청구를 할 수 있는 자는 디자인권자 또는 專用實施權者이다(§62①). 통상실시권자가 가지는 통상실시권은 채권적인 성질의 것으로서 통상실시권자에게는 물권적 청구권인 금지청구권이 인정되지 않는다(제15장 제3절 Ⅳ. 통상실시권의 효력, 2.소권 참조).

(2) 침해행위

디자인권 또는 전용실시권을 현재 침해하는 행위의 존재 또는 침해할 우려가 있는 행위의 존재가 필요하다. 이 행위에는 디자인권 또는 전용실시권을 직접 침해하는 경우뿐만 아니라 間接侵害의 경우도 포함된다.

(3) 청구대상자

금지청구의 상대방은 현재 침해를 하고 있는 자 또는 침해의 우려가 있는 행위를 하는 자로서 고의 · 과실이 있음을 필요로 하지 않는다.

4. 가 처 분

(1) 의 의

디자인권의 침해행위가 있으면 금지청구소송을 법원에 제기할 수 있으나 이러한 本案訴訟은 판결에 상당한 기간이 소요되므로 금지청구소송 제기 전에 또는 이와 동시에 가처분을 신청할 수 있다(민집§300). 가처분은 권리분쟁이 있고 본안소송의 확정을 기다리는 동안 현저한 손해를 받거나 또는 급박한 손해를 막을 수 없는 등의 긴급을 요하는 이유가 있을 경우에 우선 법원에 가처분신청을 하여 법원의 가처분 명령에 의해 잠정적으로 그 침해행위를 금지시킬 수 있는 제도이다. 디자인보호법이 규정한 디자인권 침해에 대한 금지청구권을 피보전권리로 하는 금지의 가처분은 이론상, 실제상으로 중요하며 현실적으로 분쟁의 상당 부분이 가처분 결과에 따라 해결되는 경우가 많다.

(2) 가처분신청의 요건

1) 가처분신청을 하기 위하여는 피보전권리, 즉 금지청구권이 있어야 한다. 이에 대하여는 디자인권자 또는 전용실시권자가 자신의 권리에 대한 침해의 사실 또는 침해의 우려가 있음을 주장하고 소명하여야 한다.

2) 본안소송의 확정을 기다릴 수 없는 긴급성이 있거나 현저한 손해를 피하기 위하여 현재의 금지가 필요한 상황이어야 한다.

5. 비밀디자인의 특례

통상의 디자인권의 경우에는 권리침해에 대한 금지청구권의 행사시 사전에 반드시 경고를 요하는 것이 아니다. 그러나 디자인보호법 제13조의 규정에 의해 비밀디자인으로 디자인등록을 받은 경우에는 디자인권이 설정등록되었다 하더라도 비밀청구된 기간에는 디자인공보에 디자인권의 실체적인 내용이 게재되지 않으므로 제3자는 그 디자인권의 내용을 알 수 없기 때문에 침해되었다고 바로 금지청구권을 인정하는 것은 선의의 실시자에게 너무 가혹하다. 따라서 비밀디자인권의 침해의 경우에는 비밀디자인의 실체적 내용을 서면으로 제시하여 경고를 한 후가 아니면 금지청구권을 행사할 수 없다(§62②).

Ⅱ. 손해배상청구권

1. 의 의

손해배상청구권이라 함은 디자인권이 고의 또는 과실에 의해 침해된 경우에 침해자에 대하여 침해에 의해 입은 손해의 배상을 청구할 수 있는 권리를 말한다. 이 손해배상청구권은 민법 제750조의 "고의 또는 과실로 인한 위법행위로 타인에게 손해를 가한 자는 그 손해를 배상할 책임이 있다"는 규정에 근거한 것이다. 민법상의 不法行爲에 관한 이 규정은 디자인권 또는 전용실시권자는 고의 또는 과실로 인하여 자기의 디자인권 또는 전용실시권의 침해에 대해서도 적용이 되어 디자인권자 또는 전용실시권을 침해한 자에 대하여 그 침해에 의하여 입은 손해배상을 청구할 수 있다(§64). 이 손해배상청구권은 채권이며 채권 일반원칙에 의해 양도할 수 있다.

금지청구권이 침해의 금지 또는 예방을 목적으로 하는 것인 데 대하여 손해배상청구권은 이미 발생한 손해의 塡補를 목적으로 한다.

2. 성립요건

1) 주관적 요건으로 불법행위 일반원리에 따라 손해배상청구권이 발생하기 위하여는 고의 또는 과실이 있을 것을 요한다.

2) 객관적 요건으로는 ⅰ) 권리자의 권리(디자인권)가 침해될 것(위법행위의 존재), ⅱ) 침해행위로 인해 손해가 발생할 것을 요한다. 손해배상청구에 대하여는 경고의 先行을 요하지 않는다. 따라서 소정의 요건을 만족하면 손해배상청구가 가능하다.

3. 디자인보호법상의 특별규정

민법 제750조의 규정에 의하여 손해배상을 청구할 경우에는 청구인 측에서 상대방의 고의·과실과 손해액 등을 입증하여야 하지만, 무체재산권에 대하여는 그 立證이 곤란하다. 그래서 디자인보호법은 디자인권자의 부담을 경감하고 디자인권자의 보호를 강화하기 위하여 다음과 같은 여러 가지 특별규정을 두고 있다.

(1) 과실의 추정

1) 원 칙 타인의 디자인권 또는 전용실시권을 침해한 자는 그 침

해행위에 대하여 과실이 있는 것으로 추정한다(§65①). 민법상 불법행위의 고의 · 과실에 대한 立證責任은 청구하는 측에 있으나 디자인보호법은 불법행위의 주관적 요건인 과실에 관한 입증책임을 침해자에게 전환하고 있다(입증책임의 전환). 디자인권 또는 전용실시권은 그 내용이 등록원부, 디자인공보에 의해 공시되어 일반공중에게 널리 알려질 수 있고 또 업으로서 등록디자인을 실시하는 사업자에게 당해 디자인에 관한 물품분야에서 디자인권의 침해에 대한 주의의무를 부과하는 것은 정당하다는 취지에서이다. 디자인무심사등록디자인의 디자인권자 · 전용실시권자 또는 통상실시권자가 타인의 디자인권 또는 전용실시권을 침해한 경우에도 동일하다(§65②). 디자인무심사등록디자인은 신규성(§5①각호), 선원성(§16) 등의 실질적인 디자인등록요건의 전부에 대한 심사를 거치지 않고 등록이 허여된 것이므로 디자인무심사등록을 받았음을 이유로 과실의 추정규정의 적용을 배제하는 것은 타당하지 않기 때문이다.

2) 예 외 비밀디자인으로 설정등록된 디자인권 또는 전용실시권의 침해에 대하여는 그 침해행위에 대하여 과실이 있는 것으로 추정되지 않는다(§65①단). 비밀디자인권은 설정의 등록이 있어도 디자인공보에 그 디자인권의 실체적인 내용이 게재되어 공개되지 않기 때문에 비밀디자인과 동일 또는 유사한 디자인을 실시하고 있는 제3자에게 과실이 있는 것으로 추정하는 것은 不合理하기 때문이다. 따라서 이 경우에는 비밀디자인의 디자인권자 또는 그 전용실시권자가 상대방의 과실을 입증하여야 한다.

(2) 손해배상의 범위

손해배상의 범위는 침해와 상당인과관계가 있는 모든 손해로서 적극적 손해, 소극적 손해 및 정신적 손해를 모두 포함하며 금전배상이 원칙이다.

적극적 손해라 함은 침해행위로 인하여 디자인권자 등이 이미 가지고 있던 이익이 손실되는 경우로서 이른바 발생손해를 말한다. 예컨대 침해품이 시장에 나돌게 되어 디자인등록품의 판매를 포기하거나 기타 이유로 효용이 멸각 · 감소되는 경우를 말하며 침해사실을 위한 조사비용도 여기에 포함된다.

소극적 손해라 함은 침해행위가 없었더라면 디자인권자가 얻을 수 있었던 이익의 손실, 즉 喪失利益을 말한다.

그러나 디자인권 침해의 경우 그 침해가 시장에서 발생한 손해이기 때문에 침해자의 영업노력, 대체품의 존재 등 여러 가지 요인이 존재하며 특히 침해행위와 손해의 발생간에 因果關係가 있는 손해배상 범위의 입증이 곤란하다. 그래서 종전의 디자인보호법은 제64조 제1항에서 디자인권 침해에 의한 손해범위의 입증의 곤란성을 고려하여 민법 제750조에 대한 특칙으로서 권리를 침해한 자가 그 침해행위에 관하여 이익을 받은 때에는 그 이익의 액을 디자인권자 또는 전용실시권자가 받은 손해의 액으로 추정함으로써 상실이익 입증의 용이화를 도모하고 있었다. 그러나 이 규정은 '그 침해행위에 의하여 이익을 받은 때'를 전제로 하고 있어 ⅰ) 침해자가 이익을 올리고 있지 아니한 경우(설비투자에 의한 적자, 샘플판매 등)나 ⅱ) 그 이익이 적은 경우(박리판매 등)에는 권리자의 상실이익에 대응하는 손해배상이 이루어지지는 않는다는 한계가 있었다. 따라서 이러한 문제를 해결하기 위해 2001년 법개정에서는 특허법 등 타산업재산법과 공통으로 침해자의 영업노력이나 대체품의 존재 등의 사정이 존재하여 침해품의 양도수량 모두를 권리자가 판매할 수 없는 경우에도 이들 사정을 고려한 타당한 상실이익의 배상을 가능하게 하는 손해액 산정기준을 법 제64조 제1항으로 하여 새로 만들고 종전의 제1항 내지 제3항은 제2항 내지 제4항으로 위치를 변경하였다. 이하에서 손해배상의 범위에 관한 디자인보호법상의 특별규정에 대해 설명한다.

1) 손해액의 산정방식 　디자인권자 또는 전용실시권자는 고의 또는 과실로 인하여 자기의 디자인권 또는 전용실시권을 침해한 자에 대하여 그 침해에 의하여 자기가 입은 손해의 배상을 청구하는 경우 당해 권리를 침해한 자가 그 침해행위를 하게 한 물건을 양도한 때에는 그 물건의 양도수량에 디자인권자 또는 전용실시권자가 침해행위가 없었다면 판매할 수 있었던 물건의 단위수량당 이익액을 곱한 금액을 디자인권자 또는 전용실시권자가 받은 손해액으로 할 수 있다(§64①).

"디자인권자 또는 전용실시권자는 고의 또는 과실로 인하여 자기의 디자인권 또는 전용실시권을 침해한 자에 대하여 그 침해에 의하여 자기가 입은 손해의 배상을 청구하는 경우"라는 것은 민법 제750조의 규정에 의해 디자인권의 침해에 의한 손해배상을 청구하는 경우라는 의미이다.

"권리를 침해한 자가 그 침해행위를 하게 한 물건을 양도[3]한 때에는"이란 디자인권 또는 전용실시권을 침해하는 물건이 양도된 경우를 대상으로 한 산정기준이라는 것을 명확히 한 것이다. '침해행위를 하게 한 물건'의 문언은 디자

3) '양도'란 유상판매와 무상배포(예를 들어 견본품 배포)를 포함하는 개념이다(디자인보호법 §2ⅵ). 침해자가 시장에 진입하기 위해 견본품을 배포한 경우에는 판매수량의 감소라고 하는 손해를 초래하기 때문에 양도가 된다.

인보호법 제62조 제3항에서 규정하는 '침해행위를 조성한 물품'과 같은 뜻으로서 그 침해행위의 필연적 내용을 이룬 물건을 말한다.

예를 들면 운동화에 대하여 디자인등록되어 있는 경우에 그 운동화를 생산하여 타인의 디자인권을 침해한 경우는 그 운동화가 침해행위를 하게 한 물건이 된다. 침해행위는 물건의 양도만이 아니라 대여 등의 여러 가지 의미가 포함되어 있는데 본 조항에서 '물건을 양도한 때'라고 규정한 것은 과거 민법 제750조에 의거해 손해배상이 청구된 판결의 대부분이 침해자가 침해품을 양도함으로써 발생된 권리자의 판매수량이 감소하는 손해에 대해서 배상을 요구하는 것이고, 또한 본 산정기준에 모든 침해행위를 열거하는 것은 조문의 구성상 어렵기 때문에 침해행위의 대표적인 케이스인 양도의 경우를 규정한 산정기준으로 한 것이다.

그러나 양도 이외의 경우(대여 등)에 대해서도 본 규정의 산정기준이 타당한 경우에는 이와 같은 사고방식을 참고로 한 손해배상액 산정이 가능할 것으로 생각된다.

또한 "그 물건의 양도수량에 디자인권자 또는 전용실시권자가 침해행위가 없었다면 판매할 수 있었던 물건의 단위수량당 이익액을 곱한 금액을 디자인권자 또는 전용실시권자가 받은 손해액으로 할 수 있다." 이것은 권리자가 입증해야 할 사실을 정한 것이다. 침해자의 양도수량, 침해행위가 없었다면 권리자가 판매할 수 있었던 물건의 단위수량당 이익액을 권리자가 입증했을 때에는 이에 의하여 침해액을 산정할 수 있다는 취지를 규정한 것이다.

"이 경우 손해액은 디자인권자 또는 전용실시권자가 생산할 수 있었던 물건의 수량에서 실제 판매한 물건의 수량을 뺀 수량에 단위수량당 이익액을 곱한 금액을 한도로 한다. 다만, 디자인권자 또는 전용실시권자가 침해행위 외의 사유로 판매할 수 없었던 사정이 있는 때에는 당해 침해행위 외의 사유로 판매할 수 없었던 수량에 따른 금액을 빼야 한다"라고 후단규정을 설정한 것은 손해액 배상에 있어서 상기의 상한선을 넘은 범위에 대해서까지 권리자가 판매할 수 있었다고 하는 것은 합리성이 결여되며 침해자의 영업노력, 시장에 있어서의 대체품의 존재 등의 사정에 따라서는 애초 침해자가 양도한 침해품의 수량 전부를 권리자가 판매할 수 있었다고 말할 수 없는 경우가 있다.

이러한 경우에까지 본문 규정에 의해 산정되는 액수를 손해액으로 하는 것은 적당하지 않기 때문에 이러한 사정이 있는 경우에는 해당 사정에 상당하는 수량에 따른 금액을 빼야 한다는 취지를 규정한 것이다. 이 후단에서 규정하는 요건은 침해자가 입증해야 할 것으로 해석된다.

2) 손해액의 추정 디자인권자 또는 전용실시권자가 고의·과실에 의하여 자기의 디자인권 또는 전용실시권을 침해한 자에 대하여 그 침해에 의하여 자기가 받은 손해의 배상을 청구하는 경우 권리를 침해한 자가 그 침해행위에 의하여 이익을 받은 때에는 그 이익의 액을 디자인권자 또는 전용실시권자가 받은 손해의 액으로 推定한다(§64②). 이는 디자인권자 등이 자신에게 발생된 인과관계에 있는 손해를 입증하는 것이 용이하지 않으므로 침해자가 얻은 이익액을 손해액으로 추정한 것이다. 따라서 디자인권자 등이 자기가 입은 손해액을 증명할 수 있는 경우에는 그 손해액을 청구할 수 있음은 물론이다. 다만, 이것은 어디까지나 추정규정이므로 침해자가 자기가 받은 이익과 침해행위와의 사이에 인과관계가 없다는 것을 입증하면 후술하는 實施料 相當額으로 평가할 수밖에 없을 것이다.

3) 실시료 상당액 디자인권자 또는 전용실시권자는 고의 또는 과실에 의하여 자기의 디자인권 또는 전용실시권을 침해한 자에 대하여 그 등록디자인의 실시에 대하여 통상 받을 수 있는 금액에 상당하는 액을 자기가 받은 손해의 액으로 하여 그 손해배상을 청구할 수 있다(§64③). 손해액의 추정규정과 같은 취지에 따른 것이다.

여기에서 그 등록디자인의 실시에 대하여 통상받을 수 있는 금액에 상당하는 액이란 통상실시권을 허여할 경우 받을 수 있는 실시료에 상당하는 금액이다.[4)]

그러나 손해의 액이 실시료 상당액을 초과하는 경우에는 그 초과액에 대하여도 손해배상을 청구할 수 있다. 이 경우 디자인권 또는 전용실시권을 침해한 자에게 고의 또는 중대한 과실이 없는 때에는 법원은 손해배상의 액을 정함에 있어서 이를 참작할 수 있다(§64④).

4) 상당한 손해액의 인정 法院은 디자인권 또는 전용실시권의 침해와 관계되는 소송에 있어서 손해가 발생된 것은 인정되나 그 손해액을 입증하기 위하여 필요한 사실을 입증하는 것이 해당 사실의 성질상 극히 곤란한 경우에

4) 이 규정은 손해액의 산정기준으로서 소위 실시료설을 채용한 것이 아니고 실시료 상당액을 최소한의 손해액으로 하여 청구할 수 있는 기준을 나타낸 것에 불과하다.

는 제1항 내지 제4항의 규정에 불구하고 변론 전체의 취지[5]와 증거조사의 결과[6]에 기초하여 상당한 손해액을 인정할 수 있도록 한다(§64⑤). 이 규정은 민사소송법 제202조가 지향하는 바를 디자인권 침해소송에 있어서도 적용가능토록 하기 위해 2001년 법개정에서 도입하였다.

즉, 인간의 인식능력이나 당사자의 입증노력에는 일정한 한계가 있기 때문에 타인의 디자인권 또는 전용실시권의 침해로 인하여 권리자에게 손해가 발생된 것은 인정되지만 그 손해액의 입증을 위한 필요한 사실의 입증이 곤란하여 이에 관한 증거자료를 제시하지 못하는 경우가 있다. 이 경우 법원은 디자인권 침해구제의 적정화를 위하여 본조 제1항 내지 제4항의 규정에 불구하고, 변론 전체의 취지와 증거조사의 결과에 기초하여 상당한 손해액을 인정할 수 있도록 한 것이다.

형사소송에 있어서는 증거재판주의에 기초하여 증거자료만이 증거원인이 되나 민사소송에 있어서는 증거자료와 함께 변론의 전취지도 증거원인이 되고, 또 적법하게 실시된 증거조사에 의하여 얻은 증거자료의 증거력의 평가는 법관의 자유로운 판단에 맡기는 것이므로 법원이 변론 전체의 취지와 증거조사의 결과에 기초하여 상당한 손해액을 인정할 수 있도록 하였다.

5) 서류의 제출명령 법원은 디자인권 또는 전용실시권의 침해에 관한 소송에 있어서 당사자의 신청에 의하여 타당사자에 대하여 당해 침해행위로 인한 손해의 계산을 하는 데에 필요한 서류의 제출을 명할 수 있다(§67). 민사소송법 제344조의 문서제출 명령에 관한 규정의 보충규정이다. 손해액의 계산시 침해자가 생산 · 판매한 침해품의 수량이나 가격을 모르고는 정확한 계산을 할 수 없으므로 손해액의 계산을 용이하게 하기 위한 것이다.

다만, 그 서류의 소지자가 정당한 이유가 있는 때에는 그 서류의 제출을 거절할 수 있다(§67단).

---

5) 변론 전체의 취지란 증거조사의 결과를 제외한 일체의 소송자료로서 당사자의 주장내용 · 주장태도 · 증거신청의 시기 기타 변론의 취지에서 얻은 인상 등 변론에서 나타난 일체의 적극 · 소극의 사항을 말한다. 예를 들면 전후 일관성 없는 주장, 간단한 사실을 땀을 흘리거나 낯을 붉히면서 주장하는 태도, 진실의무의 위반, 공동피고의 자백, 공격방어방법의 제출시기 따위이다(이시윤 저, 「민사소송법」, 박영사, 1997, 560 · 561면 참조).

6) 증거조사의 결과라 함은 법원이 적법한 증거조사에 의하여 얻은 증거자료를 말한다. 예를 들면 증언 · 감정 · 검증 또는 본인심문결과 따위이다(상게서, 561면 참조).

Ⅲ. 부당이득반환청구권

부당이득반환청구권이란 정당한 법률상의 원인 없이 타인의 재산(또는 노무)으로 인하여 이득을 얻고 이로 인하여 타인에게 손실을 가한 자에 대하여 손실자가 자기가 받은 손실을 최대한으로 그 이익의 반환을 청구할 수 있는 권리를 말한다(§741).

불법행위에 의한 디자인권 침해에 대하여는 그 구제를 용이하게 하기 위하여 디자인보호법상 특별규정을 두고 있으나 부당이득반환제도에 대하여는 디자인보호법상 명문의 규정이 없으나 이론상 디자인권자에게 부당이득반환청구권을 인정함에는 이론이 없다.

즉 법률상 원인 없이 디자인권을 실시하여 이익을 얻는 자에 대하여 이로 인하여 디자인권자 등이 손해를 받은 때에는 그 이익의 반환을 청구할 수 있다(민§741). 그 액은 受益者가 선의인 경우에는 현재이익을 반환할 책임이 있고 악의인 경우에는 수익자는 그 받은 이익에 이자를 붙인 이익을 반환할 책임이 있다(민§748①,②).

부당이득반환청구권과 손해배상청구권은 양자가 그 요건 및 효과를 달리하기 때문에 학설상 문제로 되고 있으나 통설은 침해자가 고의·과실이 있고 그 행위에 의하여 이득을 얻고 있는 경우에는 부당이득의 성립요건과 중복되므로 디자인권자 등은 손해배상과 부당이득반환 중 어느 하나를 선택하여 청구할 수 있다는 입장이다. 그러나 부당이득반환은 손해배상청구와는 달리 고의·과실이 없는 경우라도 청구할 수 있고, 손해배상청구권의 소멸시효(손해 및 가해자를 안 날로부터 3년)가 완성된 경우에도 부당이득반환청구권(소멸시효, 10년)을 행사할 수 있는 점에서 실익이 있다.

Ⅳ. 신용회복조치

신용회복조치란 고의 또는 과실에 의하여 디자인권 또는 전용실시권을 침해함으로써 디자인권자 또는 전용실시권자의 업무상의 신용을 실추하게 한 자에 대하여 업무상의 신용회복을 위하여 필요한 조치를 명하도록 법원에 청구하는 것을 말한다(§66). 업무상의 신용을 실추하는 행위는 침해자가 조악품을 생산하여 판매하는 경우 등이다. 침해품이 디자인권자의 제품보다 품질이 우수하거나 동등한 경우에는 업무상의 신용을 실추한 행위라고 할 수 없고 또한 디자인권을 침해하였다는 사실이 있을 뿐인 경우에도 업무상의 신용이 실추되었다고 볼 수는 없다. 신용회복에 필요한 조치로서는 신문 · 잡지에 사죄광고 또는 라디오 · TV 등 대중통신 매체에 의한 사죄방송 등이 있다. 그러나 헌법재판소에서는 민법상의 명예훼손에 대한 신용회복조치 청구소송(민§764)에서 법원이 재판으로 사죄광고명령을 내리는 것은 헌법이 규정하는 양심의 자유(헌§19)에 반한다는 취지의 위헌결정을 내린 바 있어 판결에 의해 사죄광고를 명하는 것이 가능할지 의문이다. 따라서 그 대체수단으로서 침해자의 비용으로 디자인권 침해죄 등의 유죄판결 또는 민사손해배상청구소송의 패소판결을 신문 · 잡지 등에 게재하는 방법을 취하여야 할 것이다.[7)]

Ⅴ. 기타의 민사적 구제조치

1. 경 고

타인이 자기의 디자인권을 침해하고 있는 것을 알았을 때에는 그 행위의 중지와 앞으로도 계속 침해하는 경우 법적 조치를 취할 것이라는 경고를 하는 것이 일반적이다. 경고는 확실, 명확을 기하기 위하여 문서(통상 경고장)로 하고 내용증명우편이나 배달증명우편방법에 의하는 것이 일반적이다. 경고장에는 자기의 권리, 상대방의 침해사실을 구체적으로 제시하고 기한을 정하여 상대방의 회답을 요구하는 것이 보통이다. 또한 경고는 그 자체로서는 특별한 법적 효과가 발생하는 것은 아니지만 상대방이 경고를 받고도 침해행위를 계속하면 경고

---

7) 민법 제764조의 위헌여부에 관한 헌법재판소의 위헌결정요지는 다음과 같다.

ⅰ) 민법 제764조가 사죄광고를 포함하는 취지라면 … 헌법 제19조에 위반되는 동시에 헌법상 보장되는 인격권의 침해에 이르게 된다.

ⅱ) 위 ⅰ)의 의미는 동조 소정의 처분에 사죄광고가 포함되지 않는다고 하여야 헌법에 위반되지 아니한다는 것으로서, 이는 동조와 같이 불확정개념으로 되어 있거나 다의적인 해석가능성이 있는 조문에 대하여 한정 축소해석을 통하여 얻어진 일정한 합헌적 의미를 천명한 것이며 그 의미를 넘어선 확대는 바로 헌법에 위반되어 채택할 수 없다는 뜻이다(헌재 1991.4.1.선고 89헌마160 판결).

후의 침해행위에 대하여 고의·과실이 없었다고 주장하기 어렵다. 또 권리자는 부당이득반환청구소송에서 상대방의 악의를 용이하게 주장할 수 있는 등의 효과가 있다. 실제에는 경고를 계기로 하여 상대방과 실시계약을 체결하는 등, 訴訟事件으로 발전하지 않고 끝나는 일이 적지 않다.

2. 증거보전

디자인권의 침해에 대한 소제기의 전후에 관계없이 증거조사를 해놓지 않으면 증거의 사용이 불가능한 사정이 있는 경우에는 소송당사자나 당사자가 될 자는 통상 소송절차와는 별도로 법원에 증거보전(증거조사)신청을 하여 그 결과를 보전하게 할 수 있다(민§346). 증거조사의 내용으로는 증인신문, 검증, 서증 등이 있으나 실제로는 손해액의 산정에 필요한 장부의 제출, 침해제품의 존재를 명확하게 하기 위한 검증을 구하는 경우가 많다.

제 5 절 형사상의 구제

디자인권 또는 전용실시권의 침해에 대해서는 민사상의 책임이 추궁될 뿐만 아니라 형사상의 제재도 가해진다. 즉 디자인보호법 제82조에 규정하는 침해죄이다. 침해죄에 대하여는 양벌규정이 있고 법인의 침해행위에 대하여는 중과한다(§87).

Ⅰ. 侵 害 罪

1. 침해죄의 내용

디자인권 또는 전용실시권을 침해한 자는 7년 이하의 징역 또는 1억원 이하의 벌금에 처한다(§82①). 침해죄는 형법총칙의 규정이 적용된다. 따라서 디자인권 침해죄가 성립되기 위해서는 ⅰ) 범죄구성요건에 해당하여야 하고(당해 실시행위가 등록디자인의 권리범위에 속하여야 한다), ⅱ) 행위에 위법성이 있어야 하며(등록디자인의 실시행위가 법률에 위반되는 것이어야 한다), iii) 행위자가 책임능력이 있어야 한다. 또한 故意를 필요로 하고 과실만으로는 범죄를 구성하지 않는다(형§13). 디자인권 침해중지의 경고를 받은 경우 그 이후의 행위는 특별한 사정이 없는 한 고의가 없었다고 하기 어렵다.

간접침해행위를 한 경우에도 침해죄가 성립하는가에 대하여는 설이 나뉜다.[8] 긍정설은 간접침해행위도 침해행위에 해당되므로 민사책임을 물을 수 있을 뿐만 아니라 고의가 있는 경우에는 침해죄가 성립한다는 것이고, 부정설은 간접침해규정은 민사책임을 논함에 있어 침해의 전단계에 있는 행위를 침해로 의제하여 권리자를 보호하기 이한 정책적인 규정이므로 형사책임에까지 이를 그대로 적용하는 것은 죄형법정주의에 반하는 확장해석이므로 침해죄가 성립하지 않는다는 것이다. 이와 관련하여 대법원 판결에서는 확장해석을 금하는 죄형법정주의의 원칙과 간접침해행위의 예비적 성격을 들어 침해죄에 해당하지 않는다고 하고 있다.[9] 또한 종전에는 침해죄에 대한 형량의 상한이 징역 5년, 벌금 5천만원에 그치고 있었으나 디자인권의 강한 보호와 위법행위의 억제를 위하여 2001년 법개정에서 형량의 상한을 인상하였다. 또한 형량의 상한에 대하여는 형법상의 일반 절도죄의 형량(6년 이하의 징역)을 고려하면서 특허법과의 균형을 유지하기 위해 징역 7년, 벌금 1억원으로 한 것이다.

2. 친 고 죄

디자인권 침해죄는 개인의 이익보호를 목적으로 하는 것이므로 親告罪로 되어 있다(§82②).[10]

---

8) 침해죄의 성립을 긍정하는 입장에는 윤종렴, 의장, 580면; 정윤진, 특허법, 343면; 천효남, 특허, 531면이 있고, 침해죄의 성립을 부정하는 견해에는 이상경, 지적재산, 320면; 송영식 외, 지적소유권법, 450면 등이 있다.

9) 대법원 1993. 2. 23.선고 92도3350 판결.

10) 일본은 平成 10년(1998년) 법개정에서 특허권, 실용신안권, 디자인권 침해죄를 종전의 친고죄에서 모두 비친고죄로 하였다. 종전에 일본법이 친고죄로 한 것은 디자인권은 공익성이 강한 상표권과는 달리 사익적 성격 및 인격적인 요소를 갖는다는 것이었다. 그러나 근래에는 연구개발에 다액의 투자를 요하므로 그 성과를 보호하는 특허권 또는 디자인권의 중요성이 점차 높아지고 있고, 사익이라 하더라도 침해에 의해 권리자가 입는 피해가 크다는 사실, 그리고 근래 연구개발이 개인주체에서 법인주체로 이행되어 권리의 취득자가 주로 법인이라고 생각해도 좋은 상황이며 따라서 인격권의 보호라는 요소는 거의 불식되고 있다는 생각에서 상표법과 마찬가지로 비친고죄로 바꾼 것이다.

따라서 공소제기에 고소를 요하며 고소기간은 범인을 알게 된 날로부터 6월 이내이고(형소§230), 고소권은 디자인권의 이전과 함께 그 승계인에게 이전된다.

디자인권의 전범위에 대해 전용실시권이 설정된 경우 디자인권자가 단독으로 고소할 수 있는지, 나아가 전용실시권자의 의사에 반하여 고소할 수 있는지에 관하여 전용실시권이 설정되었다 하더라도 디자인권자에게는 침해에 대한 소권 등은 남아 있는 것이므로 디자인권자는 전용실시권자의 의사와는 관계없이 피해자로서 고소할 수 있다고 해석된다. 또한 디자인권이 공유인 경우에 공유자 중 한 사람이 단독으로 고소할 수 있는지의 여부는 그것이 보존행위적 성격을 갖는 점에서 각 공유자가 단독으로 고소를 할 수 있다고 해석되어야 할 것이다.

Ⅱ. 양벌규정 및 법인 重課

법인의 대표자, 법인 또는 개인의 대리인·사용인 기타 종업원이 그 법인 또는 개인의 업무에 관하여 디자인권 침해죄를 범한 경우에는 그 행위자를 벌하는 외에 그 법인 또는 개인에 대하여도 감독책임을 물어 벌금형에 처한다. 이 경우 그 개인에 대하여는 제82조의 벌금형(1억원 이하)에, 특히 법인에 대하여는 3억원 이하의 벌금형에 처하도록 하여 법인에 대하여는 重課하고 있다(§87). 다만, 형벌 중에서 자유형은 그 성질상 법인에는 적용할 수 없기 때문에 벌금형만 과한다.

이 양벌규정에 대해서는 디자인권의 침해에 있어서 정당한 권원 없이 업으로서 등록디자인 또는 이와 유사한 디자인을 실시(생산·사용·양도 등)하는 침해행위는 법인기업의 업무의 일환으로 행하여지고 있고 등록디자인 또는 이와 유사한 디자인의 실시 등에는 통상 어느 정도의 제조능력이 필요함과 아울러 침해의 주체가 주로 법인이기 때문에 침해에 의해 초래되는 이익은 개인에 의한 경우에 비해 크다고 예상되고 있으나 법인에 대한 벌금의 상한이 종전에는 침해죄의 경우 5천만원에 그치는 것으로 되어 있어 그 방지에 한계가 있었기 때문에 2001년 법개정에서는 권리보호의 강화의 관점과 침해죄에 대해서 충분한 방지력을 확보하기 위해 법인중과를 도입하여 특히 법인에 대한 벌금액의 상한을 인상하였다.

또한 벌금액의 상한에 대하여는 특허법과의 균형을 고려하면서 자연인과 법인과의 자력격차를 감안하여 3억원으로 하였다.

제 6 절 구제조치에 대한 방어방법

Ⅰ. 事前調查

이상 설명한 디자인권 침해에 대한 민사적·형사적 구제방법은 디자인권 또는 전용실시권의 불가침성을 보장하기 위한 것이지만, 디자인권자 등은 때로는 이 구제방법을 오용 또는 남용하는 경우가 적지 않다. 예컨대 침해가 되지 않는 사실을 침해라고 하여 소송 등을 통해 제3자를 공격하는 일이 가끔 있다. 따라서 디자인권자 등으로부터 권리의 대항을 받은 자는 구체적인 방어수단을 강구하기 전에 침해주장 사실의 진위파악을 위하여 다음과 같은 사항에 대하여 사전조사할 필요가 있다. 즉 i) 상대방이 정당한 권리자인지, ii) 권리가 현재 유효하게 존속하고 있는지, iii) 계쟁대상물이 등록디자인의 권리범위에 속하는지, iv) 등록디자인의 실시에 대해 정당한 권원이 있는지, v) 디자인권의 성립에 하자가 없는지 등을 사전 조사하여 그에 따른 적절한 대응을 할 수 있다.

Ⅱ. 권리자의 구제조치가 不當하다고 판단하는 경우

1. 답변서 제출

디자인권 내용의 실시행위가 정당한 이유가 있거나 침해행위를 한 사실이 없는 경우에는 권리자에게 그러한 취지의 답변을 할 필요가 있다.

2. 권리범위에 속하지 않는다는 주장

실시행위가 디자인권의 권리범위에 속하지 않는 경우에는 권리침해가 되지 않는다는 취지를 주장함으로써 권리자의 부당한 공격을 방어할 수 있다. 이 경우 제3자(주로 변리사, 변호사)의 감정서[11]나 특허심판원에 권리범위확인심판을 청구하고 심판청구사실증명서를 법원에 제출하는 경우가 자주 행해지고 있다. 법원은 필요하다고 인정된 때에는 심결이 확정될 때까지 그 소송절차를 中止할 수 있다(§72의28②).

3. 디자인등록의 무효주장

당해 디자인권에 무효사유가 있는 경우에는 그 취지를 주장하여 침해의 성립을 부정할 수 있다. 그러나 무효사유가 존재하는 디자인권이라 하더라도 무효가 확정되지 않는 한 디자인권의 효력이 부정되지 않으므로 일단 특허청에 디자인등록의 무효심판을 청구하고 법원에 그 취지를 진술하는 것이 바람직하다.[12]

법원은 필요하다고 인정된 때에는 심결이 확정될 때까지 그 소송절차를 중지할 수 있다(§72의28②).

4. 실시권 존재 등의 주장

침해자에게 선사용권(§50) 등의 법정실시권이 존재하거나 디자인권의 효력이 미치지 않는 범위의 실시에 해당하는 경우에는 이를 입증하여 권리자로부터의 부당한 공격을 방어할 수 있다.

5. 디자인무심사등록 이의주장

디자인무심사등록디자인으로서 이의신청이유가 존재하는 경우에는 그 취지를 주장하여 침해의 성립을 부인할 수 있다. 디자인무심사등록이의신청은 디자인권의 설정등록이 있는 날부터 디자인무심사등록공고일 후 3개월이 되는 날까지 할 수 있다(§29의2①).

---

11) 당사자의 의뢰로 작성된 감정서는 법원이 지정한 감정인에 의해 작성된 감정(인증)이 아니므로 서증으로 취급된다.

12) 대법원은 권리범위확인심판사건에서 "디자인권은 신규성 있는 디자인적 고안에 부여되는 것이므로 공지공용의 사유를 포함한 출원에 대하여 디자인등록이 되었다고 하더라도 공지공용부분까지 배타적인 권리를 인정할 수는 없는 것이다"(대법원 1987.9.8.선고 85후114 판결)라고 판시하고, 형사소송사건에서도 이러한 경우 침해죄를 구성할 수 없다고 판시(대법원 1986.12.9.선고 86도1147)함으로써 사실상 디자인권의 당연 무효로 인정하고 있다.

6. 권리남용, 실효이론 등의 주장

권리남용이란 디자인등록이 무효로 될 것이 분명한 경우 등에서의 금지청구권 등의 권리를 행사하는 것을 말한다. 그러나 아직까지 이에 관해 정면으로 인정한 판례를 찾아보기 어렵다.

또한 실효이론이란 권리자가 그 권리 있음을 알면서도 이를 장기간 행사하지 않고 있어 상대방이 이제 그 권리가 행사되지 않으리라고 신뢰할 만한 정당한 사유가 있기 때문에 새삼스럽게 그 후 권리를 행사하는 것이 신의성실의 원칙에 어긋난다고 인정할 수 있는 특별한 사정이 있는 경우에는 그 권리의 행사를 허용하지 않는다는 이론이다. 독일의 학설, 판례에서 발전된 이론으로서 권리자가 침해사실을 알면서도 장기간 금지청구를 하지 아니한 채 등록디자인의 실시를 묵인하여 왔기에 상대방도 그 동안 경위로 보아 권리자가 권리를 행사하지 않으리라고 사업확장을 꾀하여 왔는데 갑자기 금지청구를 하는 경우에는 실효이론이 적용될 여지가 있을 것이다.

Ⅲ. 권리자의 구제조치가 正當하다고 판단되는 경우

1. 실시행위의 중지

권리자의 침해 구제조치가 정당하다고 판단되는 경우에는 문제가 되는 디자인의 실시행위를 중지함과 동시에 그 사실을 통보하고 과거의 실시에 대해서는 적정한 손해를 배상하는 방안을 강구한다.[13)]

2. 실시권 계약의 체결

금후의 실시에 대해서는 상대방에게 실시허락을 받도록 교섭하거나 디자인변경을 통하여 문제가 생기지 않는 다른 디자인으로 대체하도록 한다. 당해 디자인권의 범위 외가 되면 그 후의 권리행사를 면할 수 있기 때문이다. 또한 일정의 경우 통상실시권 허여의 심판(§70)을 청구할 수 있다.

---

13) 경고 후의 실시는 악의로 되고, 침해소송에서도 고의 · 과실이 없다는 것을 주장 · 입증하는 것이 거의 불가능하게 되기 때문이다. 또한 비밀디자인에 대하여는 디자인의 내용이 공개되지 않고 침해행위에 대해 과실이 있는 것으로 추정하지 않기 때문에(§65①단), 실시자 자신의 과실이 없었다는 것을 입증할 필요는 없다.

Ⅳ. 화해 · 조정에 의한 해결

일반적으로 사법적 해결에는 많은 비용과 시간을 필요로 하기 때문에 굳이 최후까지 다투는 것은 당사자 쌍방 모두에게 현명한 방법이라 할 수 없다. 더욱이 사건내용이 미묘하여 흑백을 가리기 어려운 경우에는 더욱 그러하다. 따라서 자진하여 분쟁의 원만한 해결을 꾀하는 것이 합리적이고 현명한 태도라 할 수 있다. 재판상의 화해 및 조정[14]은 이러한 경우에 도움이 되는 해결방법인 것이다. 또 재판 외에서 당사자간 또는 제3자(변리사, 변호사 등)를 조정자로 하여 화해하는 것도 중요한 해결방법으로서 실제로 자주 행해지고 있다.

또한 특허청에서는 산업재산권분쟁조정위원회를 설치하여 산업재산권과 관련된 분쟁의 조정신청이 이는 경우 이를 심의 · 조정하고 있으므로(발명§41, §43) 산업재산권분쟁조정위원회에 조정신청을 통한 해결방법도 모색할 수 있다.[15]

---

14) 조정은 분쟁해결을 위해 제3자(조정위원회)가 당사자간을 중개하여 화해의 성립을 꾀하는 제도이다. 분쟁의 당사자가 법원에 조정신청에 의해 분쟁을 간이한 절차에 따라 당사자 사이에 서로 양해를 통하여 조리를 바탕으로 실정에 맞게 해결함을 목적으로 하므로(민조§1, §2) 소송에 의한 일도양단식 해결보다는 원만한 해결이 바람직한 경우에 이용된다. 조정은 당사자 사이에 합의된 사항을 조서에 기재함으로써 성립하며(민조§28), 재판상의 화해와 동일한 효력이 있다(민조§29).

15) 산업재산권분쟁조정위원회는 위원장 1인을 포함한 15인 이상 20인 이하의 조정위원으로 구성하도록 되어 있다(발명§41②).

제5편 審判·再審·罰則·訴訟

17 chapter

審 判

제 1 절 審判制度 總說

Ⅰ. 審判制度의 意義

디자인보호법에서의 심판은 특허청이 행정행위로 부여한 디자인권에 대한 분쟁을 해결하기 위하여 大法院의 최종심을 전제로 특허심판원 심판관의 합의체에 의하여 행하여지는 행정쟁송절차를 말한다.[1] 즉, 심판은 심사관이 행한 디자인등록여부결정이나 디자인권의 효력, 권리범위확인 및 기타의 사항 등에 직접적인 변경을 발생시키는 새로운 行政處分을 구하는 절차이다.

디자인등록출원은 그 디자인이 등록될 수 있는 요건을 갖추었느냐의 여부에 대해 심사관에 의한 실체적인 심사를 거친 후에 등록여부가 결정되고 있다. 그러나 심사관의 이들 처분에 하자가 있거나 처분 후에 하자가 발생한 경우에는 출원인 및 일반공중의 권리·이익을 해치게 되므로 이를 시정할 구제수단을 마련할 필요가 있다. 이를 위한 조치로서 디자인보호법은 하자 있는 처분의 취소·디자인권의 무효 등을 청구하는 것을 목적으로 하는 특별한 심판절차를 마련하고 있다.[2]

---

1) 이러한 특수한 행정심판에 속하는 것은 특허법, 디자인보호법의 심판 이외에 해난심판법에 의한 해난심판, 공정거래위원회가 하는 심판 등이 있다.

2) 디자인보호법이 심판절차에 의하도록 할 것으로 특별히 규정한 것을 제외한 나머지 사항에 대한 분쟁은 일반원칙에 따라 해결한다. 예컨대 출원·청구 등의 서류에 대한 불수리처

이는 디자인의 등록성 등에 관한 판단은 극히 특수 기술적인 사항을 기초로 성립하며 특수 전문적 지식을 요하는 것이므로 이에 관한 지식을 가지는 자에게 사법심사에 앞서 취급하게 하는 것이 신속·정확한 심리를 기대할 수 있고, 또한 소송상의 경제에도 들어맞는 것이기 때문이다.

종전의 심판제도는 특허청내의 심판소와 항고심판소에서 1심과 2심을 다루고 상고심만 대법원에서 다루도록 되어 있었으나 이는 쟁송절차로서 부적절하고 위헌의 소지가 있다는 논란이 있어 대법원에서는 사법제도 개혁의 일환으로 1998년 3월 1일 고등법원격인 特許法院을 설치하여 산업재산권에 관한 소송을 전담토록 하여 이에 대한 불복은 대법원에 제기할 수 있도록 하였다. 한편, 특허청에서는 심판소와 항고심판소를 통합하여 特許審判院을 설치하여 산업재산권 관련 심판사건을 관장하도록 하고 있다.

Ⅱ. 審判의 法的 性質

디자인보호법에서 심판의 법적 성질에 관하여는 사법행위설, 행정행위설, 준사법적 행정행위설이 있다. '사법행위설'은 심판은 사법작용으로서 사법상의 분쟁을 결정하는 소송사건이라고 보며, '행정행위설'은 심판은 행정행위로서 소송사건이 아니며 심판결정은 행정처분이라고 하는 설이다.

'준사법적 행정행위설'은 심판작용은 행정행위지만 그것이 심판절차에 의하여야 하고, 법정원인에 해당되면 기속을 받는 등의 특수성에 비추어 사법행위에 유사한 행정행위라고 보는 설이다.

생각건대, 심판은 행정행위이지만 심판관의 직무상 獨立性이 보장되고 있고(§72의6③), 기타의 절차에 있어서도 사법재판에 유사하며 그것이 확정되면 一事不再理의 效果(§72의27)가 발생하는 등 司法行爲에 유사한 점이 많으므로 준사법적 성격으로 보는 것이 타당하다. 이러한 견해가 통설이다.[3]

분, 무효처분 등 특허청장의 처분에 대한 불복은 일반원칙에 따라 행정상의 쟁송절차(행정심판·행정소송)에 의하여야 하고, 디자인권 침해에 대한 금지청구·손해배상·신용회복 등의 청구는 민사소송에 의한다.

3) 황종환, 의장, 723·724면; 천효남, 특허, 551면; 송영식 외, 지적소유권법, 565면; 이종일, 특허, 833·834면.

Ⅲ. 審判의 分類

1. 심판의 독립성 여부에 따른 분류

심판청구가 독립적으로 진행되고 있는지, 계속 중인 다른 심판에 부수하여 되고 있는지의 여부에 따라 독립적 심판과 부수적 심판으로 구분된다. '독립적 심판'이라 함은 심판의 청구취지가 독립되어 있는 심판으로서 다른 심판의 계속 여부와는 관계없이 독립하여 개시·진행·종결되는 심판을 말한다. 독립적 심판은 取下(§72의25)나 부적법한 심판청구로서 흠결에 대한 보정불능 등에 대한 却下(§72의5)의 경우를 제외하고는 심결이라는 형식으로 종결된다. 독립적 심판에는 디자인등록의 무효심판(§68), 權利範圍確認審判(§69), 통상실시권 허여의 심판(§70), 디자인등록거절결정에 대한 심판(§67의3), 확정심결에 대한 재심(§73) 등이 있다.

'부수적 심판'이란 독립적으로 심판의 대상이 되지 못하고 독립된 본안심판의 청구사항에 부수하거나 본안심판의 청구를 전제로 하여 개시·진행·종결되는 심판을 말한다. 부수적 심판은 일반적으로 결정이라는 형식으로 종결된다. 부수적 심판에는 除斥·기피심판(§72의15), 참가심판(§72의19), 증거보전심판(§72의21), 실시대가심판, 심판비용의 병합심판 등이 있다.

독립적 심판은 그 심결에 대하여 불복이 허용되지만, 부수적 심판은 불복이 허용되지 않는 것이 일반적이다.

2. 심판구조에 따른 분류

심판은 심판의 구조에 따라 결정계 심판, 당사자계 심판 및 겸병계 심판으로 나뉜다. '결정계 심판'이란 당사자의 대립적 구조가 없고 심판청구인의 청구내용의 당부에 대하여만 심리하는 심판을 말한다. 결정계 심판에는 디자인등록거절결정 또는 디자인등록취소결정에 대한 심판(§67의3), 보정각하결정에 대한 심판(§67의2) 등이 있다. '당사자계 심판'이란 일단 디자인권이 부여된 후에 당사자 사이에 분쟁이 발생하여 일반의 소송절차와 같이 당사자의 대립적 구조가 존재하는 심판을 말한다. 司法行爲와 유사한 점도 이 경우에 두드러지게 나타난다. 당사자계 심판으로는 디자인등록의 무효심판(§68), 권리범위확인심판(§69), 통상실시권 허여의 심판(§70) 등이 있다.

'겸병계 심판'은 결정계의 심판구조와 당사자계의 심판구조가 병용되어 있는 심판구조를 말하나 우리나라의 심판제도하에서는 이에 해당하는 심판이 없고 이론상의 심판제도이다.

3. 審級에 따른 분류

심판은 심급의 차이에 따라 심판, 소송, 상고 및 재심으로 구분된다.

'審判'이란 디자인에 관한 분쟁을 해결하기 위하여 최초에 청구하는 심판으로서 始審에 속하는 심판을 말한다. 앞에서 설명한 결정계 심판, 당사자계 심판 등이 여기에 해당한다. 심판은 특허청 소속하의 특허심판원이 관장한다. '訴訟'이란 심판의 심결에 대한 불복 또는 심판관의 각하결정 등에 대하여 불복하고자 하는 경우 특허법원에 제기하는 소를 말한다. 심결 등에 대한 소송은 고등법원급인 특허법원의 전속관할로 하며 사법기관의 최초의 재판이란 측면에서는 제1심에 해당된다.[4] 그러나 디자인심판제도상의 불복구조적 입장에서는 심판을 제1심으로 볼 경우 심결 등에 대한 소송은 제2심에 해당된다.

'上告審'이란 특허법원의 판결에 대하여 불복하고자 하는 자가 법률심을 받기 위하여 대법원에 제기하는 소송을 말한다(§75⑧). 상고심은 디자인심판의 심급제도에서의 終局審에 해당되는 한편 소송절차와 연계되어 디자인심판에 관한 분쟁을 최종적으로 확정한다. '재심'이란 심판의 확정심결에 대하여 그 심결의 취소를 구하는 비상불복신청방법을 말한다. 디자인보호법은 확정된 심결에 대하여 재심의 청구로써 불복신청을 할 수 있도록 하고 있으며(§73), 詐害審決에 대한 불복신청도 재심의 방법으로 하도록 하고 있다(§73의2).

---

4) 법원조직법의 개정에 따라 1998년 3월 1일부터 고등법원급의 전문법원인 특허법원이 설치되고, 특허심판원의 심결 등에 대한 불복의 소는 특허법원의 전속관할로 되고, 특허심판원의 심결은 재판이 아닌 이상 특허법원이 제1심이 된다.

제 2 절 審判節次 一般

Ⅰ. 심판기관

1. 심판관에 의한 審理

디자인등록 등 산업재산권에 관한 행정상의 처분에 대한 쟁송은 먼저 행정기관인 특허심판원에 의한 심판절차에 의해 행하여진다. 특허심판원장은 심판의 청구가 있는 경우 심판관으로 하여금 심판을 하게 하며(§72의6①), 심판관은 직무상 獨立하여 심판한다(§72의6③). 이 경우 심판은 일정한 자격(대통령령으로 정하도록 한다)을 가진 3인 또는 5인의 심판관으로 구성되는 합의체에서 행하며 합의체의 합의는 과반수에 의하여 결정하되 합의내용은 공개하지 아니한다(§72의9).

특허심판원장은 이상의 合議體를 구성할 심판관을 지정한 경우 그 중에서 1인을 심판장으로 지정하여야 하며, 심판장은 그 심판사건에 관한 사무를 총괄한다(§72의8). 심판의 합의체는 그 심판청구사건에 대한 公權的 판단의 표시로서 심결을 한다. 이 심결은 국가의 행정권에 속하는 작용으로서 행정기관이 하는 처분, 즉 행정처분인데 일반행정작용과는 달리 법률에 규정된 절차(준사법적 절차)에 따라 각 쟁송사건에 대하여 심리·판단하는 것이다. 이러한 의미에서 심판기관으로서의 합의체는 준사법적 작용을 하게 된다. 심판관의 자격에 관하여는 디자인보호법 시행령 제7조에서 다음과 같이 정한다.

1) 심판관이 될 수 있는 자는 특허청 또는 그 소속기관의 4급 이상의 일반직 국가공무원 또는 고위공무원단에 속하는 일반직 공무원으로서 ⅰ) 특허청에서 2년 이상 심사관으로 재직한 자, ⅱ) 특허청에서 심사관으로 재직한 기간과 5급 이상의 일반직 국가공무원 또는 고위공무원단에 속하는 일반직 공무원으로서 특허심판원에서 심판업무에 직접 종사한 기간을 통산하여 2년 이상인 자 중 국제지식재산연수원에서 소정의 심판관 연수과정을 수료한 자이어야 한다(시령§7②).

2) 심판장이 될 수 있는 자는 특허청 또는 그 소속기관의 3급 일반직 국가공무원 또는 고위공무원단에 속하는 일반직 공무원으로서 ⅰ) 특허심판원에서

2년 이상 심판관으로 재직한 자, ii) 심판관의 자격을 갖춘 자로서 3년 이상 특허청 또는 그 소속기관에서 심사 또는 심판사무에 종사한 자이어야 한다(시령 §37③).

2. 심판관의 除斥 등

(1) 심판관의 제척

심판절차의 심리의 공정성을 담보하기 위해 심판관(합의체를 구성하는 개개의 심판관)은 다음에 해당하는 경우에는 직무의 집행에서 제척된다(§72의11).

1) 심판관 또는 그 배우자나 배우자이었던 자가 사건의 당사자·참가인 또는 디자인무심사등록이의신청인인 경우. 여기서 배우자는 현재 또는 과거의 법률상의 배우자를 말하므로 사실상의 내연관계나 약혼관계는 포함하지 않는다.

2) 심판관이 사건의 당사자·참가인 또는 디자인무심사등록이의신청인의 친족·호주·가족의 관계에 있거나 이러한 관계에 있었던 경우. 여기서 친족의 범위는 민법 제777조의 규정범위 내에 국한되며, 가족의 범위는 동법 제779조에 해당되는 자(호주의 배우자, 혈족과 그 배우자 등)를 말한다.

3) 심판관이 사건의 당사자·참가인 또는 디자인무심사등록이의신청인의 법정대리인 또는 이러한 관계에 있었던 경우

4) 심판관이 사건에 대한 증인·감정인으로 된 경우 또는 감정인이었던 경우

5) 심판관이 사건의 당사자·참가인 또는 디자인무심사등록이의신청인의 대리인인 경우 또는 이러한 관계에 있었던 경우

6) 심판관이 사건에 대하여 심사관 또는 심판관으로서 디자인등록여부결정·디자인무심사등록이의신청에 대한 결정 또는 심결에 관여한 경우. 이 경우를 통상 前審關與라고 하며 실무상 가장 많이 문제되는 경우이다. 본 규정은 민사소송법 제41조 제5호와 같은 취지로서 예단을 배제하여 심판의 公正性을 유지하고 심급제도의 취지를 실현하기 위한 것이다.

전심관여를 이유로 심판관이 제척되는 경우는 '디자인등록여부결정·디자인무심사등록이의신청에 대한 결정 또는 심결'에 관여한 경우이므로 디자인등록거절결정에 대한 심판 등과 같이 심사관이 디자인등록출원에 대하여 거절결정을 한 후에 심판관이 되어 당해 불복의 심판을 심리하게 된 경우이다. 그러나 디자인등록여부결정이나 심결이라는 최종처분이 이루어지기 전 단계에서 심사·심판절차에 잠시 관여한 경우에는 그것은 최종결정에 관여한 것이 아니므

로 제척사유에 해당되지 않는다.

7) 심판관이 사건에 관하여 직접 이해관계를 가진 경우. 여기서의 이해관계는 직접적인 이해관계를 말하므로 法律上의 이해관계를 가진 경우이다. 법률상의 이해관계란 심판관이 디자인권자, 전용실시권자, 통상실시권자 또는 질권자인 경우를 말한다.

이상의 경우에 해당되는 심판관은 법률상 당연히 심판관의 직무집행에서 제척되는 것이나 제척원인이 있는 심판관이 직무에 관여하고 있음을 당사자 또는 참가인이 발견한 경우에도 제척신청을 할 수 있다(§72의12).

(2) 심판관의 忌避

심판관에게 심판의 공정을 기대하기 어려운 사정이 있는 때에는 당사자 또는 참가인은 신청에 의하여 그 심판관을 심판의 구성원에서 제외시킬 수 있다. 이를 심판관의 忌避라고 한다(§72의13①). 심판관의 기피는 제척규정을 보충하여 심판의 공정을 보장하기 위한 것이다. 그러나 심판관의 기피는 제척이 법률의 규정에 의해 당연히 행해지는 것과는 달리 기피신청에 기초하여 기피결정이 있은 후에 비로소 그 심판관이 직무집행에서 제외되는 것이다. 당사자 또는 참가인은 사건에 대하여 서면 또는 구두로 진술을 한 후에는 심판관을 기피할 수 없다. 다만, 기피의 원인을 알지 못한 때 또는 기피의 원인이 그 후에 발생한 때에는 서면 또는 구두로 진술을 한 후에도 기피신청을 할 수 있다(§72의13②).

(3) 심판관의 回避

심판관 스스로 제척 또는 기피의 원인이 있다고 인정한 때에는 심판장의 허가를 얻어 직무의 집행에서 회피할 수 있다(§72의17). 심판관의 회피는 심판관 스스로가 심판의 공정성을 저해하지 않으려는 의도로 심판의 관여에서 배제되고자 하는 것이다. 종전의 법에서는 심판관의 회피에 관한 명문의 규정 없이 심판실무상 허용하고 있었으나 2001년 특허법 개정에서 심판관의 회피에 관한 규정을 명문으로 신설하였다. 회피신고가 이유 있는 경우 심판관의 지정변경을 한다.

3. 심판관의 제척 등에 관한 절차

(1) 제척・기피의 신청

심판관에 제척원인이 있는 때에는 기피의 경우와는 달리 신청여부에 관계없이 법률상 당연히 심판관여로부터 배제되는 효과가 있으나[5] 제척의 원인이 있는 심판관을 배제하기 위하여 당사자 또는 참가인은 제척신청을 할 수 있다. 제척·기피신청을 하고자 하는 자는 그 원인을 기재한 서면을 특허심판원장에게 제출하여야 한다. 다만 구술심리에 있어서는 구술로도 할 수 있다(§72의14①). 그러나 당사자 또는 參加人이 그 사건에 대하여 심판관에게 서면 또는 구술로써 이미 진술을 한 후에는 심판관을 기피할 수 없으나 기피의 원인이 있는 것을 알지 못한 때 또는 기피의 원인이 그 후에 발생한 때에는 진술 후에도 기피할 수 있다(§72의13②).

제척 또는 기피신청을 한 자는 신청한 날부터 3일 이내에 그 원인을 소명하여야 한다(§72의14②).

(2) 제척·기피의 결정

제척 또는 기피의 신청이 있는 때에는 심판에 의하여 이를 결정하여야 한다. 제척 또는 기피신청을 당한 심판관은 그 제척 또는 기피에 대한 심판에 관여할 수 없으나 의견은 진술할 수 있다. 제척·기피의 결정은 서면으로 하되 이유를 붙여야 한다. 이 결정에는 不服이 인정되지 않는다(§72의15④).

(3) 심판절차의 중지

제척 또는 기피의 신청이 있는 때에는 그 신청에 대한 결정이 있을 때까지 심판절차를 중지하여야 한다. 다만, 긴급을 요하는 때에는 예외이다(§72의16). 여기서 긴급을 요하는 때란 심판절차를 지체할 경우 회복불능한 손해를 받게 되는 경우로서 긴급히 證據調査를 해놓지 않으면 증거인멸의 우려가 있거나 질병 때문에 사망의 우려가 있는 경우이다.

Ⅱ. 심판의 청구

1. 청구방식

(1) 당사자계 심판

1) 심판을 청구하려는 자는 다음에 게기한 사항을 기재한 심판청구서를 특

5) 제척원인이 있는 심판관은 제척신청 또는 제척심판을 기다릴 것 없이 법률상 당연히 그 사건에 관하여 일체의 직무수행을 할 수 없다(대법원 1970.9.17.선고 68후28 판결).

허심판원장에게 제출하여야 한다(§72의2①).

i) 당사자의 성명 및 주소(법인의 경우에는 그 명칭 및 영업소의 소재지). 당사자는 심판의 종류에 따라 다르나 청구인과 피청구인이 특정되도록 기재하여야 한다.

ii) 대리인이 있는 경우에는 그 대리인의 성명 및 주소나 영업소의 소재지(대리인이 특허법인인 경우에는 그 명칭, 사무소의 소재지 및 지정된 변리사의 성명). 대리인은 임의대리인 또는 법정대리인을 말한다.

iii) 심판사건의 표시. 심판사건의 표시는 심판 종류와 권리번호를 의미하는 것이나 디자인보호법 시행규칙 제24조에서 준용하는 특허법 시행규칙 '별지 31호 서식'에는 심판종류와 사건의 표시를 구분하여 설정하고 심판종류란에는 무효심판, 권리범위확인심판 등과 같이 기재하고, 사건의 표시란에는 디자인등록번호 및 디자인의 대상이 되는 물품을 기재해야 한다.

iv) 청구의 취지 및 그 이유. 청구의 취지는 청구인이 심판에서 구하고자 하는 法律效果를 적는 심판의 결론부분으로서 청구인이 바라는 심결의 주문을 간략하게 기재한다. 청구의 취지 및 그 이유란의 기재에 대한 자세한 설명은 후술한다.

2) 심판청구서에 있어 필요적 기재사항은 상기와 같으나 심판의 종류에 따라 기재사항이 추가되거나 첨부서류가 부가되는 경우가 있다(§72의2③,④). 즉, 권리범위확인심판을 청구할 때에는 등록디자인과 대비될 수 있는 도면을 첨부하여야 하며, 통상실시권 허여의 심판청구서에는 상기의 사항 외에 다음에 게기한 사항을 기재하여야 한다.

i) 실시를 요하는 자기의 등록디자인의 번호 및 명칭

ii) 실시되어야 할 타인의 특허발명·등록실용신안이나 등록디자인의 번호·명칭 및 특허나 등록의 연월일

iii) 특허발명·등록실용신안 또는 등록디자인의 통상실시권의 범위·기간 및 대가

(2) 결정계 심판

디자인등록거절결정, 디자인등록취소결정 등에 대한 심판을 청구하는 자는 다음에 게기한 사항을 기재한 심판청구서를 특허심판원장에게 제출하여야 하며 특허심판원장은 디자인등록취소결정에 대한 심판이 청구된 경우에는 그 취지를 디자인무심사등록이의신청인에게 알려야 한다(§72조의3①).

i) 청구인의 성명 및 주소(법인인 경우에는 그 명칭 및 영업소의 소재지)

ii) 대리인이 있는 경우에는 그 대리인의 성명 및 주소와 영업소의 소재지(대리인이 특허법인인 경우에는 그 명칭, 사무소의 소재지 및 지정된 변리사의 성명)

iii) 출원일자 및 출원번호(디자인등록취소결정에 대한 불복인 경우에는 등록일자 및 디자인등록번호)

iv) 디자인의 대상이 되는 물품

v) 디자인등록거절결정일자 또는 디자인등록취소결정일자

vi) 심판사건의 표시

vii) 청구의 취지 및 이유

2. 심판청구서의 보정과 要旨變更

(1) 심판청구서의 보정

심판청구서의 보정은 그 要旨를 변경할 수 없다(§72의2②, §73의2②). 심판청구서의 요지란 심판의 당사자와 심판의 대상물을 의미하므로 i) 당사자, ii) 심판사건의 표시, iii) 청구의 취지 부분이 해당되며 이들 부분에 대해서는 동일성을 해치지 않는 범위 내에서 보정이 허용된다.[6] 심판에서 요지변경을 인정하게 되면 심판사무처리가 복잡하게 되어 심판의 지연요인이 될 뿐만 아니라 피청구인의 방어방법에도 지장을 초래하기 때문에 요지를 변경하는 보정은 허용될 수 없다.

(2) 요지변경이 되는 경우

심판의 청구인 또는 피청구인을 추가하거나 변경하는 것은 모두 要旨變更에 해당되는지 여부에 대하여는 학설·판례가 일치되지 아니하나 심판실무상은 다음과 같은 경우에는 요지변경으로 취급한다.[7]

i) 전권리자를 피청구인으로 하여 심판을 청구한 후 현권리자로 변경하

6) 심판청구서의 보정에 있어서는 청구의 이유를 제외하고는 그 요지를 변경할 수 없게 되어 있는바, 여기에서 '청구의 요지'라 함은 심판청구인이 특허청에 어떠한 심결을 구하는가를 특정하여 요구하는 것을 말한다 하겠으므로, 이를 변경하게 되면 청구 자체를 변경하는 것이 되어 그 변경은 허용될 수 없는 것이고, 한편 변경할 수 없는 '요지'라 함은 청구의 취지 및 이유 등 심판청구서 전체의 취지를 살펴보아 등록된 권리를 중심으로 하여 적어도 그 동일성을 해하지 아니하는 범위내의 것을 말한다 하겠다(대법원 1987.1.20.선고 85후119 판결).

7) 특허심판원, 「심판편람」, 2004(이하 "심판편람"이라 한다), 30·01.

는 경우

ⅱ) 공유디자인권자 중 일부만을 심판의 당사자로 한 후 나머지 공유자를 추가하는 경우

ⅲ) 무효심판청구를 권리범위확인심판청구로 변경하는 경우 또는 심판사건의 표시를 변경하는 경우

(3) 요지변경이 되지 않는 경우

심판청구서의 보정이 다음에 해당하는 경우에는 요지변경이 되지 않는다(§72의2②단, §72의3②단).

ⅰ) 당사자 중 디자인권자의 기재 또는 청구인의 기재를 바로 잡기 위하여 보정(추가하는 경우 포함)하는 경우

ⅱ) 청구의 이유를 보정하는 경우

ⅲ) 디자인권자 또는 전용실시권자가 청구한 권리범위확인심판에서 심판청구서의 확인대상디자인(청구인이 주장하는 피청구인의 디자인)의 도면에 대하여 피청구인이 자신이 실제로 실시하고 있는 디자인과 비교하여 다르다고 주장하는 경우에 이를 같게 하기 위하여 확인대상디자인의 도면을 보정하는 경우[8)]

이 밖에 심판청구서의 기재사항 중 단순한 오기의 정정의 경우에도 요지변경으로 해석되지 않는다.

3. 共同審判

동일한 디자인권에 대하여 심판을 청구할 자가 2인 이상 있는 때에는 그 전원이 共同으로 심판을 청구할 수 있다(§72①). 민사소송에 있어서 이른바 유사필수적 공동소송에 해당된다. 동일한 디자인권에 대하여 심판을 청구할 자가 복수일 경우에 각자가 개별적으로 심판을 청구하는 것은 무방하지만 전원이 공동으로 심판을 청구할 수 있도록 한 것이다.

---

8) 적극적 권리범위확인심판에서 청구인(디자인권자)이 특정한 확인대상디자인의 도면에 대해 피청구인이 자기가 실제 실시하고 있는 디자인(실시주장디자인)과 비교하여 다르다고 주장하는 경우가 있다. 이 경우 종전의 대법원판례는 확인의 이익이 없어 부적법하고 각하되어야 한다고 판시하였으며(대법원 2003.6.10.선고 2002후2419 판결 등) 또한 청구인이 확인대상디자인의 도면을 피청구인의 실시주장디자인으로 변경하는 보정을 하여도 심판청구의 취지를 변경하는 보정이 되어 요지변경으로 허용되지 아니하였다. 그래서 2007년 법개정에서 절차경제면과 분쟁의 조기 해결을 도모하기 위해 이 경우 요지변경으로 보지 않도록 하였다.

공유인 디자인권의 디자인권자에 대하여 심판을 청구하는 때에는 공유자 전원이 심판의 청구인 또는 피청구인이 되어야 한다(§72②). 민사소송상 고유필수적 공동소송에 해당된다.

Ⅲ. 審 理

1. 方式上의 審理

방식상의 심리란 심판청구서가 방식에 적합한가의 여부를 심리(형식적 기재사항의 심리)하는 것으로서 방식상의 심리권한은 심판장에게 있다.

심판청구서가 법으로 정한 방식에 위반되는 경우에는 심판장은 기간을 정하여 그 흠결의 보정을 명하여야 한다. 심판청구료 등의 수수료를 납부하지 아니한 경우에도 같다(§72의4①). 이 보정명령에 대하여 지정된 기간 내에 보정을 하지 아니한 경우에는 심판장은 결정으로 그 심판청구서를 각하하여야 한다(§72의4②). 이를 決定却下라고 한다. 민사소송법상 재판장의 소장심사권(민소§254)과 같은 규정이다.

이 결정각하에 대하여 불복이 있는 자는 결정의 등본을 송달받은 날부터 30일 이내에 특허법원에 소를 제기할 수 있다(§75).

2. 적법성의 심리

適法性의 심리란 심판청구 자체가 적법한 것인지의 여부를 심리하는 것을 말한다.[9] 심판장의 심판청구서 심사는 일정한 형식적 사항에 한정되어 있으므로 청구서로서 방식을 갖추고 있으면 부적법하거나 이유가 없더라도 수리하여 심리를 하여야 한다.

심판청구가 부적법하고 그 흠결을 보정할 수 없을 때(예컨대 청구기간의 도과, 당사자의 절차능력·권리능력·당사자적격의 흠결, 일사부재리의 원칙에 어긋나는 심판청구 등)에는 피청구인에게 답변서 제출의 기회를 주지 않고 심결로써 이를 각하한다(§72의5). 이를 審決却下라고 한다.

---

9) 심판청구에 대한 심리의 순서에 대하여는 법에 명시된 바 없으나 심판실무상은 심판청구 일자순에 따라 처리함을 원칙으로 하고 있다.

이 심결각하에 대하여 불복이 있는 자는 특허법원에 소를 제기할 수 있다(§75). 심판청구에 대하여 '심결각하'를 할 경우에는 그 심리의 신중을 위하여 3인 또는 5인으로 구성되는 심판관의 합의체에서 관장토록 하고 있는 반면, 심판청구서에 대한 '決定却下'의 경우는 그 판단대상이 방식요건의 위반사항 등과 같은 비교적 경미한 것이어서 심판장의 독자적인 판단에 맡기더라도 무리가 아닐 것이므로 심판장의 단독결정으로 처리하게 한다.

이상의 결정각하와 심결각하의 개요를 비교하면 <표 17-1>과 같다.

〈표 17-1〉 결정각하와 심결각하의 비교

구　분	결 정 각 하	심 결 각 하
주　체	심판장(단독기관)	심판관 합의체 (3인 또는 5인)
대　상	심판청구서	심판청구
사　유	– 심판청구서가 특허법 제140조 제1항·제2항 내지 제5항 또는 제140조의2 제1항의 규정에 위반되는 경우 – 심판절차가 행위능력 없는 자에 의해 청구된 경우 – 납부해야 할 수수료를 납부하지 아니한 경우 – 법령이 정하는 방식에 위반된 경우	– 부적법한 심판청구로서 그 흠결을 보정할 수 없을 때
형　식	결　정	심　결
불복수단, 기간	소송, 30일	소송, 30일

3. 심판청구서 부본의 송달과 답변서의 제출 등

심판장이 심판청구서를 수리한 때에는 그 부본을 피청구인에게 송달하고(당사자계 심판의 경우) 기간을 정하여 답변서를 제출할 수 있는 기회를 주어야 한다(§72의10①). 지정기간 경과 후라도 심리종결의 통지(§72의26③)를 할 때까지는 답변서를 제출할 수 있다. 본조는 심리의 촉진과 편의를 꾀하려는 것이지 지정기간 경과 후의 답변서 제출을 금지하려는 취지는 아니기 때문이다.

답변의 취지는 "본건 심판청구는 성립할 수 없다. 심판비용은 청구인의 부담으로 한다라는 심결을 구함."과 같이 기재한다. 답변은 심판청구의 배척을 구하는 것이므로 청구가 성립되지 않는 이유 또는 당해 조항의 규정에 해당하지 않음을 중심으로 쟁점을 명확히 하여 자기의 주장을 기재한다.

답변서가 제출된 때에는 그 부본을 상대방에게 송달하여 방어의 기회를 주어야 한다(§72의10②). 당사자 쌍방에게 公平하게 진술기회를 주기 위한 것이다.

4. 구술심리와 서면심리

심판의 심리방식에는 구술심리와 서면심리가 있다. 구술심리란 당사자의 심판행위(변론, 증거조사 등)에 구두진술을 허용하는 것을 말하고, 서면심리란 당사자의 심판행위가 서면에 의한 자료를 토대로 이루어지는 것을 말한다. 심판을 구술심리에 의하면 심리가 활기를 띠고 의문점을 즉시 석명하여 쟁점을 발견 정리하기가 용이하나, 진술이 탈락되기 쉽고 복잡한 사실관계는 이해하기도 어렵다.

이에 반하여 서면심리에 의하면 그 내용이 명확하고 이해하기 쉬우며 언제든지 확인할 수 있어 편리하나, 서류가 많아지고 시간도 많이 걸린다. 이와 같은 장단점을 공유하는 양 방식에 대해 어느 한 방식만으로 일관할 수 없다.

종전의 법에서는 無效審判은 구두심리에 의하되 신청 또는 직권으로 서면심리에 의할 수 있게 하고 기타의 심판은 서면심리에 의하되 신청 또는 직권으로 구두심리에 의하여 할 수 있다고 규정하였다.

그러나 구두심리를 원칙으로 하는 무효심판에 있어서도 심판실무상 서면심리로 하는 경우가 많은 점을 감안하고, 또한 행정심판법 제26조 제2항[10]과 조화의 견지에서 2001년 개정 디자인보호법은 심판은 구술심리 또는 서면심리로 한다. 다만, 당사자가 구술심리를 신청한 때에는 서면심리만으로 결정할 수 있다고 인정되는 경우 외에는 구술심리를 하여야 한다라고 개정하여 심리방식을 심판관의 재량에 의하여 구술심리 또는 서면심리방식으로 하되 당사자가 신청한 때에는 원칙으로 구술심리에 의하도록 하고 있다(§72의18①).

구술심리에 의하는 경우에 심리는 그 심리대상이 公共의 秩序 또는 선량한 풍속을 문란하게 할 염려가 있는 때를 제외하고 이를 公開하여야 하며[11] 심판장은 그 기일 및 장소를 정하여 그 취지를 기재한 서면을 당사자 및 참가인에게 송달하여야 한다(§72의18②,③).

그리고 구술심리에 의한 심판을 할 경우에는 매 기일마다 조서를 작성하고

10) 행정심판법 제26조 제2항: 행정심판의 심리는 구술심리 또는 서면심리로 한다. 다만, 당사자가 구술심리를 신청한 때에는 서면심리만으로 결정할 수 있다고 인정되는 경우 외에는 구술심리를 하여야 한다.

11) 재판공개의 원칙(헌§109)은 준사법적 절차에 의한 심판의 심리에도 적용되는 것이다.

심판장 및 조서를 작성한 직원이 기명날인 하여야 한다(§72의18④,⑤). 민사소송법 제153조·제154조 및 동법 제156조 내지 제160조의 규정은 심판사건에 대한 조서에 준용된다(§72의18⑥). 또 민사소송법 제143조·제259조·제299조 및 동법 제367조의 규정은 심판절차에도 준용된다(§72의18⑦).

5. 職權主義

심판절차에서는 절차의 진행과 심리의 주도권을 심판관에게 주로 부여하는 직권주의를 채택하고 있다. 직권주의는 심판절차의 진행면에서 강조되는 직권진행주의와 실체적 심리면에서 요구되는 직권탐지주의로 나누어진다.

(1) 직권진행주의

심판절차를 진행함에 있어 많은 사건을 원활하고 능률적으로 처리하기 위하여는 이를 당사자의 자유에 맡겨서는 적당하지 아니하므로 심판관에게 주도권을 인정함이 적당하다. 민사소송에서도 같은 이유에서 절차의 진행에 관하여는 직권진행주의를 취한다.[12)]

1) 심판의 진행　　심판장은 당사자 또는 참가인이 법정기간 또는 지정기간내에 절차를 밟지 아니하거나 구술심리기일에 출석하지 아니하여도 심판을 진행할 수 있다(§72의22). 이 점은 원고·피고 사이에 개별적, 상대적으로 해결하는 것을 목적으로 하는 민사소송의 경우와 다르다. 따라서 당사자 등이 이러한 절차를 태만히 하여 불리한 판단을 받을 가능성은 있지만 소송에 있어서와 같은 불이익 처분(예컨대 변론기일 불출석으로 인한 擬制自白, 취하간주)은 받지 아니한다. 이것은 직권진행주의가 적용되는 심판의 속성상 그러하다.

2) 기일의 지정　　심판장은 기간을 정한 때에는 청구에 의하여 또는 직권으로 그 기간을 연장, 변경할 수 있으며 기일을 지정할 수도 있다(§4의14, §72의18③). 한편, 심판관은 심판절차의 중지 또는 중단된 절차 등의 수계를 명할 수도 있다(§4의21, §4의22).

3) 심리 등의 병합 또는 분리　　심판관은 당사자 쌍방 또는 일방의 동일한 2 이상의 심판에 대하여 심리 또는 심결을 병합하거나 분리하여 할 수 있다(§72의24).

---

12) 그러나 민사소송에 있어서는 절차의 진행을 제외하고 당사자처분권주의를 인정하여 화해, 청구의 포기, 인낙(민소§220) 등을 인정하나 심판사건에 관하여는 직권탐지주의를 취하는 관계로 이를 인정하지 아니한다.

(2) 職權探知主義

심판에 있어서는 민사소송법상의 원칙인 변론주의[13]에 반대되는 직권탐지주의를 취하고 있다. 직권탐지주의란 심판의 심리에서 당사자의 주장에 기초하지 않고, 또 이에 구속받지 않으며 필요한 사실을 직권으로 적극적으로 탐지하고 직권으로 증거를 조사할 수 있게 하는 것을 말한다. 심판사건은 민사소송사건과는 달리 당사자뿐만 아니라 널리 제3자의 이해에 관한 문제를 해결함을 목적으로 하고 公益的 · 國家産業政策的인 관점에서 대세적 해결을 꾀할 필요가 있기 때문이다.

1) 직권심리　　심판에서는 당사자 또는 참가인이 신청하지 아니한 이유에 대하여도 이를 심리할 수 있다(§72의23①). 그러나 職權審理는 공익적 견지에서 필요한 경우에 당사자가 주장하지 아니한 사실에 관한 판단을 할 수 있다는 취지이지 심판관이 이를 적극적으로 탐지할 의무가 있는 것은 아니다. 더욱이 청구인이 신청하지 아니한 청구의 취지에 대하여는 심리할 수 없다(§72의23②). 직권심리의 경우에도 즉시 심결하여서는 아니 되고 그 이유에 대하여 당사자 및 참가인에게 기간을 정하여 의견을 진술할 수 있는 기회를 주어야 한다(§72의23①후단). 이 규정은 公正性을 담보하기 위한 강행규정이라 할 것이다.[14]

2) 증거조사 및 증거보전　　심판에서는 당사자 · 참가인 또는 이해관계인의 신청에 의하여 또는 직권으로 증거조사나 증거보전을 할 수 있다(§72의21①).[15]

---

13) 변론주의는 주요사실의 존부는 당사자 어느 쪽의 진술이 없는 한 판결의 기초가 될 수 없고 변론에서 당사자간에 다툼이 없는 주요사실은 법원의 판단을 구속하고 계쟁사실 인정의 증거자료도 당사자가 제출한 증거방법에서 얻지 않으면 안 되는 것을 내용으로 한다. 이는 소송이 당사자의 자유처분이 인정되는 사익에 관한 분쟁의 해결이 목적이며 반드시 객관적 사실의 확정을 목적으로 하는 것이 아닌 것, 또 당사자의 이익추구에 맡기는 것이 일반적으로 진실을 얻기 쉬운 데 유래하는 것이다. 따라서 당사자가 주장하지 아니한 사실 및 증거자료에 의하여 판결할 수 없고 소송상 다툼없는 사실에 대하여는 法院은 그에 구속되고 그와 다른 판단을 할 수 없다.

14) 이 규정(구특§111)은 심판의 적절을 기하여 심판제도의 신용을 유지하기 위하여 확보하지 않으면 안 된다는 공익상의 요구에 기인하는 소위 강행규정이라고 해석함이 상당하므로 이에 위반한 심결은 위법이다(대법원 1970.11.24.선고 70후50 판결; 동 1971.3.9.선고 71후1 판결; 동 1984.2.28.선고 81후10 판결).

15) 심판에서 직권으로 증거조사를 할 수 있다는 것은 심판의 필요에 따라 당사자간의 신청이 없어도 직권으로 증거조사를 할 수 있음을 규정한 것뿐이고, 모든 경우에 반드시 직권에 의하여 증거조사를 하여야 한다는 취지는 아니므로 심판제도가 직접심리주의를 채택하

민사소송에 있어서는 辯論主義가 지배하므로 증거조사나 증거보전은 당사자의 신청에 의하여 행해지는 것이 일반적이지만, 심판은 공익성을 고려하여 직권에 의한 증거조사 및 증거보전을 허용한다. 진실발견을 위하여 직권으로 증거조사나 증거보전을 할 권능을 부여한 것일 뿐 심판관의 의무일 수는 없다. 그러나 심판의 귀추에 영향을 주는 중요한 증거를 조사하지 아니하면 위법이 된다.

증거조사 및 증거보전은 민사소송법의 규정에 의하나(§72의21②) 자백에 관한 규정은 직권탐지주의의 당연한 귀결로서 준용되지 아니한다. 심판장은 직권으로 증거조사나 증거보전을 한 때에는 그 결과를 당사자·참가인 또는 이해관계인에게 송달하고, 기간을 정하여 이에 대한 의견서를 제출할 수 있는 기회를 주어야 한다(§72의21⑤).

Ⅳ. 審判參加

1. 의　　의

(1) 심판참가의 개념

심판참가라 함은 타인간의 계속 중인 심판의 당사자의 일방에 참가하여 그 심판에 관여하는 것을 말한다(§72의19). 심판참가는 심판청구인이 되는 당사자적격을 가지는 자 또는 심판결과에 이해관계를 가진 제3자가 새로운 심판절차를 밟지 않고 자기의 명의로 자기의 이익을 위하여 주장할 수 있는 제도이다.

디자인에 관한 심판에서 참가가 허용되는 경우는 當事者 對立構造를 취하는 심판에 한하며, 디자인등록거절결정에 대한 심판 등 피청구인이 존재하지 않는 결정계 심판에는 허용되지 않는다(§72의32②).[16]

(2) 제도적 취지

심판에 있어서의 참가제도는 원래 민사소송법의 참가제도에 따라 설정된 것이지만 민사소송법의 참가제도와 전적으로 동일한 것은 아니다. 심판의 참가제도는 심판의 공정·공평을 유지하고 같은 사건에 대하여 같은 절차를 반복하

고 있다는 이유로 그 입증책임을 전가할 수 없다(대법원 1992.3.31.선고 91후1595 판결).

16) 심판의 참가는 당사자계 심판이나 재심에 한하고, 상표의 등록거절사건에 관하여는 상표법상 참가의 근거규정이 없으므로 참가신청은 부적법하다 할 것이어서 각하될 수밖에 없다(대법원 1995.4.25.선고 93후1834 전원합의체 판결).

는 것을 생략하여 절차경제에 이바지하고 또한 판단의 모순을 방지하려는 데 그 취지가 있다.

(3) 참가의 법적 성질

심판참가의 법적 성질에 관하여는 i) 심판은 민사소송법에 있어서의 소송제도와 그 성질이 다르므로 심판참가도 디자인보호법상 독자적인 성질을 가진다는 설과, ii) 심판참가가 인정되는 당사자심판인 디자인등록의 무효심판, 권리범위확인심판, 통상실시권 허여의 심판, 이들 심판의 확정심결에 대한 재심에 한정되고 있고 결정계 심판에는 인정되지 않으므로 그 본질은 디자인권을 둘러싼 분쟁을 해결하는 수단으로서 민사소송법에서의 경우와 다르지 않다는 설이 있다. ii)의 해석이 통설의 지위에 있다.

2. 심판참가의 종류

(1) 공동소송적 당사자참가

공동소송적 당사자참가란 단독으로 심판의 청구인이 되는 당사자적격을 가진 자가 계속 중인 타인간의 심판에 참가하는 것을 말한다(§72의19①). 당사자로서 심판에 참가할 수 있는 자는 디자인보호법 제72조(공동심판의 청구 등) 제1항의 규정에 의하여 심판을 청구할 수 있는 자(당사자적격을 가진 자)이어야 한다. 예컨대, 디자인권자로부터 경고장을 받는 등 권리의 대항을 받은 자가 이미 계속 중인 디자인등록무효심판에 참가하는 경우이다.

당사자참가는 참가인이 피참가인(본래의 심판청구인)의 이익을 위하여 심판에 참가하는 것은 아니며 자기의 이익을 위하여 참가하는 것이므로 참가인은 피참가인과 대등한 법적 지위를 유지하면서 심판절차를 수행할 수 있다.

(2) 공동소송적 보조참가

공동소송적 보조참가란 심판의 결과에 대하여 利害關係를 가진 자가 당사자의 일방을 보조하기 위하여 그 심판에 참가하는 것을 말한다(§72의19③). 보조참가를 청구하는 자는 심판결과에 이해관계를 가진 者[17]이어야 하며 공동소송

17) 상표관리인이란 재외자를 대리하는 포괄적인 대리권을 가지는 자로서 형식상은 임의대리인이지만 실질적으로는 법정대리인과 같은 기능을 하는 관계로 당사자 본인에 준하여 취급된다고 볼 수 있으므로, 재외자의 등록상표에 대한 상표등록무효심판에서 그 등록상표의 상표관리인이라는 사실만으로는 당해 소송의 결과에 제3자로서 법률상의 이해관계가 있다고 할 수 없어 그 재외자를 위한 보조참가를 할 수 없다(대법원 1997.3.25.선고 96후313 ·

적 당사자참가와 같은 당사자적격을 가질 필요는 없다. 예컨대, 디자인등록무효 심판에 있어서 실시권자 또는 질권자 등이 디자인권자(피청구인)를 보조하기 위하여 심판에 참가하는 경우 등이다.

3. 심판참가와 민사소송법의 참가와의 차이점

(1) 민사소송법에 있어서 參加라고 함은 독립당사자참가, 공동소송적 당사자참가, 보조참가, 공동소송적 보조참가를 들 수 있다(민소§71,§78,§79). 그러나 디자인보호법에서의 참가는 공동소송적 당사자참가와 공동소송적 보조참가만 인정되고 있다(§72의19①,③).

그 이유로는 다음과 같다.

1) 민사소송법의 독립당사자참가는 다른 참가와는 달라서 당사자의 일방에 참가하는 것이 아니고 당사자 쌍방을 피고로 하는 것이나(3면소송구조라고도 한다) 디자인보호법에 있어서는 참가의 대상이 되는 심판이 유·무효의 어느 것으로 판단되는 것이고 민사소송법에 있어서와 같은 제3자의 판단이 있을 수 없기 때문이다.

2) 민사소송법의 보조참가 중 스스로는 청구에 대하여 독립적으로 원고 또는 피고로 되는 적격을 갖지 않으며 더구나 본소송의 판결의 효력이 제3자에게는 미치는 것과 같은 것에 대해서는 특히 공동소송적 보조참가라고 말하나 디자인보호법에 있어서 참가가 인정되는 것은 심판의 심결의 효력은 제3자에게도 미치므로 디자인보호법에 있어서의 보조참가는 항상 공동소송적 보조참가에 유사한 것이라고 보기 때문이다. 디자인보호법에 있어서 심판의 참가가 인정된 참가인은 一切의 심판절차를 밟을 수 있으나 민사소송법의 통상의 보조참가인은 피참가인에 불이익이 되는 행위나 피참가인의 행위와 저촉되는 행위는 할 수 없다.

(2) 기타의 차이점

1) 참가의 신청에 대해 민사소송법에서는 구두 또는 서면에 의할 수 있으나(민소§72) 디자인보호법에서는 반드시 서면에 의하여야 한다(§72의20①).

2) 參加許否의 결정은 민사소송법에서는 당사자가 이의를 신청한 때에 한하여 그 취지의 결정을 한다고 되어 있으나(민소§73①) 디자인보호법에서는 이의

---

320 판결).

의 유무에 불구하고 모든 참가신청에 대하여 심판에 의하여 결정한다(§72의20③).

3) 민사소송법은 참가허부의 결정에 대하여 즉시항고를 인정하고 있으나(민소§73③) 디자인보호법에서는 참가결정에 대하여는 불복을 신청하는 것을 인정하고 있지 않다(§72의20⑤).

4. 참가의 요건

(1) 공동소송적 당사자참가

1) 심판을 청구할 수 있는 자일 것　　당사자로서 참가할 수 있는 자는 심판을 청구할 수 있는 자, 즉 당사자적격을 가지는 자이어야 한다.

2) 참가하려는 심판이 계속 중일 것　　심판의 참가는 심판 계속 중에 참가하려는 제도이므로 참가하려는 심판이 계속 중일 때에 가능하다. 심판의 계속이라 함은 심판의 제기로부터 그 종료까지를 뜻하므로 심판청구서가 피심판청구인에게 송달된 후에는 참가가 가능하다.

3) 심리종결 전일 것　　심판의 참가는 심리가 종결되기 전에만 허용된다. 심리종결 전이란 심리의 종결이 통지되기까지이다. 심리종결 후에는 참가의 실익이 없기 때문에 제한하는 것이다.

4) 참가인에게 절차능력이 있을 것　　참가인의 심판을 속행할 절차능력이 있어야 한다(§4).

(2) 공동소송적 보조참가

1) 심판결과에 이해관계가 있을 것　　심판결과에 이해관계가 있다고 함은 심판의 심결의 결과가 참가자에게 자신의 법률상의 지위, 즉 권리의무에 영향을 미칠 경우를 말한다. 이해관계가 있으면 족하므로 당사자참가의 경우와 같은 당사자적격을 가질 필요는 없다.

2) 기타 참가하려는 심판이 계속 중일 것, 심리종결 전일 것, 참가인에게 절차능력이 요구됨은 당사자참가의 경우와 같다.

5. 참가의 절차

(1) 참가신청

심판에 참가하고자 하는 자는 참가신청서를 심판장에게 제출하여야 한다(§72의20①). 민사소송법에서는 구두 또는 서면으로 신청할 수 있으나(민소§72) 디자인보호법에서는 반드시 서면에 의하여야 한다.

심판장이 참가신청서를 수리한 때에는 그 부본을 당사자 및 타참가인에게 송달하고 기간을 정하여 意見書를 제출할 수 있는 기회를 주어야 한다(§72의20②).

(2) 참가의 허부결정

심판에 있어서 참가허부의 결정은 의견의 유무에 불구하고 심판관의 제척 또는 기피신청에 의한 결정과 같이 심판에 의하여 결정된다. 또한 그 결정은 당시 심판의 심판관의 合議에 의하여 결정된다(§72의20③).

결정은 서면으로 하여야 하며 그 이유를 붙여야 하고(§72의20④) 이 결정에는 불복의 신청이 인정되지 않는다(§72의20⑤). 그 이유는 결정 자체에 대하여 다툼을 인정하게 되면 참가에 대한 심리가 길어져서 결국 심판의 지연을 초래하게 되며 더욱이 참가를 허용하는 취지의 결정에 대하여 불복이 있는 당사자들은 본안심결에 대한 불복으로 다툴 수 있고 또한 참가를 거부당한 참가신청인도 그 본안심결에 대해 불복이 있을 때에는 심판을 청구하여 별도로 다툴 수 있기 때문이다.

6. 참가인의 지위・권한

(1) 공동소송적 당사자참가

공동소송적 당사자참가인은 청구인으로서 참가하는 것이므로 참가가 인정된 참가인의 지위・권한은 다른 청구인의 지위・권한과 하등 다름이 없고, 일체의 심판절차를 행할 수 있는 외에 피참가인인 심판청구인이 그 심판의 청구를 取下한 후에 있어서도 또한 그 심판절차를 속행할 수 있다(§72의19①,②).

참가인에게 심판절차의 중단 또는 중지의 원인 있는 때에는 그 중단 또는 중지는 피참가인에 대하여도 그 효력이 발생한다(§72의19⑤).

(2) 공동소송적 보조참가

공동소송적 보조참가인의 지위・권한은 심결의 효력이 보조참가인에게도 미치므로 그 참가인의 일체의 심판절차를 행할 수 있으나(§72의19④) 이 경우의 참가는 당사자의 일방을 보조하기 위하여 참가한 것이므로 그 당사자가 심판의 청구를 취하하였을 때에는 심판은 종료하고 당사자참가의 경우와는 달리 심판절차를 속행할 수 없다. 참가인에게 심판절차의 중단 또는 중지의 원인이 있을 때의 결과는 공동소송적 당사자 참가의 경우와 같다(§72의19⑤).

7. 심판의 취하와 參加人의 동의여부

심판청구는 심결이 확정될 때까지 이를 취하할 수 있다. 다만, 답변서의 제출이 있는 때에는 상대방의 동의를 요한다(§72의25①). 그러나 심판에 참가인이 있는 경우 그 취하에 동의를 요하는지 의문이 있으나 동의를 얻을 필요가 없는 것으로 보아야 할 것이다. 왜냐하면 참가의 취하는 피참가인의 이익을 해하는 것이 아니기 때문이다.

Ⅴ. 우선심판

1. 의 의

우선심판이라 함은 긴급히 처리할 필요가 있다고 인정되는 심판사건에 대하여 심판청구일에 의한 심리순위에 불구하고 다른 사건에 우선하여 심리하는 것을 말한다. 우선심판제도에 관하여는 디자인보호법상 명문의 규정이 없으나 당해 사건이 국제적 분쟁이 있거나 분쟁으로 법원에 계류중이거나 사회적인 물의를 일으키고 있는 사건 등 국가적, 산업정책적 또는 공익적인 견지에서 신속히 처리할 것이 요구되는 심판사건에 대해 조기에 종료시키기 위한 취지에서 특허심판원의 내부지침에 의해 운영되고 있는 제도이다.[18)]

2. 우선심판의 대상

우선심판의 대상이 되는 사건은 이하와 같다.

1) 보정각하결정에 대한 심판사건

2) 심결취소소송에서 취소된 사건

3) 심사관이 직권으로 무효심판을 청구한 경우

4) 특허법 제164조 제3항에 의해 법원이 통보한 침해소송사건과 관련된 심판으로 심리종결되지 아니한 사건

5) 지식재산권 분쟁으로 법원에 계류 중이거나 경찰 또는 검찰에 입건된 사건과 관련된 사건으로서 당사자 또는 관련기관으로부터 우선심판요청이 있는 경우

---

18) 심판편람 30·03.

6) 지식재산권 분쟁으로 사회적인 물의를 일으키고 있는 사건으로서 당사자 또는 관련기관으로부터 우선심판요청이 있는 경우

7) 국제간에 지식재산권 분쟁이 야기된 사건으로 당사자가 속한 국가기관으로부터 우선심판요청이 있는 경우

8) 국민경제상 긴급한 처리가 필요한 사건 및 군수품 등 전쟁수행에 필요한 심판사건으로서 당사자 또는 관련기관으로부터 우선심판요청이 있는 경우

3. 우선심판의 신청 및 처리절차

(1) 신청절차

상기의 5) 내지 8)에 해당하여 우선심판을 청구하고자 하는 자는 우선심판청구서에 소정의 사항을 기재하고 그 사실을 증명하는 서류를 첨부하여 특허심판원장에게 제출하여야 한다. 그러나 1) 내지 4)에 해당하는 경우에는 신청이 없어도 직권으로 우선심판을 할 수 있다.

(2) 처리절차

1) 우선심판여부결정　　우선심판의 신청이 있는 경우 심판장은 주심 심판관과 협의하여 특허심판원 심판행정실로부터 우선심판신청서를 인계받은 날부터 15일 이내에 우선심판대상의 해당여부를 결정하고, 이를 바로 당사자에게 통보하여야 한다.

2) 우선심판　　주심심판장(관)은 우선심판으로 결정된 사건에 대하여는 구술심리, 증거조사, 검증 또는 면담 등을 활용하여 사건의 조기성숙을 유도하고 원칙적으로 우선심판결정일부터 4개월 이내에 처리한다. 다만, 심판사건이 성숙되지 않거나 동 기간 내에 처리할 수 없는 경우에는 그러하지 아니하다.

Ⅵ. 심판의 終了

심판의 청구에 의해 개시된 심판은 원칙적으로 審決로써 종료한다. 다만, 제척・기피신청, 참가신청에 대해 하는 심판은 본안심판과는 다르므로 결정으로써 종료한다. 또 심판청구의 取下에 의해서도 종료하는 경우가 있다.[19] 심판의

19) 심결각하는 심판청구가 그 요건을 구비하지 않으므로 부적법한 것으로서 청구 자체를 배

종료란 이와 같은 사유에 의해 당해 심급에 있어서 심판의 계속을 소멸시키는 것을 말하지만 심판에서는 심리를 직권에 의하도록 하고, 당사자의 자유로운 처분(당사자 처분주의)을 허용하지 않고 있으므로 민사소송법에 규정된 청구의 포기, 재판상의 화해, 인낙 등 판결에 의하지 않는 소송의 종료와 비슷한 종료사유는 존재하지 않는다.

이하에서 심판의 종료사유를 심결과 심판청구의 취하로 나누어 설명한다.

1. 심 결

(1) 심결의 의의

심결이 있은 때에는 심판은 종료한다(§72의26).

심결은 합의체로서의 심판관이 하는 최종적인 공권적 판단이다. 민사소송에 있어서의 종국판결에 상응한다. 그런 점에서 심결은 본안심판의 절차과정에서 이루어지는 제척·기피신청 또는 참가신청과 같은 부수적인 사항을 해결하기 위하여 행하는 심판장의 결정과도 다르다.

심결은 청구인의 주장이 인용되는 인용심결과 청구인의 주장이 배척되는 기각심결로 나누어진다. 기각심결을 받은 자는 그 심결의 등본을 송달받은 날부터 30일 이내에 特許法院에 소를 제기할 수 있다(§75).

(2) 심결의 절차

심판장은 사건이 심결을 함에 성숙한 것으로 판단되면 심리를 마치고 당사자 및 참가인에게 심리종결의 통지(실무상 이를 결심통지라 한다)를 하여야 한다(§72의26③). 이미 심리가 종결된 이후에 불필요한 서류제출 등을 금하도록 당사자에게 알리기 위한 절차이다.

심결은 이 통지일로부터 20일 이내에 하여야 하나(§72의26⑤) 이는 심판의 지연을 피하려는 訓示的 규정에 불과하다.[20)]

척하는 처분이며 심판절차가 개시되기 전에 이루어지는 처분이므로 여기에서 말하는 심판의 종료에는 들어가지 않는다. 출원의 취하, 출원의 포기에 의해 심판청구의 대상이 없는 것으로 귀결되어 심결로써 각하되는 경우에도 같다.

20) 판례에서는 결심통지에 관한 특허법 규정(구특§113③,⑤)은 심리지연을 피하기 위한 훈시규정에 불과하므로 위 규정에 위반하여도 위법이 아니므로 종결통지를 한 그 날 또는 그 다음날 심결을 하였더라도 무방하다고 판시하고 있다(대법원 1964.6.23.선고 63후25 판결; 동 1967.5.16.선고 67후6 판결; 동 1976.9.14.선고 76후6 판결; 동 1979.10.10.선고 79후35 판결).

심판장은 심리종결을 통지한 후에도 당사자 또는 참가인의 신청에 의하여 또는 직권으로 심리를 재개할 수 있다(§72의26④).

심결은 일정한 사항을 기재한 서면(심결문)으로 하여야 하며 심결한 심판관은 이에 기명날인하여야 한다(§72의26②). 심판장은 심결이 있는 때에는 그 등본은 당사자·참가인 및 심판에 참가신청을 하였으나 그 신청이 거부된 자에게 송달하여야 한다(§72의26⑥).

심결에 오류가 있는 경우 디자인보호법은 민사소송법 제211조 제1항[21]과 같은 경정결정을 할 수 있는 명문의 규정은 없으나 오류를 경정함에 있어 굳이 항고, 상고 등으로 그 是正을 구하는 것은 번잡하므로 간이한 경정결정 절차로 경정하는 심결의 경정을 인정하여야 할 것이다.[22]

경정결정은 원심결과 일체가 되어 심결송달시에 소급하여 그 효력이 발생하며 심결에 대한 불복기간은 이에 의하여 영향을 받지 않고 심결의 등본이 송달된 날부터 진행된다.

(3) 심결의 확정

심결은 그것이 取消될 가능성이 없어진 때, 즉 심결에 대한 소를 제기할 수 있는 기간이 도과한 때[23] 또는 심결취소소송에 있어 청구를 기각한다는 취지의 판결이 확정되어(소의 취하, 각하의 판결이 있은 때도 동일), 통상의 불복신청의 수단(재심 등 예외적인 불복신청수단 이외의)이 없어진 때에 확정된다.

(4) 심결의 효력

심결이 확정되면 대세적 효력, 일사부재리의 효력 및 형식적 확정력이 생긴다.

1) 대세적 효력(구속력)　　확정된 심결내용은 심결 當事者뿐만 아니라 일

---

21) 민사소송법 제211조 제1항: 판결에 잘못된 계산이나 기재, 그 밖에 이와 비슷한 잘못이 있음이 분명한 때에 법원은 직권으로 또는 당사자의 신청에 따라 경정결정을 할 수 있다.

22) 원심심결주문과 이유에 의하면 이유에 있어서는 항고심판청구인의 주장을 인용하면서 주문 제2항에서는 항고심판청구를 각하한다고 표시하여 주문과 이유가 서로 모순되고 있고 이는 주문의 표시가 명백한 오류로 인정되는바, 항고심판청구인의 답변서, 참고서의 기재에 의하면 원심은 심결주문의 오류를 발견하고 “원심결을 파훼한다. 본건 심판의 청구는 이를 각하한다”로 결정하였음이 분명하므로 이를 논란하는 논지는 이유 없다(대법원 1967.1.31.선고 61후14 판결).

23) 소를 제기할 수 있는 기간은 심결의 등본을 송달받은 날부터 30일 이내이다(§75③). 이 기간은 불변기간이다.

반 제3자에 대해서도 효력이 미치며 구속한다. 예컨대 디자인등록을 무효로 한다는 심결이 확정되면 그 디자인권은 처음부터 없었던 효과가 발생하며 이 효과는 당사자, 제3자 및 법원도 구속하는 것이다.

2) 일사부재리의 효력 심판의 심결이 확정된 때에는 그 사건에 대하여는 누구든지 동일사실 및 동일증거에 의하여 그 심판을 청구할 수 없다(§72의27). 이와 같은 효력을 一事不再理의 효력이라 한다.[24][25]

이는 등록을 무효로 하여 달라는 청구가 인용되지 않은 경우에 동일한 절차를 되풀이하는 번거로움을 피함과 함께 모순되는 심결의 발생을 피하기 위한 것으로 심판의 절차경제와 안정성을 목적으로 한다.

일사부재리의 규정은 무효심판청구 등을 배척하는 심결에 한해서만 의의가 있고 무효청구가 認容되어 그 심결이 확정된 경우에는 디자인등록이 소멸되어 무효를 다툴 필요가 없으므로 이 규정이 적용될 여지가 없다. 일사부재리의 효력이 생기는 것은 동일사실 및 동일증거로써 하는 심판청구에 한정한다. 따라서 동일사실에 관하여 다른 증거가 있는 경우에는 포함되지 않는다. 여기에서 '동일증거'라 함은 동일성이 있는 증거라는 뜻으로 비록 증거의 표시가 다르다 하더라도 그 내용이 실질적으로 동일한 경우 예컨대 A 간행물에 게재된 내용과 B 간행물에 게재된 내용이 실질상 동일하고 단순한 그 표현의 차이에 불과한 것이 명백한 경우에는 이 규정이 적용된다. 동일내용의 문헌이라 하더라도 인용부분(인용부분만이 증거인 경우)을 달리하고 그 입증하고자 하는 내용을 달리하는 경우에는 양자를 동일증거라고 할 수는 없다. 또 일사부재리의 효력은 무효심판청구인이 동일한지 여부와는 관계가 없다. 즉 동일인이라 하더라도 동일사실, 동

---

24) 심결의 일사부재리의 효력은 민사소송에 있어서의 판결의 기판력과 유사한 효력이라 할 수 있다. 그러나 판결의 기판력은 동일 당사자간에 同一事實(소송물)에 관하여 미치므로 증거가 다르더라도 동일소송물에 관한 것인 한 再訴할 수 없지만 심판에 있어서는 동일사실뿐만 아니라 동일증거에 한하여 누구에게나 對世的으로 일사부재리의 효력이 미치므로 i) 동일사실, 동일증거인 한 제3자도 재심판청구를 할 수 없고, ii) 동일사실에 관한 것이라도 증거가 다르면 동일 당사자도 다시 심판을 청구할 수 있는 점에서 기판력과는 본질적으로 다르다(송영식 외, 지적소유권법, 614면).

25) 구 의장법(1990.1.13, 법률 제4208호로 개정되기 전의 것) 제56조에 의하여 준용되는 특허법(1990.1.13, 법률 제4207호로 개정되기 전의 것) 제147조의 일사부재리의 원칙은 심결, 심판, 판결이 확정된 경우에 적용되는 것이지 미확정의 파기환송판결에 대해 적용되는 것은 아니다(대법원 1991.6.28.선고 90후1123 판결).

일증거가 아니면 다시 무효심판을 청구할 수 있다고 해석하여야 할 것이다.

3) 형식적 확정력 확정된 심결은 再審事由가 없는 한 취소·변경되지 않는다(§73). 이 점에서 고도의 公益的 요구가 있을 때에는 취소·변경이 가능한 일반행정처분보다 강한 確定力이 인정되고 있다.

2. 심판청구의 取下

심판은 심결에 의한 것 외에 심판청구의 취하에 의해서도 종료된다.

심판청구는 심결이 확정될 때까지 이를 취하할 수 있다(§72의25①). 그러나 당사자계 심판에서 답변서 제출이 있는 경우에는 상대방의 동의를 얻어야 한다(§72의25①단). 민사소송에서 訴取下의 제한(민소§266②)과 같은 취지의 규정이라 할 수 있다.[26] 심판청구의 취하가 있은 때에는 그 심판청구는 처음부터 없었던 것으로 된다(§72의25③).[27]

VII. 심판비용

1. 의 의

심판비용이라 함은 심판절차에서 심판기관과 당사자들이 지출한 비용을 말한다. 이러한 심판비용의 부담은 특별한 규정이 있는 경우를 제외하고는 그 사건의 審決 또는 決定으로써 정한다.

심판비용에 관하여는 민사소송법의 소송비용에 관한 규정이 일부 준용되고 있으나 특별한 사안에 대하여는 디자인보호법에서 그 비용부담방법에 관해 따로 정하고 있다(§72의29).

---

26) 민사소송에서 소 취하의 제한취지는 피고가 응소하여 본안판결을 받으려는 적극적 태도를 보였으면 소송을 유지하는 데 피고에게도 이해관계가 있다고 볼 것이며, 기왕 소송이 성립된 기회에 피고에게 청구기각의 판결을 받을 이익이 생겼기 때문이다(이시윤, 민소, 630면).

27) 심판청구인에 의하여 적법하게 이루어진 심판청구의 취하의 효력은 취하서가 제출되어 접수한 접수시에 발생하는 것이므로 그 취하는 취소할 수 없다(대법원 1970.6.30.선고 70후7 판결).

2. 심판비용의 범위 및 부담

(1) 심판비용의 범위

심판비용의 범위·금액·납부 및 심판에서 절차상의 행위를 하기 위하여 필요한 비용의 지급에 관하여는 그 성질에 반하지 아니하는 한 민사소송법 중 해당 규정의 예에 의한다(§72의29⑥).

당사자가 심판과정에서 지출한 모든 비용이 법률상의 심판비용이 아니다. 심판비용의 범위를 정하고 있는 기준(특허청 고시 90-4)에 의하면 심판의 청구료, 변리사 보수, 심판서류 작성료, 증인·감정인·통역인 등의 숙박료 또는 여비 등이 심판비용에 해당되고 있다. 심판의 대리를 한 변리사에게 지급한 또는 지급할 보수는 특허청장이 정하는 금액의 범위 안에서 이를 심판비용으로 보도록 하며 이 경우 수인의 변리사가 대리를 한 경우라도 1인의 변리사가 심판을 대리한 것으로 본다(§72의29⑦).

(2) 심판비용의 부담

심판비용의 부담은 심판이 심결에 의해 종결할 때에는 심결로써, 심결에 의하지 아니하고 종결할 때에는 결정으로써 정하도록 한다(§72의29①). 심판비용액은 심결 또는 결정이 확정된 후 당사자의 청구에 의하여 특허심판원장이 결정할 수 있도록 하고 있다(§72의29⑤). 심결이나 결정이 확정됨으로써 그때까지 지출한 비용이 특정되므로 확정 후 구체적 비용액을 산정하도록 한 것이다.

심판비용의 부담은 민사소송과 유사한 구조를 가지는 당사자계 심판에 있어서는 敗審者 부담원칙에 의하여야 할 것이다(민소§98). 심판청구를 취하하거나 심판청구 후에 청구권을 포기한 자는 敗審者로 보아야 할 것이다.

디자인등록거절결정에 대한 심판 또는 보정각하결정에 대한 심판 등 결정계심판에 관한 비용은 상대방이 없기 때문에 청구인이 부담하여야 한다(§72의29③). 2인 이상 공동하여 절차를 밟은 경우에는 평등으로 부담하는 것이 원칙이나 사정에 따라 다른 방법에 의하여 부담할 수도 있다(민소§102).

3. 심판비용의 대납

심판 등에 있어서는 비용을 요하는 행위 예컨대, 증거조사, 증거보전, 감정 등에 필요한 비용을 당사자에게 예납하게 할 수 있다(§72의29②).

만약 비용의 예납을 명하였음에도 불구하고 비용을 예납하지 아니한 때에는 심판에서는 그 행위를 하지 아니할 수 있다. 예납한 비용이 부족하면 追納

을 명하고, 그 비용이 남는 경우에는 반환하여야 한다.

4. 심판비용액 결정에 대한 執行名義

심판비용액에 관하여 확정된 결정은 집행력 있는 집행명의와 동일한 효력을 가진다. 이 경우 집행력 있는 정본은 특허심판원 공무원이 이를 부여한다(§72의30).

집행명의란 강제집행에 의하여 실현되어야 할 급부청구권의 존재와 범위를 명확히 하여 집행기관에 의한 강제집행의 기본이 되는 문서를 총칭한다.

이와 같이 법이 특허청장의 비용액결정에 대하여 집행명의와 같은 효력을 인정하는 것은 그 결정에 대하여 다시 집행을 위한 법원의 확인을 거치지 않고 신속·간결하게 강제집행을 실현할 수 있게 하기 위해서이다.

제 3 절 심판의 종류와 내용

디자인보호법에서의 심판은 그 請求의 대상에 의해 다음과 같이 6종으로 나누어진다.[28]

i) 디자인등록거절결정에 대한 심판(§67의3)
ii) 디자인등록취소결정에 대한 심판(§67의3)
iii) 보정각하결정에 대한 심판(§67의2)
iv) 디자인등록의 무효심판(§68)
v) 권리범위확인심판(§69)
vi) 통상실시권 허여의 심판(§70)

상기의 심판 중 i), ii), iii)은 심사관의 결정의 취소를 청구하는 것이며 iv)는 이미 이루어진 디자인등록에 대하여 소급적으로 그 효력을 상실시키도록

28) 타 산업재산권법과 비교하여 디자인보호법에 없는 심판은 i) 정정심판(특§136, 실§33), ii) 정정의 무효심판(특§137, 실§33), iii) 특허권의 존속기간연장등록의 무효심판(특§134), iv) 상표등록의 취소심판(상§73), v) 상표권의 존속기간갱신등록의 무효심판(상§72) 등이 있다. 반면 특허법에서는 디자인보호법에 있는 보정각하결정에 대한 심판(§67의2)이 존재하지 않는다.

청구하는 것이다. v)는 등록디자인의 보호범위를 확인하기 위하여 청구하는 것이며 vi)은 선출원권리와의 이용·저촉관계가 있을 때 선출원권리자가 실시허락을 하지 않거나 실시허락을 받을 수 없는 경우에 선출원권리를 실시할 수 있도록 청구하는 것이다. 본절에서는 이들 심판의 종류별로 그 내용에 대해 설명하기로 한다.

Ⅰ. 디자인등록거절결정에 대한 심판

1. 序 言

(1) 의 의

디자인등록거절결정에 대한 심판이라 함은 디자인등록출원에 대하여 디자인등록거절결정을 받은 자가 이에 불복하여 청구하는 심판을 말한다(§67의3).

이 심판은 行政處分인 디자인등록거절결정을 부당하다고 하여(예컨대, 선행디자인과 유사하지 아니한 것을 유사하다고 판단한 것 등) 그 거절결정의 취지와 출원디자인에 대해 등록하여 줄 것을 청구하는 것이므로 심판절차에서의 심리는 단순히 디자인등록거절결정의 당부가 아니라 당해 디자인등록출원에 관해 등록할 것인가 아닌가의 여부이다. 따라서 심사의 전과정에서 이루어진 절차와 더욱 보충된 자료에 기초하여 출원에 관한 디자인이 등록될 수 있을 만한 요건을 갖추었느냐의 여부에 대해 다시 심리하는 것으로 續審의 성격을 지닌다.[29]

(2) 제도적 취지

디자인등록거절결정에 대한 심판은 심사관의 일정처분에 대하여 불복하고자 하는 자에게 그 불복을 허용함으로써 권리구제의 기회를 부여하는 한편, 행정기관(특허청) 스스로에게 是正의 기회를 주어 심사의 공정성과 적정성을 기하고자 하는 취지이다.

---

29) 디자인보호법 제72조의32는 심사(심사전치를 포함한다)와 심판이 속심관계에 있다는 뜻을 나타낸 것이다. 즉 1심인 심사에 있어서 심리절차나 결과를 완전히 무시하고 새로이 최초부터 심리를 다시 하는 것이 아니고 심사에서 한 절차를 토대로 하여 심리를 속행하고 새로이 자료를 보충하여 원결정이 유지되는가 아닌가(디자인등록출원에 대해 거절할 것인가, 등록할 것인가)를 심리하는 것이다. 따라서 원결정과 이 심판의 관계는 심결과 그 취소소송의 관계와는 다르다.

2. 당 사 자

디자인등록거절결정에 대한 심판을 청구할 수 있는 자는 디자인등록거절결정을 받은 디자인등록출원인이다. 즉, 출원인이 심판청구인이 된다. 이 심판에 있어서는 표면상으로는 상대방이 존재하지 않는 것이므로 청구인만이 당사자가 된다.

디자인등록을 받을 수 있는 권리의 공유자가 그 공유에 관한 권리에 대해 심판을 청구할 때에는 공유자 전원이 공동으로 청구하여야 한다(§72③). 디자인등록을 받을 수 있는 권리가 공유인 때에는 공유자 전원이 디자인등록출원을 하여야 한다고 하는 규정(§10)에 대응한 것으로 디자인등록거절결정에 대한 불복의 청구는 청구권 행사로서의 출원과 연속적으로 있는 것이기 때문이다. 공동으로 심판을 청구한 자 중 1인에 관하여 심판절차의 중단 또는 중지의 원인이 있을 때에는 그 중단 또는 중지는 전원에 대해 그 효력이 미친다(§72④).

3. 청구기간

디자인등록거절결정등본을 송달받은 날부터 30일 이내이다(§67의3).

이 기간은 法定期間이지만 교통이 불편한 지역에 있는 자를 위하여 청구에 의하여 또는 직권으로 연장할 수 있다(§4의14①).

그리고 이 심판을 청구하는 자가 책임질 수 없는 사유로 인하여 상기의 청구기간을 준수할 수 없을 때에는 그 사유가 소멸한 날부터 14일 이내, 그 기간 만료일부터 1년 이내이면 지키지 못한 절차를 추후 보완할 수 있다(§4의16). 이 기간이 도과한 때 그 디자인등록거절결정은 확정되므로 이후에는 불복의 청구를 할 수 없다.

4. 청구방식

디자인등록거절결정에 대한 심판을 청구하고자 하는 자는 소정의 사항을 기재한 심판청구서를 특허심판원장에게 제출하여야 한다(§72의3).

심판청구서의 필요적 기재사항에 대하여는 이미 심판절차 일반(제2절 Ⅱ.심판의 청구, 1.청구방식)에서 설명하였으므로 여기에서는 청구서의 기재사항 중 청구의 취지 및 청구의 이유에 대해 설명한다.

(1) 청구의 취지

청구의 취지는 청구인이 어떠한 심결을 청구하는가를 기재한다.

청구인 주장의 결론이 되는 것으로서 그 청구가 받아들여진 경우의 심결의 결론에 상응하는 것이다. 디자인등록거절결정에 대한 불복 심판청구에서는 "원결정을 취소한다. 본원디자인은 등록할 것으로 한다라는 심결을 구함"이라는 식으로 기재한다.

(2) 청구의 이유

청구의 이유는 청구할 권리를 가지는 사실관계, 청구의 취지를 성립시킬 수 있는 사실관계를 말하는 것이다. 여기서는 디자인등록출원을 하여 디자인등록거절결정할 것으로 한다는 뜻의 거절결정을 받은 사실, 원결정이 취소되어야 하는 원인, 즉 등록성을 가진다는 사실을 기재한다. 그러나 심판에서는 직권심리주의를 채택하므로 진술한 사실에 반드시 구속되는 것은 아니며, 또 심사에서 한 절차는 이 심판에서도 효력을 가지는 것이므로 그 법적 성격은 민사소송법에서 말하는 청구의 원인과는 다르다.

5. 심리 및 심결

(1) 심　　리

심사에서 밟은 절차는 디자인등록거절결정에 대한 심판에서도 그 효력이 있다고 규정되어 있다(§72의32). 즉 속심주의를 채용하고 있어서 심사에서 한 절차를 토대로 하여 심리를 진행한다. 이 심판은 행정처분인 디자인등록거절결정을 대상으로 하여 불복을 청구하는 것이지만 그 청구의 실질적인 내용은 등록해 줄 것을 청구하는 것이므로 그 심리는 출원절차, 즉 디자인등록을 청구하는 절차의 내용 그 자체에 미치게 된다. 이 점에서 심판의 심리는 행정소송에서 심리가 행정행위 그 자체가 적합한가의 여부로써 행해지는 것과 다르게 된다.

이렇게 이 심판에서는 디자인등록거절결정에 나타난 원심판단의 당부를 중심으로 하고 원심의 전과정에서 이루어진 절차(디자인등록출원, 거절이유의 통지, 의견서, 보정 등)에 기초하고 나아가 심판절차에서 보충된 새로운 자료에 기초하며 출원에 관한 디자인이 登錄要件을 갖춘 것이냐의 여부(거절결정해야 할 원인을 규정한 조항에 해당하느냐의 여부)에 대해 재차 심리하는 것이다.

(2) 심　　결

1) 기각심결　　　심판관은 심판청구이유가 타당하지 않다고 인정한 때에는 심판청구가 성립될 수 없다는 뜻의 기각심결을 한다. 이 기각심결에 불복하

는 자는 그 심결의 등본을 받은 날부터 30일 이내에 특허법원에 소를 제기할 수 있다(§75①,③).

2) 인용심결　　심판관은 심판청구가 이유 있다고 인정한 때에는 심결로써 디자인등록거절결정을 취소하여야 한다(§72의36①). 심판에서 디자인등록거절결정을 취소할 경우에는 심사에 붙일 것이라는 심결을 할 수 있다(§72의36②).[30] 심결의 디자인등록거절결정 취소는 청구이유가 정당하여 거절결정을 유지할 수 없는 경우뿐만 아니라 심사결과에 중대한 하자 또는 법령위반이 있는 경우에 행한다. 거절결정의 이유와 다른 거절이유를 발견한 경우에는 심판청구인에 대해 거절이유를 통지하고 의견서를 제출할 기회를 주며 출원서의 기재 또는 도면에 대한 보정이 요지의 변경으로 인정되는 때에는 결정으로 그 보정을 却下하는 등 심사절차에 준한 절차를 밟는다(§71②).

심판이 심결에 의하여 디자인등록거절결정이 취소되고, 당해 심사관에 환송된 경우에는 심결에 있어서 취소의 기본이 된 이유는 그 사건에 대하여 심사관을 기속한다(§72의36③). 따라서 심사관은 동일한 이유로 디자인등록거절결정을 다시 할 수 없으며 다른 거절이유가 없을 때에는 디자인등록결정을 하여야 한다.

Ⅱ. 디자인등록취소결정에 대한 심판

1. 의　　의

디자인등록취소결정에 대한 심판이라 함은 디자인등록취소결정을 받은 자가 이에 불복하여 청구하는 심판을 말한다(§67의3).

디자인등록취소결정은 디자인무심사등록이의신청이 이유 있다고 인정되는

30) 심급의 구조에서 말하면 심판은 청구의 실질적 내용이며 대상인 출원(디자인등록을 허여하여 달라는 청구)에 대해 원칙적으로 심결로써 최종적인 의사표시를 해야 할 것이다. 그러나 청구에 정당한 이유가 있어서 원거절결정을 취소하는 경우에 그러한 심결을 하는 것이 적당하지 않은 경우(이를테면 심사절차에 하자가 있는 경우 또는 심사에서 실체적 심사가 충분히 이루어지지 않았고, 심판에서 이를 하면 전체적으로 불경제가 되는 경우 등)에는 자체적으로 그 점에 대해 판단하지 않고 다시 심사에 붙여서 재차 심사절차에서 조사·심리시킬 수 있도록 한 것이다.

경우 심사관이 행하는 디자인권의 효력을 상실시키는 處分(§29의5④)이므로 이 결정에 대하여 불복하고자 하는 자에게 심판의 청구를 허용한다.

2. 당 사 자

디자인등록취소결정에 대한 심판은 디자인무심사등록이의신청에 의하여 디자인등록을 취소당하는 자가 청구하는 것이므로 청구인(디자인권자)만이 당사자가 된다.

3. 청구기간

디자인등록취소결정에 대해 심판을 청구할 수 있는 기간은 디자인등록취소결정등본을 송달받은 날부터 30일 이내이다(§67의3).

교통이 불편한 지역에 있는 자에 대한 기간연장, 請求人에게 귀책할 수 없는 이유에 대해 동 기간 내에 청구할 수 없는 경우의 청구는 디자인등록거절결정에 대한 심판청구의 경우와 같다(§4의16).

4. 청구방식

디자인등록취소결정에 대한 심판을 청구하고자 하는 자는 소정의 사항을 기재한 심판청구서를 특허심판원장에게 제출하여야 한다(§72조의2). 심판청구서의 필요적 기재사항에 대하여는 심판절차일반(제2절 Ⅱ. 1. 심판의 청구방식)에서 설명하였으므로 생략하고 여기서는 청구의 취지 및 이유에 대하여만 설명한다.

(1) 청구의 취지

이 심판에서의 청구의 취지는 "원결정을 취소한다는 심결을 구함"이라는 식으로 기재한다.

(2) 청구의 이유

청구의 이유는 그 결정이 취소되어야 하는 이유에 대해 기재한다. 즉, 청구의 취지를 성립시킬 수 있는 사실관계를 말하는 것이다. 여기서는 디자인등록의 취소결정을 한다는 뜻의 등본을 받은 사실, 原決定이 취소되어야 하는 원인을 구체적으로 기재한다.

5. 심리 및 심결

디자인등록취소결정에 대한 심판의 심리는 原處分의 당부를 심리의 대상으로 한다. 이 경우 심리의 대상범위는 원처분에 이르기까지의 관련자료와 심판청구 이후 청구인이 제출한 주장, 사실 등이 포함된다.

심판관은 심판청구가 이유 있다고 인정한 때에는 심결로써 디자인등록취소결정을 취소하여야 한다(§72의36①).

심판에서 디자인등록취소결정을 취소할 경우에는 다시 심사에 붙일 것이라는 심결을 할 수 있다(§72의36②).

심판관은 심판청구이유가 타당하지 않다고 인정한 때에는 심판청구가 성립될 수 없다는 취지의 기각심결을 한다. 이 기각심결에 불복하는 자는 특허법원에 소를 제기할 수 있다(§75①,③).

심판의 심결에 의하여 디자인등록취소결정이 取消되고, 당해 심사관에게 환송된 경우에는 심결에 있어서 취소의 기본이 된 이유는 그 사건에 대하여 심사관을 기속한다(§72의36③).

Ⅲ. 보정각하결정에 대한 심판

1. 의　　의

디자인등록출원서의 기재사항 또는 도면 등에 대해서 한 보정이 요지를 변경하는 것인 때에는 심사관은 결정으로 그 보정을 각하하도록 되어 있다(§18의2①).

보정각하결정에 대한 심판이라 함은 이 보정각하결정에 대하여 불복이 있는 출원인이 보정각하의 적부를 다툴 수 있는 심판을 말한다(§67의2).[31]

이 심판은 보정각하결정의 처분을 대상으로 하는 것이다. 보정각하의 결정은 심사관이 하는 中間處分이지만 그 보정이 요지변경으로 되느냐의 여부는 실질적으로 권리의 성립에 있어 중대한 영향이 있는 것이므로 이 처분에 대한 불

31) 특허법・실용신안법에서는 신속하고 정확한 권리부여와 주요국 제도와의 조화의 관점에서 2001년 법개정에 의해 보정각하결정에 대한 심판을 폐지하였다. 그러나 디자인보호법에서는 종래 특허법에서 허용되는 것과 같은 광범위한 보정은 인정되고 있지 않기 때문에 보정이 이루어지는 것에 의한 권리부여의 지체 등 폐해가 발생하지 않고 또한 출원서의 기재사항 및 도면 등이 디자인의 내용이고 요지변경의 판단은 객관적으로 할 수 있기 때문에 심리에 그다지 시간을 요하지 않고 신속한 권리부여에 장애가 되지 않는다는 등의 이유에 의해 보정각하결정에 대한 심판은 그대로 존속하는 것으로 하고 있다.

복청구제도를 두고 그 심리를 심판에 의해 하도록 한 것이다.

1990년 이전의 디자인보호법하에서는 출원인의 출원서 기재사항 및 도면의 보정이 요지를 변경하는 것으로 인정되는 경우 심사관은 출원인에게 그 보정서를 채택하지 않는다는 취지의 통지를 하고, 보정 전의 출원서 및 도면을 대상으로 하여 심사를 진행하도록 되어 있었다. 따라서 보정이 요지변경이라는 심사관의 결정에 대해 불복할 수 있는 제도가 없었으므로 이와 같은 제도하에서는 출원인을 충분히 보호할 수 없다는 문제가 있었다.

이러한 문제에 대응하기 위하여 1990년 개정법은 출원인이 한 보정이 요지를 변경한 경우 이를 결정에 의해 각하할 수 있도록 하고, 이에 대해 불복이 있는 경우 다시 한 번 심리할 수 있도록 하기 위해 보정각하결정에 대한 불복심판제도를 마련한 것이다.

2. 당 사 자

보정각하의 결정을 받은 자는 심판을 청구할 수 있다(§67의2). 이 심판에서 당사자는 표면상으로 상대방이 存在하지 않는 것이므로 청구인(디자인등록출원인)만이 당사자가 된다. 또 공동출원에 있어 이른바 불이익행위, 기타 정하여진 절차를 제외하고 절차의 보정(여기서 문제가 되는 것은 출원서의 기재사항, 도면 및 도면의 기재사항에 대한 보정)은 각자가 할 수 있으나 그런 경우에 보정은 각자가 전원을 대표하는 것이므로(§4의10①) 決定處分은 출원인 전원에 대하여 내려지게 된다. 따라서 각하된 보정이 출원인 중에서 일부의 자에 의해 행해진 것이라 하더라도 공동출원에서의 이 심판청구는 출원인 전원으로 이루어지는 것으로 된다.

3. 청구기간

보정각하결정에 대해 심판을 청구할 수 있는 기간은 그 결정등본을 송달받은 날부터 30일 이내이다(§67의2).

교통이 불편한 지역에 있는 자에 대한 기간연장, 청구인에게 귀책할 수 없는 이유에 의해 동 기간내에 청구할 수 없는 경우의 청구는 디자인등록거절결정에 대한 심판청구의 경우와 같다(§4의16).

4. 청구방식

보정각하결정에 대한 심판을 청구하고자 하는 자는 소정의 사항을 기재한 심판청구서를 특허심판원장에게 제출하여야 한다(§72의3).

심판청구서의 필요적 기재사항에 대하여는 심판절차 일반(제2절 Ⅱ. 1. 심판의 청구방식)에서 설명하였으므로 여기서는 청구의 취지 및 이유에 대하여만 설명한다.

(1) 청구의 취지

이 심판에서의 청구의 취지는 "원결정을 취소한다는 심결을 구함"이라는 식으로 기재한다.

(2) 청구의 이유

청구의 이유는 그 결정이 부당하여 취소되어야 하는 이유에 대해 기재한다. 결정이 부당하여 취소되어야 한다는 이유는 결정각하의 대상이 된 보정이 출원당초의 출원서의 기재사항, 도면 및 도면의 기재사항이 디자인의 본질에 변화가 생기게 하는 그런 정정·보충이 아니라는 데 있는 것이므로 그 뜻에 대해 구체적으로 설명하여야 한다.

5. 심리 및 심결

이 심판에 있어서의 심리는 각하의 대상이 된 당해 보정이 출원당초의 출원서의 기재사항, 도면 및 도면의 기재사항의 요지를 변경한 것이냐에 대해서 이루어진다. 심판관은 그 청구가 이유 있다고 인정한 때에는 각하결정을 취소한다는 뜻의 심결을 하고(§72의26) 이유가 없는 것이라고 인정한 때에는 그 청구를 기각하여야 한다. 상기의 어떠한 심결이라도 출원의 최종처분이 아니고 중간처분이 된다. 따라서 이 심판의 청구가 있을 때에는 그 심판의 심결이 확정될 때까지 그 디자인등록출원의 심사를 中止하도록 한다(§18의2③). 이 기각심결에 불복하는 자는 특허법원에 소를 제기할 수 있다(§75①). 보정각하결정을 취소한 경우에는 그것으로써 심판청구의 목적이 달성되고 심사관은 그 보정을 인정하여야 한다. 보정각하의 심판에서 각하결정을 취소할 것으로 한다는 뜻의 심결이 있은 경우의 판단은 그 사건에 대해 심사관을 기속한다(§72의26③).

이 심판은 출원절차의 당부에 대해서 하는 중간적 처분이므로 이 심판에서 심결이 이루어져서 그 심결이 확정되면 그 확정된 바에 따라 심사가 계속된다. 청구가 認容된 경우에는 당해 보정이 유효한 것으로, 청구가 배척된 경우에는 그 보정이 이루어지지 아니한 상태로 각각 되돌아가 심사절차가 계속된다. 따라서 특허청장의 보정명령에 대해 또는 심사관의 거절이유통지에 대응하여 거절이유를 해소하기 위해서 한 보정이 심판에서도 요지변경으로 인정되어 원결정이 지지받는 경우에는 재차 보정이 필요하게 된다.

만약 방치하게 되면 보정명령에 응하지 않는 것이 되어 무효처분을 받게 되거나 거절이유를 해소시키지 못하여 디자인등록거절결정을 받게 된다.

Ⅳ. 디자인등록의 無效審判

1. 序 言

(1) 의 의

디자인등록의 무효심판이라 함은 일단 특허청에 의하여 유효하게 성립된 디자인권이 일정한 법정사유에 해당함을 이유로 심판절차에 의하여 그 성립당초에까지 소급적으로 또는 장래에 향하여 그 효력을 상실시키는 준사법적 행정절차를 말한다(§68). 디자인등록의 무효심판은 특허청(특허심판원)에 대해서만 청구할 수 있는 것으로 되어 있다.[32]

(2) 제도적 취지

디자인등록출원은 심사관에 의해 등록요건 등 法定要件을 갖추었는가의 여부에 대한 실체적 심사를 거친 후에 설정의 등록이 이루어진다.

그러나 이 과정에서 심사관이 발견할 수 없었던 디자인등록거절결정을 해야 할 원인을 내포한 디자인등록이 존재하거나 그 판단에 있어 과오가 있고 그 결과 거절결정되었어야 할 디자인이 등록되어 있는 경우가 있다. 또한 후발적 사유에 의해 그 등록이 유효하게 존재할 수 없게 되는 경우도 상정된다. 이러한 하자 있는 디자인권의 존재는 제3자의 이익을 해치고 公平에도 반한다. 따라서 디자인보호법은 이런 디자인등록을 무효로 하고 처음부터 없었던 것으로 하여 행정행위의 하자를 치유하여 완전하게 하려는 디자인등록의 무효심판제도

---

32) 디자인등록을 무효로 하는 행위는 특허청의 전권에 속한다. 즉, 디자인등록의 무효선언을 특허청(특허심판원)의 전속적인 권한으로 하고 있다. 따라서 침해소송의 대상으로 되어 있는 디자인권에 대해서 법원은 디자인보호법 제68조 제1항 소정의 무효사유가 있다고 판단한 경우에도 그 디자인등록이 무효로 되지 않는 한 법원은 그 디자인권이 유효한 것으로서 재판하지 않으면 안 된다. 그러나 디자인권을 둘러싼 사법적인 법률적 분쟁에 대한 판단, 즉 디자인권의 해석은 일반 민사법원의 관할로 되어 있다.

를 두고 있다.

2. 법적 성질

디자인등록 무효심판의 법적 성질에 대하여는 특허무효심판의 경우와 같이 確認的 行爲說과 形成的 行爲說로 나누어진다.[33)]

'확인적 행위설'은 무효심판은 非訟事件官廳인 특허청이 디자인권이 있느냐의 여부를 확인하는 것으로 보며 확인의 결과 디자인권이 소급적으로 소멸되는 법규의 효과일 뿐으로 이해한다.

이에 대하여 '형성적 행위설'은 디자인권에 무효사유가 존재하고 있다고 하여 모두 무효가 되는 것이 아니고 특허청의 심판의 심결에 의해서만이 비로소 무효가 되고 또한 무효심결이 확정되면 그 디자인권은 처음부터 효력이 없어지는 효과가 발생하며 이 효력은 제3자에게도 미치고 권리존속 관계에 관한 심판이기 때문에 형성적 행위라고 본다.

생각건대, 무효심판에 있어서 무효심결이 형식적으로 확정(불가쟁력)되면 디자인권은 소급적으로 소멸되어 형성적·대세적인 효력이 발생하고 재심사유가 없는 한 누구라도 더 이상 다툴 수 없는 강력한 소송법적 확정력을 가지는 점에서 실질적으로 형성소송에 있어서 형성판결과 같은 성질을 가지고 있음을 볼 때 형성적 행위설이 타당하다고 생각된다.

3. 당 사 자

디자인등록의 무효심판의 당사자는 디자인등록을 무효로 해야 할 것을 청구하는 자인 청구인과 그 디자인등록을 받은 디자인권자인 피청구인이다.[34)]

(1) 청 구 인

무효심판의 청구인은 利害關係人 또는 審査官에 한한다(§68①).

1) 이해관계인　　이해관계인이라 함은 디자인권의 존속여하에 따라 직접·간접으로 이해에 상당한 영향을 받을 수 있는 자를 말한다. 예컨대 디자인

---

33) 확인적 행위설이 타당하다는 견해에는 천효남, 특허, 592면 등이 있고, 이와 달리 형성적 행위설이 타당하다는 견해로는 황종환, 의장, 754면: 이수웅, 의장, 637면; 송영식 외, 지적소유권법, 573면 등이 있다.

34) 신탁법에 의해 신탁재산에 속하는 디자인권의 신탁등록이 이루어진 경우는 수탁자가 청구인이 된다.

권자로부터 침해의 경고를 받은 자,[35] 침해소송을 당한 자,[36] 동종영업을 하고 있거나 하고자 하는 자[37] 또는 그 디자인등록으로 인하여 디자인등록거절결정을 받은 자 등은 모두 이해관계인이라고 할 수 있다. 이해관계인의 범위에는 자연인, 법인은 물론 법인이 아닌 사단 또는 재단으로서 대표자 또는 관리인이 정하여져 있는 경우에는 그 사단 또는 재단도 이해관계인이 될 수 있다(§4의2). 그러나 행정관청은 권리의무의 주체가 아니므로 이해관계인이 될 수 없다.[38]

심판청구에 있어 이해관계를 요구하는 것은 심판이 준사법적인 쟁송절차의 성격을 가지므로 민사소송에 있어서의 "이익 없으면 訴權 없다"는 원칙에 따르도록 하는 것이 적당하기 때문이다.

이해관계가 없는 자의 심판청구는 부적법한 것이기 때문에 직권으로 조사하여 심리판단하여야 하며[39] 이해관계 유무판단은 심판청구시가 아닌 심결시를 기준으로 행한다.[40] 따라서 심판청구 당시에는 이해관계가 있었다 하더라도 심결시에 이해관계가 소멸되면 그 심판청구는 부적법한 것이 되고,[41] 반대로 심판청구시에는 이해관계가 성립되지 아니하였다 하더라도 심결시에 이해관계가 성립되면 그 심판청구는 적법한 것이 된다.

한편, 實施權者도 이해관계인에 포함되는가. 이에 대하여는 대법원 판례를

35) 디자인권자로부터 경고를 받은 사실이 있었던 등록디자인에 대하여 이해관계가 있다(대법원 1967.5.16.선고 67후6 판결).

36) 심판청구인은 본건 등록디자인에 의한 디자인모조품 제조판매금지 가처분을 받은 바 있으므로 이 사건을 청구함에 있어 이해관계에 있다(대법원 1980.5.27.선고 80후37 판결).

37) 이해관계인이라 함은 무효심판의 청구대상이 되는 등록디자인과 동일하거나 유사한 디자인으로 자기의 영업으로 하는 물품을 생산·판매하였거나 생산·판매하고 있어 그 등록디자인의 소멸에 직접적이고도 현실적인 이해관계가 있는 사람을 뜻한다 할 것이다(대법원 1992.3.31.선고 91후1441 판결).

38) 특허무효심판은 이해관계인 및 심사관에 한하여 청구할 수 있다고 규정되어 있는데 행정관청인 철도청장은 권리의무의 주체가 아니므로 이해관계인이라고 할 수 없다(대법원 1993.11.23.선고 93후275 판결).

39) 이해관계인 아닌 자의 실용신안등록 무효심판청구는 부적법하다 할 것으로서 그 심판으로서는 이해관계인 여부를 직권으로 심리하여야 한다(대법원 1971.4.28.선고 71후68 판결).

40) 이해관계인의 여부는 심결당시를 기준으로 판단하여야 한다(대법원 1984.3.27.선고 81후59 판결).

41) 디자인등록 무효심판 청구당시 이해관계 있는 당사자라 하더라도 심판계속 중에 당사자간에 다투지 아니하기로 합의가 되었다면 심판청구를 유지할 법률상 이익이 없어져 이해관계는 소멸되었다고 볼 것이다(대법원 1980.9.30.선고 79후95 판결).

중심으로 실시권자도 등록무효를 통하여 실시료 지급의무를 면하는 이익을 가지므로 이해관계가 소멸되었다고 볼 수 없다는 입장을 취한 것[42]과 실시권자는 실시권을 허여받는 기간 중에는 권리의 대항을 받을 염려가 없으므로 등록무효확인을 구할 이해관계가 없다는 입장을 취한 것[43]이 있다. 그러나 실시료의 지급의무가 있는 실시권자에게는 이해관계를 인정하는 것이 옳을 것이다.

2) 심 사 관　　심사관도 무효심판을 청구할 수 있다. 심사관에게 청구인 적격을 인정하는 것은 무효사유가 있는 디자인권의 존재로 인해 公共의 利益을 해할 염려가 있음에도 이해관계인이 심판을 청구하지 않을 경우 또는 이해관계인의 심판청구에만 방치할 수 없는 경우에 정부기관인 심사관으로 하여금 적극적으로 不實權利를 정리하도록 하려는 취지이다.[44]

(2) 피청구인

무효심판의 피청구인은 무효심판청구 당시의 디자인권자이다. 과거의 디자인권자를 피청구인으로 한 후 현재의 디자인권자로 보정하는 것은 요지변경이 되므로 허용되지 않는다(§72의5). 그러나 심판계속 중에 디자인권의 이전이 있는 경우에는 피청구인의 당사자로서의 지위에는 아무런 영향이 없고 당초의 피청구인은 그 사건의 종국에 이르기까지 당사자로서 자기 또는 그 承繼人을 위해 제반행위를 할 적격을 가진다. 이 경우 심판장은 그 승계인에 대하여 절차를 속행하게 할 수 있다(§4의18).

---

42) 대법원 1980.3.25.선고 79후78 판결(이 사건 디자인등록권에 대한 실시권의 허여를 받아서 실시권 설정등록을 마쳤다 할지라도 그 사실만으로써 심판청구인이 이 사건 등록디자인이 무효임을 심판하라고 청구할 수 있는 이해관계가 상실된다고 할 수는 없다), 1984.5.29.선고 82후30 판결 같은 취지.

43) 대법원 1979.4.10.선고 77후49 판결(특허권자로부터 그 발명의 실시의 허락을 받은 사람은 어떤 특별한 사정이 있어서 그 특허를 무효로 하지 않으면 안 될 정당한 이유가 있는 경우는 모르되, 그렇지 아니하는 한 그 특허를 무효로 하여야 할 구체적인 이익이 있다고는 할 수 없는 것이라고 할 것이다), 1981.7.28.선고 80후77 판결, 1983.12.27.선고 82후58 판결 같은 취지.

44) 실용신안법 제25조 제2항(현행법 제31조 제1항)이 심사관으로 하여금 실용신안등록의 무효심판을 청구할 수 있도록 규정한 것은 심사관 개인을 이해관계인으로 보아서가 아니라 실용신안제도의 원활한 목적달성을 위한 공익적 견지에서 나온 것이므로 그 심사관은 심판제기 당시 실용신안의 등록출원에 대한 심사를 담당하고 있는 자이면 되고 반드시 그 실용신안등록을 심사하여 등록사정한 심사관에 한하거나 심결당시에 그 심사관의 지위에 있어야만 하는 것은 아니다(대법원 1989.3.14.선고 86후171 판결).

또한 디자인권이 공유일 경우에는 공유자 전원을 피청구인으로 하여 심판을 청구하여야 한다(§72②). 심결은 合一에 의해 확정되기 때문으로 민사소송에서의 고유필수적 공동소송에 해당된다.

4. 무효사유

디자인등록의 무효사유는 법정되어 있다. 따라서 그것 이외의 다른 사유로 무효심판을 청구할 수는 없다(§68①, 한정열거주의). 심판관의 자의를 배제하고 심판의 적정을 도모하기 위함이다.

(1) 구체적 무효사유

1) 주체적 사유

ⅰ) 디자인등록을 받을 수 있는 권리를 가지지 아니한 자(디자인을 창작한 자 또는 그 승계인이 아닌 자) 또는 디자인등록을 받을 수 없는 자(특허청 직원 및 특허심판원 직원)에 대하여 등록이 된 경우(§3①,§68①ⅱ)

ⅱ) 디자인등록을 받을 수 있는 권리의 공유자 전원이 출원하지 않은 경우(§10,§68①ⅰ)

ⅲ) 권리능력을 가지지 않은 외국인에 대하여 등록된 경우(§4의24)

ⅳ) 디자인등록된 후 그 디자인권자가 디자인권을 享有할 수 없는 자로 된 경우(§4의24, §68①ⅳ)[45]

2) 객체적 사유

ⅰ) 디자인을 구성하지 않은 경우, 디자인이 구체적이 아닌 경우 또는 디자인이 공업상 이용할 수 없는 경우(§5①본,§68①ⅰ)

ⅱ) 디자인이 신규성이 없는 경우(§5①,§68①ⅰ)

ⅲ) 디자인이 창작이 용이한 경우(§5②,§68①ⅰ)

ⅳ) 디자인이 선출원디자인의 일부와 동일 또는 유사한 경우(§5③,§68①ⅰ)

ⅴ) 디자인이 부등록사유에 해당되는 경우(§6,§68①ⅰ)

ⅵ) 유사디자인의 등록요건을 결한 경우(§7①,§68①ⅰ)

ⅶ) 조약에 위반되거나 디자인등록된 후 그 디자인등록이 條約에 위반된 경우(§68①ⅲ·ⅳ)

---

45) 디자인등록이 일단 유효하게 성립하였으나 후발적인 사유로 인해 디자인권자인 외국인이 권리능력을 상실하게 된 경우를 말한다.

3) 절차적 사유　　선출원주의에 위반된 경우(§16①,②,§68①ⅰ)이다. 그러나 디자인보호법은 동일인격간에는 선출원주의의 규정적용이 없기 때문에 동일인격간의 선출원주의의 위반은 무효사유에 해당되지 않는다.

(2) 거절이유와의 차이

디자인등록의 무효사유는 거절이유보다 좁은 범위로 규정되어 있다. 즉 디자인등록의 무효사유는 거절이유 중에서 제7조 제2항(유사디자인에만 유사한 디자인), 제9조 제6항(디자인무심사등록출원할 수 있는 디자인), 제11조(1디자인1디자인등록출원), 제11조의2(복수디자인등록출원) 및 제12조(한 벌 물품의 디자인등록출원)의 규정에 위반된 경우에는 제외되어 있다. 이를 규정의 위반은 절차적 요건의 위반에 해당되거나 출원형식의 하자에 불과한 것이므로 이를 이유로 무효로 하는 것은 디자인권자에게 너무 가혹하기 때문이다. 반면에 후발적으로 발생한 하자를 시정하기 위하여 후발적인 무효사유(디자인등록된 후 그 디자인권자가 디자인권을 향유할 수 없는 자로 되거나 그 디자인 등록이 조약에 위반된 경우)가 규정되어 있다(§68①ⅳ).

(3) 무효사유와 관련한 문제

1) 디자인이 구체적이 아닌 경우　　디자인보호법 제5조 제1항 본문규정에 대한 무효사유의 해석에 있어서 도면이 상호 일치되지 않는 경우에 심사에서는 구체적인 디자인을 나타낸 것이라고 인정할 수 없어 법 제5조 제1항 본문의 공업상 이용할 수 있는 디자인에 해당하지 않는다는 이유로 디자인등록거절결정의 대상이 된다. 따라서 이 경우를 발견하면 심사관은 거절이유의 통지를 하게 되고 그 후 도면의 하자가 보정되면 하자 없는 도면으로서 등록결정을 하게 된다.

그러나 만약 이러한 도면의 하자가 보정되지 아니한 채 그대로 등록이 허여된 경우 무효로 할 수 있을 것인가.

디자인보호법 제68조 제1항 제1호의 규정에는 법 제5조의 규정에 의해 등록될 수 없는 경우를 무효사유로 규정하고 있기 때문에 문리해석상은 무효심판의 청구가 있으면 그 규정을 적용하여 무효심결을 해야 할 것으로 생각되나, 디자인보호법은 訂正審判制度가 없기 때문에 권리자측에서는 도면의 하자에 대해 이를 정정할 수 있는 길이 없는데도 등록디자인을 무효로 하는 것은 권리의 안정성을 저해하며 디자인권자에게 가혹하게 된다. 확실히 각 도면이 불일치한 경우 그 디자인은 완전하게 구체적으로 되어 있다고 할 수 없으나 다른 도면으로부터 추측하여 거의 일정한 디자인을 상상하기 어렵지 않을 정도라면 일단 권리로서 성립한 이상 디자인권의 안정성을 유지하는 것도 중요한 것이기 때문에 무효로 할 것이 아니라고 해석한다(이에 대한 자세한 것은 제2편 제5장 제1절 Ⅳ. 2. 구체성을 결한 디자인의 효과 참조).[46] 최근 이와 같은 취지의 대법원판결이 선고되었다.[47]

그러나 이와 같은 해석은 도면의 하자가 중대한 경우에는 무리가 따를 수 있으나 심사과정에서 엄밀한 심사를 거치게 되는 것이기 때문에 실제로는 중대한 하자는 없을 것이라고 생각된다.

② 유사디자인의 등록요건을 결한 경우 　　디자인보호법 제7조 제1항은 자기의 기본디자인에만 유사한 디자인은 유사디자인만으로 디자인등록을 받을 수 있다는 규정이다. 이 규정에 위반된 디자인등록출원(또는 유사등록출원)은 거절이유가 되고, 잘못하여 등록이 된 경우에는 무효사유에도 해당된다(§68① i). 이 규정에 위반하여 등록된 디자인의 유형은 다음과 같이 세 가지로 나누어 볼 수 있다.

i) 그 디자인등록출원 전에 존재하는 타인의 선행디자인(공지디자인, 등록디자인, 선출원디자인)에 유사한 디자인이 등록된 경우

ii) 자기의 기본디자인에 유사하지 아니한 디자인이 그 기본디자인의 유사디자인으로 등록된 경우

iii) 자기의 기본디자인의 유사디자인으로 등록되어야 할 것이 단독의 디자인으로 등록된 경우

상기 i)에 해당하는 경우에는 유사디자인의 등록요건을 결한 디자인이 유사디자인으로 잘못 등록된 것이 분명하므로 무효로 될 수 있다는 것에 이론이 없다. 또 ii)와 iii)의 경우 문리상으로 보면, 법 제7조 제1항의 규정에 위반된 것이므로 무효로 되어야 한다고 생각할 수 있다. 이와 관련 대법원 2006.1.26. 선고 2004후3492 판결에서는 "원심판결이 기본디자인의 유사디자인으로 등록된 이 사건 등록디자인을 대비하여 이 사건 등록디자인이 위 기본디자인과 유사하지 아니하므로 법 제68조 제1항 제1호, 제7조 제1항에 의하여 이 사건 등록디자인의 디자인등록이 무효로 되어야 한다는 취지를 판단한 것은 정당하다"라고

---

46) 윤종렴, 의장, 591면.

47) 디자인등록출원서에 첨부된 도면에 서로 불일치한 부분이 있다고 하더라도 그 디자인 분야에서 통상의 지식을 가진 자가 경험칙에 의하여 디자인의 요지를 충분히 특정할 수 있는 경우에는 공업적 생산방법에 의하여 동일물을 양산할 수 있다 할 것이므로 그 디자인은 디자인보호법 제5조 제1항 본문 소정의 공업상 이용할 수 있는 디자인에 해당한다(대법원 2005.9.13.선고 2004후123 판결).

판시하여 상기 ii)의 경우에 관하여 등록이 무효라는 입장을 취하고 있다. 그러나 ii)와 iii)에 해당하는 경우에는 단독의 디자인으로 등록되어야 할 것이 유사디자인으로 등록된 것이거나 반대로 유사디자인으로 등록되어야 할 것이 단독의 디자인으로 등록된 것에 불과한 것이지 마땅히 거절되어야 할 것이 등록된 것은 아니다. 따라서 이 경우 이미 등록된 디자인을 무효로 한다는 것은 권리자에게 지나치게 가혹하게 되고, 또한 디자인보호법에서는 디자인권이 설정등록된 후 출원의 형식을 정정할 수 있는 심판제도도 없어 그대로 둘 수밖에 없는 점을 감안할 때, 법 제7조 제1항 규정위반의 무효사유에 해당하지 않는 것이라고 해석함이 옳지 않나 생각된다.[48]

3) 당연무효문제　디자인보호법 제68조 제1항 각호에서 열거하는 무효사유 이외에 행정법상의 일반원칙인 당연무효를 주장할 수 있는지 여부에 관하여 이를 긍정하는 견해도 있으나 이는 어디까지나 이론상의 문제로서 실제로는 거의 일어나지 않을 것으로 생각된다. 다만, 대법원 판례에서는 등록디자인이 신규성이 결여된 경우 무효심결의 유무에 관계 없이 그 권리범위를 인정할

---

48) 일본 특허청에서는 유사디자인제도를 운영하고 있던 구법(1998년 이전의 법) 당시 제7조 제1항 위배의 무효사유에 대하여 유사디자인이 기본디자인에 유사하지 아니한 것만을 유일의 이유로 하는 경우에 무효로 할 수 없다는 일본의 심결예가 있다(예를 들면 1967년 2월 24일 심결 1964년 심판 제5945호).

즉, 제7조 제1항 규정은 자기의 기본디자인과의 관계를 제외하고는 제5조, 제16조 등의 요건을 충족하는 디자인의 등록을 받을 수 있는 것을 내용으로 하는 것으로서 자기의 기본디자인에 유사한 것만을 이유로서 등록되는 것이 아니므로 제68조 제1항 규정은 유사디자인이 기본디자인과 다른 제3자의 디자인에 유사하여 자기의 기본디자인에만 유사한 것이 아닌 경우에 유사디자인의 등록을 무효로 할 수 있는 취지의 규정으로 해석하여야 한다.

그것은 만약 유사디자인이 기본디자인에 유사하지 않은 것이면 심사과정에서 유사디자인의 디자인등록을 받을 수 없다는 취지의 거절이유가 심사관에 의해 통지되고(제27조의 규정에 의해 심사관은 디자인등록거절결정을 하고자 할 때에는 그 출원인에게 거절이유를 통지하고 의견서를 제출할 수 있는 기회를 주어야 한다) 그래서 제18조의 규정에 의해 단독의 출원으로 변경하여 등록을 받을 수 있는 것(전기 거절이유통지는 등록적격의 실체를 결한 것을 이유로서 거절할 것을 전제로 하는 것은 아니고 실질적으로는 출원의 변경을 촉구하는 것이다) 및 디자인법에 있어서는 정정심판을 가지지 않는 것을 감안하면 단지 유사디자인이 기본디자인에 유사하지 않은 것을 이유로 등록을 무효로 할 때에는 심사의 과정에 있어서 치유가능한 하자를 이유로서 신규성 등의 요건을 구비하여 실질적으로 등록을 받을 수 있는 디자인의 등록을 무효로 하는 것이 되어 합리성을 결여한 것이 되기 때문이다(齋藤, 의장개설, 279면).

수 없다고 하여 사실상 당연무효를 인정하고 있고[49] 이러한 판결의 입장은 판례로서 확립되어 침해사건을 둘러싸고 많은 하급심에서도 일관되게 적용되고 있다.

5. 청구기간

디자인등록의 무효심판은 디자인권의 설정등록 후에 청구할 수 있다. 이 심판은 등록처분의 유효·무효를 심리하는 것이기 때문이다. 또한 디자인권이 消滅한 후에도 청구할 수 있다(§68②).[50]

디자인권의 소멸 후의 무효심판청구는 디자인권의 존속기간 중에 발생한 디자인권 침해로 인한 損害賠償을 면할 수 있다는 실익이 있다.[51]

종전의 법(1990.9.1. 법률 제4208호로 개정되기 전의 법)에서는 디자인등록무효심판의 청구에 대하여 제척기간이 있었다. 즉, 디자인등록의 무효심판은 디자인등록출원 전에 외국에서 公知된 디자인, 반포된 간행물에 기재된 디자인 또는 그 디자인에 의하여 그 디자인이 속하는 분야에서 통상의 지식을 가진 자가 용이하게 고안할 수 있는 디자인에 대하여 허여된 때에는 디자인등록의 설정의 등록일부터 5년을 경과한 후에는 청구할 수 없다고 정해져 있었다(개정 전의 법§51). 이것은 국제통신이 비교적 불편하여 外國의 정보를 충분히 입수할 수 없던 외국에서 반포된 간행물 등에 기초하여 무효가 되는 것은 권리의 안정성을 저해한다는 관점에 따른 것이었다.

그러나 근래 국가간 교통 및 통신수단이 현저히 발달하게 되어 이 규정을 유지할 실익이 없게 되었으므로 특허·실용신안법에서 같은 취지의 규정을 삭제하는 것으로 함에 따라 디자인보호법에서도 이 규정이 삭제된 것이다.

---

49) 대법원 1983.7.26.선고 81후56 판결.

50) 특허권이 특허료 불납으로 소멸한 경우에도 이해관계인은 특허권의 무효심판을 청구할 수 있으며 이해관계는 심판청구 당시에 존재함으로써 족한 것이지 특허권이 존재하고 있는 기간 중에 존재하여야 하는 것은 아니다(대법원 1989.5.23.선고 88후578 판결).

51) 손해배상청구는 손해 및 가해자를 안 날로부터 3년, 불법행위시부터 10년을 경과하기 전에 행사할 수 있으므로(민§766, 손해배상청구권의 소멸시효) 디자인권의 소멸 후에도 디자인권의 침해를 원인으로 하는 손해배상의 청구를 할 수 있다. 그러므로 권리소멸 후 10년간은 무효심판의 청구에 대해 법률상의 이익을 가지는 자의 존재가 예정된다.

6. 청구방식

(1) 무효심판청구서

무효심판의 청구는 소정의 사항을 기재한 심판청구서를 특허심판원장에게 제출하여야 한다(§72①). 심판청구서의 필요적 기재사항에 대하여는 심판절차 일반(제2절 Ⅱ. 심판의 청구 1. 청구방식)에서 설명하였으므로 여기서는 청구의 취지, 청구의 이유 및 증거방법에 대해 설명한다.

1) 청구의 취지　　디자인등록의 무효심판은 어떤 디자인등록을 무효로 할 것을 청구하는 것이므로 청구의 대상인 등록디자인을 특정하여 "등록 제○호 디자인의 등록을 무효로 한다. 심판비용은 피청구인의 부담으로 한다라는 심결을 구함"이라는 식으로 기재한다(유사디자인의 디자인등록을 무효로 하여 줄 것을 청구할 때에는 '등록 제○호 유사 제○호 디자인'이 된다).

2) 청구의 이유　　청구의 취지에 대응하여 법률에 규정되어 있는 무효원인 및 사실을 적시한다. 통상은 사건의 개요, 경위에 대한 설명, 이해관계에 대한 기재, 무효사유로 되는 조항(예를 들면 디자인보호법 제16조 제1항)과 그것에 대응하는 증거방법, 무효로 되어야 하는 설명 등이 기재된다.[52] 이 심판에서 청구의 대상은 행정처분으로서의 디자인등록이다. 따라서 여기서는 당해 디자인등록이 무효가 되어야 하는 원인과 사실에 대해 명확히 기재할 것을 요한다.[53][54] 이를테면 그 디자인등록은 디자인보호법 제5조 제1항 제3호에 규정된 디자인에 해당하는 것임에도 불구하고 등록된 것이므로 동조의 규정에 위반하여 이루어진 것 등, 같은법 제68조 제1항 각호에 열거한 해당조항을 명확히 하고, 그 사실을 증명하기 위해 증거방법을 제출한다.

3) 증거방법　　증거란 사실상의 주장의 기초를 제공하기 위한 재료(사실인정의 재료)로서 사실상의 주장의 당부를 확신하는 자료를 그로부터 감득하여 당해 디자인등록이 무효원인을 가지느냐 아니냐가 판단된다.

---

52) 심판편람 51・02.

53) 무효의 원인은 법정되어 있는 사유에 한정되고, 그 이외의 것을 사유로 하여 무효심판을 청구할 수 없다. 이것은 한번 대세적으로 배타적 독점권으로서의 디자인권을 부여한 이상 권리의무의 변동효과를 발생하게 하는 데에는 법률의 근거를 필요로 한다는 원칙(행정법에 있어서 법률유보의 원칙)이 적용되기 때문이다(심판편람 51・03).

54) 심판청구이유의 기재는 그 청구원인이 특정될 수 있는 정도로 기재하면 족한 것이고 그 청구이유를 도출하게 된 과정을 상세히 기재하여야 하는 것은 아니다(특허법원 1998.6.25. 선고 98허1259 판결).

여기서 그들 자료를 감득하기 위해 이루어지는 행위가 證據調査라는 것이며, 그 재료, 즉 증거조사의 대상이 되는 유형물이 증거방법이며 이에는 증인, 감정인, 당사자 본인, 문서, 검증물이 있다.

그리고 이 난에는 증거방법이 증인일 때에는 입증사항, 증인의 성명・주소・직업과 심문사항을, 증거방법이 감정인일 때에는 똑같이 입증사항, 감정인의 성명・주소・직업과 감정사항을, 증거방법이 당사자일 때는 입증사항 그 당사자의 성명・주소・직업과 심문사항을, 증거방법이 문서일 때는 입증사항, 그 문서에 붙여야 하는 부호(청구인 쪽에서 제출하는 문서의 부호는 '甲 제○호 證'과 같이 한다)를, 증거방법이 검증물일 때는 입증사항, 그 검증물에 붙여야 할 부호(청구인 쪽에서 제출하는 검증물의 부호는 '檢甲 제○호 證'과 같이 한다), 檢證物의 표시를 기재한다.

즉, 이는 증거의 제출에서 증거를 서면에 의해 구체적으로 특정함과 함께 증명해야 할 사실을 표시해야 함을 규정하고, 준용되는 민사소송법의 규정에 따른 것이다.

또 증거방법이 문서일 때는 그 문서를 제출하거나 문서소지자에게 그 제출명령의 신청을 하게 되지만(§72의21→민소§343), 이 경우 그 문서의 등본(도면, 견본 또는 물건인 때에는 실물에 갈음할 수 있는 복사나 사진)을 첨부하여야 한다(시규§24의6②).

검증의 신청은 목적물인 검증물을 표시하여 신청하여야 한다(민소§364).

검증의 신청을 한 당사자는 검증물을 특정하는 데 필요한 도면 또는 견본(견본일 때는 그것에 도면 또는 설명서를 첨부하여)을 첨부하여야 한다(시규§24의6②,③).

(2) 복수디자인등록출원된 디자인등록에 대한 무효심판청구

복수디자인등록출원된 디자인등록에 대하여는 각 디자인마다 獨立的으로 디자인권이 성립된 것이므로 각 디자인마다 청구할 수 있다고 규정한다(§68①후단).

7. 심리 및 심결

(1) 심 리

디자인등록무효심판의 심리에는 그 성격상 다른 심판에 비해 직권심리주의(§72의23①)가 흔히 적용된다. 기타 심리절차에 적용되는 사항은 이미 설명한 심리절차 일반의 내용과 같다.

(2) 심 결

무효심판은 심결에 의해 종료되는 것이 보통이다. 심결은 일정한 사항을 기재한 서면에 의하여 심결을 한 심판관은 기명날인하여야 한다(§72의26②). 심판장은 심결이 있는 때에는 그 등본을 당사자, 참가인 등에게 송달하여야 한다(§72의26⑥).

8. 디자인등록무효심결 확정의 효과

(1) 인용심결

1) 디자인권의 效力喪失　　디자인등록을 무효로 한다는 심결(인용심결)이 확정된 때에는 디자인권은 처음부터 없었던 것으로 간주된다. 다만, 디자인권의 발생 이후에 생긴 후발적 사유, 즉 디자인등록된 후 그 디자인권자가 조약에 관한 규정(§4의24)에 의하여 디자인권을 향유할 수 없는 자로 되거나 그 디자인등록이 조약에 위반된 것을 무효원인으로 하여 디자인등록을 무효로 한다는 심결이 확정된 때에는 디자인권은 그 사유에 해당하게 된 때부터 없었던 것으로 간주된다(§68③).

즉, 디자인등록무효에 대한 확정심결이 있는 경우에는 그 디자인권은 처음부터 없는 것으로 되어 버리므로 확정심결에는 소급적 효력·形成的 效力이 인정된다. 무효심결은 이처럼 법률관계를 변경시키는 힘(형성력)을 가지며 제3자에게도 미친다(대세적 효력). 따라서 디자인권 침해에 관해 계속중인 민사 또는 형사소송사건은 그 목적물이 없어지게 되어 청구기각 또는 무죄의 판결이 내려지고 이미 청구를 인용 또는 무죄로 하는 판결이 확정되어 버린 경우에는 재심의 사유로 된다(민소§451, 형소§420).

또 기본디자인의 디자인등록을 무효로 한다는 심결이 확정된 때에는 그 효력은 유사디자인에도 미치며 그 유사디자인의 디자인등록도 무효가 된다(§68④). 그러나 유사디자인의 디자인등록을 무효로 한다는 심결의 효력은 기본디자인에 미치지 않고 그 유사디자인등록이 처음부터 없었던 것으로 간주되는 데 그친다(§68⑤). 유사디자인에서도 후발적 사유를 원인으로 하는 무효심결의 효력은 기본디자인의 경우와 같다(§68⑤단).

2) 무효심결 확정 전에 이루어진 행위의 법률관계　　디자인등록을 무효로 하는 심결이 확정되면 소급효가 인정되는 결과 디자인권의 존재를 전제로 하는 법률관계도 심결 확정시에 소멸함과 동시에 효력을 잃게 된다.

㈎ 재심사유　　디자인권의 침해에 관한, 소송계속 중의 민·형사소송은 그 목적물을 잃어버리게 되어 청구기각 또는 무죄판결의 대상이 되고 이미 청

구를 인용하거나 유죄로 하는 판결이 확정되어 있을 때에는 재심의 사유로 된다(민소§451①, 형소§420).

㈏ 실시료 등　　실시계약을 체결하고 實施料를 지급하였거나 분쟁 도중에 화해하여 금전을 지급하였는데 나중에 디자인등록이 무효가 된 경우 그 지급받은 실시료 등을 부당이득으로 반환할 필요가 있는지 여부에 대하여, 당사자간에 실시계약을 체결함에 있어 디자인등록이 무효로 되어도 이미 지급한 실시료의 반환을 청구할 수 없다고 하는 약정을 하는 것이 보통이며 이 경우에는 별다른 문제가 없을 것이나, 이러한 약정이 없는 경우라도 실시권 또는 화해에 의해 사실상 보호 내지 이익을 받고 있었으므로 디자인권자가 타인(실시권자)에게 손해를 입힌 자가 아니라고 풀이되어 반환할 필요가 없다고 해석한다.

㈐ 손해배상금　　디자인권의 침해를 주장하여 타인으로부터 손해배상금을 지급받은 경우에는 실시료의 경우와는 달리 타인에게 손해를 입힌 것이므로 부당이득반환청구의 대상이 되고 따라서 이를 반환하여야 한다.

또 禁止請求權의 행사로 인해 타인이 제품을 생산・판매하지 못하게 된 경우에 디자인권자가 나중에 손해배상책임을 지게 되느냐의 문제는 민법상 불법행위의 일반원칙에 따른다. 일반적으로는 적법한 권리행사이므로 고의・과실의 문제가 생기지 않는다. 그러나 디자인등록이 무효로 될 개연성이 극히 높은데도 불구하고, 그러한 사실을 알고 금지청구권을 행사하였을 경우에는 금지청구권의 행사를 받은 자는 디자인등록무효심결이 확정된 후 손해배상청구를 할 수 있을 것이다.

3) 법정실시권의 발생　　자기의 디자인권에 무효사유가 있음을 알지 못하고 무효심판청구등록 전에 선의로 국내에서 실시사업을 하거나 사업준비를 하고 있는 자는 심판청구당시 사업의 목적 범위내에서 그 디자인권 또는 디자인등록을 무효로 한 당시에 존재하는 전용실시권에 대하여 통상실시권을 가진다(§51①). 이것을 中用權이라고 하며 중용권제도는 공평의 견지에서라기보다는 자기의 권리를 신뢰하여 실시하는 자를 보호하기 위한 것이므로 상당한 대가의 지급을 필요로 한다(§51②).

4) 등록료의 반환　　디자인등록을 무효로 한다는 심결이 확정된 연도의 다음 연도부터의 등록료 해당분에 대하여는 납부한 자의 청구에 의하여 이를 반환한다(§36①). 등록료의 반환을 위한 청구는 특허청장으로부터 반환통지를 받은 날부터 3년을 경과한 때에는 할 수 없다(§36③).

5) 보상금 청구권의 소멸　　후발적 무효사유에 의한 무효심결의 경우를 제외하고 보상금청구권은 처음부터 발생하지 않은 것으로 간주된다(§23의3⑥). 보상금청구권은 디자인권의 존재를 조건으로 하여 인정되는 권리이기 때문이다.

(2) 기각심결

그 확정에 의해 일사부재리효(§72의27)가 발생한다. 저촉하는 심결의 방지와 같은 절차를 반복하는 번거로움을 피하기 위함이다.

Ⅴ. 權利範圍確認審判

1. 序　言

(1) 의　의

권리범위확인심판이라 함은 특정 계쟁대상물이 등록디자인의 권리범위에 속하는가의 여부에 대한 확인을 구하는 심판을 말한다(§69).

이 심판은 상대방이 실시하는 대상물이 자기의 등록디자인의 보호범위에 속한다는 확인을 구하는 적극적 권리범위확인심판과 자기가 실시하는 대상물이 상대방의 등록디자인의 보호범위에 속하지 않는다는 확인을 구하는 소극적 권리범위확인심판이 있다. 계쟁대상물은 구체적인 디자인인 경우와 권리로 되어 있는 특허발명·등록실용신안 또는 등록디자인인 경우가 있다. 그리고 계쟁대상물은 권리범위확인심판의 실무상 ㈎호 디자인 또는 확인대상디자인이라 한다.[55]

(2) 제도적 취지

권리범위확인심판은 등록디자인의 객관적인 보호범위를 확인하여 이용·저촉관계의 유무문제 또는 권리침해의 구성여부의 선결문제로서 이를 해결코자 하는 데 그 제도적 취지가 있다.[56] 등록디자인의 객관적인 보호범위, 즉 침해여

---

55) 종전에는 계쟁대상물에 대해 "(가)호 디자인"이라는 용어가 관용되었으나 2004.3.8. 특허법원 법관회의에서 판결문 개선방안을 마련, "(가)호 디자인"과 같은 의미가 없는 용어에 대해 "확인대상디자인"이란 용어로, 또한 "인용디자인"을 "비교대상디자인"으로 바꾸는 등 특허소송판결문에 관한 상당수의 용어를 정비하였는데, 그 후 대법원 판결문 및 특허심판원의 심결문에서도 "확인대상디자인" 등의 용어를 사용하고 있으므로 본서도 이에 따른다.

56) 일반적으로 디자인권자는 자기의 권리가 미치는 등록디자인의 보호범위를 넓게 해석하려고 하고, 제3자는 이것을 좁게 해석하려고 하기 때문에 관계자간에 해석의 상위가 생겨서 실제상 가끔 분쟁이 된다. 이러한 사정에 따라 재판상의 문제로 하기 전에(때로는 소송계

부의 판단은 원래 디자인권에 대한 금지청구, 디자인권 침해로 인한 손해배상 등 민사소송 및 디자인권 침해죄를 논하는 刑事訴訟단계에서 심리판단될 성질의 것이나 디자인보호법은 특허법과 마찬가지로 이를 특허청(특허심판원)의 심판절차에 의해 판단케 하고 있다.

(3) 침해소송과의 관계

디자인권을 둘러싼 분쟁해결 수단에는 특허심판원에 권리범위확인심판을 청구하는 방법과 일반법원에 침해소송을 제기하는 방법이 있다. 양자는 별개 독립의 것이므로 당사자들은 위 방법 중의 어느 한 수단을 선택하거나 양자를 중복하여 제기할 수도 있다. 따라서 권리자의 침해소송이 제기된 후에 상대방이 권리범위확인심판을 청구하는 경우가 있고, 때로는 권리범위확인심결이 확정된 이후 그 심결의 내용대로 분쟁이 해결되지 아니하여 법원에 침해금지가처분 등의 보전소송이나 침해로 인한 손해배상 등의 침해소송을 제기하는 경우가 있다. 상기의 경우 권리범위확인심결의 효력이 법원에 대해 기속력을 갖는지가 문제된다. 일반적으로는 법원은 권리범위확인심결은 재판에서 참작하는 것이 관행이지만, 법률상으로는 기속력을 갖는 것은 아니다. 따라서 권리범위확인사건에서의 결론이 침해소송에서 그대로 유지되지 않는 경우도 간혹 있다.

2. 법적 성질

권리범위확인심판의 법적 성질에 관하여는 확인적 행위설과 형성적 행위설로 나누어져 있다.

'확인적 행위설'은 권리범위확인심판은 침해사실의 유무, 권리·저촉 관계의 유무에 대한 공적 판단인 점에서 민사소송의 확인소송과 실질적으로 같은 성질을 가진다는 설이다. 이 설에 의하면 권리범위의 확인은 확인의 소로서 법원에 제기할 수도 있고 특허청에 심판으로 청구할 수도 있다고 보며 양자의 모순은 절차의 중지규정(§72의28②)의 활용에 의하여 피할 수 있다는 입장이다.

'형성적 행위설'은 권리범위확인심판은 디자인권과 그 계쟁대상물간의 권리관계를 미리 공적으로 확인하여 분쟁을 해결·조정하는 데 목적이 있고, 이 심판이 권리의 발생·변경·소멸 등 형성적 효력을 가져오는 일반의 심판과 동일한 절차

속 중에) 디자인권의 설정에 관여한 특허청으로 하여금 이런 해석상의 시비를 공정하게 판단시키는 제도가 요망되고 이 요망에 따라 마련된 것이 권리범위확인심판제도이다.

에 의하여 진행되고, 그 심결에 소급효가 수반되며 一事不再理의 원칙이 적용되는 점 등을 고려하여 볼 때 형성적 효과를 가져온다고 보는 설이다.

생각건대, 권리범위확인심판은 침해사실의 유무, 이용·저촉관계의 유무 등에 대한 공적 판단인 점에서 실질적으로 확인소송과 같은 성질을 가지며 권리범위확인심결의 확정에 의해 새로운 권리관계를 형성시키는 것은 아니라 할 것이므로 그 법적 성격은 확인적 행위설이 타당하지 않나 생각된다.[57)]

3. 態　樣

권리범위확인심판은 반드시 계쟁대상물과의 관계에 있어서 그것이 구체적인 디자인권의 권리범위에 속하는가의 여부에 대한 판단을 구하는 것이며 그 청구의 취지에 따라 다음 2가지의 태양으로 나누어진다.

(1) 적극적 권리범위확인심판

디자인권자가 타인이 실시하는 계쟁대상물이 디자인권의 권리범위에 속한다는 취지의 심결을 구하는 심판을 말한다. 따라서 심판청구의 취지는 "확인대상디자인은 등록 제○○호 디자인의 권리범위에 속한다"라는 심결을 구하는 형식으로 표현된다.

(2) 소극적 권리범위확인심판

디자인권자 이외의 자가 계쟁대상물이 디자인권의 권리범위에 속하지 아니한다는 취지의 심결을 구하는 심판을 말한다. 따라서 "확인대상디자인은 등록 제○○호 디자인의 권리범위에 속하지 아니한다"라는 심결을 구하는 형식으로

---

57) ⅰ) 확인적 행위설이 타당하다는 견해로는 이수웅, 의장, 642면; 천효남, 특허, 607면 등이 있고, 송영식 외, 지적소유권법(상), 586면에서는 "권리범위확인심판은 실제로는 어느 구체적 침해형태에 대하여 그것이 특허권의 범위에 속하느냐의 여부 내지는 침해가 성립되느냐의 여부를 판정해 보는 것이므로 거기에 무슨 형식적·소급적 효력이 있을 까닭이 없다. 뿐만 아니라 당사자간 특허침해를 둘러싼 분쟁이므로 그 심결의 확정에 의해 동일심판을 다시 청구할 수 없는 기판력과 같은 효력만 인정하면 충분하고 특허법 제163조의 동일사실, 동일증거에 의한 對世的인 일사부재리의 효력을 인정할 필요도 전혀 없다"고 설명하고 있다. 이와 반대로 형성적 효력이 있다고 하는 견해로는 윤종렴, 의장, 593면; 황종환, 의장, 766면; 정인봉, 특허, 595면 등이 있다. 이상과 같이 권리범위확인심판의 본질이나 법률적 성격에 관하여는 논자간에 견해가 대립하여 아직까지 확실치 아니한 실정이다.

ⅱ) 대법원 1987.7.7.선고 86후107 판결은 "디자인권의 권리범위확인심판은 등록디자인의 효력이 미치는 범위를 그 대상물과의 관계에서 구체적으로 확정하는 것이다"라고 그 성격을 규정짓고 있다.

표현된다.

4. 당 사 자

(1) 청 구 인

권리범위확인심판을 청구할 수 있는 자는 디자인권자·전용실시권자[58] 또는 이해관계인이다(§69). 이 점은 무효심판의 경우와 다르다. 利害關係人이라 함은 권리범위가 확인됨에 따라 이익을 얻거나 손해를 면하는 자를 말한다.[59] 따라서 적극적 권리범위확인심판의 경우에는 디자인권자 또는 전용실시권자가, 소극적 권리범위확인심판의 경우에는 확인대상디자인의 실시자 또는 실시하려고 하는 자가 청구인이 된다. 이해관계가 성립되면 자연인·법인은 물론 법인이 아닌 사단 또는 재단으로서 대표자 또는 관리인이 정하여져 있는 경우에는 그 이름으로 심판의 청구인이 될 수 있으며(§4의2) 이해관계인이 2인 이상이 있는 때에는 그 전원이 공동으로 심판을 청구할 수 있다(§72①). 디자인권이 공유인 때에는 공유자 전원이 共同으로 청구하여야 한다(§72②).

(2) 피청구인

권리범위확인심판에 있어 피청구인은 심판청구의 유형에 따라 정해진다. 적극적 권리범위확인심판에 있어서는 당해 등록디자인을 무단히 실시하는 자가,

58) 구법하에서는 전용실시권자의 당사자적격에 관한 명문의 규정이 없었기 때문에 전용실시권자가 권리범위확인심판을 청구할 수 있는지 여부에 대해 견해가 나누어져 있었고, 당시 대법원판결에서는 실용신안 권리범위확인사건에서 권리자와 전용실시권자가 청구인이 되어 해당 실용신안권의 적극적 확인의 심판을 구한 경우, 전용실시권자의 청구에 대해서는 실용신안법 제50조의 이해관계인이 아니므로 당사자적격이 없어 부적법한 청구로 보아야 한다고 판시(대법원 2003.5.16.선고 2001후3262 판결)하여 전용실시권자의 당사자적격을 부정하는 입장을 취하였다.

그러나 전용실시권자는 설정행위로 정한 범위 안에서 권리자(디자인권자)와 동일한 디자인권의 효력을 가지고 있고(§41), 침해에 대한 소권이 인정되고 있으므로 전용실시권자에 대해서도 당사자적격을 인정하는 것이 타당하다. 그래서 2007년 법개정에서는 특허법과 공통으로 권리범위확인심판의 당사자적격에 전용실시권자를 추가하였다.

59) 권리범위확인심판에 있어서의 利害關係人은 무효심판청구에 있어 이해관계인보다 그 범위가 좁다고 할 수 있다. 왜냐하면 무효인 디자인의 존재는 원래 공익에 반하므로 그 심판청구를 할 이해관계인의 범위는 넓게 해석함이 타당하나 권리범위확인심판은 어느 특정의 등록디자인을 둘러싼 침해유무를 확정짓는 것이므로 그러한 법률상 분쟁을 즉시 확정할 만한 구체적인 이익이 필요하기 때문이다[송영식 외, 지적소유권법(상), 583면].

소극적 권리범위확인심판에 있어서는 디자인권자 또는 전용실시권자가 피청구인이 된다.

적극적 권리범위확인심판에서 청구인은 피청구인이 확인대상디자인을 현실적으로 실시하고 있음을 소명이 아닌 증명을 함이 필요하다.[60] 또한 적극적 권리범위확인심판에서 청구인이 특정한 확인대상디자인과 피청구인이 현실적으로 실시하고 있는(또는 실시한 적이 있는) 디자인(통상 "실시주장디자인"이라 한다)이 동일성이 인정되지 않는 경우의 취급이 문제된다. 종전의 대법원 판례는 확인의 이익이 없어 각하되어야 하는 것으로 판시하였으나,[61]

다만, 이 경우 디자인권자 또는 전용실시권자가 청구한 권리범위확인심판에서 심판청구서의 확인대상디자인(청구인이 주장하는 피청구인의 디자인)의 설명서 및 도면에 대하여 피청구인이 자신이 실제로 실시하고 있는 디자인과 비교하여 다르다고 주장하는 경우에는 청구인이 피청구인의 실시디자인과 동일하게 하기 위하여 심판청구서의 확인대상디자인의 도면을 보정할 수 있게 하여(§72의2②iii) 권리범위확인심판을 신속하게 처리할 수 있도록 하였다. 종전에는 청구인이 피청구인의 실시디자인을 잘못 특정한 경우에는 심결각하의 대상이 되고, 따라서 동일한 사안에 대하여 다시 심판을 청구하여야 하였기 때문에 절차경제에 반하고 또한 사건처리가 지연되어 분쟁이 조기에 해결되지 못하는 문제가 있었다.

---

60) 피청구인이 제조판매하지 아니하는 것을 대상으로 하여 권리범위에 속하는 여부를 판단하였음은 증거에 의하지 아니하고 사실을 인정한 채증법칙 위배가 있다(대법원 1969.2.25. 선고 63후42 판결).

61) ⅰ) ㈎호 도면의 디자인이 ㈏호 도면의 것과 동일할 정도로 유사하다고 한들 ㈎호 도면의 디자인이 등록 제○호의 디자인의 권리범위에 속한다는 심판이 확정되어도 그 기판력은 ㈏호 도면의 디자인에는 미칠 리 만무하므로 실시하지도 아니하는 ㈎호 도면의 디자인에 대한 본건 청구는 아무 실익이 없는 것이다(대법원 1982.7.27.선고 81후69 판결).

ⅱ) 디자인권자가 어떤 물품이 자신의 등록디자인의 권리범위에 속한다는 내용의 적극적 권리범위확인심판을 청구한 경우, 그 심판청구인이 특정한 물품과 피심판청구인이 실시하고 있는 물품 사이에 동일성이 인정되지 아니하면, 피심판청구인이 실시하지도 않는 물품이 등록디자인의 권리범위에 속한다는 심결이 확정된다고 하더라도 그 심결은 심판청구인이 특정한 물품에 대하여만 효력이 미칠 뿐 실제 피심판청구인이 실시하고 있는 물품에 대하여는 아무런 효력이 없으므로, 피심판청구인이 실시하고 있지 않는 물품을 대상으로 한 적극적 권리범위확인 심판청구는 확인의 이익이 없어 부적법하고 각하되어야 한다(대법원 2003.6.10.선고 2002후2419 판결).

판례의 이러한 입장은 적극적 권리범위확인심판의 한계라고 할 수 있다.

그래서 이러한 문제를 해결하기 위해 디자인보호법 준용 2007년 특허법 개정에서 피청구인이 청구인이 특정한 확인대상디자인이 자신의 실시디자인과 다르다고 주장하는 경우에는 이를 동일하게 하기 위해 확인대상디자인의 설명서 및 도면을 보정할 수 있도록 하였다.

5. 청구기간

권리범위확인심판은 디자인권의 존속기간 중에만 청구할 수 있다는 견해와 디자인보호법은 권리범위확인심판의 청구기간에 관하여 특별한 제한을 두고 있지 않으므로 디자인등록의 무효심판과 같이 권리의 존부와의 관계가 없고 디자인권의 존속기간 중은 물론 디자인권이 소멸된 후에도 청구의 이익이 있는 경우에는 청구할 수 있다는 견해로 나누어지고 있으나[62] 대법원 판례는 일관되게 권리범위확인심판의 청구는 現存하는 디자인권의 권리범위를 확인하는 것을 목적으로 하므로 디자인권 소멸 후에는 청구의 이익이 없다고 하고 있다.[63]

6. 청구방식

(1) 권리범위확인심판을 청구할 때에는 소정의 사항을 기재한 심판청구서를 특허심판원장에게 제출하여야 한다(§72의2①).

심판청구서의 필요적 기재사항에 대하여는 심판절차 일반(제2절 Ⅱ. 1. 심판의 청구방식)에서 설명하였으므로 생략하고, 여기서는 청구의 취지 및 청구의 이유에

---

62) 디자인권의 존속기간 중에만 청구할 수 있다는 견해(이수웅, 의장, 643면). 디자인권이 소멸 후에도 청구의 이익이 있는 경우에는 청구할 수 있다는 견해(황종환, 의장, 768면).

63) ⅰ) 특허권의 권리범위확인의 심판청구는 현존하는 특허권의 범위를 확정하는 것을 목적으로 하는 것이므로 특허권이 소멸되었을 경우에는 그 확인의 이익이 없다(대법원1970.3.10.선고 68후21 판결).

ⅱ) 특허권의 권리범위확인의 심판청구는 현존하는 특허권의 범위를 확정하는 것을 목적으로 하는 것이므로 일단 적법하게 발생한 특허권이라 할지라도 그 특허권이 소멸되었을 경우에는 그 소멸 이후에는 그 권리범위확인의 이익이 없다(대법원 1996.9.10.선고 94후2223 판결).

ⅲ) 디자인권의 권리범위확인에 관한 청구는 현존하는 디자인권의 범위를 확정하려는 데 그 목적이 있으므로 적법하게 발생한 디자인권도 일단 소멸하면 그에 관한 권리범위의 확인을 구할 이익이 없는데, 이 사건 등록디자인은 상고심 계속 중 그 무효심결이 확정되었으므로 이 사건 소는 확인의 이익이 없는 부적법한 것이 되었다(대법원 2000.7.6.선고 99후161 판결).

대해 설명한다.

1) 청구의 취지　　청구의 취지란에는 “확인대상디자인은 등록 제○○호 디자인의 권리범위에 속한다(또는 속하지 않는다)는 심결을 구함”이라는 식으로 기재한다.

2) 청구의 이유　　청구의 이유란에는 그 청구를 성립시킬 수 있는 사실관계, 요약하면 성립시킬 수 있는 근거를 기재한다.

(2) 권리범위확인심판은 심판청구서상 상기와 같은 필요적 기재사항 이외에 등록디자인과 대비될 수 있는 필요한 도면을 첨부하여야 한다(§72의2③). 어느 실시형태가 어느 디자인권의 권리범위에 속하는가의 여부는 당해 등록디자인의 권리범위와 타인이 실시하는 실시내용과를 상호 대비하여야 알 수 있으므로 디자인권의 내용인 디자인의 도면 및 타인이 실시하고 있는 디자인에 관한 도면을 첨부하여야 한다. 따라서 이러한 첨부서류를 제출하지 아니한 권리범위확인심판의 청구는 심판의 대상이 특정되지 못하여 부적법한 심판청구가 되므로 보정명령의 대상이 된다(§72의4①). 그리고 보정명령을 받은 자가 지정기간 내에 보정을 하지 아니한 경우에는 심판관은 결정으로 심판청구서를 각하한다(§72의4②).

(3) 복수디자인등록에 대한 권리범위확인심판청구

디자인보호법상 복수디자인등록출원된 디자인등록에 대하여 각 디자인마다 권리범위확인심판을 청구할 수 있는지 여부에 관하여 명문이 규정이 없다. 그러나 복수디자인등록출원에 의해 등록된 디자인은 각 디자인마다 독립된 디자인권이 발생한 것이므로 각 디자인마다 권리범위확인심판을 청구할 수 있다고 해석된다.

7. 심리 및 심결

권리범위확인심판의 심리는 서면에 의한 심리가 대부분이다. 기타 심리의 내용, 절차 및 심결에 관하여는 심판절차 일반에서 설명한 바와 같다.

8. 심결확정의 효과

권리범위확인심판은 디자인권과 그 계쟁대상물이 권리범위에 속하는지 여부를 미리 公的으로 확인하여 분쟁을 해결, 조정하는 데 그 목적이 있으므로 권리범위확인심판에서 심결이 확정되면 디자인권의 권리범위가 공적으로 확인된다. 따라서 권리범위에 속한다는 취지의 심결이 확정되면 확인대상디자인의 실시는 디자인권의 침해에 해당된다고 볼 수 있고, 반대로 권리범위에 속하지 아니한다는 취지의 심결이 확정되면 확인대상디자인의 실시는 디자인권의 침해에 해당되지 않는다고 볼 수 있다. 그러나 이 효력은 당사자 외에 제3자에게도 미치는 對世的인 효력(구속력)이 있느냐의 여부에 대하여는 다툼이 있으나[64] 일사부재리의 원칙(§72의27)이 적용되는 한도에서 그 같은 효력을 인정해야 할 것으로 본다.[65]

9. 권리범위확인심판의 문제

(1) 권리 대 권리(상호간)의 권리범위확인심판의 가부

권리 대 권리의 권리범위확인심판의 가부란 선등록된 권리와 후등록된 권리상호간에 후등록권리는 선등록권리의 범위에 속한다는 확인을 구하는 적극적 권리범위확인심판 혹은 후등록권리는 선등록권리의 범위에 속하지 아니한다는 확인을 구하는 소극적 권리범위확인심판이 성립될 수 있느냐이다. 이에 대하여는 다음과 같이 설이 나누어져 있다.

1) 부 정 설 권리범위확인심판이 권리효력의 범위를 구체적 사건에서 확인하는 것일 뿐 어느 한 권리의 성립 자체를 당초로 소급하여 무효로 하는 형성력은 없는 것이므로 권리 대 권리의 권리범위확인심판은 불가능하다는 설

---

64) 일본의 경우 明治 32년(1899년)법에서부터 권리범위확인심판제도를 설치 운영하였으나 그 법률적 성격이 불명확하여 昭和 34년(1959년) 법개정에서 권리범위확인심판제도를 폐지하는 대신 판정제도를 도입하였다. 그리하여 이 판정의 법적 성격을 등록디자인 및 이에 유사한 디자인의 범위에 대한 특허청의 공적 견해표명이라고 하는 것이며 이 판정(결론)은 감정적 성격을 가지는 것에 그치며 법적 구속력을 갖지 않는다. 즉, 당사자의 권리에 대해 확정적인 구속력을 미치는 것은 아니라고 해석되고 있다. 따라서 판정은 행정청에 의해 이루어지는 행위이지만 행정상의 처분 기타 공권력의 행사로서의 행위에 해당되지 않고, 이 때문에 판정에 대해서는 불복의 소의 대상이 되지 않는다(齋藤, 의장, 528면 참조).

65) 권리범위확인심판청구에 있어 일사부재리 원칙이 통용되는 경우의 동일사실 및 동일증거라 함은 당해 등록권과의 관계에서 확정이 요구되는 구체적 사실과 이에 관련성을 가진 증거를 말하는 것으로서 어떤 권리범위확인심판청구와 이미 확정된 권리범위확인심판 또는 심결간에 전자가 소극적 확인을 구함에 대하여 후자가 적극적 확인이라는 차이가 있어도 양 사건이 다같이 당해 등록권과의 관계에 있어 기술적 고안이 유사한가 상이한가에 관한 동일한 사실이며, 그 유사여부를 판단하는 자료가 이에 비교되는 것과 동일증거인 이상 위의 심판청구는 일사부재리의 원칙에 저촉되는 것이고 새로운 증거가 제출된 것이 당해 등록권과의 유사여부에 관한 것이 아니라 무효사유를 입증하기 위한 것이라면 위 일사부재리 원칙의 적용에 관한 한 消長이 있다 할 수 없다(대법원 1976.6.8.선고 75후18 판결).

이다. 이 설은 무효심판과 권리범위확인심판을 엄격히 구별하는 입장이다. 판례도 종래에는 적극·소극을 불문하고 권리 대 권리의 권리범위확인심판을 부인하여 왔다.[66)]

2) 긍 정 설　　이 설은 각 권리자가 각기 상대방으로 하여금 자기의 권리를 실시하는 행위에 대하여 금지청구권을 행사할 수 없도록 하는 법률적 이익이 있으므로 권리 대 권리의 권리범위확인심판을 인정할 실익이 있다는 입장이다. 이 설의 입장에 선 판례로는 商標權에 관한 것이 있다.[67)]

3) 절 충 설　　이 설은 원칙적으로 부정설의 논거에 의해 권리 대 권리의 권리범위확인심판은 인정할 수 없으나 권리와 권리가 서로 충돌되지 않는다는 소극적 사실만을 확인하는 경우에는 그 확인행위가 상대방의 등록된 권리의 효력을 부인하는 결과로 되는 것은 아니기 때문에 소극적 권리범위확인심판에 있어서는 권리 대 권리의 권리범위확인심판도 가능하다는 입장이다. 이 설의 입장에 선 판례는 실용신안권에 관한 것이 있다.[68)] 그 후 대법원 판례는 소극적

---

66) 디자인권의 권리범위확인은 등록된 디자인을 중심으로 어떠한 미등록디자인이 적극적으로 등록디자인의 권리범위에 속한다거나 소극적으로 이에 속하지 아니함을 확인하는 것으로 등록디자인권의 효력이 미치는 범위를 구체적인 사실에 대한 관계에 있어서 확인하는데 불과하고 디자인 자체의 내용범위의 확인이라는 내재적 요건의 존부를 확정하는 것이 아니므로 상대방의 디자인이 등록디자인인 경우에는 그것이 자기의 미등록디자인과 동일 또는 유사한 것이라 하더라도 그 경우에 상대방의 디자인내용이 자기의 등록디자인의 권리범위에 속한다 함은 곧 상대방의 등록디자인권의 효력을 부정하는 결과가 되므로 먼저 상대방의 그 등록이 디자인보호법의 소정의 절차에 따라 무효심결이 확정되기까지는 그 무효를 주장할 수 없다 할 것이다(대법원 1969.3.4.선고 68후56 판결; 동 1976.1.27.선고 74후58 판결).

67) 상표권의 권리범위확인심판에 관하여 특정의 상표 또는 등록상표가 어느 다른 등록상표의 권리범위에 속한다는 심결이 있었다 하여도 이 권리범위에 속한다는 것은 이 권리범위에 전속한다는 것이 아니며, 권리범위에 속한다는 심결이 있을 때에는 상대방의 등록상표를 그 지정상품에 사용한다 하여도 이를 사용하지 말 것을 청구하지 못한다는 이익이 있는 것이므로 본건 ㈎호 상표가 등록된 상표라 하여도 청구인은 그것이 등록제6050호 상표의 권리범위에 속한다는 심판을 청구할 이익이 있다 할 것이고 원심결이 ㈎호 표장이 등록된 상표인지의 여부를 심리판단하지 아니하였다 하여 위법이라 할 수 없다(대법원 1963.8.31.선고 63후18 판결; 1982.6.8.선고 81후4 판결; 동 1992.10.27.선고 92후605 판결).

68) 등록된 실용신안 사이의 권리범위의 확인을 구하는 심판청구라도 심판청구인의 등록실용신안이 피심판청구인의 등록실용신안의 권리범위에 속하지 않는다는 소극적 권리범위확인심판은 만일 인용된다고 하더라도 심판청구인의 등록실용신안이 피심판청구인의 등록실용신안의 권리범위에 속하지 않음을 확정하는 것뿐이고 이로 말미암아 피심판청구인의 등록

권리범위확인심판은 권리의 종류를 불문하고 가능하다고 일관하고 있다.[69] 그러나 이러한 판례의 입장은 소극적 권리범위확인심판의 경우에도 기각이 되면 청구인의 등록된 권리가 피청구인의 등록된 권리의 권리범위에 속한다는 결과가 되므로 결국 적극적 권리범위확인심판과 다를 바 없으므로 위와 같은 구별이 적절한 것인가에 대해 의문이 있다.

(2) 공지부분을 포함한 등록디자인의 권리범위

등록디자인의 보호범위에 공지부분이 포함되어 있을 때 그 권리범위의 해석에 있어 공지부분을 제외할 것인지의 여부에 관하여 판례에 의해 변천, 확립되어 왔다. 이하 판례의 변천과정을 설명한다.

1) 공지사항포함설 등록디자인에 공지사항이 포함되어 있다 하더라도 일단 등록이 된 이상 무효심판에 의해 그 등록이 무효되기까지는 그 권리는 적법한 권리로 인정되어야 하며, 출원당시의 공지・공용 여부는 권리범위확인심판의 심리대상이 될 수 없다는 입장이다.[70]

2) 공지사항제외설 등록은 신규의 고안에만 독점배타적 권리를 부여하는 것이므로 비록 공지・공용사실이 잘못 등록되었더라고 하더라도 권리의

실용신안권의 효력을 부인하는 결과가 되는 것은 아니므로 이러한 청구를 부적법하다고 볼 이유가 없다(대법원 1985.4.23.선고 84후19 판결 등).

69) i) 이 사건 권리범위확인심판은 심판청구 당시까지는 출원만 되고 등록은 되지 아니하였으나 심판청구 계속 중에 후등록된 ㈎호 디자인이 선등록된 이 건 디자인의 권리범위에 속하지 아니한다는 소극적 확인심판청구는 만일 인용된다 하더라도 심판청구인의 등록디자인이 피청구인의 등록디자인의 권리범위에 속하지 않음을 확정할 뿐이고 이로 말미암아 피청구인의 등록디자인의 효력을 부인하는 결과가 되는 것은 아니므로 부적법하다고 할 수 없다(대법원 1992.4.28.선고 91후1748 판결).

ii) 등록된 ㈎호 발명이 이건 등록특허의 권리범위에 속하지 않는다고 소극적인 확인을 구하는 권리범위확인심판은 그 청구의 이유가 양자의 기술고안이 상이하다고 함에 있음이 명백한바, 이러한 소극적 권리범위확인심판청구는 만일 인용된다고 하더라도 원고들의 ㈎호 발명이 피고승계참가인의 이건 등록특허의 권리범위에 속하지 않음을 확정하는 것일 뿐이고 이로 말미암아 피고승계참가인의 이건 등록특허의 효력을 부인하는 결과가 되는 것은 아니므로 이러한 청구를 부적법하다고 볼 이유가 없다고 할 것이다(대법원 1998.11.6.선고 98후2726 판결).

70) 디자인등록출원 전 공지・공용된 것이라 할지라도 이미 본법 소정절차에 의하여 등록이 된 이상에는 그 등록이 본법의 규정에 의하여 무효의 심결이 확정되기까지는 그 등록의 무효를 주장할 수 없다(대법원 1969.3.4.선고 68후56 판결). 이 판결은 그 후 1983.7.26.선고된 81후56 전원합의체 판결에 의해 파기되었다.

효력이 미치는 범위를 구체적인 사실에 대한 관계에서 확정을 하는 데 있어 新規性이 있는 고안이 유기적으로 결합된 것으로 볼 수 없는 공지·공용부분에 대하여서까지 배타적 권리를 인정할 수 없다는 입장이다.[71)]

3) 절 충 설　　이 설은 종전 판례에서의 공지사항제외설의 입장은 등록된 권리의 일부에 공지부분이 있는 경우에 그 부분에 대해서는 배타적 권리로서 인정할 수 없다는 취지이지 등록된 권리의 전부가 공지된 경우에는 적용될 수 없는 경우로서 등록된 권리가 출원 전에 그 전부가 공지·공용된 경우라면 그 일부가 공지·공용된 경우와는 달리 무효심결이 확정되기까지는 등록된 권리의 권리범위에 속한다는 입장이다.[72)]

4) 최근의 판례　　상기와 같이 大法院은 공지부분이 포함된 권리에 대한 권리범위의 해석에 있어 서로 엇갈린 견해를 취해 오다 실용신안 권리범위확인심판 사건에 관하여 전원합의체 판결에서 등록된 권리에 출원 전 전부 또는 일부에 공지부분이 포함되어 있는 경우에는 그 공지사실은 무효심결의 확정 여부에 관계없이 권리범위에 속하지 않는다고 판시함으로써 공지사항제외설의

71) 공지·공용의 사유까지 포함된 출원이 있고, 그 출원에 의한 등록이 있었다 하여도 전연 신규성 있는 기술적 효과가 인정될 수 없는 공지공용의 부분까지 명세서나 도면에 기재되어 있다는 그 사실 하나만으로 권리범위라고 하여 독점적인 실시권이 부여되어 기왕부터 널리 사용하고 있는 공지의 부분에 대하여서까지 배타적 권리를 인정케 하는 결과는 오히려 기술의 진보향상을 도모하여 국가산업의 발전에 기여코자 하는 실용신안법의 정신에 정면 배치된다 할 것이며, 실용신안권이 신규성 있는 기술고안에 대하여만 부여되고, 신규성 있는 기술적 효과발생에 유기적으로 결합된 것으로 볼 수 없는 공지사유에 대하여까지 권리범위를 확장할 수 없다고 함이 본원의 판례이며(1964.10.22.선고 63후45 판결) 이는 발명특허권 권리범위확인사건에 있어서도 동일하게 하여야 함에도 불구하고 원심이 위에서 말한 바와 같이 특허권이 존속하고 있는 한, 공지공용사실유무는 그 권리범위확인청구사건에서는 참작할 가치가 없다고 판단하였음은 권리범위확인에 관한 법리를 오해한 위법이 있다고 아니 할 수 없다(대법원 1967.2.28.선고 66후10 판결).

72) 논지가 내세우고 있는 당원 1964.10.22.선고된 63후45 판결은 공지공용의 사유까지 포함하여 다른 신규성 있는 기술적 고안이 등록된 경우에 있어서 그 공지공용의 부분에 대하여까지 실용신안권으로서 배타적 권리를 인정할 수 없다는 것이 그 판결의 취지이다. 그렇다면 이 사건의 경우처럼 등록된 실용신안권의 기술적 고안의 전부가 공지공용에 속하는 경우는 위의 대법원판결이 적용될 경우가 못 된다. 이러한 취지에서 원심결이 이 사건에서 문제로 되어 있는 등록 제3785호 실용신안의 내용이 공지공용에 속하는 것을 등록하여 준 것이라 할지라도 이 등록에 대한 무효심결이 확정되기까지에는 그 등록의 무효를 주장할 수 없다고 심결한 것은 정당하다(대법원 1970.7.24.선고 70후11 판결).

입장을 분명히 하고, 아울러 이와 상반된 종전의 판례들을 모두 파기하였다.[73] 이후 이 판례는 판례로서 거의 확립되고 있다.[74] 이와 같은 생각은 行政處分을 거쳐 발생한 권리의 공정력과 현실적으로 하자 있는 권리에 대한 제3자의 이익과의 형평의 관점에서 권리의 유효성은 그대로 두되, 사실상 효력을 제한함으로써 실질적인 해결을 도모하려는 것이다. 그러나 이러한 입장은 각 침해사건에 있어 각각의 사정에 따라 법적 정의를 실현코자 하는 特殊的 해석으로 보아야 하며, 여기서의 판단방법은 권리성립 단계에서의 디자인의 유사여부판단과는 구별하여야 한다. 왜냐하면 권리성립단계에서의 디자인의 유부판단에 있어서는 비록 공지부분은 창작성이 낮은 부분으로 평가된다 하더라도 어디까지나 형태를 구성하는 전체를 통일적으로 파악・고찰하는 것이기 때문이다(제8장 제2절 Ⅳ. 4. 공지형태와 유사여부판단 참조).

---

73) 실용신안권은 신규성 있는 기술적 고안에 대해서만 부여되는 것이며 그 구체적 기술적 범위를 정함에 있어서는 출원시의 기술적 수준이 무효심판의 유무에 구애됨이 없이 고려되어야 하며, 공지・공용의 사유까지 포함한 출원이 있고, 그 출원에 대한 등록이 있었다 하여도 전연 신규성이 있는 기술적 효과가 인정될 수 없는 공지와 공용의 부분까지도 명세서나 도면에 기재되어 있다는 그 사실 하나만으로 권리범위라고 하여 독점적인 실시권이 부여되어 기왕부터 널리 사용하고 있는 공지의 부분에 대하여까지도 배타적 권리를 인정케 하는 결과는 오히려 기술의 진보향상을 도모하여 산업발전에 기여코자 하는 실용신안법의 정신에 정면 배치된다 할 것이며, 실용신안권이 신규성 있는 기술고안에 대해서만 부여되고 신규성 있는 기술적 효과발생에 유기적으로 결합된 것으로 볼 수 없는 공지사실에 대하여까지 권리범위를 확장할 수 없다 할 것이므로, 등록된 권리의 일부에 그 고안의 기술적 효과발생에 유기적으로 결합된 것이 아닌 이상 그 등록된 실용신안의 전부가 출원 당시 공지・공용의 것이었다면 그러한 경우에는 실용신안등록무효의 심결에 관계없이 그 권리범위를 인정할 근거가 상실된다는 것은 이론상 당연한 이치라고 보지 않을 수 없고, 이를 구별하여 원심과 같이 그 일부에 공지사유가 있는 경우에는 권리범위가 미치지 아니하고, 전부가 공지사유에 해당하는 경우에는 그 권리범위에 속한다고 해석하여야 할 근거도 찾아볼 수 없다(대법원 1983.7.26.선고 81후56 판결).

74) ⅰ) 디자인권은 신규성이 있는 디자인적 고안에 부여되는 것이므로 공지공용의 사유를 포함한 출원에 의하여 디자인등록이 되었다고 하더라도 공지공용 부분까지 독점적이고 배타적인 권리를 인정할 수 없는 것이다(대법원 1987.9.8.선고 85후114 판결; 1990.2.9.선고 89후86 판결).

ⅱ) 이 사건 등록디자인은 공지된 부분만으로만 이루어졌다고 할 것이고 거기에 어떤 신규성 있는 창작이 가미되어 있다고는 할 수 없으므로 이 사건 등록디자인에 대하여는 그 등록무효의 심판이 확정되었는가 여부에 관계없이 권리범위를 인정할 수 없는 것이다(대법원 1991.9.24.선고 90후2119 판결).

(3) 창작용이한 등록디자인의 권리범위

등록디자인의 신규성 문제와는 달리 창작이 용이한 디자인에 해당하는 경우에 그 등록이 무효로 되기 전에 등록디자인의 권리범위를 부인할 수 있는지 여부에 관하여 논란이 있다. 이와 관련하여 대법원은 종래 특허에 관한 권리범위확인사건에서 진보성이 없는 특허발명의 경우 그 권리범위를 부인하여 오다가 1998.10.27.선고 97후2095 판결에서는 종래의 입장을 바꾸어 그 권리범위가 부정될 수 없다고 한 이래 1998.12.22.선고 97후1016 · 1023 · 1030 판결에서 같은 입장을 재확인하였고, 이후의 2001.2.9.선고 98후1068 판결도 이 점을 분명히 하고 있다.

따라서 특허의 진보성이 없는 것에 상당하는 등록디자인이 창작용이에 해당할 때에는 이를 이유로 그 권리범위를 부인하기 어렵다고 보아야 할 것이다. 그러나 등록디자인과 대비되는 디자인이 창작용이한 경우에 그 권리범위를 부인할 수 있는지 여부에 관하여는 특허에서 특허발명과 대비되는 발명이 공지기술로부터 용이하게 발명해 낼 수 있을 때(진보성이 없는 경우)에는 특허발명과 대비할 필요도 없이 특허발명의 권리범위에 속하지 않는다는 판례가 확립되어 있고,[75] 이를 통상 자유기술의 항변이라고 한다.

최근의 대법원 2004.4.27.선고 2002후2037 판결에서는 등록디자인의 권리범위(소극) 사건에서 등록된 디자인이 디자인등록출원 전에 그 디자인이 속하는 분야에서 통상의 지식을 가진 자가 국내에서 널리 알려진 형상 · 모양 · 색채 또는 이들의 결합에 의하여 용이하게 창작할 수 있는 디자인에 해당하는 경우에는 그 등록이 무효로 되기 전에는 등록디자인의 권리범위를 부인할 수 없지만, 등록디자인과 대비되는 디자인이 등록디자인의 디자인등록출원 전에 그 디자인이 속하는 분야에서 통상의 지식을 가진 자가 널리 알려진 형상 · 모양 · 색채 또는 이들의 결합에 의하여 용이하게 창작할 수 있는 것인 때에는 등록디자인과 대비할 것도 없이 그 권리범위에 속하지 않게 된다라고 판시하여 디자인에 있어서도 특허에서의 자유기술의 항변의 법리를 최초로 설시하였다.

(4) 이용 · 저촉관계의 판단문제

디자인보호법 제45조 제1항 및 제2항은 디자인권 대 디자인권 또는 디자인

75) 대법원 2001.10.30.선고 99후710 판결, 2002.12.26.선고 2001후2375 판결, 2003.12. 12.선고, 2002후2181 판결 등.

권 대 타권리와의 이용·저촉관계에 대하여 규정하고 있다. 즉, 등록디자인 또는 이와 유사한 디자인이 선출원의 등록디자인 또는 이와 유사한 디자인·특허발명·등록실용신안·등록상표와 이용관계에 있거나 선출원의 디자인권·특허권·실용신안권·상표권과 저촉관계에 있을 때에는 선출원권리자의 허락을 얻지 않거나 통상실시권 허여의 심판에 의하지 않고는 자기의 등록디자인 또는 이와 유사한 디자인을 업으로서 실시할 수 없다.

그러나 디자인보호법은 통상실시권 허여의 심판의 전제가 되는 이용·저촉관계의 성립여부에 대하여 당사자간에 다툼이 있는 경우 이를 어떻게 판단할 것인가에 대하여는 아무런 규정을 두고 있지 않다. 디자인보호제도의 운용체계상으로 볼 때, 자기의 권리가 타인의 권리와 이용·저촉관계에 있는지 여부에 관한 有權的 判斷은 권리범위확인심판에 의하지 않을 수 없다. 그런데 권리 대 권리간의 적극적 권리범위확인심판의 청구는 상대방의 권리를 부정하는 결과가 되므로 이를 인정할 수 없다는 대법원 판례의 입장을 이용·저촉 디자인에도 견지하는 경우에는 선출원권리자가 정당한 이유 없이 실시를 허락하지 않거나 실시허락을 받을 수 없는 경우에 후출원디자인권자가 선출원권리자의 의사에 반하여 강제적으로 심판청구를 하도록 규정한 통상실시권 허여의 심판제도(§70)는 사문화될 수 있는 문제가 있다. 이용디자인의 경우에는 권리 대 권리간의 권리범위확인심판을 인정한다 하더라도 상대방의 권리의 효력을 부정하는 것은 아니며 상대방의 권리의 존부에 어떤 변동이 생기는 것도 아니고, 또한 권리 대 권리 상호간이라 하더라도 상대방 권리의 소극적 효력(금지적 효력)의 영역을 침해하는 경우에는 그 효력이 제한된다는 것은 당연한 것이라는 점에서 권리 대 권리의 권리범위확인심판 청구가 이용·저촉관계에 있는 것임을 이유로 하는 경우에는 허용되어야 할 것이다. 이와 같은 관점에서 최근 대법원 판결에서는 비록 권리 대 권리간의 적극적 권리범위확인심판청구라고 하더라도 양 고안이 이용관계에 있을 때에 허용되는지 여부와 관련하여 "후출원에 의하여 등록된 고안을 (가)호 고안으로 하여 선출원에 의한 등록고안의 권리범위에 속한다는 확인을 구하는 적극적 권리범위확인심판은 후등록된 권리에 대한 무효심판의 확정 전에 그 권리의 효력을 부정하는 결과로 되어 원칙적으로 허용되지 아니하고(대법원 1996.12.20.선고 95후1920 판결 등 참조), 다만, 예외적으로 양 고안이 이용관계에 있어 (가)호 고안의 등록의 효력을 부정하지 않고 권리범위의 확인을 구할 수 있는 경우에는 허용된다"라고 판시하고 있다.[76]

Ⅵ. 통상실시권 허여의 심판

1. 序　言

(1) 의　의

통상실시권 허여의 심판이라 함은 등록디자인 또는 이와 유사한 디자인이 타인의 선출원 권리와 이용·저촉관계에 있을 때 그 선출원 권리의 실시를 調整하기 위한 심판을 말한다. 디자인보호법은 등록디자인이 타인의 선출원 권리와 이용·저촉관계에 있을 때에는 후출원 권리자는 선출원 권리자의 허락을 얻지 않으면 업으로서 실시할 수 없다고 규정한다(§45). 그러나 그 타인이 정당한 이유 없이 허락하지 않거나 그 타인의 허락을 받을 수 없는 때에는 자기의 등록디자인의 실시에 필요한 범위 안에서 통상실시권 허여의 심판을 청구할 수 있도록 하고 있다(§70①).

반대로 통상실시권을 허여한 자가 통상실시권의 허여를 받은 자의 등록디자인의 실시를 필요로 하는 경우에 그 통상실시권을 허여받은 자가 실시를 허락하지 않거나 실시허락을 받을 수 없는 때에는 통상실시권의 허여를 받아 실시하고자 하는 등록디자인의 범위 안에서 통상실시권 허여의 심판을 청구할 수 있도록 규정하고 있다(§70②).

(2) 제도적 취지

선·후출원 권리간에 이용·저촉관계가 성립되면 후출원 권리는 선출원 권리의 존재에 의해 디자인권의 효력이 제한받게 된다. 이 경우 후출원 권리자가 선출원 권리자의 허락 없이 자기의 등록디자인 또는 이와 유사한 디자인을 업으로서 실시하게 되면 선출원 권리의 침해가 된다. 따라서 침해를 피하기 위하여는 선출원 권리자의 실시허락을 받아야 하지만 후출원 권리자가 실시허락을 요청하였는데도 선출원 권리자가 정당한 이유 없이 실시허락을 하지 않거나 실시허락을 받을 수 없는 경우에는 후출원 권리자의 적절한 실시를 위하여 통상실시권의 허여가 필요하다. 또한 후출원 권리자에게 실시권을 허여당한 선출원 권리자에게도 자기의 등록디자인을 이용한 후출원 등록디자인 또는 이와 유사한 디자인의 실시를 희망할 경우에는 실시 기회를 부여해 줄 필요가 있고, 이

---

76) 대법원 2002.6.28.선고 99후2433 판결.

것이 양자간에 이익조정상 부합되고 산업발전을 도모하기 위한 디자인제도의 목적에도 합치된다.

이 통상실시권은 권리자의 자유의사에 의한 실시허락이 아닌 점에서 강제실시권의 일종에 속하나 國防상 필요에 의해 정부에서 직권으로 강제실시권을 허여하는 경우(§52의2)와는 다르다.

2. 당 사 자

통상실시권 허여의 심판청구인은 원칙적으로 이용・저촉관계에 있는 후출원 디자인권자・전용실시권자 또는 통상실시권자이고, 피청구인은 선출원 권리자(선출원특허권자・실용신안권자 또는 디자인권자)이다. 한편 디자인보호법은 이용・저촉관계의 후출원 디자인권자에게 통상실시권을 허여한 때에는 선출원 권리자에게도 공평의 견지에서 후출원 등록디자인 또는 이와 유사한 디자인에 대한 통상실시권 허여의 심판청구를 인정하고 있으므로 이 경우에는 선출원 권리자가 심판청구인이 되고 후출원 권리자가 피청구인이 된다.

3. 청구기간

통상실시권 허여의 심판은 현존하는 권리간의 실시상의 조정을 위해 설치된 제도이므로 권리존속 중에만 청구할 수 있다. 디자인등록의 무효심판이 디자인권 소멸 후에도 인정되는 것과 다르다.

1980년 12월 31일 이전의 구법에서는 선출원 권리자의 보호를 위해 이용・저촉관계에 있다 하더라도 디자인등록 후 3년이 경과한 경우에 한하여 심판을 청구할 수 있다고 규정하고 있었으나 현행법에서는 실시상 필요한 경우에는 당사자는 권리의 존속 중에 언제든지 이 심판을 청구할 수 있도록 하였다.

4. 청구방식

통상실시권 허여의 심판을 청구하고자 하는 자는 소정의 사항을 기재한 심판청구서를 특허심판원장에게 제출하여야 한다(§72의2①). 심판청구서의 필요적 기재사항 이외에 다음 사항을 함께 기재하여야 한다. 이들 사항은 통상실시권 허여 여부의 판단에 필요한 사항들이다(§72의2④).

i) 실시를 요하는 자기의 디자인등록번호 및 디자인의 대상이 되는 물품

ii) 실시되어야 할 타인의 특허발명, 등록실용신안 또는 등록디자인의 번

호・명칭 및 특허 또는 등록의 연월일

iii) 특허발명, 등록실용신안 또는 등록디자인에 대한 통상실시권의 범위・기간 및 대가.

상기 사항이 기재되어 있지 아니한 경우 심판장은 기간을 정하여 보정을 명하고, 지정된 기간 내에 그 흠결을 보정하지 않을 경우 결정으로 심판청구서를 각하한다(§72의4①,②).

5. 심리 및 심결

1) 심리 내용, 절차에 관하여는 심판절차일반에서 설명한 바와 같다.

2) 통상실시권을 허여하는 심결을 할 때에는 심판관은 심결의 주문에 통상실시권의 범위・기간 및 대가를 포함하여야 한다(§72의26②iv).

6. 심결확정의 효과

통상실시권을 허여하는 취지의 심결이 확정되면 强制的 通常實施權이 발생한다. 다만, 법은 대가부지급을 해제조건으로 하여 통상실시권을 허여하고 있으므로 심결 후 통상실시권을 허여받은 자가 심결주문에 정하고 있는 대가를 정해진 시기에 지급하지 아니한 때에는 통상실시권은 발생되지 않는다[77](§70④). 대가에 관한 확정된 심결은 집행력 있는 집행명의와 동일한 효력이 있으므로 강제집행할 수 있다(§72의30). 그러나 만일 실시권 허여를 받은 통상실시권자가 자기가 책임질 수 없는 사유에 의하여 대가를 지급할 수 없는 때에는 그 대가를 공탁하고 그 특허발명・등록실용신안 또는 등록디자인이나 이와 유사한 디자인을 실시할 수 있다(§70③,④).

심판에 의하여 통상실시권을 허여하면서 심결로 대가를 정한 경우 그 대가에 대하여 불복을 하고자 할 때에는 법원에 訴訟을 제기하여 다툴 수 있다(§75의5①). 소송은 심결의 등본을 받은 날부터 30일 이내에 제기하여야 하며 이 기간은 불변기간으로 되어 있다(§75의5②,③).

---

77) 민법상 효력의 발생 또는 소멸에 관하여 조건이 붙는 법률행위를 조건부 법률행위라고 하며 이 조건에는 정지조건과 해제조건이 있다. 그 성취에 의해 법률행위의 효과가 발생하게 하는 조건이 정지조건이고, 그 성취에 의해 법률 효과를 소멸하게 하는 조건이 해제조건이다.

제 4 절 審判과 訴訟과의 관계

심판사건이 다른 심판사건 또는 심판사건과 소송사건 사이에 밀접한 관계가 있어 이들 심리의 진행을 조정할 필요가 있는 경우가 적지 않다. 예컨대, 디자인등록의 무효심판과 권리범위확인심판 또는 디자인권 침해소송과 당해 등록디자인의 무효심판이 각각 계속된 경우 등이다.

이들 경우에 있어서 다른 절차를 무시하고 절차를 진행시킨 때에는 전체로서의 소송경제 또는 심리경제를 무시하여 후일 재심청구의 이유로 되는 경우도 있다. 따라서 디자인보호법은 심판에 있어서 필요한 때에는 당해 심판사건과 관련되는 이의신청에 대한 결정 또는 다른 심판의 심결이 확정되거나 소송절차가 완결될 때까지 그 절차를 중지할 수 있다는 규정(§72의28①)과, 소송절차에 있어서 필요하다고 인정된 때에는 법원은 디자인에 관한 심결이 확정될 때까지 그 소송절차를 中止할 수 있다는 규정을 두고 있다(§72의28②). 그러나 소송절차의 중지여부는 어디까지나 법원의 自由裁量이라 할 수 있다.[78]

---

78) 법원이 소송절차 중지의 결정을 할 것인지의 여부는 법원이 합리적인 재량에 의하여 직권으로 정하는 것으로서 그 소송절차를 중지한다는 결정에 대하여는 당사자가 항고(재항고)에 의하여 불복할 수 없다(대법원 1992.1.15 고지, 91마612 결정).

18
chapter

再　審

Ⅰ. 序　說

1. 의　의

재심(retrial)이란 그 심판절차 또는 그 심결의 기초자료에 중대한 하자가 있는 것이 간과되었을 경우에 이것을 이유로 하여 그 심결의 취소를 구하는 비상불복신청방법을 말한다(§73①).[1)]

2. 제도적 취지

확정된 심결은 법적 안정성 때문에 이에 대한 불복을 인정하지 않는 것이 원칙이지만 심판절차상 또는 그 심결의 기초자료에 중대한 하자가 있음에도 전혀 불복신청의 방법을 인정하지 않는다면 正義에 반하고 제3자는 물론 당사자에게도 가혹하게 된다. 그래서 중대한 하자 중 일정한 이유가 있는 경우에 한하여 재심을 청구할 수 있도록 하고 있다.

이러한 점에서 민사소송법의 재심과 동일하며 재심의 사유도 민사소송법의 규정을 준용한다(§73②).

---

1) 재심이란 확정된 종국판결에 재심사유에 해당하는 중대한 하자가 있는 경우에 그 판결의 취소와 이미 종결된 소송을 부활시켜 재재판을 구하는 비상의 불복신청방법으로서 확정된 종국판결이 갖는 기판력, 형성력, 집행력 등 판결의 효력의 배제를 주된 목적으로 하는 것이다(대법원 1995.2.14.선고 93재다27 전원합의체 판결).

Ⅱ. 재심의 성질

재심은 일단 사건이 종결된 후에 최후의 불복신청방법으로서 심판의 형식에 의하여 취해진다. 이 심판에서 재심사유의 유무가 판단되고, 그것이 인정되면 특허청은 그 재심사건을 재심판하여야 한다. 이 판단은 심결을 취소시킴으로써 원심절차의 부활을 구한다는 점에서 소송법상의 形成의 소이고, 일단 종결한 심판절차의 재결을 구한다는 점에서 부수적 심판이다.

Ⅲ. 재심의 청구

1. 재심의 당사자

(1) 재심의 청구인은 사해심결에 대한 재심을 제외하고 심판의 심결을 받은 당사자이다. 따라서 디자인등록거절결정에 대한 심판의 심결, 보정각하결정에 대한 심판의 심결에 대하여 하는 재심청구는 심판의 청구인이 재심청구인이 되고, 디자인등록 무효심판의 심결, 권리범위확인심판의 심결 또는 통상실시권허여의 심판의 심결에 대하여 하는 재심청구는 그 심판청구인, 피청구인 또는 참가인이 재심청구인이 된다(§73①).

(2) 詐害審決에 대한 재심청구는 그 심결에 의하여 권리 또는 이익을 해하게 된 제3자가 재심의 청구를 할 수 있다(§73의2①). 이 경우 재심의 당사자를 공동피청구인으로 하여야 한다(§73의2②).

2. 재심의 대상

재심은 확정심결에 대한 비상불복수단이므로 재심의 대상은 확정된 취소결정 또는 확정심결이다. 따라서 심결에서 심결이 확정되기 전까지 사이의 기간에는 재심청구를 할 수 없다. 만약 이 시기에 재심청구된 경우에는 그 재심청구는 부적법한 청구로서 그 흠결을 보정할 수 없는 때에 해당되어 심결각하의 대상이 된다(§72의5).

당사자가 심결취소소송에 있어서 재심사유를 주장하였거나 주장하지 아니한 때(소송에 의해 주장할 수 있었음에도 불구하고 소송의 제기를 태만히 하였을 때를 포함)에는 그 심결 이후에 확정되었다고 하여도 그 확정심결에 대한 재심의 청구를 할 수 없다(§73①→민소§451① 단서). 또한 확정심결에는 재심의 확정심결도 포함한다.

3. 재심청구기간

(1) 원　칙

재심은 원칙적으로 당사자가 심결확정 후 재심의 사유를 안 날부터 30일 이내에 청구하여야 한다(§73의3①).[2] 그러나 30일의 기간 내라 하더라도 심결확정 후 3년을 경과한 때에는 재심을 청구할 수 없다(§73의3③)<그림 18-1>. 이것은 법적 안정성의 요청에 기한 것으로서 이 3년의 기간은 연장 또는 중단될 수 없는 제척기간이다. 한편, 재심을 청구할 자가 본인이 책임질 수 없는 사유로 인하여 위 30일의 재심청구기간을 준수할 수 없었을 때에는 재심청구인은 그 사유가 소멸된 날부터 14일 이내에 지키지 못한 절차를 추후 보완할 수 있다. 다만, 그 기간의 만료일부터 1년이 경과한 때에는 그러하지 아니하다(§4의16).

〈그림 18-1〉 재심청구기간(원칙)

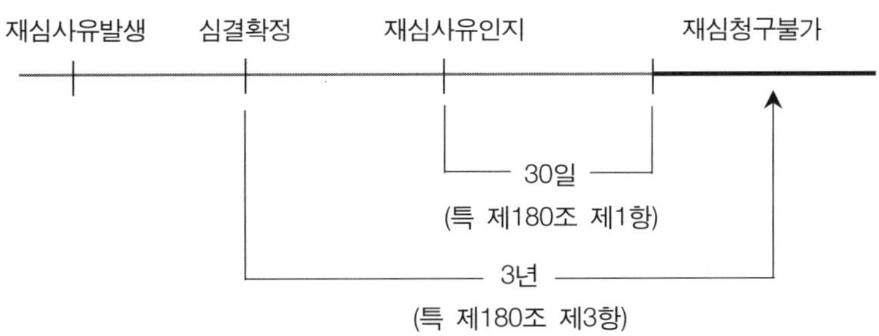

(2) 예　외

재심청구기간의 원칙적 기준은 상기에서 설명한 바와 같으나 재심사유에 따라 기간계산의 기산점이 달리 적용되는 몇 가지의 예외가 있다.

---

2) 심결이 대리인에게 송달되었을 때에는 그 대리인은 특별한 사정이 없는 한 그 송달을 받을 당시에 그 심결에 판단유탈이 있는 여부를 알았다고 할 것이고, 그 대리인이 그 판단유탈 유무를 안 경우에는 특별한 사정이 없는 한 당사자도 그 판단유탈의 유무를 알았을 것이라고 보아야 할 것이므로(대법원 1982.8.24.선고 81사11 판결) 확정심결에 대하여 판단유탈이 있음을 이유로 한 재심청구의 제기기간은 대리인이 심결의 송달을 받은 때에 안 것으로 하여 계산하여야 할 것이다(대법원 1987.7.21.선고 87후55 판결).

〈그림 18-2〉 재심청구기간(예외)

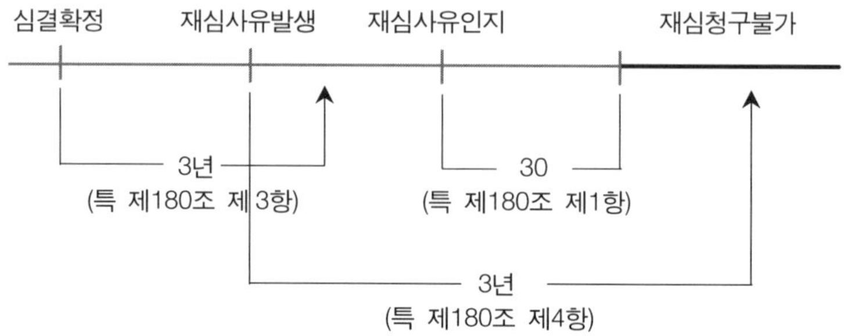

1) 代理權의 흠결을 이유로 하여 재심을 청구하는 경우에는 위 30일의 기간은 청구인 또는 법정대리인이 심결등본의 송달에 의하여 심결이 있는 것을 안 날의 다음 날부터 기산한다(§73의3②). 대리권의 흠결사유는 당사자의 심결등본의 송달에 의하여 심결이 있음을 안 때에 속히 알 수 있는 경우이므로 굳이 심결확정 후부터 재심청구기간을 계산할 이유가 없으므로 이와 같은 특칙을 둔 것이다.

2) 재심사유가 심결확정 후에 생긴 때에는 위 3년의 기간은 그 사유가 발생한 날의 다음 날부터 기산한다(§73의3④)<그림 18-2>. 심결확정 후에 형의 선고판결이 확정되어 심판관의 수뢰죄 또는 공문서위조죄 등이 성립된 경우 등이 해당된다. 이러한 경우에는 판결이 확정될 때까지는 재심사유가 존재하지 않는 것이 되므로 심결의 확정일로 제척기간 3년을 계산하는 것은 부당하기 때문에 이러한 특칙을 둔 것이다.

3) 이상의 재심청구기간 30일과 재심청구에 대한 제척기간 3년은 당해 심결 이전에 행하여진 확정심결과 저촉한다는 이유로 재심을 청구하는 경우에는 이를 적용하지 않는다(§73의3⑤). 이는 동일 사안에 대한 심결의 통일을 기하기 위한 특례이다. 여기서의 '당해 심결 이전에 행하여진 확정심결'이란 본안에 대한 終局審決을 말하며 양 사안이 동일 사안인지의 여부는 청구취지를 기준하여 판단하면 된다.

Ⅳ. 再審事由

재심은 심결의 법적 안정성과 정의실현의 조화의 견지에서 확정심결에 의하여 종료된 사건에 대하여 심결을 취소하고 재심을 인정하는 것이므로 그 이유는 重大하고 明白한 절차의 불비 또는 위배 등이 존재하여야 한다.

재심사유에 대하여는 사해심결에 대한 것을 제외하고는 민사소송법의 규정을 준용하고 있다(§73②).

이하 민사소송법상의 재심사유를 디자인보호법상의 용어에 맞추어 나열한다.

1. 심판절차에 중대한 하자가 있는 경우

1) 법률에 따라 심판기관을 구성하지 아니한 때(§73→민소§451① i)[3]

2) 법률상 그 심판에 관여할 수 없는 심판관이 관여한 때(§73→민소§451① ii)[4]

3) 법정대리권, 심판상 대리권 또는 대리인이 심판상의 행위를 하는 데에 필요한 권한의 수여에 흠이 있는 때.[5] 다만, 당사자나 법정대리인이 追認한 때에는 그러하지 아니하다(§73→민소§451①iii).

4) 심판에 관여한 심판관이 그 사건에 관하여 직무에 관한 죄를 범한 때(§73→민소§451①iv)[6]

2. 심판자료에 중대한 하자가 있는 경우

1) 형사상 처벌을 받을 다른 사람의 행위로 말미암아 自白을 하였거나 심결에 영향을 미칠 공격 또는 방어방법의 제출에 방해를 받은 때(§73→민소§451① v)

---

3) 대법원의 판례가 법률해석의 일반적인 기준을 제시한 경우 유사한 사건을 재판하는 하급심법원의 법관은 판례의 견해를 존중하여 재판하여야 하는 것이나, 판례가 사안이 다른 사건을 재판하는 하급심법원을 직접 기속하는 효력이 있는 것은 아니므로, 하급심법원이 판례와 다른 견해를 취하여 재판한 경우에 상고를 제기하여 구제받을 수 있음은 별론으로 하고, 민사소송법 제451조 제1항 제1호 소정의 재심사유인 법률에 의하여 판결법원을 구성하지 아니한 때에 해당한다고 할 수 없다(대법원 1996.10.26.선고 96다31307 판결).

4) 화학관련 심판사건에 있어서 화학분야를 전공하지 아니한 심판관이 심판에 관여하였다는 재심주장 사유는 구 특허법(1990.1.13. 법률 제4207호로 전문개정되기 전의 것) 제136조 제2항에 의하여 준용되는 민사소송법 제451조 제1항 제2호에 해당하지 않을 뿐만 아니라 민사소송법 제451조 제1항 각호의 어디에도 해당하지 아니한다(대법원 1997.6.27.선고 97후235 판결).

5) 무권대리인에 의해 심판절차가 진행되고, 심결에 이른 경우이다.

6) 심판관이 담당사건에 대하여 수뢰죄나 공문서위조죄 등을 범한 경우이다.

2) 심결의 증거된 문서, 그 밖의 물건이 위조되거나 변조된 것인 때(§73→민소§451①vi)[7)]

3) 증인, 감정인, 통역인의 거짓 진술 또는 당사자 신문에 따른 당사자나 법정대리인의 거짓 진술이 심결의 증거가 된 때(§73→민소§451①vii)[8)]

4) 심결의 기초가 된 민사나 형사의 판결 그 밖의 재판 또는 행정처분이 다른 재판이나 행정처분에 의하여 바뀐 때(§73→민소§451①viii)[9)]

5) 심결에 영향을 미칠 중요한 사항에 관하여 判斷을 누락한 때(§73→민소§451①ix)[10)]

6) 재심을 제기할 심결이 전에 선고한 확정심결에 어긋나는 때(§73→민소§451①x)[11)]

---

7) 민사소송법 제451조 제1항 제6호 소정의 '판결의 증거로 된 문서 기타 물건이 위조나 변조된 것일 때'라 함은 그 위조된 문서 등이 판결주문의 이유가 된 사실인정의 직접적 또는 간접적인 자료로 제공되어 법원이 그 위조문서 등을 참작하지 않았더라면 당해 판결과는 다른 판결을 하였을 개연성이 있는 경우를 말한다(대법원 1997.7.25.선고 97다15470 판결).

8) 재심대상 소송사건 이외의 사건에서 증인이 허위진술을 하고 그 진술조서가 재심대상 판결에서 서증으로 채용된 경우, 민사소송법 제451조 제1항 제7호 소정의 "증인의 허위진술이 판결의 증거로 된 때"에 해당하지 아니한다(대법원 1997.3.28.선고 97다3729 판결).

9) 민사소송법 제451조 제1항 제8호 재심사유인 "판결의 기초가 된 민사나, 형사의 판결 기타의 재판 또는 행정처분이 다른 재판이나 행정처분에 의하여 변경된 때"라 함은 그 확정판결에 법률적으로 구속력을 미치거나 또는 그 확정판결에서 사실인정의 자료가 된 판결 등 재판이나 행정처분이 그 후 다른 재판이나 행정처분에 의하여 변경된 경우를 말하는 것이다(대법원 1982.5.11.선고 81후1 판결; 同旨 1995.6.29.선고 94재후26 판결).

10) i) 민사소송법 제451조 제1항 제9호에서 재심사유로 들고 있는 판결에 영향을 미친 중요한 사항에 관하여 판단을 유탈한 때라 함은 당사자가 소송상 제출한 공격방어방법으로서 판단의 결론에 영향이 있는 것에 대하여 판결이유 중 아무런 판단을 표시하지 아니한 경우를 말하는 것이고, 그 판단이 있는 이상 상고이유로 내세운 주장을 배척한 근거에 대하여 개별적으로 일일이 설명하지 아니하였다거나 그 판단내용에 설령 잘못이 있다 하더라도 이를 위 법조에서 말하는 판단유탈이라고 할 수 없다(대법원 1988.2.23.선고 87재후2 판결; 同旨 1989.4.25.선고 88후1458 판결).

ii) 민사소송법 제451조 제1항 제9호의 "판결에 영향을 미칠 중요한 사항에 관하여 판단을 유탈한 때"는 사항이 직권사항이건 아니건 간에, 그 판단 여하에 따라 판결 결과에 영향을 줄 정도로 중요한 것으로서 당사자가 변론에서 주장하였거나 법원의 직권조사를 촉구하여 판단을 구하였음에도 불구하고 이를 빠뜨린 경우를 가리키는 것이니, 소론 사립학교법의 규정은 직권조사사항이니 주장하지 아니해도 판단할 의무가 법원에 있다는 논지는 채용할 길이 없다(대법원 1971.2.23.선고 70다2913 판결).

7) 당사자가 상대방의 주소 또는 영업소를 알고 있었음에도 있는 곳을 잘 모른다고 하거나 주소나 영업소를 거짓으로 하여 심판을 청구한 때(§73→민소§451①xi)

상기 1의 4) 및 2의 1) 내지 3)에 해당됨을 이유로 하는 경우에는 처벌받을 행위에 대하여 유죄의 판결이나 과태료부과의 재판이 확정된 때 또는 증거부족 외의 이유로 유죄의 확정판결이나 과태료부과의 확정재판을 할 수 없을 때에만 재심의 소를 제기할 수 있다(민소§451②).

3. 詐害審決

심판의 당사자가 공모하여 제3자의 권리 또는 이익을 詐害할 목적으로 심결을 하게 한 때에는 제3자는 그 확정된 심결에 대하여 재심을 청구할 수 있다(§73의2①). 예를 들면 디자인권자 甲이 그 디자인권에 대해 乙을 위해 질권을 설정하고, 그 후 丙이 청구한 무효심판에 있어서 乙의 권리를 해칠 목적으로 丙과 공모하여 허위의 진술, 자료 등에 의해 심판관을 기만하여 디자인등록을 무효로 한다는 심결을 받고 그 심결이 확정된 경우 등이다.

Ⅴ. 재심청구방식

재심의 청구를 하고자 하는 자는 재심청구서에 다음 각호의 서류를 첨부하여 특허심판원장에게 제출하여야 한다(시규§26).

ⅰ) 도면(권리범위확인심판의 경우에 한한다)

ⅱ) 대리인에 의하여 절차를 밟는 경우에는 그 대리권을 증명하는 서류 1통.

재심청구서에는 ⅰ) 당사자(청구인, 피청구인)의 성명 및 주소, ⅱ) 대리인이 있는 경우 그 대리인의 성명 및 주소나 영업소의 소재지, ⅲ) 심판종류, 관련심판번호 및 사건의 표시, ⅳ) 청구의 취지 및 이유, ⅴ) 再審事由를 안 날을 기재하여야 한다(특시규 별지 제31호 서식).

---

11) 선등록된 상표와 유사하다는 이유로 무효심판을 받은 후에 선등록된 상표의 무효심결이 확정되면 이는 앞서 한 무효심판의 재심사유가 된다(대법원 1968.4.16.선고 67후4 판결).

Ⅵ. 재심의 審理

재심청구에 대한 심리는 i) 재심청구의 적법성 심리, ii) 재심사유의 존부 심리, iii) 본안심리의 단계로 진행된다.

1. 재심청구의 적법성 심리

적법성 심리란 본안심리 이전에 재심청구의 適法要件(당사자, 재심청구기간, 방식 요건 등)에 대하여 심리하는 것을 말한다. 적법성 심리 결과 흠결이 있는 경우에는 보정을 명하여야 하고, 보정하지 아니하거나 보정을 할 수 없는 때에는 심결로써 재심청구를 각하한다(§74의4). 이 과정은 통상의 심판청구에 대한 것과 같다.

2. 재심사유의 存否審理

재심청구가 적법한 경우에는 다음 단계로 재심사유의 存否에 대하여 조사하여야 하며 그 입증책임은 재심청구인에게 있다. 재심사유존부의 심리결과 재심사유가 없는 것으로 인정되면 심결로써 재심청구를 기각하여야 하며 재심사유가 인정될 때에는 본안심리를 하여야 한다.

3. 본안심리

재심사유가 있는 것으로 인정되면 제3단계로 당해 심판에 대하여 재심리를 하여야 한다. 이 경우 심리는 재심청구이유의 범위내에서 하여야 하며 다른 이유까지 심리할 수 없다(§74의5→민소§459①).[12] 재심에 있어서도 심판의 경우와 같이 심판청구에 대한 종국판단은 심결로써 한다. 본안에 관한 심리결과 원심결이 부당하다고 인정되면 불복주장의 한도내에서 원심결을 취소하고 원심결과 다른 방향의 이에 갈음하는 심결을 하여야 하는데 이 심결은 원심결을 소급적으로 취소시키고 새로운 권리관계를 이루는 形成審決과 같다. 한편 재심사유는 있다고 하더라도 결국은 원심결이 정당하다고 인정되는 경우에 재심청구를 기각하

---

12) 이 점은 심판에서 직권심리주의에 의해 당사자 또는 참가인이 신청하지 아니한 이유에 대하여도 심리할 수 있는 것과는 현저하게 다르다.

여야 하는지 아니면 동일심결을 반복하여야 할 것인지가 문제로 되나 디자인보호법은 민사소송법 제460조를 준용하고 있지 않기 때문에 확정심결의 결론을 그대로 유지할 수 있다고 인정된 때에는 원심심결을 취소하고, 원심결과 동일한 결론의 심결을 하는 것이 옳을 것이다.[13)]

Ⅶ. 再審의 效果

1. 일반적인 효과

재심의 심결이 확정되면 對世的 效力과 形式的 確定力이 생기고 一事不再理의 원칙이 적용된다. 이 점은 다른 심판에 있어서 심결이 확정되는 경우와 동일하다.

2. 특유한 효과

재심의 특유한 효과는 재심에 의하여 회복된 디자인권의 효력이 制限되는 것을 말한다.

(1) 재심에 의하여 회복한 디자인권의 효력제한

1) 재심에 의하여 회복한 디자인권의 효력에 대하여는 일정한 제한조치가 취해지고 있다. 즉, 디자인권의 효력은 다음에 해당하는 경우에는 당해 심결이 확정된 후 再審請求의 등록 전에 선의로 수입 또는 국내에서 생산하거나 취득한 물품에는 미치지 않는다(§74①).

i) 무효로 된 디자인권이 재심에 의하여 회복된 경우

ii) 디자인권의 권리범위에 속하지 않는다는 심결이 확정된 후 재심에 의하여 이와 상반되는 심결이 확정된 경우

iii) 거절할 것이라는 심결이 있었던 디자인등록출원에 대하여 재심에 의하여 디자인권의 설정등록이 있는 경우. 이것은 디자인권의 무효심결이 확정되어 그 디자인을 실시할 수 있는 것으로 믿고 실시한 자가 소급하여 디자인권의 침해가 되는 경우 공평의 원칙에 반하여 부당하기 때문이다.

---

13) 이와 같은 견해에 대해 吉藤, 특허, 727면; 천효남, 특허, 726면이 있고 이와 달리 재심청구를 기각하여야 한다는 견해에는 박희섭·김원오 공저, 「특허법원론(제2판)」, 세창출판사, 2005, 602면; 황종환, 의장, 792면 등이 있다.

2) 위에 해당하는 경우의 디자인권의 효력은 다음에 해당하는 행위에는 미치지 않는다(§74②).

i) 당해 심결이 확정된 후 재심청구의 등록 전에 한 당해 디자인의 善意의 실시

ii) 등록디자인에 관련된 물품의 생산에만 사용하는 물품을 당해 심결이 확정된 후 재심청구의 등록 전에 선의로 생산·양도·대여·수입하거나 양도 또는 대여의 청약을 하는 행위.

(2) 재심에 의하여 회복된 디자인권에 대한 선사용자의 통상실시권(後用權)

재심에 의하여 디자인권이 회복된 경우에 당해 심결이 확정된 후 재심청구의 등록 전에 선의로 국내에서 그 디자인의 실시사업을 하고 있는 자 또는 그 사업의 준비를 하고 있는 자는 그 실시 또는 준비를 하고 있는 디자인 및 사업의 목적의 범위 안에서 그 디자인권에 관하여 통상실시권을 가진다(§74의2). 이 실시권은 法定實施權의 일종으로 後用權이라고도 한다. 이 경우 통상실시권은 등록이 없더라도 효력을 가진다.

(3) 재심에 의하여 통상실시권을 상실한 원권리자의 통상실시권

통상실시권 허여의 심판에 의한 통상실시권 허여의 심결이 확정된 후 재심에 의하여 이에 상반되는 심결의 확정이 있는 경우 재심청구 등록 전에 선의로 국내에서 그 디자인의 실시사업을 하고 있는 자 또는 그 사업의 준비를 하고 있는 자는 원통상실시권의 사업의 목적 및 디자인의 범위 안에서 그 디자인권 또는 재심의 심결의 확정이 있는 당시에 존재하는 전용실시권에 대하여 통상실시권을 가진다(§74의3①). 이 실시권은 법정실시권의 일종으로 등록이 없더라도 효력을 가지되 통상실시권자는 디자인권자 또는 전용실시권자에 대하여 상당한 대가를 지급하여야 한다(§74의3②).

Ⅷ. 재심심결의 불복수단

재심청구에 대한 심결에 대하여는 통상의 심결에 대한 불복수단과 같이 심결등본의 송달을 받은 날부터 30일 이내에 특허법원에 소를 제기할 수 있다(§75①,③).

19
chapter

罰　則

디자인권의 설정에 이르는 절차의 공정을 해치는 행위를 벌하고 또 법질서를 유지하기 위해 디자인보호법에는 형사상의 벌 및 행정상의 벌에 대해 규정하고 있다.

제 1 절 刑事上의 벌

Ⅰ. 디자인권 侵害罪

디자인권 또는 전용실시권이 침해된 경우 권리자는 그 침해자에 대하여 침해죄를 추궁할 수 있다(§82). 침해죄의 구체적 내용은 디자인권의 침해 및 구제조치편에서 이미 설명하였으므로 여기서는 생략한다.

Ⅱ. 위 증 죄

위증죄란 디자인보호법의 규정에 의해 선서한 증인·감정인 또는 통역인이 특허심판원에 대하여 허위의 진술·감정 또는 통역을 한 때에 적용되는 죄이다(§83①). 여기서 허위의 진술이란 증인의 기억에 反하는 진술을 말하며 진술의 내용이 객관적으로 합치되고 있는가의 여부는 문제로 하지 않는다. 또한 허위의 감정이란 감정인의 소신에 반하는 의사 내지 판단의 진술을 말하며 진실과의 일치 · 불일치는 문제로 하지 않는다. 위증죄는 국가의 심판작용의 적정을 기하기 위해서이다. 그러나 이 죄를 범한 자가 그 사건의 디자인등록여부결정 · 디자인무심사등록이의결정 또는 심결의 확정 전에 자수한 때에는 그 형을 감경 또는 면제할 수 있다(§83②). 일반의 위증죄에 대하여는 형법에 규정하지만 본조의 규정도 이와 다르지 않다. 위증죄는 5년 이하의 징역 또는 1천만원 이하의 벌금에 처해진다.

Ⅲ. 허위표시의 죄

1. 의 의

허위표시란 디자인등록된 것이 아닌 물품, 디자인등록출원 중이 아닌 물품 등에 디자인등록표시 또는 디자인등록출원표시를 하거나 이와 유사한 표시를 하는 것을 말한다. 이러한 허위표시행위는 거래상 有利性 및 디자인에 대한 공중의 신뢰를 악용하여 공중을 오인케 하는 행위이므로 금지시켜야 한다. 그러므로 허위표시죄는 처벌요건으로서 告訴를 요하는 디자인권 침해죄와는 달리 비친고죄로 되어 있다. 허위표시죄는 3년 이하의 징역 또는 2천만원 이하의 벌금에 처해진다(§84). 그리고 이 죄에 대해서는 디자인권 침해죄와 같이 양벌규정이 있고 법인중과가 있다(§87).

2. 허위표시행위

디자인보호법은 다음에 해당하는 행위를 허위표시행위로 규정하고 있다(§80).

ⅰ) 디자인등록된 것이 아닌 물품, 디자인등록출원 중이 아닌 물품 또는 그 물품의 용기나 포장에 디자인등록표시 또는 디자인등록출원표시를 하거나 이와 혼동하기 쉬운 표시를 하는 행위

ⅱ) 위 ⅰ)의 표시를 한 것을 양도 · 대여 또는 전시하는 행위

ⅲ) 디자인등록된 것이 아닌 물품 · 디자인등록출원 중이 아닌 물품을 생산 · 사용 · 양도나 대여를 위하여 광고 · 간판 또는 표찰에 그 물품이 디자인등록 또는 디자인등록출원된 것으로 표시하거나 이와 혼동하기 쉬운 표시를 하는

행위.

Ⅳ. 詐僞行爲의 죄

사위행위의 죄란 사위 기타 不正한 행위에 의하여 디자인등록 또는 심결을 받음으로써 성립하는 죄를 말한다(§85). 이를테면 심사관을 속이고 허위의 자료를 제출하여 등록요건이 결여된 디자인에 대해 등록을 받은 경우 등이 이에 해당한다. 이 죄는 國家의 法益을 해치는 것이므로 비친고죄가 된다. 사위행위의 죄는 3년 이하의 징역 또는 2천만원 이하의 벌금에 처해진다. 이 죄에 대해서도 디자인권 침해죄와 같이 양벌규정이 있고 법인중과가 있다(§87). 또한 사위행위에 의해 중간처분을 받은 경우에는 본죄의 대상으로 되지 않는다. 죄형법정주의(헌§11)에 반하고, 당해 중간처분 이후 최종처분을 받으면 그 최종처분에 대해 형사벌의 대상으로 하면 족하기 때문이다.

Ⅴ. 비밀누설죄

비밀누설죄란 특허청 직원·특허심판원 직원 또는 그 직에 있었던 자가 디자인등록출원 중인 디자인 또는 비밀디자인으로 청구한 디자인에 관하여 직무상 지득한 비밀을 누설하거나 도용한 경우에 적용되는 죄를 말한다(§86). 비밀누설죄는 5년 이하의 징역이나 5,000만원 이하의 벌금에 처한다.

국가공무원이 공무상 알 수 있었던 비밀을 준수해야 하는 것은 국가공무원법 제60조 또는 형법 제127조에 규정하고 있으나 디자인보호법의 이 규정은 특수사무에 종사하는 자가 범한 죄로서 더욱 무거운 형벌을 가하도록 한 것이다. 또한 선행디자인의 조사 등을 위하여 지정한 전문기관 또는 디자인문서 전자화기관의 임직원 또는 그 직에 있었던 자는 본조를 적용할 때에 특허청 소속직원 또는 그 직에 있었던 자로 본다(§86의2).

제2절 行政上의 벌

디자인보호법은 디자인에 관한 심판 등의 절차에서 허위진술 등을 함으로써 심판절차의 適正을 저해하는 경우 등 일정행위를 한 자에게 行政上의 秩序罰로서 과태료를 부과하도록 하고 있다.

I. 과태료의 대상

다음에 해당하는 자는 50만원 이하의 과태료에 처한다(§88①).

i) 증거조사 및 증거보전에 관하여 선서를 한 자(민소§299②,§367)가 특허심판원에 대하여 허위의 진술을 한 자

ii) 특허심판원으로부터 證據調查 또는 證據保全에 관하여 서류 기타 물품의 제출 또는 제시의 명령을 받은 자로서 정당한 이유 없이 그 명령에 응하지 아니한 자

iii) 특허심판원으로부터 증인 · 감정인 또는 통역인으로 소환된 자로서 정당한 이유 없이 소환에 응하지 아니하거나 선서 · 진술 · 증언 · 감정 또는 통역을 거부한 자.

II. 과태료의 부과 등

1. 과태료의 부과

과태료는 대통령령이 정하는 바에 의해 특허청장이 부과한다(§88②).

특허청장이 질서위반행위에 대하여 과태료를 부과하고자 하는 때에는 미리 당사자에게 대통령령으로 정하는 사항을 통지하고 10일 이상의 기간을 정하여 의견을 제출할 기회를 주어야 한다. 이 경우 지정된 기간까지 의견제출이 없는 경우에는 의견이 없는 것으로 본다(질서§16①). 당사자는 의견제출 기한 이내에

특허청장에게 의견을 진술하거나 필요한 자료를 제출할 수 있다(질서§16②). 특허청장은 상기의 의견제출 절차를 마친 후에 서면으로 과태료를 부과하여야 한다(질서§17①). 법 제88조 제1항에 따른 과태료의 부과기준에 대해서는 디자인보호법 시행령 제10조에서 정해지고 있다.

2. 과태료 부과의 불복

특허청장의 과태료의 부과에 불복하는 당사자는 과태료 부과통지를 받은 날부터 60일 이내에 특허청장에게 서면으로 이의제기를 할 수 있다(질서§20①). 이의제기가 있는 경우에는 특허청장의 과태료 부과처분은 그 효력을 상실한다(질서§20②). 또한 과태료 부과에 이의가 제기된 때에는 이의제기를 받은 날부터 14일 이내에 이에 대한 의견 및 증빙서류를 첨부하여 관할법원에 통보하여야 한다(질서§21①). 과태료사건은 다른 법령에 특별한 규정이 있는 경우를 제외하고는 당사자의 주소지 지방법원 또는 그 지원의 관할로 한다(질서§25).

3. 가산금 징수 및 체납처분

특허청장은 당사자가 납부기한까지 과태료를 납부하지 아니한 때에는 납부기한을 경과한 날부터 체납된 과태료에 대하여 100분의 5에 상당하는 가산금을 징수하며(질서§24②), 행정청은 당사자가 이의제기기한 내에 이의를 제기하지 아니하고 상기 가산금을 납부하지 아니한 때에는 국세 또는 지방세 체납처분의 예에 따라 징수한다(질서§24③).

20
chapter

訴　訟

디자인보호법의 규정에 의하여 특허청장 또는 심사관이 행한 처분 중 일정 사항에 대하여 당사자는 법원에 소송을 제기함으로써 불복을 청구할 수 있다. 이러한 디자인에 관한 소송은 심결 등에 대한 訴, 보상금 등에 대한 訴, 기타의 처분취소소송이 있다.

이하에서 이들을 나누어 설명한다.

제 1 절 審決 등에 대한 訴

I. 의　의

심결 등에 대하여 불복하고자 하는 자는 특허법원에 소를 제기할 수 있다(§75). 구 의장법(1995.1.5. 법률 제4894호로 개정되기까지의 법)하에서의 심판제도는 특허청내의 심판소와 항고심판소에서 제1심과 제2심을 다루고 상고심만 대법원에서 다루도록 되어 있었다. 이러한 심판제도는 법관에 의한 사실심리의 기회가 주어지지 않아 쟁송절차로서 부적절하고 위헌의 소지가 있다는 논란이 있어 이를 개선하기 위해 법원조직법을 개정(1994.7.27. 법률 제4765호, 1998.3.1. 시행)하여 特許法院을 설치함과 동시에 특허청 내의 심판소와 항고심판소를 통합하여 特許審判院을 설치함으로써 행정부내에서의 2단계 심판을 1단계로 줄이고 특허심판원의 심결 또는 결정에 대한 불복의 소는 특허법원의 전속관할로 하며 이에 대한 불복은 대법원에 제기할 수 있도록 하였다. 행정사건에 대한 소송은 일반적으로 행정소송법에 의하지만, 심결 등에 대한 소송은 동법이 정하는 다른 법률에 특별한 규정이 있는 경우로서 디자인보호법이 정하는 바에 따르는 것이다. 즉, 디자인보호법은 訴訟에 관한 장을 두어 특별히 규정하는 것이다(제8장 중 소송에 관한 규정). 심결 등에 대한 쟁송은 행정청이 하는 처분에 관한 것이나 그 소송의 대상이 일반의 행정행위와는 크게 다른 데 기인한다.

Ⅱ. 訴의 대상

소의 대상이 되는 것은 심결(재심의 심결을 포함한다), 보정각하결정(심판에서 내린) 및 심판청구서 또는 재심청구서의 각하결정이다(§75①).

이 심결에는 모든 심결, 즉 심판사건에 관한 최종적인 판단의 표시로서 하는 심결뿐이 아니라 심판청구를 각하하는 심결 및 재심의 심결도 포함된다. 그리고 심판을 청구할 수 있는 사항에 관한 소는 심결에 대한 것이 아니면 제기할 수 없다(§75⑥). 그러나 심결에 대한 것이라 하더라도 통상실시권 허여심판의 심결에서 정한 대가의 심결 및 심판비용의 심결 또는 결정에 대하여는 독립하여 소를 제기할 수 없다(§75⑦).

Ⅲ. 訴의 관할

심결 등에 대한 訴는 특허법원의 전속관할로 한다(§75①).

행정소송법에 의한 관할은 처분행정청 소재지의 법원에 속하지만 심결 등에 대한 소는 특별히 특허법원의 관할에 속하도록 한 것이다. 특허심판원에서의 심판절차가 재판에 가까운 이른바 준사법적 절차에 의해 심리·재결되며 前審으로서의 성격을 가지므로 1심급을 생략한 것이다.

다만, 법률상은 특허심판원의 심결은 재판이 아닌 이상 특허법원이 제1심이 되고 항소심이 생략되는 것이다. 따라서 특허법원의 소송절차와 특허심판원의 심판절차 사이에 심급관계가 있는 것은 아니다.

Ⅳ. 當 事 者

1. 原　　告

訴를 제기할 수 있는 자, 즉 원고적격을 가지는 자는 심판사건의 당사자, 참가인 또는 당해 심판이나 재심에 참가신청을 하였으나 그 신청이 거부된 자이다(§75②). 행정소송에서는 처분 등의 취소를 구할 법률상의 이익이 있는 자가 원고적격을 가지므로 이를 심결에 적용하면 전용실시권자, 통상실시권자, 질권자 등도 원고적격을 가지게 되겠지만 여기에서는 심결에 의하여 자기의 법률상 이익이 침해되는 자라도 그 모두에게 원고적격이 인정되는 것이 아니다.

2. 被　　告

심결 등에 대한 소에 있어서 피고적격은 원칙적으로 특허청장이지만[1] 등록무효심판, 권리범위확인심판, 통상실시권허여의 심판 또는 그 재심의 심결에 대한 소는 그 심판 또는 재심의 청구인 또는 피청구인이 피고적격을 가진다(§75의2).[2]

Ⅴ. 訴의 提起

1. 제소기간

심결 등에 대한 소는 심결 또는 결정의 등본을 송달받은 날부터 30일 이내에 제기하여야 한다(§75③). 처분을 조기에 확정시킬 필요가 있기 때문이다. 또한 이 기간은 연장하거나 단축할 수 없는 不變期間이나(§75④) 심판장은 원격 또는 교통이 불편한 지역에 있는 자를 위하여 직권으로 부가기간을 정할 수 있도록

1) 행정소송에서는 처분 또는 재결을 한 행정청이 그 취소소송의 피고로 되므로(행소§13) 심결취소청구소송에서는 심결을 한 심판관이 피고가 되어야 하나 특허청 내부의 사정 때문에 특허청장을 피고로 한 것이다.

2) 심판의 청구인 또는 피청구인을 피고로 정하는 것은 당사자 대립구조를 취하는 이 심판의 심결에 대해서는 이해상반하는 당사자 사이의 문제로서 다투게 하는 것이 실정에 부합되기 때문이다.

되어 있다(§75⑤).[3] 그리고 위 제소기간을 계산함에 있어 심결 등을 송달받은 당일은 계산하지 않고 그 익일을 기산일로 한다(§4의13 i, 민§157).

2. 訴狀의 제출

소의 제기는 법원에 소장을 제출함으로써 제기하는 것이므로(민소§248), 소장은 특허법원에 제출, 접수시켜야 한다. 심결 등에 대한 소는 심결에 대한 불복이라는 항소심적인 성격이 있지만 사법부에 대한 최초의 소송행위이기 때문에 당연히 특허법원에 소장을 제출하여야 하는 것이다. 제소의 방식에 관하여는 디자인보호법에 특별한 규정이 없고 행정소송법에서도 특별히 정한 바가 없으므로 민사소송법에 따른다(민소§249).

법원은 등록무효심판 등 당사자계 사건의 심결에 대한 소의 제기가 있는 때에는 지체 없이 그 취지를 특허심판원장에게 통지해야 한다(§75의3①). 결정계 사건의 경우에는 피고가 특허청장이므로 소송절차상 당연히 소제기의 통지가 특허청장에게 행해지므로 법원이 중복하여 특허심판원장에게 다시 알릴 필요가 없으므로 이에 대하여는 특별히 규정하고 있지 않다.

Ⅵ. 訴의 審理

소에 대한 심리는 재판관의 합의체가 자유심증주의에 의해 판단을 한다. 이들 소송에서 심리의 대상이 되는 것은 심결 등에 대한 실체상의 위법성 여부와 절차상의 위법성 여부이다. 법원은 당해 청구가 이유가 있다고 인정한 때에는 판결로써 당해 심결 또는 결정을 取消하여야 한다(§75의4①). 심결 또는 결정을 그대로 유지할 수 없다고 인정되는 경우에도 법원은 구체적인 처분의 내용에 해당하는 판결을 하지 않는다.[4] 예를 들면 디자인등록거절결정에 대한 불복

---

3) 부가기간을 정하는 것은 심판장의 직권사항이다.

4) 특허법원은 특허심판원이 한 심결의 적법여부를 심리하여 그 취소여부를 판단하는 형성판결을 할 수 있을 뿐이고, 자판을 하여 디자인을 무효로 하는 판결을 선고할 수 없음은 물론이고(디자인보호법상 특허법원이 행정권을 행사하는 것은 인정되지 아니하므로 당연한 결과이다), 특허심판원으로 하여금 디자인을 무효로 할 것을 명하는 이행판결도 할 수 없다(특허법원 1998.11.5.선고 98허58 판결).

심판사건의 심결취소 청구소송에서 등록할 것으로 한다는 뜻의 판결이나 등록 무효심판 사건의 심결취소 청구소송에서 무효로 한다는 판결을 하는 것은 아니다. 등록 또는 무효로 하는 것은 행정권의 행사로서 이루어지는 것이며 사법심사에 붙이는 것은 행정권의 행사인 처분에 위법이 있느냐의 여부이기 때문이다.

Ⅶ. 判決의 效果

특허법원의 심결 또는 결정의 취소판결(인용판결) 확정된 때에는 심판관은 다시 심리를 하여 심결 또는 결정을 하여야 한다(§75의4②). 이 경우 判決에 있어서 취소의 기본이 된 이유는 그 사건에 대하여 특허심판원을 기속한다(§75의4③). 따라서 특허심판원의 심판관은 판결의 취지에 반하는 심결 또는 결정을 할 수 없다. 그러나 새로운 거절이유나 무효사유에 대하여는 심리할 수 있으며 그 결과 재차 거절하는 심결이나 무효심결을 하는 것은 가능하다. 특허법원은 청구가 이유없다고 인정하였을 때에는 청구를 기각한다는 취지의 판결을 한다.

제 2 절 補償金 등에 대한 訴

Ⅰ. 의　　의

통상실시권 허여의 심판(§70)에 따른 대가에 대하여 심결 또는 결정을 받은 자가 그 대가에 불복이 있는 때에는 법원에 소송을 제기할 수 있다(§75의5①).

심판관의 대가에 대한 심결이나 결정은 일종의 행정처분에 해당되나 그 처분 중의 대가의 금액에 대한 불복에 대해서는 금액을 지급하거나 지급받을 당사자가 직접 소송의 당사자로 등장하여 법원으로부터 그 적정금액을 조정받도록 하는 것이 절차의 신속성을 기할 수 있고 또한 분쟁의 원만한 해결에도 도움이 된다. 따라서 디자인보호법은 대가에 대한 심결 또는 결정에 대한 불복은 行政訴訟法上의 당사자 소송과 흡사하게 법원의 관할로 한다.

Ⅱ. 訴의 대상

대가에 대하여 소의 대상이 되는 것은 통상실시권 허여의 심판에 의하여 결정된 대가이다(§70③).

Ⅲ. 訴의 관할

대가에 대한 소의 관할에 대하여는 심결에 대한 소와 달리 디자인보호법에 특별히 정한 바가 없으므로 行政訴訟法이 규정하는 바에 따르며 피고의 소재지를 관할하는 고등법원이 된다(행소§40 · §9).

Ⅳ. 당 사 자

1. 원 고

이 소송에 있어서 원고는 보상금액 또는 대가에 대한 결정 또는 심결을 받은 자이다(§75의5①). 2인 이상 대립하는 당사자가 있는 경우, 쌍방이 모두 원고로서의 적격을 가진다. 즉, 실시권을 허여받은 자는 실시대가의 감액을, 디자인권자는 그의 증액을 각각 요구할 입장에 서기 때문이다.

2. 피 고

통상실시권 허여의 심판에 의한 실시권의 대가에 대하여는 통상실시권자 · 전용실시권자 · 특허권자 · 실용신안권자 또는 디자인권자를 피고로 하여야 한다(§75의6).

Ⅴ. 提訴期間

대가에 대한 소는 심결 또는 결정의 등본을 송달받은 날부터 30일 이내에 제기하여야 하며 이 기간은 불변기간이다(§75의5②,③).

Ⅵ. 원처분과 소송과의 관계

심판관이 행한 대가의 심결이나 결정이 법원의 판결에 의해 증감되는 등 변경이 있다 하더라도 원래의 행정처분의 효력은 유지된다. 따라서 금액을 변경하는 심결이 확정되었다 하더라도 원처분이 취소되지 아니하고, 법원의 판결은 그 금액에 대하여만 행정처분의 효력보다 우선할 뿐이다.

제 3 절 기타의 處分取消訴訟

전 절까지 설명한 이외의 디자인보호법 또는 디자인보호법에 의한 명령의 규정에 의한 처분의 불복 등에 관하여는 디자인보호법에 특별한 불복규정이 없으나 일반 행정소송법에 의한 소를 제기할 수 있다.

이들 처분에는 절차의 무효처분(출원절차의 무효를 포함한다. §4의15), 증명서 교부 등의 신청에 대한 불허가(§76②), 기간연장신청의 불허가(§4의15), 등록신청의 불수리(등령§36)가 해당되는 외에 출원서 등의 반려처분(시규§2)도 포함된다.

이들의 처분에 대해 不服이 있는 경우는 행정소송법에 의해 특허청장에게 이의신청 또는 심사청구를 하고 그 결과(결정 또는 재결)에 불복이 있는 경우에 소송을 제기할 수 있다. 이 경우의 관할은 법원이 된다.

《참고문헌》

1. 우리 나라 문헌

姜東世, 「知的財産權의 刑事的 理解」, 세창출판사, 2003.
金昞鎭, 「의장법 이론과 실무」, 한빛지적소유권센터, 1998.
盧泰政 외 역, 「意匠圖面作圖法入門」, 한빛지적소유권센터, 1990.
盧泰政 외, 「新意匠法研究」, 세창출판사, 1999.
노태정, 「의장심사 · 심판실무연구」, 영진사, 2004.
朴大淳, 「디자인용어사전」, 미진사, 1986.
박희섭 외, 「특허법원론(제2판)」, 세창출판사, 2005.
법원행정처, 「특허소송실무」, 법원행정처, 1998.
法制處, 「主要國家의 産業財産權關係法」, (株)書登, 1994.
宋永植 외, 「知的財産權法(상)(하)」, 育法社, 1998.
宋永植 외, 「知的財産法」, 세창출판사, 1999.
申學秀 · 禹興龍, 「디자인論」, 경기공업개방대학, 1985.
오승건, 「상표법특강(제5판)」, 세창출판사, 1998.
吳承鍾 외, 「著作權法」, 博英社, 1997.
유미특허법률사무소 역, 「特許法概說」, 大光書林, 2000.
尹宣熙, 「知的財産權法」, 세창출판사, 1999.
윤종렴, 「意匠法解說」, 三慶堂, 1984.
李炳均, 「特許審判의 爭點과 事例」, 法經出版社, 1991.
李相京, 「知的所有權訴訟法」, 育法社, 1999.
李尙圭, 「新行政法論(상)(하)」, 法文社, 1997.
이상정, 「산업디자인과 지적소유권법」, 세창출판사, 1995.
李秀雄, 「의장법」, 한국공업소유권법학연구소, 1992.
李時潤, 「民事訴訟法」, 博英社, 1997.
李英俊, 「民法總則」, 博英社, 1997.
李又性, 「디자인概論」, 大光書林, 1995.
이종일, 「特許法」, 한빛지적소유권센터, 1999.
정시화, 「現代디자인研究」, 미진사, 1987.
임연웅, 「현대디자인원론」, 학문사, 1999.

정양섭, 「특허심판」, 대광서림, 1999.
鄭完燮 외 역, 「註解特許法(上)」, 한빛지적소유권센터, 1994.
鄭寅鳳, 「特許法概論」, 法文社, 1986.
鄭泰連 역, 「意匠法」, 세창출판사, 1993.
千孝南, 「産業財産權法」, 법경사, 2001.
千孝南, 「特許法」, 법경사, 1997.
特許廳 역, 「日本意匠審査基準」.
특허청 편, 「심사편람」(1991), 「심판편람」(2004), 「등록업무편람」(2000), 「의장판례집」(1999)
특허청(국제협력담당관실), 「무역관련지적재산권협정해설」, 知産硏究所, 1987.
특허청(국제협력담당관실), 「산업재산권보호에 관한 파리협약해설」, 특허청, 1993.
특허청20년사발간위원회, 「特許廳20年史」, 특허청, 1997.
한국특허제도사편찬위원회, 「韓國特許制度史」, 특허청, 1988.
黃宗煥, 「의장법」, 한빛지적소유권센터, 1997.

2. 외국문헌

加藤恒久, 「改正意匠法のすべて」, 日本法令, 1999.
高田 忠, 「意匠」, 有斐閣, 1996.
工業所有權硏究會, 「工業所有權質疑應答集(1)」, 第一法規, 1988.
萼 優美, 「改訂工業所有權法解說」, ぎょうせい, 1982.
牛木理一, 「意匠法の硏究」, 發明協會, 1994.
日本 特許廳, 「工業所有權法逐條解說」, 發明協會, 1994.
日本 特許廳, 「意匠審査の運用基準」, 1999.
日本 特許廳, 「平成10年改正意匠法」, 1999.
齋藤暸二, 「意匠法」, 發明協會, 1985.
齋藤暸二, 「意匠法概說」, 有斐閣, 1991.
竹田和彦, 「特許の知識」, ダイヤモンド社, 1994.
中山信弘 외, 「註解特許法(상)(하)」, 靑林書院.
後藤晴男, 「パリ條約講話」, 發明協會, 1994.
荒木好文, 「圖解意匠法」, 發明協會, 2003.
末吉 瓦, 「意匠法」, 中央經濟社, 2003.

찾아보기

[著者紹介]

盧 泰 政

특허청 심사관, 의장심사과장, 심판관,
서울사무소장 역임
연세대학교 법무대학원 겸임교수
의장법 개정추진반 위원
변리사자격시험 문제선정위원
대한변리사회 의장제도위원회 위원장
특허청 의장정책자문위원회 위원
현재, 유니테크특허법률사무소 변리사
(T. 553-7031)

[著書 및 論文]
신의장법연구
의장도면작도법 입문(역서)
의장법 개정내용해설
상표의 사용권제도 고찰
재외자의 특허관리인
등록신청의 불수리 사유에 대한 고찰
핵심정리 의장법(공저)
의장보호제도의 발전방향에 관한 소고
디자인심사・심판실무

金 昞 鎭

제23회 변리사시험 합격
국가행정연수원(수습변리사 과정) 강사
의장법 개정추진반 위원
현재, 유니테크특허법률사무소 변리사
(T. 553-7031)

[著書 및 論文]
논점공업소유권법(공저)
의장법(이론과 실무)
이용관계의 심결 및 판결을 통하여 본
실제적 운용에 대한 소고
특허심사에 있어서의 진보성 판단
핵심정리 의장법(공저)

3정판 디자인보호법

2005년 7월 15일 초 판 발행
2009년 7월 25일 3 정판 발행

저 자 노태정・김병진
발행인 이 방 원
발행처 세 창 출 판 사
서울 서대문구 냉천동 182
전화 723-8660 / 팩스 720-4579
신고번호 제 300-1990-63 호
e-mail: sc1992@empal.com
homepage: www.sechangpub.co.kr

정가 39,000원

ISBN 978-89-8411-278-0 93360